Teoria Geral da Política

O GEN | Grupo Editorial Nacional – maior plataforma editorial brasileira no segmento científico, técnico e profissional – publica conteúdos nas áreas de ciências sociais aplicadas, exatas, humanas, jurídicas e da saúde, além de prover serviços direcionados à educação continuada e à preparação para concursos.

As editoras que integram o GEN, das mais respeitadas no mercado editorial, construíram catálogos inigualáveis, com obras decisivas para a formação acadêmica e o aperfeiçoamento de várias gerações de profissionais e estudantes, tendo se tornado sinônimo de qualidade e seriedade.

A missão do GEN e dos núcleos de conteúdo que o compõem é prover a melhor informação científica e distribuí-la de maneira flexível e conveniente, a preços justos, gerando benefícios e servindo a autores, docentes, livreiros, funcionários, colaboradores e acionistas.

Nosso comportamento ético incondicional e nossa responsabilidade social e ambiental são reforçados pela natureza educacional de nossa atividade e dão sustentabilidade ao crescimento contínuo e à rentabilidade do grupo.

Norberto BOBBIO

Teoria Geral da Política

A Filosofia Política e as Lições dos Clássicos

- O autor deste livro e a editora empenharam seus melhores esforços para assegurar que as informações e os procedimentos apresentados no texto estejam em acordo com os padrões aceitos à época da publicação, *e todos os dados foram atualizados pelo autor até a data de fechamento do livro*. Entretanto, tendo em conta a evolução das ciências, as atualizações legislativas, as mudanças regulamentares governamentais e o constante fluxo de novas informações sobre os temas que constam do livro, recomendamos enfaticamente que os leitores consultem sempre outras fontes fidedignas, de modo a se certificarem de que as informações contidas no texto estão corretas e de que não houve alterações nas recomendações ou na legislação regulamentadora.

- O autor e a editora se empenharam para citar adequadamente e dar o devido crédito a todos os detentores de direitos autorais de qualquer material utilizado neste livro, dispondo-se a possíveis acertos posteriores caso, inadvertida e involuntariamente, a identificação de algum deles tenha sido omitida.

- **Atendimento ao cliente: (11) 5080-0751 | faleconosco@grupogen.com.br**

- Traduzido de
Teoria Generale Della Politica
Copyright © 1999 by Giulio Einaudi Editore s.p.a
All rights reserved.
ISBN: 978-88-06-14553-8

- Direitos exclusivos para a língua portuguesa
Copyright © 2000 (Elsevier Editora Ltda), © 2022 (39ª impressão) by
GEN | GRUPO EDITORIAL NACIONAL S.A.
Publicado pelo selo Editora Atlas
Travessa do Ouvidor, 11
Rio de Janeiro – RJ – 20040-040
www.grupogen.com.br

- Reservados todos os direitos. É proibida a duplicação ou reprodução deste volume, no todo ou em parte, em quaisquer formas ou por quaisquer meios (eletrônico, mecânico, gravação, fotocópia, distribuição pela Internet ou outros), sem permissão, por escrito, da Editora Atlas Ltda.

- Capa: Luciana Mello & Monika Mayer

- Editoração eletrônica: DTPhoenix Editorial

- Ficha catalográfica

B637t Bobbio, Noberto, 1909-
        Teoria geral da política: a filosofia política e as lições dos clássicos / Noberto Bobbio; organizado por Michelangelo Bovero; tradução Daniela Beccaccia Versiani. 1. ed. [38ª Reimp.]. – Rio de Janeiro: GEN | Grupo Editorial Nacional. Publicado pelo selo Editora Atlas, 2022.

        Tradução de: Teoria generalle della politica
        ISBN: 978-85-352-0646-3

        1. Ciência política. 2. Bobbio, Noberto, 1909- . 3. Contribuições em ciência política. I. Bovero, Michelangelo, 1949- . II. Título.

                                                    CDD - 320
00-0742   CDD - 32

Sumário

Introdução de Michelangelo Bovero 9

PRIMEIRA PARTE
A filosofia política e a lição dos clássicos

CAPÍTULO 1
A filosofia política 67
I. Das possíveis relações entre filosofia política e ciência política 67
II. Por um mapa da filosofia política 78
III. Razões da filosofia política 86

CAPÍTULO 2
A lição do clássicos *101*
I. Kant e as duas liberdades *101*
II. Marx, o Estado e os clássicos *113*
III. Max Weber, o poder e os clássicos *130*

SEGUNDA PARTE
Política, moral, direito

CAPÍTULO 3
Política e moral *159*
I. O conceito de política *159*
II. Ética e política *177*
III. O bom governo *203*

CAPÍTULO 4
Política e direito *216*
I. As fronteiras da política *216*
II. Do poder ao direito e vice-versa *238*
III. A resistência à opressão, hoje *252*

TERCEIRA PARTE
Valores e ideologias
CAPÍTULO 5
Valores políticos *269*
I. Da liberdade dos modernos comparada à dos pósteros *269*
II. Igualdade e igualitarismo *297*
III. Sobre a noção de justiça *306*

CAPÍTULO 6
Ideologias *320*
I. Pluralismo dos antigos e dos modernos *320*
II. A ideologia do novo homem e a utopia invertida *342*
III. Sobre o liberal-socialismo *354*

QUARTA PARTE
A democracia
CAPÍTULO 7
Democracia: os fundamentos *371*
I. A democracia dos modernos comparada à dos antigos
(e à dos pósteros) *371*
II. Democracia e conhecimento *386*
III. Democracia e segredo *399*

CAPÍTULO 8
Democracia: as técnicas *416*
I. Da ideologia democrática aos universais processuais *416*
II. A regra de maioria: limites e aporias *428*
III. Representação e interesses *454*

QUINTA PARTE
Direitos e paz

CAPÍTULO 9
Direitos do homem *475*
I. O primado dos direitos sobre os deveres *475*
II. A declaração universal dos direitos do homem *484*
III. Os direitos, a paz e a justiça social *497*

CAPÍTULO 10
Paz e guerra *509*
I. A paz: o conceito, o problema, o ideal *509*
II. Relações internacionais e marxismo *543*
III. A guerra, a paz e o direito *559*

SEXTA PARTE
Mudança política e filosofia da história

CAPÍTULO 11
Mudança política *577*
I. Reformas e revolução *577*
II. A revolução entre movimento e mudança *600*
III. Carlo Cattaneo e as reformas *618*

CAPÍTULO 12
Filosofia da história *638*
I. Grandeza e decadência da ideologia européia *638*
II. Reflexões sobre o destino histórico do comunismo *652*
III. Progresso científico e progresso moral *663*

Fontes *679*

Índice analítico *685*

Índice onomástico *711*

Introdução

A idéia de uma teoria geral da política

"Nunca me considerei um filósofo no sentido tradicional da palavra, mesmo tendo ensinado durante muitos anos duas disciplinas filosóficas, a filosofia do direito e a filosofia da política, mas uma e outra, da maneira como eu as compreendi, têm pouco a ver, no meu entendimento, com a Filosofia com letra maiúscula. Aliás, era comum eu dedicar algumas das lições introdutórias dos meus cursos à tentativa de explicar aos estudantes por que esses cursos, mesmo sendo intitulados 'Filosofia do direito' e 'Filosofia da política', não haviam sido por mim desenvolvidos como cursos propriamente filosóficos. A maioria das disciplinas que os alunos estudaram não foi por mim intitulada *Filosofia de...*, mas sempre *Teoria geral do direito, Teoria geral da política, Teoria das formas de governo* etc.". Com estas palavras Norberto Bobbio iniciava, em 1980, uma aula cujo tema era "O que fazem hoje os filósofos?", no âmbito de um ciclo de conferências promovido pela Biblioteca Comunale di Cattolica.[1] Gostaria de salientar que apenas um terço dos títulos indicados por Bobbio naquela ocasião correspondia, então, a um volume efetivamente publicado.[2] Portanto seria possível pensar que

---

1. Cf. AA.VV., *Che cosa fanno oggi i filosofi?*, organizado pela Biblioteca Comunale di Cattolica, Bompiani, Milão, 1982. O texto da aula de Bobbio, acompanhado da transcrição do debate, encontra-se, sem título, nas pp. 159-82.

2. Cf. *La teoria delle forme di governo nella storia del pensiero politico*, Giappichelli, Turim, 1976: trata-se do volume de apostilas publicado ao final do curso de Filosofia da política do ano de 1975/1976. *Teoria generale del diritto* (Teoria geral do direito) é o título de um livro publicado somente muitos anos depois, em 1993, pela editora Giappichelli, embora esse livro nada mais seja que a republicação em um único volume dos dois cursos de Filosofia do direito sobre a *Teoria della norma giuridica* e sobre a *Teoria dell'ordinamento giuridico*, publicados pela mesma Giappichelli, em 1958 e 1960. A edição italiana dos dois cursos em um único volume foi precedida de duas edições em tradução espanhola, em Bogotá, em 1987, e em Madri, em 1991.

a idéia de uma teoria geral da política parecia a Bobbio tão definida, e talvez a intenção de realizá-la tão clara, que dela falou (o texto da conferência posteriormente publicado em uma coletânea foi estabelecido a partir da gravação) como se fosse uma obra já realizada.

A alusão de Bobbio às duas "teorias gerais", do direito e da política, como títulos de livros reais, era na verdade apenas um expediente retórico: servia para sugerir aos ouvintes de imediato qual era a principal direção, ainda que não exclusiva, em que canalizara seus estudos, e também seu magistério universitário. Isto não significa que a idéia de uma teoria geral da política, concebida não apenas como um horizonte de pesquisa mas como uma obra a ser composta de modo sistemático, não correspondesse a um projeto efetivo. Sobre isso Bobbio voltou a refletir muitas vezes, pelo menos a partir de 1972, ano em que passou da cátedra de Filosofia do Direito para aquela, instituída havia pouco, de Filosofia da Política (como então foi chamada, segundo a redundante dicção crociana). Mas a essa reflexão nunca se seguiu o passo decisivo em direção à realização; talvez também porque Bobbio sempre esteve consciente da (relativa) novidade e vastidão da empreitada. Em muitos anos de estudo ele desenvolvera a teoria geral do direito, disciplina asseverada e freqüentada por muitos estudiosos, enfrentando todos os principais argumentos do debate contemporâneo;[3] mas a teoria geral da política continuou a parecer-lhe durante muito tempo "um campo vastíssimo e em grande parte inexplorado".[4] Em 1984, quando alguns alunos organizaram um congresso dedicado ao seu pensamento político, por ocasião de seu aniversário de setenta e cinco anos, decidindo intitulá-lo "Por uma teoria geral da política", Bobbio afirmou, no discurso de encerramento, que aquele título lhe parecia indicar "uma série de bons propósitos mais do que uma consistente realidade". E acrescentou: "Depois de ter-me ocupado durante anos da teoria geral do direito, acreditei que houvesse chegado o momento de enfrentar o problema de uma teoria geral da política, muito mais atrasada em relação à primeira. Mas (...) fiquei parado no fragmento em relação às partes, no esboço em relação ao todo".[5] No ano seguinte, reunindo no volume *Stato, governo, società* (*Estado, governo, sociedade*) quatro verbetes escritos entre 1978 e 1981 para a *Enciclopedia Einaudi* — respectiva-

---

3. Mesmo que ele nunca tenha "tido vontade" (a expressão é de Riccardo Guastini em uma recente intervenção sobre os escritos jurídicos de Bobbio, a serem publicados proximamente) de sistematizar suas numerosíssimas contribuições.

4. *Infra*, p. 100.

5. Cf. N. Bobbio, *Congedo*, in AA.VV., *Per una teoria generale della politica. Studi dedicati a Norberto Bobbio*, organizado por L. Bonanate e M. Bovero, Passigli Editori, Florença, 1986, p. 249.

mente dedicados a "Democracia/ditadura", "Público/privado", "Sociedade civil", "Estado" —, deu-lhe como subtítulo a mesma forma escolhida pelos alunos como título do congresso: *Por uma teoria geral da política*. No Prefácio, datado de julho de 1985, explicava: "Trata-se de termos sobre os quais eu me exercitei com freqüência nos últimos dez anos: considerados isoladamente, constituem fragmentos de uma teoria geral da política, ainda por ser escrita".[6] Muitos anos depois, em 1998, viria a reconhecer naquele "ambicioso" subtítulo "uma promessa não mantida".[7]

O que Bobbio entendesse, desde o início, por "teoria geral da política" parece emergir, ao menos formalmente e em uma primeira aproximação, do paralelo muitas vezes evocado com a teoria geral do direito. Um paralelo que o próprio Bobbio tornou explícito em recentíssima consideração retrospectiva sobre a própria obra: "o que as duas teorias têm em comum nos meus escritos [...] é não apenas o fim, exclusivamente cognoscitivo (não propositivo), mas também o modo de proceder para alcançá-lo. É o procedimento [da] "reconstrução", através da análise lingüística nunca desacompanhada das referências históricas aos escritores clássicos, das categorias fundamentais, que permitem delimitar no exterior e ordenar no interior as duas áreas, a jurídica e a política, e [estabelecer] as suas recíprocas relações".[8]

Qualquer um pode ver que a teoria geral da política assim concebida, sobre o modelo da teoria geral do direito, resulta não apenas distinta, mas em certo sentido até mesmo contraposta, em relação ao modelo hegemônico da filosofia política que se firmou no debate internacional dos últimos trinta anos, inaugurado pela célebre obra de John Rawls, *A Theory of Justice* (1971). É opinião geral que o extraordinário êxito da obra de Rawls tenha até mesmo "ressuscitado" a filosofia política, dada como morta quinze anos antes por alguns de seus cultores.[9] Tal modelo hegemônico identifica a filosofia política com o tipo *normativo* de reflexão sobre a política, que assume como diretriz fundamental própria a discussão de questões de valor e de dever ser, de problemas de justificação, de orientações prescritivas. Segundo o mais

---

6. N. BOBBIO, *Stato, governo, società. Per una teoria generale della politica*, Einaudi, Turim, 1985, p. VIII. Na segunda edição, de 1995, o subtítulo foi substituído pela forma mais modesta *Frammenti di un dizionario politico*.
7. Desta forma no *Prólogo* ao livro de A. GREPPI, *Teoría e ideología en el pensamiento político de Norberto Bobbio*, Marcial Pons, Madri-Barcelona, 1998, p. 9. A obra de Greppi representa atualmente o estudo mais completo sobre o pensamento político de Bobbio.
8. *Ibid.*, p. 10.
9. Mas é discutível que estivesse morta, e que portanto Rawls a tenha ressuscitado. Cf. GREPPI, *Teoría e ideología*, cit., pp. 14 em diante.

recente julgamento de Bobbio, se é verdade que o renascimento da filosofia política se deve a "uma obra que visa a delinear a melhor solução possível para uma sociedade justa, a teoria geral como eu a concebi e esbocei, pertence à fase anterior, aliás a meu ver em absoluto superada nos últimos anos. Teoria geral da política e teoria normativa da justiça podem tranqüilamente avançar lado a lado sem que uma crie obstáculos à outra. Seus objetivos são distintos. Mesmo que a primeira possa ajudar a segunda a perseguir com clareza e precisão o seu próprio objetivo, e a segunda possa fornecer à primeira renovados objetos de estudo".[10] Este julgamento equânime ajuda a compreender que não faz muito sentido tentar separar com um simples corte teoria geral da política e teoria da justiça, e muito menos estabelecer com uma (incauta) *actio finium regundorum*, que a expressão "filosofia política" ficará reservada exclusivamente à teoria normativa. De resto, isto não tem nem mesmo muito importância: ao fim e ao cabo, trata-se de simples convenções lingüísticas.[11] Todavia, é impossível deixar de constatar que a identificação hoje corrente entre a filosofia política *tout court* e o universo do discurso passível de ser remetido ao paradigma contemporâneo das teorias da justiça — um universo que cresceu sobre si mesmo desmedidamente, como aquele de uma "nova escolástica" — corre o risco de minimizar a função, e talvez de tornar invisível a própria existência, daquela que Bobbio denominou teoria geral da política. Para surgirem dúvidas sobre a identificação (tendencialmente) exclusiva, é suficiente refletir sobre a grande variedade de perspectivas, dos enfoques e dos estilos filosóficos presentes nas obras clássicas comumente atribuídas à história da filosofia política.

A filosofia política e suas formas

O problema de distinguir as várias formas de filosofia política, ou melhor, de classificar as diversas maneiras historicamente praticadas de interpretar sua natureza e suas tarefas, foi enfrentado por Bobbio na conferência apresentada no congresso "Tradição e novidade da filosofia da política", realizado na cidade de Bari, em 1970, que celebrava o nascimento acadêmico da disciplina na Itália. Na verdade, a conferência de Bobbio tinha por objetivo, indicado no título, individuar as possíveis relações entre filosofia política e ciência política; mas a tese sus-

---

10. N. BOBBIO, *Prólogo*, cit., p. 10.
11. Bobbio insistiu inúmeras vezes no caráter convencional dessas distinções.

tentada, de que tais relações se configuram de modo distinto segundo o significado que se atribui à noção de filosofia política, induzia Bobbio a propor antes de mais nada uma classificação de quatro tipos principais de filosofia política: uma distinção que ele mesmo apresentava, no comentário oral à conferência, como um "mapa (...) das regiões que os filósofos políticos povoaram sucessivamente".[12]

Segundo o mapa de Bobbio, o primeiro tipo de filosofia política coincide com o modo mais tradicional de entender sua natureza e suas tarefas, e consiste no "projeto (...) da ótima república", ou seja, na "construção de um modelo ideal de Estado". A referência explícita era às utopias, incluídas aquelas que Bobbio chama de "utopias às avessas", como o *1984*, de Orwell; mas estava implícita a possibilidade de extensão aos modelos normativos de "boa sociedade" (ou de "sociedade justa"). O segundo tipo de filosofia política é aquele que consiste na "investigação do fundamento último do poder": trata-se daquele que, sobretudo na tradição anglo-saxônica, é interpretado como o problema da justificação do dever de obediência política, e que, em outras tradições, é entendido como o problema dos princípios de legitimidade do poder político. O terceiro tipo de filosofia política é aquele que visa à "determinação do conceito geral de política", seja através de uma reflexão sobre a chamada "autonomia da política" em relação à moral, seja através de uma teoria do poder voltada para a "delimitação do campo da política em relação ao campo da economia ou do direito": e é a partir desse tipo que Bobbio — aqui pela primeira vez, se vi bem — sugere como apropriada a expressão "teoria geral da política", recorrendo à analogia com a teoria geral do direito. O quarto (e mais recente) tipo de filosofia política é aquele que nasce da interpretação da filosofia em geral como metaciência, identificando como tarefa essencial própria, de um lado, a investigação dos pressupostos e condições de validade da ciência política, e, de outro, a análise da linguagem política.[13]

Em um ensaio do ano seguinte, intitulado *Considerazioni sulla filosofia politica*, Bobbio explicava que a sua tentativa de classificação nasceu da "constatação de que na categoria da filosofia política costumam ser incluídas obras aparentemente muito distintas, como a *República* de Platão, o *Contrato social*, de Rousseau, e a *Filosofia do direito*, de Hegel".[14] Ao desenvolver essas considerações suplementares, Bobbio

---

12. Cf. o volume das Atas do congresso, *Tradizione e novità della filosofia della politica*, Laterza, Bari, 1971, p. 34.
13. N. BOBBIO, *Dei possibili rapporti tra filosofia politica e scienza politica*: cf. *infra*, pp. 67-69.
14. N. BOBBIO, "Considerazioni sulla filosofia politica", in *Rivista Italiana di Scienza Politica*, I (1971), 2, p. 367. Amplos trechos desse artigo encontram-se reunidos no presente volume em um único discurso com texto do ensaio anterior (cf. acima, n. 13), no cap. 1.I; mas a passagem citada está aqui omitida.

colocava entre parênteses o quarto significado de filosofia política, seja porque julgava que permanecia em um estado de proposta não muito praticada, seja porque dele não encontrava correspondência na filosofia política clássica, "de Platão a Hegel", parecendo-lhe talvez mais pertinente colocá-lo entre as formas de filosofia da ciência. Desenvolvia assim a distinção entre os três primeiros tipos de filosofia política, indicando para cada um deles uma obra clássica, além daquelas sugeridas no início, que poderiam ser consideradas paradigmáticas: *A utopia*, de Thomas More, *O Leviatã*, de Hobbes, e *O príncipe*, de Maquiavel. Confrontando as três obras, apontava em cada uma delas o problema fundamental, relacionando-o ao tipo de investigação na qual reconhecera, no texto anterior, uma das três maneiras de interpretar a tarefa da filosofia política: a investigação da melhor forma de governo, a da justificação do Estado, a da natureza da política.

Se agora retornarmos ao mapa "completo", com quatro termos, delineado por Bobbio em 1970, será fácil observar que as duas primeiras "regiões", povoadas (por exemplo), a primeira por Platão e More, a segunda por Hobbes e Rousseau, versam principalmente sobre questões de *valor*, ou de validade, podendo ser consideradas contíguas ou complementares entre si, como são os problemas da prescrição e da justificação; enquanto as outras duas "regiões", povoadas a terceira por Maquiavel e Hegel, a quarta por Alfred J. Ayer e Felix E. Oppenheim, versam principalmente sobre questões de *fato*, ou melhor, de conhecimento, podendo talvez também elas ser consideradas entre si contíguas ou complementares, como a interpretação da natureza das coisas (políticas) e a análise conceitual. A esta altura, trata-se de ver se as duas vertentes, normativo-prescritiva e interpretativo-analítica, nas quais são agrupáveis as quatro formas de filosofia política, devam ser consideradas claramente separadas e entre si alternativas, cada qual constituindo um campo peculiar e distinto da reflexão sobre a política; ou se se pode, ou até mesmo se deve, considerá-las, por sua vez, não apenas complementares, mas, antes, de alguma maneira interligadas. Apresentado nesses termos, o problema parece espelhar aquele mais geral da "grande divisão" entre fatos e valores (aos quais devemos retornar). Bobbio sempre se declarou "um dualista impenitente", para o qual "entre o mundo dos fatos e o mundo dos valores (...) a passagem está bloqueada".[15] Coerentemente, nas conclusões da conferência de Bari,

---

15. Desse modo, por exemplo, in N. BOBBIO, *De senectute*, Einaudi, Turim, 1996, p. 152. (Ed. bras: *O tempo da memória: De senectute e outros escritos autobiográficos*. Trad. Daniela Beccaccia Versiani. Rio de Janeiro: Campus, 1997, p. 150.)

sustentava que lá onde a filosofia política assume um caráter fortemente valorativo, como nos primeiros dois tipos, a relação com a ciência política, que se ocupa de descrições e explicações não-valorativas, é de separação, enquanto no caso dos outros dois tipos a relação com a ciência política é de continuidade ou de integração recíproca. Por conseguinte, parece delinear-se no pensamento de Bobbio uma divisão análoga também entre aquelas a que denominei as duas "vertentes" da filosofia política.

Não obstante, nas considerações finais afirmava que, reconduzido cada tipo de filosofia política ao problema principal — de "fato" ou de "valor" — que enfrenta, a busca pela resposta a uma das questões fundamentais não apenas não exclui a busca das outras, mas, ao contrário, a ela remete e a pressupõe: "depende da resposta que dou à pergunta sobre a natureza da política (se e em que medida a considero dependente ou independente da moral) a resposta ao problema do dever de obediência política, vale dizer, se e em que medida eu devo obedecer à ordem injusta. Depende da idéia que tenho sobre a natureza do Estado, dos seus fins, a resposta que dou à questão sobre quais seriam as melhores instituições políticas".[16] Se essa asseverada "dependência" fosse compreendida em sentido estrito como "dedutibilidade" dos juízos de valor sobre a conduta que se *deve* ter e sobre as instituições que se *deveriam* preferir a partir dos juízos de fato sobre a natureza da política ou do Estado quaisquer que *sejam*, o risco de incorrer na falácia naturalista (que consiste justamente na errônea pretensão de deduzir aquilo que se "deve" daquilo que "é"), seria inevitável; mas sugiro que tal "dependência" não deva ser entendida ao pé da letra, mas sim interpretada como "conexão", no sentido que dizemos serem "conexões" aquelas entre as premissas e a conclusão de um raciocínio prático do tipo silogístico, que não comporta, se formulado de modo correto, uma violação da "lei de Hume". Uma confirmação vem do exemplo, logo em seguida adotado, da obra de John Locke, na qual, segundo Bobbio, "a *estreita conexão* entre os três problemas parece evidente: *a*) o objetivo do corpo político é garantir aos indivíduos a asseguração da vida, da liberdade e dos bens; *b*) quando o governo já não é capaz de garantir a segurança, o dever de obediência política, ou seja, o dever de obediência perde o sentido; *c*) o melhor modo de se conseguir essa garantia é um legislativo fundado no consenso e um executivo dependente do

---

16. *Infra*, pp. 72-73.

legislativo".[17] A observação não tem aqui ulteriores desenvolvimentos. Mas está implícito no discurso de Bobbio que "conexões" análogas podem ser encontradas na obra de cada um dos grandes escritores por ele distribuídos nas várias "regiões" do "mapa".

São os escritores políticos que Bobbio considera "clássicos", aliás, ao lado de outros poucos, os clássicos maiores; ou seja, segundo a feliz expressão de Alessandro Passerin d'Entrèves muitas vezes retomada por Bobbio, "os autores que contam". E contam, para Bobbio, também porque elaboraram modelos conceituais de amplo horizonte, visões gerais do universo político e de seus problemas, enfrentando, cada qual a partir do seu ponto de vista, a sua complexidade. (Daí que as concepções globais oferecidas pelos clássicos maiores diferem entre si não apenas pelas distintas soluções propostas, mas também pela distinta importância atribuída a um ou outro dos problemas fundamentais.) Ora, é justamente a visão abrangente, a "conexão" entre os temas fundamentais da reflexão política que foram continuamente reformulados e discutidos pela maioria dos escritores políticos, a começar dos gregos, a ser indicada, no *Prefácio* ao volume sobre *La teoria delle forme di governo* (*A teoria das formas de governo*), de 1976, pelo nome de "teoria geral da política". A expressão, nesse texto e em quase todos aqueles nos quais é usada em referência à "lição dos clássicos", parece portanto assumir um significado distinto daquele construído com base na analogia com a teoria geral do direito. Tanto é verdade que neste último significado, a teoria geral da política é explicitamente considerada coincidente com apenas um dos quatro tipos de filosofia política — ou, se quisermos, com uma das duas vertentes, aquela voltada para o fim "cognoscitivo", não "propositivo" —, enquanto no outro significado parece estender-se até abarcar todas as questões, de "fato" e de "valor", que constituem os objetos principais das várias formas de reflexão filosófica sobre a políti-

---

17. *Infra*, pp. 72-73. Observe-se no entanto que a premissa maior, sob *a)*, não consiste em uma definição da *natureza* do Estado, mas sim do (tríplice) *fim* do Estado, ou, se quisermos, corresponde a uma definição teleológica, daquelas que Bobbio, como veremos, não considera adequadas para compreender a natureza da política e do poder político: uma vez que indica fins ulteriores e independentes em relação ao "fim mínimo" da ordem, tal definição não pode ser considerada por Bobbio "descritiva" da natureza da política e do Estado, mas sim "persuasiva", aliás, propriamente prescritiva. De fato, Locke prescreve ao Estado certos fins (a asseguração da vida, da liberdade, dos bens), que são os seus valores. Isto esclarecido, a conexão aqui reconstruída por Bobbio tem a forma de um duplo raciocínio silogístico: a proposição sob *b)* é na verdade passível de ser decomposta em uma afirmação de fato, "o governo não é capaz de garantir a segurança de certos bens", e em um juízo de valor, "não se deve obedecer a um Estado que não consegue o seu fim, exatamente a garantia de tal segurança"; do mesmo modo, a proposição sob *c)* pode ser compreendida como um juízo de fato, que afirma a adequação de uma certa forma de governo como meio para determinados fins, ao qual deveria seguir a conclusão normativa de que aquela é a melhor forma de governo, se na premissa maior, igualmente normativa, foi afirmado que aqueles são os fins que um governo deve perseguir. Em ambos os casos a conexão entre juízos de fato e de valor é admissível e não comporta violações da lei de Hume, que estabelece a impossibilidade de tirar logicamente conclusões prescritivas de premissas *apenas* descritivas.

ca: o exemplo da conexão entre os grandes temas na teoria de Locke é esclarecedor. A noção de teoria geral da política oscila, nos textos de Bobbio, entre esses dois significados, colocando alguns problemas ao intérprete. Tentarei mostrar nas próximas páginas como é possível superar essa dificuldade.

Teoria e ideologia

A oportunidade de voltar a refletir sobre questões de metateoria, ou de "metafilosofia política", foi oferecida a Bobbio por um ensaio de Danilo Zolo publicado em 1985 na então recente revista *Teoria politica*.[18] Zolo retomava o problema das possíveis relações entre filosofia política e ciência política, tecendo considerações muito críticas a respeito da concepção neo-empiricista de ciência (e de ciência política) com base na qual Bobbio havia, em 1970, tratado o argumento;[19] sustentava que a distinção entre filosofia e ciência política é reduzível a uma diferença de graus, que advém de uma distinta "seleção e enfoque dos problemas", donde a filosofia tende a construir teorias muitos gerais e inclusivas, a ciência, teorias de raio mais limitado e fortemente especializadas; e retornando ao mapa dos tipos de filosofia política, propunha a Bobbio emendá-lo, à luz dos desenvolvimentos da epistemologia pós-empiricista, suprimindo aqueles significados de filosofia política já (a seu ver) obsoletos e inaceitáveis, o primeiro de todos aqueles da investigação da ótima república.

Em 1988 Bobbio foi convidado a apresentar a conferência de abertura do congresso "La filosofia politica oggi", promovido pelos docentes italianos da disciplina, e foi-lhe pedido explicitamente que redesenhasse o mapa da filosofia política. A conferência, agora incluída no volume das atas do congresso, publicado em 1990, deve ser lida junto do ensaio *Ragioni della filosofia politica* (*Razões da filosofia política*), redigido por Bobbio no mesmo período, no qual tece considerações paralelas e suplementares, tornando a percorrer as várias fases do debate (não apenas italiano) sobre a disciplina.[20] A conferência proferida no congresso começa sugerindo a oportunidade de distinguir dois mapas, o "mapa dos enfoques", ou seja, das diversas maneiras — filosófica,

---

18. Cf. D. ZOLO, "I possibili rapporti tra filosofia politica e scienza politica. Una proposta post-empiristica", in *Teoria politica*, I (1985), 3, pp. 91-109.
19. Em texto de 1986, Bobbio respondia a Zolo sobre este tópico afirmando que não considerava que em sua maioria as críticas dirigidas à epistemologia empiricista a tivessem "abalado". Cf. *infra*, pp. 395-396.
20. Ambos os textos então reproduzidos no presente volume, o primeiro parcialmente, no cap. 1.II, o segundo, integralmente, no cap. 1.III.

científica, histórica — de se aproximar do objeto "política", e o "mapa das áreas", ou melhor, das esferas tradicionais — política, ética, jurídica, econômica — do mundo da prática. O mapa da filosofia política surge assim, na verdade, do cruzamento de dois mapas distintos. Quanto à atualização e revisão do mapa, Bobbio não acredita ter encontrado motivos para modificá-lo radicalmente, nada tendo encontrado além de novidades parciais e contudo pouco significativas, seja do ponto de vista dos "enfoques", seja do ponto de vista das "áreas". Os significados de "filosofia política" individuados em 1970 parecem portanto resistir, inclusive aquele da investigação da ótima república. Se aparentemente "o problema do bom governo perdeu muito da sua atualidade", explica Bobbio, isso se deve sobretudo "ao fato de que o problema foi se deslocando do bom governo para a boa sociedade". E isso ocorreu porque no mundo moderno "não se acredita mais que, para mudar a sociedade, baste mudar o regime político, como era possível acreditar quando o Estado era tudo e a sociedade fora do Estado era nada". Mas o problema, na sua substância, é o mesmo; ou, quem sabe, é menos limitado. As obras dos filósofos políticos que precisamente suscitaram o amplo debate dos últimos anos, de *Teoria della giustizia* (*Teoria da justiça*), de Rawls, a *Sfere di giustizia* (*Esferas de justiça*), de Walzer, não poderiam ser entendidas senão como continuações ideais, e atualizadas, do tradicional tema do ótimo Estado: trata-se, de fato, de "tentativas de propor soluções, ou pelo menos de oferecer indicações para a realização de uma boa ou de uma melhor sociedade".[21]

A única novidade relevante, registrada no "mapa dos enfoques", consiste, segundo Bobbio, na "tentativa de dar vida a uma teoria geral da política". A referência é dirigida a Zolo e à sua idéia de uma substancial contigüidade entre teoria filosófica e teoria científica da política; mas, em uma perspectiva mais geral, Bobbio se refere aqui à empreitada lançada pela revista *Teoria Politica*, que desde o primeiro número, publicado no início de 1985, se propunha a "colocar em confronto filósofos da política e cientistas políticos, convidando à colaboração e à interação filósofos e sociólogos, historiadores, políticos e juristas".[22] Na conferência proferida no congresso de 1988, comentando a redefinição da filosofia política proposta por Zolo nos termos de uma "teoria geral" (em relação à "teoria especial" atribuída à ciência política), Bobbio sugere que "Zolo tivesse em mente, mais do que a filosofia política largamente compreendida, a teoria política considerada, à moda

---

21. *Infra*, pp. 80-82.
22. *Infra*, pp. 90-91.

da teoria geral do direito, como elaboração do conjunto de conceitos gerais, dos *Grundbegriffe*, a começar pelo conceito de 'política', que servem para delimitar, de uma disciplina, a área, e para estabelecer seus principais pontos de referência".[23] Nesse texto parece, portanto, que Bobbio identifica ainda substancialmente a noção de teoria geral da política, como já fizera na conferência de 1970, com apenas um dos quatro significados tradicionais: aquele da investigação da natureza da política. No ensaio imediatamente posterior, dedicado às *Ragioni della filosofia politica* (*Razões da filosofia política*), tal noção surge enriquecida, se não modificada: aqui a teoria geral da política parece não simplesmente coincidir com um dos tipos de filosofia política, delimitada no seu objeto, mas ao mesmo tempo instituir uma perspectiva de investigação potencialmente aberta à consideração e à reformulação dos problemas típicos de todos os outros tipos.

Nesse novo texto, depois de ter enfatizado que a redefinição da filosofia política em termos de "teoria política", proposta pela revista homônima, era não apenas admissível mas até mesmo oportuna, porque "mais propensa a encontrar um maior ponto de convergência do que aquele que era consentido pela velha expressão 'filosofia política'", sujeita "às mais variadas interpretações e contestações",[24] Bobbio retorna ao problema do ensino universitário da disciplina, recordando-se de ter indicado, em fins de 1976, no já citado curso "La teoria delle forme di governo" (A teoria das formas de governo), a "razão de ser" do estudo e da análise dos "temas recorrentes": ou seja, daqueles temas, tais como a teoria das formas de governo, "que atravessam a história do pensamento político, dos gregos aos nossos dias (...), e que constituem enquanto tal uma parte da teoria geral da política". Acrescenta então que o estudo dos temas recorrentes, ou seja, escutar as "lições dos clássicos" (junto dos contemporâneos) em referência aos grandes problemas continuamente reformulados pela reflexão política, serve sobretudo para "individuar algumas grandes categorias (a começar por aquela, muito geral, da política) que permitem fixar em conceitos gerais os fenômenos que passam a fazer parte do universo político".[25] O ensaio conclui com a manifestação daquela que Bobbio denomina, com o usual *understatement*, "a [sua] preferência": "Hoje a função mais útil da filosofia política é analisar os conceitos políticos fundamentais, a começar pelo conceito mesmo de política. Mais útil porque são os mesmos con-

---

23. No presente volume este trecho foi omitido. Cf. N. BOBBIO, *Per una mappa della filosofia politica*, in AA. VV., *La filosofia politica, oggi*, organizado por D. Fiorot, Giappichelli, Turim, 1990, p. 11.
24. *Infra*, pp. 92-93.
25. *Infra*, pp. 94-95.

ceitos utilizados pelos historiadores políticos, pelos historiadores das doutrinas políticas, pelos politólogos, pelos sociólogos da política, mas, com freqüência, sem grandes sutilezas na identificação do seu significado, ou múltiplos significados".[26] Merece ainda ser enfatizada a ênfase final: "Contrariamente a uma interpretação limitadora da filosofia analítica, a *análise conceitual* não se resume à pura e simples análise *lingüística*, porque esta se apresenta continuamente entrelaçada à análise *factual* [...], a ser conduzida com a metodologia consolidada das ciências empíricas, de situações políticas relevantes".[27]

Compreendida dessa maneira a teoria geral da política — a qual resulta, ou pode resultar, do desenvolvimento sistemático do estudo analítico dos grandes problemas políticos, identificados, redefinidos e discutidos (também) através da individuação dos temas recorrentes nos clássicos — se revela não apenas uma maneira circunscrita, por Bobbio preferida, de interpretar a natureza e a função da filosofia política, mas uma forma de reflexão sobre a política capaz de abarcar, na própria específica perspectiva, as quatro regiões da filosofia política delineadas no mapa de 1970. Quanto ao método, que em outro lugar Bobbio definiu como sendo "empírico-analítico",[28] a teoria geral de Bobbio parece passível de ser remetida ao quarto tipo de filosofia política: mas deve-se prontamente esclarecer que, de um lado, a análise conceitual não se resume inteiramente (como acabamos de ver) à análise da linguagem, e de outro lado, na medida em que coincide com uma análise lingüística, a sua linguagem-objeto não é apenas aquela dos cientistas políticos, nem apenas a linguagem ordinária dos políticos ou da discussão política cotidiana, mas acima de tudo aquela dos próprios filósofos da política, e sobretudo aquela dos clássicos, que ao longo dos séculos contribuíram para plasmar, enriquecendo-o e modificando-o continuamente, o vocabulário do qual nos servimos para falar de política. Quanto ao campo de investigação, ou seja, ao universo de fenômenos ao qual o vocabulário se refere, a teoria geral, exatamente enquanto tal, tende a cobrir em princípio todo o horizonte da experiência política, e não pode deixar de enfrentar em primeiro lugar o problema — típico do terceiro tipo de filosofia política — da delimitação do próprio campo e da reconstrução das suas complexas articulações internas. A teoria geral vem assim ocupar completamente a segunda vertente, como aqui a denomi-

---

26. *Infra*, p. 99. Ao elenco dos que utilizam mal os conceitos, Bobbio poderia acrescentar muitos entre os próprios filósofos políticos contemporâneos.
27. *Infra*, pp. 99-100, itálicos meus.
28. Desse modo na p. XVI da *Premessa* a N. BOBBIO, *Contributi ad un dizionario giuridico*, organizado por R. Guastini, Giappichelli, Turim, 1994.

nei, da filosofia política, aquela voltada para os "fatos". Mas ao mesmo tempo inevitavelmente acaba por levar em consideração os termos dos problemas tratados pelos dois primeiros tipos de filosofia política, que aqui agrupei na primeira vertente, voltada para os "valores", sem todavia assumir diretamente as funções destas. Mantendo, como teoria não-normativa, o objetivo eminente de elucidação conceitual, a teoria geral submete à análise e reconstrói os significados *descritivos* das noções (e dos juízos) de valor empregados, por parte das teorias normativas (mas também por parte dos movimentos políticos reais), na elaboração de argumentos para a justificação ou não-justificação de ações e instituições políticas, e na construção de modelos prescritivos de boa convivência.

O exemplo da teoria das formas de governo, à qual Bobbio dedicou dois cursos universitários de Filosofia Política, pode ser esclarecedor. Nas apostilas, depois de ter recordado que "quase não há escritor político que não tenha proposto e defendido uma certa tipologia das formas de governo", e depois de ter enfatizado "a importância dessas tipologias [...] porque através delas foram elaborados e repetidamente discutidos alguns conceitos gerais da política, como oligarquia, democracia, despotismo, governo misto etc.", Bobbio observa que "geralmente qualquer teoria das formas de governo apresenta dois aspectos: um descritivo e outro prescritivo". Para o primeiro aspecto, toda a exposição do tema consiste "em uma classificação dos vários tipos de constituição política"; mas, enfatiza Bobbio, "não há tipologia que tenha apenas uma função descritiva. Diferente do botânico [...], o escritor político não se limita a descrever. Coloca-se geralmente um outro problema, que é indicar, segundo um critério de escolha que naturalmente pode mudar de autor para autor, qual das formas de governo descritas é boa, qual é ruim, qual a melhor, qual a pior, e eventualmente também qual é a ótima, e qual é péssima".[29] Nesse sentido, poderíamos dizer (mesmo que, sabemos, seja redutor) que, uma vez que reconstrói os conceitos empregados pelos escritores políticos, e mais amplamente na linguagem política, a teoria geral de Bobbio consiste em uma metalinguagem descritiva cuja linguagem-objeto é em boa parte uma linguagem prescritiva.

É verdade que o discurso de Bobbio, e não apenas nos escritos de "filosofia militante",[30] tende com freqüência, para além da pura re-

---

29. N. BOBBIO, *La teoria delle forme di governo* cit., pp. 1-4, passim.

30. A expressão, que remonta a Cattaneo, foi empregada por Bobbio no título de seus estudos sobre o grande escritor lombardo (cf. *Una filosofia militante. Studi su Carlo Cattaneo*, Einaudi, Turim, 1971) e depois se tornou corrente na sua linguagem.

construção, à discussão dos critérios de avaliação elaborados pelos escritores (e pelos atores) políticos, dos argumentos normativos e das orientações prescritivas, e portanto tende ao discurso ideológico (no sentido mais amplo e não-preconcebido do termo). Também valem, em certa medida, para a teoria de Bobbio as observações do próprio Bobbio sobre as teorias políticas em geral: a primeira, mais branda e até mesmo óbvia, destaca que "não há teoria tão asséptica que não permita entrever elementos ideológicos que nenhuma pureza metodológica pode eliminar inteiramente";[31] a segunda, mais forte, enfatiza que "uma teoria que diga respeito a algum aspecto da realidade histórica e social é quase sempre também uma ideologia, isto é, um conjunto mais ou menos sistematizado de avaliações que deveriam induzir os ouvintes a preferirem um estado de coisas a outro".[32] E contudo é impossível deixar de destacar, por outro lado, o importante papel que teve para a defesa de valores e ideais sustentada por Bobbio, em tantos anos de batalhas intelectuais, a operação em si não-ideológica mas propriamente teórica da reconstrução de conceitos claros e definidos, a superação de equívocos mediante a supressão de significados ambíguos da linguagem política, a elaboração de definições rigorosas e não persuasivas das categorias fundamentais.[33] Que a todos sirva de exemplo o ensaio intitulado *Della libertà dei moderni comparata a quella dei posteri* (*Da liberdade dos modernos comparada à dos pósteros*), que, mesmo sendo um escrito de filosofia militante, em defesa da liberdade de tradição liberal contra as críticas de quem se colocava do ponto de vista da pretensa (e suposta superior) "liberdade comunista", fundamenta as próprias argumentações sobre a redefinição e rigorosa distinção entre os dois significados de "liberdade", e que exatamente por isso merece um lugar na teoria geral da política de Bobbio.[34] Quero ainda acrescentar que também nesse caso a obra de reconstrução conceitual parte da referência a um clássico: Benjamin Constant.

A lição dos clássicos

No *Prefácio*, datado da Páscoa de 1973, ao volume das apostilas relativas ao seu primeiro curso de filosofia política, intitulado *Società e*

---

31. N. BOBBIO, *Prólogo* a A. Greppi, *Teoría e ideología* cit. p. 11.
32. N. BOBBIO, *La teoria delle forme di governo* cit., p. 5.
33. Captou bem esse aspecto Andrea Greppi, lá onde afirma que "no projeto [bobbiano] de esclarecimento do léxico político confluem os elementos mais significativos da sua filosofia e da sua ideologia". Cf. *Teoría e ideología* cit., p. 205.
34. Cf. *infra*, cap. 5.I.

stato da Hobbes a Marx (Sociedade e Estado de Hobbes a Marx), Bobbio escrevia: "Se eu quisesse dar a estes meus apontamentos um título acadêmico, tê-los-ia intitulado com prazer *La lezione dei classici (A lição dos clássicos)*".[35] À conexão entre o estudo dos clássicos e a elaboração de uma teoria geral da política Bobbio retornou muitas vezes. No prefácio ao volume que reunia a bibliografia das suas obras de 1934 a 1983, publicado em 1984, depois de ter chamado a atenção para o fato de que os seus escritos políticos têm com freqüência por objeto os autores do passado, advertia que não devem ser considerados "propriamente escritos de história do pensamento político, porque o seu objetivo último é a definição e sistematização de conceitos que deveriam servir para a elaboração de uma teoria geral da política".[36] Daí que tal objetivo pode ser perseguido somente se se empreende a leitura dos clássicos com os instrumentos do método analítico. No ensaio *Ragioni della filosofia politica (Razões da filosofia política)*, Bobbio defende os méritos da leitura analítica dos textos clássicos contra as "exorbitâncias" da interpretação historicista e as distorções da interpretação ideológica, porque ela permite "colocar em evidência o aparato conceitual com o qual o autor constrói o seu sistema, de estudar suas fontes, de pesar seus argumentos pró e contra, munindo-se, de tal modo, dos instrumentos necessários à comparação entre textos — independentemente da proximidade no tempo e das eventuais influências de um sobre o outro — e à elaboração de uma teoria geral da política".[37] Já em 1965, no Prefácio à sua primeira coletânea de ensaios dedicados aos clássicos do pensamento político moderno, intitulada *Da Hobbes a Marx (De Hobbes a Marx)*, Bobbio declarava: "No estudo dos autores do passado nunca me senti particularmente atraído pela miragem do assim chamado enquadramento histórico, que eleva as fontes a precedentes, as coincidências a condições, dispersa-se às vezes em particularidades até perder de vista o todo: dediquei-me, em vez disso, com particular interesse à enucleação de temas fundamentais, à elucidação de conceitos, à análise dos argumentos, à reconstrução do sistema".[38]

---

35. Cf. N. BOBBIO, M. BOVERO, *Società e stato da Hobbes a Marx*, Corso di Filosofia della Política, 1972-1973, C.L.U.T., Turim, 1973, p. 3. Este volume de apostilas não corresponde exatamente às lições tal como foram desenvolvidas durante aquele ano acadêmico. Bobbio redigiu os capítulos I (*Il modello giusnaturalistico*), II (*Thomas Hobbes*), III (*John Locke*), VI (*Karl Marx*) e a *Conclusione (Due filosofie della storia)* servindo-se não apenas dos apontamentos para as aulas mas também de outros escritos seus até então inéditos; e "para poupar tempo" — como é escrito em uma apósita advertência — confiou (incautamente) a redação dos capítulos IV (*Jean Jacques Rousseau*) e V (*Georg W. F. Hegel*) ao seu jovem colaborador.

36. Dessa forma na *Prefazione a Norberto Bobbio: 50 anni di studi. Bibliografia degli scritti 1934-1983*, organizado por C. Violi, Franco Angeli, Milão, 1984, p. 14. Uma nova edição atualizada, com o título *Bibliografia degli scritti di Norberto Bobbio 1934-1993*, foi publicada pela Laterza, em 1995.

37. Cf. *infra*, pp. 96-97.

38. Dessa forma na *Prefazione* a N. BOBBIO, *Da Hobbes a Marx*, Morano, Nápoles, 1965, pp. 6-7.

Ilustrando o uso bobbiano do método analítico, Riccardo Guastini o sintetizou em um termo-chave: "distinção"["distinzione"].[39] Eu acrescentaria, mesmo que em certo sentido esteja implícito no primeiro, um segundo termo: "comparação" ["comparazione"]. Quase não há texto dedicado ao estudo dos clássicos no qual Bobbio não insista na fecundidade das comparações. Na passagem já recordada, na qual pela primeira vez confere à filosofia a perspectiva do estudo dos "temas recorrentes" na história do pensamento político, que enquanto tal "são parte integrante de uma teoria geral da política", atribui a esse estudo "uma dupla importância": de um lado, ele serve, como sabemos, para individuar os conceitos políticos fundamentais; de outro, "permite estabelecer entre as diversas teorias políticas, mesmo que sustentadas em diferentes épocas, afinidades e diferenças".[40] A importância atribuída por Bobbio à comparação entre as teorias políticas de todas as épocas está radicada na própria noção bobbiana de "clássico", e esta, por sua vez, pressupõe uma determinada concepção de história.

Em ensaio de 1980 sobre Max Weber, considerado "o último dos clássicos" da filosofia política, Bobbio aponta quais são os atributos que fazem com que um escritor seja reconhecido como clássico.[41] É uma definição que coloca algumas dificuldades. Das três características apontadas por Bobbio, a segunda, que define como clássico o escritor "sempre atual, de modo que cada época, ou mesmo cada geração, sinta a necessidade de relê-lo e, relendo-o, de reinterpretá-lo", parece enfraquecer, senão tornar fugidio, o significado da primeira, segundo a qual clássico é um escritor considerado "o intérprete autêntico" do seu próprio tempo; e também o significado da terceira, segundo a qual clássico é um autor que construiu "teorias-modelo das quais nos servimos continuamente para compreender a realidade", e que "se tornaram, ao longo dos anos, verdadeiras e próprias categorias mentais". Se o pensamento de um clássico é continuamente reinterpretado de maneiras diferentes e às vezes até mesmo opostas, qual será a interpretação às suas obras por ele considerada "autêntica" do seu próprio tempo? Como será possível dela fixar uma imagem? E de que maneira se poderiam estabelecer regras precisas de uso para as suas "teorias-modelo"? Os constructos

---

39. R. GUASTINI, *Bobbio, o della distinzione*, in ID., *Distinguendo. Studi di teoria e metateoria del diritto*, Giappichelli, Turim, 1996, pp. 41 em diante.
40. N. BOBBIO, *La teoria delle forme di governo* cit., p. 1.
41. Cf. N. BOBBIO, *La teoria dello stato e del potere*, in AA. VV., *Max Weber e l'analisi del mondo moderno*, organizado por Pietro Rossi, Einaudi, Turim, 1981. A primeira versão deste ensaio, apresentada como conferência no congresso *Max Weber sessant'anni dopo*, realizado entre 26 e 28 de junho de 1980, foi publicada no mesmo ano pela revista *Mondoperaio* (n. 7-8) e recebeu do autor o título "Max Weber e i classici". O ensaio está reproduzido no presente volume no capítulo 2. III. A definição de "clássico" está aqui nas pp. 130-131.

conceituais não tenderão a tornar-se fórmulas vazias, ou demasiadamente elásticas? Mas talvez a maior dificuldade apresentada pela definição de clássico proposta por Bobbio consista em uma certa tensão, senão incongruência, entre a primeira e a terceira características: como é possível que uma construção teórica exprima a interpretação (qualquer que seja) de uma certa realidade histórica, e *ao mesmo tempo* ofereça modelos conceituais úteis para compreender também uma "realidade distinta" daquela da qual derivou e à qual foi aplicada — ou seja, parece sugerir Bobbio, para compreender também os problemas do *nosso* tempo? Parece-me que desse modo é colocada em questão a própria possibilidade da "lição dos clássicos" como a compreende Bobbio, a possibilidade de encontrar nas obras de escritores antigos e modernos teorias *válidas*, isto é, resistentes ao tempo. Poderíamos até mesmo dizer: a possibilidade de reconhecer um escritor como clássico, no sentido de que "clássico", também na linguagem comum, não é sinônimo de "passado", mas de "permanente"; em sentido análogo, Marx admitia a dificuldade, não tanto de mostrar a conexão da arte grega com o seu tempo, mas de explicar por que ela continua a representar para nós "uma norma e um modelo".[42]

O problema pode ser reformulado nos seguintes termos. Não é difícil compreender em que sentido uma teoria clássica pode ser considerada uma interpretação direta ou indireta de uma certa época, na medida em que essa teoria parece apresentar uma visão, ou melhor, uma "versão" global da (sua) realidade: como se costuma dizer, de um testemunho que dá a sua versão dos fatos. É mais difícil compreender como certos constructos conceituais pertencentes a uma teoria clássica, ou até mesmo a estrutura categorial que encerra, o seu "modelo", possam ser considerados válidos não apenas em relação à realidade histórica à qual se referem, mas também para interpretar realidades de diferentes épocas, sem com isso pressupor canceladas as suas próprias diferenças. A validade transepocal das teorias clássicas, muitas vezes enfatizada por Bobbio,[43] parece concebível apenas se assumirmos que aquelas teorias conseguem captar, ou refletir e revelar, uma espécie de *continuidade* na história, que permanece não obstante as transformações e através delas: ou, pelo menos, uma continuidade dos *problemas*, aos quais a cada vez são dadas diferentes soluções. Do complexo de escritos bobbianos dedicados aos clássicos emerge de modo claro, mes-

---

42. K. MARX, *Introduzione*, de 1857, a *Lineamenti fondamentali della critica dell'economia politica*, La Nuova Italia, Florença, 1968, p. 40.
43. Cf. por exemplo, *infra*, p. 97.

mo que nem sempre de forma explícita, a convicção de que tal continuidade subsista, e que encontre expressão, e ao mesmo tempo confirmação, precisamente nos "temas recorrentes", desde sempre reformulados e rediscutidos ao longo dos séculos na história do pensamento político. Tal como o problema das formas de governo, quais e quantas sejam, qual a melhor ou a pior; ou os problemas "da origem, da natureza, da estrutura, da destinação, do fundamento, da legitimidade" do poder político.[44] E não são recorrentes apenas os problemas, mas também, mesmo com inumeráveis variantes (que Bobbio denomina "variações sobre o mesmo tema"), os seus diferentes enfoques e soluções, dos quais é portanto possível e fecundo reconhecer semelhanças e diferenças, reagrupando-os em gêneros e espécies, reconstruindo modelos e paradigmas conceituais que se afirmam em determinadas épocas e lugares, se exaurem e são ultrapassadas, reflorescem e se renovam em outras estações e regiões. Daí o periódico reapresentar-se de um "retorno aos antigos", e em geral o freqüente reemergir de diferentes formas de concepções que em um determinado momento pareciam superadas: neokantismos, neo-hegelianismos, neomarxismos etc. Bobbio cita com prazer o horaciano *Multa renascentur.*

Não que, obviamente, Bobbio desconheça a realidade das mudanças históricas, através de cuja negação a própria história se reduziria a aparência. Algumas mudanças são aliás por ele julgadas profundas e radicais, e às vezes, ainda que com certa cautela, irreversíveis, o que exclui uma visão cíclica do tempo; mas, de qualquer modo, não tamanhas a ponto de simplesmente eliminarem a continuidade entre o antes e o depois. Se eu tivesse de ilustrar com uma linguagem metafórica, e portanto simplificadora, a representação bobbiana do devir histórico — da história dos eventos reais e da história do pensamento reflexo, ao menos no âmbito da cultura ocidental, à qual Bobbio se refere —, eu diria que o seu andamento mostra sim "guinadas", em alguns (raros) casos tão drásticas que parecem como que "inversões", mas não verdadeiras "fraturas". Certo, Bobbio com freqüência enfatizou a relevância da guinada crucial que assinala a passagem da era pré-moderna para a era moderna, uma verdadeira "revolução copernicana" decorrente da afirmação do primado dos direitos sobre os deveres;[45] mas também recordou que os clássicos modernos, de Maquiavel a Montesquieu e

---

44. Extraio esse elenco de problemas do ensaio "Il modello giusnaturalistico", in *Rivista Internazionale di Filosofia del Diritto*, L (1973), 4, p. 609.

45. Cf. no presente volume o cap. 9.I: *O primado dos direitos sobre os deveres*, que corresponde à primeira versão, rica em variantes, do ensaio *L'età dei diritti*, incluído na coletânea homônima, Einaudi, Turim, 1990.

Rousseau, continuaram a refletir sobre os acontecimentos, sobre as instituições e sobre as teorias dos antigos não apenas nas vestes de historiadores, mas também de estudiosos da política, para deles extrair ensinamentos. "Não seria possível explicar — afirma Bobbio no verbete "*Stato* (Estado)", redigido em 1981 para a *Enciclopedia Einaudi* — esta contínua reflexão sobre a história antiga e as instituições dos antigos se em dado momento do desenvolvimento histórico houvesse ocorrido uma *fratura* tal a ponto de dar origem a um tipo de organização social e política *incomparável* com àquelas do passado".[46] Em um ensaio de 1980, dirigindo-se de modo polêmico a todos que afirmavam divisar uma transformação radical nos "sinais" e nas "leis de movimento" da política, Bobbio advertia: "Para não nos deixarmos enganar pelas aparências e não sermos induzidos a crer que a cada dez anos a história recomece do zero, é preciso ter muita paciência e saber escutar outra vez a lição dos clássicos".[47] É verdade que, nesse ensaio, Bobbio tornava a percorrer a lição dos clássicos a partir de Maquiavel; mas logo no início deixava explícito que era possível remontar "muito mais para trás". Não por acaso, ele havia pouco antes citado a passagem dos *Discorsi sulla prima deca* nos quais está dito que "todas as coisas do mundo em cada tempo têm seu próprio encontro com os antigos tempos".

A idéia de continuidade da história, e do seu inevitável reflexo na história do pensamento, é evidente nos parágrafos do verbete "Estado", há pouco citado, no qual é discutido o problema se o termo "Estado" convém apenas ao Estado moderno ou também às formas políticas precedentes: depois de ter avaliado os argumentos em favor da primeira tese, e esclarecido que tudo se reduz à questão se deveriam ser colocadas em evidência mais as analogias ou as diferenças entre o chamado Estado moderno e as organizações anteriores, Bobbio convida à "constatação" de que "um tratado de política como aquele de Aristóteles, voltado para a análise da cidade grega, nada perdeu da sua eficácia descritiva e explicativa no que se refere às organizações políticas que se seguiram desde então até hoje". E pouco adiante: "Tal como a *Política* de Aristóteles no que se refere às relações internas, também as *Histórias* de Tucídides no que se refere às relações exteriores são

---

46. O verbete está agora incluído sob o título *Stato, potere e governo* in N. BOBBIO, *Stato, governo, società*, Einaudi, Turim, 1985, 2ª ed., 1995. O trecho citado no texto encontra-se, na última edição, na p. 61.

47. N. BOBBIO, *La politica tra soggetti e istituzioni: le lezioni dei classici*, in "Democrazia e diritto", XX (1980), 5, p. 641. O ensaio foi posteriormente reproduzido sob o título *La crisi della democrazia e la lezione dei classici* in N. BOBBIO, G. PONTARA, S. VECA, *Crisi della democrazia e neocontrattualismo*, Editori Riuniti, Roma, 1984, pp. 9-33 (o trecho cit. está na p. 10).

ainda hoje uma fonte inexaurível de ensinamentos e pontos de referência e confronto".[48]

Poderíamos dizer que, na perspectiva de Bobbio, a manter a continuidade entre os clássicos e nós, estamos nós mesmos e estão os clássicos: eles, enquanto inauguram tradições persistentes, que através de mil mediações alcançam os modos de pensar correntes e o mundo dos usos lingüísticos cotidianos; e reciprocamente nós mesmos, com o nosso olhar retrospectivo, enquanto recorremos de modo mais ou menos consciente ao seu patrimônio de idéias, reelaborando-o. Mas isso nada mais é que o modo dúplice de produzir-se e reproduzir-se, o modo de *continuar*, de uma cultura: nesse sentido, Bobbio se refere à "cultura ocidental" — "começo pelos gregos devido ao meu escasso conhecimento do pensamento oriental"[49] — como a cultura que herdamos, e que possuímos acima de tudo na linguagem. As fronteiras desta continuidade são exatamente aquelas dentro das quais "encontraremos" clássicos, enquanto perdurar a nossa capacidade de reconhecê-los como tal. Parece mais uma vez evidente que, nessa perspectiva, aquilo que se tenta individuar nos clássicos não é tanto o seu significado histórico no sentido estrito, mas sim, como sugere Bobbio na Introdução a *Studi hegeliani* (*Estudos hegelianos*), "hipóteses de pesquisa, temas para reflexão, idéias gerais".[50] Assim, o estudo dos clássicos abre caminho para a construção de uma teoria geral da política.

Dos "autores" aos conceitos para a teoria geral

Quais sejam os clássicos aos quais Bobbio dedicou maior atenção na investigação dos termos recorrentes, quais sejam portanto os seus "autores", é o próprio Bobbio a declarar no já mencionado Prefácio de 1984 à bibliografia dos seus escritos.[51] Por sua explícita admissão, o elenco está limitado a dez nomes, divididos em duas séries de cinco — de um lado Hobbes, Locke, Rousseau, Kant e Hegel, de outro Cattaneo, Croce, Kelsen, Pareto e Weber —, por amor à simetria; mas correndo o índice onomástico do presente volume podemos deduzir algumas indicações úteis para completá-lo. É compreensível que nem todos tenham recebido o mesmo peso no itinerário intelectual de Bobbio. Se eu precisasse escolher, entre os autores que com assiduidade foram estuda-

---

48. N. BOBBIO, *Stato, potere e governo*, in ID., *Stato, governo, società*, cit.: os trechos citados encontram-se às pp. 60-61.
49. *Infra*, p. 94.
50. N. BOBBIO, *Studi hegeliani*, Einaudi, Turim, 1981, p. XVIII.
51. Cf. *Bibliografia degli scritti*, cit., p. XXV.

dos por Bobbio, aquele que teria deixado marcas mais profundas sobre seu pensamento político, não teria dúvidas em indicar Thomas Hobbes. Acrescento que, a meu ver, a influência de Hobbes sobre Bobbio, ou, se quisermos, a inspiração hobbesiana no pensamento de Bobbio, diz mais respeito à formado que ao conteúdo.[52] Acima de tudo, podemos afirmar que Hobbes, com a sua vocação para a precisão e a sobriedade da linguagem e pelas suas definições rigorosas, foi o iniciador no campo da filosofia política do estilo analítico em seu sentido moderno, por Bobbio adotado. Não por acaso a obra hobbesiana foi por sua vez objeto privilegiado daquela historiografia filosófica de orientação analítica que Bobbio defendeu contra os excessos da crítica "contextualista". Deve-se também enfatizar a afinidade entre Hobbes e Bobbio em relação ao comportamento diante dos problemas políticos que eu não saberia denominar de outra maneira senão "realista", e que encontra uma manifestação radical, e quase patológica, tanto em Bobbio quanto em Hobbes, na tendência a considerar e a descrever uma situação sob a ótica mais desfavorável, a apresentar um problema nos termos mais difíceis para encontrar uma solução satisfatória:[53] basta recordar, de um lado, as mais célebres expressões de Hobbes, *homo homini lupus, bellum omnium contra omnes*, e de outro, a aplicação proposta por Bobbio do modelo hobbesiano ao problema do estado de natureza entre os Estados.[54]

Mas, além da clareza derivada do rigor analítico e do comportamento realista diante dos problemas políticos, a semelhança maior entre Bobbio e Hobbes se revela na estrutura do raciocínio: como em Hobbes, também em Bobbio o pensamento é, nos seus gânglios vitais, dicotômico. Bobbio teorizou explicitamente sobre a importância metodológica geral das "grandes dicotomias", definidas como o produto daquele "processo de ordenação e de organização do próprio campo de pesquisa" para o qual "cada disciplina tende a dividir o próprio universo em entes de duas subclasses que são reciprocamente exclusivas e conjuntamente exaustivas".[55] Tais são, segundo Bobbio, no campo do direito, a dicotomia entre público e privado, e, no campo da política, para mencionar a mais

---

52. Mesmo que Bobbio, respondendo ao meu discurso intitulado *Bobbio e Hobbes* (posteriormente publicado no "Notiziario" da Universidade de Turim, 1989, n. 6), me tenha feito notar, corretamente, que, além do método, pelo menos três grandes idéias hobbesianas influenciaram a formação do seu pensamento político: o individualismo, o contratualismo e a idéia da paz através da constituição de um poder comum. Cf. *De senectute* cit., p. 117.
53. Talvez esteja nesse comportamento a origem subjetiva daquilo que denominarei, mais adiante, o "realismo substancial" de Bobbio, distinguindo-o do realismo "metodológico".
54. Cf. N. BOBBIO, *Democrazia e sistema internazionale*, in ID., *Il futuro della democrazia*, Einaudi, Turim, 3ª ed., 1995.
55. Cfr. N. BOBBIO, *La grande dicotomia*, in ID., *Dalla struttura alla funzione*, Comunità, Milão, 1977, p. 145; cf. Também *Pubblico/privato*, in *Stato, governo, società*, cit.

simples e abrangente das expressões por ele cunhadas, a dicotomia entre Estado e não-Estado,[56] que todavia reflete de certo modo a dicotomia hobbesiana entre estado natural e Estado civil. Ao lado das "grandes dicotomias", e nelas inscritas, na obra de Bobbio encontram-se inúmeras outras dicotomias, por ele denominadas "parciais" e "secundárias". Também os temas recorrentes, que são individuados e analisados por Bobbio através do estudo da lição dos clássicos, e que devem ser sistematizados, segundo a sua indicação, no projeto da teoria geral da política como articulações desta, podem encontrar expressão adequada e conveniente em expressões dicotômicas: como sociedade e Estado, política e moral, democracia e autocracia, reformas e revolução etc. Sugiro, como exercício não-fútil, sublinhar as dicotomias explícitas, e identificar as implícitas, que constituem a verdadeira trama conceitual desse volume assim como de todos os escritos teóricos de Bobbio.

Para construir as bases da teoria geral da política através do estudo analítico dos clássicos, Bobbio seguiu preferencialmente duas estratégias complementares: a primeira consiste em partir de uma noção de uso corrente para investigar suas diferentes interpretações na história do pensamento político, com freqüência inseridas em uma rede de pares dicotômicos; a segunda consiste em partir da obra de um grande autor para dela enuclear um conceito fundamental do linguajar político, elucidar seu significado e eventualmente distinguir significados que nela se confundem, com freqüência (de novo) mediante a construção de dicotomias. Da primeira estratégia são exemplos claros os ensaios bobbianos dedicados à noção de sociedade civil,[57] e em geral os numerosos verbetes de dicionários e enciclopédias; da segunda, entre os inúmeros escritos que poderiam ser citados considero exemplar o ensaio *Kant e le due libertà* (*Kant e as duas liberdades*),[58] que dá seguimento e aprofunda a investigação que teve início na polêmica contra os detratores da liberdade liberal. Mas há ainda, na obra de Bobbio, toda uma série de ensaios nos quais a "arte da comparação" alcança a meu ver os resultados mais fecundos para a construção das categorias fundamentais de uma teoria geral da política. São os ensaios nos quais Bobbio reconecta vários aspectos do modelo conceitual de um clássico ao modelo de outros clássicos. Entre eles, eu colocaria em primeiro lugar os ensaios dedicados a *Il modello giusnaturalistico* (*O modelo jusna-*

---

56. Cf., por exemplo, *infra*, p. 172; mas sobretudo *Stato, governo, società*, cit., pp. 112-15.
57. Um dos mais recentes está incluído em *Stato, governo, società*, cit., pp. 23-42.
58. Incluído neste volume, corresponde ao capítulo 2.I.

turalista),[59] no qual são reconstruídas, em confronto com o modelo aristotélico, as constantes e as variantes da teoria que acompanhou a afirmação do Estado moderno, de Hobbes a Hegel "incluso-excluso"; ao mesmo gênero pertence também o famoso ensaio *Hegel e il giusnaturalismo* (*Hegel e o jusnaturalismo*).[60] Na perspectiva da teoria geral da política, pela relevância dos temas tratados, destacam-se os ensaios *Marx, lo stato e i classici* (*Marx, o Estado e os clássicos*) e *Max Weber e i classici* (*Max Weber e os clássicos*).[61] No primeiro, Bobbio declara querer "confrontar a teoria política de Marx" com outras grandes teorias clássicas, com o objetivo de individuar, "através de um procedimento de comparação por afinidades e diferenças, qual possa ser o lugar ocupado pela teoria do Estado de Marx na história do pensamento político".[62] O confronto avança através de quatro grandes "distinções" entre as teorias políticas, que são aqui divididas em teorias idealistas e realistas, teorias racionalistas e historicistas, concepções positivas, ou do Estado como reino da razão, e negativas, ou do Estado como reino da força, e, por fim, como divisão interna dessas últimas, concepções do Estado como mal necessário e como mal não-necessário. No segundo ensaio, depois de ter considerado "surpreendente" o escasso interesse demonstrado por Weber pelos clássicos da filosofia política, afirma que mesmo que se admitisse "que a teoria política weberiana tenha sido elaborada prescindindo de qualquer modelo precedente, não significa que não seja comparável à tradição". Acrescenta, aliás, que "a comparação é tanto mais necessária quanto mais o pensamento político weberiano parece ter operado [...] a ruptura com uma tradição que, de Platão a Hegel, mostrou uma extraordinária vitalidade e continuidade. Apenas a comparação permite responder à pergunta fundamental: como se insere a teoria política weberiana na tradição do pensamento político ocidental, a qual parece contudo não ter levado em grande conta? Quais são os elementos de ruptura e quais são os elementos de continuidade?". Bobbio considera fundamental essa pergunta "porque somente através de sua resposta [...] pode surgir a compreensão plena de uma obra extremamente complexa" como é a weberiana.[63] Depois de submeter a minuciosa análise a definição de Estado, a teoria dos tipos de

---

59. Receberam este mesmo título dois ensaios de Bobbio: o primeiro é aquele anteriormente citado, na nota 44; o segundo, muito mais amplo, constitui a Primeira Parte de N. BOBBIO, M. BOVERO, *Società e stato nella filosofia política moderna*, Il Saggiatore, Milão, 1979.
60. Agora incluído em N. BOBBIO, *Studi hegeliani*, Einaudi, Turim, 1981.
61. Incluídos neste volume, correspondem aos capítulos 2.II e 2.III. Para o segundo, cf. anteriormente, nota 41.
62. *Infra*, p. 114.
63. *Infra*, pp. 132-133.

poder e a teoria do poder legal-racional de Weber, e depois de ter comparado essas definições e teorias weberianas às grandes teorias do passado, conclui, e era de se esperar, que "a ligação com o passado existe: trata-se de saber vê-la"; mesmo que, obviamente, "o nexo inevitável entre Weber e os clássicos não diminui em nada a originalidade do seu pensamento".[64]

"Estado" e "poder", os temas fundamentais que são objeto de análise nos ensaios sobre Marx e Weber ora mencionados, podem ser considerados as categorias primárias através das quais Bobbio chega à determinação do conceito geral de política.

A política e as suas fronteiras

Das três contribuições que Bobbio explicitamente citou como "esboços"[65] em relação ao abrangente projeto da teoria, os dois primeiros, o verbete "Política", redigido em meados da década de 1970 para o *Dizionario di politica*, da Utet, e o ensaio *La politica*, publicado em uma coletânea de 1987, mas composto alguns anos antes (que no presente volume[66] foram intitulados respectivamente *Il concetto di politica* (*O conceito de política*) e *I confini della politica* (*As fronteiras da política*), e que, para sermos breves, serão doravante referidos como "verbete" e "ensaio"), perseguem ambos o mesmo objetivo de definir o objeto geral da teoria traçando suas fronteiras em relação às outras "áreas" do mundo da prática, ou do "agir social". Inevitavelmente, os dois traçados apresentam semelhanças, e os itinerários conceituais propostos por Bobbio para delineá-los, embora o segundo seja mais completo que o primeiro, acabam por sobrepor-se em grande parte, mas não sem variações merecedoras de consideração.

O verbete parte da origem da palavra "política", derivada de *politikós*, o adjetivo de *pólis*, para então chegar a uma primeira definição formal da noção de política, mediante a qual tal noção passa a ser associada àquela de Estado (no sentido mais amplo). Passa então a ser definida como "política" a esfera das "atividades" que têm como "termo de referência" o Estado. Mas as atividades políticas são logo em seguida diferenciadas em dois tipos, dependendo se o curso da ação se processe *a partir do* Estado, ou seja, a *pólis* dela seja o *sujeito*, como nos atos eminentemente políticos de comandar e de legislar, ou se o curso da

---

64. *Infra*, p. 155.
65. Cf. N. BOBBIO, *Congedo*, in AA. VV., *Per una teoria generale della politica*, cit., p. 249.
66. No qual correspondem aos capítulos 3.1 e 4.1.

ação se processe *em direção ao* Estado, ou melhor, em direção ao *"poder* estatal", que é o *objeto* dos atos igualmente políticos como o de conquistar ou derrubar tal poder.[67] Desse modo, a noção de Estado como termo de referência direto da noção de política tende implicitamente a resumir-se na, e a ser substituída pela, noção de poder, ora como princípio, ora como fim da atividade política. Se passarmos ao ensaio, na definição inicial de política, também aqui identificada com uma "esfera de ações", os dois processos do agir político são indicados brevemente pelos termos "conquista" e "exercício", sem particular destaque para a diferença entre os dois, com referência direta ao "poder último (ou supremo ou soberano)", e apenas indireta à "comunidade de indivíduos" e ao "território".[68] Contudo, podemos reconhecer nesta definição os três elementos constitutivos da noção jurídica mais comum de Estado. Mas, sem dúvida, das duas noções primárias através das quais Bobbio constrói a definição de política, a principal é a noção de poder. Mesmo porque é a mais abrangente: no modelo de Bobbio, a esfera do poder é mais ampla do que a da política, e esta é mais ampla que a esfera do Estado.

Se é verdade que não se pode conceber de modo algum a política sem o poder, é também verdade que nem todo poder é político. No verbete, depois de haver brevemente analisado a tipologia clássica das formas de poder — paterno, despótico e político — na teoria de Aristóteles, baseada no critério do "interesse daquele em favor do qual é exercido o poder", e na teoria de Locke, baseada no critério dos princípios de legitimidade, considera-a, em ambas as versões, inadequada para identificar o poder político como tal: governos paternalistas e despóticos não são, na verdade "menos governos", ou seja, menos "políticos", do que aqueles exercidos no interesse público ou legitimados pelo consenso.[69] Assim, propõe como adequada a tipologia que denomina "moderna", aquela que distingue três classes principais de poder — econômico, ideológico e político — fundamentando-se no critério dos "meios dos quais se serve o sujeito ativo da relação para condicionar o comportamento do sujeito passivo".[70] A tipologia de Bobbio, que na sua simplicidade e aparente obviedade é capaz de abarcar a maioria das teorias sociais contemporâneas, resulta claramente construída mediante a extrapolação, e a extensão por analogia ao inteiro âmbito do con-

---

67. *Infra*, pp. 160-161.
68. *Infra*, p. 216.
69. *Infra*, pp. 161-162.
70. *Infra*, p. 162.

ceito latíssimo de poder, da célebre definição weberiana do poder político com base no "meio específico" da força física. Tanto é verdade que chega à mesma caracterização do poder político como "poder coativo" e "exclusivo", ou seja, detentor do monopólio do uso da força (ou dos meios de coação).

O reconhecimento da necessária conexão entre o poder político e a força constitui para Bobbio o núcleo essencial de uma concepção realista da política, como tal capaz de tornar compreensível a sua "verdade efetiva". Em relação à qual considera equivocadas as tradicionais concepções teleológicas, que definem a política não com base no meio mas nos fins que ela persegue. Parece, aliás, acolher sem reservas a conhecida recusa weberiana em considerar caracterizante do poder político o objetivo mais que o meio, a ponto de afirmar peremptoriamente que "não há fins da política para sempre estabelecidos, e muito menos um fim que compreenda todos os outros e possa ser considerado o fim da política".[71] Todavia, Bobbio corrige em parte essa drástica afirmação admitindo que "se possa falar, com correção, pelo menos de um fim mínimo da política: a ordem pública".[72] Na verdade, a crítica às concepções teleológicas serve para que Bobbio exclua como inadequadas as definições *não-descritivas* de política, que denomina "persuasivas", ou seja, aquelas que "atribuem à política outros fins além da ordem, como o bem comum [...] ou a justiça [...]", ou outras noções de fim "como felicidade, liberdade, igualdade". Em outras palavras, sustenta Bobbio, não se pode recorrer a noções de valor, "demasiado controversas [...] para individuar o fim específico da política"; mas desse modo Bobbio parece exatamente admitir, contrariando a precedente recusa peremptória, que exista exatamente um fim específico, e não apenas o meio específico, da política — ainda que seja um fim "mínimo", que "tudo faça com o meio". Tanto é verdade que critica, logo em seguida, a teoria segundo a qual o caráter político do poder consistiria em ser um fim em si mesmo: "se o fim da política (...) fosse realmente o poder pelo poder, *a política não serviria para nada*".[73]

Mas no ensaio — no qual a reconstrução do conceito de política apresenta variantes e enriquecimentos em relação ao verbete, seguindo um percurso em parte diferente, e à primeira vista inverso, relativo à ordem dos argumentos — Bobbio volta a enfatizar peremptoriamente que "do ponto de vista do juízo de fato, que permite apenas diferenciar

---

71. *Infra*, p. 167.
72. *Infra*, p. 167.
73. *Infra*, pp. 167-170, itálico meu.

a ação política das ações não-políticas", o critério do fim é inadequado. Admite sim, novamente, que um "objetivo mínimo de cada Estado" existe, reconhecendo-o na ordem pública interna e internacional; mas trata-se de pouco mais que um aceno, logo vencido pela insistência sobre o critério do meio, com base no qual é reformulada a tipologia das espécies de poder.[74]

A tripartição das formas de poder nas três classes, do poder político, do poder econômico e do poder ideológico, permite que Bobbio, no verbete e no ensaio, passe ao problema das "fronteiras da política", distinguindo-a em relação às duas esferas sociais contíguas, a esfera religiosa, ou genericamente espiritual ou intelectual, e a esfera econômica, ou da sociedade civil, no sentido hegeliano-marxiano da expressão. São aquelas que no verbete Bobbio denominou as duas esferas do "não-Estado".[75] Estranhamente, em nenhum dos dois escritos recebe adequado destaque uma outra distinção, presente em diversas contribuições, mediante a qual Bobbio esclarece que se a esfera da política é (ou melhor, tornou-se historicamente) mais restrita do que a esfera social geral, contudo também é (tornou-se) mais ampla do que a esfera do Estado. A própria emancipação da sociedade civil (em sentido lato) em relação ao Estado permitiu a criação dentro dela de grupos de interesse e de opinião que, uma vez que contribuem de maneira direta ou indireta para a formação das decisões coletivas (válidas coercitivamente *erga omnes*), desenvolvem atividade propriamente política, e são por isso, em sentido pleno, grupos políticos, mesmo não fazendo parte do Estado-instituição ou do Estado-aparato.[76]

Ao lado e para além da distinção entre esfera política e esfera social, no verbete e no ensaio, Bobbio enfrenta brevemente o problema da distinção entre política e moral e (apenas no ensaio) entre política e direito, ambas desenvolvidas com riqueza de análise em outras contribuições específicas.[77] No ensaio, Bobbio esclarece oportunamente que a primeira distinção, entre política e sociedade, e as outras duas, se colocam em planos distintos, respectivamente, o plano do ser, onde são formuladas questões de fato, e o plano do dever ser, onde são formula-

---

74. *Infra*, pp. 219-222. No verbete e no ensaio, embora mais superficialmente no último, Bobbio leva em consideração a teoria de Carl Schmitt que define a política, ou melhor, "o conceito de político", com base na dupla categoria "amigo-inimigo", inclinando-se a considerá-la compatível com a definição por ele mesmo proposta, exatamente porque reconduzível à necessária conexão entre política e força. Mas no verbete acrescenta que considera a perspectiva de Schmitt "unilateral", já que atenta apenas para os "conflitos" políticos. O argumento do confronto entre as concepções de política de Bobbio e de Schmitt mereceria ser aprofundado.
75. *Infra*, pp. 84-86.
76. *Infra*, pp. 172-173.
77. Sobretudo naquelas intituladas *Ética e política* e *Do poder ao direito e vice-versa*, incluídas ambas no presente volume, no qual correspondem respectivamente aos capítulos 3.II e 4.II.

das questões de valor, ou melhor, de normas. Uma coisa é o problema das características que de fato distinguem o agir político, e o poder político, dos outros tipos de agir e de poder, outra coisa é o problema das normas que valem, ou deveriam valer, para o agir e para o poder político. Moral e direito são, na linguagem de Bobbio, dois *tipos* de sistemas normativos (no interior de cada um dos quais encontramos diferentes *códigos* concretos, respectivamente éticos e jurídicos), que podem em princípio ser aplicados — independentemente um do outro, e prescindindo da relação entre si — às mais diversas esferas de atividade, e portanto também à ação política, mas não apenas a ela. O problema da relação entre direito e política parece mais "complexo", seja no que se refere à relação entre moral e política, seja no que se refere à relação entre o direito e as outras esferas do agir, porque se trata de uma relação de "interdependência recíproca": ou seja, explica Bobbio no ensaio, de um lado "a ação política se exerce através do direito", de outro, "o direito delimita e disciplina a ação política".[78] Daí o tema recorrente da relação reversível entre lei e poder soberano, e a difícil questão do primado da primeira sobre o segundo ou vice-versa. Mas o problema da relação entre moral e política parece mais difícil em comparação ao problema da relação entre direito e política, e sobretudo mais grave em comparação com o problema entre a moral e as outras esferas da atividade humana, porque o que é sempre trazido à discussão é se seria plausível formular a questão da licitude ou ilicitude moral para o agir político, ou ao menos se seria plausível formulá-la nos mesmos termos em que ela é formulada para os outros tipos de agir. O tema recorrente da relação entre ética e política ressurge continuamente da repetida constatação do conflito, que parece imutável, entre a política e a moral corrente: daí a busca, na qual se empenhou a filosofia política de todos os tempos, de explicações e justificações para esse fato, "por si só escandaloso".[79]

Na sua forma mais aguda, sugere Bobbio no ensaio, o problema surgiu com a formação dos grandes Estados territoriais modernos, onde "a política *se revela* [...] como o lugar no qual se exerce *a vontade de potência*".[80] Qualquer um pode ver que em uma afirmação como esta — tomada isoladamente e retirando-a do seu contexto, e portanto sem levar em conta a reconstrução e a discussão conduzida por Bobbio sobre as diferentes soluções historicamente propostas ao problema da

---

78. *Infra*, pp. 231-233.
79. *Infra*, p. 181.
80. *Infra*, pp. 227-228, itálicos meus.

disparidade entre ética e política[81] — surge no discurso de Bobbio uma concepção "realista", ou um aspecto dela, que vai além da pura e simples consideração não-valorativa que o levou a refutar as concepções idealizantes implícitas nas definições teleológicas de política, em muitos casos não descritivas mas "persuasivas": um "realismo político" mais próximo do significado corrente (todavia ambíguo) dessa expressão, que não consiste simplesmente em uma visão da realidade destituída de avaliações, mas que tende a descrever a mesma realidade política como um mundo refratário aos valores; aliás, em definitivo, implicitamente conotado de valor negativo. Por um primeiro aspecto, o realismo, por assim dizer metodológico, torna compreensível a "verdade efetiva", definindo o poder político — termo de referência inevitável de todo o âmbito de atividades que denominamos políticas — mediante o "meio específico" da força; por um segundo aspecto, o realismo, que poderíamos denominar substancial, é levado a reconhecer na política o teatro da violência e da fraude, dificilmente vendo no poder outro vulto senão aquele "demoníaco". De um lado, o realismo é um *olhar* sobre a realidade política não condicionado por juízos de valor; de outro, é também uma *imagem* da própria realidade, semelhante àquela atribuída aos maquiavélicos, e além disso julgada axiologicamente negativa, ou, antes, terrível. Os dois aspectos são mal e mal distinguíveis, e mesmo que não existam dúvidas de que quando Bobbio declara a sua própria adesão ao realismo se refere ao primeiro, estão ambos presentes (como veremos melhor a seguir) na obra bobbiana.

Isto não significa que Bobbio tenda a acolher uma versão extrema, hiper-realista, da chamada autonomia da política: para ele, a política não se subtrai, em absoluto, como qualquer outra esfera do agir humano, ao juízo moral, "ainda que [...] de uma moral distinta ou em parte distinta da moral comum".[82] "Não obstante todas as justificações da conduta política que se desvia das regras da moral comum, o tirano continua tirano, e pode ser definido como aquele cuja conduta não consegue ser justificada por nenhuma das teorias que contudo reconhecem uma certa autonomia normativa da política em relação à moral".[83] Mesmo admitindo-se — e não em qualquer modo consentido — que o fim justifique os meios, permanece de qualquer forma o problema moral da "legitimidade do fim",[84] e o fim da ação política não pode

---

81. Sobretudo no ensaio *Etica e politica* [*Ética e política*], aqui no capítulo 3.II.
82. *Infra*, pp. 201-202.
83. *Infra*, p. 200.
84. *Infra*, pp. 201-203.

ser (não é lícito que seja) simplesmente o poder pelo poder; ou melhor, quando assim é, a ação permanece injustificada. As considerações de Bobbio sobre a legitimidade moral do fim podem ser associadas à distinção entre poder de fato e poder legítimo, que se encontra no ensaio como aspecto da relação entre política e direito, e que reabre em certo sentido o problema da natureza mesma do poder político. Com freqüência parece que Bobbio tende a excluir a legitimidade — uma noção à qual "se recorre [...] para dar uma justificação do poder"[85] — dos sinais identificadores do poder político como tal: para ser reconhecido como político, é suficiente que um poder seja coativo e exclusivo, não necessariamente legítimo. O poder que um tirano efetivamente exerce é "político", mesmo que não seja legítimo (se não é autorizado: *tyrannus ex defectu tituli*), e mesmo que a sua ação seja moral e juridicamente injustificável (*tyrannus ex parte exercitii*). Todavia a mesma efetividade do poder, isto é, o fato de que um certo poder consiga se impor de modo eficaz, e a continuadamente impor obediência, reclama uma certa necessidade de legitimidade. A efetividade, ou seja, "a continuidade de um poder exclusivo sobre um determinado território", não é "um mero fato", mas é também "conseqüência de uma série de comportamentos motivados, a cuja motivação é preciso remontar para julgar o grau de legitimidade de um poder em uma determinada situação histórica".[86] E de fato não há tirano (ou governo despótico, ou ditadura golpista) que não procure uma justificativa legitimadora qualquer. Em suma: um poder político é de fato político mesmo que não seja legítimo, mas nenhum poder político é um puro "poder de fato", mas tem necessidade (de fato) de legitimação, e não pode procurá-la "senão remetendo a valores ou a regras dadas que, por sua vez, são expressões de valores".[87] Mesmo que isso não implique, obviamente, que as pretensas justificativas adotadas pelos detentores efetivos de um poder tenham credibilidade, nem sobretudo que não sejam contestáveis mediante referência a outros valores e princípios ideais.

Encontramos assim, uma vez mais, o problema dos valores e da relação entre os valores e os "fatos", que está entre os mais complexos e espinhosos para o leitor dos escritos teóricos de Bobbio, e que no seu aspecto mais formal diz respeito à própria natureza mesma da teoria geral da política.

---

85. *Infra*, p. 234-235.
86. *Infra*, p. 236.
87. *Infra*, p. 75.

O *problema dos valores*

"As palavras da linguagem política não são axiologicamente assépticas. Têm um significado descritivo e um significado emotivo que pouco se distinguem entre si. E o significado emotivo pode ser positivo ou negativo, dependendo de quem usa a palavra e do contexto em que é usada".[88] De afirmações como estas *não* se deve inferir que, para Bobbio, os conceitos políticos sejam "essencialmente contestáveis", ou seja, em si mesmos controversos, como ao contrário sustentaram (ainda recentemente) alguns filósofos políticos, retomando uma avançada tese, nos anos 50, de W. B. Gallie.[89] Ou melhor, as controvérsias que sempre surgem em torno dos conceitos políticos não são radicalmente insolúveis, segundo Bobbio, exatamente porque do significado "emotivo" — "essencialmente contestável", enquanto exprime adesão ou recusa, e remete a paixões, preferências, ideais — em geral é possível extrair um significado descritivo, ou explicativo, axiologicamente neutro. A disjunção dos dois tipos de significado mediante a reconstrução em termos puramente descritivos dos conceitos políticos — e sobretudo de noções como liberdade, igualdade, justiça, democracia, paz, que são comumente citadas como "valores" — não só é possível e oportuna para nos orientarmos na realidade sem nos deixarmos condicionar por preconceitos, mas constitui de algum modo uma desnaturalização de tais conceitos. As definições axiologicamente neutras não "esterilizam" os valores, ou melhor, não impedem as opções de valor que são um componente essencial do agir político (nem poderia fazê-lo), mas, ao contrário, podem contribuir para torná-las razoáveis e sensatas. Ao ser publicada, pela editora Feltrinelli, em 1964, a tradução italiana do livro de F. E. Oppenheim *Dimensioni della libertà* (*Dimensões da liberdade*), surgiu uma rica discussão exatamente sobre a possibilidade e oportunidade de redefinir a liberdade, como o autor tentara fazer, de modo não-valorativo. Bobbio foi o único, então, a defender com firmeza aquela tentativa contra a acusação de "tirar sentido" dos reais problemas de escolha política, invertendo-a completamente: "Que sentido [...] haveria em dizer 'prefiro a liberdade' se não se estabelecesse primeiro em qual dos sentidos descritivos de liberdade uso esta palavra no contexto?" E acrescentou: "Um discurso sobre a liberdade [...] só tem sentido

---

88. N. BOBBIO, *Prólogo*, in A. GREPPI, *Teoría e ideologia*, cit., p. 10.
89. Cf. W.B. GALLIE, *Essentialy Contested Concepts*, in "Proceedings of the Aristotelian Society", 56 (1955-56), pp. 167-98; W.E. CONNOLY, *The Terms of Political Discourse*, Princeton University Press, Princeton, 1974; J. GRAY, *On the Contestability of Social and Political Concepts*, in "Political Theory", 5 (1977), pp. 331-48.

se se apóia em um significado descritivo bem determinado e bem delimitado do termo: o significado valorativo vem depois, é um significado adjunto. Que 'liberdade' tenha um significado valorativo significa apenas dizer o seguinte: que usando este termo eu indico, além de uma situação assim e assim determinada, também uma situação boa, que recomendo. Mas o que conta em um discurso sobre a liberdade não é tanto saber que a situação sobre a qual se fala é desejada e recomendada, mas *o que* o interlocutor deseja e recomenda".[90]

Além disso, a reconstrução do significado ou dos diversos possíveis significados descritivos das noções de valor é para Bobbio o único modo, ou o modo mais eficaz, de superar (até onde é possível) a rigidez das oposições ideológicas, ou pelo menos de mitigá-la, contribuindo para dissolver as desconfianças e os preconceitos que com freqüência têm raiz nos usos equivocados ou ambiguamente evocativos dos termos da linguagem política, e por isso ajudando na compreensão recíproca, mesmo que esta não equivalha sem dúvida à conciliação do conflito pela aceitação das posições dos demais. Eram exatamente esses os objetivos práticos — além do objetivo teórico, válido por si só, de elucidação do problema — que Bobbio se propusera ao empreender, com o artigo de 1954, intitulado ironicamente *Della libertà dei moderni comparata a quella dei posteri* (*Da liberdade dos modernos comparada à dos pósteros*), a obra de elucidação e distinção dos diversos significados descritivos do termo "liberdade", como contribuição ao histórico debate iniciado alguns anos antes pelo próprio Bobbio a partir do "convite ao colóquio" dirigido aos intelectuais comunistas".[91] A investigação analítica do conceito de liberdade foi posteriormente continuada e aperfeiçoada por Bobbio em inúmeras outras ocasiões, de fora de cada polêmica prática, assumindo como ponto de partida as distinções formuladas naquela sede. Enquanto nesse artigo os dois significados descritivos eram diferenciados entre si identificando o primeiro, ou seja, a liberdade "liberal", como faculdade de cumprir ou não cumprir certas ações, com o "não-impedimento', e o segundo, ou seja, a liberdade "democrática", como poder de formular leis para si mesmo, com a "não-coerção";[92] esta última característica foi abandonada no ensaio *Kant e le due libertà* (*Kant e as duas liberdades*), sendo substituída, para indicar a liberdade

---

90. O debate, originalmente publicado, em 1965, pela *Rivista di Filosofia*, foi depois retomado in A. PASSERIN D'ENTRÈVES (org.), *La libertà politica*, Edizioni di Comunità, Milão, 1974: a passagem de Bobbio citada no texto encontra-se à p. 296.

91. *Invito al colloquio* é o texto com o qual se inicia o livro *Politica e cultura* (Einaudi, Turim, 1955), que reúne todas as intervenções de Bobbio àquele debate.

92. Cf. *infra*, pp. 279-284.

democrática, pela característica da "autonomia".[93] Posteriormente, no verbete *Libertà* [Liberdade], escrito para a *Enciclopedia del Novecento*,[94] a "não-coerção" foi completamente reincorporada na definição da primeira liberdade, a liberdade liberal também cahamada, obedecendo a um uso já consolidado, "liberdade negativa", dela se tornando um aspecto complementar àquele do "não-impedimento", enquanto a "autonomia" continua o traço essencial da segunda liberdade, a liberdade democrática também denominada "liberdade positiva": isto já que, de um lado, a não-coerção e o não-impedimento passam a ser agora referidos por Bobbio ambos em relação à liberdade de "ação"; de outro, a autonomia passa a ser referida em relação à liberdade da "vontade", uma vez reconhecida a dicotomia entre as esferas do agir e do querer (todavia já evidenciada no primeiro escrito) como a mais pertinente para distinguir os diferentes significados descritivos de liberdade. Mas em contribuições posteriores, Bobbio acrescenta um terceiro significado, além dos dois principais (também este já surgido no debate dos anos 50, no artigo conclusivo no qual Bobbio respondia a uma intervenção de Togliati): a "capacidade jurídica e material" ou "poder positivo" para *fazer* concretamente "aquilo que a liberdade negativa *permite* fazer".[95] Esta terceira liberdade é, no entanto, também chamada por Bobbio de "liberdade positiva", provocando alguma confusão com a liberdade como autonomia, ou liberdade política, que mais comumente vem indicada com tal adjetivo.

A outra noção de valor que ocupou de modo recorrente a reflexão de Bobbio na busca de definições explicativas e distinções analíticas é a noção de igualdade. Nos escritos dedicados a essa noção, surge com particular evidência uma característica peculiar do método de Bobbio: a análise conceitual é orientada mediante a formulação de perguntas-chave, simples e eficazes, individuadas como pertinentes à natureza específica do conceito em exame. Seguindo esse procedimento, a noção indeterminada de igualdade é decomposta e precisada nos seus diferentes âmbitos de significação com base nas diversas respostas possíveis, e combinações de respostas, às perguntas: igualdade entre quem? e igualdade em quê? Mas enfatizo que a mesma técnica é aplicada, *mutatis mutandis*, a muitos outros problemas de análise conceitual, como, por exemplo, ao próprio problema da liberdade (sobre a qual se

---

93. Cf. *infra*, p. 103.
94. Agora em N. BOBBIO, *Eguaglianza e libertà*, Einaudi, Turim, 1995.
95. Cf. *infra*, pp. 504, 489-490 [Ver N. T. cap. 9.III, p. 504].

deve perguntar antes de mais nada: liberdade de quem? e de quê?) ou ao problema da tipologia das formas de governo (que nas teorias clássicas são diferenciadas com base nas respostas combinadas às perguntas: quem governa? e como governa?). É uma técnica, ou um método, que se coloca ao lado daquela da construção de dicotomias (mais precisamente, da determinação de um conceito por contraposição ao seu oposto) e a ela se integra ativando aquilo que Bobbio denomina — com uma expressão paretiana retomada em sentido irônico — o seu "instinto das combinações", levando assim à tessitura de uma finíssima trama de distinções conceituais.

Seria quase supérfluo aqui recordar que a dicotomia entre igualdade e desigualdade, e a dicotomia, derivada, entre igualitarismo e antiigualitarismo, estão para Bobbio na base da contraposição entre direita e esquerda, tema de um bem-sucedido libreto seu, não fosse pelo fato de que, referindo-se exatamente às polêmicas que se seguiram a tal publicação, Bobbio teve oportunidade de reiterar de modo mais claro a tese da possibilidade de disjunção entre a descrição das noções de valor e a adesão a posições valorativas. Vale a pena ler toda a passagem: "Quando escrevi o libreto *Destra e sinistra* (*Direita e esquerda*), não pude deixar de distinguir claramente a análise conceitual, através da qual fixei o critério de distinção entre as duas partes opostas do universo político, da minha tomada de posição em favor da esquerda. Os argumentos usados, respectivamente na condução da análise e na sustentação da opinião de valor, são distintos. Os interlocutores também se dividiram entre aqueles que aprovaram o critério de distinção mas refutaram a minha preferência, e aqueles que, ao contrário, embora se posicionando do mesmo lado que eu, consideraram que o critério de distinção por mim apresentado estava equivocado. E contudo aconteceu que alguns daqueles que rejeitam a minha escolha também refutaram o meu critério analítico: mas entre as duas negações não há uma relação necessária".[96]

Segundo Bobbio, "o conceito e também o valor da igualdade pouco se distinguem do conceito e do valor da justiça na maioria das suas acepções".[97] Na verdade, a noção de justiça — que junto às noções de igualdade e de liberdade compõe o tríptico dos "sumos" valores políticos, e retornou ao centro da filosofia política depois da obra de Rawls (mesmo que em um significado que se tornou, a meu ver, com o fervilhar do debate entre os filósofos normativos, extremamente amplo e

---

96. N. BOBBIO, *Prólogo*, in A. GREPPI, *Teoría e ideologia*, cit., pp. 11-12.
97. N. BOBBIO, *Eguaglianza e liberta*, cit., p. 6.

quase fugidio) — tem uma estrutura mais complexa, que Bobbio esclarece reconstruindo o nexo circular entre igualdade, lei e ordem como seus fatores determinantes e recorrentes, mesmo que diversamente acentuados nas várias doutrinas.[98] Ora, exatamente o maior acento, que me parece ser possível encontrar no complexo da obra política de Bobbio (mas não no ensaio que acabamos de mencionar), do liame entre justiça e igualdade, em relação aos livros entre justiça e lei e entre justiça e ordem, poderia ser considerado dependente do fato de que à igualdade se refere implicitamente a noção de justiça no binômio "justiça e liberdade": o mote do liberal-socialismo, ou socialismo liberal, que é a ideologia *de* Bobbio. Trata-se talvez de um condicionamento da adesão ao valor sobre a descrição do conceito, ou seja, da ideologia sobre a teoria? Pode ser. Mas de qualquer modo também as ideologias, que podem ser remetidas a constelações de valores mesmo que não se resumam a elas,[99] podem, segundo Bobbio, ser "descritas", além de assumidas ou rejeitadas (aliás, antes de fazê-lo). Exatamente a propósito do socialismo liberal, ao qual declara ter "permanecido fiel desde o momento em que iniciei a minha militância política [...] até hoje", Bobbio reitera: "A reconstrução do significado, ou dos significados, desse complexo conceito deve ser diferenciada da adesão à ideologia política que ele expressa".[100] Uma reconstrução que ele empreendeu em numerosas contribuições, a mais recente e sistemática das quais é o ensaio introdutório[101] ao volume *Dilemmi del liberalsocialismo* (*Dilemas do liberal-socialismo*), publicado em 1994.

A reconstrução descritiva das ideologias é, por muitas razões — devido à mistura inextricável de juízos de valor e juízos de fato dos quais são compostas e o número elevado desses componentes, devido à variedade dos intérpretes de cada uma delas e da parcial dissonância das interpretações —, uma operação muito complexa. Exemplar é o caso daquela que no presente volume é indicada como a ideologia do pluralismo: uma ideologia, se me for permitido o jogo de palavras, plural como nenhuma outra. Mesmo que o conceito possa ser definido de modo formalmente unívoco, como sugere Bobbio individuando sua

---

98. No ensaio *Sulla nozione di giustizia* (*Sobre a noção de justiça*), incluído no presente volume, no qual corresponde ao cap. 5.III.
99. O conceito de ideologia é particularmente complexo e ambíguo, usado em uma multiplicidade de acepções díspares, com freqüência sobrepostas e pouco distinguíveis, que Bobbio estudou sobretudo a partir das obras de Pareto e de Marx e do confronto entre as duas. Cf. as contribuições específicas sobre o tema incluídas in N. BOBBIO, *Saggi sulla scienza política in Italia*, nova edição, Laterza, Roma-Bari, 1996. Mas quero chamar a atenção para a fulgurante "quase-definição" que se encontra no presente volume, na p. 372: "algo menos irracional do que o mito, menos definido do que a teoria, menos pretensioso do que o ideal".
100. N. BOBBIO, *Prólogo*, in A. Greppi, *Teoría e ideología*, cit., p. 12.
101. Incluído no presente volume, correspondendo ao cap. 6.III.

oposição a toda forma de Estado monolítico e autoritário, do despotismo ao totalitarismo, as suas espécies históricas e doutrinárias são tantas e tão diversas que Bobbio distinguiu um pluralismo dos antigos, nas várias teorias organicistas dos corpos intermédios e do Estado de classes, e um pluralismo dos modernos, fundado na doutrina das livres associações, e também mediu a distância em relação a esse tema entre as tradições do cristianismo social, do pensamento socialista e do pensamento liberal-democrático.[102]

Certo, nos escritos teóricos dedicados às ideologias, muito mais do que naqueles dedicados a singulares noções de valor, não é raro que o discurso de Bobbio passe da análise conceitual não-valorativa à avaliação da aceitabilidade e à tomada de posição: da teoria das ideologias à ideologia. Entre os exemplos mais evidentes, eu citaria o escrito sobre a ideologia do "novo homem"[103] (ao qual retornarei mais adiante). Mas, segundo as teses mais insistentemente repetidas por Bobbio sobre a relação entre fatos e valores e entre o descritivo e o prescritivo, trata-se não de uma passagem, mas de um salto. Os "valores" podem ser descritos — ou seja, das noções de valor é possível reconstruir o significado ou os significados descritivos – ; mas depois de tê-los descrito, assumem-se ou refutam-se, e a assunção ou a refutação não derivam diretamente do significado descritivo das correspondentes noções. Bobbio jamais perdeu a oportunidade de reiterar a sua posição "divisionista" em relação à clássica *is-ought question* (ao problema da relação entre ser e dever ser), ou seja, a convicção de que é impossível valores derivarem de fatos, e chegar logicamente a conclusões valorativas ou normativas partindo de premissas unicamente descritivas.[104] Todavia, isso não significa que entre descrições e explicações de um lado, e valorações e prescrições de outro — em suma: entre fatos e valores — não suscite em Bobbio *qualquer* relação, nem que os valores fiquem de fora de todo discurso racional, isto é, que não seja possível de *algum* modo argumentar racionalmente em torno de valores. Em primeiro lugar, se é verdade que os valores não são dedutíveis dos fatos, é também verdade que seria absurdo assumir valores, ou seja, expressar juízos de valor e tomar posições normativas, independentemente da observação dos fatos. Em segundo lugar, reduzir a assunção dos valores a um ato puramente arbitrário e irracional equivaleria a desconhecer a possibilidade de um diálogo construtivo entre os defensores de diferentes posições

---

102. Cf. no presente volume o cap. 6.I.
103. Que corresponde no presente volume à primeira parte do cap. 6.II.
104. Cf., por exemplo, N. BOBBIO, *Il positivismo giuridico*, Giappichelli, Turim, 1979, p. 209.

políticas: justamente aquela possibilidade na qual Bobbio insistiu (e que praticou) em inúmeras circunstâncias.

É verdade que a teoria metaética que prevalece em Bobbio pode ser aproximada do emotivismo, que tende a assemelhar os valores a comportamentos subjetivos favoráveis ou desfavoráveis a alguma coisa, a atitudes de aprovação e reprovação, de adesão ou refutação, e os juízos de valor a expressões de tais comportamentos. O leitor deve se lembrar de que o significado dos termos políticos contraposto por Bobbio ao significado "descritivo" é por ele denominado "emotivo", recorrendo a uma dicotomia do pai do emotivismo, C. L. Stevenson. Todavia, o de Bobbio é um emotivismo, digamos, revisto e corrigido, tão distante do irracionalismo quanto do cognitivismo ético. É verdade que Bobbio jamais se afastou da convicção de que os "valores últimos", entre si inconciliáveis, escapam à argumentação racional, e que a sua escolha se assemelha a uma profissão de fé. Mas isso não exclui a possibilidade de justificar "valores derivados" mediante um raciocínio prático correto, conectando oportunamente em cadeias de inferências, juízos de fato e juízos de valor sem para tanto violar a "lei de Hume" — que veta unicamente a derivação direta de conclusões normativas de premissas *apenas* factuais. Não devemos nos esquecer, enfim, de que Bobbio não refuta em absoluto e não minimiza a importância da argumentação retórica, isto é, propriamente persuasiva, em torno das opções de valor.

Mas não é este o lugar para uma análise detalhada dos problemas metaéticos na obra bobbiana. De modo esquemático, naquilo que é útil para a compreensão da teoria política de Bobbio, a meu ver é possível resumir (mesmo que de modo um tanto forçado) a complexidade do seu pensamento sobre o espinhoso problema da natureza dos valores, e da relação entre valores e fatos, na seguinte série de proposições. Os valores não são fatos objetivos, não são "coisas" ou "estados de coisas", mas remetem a comportamentos subjetivos positivos ou negativos, desejos e aspirações. Contudo, em certo sentido, também os valores são fatos do mundo histórico, sobretudo do mundo político, têm raiz nas diferentes necessidades dos seres humanos, expressam os seus diferentes objetivos ideais e orientam os seus comportamentos, com freqüência conflitantes. Não há passagem direta dos fatos aos valores, das descrições às avaliações e às prescrições, tanto é verdade que sobre um mesmo fato é possível fazer diferentes avaliações, até mesmo opostas. Os fatos, a "realidade", e também a realidade política, podem ser descritos, podendo ser compreendidos de modo não-deformado, nos limites das capacidades humanas, apenas se analisados e reconstruídos com métodos não-valorativos, por meio de técnicas empíricas controláveis e conceitos não prejulgados por orientações normativas. Também os valores, em certo sentido, podem ser descritos, analisando-se os significados descritivos separados dos significados emotivos das noções que geralmente indicam ou expressam valores. Mas, enquanto tal, os valores são assumidos ou são rejeitados, e o seu significado descritivo não é e não pode ser a razão determinante dessas escolhas, assim como os fatos são julgados com base em critérios de avaliação que não podem derivar dos próprios fatos ou das suas descrições.

Enfim: a realidade do mundo político, estudada e reconstruída na sua complexidade com o método empírico-analítico, revela-se tendencialmente refratária aos valores, às aspirações e aos ideais conflitantes dos seres humanos que, contudo, fazem parte desse mundo, como se fosse feita de uma matéria que os rejeita.

Uma concepção dualística do mundo político

Entre as inúmeras dicotomias que encontramos ao ler as obras de Bobbio, considero que a mais abrangente e ao mesmo tempo mais adequada para expressar a tensão interna contida no pensamento político bobbiano seja justamente aquela que contrapõe os "fatos" aos "valores", segundo o último aspecto inquietante (e anômalo em relação aos precedentes) que procurei delinear. A expressão mais eficaz dessa dicotomia talvez seja aquela que Bobbio escolheu como título para o terceiro parágrafo de *Il futuro della democrazia* (*O futuro da democracia*),[105] um dos seus ensaios mais conhecidos: "*Gli ideali e la rozza materia*" (*Os ideais e a rude matéria*). A origem da expressão é literária. Deriva, ao lado da incomum expressão "rude matéria", das frases conclusivas de *O doutor Jivago*, de Boris Pasternak. O amigo de Yuri Jivago, Gordon, exatamente na última página do romance, diz: "È successo piú volte nella storia: quello che era stato concepito in modo *nobile* e *alto*, è diventato *rozza materia*. Cosí la Grecia è divenuta Roma, cosí l'illuminismo russo è diventato la rivoluzione russa".[106]

A citação deste trecho foi inserida por Bobbio quase no início do ensaio para apresentar no panorama de uma visão geral o tema específico que está para enfrentar, isto é, da "disparidade entre os ideais democráticos e a democracia real" (expressão, esta última, que adverte

---

105. Cf. N. BOBBIO, *IL futuro della democrazia*, Einaudi, Turim, 1ª ed., 1984 (a qual cito), p. 7.
106. B. PASTERNAK, *Il dottor Zivago*, Feltrinelli, Milão, 1957, p. 673, itálico meu. Bobbio cita essas palavras em *Il futuro della democrazia*, cit., à p. 8.
   ["Aconteceu muitas vezes na história: aquilo que foi concebido de modo *nobre e elevado* tornou-se *rude matéria*. Assim a Grécia fez-se Roma, assim o Iluminismo russo tornou-se a Revolução Russa." (N.T.)]

estar empregando "no mesmo sentido em que se fala de socialismo real"),[107] ou seja, segundo a formulação bobbiana mais conhecida, o tema das "promessas não-mantidas" da democracia. Essa "disparidade" entre democracia ideal e democracia real, contudo, nada mais é que uma entre as infinitas manifestações do conflito — são ainda palavras de Bobbio —, entre o "céu dos princípios" e a "terra onde se encontram os corpóreos interesses",[108] ou também entre o mundo do pensamento e o mundo da ação concreta.[109] Eu estaria tentado a afirmar que na idéia aparentemente simples, mas tudo menos fácil, desse conflito entre céu e terra, entre princípios e interesses, entre pensamento e práxis, entre ideais e rude matéria, encontra expressão toda a concepção bobbiana do mundo. A grande dicotomia entre "ideais" e "rude matéria" dá forma eficaz e confere um sentido dramático à convicção, radicada no pensamento de Bobbio, de que o mundo humano como universo histórico possui uma natureza *objetivamente* dualística. Como já mencionei, Bobbio reconhece ser ele "um dualista impenitente".[110] Mas o dualismo de Bobbio, além do aspecto metodológico e gnoseológico, atento portanto aos problemas do conhecimento, assume também um aspecto por assim dizer substancial, o aspecto de uma concepção quase-platonizante (esclarecerei mais adiante o sentido deste "quase"), atravessada por uma fratura fundamental semelhante ao *chorismós* platônico entre o *noetón* e o *oratón*, entre o mundo inteligível das idéias e dos valores e o mundo visível das coisas e das ações. Essa concepção reflete de modo difuso em toda a obra de Bobbio, nos mil corredores daquele "labirinto" ao qual ele mesmo sugeriu indiretamente comparar a sua própria bibliografia,[111] dando lugar à co-presença, e portanto ao conflito que emerge do complexo de seus escritos, e quase de cada um deles, entre a busca de determinados ideais — os ideais *de* Bobbio, que afloram de modo direto ou indireto também nos ensaios propriamente teóricos — e a experiência desencantada da realidade — realidade que revela à

---

107. *Ibid.*, pp. 7-8.
108. Desta forma na *Premessa* à primeira edição: *ibid.*, p. XII.
109. Logo depois de ter citado a passagem de Pasternak, Bobbio prossegue: "Assim, acrescento eu, o *pensamento* liberal e democrático de um Locke, de um Rousseau, de um Tocqueville, de um Bentham e de um John Stuart Mill tornou-se a *ação* de ...(preencham vocês com o nome que quiserem, não encontrarão dificuldades para encontrar mais de um)". *Ibid.*, p. 8, anotações incluídas.
110. Cf. acima, n. 15.
111. À metáfora do labirinto Bobbio recorreu muitas vezes, como é sabido, para ilustrar a sua concepção de história. Mas Bobbio também sugeriu da própria obra uma imagem em certo sentido "labiríntica". No prefácio à edição de 1984 da bibliografia dos seus escritos escreve que "quem lança um olhar sobre a sucessão de fichas... custa a orientar-se e se pergunta onde estaria e se haveria um fio vermelho" (cf. *Bibliografia* cit., p. XXIV). Mais tarde, em um escrito avulso (ora incluído no livro *De senectute*, cit.), Bobbio volta à metáfora da procura por um "fio condutor", mas compara de maneira jocosa a sua bibliografia a um "bazar" (pp. 163-64) [cf. versão bras., pp. 162-163].

análise uma natureza pervicaz e intratavelmente maligna, ou, pelo menos, tendencialmente refratária aos valores.

Daí aquelas que pareceu a muitos leitores e intérpretes de Bobbio serem as suas "oscilações", ou aporias, ou até mesmo contradições, expressáveis mediante *oximoros* ou paradoxos, tais como "iluminista pessimista" e "realista insatisfeito".[112] Oximoros nos quais às vezes o próprio Bobbio se reconheceu; mas, talvez, não com total razão. Com isto quero dizer que não se deve confundir o conflito *objetivo* que Bobbio vê na estrutura do mundo humano com o conflito, por assim dizer, *subjetivo* entre aquelas que Bobbio denominou, referindo-se a si próprio, "a vocação da utopia e a profissão do realismo".[113] Esse conflito subjetivo, que se manifesta na obra de Bobbio em seu todo, não deve ser interpretado como uma contradição da sua filosofia, ou como uma falta de direção clara e unívoca nos escritos e entre os escritos de Bobbio. Trata-se, ao contrário, do reflexo coerente de um conflito considerado objetivo, real, ou melhor, da elaboração articulada, mas plenamente conseqüente, de uma concepção dualística de mundo. Na perspectiva da análise teórica, Bobbio explorou ambos os hemisférios do mundo histórico humano: simplificando, o hemisfério dos "fatos", reconstruindo em conceitos gerais as complexas articulações da realidade política, e o hemisfério dos "valores", distinguindo e confrontando os seus diferentes significados descritivos; na perspectiva da "filosofia militante", defendeu certos ideais e argumentou em favor de certos valores, mas ao fazê-lo levou em conta os resultados da análise. Aliás poderíamos dizer, em tom semi-sério, que para um dualista impenitente teria sido unilateral desenvolver um pensamento exclusivamente realístico (em ambos os aspectos do "realismo político", metodológico e substancial, cuja distinção anteriormente sugeri, mas sobretudo no segundo) ou, ao con-

---

112. São duas das dez "definições paradoxais" através das quais Alfonso Ruiz Miguel articula a própria interpretação geral da complexa personalidade filosófica de Bobbio, no ensaio *Bobbio: las paradojas de un pensamiento en tensión*, originalmente apresentado como palestra para o curso *La figura y el pensamiento de Norberto Bobbio*, organizado e dirigido por Gregorio Peces-Barba em Santander, entre 20 e 24 de julho de 1992 (cujas atas estão publicadas no volume organizado por A. Llamas para a coleção do Instituto de Derechos Humanos Bartolomé de Las Casas da Universidad Carlos III, de Madri, Madri, 1994); o ensaio foi posteriormente incluído em versão revista no livro de A. RUIZ MIGUEL, *Política, historia y derecho en Norberto Bobbio*, Distribuciones Fontamara, México, 1994. Oportunamente, Ruiz Miguel teve o cuidado de definir de modo explícito e de reiterar muitas vezes que os "paradoxos" por ele individuados no pensamento de Bobbio são (quase todos) "aparentes", e que por isso não correspondem a verdadeiras e próprias contradições. Os destaques críticos e as observações que se seguem são portanto dirigidos não tanto a Ruiz Miguel, de quem aprecio a perspicácia interpretativa e com quem compartilho boa parte das argumentações, mas a um possível (aliás, me parece, bastante difuso) enriquecimento ou mal-entendimento das suas teses. Na réplica às palestras de Santander (publicada sob o título *Epílogo para españoles* no citado volume das atas, e em versão italiana sob o título *Risposta ai critici*, in N. BOBBIO, *De senectute* cit.) Bobbio analisa e comenta os paradoxos citados por Ruiz Miguel, refutando decididamente apenas um (cf. versão it., pp. 152-54) [cf. versão bras., pp. 151-53].

113. *De senectute*, cit., p. 151. [ed. bras., p.150].

trário, abstratamente normativo (como aquele de grande parte da filosofia política americana, hoje dominante).

Na perspectiva da teoria geral da política, a grande dicotomia entre ideais e rude matéria deve ser considerada acima de tudo como um esquema analítico de imediata eficácia heurística, como tal útil para traçar distinções tais como entre democracia ideal e democracia real, entre socialismo ideal e socialismo real e assim por diante. Mas também nesse aspecto de instrumento analítico reflete o significado substancial da dicotomia: todas as antíteses particulares nas quais pode ser especificada são de fato passíveis de ser remetidas, em última instância, no pensamento de Bobbio, à dramática duplicidade (ou dobrez?) da natureza humana que das páginas do grande "dualista" Kant emerge como o contraste e o conflito entre a "pessoa moral" e "o lenho torto do qual é feito o homem". A contraposição entre "ideais" e "rude matéria" deve, portanto, ser considerada sobretudo como o quadro sinóptico da interpretação bobbiana da história, ou melhor, como a perspectiva mais geral, delineada em um modelo conceitual continuamente enriquecido e reformulado, através do qual Bobbio observou o mundo histórico.

Mas o conflito entre ideais e rude matéria, tema recorrente e aliás permanente no drama histórico da humanidade, não se apresenta na obra de Bobbio de forma unívoca. Com uma certa simplificação, podemos dizer que a dinâmica desse conflito surge a cada vez delineada por Bobbio segundo duas variantes principais, que correspondem àquela que denominarei respectivamente a versão fraca e a versão forte da grande dicotomia. Vejo ilustrada, de modo paradigmático, a versão fraca exatamente no ensaio *Il futuro della democrazia* (*O futuro da democracia*), e a versão forte no breve artigo intitulado *L'utopia capovolta* (*A utopia invertida*), que Bobbio escreveu no fatal ano de 1989, no período das primeiras manifestações dos movimentos populares que levariam à derrocada o universo comunista, e, mais precisamente, logo depois dos trágicos fatos da praça Tien An Men. No prefácio à coletânea que recebeu o título do ensaio *Il futuro della democrazia* — lugar da formulação explícita da dicotomia, onde ela se apresenta na forma específica de conflito entre democracia ideal e democracia real, ou seja, do "conflito entre aquilo que foi *prometido*" pelas correntes do pensamento democrático "e aquilo que foi *realizado*"[114] — Bobbio afirma que "não se pode falar propriamente de 'degeneração' da democracia,

---

114. N. BOBBIO, *Il futuro della democrazia* cit., p. 8, itálicos meus.

mas se deve falar contudo, antes, da natural *adaptação* dos princípios abstratos à realidade, ou da inevitável *contaminação* da teoria quando é obrigada a submeter-se às exigências da prática".[115] E não se pode falar de degeneração porque o embate entre o ideal democrático e a rude matéria não foi tal — lemos ao final do ensaio — a ponto "de 'transformar' o regime democrático em um regime autocrático".[116] Assim, os resultados concretos do embate com a rude matéria induzem Bobbio a reformular o ideal da democracia nos termos da célebre "definição mínima" (mas, como foi corretamente enfatizado, "não pobre"),[117] redimensionando os "diversos graus de aproximação"[118] dos regimes reais, comumente considerados democráticos, ao modelo ideal assim reformulado. Mas, fazendo as contas, pensa Bobbio em 1984, ainda que "com uma certa trepidação",[119] não estamos em absoluto propensos a declarar que o ideal tenha sido quebrado, ou que tenha falido.

"Falência" é, no entanto, um termo repetidamente usado no artigo *L'utopia capovolta* [*A utopia invertida*]. Aliás, o artigo começa com a palavra "catástrofe": a catástrofe de um grande ideal, "da maior utopia política da história".[120] Escreve Bobbio: "Nenhuma das cidades ideais descritas pelos filósofos jamais foi proposta como um modelo a ser realizado. Platão sabia que aquela república ideal, sobre a qual falara com seus amigos, não estava destinada a existir em nenhum lugar da Terra, mas era verdadeira apenas, como diz Glaucon a Sócrates, 'nos nossos discursos'. E no entanto aconteceu que a primeira utopia que tentou entrar na história, de passar do reino dos 'discursos' para o reino das coisas, não apenas não se realizou, como está *se invertendo*, já está quase transformada em seu avesso, nos países em que foi posta à prova, em algo que foi se parecendo cada vez mais com as utopias negativas, existentes até agora também apenas nos discursos (pensemos no romance de Orwell)".[121]

Por que o ideal democrático se "adaptou" à realidade, por que não saiu derrotado do embate contra a rude matéria, ainda que tenha "se contaminado", e por que, ao contrário, o ideal comunista faliu, aliás, acabou se "invertendo", *transformando-se* ele próprio em "rude maté-

---

115. *Ibid.*, p. VIII, itálicos meus.
116. *Ibid.*, p. 25.
117. Cf. A. SQUELLA, *Presencia de Bobbio en Iberoamerica*, Edeval, Valparaíso, 1993, p. 57. A expressão, contudo, é do próprio Bobbio.
118. *Il futuro della democrazia*, cit., p. 26.
119. *Ibid.*, p. 25.
120. N. BOBBIO, "L'utopia capovolta", in *La Stampa*, 9 de junho de 1989, incluído no presente volume, correspondendo à segunda parte do cap. 6.II. A passagem cit. está aqui na p. 351.
121. *Infra*, pp. 351-352, itálico meu.

ria", isto é, assumindo para si, em outra forma, a negatividade real — a opressão, a injustiça — da qual pretendia resgatar a humanidade? Por que em um caso o ideal *se adapta* à rude matéria e no outro se *inverte*, transformando-se em rude matéria? Como explicar o diferente destino, a diferença entre "adaptação" e "inversão"? Seria ingênuo e superficial acreditar que o problema estaria liquidado simplesmente aduzindo-se a distinta qualidade dos dois ideais, como se fossem um o bom e o outro o mau, um o verdadeiro ideal e o outro um antiideal (e o tribunal da história confirmaria esta sentença); ou mesmo a distinta natureza do primeiro, que seria um ideal possível de ser perseguido e no qual se poderia acreditar, e a do segundo, uma simples ilusão; ou ainda a diferença entre ideal e utopia, como se em Bobbio a noção de utopia tivesse sempre uma rígida conotação negativa (o que não acontece).[122] Nenhuma destas soluções precipitadas dadas ao problema que propus é compatível com o pensamento de Bobbio em geral, e especificamente com o texto do artigo *L'utopia capovolta* [*A utopia invertida*] no qual, depois de ter chamado a atenção sobre o fato de que o ideal democrático — e o ideal de liberdade que é sua precondição — foi invocado *contra* o ideal comunista e *em seu lugar* por aqueles que se rebelaram nos regimes do Leste, Bobbio afirma que a própria "conquista da liberdade dos modernos[...] não pode ser, para os países da utopia invertida, senão o ponto de partida".[123] Pouco mais adiante, formula a seguinte pergunta retórica: "vocês realmente acreditam que o fim do comunismo histórico, insisto no 'histórico', tenha posto fim à necessidade e à sede de justiça?";[124] e reitera que a própria democracia terá de enfrentar os mesmos problemas que o comunismo apontara e não foi capaz de resolver. Em suma: a democracia, exatamente para *não falir* ou não ser destruída, "em um mundo de espantosas injustiças"[125] como é ainda, talvez mais do que nunca, o atual, será convocada a prestar contas, talvez de outra maneira, com o mesmo ideal "de emancipação dos pobres, dos oprimidos, dos 'condenados da terra'"[126] do qual o comunismo nasceu.

Não devemos perder de vista a insistência de Bobbio, em todo o artigo, sobre a necessidade de distinguir o "comunismo histórico", de-

---

122. Basta recordar que Bobbio atribui a si mesmo a "vocação para a utopia" junto (e em contraste) com a "profissão do realismo", na passagem anteriormente citada (cf. n. 113). Na obra de Bobbio a conotação de "utopia", tal como a de "ideologia", é variável (e especificada) segundo os contextos.

123. *Infra*, pp. 350-351.

124. *Infra*, p. 353.

125. *Infra*, pp. 352-353.

126. *Infra*, p. 351.

finido como o "movimento mundial nascido da Revolução Russa"[127] e como "ideologia" e "esperança da revolução", que suscitou em todo o mundo "uma força não apenas material mas também espiritual indômita",[128] do ideal de emancipação e de justiça no qual o comunismo histórico lançou suas próprias raízes. A falência diz respeito ao primeiro; o segundo, considera Bobbio, não poderá deixar de reemergir historicamente em outras formas, talvez completamente distintas. Não devemos obviamente confundir a de Bobbio com mais uma das distinções habituais que ouvimos repetir (ainda que baixinho) por alguns dos comunistas que sobreviveram à catástrofe, segundo os quais os regimes falidos do "comunismo real" eram, sim, reais, mas não eram realmente comunistas. A falência histórica sobre cujo sentido trágico Bobbio nos convida a refletir não é tanto a falência dos *regimes* comunistas — a derrocada de um império autocrático como esse é obviamente uma catástrofe, mas não é por si só uma tragédia —, mas a falência da *ideologia* e do *movimento* comunista, que nasceram e continuaram a se alimentar de um verdadeiro e próprio ideal, um grande ideal de emancipação; a falência que consiste na inversão do ideal, na sua degeneração de sonho — o "sonho de uma coisa" de Marx — em pesadelo terrivelmente real. Trágica, ou "mais trágica", segundo Bobbio, é a interpretação da falência do comunismo histórico, não como "a justa derrota de um crime imane" (como, ao contrário, sustentam os anticomunistas de sempre), mas, exatamente, como "a utopia invertida, transformada em seu avesso".[129] Mas por que a utopia comunista se inverteu?

Parece-me que, segundo letra e espírito do pensamento de Bobbio, a explicação do diferente destino dos diferentes ideais no embate entre a rude matéria do mundo não deveria ser buscada — pelo menos não sempre, ou não apenas — na qualidade ou no conteúdo específico de cada um deles, de modo que alguns seriam *pela própria natureza* adaptáveis à realidade, outros, *por si só*, inclinados a despedaçar-se diante dela ou a perverter-se. Se existe um princípio explicativo, parece-me que Bobbio sugere buscá-lo não tanto no conteúdo, mas, digamos assim, na *forma* dos diferentes ideais: entendo dizer, nos diferentes modos através dos quais podem ser concebidos e perseguidos. Tanto é verdade que também o ideal democrático poderia ser conduzido, se interpretado e perseguido de certas maneiras, à falência ou à transformação em seu avesso. Para fundamentar esta hipótese, convido o leitor

---

127. *Infra*.
128. *Infra*, p. 351.
129. Cf. *infra*, p. 637.

a cotejar e confrontar duas passagens, extraídas respectivamente de *A utopia* invertida e de O *futuro da democracia*. Na primeira, descrevendo a falência da ideologia comunista, define-a como a "ideologia da transformação *radical* de uma sociedade considerada opressiva e injusta em uma sociedade *totalmente diferente*, livre e justa".[130] Na segunda, afirma que os interlocutores aos quais gostaria sobretudo de dirigir a suas análises e reflexões sobre a "adaptação" da democracia ideal à realidade, para torná-los "menos desconfiados" em relação à democracia real, "não são aqueles que desdenham e combatem a democracia [...] com o rancor de sempre contra os 'imortais princípios'", mas "aqueles que a esta nossa democracia, sempre frágil, sempre vulnerável, corrompível e com freqüência corrupta, gostariam de destruir *para torná-la perfeita*".[131]

Proponho a seguinte interpretação. Os ideais que se transformam em seu avesso, segundo Bobbio, são aqueles concebidos e perseguidos de um modo que não leva em conta seriamente a *existência* e a *persistência* da rude matéria. São os ideais daqueles que acreditam poder derrotá-la e substituí-la por um mundo novo, "radicalmente" novo, "totalmente diferente", "perfeito". Aliás, acreditam desse modo realizar o advento do novo homem: "o 'novo Adão', ou melhor, o fim de uma corrupção, de uma decadência, de uma degeneração que durou milênios", que "implica um segundo nascimento, um 'renascimento'."[132] O desejo de fazer nascer o novo homem através da transformação radical da sociedade distingue aqueles que Bobbio denominou, significativamente, "os *immodesti* fautores da teoria revolucionária".[133] Vem a calhar, neste ponto, uma consideração, ainda que breve, sobre o "moderatismo" de Bobbio, por ele declarado e defendido com firme convicção: como disposição *moral*, ele se expressa na virtude da brandura, da qual Bobbio compôs o elogio;[134] como comportamento *político*, consiste na tendência "à conciliação, à mediação", que "evita a tomada de posições demasiadamente nítidas... dos opostos extremismos",[135] e se manifesta no gradualismo reformista, que consiste nem tanto em não olhar muito para o alto, e não apenas em avançar pouco a pouco, mas sobretudo em proceder, de modo empiricista, por tentativa e

---

130. *Infra*, p. 351.
131. *Il futuro della democrazia*, cit., prefácio à primeira edição, pp. XII-XIII.
132. *Infra*, p. 342.
133. *Infra*, p. 350.
134. Cf. N. BOBBIO, *Elogio della mitezza*, ora in ID., *Elogio della mitezza e altri scritti morali*, Nuova Pratiche Editrice, Milão, 1998.
135. Desta forma em um escrito autobiográfico incluído em *De senectute*, cit., p. 147. [cf. ed. bras. cit., p. 146].

erro.[136] E de fato, os ideais que, mesmo sem ter qualquer garantia de êxito, poderiam não estar destinados à falência, a despedaçar-se contra a rude matéria ou perverter-se e transformar-se em seu avesso, tornando-se eles mesmos rude matéria, são, segundo Bobbio, nem tanto aqueles pouco elevados — será que não são elevados os ideais de justiça e liberdade? —, mas aqueles não demasiado "imodestos". São os ideais, quero dizer, que mantêm a dupla natureza (kantiana) de *termo de comparação* e de *idéias reguladoras*, que, como tal, suportam interpretações diferentes e sempre passíveis de correção, e que inspiram tanto indefectíveis e rigorosos juízos de valor sobre a realidade efetiva quanto modelos prescritivos dúcteis e flexíveis, "adaptáveis" à rude matéria sem que isso signifique necessariamente concessão, perversão ou degeneração.

Em suma: entre os ideais e a rude matéria, na concepção de Bobbio, subsiste uma complexa relação, que tentarei esquematizar em dois momentos (ou "movimentos"). De um lado, os ideais não pertencem a um mundo transcendente eterno e perfeito — e nisto reside o aspecto antiplatônico da grande dicotomia de Bobbio —, eles nascem historicamente[137] da elaboração das diferentes necessidades dos homens, dos seus diversos problemas, do sentimento de insatisfação para com as suas condições de vida, em suma, da infelicidade: surgem, portanto, da própria rude matéria da condição humana. De outro lado, a dificuldade de penetração, ou de "permeação", dos ideais na rude matéria do mundo depende em parte da própria profundidade (objetiva) das causas que os fizeram nascer e, em parte, da errônea percepção (subjetiva) dessa mesma profundidade, com freqüência subestimada por quem os persegue, de modo que pode acontecer que, na tentativa de curar a matéria da sua rudez, se acabe por agir ainda mais rudemente e por infligir ao mundo, guiados pela presunção de ser capaz de regenerá-lo, outros e piores males.

A realidade, os ideais, a história

Eu gostaria, enfim, de tentar isolar cada um dos termos daquela que chamei a grande dicotomia do pensamento de Bobbio, reconstruindo em separado o seu significado.

---

136. Bobbio analisa as características da "filosofia do reformismo" no ensaio *Carlo Cattaneo e le riforme* (*Carlo Cattaneo e as reformas*), incluído no presente volume, correspondendo ao cap. 6.III.

137. Este aspecto "historicista" (em sentido lato) da visão de Bobbio emerge com toda evidência nos ensaios dedicados ao tema dos direitos do homem. Cf., por exemplo, *infra*, pp. 481-483.

O que significa, de modo mais preciso, "rude matéria"? Esta expressão é metáfora de quê? Em que consiste a intratável e talvez irremediável "rudez" da matéria, da realidade efetiva, uma rudez que os ideais devem levar em conta para não se quebrar ou se transformar em seu avesso? Tentar responder a esta questão significa aproximar-se do cerne mais interno e resistente do proverbial pessimismo de Bobbio.[138] A resposta não é fácil, mas me parece seja possível indicar com certa segurança na concepção de Bobbio três ingredientes, ou talvez três raízes, da negatividade ou "malignidade" do mundo, que correspondem a três aspectos de uma antropologia negativa: segundo a qual o homem é um animal *violento*, é um animal *passional*, é um animal *enganador*. Em primeiro lugar, do mundo humano é provavelmente impossível de ser eliminada a violência: desde sempre explodem entre os homens conflitos que não se solucionam sem que se recorra ao uso da força. Sobre este fato talvez deva ser também buscada a origem primeira e a razão de ser da política. Isso não significa que a política esteja destinada a ser para sempre teatro exclusivo da vontade de potência, mas significa que seria tolice contrapor a essa dura realidade o abstrato sonho de uma convivência espontânea e harmoniosa (como seria aquela de uma sociedade sem Estado). Em segundo lugar, no mundo das relações sociais prevalecem as paixões e os interesses particulares sobre as razões universais. E mesmo quando estas últimas parecem se firmar, as primeiras obtêm quase sempre clamorosas desforras. Isto não significa que o homem passional ou o *homo oeconomicus* estejam destinados a triunfar em toda e qualquer circunstância sobre o homem moral, mas significa que não se pode contrapor a eles o ideal desencarnado de uma sociedade composta de indivíduos sem paixões e desinteressados. Em terceiro lugar, "o homem é um animal ideológico"[139] (entendida aqui a noção de ideologia em seu pior sentido), ou seja, mentiroso, que mente até para si mesmo, apresentando, com o objetivo de justificar-se, ou de obter consenso para o próprio comportamento, motivações distintas das motivações reais. Isto não significa que devamos nos resignar quanto à opacidade impenetrável e ao engano nas relações humanas, sociais e políticas, privadas e públicas, isto é, ao reino da fraude, além do reino da força e do reino das paixões; mas significa que seria ingênuo confiar

---

138. Gregorio Peces-Barba, apresentando o curso de Santander, definiu Bobbio "um pessimista biológico" (cf. o volume das atas, anteriormente citado na n. 112, p. 48). Bobbio retoma e comenta essa definição na réplica: cf. *De senectute*, cit., p. 154.

139. Assim afirma textualmente Bobbio no verbete "Scienza politica", incluído no volume *Scienze politiche I. (Stato e politica)*, organizado por A. Negri, da *Enciclopedia Feltrinelli Fischer*, Feltrinelli, Milão, 1970, p. 440.

na honestidade das intenções e na sinceridade das declarações dos homens para construir uma sociedade transparente.

Quais são os ideais *de* Bobbio? Neste caso, a investigação se torna mais fácil pelo simples fato de que o próprio Bobbio indicou-os explicitamente, mais de uma vez, na tríade: *democracia, direitos do homem* e *paz*. E não é difícil reconstruir nas suas linhas principais a relação de contraposição entre os três "ideais" e as três dimensões da "rude matéria" que levantei ao observar o vulto negativo da antropologia de Bobbio (quando se refere ao "lenho torto"): o desejo da paz se opõe ao reino da violência, o princípio universalista dos direitos do homem se opõe ao mundo particularista das paixões e dos interesses, a idéia da democracia como transparência, como "governo público em público",[140] se opõe à cortina "ideológica" dos enganos e à opacidade do poder. Mas Bobbio também enfatizou a interdependência dos três ideais entre si, no sentido de que a busca coerente de cada um deles obriga à busca também dos outros, e de que a própria definição de cada um deles requer o uso das noções correspondentes aos outros dois: "Direitos do homem, democracia e paz são três momentos necessários ao mesmo movimento histórico: sem direitos do homem reconhecidos e protegidos não há democracia; sem democracia não há condições mínimas para a solução pacífica dos conflitos. Em outras palavras, a democracia é a sociedade dos cidadãos, e os súditos se tornam cidadãos quando deles passam a ser reconhecidos alguns direitos fundamentais; só haverá paz estável, uma paz que não tem a guerra como alternativa, quando não mais houver apenas cidadãos deste ou daquele Estado, mas do mundo".[141] Isto implica que o delineamento (a *determinatio*) de *cada um* dos três ideais corresponde de modo implícito ou explícito à antítese (a *negatio*) de *todos os três* aspectos da rude matéria. Como prova gostaria de recordar, acrescentando-a às articuladas reconstruções bobbianas do conceito de democracia, que podem ser encontradas no presente volume, aquela que a define brevemente como "governo através do controle e do consenso" e como "substituição da força pela persuasão".[142] A antítese dos elementos dessa definição do ideal democrático em relação aos três ingredientes da rude matéria é clara: em relação à força, a persuasão; em relação à opacidade, a transparência, sem a qual nenhum

---

140. *Il futuro della democrazia*, cit., p. 76. Mas cf. *infra*, pp. 386, 389.

141. *L'età dei diritti*, cit., Introdução, pp. VII-VIII. Cf. também *De senectute*, cit., pp. 164-165. Mas cf., no presente volume, para a conexão entre democracia e os direitos do homem, pp. 378-379, 380-381; para a conexão entre direitos e paz, pp. 497-501.

142. Esta definição encontra-se, no contexto de uma caracterização do fascismo como "antidemocracia", no ensaio *Il regime fascista*, de 1964, agora incluído como primeiro capítulo do livro de Bobbio *Dal fascismo alla democrazia*, Baldini & Castoldi, Milão, 1997, p. 42.

controle do poder é possível; em relação ao prevalecer dos interesses parciais, o consenso atingível através da mediação e do compromisso.

Poderíamos citar muitas outras passagens para mostrar quão rico e articulado é, na obra bobbiana, o conteúdo da "grande dicotomia" entre "ideais" e "rude matéria"; ao mesmo tempo verificar como em Bobbio "a necessidade de realismo" não consegue jamais ferir "o dever de enaltecer continuamente para além da realidade" certos ideais.[143] Isto não constitui — reitero — uma aporia na sua obra (mesmo que a expresse a sua fundamental tensão): porque o "realismo" de Bobbio não é um *hiper-realismo*, como aquele das várias "escolas da suspeita" avessas a conceder credibilidade aos ideais em geral. Para Bobbio, os ideais que sucessivamente emergem no curso da história, em toda a sua variedade e conflito recíprocos, não são apenas enganos e auto-enganos, sombras ilusórias, *fumus* evanescente que acompanha os acontecimentos humanos; mas são, sim, parte integrante e constituinte da própria realidade do mundo humano: são o hemisfério "celeste", ou seja, "nobre e elevado", para usar os termos de Pasternak, do universo histórico. Em outras palavras, Bobbio considera os ideais, ainda que tão diferentes entre si e diversamente avaliáveis, como verdadeiros ideais — acolhendo alguns deles e refutando outros, naturalmente — e não como simples ideologias em seu pior sentido (às quais contudo dedicou muita atenção, sobretudo no estudo de Pareto); não reduz contudo a categoria dos ideais à categoria das "razões ilusórias", das justificativas enganosas *a posteriori*, máscaras que devem ser desmascaradas para que se possa ver o verdadeiro semblante da realidade. Também os ideais são, ou melhor, podem ser, "verdadeiros", em duplo sentido: seja no sentido de que "existem" — isto é, nascem e renascem continuamente na história — autênticos ideais, que não devem ser meramente considerados como ilusões e falsas representações (ainda que as suas pretensas "verdades" sejam múltiplas e com frequência incompatíveis entre si), seja no sentido de que são efetivas e reais, como de resto são efetivas e reais, do lado oposto da dicotomia, também as construções enganosas do "animal ideológico", aquelas que Pareto chamava de "derivações". Creio seja possível afirmar, adotando uma outra metáfora, que Bobbio considera os ideais como uma fonte (ainda que não a única) de energia dinâmica, a partir da qual a realidade é percorrida, agitada, estimulada. Contudo, o realismo substancial de Bobbio — fruto ou, por assim di-

---

143. São expressões que Bobbio usa em relação a Benedetto Croce (no ensaio *Il nostro Croce*, de 1991, agora in *Dal fascismo alla democrazia*, cit., p. 230): mas acredito serem pelo menos igualmente apropriadas em relação ao próprio Bobbio.

zer, destilado da consciência histórica, da pesquisa objetiva, da consideração desencantada dos fatos, ou seja, do realismo metodológico — impede qualquer ingênua confiança na força dos impulsos ideais, mostrando como é grande é a resistência da realidade, ou quais sejam, por sua vez, os impulsos dados por outras fontes de energia, como as paixões e os interesses, e como são eficazes os meios, a violência, o engano, aos quais, com freqüência, o agir passional e interessado recorre. Certo, o realismo tende ao pessimismo, por Bobbio abertamente manifestado; mas não *professado*: são ainda palavras de Bobbio aquelas que nos convidam a "não ser tão pessimistas a ponto de nos entregarmos ao desespero" (e "nem contudo tão otimistas a ponto de nos tornarmos presunçosos").[144] Daí a contínua retomada da aspiração iluminista — firmemente laica, e consciente dos próprios limites — em direção "a um mundo mais civilizado e mais humano".[145]

Sobre este volume

Mesmo não tendo jamais chegado muito próximo da elaboração definitiva de uma obra intitulada "Teoria geral da política", em algumas ocasiões[146] Bobbio dela vislumbrou o projeto, traçando-lhe o desenho ideal em mais de uma versão, e com algumas sensíveis variantes. Comparando entre si as diferentes versões desse desenho, parece-me que nele seja possível reconhecer uma estrutura constante: trata-se da partição das esferas temáticas principais nas quais a obra deveria articular-se. O tema inicial, de caráter introdutório, é aquele da comparação entre as perspectivas filosófica, científica e histórica sobre o universo político, que leva a delinear o "mapa dos enfoques", como Bobbio o denominou: o tema é desenvolvido sobretudo nos pares de escritos metateóricos, que remontam respectivamente ao início dos anos 70 e ao final dos anos 80, examinados nos parágrafos iniciais desta introdução.[147] A primeira grande partição refere-se ao âmbito conceitual no qual a esfera política está incluída, que é aquele, mais amplo, dos fenômenos sociais, e apresenta acima de tudo o problema da determinação do espaço nele ocupado pela categoria da política mediante a sua distinção de conceitos contíguos, afins e opostos: é o problema das "fron-

---

144. *L'età dei diritti*, cit., p. 43.

145. Extraio a expressão ainda uma vez do primeiro capítulo do livro *Dal fascismo alla democrazia*, cit. p. 42.

146. Refiro-me sobretudo a alguns seminários dos primeiros anos da década de 1980 dos quais não existe testemunho escrito, senão aquele indireto que demos, Luigi Bonanate e eu, no prefácio ao volume coletâneo *Per una teoria generale della politica. Scritti dedicati a Norberto Bobbio* (acima cit. n. 5), pp. 7-9.

147. Encontram-se todos no cap. 1 do presente volume, no qual reuni em um único discurso o primeiro ensaio com amplos trechos do segundo, e exclui alguns trechos do terceiro para evitar repetições com o quarto.

teiras da política", ou seja, de um lado, da relação entre política e sociedade, de outro, das relações entre política e moral e entre política e direito. Os vários aspectos desse problema são tratados por Bobbio em inúmeras contribuições, e sobretudo nos dois "esboços" sistemáticos (também estes já amplamente analisados nesta introdução) dos quais se pode extrair o esquema geral que ele denominou o "mapa das áreas": o verbete "Política", redigido em meados dos anos 70 para o *Dizionario di politica* da Utet, e um ensaio intitulado *La politica*, publicado em um volume coletâneo em 1987, mas composto alguns anos antes.[148] A segunda grande partição é dedicada à análise dos conceitos incluídos no conceito de política, através da identificação e do estudo dos "temas recorrentes", ou seja, das questões políticas fundamentais continuamente reformuladas na história, ou mesmo na variedade e novidade dos pontos de vista, e portanto passíveis de ser remetidas às questões mais gerais, e às inúmeras perguntas específicas nas quais podem ser decompostas, da filosofia política de todos os tempos. Tais perguntas foram enfrentadas por Bobbio em uma miríade de escritos, que devem ser considerados os "fragmentos" da sua teoria geral da política, mas também em um amplo esboço sistemático, inúmeras vezes citado, o verbete "Stato" [Estado], redigido para a *Enciclopedia Einaudi*, no qual explora as articulações internas do universo político — os "conceitos inclusos" — a partir do próprio conceito de Estado, através das teorias do poder, da legitimidade, das formas de governo e dos tipos de mudanças políticas: uma verdadeira e própria "política em seu nascedouro".[149]

Ao compor o presente volume, não foi difícil seguir o traçado do projeto de Bobbio no que se refere às primeiras duas esferas temáticas: os escritos de metateoria constituem na obra bobbiana um conjunto bem-delimitado, e aqueles dedicados à definição do conceito de política e de suas fronteiras, objeto geral e tarefa eminente da teoria, são representados acima de tudo, mesmo que não apenas, pelos primeiros dois esboços aqui mencionados, que foram concebidos (também) tendo-a em vista. No que se refere à terceira esfera temática, muito maior do que as outras, que abarca as complexas articulações internas da problemática política, considerei que não era necessário seguir a ordem

---

148. Correspondem aos capítulos 3.I e 4.I do presente volume.
149. Diferentemente dos dois primeiros, esse esboço sistemático da teoria geral não foi retomado no presente volume, acima de tudo por razões de oportunidade, sendo que há pouco tempo foi publicada, em 1995, uma segunda edição do livro que o inclui (*Stato, governo, società*, cit. na n. 6), e sobretudo por outras duas razões, entre si complementares e também opostas: de um lado, trata-se de um escrito muito extenso, desproporcional em relação ao "tamanho áureo" dos ensaios de Bobbio; de outro, a vastidão da matéria resulta comprimida entre as linhas gerais de uma síntese admirável, mas essencial.

dos argumentos do terceiro esboço, o verbete "Estado", como um esquema vinculador, mas que deveria considerá-lo, junto às outras versões do projeto (ao qual acenei no início deste parágrafo), como uma indicação para procurar, na miríade de ensaios que compõem a obra de Bobbio, os "fragmentos" da sua teoria geral da política; e decidi reunir os fragmentos antes de colocar-me diante do problema do desenho sistemático definitivo, convencido de que as indicações sobre a estrutura formal deveriam se adaptar ao conteúdo dos elementos pelo menos tanto quanto o conteúdo à forma.

Diante do problema da seleção dos fragmentos experimentei, como em nenhuma outra ocasião, o embaraço da escolha. Para individuar os quarenta ensaios enfim selecionados, deixei-me guiar por dois critérios principais, nem sempre fáceis de combinar: a exemplaridade e a novidade. De um lado, qualquer dos escritos aqui inseridos no desenho da teoria geral expressa, de modo completo, a meu ver, o pensamento de Bobbio sobre o argumento específico ao qual é dedicado, e nenhum dos argumentos tratados em cada escrito particular pode ser considerado marginal em relação à concepção geral da política de Bobbio. De outro lado, já que sobre muitos argumentos políticos Bobbio voltou a refletir muitas vezes ao longo da sua extensa vida de estudos, reunindo pouco a pouco grande parte dos seus ensaios em muitos volumes temáticos, parciais em relação à teoria geral, preocupei-me em individuar antes de tudo os escritos "dispersos" (em revistas, volumes de coletâneas, dicionários, enciclopédias etc.), ou seja, que por várias razões escaparam às coletâneas; ou seja, para completar o desenho sistemático da teoria, em alguns casos eu trouxe de algumas dessas coletâneas um escrito, e mais de um apenas daquelas que tiveram pouca difusão.[150] Também tive a sorte de poder recuperar dois ensaios inéditos, e alguns outros quase desconhecidos ou completamente desaparecidos de circulação.[151] Em suma, pretendi nas minhas escolhas privilegiar textos pouco (ou nada) conhecidos, mas nunca "menores".

---

150. Refiro-me em particular a *Il dubbio e la scelta. Intelecttuali e potere nella società contemporanea*, La Nuova Italia Scientifica, Roma, 1993, que não obteve visibilidade comparável àquela da maioria das coletâneas de ensaios bobbianos.

151. É completamente inédito o ensaio aqui intitulado *Dall'ideologia democratica agli universali procedurali (Da ideologia democrática aos universais processuais)* (cap. 8.I), que reproduz o texto datilografado da conferência *Democrazia ed Europa*, proferida em Bogotá, no ano de 1987. Pode ser considerado inédito também o ensaio aqui intitulado *Democrazia e conoscenza (Democracia e conhecimento)* (cap. 7.II), extraído de um opúsculo da Faculdade de Ciências políticas e Sociologia de Bellaterra (Barcelona), datado de 1986, que não teve divulgação. Pode-se considerar quase desconhecido o ensaio *Progresso scientifico e progresso morale (Progresso científico e progresso moral)* (cap. 12.III), extraído de um opúsculo da Fondazione Giovanni Agnelli de Turim (que contém uma versão acrescida e melhorada do discurso proferido por Bobbio por ocasião da entrega do Prêmio Agnelli, em 1995), impresso em 1997, mas não distribuído, a não ser uns poucos exemplares.

Nenhum dos escritos aqui selecionados se sobrepõe a outro em tema específico tratado, com a única exceção dos dois esboços sistemáticos dedicados ao conceito de política, que contudo representam, como ilustrei a seu tempo, percursos diferentes no interior da mesma problemática. Mas, uma vez que os temas desses particulares ensaios são entre si contíguos e objetivamente inter-relacionados, os textos originários apresentavam inevitavelmente algumas sobreposições parciais, que procurei eliminar, até onde foi possível, sem esgarçar o tecido do discurso. Além disso suprimi de tais textos, com uma única relevante exceção, as referências diretas e indiretas à ocasião que deu origem a cada um deles (participações em congressos e debates etc.); a exceção é aquela do ensaio *Della libertà dei moderni comparata a quella dei posteri* (*Da liberdade dos modernos comparada à dos pósteros*), muitas vezes citado nas páginas precedentes, cujo *incipit* se refere à polêmica com Della Volpe e, em termos mais gerais, ao debate com os intelectuais comunistas dos anos 50, e não foi eliminado não só pela objetiva dificuldade de fazê-lo, mas também porque permite compreender melhor o sentido das argumentações de Bobbio.

Não foi decerto possível, ao contrário, apagar os ecos da situação histórica geral na qual cada um dos ensaios foi concebido: e não teria sido nem mesmo oportuno. Porque esses ensaios, aqui transformados em elementos de uma teoria geral da política, foram escritos ao longo de um período de mais de quarenta anos, o que poderá às vezes dar ao leitor uma certa sensação de desorientação temporal. Depois de certa hesitação, decidi não indicar ao lado do título de cada um deles a data de composição[152] (que se pode obviamente encontrar no aposto "Elenco das fontes"). Para uma obra como esta, o critério predominante deve ser sistemático, não cronológico. De resto, uma reflexão sobre a política não pode deixar de refletir em alguma medida o próprio tempo, mas isto não significa necessariamente que dele permaneça prisioneira. Boa parte dos escritos que compõem este volume foram concebidos nas longas décadas da divisão do mundo político em dois blocos, e em um panorama cultural no qual se destacava a presença do marxismo: dois cenários ora desfeitos. Cenários estes que claramente influenciam, por exemplo, o longo ensaio sobre o conceito de *Paz*, aquele sobre *Rapporti internazionali e marxismo* (*Relações internacionais e marxismo*) ou aquele sobre *Riforme e rivoluzione* (*Reformas e revolução*).[153] Todavia,

---

152. Com exceção de três pares de textos breves, cada um dos quais redigido a uma certa distância de tempo em relação àquele do qual é par, que recompus em uma unidade de discurso (correspondentes aos capítulos 6.II, 9.III e 10.III), porque representam desenvolvimentos de um mesmo tema ou de temas complementares.

153. Correspondendo respectivamente aos capítulos 10.I, 10.II, 11.I.

as análises neles contidas, a meu ver, de fato não perderam o interesse, nem, sobretudo, a validade geral.

Chego ao projeto como um todo. Depois de ter explorado por muito tempo o labirinto da bibliografia bobbiana para dele extrair o material para uma teoria geral da política, considerei que poderia distribuí-la em seis *partes*; por apreço às simetrias, articulei cada uma das partes em dois *capítulos*, e subdividi cada capítulo em três *seções*. Os pares de capítulos que constituem cada uma das partes não são pares de termos opostos, mas sim de termos afins, unidos pela contigüidade de tema (talvez seja o tema de cada capítulo que possa encontrar expressão implícita ou explícita em uma dicotomia); as tríades de seções nas quais está organizado cada capítulo mostram aspectos complementares ou desenvolvimentos diferentes do seu tema. O instinto das combinações sugeriria apresentar também as seis partes da escansão principal como um par de tríades ou uma tríade de pares: mas seria exagero. Cada seção, enfim, corresponde em geral a um único ensaio de Bobbio, mas algumas seções, como já adverti, são resultado da recomposição de dois escritos, homogêneos pelo argumento específico discutido, em um único discurso.

A primeira parte, dedicada à filosofia política e à lição dos clássicos, e a segunda parte, dedicada ao conceito geral de política e às fronteiras da política, inspiram-se diretamente nos primeiros dois tópicos do projeto delineado por Bobbio (e presentes em todas as suas variantes), ou seja, correspondem respectivamente ao "mapa dos enfoques" e ao "mapa das áreas". Quanto ao terceiro mapa, aquele dos conceitos "inclusos" na área da política, subdividi-o nas quatro partes restantes, reservando a terceira para os valores e as ideologias, a quarta para a democracia sob o aspecto dúplice dos princípios fundamentais e das técnicas, a quinta para os direitos do homem e a paz, a sexta para as formas de mudança política e para a filosofia da história. O leitor que tenha me seguido até aqui logo reconhecerá, nos temas da quarta parte, a democracia, e da quinta, os direitos e a paz, os "ideais de Bobbio". Reitero que eles comparecem na teoria geral não tanto como tal, mas — ao lado dos valores e das ideologias aos quais está dedicada a terceira parte — como conceitos fundamentais do universo político, dos quais Bobbio analisa os diferentes significados descritivos e reconstrói a complexidade dos problemas. Quero ainda ressaltar que a quarta parte, dedicada a um único conceito, a democracia, se justifica não apenas porque se trata do tema ao qual está sobretudo associada a notoriedade da obra de Bobbio, mas porque ocupa aqui o lugar (*pars pro toto*) da teoria das formas de governo, tema recorrente sempre considerado por Bobbio como um aspecto essencial da teoria geral da política, junto ao aspecto das formas de mudança política, aqui inserido na sexta parte.

Antes de concluir, devo lembrar que a este volume precedeu uma ampla antologia de escritos políticos de Bobbio (ao todo vinte e sete, a maior parte deles aqui retomada), publicada no México pelo Fondo de Cultura Económica, em 1996, organizada por José Fernández Santillán e intitulada *Norberto Bobbio: el filósofo y la política*. Nas longas jornadas de colóquio, nas quais Fernández e eu elaboramos juntos o projeto desse livro, recorrendo naturalmente aos conselhos de Bobbio, nasceu também a idéia de elaborar, logo em seguida à antologia, o projeto sistemático, na perspectiva de preparar um volume ainda mais rico e articulado. Aquela antologia constitui por isso um precedente não apenas cronológico deste volume, que deve muito, portanto, ao trabalho de Fernández Santillán.[154]

Enfim, os agradecimentos. O volume jamais teria chegado ao seu término sem o auxílio de Piero Meaglia. Além de me ter acompanhado e apoiado em todas as fases do trabalho (foi a principal vítima das minhas dúvidas), Meaglia assumiu a tarefa de controlar todos, realmente *todos* os trechos citados por Bobbio nos vários ensaios, de cotejar novas edições e traduções dos respectivos textos, posteriores àquelas a cada vez utilizadas por Bobbio, de reunir todas as informações para a revisão, a uniformização e integração (nada pequena) do corpo de notas. Da redação definitiva desse corpo de notas sou eu, naturalmente, o único responsável. Valentina Pazè elaborou o índice, com um extraordinário trabalho de síntese das análises conceituais de Bobbio, traçando uma finíssima trama de correspondências e conexões. Estou certo de que esse índice se revelará um instrumento precioso para o leitor, e o mérito deve ser atribuído inteiramente a Pazè. Também neste caso, da redação definitiva e das eventuais ausências, sou eu o único responsável.

Este livro, ainda que pareça um paradoxo, é dedicado ao seu autor, próximo dos noventa anos.

MICHELANGELO BOVERO

Verolengo, 28 de agosto de 1999.

---

154. Gostaria ainda de mencionar a antologia dos doze ensaios bobbianos *Elementi di politica*, organizada por Pietro Polito e publicada pela Einaudi Scuola (Milão, 1988), com finalidades predominantemente didáticas.

Primeira parte

A filosofia política
e a lição dos clássicos

Capítulo 1
A filosofia política

I.

DAS POSSÍVEIS RELAÇÕES ENTRE
FILOSOFIA POLÍTICA E CIÊNCIA POLÍTICA

A questão das relações entre filosofia política e ciência política é um tema de muitas faces, porque, mantendo-se fixo o significado de um dos dois conceitos, isto é, de "ciência política" — compreendida como estudo dos fenômenos políticos conduzido com a metodologia das ciências empíricas e utilizando todas as técnicas de pesquisa próprias da ciência do comportamento —, se o outro conceito, "filosofia política", for usado, como habitualmente ocorre, em significados entre si muito distintos, as relações entre um e outro também se colocarão inevitavelmente de modo distinto.

O objetivo principal das páginas que se seguem é mostrar que para cada acepção de "filosofia política" corresponde um modo distinto de se propor a questão das relações entre filosofia e ciência política, colocando assim de sobreaviso qualquer um que esteja tentado a acreditar que o problema tenha uma solução única. Creio que um enfoque desse tipo possa ser útil, entre outras coisas, para evidenciar um dos motivos da confusão que reina sobre esta matéria.

Acredito que se possam distinguir pelo menos quatro diferentes significados de "filosofia política":

1. O modo mais tradicional e corrente de se compreender a filosofia política é entendê-la como descrição, projeção, teorização da ótima república ou, se quisermos, como a construção de um modelo ideal de Estado, fundado sobre alguns postulados éticos últimos, a respeito do

qual não nos preocupamos se, quanto e como poderia ser efetivamente e totalmente realizado. Dessa mesma forma de pensamento participam também certas — "utopias às avessas" — das quais tivemos exemplos muito conhecidos, sobretudo no último século —, que consistem na descrição não da ótima república, mas da péssima república, ou, se quisermos, do modelo ideal de Estado que *não se deve* realizar.

2. O segundo modo de se compreender a filosofia política é considerá-la como a busca do fundamento último do poder, que permite responder à pergunta: "A quem devo obedecer? E por quê?" Trata-se aqui do problema bem conhecido da natureza e da função do dever de obediência política [*obbligazione politica*].* Nesta acepção, filosofia política consiste na solução do problema da justificação do poder último, ou, em outras palavras, na determinação de um ou mais critérios de *legitimidade* do poder. Quando nos referimos, por exemplo, à filosofia política moderna, e nela estão incluídos escritores como Hobbes e Locke, Rousseau e Kant, De Maistre e Hegel, nos referimos a teorias que, partindo geralmente de pressupostos filosóficos sobre a natureza humana, sobre a natureza da sociedade e da história, visam a aduzir boas razões, aliás, as melhores razões pelas quais o poder último deva (ou não deva, em determinados casos) ser obedecido, isto é, a dar uma justificação ao dever de obediência política, e a delimitar seu âmbito. Todas as filosofias políticas, de acordo com essa acepção, poderiam ser classificadas segundo os diferentes critérios de legitimação do poder em cada circunstância adotados.

3. Por "filosofia política" pode-se entender também a determinação do conceito geral de "política", como atividade autônoma, modo ou forma do Espírito, como diria um idealista, que tem características específicas que a distinguem tanto da ética quanto da economia, ou do direito, ou da religião. Da mesma forma que se diz que a tarefa da filosofia do direito é a determinação do conceito de direito. Tenho a impressão de que esta tenha sido, por influência sobretudo de Croce, que evocava Maquiavel como o descobridor da categoria da política, a acepção a prevalecer na Itália. Quando um italiano fala de filosofia política, seu pensamento imediatamente se remete nem tanto — como faria um estudioso inglês — à questão do dever de obediência política,

---

* Optei pela tradução "dever de obediência política" para a expressão *obbligo* ou *obbligazione politica* por considerar que as alternativas mais simples "dever político" ou "obrigação política" não sugerem a contento a conotação de compromisso, obrigação e dever que as palavras *obbligo* e *obbligazione* têm em italiano, o que comprometeria a clareza de raciocínio do autor quando se refere à relação política que se estabelece entre governantes e governados. (N.T.)

mas ao tema da distinção entre política e moral, entre razão do indivíduo e razão de Estado, ao problema se a conduta política tem suas próprias leis, estando sujeita a critérios próprios de avaliação, se o fim justifica os meios, se os Estados podem ser governados com o pai-nosso, ou, como hoje diríamos, se há uma ética de grupo distinta da ética individual, ou se, seguindo a terminologia weberiana, o homem político segue a ética da responsabilidade ou a ética da convicção etc.

4. A difusão do interesse pelos problemas epistemológicos, lógicos, de análise da linguagem, em geral, metodológicos, fez emergir um quarto modo de falar de filosofia política: a filosofia política como discurso crítico, voltado para os pressupostos, para as condições de verdade, para a pretensa objetividade, ou não-valoração (*avalutatività*)* da ciência política. Nessa acepção, pode-se falar de filosofia como *metaciência*, isto é, do estudo da política em um segundo nível, que não é aquele, direto, da busca científica compreendida como estudo empírico dos comportamentos políticos, mas aquele, indireto, da crítica e legitimação dos procedimentos através dos quais é conduzida a pesquisa no primeiro nível. Entra nessa acepção de filosofia política a orientação da filosofia analítica em direção à redução da filosofia política em análise da linguagem política.

Não é difícil perceber que o problema das relações entre filosofia política e ciência política assume aspectos distintos, segundo qual das acepções acima ilustradas seja levada em consideração.

Quando se entende por filosofia política a teoria da ótima república, a relação com a ciência política é de clara oposição. Enquanto a ciência política tem uma função essencialmente descritiva ou explicativa, a filosofia como teoria da ótima república tem uma função essencialmente prescritiva: o objeto da primeira é a política tal como é (a "verdade efetiva"); o objeto da segunda, a política tal como deveria ser. Em outros termos, trata-se de dois modos distintos de considerar o problema político, de dois pontos de vista respectivamente autônomos, ou, se quisermos, de duas estradas que não estão destinadas a encontrar-se. A projeção em direção ao futuro da filosofia como teoria da ótima república é a utopia; a mesma projeção em direção ao futuro da ciência política assume o aspecto de "futurível". O desenho utópico é o proje-

---

* Embora *avalutatività* pudesse ser traduzida pela já consagrada expressão em língua portuguesa "distanciamento crítico", preferi optar pela forma "não-valoração", na tentativa de preservar a contrução por dicotomias — *valutatività/avalutatività* — característica do pensamento bobbiano para a qual Michelangelo Bovero chama a atenção em sua introdução. (N.T.)

to de um Estado que *deve* ser, no sentido moral de "deve"; a futurologia é a previsão de um Estado que *deve* ser, no sentido naturalista de "deve": o Estado utópico é desejável, mas pode não se realizar; o Estado futuro pode até não ser desejável, mas é aquele que deve necessariamente se realizar se a previsão estiver cientificamente exata. Na passagem do comportamento filosófico para o comportamento científico, a utopia se resume a futurologia.

Na segunda acepção, segundo a qual por filosofia política entende-se uma teoria sobre a justificação ou legitimação do poder, a relação entre filosofia política e ciência política é muito mais estreita. Aqui o problema filosófico pressupõe a análise dos fenômenos reais do poder, que consideramos de competência do cientista político. Por outro lado, o estudo realista do poder não pode deixar de fazer referência ao problema, que foi considerado tradicionalmente de competência da filosofia, dos critérios de legitimidade, isto é, das razões últimas pelas quais um poder é e deve ser obedecido. A obra de Hobbes, que é sob muitos aspectos uma análise empírica do comportamento político, foi também considerada, com razão, uma gramática da obediência. Na *Filosofia do direito*, de Hegel, é extremamente difícil separar a análise realista da sociedade e do Estado da ideologia política que a orienta, tão estreitamente entrelaçados estão o momento da explicação daquilo que acontece e o momento da justificação de por que aquilo que acontece deve acontecer; o problema da representação histórica e o problema da legitimação ideal do Estado, ou melhor, de um certo tipo de Estado. É desnecessário acrescentar que uma coisa é determinar um critério de legitimação, outra descrever os vários critérios de legitimação possíveis ou realmente aplicados nos diferentes regimes e nas diferentes épocas históricas (que é obra da ciência política).

No caso do terceiro significado de filosofia política — filosofia política como determinação da categoria da política — a relação com a ciência política é tão estreita que é difícil estabelecer uma nítida linha divisória entre uma e outra e dizer onde termina a competência do cientista e começa a do filósofo. As duas investigações constituem um contínuo: não se pode pensar em uma pesquisa em ciência política que não se coloque o problema do conceito de política e portanto da delimitação mesma do próprio campo de pesquisa; mas não se pode tampouco pensar em uma análise do conceito de política que não considere os dados recolhidos e os fenômenos examinados pela pesquisa factual. A diferença entre o plano da filosofia e o plano da ciência não é mais, nesse caso, de natureza qualitativa, mas exclusivamente de ordem de grandeza. Não há hoje análise científica dos fenômenos políticos que não comece propondo ou pressupondo uma teoria geral do poder, a qual deveria servir para delimitar o campo da política em relação ao da economia ou do direito etc. Todavia, mais do que de filosofia política, neste caso seria melhor falar de "teoria geral da política", com o mesmo critério com que, no campo do direito, se distingue a teoria geral do direito da ciência jurídica *stricto sensu*.

No caso da filosofia política compreendida como "metaciência", a distinção entre filosofia e ciência volta a ser muito clara: trata-se de investigações que têm objeto e fins distintos. A ciência é o discurso ou o conjunto dos discursos sobre o comportamento político; a filosofia é o discurso sobre o discurso do cientista. Como tal, é uma investigação em segunda instância. Subentende-se que a diferença não exclui um tipo bem preciso de relação: a metaciência se propõe, em relação à pesquisa científica, um objetivo, como foi dito muitas vezes, terapêutico, e portanto precisa manter um contato contínuo com a pesquisa científica propriamente dita. A ciência, por outro lado, serve-se das reflexões relativas ao método e à linguagem para corrigir e eventualmente aperfeiçoar o próprio trabalho, controlando seus resultados.

Se quisermos resumir as diferentes relações que se estabelecem entre filosofia política, nas suas diferentes acepções, e ciência política, poderíamos dizer que: *a*) no primeiro caso há uma relação de *separação* e, concomitantemente, de *divergência; b*) no segundo caso, a relação é também de *separação*, mas concomitantemente de *convergência; c*) no terceiro caso há uma relação de *continuidade* e, portanto, substancialmente de indistinção (trata-se, talvez, de uma distinção conveniente); *d*) no quarto caso, a relação é de *integração recíproca* ou de mútuo serviço. Observando esses vários tipos de relação, pode-se ainda fazer uma consideração: permanecendo fixo o caráter de "não valoração" ["avalutatività"] da ciência política — ou a ciência é não valorativa ou não é ciência —, a maior distância entre filosofia política e ciência política se verifica lá onde a filosofia política é compreendida como assumindo um caráter fortemente valorativo [*valutativo*]. A partir da nossa tipologia, fica claro que as acepções em que a filosofia política assume um caráter fortemente valorativo são as duas primeiras, ou seja, a filosofia política como descrição da ótima república e como determinação de um princípio de legitimação. E são esses, de fato, os dois casos nos quais a relação entre filosofia e ciência é de separação, antes que de integração.

Por ora, deixarei de lado a quarta forma de filosofia política, da qual falei como simples cronista que observa e descreve aquilo que acontece diante de seus olhos, porque foi até agora mais anunciada, prometida e proposta[1] do que praticada, e não encontra sustentação alguma na filosofia política clássica, de Platão a Hegel. Nas considerações que acrescento a seguir, vou me deter apenas nas primeiras três formas de filosofia política, exemplarmente representadas no início da era moderna por três obras que deixaram uma marca indelével na história das idéias políticas, *A utopia*, de Thomas More, *O príncipe*, de Maquiavel, o *Leviatã*, de Hobbes. Essas três obras bem podem ser assumidas como símbolos de três modos distintos e típicos de se filosofar sobre a política: a primeira, da busca pela melhor forma de governo, a segunda, da busca da natureza da política, a terceira, da busca do fundamento do Estado. A questão fundamental de More é elevar-se acima das desgraças, da corrupção, da injustiça da era presente para propor um modelo de Estado perfeito, como se lê no próprio título da obra, *De optimo reipublicae statu*. A questão fundamental de Maquiavel, pelo menos em uma das interpretações ao seu pensamento, a única de resto que dá lugar a um "ismo" (o chamado "maquiavelismo"), é mostrar em que consiste a propriedade específica da atividade política e, desse modo, distingui-la da moral e da religião. A questão fundamental de Hobbes é mostrar a razão ou as razões pelas quais o Estado existe (e é bom que exista) e, já que deve existir para a salvação dos homens, devemo-lhe obediência.

Trata-se de três modos profundamente distintos de se aproximar do problema político que podem ser relacionados às três tradicionais perguntas filosóficas:

O que posso esperar?

Como devo me comportar?

O que posso saber?

Isso não exclui que nos diálogos platônicos, por exemplo, possamos encontrar uma resposta apropriada a todas as três: na *República*, à primeira, no *Crítios*, à segunda, na *Política*, à terceira. A diferença, todavia, não exclui a conexão ou até mesmo a dependência das diferentes soluções: começando pelo fim, depende da resposta que eu dou à pergunta sobre a natureza da política (se e em que medida a considero dependente ou independente da moral) a resposta ao problema do dever de obediência política, vale dizer, se e em que medida eu devo

---

1. Por exemplo, por A. J. Ayer, no prefácio a *The Vocabulary of Politics*, de Thomas D. Weldon, e por Renato Treves em sua contribuição à discussão sobre *L'idée de philosophie politique* promovida pelo Institut International de Philosophie Politique, em 1965, publicado sob o título *La notion de philosophie politique dans la pensée italienne* no sexto volume dos "Annales de philosophie politique", intitulado *L'idée de philosophie politique*, PUF, Paris, 1965, pp. 97-115.

obedecer à ordem injusta. Depende da idéia que tenho sobre a natureza do Estado, dos seus fins, a resposta que dou à questão sobre quais seriam as melhores instituições políticas (melhores exatamente em relação a esses fins). No *Segundo tratado sobre o governo civil*, de Locke, a estreita conexão entre os três problemas é evidente: *a*) o objetivo do corpo político é garantir aos indivíduos a asseguração da vida, da liberdade e dos bens; *b*) quando o governo já não é capaz de garantir a segurança, o dever de obediência política, ou seja, o dever de obediência perde o sentido; *c*) o melhor modo de se conseguir essa garantia é um legislativo fundado no consenso e um executivo dependente do legislativo. Para dar um exemplo-limite: se, marxianamente, considero o Estado unicamente como aparato coercitivo a serviço da classe dominante, deixa de ter sentido discorrer sobre o dever de obediência política, já que entre aquele que exerce a força e aquele que a ela está sujeito não existe dever, mas apenas coerção; dessa mesma premissa deriva, também, a conseqüência de que não existe uma melhor forma de Estado, e, conseqüentemente, de que o melhor Estado é paradoxalmente o não-Estado.

Não obstante a marcante diferença entre um e outro modo de filosofar sobre a política, todas as três formas de filosofia têm, além de uma conexão entre si, algo em comum que, entre outras coisas, justifica o fato de que, conscientemente ou não, designamo-as à mesma categoria. Aquilo que elas têm em comum é exatamente a possibilidade de estarem compreendidas na extensão do conceito de filosofia, sempre que por "filosofia" se entenda algo que é distinto e que vale a pena ser distinguido de "ciência".

Certamente é possível entender "filosofia" de modo tal que nela esteja compreendida também a ciência, tal como fez Hobbes quando chamou de *philosophia civilis* o conjunto de investigações sobre o homem e sobre a sociedade para distingui-las da *philosophia naturalis*. Assim também, é possível entender "ciência" de modo tal que nela também esteja compreendida a filosofia, como quando, falando de ciência da "sociedade", os marxistas nela incluem aquela concepção global da sociedade, aquela visão geral do curso da história, que tradicionalmente se costuma denominar filosofia. Daí que uma discussão em torno da natureza e das atribuições da filosofia política hoje tem sentido apenas se aceitarmos a convenção lingüística segundo a qual "filosofia" significa algo distinto de "ciência" e se considerarmos que há modos tão distintos de se aproximar de um objeto que vale a pena usar duas palavras distintas para denominá-los. E assim, o debate sobre a natureza e atribuições da filosofia política consiste no debate sobre a distinção entre filosofia política e ciência política. Com efeito, cada uma das três formas de filosofia política é, por uma ou por outra de suas características, irredutível a uma ou outra das características próprias da ciência política na sua acepção mais comum e menos controversa.

Por acepção mais comum e menos controversa de ciência política refiro-me àquela que permite identificar como ciência política distinta da filosofia toda análise do fenômeno político que se valha, nos limites do possível, das técnicas de pesquisa próprias às ciências empíricas, isto é, se considere ciência no sentido em que são ciências as ciências empíricas (distintas, segundo a terminologia carnapiana, que me parece ainda válida, das ciências formais). Creio que ninguém esteja hoje disposto a chamar de científica, no significado pleno desse termo, uma pesquisa que não satisfaça, ou pelo menos não procure com todo o esforço consciente, satisfazer a estas três condições:

a) submeter as próprias conclusões à verificação empírica, ou, pelo menos, àquele tanto de verificação empírica possível com os dados à disposição, e contudo, sempre que os dados não forem suficientes, retire ou afirme como problemáticas as conclusões alcançadas, ou coloque em uso todas as técnicas mais confiáveis e mais aplicáveis ao caso para incrementar a disponibilidade de dados, isto é, para aumentar a sua verificabilidade;

b) valer-se de todas as operações mentais, tais como formulações de hipóteses, construções de teorias, enunciações de leis tendenciais, que permitam perseguir o objetivo específico de toda pesquisa científica, que é dar uma explicação para o fenômeno que se quer investigar;

c) não ter a pretensão de emitir qualquer juízo de valor sobre as coisas das quais se ocupa deduzindo em seguida prescrições imediatamente úteis à práxis.

Essas três condições dão origem aos três requisitos fundamentais de qualquer pesquisa que ambicione ser chamada de ciência segundo o modelo das ciências por excelência, as ciências naturais, e no sentido forte e nobre pelo qual a era moderna coincide com o início, desenvolvimento e triunfo da revolução científica: *a*) o princípio de verificação como critério de validação; *b*) a explicação como objetivo; *c*) a não-valoração como pressuposto ético.

Considerando as três formas de filosofia política, pode-se observar que em cada uma delas falta pelo menos uma das características da ciência política, ou, em outras palavras, nenhuma das três satisfaz a todas as condições de uma investigação que possa ser considerada, com legítima razão, científica. A filosofia política como teoria do melhor governo orienta-se segundo valores e apresenta um caráter clara e conscientemente prescritivo: é valorativa e não pretende deixar de sê-lo. Aliás, as várias filosofias políticas nesse sentido diferenciam-se com base nos valores assumidos como supremos e dignos de ser realizados pela sociedade política. Na filosofia política como teoria do fundamento do Estado e, portanto, do dever de obediência política, a operação principal e caracterizadora não é a explicação, mas a justificação, entendendo-se por "justificação" a operação mediante a qual se qualifica um comportamento como sendo (moralmente) lícito ou ilícito, o que não pode ser feito senão remetendo-se a valores ou a regras dadas que, por sua vez, são expressões de valores. Toda a temática das teorias jusnaturalistas, com a clássica oposição entre sociedade natural e sociedade civil, tem por objetivo a justificação do Estado como mais apropriado à vida, ou à liberdade, ou à dignidade, ou ao bem-estar do homem, do que o estado de natureza. Por fim, o problema da filosofia política como investigação da natureza da política se exime de qualquer possível verificação empírica, uma vez que pretende determinar a essência da política, sendo que a essência é, por definição, precisamente aquilo que está sob ou além dos fenômenos, das aparências, a qual os próprios fenômenos pressupõem para poder ser analisados e interpretados. Porque se afinal, falando de "natureza" da política, se deseja fazer referência às definições de política ou de Estado das quais se valem os politólogos para delimitar o âmbito da própria pesquisa (quando afirmamos, por exemplo, que o reino da política é o reino da força organizada, ou mesmo do poder que, em determinada sociedade, não depende de nenhum outro poder, ou da autoridade que estabelece os valores etc.), estas tendem a apresentar-se ou como meras convenções, úteis para estabelecer antecipadamente aquilo sobre o que se deseja falar, ou são generalizações deduzidas da experiência e nada têm a ver com a investigação da essência da política e das pretensões desta a ter valor universal, e como tais fazem legitimamente parte da empreitada da ciência.

Uma última consideração, para tomar distância daquelas correntes filosóficas que estão inclinadas a condenar a ciência política e desacreditar a noção mesma de não-valoração. Muitas vezes tive de constatar que não há nada mais difícil do que permanecer não-valorativo quando se enfrenta o problema da não-valoração. De minha parte declaro (se é verdade que o melhor modo de defender a não-valoração é reconhecendo quão difícil é alcançá-la, não escondendo, mas sim, como nos é demandado, declarando os próprios valores) que, quando discuto essa questão, sou fortemente valorativo.

Pertenço à geração que presenciou a destruição, nos anos de sua formação, de toda forma de saber livre e independente e a pretensão que contra ele se ergueu de que as exigências da investigação científica deveriam ceder às razões do poder. Aprendemos uma lição da qual nunca mais nos esquecemos. Se a houvéssemos esquecido, a devastação produzida na mente dos jovens pela insensata polêmica desses últimos anos contra a ciência não-valorativa teria feito com que dela nos lembrássemos outra vez: os que pensavam de outro modo transformados em inimigos a ser rebatidos com escárnio, com desprezo, ou, pior, com a calúnia, o princípio da autoridade substituído pela laboriosa investigação pessoal, a tomada de partido mais impulsiva em lugar do empenho ético-político, a pressa em julgar, a ostentação da polêmica pela polêmica, a ênfase colocada no avaliar, condenar ou exaltar, ao em vez do compreender, do explicar, do dar-se conta do rumo que as coisas tomaram. Uma vez mais aprendemos como é cômodo desembaraçar-se dos vínculos que nos impõe o respeito aos fatos e às idéias de outrem, e como é fácil, uma vez abandonado o aporte de regras do bom método científico, tomar a estrada que conduz à mais descarada tendenciosidade. Bem sei que é difícil despir-se das próprias preferências; mas é precisamente nisto que consiste a nobreza do cientista. A não-valoração é a virtude do cientista, assim como a imparcialidade é a virtude do juiz: não passaria pela cabeça de ninguém sugerir a um juiz que, sendo difícil ser imparcial, tanto vale não o ser.

Com freqüência é trazida ao debate a confusão entre o problema, de fato, se a ciência não-valorativa é possível, e o problema, de valor, se, posto que seja possível, seria também desejável. Certo, aqueles que afirmam que a não-valoração é algo desejável devem admitir a sua possibilidade, assim como aqueles que a combatem tendem a considerar que não seja nem ao menos possível. Isso não exclui que os dois argumentos, o argumento da impossibilidade e o argumento de que não é desejável, sejam distintos e não possam ser tomados um pelo outro. Aqueles que se insurgem contra a pretensão do pesquisador de ser não-valorativo não conseguem, na maioria dos casos, estender as suas provas além da constatação de que *de fato* esta ou aquela pesquisa não está livre de juízos de valor, não é de fato aquilo que acredita, ou finge, ou se vangloria de ser, *wertfrei*. A crítica à não-valoração consiste geralmente em uma impiedosa caça aos valores ocultos em cada fase, em cada dobra da pesquisa.[2] Francamente, nunca pude entender que argumento

---

2. Um belo exemplo dessa "caça aos valores" é o livro de H. STRETTON, *The Political Sciences*, Routledge and Kegan Paul, Londres, 1969.

se possa deduzir de uma constatação desse gênero, em favor ou contra a tese da não-valoração como valor: trata-se de um caso bastante conspícuo e perspícuo de falácia naturalista. É como se se quisesse negar que a saúde seja desejável mostrando que não existe um mortal que seja completamente são. A suspeita de que a saúde seja desejável nasce, ao contrário, da constante observação de que os homens fazem de tudo para alcançá-la e que, quanto mais são presa das enfermidades, mais a ela aspiram. Observe-se como se comporta um estudioso que queira estudar cientificamente um fenômeno social: ele faz uso de todas as técnicas de pesquisa que lhe permitam tanto quanto possível eliminar aquele universo de aproximações no qual se insinuam mais facilmente as avaliações pessoais. Quase poderíamos definir o conjunto de regras às quais o pesquisador se submete para fazer com que sua própria pesquisa seja aceita como uma pesquisa científica — e não um compêndio de opiniões pessoais mais ou menos geniais —, como uma imensa empreitada pela eliminação dos juízos de valor. Não vejo por que da observação de como se comporta o cientista, não diversamente do que da observação de como se comporta o doente, não deva nascer a suspeita de que a não-valoração seja uma meta a qual se deseja alcançar, um valor não-diferente do valor da saúde.

Para negar-lhe esse valor, isto é, para mostrar que não é desejável sermos não-valorativos, independentemente do fato de que seja possível, costuma-se aduzir dois argumentos que nunca me pareceram muito fortes. Diz-se que a não-valoração é um pretexto para dissimular uma tomada de posição inconfessada e inconfessável e para insinuá-la mais facilmente. Neste momento um jurista se sairia com o antigo adágio: *"Adducere inconveniens non est solvere argumentum"*. Realmente, o fato de que a não-valoração possa também servir para encobrir juízos de valor não significa que sirva *apenas* para isso, e que seja proclamada e defendida *apenas* para induzir ao erro ouvintes ingênuos. É como se quiséssemos abolir a liberdade das fronteiras para evitar o contrabando: a passagem cada vez mais ágil de uma fronteira para outra não é útil apenas aos contrabandistas. Para evitar o contrabando há outros remédios, como tornar mais rígidos os controles, ou exigir francas declarações.

Não nos apercebemos, além disso, de que formidável prova em favor da desejabilidade de uma ciência não-valorativa seja esse argumento de seus detratores: se é verdade, de fato, que uma tese é tanto mais atendível e aceita quanto mais se apresente sob as vestes de uma tese fundada apenas em juízos de fato, fica explicado então por que também socialmente (isto é, também prescindindo do seu valor de verdade) seja considerado um fim desejável chegar a apresentar as próprias teses como teses científicas. Também os que se opõem à não-valoração, quando fazem ciência, procuram mostrar que as suas preferências pessoais não vêm ao caso, que valorativos são os outros, não eles. Os marxistas mais severos e mais convictos (que também são aqueles que, em um contexto cultural favoravelmente posicionado em direção ao saber científico, obtêm maior sucesso e são mais tomados a sério), de Della Volpe a Althusser, são aqueles que procuram demostrar que o marxismo é, ou contém, uma teoria científica. Que Marx fosse um ideólogo ou um profeta ou um político é uma afirmação que os marxistas com prazer deixam aos não-marxistas.

O outro argumento dos negadores é que a não-valoração é um modo de se furtar à responsabilidade da escolha, do compromisso, leva à aceitação do *status quo*, induz ao quieto conformismo. Max Weber, o teórico da *Wertfreiheit*, era um conservador (sem falar de Pareto!). Certamente o pesquisador consciencioso não quer, enquanto pesquisador, transformar o mundo; mas não quer tampouco, enquanto pesquisador, conservá-lo. O seu único problema é compreendê-lo. Só tem certeza de uma coisa: que a primeira regra que ele deve observar para proceder na compreensão é não se deixar dominar pelo seu desejo de conservar, se politicamente é um conservador, e de transformar, se politicamente é um reformador, o existente. A rigor, não deve nem mesmo saber, ou, se sabe, deve, no momento em que está empenhado na pesquisa, esquecer que sabe, posto que, para conservar ou transformar o mundo, precisa antes tê-lo compreendido.

II.

POR UM MAPA DA FILOSOFIA POLÍTICA

Aceitei com certa hesitação a tarefa de traçar o "mapa" da filosofia política porque é difícil atribuir a essa tarefa um objetivo diferente daquele estritamente acadêmico de delimitar as fronteiras de uma "disciplina", no sentido restritivo que foi dado a essa palavra por Foucault no conhecido discurso sobre os "mecanismos sociais de controle da palavra".

Como todas as delimitações de fronteiras entre um teritório e outro, também esta, entre disciplinas, pode ser pacífica ou conflituosa: o âmbito da filosofia política pode ser definido como um âmbito que fica "ao lado" de outros, ou como um âmbito que está "contra" outros. Com isso quero dizer que as relações entre disciplinas podem ser harmônicas ou polêmicas. Pensemos na mais melindrosa e controvertida dessas relações, fonte inexaurível de contendas, a relação entre filosofia política e ciência política. Essa relação pode ser hostil em ambas as direções, de parte da filosofia em relação à ciência, e, vice-versa, de parte da ciência em relação à filosofia. Todos podemos citar autores que, ao reivindicar em nome da filosofia, segundo eles negligenciada sem razão, deprimem a ciência ou reduzem-na a um espaço mínimo, assim como há outros autores, que conhecemos bem durante os anos da difusão quase universal da "political science", que não apenas tentaram restringir o espaço da filosofia, mas lançaram-na para além das fronteiras do saber acreditado (e confiável). A quem possa interessar, como amante da paz, não me alio nem aos primeiros nem aos segundos. Muitas dessas polêmicas são premeditadas e estéreis.

Mesmo nesse significado restrito, no âmbito do qual pretendo me manter, tenho a impressão de que o termo "mapa" também não é de todo satisfatório. Ele permite pensar que exista um território homogêneo e delimitável sobre o qual se pode escrever: "Aqui é a filosofia política". Todos sabemos que não é assim.

Antes de mais nada, a filosofia política, enquanto "filosofia", deve ser distinta dos outros modos de focalizar o mesmo objeto, tais como a ciência e a história; enquanto "política", deve ser distinta das outras esferas tradicionais da filosofia prática, tais como a moral, a economia, o direito. Ambas as distinções são problemáticas. E, contudo, uma coisa são as operações mentais e os conhecimentos necessários para se distinguir um modo de se aproximar do objeto proposto, outra coisa são as operações necessárias para se distinguir uma esfera da vida prática de outra. Exemplificando, não há dúvidas de que a distinção entre filosofia política e ciência política, de um lado, e a distinção entre política e moral, de outro, pertencem a dois mapas distintos, que não podem ser sobrepostos. Experimentem procurar uma coincidência qualquer entre as duas distinções e encontrarão algo que se assemelha não a um mapa, mas a cruzamentos (possíveis) entre mapas distintos. Pelo menos dois: o mapa dos "enfoques" (filosófico, científico, histórico), e o mapa das "áreas" (política, ética, jurídica, econômica).

O mapa que eu desenhei em Bari[3] era um mapa filosófico, uma vez que se referia à filosofia política como filosofia, não como política. Das quatro províncias nas quais eu dividia a região "filosofia política" (para dar seguimento à metáfora geográfica) — descrição do ótimo Estado

---

3. Bobbio refere-se à conferência apresentada no congresso "Tradizione e novità della filosofia della politica", realizado em Bari, entre os dias 11 e 13 de maio de 1970. O texto da conferência (cf. o volume homônimo das Atas, Laterza, Bari, 1971, pp. 23-29) está incluído na primeira seção do presente capítulo, *Das possíveis relações entre filosofia política e ciência política*, as páginas 3,8 N.O.

ou da melhor forma de governo, justificação (ou injustificação) do dever de obediência política [*obbligo politico*],* que é afinal o mesmo tema que, fora da área do pensamento político inglês sempre foi denominado legitimidade, definição da categoria da "política", e teoria da ciência política — eu já havia colocado de lado a última, que pertence mais propriamente à região da filosofia da ciência (para dar um exemplo, cito o conhecido livro de David Ricci, *The Tragedy of Political Science*, de 1984, que todavia tem muitos precedentes), ainda que, em um capítulo de um curso ideal de filosofia política, o tema da natureza e dos limites da ciência política devesse encontrar seu lugar.

Não preciso repetir que, sendo as disciplinas "convenções", são também convencionais as suas divisões internas e subdivisões. Contudo, é preciso advertir que as convenções se firmam e acabam se impondo por meio de sua aceitação generalizada. Não sou capaz de apresentar um repertório de usos modernos e contemporâneos da expressão "filosofia política" (mas não deve ser difícil compilar um): bastam alguns exemplos esclarecedores.

Começando pela filosofia política como análise da categoria do político ou da política, ganhou força o hábito de se falar de filosofia política por ocasião do debate que, através do reaparecimento do pensamento de Carl Schmitt, transcorreu em torno da bem-conhecida definição schmittiana. Aliás, há uma tendência muito forte de se considerar filosofia política exclusivamente esse tema. Julien Freund, discípulo de Schmitt, depois de ter afirmado que o objetivo do seu livro, *L'essence du politique* (1965), era compreender o fenômeno político nas suas características próprias e diferenciadoras, concluía: "Ce dont il s'agit ici, c'est de philosophie politique".[4] Felix Oppenheim, cujos livros estão entre os mais conhecidos que se inspiram na ética da filosofia analítica (estando, portanto, muito distantes de uma inspiração schmittiana), chama de "political philosophy" aos seus ensaios de metaética com particular atenção à política.

Passando à filosofia política como teoria do dever de obediência política, parece-me suficiente recordar que, no ensaio intitulado *Does Political Theory Exists?*, um autor de grande prestígio internacional como Isaiah Berlin afirma que a questão "por que um homem deve obedecer a outro homem" deve ser considerada "a mais fundamental das questões políticas".[5] Diretamente derivada do predominante pen-

---

* Cf. N.T. no cap. 1.I, p. 68.

4. J. FREUND, *L'essence du politique*, Sirey, Paris, 1965, p. 2.

5. I. BERLIN, "Does Political Theory Exists?", in *Philosophy, Politics and Society*, série II, Blackwell, Oxford, 1962, pp. 1-33.

samento político inglês era a redução efetuada por d'Entrèves da filosofia política em teoria do dever de obediência política, à qual dedicara os seus primeiros escritos.

É mais controvertido e complicado o tema da filosofia política como teoria do ótimo Estado. No artigo "What is Political Philosophy?", Leo Strauss, depois de definir a filosofia política como a tentativa de conhecer a natureza das coisas políticas e a ordem política justa e boa, e depois de ter exaltado a filosofia política clássica por ser ela unicamente guiada pela questão em torno do melhor governo (o que não é de todo exato), considera que, devido à intromissão de uma ciência política sem ideais (o que é igualmente inexato, tanto que é possível sustentar que toda a ciência política americana é também "educação para a cidadania"), a filosofia política americana esteja "em um estado de decadência e talvez até mesmo de putrefação, se é que não está de todo desaparecida". E conclui: "Não estamos exagerando quando afirmamos que hoje a filosofia política já não existe, a não ser como objeto de inumação, vale dizer, para uma investigação histórica, ou como tema de frágeis e pouco convincentes declarações de fé".[6]

Deixando de lado o fato de que, como foi dito e repetido, há outras questões de filosofia política além daquela do bom governo, e que questões tradicionais, como aquelas do dever de obediência política e dos limites da obediência ao poder, continuaram a ser discutidas também nos Estados Unidos (a literatura sobre o assunto nos últimos anos é sobretudo americana), a razão pela qual a questão do bom governo perdeu muito da sua atualidade pode depender do fato de que o problema foi se deslocando do bom governo para a "boa sociedade". A questão do bom governo talvez interesse menos não porque de repente a faculdade de desejar e de esperar tenha perdido vigor, por efeito do positivismo, do historicismo, do empirismo e de outros maléficos "ismos", mas porque já não se acredita mais que, para mudar a sociedade, basta mudar o regime político, como era possível acreditar quando o Estado era tudo e a sociedade fora do Estado era nada. Seria realmente um grave erro pensar que uma questão deixou de existir unicamente porque se distanciou do ponto de vista a partir do qual estávamos habituados a considerá-la. Basta olhar um pouco além dos muros que nos são familiares para perceber que a questão da boa sociedade está mais viva do que nunca. Mas trata-se, sem dúvida, da questão da boa sociedade e não, de modo limitado, do bom governo.

---

6. L. STRAUSS, *What is Political Philosophy?* (1954), posteriormente publicado no volume *What is Political Philosophy and Other Essays*, The Free Press, Glencoe, Ill. 1959 (Ed. it.: *Che cos'è la filosofia politica?*, Argalia, Urbino, 1977, pp. 42 e 43).

Se me perguntassem quais são de fato os temas e questões que suscitaram o debate mais amplo desses últimos anos, não hesitaria em responder que são aqueles provocados por obras como *Una teoria della giustizia*, de Rawls, ou *Anarchia, stato e utopia*, de Nozick, às quais poderíamos acrescentar *Sfere di giustizia*, de Walzer. Eu não saberia definir essas obras senão como tentativas de propor soluções, ou ao menos de oferecer indicações para a realização de uma boa ou de uma melhor sociedade. Assim compreendido, o maior debate contemporâneo de filosofia política — e não vejo como poderia ser compreendido de outro modo —, um dos temas tradicionais da filosofia política, o tema do ótimo Estado, ainda que em uma versão moderna, longe está de ter-se exaurido. Eu diria, ao contrário, que está mais vivo do que nunca.

Até aqui os "diferentes modos de tratar" a filosofia política têm sua origem em um universo discursivo no qual são levadas em consideração exclusivamente as relações, não importa se polêmicas ou não, entre filosofia política e ciência política. Todas as três definições de filosofia política fazem referência a um "diferente", que é a ciência. Não se explicam senão partindo do pressuposto (convencional) de que filosofia e ciência enquanto disciplinas ocupam duas áreas distintas, que convém manter distintas. Nas três definições de filosofia são utilizadas três tradicionais oposições usadas para distinguir as disciplinas filosóficas das científicas: prescritivo-descritivo, justificação-explicação, geral-particular.

Mas, como apresentar o problema da filosofia política em relação à história, quero dizer, à história das idéias políticas que é em grande parte uma história da filosofia política, ou daquela que por convenção é denominada "filosofia política"? A diferença é tão nítida que eu poderia saltá-la. Enquanto a relação entre filosofia política e ciência política é problemática — porque, como foi dito, ou uma e outra estão alinhadas de modo contíguo, e então surge o problema do ponto de demarcação, ou uma tende a sobrepor-se à outra, e então também entram em jogo juízos de valor dificilmente conciliáveis —, a distinção entre filosofia política e história das doutrinas políticas não suscita nenhum problema de delimitação de fronteiras ou de conflito de áreas. Se existe (e como existe!) incompreensão recíproca entre filósofos e historiadores, esta depende, mais do que de dificuldades objetivas, do contraste entre "mentalidades" (e atitudes): uma que preza aquilo que é constante, própria do teórico (ou "teoreta"), outra que preza aquilo que é mutável e aquilo que não se repete, própria do historiador: "Nihil sub sole novi" ou "Panta rei".

Naturalmente, há história e história: há aquela narrativa (e erudita), que parece não levar em consideração a elaboração conceitual, e aquela que não apenas tem a elaboração conceitual em máxima conta, mas a considera tarefa específica sua, segundo o modelo insuperado de Max Weber. Mas Max Weber, costuma-se dizer, é economista, sociólogo e também jurista. Não, Weber é antes de tudo historiador. Se há incompreensão de parte dos filósofos no que se refere à história narrativa, incompreensão, de resto, amplamente retribuída, não há no que se refere à história atenta aos conceitos. Na história "analítica" do pensamento político (que foi exercitada sobretudo em relação a Hobbes), as distâncias entre filosofia e história, que são abissais na história erudita, desaparecem. Um livro como aquele de Warrender sobre Hobbes é uma obra de filosofia política ou de história do pensamento político?

Se no mapa "filosófico" não registrei muitas novidades, uma novidade maior, a meu ver, pode ser revelada pelo mapa "político". De alguns anos para cá — tenho razões para acreditar que a partir da difusão do ensaio schmittiano *Der Begriff des Politischen* —, ao lado do tradicional termo "política" surgiu o termo "político", na expressão "o político", como substantivo neutro (e não no sentido do "Político" platônico). Ignoro se já tenha sido feita uma investigação para se estabelecer em qual sentido as duas palavras são empregadas, e se são empregadas sempre no mesmo sentido. A meu ver, aproximativo, enquanto "política" sempre significou seja a ciência da política, seja a política como objeto dessa ciência, hoje, quando dizemos "o político", referimo-nos apenas ao objeto. Pergunto-me então se a introdução dessa nova palavra não teria sido efeito (insconsciente) da oportunidade de distinguir a ciência do seu objeto. Mas as coisas na verdade são mais complicadas.

A obra que acima de todas as outras tematiza e teoriza essa diferença é aquela, já citada, do schimittiano Julien Freund, *L'essence du politique*, que desde a primeira página define: "Analyser l'essence du politique, ce n'est pas étudier *la* politique en tant qu'activité pratique et contingente qui s'eprime dans des institutions variables et dans des événements historiques de toutes sortes, mais c'est essayer de comprendre le phénomène *du* politique dans ses caractéristiques propres et distinctives qui le différencient d'autres phénomènes d'ordre collectif comme l'économique, le religieux et trouver les critères positifs et décisifs qui permettent de faire la discrimination entre les relations sociales qui sont proprement politiques et celles qui ne le sont pas". Como declara o título desde o início, o político é uma essência e como tal é permanente e invariável. A política é uma atividade prática, histórica, e como tal variável no tempo e nas diversas sociedades. Recorrendo a uma analogia, é como se fizéssemos uma distinção entre as várias formas tomadas pela ação dos diferentes operadores do direito e a "juridicidade", como essência permanente, e portanto implícita em todas as atividades que podem variar, e variam efetivamente, no tempo.

Como eu dizia, as coisas talvez sejam mais complicadas, porque o conceito de político, pelo menos na linguagem italiana, foi usado principalmente na expressão "autonomia del politico" (autonomia do político) para confutar a tese marxiana da subordinação da política, compreendida como superestrutura, à base econômica. Esta expressão criou, aliás, uma certa confusão com relação à expressão mais tradicional "autonomia della politica" (autonomia da política), com a qual sempre se pretendeu fazer referência ao tema maquiavélico da separação da política em relação à moral.

Não menos interessante é uma outra inovação surgida desde que se difundiu a idéia de que a categoria da política, ou do político, deveria agora ser compreendida como recobrindo uma área maior do que aquela recoberta pelo Estado. E isso contrariando a tradição clássica segundo a qual "política" e "Estado" sempre teriam tido a mesma extensão, como poderia ser facilmente provado a partir da tratadítica política clássica, de Aristóteles a Hegel, passando por são Tomás de Aquino, Bodin, Hobbes, Montesquieu, Rousseau e tantos outros. Também em relação a esse tema, a referência obrigatória é Carl Schmitt. Todos se recordam das palavras iniciais do ensaio sobre o "político": "O conceito de Estado pressupõe o conceito de político". (Uma coletânea de escritos sobre Schmitt foi intitulada, não por acaso, *La politica oltre lo Stato* [A política para além do Estado], 1981.)

Na verdade, a mim parece que a maior extensão que passou a ser designada à política em relação ao Estado depende não tanto da relação entre uma categoria geral, como o "político", e o Estado, que é uma formação histórica, como seria segundo Schmitt, mas do fenômeno, típico da sociedade moderna, da emancipação da sociedade civil em relação ao Estado como instituição e em relação ao Estado-aparato; e da formação, na sociedade civil, independentemente do Estado-instituição e do Estado-aparato — e, aliás, contra o Estado — de grupos de interesse, também contrapostos entre si, que contribuem para a tomada de decisões políticas (e que, portanto, desenvolvem atividade política); onde por "decisões políticas" se entendem aquelas decisões que são tomadas em nome e por conta da inteira coletividade, e que para ela são vinculantes, e, por serem vinculantes, deve-se fazê-las valer em última instância pela força.

Essa emancipação da sociedade civil ocorre gradativamente quando, através das constituições democráticas, passa a ser reconhecido o direito de associação a partir do qual nasce a democracia pluralista (poliárquica e policêntrica), em contraste com o ideal da democracia monística ou monocrática, segundo o qual "a soberania reside no povo: ela é una e indivisível" (art. 25, Const. 1793) e "nenhuma parte do povo pode exercer o poder de todo o povo" (art. 26). Não é por acaso que o direito de associação nos Estados europeus, de longa tradição autoritária, tenha sido o último a ser reconhecido. É o direito que, uma vez reconhecido, transforma a realidade e, conseqüentemente, também a imagem do Estado soberano, criando novos sujeitos, com plenos direitos e, no sentido pleno da palavra, "políticos". À medida que a sociedade civil se torna "política", a esfera da política se amplia para além do Estado-instituição, para além do Estado-aparato, para além do Estado no sentido tradicional da palavra, objeto privilegiado durante séculos pela tratadística política. A democracia ou é pluralista, no sentido de poliárquica, ou não é. Sabe-se que material explosivo a "transformação" da democracia em poliarquia ofereceu às ideologias reacionárias (não menos que às ideologias revolucionárias) por condenar no pluralismo uma intolerável degeneração da estrutura do Estado, seguida de uma perda talvez irrecuperável da sua unidade, conquistada com enorme esforço pelos grandes Estados territoriais contra a fragmentação da sociedade medieval (um verdadeiro "retorno à Idade Média"). Prescindindo de um juízo de aprovação ou de condenação (porque este não é o lugar), é fato que o nascimento do Estado poliárquico sacudiu a secular identificação entre a esfera do Estado (como centro do poder soberano) e a esfera da política como esfera na qual agem os sujeitos (indivíduos ou grupos) que participam das decisões coletivas, ampliando esta última para a sociedade civil, tornando, aliás, cada vez mais incertas as fronteiras entre o "político" e o "não-político" à medida que se ia ampliando o "espaço" político na sociedade não-política.

Enfim, aceno para uma novidade mais interessante e, pelo menos na Itália, de tal modo surpreendente que suscita uma certa censurável confusão se dela não se capta o sentido. Em alguns autores dos últimos anos, a palavra "política" na expressão "filosofia da política" foi usada não tanto no sentido de "politics", mas sim no sentido de "policy", vale dizer, de "diretriz" (*direttiva*) que, proveniente de um corpo de especialistas, caminha em direção à solução, ou melhor, à proposta de solução de um problema prático de interesse geral. Em italiano, onde uma palavra como "policy" não existe, usa-se o plural de "politica" (política), e diz-se as *politiche* ("políticas"). Mas, como sempre, também nesse caso nada vale mais, para explicar o sentido de uma palavra, do que um exemplo do seu uso: com relação aos diferentes sujeitos, pensemos em expressões tais como a "política da Fiat", ou da "Banca d'Italia, ou da CGLI — *Confederazione Generale Italiana del Lavoro* (nas quais vemos que o sujeito deixou de ser o Estado); com relação à matéria, em expressões tais como "política educacional", "financeira", "sanitária", "ecológica" etc. Uma vez que, como já foi dito, há lugar para todos onde os bens não são escassos (entendo dizer o espaço para novas investigações, sendo quem sabe, escassas — mas isso é um outro problema — as cátedras), e ninguém detém o monopólio do significado de uma palavra, seja bem-vinda também a filosofia política nesse novo sentido, contanto que tenha em mente a distância que a separa da filosofia política tradicional.

Sou eu mesmo o primeiro a estar convencido da insuficiência do meu mapa. Como os senhores sabem, os mapas são divididos em pequenas partes. Sua contribuição será corrigir as partes equivocadas e desenhar as que estão faltando.

III.

RAZÕES DA FILOSOFIA POLÍTICA

Seria lícito prever que a instituição de cátedras de filosofia política, ocorrida no momento da criação das novas faculdades de ciências políticas no final dos anos 60, suscitasse um debate sobre a natureza, os conteúdos e os objetivos da nova disciplina, que passava a ocupar um espaço vizinho ao de duas disciplinas tradicionais, a história das doutrinas políticas e a ciência política, sem falar da ainda mais recente sociologia política. Na verdade o debate não aconteceu, ou teve duração inferior em intensidade e vivacidade do que aquele que precedeu e acompanhou o nascimento da disciplina.

Entre os dias 11 e 13 de maio de 1970, desenvolveu-se na Faculdade de Direito de Bari, por iniciativa do professor Dino Pasini, um congresso cujo tema era "Tradizione e novità della filosofia della politica", no qual coube a Alessandro Passerin d'Entrèves, primeiro titular da disciplina, e a mim, que viria a ser o seu sucessor dois anos depois, apresentar as conferências de abertura. Nenhum dos dois deixou-se atrair pela tentação, tão freqüente nesses casos, de propor o próprio conceito de filosofia política, ou de ceder à presunção de dizer o que deve ser a filosofia política. D'Entrèves, na sua conferência intitulada, inspirando-se em Alessandro Manzoni, O *"palchetto assegnato agli statisti"* ("pequeno palco destinado aos estadistas"), propôs o seguinte problema: "Existem características comuns que se repetem em todos os pensadores comumente designados como políticos?". Assim colocado, o problema demandava uma resposta fundada sobre uma investigação histórica, constituída de uma série de juízos de fato, não implicava juízos de valor, ainda que pressupusesse um acordo tácito, fundado em uma convenção largamente compartilhada, sobre o que se deveria entender por "pensador político" ou, para retomar a metáfora manzoniana, que coisa deveria ser colocada no "pequeno palco" (no qual "se destacavam" naturalmente Maquiavel, "tratante sim, mas profundo", e Botero, "gentil-homem sim, mas agudo"). Os exemplos dados por d'Entrèves, que iam de santo Agostinho a são Tomás de Aquino, de Hobbes a Locke, de Maquiavel a Montesquieu, respeitavam perfeitamente a convenção. Esse procedimento para definir a filosofia política é o típico procedimento empírico por extensão e intenção. Fixado o contentor (extensão), era questão de ver o que havia dentro (intenção).

A minha conferência também foi descritiva porque, apresentando uma classificação dos principais significados lexicais de "filosofia política", não tinha pretensão alguma de elevar um deles a significado privilegiado e exclusivo, oferecendo assim uma definição estipulativa. Os significados eram os seguintes: descrição e proposição da ótima república, investigação do fundamento último do poder e, portanto, do dever de obediência, determinação do conceito geral de política, com a conseqüente distinção entre política e moral, entre política e direito, entre política e, religião, e por fim, metodologia da ciência política ou metaciência política. A exigência dessa classificação, que tinha um valor puramente analítico e não trazia qualquer intenção normativa, nascia da constatação de que à categoria da filosofia política se costumam atribuir obras aparentemente muito distintas entre si, como a *República*, de Platão, o *Contrato social*, de Rousseau, os *Princípios da filosofia do direito*, de Hegel, e que nesses últimos tempos, após o crescimento do interesse por questões de filosofia da ciência, e com a suspeita de que a filosofia como é tradicionalmente entendida seja um saber ideológico, por "filosofia" deva-se entender exclusivamente a crítica da ciência.[7]

O debate italiano foi precedido alguns anos antes de um debate análogo realizado por iniciativa do Institut International de Philosophie Politique, em um congresso parisiense cujos anais foram publicados em 1965. O Institut, fundado por Boris Mirkine-Guetzévitch, mas presidido desde o início por Georges Davy, inaugurara seus congressos anuais com um debate sobre o tema fundamental, o "poder", cujos anais

---

7. Tanto a conferência de D'Entrèves quanto a minha encontram-se no volume AA. VV., *Tradizione e novità della filosofia della politica* cit., respectivamente pp. 7-21 e 23-37. Voltei ao tema em "Considerazioni sulla filosofia politica", in *Rivista Italiana di Scienza Politica*, I, 2, 1971, pp. 367-79. (A primeira seção do presente capítulo — "Das possíveis relações entre filosofia política e ciência política" — é uma síntese de dois escritos de Bobbio aqui citados [N.O.].)

foram publicados, em dois volumes, em 1956. O sexto congresso foi dedicado a *L'idée de philosophie politique*. Das conferências, apenas duas enfrentavam o tema específico, aquela de Paul Bastid, *L'idée de philosophie politique*, e aquela de Raymond Polin, *Définition et défense de la philosophie politique*.[8] Ambas seguiam o caminho oposto àquele que viria a ser tomado no debate italiano: propunham-se a explicar o que seria a "verdadeira" filosofia política, apresentando, portanto, um preciso objetivo propositivo. A "verdadeira" filosofia política era aquilo que a filosofia política *deveria* ser. Bastid limitara-se a distinguir a filosofia política da filosofia da história, da filosofia moral, e da filosofia jurídica, que é tradicionalmente um tema acadêmico, com o qual o professor de uma disciplina introduz o debate sobre a própria matéria, para então concluir que ela consiste na investigação dos primeiros elementos ou dos princípios fundamentais da organização social. Polin, ao contrário, propunha-se declaradamente o objetivo de oferecer uma definição de filosofia que servisse para "recouvrir" e "remplacer" as definições tradicionais. Depois de tê-la definido como aquela forma de conhecimento superior que tem o atributo de "tornar inteligível a realidade política", explicava que ela era, no universo do conhecimento, insubstituível, e desempenhava uma função "crítica e normativa", a maior delas sendo a de levar em consideração e favorecer "um devir de liberdade".

No mesmo congresso, Renato Treves apresentou uma conferência sobre a noção de filosofia política no pensamento italiano: constatava que duas eram as acepções predominantes da expressão, sendo entendida, de um lado, como descrição do ótimo Estado e, de outro, como investigação sobre a natureza e os objetivos da atividade política, que devia ser distinguida das outras atividades do espírito (a referência à filosofia de orientação espiritualista dominante na Itália era evidente) e sobretudo da atividade econômica e da atividade moral.

Essa análise foi uma boa prévia da discussão de Bari: de fato, dois dos significados de filosofia política por mim apresentados correspondem àqueles levantados por Treves no pensamento italiano contemporâneo. O próprio Treves em seguida declarava sua preferência por um terceiro significado, lá onde afirmava que segundo seu julgamento a filosofia política deveria ser considerada como "metodologia da ciência política, como reflexão sobre a linguagem, os limites e os fins desta ciência".[9] Com esta afirmação, chamava a atenção para uma possível definição de

---

8. No volume AA. VV., *L'idée de philosophie politique*, PUF, Paris, 1965, respectivamente às pp. 3-20 e 33-55.
9. R. TREVES, *La notion de philosophie politique dans la pensée italienne*, p. 108.

filosofia política que não correspondia àquelas tradicionais, sugerindo-me um dos quatro significados da minha classificação. Faltava apenas a acepção de filosofia política como justificação do dever de obediência política [*obbligo politico*],* ou, o que é a mesma coisa, como estudo do problema da legitimidade do poder.

Com relação a esse problema sempre fora mais sensível o pensamento político inglês, que se interrogara sobre os limites do poder, vistos *ex parte civium*, bem mais do que o pensamento político continental, cujo problema fundamental fora aquele da razão de Estado, ou do legítimo rompimento dos limites, *ex parte principis*. O tema do dever de obediência política fora importado para a Itália por d'Entrèves, que tivera sua primeira e decisiva formação acadêmica na Inglaterra. Não por acaso, na sua conferência em Bari, depois de ter exposto aquelas que considerava as características comuns às filosofias políticas tradicionais, concluía que esses traços comuns convergem para um único problema, que é aquele de "dar-se conta dos vínculos de dependência que abraçam o homem do berço ao túmulo", e, definitivamente, tornar possível a resposta à questão: "Por que o homem deve obedecer a outro homem"?[10] Ocupando-se deste problema, concluía ele, os grandes escritores políticos do passado faziam filosofia, "eram filósofos e não simples compiladores e ordenadores de dados".

No debate de Bari não fora possível avaliar o artigo do Prof. D. D. Raphael, da Universidade de Londres, *What is Political Philosophy?*, publicado no mesmo ano no volume *Problems of Political Philosophy* (que cito da segunda edição de 1975). Também Raphael seguia o outro caminho, aquele de expressar a própria opinião sobre o que a filosofia política deveria ser, para distingui-la seja da teoria política perseguida pelos sociólogos e cientistas políticos, que se propõe a "explicar" o fenômeno político, seja da ideologia que tem caráter exclusivamente normativo. A tarefa da filosofia política não é, segundo Raphael, a explicação, mas sim a justificação, o seu objetivo não é prescritivo como aquele da ideologia, mas sim normativo, no limitado sentido de oferecer boas razões para fazer com que uma proposição seja aceita ou rejeitada. Em suma, os objetivos da investigação filosófica, que naturalmente valem também para a filosofia política, são, no julgamento de Raphael, essencialmente dois: *a*) o esclarecimento dos conceitos; *b*) a avaliação crítica das crenças. Ambos os objetivos são sutil e claramente ilustrados pelo autor.

---

* Cf. (N.T.) no cap. 1.I, p. 68.
10. AA.VV., *Tradizione e novità della filosofia della politica*, cit., p. 14.

Não vem ao caso comentar esta e as outras interpretações a respeito da filosofia política. *Tot capita tot sententiae*. Nada há de espantoso no fato de que a filosofia política siga a sorte da filosofia em geral, que continua a interrogar-se sobre si mesma desde que nasceu, tanto é que uma parte conspícua do saber filosófico consiste afinal em um saber reflexivo, no filosofar sobre a filosofia. Neste ponto, sinto-me na obrigação de enfatizar que também a filosofia da filosofia, que podemos chamar de metafilosofia, pode apresentar, tal como a metaciência, caráter descritivo ou prescritivo. O debate transcorrido em Bari apresentou um caráter predominantemente descritivo, em contraste com o debate parisiense e com o artigo de Raphael, cujo caráter é predominantemente prescritivo. Pode-se por fim definir que uma metafilosofia descritiva se direciona para a descoberta e análise das definições lexicais que, enquanto tais, igualmente têm direito de ser levadas em consideração, enquanto uma metafilosofia prescritiva desemboca, e não pode deixar de desembocar, em uma definição estipuladora, que tende a excluir todas as outras.

Não obstante a gradual expansão do ensino da filosofia política nas universidades italianas, as primeiras discussões sobre a natureza, os fins e os limites da disciplina não tiveram muita continuidade nos anos seguintes. Uma oportunidade para retomá-las foi dada pela publicação da nova revista *Teoria Politica*, cujo primeiro número surgiu no início de 1985. Propondo-se a colocar em confronto filósofos da política e cientistas políticos, convidando à colaboração e à interação filósofos e sociólogos, historiadores, políticos e juristas, a revista não poderia deixar de provocar discussões de caráter metodológico. A primeira intervenção surgiu já no terceiro número, por obra de Danilo Zolo, o qual, para desenvolver as suas considerações, partia do debate de 1970, como se nesse intervalo de tempo, quinze longos anos, e portanto não tão breve, não se houvesse erguido nenhuma voz digna de ser ouvida.[11] Também os outros escritos aos quais Zolo se referia — de Sartori e de Matteucci, sobre o tema da natureza da ciência política, que não podia deixar de ser examinada sem se estabelecer uma comparação com a filosofia política — remontavam àqueles anos. A ciência política, também ela em seu primeiro despontar, ou, melhor dizendo, em seu reaparecimento sob as transmutadas vestes de ciência à americana, cerca de dez anos antes, provocara debate análogo. Cada discussão sobre a ciência política trazia à baila a filosofia política e vice-versa. No sexto volume da

---

11. D. ZOLO, *I possibili rapporti tra filosofia politica e scienza politica. Una proposta post-empiristica*, in "Teoria politica", I (1985). 3, pp. 91-109.

grande *Storia delle idee politique economiche e sociali*, dedicado ao século XX e publicado em 1972, encontravam-se lado a lado um ensaio de d'Entrèves sobre a filosofia política, com um parágrafo sobre a distinção entre filosofia política e ciência política, e um de Giovanni Sartori sobre ciência política, com um parágrafo sobre a filosofia política.[12] Com um raciocínio simétrico e inverso, no primeiro a filosofia surge como não-ciência, no segundo a ciência surge como não-filosofia.

A relação entre filosofia política e ciência política era o tema principal do artigo de Zolo de 1985, mas considerado mais do ponto de vista da ciência política, da qual criticava a concepção neo-empiricista ou neopositivista, predominante na Itália, e por mim sustentada, do que do ponto de vista da filosofia política. Com relação a esta última, comprazia-se de que nas nossas universidades a filosofia política se houvesse emancipado da filosofia do direito, que desfrutava de longa tradição, e houvesse superado o complexo de inferioridade em relação à ciência política e à sociologia política. Retomava o "mapa" por mim desenhado dos vários possíveis significados de filosofia política e nele substituía uma tese a ser aprofundada, segundo a qual a distinção entre filosofia política e ciência política é reconduzível "provavelmente" a uma diferença de graus, a uma tendencial polarização de estilos de pensamento que se traduz em uma distinta *seleção e enfoque dos problemas*. Detalhava que "o estilo de pensamento filosófico prefere as teorias muito gerais, fortemente inclusivas, que operam uma redução de complexidade muito frágil e são por isso muito complexas e dificilmente controláveis",[13] enquanto o estilo de pensamento científico prefere teorias de raio mais limitado, capazes de uma elevada redução da complexidade e por isso fortemente especializadas e abstratas, graças a um uso muito intenso de cláusulas *ceteris paribus*.

Dessa maneira, também Zolo se direcionava para uma metafilosofia prescritiva, propondo uma única acepção plausível de "filosofia política", preferível a todas as outras, senão de todo como a única "provavelmente" verdadeira, uma acepção que repetia, sem um reconhecimento explícito, o conceito da filosofia distinta apenas quantitativamente da ciência, que fora próprio do positivismo, daquela filosofia da qual o mesmo Zolo criticara o conceito de ciência, sugerindo como alternativa uma abordagem pós-empirista à ciência. Mesmo admitindo que a filo-

---

12. Os dois ensaios encontram-se em *Storia delle idee politiche economiche e sociali*, organizado por L. Firpo, vol. VI, *Il secolo ventesimo*, Utet, Turim, 1972, respectivamente nas pp. 587-608 e 665-714. De G. SARTORI ver também *La politica. Logica e metodo in scienze sociali*, Sugarco, Milão, 1979.

13. D. ZOLO, *I possibili rapporti*, cit., p. 104.

sofia política pudesse ter também a tarefa de metaciência, que era o quarto significado por mim enfatizado, esse modo de compreendê-la continuava mesmo assim sendo, em relação aos significados tradicionais, limitante, porque tendia a eliminar do mapa os significados derivados da distinção entre o descritivo e o prescritivo, entre a explicação e a justificação, distinções que continuamente emergiam do debate sobre a natureza da disciplina. A verdade é que, em conformidade com a idéia inspiradora da nova revista, Zolo se propunha a traçar as linhas de uma "teoria política" que, enquanto tal, não podia ter a mesma extensão da filosofia política, naturalmente muito mais ampla. A limitação do campo da filosofia política dependia do fato de que agora se falava de filosofia política sim, mas visando à teoria política da qual se tratava de identificar o *status*, seja em relação à filosofia política, seja em relação à ciência.

Que o verdadeiro objeto da contenda fosse a teoria política ficou claro a partir do artigo de Michelangelo Bovero, publicado dois números depois na mesma revista, intitulado *Per una meta-teoria della politica. Quasi una risposta a Danilo Zolo* (*Por uma metateoria da política. Quase uma resposta a Danilo Zolo*). Em questão estava não tanto a filosofia da política, mas o objeto ainda misterioso que era a teoria política, como ficava evidente já a partir do título, que falava de metateoria e não de metafilosofia. Não vem ao caso nos determos aqui sobre essa tentativa de construir um modelo de teoria política que desse conta da estrutura formal e do entrelaçamento das teorias políticas, porque o tema escapa ao presente balanço, e o problema da natureza da teoria política deverá ser enfrentado em outro lugar. Mencionei o porque, enfim, tornara-se evidente que o debate sobre o que é a filosofia política estava se deslocando em direção ao problema acerca da natureza da teoria política, que parecia menos comprometido pela secular contenda sobre o significado de "filosofia" e, portanto, mais suscetível a respostas concordantes, particularmente oportunas no momento em que se introduzia uma nova disciplina no ensino universitário. Que a nova disciplina se chamasse filosofia política não excluía uma sua redefinição como teoria política, que parecia mais propensa a encontrar um maior ponto de convergência do que aquele que era consentido pela velha expressão filosofia política, aberta às mais variadas interpretações e contestações.

Com estas minhas observações não gostaria de dar a entender que eu esteja disposto a atribuir às questões de método e àquelas relativas ao conflito das disciplinas maior importância do que na verdade elas têm. Tanto as primeiras quanto as segundas são com frequência questões puramente acadêmicas, cujo preciosismo das distinções e subdistinções nem sempre corresponde a uma relevância prática. Isto não exclui a surpresa ao constatar que a proliferação das cátedras de filosofia política não se fez acompanhar por uma reflexão sobre o lugar da disciplina na já vasta área dos ensinos que têm por objeto a política. Uma recente apreciação das respostas a um questionário sobre os programas dos docentes de filosofia política revelou que o objeto predominante nos cursos é o comentário a obras clássicas, tanto é que o comentador da pesquisa viu-se obrigado a indagar se o objeto da filosofia política para os docentes italianos da matéria seria a política enquanto tal, ou as idéias e as teorias filosóficas sobre a política.[14] A pergunta era puramente retórica: de fato é evidente que, nessa segunda hipótese, a filosofia política nada seria além de uma duplicata da história das doutrinas políticas que afinal já é ensinada há mais de cinqüenta anos nas universidades italianas. Se houve um debate sobre a natureza da filosofia política, este preocupou-se sobretudo em diferenciar a filosofia política da ciência política, e, em segunda instância, da filosofia moral e da filosofia do direito. Ninguém havia se questionado sobre o problema da distinção entre filosofia política e história do pensamento político, porque a diferença entre uma e outra é evidente. E no entanto, uma vez mais, devemos constatar, se é lícito parodiar um célebre título kantiano, que aquilo que pode ser verdadeiro em uma teoria não vale na prática.

Faltava, é verdade, na Itália, uma tradição de ensino de filosofia política, como ao contrário houve com relação à filosofia do direito, que a niguém ocorreria confundir com a história do pensamento jurídico, mesmo que, não existindo um curso desta matéria, os cursos de filosofia do direito sejam na prática, com freqüência, cursos de história do pensamento jurídico, e os filósofos do direito costumem ser diferenciados entre filósofos propriamente ditos e historiadores. Mas no caso da filosofia política, que passava a inserir-se no tronco em que um dos ramos frondosos era a história do pensamento político, a sobreposição e subseqüente confusão com a história não deveriam surgir. É ainda necessário acrescentar que, enquanto existe uma longa tradição de manuais e tratados de filosofia do direito — que compreendem, talvez em homenagem ao primado do direito sobre a política, ao qual voltarei uma pouco mais tarde, inclusive a filosofia política (basta o exemplo da *Philosophie des Rechts*, de Hegel) —, não existe tradição análoga na filosofia política.

---

14. Cito do "Bollettino di filosofia politica", número 0, ciclostilado que traz um ensaio de M. Bovero sobre os resultados do questionário, p. 5.

E contudo um exemplo daquilo que poderia ter sido um ensino de filosofia política distinto da história do pensamento político fora oferecido por aquele que havia ocupado em primeiro lugar aquela cátedra. O manual que d'Entrèves publicou em 1962, sob o título então academicamente obrigatório de *Doutrina dello Stato* — mas que posteriormente continuou a ser adotado, quando o título da cátedra tornou-se filosofia da política —, tinha por objeto um único tema, o tema do poder, que era no entanto enfrentado a partir de três pontos de vista: como força, como poder legítimo, como autoridade. Cada um desses aspectos era apresentado através de exemplos derivados do estudo dos clássicos aos quais se referia, em feliz expressão, como "os autores que contam". Desse modo, a história não era inteiramente excluída, mas estava colocada a serviço de uma proposta teórica. O mesmo autor, quase como justificativa ao fato de que a cronologia não era respeitada e que "os saltos no tempo são às vezes temerários", declarava abertamente: "Este livro não é uma história das doutrinas políticas" (p. XI). Exatamente, não era uma história das doutrinas políticas porque era uma obra de filosofia política.

Sucessor de d'Entrèves na mesma cátedra, não me esqueci nem do enfoque do curso, a escolha de um grande tema a ser desenvolvido com contínuas referências à história das idéias, nem da lição dos clássicos, ou melhor, dos "autores que contam". Ao dedicar um curso à teoria das formas de governo na história do pensamento político, escrevia em sua introdução que "se um curso de filosofia política tem uma razão de ser, diferente dos cursos de história das doutrinas políticas e de ciência da política, é o estudo e a análise dos chamados temas recorrentes".[15] Eu entendia por temas recorrentes aqueles que atravessam toda a história do pensamento político, dos gregos aos nossos dias (começo pelos gregos devido ao meu escasso conhecimento do pensamento oriental), e que constituem enquanto tais uma parte da teoria geral da política. Eu explicava que a identificação desses temas recorrentes desempenhava uma dupla função: de um lado, ela serve para individuar algumas grandes categorias (a começar por aquela, muito geral, da política) que permitem fixar em conceitos gerais os fenômenos que passam a fazer parte do universo político; de outro, permite estabelecer entre as diferentes teorias políticas, defendidas em diferentes épocas, afinidades e diferenças. Dediquei o último curso, partindo do livro quinto da *Política* de Aristóteles sobre as "mutações" (*mutazioni*), a um desses conceitos, sobre o qual há hoje abundante literatura: a revolução. Para

---

15. *La teoria delle forme di governo nella storia del pensiero politico*, Giappichelli, Turim, 1976, p. 1.

qualquer pessoa que tenha alguma familiaridade com os clássicos, outra dificuldade não há além da escolha.

As nem sempre boas relações, para não dizer a desconfiança recíproca, entre historiadores das doutrinas políticas e filósofos da política são efeito de incompreensíveis (perdoem o trocadilho) incompreensões, quando não de completos mal-entendidos. A teoria política sem história é vazia, a história sem teoria é cega. Estão equivocados tanto os teóricos sem história quanto os historiadores sem teorias, enquanto os teóricos que dão ouvidos à lição da história e os historiadores que estão bem conscientes dos problemas de teoria que a sua investigação pressupõe tiram vantagem do mútuo auxílio. Provavelmente, mais que de incompreensão, trata-se de um contraste de comportamentos ou de mentalidades: aquela que aprecia o que é constante, própria do teórico, e aquela que aprecia o que é perenemente mutável, própria do historiador. "Nihil sub sole novi" ou "Tudo flui". O permanecer ou o mudar. O eterno retorno ou o irreversível fluir. Não tenho qualquer dificuldade em confessar que sempre me senti mais atraído pela descoberta do repetido do que pela procura do irrepetível, mas sem cair na insídia do imperialismo disciplinar que coloca os historiadores contra os filósofos, os juristas contra os politólogos, os sociólogos contra os historiadores, num conflito sem fim. No vastíssimo, e cada vez mais vasto, universo do saber, afortunadamente há lugar para todos. Não atribuo muita importância às questões metodológicas, mas uma certa utilidade podem ter: aquela de nos tornar mais conscientes, cada um em seu próprio campo, dos limites do próprio território e do direito de existir de outros territórios, distantes ou próximos. Uma coisa é narrar os fatos, outra refletir sobre eles, ou para deles deduzir leis, seguindo o julgamento de Maquiavel, segundo o qual "todas as coisas do mundo, em cada tempo, vão de encontro aos antigos tempos", o que procede de terem os homens "sempre as mesmas paixões", donde derivam "necessariamente" sempre os mesmos efeitos, ou para deles colher o sentido (a filosofia da história), acolhendo o ensinamento de Hegel segundo o qual a história é o teatro do progredir do espírito do mundo na consciência e na afirmação da liberdade.

Naturalmente, há história e história. A esse propósito Salvadori fez uma observação útil: há livros históricos, mesmo grandes, que não estimulam elaborações teóricas; outros, ao contrário, muito menores, que propõem categorias de interpretação histórica que uma reflexão teórica não pode deixar de levar em consideração. Dos primeiros dava como exemplo *Cavour*, de Romeo; dos segundos, o livro de Charles Maier, *La rifondazione dell'Europa borghese*, que introduz no debate histórico e teórico o conceito novo, correto ou equivocado que seja, de corporativismo. Nessa segunda categoria eu colocaria, como exemplo típico, o livro de Alexander Yanov, *Le origini dell'autocrazia*, voltado em grande parte para a tarefa de traçar, com mão de mestre, a distinção entre despotismo e autocracia, e de traçar do despotismo, verdadeiro tema recorrente, de Aristóteles a Wittfogel, a história e as várias interpretações.

Não apenas há história e história, mas há também diversas interpretações daquilo que deveria ser a tarefa do historiador. É bastante surpreendente que, enquanto na Itália o debate metodológico, entre historiadores do pensamento político, filósofos da política e cientistas políticos, continuou a arrastar-se, alguns dos mais conhecidos e originais historiadores do pensamento político da Inglaterra, onde esses estudos têm uma tradição bem mais antiga e respeitada que a italiana, tenham iniciado um debate acerca das tarefas e do método da sua disciplina, da qual apenas agora se começou a falar também na Itália.[16] Os dois maiores protagonistas desse debate são John A. Pocock, autor de *The Machiavellian Moment*, e Quentin Skinner, ao qual se deve uma das obras de maior ressonância no campo desses estudos, *The Foundation of Modern Political Thought*.[17]

Um de seus objetivos era a história das idéias de orientação analítica, como passara a ser defendida e realizada durante os anos de sucesso da filosofia analítica, neo-empirista e lingüística, cujo propósito fora examinar o texto clássico em si mesmo, na sua elaboração conceitual e na sua coerência interna, independentemente de qualquer referência histórica, e de qualquer interpretação-falsificação ideológica. Pessoalmente, considero que esse modo de estudar os clássicos da filosofia e da filosofia política tenha rendido bons frutos, em especial no que concerne a uma melhor compreensão dos textos e da reconstrução do sistema conceitual do autor estudado. Em autores como Hobbes, levou a resultados novos na elucidação de temas fundamentais como o estado de natureza, a relação entre lei natural e lei positiva, a natureza do contrato de união, a relação entre liberdade e autoridade, entre poder

---

16. Refiro-me a dois artigos publicados quase contemporaneamente: M. VIROLI, "Revisionisti e ortodossi nella storia delle idee politiche", in *Rivista di Filosofia*, LXXVIII (1987), pp. 121-36; F. FAGIANI, "La storia del 'discorso' politico inglese dei secoli XVII e XVIII tra 'virtú' e 'diritti'", in *Rivista di Storia della Filosofia*, XLII (1987), pp. 481-98.

17. Cf. J. POCOCK, *The Machiavellian Moment. Florentine Political Thought and the Atlantic Republican Tradition*, Princeton University Press, Princeton, 1975 (Ed. it.: *Il momento machiavelliano. Il pensiero politico fiorentino e la tradizione repubblicana anglosassone*, 2 vols., Il Mulino, Bolonha, 1980); Q. SKINNER, *The Foundation of Modern Political Thought*, Cambridge University Press, Cambridge, 1978 (Ed. it.: *Le origini del pensiero politico moderno*, 2 vols., Il Mulino, Bolonha, 1989).

espiritual e temporal, a teoria das formas de governo e assim por diante. Não devemos nos esquecer, além disso, de que a insistência no estudo analítico de um texto era uma natural e, ao meu juízo, salutar reação contra as exorbitâncias do historicismo — que, colocando determinado texto em uma determinada situação histórica, dele colhia com frequência apenas o significado polêmico contingente, descuidando do seu valor de elaboração e construção doutrinal, válido em qualquer época e em qualquer lugar — e contra os excessos das interpretações ideológicas freqüentes no círculo dos estudiosos marxistas, mas não apenas nele, que levara ao belo resultado de considerar autores extremamente distintos, de Hobbes a Max Weber, passando por Locke, Rousseau, Kant, Hegel, Bentham, Mill, Spencer, apesar de apresentarem teses opostas, como ideólogos da burguesia, ora em ascensão, ora em declínio, ora em uma crise de transição, ou mesmo de interpretar Hobbes, conforme as circunstâncias, como autoritário ou liberal, Rousseau, como democrático ou totalitário, Hegel, como fascista ou antecipador do Estado social. Se a interpretação histórica lê uma obra política, qualquer obra política, grande ou pequena que seja, com os olhos voltados para os problemas políticos do período em que foi escrita — Hobbes e a guerra civil, Locke e a gloriosa revolução, Rousseau e a Revolução Francesa, Hegel e a Restauração, colocando assim no mesmo plano um grande texto como o *Leviatã* e um dos milhares de panfletos daqueles mesmos anos em defesa da monarquia, contra as pretensões do parlamento, limitando-lhe, desse modo, a importância teórica, que transcende o período —, a crítica ideológica lê essa obra política com os olhos voltados para as lutas do próprio período, submetendo-a a juízos políticos positivos ou negativos segundo seja considerada mais ou menos atual, mais ou menos útil à parte à qual pertence, de modo a empobrecer o seu valor teórico.

Contra essas duas concepções do trabalho historiográfico, a escola analítica teve o mérito de colocar em evidência o aparato conceitual com o qual o autor constrói o seu sistema, de estudar suas fontes, de pesar seus argumentos pró e contra, munindo-se, de tal modo, dos instrumentos necessários à comparação entre textos — independentemente da proximidade no tempo e das eventuais influências de um sobre o outro — e à elaboração de uma teoria geral da política. Não me parece haver dúvidas de que, dos diferentes métodos de tratar a história do pensamento político, aquele que tem um parentesco mais estreito com a filosofia política é o método analítico. Eu não chegaria ao ponto de afirmar, como fizeram alguns críticos dos "revisionistas", que "a metodologia sugerida por Skinner reduz os textos clássicos e deixa em seu lugar uma poeirenta erudição",[18] pela única razão de que, em questões de método, as exasperações polêmicas estão equivocadas. Quando a "erudição", como no caso do livro de Pocock sobre o destino de Maquiavel na Inglaterra, permite iluminar aspectos do pensamento político inglês até então negligenciados, qualquer estudioso, analítico ou sintético, filosofizante ou historizante, "revisionista" ou "ortodoxo", deveria se alegrar. Posso até admitir que existam textos que se prestam mais e textos que se prestam menos à metodologia analítica, como foi dito há pouco sobre os livros de história, que não são todos iguais com relação aos subsídios que possam oferecer aos teóricos, e entre esses textos destacam-se as obras de Hobbes sobre as quais se exercitou em grande parte a escola analítica. Mas não estaria tampouco disposto a acusar os historiadores analíticos das idéias de que "os seus esforços em direção a uma história contínua representam tentativas reprováveis de misturar questões filosóficas com os problemas sociais, políticos e religiosos",[19] e a considerar um erro o fato de que, querendo observar os escritores do passado de um ponto de vista privilegiado, terminaram por se esquecer do sentido da contingência histórica.

Insisto em opor uma obstinada resistência a qualquer forma de *Methodenstreit* levada até a exclusão recíproca. A pluralidade dos pontos de vista é uma riqueza da qual os fautores do próprio método à exclusão de qualquer outro não sabem tirar vantagem. Método analítico e método histórico não são de todo incompatíveis; aliás, integram-se bem um ao outro. Tudo isso não exclui que a filosofia política, mais próxima dos historiadores analíticos do que dos eruditos ou historicistas, ainda não tenha encontrado seu *status*, como encontrou a mais antiga, e academicamente mais consolidada, filosofia do direito. Para complicar as coisas, acrescentemos que, ao significado tradicional de "política" como a atividade ou o conjunto de atividades que de algum modo fazem uma referência à *pólis*, entendida como a organização de uma comunidade que, para conservar-se, em última instância, faz uso da força, foi-se justapondo ou mesmo sobrepondo um outro significado, o de política como diretriz ou conjunto de diretrizes que uma organização coletiva, não necessariamente o Estado, elabora e procura aplicar para atingir os próprios fins, significado que se revela na expressão, da linguagem comum, a "política" da Fiat ou da Banca d'Italia. Essa confusão deriva da forçosa tradução em uma única palavra italiana de duas palavras inglesas, *politics* e *policy*. Mas a falta de consciência desta con-

---

18. M. VIROLI, *Revisionisti e ortodossi*, cit., p. 129.
19. *Ibid.*, p. 124.

fusão fez, sim, com que hoje exista quem entenda por filosofia política um discurso de ética pública, orientado para a formulação de propostas para uma boa, ou correta, ou eficiente "política" (no sentido de *policy*) econômica, ou sanitária, ou financeira, ou ecológica ou energética. Também nesse caso, não há nada para se maravilhar ou escandalizar. As duas filosofias políticas, como teoria geral do Estado ou como ética pública, são igualmente legítimas. Basta entender: há entre elas a mesma relação que existe entre a metaética e a ética. A filosofia política tradicional é uma metapolítica, a filosofia política como ética pública é uma política no sentido de uma ética não dos sujeitos individuais, mas dos grupos organizados.

Não desfrutando até agora de um estatuto específico, a filosofia política deixa inevitavelmente aos seus cultores uma certa liberdade. Se puder expressar a minha preferência, contudo sem qualquer intenção de apresentá-la como melhor que as outras, eu diria que hoje a função mais útil da filosofia política é analisar os conceitos políticos fundamentais, a começar pelo próprio conceito de política. Mais útil porque são os mesmos conceitos utilizados pelos historiadores políticos, pelos historiadores das doutrinas políticas, pelos politólogos, pelos sociólogos da política, mas, com freqüência, sem grandes sutilezas na identificação do seu significado, ou múltiplos significados. Todos sabem que o mesmo fenômeno pode ter sido denominado de diferentes modos: no discurso político, exemplo típico é a confusão e a sobreposição de "república" e "democracia", pelas quais ainda Montesquieu, em sua análise da república, referindo-se a dois exemplos históricos, Atenas e Roma, colocava junto uma democracia, no sentido próprio da palavra, ou que pretendia sê-lo, segundo o célebre epitáfio de Péricles, e uma república, no sentido de forma de governo contraposta ao governo régio ou ao principado, como Roma, a qual foi considerada, a começar por Políbio, não uma democracia, mas um governo misto, e, exaltando os ideais e as virtudes republicanas, exaltava na verdade os ideais e as virtudes democráticas. Vice-versa, fenômenos distintos podem ter sido chamados pelo mesmo nome: clássico exemplo é a expressão "sociedade civil" que, no decorrer dos séculos, da *politiké koinonía* de Aristóteles à *bürgerliche Gesellschaft* de Hegel, teve seu primitivo significado não apenas transformado, mas completamente invertido.

Contrariamente a uma interpretação limitadora da filosofia analítica, a análise conceitual não se resume à pura e simples análise lingüística, porque esta se apresenta continuamente entrelaçada à análise factual, vale dizer, à análise, a ser conduzida com a metodologia consolidada das ciências empíricas, de situações políticas relevantes, das quais se trata de colocar em evidência os traços comuns, independentemente de ter recebido, no decorrer dos séculos, o mesmo nome. O fato de que o termo "revolução" tenha tido durante séculos um significado oposto àquele que acabou prevalecendo depois da Revolução Francesa por acaso significa que antes da Revolução Francesa nunca houve situações que mereçam o nome de "revolução" no seu significado atual?

Neste sentido, abre-se para a jovem (academicamente) filosofia política italiana um campo vastíssimo e em grande parte inexplorado de estudos e confrontos.

Capítulo 2
A lição dos clássicos

I.

KANT E AS DUAS LIBERDADES

1. Na linguagem política há dois modos predominantes de se entender a palavra "liberdade", sobre a qual me detive alhures.[1] "Liberdade" significa ora a faculdade de cumprir ou não certas ações, sem o impedimento dos outros que comigo convivem, ou da sociedade, como complexo orgânico ou, mais simplesmente, do poder estatal; ora o poder de não obedecer a outras normas além daquelas que eu mesmo me impus. O primeiro significado é aquele recorrente na doutrina liberal clássica, segundo a qual "ser livre" significa gozar de uma esfera de ação, mais ou menos ampla, não controlada pelos órgãos do poder estatal; o segundo significado é aquele utilizado pela doutrina democrática, segundo a qual "ser livre" não significa não haver leis, mas criar leis para si mesmo. De fato, denomina-se "liberal" aquele que persegue o fim de ampliar cada vez mais a esfera das ações não-impedidas, enquanto se denomina "democrata" aquele que tende a aumentar o número de ações reguladas mediante processos de auto-regulamentação. Donde "Estado liberal" é aquele no qual a ingerência do poder público é o mais restrita possível; "democrático", aquele no qual são mais numerosos os órgãos de autogoverno.

---

1 No ensaio "Della libertà dei moderni comparata a quella dei posteri, in Politica e cultura", Einaudi, Turim, 1955, reimp. 1974, pp. 172 em diante [reproduzido neste volume, no cap. 5.I (*N. O.*)]. Posteriormente, aos dois conceitos de liberdade dedicou a sua prolusão de Oxford I. BERLIN, *Two Concepts of Liberty*, Clarendon Press, Oxford, 1958 (Ed. it.: *Due concetti di libertà*, in ID., *Quattro saggi sulla libertà*, Feltrinelli, Milão, 1989, pp. 185-241).

Do ponto de vista da teoria geral do direito, a diferença existente entre esses dois significados de liberdade pode ser formulada do seguinte modo. Permitido e obrigatório são dois termos antagônicos, donde se diz que "tudo aquilo que não é permitido é obrigatório", e inversamente "tudo aquilo que não é obrigatório é permitido". Por isso, se entendermos, conforme o primeiro significado, "liberdade" como esfera daquilo que é permitido, ela se identifica com o não-obrigatório. Ao contrário, no segundo significado, "liberdade" coincide com a esfera do obrigatório, se bem que daquilo que é obrigatório por força de uma auto-obrigação. Em outras palavras, enquanto o primeiro modo de compreender a palavra faz coincidir a esfera da liberdade com o espaço não-regulado das normas imperativas (positivas ou negativas), com o segundo modo a esfera da liberade passa a coincidir com o espaço regulado das normas imperativas, contanto que essas normas sejam autônomas e não heteronômicas.

A diferença desses dois usos do termo liberdade na linguagem política e jurídica não deve nos fazer esquecer que ambas podem ser reconduzidas a um significado comum, que é aquele da autodeterminação: a esfera do permitido, olhando bem, é aquela na qual cada um age sem coerção exterior, o que significa voltar a dizer que, agindo nessa esfera, agimos determinados não pelos outros, mas por nós mesmos; e, da mesma maneira, dizer que um indivíduo ou um grupo não obedece a outras leis além daquelas impostas a si mesmo significa que esse indivíduo ou esse grupo se autodeterminam. Parece-me muito significativo, a esse propósito, o conceito de liberdade natural delineado por Locke lá onde, falando do estado de natureza, diz que o estado de natureza "é um estado de perfeita liberdade para regular as próprias ações e dispor das próprias posses e das próprias pessoas *como se acreditar fosse o melhor*, dentro dos limites da lei natural, sem pedir permissão ou *depender da vontade de ninguém mais*".[2] A partir das duas frases que destaquei, vemos que a liberdade como ausência de vínculos ("agir como se acreditar fosse o melhor") coincide com a liberdade como autodeterminação ("sem depender da vontade de ninguém mais").

Remontando-se ao significado comum de liberdade como autodeterminação, a diferença entre doutrina liberal e doutrina democrática poderia ser reformulada do seguinte modo: a primeira tende a ampliar a esfera da autodeterminação individual, restringindo ao máximo pos-

---

2. J. LOCKE, *Secondo trattato*, § 4, in ID., *Due trattati sul governo* (1690), organizado por L. Pareyson, Utet, Turim, 1948, 3ª ed., 1982, p. 229. O itálico é meu.

sível a esfera do poder coletivo; a segunda tende a ampliar a esfera da autodeterminação coletiva, restringindo ao máximo possível a regulamentação de tipo heteronômico. O movimento histórico real dos Estados modernos tomou a direção de uma gradual integração das duas tendências, cuja fórmula sintética, nos termos de autodeterminação, poderia ser expressa do seguinte modo: "Até onde é possível, é preciso dar livre vazão à autodeterminação individual (liberdade como não-impedimento); onde já não é possível, é preciso fazer com que a autodeterminação coletiva (liberdade como autonomia) intervenha." Em outras palavras: aquilo que um homem é capaz de decidir sozinho, que seja deixado à livre determinação do seu querer; lá onde é necessária uma decisão coletiva, que ele participe de modo que também esta seja ou pareça ser uma livre determinação do seu querer.

Embora partindo de um sentido de liberdade comum, o distinto uso do termo, do qual captamos os movimentos, depende do fato de que a doutrina liberal considera o problema da liberdade em função do indivíduo isolado e, a doutrina democrática, em função do indivíduo enquanto partícipe de uma coletividade (de uma vontade comum). As duas doutrinas respondem a duas perguntas distintas. A primeira: "O que significa ser livre para o indivíduo considerado um todo em si mesmo?" A segunda: "O que significa ser livre para um indivíduo considerado parte de um todo?" Não obstante o significado comum de liberdade como autodeterminação, as duas diferentes perspectivas levam à formulação de duas respostas que acentuam dois diferentes aspectos do problema da liberdade, introduzindo dois usos distintos do termo liberdade. A quem faz a primeira pergunta, o problema da liberdade se apresenta sobretudo como demanda de limites à ação do Estado, donde a liberdade como não-impedimento; a quem faz a segunda pergunta, o mesmo problema se apresenta sobretudo como demanda de limites a qualquer forma de legislação imposta de cima para baixo, donde a liberdade como autonomia. Em outras palavras, a resposta à primeira pergunta leva a acentuar o momento da "permissão", a resposta à segunda, o momento da "auto-obrigação".

2. Se lermos as duas mais célebres definições de liberdade política formuladas no século XVIII, aquela de Montesquieu e aquela de Rousseau, notaremos que correspondem perfeitamente aos dois significados até agora ilustrados: a primeira corresponde à temática da doutrina liberal, a segunda é o glorioso protótipo de todas as doutrinas democráticas. Montesquieu, no capítulo II, do livro XII, do *Esprit des lois*, intitulado precisamente O *que é a liberdade?*, escreve: "A liberda-

de é o direito de fazer tudo aquilo que as leis permitem".[3] O problema fundamental para Montesquieu é aquele dos limites do poder estatal: é preciso que certos limites existam, e que existam meios suficientes para fazer com que sejam observados. A liberdade é o bem-aceito fruto desses limites: livre é aquele que pode fazer tudo aquilo que quer dentro de tais limites. Rousseau, no capítulo VIII, do livro I, do *Contrat social*, intitulado *Do estado civil*, ao contrário escreve: "A obediência à lei que nós mesmos nos prescrevemos é liberdade".[4] Para Rousseau, o problema fundamental é aquele da formação da vontade geral: a única liberdade possível no Estado é que os cidadãos dêem leis a si mesmos. A liberdade coincide não com a autodeterminação individual, mas com a autodeterminação coletiva.

Quem captou exatamente a distinção entre os dois significados de liberdade foi Benjamin Constant, ainda que com uma transposição histórica arbitrária tenha chamado a primeira de "liberdade dos modernos" e a segunda de "liberdade dos antigos", e, com uma avaliação que hoje julgaríamos pouco aceitável, tenha exaltado a primeira para desmerecer a segunda. Ele contrapõe a liberdade como gozo privado, a liberdade individual, como propriamente a denomina, à liberdade como participação no poder político, *id est*, à liberdade coletiva. "O fim dos antigos — escreve ele — era a divisão do poder social entre todos os cidadãos de uma mesma pátria: era a isto que eles chamavam liberdade. O fim dos modernos é a segurança dos gozos privados; e eles chamam liberdade às garantias acordadas pelas instituições a esses gozos".[5] Ele combate Rousseau e Mably, que haviam trocado a autoridade do corpo social pela liberdade, e proclama que, sendo a independência individual o primeiro bem dos modernos, não é preciso pedir-lhes que a sacrifiquem em troca da liberdade política. "A liberdade individual, repito, eis a verdadeira liberdade moderna. A liberdade política é a sua garantia; a liberdade política é, portanto, indispensável. Mas pedir aos povos dos nossos dias que sacrifiquem como aqueles de outras épocas a totalidade da sua liberdade individual à liberdade política é o meio mais seguro de afastá-los da primeira, e, quando isso for conseguido, não tardará que deles seja arrancada a outra".[6] A liberdade política era por ele aceita apenas enquanto meio para realizar a liberdade individual que era o fim supremo da convivência civilizada.

---

3. *Lo spirito delle leggi*, organizado por S. Cotta, Utet, Turim, 1952, 2ª ed. atualizada 1965, reimp. 1973, vol. I, p. 273.
4. J-J. ROUSSEAU, *Il contratto sociale*, Einaudi, Turim, 1966, nova ed. 1994, p. 30.
5. B. CONSTANT, *Discorso sulla libertà degli antichi paragonata a quella dei moderni*, in ID., *Principi di politica*, organizado por U. Cerroni, Editori Riuniti, Roma, 1970, p. 227.
6. ID., *Discorso sulla liberta*, cit., p. 234.

Não nos interessa aqui a ideologia liberal de Constant: interessa-nos o fato de que ele tenha mostrado com uma precisão até então desconhecida a diferença entre os dois modos distintos de se entender a liberdade na linguagem política, de modo que depois dele a confusão se torna mais rara. Antes não era assim: um exemplo bastante conspícuo dessa confusão encontra-se na obra política de Kant. O objetivo das páginas seguintes é precisamente colocar em evidência que Kant se vale de ambos os conceitos de liberdade, sem contudo jamais distingui-los claramente; e ao levar a crer, através de definição explícita, que utiliza o termo liberdade no sentido rousseauniano de autonomia, de autodeterminação coletiva, não permite que se perceba com clareza que a liberdade por ele invocada e elevada a fim da convivência política é a liberdade como não-impedimento, a liberdade individual.

3. A principal dificuldade na interpretação da teoria política kantiana consiste, ao meu ver, na diferença entre a definição explícita e a definição implícita de liberdade jurídica, ou seja, entre a definição que o próprio Kant apresenta aos seus leitores e aquela que o intérprete pode deduzir do significado global da sua teoria. Um jurista poderia falar de divergência entre a interpretação literal e a interpretação segundo o espírito ou a intenção.

Em uma nota do opúsculo *Per la pace perpetua*, Kant escreve: "A *liberdade jurídica* (e como tal, externa) não pode ser definida, como se faz ordinariamente, como a faculdade de fazer tudo aquilo que se quer desde que não traga injustiça a ninguém (...). Melhor é definir a minha *liberdade* externa (isto é, jurídica) como a faculdade de não obedecer a outras leis externas senão àquelas às quais eu pude dar a minha anuência".[7] Não é diferente a definição que se encontra em uma passagem da *Metafisica dei costumi*, na qual fala da "liberdade legal", definindo-a como "a faculdade de não obedecer a outra lei senão aquela à qual ele [o cidadão] deu o seu consenso".[8] Essas definições não dão lugar a equívocos: Kant entende por "liberdade jurídica" o poder de dar coletivamente leis a si mesmos, isto é, faz coincidir o significado de "liberdade" com "autonomia política". Aliás, na primeira passagem citada, negando que por liberdade jurídica se possa entender "a faculdade de fazer tudo aquilo que se quer desde que não traga injustiça a

---

7. Todas as citações de Kant foram extraídas do volume *Scritti politici e di filosofia della storia e del diritto*, Utet, Turim, 1956, reimp. 1978. As passagens citadas foram comparadas com o texto alemão e em alguns casos introduzi leves corrreções para tornar mais próxima ao texto original. A passagem à qual se refere a presente nota está na p. 292.
8. *Ibid.*, p. 500.

ninguém", parece querer excluir expressamente o significado de liberdade como não-impedimento. Podemos de fato completar essa passagem com a definição que Kant dá para a "faculdade jurídica" na introdução à *Metafisica dei costumi:* "É permitida (*licitum*) uma ação que não seja contrária à obrigação; e essa liberdade, que não é limitada por nenhum imperativo oposto, chama-se *faculdade* (*facultas moralis*)".[9] Disso resulta que o uso do termo, que ele rejeita, para designar a liberdade jurídica é aquele que se refere à esfera das ações permitidas contrapostas às ações comandadas (ou proibidas).

A inspiração rousseauniana dessa concepção kantiana de liberdade política é inegável. É de resto sabido, e facilmente documentável, que lá onde Kant enuncia a fórmula do contrato originário que serve de fundamento ideal (não histórico-empírico) do Estado, repete palavras e frases do autor do *Contrat social*. O contrato originário para Kant é aquele "segundo o qual todos (*omnes et singuli*) no *povo* renunciam à liberdade externa, para logo retomá-la de novo como membros de um corpo comum, vale dizer, como membros do povo enquanto considerado como Estado (*universi*). Não se pode, portanto, dizer que o homem no Estado tenha sacrificado por um determinado objetivo uma parte da sua liberdade externa a ele inata, mas que abandonou completamente a liberdade selvagem e sem lei para reencontrar novamente a sua liberdade, em geral não diminuída, em uma dependência legal, vale dizer, em um Estado jurídico, porque essa dependência brota da sua própria vontade legisladora".[10] Rousseau escreveu: "Aquilo que o homem perde com o contrato social é a sua liberdade natural e um direito ilimitado sobre tudo aquilo que o tenta e que pode ser por ele alcançado; aquilo que ele ganha é a liberdade civil e a propriedade de tudo aquilo que possui".[11]

4. É igualmente sabido que, ainda que repita a fórmula rousseauniana, Kant não é em absoluto um escritor democrático. O contrato originário, que ele apresenta como fundamento do Estado, não é um fato histórico, mas uma pura idéia reguladora. Isso significa que, para Kant, para que um Estado possa ser considerado conforme ao princípio do consenso, não é necessário que o consenso seja de fato manifestado através dos procedimentos característicos da forma democrática de governo basta que o soberano outorgue leis tais que seriam pelo povo aprovadas se tal consenso lhe fosse pedido (mas não é necessário de

---

9. *Ibid.*, p. 398.
10. *Ibid.*, p. 502.
11. J-J. ROUSSEAU, *Il contratto sociale* cit., p. 29.

fato que tal pedido lhe seja feito). Kant repete esse conceito em muitos lugares. A formulação mais clara talvez seja aquela que se lê no ensaio *Sopra il detto comune: questo può essere giusto in teoria, ma non vale per la pratica* (Sobre a expressão comum: isto pode ser correto em teoria, mas não vale na prática) (1793): "Isso (ou seja, o contrato original) é, ao contrário, uma *simples idéia da razão*, mas que sem dúvida tem a sua realidade (prática): essa sua realidade consiste em obrigar cada legislador a fazer leis como se derivassem da vontade comum de todo um povo, e em considerar cada súdito, porque quer ser cidadão, como se lhe tivesse dado o seu consenso a uma tal vontade".[12] Esse contrato originário é pura e simplesmente um critério para distinguir o bom Estado do mau Estado; não implica, ao contrário, qualquer conseqüência prática com relação às instituições a serem adotadas ou às técnicas políticas a serem empregadas. Desde o ensaio *Risposta alla domanda: che cosa è l'illuminismo?* (1784) (Resposta à pergunta: o que é o iluminismo?), anterior em uma década às obras até agora mencionadas, Kant apresentara o problema da liberdade entendida no sentido de autonomia não como exigência de reforma das instituições, mas como critério abstrato de distinção entre a boa forma e a má forma de governo, nestes termos: "O termo de comparação daquilo que pode ser imposto a um povo como lei está na questão: um povo poderia impor a si mesmo uma tal lei?".[13]

Se denominamos democrático aquele Estado no qual o princípio da autonomia é aplicado através de certas instituições características, como, por exemplo, um parlamento eletivo, o Estado ideal de Kant, no qual o consenso é apenas um critério ideal de distinção entre boas leis e leis más, não é necessariamente um Estado democrático. De resto, ele denomina forma boa, isto é, aquela inspirada na idéia do contrato originário ou do consenso, não a democracia, mas a república, e má forma, o despotismo. Ademais, uma vez que o consenso não é um fato institucional, mas apenas uma ficção ideal (recordemos o "como se" da frase anteriormente citada), não é necessário para Kant que o Estado republicano seja de fato uma república. Também uma monarquia pode ser um Estado republicano (isto é, não-despótico), "quando o Estado for administrado sob a unidade do monarca em base àquelas mesmas leis que o povo daria a si mesmo segundo princípios de direito universal".[14] Logo a seguir Kant proclama que é "dever dos monarcas, mesmo

---

12. I. KANT, *Scritti*, cit., p. 262.
13. *Ibid.*, p. 145.
14. Esta passagem pode ser lida no texto *Se il genere umano sia in costante progresso verso il meglio* (1798), *ibid.*, p. 222.

se autocráticos", governar de forma republicana, e especifica que a forma republicana não deve ser confundida com a forma democrática, como de resto explicara a contento em uma passagem da *Pace perpetua*.[15] E o que significa "governar de forma republicana"? Significa exatamente "tratar o povo segundo princípios conformes ao espírito das leis de liberdade (isto é, aqueles que um povo de madura razão prescreveria ele próprio), mesmo que, ao pé da letra, a esse povo não seja pedido o seu consenso".[16] Significa, em suma, conservar o mais rígido respeito ao princípio (ideal) da liberdade como autonomia, ainda que esse respeito não esteja afinal destinado a ser confirmado pela efetiva aprovação dos cidadãos, através de uma eleição popular. De resto, Kant, no que se refere à extensão do sufrágio, nunca foi além da comum doutrina liberal moderada do seu tempo: ao considerar como requisito para a atribuição dos direitos políticos a independência econômica, excluía do direito de voto — e, portanto da categoria dos cidadãos —, os *operarii*, ou seja, os assalariados, os trabalhadores subordinados, aqueles, portanto, que desenvolviam uma atividade regulada por um contrato de *locatio operarum*.[17]

5. Se, como vimos, a definição explícita que Kant dá para a liberdade jurídica faz referência à liberdade rousseauniana ou democrática, ou dos antigos (segundo Constant), outra é a definição implícita que se infere do conjunto do seu sistema. Tentarei provar essa asserção através do exame da definição do direito (*a*), do fim do Estado (*b*) e da concepção de progresso histórico (*c*).

a) Que o direito seja, segundo a célebre definição, "o conjunto das condições por meio das quais o arbítrio de uma pessoa pode ser acordado com o arbítrio de outra pessoa segundo uma lei universal de liberdade",[18] significa que o objetivo da legislação jurídica ou externa, distinta da legislação moral ou interna, é garantir, recorrendo, se necessário, também à força, uma esfera de liberdade na qual cada membro da comunidade possa agir não impedido pelos outros. Parece bastante claro que aquilo que Kant tem em mira aqui não é mais a liberdade como autonomia coletiva, isto é, aquela definida nas passagens anteriormente citadas, mas a liberdade no sentido tradicional da doutrina liberal, isto é, a liberdade individual ou liberdade como não-impedimento. E,

---

15. Ver in *ibid.*, p. 294.
16. *Ibid.*, pp. 225-26.
17. Kant trata da questão em dois momentos, no texto *Sopra il detto comune* e na *Metafisica dei costumi*, respectivamente *Scritti* cit., pp. 260 e 501.
18. *Ibid.*, p. 407.

de fato, explicando logo em seguida a definição, Kant acrescenta: "Se (...) a minha ação, ou, em geral, o meu Estado, pode subsistir com a liberdade de todos os outros segundo uma lei universal, agirá injustamente para comigo *aquele que mo impedir;* porque esse impedimento (essa resistência) não pode subsistir com a liberdade segundo leis universais".[19] O conceito de liberdade jurídica que se infere da definição do direito já não é, portanto, aquele do poder de participar da criação da liberdade coletiva, mas sim da faculdade de agir sem ser obstaculizado pelos outros.

Pode-se obter confirmação seja na teoria da coação, seja na teoria do "meu e teu" externos (ou da posse). Na passagem que Kant dedica ao problema da coação, a palavra "liberdade" reincide inúmeras vezes. "Tudo aquilo que é injusto é um impedimento à liberdade, uma vez que ela está submetida a leis universais, e a coação é ela mesma um impedimento ou uma resistência que se faz à liberdade. Como conseqüência, quando um certo uso da liberdade mesma é impedimento à liberdade segundo leis universais (vale dizer, é injusto), então a coação oposta a tal uso, enquanto constitui *o impedimento de um impedimento feito à liberdade*, concilia-se com a liberdade mesma segundo leis gerais, isto é, é justo".[20] Kant quer explicar que direito e coação não são incompatíveis, porque se é verdade que a coação é um ato de iliberdade, esta, enquanto destinada a repelir aquele ato de iliberdade, que é a invasão ilegítima na esfera de liberdade de outrem, restabelece a liberdade primitiva (a negação da negação é uma afirmação). Ora, em todo esse contexto a palavra "liberdade" é usada no sentido de faculdade de agir não-impedidos. Experimentemos substituí-la pelas palavras com que Kant definiu a liberdade jurídica nas passagens citadas no parágrafo 3 — "faculdade de não obedecer a outras leis externas senão àquelas às quais eu pude dar a minha anuência" —, e a passagem toda deixará de ter sentido. Se quisermos atribuir-lhe um sentido, será necessário dar à palavra "liberdade" justamente aquele significado que Kant, ao apresentar a sua definição explícita, descartara, isto é, entender a liberdade como "a faculdade de fazer tudo aquilo que se quer desde que não traga injustiça a ninguém".

O problema fundamental do direito privado é para Kant aquele de estabelecer o que se deve entender por "meu e teu" externos. No início do tratado sobre o direito encontramos a seguinte definição: "O meu jurídico (*meum juris*) é aquele ao qual estou de tal maneira ligado que

---

19. *Ibid.* O itálico é meu.
20. *Ibid.*, p. 408.

o uso que um outro dele poderia fazer, sem o meu consenso, me preju-dicaria".[21] Em outras palavras, por "meu e teu" externos, Kant entende toda forma de posse (a posse originária é tão-somente aquela da terra) cujo exercício não pode ser impedido pelos outros. Poderíamos dizer que posse equivale ao "livre" uso de uma coisa, onde "livre" corresponde a "não-impedido". De resto, posse e liberdade são, no pensamento de Kant, conceitos estreitamente ligados, como já foi observado. "A pro-priedade — escreveu Solari — apresenta-se como princípio supremo do sistema jurídico e político kantiano (...). A posse eleva-se à categoria suprema da ordem jurídica natural kantiana, dado que nela a atividade jurídica do homem, a sua liberdade externa, toma forma concreta (...). Na propriedade a liberdade externa toma forma e valor jurídico".[22]

6. *b*) Um caminho aberto em direção à concepção liberal de liber-dade é, de modo ainda mais significativo, a teoria dos fins do Estado. Para Kant, o fim do Estado não é a felicidade, mas a liberdade garantida pelo direito. As passagens sobre esta matéria abundam: um dos traços característicos do pensamento político kantiano é a polêmica contra o Estado eudemonístico, ou paternalista, que é necessariamente despóti-co, em nome daquela forma de Estado que será denominada em segui-da "Estado de direito", no sentido que tem por fim exclusivo a ordem jurídica, ou melhor, a coexistência das liberdades externas mediante o exercício da coação. Talvez a passagem mais importante seja aquela do ensaio *Sopra il detto comune:* "O conceito de um direito externo em geral deriva inteiramente do conceito de *liberdade* nas relações exter-nas dos homens entre si e nada tem a ver com o fim que todos os homens têm naturalmente (a busca da felicidade) e com a prescrição dos meios para consegui-lo; de modo que este último fim [da felicida-de] não deve de maneira alguma entrar naquela lei como seu motivo determinante. (...) No que se refere à felicidade, e àquilo em que cada um quer depositá-la, os homens a concebem de modos completamente distintos e a sua vontade não pode remeter a algum princípio comum e, portanto, tampouco a alguma lei externa que deva entrar em acordo com a liberdade de cada um.[23] Uma vez mais "liberdade" significa esfe-ra da permissão, e coincide com "liceidade". Logo em seguida, falando da liberdade do indivíduo como um dos três princípios *a priori* do Esta-do jurídico (os outros dois são a igualdade formal e a independência econômica), ilustra seu princípio com esta fórmula: "Ninguém pode

---

21. *Ibid.*, p. 425. Outra definição às pp. 428-29.
22. Ver a Introdução aos *Scritti*, cit., p. 27.
23. *Ibid.*, p. 254.

me obrigar a ser feliz a seu modo (...), mas cada um pode buscar a sua felicidade pelo caminho que lhe parece bom, desde que não traga prejuízo à liberdade dos outros de tender para o mesmo objetivo, de modo que a sua liberdade possa coexistir com a liberdade de todos os outros segundo uma possível lei universal (...)".[24] O melhor comentário a essa contraposição entre felicidade e liberdade é a seguinte passagem: "A máxima: *salus publica suprema civitatis lex est* permanece em sua imutável validade e autoridade; mas a saúde pública, que deve ser levada em consideração *acima de tudo*, é precisamente aquela constituição legal que garante a cada um a sua liberdade mediante a lei; com isto, torna-se lícito a cada um buscar a sua felicidade por aquele caminho que lhe pareça o melhor, desde que não viole a liberdade geral conforme a lei, e portanto o direito dos outros súditos consociados".[25] Não resta dúvida de que a liberdade que a constituição legal garante a cada um mediante a lei, e que constitui a condição formal em base à qual cada um pode perseguir a própria felicidade pelo caminho que considere melhor, seja aquela liberdade que Constant denominava "privada" para contrapô-la à liberdade "pública" de Rousseau. Também nesta passagem, quem quisesse substituir o conceito de liberdade expresso pelo conceito de autonomia coletiva (no sentido rousseauniano) privaria a frase de qualquer significado. Quando Kant afirma que o fim (a *suprema lex*) do Estado é a liberdade, entende dizer a liberdade individual, ou, para usar uma contraposição já conhecida, a liberdade *a partir do* Estado, e não mais a liberdade *no* Estado. Para uma ulterior confirmação, considere-se a passagem do ensaio *Risposta alla domanda: che cos'è l'illuminismo?*, na qual é proclamada a necessidade da liberdade de crítica a fim de que os homens possam sair do estado de menoridade. Kant escreve: "Mas este iluminismo de nada necessita além da *liberdade*, e da mais inofensiva de todas as liberdades, ou seja, aquela de *fazer uso público* da própria razão em todos os campos".[26] Aqui "liberdade" é utilizada no sentido tradicional dos direitos de liberdade, que são precisamente os direitos de não sermos obstaculizados, neste ou naquele campo da própria atividade, pela constituição estatal.

7. *c*) A filosofia da história de Kant é dominada pela idéia de que o progresso da espécie humana, como de resto de qualquer outra espécie animal, consiste no pleno desenvolvimento das faculdades naturais dos indivíduos que a compõem; e que o meio do qual a natureza se serve

---

24. *Ibid.*, p. 255.
25. *Ibid.*, pp. 263-64.
26. *Ibid.*, p. 143.

para realizar esse desenvolvimento é o seu antagonismo na sociedade. Não é preciso enfatizar quanto essa teoria do antagonismo como condição do progresso se insere na totalidade do moto liberal, que elevará a luta, a contenda, a revolta, a concorrência, a discussão, o debate, a próprio ideal de vida, contrapondo sociedades estáticas ou estacionárias a civilizações dinâmicas e progressivas, dependendo se nelas os conflitos são sufocados ou solicitados. "Seja (...) louvada a natureza — lê-se no texto *Idee di una storia universale dal punto di vista cosmopolitico* (1784) — pela intratabilidade que gera, pela invejosa emulação da vaidade, pela cupidez nunca satisfeita de haveres ou mesmo de domínio! Sem elas todas as excelentes disposições naturais inerentes à humanidade ficariam eternamente adormecidas sem se desenvolver. O homem quer a concórdia; mas a natureza sabe melhor do que ele o que é bom para a sua espécie: esta quer a discórdia".[27] Uma concepção liberal da história — a história como teatro dos antagonismos — serve, no pensamento de Kant, de sustentação à concepção liberal do direito — o direito como condição de coexistência das liberdades individuais —, e à concepção liberal do Estado — o Estado tendo o objetivo não de guiar os súditos para a felicidade, mas de garantir a ordem.

A fim de que os antagonismos se desenvolvam e através dos antagonismos a humanidade progrida em direção ao melhor, é necessária a liberdade. Qual liberdade? Em nenhum outro lugar, talvez, mais do que nesta visão de uma linha de desenvolvimento da história humana, o ideal da liberdade como não-impedimento inspira o pensamento kantiano. Quanto mais os antagonismos se desenvolverem, mais serão eliminados os obstáculos não-naturais impostos à ação humana pelos Estados. Iluminismo "é a saída do homem do estado de menoridade". Mas, para sair do estado de menoridade, o homem deve romper grilhões seculares, conquistar maior liberdade de movimento espiritual e material, conseguir que seja diminuída a esfera das ações obrigatórias e aumentada a esfera das ações permitidas. "À medida — escreve ele — que as limitações à atividade pessoal forem retiradas, e que a todos for reconhecida a liberdade religiosa, produzir-se-á o iluminismo."[28] Kant observa com satisfação e orgulho esse moto de emancipação desenvolvendo-se diante de seus olhos. E lá onde observa que a liberdade vai se ampliando, refere-se claramente à liberdade individual, aquela que levaria Constant a exaltar a sociedade dos modernos em confronto com a sociedade dos antigos, não apenas a liberdade espiritual, mas também,

---

27. *Ibid.*, p. 128.
28. *Ibid.*, p. 135.

conforme as idéias mais avançadas do período, a econômica. "Se se impede que o cidadão — comenta ele — busque seu bem-estar com todos os meios que lhe pareçam os melhores, desde que possam coexistir com a liberdade dos outros, obstaculiza-se a alacridade do trabalho comum e voltam a ser reduzidas as energia do todo".[29] O ideal de paz ao qual Kant visa, a ser alcançado através da ampliação da constituição legal, desde as relações entre indivíduos até as relações entre Estados, coincide com o ideal de ampliação e reforço da liberdade civil, isto é, da liberdade garantida pelo direito em contraposição à liberdade brutal e selvagem do estado de natureza. A meta para a qual tende a história humana é uma constituição legal universal, ou seja, a paz na liberdade.

Chegados ao vértice da concepção de história em Kant, percebemos a importância que ocupa em seu pensamento a teoria do direito, inspirada na doutrina liberal: a história humana pode ser interpretada kantianamente como história do desenvolvimento do direito, do direito natural meramente provisório à constituição legal de todos os Estados, que torna peremptória cada forma de "meu e teu" externos, entendido o direito como a garantia da máxima liberdade de cada indivíduo compatível com a máxima liberdade de todos os outros.

Concluindo, embora Kant dê uma definição de liberdade política em termos rousseaunianos, a liberdade na qual se inspira a sua concepção de direito, de Estado e de história, não é a liberdade democrática, mas a liberdade liberal. Esta conclusão tem também por objetivo confirmar, através da análise de um texto célebre, a existência e a coexistência das duas noções fundamentais de liberdade, e de mostrar a necessidade de mantê-las bem distintas. De um lado, a obra de Kant é uma prova da validade daquela distinção; de outro, a distinção revela-se, no exame do pensamento de Kant, útil como critério de compreensão histórica e de avaliação crítica.

II.

MARX, O ESTADO E OS CLÁSSICOS

Para Marx, o Estado é o reino não da razão, mas da força. Não é o reino do bem comum, mas do interesse de uma parte. Não tem por fim o bem viver de todos, mas o bem viver daqueles que detêm o poder. Não é a saída do estado de natureza, mas a sua continuação sob outra forma. Aliás, a saída do estado de natureza coincidirá com o fim do

---

29. *Ibid.*

Estado. Daí a tendência a considerar todo Estado uma ditadura e a considerar relevante apenas o problema de quem governa (a burguesia ou o proletariado) e não como governa.

Todavia, se é verdade que Marx não elaborou uma teoria acabada das formas de governo, é também verdade que ele delineou muito bem a diferença entre duas dessas formas, o Estado representativo e o bonapartismo, no quadro de idêntico domínio de classe. Além disso, nas célebres páginas sobre a Comuna de Paris, individuara na democracia direta, com mandato imperativo, a nova forma de governo que deveria surgir das cinzas da democracia representativa degenerada em governo pessoal.

Ainda que não completamente elaborada, existe portanto em Marx uma teoria das formas de governo. O fato de ter-se dela descuidado teve conseqüências funestas sobre a cultura e a ação política da esquerda de escola marxista-leninista também no Ocidente.

Não pretendo fazer a enésima exegese dos textos e propor a enésima interpretação da concepção marxiana (e, por que não?, também engelsiana) de Estado. Não saberia de fato o que mais acrescentar àquilo que foi escrito em cem anos de estudos marxianos dos quais, confesso, não conheço mais do que uma centésima parte (mas quem pode afinal conhecê-los todos?). Nem saberia oferecer outra interpretação que merecesse ser discutida.

Já que, distante cem anos de sua morte, ninguém, marxista ou não-marxista que seja, duvida que Marx deva ser considerado um clássico na história do pensamento em geral e também na história do pensamento político, eu me propus a confrontar a teoria política de Marx com algumas daquelas teorias cujos autores são unanimemente denominados os "clássicos" do pensamento político, de Platão a Hegel, indicando, através de um procedimento de comparação por afinidades e diferenças, qual possa ser o lugar ocupado pela teoria do Estado de Marx na história do pensamento político. Em outra ocasião, a propósito de Max Weber, ocorreu-me dizer que, para garantir um lugar entre os clássicos, um pensador deve obter reconhecimento nestas três eminentes qualidades: deve ser considerado como um tal intérprete da época em que viveu que não se possa prescindir da sua obra para conhecer o "espírito do tempo"; deve ser sempre atual, no sentido de que cada geração sinta necessidade de relê-lo e, relendo-o, de dedicar-lhe uma nova interpretação; deve ter elaborado categorias gerais de compreensão histórica das quais não se possa prescindir para interpretar uma realidade mesmo distinta daquela a partir da qual derivou essas categorias e à qual as aplicou. Nesse confronto, prescindo completamente do maior ou menor conhecimento que Marx tenha tido dos escritores políticos que o precederam. Não pretendo fazer um discurso sobre as fontes do pensamento político de Marx. Que Marx conhecesse a *República* de Platão, a *Política* de Aristóteles, Maquiavel, o *Tratado teológico-político* de Spinoza (que leu em 1841, preparando-se para os exames), Hobbes, Locke, Montesquieu, Rousseau e, naturalmente, Hegel, é de conhecimento de todos. Mas isto não significa que Marx conhecesse todos os escritores políticos que de algum modo contribuíram para constituir o corpo da história das doutrinas políticas. E também se deve levar em consideração o fato de que nem todos os grandes escritores políticos são citados, sobretudo em O *Capital*, por suas idéias políticas, sendo em geral citados por suas idéias econômicas (até o surgimento da economia política, e mesmo depois, pensemos em Hegel, e, a começar por Aristóteles, os tratados de economia são parte integrante da política). Para mencionar um só exemplo, mas sobremodo significativo, em O *Capital*, o *Leviatã*, de Hobbes, este monumento da filosofia política moderna, é citado pela famosa passagem em que Hobbes escreve que "o valor de um homem é, como para todas as outras coisas, o seu preço; vale dizer, quanto se dá para usar a sua força".

Defino, enfim, e assim encerro o preâmbulo, que por teoria marxiana do Estado entendo aquela que se pode inferir, a meu ver, inequivocamente, de algumas passagens, muitas vezes relacionadas pelos estudiosos, dos *Manuscritos de 1844*, de *A ideologia alemã*, de *A sagrada família*, do *Manifesto comunista*, do *Prefácio* a *Para a crítica da economia política*, dos *Grundrisse* e do *Capital*, além das obras históricas como O *18 brumário* e aquelas políticas como *A guerra civil na França*.

Minha comparação será apresentada em quatro partes, cada uma das quais dedicada a uma das grandes distinções que se costuma fazer, no âmbito da história das doutrinas políticas, para distinguir grupos de teorias de outros grupos de teorias.

Teorias idealistas e realistas

A primeira grande distinção no universo das doutrinas políticas é aquela que contrapõe teorias idealistas do ótimo Estado, ou da melhor forma de governo, a teorias realistas. As teorias idealistas não se identificam necessariamente com o gênero da utopia: além das utopias, podem ser incluídas entre as teorias idealistas aquelas que propõem um modelo de Estado derivado da combinação ou síntese das formas históricas, cujo exemplo típico é a teoria do governo misto, e aquelas que idealizam uma forma histórica, como ocorreu alternadamente com Atenas ou Esparta, ou com a República romana, na antiguidade, com a República vêneta ou com a monarquia inglesa (pensemos em Montesquieu) na era moderna, ou com a União Soviética, elevada a Estado-guia pelos partidos comunistas da Terceira Internacional e mais adiante, no período contemporâneo. Teorias realistas são, ao contrário, aquelas que consideram o Estado, e em geral a esfera das relações políticas, entendidos como relações de domínio, na sua "verdade efetiva", numa linha que parte de Maquiavel, que desdenha aqueles que "se puseram a imaginar repúblicas e principados nunca vistos nem conhecidos como se fossem verdade", passa por Spinoza, que é um admirador do "agudíssimo" Maquiavel e, como o seu mestre, não se ocupa daqueles que imaginaram apenas "construções quiméricas não-realizáveis salvo no reino da utopia ou naquela poética idade do ouro na qual não eram de fato necessárias", chegando a Hegel, do qual é bem conhecida a importância a ele dedicada pelo autor de O *Príncipe*, e que, no célebre *Prefácio* à *Filosofia do direito*, define a filosofia como compreensão do presente e do real que deve afastar-se da "busca de um além que só Deus sabe onde deve ser e do qual de fato se sabe bem dizer onde está, isto é, no erro de um raciocínio unilateral e vazio".

A doutrina de Marx pertence, sem sombra de dúvida, ao gênero das doutrinas realistas. Ainda que exista em Marx um momento utópico, para dizer com Hegel, "um além que só Deus sabe onde deve ser", este não deve ser procurado no ótimo Estado, no Estado que alcançou sua máxima perfeição (como em geral acontece com os escritores utópicos), mas na negação, no fim, na extinção, no desaparecimento do Estado. Esta idéia faz parte de uma filosofia da história, dominante no século passado, segundo a qual o curso histórico avança do Estado em direção ao não-Estado, como se a exaltação do Estado, tendo atingido sua expressão máxima na filosofia de Hegel, houvesse gerado por contragolpe um modo oposto de se pensar. Dos anarquistas aos socialistas utópicos, dos primeiros positivistas, como Saint-Simon, aos positivistas tardios, como Spencer, a filosofia política do século XIX foi invadida pela idéia de que a linha sobre a qual se move o progresso histórico é a linha da atenuação, até o limite do desaparecimento, do poder político, entendido como o poder último que em última instância recorre, para se fazer valer, à força.

Essa idéia fez-se acompanhar também pela idéia do fim da guerra como maneira — que de agora em diante seria julgada bárbara ou de tempos bárbaros — de solucionar os conflitos entre Estados. Considerava-se que, à medida que a sociedade civil fosse conquistando a primazia sobre o Estado nas relações internas, diminuiria a tensão nas relações entre Estados até a constituição de uma sociedade civil universal. Pacifismo e antiestatalismo avançam, no século passado, lado a lado, e sustentam um ao outro. Todas as teorias pacifistas do século passado, tanto aquela liberal ou livre-cambista de Cobden quanto aquela democrática de Mazzini, que dá origem às sociedades pacifistas da segunda metade do século, e aquela socialdemocrática da Segunda Internacional, estão de algum modo ligadas à idéia de uma atenuação ou extenuação do poder soberano como poder que detém o monopólio da força e, como tal, é o senhor absoluto da paz e da guerra (não é à toa que, em uma célebre definição, a guerra é considerada uma continuação da política com outros meios). A história do nosso século, de um século no qual surgiram os Estados totalitários e que ora vive sob a ameaça de uma guerra exterminadora, depois de ter vivido a experiência de duas guerras mundiais, é um solene desmentido daquelas duas previsões. O curso do mundo deu-se exatamente em sentido oposto, mas a história do pensamento humano é uma corrente ininterrupta de profecias equivocadas.

Teorias racionalistas e historicistas

No âmbito das doutrinas realistas do Estado, atravessa toda a história do pensamento político a distinção entre doutrinas racionalistas e doutrinas historicistas. As primeiras discutem essencialmente o problema da justificação racional ou do fundamento do Estado, e respondem à questão: "Por que existe o Estado?". As segundas discutem essencialmente o problema da origem histórica do Estado, e respondem à questão: "Como nasceu o Estado?". As primeiras colocam em evidência a oposição entre o estado de natureza anti-social e o Estado civil, que é o Estado de sociedade; as segundas, ao contrário, colocam em evidência a continuidade entre formas primitivas de sociedades humanas que não são ainda Estado, como a família, a tribo, ou o clã (os antropólogos falam também de "sociedades sem Estado"), e uma forma sucessiva de sociedade organizada que teria, ela apenas, o direito de ser denominada "Estado". Falei alhures de dois modelos: o primeiro chamei de jusnaturalista, ou hobbesiano, porque o seu inventor e rigoroso elaborador foi Hobbes, e, o segundo, de aristotélico, porque exposto com linear simplicidade nas primeiras páginas da *Política*. Ou seja: o modelo segundo o qual o Estado é um corpo artificial que nasce em contraposição ao estado natural, e o modelo segundo o qual o Estado é uma sociedade natural que nasce da natural evolução do primeiro núcleo organizado, a família. No primeiro, o ponto de partida é o homem considerado como ser naturalmente anti-social; no segundo, o ponto de partida é o homem como "animal político".

Mesmo que Marx nunca se tenha ocupado expressamente do problema da origem do Estado — embora tenha demonstrado nos últimos anos um grande interesse pelas pesquisas etnológicas, o que o levou a ler Morgan, Maine e outros —, não há lugar para hesitações no momento de colocar sua teoria do Estado entre as teorias historicistas, e como tal, antiindividualistas e anticontratualistas (o contratualismo é a forma específica através da qual o Estado é concebido como ente artificial, produzido não a partir da natureza, mas da concordante vontade dos indivíduos). Basta citar o início da *Introdução* aos *Grundrisse*: "O caçador e o pescador único e isolado com os quais começam Smith e Ricardo pertencem às fantasias desprovidas de imaginação das robinsonadas do século XVIII, as quais, diferentemente do que pensam os historiadores da cultura, não exprimem em absoluto apenas uma reação ao excessivo refinamento e um retorno a uma malcompreendida vida natural. Como de resto o *Contrat social* de Rousseau, o qual, mediante o contrato, cria uma relação e uma conexão entre os sujeitos independentes por natureza, não se funda sobre tal naturalismo". Donde podemos observar que o ponto de partida do indivíduo isolado, antes mesmo de ser o ponto de partida da economia política do século XVIII, fora o ponto de partida do jusnaturalismo do século XVII (que se prolonga na descrição do estado de natureza feita por Rousseau no *Discurso sobre a desigualdade entre os homens*). Mas, acrescenta Marx, esse ponto de partida é aparente (é uma ficção), porque através desse ponto de partida é antecipada a "sociedade civil", entendida como a sociedade da livre concorrência, na qual o indivíduo surge "desvinculado dos liames naturais que fazem dele um acessório de um conglomerado humano determinado, limitado". Interpretando dessa maneira o estado de natureza, Marx vê nas teorias individualistas e contratualistas uma reconstrução artificial da realidade histórica que chegou a uma determinada fase do seu desenvolvimento (à sociedade civil-burguesa como sociedade da livre concorrência ou da emancipação da burguesia como classe), uma reconstrução que coloca no início da história (o estado de natureza) aquilo que, ao contrário, é o produto de uma determinada época histórica, caracterizada pelo nascimento da burguesia e correlativamente da economia política como teoria social que tem seu ponto de partida no indivíduo isolado.

Se abandonarmos o ponto de vista deformante da economia política e assumirmos um comportamento histórico correto, a cena está destinada a mudar completamente: "Quanto mais retrocedemos na história — detalha logo em seguida Marx —, mais o indivíduo (...)

nos parece não-autônomo, parte de uma totalidade mais ampla: inicialmente de um modo ainda de todo natural na família e na família ampliada em tribo; mais tarde na comunidade surgida do contraste e da fusão das tribos, nas suas diferentes formas". O que nos apresenta Marx nessa passagem é uma reprodução, que não poderíamos imaginar mais fiel, do modelo aristotélico, diametralmente oposto ao modelo hobbesiano (assumido em seu surgimento pela economia política). Nas conhecidíssimas primeiras páginas da *Política*, Aristóteles descreve o surgimento da *pólis*, como forma de organização auto-suficiente e independente (possuindo algumas características essenciais que hoje atribuímos ao Estado), a partir da família e da vila como união de famílias. De resto, que Marx tivesse em mente Aristóteles quando escreveu esse trecho pode-se inferir pelo fato de que logo em seguida acolhe a mais famosa das definições aristotélicas (que se encontra, aliás, no mesmo contexto em que é descrita a formação da cidade), escrevendo: "O homem é no sentido mais literal do termo um *zôon politikón*, não apenas um animal social, mas um animal que pode isolar-se apenas na sociedade". Que o homem seja um animal social mesmo quando se isola — um acréscimo com relação ao texto aristotélico — é uma afirmação com a qual Marx refuta, por assim dizer antecipadamente, qualquer possível oposição ao modelo clássico da essencial socialidade do homem, em particular a oposição que provinha exatamente das teorias propugnadas pelos fautores de um estado de natureza sobre o modelo hobbesiano e pelos primeiros economistas.

Limito-me a mencionar um outro confronto que poderia ser sugestivo, o confronto com Vico, que Marx conhecia: Vico parte do estado das famílias, embora posterior ao "estado ferino", que pode ser interpretado como uma historicização, ainda que fantástica, do estado de natureza hobbesiano, no qual o homem é o lobo (*idest*, "fera") do homem; assim, do estado das famílias, que é um estado ainda pré-político, a humanidade passa ao Estado político, que nasce sob a forma de república aristocrática com a conjunção dos chefes de família, para só então chegar, em um segundo período, à república popular. Considero supérfluo refazer o caminho de Hegel, da família ao Estado através da sociedade civil, porque a influência de Hegel sobre Marx foi direta e teve imensa presença na formação do seu pensamento político. Não é supérfluo, no entanto, lembrar que o percurso de Hegel é mais complexo, porque entre a família e o Estado não há continuidade, mas sim ruptura da sociedade civil, que é o lugar no qual, pelo menos em seu primeiro momento, o "sistema das necessidades", o homem está isolado embora estando na sociedade, como diria Marx.

O *Estado como reino da razão*

Se assumirmos um critério axiológico, defrontamo-nos com outra grande distinção: aquela entre concepções positivas e concepções negativas de Estado. Concepção positiva é certamente aquela que remonta a Aristóteles, e torna-se dominante na Europa da segunda metade do século XIII em diante, quando se difunde o Aristóteles latino: o fim da comunidade política, a *koinonía politiké*, a *societas civilis* na predominante tradução latina, não é apenas o viver ou sobreviver, mas o *bonum vivere*, o viver bem. Também na doutrina política moderna, de Hobbes a Hegel, domina uma visão eulógica do Estado. A doutrina jusnaturalista do Estado não é apenas uma teoria racional do Estado, como vimos no parágrafo precedente, mas é também uma teoria do Estado racional. O Estado é elevado a ente de razão, somente dentro do qual o homem realiza plenamente a própria natureza de ser racional. Se é verdade que para o homem enquanto criatura divina "extra ecclesiam nulla salus", é também verdade que, para o homem como ser natural "extra rem publicam nulla salus". Com a sua peremptória lucidez habitual, Hobbes expõe esse conceito em uma célebre passagem do seu *De Cive*, que me ocorreu citar muitas vezes, mas que todavia é necessário evocar cada vez que se deseja colocar em evidência a visão apologética do Estado que acompanha a formação do Estado moderno: "Fora do Estado é o domínio das paixões, a guerra, o medo, a pobreza, a incúria, o isolamento, a barbárie, a ignorância, a bestialidade. No Estado é o domínio da razão, a paz, a segurança, a riqueza, a decência, a socialidade, o refinamento, a ciência, a benevolência".

Spinoza não fica atrás: no homem são tão naturais as paixões quanto a razão; mas no estado de natureza as paixões predominam sobre a razão; contra as paixões a religião pode pouco ou nada, porque vale "em ponto de morte, quando as paixões já foram vencidas pela doença e o homem está reduzido ao extremo, ou então nos templos, onde os homens não exercem relações de força"; somente a união de todos em um poder que refreie, com a esperança de prêmios e o temor aos castigos, os indivíduos, que naturalmente tendem a seguir antes a cega cupidícia que não a razão, pode permitir que o homem consiga do melhor modo o fim da própria conservação; uma vez que o Estado, e apenas o Estado, consente ao homem aplicar a suprema lei da razão, que é a lei da própria conservação, ele deve comportar-se, se quer sobreviver, diversamente do que acontece aos homens no estado de natureza, racionalmente; o indivíduo não comete delito se no estado de natureza não segue a razão; o Estado sim, porque o Estado, somente quando se comporta racionalmente, consegue conservar a potência que é constitutiva da sua natureza. Um Estado não-racional é impotente, mas um Estado impotente não é mais Estado. Daí a conseqüência, sobre cuja importância histórica não é preciso acrescentar outro comentário, de que o Estado-potência se identifica com o Estado-razão. Podemos até mesmo afirmar que a racionalização do Estado se converte na estatização da razão, e disso nasce a teoria da razão de Estado, como a outra face do Estado racional. (Se as razões de Estado não fossem superiores às razões do indivíduo, o Estado não poderia cumprir ações que são vetadas ao indivíduo.)

Para Locke, somente na sociedade civil ou política existem as condições para a observância das leis naturais que são as leis da razão. Para Kant, a saída do estado de natureza é para o homem algo mais do que o produto de um cálculo de interesse: é um dever moral. Apenas no Estado podem ser garantidas as condições de existência da liberdade e por isso o Estado tem um valor moral, tanto que, em uma história ideal da humanidade, a instituição do Estado é uma idéia reguladora para o projeto daquela futura sociedade jurídica universal que sozinha pode garantir a paz perpétua, e pode, portanto, libertar o homem do flagelo da guerra.

A idéia do Estado-razão vai bem além do jusnaturalismo e chega a Hegel, que define o Estado como o "racional em si e por si". Deste ponto de vista, o autor, não obstante o seu declarado antijusnaturalismo, leva às últimas conseqüências a idéia do Estado-razão que, enquanto tal, é também o Estado-potência. Não diferente de Hobbes, Hegel é o intérprete do mesmo processo histórico, a formação do Estado territorial moderno, que unifica em um só corpo orgânico os esparsos membros da sociedade medieval. O Estado da Restauração que ele tem diante de si é um Estado que se recompôs depois da laceração da Revolução francesa, e é a continuação daquele mesmo Estado que, no início da era moderna, impôs a própria unidade a um mundo dilacerado pelas guerras religiosas. Hegel, o mestre de Marx (que Marx irreverentemente subverte), é aquele que escreveu: "Somente no Estado o homem tem existência racional".

O Estado como reino da força

Demorei-me nessas referências textuais para que, a partir delas, ficasse clara a reviravolta radical que Marx operou sobre essa tradição apologética do Estado. Para Marx, o Estado não é o reino da razão, mas o reino da força. Não é o reino do bem-comum, mas do interesse de uma parte. O Estado não tem por fim o bem-viver de todos, mas o bem-viver daqueles que detêm o poder, os quais, além do mais, têm sido até agora, na história da humanidade, uma minoria. Que o Estado tenha por fim o bem comum, o bem-viver, ou mesmo a justiça, é uma ideologia da qual a classe dominante se utiliza para dar uma aparência de legitimação ao próprio domínio. O Estado não é a saída do estado de natureza, mas sim a sua continuação sob outra forma. O estado de natureza, considerado de modo hipotético por Hobbes como estado no qual vigora o direito do mais forte, nunca faltou na história. Prolongou-se no Estado, ainda que não mais na forma, de resto de todo hipotética, da guerra de todos contra todos, mas na forma de conflito permanente entre as classes que vão se sucedendo e conquistando, a cada circunstância, o domínio, e que, uma vez conquistado o domínio, não podem mantê-lo senão através da força. A saída definitiva do estado de natureza talvez seja, para Marx, não o Estado, mas o fim do Estado, a sociedade futura sem Estado.

Bem entendido, a concepção negativa de Estado não nasce com Marx. Mesmo que a distinção entre teorias racionalistas e teorias historicistas não coincida com a distinção entre concepções positivas e negativas, é fato que não há concepções negativas entre as teorias racionalistas, enquanto pode haver concepções negativas entre as teorias historicistas. De qualquer modo, considerar o Estado um mal, ainda que um mal necessário, é parte integrante da história do pensamento político ocidental — e não apenas ocidental —, a começar por Trasímaco. Antes de Marx, o precedente imediato da sua visão pessimista das relações entre governantes e governados é a descrição, em muitos aspectos pré-marxista, do Rousseau da segunda parte do *Discurso sobre a desigualdade*, na qual o Estado histórico (não aquele ideal de *O Contrato social*) é mostrado surgindo a partir da violência e da fraude.

Na história do pensamento político ocidental, a concepção negativa clássica de Estado é aquela que se costuma denominar, ainda que com uma interpretação unilateral, agostiniana, segundo a qual o Estado é um mal necessário para reprimir a maldade da grande maioria dos homens, os quais não poderiam viver em comunidade sem limites, e portanto sem um poder dotado de força suficiente para dominar as paixões desagregadoras dos indivíduos, que são mais inclinados a devorar-se uns aos outros como os peixes no mar do que a amar uns aos outros e viver em paz. Esta concepção de Estado, que bem poderia ser denominada "terrorista", é enunciada exemplarmente em uma passagem de Isidoro de Sevilha: "In gentibus principes regesque electi sunt ut terrore suos populos a malo coercerent atque ad recte vivendum legibus subderent" ("Nas gentes os príncipes e os reis foram eleitos a fim de que distraiam os seus povos do mal com o terror e os submetam às leis para fazê-los viver retamente"). E, abandonada a filosofia escolástica que retomara a tradição aristotélica do Estado voltado para o bem comum, a teoria terrorista do Estado é revivida por Martinho Lutero com uma veemência que só será igualada pelos doutrinários que justificarão o terrorismo de Estado (*la terreur*, para pronunciar a palavra na língua através da qual se tornaria universal) na célebre carta aos príncipes cristãos sobre a autoridade secular (1523), onde podem ser lidas frases como esta: "Deus impôs aos povos, além do reino de Deus, um outro regimento, e colocou-os sob a espada para que, ainda que o fizessem de bom grado, não pudessem exercer a sua maldade e, caso o façam, não seja sem temor ou com serenidade e letícia; da mesma forma que com cordas e correntes se amarra uma besta selvagem e feroz, para que não possa morder nem atacar segundo seu instinto, ainda que o fizesse de bom grado".

Um mal não-necessário

Essas duas concepções negativas de Estado — negativas no sentido de que colocam em particular evidência o momento da força como essencial ao Estado para a explicação da sua função — são contudo profundamente diferentes. Na concepção negativa tradicional de inspiração religiosa, o que exige o aparato da força é a maldade dos súditos; na concepção negativa marxiana e marxista, é a maldade (uso esta expressão por razões de simetria, ainda que não seja literalmente correta) dos governantes. Trata-se, em suma, da mesma interpretação da função do Estado, mas vista a partir de pontos de vista opostos: *ex parte populi*, a primeira, *ex parte principis*, a segunda. Na concepção tradicional, o Estado é por necessidade um aparato coativo porque deve refrear os súditos; na concepção marxiana, o Estado é por necessidade um aparato coativo porque somente através da força a classe dominante pode conservar e perpetuar o seu próprio domínio. A justificação do uso absoluto e exclusivo da força é, nas duas concepções, oposta. Na primeira é justificada pela cupidez dos súditos, na segunda pela cupidez da classe dominante. Poderíamos até mesmo dizer que a teoria de Marx é uma dessacralização da justificação tradicional que aceita a força repressiva do Estado como remédio para os instintos beluínos da "massa peccati": a força do Estado não é necessária, como foi sendo repetido pela ideologia dominante (que é marxianamente a ideologia da classe dominante), para o bem dos governados, mas no interesse dos governantes.

Entre as duas concepções há também uma diferença ainda mais profunda, que tem suas raízes em duas distintas e opostas concepções de mundo e de história: na concepção religiosa, a razão do Estado-força reside na natureza mesma do homem, e, como tal, é permanente, sendo portanto necessário, além do poder do Estado, um outro poder, o poder espiritual, para domar a "besta selvagem"; na concepção de Marx, em geral seguida pelos marxistas, a razão do Estado-força é histórica, porque deriva não da natureza eterna do homem, na qual uma teoria historicista como a marxiana não acredita, mas do Estado das relações de produção e, antes disso, da própria forma de produção, sendo que ambas se alteram na história, de modo a permitir formular a hipótese de que, através de uma radical transformação da segunda e das primeiras, o Estado, em um futuro impreciso mas previsível, deixará de ser necessário. Poderíamos também dizer que, se na doutrina tradicional o Estado é um mal necessário, na doutrina marxiana é um mal não-necessário ou, pelo menos, é um mal cuja necessidade está destinada a desaparecer à medida que as condições históricas que lhe deram origem desaparecerem.

A rigor, para completar este quadro sintético das teorias do Estado consideradas do ponto de vista axiológico, seria necessário examinar aquelas teorias do Estado que se professam axiologicamente neutras, isto é, nem positivas, nem negativas. Trata-se das teorias formais ou formalistas às quais estão particularmente afeiçoados os juristas, para os quais se pode falar de "Estado", no sentido próprio da palavra, quando em um determinado grupo social foi-se formando um poder que detém o monopólio da força, mais precisamente da "força legítima", sendo que quem detém o monopólio da força considera ilegítimo o uso da força por parte de qualquer outro, e pode-se falar disso unicamente com base na constituição de fato desse poder, independentemente dos objetivos para os quais ele esteja voltado. Que o Estado consista na monopolização da força é definição comum à melhor tradição jurídica, tanto é verdade que é acolhida seja por Weber, seja por Kelsen, sendo uma tese comum a ambos aquela segundo a qual o Estado enquanto aparato da força pode servir aos objetivos mais diversos. (Uma das críticas que Kelsen levanta à doutrina marxiana do Estado é que, se é verdade que o Estado capitalista pode ter por fim a exploração da classe operária, o mesmo Estado pode servir, uma vez que dele se tenha apoderado o partido da classe operária, para libertar a classe operária oprimida pela exploração.)

Esta rápida apresentação da doutrina neutra do Estado pode, de resto, ser útil para darmos um passo além na definição e delimitação dos contornos da doutrina marxiana: nada impede que incluamos a concepção marxiana do Estado-força entre as doutrinas que vêem o nascimento do Estado a partir do processo de monopolização da força que ocorre em cada grupo organizado por razões de ordem interna e de defesa externa; o que a diferencia é que Marx (e Engels) não se rendem diante da constatação do consumado processo de monopolização, mas se propõem a especificar *a quem* e *a que coisa* está destinada a servir a organização da força; "a quem", à classe dominante; "a que coisa", manter o domínio.

O *problema das formas de governo*

Definida a teoria marxiana do Estado como teoria negativa, segue-se inevitavelmente a pergunta: então todos os Estados são iguais? Se todos os Estados são iguais enquanto instrumentos de domínio da classe que detém os meios de produção, é ainda possível, no âmbito da teoria marxiana, distinguir várias formas de governo? Em outras palavras: existe na obra de Marx uma teoria das formas de governo? E, posto que exista, que relevância teórica e prática tem essa distinção? Inútil enfatizar a importância de tais perguntas. A teoria das formas de governo é de Platão (pensemos no livro oitavo da *República*) e Aristóteles (pensemos nos capítulos terceiro e quarto da *Política*) em diante, até o último manual de direito público ou de ciência política, um dos capítulos fundamentais de uma teoria do Estado. O que colocar neste capítulo quando examinamos a teoria marxiana (e engelsiana) de Estado? A importância da distinção entre as diversas formas de governo também depende do fato de que essa distinção serve em geral como ponto de partida para permitir que cada autor proponha, segundo seu próprio ponto de vista, qual seria a melhor forma de governo, não importa se em absoluto ou de acordo com o "espírito do tempo".

Trata-se de um problema ao qual, a meu ver, os estudos marxistas deram pouco relevo, embora eu considere que este seja hoje um problema de grande interesse e atualidade. É certamente forte a tentação de oferecer uma resposta negativa às duas perguntas ("não existe uma teoria das formas de governo em Marx, e, se existe, tem escassa relevância teórica e prática") porque, se é verdade que para Marx o que conta é a relação real de domínio, que é a relação da classe dominante para com a classe dominada, qualquer que seja a forma institucional da qual essa relação esteja revestida, a forma institucional, que é superestrutural, qualquer que seja, não muda, ou pelo menos não deveria mudar substancialmente a realidade da relação de domínio que tem raiz na base real da sociedade, isto é, na forma de produção historicamente determinada. Aliás, poderíamos extrair um bom argumento em favor da irrelevância das formas de governo em Marx a partir da observação de que em Hegel as etapas do processo histórico são marcadas pela mudança das formas de governo, da passagem de uma forma de governo para outra — o despotismo oriental, a república no mundo antigo, democrática na Grécia, aristocrática em Roma, a monarquia no mundo moderno (na a forma específica de monarquia constitucional na era a ele contemporânea) — enquanto em Marx o que, ao contrário, marca o progresso histórico não são as diferentes formas de governo, mas os diferentes modos de produção (asiático, escravista, feudal, capitalista), cuja sucessão não corresponde absolutamente à sucessão das formas de governo, salvo uma certa correspondência entre despotismo oriental e o modo de produção asiático. Ambas as filosofias, as de Hegel e de Marx, são duas filosofias da história distintas e que não se sobrepõem: distintas exatamente porque interpretam o curso histórico mediante dois critérios distintos, aquele dos diferentes sistemas políticos e aquele dos diferentes sistemas econômicos.

Além disso, se ficarmos ao pé da letra de muitas passagens marxianas, engelsianas e marxistas, do ponto de vista das reais relações de domínio e não das relações aparentes, que são estabelecidas nas constituições formais e que a própria realidade do domínio se encarrega de esvaziar de qualquer valor substancial, todos os Estados são "ditaduras", tanto que se tornaram lugar-comum, não apenas na teoria, mas, o que mais conta, na prática do movimento operário, durante pelo menos um século, as expressões "ditadura da burguesia" e "ditadura do proletariado". Nada vem mais a calhar do que a seguinte passagem, extraída de *Stato e rivoluzione*, de Lenin, para mostrar que, uma vez estendido para todos os Estados o caráter de "ditadura", a distinção das formas de governo já não tem sentido algum: "A essência da doutrina do Estado de Marx realizou-se propriamente apenas naqueles que compreenderam que a ditadura de uma classe é necessária não apenas para qualquer sociedade classista em geral, não apenas para o proletariado depois de ter derrubado a burguesia, mas também para um inteiro período histórico que separa o capitalismo da sociedade sem classes do comunismo. *As formas dos Estados burgueses são extraordinariamente variadas, mas a sua essência é uma só: todos esses Estados são de um modo ou de outro, em última instância, necessariamente, uma ditadura da burguesia*. A transição do capitalismo para o comunismo não pode deixar de originar um grande número e uma grande variedade de formas políti-

cas, mas a sua essência será inevitavelmente uma só: a ditadura do proletariado" (o itálico é meu).

Nos termos da tipologia clássica das formas de governo, a diferença
entre as diversas formas é apresentada com base em dois critérios, do
quem e do *como*. A partir da passagem citada parece claro que, se Lenin
está interpretando Marx corretamente (e como intérprete autêntito de
Marx foi considerado por grande parte do movimento operário), na
teoria marxiana é relevante apenas o problema de *quem* (burguesia ou
proletariado?) e não o problema de *como*.

Mas as coisas são mesmo nesses termos?

Ditadura da burguesia e ditadura do proletariado

É preciso, antes de mais nada, livrar o terreno de uma cilada
terminológica. Quando Marx e os marxistas falam de "ditadura", relacionando-a a uma classe, não usam o termo no sentido técnico, para o
qual "ditadura" é, desde o tempo da antiga Roma, uma magistratura
extraordinária que se justifica, e é portanto perfeitamente legítima,
quando for declarado o Estado de exceção. A característica da ditadura
clássica é ser uma magistratura monocrática, de modo que não sustenta
a referência a um sujeito coletivo como a classe; além disso, é constitu-
cionalmente temporária, legítima apenas enquanto durar o Estado de
exceção, enquanto no uso marxista da palavra o caráter de temporariedade está ausente, a menos que se queira considerar temporária a
ditadura da burguesia porque destinada a dar lugar à ditadura do proletariado, e portanto a exaurir-se historicamente, sendo temporária também a ditadura do proletariado, enquanto prognosticada como um Estado de transição cuja duração, todavia, não pode ser preestabelecida,
diferente do que ocorre com a duração da ditadura clássica. Que o
termo "ditadura", no uso marxista, seja genérico também pode ser provado observando-se que no mesmo contexto Marx também usa o termo "despotismo", como, por exemplo, na seguinte passagem de O *18
brumário*: "A derrota dos insurretos de junho (...) revelara que a república burguesa significa despotismo absoluto de uma classe sobre as
outras". Mas também o termo "despotismo" é um termo técnico da
linguagem política, pelo menos desde Aristóteles, que dele oferece uma
definição precisa, que permaneceu intacta durante séculos, para designar a forma de governo predominante nos países do Oriente, enquanto
Marx a utiliza nesse contexto em um significado igualmente genérico
de ditadura. Tanto ditadura quanto despotismo, em suma, não são usados por Marx para indicar específicas formas de governo, segundo seu

significado técnico, mas unicamente para representar com particular força polêmica o "domínio" de uma classe sobre as outras (e não é por acaso que a classe que exerce a chamada ditadura ou o chamado despotismo é chamada de "dominante").

Se, liberto o terreno do equívoco terminológico, fica claro que nem "ditadura" nem "despotismo" são usados no significado tradicional de formas de governo, mas no significado de domínio de classe, permanece em aberto o tema das formas específicas de governo e da sua eventual relevância. Ora, Marx certamente não elaborou uma teoria acabada das formas de governo, mas delineou contudo muito bem a diferença entre duas diferentes formas de governo, o Estado representativo e o bonapartismo, no transcorrer de idêntico domínio de classe. Não é o caso de nos determos aqui sobre a importância histórica da análise marxiana do bonapartismo. Mas eu gostaria unicamente de mencionar o fato de que o bonapartismo, como figura de governo pessoal, pertence à categoria geral do cesarismo, que, como forma de governo, é uma verdadeira e própria descoberta das teorias políticas do século XIX que chegou até nós. Como é sabido, as reflexões sobre o cesarismo, a começar pelo famoso ensaio de Benjamin Constant, *De l'esprit de conquête et de l'usurpation* (1814), deram origem a uma nova categoria na teoria política e nasceram do extraordinário evento napoleônico. Desde então, não há escritor político que não tenha precisado prestar conta daquela forma de governo pessoal que comparece em qualquer época da história nos momentos de passagem de uma forma de governo para outra através de revoluções violentas, de Tocqueville a Treitschke (que dedica um capítulo especial ao cesarismo no volume das suas lições de *Politica* dedicado às formas de governo), de Mosca a Weber (que constrói sobre ele o tipo ideal de poder carismático), a Gramsci, sem falar de uma obra de filosofia da história que obteve grande sucesso depois da Primeira Guerra Mundial, *Il tramonto dell'Occidente*, de Spengler.

A análise do bonapartismo

Por diferentes que sejam as interpretações do fenômeno cesarista, a interpretação predominante é aquela da direita conservadora, que vê no cesarismo uma conseqüência inevitável da degeneração anárquica da democracia, entendida como a forma de governo que desencadeia a luta das facções e faz nascer a exigência de um governo pessoal forte acima das partes. Desse ponto de vista, o César moderno nada mais seria que uma repetição da figura do antigo tirano, como foi admiravelmente descrito por Platão na sua teoria das formas de governo históricas, na qual a impiedosa mas irresistível tirania sucede ao licencioso governo do *démos*. Contudo, como forma de governo pessoal, o bonapartismo de Marx me parece deva ser diferenciado do cesarismo clássico e pós-napoleônico, uma vez que o homem do destino não é tanto um árbitro ou um mediador acima das partes, mas o salvador de uma das partes (no caso específico, a burguesia), ameaçada em seu secular domínio pela parte adversária. Nesse sentido, a categoria marxiana do bonapartismo pôde ser utilizada para dar uma interpretação ao fascismo, sobre o qual foi possível dizer, usando uma incisiva expressão de Marx, que a burguesia "para salvar o próprio bolso teve de perder a própria coroa".

Que o regime instaurado por Napoleão III tenha sido, aos olhos de Marx, uma forma de governo diferente daquela do Estado representativo, não precisa ser revelado, tão óbvio é: o regime bonapartista caracteriza-se pela inversão de papéis entre poder legislativo e poder executivo, e portanto não é um Estado representativo e parlamentar como aquele através do qual ocorrera a ascensão política da burguesia, inicialmente na Inglaterra e nos Estados Unidos, posteriormente, depois da Revolução, na França. Certamente essa inversão de papéis em nada altera, segundo julgamento de Marx, a natureza do Estado enquanto tal, que continua sendo uma ditadura, no sentido de domínio de classe, como é possível inferir da afirmação segundo a qual "a França parece ter escapado do depotismo de uma classe para cair sob o despotismo de uma pessoa". Mas, trata-se — este é o ponto fundamental — do mesmo tipo de "despotismo"? Podem Estado representativo e parlamentar de um lado e cesarismo-bonapartismo de outro ser colocados no mesmo plano? Mesmo admitindo que se trate sempre de ditadura ou de despotismo no sentido de domínio de classe, como não perceber que uma coisa é o domínio social, outra coisa o sistema político através do qual esse mesmo domínio pode ser historicamente exercido?

Dessa diferença entre domínio social e sistema político podem-se extrair conseqüências práticas. Uma, pelo menos, muito importante: se é verdade que a ditadura de classe da burguesia pode expressar-se, e de fato historicamente se expressa (o fascismo nos ensinou) em formas de governo distintas, que axiologicamente não podem ser colocadas no mesmo plano, por que não poderia ocorrer o mesmo à ditadura do proletariado? Que necessidade histórica havia de que a ditadura do proletariado se expressasse unicamente na forma dos regimes autocráticos (onde autocracia é o oposto de democracia) através dos quais se expressou na União Soviética e nos Estados que dela dependem? E, afinal, não foi o próprio Marx que, nas célebres páginas sobre a Comuna, vira na democracia direta, ou com mandato imperativo, e no "auto-governo dos produtores" a nova forma de governo que deveria surgir das cinzas da democracia representativa transformada, exatamente devido à sua reduzida democraticidade, em governo pessoal, isto é, em uma autocracia?

Concluindo, acredito que não apenas exista uma teoria das formas de governo em Marx, embora não completamente elaborada, mas também que ter-se dela descuidado trouxe conseqüências funestas para o atraso com que no Ocidente a esquerda, entendo dizer a esquerda influenciada pelo pensamento marxista-leninista, acenou para a relevância prática, e não apenas doutrinal, da diferença entre as várias formas de governo, embora aceitando a tese marxiana fundamental do Estado como ditadura ora de uma classe ora de outra; e para o conseqüente achatamento dos diferentes possíveis modos através dos quais é possível exercer o poder político em uma única e indistinta categoria, da ditadura de classe, que é uma categoria que, mesmo que possa ser utilizada para representar um sistema social, deixa completamente em aberto o problema da organização política dessa mesma sociedade.

III.

MAX WEBER, O PODER E OS CLÁSSICOS

1. É surpreendente o número de expressões weberianas que passaram a fazer parte definitivamente do patrimônio conceitual das ciências sociais. Limito-me a mencionar algumas pertencentes ao campo da teoria política, tais como poder tradicional e carisma, poder legal e poder racional, direito formal e direito material, monopólio da força, ética da convicção e ética da responsabilidade, grupo político e grupo hierocrático. Sem falar do tema da "legitimidade", que somente depois de Weber tornou-se um tema relevante da teoria política. Nenhum estudioso que tenha vivido no século XX contribuiu mais que Max Weber para o enriquecimento do léxico técnico da linguagem política. Já que subscrevo a tese, já muitas vezes enunciada, de que Weber deve ser considerado um clássico da filosofia política, o último dos clássicos, tentarei explicar por que a subscrevo. Considero clássico um escritor ao qual possamos atribuir estas três características: *a*) seja considerado intérprete autêntico e único do seu próprio tempo, cuja obra seja utilizada como um instrumento indispensável para compreendê-lo (pensemos, para dar um exemplo, no *De civitate Dei*, de santo Agostinho, e às *Grundlinien der Philosophie des Rechts*, de Hegel); *b*) seja sempre atual,

de modo que cada época, ou mesmo cada geração, sinta a necessidade de relê-lo e, relendo-o, de reinterpretá-lo (Rousseau democrático ou totalitário? Hegel filósofo da Restauração ou da Revolução Francesa? Nietzsche reacionário ou revolucionário?); *c*) tenha construído teorias-modelo das quais nos servimos continuamente para compreender a realidade, até mesmo uma realidade diferente daquela a partir da qual as tenha derivado e à qual as tenha aplicado, e que se tornaram, ao longo dos anos, verdadeiras e próprias categorias mentais (pensemos na teoria das formas de governo de Aristóteles, ou na autonomia da política de Maquiavel, ou mesmo no esquema conceitual próprio dos jusnaturalistas, estado de natureza — contrato social — sociedade civil). Max Weber "clássico" significa portanto, em primeiro lugar, que a sua obra nos parece cada vez mais necessária para entender o período que se desenrola na tensão não-resolvida entre racionalização formal e irracionalismo dos valores, e de qualquer modo é impossível dele prescindir; porque a sua atualidade nunca diminuiu e as diferentes leituras de sua obra deram lugar ao habitual contraste de interpretações (Weber reacionário, conservador, liberal, democrático, nacionalista, fautor do Estado-potência?); porque algumas das suas teorias ou tipologias tornaram-se verdaderias categorias para a compreensão da história e da sociedde (pensemos, para dar o exemplo mais clamoroso, na tipologia das formas de poder legítimo, que terminou por substituir, também nos manuais de ciência política para estudantes, a tipologia clássica das formas de governo).

Entre os clássicos do pensamento político há tanto escritores realistas quanto escritores idealistas, ou — melhor explicando — tanto aqueles que tentaram manter uma certa impassibilidade ao olhar o "vulto demoníaco do poder" quanto aqueles que fizeram propostas mais ou menos razoáveis e aplicáveis para torná-lo mais humano. Weber pertence à fileira dos primeiros. Nada tem a ver com Locke ou Rousseau. E muito menos com os utópicos. Os escritores dos quais podemos aproximá-lo, e dos quais ele foi continuamente aproximado, são Maquiavel e Marx. Assim como Marx foi considerado o Maquiavel do proletariado, Weber foi considerado o Marx da burguesia (mas algo de parecido também foi dito de Pareto). Como Pareto, de resto, poderia ser incluído na família dos "maquiavélicos", isto é, naquela corrente do pensamento político que parte de Maquiavel e chega a Marx, talvez passando por Spinoza (do qual recordemos o elogio ao *acutissimus* Maquiavel) e Hegel, que não por acaso, no prefácio das *Grundlinien der Philosophie des Rechts*, escreve que a sua obra, enquanto obra filosófica, "deve ficar muito distante do dever construir o *Estado como deve ser*". Alguns também insistiram no seu parentesco com Nietzsche.[30] Os traços característicos de uma concepção realista da política são de resto bem visíveis na sua obra. Indico alguns: *a*) a esfera da política é a esfera onde se desenvolvem as relações de potência (*Macht*) e de poder (*Herrschaft*), relações que são marcadas pela luta incessante entre indivíduos, grupos, classes, raças, nações, cujo objetivo é sempre o poder na dúplice forma de poder de fato e poder legítimo; *b*) a luta é incessante porque não há para ela nenhuma catarse definitiva na história; *c*) as regras do agir político não são e não podem ser as regras da moral, daí que a ação do político não pode ser julgada moralmente, com base em princípios preestabelecidos, mas apenas com base no resultado; a distinção maquiavélica entre moral universal e moral política se reproduz na distinção entre ética da intenção e ética da responsabilidade, como distinção entre o agir segundo os princípios, independentemente das conseqüências, ou com base nas conseqüências, independentemente dos princípios. Além disso, apenas um comportamento realista diante da política permite submetê-la a uma reflexão objetiva, distanciada, "desencantada" —, em uma palavra, científica —, de "correr atrás" da "verdade efetiva da coisa", e não da "imaginação sobre ela".

Não menos surpreendente é o escasso interesse que Weber sempre demonstrou pelos escritores que consensualmente são incluídos entre os clássicos da filosofia política, de Platão a Hegel, passando por Aristóteles, Maquiavel, Hobbes, Locke, Montesquieu, Rousseau, Kant. Quem pretenda aprofundar o estudo das fontes de seu pensamento está destinado a não encontrar nenhuma das grandes obras que formaram a tradição do pensamento político do Ocidente. De resto, em uma carta de 30 de dezembro de 1913, ele próprio escreve ao editor Siebeck afirmando ter composto, além de uma teoria das várias formas de sociedade em relação à economia, também "uma doutrina sociológica total do Estado e do poder", sobre a qual considera seja possível afirmar "que não existe ainda nada de similar, nem ao menos um 'protótipo' (*Vorbild*)".[31]

Que a teoria política weberiana tenha sido elaborada prescindindo de qualquer modelo precedente não significa que não seja comparável à tradição. Aliás, a comparação é tanto mais necessária quanto mais o pensamento político weberiano parece ter operado (ainda que não de todo intencionalmente) a ruptura com uma tradição que, de Platão a Hegel, mostrou uma extraordinária vitalidade e continuidade. Apenas

---

30. Em particular E. FLEISCHMANN, *De Weber à Nietzsche*, in "Archives européennes de sociologie", V (1964), pp. 192-238; mas também, com maior autoridade, W. J. MOMMSEN, *Max Weber. Gesellschaft, Politik und Geschichte*, Suhrkamp, Frankfurt am Main, 1974, p. 48.

31. Citada por W. SCHLUCHTER, *Die Entwicklung des okzidentalen Rationalismus*, Mohr, Tübingen, 1979, p. 123 (Ed. it.: *Lo sviluppo del razionalismo occidentale*, il Mulino, Bolonha, 1987, p. 150).

a comparação permite responder à pergunta fundamental: como se insere a teoria política weberiana na tradição do pensamento político ocidental, a qual parece contudo não ter levado em grande conta? Quais são os elementos de ruptura e quais são os elementos de continuidade? Pergunta fundamental, esta, porque somente através de sua resposta, mais do que da análise interna da elaboradíssima construção weberiana — inúmeras vezes realizada, e recentemente com uma sutileza sem precedentes[32] — pode surgir a plena compreensão de uma obra extremamente complexa, seja pela articulação do sistema conceitual, em diferentes níveis sobrepostos e também imbricados, seja pela vastidão excepcional da documentação histórica.

É com esse objetivo que me proponho a examinar alguns temas da teoria política weberiana através da constante comparação com aqueles que alhures denominei os "temas recorrentes" do pensamento político, com particular atenção aos escritores que acompanham, em suas teorias, a formação do Estado moderno, já que é o Estado moderno, e não qualquer forma de organização política, o objeto específico da análise weberiana. Considero em especial estes três temas: a definição do Estado, a teoria dos tipos de poder, a teoria do poder legal-racional.

2. Pertence à tradicional concepção realista de política a conhecida definição weberiana de Estado como "monopólio da força legítima", definição que é repetida inúmeras vezes, com poucas variações, nos últimos escritos, e da qual a expressão mais feliz, pela concisão e clareza, encontra-se no início do ensaio *Politik als Beruf*: "sociologicamente este [o Estado] pode ser definido em última análise segundo um *meio* específico que pertence ao Estado assim como a qualquer associação política: a força física [*die physische Gewaltsamkeit*]". Para convalidar o realismo dessa afirmação, Weber logo em seguida cita uma frase de Trotski em Brest-Litovsk: "Todo Estado está fundado na força [*Gewalt*]". E comenta: "E, na verdade, é justo que assim seja. Se houvesse apenas organismos sociais nos quais fosse ignorada a força como meio, o conceito de 'Estado' desapareceria e em seu lugar entraria aquilo que, no sentido particular da palavra, poderia ser chamado de 'anarquia'".[33]

---

32. Refiro-me ao livro de Schluchter citado na nota precedente, em particular, no que concerne à teoria política, no capítulo V: *Typen des Rechts und Typen der Herrschaft* (pp. 122-201 [Ed. it.: *Tipi di diritto e tipi di potere*, pp. 149-248]), no qual o autor reconstrói a teoria política weberiana relacionando-a com as teorias da ação, do direito e da ética.

33. *Politik als Beruf*, in *Gesammelte Politische Schriften*, organizado por J. Winckelmann Mohr, Tübingen, 1971³, p. 506 (ed. it. de A. Giolitti, in "Il lavoro intellettuale come professione", *Nue*, Einaudi, Turim, 1966, nova ed. 1977, p. 48). Também em *Wirtschaft und Gesellschaft*, organizado por J. Winckelmann, Mohr, Tübingen, 1976⁵, vol. I, p. 30 (ed. it.: *Economia e società*, organizado por P. Rossi, Edizioni di Comunità, Milão, 1974³, vol. II, p. 681 [na nova ed. em 5 vols., 1980: vol. IV, p. 479]).

Podemos dizer então que a monopolização da força é a condição necessária para que exista o Estado no sentido moderno da palavra, mesmo que não seja condição suficiente.

Se formularmos em termos jurídicos essa definição que Weber denomina "sociológica", e dissermos, como Kelsen, que o Estado é aquela ordem jurídica à qual se atribui, para a aplicação das suas normas, o uso exclusivo do poder coativo, e admitirmos que, ao lado do poder coativo, há em cada grupo humano outras duas formas principais de poder — o poder ideológico e o poder econômico —, podemos então definir que o monopólio da força ou o uso exclusivo do poder coativo é condição necessária para a existência do Estado, porque um Estado pode renunciar ao monopólio do poder ideológico, que Weber atribui ao grupo hierocrático distinto do grupo político, o que historicamente ocorreu na separação entre Estado e Igreja, ou melhor, na divisão das atribuições entre Estado e Igreja, entre poder espiritual e poder temporal, e ainda mais claramente na renúncia do Estado à profissão de uma fé própria ou de uma ideologia própria através do reconhecimento dos direitos de liberdade de religião e de opinião; pode renunciar ao monopólio do poder econômico, como ocorreu no reconhecimento da liberdade de empreendimento econômico, que caracterizou a formação do Estado liberal como Estado do *laissez-faire*. Não pode renunciar ao monopólio do poder coativo sem cessar de ser um Estado. A desmonopolização do poder coativo representaria pura e simplesmente o retorno ao estado de natureza hobbesiano, isto é, ao estado da concorrência sem regras das forças individuais, à guerra de todos contra todos. Como contraprova, pensemos nas várias teorias que consideram a hipótese do desaparecimento do Estado, ou através da destruição ou através da extinção; nas várias teorias anárquicas no sentido positivo e não negativo do termo (que é usado no trecho citado por Weber): o Estado desaparecerá quando não houver mais a necessidade de um poder coativo para induzir os indivíduos e os grupos a obedecer às regras necessárias para uma convivência pacífica.

Não citei Hobbes por acaso. A definição que Weber dá de Estado pertence à tradição clássica do pensamento político porque retoma idealmente — digo "idealmente, não havendo referência alguma a Hobbes nas obras de Weber — a explicação que Hobbes dá ao Estado como o produto da renúncia que os homens, no estado de natureza, são induzidos a fazer do uso da força individual para sair do estado de anarquia próprio ao estado de natureza e para dar vida a uma força coletiva, por Hobbes denominada "poder comum", que os proteja uns dos outros. Em outras palavras, pode-se dizer que, para Hobbes, o Estado existe quando em uma determinada sociedade uma única pessoa (não importa se física ou jurídica) tem o direito, ou exerce legitimamente o poder, de obrigar pela força, ou recorrendo em última instância à força, os indivíduos isolados a obedecer aos seus comandos. Pode-se dizer, sob o mesmo título, que para Hobbes o Estado é, com palavras de Weber, o monopólio da força legítima, assim como para Weber é, com palavras de Hobbes, o detentor exclusivo do poder coativo. Não é que não exista diferença entre as duas definições; mas a diferença refere-se ao Estado não como meio, mas como fim, e é tal que faz parecer a definição weberiana, que prescinde completamente do fim, ainda mais formal do que aquela de Hobbes. Enquanto Hobbes atribui ao Estado o fim de preservar a paz e por conseguinte de proteger a vida dos indivíduos que nele confiaram, Weber afirma de modo peremptório que "não é possível definir um grupo político –- e tampouco o Estado — indicando o objetivo do seu agir de grupo", pela simples razão de que "não há nenhum objetivo que grupos políticos não tenham alguma vez proposto, do esforço de prover o sustento à proteção da arte; e não há nenhum que todos tenham perseguido, da garantia de segurança pessoal à determinação do direito".[34]

Dentro de uma longa tradição, a definição formal de Estado, que prescinde completamente do fim, é a definição que dão ao Estado os juristas, para os quais o elemento determinante do Estado é a soberania, conceito jurídico por excelência: que o Estado não possa ser definido teleologicamente é um dos lugares-comuns de qualquer tratado de direito público. A diferença entre a soberania (*maiestas*) dos juristas e a *Herrschaft* de Weber está nos elementos preescolhidos para a conotação do conceito: para o conceito de soberania, o elemento conotante essencial é de natureza jurídica — o poder soberano é o poder "originário", *superiorem non recognoscens, legibus solutus* etc.; para o conceito weberiano de Estado, a conotação essencial é extraída do meio que torna possível o exercício de um poder que está acima de todos os outros poderes, e esse meio é exatamente a monopolização da força física. No que concerne à impossibilidade de definir o Estado teleologicamente, porque um Estado pode perseguir os fins mais diversos, é forçosa a referência a Montesquieu, que no célebre livro XI, preparando-se para falar daquele Estado que tem como fim da sua constituição política a liberdade, antecipa: "Por mais que todos os Estados tenham em geral o mesmo fim, que é aquele de conservar-se, cada um é levado a desejar um fim particular. O engrandecimento era o fim de

---

34. *Wirtschaft und Gesellschaft* cit., vol. I, pp. 29-30 (ed. it.: 1974 e 1980, vol. I, pp. 53-54).

Roma; a guerra, o dos espartanos; a religião, o das leis hebraicas; o comércio, aquele dos marselheses etc."[35] e assim por diante. Mas não podemos esquecer que na tradição da filosofia política prevaleceu durante séculos a tendência a dar ao Estado uma definição teleológica, fosse seu fim a justiça, o bem comum, a ordem, o bem-estar, a felicidade dos súditos, o processo civilizador etc.

A definição weberiana de Estado é não apenas formal, mas também realista, exatamente porque não é uma definição jurídica, mas é, em amplo sentido, histórica e sociológica. Que o poder político seja definido através da capacidade que apenas ele possui de atingir os próprios fins, quaisquer que sejam eles, recorrendo ainda que em última instância ao uso da força física, podendo assim fazer a despeito de todos os indivíduos ou grupos que vivem no mesmo território porque dele tem o monopólio, é um modo de definir o Estado mediante a análise histórica do processo através do qual foi se formando a concentração de poder característica dos grandes Estados territoriais e mediante a análise das transformações sociais que tornaram possível essa concentração. Diante das concepções idealizantes do Estado, o pensamento político realista, que deu origem à vasta literatura sobre a razão de Estado e sobre os *arcana imperii*, retorna com honras no século XIX após a falência dos ideais revolucionários. Para Hegel, as relações entre Estados são relações de pura potência (não é à toa que o estado das relações entre Estados é comparado ao estado de natureza hobbesiano) e o juízo definitivo sobre elas é confiado ao tribunal da história, que dá razão a quem vence: de Hegel, embora não apenas dele, derivam os fautores do Estado-potência, entre os quais o autor da maior obra alemã de filosofia política depois de Hegel, Treitschke, que Weber, embora não partilhasse suas idéias políticas, conhecia bem, e para Treitschke "a força é o princípio do Estado, como a fé é o princípio da Igreja, como o amor é o princípio da família".[36] Para Marx, são relações de pura força também as relações internas a cada Estado, uma vez que o Estado é fundado sobre o domínio, que não pode ser conservado senão através da força, de uma classe sobre outra: aliás, as relações de força entre Estados são freqüentemente conseqüência das relações de força no seu interior, ainda que os fautores do Estado-potência tendam a ocultá-las sob a máscara do interesse nacional. Ao longo de todo o século, as duas interpretações do Estado como potência avançam *pari passu* e, com

---

35. *Esprit des lois*, livro XI, cap. 5 (ed. it.: *Lo spirito delle leggi*, organizado por S. Cotta, Utet, Turim, 1952, reimp. 1973, vol. I, pp. 274-75).
36. H. VON TREITSCHKE, *La Politica*, Laterza, Bari, 1918, vol. I, p. 33.

freqüência, convertem-se uma na outra. Em Weber encontramos ambas, embora — como foi muitas vezes lembrado — ele, como escritor político, se tenha preocupado mais com os problemas relativos à potência do Estado alemão com relação a outros Estados do que com os problemas relativos à luta de classes: mas sem dúvida concebeu de modo realista as relações de poder, tanto internas quanto externas, como relações de luta que apenas o recurso à força, em última instância, é capaz de resolver. "Os adversários contra os quais se volta o agir de comunidade, com eventual emprego da força, podem ser externos ou internos ao território em questão; e como a violência política pertence de uma vez por todas à organização do grupo (...), as pessoas expostas à força do agir de comunidade encontram-se, também, e em primeiro lugar, entre os sujeitos coercitivamente partícipes do mesmo agir de comunidade".[37]

O monopólio da força, como foi dito, é a condição necessária, mas não suficiente, para a existência de um grupo político que possa ser definido como "Estado". Em todos os contextos, Weber acrescenta que essa "força" deve ser "legítima". Quais sejam as várias formas de poder legítimo e quais sejam seus diferentes fundamentos veremos mais adiante. O problema que antes se nos apresenta é que somente um poder legítimo está destinado a durar no tempo e somente um poder duradouro e contínuo pode constituir um Estado. Weber não enfrenta diretamente o tema, mas não há dúvidas de que lhe atribui particular importância. De fato, em uma das várias passagens nas quais enuncia a tese de que o grupo político não pode ser definido pelos conteúdos do seu agir, porque não há conteúdo que não possa advogar em causa própria, observa que um conteúdo mínimo pode ser aquele de garantir o domínio de fato sobre o território de modo "contínuo" ("in der fortgesetzten Sicherung"). Pouco adiante detalha que a comunidade política se diferencia de outras formas de comunidade "*apenas* pelo fato da sua existência particularmente duradoura [*nachhaltig*] e evidente", e contrapõe o puro agir ocasional de uma comunidade ao caráter contínuo de uma associação institucional.[38]

O tema da "continuidade" como elemento conotativo do Estado também é um tema clássico. Tomemos a célebre definição de soberania de Bodin: "Por soberania entende-se aquele poder absoluto e *perpétuo*

---

37. *Wirtschaft und Gesellschaft*, cit., vol. II, p. 515 (ed. it.: 1974, vol. II, p. 204; nova ed. 1980, vol. IV, p. 2).

38. *Ibid.* (ed. it.: 1974, vol. I, p. 205; nova ed. 1980, vol. IV, p. 3). Em um outro trecho, para definir o mesmo conceito usa o advérbio *continuierlich*: "Um grupo de poder deve ser chamado grupo *político* na medida em que a sua subsistência e a validade de suas ordens em um dado *território* com determinados limites geográficos venham a ser garantidas continuadamente mediante o emprego e a ameaça de uma coerção física" (*ibid.*, vol. I, p. 29 [p. 53]).

que é próprio do Estado".[39] Não basta que o poder soberano seja absoluto; ele deve ser também perpétuo: para dar dois exemplos distintos, um de poder não-perpétuo de fato, outro de poder não-perpétuo de direito, podemos considerar soberano um grupo de malfeitores que ocupa provisoriamente um vilarejo, mesmo que no momento em que o ocupe o seu poder seja absoluto (e detenha o monopólio da força), ou então o ditador romano que tinha, sim, plenos poderes, mas por um tempo determinado? Do caráter de perpetuidade ou, pelo menos, de continuidade ou duração do poder para que possa ser considerado soberano há na história recente do pensamento político e jurídico duas versões: a primeira é aquela que remonta a Austin, segundo a qual é soberano aquele que não apenas tem um poder independente (o que equivale a dizer não-submetido a nenhum outro poder), mas se encontra em uma situação na qual os seus comandos são "habitualmente obedecidos":[40] a dissolução de um Estado começa quando as leis não são mais genericamente obedecidas e quando os órgãos executivos não são mais capazes de fazer com que sejam respeitadas. A outra versão é aquela conhecida no direito internacional pelo nome de "princípio de efetividade": pode-se dizer que só existe ordem jurídica (para a teoria pura do direito o Estado consiste na ordem jurídica) quando as normas emitidas por tal ordem são não apenas válidas, mas também eficazes, isto é, são na maioria dos casos observadas "em suas linhas gerais" (*im grossen und ganzen*),[41] o que confere à ordem o caráter de estabilidade. Tanto a obediência habitual quanto a efetividade são dois modos distintos, mas convergentes, de se colocar em relevo a importância da continuidade do exercício do poder soberano por mostrar que existe uma ordem à qual se pode dar apropriadamente o nome de Estado. As dúvidas surgem quando se trata de estabelecer se a obediência habitual, a eficácia da ordem no seu todo, ou efetividade, ou, para dizer com os clássicos, a "perpetuidade" do poder, e, com Weber, a "continuidade" da ordem, devam ser consideradas o único fundamento da legitimidade daquela ordem, segundo o princípio de que o direito nasce do fato, e além da barreira do sistema normativo há o fato, nu e cru, de se ele consegue ou não se fazer respeitar; ou então se seria simplesmente a

---

39. J. BODIN, *Les six livres de la Republique*, livro I, cap. 8 (ed. it.: *I sei libri dello stato*, organizado por M. Isnardi Parente, Utet, Turim, 1964, p. 345).

40. Para a conhecida definição austiniana de soberania, ver os caps. V e VI da obra *The Province of Jurisprudence Determined* (1832 [ed. it.: *Delimitazione del campo della giurisprudenza*, il Mulino, Bolonha, 1995]), recuperada em seu valor sobretudo depois da análise crítica de H. L. A. HART, *The Concept of Law*, Oxford University Press, 1961 (ed. it. *Il concetto di diritto*, Einaudi, Turim, 1965, nova ed. 1991, especialmente o cap. IV).

41. Dessa forma em H. KELSEN, *Reine Rechtslehre*, Franz Deuticke, Viena, 1960/2, pp. 214 e 219 (ed. it.: *La dottrina pura del diritto*, organizado por M. G. Losano, Einaudi, Turim, 1966, pp. 237 e 242).

"condição" de validade, como sustenta Kelsen, que mantém a distinção entre legitimidade e efetividade em oposição à doutrina realista do direito (Alf Ross); ou se seria apenas a prova empírica ou histórica da legitimidade, como eu mesmo sustentei em outra ocasião, no sentido de que, quando os comandos do soberano são habitualmente obedecidos ou são eficazes em suas linhas gerais, é sinal de que os destinatários daquelas normas estão convencidos da sua legitimidade.[42]

Por mais que Weber não tenha tratado expressamente o tema da relação entre legitimidade e efetividade, e tenha considerado tanto a legitimidade quanto a efetividade-continuidade como características daquele particular grupo político que é o Estado, não me parece haver dúvidas de que ele não pode ser incluído no rol daqueles que fazem da legitimidade uma conseqüência da efetividade ou que todavia consideram a efetividade como uma condição da legitimidade, mas, ao contrário, deve ser considerado um sustentador da tese segundo a qual a efetividade é conseqüência da legitimidade. Para um fautor da redução da legitimidade em efetividade, a definição de Estado como monopólio da força estaria completa. Se Weber considera necessário acrescentar que esse monopólio deve ser da "força legítima", significa que apenas a concentração da força não é suficiente para garantir a continuidade do domínio, aquela continuidade sem a qual não se poderia distinguir um bando de malfeitores de um Estado. Ou então, quando escreve que por Estado se deve entender uma empresa institucional de caráter político na qual o aparato administrativo leva adiante "com sucesso" (*erfolgreich*)[43] uma pretensão de monopólio da coerção física legítima, fica claro que o "sucesso" é colocado não como condição — a ser verificada posteriormente — da validade da pretensão, mas como conseqüência previsível de ser essa pretensão legítima. Em outras palavras, e esquematicamente, nenhuma ordem torna-se legítima pelo simples fato de ser efetiva, isto é, de durar como ordem coativa que conquista a obediência, mas, ao contrário, uma ordem só é efetiva se pode contar com a legitimidade do poder que a constituiu e continua a sustentá-la com seus comandos. O princípio de efetividade funda-se exclusivamente na constatação da observância (habitual) das regras, considerada como um fato externo, e com ela se satisfaz; o princípio de legitimidade, ao contrário, requer que a observância externa seja por sua vez explicada fazendo referência a um ato interno do observante, o qual

---

42. N. BOBBIO, "Sul principio di legittimità", in *Studi per una teoria generale del diritto*, Giappichelli, Turim, 1970, pp. 91-92.
43. *Wirtschaft und Gesellschaft* cit., vol. I, p. 29 (ed. it.: 1974 e 1980, vol. I, p. 53).

obedece à regra porque assume "o conteúdo do comando como máxima do próprio comportamento"[44]. Os dois aspectos, externo e interno, da ação conforme as regras emanadas dos detentores do poder estão continuamente presentes na teoria política weberiana. Fazendo a pergunta por que razão os indivíduos se submetem a outros indivíduos, ele responde que é preciso conhecer tanto os meios exteriores dos quais se serve o poder para fazer valer os próprios comandos (a força monopolizada) quanto os motivos internos a partir dos quais os sujeitos aceitam aqueles comandos e a eles se conformam (os diversos princípios de legitimidade). Na passagem mais conhecida sobre o tema, Weber define os diferentes fundamentos de legitimidade como justificação interna (*innere Rechtfertigung*) da obediência.[45] Em outra passagem diz que, tanto entre os dominantes quanto entre os dominados, o domínio costuma ser sustentado internamente (*innerlich gestützt*).[46] Mas, se é verdade que os dois aspectos da relação comando-obediência estão igualmente presentes, é também verdade que somente o momento interno transforma o poder de fato em um poder de direito e, dado que o poder próprio do Estado é um poder de direito e que existe um Estado somente quando existe sobre um determinado território um poder de direito, o aspecto interno torna-se um elemento essencial da teoria weberiana do Estado.[47]

Não é possível compreender a enorme relevância dada por Weber ao tema da legitimidade — e muitos não a compreenderam — se não se percebe a retomada de um tema clássico da filosofia política: o tema do fundamento do poder. Apresentando a legitimidade como uma categoria central da teoria do Estado, Weber pretende responder à tradicional questão: "qual é a razão última pela qual, em toda sociedade estável e organizada, há governantes e governados; e a relação entre uns e outros se estabelece não como uma relação de fato mas como uma relação entre o *direito*, por parte dos primeiros, de comandar, e o *dever*, por

---

44. *Ibid.*, vol. I, p. 123 (ed. it.: 1974 e 1980, vol I, p. 209); vol. II, pp. 544-45 (ed. it. 1974, vol. II, p. 251; ed. it. 1980, vol. IV, p. 49).

45. *Ibid.*, vol II, p. 822 (ed. it:. 1974, vol. II, p. 682; ed. it. 1980, vol. IV, p. 480).

46. *Die drei reinen Typen der legitimen Herrschaft*, in "Preussische Jahrbücher", CLXXXVII, 1922, p. 1, agora reunido in *Gesammelte Aufsätze zur Wissenschafslehre*, Mohr, Tübingen, 1973/4, p. 457 (ed. it.: in *Economia e società*, 1961, vol. II, p. 258, suprimida nas reimpressões seguintes [mas agora reproduzida integralmente in F. TUCCARI, *Il pensiero politico di Max Weber*, Laterza, Roma-Bari, 1995, pp. 102-15: a passagem referida no texto está na p. 102]).

47. Colocando o problema nesses termos, Weber antecipa um dos debates mais interessantes desenvolvidos entre teóricos do direito nos últimos anos, entre "realistas" e "normativistas", que culminou na teoria de Hart, segundo a qual, para que uma norma seja válida, não basta a simples observância (que Hart chama de "obediência"), mas é preciso, de parte dos consociados, ou pelo menos dos funcionários convocados para aplicá-la, a "aceitação", que para Hart consiste no aspecto interno da norma, distinto do aspecto externo, e que define em termos quase weberianos (embora sem relação direta com a teoria de Weber) como a assunção do conteúdo da norma como critério geral do próprio comportamento.

parte dos segundos, de obedecer?". Na época de Weber (mas sem que ele o mencione), o problema do fundamento do poder fora apresentado como um problema do dever de obediência política [*obbligo politico*]* (a conhecida obra de Thomas Hill Green veio à luz em 1888). Mas o problema era tão antigo quanto a filosofia política, que sempre se interrogara não apenas sobre a origem do poder, mas também sobre a sua justificação (sobre seus *Rechtsgründe*), tanto que as várias teorias políticas poderiam ser diferenciadas com base no distinto fundamento — ou "princípio de legitimidade" — assumido, e com certeza poderíamos distinguir três grandes concepções correspondentes aos três grandes períodos da história do pensamento, a concepção naturalista grega, a concepção teológica medieval e a concepção contratualista moderna, segundo se busquem "as razões" do poder na própria natureza que cria alguns homens aptos a comandar e outros a obedecer, no desejo de Deus, ou no acordo dos consociados. Já que citei Hobbes como precedente histórico da concepção de Estado como monopólio da força, seria bom recordar que para a segurança dos sujeitos ele considera necessário alguém *summum in civitate imperium iure habere*.[48] Também Hobbes, portanto, considera que a força do Estado não pode ser força bruta, mas deve ser, para usar a expressão weberiana, "legítima" (legitimidade que para Hobbes deriva do acordo geral dos consociados). Considerem-se as primeiras páginas do *Contrato social*, de Rousseau, para citar um outro texto clássico: o ponto de partida da inteira construção é a crítica ao pretenso "direito do mais forte", que não é um direito porque à força não se tem o dever de obedecer, e se não se tem o dever de obedecer isto significa que, por outro lado, não existe um direito de comandar. A questão, tanto de Rousseau quanto de Hobbes, é antes de mais nada o problema de fundamentar o direito de comandar, que consiste, em termos weberianos, na questão de encontrar uma sua "justificação interna", isto é, um princípio de legitimidade.

3. A importância central do problema da legitimidade na obra de Weber fica demonstrada pelo fato de que um dos temas clássicos da filosofia política, a tipologia das formas de governo, é construído por Weber com base nos distintos tipos históricos de legitimação do poder, isto é, em última análise, nos distintos modos através dos quais se manifesta o fundamento do poder político. Em relação à tradicional tipologia

---

* Cf. (N.T.) no cap. 1.I, p. 68.
48. TH. HOBBES, *De cive*, VI, 6.

das formas de governo, a tipologia weberiana é profundamente inovadora, e assim é porque se serve de um diverso critério de distinção. Os critérios tradicionais de distinção são aquele do "quem?" e aquele do "como?": sua associação dera origem à tipologia aristotélica das três formas boas e das três formas más, que atravessou toda a história do pensamento ocidental e chegou substancialmente invariada até nós. Tinha-a em grande conta o maior escritor político alemão antes de Weber, Heinrich von Treitschke, que refazia toda a história dos Estados através da história das aristocracias, das democracias e das monarquias (à qual acrescentava, e depois de Montesquieu e Hegel não podia deixar de fazê-lo, o despotismo oriental). Continua a estar visivelmente presente na *Verfassungslehre*, de Carl Schmitt, surgida poucos anos depois da morte de Weber (1928). Não gostaria de estar equivocado, mas a obra de Weber talvez seja a primeira grande obra de teoria política na qual a histórica tipologia foi por fim completamente colocada de lado. A terminologia tradicional — democracia, monarquia, oligarquia etc. — continua a ser empregada em seus escritos de política militante, mas as categorias correspondentes não são mais usadas de modo taxionômico nos escritos teóricos, contrariando uma convenção consolidada. Weber utiliza menos ainda essa mesma tipologia em seu uso prescritivo, isto é, com o objetivo de dar uma resposta ao problema da melhor forma de governo. Para um realista político como ele, o problema da melhor forma de governo em absoluto é completamente estranho, o que não exclui que, em especial nos últimos escritos, tenha se preocupado com a melhor forma de governo para uma Alemanha que saía da guerra entre revolução e reação. Recordemos a censura de ingenuidade que Hegel, em uma lição sobre a filosofia da história, dirigiu à célebre disputa, narrada por Heródoto, entre os três príncipes persas sobre qual seria a melhor forma de governo a ser dada à Pérsia depois da morte de Cambises. Weber não expressaria diferente juízo. Um dos resultados quase-obrigatórios da disputa foi a teoria do governo misto, que é ainda retomada por Schmitt para interpretar a monarquia parlamentar, entendida essa mistura ou combinação das três formas clássicas, de Políbio em diante, como a melhor forma. Weber reconhece que há na realidade histórica formas de poder que não correspondem aos três tipos ideais, e que possuem elementos de um e do outro, mas as certifica como realidade de fato, da qual não se pode deduzir nenhum juízo de aprovação ou de condenação. O que não exclui, também nesse caso, que nos escritos políticos dos últimos anos tenha-se deixado tentar, com a sua proposta de democracia parlamentar guiada por um líder carismático, pelo fascínio da conjugação de dois tipos ideais e em substância pela velha e recorrente idéia da mistura como remédio não para a irrealidade, mas para a negatividade das formas simples.[49]

Que a tipologia tradicional das formas de governo seja fundamentada em dois critérios ora distintos ora combinados do número de governantes e do modo de exercício de poder não deve contudo nos fazer esquecer de que em qualquer um dos escritores clássicos encontramos traços de uma classificação com base nos diferentes princípios de legitimação. O *Segundo tratado sobre o governo*, de Locke, começa com a exposição do propósito de "mostrar a diferença entre o governante de uma sociedade política, o pai de família e o capitão de galera".[50] Trata-se das três formas distintas de poder que correspondem à tradicional distinção (que remonta em seus elementos essenciais, ao primeiro livro da *Política* de Aristóteles) entre o poder político, ou seja, do governante sobre os governados, o poder paterno, ou seja, do pai sobre os filhos, e o poder despótico, ou seja, do senhor sobre os escravos. Como podemos observar claramente no capítulo XV da obra lockiana, o critério com base no qual as três formas de poder são diferenciadas é o distinto fundamento da autoridade, que se pode corretamente chamar de "princípio de legitimidade". O primeiro deduz a sua legitimidade do mútuo consenso (*the mutual consent*) dos governados, o segundo é um poder natural (*natural Government*) que deriva da relação natural de geração, com os direitos e deveres a ela relacionados, e o terceiro, enfim, encontra a sua justificação na pena infligida a quem perdeu uma guerra injusta. Trata-se, como qualquer um pode ver, das três fontes clássicas de cada obrigação, *ex contractu, ex natura, ex delicto*. Não é o caso de forçar um paralelismo entre as fontes clássicas do dever e os três princípios de legitimidade weberianas, que constituem as três fontes do dever de obediência política. Nem tanto porque — como poderia parecer à primeira vista — a tipologia weberiana refira-se às formas de poder político, e a tipologia lockiana às formas de poder em geral, das quais aquela política é uma só (na verdade, também em Locke as duas outras formas de poder podem se tornar formas reais de poder

---

49. Olhando bem, a democracia plebiscitária é, como forma de governo misto, uma combinação simétrica e contrária à forma, historicamente bem mais relevante, da monarquia parlamentar. Enquanto esta integra a forma monocrática de governo à democrática, aquela integra a forma democrática à monocrática. Mommsen explica muito bem a atração de Weber pela democracia plebiscitária, interpretando a figura do líder carismático como um contrapeso ao pluralismo negativo da democracia das associações, ou dos partidos, e dos grupos de pressão, próprio à sociedade de massa. Ver *Zum Begriff der plebiszitären Führerdemokratie*, in *Max Weber. Gesellschaft, Politik und Geschichte*, cit., pp. 44-96. Poderíamos dizer que, como o parlamento democrático, ou pelo menos representativo, constituiu uma correção do lado negativo do governo monocrático, da mesma forma o líder carismático torna-se para Weber o corretivo do lado negativo do governo democrático.

50. J. LOCKE, *Secondo trattato*, § 2, in ID., *Due trattati sul governo* (1690), organizado por L. Pareyson, Utet, Turim, 1948, 3ª ed., 1982, p. 228.

político, mesmo que degenerado, como o governo patriarcal e o governo despótico); mas sim porque os dois pontos de vista dos quais partem respectivamente Locke e Weber para estabelecer os diferentes princípios de legitimidade não apresentam correspondência entre si. O ponto de vista lockiano é objetivo, remonta a um fato determinante: o contrato social, que além de tudo, para Locke, é um fato histórico realmente ocorrido e perpetuado no tempo sob a forma de consenso tácito; a relação de geração entre pai e filho; o delito cometido que deve ser expiado. O ponto de vista weberiano é subjetivo, isto é, parte do comportamento do sujeito legitimante em relação ao poder a ser legitimado, isto é, parte de uma "crença", seja ela a crença na validade daquilo que é racional (segundo o valor ou segundo o objetivo), na força da tradição, ou na virtude do carisma. Nas teorias tradicionais, a legitimação do poder é a conseqüência de um evento; em Weber, como já foi dito, é uma *innere Rechtfertigung*.

Diante de um autor parco de citações como Weber, o problema das fontes é sempre um problema de difícil solução. Quais são os autores que inspiraram a tripartição entre poder carismático, poder tradicional e poder legal? Winckelmann sugere a releitura de um pensamento de Pascal: "Há três modos de crer: a razão, o costume, a inspiração". E como reforço evoca um pensamento de Goethe, que nos *Wanderjahren* designa os três estados da civilização ocidental como respectivamente representativos das três formas simbólicas, *Sitte, Vernunft, Glaube.*[51] Quaisquer que sejam as fontes históricas da tripartição weberiana das formas de poder legítimo — racional, tradicional, carismático —, ela corresponde à tripartição dos tipos de agir social: racional (que por sua vez se diferencia em racional segundo o valor, e racional segundo o objetivo), tradicional e afetivo. Se a distinção das três formas de poder legítimo foi sugerida pela distinção dos três tipos de agir social, ou vice-versa, é uma questão que pode muito bem ser deixada de lado. Logicamente, a distinção dos três tipos de agir social precede a distinção dos três tipos de poder legítimo: em outras palavras, há três tipos de poder legítimo porque há três princípios de legitimidade, e há três princípios de legitimidade, definida a legitimidade *a parte subiecti* e não *a parte obiecti*, segundo a tradição, porque há três tipos fundamentais de agir social.

Que uma tipologia das formas de poder fundada na tipologia dos tipos de ação social nada tenha a ver com a tipologia tradicional das

---

51. J. WINCKELMANN, *Legitimität und Legalität in Max Webers Herrschaftssoziologie*, Mohr, Tübingen, 1952, p. 32 nota.

formas de governo, fundamentada ora no critério meramente quantitativo (já criticado por Hegel) do um, dos poucos e dos muitos, ora no critério genérico, adequado a qualquer uso, oportunidade para disputas estéreis, do modo, bom ou mau, de exercer o poder (já refutado por Hegel), foi dito. Mas não podemos esquecer que já Montesquieu havia se distanciado da tradição ao introduzir, ao lado do critério da "natureza", o critério do "princípio", com o objetivo de caracterizar as três formas de governo, e, tendo por base esse critério, definira a monarquia como governo fundado sobre a honra, a república, sobre a virtude, o despotismo, sobre o medo. Embora qualquer tentativa de encontrar uma correspondência entre as três formas de Montesquieu e as três formas de Weber seja estéril, não podemos negar que sejam pelo menos comparáveis, e uma comparação entre elas é não apenas possível, mas também esclarecedora, enquanto seria totalmente inútil, e muito menos esclarecedor, um confronto entre as duas, de um lado, e a tipologia aristotélica. O que entende Montesquieu por "princípio"? Entende as "paixões humanas" que fazem "mover" os diferentes governos (alhures traduz esse conceito nada fácil em uma metáfora e fala de "mola"). Em uma concepção mecanicista como aquela do autor do *Esprit des lois*, o Estado é um mecanismo que funciona se tem seu próprio princípio de ação: o "princípio" é aquilo que "faz agir" o Estado. Mas nem todos os Estados têm o mesmo princípio de ação. Daí a distinção das diferentes formas de governo segundo diferentes princípios: honra, virtude, medo. Distinguir as diferentes formas de governo com base nos diferentes princípios de ação, ou "paixões", significa buscar um critério de distinção não mais se colocando no lugar dos governantes (o seu número ou o seu modo de exercer o poder), mas sim no lugar dos governados. Sob esse aspecto, a tipologia weberiana é comparável àquela de Montesquieu. Tanto Montesquieu quanto Weber procuram individuar as diferentes formas históricas de poder tratando de descobrir quais são os diferentes possíveis comportamentos dos sujeitos diante dos governantes. A diferença entre uma e outra está no seguinte: Montesquieu preocupa-se com o funcionamento da máquina do Estado, Weber com a capacidade dos governantes e dos seus aparatos de obter a obediência. As suas preocupações são distintas porque o que importa para o primeiro é o problema imediato da estabilidade ou da sobrevivência de um determinado tipo de Estado (nenhuma das três formas de governo é capaz de sobreviver se faltar a "mola" que o caracteriza); o que importa para o segundo é o problema menos imediato da aceitação da autoridade e das suas ordens, mesmo que depois o problema último acabe sendo também, neste caso, aquele da sobrevivência (não está destinado a sobreviver um poder que perde a sua legitimidade). Não há teoria das formas de governo que não se tenha proposto também o objetivo de explicar as razões da estabilidade e da transformação, da duração e da labilidade das diferentes formas, da conseqüente passagem de uma para outra. Tanto o critério de Montesquieu dos diferentes princípios quanto o critério dos diferentes modos de obediência de Weber respondem ao mesmo propósito. Enquanto para Montesquieu a transformação ocorre quando desaparece a "paixão" da qual todo governo tem necessidade para sobreviver, os cidadãos perdem a virtude, os nobres, o sentido da honra, os súditos, o sentido do medo; para Weber a transformação ocorre quando desaparece nos sujeitos a crença na legitimidade do poder ao qual devem obedecer, o carisma enfraquece, a tradição se apaga, a lei se torna uma forma vazia de conteúdo.

Dos três tipos de poder legítimo, o mais novo, pelo menos aparentemente, em relação à tradição que constituiu essencialmente duas formas de poder monocrático, o régio e o tirânico, é o poder carismático. Mas também ele tem precedentes: Aristóteles distingue vários tipos de monarquia, e um deles é a monarquia dos tempos heróicos, assim definida: "os primeiros reis foram em geral os primeiros benfeitores do povo que extraiu benefício de suas artes e de suas perícias de *condottieri* na guerra".[52] E depois, por mais que Weber cite entre as suas fontes neste campo autores de direito canônico e de história religiosa, é inevitável a referência à figura hegeliana do indivíduo histórico-universal, do "herói", ao qual Hegel atribui o poder extraordinário de fundar os novos Estados. Sobre eles Hegel afirma que, "interpretando o espírito escondido que bate às portas do presente" e conhecendo apenas eles "o produto do tempo e da necessidade", são capazes de dizer antes de qualquer outro aquilo que desejam os homens comuns, e assim são impulsionados irresistivelmente a cumprir a sua obra, e "os outros se reúnem sob a sua bandeira", "devem a eles obedecer porque assim o sentem" e "mesmo não acreditando seja aquilo que desejam, a ele aderem, dobram-se para agradá-lo".[53] A relação entre o líder carismático weberiano e os seus sequazes é da mesma natureza, tanto que certas expressões weberianas parecem uma repetição, ainda que de fato possam também não ser, dos conceitos hegelianos. E mais: um estudioso de história antiga como Weber não poderia deixar de ter recebido, mesmo que indiretamente, alguma inspiração da concepção de carisma

---

52. ARISTÓTELES, *Política*, 1285b.
53. G. W. F. HEGEL, *Lezioni sulla filosofia della storia*, ed. it. de G. Calogero e C. Fatta, La Nuova Italia, Florença, 1941, vol. I, pp. 88-90: sobre o tema, cf. P. SALVUCCI, *L'eroe in Hegel*, Guida, Nápoles, 1979.

como atributo do detentor do máximo poder na Antigüidade:[54] o primeiro estudioso que na Itália adotou e aplicou a tipologia weberiana em anos já distantes, quando a obra de Weber ainda era pouco conhecida entre nós, foi um historiador do direito romano, que deu particular destaque ao tipo de poder carismático para a reconstrução geral da história das várias formas de poder entre os antigos.[55] Deve-se por fim observar que, do ponto de vista das antigas divisões da teoria política, a figura do líder carismático pertence não ao capítulo das formas de governo (esclarecendo, os livros III e IV da *Política* de Aristóteles), mas àquele das "mudanças" ["mutamenti"] (esclarecendo, o livro V), e pode muito bem ser aproximada, embora em uma interpretação exclusivamente negativa, da figura do tirano platônico que é convocado exatamente para solucionar com seu poder pessoal a crise inevitável do governo democrático dilacerado pelas facções, um precedente distante do "grande demagogo" weberiano. Para os gregos, a figura positiva do inovador, daquele cuja missão histórica é romper com a tradição cristalizada, instaurando o novo curso histórico, é aquela do legislador, uma figura que Weber não leva em consideração (as encarnações do líder carismático são, além daquela do grande demagogo, a do profeta e do líder militar) e que, no entanto, através das histórias exemplares, narradas por Plutarco, Licurgo, Sólon e Numa, sempre teve um lugar central na história da idéia da "grande mudança" até Rousseau (sem mencionar os utópicos).

No período da "grande mudança" do império alemão, depois da catástrofe da Primeira Guerra Mundial, Weber invoca o salvador ao qual, na última página de *Politik als Beruf*, chama, mesmo que em um sentido muito sóbrio da palavra, de herói.[56] Nossa mente não pode deixar de pensar em Maquiavel, que no último capítulo do *Príncipe* invoca o redentor, o novo Teseu, chamado para libertar a Itália do domínio bárbaro, e em Hegel, que nas últimas páginas da *Verfassung Deutschlands*, depois de ter feito o elogio de Maquiavel, chama também ele Teseu, o invocado libertador e unificador de uma Alemanha, não menos que a Itália de Maquiavel, "sem líder, sem ordem, derrotada, saqueada, lacerada, devastada".

4. Tal como a tripartição das formas de governo, também a tripartição weberiana das formas de poder legítimo deriva da combinação de duas dicotomias: aquela entre poder pessoal e impessoal, na qual o poder

---

54. Ver a imponente pesquisa de F. TAEGER, *Charisma. Studien zur Geschichte des antiken Herrscherkultus*, W. Kohlhammer, Stuttgart, 1960.
55. P. DE FRANCISCI, *Arcana imperii*, Giuffrè, Milão, 1947, vol. I, pp. 38 em diante.
56. *Gesammelte Politische Schriften*, cit., p. 560 (ed. it.: p. 121).

legal se distingue do tradicional e do carismático, e aquela entre poder ordinário e extraordinário, na qual o poder carismático se distingue do tradicional e do legal. O poder legal, que aqui me interessa particularmente, é ao mesmo tempo ordinário e impessoal, e como tal se distingue do tradicional por uma das duas características, e do carismático por ambas. Mas o traço que o distingue, seja do tradicional, seja do carismático, é a impessoalidade, conseqüência do fato de que o critério de legitimidade que sustenta essa forma de poder é o princípio de legalidade, vale dizer, o princípio segundo o qual se acredita seja legítimo, e, como tal, habitualmente obedecido, apenas o poder que seja exercido em conformidade com as leis estabelecidas.

Para Weber, como é sabido, o tipo mais puro de poder legal é aquele que se vale de um aparato burocrático, definido como "o modo formalmente mais racional de exercício do poder",[57] e a burocracia é o exemplo histórico mais relevante de poder exercido em conformidade com as leis preestabelecidas. A primeira observação a ser feita sobre esse propósito é que a identificação do poder legal com o Estado burocrático é esclarecedora de um lado, e desencaminhadora de outro, desencaminhadora porque limitadora. No Estado moderno, o processo de legalização do poder investiu também o poder político propriamente dito (isto é, governo e parlamento), aquele poder político que os teóricos das monarquias absolutistas definiram *legibus solutus.* O processo de legalização dos poderes inferiores (com função administrativa), que representa uma primeira fase da formação do Estado moderno (burocrático, mas não constitucional), compreende também o processo de constitucionalização a ser definido como o processo de legalização dos poderes superiores, do poder propriamente político. Em um dos tantos sentidos de "Estado de direito", o Estado moderno no qual o processo de legalização dos poderes inferiores e superiores completou-se também poderia ser considerado um Estado de direito. Mas na particular acepção na qual Weber toma a expressão "Estado de direito", pela qual entende o Estado caracterizado por um sistema regulativo e não administrativo,[58] isto é, por uma ordem que não regula o agir de grupo, mas se limita a tornar possível um livre agir de grupo, o Estado caracterizado pelo poder legal não é um Estado de direito, ainda que possa ser chamado de Estado constitucional sempre que a legalidade do poder seja assegurada em todos os níveis, mesmo os mais altos.

---

57. *Wirtschaft und Gesellschaft*, cit., vol. I, p. 126 (ed. it.: 1974 e 1980, vol. I, p. 217).
58. *Ibid.,* pp. 27-28 e 38 (ed. it.: 1974 e 1980, vol. I, pp. 50 e 69).

Que o poder legal, o poder exercido no âmbito das leis preestabelecidas, tenha o caráter de impessoalidade, é uma afirmação que nos reconduz ao tema clássico da contraposição entre governo das leis e governo dos homens. Aquilo que distingue o governo das leis em oposição, por longa e consolidada tradição, ao governo dos homens (não *lex sub rege*, mas *rex sub lege*) é exatamente a despersonalização do poder. Um dos principais critérios com base nos quais foi sempre apresentada e justificada a distinção entre governo bom e governo mau é o critério do poder legal contraposto ao poder "sem leis nem freios", como definiria o depotismo o autor do *Esprit des lois:* o poder pessoal por excelência é o poder do tirano.

Na era moderna, a doutrina que acompanhou o processo de legalização do Estado moderno (processo que caminha *pari passu* com aquele da racionalização, como afirmarei em breve) foi a doutrina do direito natural. Já tive ocasião de dizer qual foi a contribuição que a filosofia política do jusnaturalismo deu à crítica do poder tradicional e à elaboração daquela forma de poder que Weber denomina "poder legal". Aqui, limito-me a chamar a atenção para duas características essenciais da doutrina jusnaturalista que contribuem para a crítica do poder tradicional e para a justificação do poder legal (e racional). A primeira é a laicização do direito: diferente do direito revelado ou do direito determinado por uma autoridade aceita como sagrada, o direito natural vale enquanto fundado sobre a "natureza das coisas" e é diretamente cognoscível, isto é, sem intermediários, pela razão. A segunda característica é a tese, comum a todos os jusnaturalistas, segundo a qual a lei, como norma geral e abstrata, e como tal racional, é superior ao costume que se forma através das sucessivas acumulações de atos individuais sem qualquer projeto preestabelecido e sobre o qual o mínimo que se pode dizer é que seja o resultado de um processo histórico e, portanto, irracional (é preciso chegar a Vico, eminentemente antijusnaturalista, para que encontremos uma "razão" na "história").

A primeira dessas características, a laicização do direito, contribui para esvaziar de qualquer valor positivo o princípio da sacralidade do líder, que é um dos elementos dos quais deriva a legitimidade do poder tradicional. A segunda, isto é, a superioridade da lei, afirmada concordemente, ainda que com argumentos diversos, de Hobbes a Bentham, passando por Locke, Rousseau, Kant, Hegel, e que resulta na compilação e defesa das grandes codificações, das quais são fautores contemporaneamente, ainda que por vertentes filosóficas e culturais muito distintas, Hegel e Bentham, tem por conseqüência o descrédito de todas as outras fontes de direito sobre as quais se ergue o poder tradicional, em particular o direito consuetudinário e o direito dos juízes. Podemos ainda acrescentar que é própria dos jusnaturalistas uma teoria antipaternalista do poder que aproxima Locke, adversário de Roberto Filmer, de Kant, que vê aplicado o princípio do Iluminismo, isto é, do advento da idade da razão, no Estado antieudemonológico: o regime estatal típico do poder tradicional é para Weber o patriarcalismo. Não quero com isso revelar nenhum nexo sugestivo entre Weber e o jusnaturalismo;[59] mas pretendo simplesmente, mais uma vez, colocar em evidência a presença de um tema clássico na teoria política weberiana, uma correspondência, isto sim, entre a temática weberiana e a temática da maior tradição de pensamento político e jurídico às portas da era moderna. Não existe entre Weber e o jusnaturalismo uma relação direta, porque uma coisa é o processo de secularização e legalização do direito e do Estado que ocorre historicamente, e do qual Weber procura compreender o movimento real no desenvolvimento econômico, jurídico e político da sociedade burguesa, outra coisa é a reflexão que acompanha esse processo, reflexão na qual consiste a doutrina do direito natural, e que, enquanto tal, não teve, segundo Weber, qualquer influência determinante sobre a mudança efetiva. Tão relevantes são para Weber, na análise dos processos históricos reais, as religiões, tanto menos são as doutrinas filosóficas, mero reflexo póstumo daqueles processos.

O poder legal é também chamado por Weber de "racional", como por exemplo na seguinte passagem: "há três tipos puros de poder legítimo. A validade da sua legitimidade pode ser, de fato, em primeiro lugar: 1) de caráter racional...";[60] ou então lá onde, definindo o poder legal em *Politik als Beruf*, fala de "poder por força da legalidade, por força da fé na validade da norma de lei e da competência objetiva fundada nas regras *racionalmente* formuladas [*rational geschaffene*].[61] Não devemos esquecer, todavia, que há outras passagens nas quais na definição de poder legal está ausente qualquer referência à categoria da racionalidade. O último texto weberiano sobre o tema identifica no poder burocrático o tipo puro de poder legal, definindo-o como aquele poder cujo "convencimento fundamental é que qualquer direito possa

---

59. Segundo Mommsen (*Max Weber. Gesellschaft, Politik und Geschichte*, cit., p. 62), Weber teria considerado a idéia do direito natural anacrônica, enquanto para Winckelmann (*Legitimität und Legalität*, cit., p. 35) a legitimação através do direito natural teria sido compreendida por Weber como um caso de aplicação da categoria de legitimidade racional. Schluchter (*Dier Entwicklung des okzidentalen Rationalismus*, cit., p. 125 [ed. it.: p. 152]) coloca a questão se Weber não teria diferenciado em princípio dois tipos de validade legal correspondentes respectivamente ao direito natural reconhecível pela razão e ao direito positivo estabelecido por um poder legislativo.

60. *Wirtschaft und Gesellschaft*, cit., vol. I., p. 124 (ed. it.: 1974 e 1980, vol. I, p. 210).

61. *Gesammelte Politische Schriften*, cit., p. 507 (ed. it.: p. 50).

ser criado e transformado mediante uma determinação buscada de modo formalmente correto [*formal korrekt*]".[62] Poderíamos dizer que a expressão da primeira passagem, "racionalmente estabelecidas", referente às leis, foi substituída na segunda passagem pela expressão, sempre referente às leis, "formalmente corretas". O que pode talvez ajudar a entender o nexo entre "legalidade" do poder e a sua "racionalidade", nexo nada fácil de compreender porque, enquanto o sentido de "lei" é no texto weberiano unívoco, o mesmo não se pode dizer de "razão", e portanto de "racional" e de "racionalidade", termos diante dos quais, na ausência de especificações, é preciso indagar sempre se se trata de racionalidade formal ou substancial, de racionalidade segundo o objetivo ou segundo o valor.[63] Quando Weber escreve que o poder legal é exercido segundo "regras racionalmente estabelecidas", o que significa nesse contexto "racional"? Significa formalmente racional ou materialmente racional? Apreendemos de uma passagem importante, mas acidentada, da sociologia weberiana do direito que, combinando as duas dicotomias, formal-material e racional-irracional, os tipos jurídicos, correspondentes, aliás, a diferentes fases históricas do "desenvolvimento" do direito, são quatro: formal-irracional, próprio das sociedades primitivas, material-irracional, característico das ordens não-formalizadas nas quais o juízo é estabelecido caso a caso, formal-racional, no qual "as características juridicamente relevantes podem ser individuadas através de uma interpretação lógica, dando lugar à formação e à aplicação de conceitos jurídicos definidos em forma de regras rigorosamente abstratas",[64] e, por fim, material-racional, caracterizado pelo fato de que as decisões são tomadas com base em normas distintas daquelas jurídicas positivas (como seria o caso de um juízo com base no direito natural). O fato de que a expressão da primeira passagem, "regras racionalmente estabelecidas", seja substituída na segunda pela expressão "formalmente corretas" não deixa espaço a dúvidas sobre a identificação da racionalidade característica do poder legal com a racionalidade puramente formal. O que significa essa identificação da racionalidade própria do poder legal com a racionalidade formal? Significa que o poder legal pode ser dito racional não porque tenda à realização de certos

---

62. *Die drei Typen der legitimen Herrschaft*, cit., p. 1, agora em *Gesammelte Aufsätze zur Wissenschaftslehre*, p. 475 (ed. it.: in *Economia e società*, 1961, vol. II, p. 258, suprimida nas reimpressões seguintes [cf., na republicação cit., a nota 17, pp. 102-3]).

63. As duas dicotomias parecem ora coincidir, ora não, de modo que os tipos de racionalidade seriam quatro: formal segundo o objetivo, formal segundo o valor, material segundo o objetivo e material segundo o valor. Desta forma em W. SCHLUCHTER, *Die Entwicklung des okzidentalen Rationalismus*, cit., p. 194 (ed. it.: p. 238).

64. *Wirtschaft und Gesellschaft*, cit., vol. II, p. 396 (ed. it.: 1974, vol II, p. 16; ed. it.: 1980, vol. III, p. 16).

valores (éticos ou utilitários) mais do que de outros, mas porque exercido em conformidade com normas gerais e abstratas que, de um lado, da parte do funcionário, excluem a ação arbitrária e, como tal, irracional, e, de outro, da parte do cidadão, permitem a previsibilidade da ação e, portanto, a sua calculabilidade com base no nexo meios-fins que caracteriza exatamente cada ação racional segundo o objetivo.

Historicamente, o processo de racionalização do qual nasce a moderna empresa capitalista e, junto da empresa capitalista, o Estado moderno ocidental, que é ele próprio uma empresa, enquanto Estado burocrático, avança *pari passu* com o processo de legalização do poder, isto é, com a formação de um poder cuja legitimidade depende em todos os níveis de ser exercido nos limites de normas estabelecidas. Melhor dizendo, a legalização é uma das manifestações através das quais é possível compreender o processo de racionalização próprio do Estado moderno, aquele processo que transforma o poder tradicional em poder legal-racional, no sentido da racionalidade formal, exatamente porque legal. De modo ainda mais preciso: a legalização é o meio através do qual o poder se racionaliza, isto é, obedece ao princípio da racionalidade formal, cuja função é tornar a ação do funcionário, e respectivamente do cidadão, racional ao máximo em relação ao objetivo, isto é, de modo tal que, estabelecido um objetivo, este possa ser alcançado com o máximo de probabilidade. O "formalismo jurídico, fazendo funcionar o aparato jurídico como uma máquina tecnicamente racional, garante aos indivíduos interessados a máxima liberdade relativa de movimento, e, sobretudo, de calculabilidade das conseqüências jurídicas e das possibilidades do seu agir com um objetivo".[65] A calculabilidade das próprias ações, tornada possível pelo império de um direito formalizado, beneficia em particular "os detentores de interesses políticos e econômicos para os quais têm importância a estabilidade e a calculabilidade do procedimento jurídico, e portanto sobretudo os dirigentes de *empresas duráveis*, sejam políticas, sejam econômicas, de caráter racional".[66] Que dessa maneira Weber tenha delineado o tipo ideal de Estado liberal burguês, liberal no sentido de que a justiça formal e racional vale como "garantia de liberdade", e burguês no sentido de que a liberdade da qual o direito formal e racional se torna fiador é a liberdade econômica, não parece haver dúvida. Logo em seguida, de fato, ele contrapõe a esse tipo ideal de Estado fundado sobre o direito for-

---

65. *Ibid.*, p. 469 (ed. it.: 1974, vol. II, p. 133; ed. it.: 1980, vol. III, p. 133).

66. *Ibid.*, p. 470, mas também pp. 488 e 505 (ed. it.: 1974, vol. II, pp. 135, 161, 189; ed. it.: 1980, vol. III, pp. 135, 161, 189).

mal e racional duas formas de Estado, entre si antitéticas, mas convergentes ambas no antepor a justiça material à justiça formal: o Estado teocrático e o Estado democrático, duas formas de Estado, uma do passado, outra do futuro, que Weber não aprecia. Lá onde o direito se inspira em critérios de racionalidade material não é possível outra justiça senão a do cádi, própria tanto dos regimes teocráticos quanto dos regimes populares (como a democracia direta dos atenienses), donde as tendências de uma democracia soberana encontram-se com as forças autoritárias da teocracia e do principado patriarcal.[67]

Uma vez reconhecida a redução do poder legal a poder formalmente racional, esse tipo ideal de poder, no qual as duas categorias — da legitimidade e da legalidade — se sobrepõem e se confundem uma com a outra, ergue-se com relação ao uso dessas mesmas categorias na tradição do pensamento político uma dificuldade, já muitas vezes levantada, que não é encontrada nos outros dois tipos de poder legítimo. Na tradição, legitimidade e legalidade são dois conceitos distintos, como demonstra a distinção escolástica entre o tirano *ex defectu tituli* e o tirano *ex parte exercitii*. O primeiro é o príncipe ilegítimo, que não tem título para governar, o segundo é o príncipe que exerce ilegalmente, isto é, *contra leges*, o próprio poder. A legitimidade diz respeito à titularidade do poder, a legalidade, ao seu exercício. As duas categorias são tão distintas que um príncipe pode exercer legalmente o poder sem ser legítimo, um outro pode ser legítimo e exercer ilegalmente o poder. Ao contrário, o poder legal de Weber conquistaria a própria legitimidade pelo simples fato de agir dentro das leis estabelecidas. Mas basta a pura conformidade da ação dos detentores do poder às leis estabelecidas para fundar a legitimidade, independentemente de qualquer juízo sobre o fundamento ou sobre a origem das leis? Em outras palavras, a pura racionalidade formal, à qual se reduz o princípio de legalidade que caracteriza o terceiro tipo de poder legítimo, é um critério auto-suficiente como o carisma e a tradição, ou remete a um princípio ulterior que não pode ser senão material? O próprio Weber percebe essa dificuldade na primeira vez que enfrenta o tema da legitimidade das ordens. Ali, depois de ter afirmado que a uma ordem pode ser atribuído um caráter de legitimidade em virtude da tradição ou em virtude de uma crença afetiva, faz a distinção entre a legitimidade em virtude de uma crença racional com relação ao valor, que é a validade "daquilo que

---

67. A começar por Carl Schmitt, retomado e refutado por J. WINCKELMANN, *Legitimität und Legalität*, cit., p. 57. Ver o resumo da controvérsia in W. MOMMSEN, *Max Weber. Gesellschaft, Politik und Geshichte*, cit., pp. 54 em diante.

se mostra absolutamente válido",[68] e a legitimidade que se funda sobre a crença na legalidade de uma determinação positiva. Mas, logo depois dessa definição, acrescenta que a legalidade pode ser legítima, ou em virtude de um acordo (*Vereinbarung*) por parte dos indivíduos interessados, ou em virtude de uma concessão (*Octroyierung*) realizada com base no poder dos homens sobre outros homens "legitimamente válido" (assim mesmo: *legitim geltend*), e sobre uma correspondente disposição para obedecer.

Com essa afirmativa, Weber mostra claramente que não considera o critério da legalidade auto-suficiente, sendo portanto necessária a referência a um critério ulterior, o qual pode ser o acordo dos interessados (o critério do consenso que deu origem a toda a tradição contratualista), ou mesmo a imposição de uma autoridade legítima. Mas legítima com base em qual critério? Weber não apenas não responde a essa questão, mas, todas as vezes que repropõe o tipo ideal de poder legal, limita-se a dizer que as leis estabelecidas podem derivar ou de um acordo ou de uma imposição, sem dissolver a dúvida se aquele poder é, em última instância, legítimo porque age em conformidade com as leis estabelecidas, ou porque age em conformidade com leis que têm um determinado conteúdo, ou foram emitidas por uma certa autoridade, e portanto se o critério de legitimidade não deveria ser buscado fora do princípio puramente formal da legalidade. A partir do que há pouco foi dito sobre a função social da formalização do poder através do direito abstrato, função que consiste na asseguração da ordem liberal e burguesa, de uma ordem que é imediatamente oposta à ordem teocrática e democrática, parece que essa ordem tem uma racionalidade que não é apenas formal, no sentido de que a racionalidade formal é a condição de uma racionalidade também material. Mas, se é assim, o critério último da legitimidade do poder legal é a "justificação íntima" dessas mesmas leis, justificação que não pode ser encontrada em uma outra lei superior, mas deve ser encontrada nos valores aos quais essa lei satisfaz, a menos que essa lei superior seja a lei natural que, segundo toda a tradição do jusnaturalismo antigo e moderno, é capaz de constituir o primeiro anel da corrente das leis positivas apenas formalmente racionais porque é em si mesma materialmente racional.

O tema da racionalidade do Estado é o grande tema da filosofia política que acompanha a formação do Estado moderno ocidental. Mas isto que nos escritores políticos, de Hobbes a Hegel, é a idealização de

---

68. *Wirtschaft und Gesellschaft*, cit., vol. I, p. 19 (ed. it.: 1974 e 1980, vol. I, p. 34).

um processo que ocorre sob os seus olhos, torna-se, na obra de Weber, o objeto de uma análise histórica, objetiva, de um processo já cumprido. Também sob esse ponto de vista, o nexo entre Weber e os clássicos é inevitável. Com o seguinte acréscimo: o Estado racional alcançado ao término do próprio processo, no ápice da sua perfeição, já não é o monstro benéfico de Hobbes, a realização do espírito objetivo de Hegel, mas uma grande "máquina inanimada" (*leblose Maschine*), tão distinta da animadíssima e animadora *machina machinarum* de Hobbes!, e um "espírito endurecido" ["*spirito rappreso*"](*geronnener Geist*), tão distinto do Espírito objetivo de Hegel que é a realização da liberdade![69] Um acréscimo que permite medir a proximidade entre Weber e os clássicos, mas também a sua distância em relação a eles. Mas os clássicos estão no início, Weber no final de um desenvolvimento histórico que marcaria o destino do Ocidente. É claro que o nexo inevitável entre Weber e os clássicos em nada diminui a originalidade do seu pensamento. Talvez nos faça compreender toda a densidade histórica e junto dela toda a inventividade conceitual da sua teoria política. Apresentando a segunda edição de *Wirtschaft und Gesellschaft* (publicada em 1925), com razão Otto Hintze falou de obra "ciclópica" e em particular, a propósito das três formas de poder legítimo, escreveu que a tipologia weberiana constitui "um princípio que com uma enorme força iluminadora atravessa o crepúsculo das idéias recebidas e permite à história e ao sistema da constituição estatal e social orientar-se de modo completamente distinto do passado".[70] Justamente em torno desse "orientar-se de modo distinto do passado" reuni as minhas observações. A ligação com o passado existe: trata-se de saber vê-la.

---

69. Estas expressões encontram-se no *Parlament und Regierung im neugeordneten Deutschland*, in *Gesammelte Politische Schriften*, cit., p. 332 (ed. it.: *Parlamento e governo nel nuovo ordinamento della Germania e altri scritti politici*, organizado por L. Marino, intr. de W. J. Mommsen, Einaudi, Turim, 1982, p. 93).
70. O. HINTZE, *Max Webers Soziologie*, in *Soziologie und Geschichte*, Vandenhoek und Ruprecht, Göttingen, 1964, p. 143.

Segunda parte

Política, moral, direito

Capítulo 3

Política e moral

I.

O CONCEITO DE POLÍTICA

O *significado clássico e moderno de política*

Derivado do adjetivo de *pólis* (*politikós*), significando tudo aquilo que se refere à cidade, e portanto ao cidadão, civil, público e também sociável e social, o termo "*política*" foi transmitido por influência da grande obra de Aristóteles, intitulada *Política*, que deve ser considerada o primeiro tratado sobre a natureza, as funções, as divisões do Estado, e sobre as várias formas de governo, predominantemente no significado de arte ou ciência do governo, isto é, de reflexão, não importa se com intenções meramente descritivas ou também prescritivas (mas os dois aspectos são de difícil distinção), sobre as coisas da cidade. Ocorre, assim, desde a origem, uma transposição de significado do conjunto de coisas qualificadas em um certo modo (ou seja, com um adjetivo qualificativo como "político") para a forma de saber mais ou menos organizado sobre esse mesmo conjunto de coisas: uma transposição não diferente daquela que deu origem a termos tais como física, estética, economia, ética e, por último, cibernética. Durante séculos, o termo "política" foi empregado predominantemente para indicar obras dedicadas ao estudo daquela esfera de atividade humana que de algum modo faz referência às coisas do Estado: *Politica methodice digesta*, só para dar um célebre exemplo, é o título da obra através da qual Johannes Althusius (1603) expôs uma teoria da "consociatio publica" (o Estado no sentido moderno da palavra), compreendendo em seu seio várias formas de "consociationes" menores.

Na era moderna, o termo perdeu o seu significado original, tendo sido paulatinamente substituído por outras expressões tais como "ciência do Estado", "doutrina do Estado", "ciência política", "filosofia política" etc., para enfim ser habitualmente empregado para indicar a atividade ou o conjunto de atividades que têm de algum modo, como termo de referência, a *pólis*, isto é, o Estado. Dessa atividade a *pólis* ora é o sujeito, donde pertencem à esfera da política atos como o de comandar (ou proibir) algo, com efeitos vinculantes para todos os membros de um determinado grupo social, o exercício de um domínio exclusivo sobre um determinado território, o de legislar com normas válidas *erga omnes*, o de extrair e distribuir recursos de um setor para outro da sociedade e assim por diante; ora objeto, donde pertencem à esfera da política ações tais como conquistar, manter, defender, ampliar, reforçar, abater, derrubar o poder estatal etc. Prova disso é que obras que continuam a tradição do tratado aristotélico recebem por título, no século XIX, *Filosofia do direito* (Hegel, 1821),*Sistema da ciência do Estado* (Lorenz von Stein, 1852-56),*elementos de ciência política* (Mosca, 1896), *Doutrina geral do Estado*(Georg Jellinek, 1900). Conserva em parte o significado tradicional a pequena obra de Croce, *Elementi di politica* (*Elementos de política*) [1925], na qual "política" conserva o significado de reflexão sobre a atividade política, e, portanto, está no lugar de "elementos de filosofia política". Prova ulterior é aquela que se pode inferir do costume, que se impôs em todas as línguas mais difundidas, de chamar de história das doutrinas, ou das idéias políticas, ou também, de modo mais geral, do pensamento político, a história que, se houvesse permanecido invariado o significado que nos chegou dos clássicos, deveria ser denominada história da política, por analogia com outras expressões tais como história da física, ou da estética, ou da ética: costume também acatado por Croce, o qual, na obra citada, intitula *Per la storia della filosofia della politica* [*Pela história da filosofia da política*] o capítulo dedicado a um breve excurso histórico das doutrinas políticas modernas.

A tipologia clássica das formas de poder

O conceito de política, entendida como forma de atividade ou práxis humana, está estreitamente ligado ao conceito de poder. O poder foi definido tradicionalmente como "consistente nos meios para se obter alguma vantagem" (Hobbes)[1] ou, de modo análogo, como "o conjunto

---

1. Cf. TH. HOBBES, *Leviatã*, cap. X.

dos meios que permitem conseguir os efeitos desejados"(Russell).[2] Sendo um desses meios o domínio sobre outros homens (além do domínio sobre a natureza), o poder é definido ora como uma relação entre dois sujeitos, na qual um impõe ao outro a própria vontade, determinando-o seu, malgrado o comportamento: mas como o domínio sobre os homens não é geralmente fim em si mesmo, mas meio para se obter "alguma vantagem", ou, mais exatamente, "os efeitos desejados", de modo não distinto do domínio sobre a natureza, a definição de poder como tipo de relação entre sujeitos deve ser integrada à definição do poder como a posse dos meios (dos quais os dois principais são o domínio sobre os outros homens e o domínio sobre a natureza) que permitem obter, exatamente, "alguma vantagem", ou os "efeitos desejados". O poder político pertence à categoria do poder de um homem sobre outro homem (não do poder do homem sobre a natureza). Esta relação de poder é expressa de mil maneiras, nas quais se reconhecem expressões típicas da linguagem política: como relação entre governantes e governados, entre soberano e súditos, entre Estado e cidadãos, entre comando e obediência etc.

Há várias formas de poder do homem sobre o homem: o poder político é apenas uma delas. Na tradição clássica, que remonta especificamente a Aristóteles, eram consideradas sobretudo três formas de poder: o poder paterno, o poder despótico e o poder político. Os critérios de diferenciação foram, nos diferentes períodos, distintos. Em Aristóteles, vislumbra-se uma distinção com base no interesse daquele em favor do qual é exercido o poder: o poder paterno é exercido no interesse dos filhos, o despótico, no interesse do senhor, o político, no interesse de quem governa e de quem é governado (contudo, somente nas formas corretas de governo, uma vez que as formas corruptas são diferenciadas por sua vez exatamente por ser o poder exercido no interesse do governante). Mas o critério que acabou afinal prevalecendo na tratadística dos jusnaturalistas foi aquele do fundamento ou do princípio de legitimação (que se encontra formulado com clareza no capítulo XV do *Segundo tratado sobre o governo civil*, de Locke): o fundamento do poder paterno é a natureza, do poder despótico, o castigo por um delito cometido (a única hipótese neste caso é aquela do prisioneiro de guerra que perdeu uma guerra injusta), do poder civil, o consenso. A esses três motivos de justificação do poder correspondem as três expressões clássicas do fundamento da obrigação: *ex natura*, *ex delicto*,

---

2. B. RUSSELL, *Power. A New Social Analysis*, Allen & Unwin, Londres, 1938 (ed. it.: *Il potere. Una nuova analisi sociale*, Feltrinelli, Milão, 1976/4).

ex contractu. Nenhum dos dois critérios, contudo, permite individuar o caráter específico do poder político. De fato, que o poder político se caracterize, em comparação com o paterno e o despótico, por se voltar para os interesses dos governantes e dos governados ou por se fundar sobre o consenso, é um caráter distintivo não de qualquer governo, mas apenas do bom governo: não é uma conotação da relação política enquanto tal, mas da relação política correspondente ao governo como deveria ser. Na verdade, os escritores políticos sempre reconheceram tanto governos paternalistas quanto governos despóticos, ou seja, governos nos quais a relação entre soberano e súditos é aproximada ora da relação entre pai e filhos, ora da relação entre senhor e escravos, os quais não são de fato menos governos do que aqueles que agem pelo bem público e se fundam sobre o consenso.

A tipologia moderna das formas de poder

Ao objetivo de encontrar o elemento específico do poder político, parece mais conveniente o critério de classificação das várias formas de poder que se funda sobre os meios dos quais se serve o sujeito ativo da relação para condicionar o comportamento do sujeito passivo. Com base neste critério, podem-se distinguir três grandes tipos no âmbito do conceito latíssimo de poder. Esses tipos são: o poder econômico, o poder ideológico e o poder político. O primeiro é aquele que se vale da posse de certos bens necessários, ou assim considerados em uma situação de escassez, para induzir aqueles que não os possuem a ter uma certa conduta, consistente principalmente na execução de um certo tipo de trabalho. Na posse dos meios de produção reside uma enorme fonte de poder por parte daqueles que os possuem em relação àqueles que não os possuem: o poder do chefe de uma empresa deriva da possibilidade que a posse ou a disponibilidade dos meios de produção lhe dá de obter a venda da força-trabalho em troca de um salário. Em geral, qualquer um que possua abundância de bens é capaz de condicionar o comportamento de quem se encontra em condições de penúria, através da promessa e atribuição de compensações. O poder ideológico funda-se sobre a influência que as idéias formuladas de um determinado modo, emitidas em determinadas circunstâncias, por uma pessoa investida de uma determinada autoridade, difundidas através de determinados procedimentos, têm sobre a conduta dos consociados: desse tipo de condicionamento nasce a importância social em cada grupo organizado daqueles que sabem, dos sapientes, sejam eles os sacerdotes das sociedades arcaicas, sejam eles os intelectuais ou os cientistas das sociedades evoluídas, porque através deles, e dos valores que eles difundem, ou dos conhecimentos que eles emanam, cumpre-se o processo de socialização necessário à coesão e integração do grupo. O poder político, enfim, funda-se sobre a posse dos instrumentos através dos quais se exerce a força física (armas de todo tipo e grau): é o poder coativo no sentido mais estrito da palavra. Todas as três formas de poder instituem e mantêm uma sociedade de desiguais, isto é, dividida entre ricos e pobres, com base no primeiro, entre sapientes e ignorantes, com base no segundo, entre fortes e fracos, com base ao terceiro: genericamente, entre superiores e inferiores.

Enquanto poder cujo meio específico é a força — entenda-se, como veremos adiante, o uso exclusivo da força —, que é o meio desde sempre mais eficaz para condicionar os comportamentos, o poder político é em qualquer sociedade de desiguais o poder supremo, isto é, o poder ao qual todos os outros estão de algum modo subordinados: o poder coativo de fato é aquele ao qual recorre qualquer grupo social (a classe dominante de qualquer grupo social), em última instância, ou como *extrema ratio*, para se defender dos ataques externos ou para impedir, com a desagregação do grupo, a própria eliminação. Nas relações entre os membros de um mesmo grupo social, não obstante o estado de subordinação que a expropriação dos meios de produção cria nos expropriados em relação aos expropriadores, não obstante a adesão passiva aos valores de grupo por parte da maioria dos destinatários das mensagens ideológicas emitidas pela classe dominante, apenas o emprego da força física serve, ainda que apenas em casos extremos, para impedir a insubordinação e a desobediência dos submetidos, como a experiência histórica prova com abundantes exemplos. Nas relações entre grupos sociais distintos, não obstante a importância que possam ter a ameaça ou a execução de sanções econômicas para induzir o grupo adversário a desistir de um certo comportamento (nas relações intergrupo tem menos relevância o condicionamento de natureza ideológica), o instrumento decisivo para impor a própria vontade é o uso da força, a guerra.

Essa distinção entre os principais tipos de poder social pode ser novamente encontrada, embora expressa de diferentes maneiras, na maioria das teorias sociais contemporâneas, nas quais o sistema social em seu todo aparece direta ou indiretamente articulado em três subsistemas principais, que são a organização das forças produtivas, a organização do consenso, a organização da coação. Também a teoria marxiana pode ser interpretada do seguinte modo: a base real, ou estrutura, compreende o sistema econômico; a superestrutura, cindindo-se em dois momentos distintos, compreende o sistema ideológico e o sistema mais propriamente jurídico-político. Gramsci distingue claramente, na esfera superestrutural, o momento do consenso (que ele chama de sociedade civil) e o momento do domínio (ao qual denomina sociedade política ou Estado). Durante séculos os escritores políticos distinguiram o poder espiritual (aquele que hoje chamaríamos de ideológico) do poder temporal, e sempre interpretaram o poder temporal como constituído da união do *dominium* (que hoje chamaríamos de poder econômico) e do *imperium* (ao que hoje chamaríamos poder mais propriamente político). Tanto na dicotomia tradicional (poder espiritual e poder temporal) quanto na dicotomia marxiana (estrutura e superestrutura) encontramos as três formas de poder, sempre que se interprete corretamente o segundo termo, em ambos os casos, como sendo composto de dois momentos. A diferença está no fato de que na teoria tradicional o momento principal é o ideológico, no sentido de que o poder econômico-político é concebido como dependente direta ou indiretamente do poder espiritual, enquanto na teoria marxiana o momento principal é o poder econômico, no sentido de que o poder ideológico e o poder político refletem mais ou menos imediatamente a estrutura das relações de produção.

O *poder político*

Que a possibilidade de recorrer à força seja o elemento que distingue o poder político das outras formas de poder não significa que o poder político se resuma ao uso da força: o uso da força é uma condição necessária, mas não suficiente para a existência do poder político. Nem todo grupo social com condições de usar, até mesmo com certa continuidade, a força (uma associação de delinqüentes, um bando de piratas, um grupo subversivo etc.) exerce um poder político. O que caracteriza o poder político é a exclusividade do uso da força em relação a todos os grupos que agem em um determinado contexto social, exclusividade que é o resultado de um processo que se desenvolve, em toda sociedade organizada, na direção da monopolização da posse e do uso dos meios com os quais é possível exercer a coação física. Esse processo de monopolização caminha *pari passu* com o processo de criminalização e penalização de todos os atos de violência que não forem cumpridos por pessoas autorizadas pelos detentores e beneficiários desse monopólio.

Na hipótese hobbesiana, que está no fundamento da teoria moderna do Estado, a passagem do estado de natureza para o Estado civil — ou da anarquia para a arquia, do estado apolítico para o Estado político —

ocorre quando os indivíduos renunciam ao direito de usar cada qual a própria força que os torna iguais no estado de natureza para depositá-lo nas mãos de uma única pessoa ou de um único corpo que de agora em diante será o único autorizado a usar a força no interesse deles. Esta hipótese abstrata adquire profundidade histórica na teoria do Estado de Marx e de Engels, segundo a qual as instituições políticas em uma sociedade dividida em classes antagônicas têm por principal função permitir que a classe dominante mantenha o próprio domínio, objetivo que não pode ser alcançado, dado o antagonismo de classe, senão mediante a organização sistemática e eficaz da força monopolizada (e é por isso que cada Estado é, e não pode deixar de ser, uma ditadura). Neste sentido, tornou-se já clássica a definição de Max Weber: "Por Estado deve-se entender uma empresa institucional de caráter político na qual — e na medida em que — o aparato administrativo leva adiante com sucesso uma pretensão de monopólio da coerção física legítima, tendo em vista a aplicação das disposições".[3] Esta definição já se tornou quase lugar-comum na ciência política contemporânea. Em um dos dois manuais de ciência política mais conceituados, G. A. Almond e G. B. Powell escrevem: "Concordamos com Max Weber quanto ao fato de que a força física legítima é o fio condutor da ação do sistema político, aquilo que lhe confere a sua particular qualidade e importância e a sua coerência como sistema. As autoridades políticas, e apenas elas, têm o direito predominantemente aceito de usar a coerção e de exigir obediência com base nela (...). Quando falamos de sistema político, incluímos todas as interações relativas ao uso ou à ameaça do uso da coerção física legítima".[4] A supremacia da força física como instrumento de poder sobre todas as outras formas de poder (entre as quais as duas principais, além da força física, são o domínio sobre os bens, que dá lugar ao poder econômico, e o domínio sobre as idéias, que dá lugar ao poder ideológico) pode ser demonstrada se considerarmos que, por mais que na maioria dos Estados históricos o monopólio do poder coativo tenha buscado e encontrado a própria sustentação na imposição das idéias ("as idéias dominantes", segundo conhecida frase de Marx, "são as idéias da classe dominante"), dos deuses pátrios à religião civil, do Estado con-

---

3. M. WEBER, *Wirtschaft und Gesellschaft*, organizado por J. Winckelmann, Mohr, Tübingen, 1976/5, vol. I, p. 29 (ed. it.: *Economia e società*, organizado por P. Rossi, Edizioni di Comunità, 2 vols., Milão, 1974/3, nova ed. em 5 vols., vol. I, p. 53).

4. G. A. ALMOND, G. B. POWELL, *Comparative Politics. A Developmental Approach*, Little, Brown, Boston, 1966 (ed. it.: *Politica comparata*, il Mulino, Bolonha, 1970, p. 55. [Existe uma nova edição modificada: *Comparative Politics. System, Process, and Policy*, Little, Brown & Co., Boston, 1978 (ed. it.: *Politica comparata. Sistema, processi e politiche*, il Mulino, Bolonha, 1988. A passagem corresponde àquela citada, em Diversa Trad., encontra-se na p. 27)].

fessional à religião de Estado, e na concentração e direcionamento das atividades econômicas principais, há contudo grupos políticos organizados que puderam consentir na desmonopolização do poder ideológico e do poder econômico (disso é exemplo o Estado liberal-democrático caracterizado pela liberdade do dissenso, embora dentro de certos limites, e pela pluralidade dos centros de poder econômico). Mas não há grupo social organizado que tenha até agora podido consentir na desmonopolização do poder coativo, evento que significaria nada menos que o fim do Estado, e que, enquanto tal, constituiria um verdadeiro salto qualitativo para fora da história, no reino sem tempo da utopia.

Algumas características habitualmente atribuídas ao poder político — e que o diferenciam de qualquer outra forma de poder — são conseqüência direta da monopolização da força no âmbito de um determinado território em relação a um determinado grupo social. São elas: a exclusividade, a universalidade e a inclusividade. Por exclusividade entende-se a tendência que os detentores do poder político manifestam de não permitir, no seu âmbito de domínio, a formação de grupos armados independentes, e de subjugar, ou desbaratar, aqueles que forem se formando, além de manter sob vigilância as infiltrações, as ingerências ou as agressões de grupos políticos externos. Esta característica distingue o grupo político organizado da "societas" de "latrones" (o "latrocinium" do qual falava santo Agostinho). Por universalidade entende-se a capacidade que têm os detentores do poder político, e apenas eles, de tomar decisões legítimas e efetivamente operantes para toda a comunidade com relação à distribuição e destinação dos recursos (não apenas econômicos). Por inclusividade entende-se a possibilidade de intervir imperativamente em cada possível esfera de atividade dos membros do grupo, encaminhando-os para um fim desejado ou distraindo-os de um fim não-desejado através do instrumento da ordem jurídica, isto é, de um conjunto de normas primárias voltadas para os membros do grupo e de normas secundárias voltadas para os funcionários especializados, autorizados a intervir no caso de violação das primeiras. Isto não significa que o poder político não imponha limites a si mesmo. Mas são limites que variam de uma formação política para outra: um Estado teocrático estende o próprio poder à esfera religiosa, enquanto um Estado laico se rende diante dela; assim também, um Estado coletivista estende o próprio poder à esfera econômica, enquanto o Estado liberal clássico dela se afasta. O Estado oniinclusivo, isto é, o Estado para o qual nenhuma esfera de atividade humana permanece estranha, é o Estado totalitário, e é, em sua natureza de caso-limite, a sublimação da política, a politização integral das relações sociais.

O *fim da política*

Uma vez individuado o elemento específico da política no meio do qual se serve, perdem força as tradicionais definições teleológicas, que tentam definir a política mediante o fim ou os fins que ela persegue. Com relação ao fim da política, a única coisa que se pode dizer é que, se o poder político é, exatamente em razão do monopólio da força, o poder supremo em um determinado grupo social, os fins que vierem a ser perseguidos por obra dos políticos são os fins considerados segundo as circunstâncias preeminentes para um dado grupo social (ou para a classe dominante daquele grupo social): para dar alguns exemplos, em tempos de lutas sociais e civis, a unidade do Estado, a concórdia, a paz, a ordem pública etc.; em tempos de paz interna e externa, o bem-estar, a prosperidade ou até mesmo a potência; em tempos de opressão por parte de um governo despótico, a conquista dos direitos civis e políticos; em tempos de dependência de uma potência estrangeira, a independência nacional. Isso significa que não há fins da política para sempre estabelecidos, e muito menos um fim que compreenda todos os outros e possa ser considerado o fim da política: os fins da política são tantos quantas forem as metas a que um grupo organizado se propõe, segundo os tempos e as circunstâncias. Esta insistência no meio mais do que no fim corresponde de resto à *communis opinio* dos teóricos do Estado, os quais excluem o fim dos chamados elementos constitutivos do Estado. Recorramos uma vez mais a Max Weber: "Não é possível definir um grupo político — e tampouco o Estado — indicando o objetivo do seu agir de grupo. Não há objetivo que grupos políticos não tenham alguma vez proposto (...) Pode-se, portanto, definir o caráter político de um grupo social somente mediante o meio (...), que não é próprio exclusivamente dele, mas é em cada caso específico, e indispensável para a sua essência: o uso da força".[5]

Essa remoção do juízo teleológico não impede contudo que se possa falar, com correção, pelo menos de um fim mínimo da política: a ordem pública nas relações internas e a defesa da integridade nacional nas relações de um Estado com os outros Estados. Esse fim é mínimo, porque é a *conditio sine qua non* para a realização de todos os outros fins, sendo portanto com eles compatível. Mesmo o partido que deseja a desordem, deseja a desordem não como objetivo final, mas como momento obrigatório para transformar a ordem existente e criar uma nova ordem. Além do mais, é lícito falar da ordem como fim mínimo da

---

5. M. WEBER, *Wirtschaft und Gesellschaft* cit., vol. I., pp. 29-30 (ed. it.: 1974 e 1980, vol. I, pp. 53-54).

política porque ela é, ou deveria ser, o resultado direto da organização do poder coativo, porque, em outras palavras, esse fim (a ordem) forma um todo com o meio (o monopólio da força): em uma sociedade complexa, fundada sobre a divisão do trabalho, sobre a estratificação de segmentos e classes, em alguns casos também sobre a sobreposição de populações e raças distintas, somente o recurso em última instância à força impede a desagregação do grupo, o retorno, como diriam os antigos, ao estado de natureza. Tanto é verdade que o dia em que fosse possível uma ordem espontânea, como imaginaram várias escolas econômicas e políticas, dos fisiocratas aos anarquistas, ou aos próprios Marx e Engels, na fase do comunismo plenamente realizado, não mais haveria, propriamente falando, política.

Quem considerar as tradicionais definições teleológicas de política não tardará a perceber que algumas delas não são definições descritivas, mas sim prescritivas, no sentido de que não definem o que é concretamente e normalmente a política, mas indicam como deveria ser a política para ser uma boa política; outras diferem apenas em palavras (as palavras da linguagem filosófica são com freqüência intencionalmente obscuras) da definição aqui oferecida. Toda a história da filosofia política transborda de definições prescritivas, a começar por aquela de Aristóteles: como é sabido, Aristóteles afirma que o fim da política não é o viver, mas o viver bem (*Política*, 1278b). Mas em que consiste a vida boa? Como distingui-la da má? E se uma classe política tiraniza os seus súditos condenando-os a uma vida desgraçada e infeliz, não está por acaso fazendo política, e o poder que exerce por acaso não é um poder político? O mesmo Aristóteles distingue as formas puras de governo das formas corruptas (e antes dele Platão, e depois dele muitos outros escritores políticos ao longo de vinte séculos): embora aquilo que diferencia as formas corruptas das puras seja que naquelas a vida não é boa, nem Aristóteles nem todos os escritores que depois dele vieram jamais lhes negaram o caráter de constituições políticas. Não nos iludam outras teorias tradicionais que atribuem à política outros fins além da ordem, como o bem comum (o próprio Aristóteles e depois dele o aristotelismo medieval) ou a justiça (Platão): um conceito como o de bem comum, caso queiramos libertá-lo da sua extrema generalidade, através da qual pode significar tudo e nada, e queiramos indicar-lhe um significado plausível, não pode designar senão aquele bem que todos os membros de um grupo têm em comum, bem este que outro não é senão a convivência ordenada, em uma palavra, a ordem; quanto à justiça em sentido platônico, se a entendemos, uma vez dissipadas todas as névoas retóricas, como o princípio com base no qual é bom que cada um faça aquilo que dele se espera no âmbito da sociedade como um todo (*República*, 433a), justiça e ordem são a mesma coisa. Outras noções de fim, como felicidade, liberdade, igualdade, são demasiado controversas, e também elas interpretáveis das maneiras mais díspares para que delas se possam extrair indicações úteis para individuar o fim específico da política.

Outro modo de escapar às dificuldades de uma definição teleológica de política é definindo-a como aquela forma de poder que outro fim não tem além do próprio poder (donde poder é ao mesmo tempo meio e fim, ou, como se costuma dizer, fim em si mesmo). "O caráter político da ação humana — escreve Mario Albertini — emerge quando o poder se torna um fim, é buscado em certo sentido por si mesmo, e constitui o objeto de uma atividade específica",[6] diferente do que ocorre com o médico que exerce o próprio poder sobre o doente para curá-lo, ou do rapaz que impõe o seu jogo aos colegas não pelo prazer de exercer um poder, mas pelo prazer de jogar. Pode-se objetar a esse modo de definir política dizendo que ele não define tanto uma forma específica de poder, mas um modo específico de exercê-lo, e portanto se aplica igualmente bem a qualquer forma de poder (seja ele o poder econômico, ou o poder ideológico, e assim por diante). O poder pelo poder é a forma degenerada do exercício de qualquer forma de poder, que pode ter por sujeito tanto quem exerce aquele poder de amplas dimensões que é o poder político quanto quem exerce um pequeno poder, como pode ser o poder de um pai de família, ou de um chefe de seção que supervisiona uma dúzia de operários. A razão pela qual pode parecer que o poder como fim em si mesmo seja característico da política (mas seria mais exato dizer de um certo homem político, o homem político maquiavélico) está no fato de não existir um fim tão específico da política tal como, ao contrário, existe um fim específico do poder que o médico exerce sobre o doente, ou do rapaz que impõe um jogo aos seus colegas. Se o fim da política (e não do homem político maquiavélico) fosse realmente o poder pelo poder, a política não serviria para nada. Provavelmente a definição da política como poder pelo poder deriva da confusão entre o conceito de poder e o conceito de potência: não há dúvida de que entre os fins da política também esteja aquele da potência do Estado (quando se leva em consideração a relação do próprio Estado com outros Estados). Mas uma coisa é uma política de potência, outra coisa é o poder pelo poder. E, além disso, a potência nada mais é

---

6. M. ALBERTINI, "La politica", in *La politica ed altri saggi*, Giuffrè, Milão, 1963, p. 9.

que um dos fins possíveis da política, um fim que apenas alguns Estados podem razoavelmente perseguir.

A política como relação amigo-inimigo

Entre as mais conhecidas e discutidas definições de política devemos considerar aquela de Carl Schmitt (retomada e ampliada por Julien Freund), segundo a qual a esfera da política coincide com a esfera da relação amigo-inimigo. Com base a nessa definição, o campo de origem e de aplicação da política seria o antagonismo, e a sua função consistiria na atividade de agregar e defender os amigos e de desagregar e combater os inimigos. Para reforçar a sua definição, fundada sobre uma oposição fundamental (amigo-inimigo), Schmitt compara-a às definições de moral, de arte etc. fundadas, também elas, sobre oposições fundamentais, tais como bom-mau, belo-feio etc. "A específica distinção política, à qual é possível reconduzir as ações e os motivos políticos, é a distinção entre *amigo* e *inimigo* (...). Uma vez que não é derivável de outros critérios, ela corresponde, para a política, aos critérios relativamente autônomos das outras oposições: bom e mau para a moral, belo e feio para a estética, e assim por diante".[7] Drasticamente, Freund expressa-se nos seguintes termos: "enquanto houver política, ela dividirá a coletividade em amigos e inimigos"[8]. E comenta: "Quanto mais uma oposição se desenvolve em direção à distinção amigo-inimigo, mais se torna política. A característica do Estado é suprimir no interior do seu âmbito de competência a divisão dos seus membros ou grupos internos em amigos e inimigos, com o objetivo de não tolerar senão as simples rivalidades agonísticas ou as lutas dos partidos, e reservar ao governo o direito de designar o inimigo externo. (...) Fica portanto claro que a oposição amigo-inimigo é politicamente fundamental".[9]

Não obstante a pretensão de valer como definição global do fenômeno político, a definição de Schmitt considera a política segundo uma perspectiva unilateral, ainda que importante, que é aquela do particular tipo de conflito que por sua vez distinguiria a esfera das ações políticas. Em outras palavras, Schmitt e Freund parecem estar de acordo quanto aos seguintes pontos: a política tem a ver com a conflituosidade humana; há vários tipos de conflitos, sobretudo conflitos agonísticos e

---

7. C. SCHMITT, *Der Begriff des Politischen*, Duncker und Humblot, München-Leipzig, 1932 (ed. it.: *Il concetto di "politico"*, in ID., *Le categorie del "politico"*, organizado por G. Miglio e P. Schiera, il Mulino, Bolonha, 1972, reimp., 1998, p. 108).
8. J. FREUND, *L'essence du politique*, Sirey, Paris, 1965, p. 448.
9. J. FREUND, *L'essence du politique* cit., . 445.

conflitos antagonísticos: a política cobre o campo em que se desenvolvem conflitos antagonísticos. Que seja esta a perspectiva a partir da qual se posicionam os autores citados, parece não haver dúvida. Para Schmitt: "A oposição política é a mais intensa e extrema de todas, e qualquer outra oposição concreta é tanto mais política quanto mais se aproxima do ponto extremo, aquele do agrupamento com base nos conceitos amigo-inimigo".[10] Para Freund: "Qualquer divergência de interesses (...) pode a qualquer momento transformar-se em rivalidade ou em conflito, e esse conflito, a partir do momento em que assume o aspecto de uma prova de força entre os grupos que representam esses interesses, vale dizer, a partir do momento que se afirma como luta de potência, torna-se político".[11] Como podemos verificar nas passagens citadas, ao definir a política com base na dicotomia amigo-inimigo, esses autores têm em mente que existem conflitos entre os homens e entre os grupos sociais, e que entre estes conflitos há alguns distintos de todos os outros devido à sua particular intensidade; a estes dão o nome de conflitos políticos. Contudo, tão logo se compreende no que consiste essa particular intensidade, e portanto no que a relação amigo-inimigo se distingue de todas as outras relações conflitantes de não equivalente intensidade, percebe-se que o elemento distintivo está no fato de que são conflitos que não podem ser resolvidos em última instância senão com a força, ou pelo menos, que justificam, por parte dos contendentes, o uso da força para pôr fim à contenda. O conflito por excelência a partir do qual tanto Schmitt quanto Freund extrapolaram suas respectivas definições de política é a guerra, cujo conceito compreende tanto a guerra externa quanto a guerra interna: ora, se uma coisa é certa, é que a guerra é aquela espécie de conflito que se caracteriza eminentemente pelo uso da força. Mas se isso é verdade, a definição de política em termos de amigo-inimigo não é em absoluto incompatível com aquela, dada anteriormente, que faz referência ao monopólio da força. Não apenas não é incompatível, como dela é uma especificação, e portanto, em última análise, uma confirmação. Exatamente porque o poder político é distinto do instrumento do qual se serve para alcançar os próprios fins, e esse instrumento é a força física, ele é aquele poder ao qual se apela para solucionar os conflitos cuja não-solução teria como efeito a desagregação do Estado ou da ordem internacional, sendo estes exatamente os conflitos nos quais, postando-se os contendentes um diante do outro, a *vita mea* é a *mors tua*.

---

10. C. SCHMITT, *Der Begriff des Politischen* cit., p. 112.
11. J. FREUND, *L'essence du politique*, cit., p. 479.

O *político e o social*

Contrariamente à tradição clássica segundo a qual a esfera da política, entendida como esfera de tudo aquilo que concerne à vida da *pólis*, inclui todo tipo de relações sociais, de modo que o "político" passa a coincidir com o "social", o tratamento que aqui se fez da categoria da política é certamente redutor: resumir, como se afirmou, a categoria da política à atividade que tem direta ou indiretamente relação com a organização do poder coativo significa restringir o âmbito do "político" em relação ao "social", recusar a plena coincidência do primeiro com o segundo. Essa redução tem uma razão histórica bem precisa. De um lado, o cristianismo subtraiu da esfera da política o domínio sobre a vida religiosa, dando origem à oposição entre poder espiritual e poder temporal, que era ignorada no mundo antigo. De outro, o nascimento da economia mercantil burguesa subtraiu da esfera da política o domínio sobre as relações econômicas, dando origem à oposição (para nos expressar com a terminologia hegeliana, herdada por Marx, e transformada, por fim, em uso comum) entre sociedade civil e sociedade política, entre esfera privada, ou do burguês, e esfera pública, ou do cidadão, que era, também ela, ignorada no mundo antigo. Enquanto a filosofia política clássica está alicerçada sobre o estudo da estrutura da *pólis* e das suas várias formas históricas ou ideais, a filosofia política pós-clássica caracteriza-se pela contínua tentativa de uma delimitação daquilo que é político (o reino de César) em relação àquilo que não é político (seja ele o reino de Deus ou o reino das riquezas),* por uma contínua reflexão sobre aquilo que diferencia a esfera da política da esfera da não-política, o Estado do não-Estado, onde por esfera da não-política ou do não-Estado entende-se, dependendo das circunstâncias, ora a sociedade religiosa (a *ecclesia* contraposta à *civitas*), ora a sociedade natural (o mercado como lugar em que os indivíduos se encontram, independentemente de qualquer imposição, em oposição à ordem coativa do Estado). O tema fundamental da filosofia política moderna é o tema das fronteiras, ora mais recuadas, ora mais avançadas, segundo os vários autores e as várias escolas, do Estado como organização da esfera política, seja em relação à sociedade religiosa, seja em relação à sociedade civil (no sentido de sociedade burguesa ou dos privados).

Exemplar também sob esse aspecto é a teoria política de Hobbes, que se articula em torno de três conceitos fundamentais, constituindo as três partes nas quais se divide a matéria do *De cive*. Essas três partes

---

* No original, "sia questo il regno di Dio o quello di Mammona". (N. T.)

são assim denominadas: *libertas, potestas, religio*. O problema fundamental do Estado, e portanto da política, é para Hobbes o problema das relações entre a *potestas*, simbolizada pelo grande Leviatã, de um lado, e a *libertas* e a *religio*, de outro: a *libertas* indica o espaço das relações naturais, no qual se desenvolve a atividade econômica dos indivíduos, estimulada pela incessante disputa pela posse dos bens materiais, o estado de natureza (interpretado recentemente como a prefiguração da sociedade de mercado); a *religio* indica o espaço reservado à formação e expansão da vida espiritual, cuja concretização histórica se dá com a instituição da Igreja, isto é, de uma sociedade que por sua natureza é distinta da sociedade política e não pode ser com ela confundida. Com relação a essa dupla delimitação de fronteiras do território da política, emergem na filosofia política moderna dois tipos ideais de Estado: o Estado absolutista e o Estado liberal, o primeiro tende a ampliar, o segundo a restringir a própria ingerência no que concerne à sociedade econômica e à sociedade religiosa. Na filosofia política do século XIX, o processo de emancipação da sociedade em relação ao Estado está tão adiantado que pela primeira vez, a partir de inúmeros pontos de vista, é imaginado o completo desaparecimento, em um futuro mais ou menos distante, do Estado, e conseqüentemente a absorção do político no social, ou o fim da política. De acordo com o que foi dito até aqui sobre o significado restritivo de política (restritivo com relação ao conceito mais amplo de "social"), fim da política significa exatamente o fim de uma sociedade para cuja coesão sejam necessárias relações de poder político, isto é, relações de domínio fundadas em última instância no uso da força. Fim da política não significa, bem entendido, fim de qualquer forma de organização social. Significa pura e simplesmente fim daquela forma de organização social que se sustenta no uso exclusivo do poder coativo.

Política e moral

Ao problema da relação entre política e não-política associa-se um dos problemas fundamentais da filosofia política, o problema da relação entre política e moral. A política e a moral têm em comum o domínio sobre o qual se estendem, que é o domínio da ação ou da práxis humana. Considera-se que diferem entre si com base no diferente princípio ou critério de justificação e de avaliação das respectivas ações, tendo por conseqüência que aquilo que é obrigatório em moral nem sempre é obrigatório na política, e aquilo que é lícito na política nem sempre é lícito na moral; ou que podem existir ações morais que são impolíticas (ou apolíticas) e ações políticas que são imorais (ou amorais). A descoberta da distinção, que é atribuída, correta ou incorretamente, a Maquiavel, daí o nome de maquiavelismo a toda teoria da política que sustente e defenda a separação entre política e moral, é com freqüência tratada como problema da autonomia da política. O problema avança *pari passu* com a formação do Estado moderno e com a sua gradual emancipação da Igreja, chegando, nos casos extremos, inclusive à subordinação da Igreja ao Estado e, conseqüentemente, à supremacia absoluta da política. Na verdade, aquilo que chamamos de autonomia da política nada mais é que o reconhecimento de que o critério com base no qual se considera boa ou má uma ação política (e não nos esqueçamos de que por ação política se entende, de acordo com o que foi dito até aqui, uma ação que tenha por sujeito ou objeto a *pólis*) é distinto do critério com base no qual se considera boa ou má uma ação moral. Enquanto o critério com base no qual se julga uma ação moralmente boa ou má é o respeito a uma norma cujo comando é considerado categórico, independente do resultado da ação ("faça o que deve ser feito e aconteça o que tiver de acontecer"), o critério com base no qual se julga uma ação politicamente boa ou má é pura e simplesmente o resultado ("faça o que deve ser feito para que aconteça aquilo que você quer que aconteça"). Os dois critérios são incomparáveis. Essa incomparabilidade expressa-se mediante a afirmação de que em política vale a máxima "o fim justifica os meios": máxima que encontrou em Maquiavel uma das suas mais fortes expressões: "(...) e nas ações de todos os homens, e máxime dos príncipes, onde não há juízo ao qual reclamar, olha-se o fim. Faça portanto um príncipe de modo a vencer e manter o Estado: e os meios serão sempre julgados honrosos, e por todos louvados" (O *príncipe*, XVIII). Ao contrário, na moral, a máxima maquiavélica não vale, já que uma ação para ser julgada moralmente boa deve ser cumprida com nenhum outro fim além daquele de cumprir o próprio dever.

Uma das mais convincentes interpretações desta oposição é a distinção weberiana entre a ética da convicção e a ética da responsabilidade: "(...) há uma diferença incomensurável entre o agir segundo a máxima da ética da convicção, a qual em termos religiosos soa: 'O cristão age como um justo e remete o êxito às mãos de Deus', e o agir segundo a máxima da ética da responsabilidade, segundo a qual é preciso responder pelas conseqüências (previsíveis) das próprias ações".[12] O uni-

---

12. M. WEBER, *Politik als Beruf*, in *Gesammelte Politische Schriften*, organizado por J. Winckelmann, Mohr, Tübingen, 1971/3 (ed. it. de A. Giolitti, in *Il lavoro intellectuale come professione*, "Nue", Einaudi, Turim, 1966, nova ed. 1977, p. 109).

verso da moral e o universo da política movem-se dentro do âmbito de dois sistemas éticos distintos, aliás, opostos. Mais que de imoralidade da política ou de impoliticidade da moral, deveríamos mais corretamente falar de dois universos éticos que se movem segundo princípios distintos de acordo com as distintas situações nas quais os homens se encontram ao agir. Desses dois universos éticos são representantes dois personagens distintos que agem no mundo em caminhos quase sempre destinados a não se encontrar: de um lado, o homem de fé, o profeta, o pedagogo, o sábio que olha a cidade celeste; de outro lado, o homem de Estado, o *condottiero* dos homens, o criador da cidade terrena. O que conta para o primeiro é a pureza das intenções e a coerência entre ação e intenção; para o segundo, a certeza e a fecundidade do resultado. A chamada imoralidade da política resume-se, olhando bem, a uma moral distinta daquela do dever pelo dever: é a moral pela qual se deve fazer tudo aquilo que está em nosso poder para realizar o objetivo ao qual nos propusemos, porque sabemos desde o início que seremos julgados com base no sucesso. A ela correspondem dois conceitos de virtude, aquela clássica, em que "virtude" significa disposição para o bem moral (em oposição ao útil), e aquela maquiavélica, em que virtude é a capacidade do príncipe forte e prudente que, usando ao mesmo tempo da "raposa" e do "leão", é bem-sucedido em seu intento de manter e reforçar o próprio domínio.

A política como ética do grupo

Quem não quiser se render à constatação da incomensurabilidade dessas duas éticas e quiser tentar entender a razão pela qual aquilo que se justifica em um certo contexto não se justifica em outro, deve se perguntar então onde reside a diferença entre esses dois contextos. A resposta é a seguinte: o critério da ética da convicção é comumente empregado para julgar ações individuais, enquanto o critério da ética da responsabilidade é comumente empregado para julgar ações de grupo, ou ao menos cumpridas por um indivíduo em nome ou por conta do próprio grupo, seja ele o povo, ou a nação, ou a Igreja, ou a classe, ou o partido etc. Em outros termos, pode-se dizer que à diferença entre moral e política, ou entre ética da convicção e ética da responsabilidade, corresponde também a diferença entre ética individual e ética de grupo. A proposição inicial, segundo a qual aquilo que é obrigatório na moral nem sempre é considerado obrigatório na política, pode ser traduzida nesta outra fórmula: aquilo que é obrigatório para o indivíduo nem sempre é obrigatório para o grupo ao qual esse indivíduo pertence. Pensemos na profunda diferença no juízo que filósofos, teólogos, moralistas apresentam em relação à violência secundo se trate de um ato de violência cumprido por um indivíduo isolado, ou pelo grupo social ao qual o mesmo indivíduo pertence; em outras palavras, segundo se trate de violência pessoal, geralmente, salvo casos excepcionais, condenada, ou de violência das instituições, geralmente, salvo casos excepcionais, justificada. Essa diferença encontra sua explicação na consideração de que no caso da violência individual, quase nunca se pode recorrer ao critério de justificação da *extrema ratio* (exceto no caso da legítima defesa), enquanto nas relações entre grupos o recurso à justificação da violência como *extrema ratio* é habitual. Ora, a razão pela qual a violência individual não é justificada está precisamente no fato de que ela é, por assim dizer, protegida pela violência coletiva, tanto que é cada vez mais raro, no limite do impossível, um caso em que o indivíduo isolado encontre-se na situação de precisar recorrer à violência como *extrema ratio*. Se isto é verdade, disso decorre uma importante conseqüência: a injustificação da violência individual repousa em última instância no fato de que é aceita, porque justificada, a violência coletiva. Em outras palavras, a violência individual não é necessária porque basta a violência coletiva: a moral pode assim se permitir ser severa com a violência individual porque repousa sobre a aceitação de uma convivência que se sustenta sobre a prática contínua da violência coletiva.

A oposição entre moral e política desse modo entendida, como oposição entre ética individual e ética de grupo, serve também para fornecer uma ilustração e uma explicação da secular disputa em torno da "razão de Estado". Por "razão de Estado" entende-se aquele conjunto de princípios e máximas com base nas quais ações que não seriam justificadas se cumpridas por um indivíduo isolado não são apenas justificadas mas em alguns casos de fato exaltadas e glorificadas se cumpridas pelo príncipe, ou por qualquer pessoa que exerça o poder em nome do Estado. Que o Estado tenha razões que o indivíduo não tem ou não pode fazer valer é um outro modo de colocar em evidência a diferença entre política e moral, uma vez que essa diferença refere-se ao distinto critério com base no qual são julgadas como boas ou más as ações nos dois diferentes âmbitos. A afirmação de que a política é a razão do Estado encontra uma perfeita correspondência na afirmação de que a moral é a razão do indivíduo. São duas razões que quase nunca coincidem: antes, da sua oposição alimenta-se a secular história do conflito entre moral e política. O que talvez seja necessário ainda acrescentar é que a razão de Estado nada mais é que um aspecto da ética de grupo, ainda que o mais clamoroso, sendo o Estado a coletividade no seu mais alto grau de expressão e potência. Mas cada vez que um grupo social age em sua própria defesa contra outro grupo, apela-se a uma ética distinta daquela geralmente válida para os indivíduos, a uma ética portanto que responde à mesma lógica da razão de Estado. Assim, ao lado da razão de Estado, a história nos acena, de acordo com os tempos e os lugares, ora uma razão de partido, ora uma razão de classe ou de nação, que representam, sob outro nome, mas com a mesma força e com as mesmas conseqüências, o princípio da autonomia da política, entendida como autonomia dos princípios e das regras de ação que valem para o grupo como totalidade em relação às regras que valem para o indivíduo no grupo.

II.

ÉTICA E POLÍTICA

Como o problema se apresenta

Os debates cada vez mais freqüentes que vemos há alguns anos na Itália sobre a questão moral repropõem o velho tema da relação entre moral e política. Velho tema e sempre novo, porque não existe questão moral, em qualquer campo que seja proposta, que tenha encontrado uma solução definitiva. Embora mais célebre pela antigüidade do debate, pela autoridade dos escritores que dela participaram, pela variedade dos argumentos adotados, pela importância da matéria, o problema da relação entre moral e política não é diferente do problema da relação entre moral e todas as outras atividades do homem, que nos induz a falar habitualmente de uma ética das relações econômicas, ou, como ocorreu com freqüência nesses anos, do mercado, de uma ética sexual, de uma ética médica, de uma ética esportiva e assim por diante. Trata-se, em todas essas diferentes esferas da atividade humana, sempre do mesmo problema: a distinção entre aquilo que é moralmente lícito e aquilo que é moralmente ilícito.

O problema das relações entre ética e política é mais grave porque a experiência histórica mostrou, pelo menos desde a contenda que opôs Antígona a Creonte, e o senso comum parece ter pacificamente aceito, que o homem político pode comportar-se de modo disforme da moral comum, que um ato ilícito na moral pode ser considerado e apreciado como lícito na política — em suma, que a política obedece a um código de regras, ou sistema normativo, diferente de, e em parte incompatível com, o código, ou o sistema normativo, da conduta moral. Quando Maquiavel atribui a Cósimo de Medici (e parece aprovar) a afirmativa de que os Estados não se governam com o *pater noster* nas mãos, demonstra considerar, e dá por admitido, que o homem político não pode desenvolver a própria ação seguindo os preceitos da moral dominante, que em uma sociedade cristã coincide com a moral evangélica. Chegando aos nossos dias, em um bem-conhecido drama, *Les mains sales*, Jean-Paul Sartre sustenta, ou melhor, faz com que um dos seus personagens sustente a tese segundo a qual quem desenvolve uma atividade política não pode deixar de sujar as mãos (de barro ou mesmo de sangue).

Assim, por mais que a questão moral se apresente em todos os campos da conduta humana, quando se apresenta na esfera da política assume um caráter particularíssimo. Em todos os outros campos, a questão moral consiste em discutir qual seria a conduta moralmente lícita, e, vice-versa, qual seria a ilícita, e, por ventura, em uma moral não-rigorista, qual seria indiferente, nas relações econômicas, sexuais, esportivas, entre médico e paciente, entre professor e aluno, e assim por diante. A discussão versa sobre quais seriam os princípios ou as regras que respectivamente os empreendedores ou os comerciantes, os amantes ou os cônjuges, os jogadores de pôquer ou de futebol, os médicos e os cirugiões, os professores, deveriam seguir no exercício de suas atividades. O que geralmente não está em discussão é a questão moral em si, ou melhor, se existe uma questão moral, se, em outras palavras, é plausível discutir o problema da moralidade das respectivas condutas. Tomemos, por exemplo, o campo, no qual há anos ferve entre moralistas um debate particularmente vivaz, da ética médica e, de modo mais geral, da bioética: a discusão é animadíssima no que concerne à licitude ou ilicitude de certos atos, mas não passa pela cabeça de ninguém negar o problema em si, isto é, que no exercício da atividade médica surjam problemas que todos aqueles que deles se ocupam estão habituados a considerar morais, e, ao considerá-los como tais, entendem-se perfeitamente entre si, mesmo que não se entendam sobre quais sejam os princípios ou as regras a serem observadas ou aplicadas. O mesmo ocorre na atual discussão sobre a moralidade do mercado.[13] Somente lá onde se sustente que o mercado como tal, enquanto mecanismo racionalmente perfeito, embora de uma racionalidade espontânea e não reflexiva, não pode ser submetido a nenhuma avaliação de ordem moral, o problema é apresentado de modo semelhante àquele através do qual foi tradicional-

---

13. Ver A. K. SEN, *Mercato e morale*, in "Biblioteca della libertà", n. 94, 1986, pp. 8-27.

mente apresentado o problema moral em política. Mas com uma diferença: mesmo nas avaliações moralmente mais inconseqüentes do mercado, nunca se chegará a sustentar consciente e racionalmente a imoralidade do mercado, mas no máximo a sua pré-moralidade, ou amoralidade, ou seja, nem tanto a sua incompatibilidade com a moral quanto o seu distanciamento de qualquer avaliação de ordem moral. O amigo até o fim do mercado não tem necessidade alguma de afirmar que o mercado não se governa com os *pater noster*. No máximo afirmará que não se governa em absoluto.

Naturalmente, o problema das relações entre moral e política faz sentido apenas se concordamos em considerar que exista uma moral e se aceitamos, em geral, alguns preceitos que a caracterizam. Para concordar quanto à existência da moral e de alguns preceitos muito gerais, negativos como *neminem laedere*, positivos como *suum cuique tribuere*, não é necessário concordar quanto ao seu fundamento, que é o tema filosófico por excelência sobre o qual sempre estiveram divididas, e continuarão a dividir-se, as escolas filosóficas. A relação entre éticas e teorias da ética é muito complexa e podemos aqui nos limitar a dizer que o desacordo quanto aos fundamentos não prejudica o acordo quanto às regras fundamentais.

Convém no entanto precisar que, quando se fala de moral em relação à política, referimo-nos à moral social e não à moral individual, à moral que concerne portanto às ações de um indivíduo que interferem na esfera de atividade de outros indivíduos e não àquela que concerne às ações relativas, por exemplo, ao aperfeiçoamento da própria personalidade, independentemente das conseqüências que a procura desse ideal de perfeição possa ter para os outros. A ética tradicional sempre fez a distinção entre os deveres para com os outros e os deveres para consigo mesmo. No debate sobre o problema da moral em política vêm à baila exclusivamente os deveres para com os outros.

A ação política pode ser submetida ao juízo moral?

Diferente do que ocorre nos outros campos da conduta humana, na esfera da política o problema tal como foi tradicionalmente apresentado não se refere tanto a quais seriam as ações moralmente lícitas e quais seriam as ações moralmente ilícitas, mas se teria algum sentido propor o problema da licitude ou da ilicitude moral das ações políticas. Trago um exemplo que ajudará a entender a diferença mais do que uma longa dissertação: não há sistema moral que não contenha preceitos voltados para impedir a fraude e o uso da violência. As duas principais categorias de crimes previstos nos nossos códigos penais são os crimes de violência e de fraude. Em um célebre capítulo de O *príncipe*, Maquiavel sustenta que o bom político deve conhecer bem as artes do leão e da raposa. Mas o leão e a raposa são o símbolo da força e da astúcia.

Nos tempos modernos, o mais maquiavélico dos escritores políticos, Vilfredo Pareto, e entre os maquiavélicos incluído em um conhecido livro recentemente recolocado em circulação,[14] sustenta tranqüilamente que os políticos se dividem em duas categorias, aqueles nos quais prevalece o instinto da persistência dos gregários, que são os maquiavélicos leões, e aqueles nos quais prevalece o instinto dos acasos, que são os maquiavélicos raposas. Em uma célebre página, Croce, admirador de Maquiavel e de Marx pela concepção realista que ambos tinham da política, desenvolve o tema da "honestidade política", começando o discurso com estas palavras, que dispensam comentários: "Uma outra manifestação da vulgar ininteligência acerca das coisas da política é a petulante exigência que se faz de honestidade na vida política". Depois de ter dito que se trata do ideal que canta no ânimo de todos os imbecis, explica que "a honestidade política nada mais é que a capacidade política".[15] A qual, acrescentamos nós, é aquela à qual Maquiavel chamava "virtude", que, como todos sabem, nada tem a ver com a virtude da qual se fala nos tratados de moral, a começar pela *Ética a Nicômaco*, de Aristóteles.

A partir desses exemplos, que poderiam se multiplicar, parece ser impossível chegar a outra conclusão exceto àquela da impossibilidade de apresentar o problema das relações entre moral e política nos mesmos termos em que é apresentado nas outras esferas da conduta humana. Não que não tenham existido teorias que sustentaram a tese contrária, a tese na qual também a política se submete, ou melhor, deve se submeter, à lei moral, mas nunca puderam se firmar com argumentos muito convincentes, e foram consideradas tão nobres quanto inúteis.

O *tema da justificação*

A maioria dos autores que se ocuparam dessa questão levou em consideração, mais do que a argumentação acerca da moralidade da política, destinada a ter pouca força persuasiva, a lição da história e da

---

14. Refiro-me a J. BURNHAM, *The Machiavellians: Defenders of Freedom*, Putnam & C., Londres, 1943. Ver a ed. it. organizada por E. Mari, *I difensori della libertà*, Mondadori, Milão, 1947. A mesma tradução, revista e corrigida por G. Pecora, com a colaboração de V. Ghinelli, foi recentemente republicada sob o título *I machiavelliani. Critica della mentalità ideologica*, prefácio de L. Pellicani, Masson, Milão, 1997.

15. B. CROCE, *L'onestà politica*, in ID., *Etica e politica*, Laterza, Bari, 1945, p. 165.

experiência comum, da qual se extrai o ensinamento da disparidade entre moral comum e conduta política, voltando sua atenção para a tentativa de compreender e, em última instância, justificar, essa disparidade. Considero seja possível resumir toda, ou, pelo menos, grande parte da história do pensamento político moderno na busca de uma solução da questão moral na política, interpretando-a como uma série de tentativas de oferecer uma justificativa ao fato, por si só escandaloso, da evidente oposição entre moral comum e moral política. Quando assumem diante do problema esse comportamento, os escritores políticos não se propõem a prescrever aquilo que o político deve fazer. Abandonam o campo da prescrição e colocam-se em um terreno distinto, aquele da compreensão do fenômeno. Acolhendo a distinção hoje corrente entre ética e metaética, a maioria das indagações sobre a moralidade da política, da qual é rica a filosofia política da era moderna, é predominantemente sobre metaética, mesmo que não possam ser excluídos reflexos secundários, nem sempre intencionais, em ética.

Falo obviamente de "justificação". A conduta que precisa ser justificada é aquela não-conforme às regras. Não se justifica a observância da norma, isto é, a conduta moral. A exigência de justificação nasce quando o ato viola ou parece violar as regras sociais geralmente aceitas, não importa se morais, jurídicas ou do costume. Não justificamos a obediência, mas, se consideramos que tenha algum valor moral, a desobediência. Não justificamos a presença em uma reunião obrigatória, mas a ausência. Em geral, não há necessidade alguma de se justificar o ato regular ou normal, mas é necessário dar um justificação, se queremos nos salvar, ao ato que peca por excesso ou por falta. Ninguém pede uma justificação para o ato da mãe que se joga no rio para salvar o filho que está prestes a se afogar. Mas espera-se uma justificação se não o fizer. Um dos maiores problemas teológicos e metafísicos, o problema da teodicéia, nasce da constatação do mal no mundo e na história. Candide não se desespera para justificar a existência do melhor dos mundos possíveis: a sua tarefa é aquela de, no máximo, dar uma explicação ou uma demonstração do fato de que o mundo é como é, e não de outro modo.

Um mapa

Antecipo que, diante da vastidão do tema, eu me propus uma tarefa muita modesta. Pensei que pudesse ser de alguma utilidade apresentar, à guisa de introdução, um "mapa" das diferentes e opostas soluções que historicamente foram dadas ao problema da relação entre ética e política.

Trata-se de um mapa certamente incompleto e imperfeito, porque está sujeito à possibilidade de um duplo erro: com relação à classificação dos tipos de solução e com relação à inclusão das diversas soluções neste ou naquele tipo. O primeiro erro é de natureza conceitual; o segundo, de interpretação histórica. Trata-se, portanto, de um mapa que deverá certamente ser revisto com ulteriores observações. Mas, no entanto, acredito possa oferecer ao menos uma primeira orientação a quem, antes de aventurar-se em um terreno pouco conhecido, queira conhecer todos os caminhos que o percorrem.

Todos os exemplos foram extraídos da filosofia política moderna, de Maquiavel em diante. É verdade que a grande filosofia política nasce na Grécia, mas a discussão do problema das relações entre ética e política torna-se particularmente aguda com a formação do Estado moderno, e recebe pela primeira vez um termo que nunca mais a abandonou: "razão de Estado".

Por qual motivo? Apresento algumas razões, embora o faça com muita cautela. O dualismo entre ética e política é um dos aspectos da grande oposição entre Igreja e Estado, um dualismo que não poderia nascer senão da oposição entre uma instituição cuja missão é ensinar, pregar, recomendar leis universais da conduta, que foram reveladas por Deus, e uma instituição terrena cuja tarefa é assegurar a ordem temporal nas relações dos homens entre si. A oposição entre ética e política na era moderna consiste, na verdade, desde o início, na oposição entre a moral cristã e a práxis daqueles que desenvolvem uma ação política. Em um Estado pré-cristão, onde não existe uma moral institucionalizada, a oposição é menos evidente. O que não significa que o pensamento grego o ignore: basta pensar na oposição entre as leis não-escritas, às quais se remete Antígona, e as leis do tirano. Mas no mundo grego não há uma moral, há várias morais. Cada escola filosófica tem a sua moral. O problema da relação entre moral e política, lá onde há mais morais com as quais se possa confrontar a ação política, já não tem qualquer sentido preciso. Aquilo que suscitou o interesse do pensamento grego não foi tanto o problema da relação entre ética e política, mas o problema da relação entre bom governo e mau governo, a partir da qual nasce a distinção entre o rei e o tirano. Mas é uma distinção no interior do sistema político, que não diz respeito à relação entre um sistema normativo, como a política, e um outro sistema normativo, como a moral. O que ocorre, ao contrário, no mundo cristão e pós-cristão.

A segunda razão da minha escolha é que, sobretudo com a formação dos grandes Estados territoriais, a política revela-se cada vez mais como o lugar no qual se realiza a vontade de potência, em um teatro bem mais vasto, e portanto bem mais visível, do que aquele das vinganças pessoais ou dos conflitos da sociedade feudal; sobretudo quando essa vontade de potência é colocada a serviço de uma fé religiosa. O debate sobre a razão de Estado explode no período das guerras religiosas. O oposição entre moral e política revela-se em toda a sua dramaticidade quando ações moralmente condenáveis (pensemos, para dar o grande exemplo, na noite de São Bartolomeu, louvada, aliás, por um dos maquiavélicos, Gabriel Naudé) são cumpridas em nome da fonte mesma, originária, única, exclusiva, da ordem moral do mundo, que é Deus.

Pode-se também acrescentar uma terceira razão: somente no século XVI a oposição é assumida como problema também prático, e só então surge a preocupação de dar-lhe alguma explicação. O texto canônico, uma vez mais, é O *príncipe*, de Maquiavel, em particular o capítulo XVIII, que começa com estas palavras fatais: "Quanto seja louvável em um príncipe manter a fé, vivendo com integridade e não com astúcia, qualquer um compreende: não obstante, a experiência mostra que, em nossos tempos, fizeram grandes coisas aqueles príncipes que a fé tiveram em pouca conta". A chave de tudo é a expressão "grandes coisas". Se começarmos a discutir acerca do problema da ação humana, não do ponto de vista dos princípios, mas do ponto de vista das "grandes coisas", isto é, do resultado, então o problema moral muda completamente de aspecto, invertendo-se radicalmente. O longo debate sobre a razão de Estado é um comentário, que durou séculos, a esta afirmação peremptória e incontestavelmente verídica: na ação política contam não os princípios, mas as grandes coisas.

Voltando à nossa tipologia, depois dessa premissa, acrescento uma segunda. Das doutrinas sobre ética e política, que enumerarei, algumas têm valor predominantemente prescritivo, uma vez que não pretendem oferecer uma explicação para a oposição, mas tendem a dar-lhe uma solução prática. Outras têm um valor predominantemente analítico, uma vez que tendem não a sugerir como deveria ser solucionada a relação entre ética e política, mas sim a indicar qual é a razão pela qual a oposição existe. Acredito que o fato de não se ter levado em consideração a diferente função das teorias tenha acarretado grandes confusões. Por exemplo, não faz sentido refutar uma doutrina prescritiva fazendo observações de tipo realista, assim como não faz sentido opor-se a uma teoria analítica propondo uma melhor, ou a melhor solução, para a oposição.

Divido as teorias que se propuseram a discutir o problema da relação entre moral e política em quatro grandes grupos, ainda que nem sempre sejam facilmente separáveis, sendo muitas vezes, de fato, convergentes. Distingo as teorias monísticas das teorias dualísticas; as monísticas, por sua vez, em monismo rígido e monismo flexível; as dualísticas em dualismo aparente e dualismo real. No monismo rígido, incluo aqueles autores para os quais não existe oposição entre moral e política porque há um único sistema normativo, ou moral ou político; no monismo flexível, incluo os autores para os quais há um único sistema normativo, o moral, que todavia consente, em determinadas circunstâncias, ou para particulares sujeitos, derrogações ou exceções justificáveis com argumentos pertencentes à esfera do racional; no dualismo aparente, os autores que concebem moral e política como dois sistemas normativos distintos, mas não totalmente independentes um do outro, e sim colocados um sobre o outro em ordem hierárquica; por fim, no dualismo real, os autores para os quais moral e política são dois sistemas normativos distintos que obedecem a distintos critérios de juízo. Expus as várias teorias no sentido da crescente divergência entre os dois sistemas normativos.

O monismo rígido

Do monismo rígido há naturalmente duas versões, conforme a *reductio ad unum* seja obtida resumindo-se a política à moral, ou vice-versa, a moral à política.

Exemplo da primeira é a idéia, ou melhor, o ideal, típico do século XVI, do príncipe cristão, tão bem representado por Erasmo, cujo livro *L'educazione del principe cristiano* (*A educação do príncipe* cristão) é de 1515, portanto mais ou menos contemporâneo de O *príncipe* de Maquiavel, do qual é a antítese mais radical. O príncipe cristão de Erasmo é a outra face do vulto demoníaco do poder. Algumas citações. Erasmo volta-se para o príncipe e diz: "Se quiseres mostrar-te ótimo príncipe, fica então bem atento para não te deixares superar por nenhum outro naqueles bens que verdadeiramente são teus próprios: a magnanimidade, a temperança, a honestidade". Essas virtudes exclusivamente morais nada têm a ver com a virtude no sentido maquiavélico da palavra. Ou então: "Se quiseres entrar em disputa com outros príncipes, não considera tendo-os vencido porque tiraste a parte deles do domínio deles; hás de vencê-los verdadeiramente se fores menos corrupto do que eles, menos avarento, menos arrogante, menos iracundo". E ainda: "Qual é a minha cruz?", pergunta o príncipe. E ele responde: "Seguir aquilo que é honesto, não fazer mal a ninguém, não depredar ninguém, não vender magistraturas, não se deixar corromper por presentes".[16] A satisfação do príncipe está em ser justo, não em fazer "grandes coisas".

Trago o segundo exemplo de Kant. No apêndice àquele áureo livro que é *Per la pace perpetua* [*Pela paz perpétua*], Kant faz a distinção entre o moralista político que condena e o político moral que exalta. O político moral é aquele que não subordina a moral às exigências da política, mas interpreta os princípios da prudência política de modo a fazê-los coexistir com a moral: "Embora a máxima 'A honestidade é a melhor política' implique uma teoria, que a prática infelizmente com muita freqüência desmente, a máxima igualmente teorética 'A honestidade é melhor que qualquer política' está acima de qualquer objeção e é, antes, a condição indispensável da política".[17] Para um estudioso de moral pode ser de interesse saber que tanto Erasmo quanto Kant, embora partindo de teorias morais, quero dizer, sobre o fundamento da moral, distintas, recorrem, com o propósito de sustentar suas teses, ao mesmo argumento, que na teoria ética de hoje receberia o nome de "conseqüencialista", vale dizer, que leva em conta as conseqüências. Contrariamente àquilo que afirmam os maquiavélicos, para os quais a inobservância das regras morais correntes é a condição para se alcançar o sucesso, os nossos dois autores sustentam que, a longo prazo, o sucesso sorri para o soberano respeitoso dos princípios da moral univesal. É o mesmo que dizer: "Faze o bem, porque é este o teu dever; mas também porque, independentemente das tuas intenções, a tua ação será premiada". Trata-se, como todos podem ver, de um argumento pedagógico muito comum, mas sem grande força persuasiva. Afirmemos sem rodeios: é um argumento fraco que não é sustentado nem pela história, nem pela experiência comum.

Como exemplo da segunda versão do monismo, ou da redução da moral à política, escolhi Hobbes, naturalmente também aqui com todas as cautelas devidas, sobretudo depois que alguns críticos recentes colocaram em relevo aquela que foi chamada a clareza cheia de confusão do autor de *Leviatã* e preveniram o leitor, atraído e fascinado pela força lógica da argumentação hobbesiana, com relação a interpretações demasiado unilaterais. Parece-me contudo que, por certos aspectos, é difícil encontrar um autor no qual o monismo normativo seja mais rigoroso, e o sistema normativo, excludente de todos os outros, seja o siste-

---

16. ERASMO DE ROTTERDAM, *Institutio Principis Christiani* (1515) (ed. it.: *L'educazione del principe cristiano*, organizado por M. Isnardi Parente, Morano, Nápoles, 1977, pp. 65 e 68).

17. I. KANT, *Per la pace perpetua. Progetto filosofico*, in ID., *Scritti politici e di filosofia della storia e del diritto*, Utet, Turim, 1956, reimp. 1978, p. 317.

ma político, ou o sistema de normas que derivam da vontade do soberano legitimado pelo contrato social. Poderíamos aduzir muitos argumentos: para Hobbes, os súditos não têm o direito de julgar aquilo que é justo e injusto porque isto cabe apenas ao soberano, e sustentar que o súdito tenha o direito de julgar o que é justo e injusto é considerado uma teoria sediciosa. Mas o argumento fundamental é que Hobbes é um dos poucos autores, talvez o único, no qual não há distinção entre príncipe e tirano: e não há essa distinção porque não existe a possibilidade de distinguir o bom governo do mau governo. Enfim, já que me referi à oposição entre Igreja e Estado como oposição determinante para se compreender o problema da razão de Estado nos séculos XVI e XVII, lembro que Hobbes reduz a Igreja ao Estado: as leis da Igreja são leis apenas enquanto aceitas, desejadas e reforçadas pelo Estado. Hobbes, negando a distinção entre Igreja e Estado, e reduzindo a Igreja ao Estado, elimina a própria razão da oposição.

Teoria da derrogação

Segundo as teorias do monismo flexível, o sistema normativo é um só e é moral, tenha ele o próprio fundamento na revelação ou na natureza a partir das quais a razão humana é capaz de extrair com suas próprias forças leis universais de conduta. Mas essas leis, precisamente pela sua generalidade, não podem ser aplicadas a todos os casos. Não há lei moral que não preveja exceções em circunstâncias particulares. A regra "não matar" falha no caso da legítima defesa — vale dizer, no caso em que a violência é o único remédio possível para a violência naquela particular circunstância —, com base na máxima que expressamente ou tacitamente é acolhida pela maioria dos sistemas normativos morais e jurídicos: *vim vi repellere licet*. A regra "não mentir" falha, por exemplo, no caso em que o filiado a um movimento revolucionário é detido e exigem-lhe que denuncie seus companheiros. Em todo sistema jurídico é máxima consolidada que *lex specialis derogat generali*. Esta máxima é igualmente válida na moral, e naquela moral codificada que está contida nos tratados de teologia moral para uso dos confessores.

Segundo a teoria que estou expondo, aquilo que parece à primeira vista uma violação da ordem moral, cometida pelo detentor do poder político, nada mais é que uma derrogação à lei moral cumprida em uma circunstância excepcional. Em outras palavras, o que justifica a violação é a excepcionalidade da situação na qual o soberano viu-se operando. Já que estamos buscando individuar os diferentes motivos de justificação da conduta não moral do homem político, aqui o motivo deve ser buscado não na pressuposição da existência de um distinto sistema normativo, mas no interior do único sistema normativo admitido, dentro do qual se considera válida a regra que prevê a derrogação em casos excepcionais. O que talvez caracterize a conduta do soberano é a extraordinária freqüência com que se vê em situações excepcionais se comparado com o homem comum: essa freqüência deve-se ao fato de que ele opera em um contexto de relações, em especial com os outros soberanos, no qual a exceção é elevada, por mais que possa ser considerado contraditório, a regra (mas contraditório não é, porque aqui se trata de regra no sentido de regularidade, e a regularidade de um comportamento contrário não invalida a regra dada). Mesmo que possa parecer que a derrogação é sempre vantajosa para o soberano (e precisamente essa vantagem foi vista com hostilidade pelos moralistas), também pode acontecer o contrário, ainda que mais raramente: a derrogação de fato pode agir extensivamente porque permite ao soberano aquilo que é moralmente proibido, mas pode também agir restritivamente porque proíbe o cumprimento de ações que ao homem comum são permitidas: *noblesse oblige.*

Sobre a importância histórica desse motivo de justificação não preciso gastar muitas palavras. Os teóricos da razão de Estado, que floresceram ao longo do século XVII, aos quais se deve a mais intensa e contínua reflexão sobre o tema das relações entre política e moral, eram com freqüência juristas, e foi para eles natural aplicar à solução do problema, que Maquiavel colocara na ordem do dia com uma solução claramente dualista, como veremos em seguida, o princípio bem conhecido para os juristas da derrogação por circunstâncias excepcionais em estado de necessidade. Desse modo, conseguiam salvaguardar o princípio do código moral único e, ao mesmo tempo, oferecer aos soberanos um argumento, para suas ações cumpridas com violação daquele código único, que servia para encobrir aquele "vulto demoníaco do poder" que Maquiavel havia com escândalo revelado. Jean Bodin, escritor cristão e jurista, inicia a sua grande obra, *De la République,* com uma invectiva contra Maquiavel (invectiva que era de praxe para um escritor cristão), mas lá onde trata da diferença entre o bom príncipe e o tirano sustenta que "não se pode considerar tirânico o governo que precise usar de meios violentos, como massacres, condenações de exílio ou confiscos, ou outros atos de força e de armas, como necessariamente ocorre no ato de troca ou restabelecimento de um regime". Troca e restabelecimento de regime são precisamente as circunstâncias excepcionais, o estado de necessidade, que justifica atos que em circunstâncias normais seriam considerados imorais.

A teoria da ética especial

Para ilustrar o segundo motivo de justificação da disparidade entre moral comum e conduta política, sirvo-me de uma outra categoria jurídica: aquela do *ius singulare*. Sou o primeiro a reconhecer que essas analogias entre teorias políticas e teorias jurídicas devem ser assumidas com prudência: mas, por efeito da sua longa elaboração e da sua constante aplicação na casuística legal, elas acenam para reflexões e sugestões práticas em campos afins, como é o campo da casuística moral e política. Diferente do que ocorre na relação entre regra e exceção, que concerne à particularidade de uma situação, o "estado de necessidade", a relação entre *ius commune* e *ius singulare* concerne em primeiro lugar à particularidade dos sujeitos, ou seja, ao *status* de certos sujeitos que exatamente em razão do seu *status* gozam ou sofrem um regime normativo distinto daquele das pessoas comuns. Também nesse caso pode-se falar de derrogação com relação ao direito comum, mas o que distingue esse tipo de derrogação daquela examinada no parágrafo precedente é a referência não mais a um tipo de situação, mas a um tipo de sujeito, não importando então se a tipicidade do sujeito derive da condição social, pela qual a ordem jurídica à qual está submetido o nobre é distinta daquela à qual está submetido o burguês ou o camponês, ou da atividade desempenhada, com base na qual, para dar um exemplo conhecido, foi se formando ao longo dos séculos o direito dos comerciantes em "derrogação" ao direito civil.

Aplicada ao discurso moral, a categoria do *ius singulare* egregiamente serve, a meu ver, como introdução ao capítulo das chamadas éticas profissionais. Entende-se por ética profissional o conjunto de regras de conduta às quais devem considerar-se submetidas as pessoas que desempenham uma determinada atividade e que geralmente diferem do conjunto das normas da moral comum, ou por excesso, ou por falta, vale dizer, porque impõem aos membros da corporação deveres mais rígidos ou então porque os isentam de deveres impraticáveis, como aquele de dizer a verdade no caso do médico diante de um paciente que tem uma doença incurável. Nada impede que se chamem as éticas profissionais de morais singulares, no mesmo sentido em que se fala na teoria jurídica de direitos singulares, tanto mais que os mesmos utentes gostam de atribuir-lhes um termo específico e particularmente implicativo pela sua solenidade: deontologia.

Constituem aqueles que desempenham uma atividade política algo comparável a uma profissão ou a uma corporação? Que fique bem claro que aqui não se trata de tomar posição diante do atual problema do "profissionalismo político". Trata-se de saber se a atividade política é uma atividade com características específicas tais que exijam um regime normativo particular que tenha a mesma razão de ser de qualquer outra ética profissional, a razão de consentir no desempenho daquela determinada atividade e de alcançar um fim que lhe é próprio: o fim do político é o bem comum, tal como o fim do médico é a saúde, e o do sacerdote, a salvação das almas. Propor a questão nesses termos nada tem de estranho: a reflexão sobre a natureza da atividade política teve início na Grécia antiga, desde quando foi considerada uma técnica, uma forma do fazer construtivo (o *poiéin*), e desde a comparação desta arte com outras formas de arte nas quais é exigida para o seu bom êxito uma competência específica. O diálogo platônico O *Político*, cujo objetivo é explicar em que consiste a ciência régia, isto é, o saber próprio daquele que deve governar, é uma douta comparação entre a arte do governo e a arte do tecelão [*tessitore*]. De resto, a similitude tão freqüente a ponto de tornar-se ritual entre a arte do governo e a arte do timoneiro [*nocchiero*] deixou-nos como herança a palavra "governo" e derivados, das quais nos servimos habitualmente sem lembrar seu significado primitivo, salvo se a vemos ressurgir em situações e ambientes históricos muito diversos como quando soubemos que Mao era chamado de o "grande timoneiro" ["*grande timoniere*"].

Ao longo de toda a história do debate secular sobre a razão de Estado, ao lado da justificação da "imoralidade" da política, deduzida do argumento do estado de necessidade, desenvolve-se o debate derivado da natureza da arte política, que impõe a quem a exerce ações moralmente reprováveis mas requeridas pela natureza e pelo fim da atividade mesma. Se há uma ética política distinta da ética ética, isso depende, segundo essa argumentação, do fato de que o político, tal como o médico, o comerciante, o padre, não poderia exercer seu ofício sem obedecer a um código que lhe é próprio e que enquanto tal não deve necessariamente coincidir com o código da moral comum nem com o código dos outros ofícios. A ética política torna-se, dessa maneira a ética do político e, enquanto ética do político, e portanto enquanto ética especial, pode ter os seus motivos justificados para a aprovação de uma conduta que à pessoa comum pode parecer imoral, mas que ao filósofo parece simplesmente a necessária conformação do indivíduo-membro à ética do grupo. Se relermos o trecho de Croce, já citado, veremos que considerar a arte política como um ofício entre outros ofícios nada perdeu da sua perene vitalidade. Condenando a comum e, em sua opinião, equivocada exigência por parte dos "imbecis" de que o político seja honesto, Croce profere esta sentença: "enquanto ninguém, quando se trata de curar as próprias moléstias e submeter-se a uma operação cirúrgica, chama um homem honesto (...), e todos chamam e buscam e procuram para si médicos e cirugiões, honestos ou desonestos que sejam, contanto que hábeis na medicina e na cirurgia (...), nas coisas da política pedem-se, ao contrário, não homens políticos" — ou seja, homens que saibam desempenhar seu bravo ofício de políticos, acrescento eu —, "mas sim homens honestos, dotados, no máximo, de atitudes de outra natureza". E continua: "Porque é evidente que os defeitos que possa eventualmente ter um homem dotado de capacidade e gênio político, se dizem respeito a outras esferas de atividades, torná-lo-ão impróprio àquelas esferas, mas não à política".[18] Gostaria de chamar a atenção para o termo "impróprio", que faz pensar, por oposição, em uma "propriedade" da política, que não é evidentemente aquela da moral.

A teoria da superioridade da política

Passo agora da concepção de monismo atenuado ou corrigido, "a moralidade é uma só, mas a sua validade falha em situações excepcionais ou em esferas de atividade especiais", a uma concepção de dualismo declarado mas aparente. Peço um pouco de tolerância para com essa insistente referência a categorias jurídicas, mas também neste caso vem em meu auxílio um bem-conhecido princípio jurisprudencial, segundo o qual quando duas normas se sobrepõem, bem dizendo, em ordem hierárquica, se são antinômicas, a superior prevalece.

Com relação ao problema das relações entre moral e política, uma das soluções possíveis é conceber moral e política como dois sistemas normativos distintos mas não totalmente independentes um do outro, e sim colocados um sobre o outro em ordem hierárquica. Naturalmente uma solução desse tipo pode ter duas versões: dos dois sistemas normativos, o moral é superior ao político, ou, então, o político é superior ao moral. Da primeira versão pode-se encontrar um exemplo característico na filosofia prática de Croce, da segunda, na de Hegel. No sistema de Croce, economia e ética são dois distintos, não são nem opostos nem colocados no mesmo plano: a segunda é superior à primeira enquanto pertencente ao momento do Espírito que *supera* o momento inferior. A política pertence à esfera da economia e não à esfera da ética. Isso não quer dizer que "superar" signifique ser superior também em sentido axiológico, mas de fato, toda vez que Croce se questiona

---

18. B. CROCE, *L'onestà política*, cit., pp. 165-66.

sobre o problema maquiavélico da relação entre ética e política, parece admitir que a diferença entre os dois momentos seja uma diferença axiologicamente hierárquica, mesmo que nem sempre fique muito claro quais sejam as suas conseqüências. Uma ação política contrária à moral deve ser condenada? O que significa ser lícita na sua esfera particular se depois se admite que existe uma esfera normativamente superior? São perguntas às quais é muito difícil responder. Croce retornou ao tema infinitas vezes. Aqui me refiro a uma passagem que está no volume intitulado exatamente *Ética e política*, na qual ele insiste neste ponto: a busca da política é a busca da utilidade, dos negócios, das negociações, das lutas, e nessas contínuas guerras, indivíduos, povos e Estados mantêm-se vigilantes contra indivíduos, povos, Estados, empenhados em manter e promover a própria existência, respeitando a de outrem apenas enquanto beneficie a sua própria. Depois, continuando o próprio raciocínio, adverte que é preciso evitar o equívoco comum de separar uma forma de vida da outra. Exorta a rejeitar as tolas moralizações e a considerar falso *a priori* qualquer dissídio que esteja convencido de discernir entre a política e a moral, porque a vida política ou prepara a vida moral, ou é ela mesma instrumento de forma de vida moral. Em suma, na dialética crociana, que é a dialética não dos opostos, mas dos distintos, onde um é superior ao outro, moral e política são interpretadas como dois distintos e, como se vê na última parte do trecho, a política fica embaixo, e a moral, em cima.

Ao contrário, Hegel, mesmo admitindo a existência dos dois sistemas, considera hierarquicamente superior o sistema político, e nessa superioridade do sistema político encontra um ótimo argumento de justificação para a conduta imoral do homem político, se e enquanto ela estiver conforme a uma norma superior, da qual deve ser considerada ab-rogada, e portanto inválida, uma norma do sistema normativo inferior com ela incompatível. Para dar os habituais exemplos escolares, se no sistema normativo de um grupo de *latrones*, ou de piratas ou de "salteadores", ou, por não?, de ciganos, para não falar da máfia, camorra, *et similia*, que fazem parte da nossa experiência quotidiana, existe uma norma que considera lícito o furto (entenda-se, das coisas não-pertencentes aos membros do grupo), é evidente que a norma que proíbe o furto, existente no sistema normativo considerado inferior, seja ele aquele do Estado, ou da Igreja, ou da moral dos não-pertencentes ao grupo, deve ser considerada implicitamente ab-rogada, enquanto incompatível com uma norma do sistema normativo considerado superior. Os Estados, no fundo, poderiam ser também eles, segundo a famosa afirmativa de santo Agostinho, "magna latrocinia".

Com maior razão, quem considerou o Estado não como um *magnum latrocinium*, mas como o "racional em si e por si", como o momento último da eticidade, a qual é por sua vez o momento último do Espírito objetivo (da filosofia prática no sentido tradicional da palavra), teve de colocar os imperativos últimos do Estado acima dos imperativos da moral individual. O sistema de Hegel é um grande exemplo iluminador, também pela sua singularidade, da total inversão da relação entre moral e política que tivera uma de suas expressões máximas no pensamento kantiano. Serve, de fato, magnificamente para ilustrar uma forma de justificação da imoralidade da política distinta de todas aquelas examinadas até aqui: a moral no sentido tradicional da palavra não é por Hegel excluída do sistema, mas é considerada um momento inferior no desenvolvimento do Espírito objetivo que encontra sua realização na moral coletiva ou eticidade (da qual o Estado é o portador).

Hegel era um admirador de Maquiavel sobre o qual tecera elogios já na obra juvenil sobre a Constituição da Alemanha. Em política era um realista que sabia que lugar reservar às conversas dos pregadores quando entram em campo os hussardos com seus sabres reluzentes. Ou será que a majestade do Estado, "daquela rica composição do etos em si que é o Estado", deve curvar-se diante daqueles que a ele contrapõem a "conversa do coração, da amizade e da inspiração"?

No parágrafo 337 dos *Lineamenti di filosofia del diritto*, ele resume breve, mas suficientemente, a sua doutrina em questão. O parágrafo começa assim: "Muito se discutiu, durante um período, sobre a oposição entre moral e política e sobre a pretensão de que a segunda se conforme à primeira". Mas é uma discussão, dá a entender Hegel, que teve sua época mas se tornou anacrônica, pelo menos desde que se principiou a compreender que o bem do Estado tem uma "justificação" completamente distinta do bem do indivíduo isolado: o Estado tem uma razão de ser "concreta" e somente essa sua existência concreta pode valer como princípio da sua ação, não um imperativo moral abstrato que prescinda completamente das exigências e dos vínculos impostos pelo movimento histórico, do qual o Estado — não o indivíduo isolado e tampouco a soma dos indivíduos isolados — é o protagonista. Daqui deriva, aliás, a conhecida tese de que apenas a História universal, e não uma moral a-histórica colocada (por quem?) acima dela, pode julgar o bem e o mal dos Estados, dos quais depende a sorte do mundo, bem mais do que da conduta, por moral que seja, deste ou daquele indivíduo isolado. A partir desse ponto de vista, parece correto afirmar que, para Hegel, a moral individual é inferior, no que concerne à sua validade, à moral do Estado, e deve a ela ceder quando o dever histórico do Estado assim o exigir.

O *fim justifica os meios*

Uma solução dualística, não mais apenas aparente mas real, é aquela que passou à história com o nome de "maquiavélica", porque, com ou sem razão, costuma ser atribuída ao autor de O *príncipe*. Aqui o dualismo funda-se na distinção entre dois tipos de ações, as ações finais, que têm valor intrínseco, e as ações instrumentais, que só têm valor enquanto servirem para alcançar um fim considerado, e apenas ele, como tendo valor intrínseco. Enquanto as ações finais, denominadas boas em si [*di per se stesse*], tal como socorrer o sofredor, e em geral todas as tradicionais "obras de misericórdia", são julgadas por si mesmas enquanto ações "desinteressadas", que exatamente são cumpridas sem nenhum outro interesse senão aquele de cumprir uma ação boa, as ações instrumentais, ou boas para além de si [*per altro da se*], são julgadas com base na sua maior ou menor idoneidade na realização de um fim.

Não há teoria moral que não considere essa distinção. Para dar um exemplo conhecido, a ela corresponde a distinção weberiana entre ações racionais conforme o valor (*wert-rational*) e ações racionais conforme o objetivo (*zweck-rational*). Assim, não há teoria moral que não se aperceba de que a mesma ação pode ser julgada de dois modos distintos, segundo o contexto no qual se desenvolve e a intenção com que foi cumprida. Socorrer o pobre, uma ação que é comumente citada como exemplo de uma ação boa em si, torna-se uma ação boa para além de si, e como tal deve ser julgada, se for cumprida com o objetivo de obter um prêmio de virtude: se quem a cumpre não obtiver o prêmio, poderíamos até mesmo dizer que a ação foi racional em relação ao valor, mas certamente que não em relação ao objetivo.

O que constitui o núcleo fundamental do maquiavelismo não é tanto o reconhecimento da distinção entre ações boas em si e ações boas para além de si, mas a distinção entre moral e política com base nessa distinção, vale dizer, a afirmação de que a esfera da política é a esfera de ações instrumentais que, enquanto tal, devem ser julgadas não em si mesmas, mas com base na sua maior ou menor idoneidade na realização do objetivo. O que explica por que se falou, a propósito da solução maquiavélica, de amoralidade da política, à qual corresponderia, embora a expressão não tenha passado ao uso (não sendo necessária), a "apolicidade da moral": amoralidade da política no sentido de que a política no seu todo, como conjunto de atividades reguladas por normas e avaliáveis a partir de um determinado critério de juízo, nada tem a ver com a moral, no seu todo, como conjunto, também ela, de ações reguladas por normas diferentes e avaliáveis a partir de um distinto critério de juízo. Nesse ponto, evidencia-se claramente a diferença entre uma solução como esta sobre a qual estamos discorrendo, fundada na idéia da separação e da independência entre moral e política, e que enquanto tal bem pode ser chamada de dualística, sem atenuação, e as soluções anteriormente examinadas, nas quais está ausente ou a separação, já que a política está englobada no sistema normativo moral ainda que com um estatuto especial, ou a independência, sendo moral e política distintas sim, mas em uma relação de dependência recíproca. A solução maquiavélica da amoralidade da política é apresentada como aquela cujo princípio fundamental é: "O fim justifica os meios". Por oposição poderíamos definir a esfera não política (aquela, para ser claro, que se governa com os *pater noster*) como a esfera em que é incorreto o recurso à distinção entre meios e fins, porque cada ação deve ser considerada em si mesma pelo valor ou desvalor a ela intrínseco, independentemente do fim. Em uma moral rigorista como a moral kantiana, em geral em uma moral do dever, a consideração de um fim externo à ação não apenas é imprópria, mas também impossível, porque a ação para ser moral não deve ter outro fim além do cumprimento do dever, que é exatamente o fim intrínseco à ação mesma.

Mesmo que a máxima "O fim justifica os meios" não esteja literalmente em Maquiavel, costuma-se considerar equivalente a passagem do capítulo XVIII de O *príncipe* na qual, ao colocar o problema se o príncipe deve respeitar os pactos (o princípio *pacta sunt servanda*, os pactos devem ser observados, é um princípio moral universal qualquer que seja seu fundamento, religioso, racional, utilitarista etc.), responde que os príncipes que realizaram "grandes coisas" em pouca conta os tiveram. Torna-se evidente, a partir dessa passagem, que aquilo que conta na conduta do homem de Estado é o fim, a "grande coisa", e a realização do fim torna lícitas ações, tais como não observar os pactos estabelecidos, condenadas pelo outro código, o código moral, ao qual devem obedecer os comuns mortais. Aquilo que não parece evidente, contudo, é em que consistem as grandes coisas. Mas uma primeira resposta pode ser encontrada no mesmo capítulo, quase ao final, onde importante para o príncipe é "vencer e manter o Estado".

Uma segunda resposta, ainda mais clara e também mais completa, é aquela que podemos encontrar em uma passagem dos *Discorsi* (III, 41), na qual se celebra abertamente a teoria da separação: "onde se

delibera de todo sobre a saúde da pátria, não cabe qualquer consideração, nem de justo nem de injusto, nem de piedoso, nem de cruel, nem
de louvável nem de ignominioso; antes, posposto qualquer outro respeito, seguir de todo aquele partido que lhe salve a vida e mantenha a
liberdade".[19] Nada de novo sob o sol: neste trecho, Maquiavel nada
mais fez que ilustrar com palavras particularmente eficazes a máxima:
salus rei publicae suprema lex (lei suprema é a salvação do Estado). A
ilustração realiza-se contrapondo ao único princípio que deve guiar o
juízo político, o princípio da "salvação da pátria", outros possíveis critérios de juízo da ação humana, fundados respectivamente na distinção
entre o justo e o injusto, entre o piedoso e o cruel, entre o louvável e o
ignominioso, que fazem referência, ainda que a partir de diferentes
pontos de vista, a critérios de juízo da moral comum.

As duas éticas

De todas as teorias sobre a relação entre moral e política, aquela
que levou às extremas conseqüências a tese da separação — e que portanto, pode ser considerada a mais conseqüentemente dualística —
admite a existência de duas morais fundadas em dois diferentes critérios de juízo das ações que levam a avaliações da mesma ação não necessariamente coincidentes, sendo portanto entre si incompatíveis e
não-sobreponíveis. Um exemplo já clássico da teoria das duas
moralidades é a teoria weberiana da distinção entre ética da convicção
e ética da responsabilidade. O que distingue essas duas morais é precisamente o distinto critério que assumem para julgar uma ação boa ou
má. A primeira serve-se de algo que está antes da ação, um princípio,
uma norma, em geral qualquer proposição prescritiva cuja função seja
aquela de influir de modo mais ou menos determinante no cumprimento de uma ação, permitindo-nos ao mesmo tempo julgar positivamente ou negativamente uma ação real com base na observação da conformidade ou deformidade desta em relação à ação abstrata na norma
contemplada. A segunda, ao contrário, para emitir um juízo positivo ou
negativo sobre uma ação, serve-se de algo que vem depois, isto é, do
resultado, e emite um juízo positivo ou negativo da ação com base na
realização ou não do resultado proposto. Popularmente, essas duas éticas podem ser chamadas também de ética dos princípios e ética dos
resultados. Na história da filosofia moral elas correspondem, de um

---

19. N. MACHIAVELLI, *Discorsi sopra la prima deca di Tito Livio*, organizado por C. Vivanti, Einaudi, Turim,
1983, pp. 504-5.

lado, às morais deontológicas, como aquela kantiana, de outro, às morais teleológicas, como aquela utilitarista.

As duas éticas não coincidem: o que é bom com relação aos princípios não significa seja bom com relação aos resultados. E vice-versa. Com base no princípio "não matar", a pena de morte é condenável. Mas com base no resultado, em seguida a uma eventual comprovada constatação de que a pena de morte teria um grande poder de intimidação, poderia ser justificada (e de fato os seus abolicionistas esforçaram-se por demonstrar, com dados estatísticos nas mãos, que grande poder coibente ela não possui).

Essa distinção atravessa toda a história da filosofia moral, independentemente da ligação que ela possa ter com a distinção entre moral e política. Torna-se relevante com relação a essa distinção, quando se sustenta que a ética do político é exclusivamente a ética da responsabilidade (ou dos resultados), que a ação do político deve ser julgada com base no sucesso ou ao insucesso, que julgá-la a partir do critério da fidelidade aos princípios é dar prova de moralismo abstrato e, portanto, de pouco senso nas questões deste mundo. Quem age segundo princípios não se preocupa com o resultado das próprias ações: "faz o que deve ser feito e aconteça o que tiver de acontecer". Quem se preocupa exclusivamente com o resultado não se guia tanto pelo sutil respeito à conformidade aos princípios: "faz o que deve ser feito para que aconteça aquilo que quer que aconteça". O juiz, como se lê inúmeras vezes nos jornais, que pergunta ao terrorista "arrependido" se os terroristas se questionaram sobre o problema de "não matar" representa a ética dos princípios. O terrorista que responde que o grupo se questionara apenas sobre o problema se conseguiriam ou não realizar seu intento representa a ética do resultado. Se está arrependido não é porque sinta remorso por ter violado a lei moral, mas porque considera que no fim das contas a ação política empreendida falhou em relação aos objetivos propostos. Nesse sentido, não se considera propriamente arrependido, mas quem sabe alguém que esteja convencido de ter errado. Não reconheceu tanto a sua culpa, mas seu erro.

Pode acontecer que não se consiga alcançar um objetivo, mas também é possível alcançar um objetivo diferente daquele proposto. O homem que cometeu o atentado contra o arquiduque Ferdinando afirmou, durante o interrogatório do processo: "Não previ que depois do atentado viria a guerra. Eu acreditava que o atentado teria efeitos sobre a juventude, incitando-a às idéias nacionalistas". E um dos cúmplices, que falhara na ação, disse: "Este atentado teve conseqüências que não podiam ser previstas. Se eu pudesse prever o que causaria, teria me sentado sobre a bomba para que eu mesmo ficasse em pedaços".

É supérfluo insistir na ilustração dessa conhecida distinção, mesmo que seja importante observar que a redução de toda a política à ética da responsabilidade é uma extensão indevida do pensamento de Weber, o qual, em se tratando de ética (e não de metaética), ou da convicção pessoal (e não de abstrata teoria), não está em absoluto disposto a cumprir essa redução. Na ação do grande político, ética da convicção e ética da responsabilidade não podem, segundo Weber, caminhar separadas uma da outra. A primeira, tomada em si mesma, levada às últimas conseqüências, é própria do fanático, figura moralmente repugnante. A segunda, totalmente apartada da consideração dos princípios a partir dos quais nascem as grandes ações, e totalmente voltada apenas para o sucesso (recordemos o maquiavélico "faça um príncipe de modo a vencer"), caracteriza a figura, moralmente não menos reprovável, do cínico.

Existe uma relação entre as várias teorias?

O que ainda me parece interessante observar, para fim de conclusão desta resenha das "justificações", a propósito exatamente desta última que parece a mais drástica, uma vez que tenha sido aceita a distinção entre moral como ética da convicção e política como ética da responsabilidade, é que todas as cinco remetem umas às outras, de modo tal que podem ser consideradas, como de resto talvez já tenha sido notado pelo leitor, variações sobre o mesmo tema. O que naturalmente não exclui a possibilidade, e não diminui a utilidade, da sua distinção do ponto de vista analítico, que foi aquele adotado até aqui. Em uma linha descendente, isto é, percorrendo o nosso caminho às avessas, a última variação, ou seja, a ética da responsabilidade, está ligada à precedente, a doutrina maquiavélica, segundo a qual conta no juízo político a competência do meio para a realização do fim, independentemente da consideração dos princípios. Esta, por sua vez — considerada a "saúde da pátria", o fim último da ação política, do qual depende o juízo sobre a bondade ou não das ações individuais com base na maior ou menor conformidade ao fim último —, remete imediatamente à solução que a precede, aquela de Hegel, não por acaso, como foi dito, admirador de Maquiavel, segundo o qual o Estado (a "pátria" dos *Discorsi e la res publica*, da afirmativa transmitida pela moral política tradicional) tem uma sua razão de ser "concreta", que é afinal a "razão de Estado" dos escritores políticos que observam e comentam o nascimento e o crescimento do Estado moderno, e essa razão concreta vale como princípio exclusivo da ação do soberano e, portanto, do juízo positivo ou negativo que se possa emitir sobre ela. Olhando bem, também a justificação fundada na especificidade da ética profissional, a nossa segunda variação, deriva de um nítido predomínio do fim como critério de avaliação: o que caracteriza de fato uma profissão em si é o fim comum a todos os membros do grupo, a saúde do corpo para o médico, ou a saúde da alma para o sacerdote. Entre esses fins profissionais específicos é perfeitamente legítimo incluir uma terceira forma de saúde, não menos importante do que as outras duas, a *salus rei publicae*, como fim próprio do homem político. Enfim, também a primeira variação, aquela fundada na derrogação em caso de necessidade, que é, a meu ver, a mais comum, e é a mais comum porque é, tudo somado, a menos escandalosa ou a mais aceitável para quem se coloca do ponto de vista da moral comum, pode ser interpretada como um desvio do reto caminho devido ao fato de que prosseguir no reto caminho naquela particular circunstância conduziria a uma meta diversa daquela proposta ou, de resto, a nenhuma meta.

Valeria a pena submeter à prova todos esses motivos de justificação (e outros eventuais) diante de um caso histórico concreto, um daqueles casos-limite, bem representados pela figura tradicional do tirano, em que a disparidade entre a conduta que a moral prescreve para o homem comum e a conduta do senhor da política é mais evidente. Um desses casos exemplares é o reinado de Ivan, o Terrível, que suscitou um intenso e apaixonado debate, já secular, na historiografia russa e soviética.

Assumo este caso — mas poderia assumir outros — não apenas porque é realmente um caso-limite, mas sobretudo porque sobre ele se pode ler uma douta e ampla síntese no livro de um historiador muito sensível ao problema que nos interessa.[20] Na defesa daquele que foi considerado o fundador do Estado russo, os motivos de justificação até aqui examinados comparecem todos, de maneira mais ou menos explícita. Sobretudo o primeiro, o estado de necessidade, e o último, o resultado obtido. Mas todas essas *iustae causae* mantêm-se unidas pela consideração da grandiosidade do fim, que equivale exatamente às "grandes coisas" de Maquiavel. Um dos historiadores considerados, I. I. Smirnov, fala de "necessidade objetiva do extermínio físico dos principais representantes das famílias hostis, aristocráticas ou boiardas".[21]

---

20. A. YANOV, *The Origins of Autocracy*, University of California Press, Berkeley Cal., 1980 (ed. it.: *Le origini dell'autocrazia*, Editori di Comunità, Milão, 1984).
21. *Ibid.*, p. 312.

Assim mesmo: a necessidade não tem lei. Um velho ditado afirma que não se pode obrigar uma pessoa a cumprir uma ação impossível. Com a mesma lógica deve-se afirmar que não se pode proibir a mesma pessoa de fazer aquilo que é necessário. Tal como o estado de necessidade é incompatível com a observância dos comandos, assim também o estado de necessidade é incompatível com a observância de proibições. A consideração do estado de necessidade está estreitamente ligada à consideração do resultado: aquilo que torna "objetivamente necessária" uma ação é considerá-la a única possível condição para a realização do fim desejado e julgado bom. E, de fato, o mesmo Smirnov conclui previsivelmente que, não obstante a "forma cruel" que assumiu a luta pela centralização, este era o preço a ser pago pelo progresso e pela libertação das "forças da reação e da estagnação".[22] Fala-se de Ivan, mas a mente logo corre para Stalin. E Yanov de fato comenta: "Usando a mesma analogia, um historiador que sustentasse que a Rússia soviética dos anos 1930 estava realmente saturada de traição, que todo o pessoal dirigente do país participava de um complô contra o Estado e que subjugação dos camponeses durante a coletivização e o apego dos operários e dos empregados ao seu trabalho eram 'historicamente necessário' à sobreviência do Estado, seria obrigado a 'justificar moralmente' o terror total e o Gulag.[23]

Uma última consideração. Todas essas justificações têm em comum a atribuição das regras da conduta política à categoria das normas hipotéticas, seja na forma das normas condicionadas, do tipo "Se é A, deve ser B", como é o caso da justificação com base na relação entre regra e exceção, seja na forma das normas técnicas ou pragmáticas, do tipo "Se você quer A, deve B", onde A pode ser um fim apenas possível ou mesmo necessário, como em todos os outros casos. Essa exclusão dos imperativos categóricos da esfera da política corresponde, de resto, à opinião comum segundo a qual a conduta dos homens de Estado é guiada por regras de prudência, entendidas como aquelas das quais não deriva um dever incondicional que prescinda de qualquer consideração da situação e do fim, mas apenas um dever a ser observado quando se verifique aquela determinada condição ou para a realização de um determinado fim. Para esclarecer esse tratado essencial das teorias morais da política nada parece mais adequado do que este pensamento de Kant, ao qual se deve a primeira e mais completa elaboração da distinção entre imperativos categóricos e imperativos hipotéticos: "A política

---

22. *Ibid.*, pp. 376-77.
23. *Ibid.*, p. 312.

diz: 'Sede prudentes como as serpentes'; a moral acrescenta (como condição limitadora) 'e simples como as pombas'".[24]

Observações críticas

Que fique bem claro que todas essas justificações (valham aquilo que valham, mas contudo devem valer alguma coisa, se representam tamanha parcela da filosofia política da era moderna) não tendem a eliminar a questão moral em política, mas apenas, partindo exatamente da importância da questão, a especificar-lhe os termos, e delimitar-lhe as fronteiras. Eu disse que se deve justificar o desvio, não a regra. Mas o desvio deve ser justificado exatamente porque a regra em todos os casos em que o desvio não é justificável continua a valer. Não obstante todas as justificações da conduta política que desvia das regras da moral comum, o tirano continua tirano, e pode ser definido como aquele cuja conduta não consegue ser justificada por nenhuma das teorias que, contudo, reconhecem uma certa autonomia normativa da política em relação à moral. Maquiavel, embora afirmasse que quando se trata da saúde da pátria não deve haver nenhum tipo de consideração de "piedoso e de cruel", condena Agátocles como tirano porque as suas crueldades eram "mal usadas". Bodin, anteriormente lembrado como um teórico do estado de exceção, ilustra em algumas páginas famosas a diferença entre o rei e o tirano.

Retomando brevemente as várias teorias:

1) Vale também para a teoria do estado de necessidade que a exceção confirma a regra exatamente enquanto exceção, porque, se valesse sempre o critério da exceção, não mais haveria exceção e não mais haveria regra. Se o desvio deve ser consentido somente se for justificado, significa que se tem por pressuposto que existam desvios não-justificáveis e enquanto tal, inadmissíveis.

2) A ética política é a ética daquele que exerce atividade política; mas atividade política na concepção de quem desenvolve o próprio argumento partindo da consideração de que a ética profissional não é o exercício do poder enquanto tal, mas do poder para a realização de um fim que é o bem comum, o interesse coletivo ou geral. Não é o governo, mas o bom governo. Um dos critérios tradicionais e continuamente renovados para distinguir o bom governo do mau governo é exatamente a avaliação da rea-

---

24. I. KANT, *Per la pace perpetua*, cit., p. 317.

lização ou não desse fim específico: bom governo é aquele de quem persegue o bem comum, mau governo é aquele de quem persegue o bem próprio.

3) A política é superior à moral? Mas é assim não qualquer política, mas somente aquela de quem realiza em uma determinada época histórica o fim supremo da atuação do Espírito objetivo, a política do herói ou do indivíduo da História universal.

4) O fim justifica os meios. Mas quem justifica o fim? Ou será que o fim, por sua vez, não precisa ser justificado? Qualquer fim ao qual se proponha um homem de Estado é um fim bom? Não deve haver um critério ulterior que permita distinguir entre fins bons e fins maus? E não deveríamos indagar se os meios maus porventura não corrompem também os fins bons?

5) A ética política é a ética dos resultados e não dos princípios. Mas, de todos os resultados? Se se quer distinguir entre resultado e resultado, não seria necessário remontar uma vez mais aos princípios? É possível reduzir o bom resultado ao sucesso imediato? Os vencidos estão sempre errados pelo único motivo de terem sido vencidos? Mas o vencido de hoje não pode ser o vencedor de amanhã? *Victrix causa deis placuit / Sed victa Catoni*. Catão não pertence à História? E assim por diante. E assim por diante.

O *problema da legitimidade do fim*

Todas essas perguntas não são uma resposta, mas ajudam a compreender em qual direção se deve buscar a resposta, e essa direção não é aquela da idoneidade dos meios, mas aquela da legitimidade do fim. Um problema não exclui o outro, mas se trata de dois problemas distintos e convém mantê-los bem distintos. O problema da idoneidade dos meios se apresenta quando se quer emitir um juízo sobre a eficiência do governo, que é claramente um juízo técnico, e não moral: um governo eficiente não é por si só um bom governo. Esse juízo ulterior não se contenta com a realização do fim, mas pergunta: qual fim? Reconhecido como fim da ação política a salvação da pátria, ou o interesse geral, ou o bem comum (contrapostos à saúde do governante, aos interesses particularistas, ao bem próprio), o juízo, não mais sobre a idoneidade dos meios, mas sobre a bondade do fim, é um verdadeiro e próprio juízo moral, ainda que — pelas razões aduzidas por todas as teorias justificacionistas — de uma moral distinta ou em parte distinta da moral comum com base na qual são julgadas as ações dos indivíduos isolados. O que significa que, mesmo levando em consideração as razões específicas da ação política, da chamada "razão de Estado", que evoca episódios sinistros pelo mau uso que dela foi feito, ainda que em si mesma indique unicamente as características distintivas da ética política, a ação política não se subtrai em absoluto, como qualquer outra ação livre ou supostamente livre do homem, ao juízo do lícito e do ilícito, em que consiste o juízo moral, e que não pode ser confundido com o juízo do idôneo ou inidôneo.

Pode-se apresentar o mesmo problema também nos termos seguintes. Admitamos mesmo que a ação política tenha de algum modo relação com a conquista, a conservação e a ampliação do poder, do máximo poder do homem sobre o homem, do único poder no qual se reconhece, ainda que em última instância, o direito de recorrer à força (e é isto que distingue o poder de Alexandre do poder do pirata, que esse direito não tem), ainda assim, nenhuma das teorias justificacionistas aqui ilustradas considera a conquista, a conservação e a ampliação do poder como bens em si mesmos. Nenhuma considera que o objetivo da ação política seja o poder pelo poder. Para o próprio Maquiavel, a ação política "imoral" (imoral em relação à moral dos *pater noster*) é justificada apenas se tem por fim as "grandes coisas", ou "a saúde da pátria". Perseguir o poder pelo poder significaria transformar um meio — que como tal deve ser julgado pelo critério do fim — em um fim em si mesmo. Mesmo para quem considera a ação política como uma ação instrumental, ela não é instrumento para qualquer fim que o homem político se compraza em perseguir. Mas, uma vez feita a distinção entre um fim bom e um fim mau, uma distinção à qual não escapou nenhuma teoria da relação entre moral e política, é inevitável distinguir a ação política boa da ação política má, o que significa submetê-la a um juízo moral. Pensemos em um exemplo. O debate sobre a questão moral diz respeito, com freqüência, e especialmente na Itália, ao tema da corrupção, em todas as suas formas, previstas, de resto, pelo código penal sob a rubrica de crimes em função de interesse privado em atos de favorecimento, peculato, extorsão, etcétera, e, especificamente, em referência quase exclusiva a homens de partido, ao tema que costuma ser denominado dos percentuais. Basta uma breve reflexão para dar-se conta de que o que torna moralmente ilícita toda forma de corrupção política (deixando de lado o ilícito jurídico) é a fundamentadíssima presunção de que o homem político que se deixa corromper colocou o interesse individual à frente da interesse coletivo, o bem próprio à frente do bem comum, a saúde da própria pessoa e da própria família à frente da saúde da pátria. E assim fazendo, faltou ao dever de quem se dedica ao exercício da atividade política, cumprindo uma ação politicamente incorreta.

O discurso terminaria aqui se em um Estado de direito, como é o Estado da República italiana, sobre cujas condições de saúde nasceram essas reflexões, além do juízo sobre a eficiência e do juízo moral ou de moral política, como procurei explicar até aqui, não houvesse sobre a ação política também um juízo mais propriamente jurídico, vale dizer, de conformidade ou não com as normas fundamentais da Constituição, às quais está submetido o exercício da ação política também dos órgãos superiores do Estado. Entre as várias acepções de Estado de direito, refiro-me àquela que o define como o governo das leis contraposto ao governo dos homens e que entende o governo das leis no sentido do moderno constitucionalismo.

O juízo sobre a maior ou menor conformidade dos órgãos do Estado, ou daquela parte integrante do poder soberano que são os partidos, às normas da Constituição e aos princípios do Estado de direito pode dar lugar ao juízo, que se repete tão freqüentemente no atual debate político, de incorreção constitucional e de prática antidemocrática, que ocorre, para dar um exemplo, no caso do abuso dos decretos-lei, de apelo ao voto de confiança unicamente para derrubar a oposição e, naquilo que concerne aos partidos, na prática do *sottogoverno*,* que viola um dos princípios fundamentais do Estado de direito, a visibilidade do poder e o controle do seu exercício.

Mesmo que com freqüência a polêmica política não faça a distinção entre os vários juízos e coloque todos os três sob a etiqueta "questão moral", os três juízos, o juízo da eficiência, o juízo da legitimidade e o juízo mais propriamente moral (que também poderia ser chamado de mérito), sobre o qual me detive exclusivamente, devem ser mantidos distintos por razões de clareza analítica e de atribuição de responsabilidade.

III.

O BOM GOVERNO

Quando Ernesto Rossi recolheu em um volume alguns escritos de Luigi Einaudi para a Coleção histórica do editor Laterza decidiu, em comum acordo com o autor, intitulá-lo *Il buongoverno*. Na escolha deste título havia um juízo de condenação ao passado recente e ao mesmo tempo um gesto de confiança, ou talvez apenas de esperança e de augú-

---

* Expressão utilizada para se referir às práticas de favoritismo e corrupção por parte daqueles que detêm o poder com o objetivo de angariar eleitores e consolidar a sua própria posição política. (N.T.)

rio em relação ao futuro próximo. O que Einaudi entendesse por bom governo pode ser inferido, mais do que em qualquer outro texto, a partir de um ensaio de 1941 ("Liberalismo e comunismo", publicado na revista *Argomenti* no decorrer de um célebre debate com Croce sobre a relação entre liberdade econômica e liberalismo político), onde Cavour e Giolitti são tomados como exemplos do político genial e experimentado em questões econômicas, o primeiro, e do honesto e bom administrador que considera ser tarefa do político "governé bin", governar bem, o segundo. "Contudo" — acrescenta Einaudi —, "não se governa bem sem um ideal." E mais adiante: "Um político que seja um puro político é algo dificilmente definível e para mim parece um monstro, do qual o país não pode esperar nada além de infortúnios. Como é possível imaginar um político verdadeiramente grande (...) que seja privado de um ideal? E como é possível ter um ideal e desejar vê-lo realizado, se não se conhecem as necessidades e aspirações do povo ao qual se foi chamado a governar e se não se sabe escolher os meios apropriados para realizar esse ideal? Mas essas exigências afirmam que o político não deve ser um mero manipulador de homens; deve saber guiá-los em direção a uma meta e essa meta deve ser escolhida por ele, e não imposta pelos acontecimentos mutáveis do dia que passa".[25]

Quando reli essas palavras, minha mente logo correu, naturalmente, às famosas páginas de *Politik als Beruf*, de Max Weber: "Três qualidades podem ser consideradas como sumamente decisivas para o homem político: paixão, senso de responsabilidade, capacidade de previsão".[26] Paixão, explica Weber, no sentido de dedicação apaixonada a uma causa, diante da qual ele deve assumir inteira responsabilidade, ou fazer do senso de responsabilidade o guia determinante da própria ação, daí a necessidade da capacidade de previsão, entendida como capacidade de deixar que a realidade opere sobre nós com calma e recolhimento interior, o contrário da falta de distanciamento (*Distanzlosigkeit*), pecado mortal de qualquer homem político, e da vaidade, ou seja, da necessidade de colocar em primeiro lugar, em máxima evidência, a própria pessoa. Quando lhe falta uma causa assim concreta, o político corre o risco de continuamente confundir a prestigiosa aparência do poder com o poder real, e quando lhe falta o senso de responsabilidade, arrisca-se a gozar do poder simplesmente por amor à potência, sem lhe dar um objetivo por conteúdo.

---

25. L. EINAUDI, *Il buongoverno*, organizado por E. Rossi, Laterza, Roma-Bari, 1973, vol. I, pp. 301 e 302.
26. Cito a trad. it. de A. Giolitti, in M. WEBER, *Il lavoro intellettuale come professione*, cit., p. 101.

Bom governo e mau governo: uma antítese que percorre toda a história do pensamento político, um dos grandes temas, senão o maior, da reflexão política de todos os tempos. Problema fundamental no sentido que não há problema de teoria política, do mais antigo ao mais novo, que a ele não esteja ligado. Pode-se dizer, sem temer exageros, que não há grande obra política que não tenha procurado responder à pergunta: "Como se distingue o bom governo do mau governo?", e que não possa ser em sua totalidade reconduzida, em suas articulações internas, à busca de uma resposta a essa pergunta. Assim também as obras que parecem propor-se um objetivo predominantemente histórico ou analítico. Na *Política*, Aristóteles, depois de ter descrito e classificado as constituições do seu tempo, com o espírito e os instrumentos do investigador que se atém aos fatos, não pôde subtrair-se à exigência de enfrentar nos últimos livros o problema da melhor forma de governo. Hegel, que no prefácio às lições de filosofia do direito e do Estado afasta de si a suspeita de querer se ocupar enquanto filósofo do Estado como deve ser, dá a entender, a quem saiba ler as entrelinhas, que prefere a monarquia constitucional, a forma de governo mais adequada à maturidade dos tempos e aos povos mais progredidos, às duas coordenadas principais da sua filosofia da história, o espírito do tempo e o espírito do povo.

Na história das idéias nunca há o início, e nada é mais vão e desesperador do que procurar o momento inicial, a fonte originária, o *Ursprung*. Jamais me esqueci, embora as tenha lido há muitos anos, das primeiras palavras de *Giuseppe e i suoi fratelli* (*José e seus irmãos*), de Thomas Mann: "Profundo é o poço do passado. Não deveríamos considerá-lo insondável?". E contudo, é preciso começar, suspender a caminhada, não ir mais além e fixar, ainda que com um ato que pode parecer arbitrário, o ponto de partida. Por sorte existe, na tradição grega, da qual nasceu em grande parte o nosso pensamento político, uma passagem exemplar que, não obstante a distância, nada perdeu do seu vigor e parece feita sob medida para tornar menos casual, e quase obrigatório, o dado da origem, e para ser colocada, em forma de ilustre antepassado, no início de uma longa família de textos que chega até nós. No mais célebre de seus cantos, Sólon, depois de ter expressado a própria indignação contra os cidadãos que cegamente perseguem o desejo de riqueza e os líderes do povo que, insaciáveis, amontoam riquezas sem poupar nem as propriedades sagradas nem as propriedades públicas "e saqueiam aqui e ali, sem demonstrar respeito pelos augustos fundamentos de Dike", opõe a eunomia (as boas leis) à disnomia (as leis más), assim descrevendo a primeira: "O bom governo tudo torna bem ordenado e composto, e com freqüência lança correntes ao redor dos injustos; suaviza as asperezas, põe fim à insaciedade, domestica a violência, seca ainda em seu despontar as flores da loucura, corrige as sentenças injustas, mitiga as obras da soberba, apaga as ações das divisões discordes, abranda a ira da contenda funesta; abaixo dele todas as coisas são bem reguladas e sábias".[27]

Eunomia-disnomia é um clássico par de opostos que inclui em seu seio tantos outros, uma verdadeira e própria "grande dicotomia", que serve para designar com um único traço, e abraçar com um único olhar, todos os pares de contrários mais comuns da linguagem política: ordem-desordem, concórdia-discórdia, paz-guerra, moderação-insolência, brandura-violência, justiça-injustiça, sabedoria-insensatez. Todos caracterizados por serem axiologicamente bem definidos de uma vez por todas, sendo que um dos dois termos tem sempre um significado positivo, o outro sempre um significado negativo — diferentemente de tantas outras antíteses da mesma linguagem política, em que os dois termos podem ter significado axiológico diferente segundo as doutrinas e as ideologias, como público-privado, sociedade de natureza-sociedade civil, direito natural-direito positivo, Estado-antiEstado.

Tocaria aos filósofos refletir sobre essas duas condições opostas do viver social, o Estado bom e desejável, o Estado mau e indesejável, para encontrar alguns critérios gerais de distinção entre um e outro que permitissem ir além da mera descrição dos dois Estados e das suas vantagens e desvantagens, chegando à definição, ou ao conceito, de um e do outro.

Através da lição dos clássicos considero que tenham emergido substancialmente dois critérios principais de distinção entre bom governo e mau governo que, embora tenham sido com freqüência empregados de modo impróprio, remetem um ao outro ao longo de toda a história do pensamento político. O primeiro: bom governo é aquele do governante que exerce o poder em conformidade com as leis preestabelecidas e, inversamente, mau governo é o governo daquele que exerce o poder sem respeitar outra lei exceto aquela dos seus próprios caprichos. O segundo: bom governo é aquele do governante que se vale do próprio poder para perseguir o bem comum, mau governo é o governo daquele que se vale do poder para perseguir o bem próprio. Deles derivam duas figuras típicas do governante odioso: o senhor, que dá leis a si mesmo, o autocrata no sentido etimológico da palavra; e o tirano, que usa o poder

---

27. SOLONE, fr. 3 Diehl. Sobre a noção de "eunomia", W. JAEGER, *Paideia. La formazione dell'uomo greco*, La Nuova Italia, Florença, 1936, I, pp. 255 em diante, que retoma um seu escrito anterior, *Solons Eunomie*, "Sitz.b. Berl, Ak. Wiss.", 1926; e M. GIGANTI, *Nómos Basiléus*, Glaux, Nápoles, 1956, reimp. Arno Press., Nova York, 1979, pp. 38 em diante.

para satisfazer seus próprios prazeres, os desejos ilícitos dos quais fala Platão no IX livro da *República*.

De ambas as interpretações, o pensamento grego clássico nos deixou alguns textos canônicos (digo "canônicos" no sentido de que, retirados do seu contexto histórico, tornaram-se verdadeiras e próprias máximas que podem ser usadas nas mais diversas circunstâncias). No que se refere à submissão do governante às leis, é exemplar um texto platônico extraído do quarto livro das Leis (independentemente de considerarmos que o mesmo Platão, no *Político*, sustenta a tese contrária): "chamei aqui de servidores das leis àqueles que ordinariamente são chamados governantes, não por amor às novas denominações, mas porque considero que dessa qualidade sobretudo depende a salvação ou a ruína das cidades. De fato, onde a lei está submetida aos governantes e está privada de autoridade, vejo a pronta ruína das cidades; onde, ao contrário, a lei é senhora dos governantes e os governantes são seus escravos, vejo a salvação das cidades e sobre elas o acumular-se de todos os bens que os deuses costumam conceder às cidades" (715d).

Assim também, começando a falar das constituições monárquicas, Aristóteles apresenta o problema da relação entre as leis e os governantes em forma de dilema. "É mais conveniente sermos governados pelo melhor homem ou pelas melhores leis?". A favor do segundo termo, Aristóteles enuncia uma máxima que terá muito êxito: "A lei não tem paixões que necessariamente se encontram em cada alma humana" (*Política*, 1286a). E enuncia esta máxima com base na observação, também esta fundamental, de que a lei oferece "prescrições gerais". E, no entanto, o pensamento político ocidental deve a Aristóteles sobretudo a segunda interpretação do bom governo, aquela que opõe o bom ao mau governante com base no critério do bem comum oposto ao bem próprio. A famosa classificação das constituições em três justas e três corruptas vale-se precisamente desse critério: "Quando um único, poucos ou a maioria exercem o poder tendo em vista o interesse comum, têm-se então necessariamente as constituições justas; quando um único, ou poucos, ou a maioria exercem o poder em seu interesse privado, têm-se então os desvios" (1279a).

Eu falava de duas interpretações, mas qualquer um pode ver que não são tão diferentes a ponto de não ser possível relacionar uma à outra. O governo das leis é bom se as leis forem boas, e são boas as leis que visam ao bem comum. Por outro lado, o melhor modo, mais seguro, que o governante tem de perseguir o bem comum é seguindo as leis que não têm paixões ou fazendo ele mesmo boas leis. No entanto, convém mantê-las distintas porque os escritores acentuam ora uma, ora outra, e esse distinto acento permite diferenciar correntes ou direções diferentes do pensamento político.

A superioridade do governo das leis sobre o governo dos homens é uma das grandes idéias que retornam todas as vezes em que é discutido o problema dos limites do poder, como fica bastante claro a partir da passagem aristotélica citada, por uma razão formal e outra material. Formalmente, a lei distingue-se do comando pessoal do soberano pela sua generalidade (Aristóteles fala de "prescrições gerais"): é a característica com base na qual a lei, quando é respeitada também pelos governantes, impede que estes façam valer a própria vontade pessoal mediante disposições expedidas segundo as necessidades, sem considerar os precedentes nem tampouco as disparidades de tratamento que o comando particular pode produzir. Substancialmente, a lei, por sua origem, seja ela imediatamente derivada da natureza ou mediada pela tradição, ou pela sabedoria do grande legislador, e pela sua duração no tempo, não está submetida ao transformar-se das paixões, e permanece como um depósito da sabedoria popular ou da sapiência civil que impede as mudanças bruscas, as prevaricações do poderoso, o arbítrio do "sic volo sic iubeo". Essa oposição entre as paixões dos homens, em particular dos governantes, e a ausência de paixão das leis está, além do mais, no fundamento do *tópos* não menos clássico da lei identificada com a voz da razão, princípio e fim de toda a tradição jusnaturalista que, a meu ver, parte dos antigos e chega, sem interrupções, não obstante autorizadas e respeitáveis opiniões em contrário, aos modernos, passando pelo pensamento da Idade Média, que neste caso é realmente o elo de ligação entre nós e os antigos.

Antes de qualquer outro, devemos a Gierke a tese, retomada na monumental história do pensamento político medieval dos irmãos Carlyle, de que a idéia dominante na teoria e na prática dos governos, do século IX ao século XIII, tenha sido a supremacia da lei sobre os homens. Dessa idéia deriva o dever do governante de governar segundo as leis, sejam elas as leis divinas ou naturais, as leis consuetudinárias ou aquelas fundamentais, estabelecidas pelos precursores: dever, reiterado no juramento ritual no momento da subida ao trono, de "*servare leges*". Referem-se a ele, limitando-me a duas citações essenciais, extraídas respectivamente de uma obra filosófica e de uma obra jurídica, o maior tratado político escrito antes da redescoberta da *Política* aristotélica, o *Policraticus*, de John de Salisbury (meados do século XII), e o primeiro imponente tratado de direito inglês, o *De legibus et consuetudinibus Angliae*, de Henry Bracton (meados do século XIII). John de Salisbury dedica à oposição entre príncipe e tirano um livro inteiro da sua obra cujo capítulo I, intitulado *De differentia principis et tiranni et qui sit princeps*, começa assim: "Est ergo tiranni et principis haec differentia sola vel maxima: quod hic legi obtemperat, et eius arbitrio populum regit, cuius se credit ministrum".[28] Em uma outra passagem explica que, quando se afirma que o *princeps* é *legibus solutus*, não significa que lhe seja lícito cometer atos injustos, mas simplesmente que ele deve ser justo não por temor às penas (já que não há ninguém acima dele que tenha o poder de puni-lo), mas por amor à justiça, porque "publicae utilitatis minister et aequitatis servus est princeps".[29] Lá onde afirma que os destinatários dos comandos do rei podem ser livres ou servos, Bracton observa que enquanto uns e outros estão sujeitos ao rei, o rei não está sujeito a ninguém além de Deus, porque o rei não tem ninguém que lhe esteja à altura no reino, e, se assim fosse, não teria o direito de comandar, já que "par in parem non habet imperium". Mas, logo em seguida, em uma passagem destinada a assumir quase forma e força de regra e à qual se voltarão, nos anos da Guerra Civil inglesa, tanto os fautores do rei contra o parlamento, quanto os fautores do parlamento contra o rei, detalha: "Ipse autem rex non debet esse sub homine, sed sub deo et sub lege, quia lex facit regem". E um pouco mais adiante: "Non est enim rex ubi dominatur voluntas et non lex".[30]

O princípio não está ausente no período do absolutismo e nos lugares onde ele se manifestou. Exceto em Hobbes, que rejeita a distinção entre rei e tirano, o princípio segundo o qual o soberano é *legibus solutus* nunca é tomado ao pé da letra: para Jean Bodin, considerado com razão o maior teórico do absolutismo, o soberano *legibus solutus* está livre das leis positivas, que ele mesmo emite, ou das leis cuja validade depende, como no caso dos costumes, da sua tolerância, mas não das leis divinas e naturais que não dependem da sua vontade (entre as leis naturais há as leis que concernem ao direito privado, isto é, propriedades, contratos e sucessões), e das leis fundamentais do reino, em virtude das quais o seu poder é um poder não de fato, mas legítimo.

Para que a subordinação do soberano à lei tenha a mesma força coercitiva da subordinação à lei do simples cidadão será necessário um longo, trabalhoso e acidentado processo de transformação das relações

---

28. "J.-P. MIGNE, *P. L.*, CIX (1855), pp. 379-822. A edição organizada por C. Ch. J. Webb, em dois volumes, Londres, 1909, é uma reprodução anastática daquela publicada em Frankfurt, Minerva, G.M.B.H., em 1865. Parcial tradução inglesa: *The Statesman's Book of John of Salisbury*, com introdução de J. Dickinson, Knopf, Nova York, 1927 (reimp. an. Russel and Russel, Nova York, 1963). Cf. também a trad. it. parcial: GIOVANNI DI SALISBURY, *Policraticus. L'uomo di governo nel pensiero medioevale*, Jaca Book, Milão, 1985.
29. A célebre expressão "princeps legibus solutus" aparece nos juristas da era imperial, ULPIANO, D. 1, 3, 31. Para a outra, ver a obra cit., na nota 4, VI, 22.
30. H. BRACTON, *De Legibus et Consuetudinibus Angliae*, organizado por G. E. Woodbine, trad. de S. E. Thorne, Harvard University Press, 1968, II, p. 33.

entre governantes e governados, através do qual essas relações reguladas pelo direito natural ou por pactos, formalmente entre iguais, mas de fato entre desiguais, tal como são os tratados internacionais, se transformam em direitos positivos regulados por constituições escritas tendo força de leis fundamentais ou mesmo, como no caso da Inglaterra, de uma constituição não-escrita mas consolidada e convalidada por uma práxis regular na sua continuidade e pacificamente aceita, depois da revolução de 1688, pelas facções políticas que se sucedem e se alternam no poder. Desse processo, ao qual hoje concordemente se dá o nome de constitucionalismo, o resultado final é um sistema ou organismo político inspirado no princípio da responsabilidade, não apenas religiosa e moral, mas também política e jurídica, dos órgãos de governo, através de alguns institutos fundamentais como aquele do equilíbrio e separação dos poderes, do controle periódico dos governantes através de eleições livres com sufrágio universal, da garantia jurídica dos direitos civis (e não mais apenas do apelo aos céus no qual confiava Locke), do controle de legitimidade das próprias leis do parlamento e assim por diante. O antigo ideal do governo das leis encontrou no constitucionalismo moderno a sua forma institucional e, definitivamente, a sua realização em uma série de institutos aos quais um moderno Estado democrático não pode renunciar sem cair em formas tradicionais de governo pessoal, daquele governo no qual o indivíduo está acima das leis, ou, com as palavras dos clássicos, o governo é senhor das leis e não seu servidor.

A outra interpretação da distinção entre bom governo e mau governo repousa, como foi dito, na oposição entre interesse comum e interesse particular, entre vantagem pública e vantagem privada. Leva em consideração, desse modo, não tanto a forma através da qual o poder é exercido, mas o fim que deve ser perseguido. Que esse fim seja a vantagem comum, não do governante ou dos governantes, da classe dominante, como diríamos hoje, da elite no poder, derivada da natureza mesma da sociedade política (a *koinonía politiké* de Aristóteles), a qual deve prover a satisfação das necessidades relativas a todos os membros e não apenas a alguns deles, tais como, segundo os tempos e segundo as concepções gerais do viver comum e as diversas e com freqüência opostas ideologias, a ordem interna e a paz externa, a liberdade e a igualdade, a prosperidade do Estado no seu conjunto, ou o bem-estar dos cidadãos *uti singuli*, a educação para a virtude ou a felicidade. Em uma passagem da *Ética a Nicômaco* (1160a), onde Aristóteles introduz o discurso sobre as sociedades parciais, às quais cidadãos dão vida para perseguir vantagens particulares lícitas, dando como exemplo os navegadores que se reúnem para navegar, ou as sociedades religiosas que se reúnem para celebrar ritos, ou as companhias de prazer que se reúnem para banquetear, explica que essas sociedades particulares devem estar subordinadas à sociedade política porque esta não mira a vantagem do momento, mas a vantagem de toda a vida, e é por isso, acrescenta, que "os legisladores chamam de justo aquilo que é vantajoso para a comunidade". Ao contrário, quando alguns cidadãos se reúnem em uma sociedade particular, mas com um fim político, e portanto não-particular, mas geral, nasce a facção, que gera discórdia e através da discórdia produz ou a desagregação da cidade, ou, se sair vitoriosa, um governo que visa ao bem da parte e não do todo.

Na trádição política dos *comuni* italianos e dos nossos escritores políticos da Idade Média ao Renascimento em diante, o ideal do bom governo identifica-se com o governo para o bem comum em oposição ao governo para o bem da parte, a facção, ou de um só, o tirano. No afresco que recebeu o título de *Buongoverno*, pintado por Ambrogio Lorenzetti no Palazzo Pubblico de Siena, a figura central do regente, contornada pelas virtudes cardeais e sobranceada pelas virtudes teologais, foi interpretada como representação do bem comum, segundo os versos que abaixo dela se lêem: "Questa santa virtú lí dove regge/induce all'unità le animi molti/ e questi acciò ricolti/ un Ben Comun per lor signor si fanno".[31] (Esta santa virtude ali onde rege/induz à unidade os muitos ânimos/ e estes assim recolhidos/ um Bem Comum por seu senhor se fazem.) Não é por acaso que as duas figuras centrais são aquela do bom regente, que personifica o bem comum e tem ao seu lado a paz, e aquela da Justiça inspirada, do alto, pela Sabedoria, que traz abaixo de si a Concórdia. O bom governo rege a coisa pública mediante a justiça e através da justiça assegura a concórdia entre os cidadãos e a paz geral. A idéia do bom governo entendido como o governo para o bem comum é e sempre será associada à idéia de que apenas o governo segundo a justiça impede a formação de desigualdades que, desde Aristóteles, eram a principal causa do surgimento das facções, e assegura aquela concórdia, ou unidade do todo, que é a condição necessária para a sobrevivência da comunidade política.

Por oposição, pode-se afirmar que toda a fenomemologia do mau governo, dos gregos em diante, conhece sobretudo duas figuras históri-

---

31. De acordo com a interpretação de N. RUBINSTEIN, "Political Ideas in Senese Art: the Frescoes by Ambrogio Lorenzetti", in *Journal of the Warburg and Countauld Institutes*, XXI (1958), pp. 179-207. Ver também U. FELDGES-HENNING, *The Pictorial Programme of the Sala della Pace: a New Interpretation*, XXXV, 1972, pp. 145-62.

cas principais: o tirano e a facção. A imensa literatura política sobre o mau governo pode ser considerada como uma série infinita de variações sobre esses dois temas que, além do mais, estão estreitamente ligados, sendo a discórdia entre as facções o contexto histórico do qual habitualmente nasce o tirano, e sendo o tirano aquele que se ergue acima das facções para restituir à cidade a concórdia, perdida também devido à perda da liberdade mal-exercida. Entre as causas de desagregação do Estado, Hobbes menciona a formação das facções, verdadeiros e próprios Estados dentro do Estado, criadas por demagogos ávidos de poder, os quais, para melhor realizar seu intento, criam um partido no partido, *factio in factione*, unindo-se a poucos companheiros empenhados em maquinações secretas "ubi ordinare possint quid postea in conventu generali proponendum sit" (onde possam ordenar aquilo que se deve propor na reunião geral). A desagregação do Estado produzida pelas facções é comparada às filhas de Pélias, rei da Tessália, as quais, para devolver a juventude ao velho pai, sob conselho de Medéia, cortam-no em pedaços e colocam-no para cozinhar, esperando inutilmente que retorne são e salvo: "A multidão em sua ignorância, sonhando renovar as antigas ordens, subjugada pela eloqüência de homens ambiciosos que repetem a magia de Medéia, deixa em pedaços o Estado, destruindo-o no fogo da guerra civil".[32] Escritores políticos não-desprovidos de leituras clássicas, como os autores dos *Federalist Papers*, opõem a democracia representativa, ou dos modernos, à democracia direta, ou dos antigos. Escreve Hamilton: "É impossível ler sobre as pequenas repúblicas da Grécia e da Itália sem experimentar sentimentos de horror e desgosto pelas agitações das quais elas eram presa contínua e pelo rápido suceder-se de revoluções que as mantinham em estado de perpétua incerteza entre os estados extremos da tirania e da anarquia".[33] Madison responde que as facções são um efeito inevitável da participação direta do povo no governo do Estado e assim as define: "Por facção entendo um grupo de cidadãos (...) unidos e motivados por um mesmo e comum impulso de paixão ou de interesse em oposição aos direitos dos outros cidadãos e aos interesses permanentes e complexos da comunidade".[34]

Afirmei que o constitucionalismo representa o desfecho natural da idéia do bom governo fundado na supremacia da lei. De modo análogo, apenas com a instituição e o exercício da democracia representativa as

---

32. TH. HOBBES, *De cive*, XII, 13.
33. A. HAMILTON, J. MADISON, J. JAY, *The Federalist* (1788), Carta IX (ed. it.: *Il Federalista*, nova ed. organizada por L. Levi, il Mulino, Bolonha, 1997, p. 183).
34. *Ibid.*, Carta X, p. 190.

divisões se deslocam da aldeia para o parlamento, onde o dissenso é, por assim dizer, constitucionalizado e, portanto, legitimado, e onde nascem os partidos no sentido moderno da palavra — e não mais as facções — enquanto partes que, representando cada qual a seu turno o todo e alternando-se no poder quando a alternativa é possível, constituem o necessário trâmite entre os cidadãos e o Estado, e desse modo permitem a permanência da democracia, ou seja, de um sistema poliárquico em uma sociedade de massa.

"Costumam dizer os homens prudentes, e não é por acaso nem sem mérito, que quem deseje ver aquilo que há de ser, considere aquilo que foi: porque todas as coisas do mundo, em cada tempo, têm seu próprio embate com os antigos tempos. O que nasce porque, sendo elas operadas pelos homens, que têm e tiveram sempre as mesmas paixões, convém por necessidade que lhe suscitem o mesmo efeito".[35] São palavras muito conhecidas de Maquiavel. Por isso Maquiavel lia Lívio, para dele extrair, como escreve no proêmio, "aquela utilidade pela qual se deve buscar a cognição das histórias".[36] E depois de alguns séculos, pela mesma razão, Gramsci lerá Maquiavel, e nós e os nossos pósteros leremos Gramsci, e Maquiavel e Lívio. Nos seus *Discorsi su Cornelio Tacito*, Scipione Ammirato escreve, com um quê de malícia: "(...) E porque é bom falar com os exemplos e a autoridade dos antigos, a fim de que outros não reputem serem elas nossas invenções".[37] Não, não são nossas invenções. Os termos, é verdade, mudaram. E de fato ninguém mais usa as palavras bom governo e mau governo, e quem ainda as usa parece voltado para o passado, um passado remoto que apenas um compositor de discursos inúteis tem ainda coragem de desenterrar. No entanto, as coisas não mudaram. Mais uma vez Maquiavel: "É facil saber, para quem considera as coisas presentes e as antigas, que em todas as cidades e em todos os povos estão aqueles mesmos desejos e aqueles mesmos humores, e que ali sempre estiveram".[38] Não mudaram. Talvez tenham se tornado mais difíceis, ou, como hoje se costuma dizer, complexas. O par bom governo/mau governo foi sendo substituído no século passado pelo par governo mínimo/governo máximo. Para os fautores do governo mínimo (o *minimal state* sobre o qual se voltou a falar com intensidade nos últimos anos),[39] mau governo era o governo

---

35. N. MACHIAVELLI, *Discorsi sopra la prima Deca di Tito Livio* cit., III, 43, pp. 506-7.
36. *Ibid.*, p. 10.
37. S. AMMIRATO, *Discorsi su Cornelio Tacito* (1574), Pomba, Turim, 1853, I, 300.
38. N. MACHIAVELLI, *Discorsi*, cit. I, 39, p. 146.
39. Limito-me a lembrar o grande debate sobre este tema suscitado pelo livro de R. NOZICK, *Anarchy, State and Utopia*, Blackwell, Oxford, 1974 (ed. it.: *Anarchia, Stato e utopia*, Le Monnier, Florença, 1981).

que queria governar demais. Se eu precisasse escrever uma história desta idéia, a ela oporia como máxima as palavras com que Thomas Paine inicia o seu *Commom Sense* (1776): "A sociedade é produzida pelas nossas necessidades, e o governo, pela nossa maldade .... A primeira protege, o segundo pune".[40] Depois, no nosso século, os papéis se inverteram: bom-governo tornou-se cada vez mais o governo máximo, aquele que deve ocupar-se do bem-estar dos seus cidadãos e deve não apenas administrar a justiça mas também subministrá-la, isto é, ter um princípio ou critério de justiça distributiva próprio com o objetivo de equiparar as fortunas ou ao menos redistribuí-las, e mau-governo cada vez mais passou a ser considerado o Estado que deixa fazer e deixa passar, tendo sido denominado — com um termo religioso, como que para acentuar o juízo negativo — "agnóstico".

Nos últimos anos, os termos-chave da teoria do governo mudaram outra vez: não se fala de bom governo e mau governo, tampouco de governo máximo e governo mínimo, mas de governabilidade e ingovernabilidade. O problema entrou com ímpeto nos nossos debates cotidianos, sobretudo desde que surgiu, em 1975, o relatório da Comissão trilateral, *La crisi della democrazia*, trazendo como subtítulo *Rapporto sulla governabilità delle democrazie* (*Relatório sobre a governabilidade das democracias*)[41] O problema é conhecido: nas sociedades livres, parte da sociedade civil um número de questões dirigidas ao sistema político muito superior à capacidade que qualquer sistema político tem, mesmo o mais eficiente, de a elas responder. Daí as imagens do sistema sobrecarregado que emperra, da sociedade bloqueada, ou do homenzinho dos *Tempos modernos* que segue aflito a linha de montagem que avança mais veloz que as suas tenazes, ficando cada vez mais para trás até perder a luz da razão. Para além da velha antítese entre bom governo e mau governo, revela-se uma nova antítese, talvez ainda mais dramática, entre governo e não-governo, entre um timoneiro (*un gubernator*) que bem ou mal ainda segura o timão com as próprias mãos, e um timoneiro ao qual faltam não as boas intenções (aliás, boas intenções ele tem de sobra), mas os instrumentos adequados para continuar a navegação — a bússola, as cartas náuticas — enquanto o mar for de tempestade. Paradoxalmente, o mau governo sempre foi considerado um excesso de poder; hoje, ao contrário, a tendência é

---

40. TH. PAINE, *Commum Sense* (1776) (ed. it.: *Il senso comune*, in ID., *I diritti dell'uomo e altri scritti polici*, organizado por T. Magri, Editori Riuniti, Roma, 1978, p. 69).
41. M. CROZIER, S. P. HUNTINGTON, J. WATANUKI, *The Crisis of Democracy. Report on the Governability of Democracies to the Trilateral Commission*, New York University Press, Nova York, 1975 (ed. it.: Angeli, Milão, 1977).

considerá-lo uma falta. Não como poder demasiadamente forte que sufoca toda voz de liberdade, suprime todo dissenso, regula do alto todas as coisas — como na Turquia, segundo a expressão icástica de Maquiavel, "por um príncipe e todos os outros servos"[42] —, mas, ao contrário, como um poder demasiadamente fraco que já não consegue resolver a miríade de conflitos que laceram a sociedade, e os conflitos multiplicam-se e acumulam-se, e quando se soluciona um, surgem outros cem, e formam-se, como dizem hoje alguns estudiosos, governos parciais que impedem o governo central de desempenhar sua própria atividade, de selecionar as questões e de alcançar os fins propostos para cada situação, como se, dia após dia, se tornasse cada vez menos príncipe, e todos os outros, senhores.[43]

Enquanto por mau governo entendeu-se o arrogante exercício do poder, o problema fundamental da filosofia política permaneceu aquele dos limites do poder. Mas e se o mau governo consistir não mais no abuso do poder, mas sim no seu não-uso? Qual será a tarefa da teoria política? Retornar ao governo mínimo? Mas isto é possível? Insistir no caminho do governo máximo e reforçá-lo? Mas é desejavel? Não é, a primeira, a estrada da renúncia ao Estado do bem-estar, que na Itália é mal denominado, quase para denegri-lo, assistencial, ao Estado que assegura a justiça social além da liberdade? Não é a segunda a via que conduz inevitavelmente ao Estado totalitário, e 1984 está próximo?

São essas as duas perguntas fundamentais do nosso tempo. Bem sei que terminar um discurso com perguntas deixa um gosto amargo na boca. Mas continuo acreditando que é preferível fazer perguntas sérias a oferecer respostas frívolas. E de resto não é verdade — mais uma pergunta — que um dos sinais premonitórios da nossa crise é que, não obstante o aumento vertiginoso dos nossos conhecimentos, há ainda demasiadas perguntas às quais não conseguimos oferecer uma resposta? Talvez seja capaz de responder apenas quem — permitam-me retomar as palavras de Max Weber — sentir com paixão, agir com senso de responsabilidade, enfrentar a prova e o desafio de olhar o futuro com sabedoria e prudência.

---

42. MACHIAVEL, *O príncipe*, cap. IV.
43. Sobre este tema, ver a recente a coletânea de ensaios, escritos por estudiosos alemães de ciência política, *Il governo debole. Forme e limiti della razionalità politica*, De Donato, Bari, 1981, e a ampla introdução dos dois organizadores, G. Donolo e F. Fichera.

Capítulo 4
Política e direito

I.

AS FRONTEIRAS DA POLÍTICA

I. Características do poder político

Geralmente usamos o termo "política" para designar a esfera das ações que faz alguma referência direta ou indireta à conquista e ao exercício do poder último (ou supremo, ou soberano) em uma comunidade de indivíduos sobre um território.

Na determinação daquilo que está incluído no âmbito da política não se pode prescindir da individuação das relações de poder que em cada sociedade se estabelecem entre indivíduos e entre grupos, entendido o poder como a capacidade que um sujeito tem de influenciar, condicionar, determinar o comportamento de um outro sujeito. A relação entre governantes e governados, na qual se resume a relação política principal, é uma típica relação de poder. Desde a Antigüidade o tema da política esteve associado ao tema das várias formas de poder do homem. Do grego *krátos*, força, potência, e *archía*, autoridade, nascem os nomes das antigas formas de governo ainda hoje em uso, como "aristocracia", "democracia", "plutocracia", "monarquia", "oligarquia", "diarquia", e assim por diante em todas as palavras que foram forjadas para designar formas de poder político, "fisiocracia", "burocracia", "partidocracia", "poliarquia", "hexarquia". A tipologia clássica propagada ao longo dos séculos é aquela que podemos ler na *Política* de Aristóteles, que distingue as três formas típicas de poder com base na distinta sociedade na qual se aplica: o poder do pai sobre os filhos, do senhor sobre os escravos, do governante sobre os governados. Este último é o poder político, isto é, o poder exercido na *pólis* (que em grego significa "cidade", definida pelo próprio Aristóteles como comunidade auto-suficiente de indivíduos que convivem em um território). Vários são os critérios em cada situação adotados para distinguir essas três formas de poder. O mesmo Aristóteles utiliza o critério das pessoas no interesse das quais se exerce o poder: o paterno, no interesse dos filhos, o senhorial, no interesse do senhor, o político, no interesse de ambas as partes da relação, que é o chamado "bem comum" (*bonum commune*). Na era moderna, quando John Locke (no início do *Secondo trattato sul governo civile* [Segundo tratado sobre o governo civil], 1690) declara querer enfrentar o problema da distinção entre o poder do pai sobre os filhos e do capitão de uma galera sobre os galeotes (que é a forma de escravidão do seu tempo) em relação ao governo civil, sustenta que o primeiro repousa sobre a geração (*ex natura*), o segundo sobre o direito de punir (*ex delicto*) e o terceiro sobre o consenso (*ex contractu*). Essa tripartição das formas de poder teve também uma grande importância histórica porque permitiu fazer a distinção entre o bom governo e o mau governo: com efeito, duas formas tradicionais de mau governo são tanto o governo paterno ou patriarcal, no qual o governante se comporta com os súditos como se fossem seus filhos (e, portanto, como se nunca atingissem a maioridade), quanto o governo despótico (em grego *despótes* significa senhor [*padrone*]), no qual o governante trata os seus súditos como escravos. Patriarcalismo e despotismo são, em outras palavras, formas degeneradas de poder político porque não o reconhecem e, portanto, dele não salvaguardam a natureza específica.

A relação de poder político é apenas uma das infinitas formas de relação de poder existentes entre os homens. Para caracterizá-la, pode-se recorrer a três critérios distintos: a *função* que ela exerce, os *meios* dos quais se serve, o *fim* ao qual tende.

Iluminadoras com relação à função são as metáforas às quais, desde a Antiguidade, se recorreu para definir a natureza do governo. As metáforas mais freqüentes inspiram-se ora em um modelo biomórfico, segundo o qual a comunidade que constitui a *pólis* é concebida como um organismo comparável ao corpo humano, composto por membros que exercem cada qual uma função própria no todo, ora em um modelo tecnomorfo, segundo o qual a tarefa do governante é extraída da analogia com uma profissão ou uma arte (em grego *téchne*). No primeiro modelo, ao governo é habitualmente atribuído o papel da mente (ou da alma) para mostrar que ele desenvolve uma função superior que consiste em guiar, dirigir e comandar, e, enquanto tal, diferente da função meramente executiva das outras partes do corpo social. No segundo modelo, as profissões ou artes mais freqüentemente levadas em consideração são o pastor, o timoneiro [*nocchiero*] (*gubernator* significa em latim timoneiro, de *gubernaculum*, timão), o auriga, o médico, o tecelão. O pastor protege o rebanho do ataque dos lobos, conduzindo-o ao pastoreio; o timoneiro pilota o navio seguindo a rota e comanda os marinheiros; o auriga guia e refreia os cavalos; o médico cura as doenças e as chagas do corpo, evitando que ele se decomponha e morra; o tecelão compõe e recompõe o tecido lacerado, trabalhando a urdidura e a trama. Em todas essas metáforas é colocada em particular destaque, uma vez mais, a função de guiar (o pastor, o auriga), de dirigir (o timoneiro); além dessas, surgem também outras funções como aquela de intervir para curar os conflitos (o médico) e para preveni-los (o tecelão). São todas funções que, para serem exercidas, necessitam do poder de comandar e, portanto, de conseguir a obediência até mesmo contra os recalcitrantes, e de punir aqueles que não obedecem. Por mais arcaicas que sejam, essas metáforas servem muito bem, ainda hoje, para indicar os traços principais das funções do governo hoje habitualmente divididas em legislativa, executiva, judiciária. Desempenhando a função legislativa, o poder político direciona positivamente (comandando) ou negativamente (proibindo) os comportamentos dos membros da comunidade para os fins preestabelecidos; mediante a função executiva, consegue fazer com que esses fins sejam alcançados; exercendo a função judiciária, soluciona os conflitos que nascem na sociedade e que, não solucionados, seriam causa de desagregação, e age de modo a fazer justiça (*iustitia fundamentum regnorum*).

Todavia, nem a distinção clássica do poder político em relação ao poder paterno e ao poder despótico, nem a determinação em relação à função permitem individuar e delimitar o campo da política. A primeira distinção não é analítica, mas axiológica, e serve portanto para caracterizar a esfera da política tal como deveria ser e não como é: um Estado patriarcal tanto quanto um Estado despótico também são Estados, e o exercício das atividades que a eles concerne inclui-se perfeitamente na categoria da política. A segunda também caracteriza formas de poder distintas do poder político: a função de dirigir através da emissão de atos imperativos, dos quais deriva a relação comando-obediência, é própria tanto do pai de família quanto do dono de uma fábrica, ou do comandante de um exército, ou do professor na escola. Dessa insuficiência derivam as várias tentativas de definir a política através de um novo critério, o critério do fim. Mas esse critério também é inadequado. Qual é o fim da ação política? Remonta à Antigüidade — e, portanto, foi transmitida ao longo dos séculos e chegou até nós — a afirmação de que o fim da política é o bem comum, entendido como bem da comunidade distinto do bem dos indivíduos que a compõem. A distinção entre bem comum (*bonum commune*) e bem próprio (*bonum proprium*) é, aliás, aquela que desde Aristóteles serve para distinguir as formas de governo boas das formas de governo corruptas: o bom governo é aquele que se preocupa com o bem comum, o mau olha o próprio bem, vale-se do poder para satisfazer a interesses pessoais. Essa distinção continua válida: o critério mais difundido do qual se serve o homem comum para julgar a ação do homem político funda-se na oposição entre interesse público e interesse privado. Mas, precisamente porque essa distinção serve muito bem para diferenciar as formas boas de governo daquelas más, não serve igualmente bem para caracterizar a política enquanto tal, e portanto tomba sob a mesma crítica da precedente: uma coisa é o juízo de valor, outra coisa o juízo de fato. Do ponto de vista do juízo de fato, que permite apenas diferenciar a ação política das ações não-políticas, também a ação do mau governante se encaixa perfeitamente na categoria geral da política. Aliás, se confiarmos do juízo corrente, é mais comum ouvir dizer que a política é feita por indivíduos interessados exclusivamente em aumentar a própria vantagem. Quando Maquiavel, no famoso capítulo XVIII de O *príncipe*, descreve as qualidades que deve ter quem tem em mãos o destino de um Estado, afirma que esse alguém deve combinar ao mesmo tempo as qualidades do leão e da raposa, isto é, a força e a astúcia: são duas qualidades que nada têm a ver com o fim do bem comum, mas concernem exclusivamente ao objetivo imediato de conservar o poder, independentemente do uso público ou privado que desse poder o governante demonstre querer fazer.

Mesmo prescindindo desse argumento, o conceito de bem comum, não obstante sua longa história, é tudo, menos claro. Ele enfrenta no mínimo duas grandes dificuldades, a indeterminação ou variedade de significados historicamente verificáveis e a dificuldade de encontrar os procedimentos adequados para verificá-lo em cada situação. Qual seja a variedade histórica dos significados de bem comum nas diferentes comunidades é provado pela maior ou menor extensão dos fins propostos ao Estado segundo se considere necessária uma maior ou menor extensão da esfera pública em relação à esfera privada. A multiplicidade dos fins que as comunidades políticas se propuseram nas diferentes situações históricas fez com que Montesquieu afirmasse: "por mais que todos os Estados tenham em geral o mesmo fim, que é a sua própria conservação, cada qual é levado a desejar um em particular", donde temos que "o engrandecimento era o fim de Roma; a guerra, o dos espartanos; a religião, o das leis hebraicas; o comércio, o dos marselheses etc.".[1] Diante dessa constatação, o fim do Estado não é geralmente levado em consideração pelos escritores de direito público como um dos elementos constitutivos da definição de Estado. "Não é possível definir um grupo político — e tampouco o Estado — indicando o objetivo do seu agir de grupo." Assim escreve Max Weber, e explica: "Não há nenhum objetivo que grupos políticos não tenham alguma vez proposto, do esforço de prover o sustento à proteção da arte; e não há nenhum que todos tenham perseguido, da garantia de segurança pessoal à determinação do direito".[2] Para Hans Kelsen, o Estado é uma ordem coativa, um conjunto de normas que se fazem valer contra os transgressores até mesmo recorrendo à força; assim sendo, é definido como uma técnica de organização social, e portanto, enquanto técnica, pode ser utilizado para os objetivos mais diversos. Uma saída para essa real dificuldade consiste em distinguir o bem comum que pode ser mantido indeterminado, sendo variável segundo os tempos, os lugares e os diferentes regimes, do bem que todos os indivíduos reunidos em uma comunidade política têm em comum, e que também pode ser chamado de objetivo mínimo de cada Estado, aquele objetivo que, caso não seja alcançado, o Estado deixa de existir ou se dissolve, e que por isso serve para distinguir não, por exemplo, o Estado liberal do Estado socialista (dois Estados cujos fins últimos são certamente distintos), mas uma comunidade política, qualquer que seja, de uma comunidade não-política; esse objetivo mínimo é a ordem pública interna e internacional.

Para além desse objetivo mínimo, que é o pressuposto mesmo do nascimento da comunidade política, a dificuldade de determinar, em cada situação, em que consiste o bem comum – pensemos, por exemplo, nas decisões que cada governo deve tomar com relação ao tema da política escolar, da política religiosa, da política econômica, da política militar etc. — depende do fato de que as escolhas possíveis são muitas, e que a escolha de uma alternativa no lugar de outra depende, por sua vez, da relação de força entre os vários grupos políticos e dos procedimentos que são adotados para se tomarem as decisões vinculadoras da inteira coletividade, e que são exatamente as decisões propriamente políticas. Em uma sociedade fortemente dividida em classes contrapostas, é provável que o interesse da classe dominante seja assumido e

---

1. MONTESQUIEU, *Esprit des lois* (1748), livro XI, c. V (ed. it.: *Lo spirito delle leggi*, organizado por S. Cotta, Utet, Turim, 1952, reimp. 1973, vol. I, p. 274).
2. M. WEBER, *Wirtschaft und Gesellschaft*, organizado por J. Winckelmann, Mohr, Tübingen, 1976/5, vol. I, pp. 29-30 (ed. it.: *Economia e società*, organizado por P. Rossi, Edizioni di Comunità, 2 vols., Milão, 1974/3, nova ed. em 5 vols., 1980, vol. I, pp. 53-54).

sustentado até mesmo coercitivamente enquanto interesse coletivo. Em uma sociedade pluralista e democrática, na qual decisões coletivas são tomadas pela maioria (ou pelos próprios cidadãos, ou por seus representantes), considera-se interesse coletivo aquilo que foi aprovado pela maioria: mas trata-se de uma simples presunção fundada sobre uma útil convenção mais do que sobre argumentos racionais. O único critério razoável, que é aquele do qual são fautores os utilitaristas, e que consiste em levar em conta as preferências individuais e delas partir, vai em direção a todas as dificuldades inerentes ao cálculo das preferências e ao modo de somá-las nas quais se debate, sem saída aparente, a teoria das decisões racionais.

O critério mais adequado para distinguir o poder político das outras formas de poder, e portanto para delimitar o campo da política e das ações políticas, é aquele que se funda sobre os meios dos quais as diversas formas de poder se servem para obter os efeitos desejados: o meio do qual se serve o poder político, embora, em última instância, diferente do poder econômico e do poder ideológico, é a força. O poder econômico se vale da posse de bens necessários, ou como tais percebidos em uma situação de escassez, para induzir aqueles que nada possuem a manter um determinado comportamento, como, por exemplo, a execução de um trabalho útil à coletividade. Em qualquer sociedade onde há proprietários e despossuídos, o poder dos primeiros deriva da possibilidade que a disposição exclusiva de um bem lhes dá de conseguir fazer com que os segundos trabalhem para os primeiros sob as condições pelos primeiros impostas. O poder ideológico se vale da posse de certas formas de saber inacessíveis aos demais, de doutrinas, de conhecimentos, até mesmo apenas de informações, ou então de códigos de conduta, para exercer uma influência sobre o comportamento de outrem e induzir os componentes do grupo a agir de um determinado modo e não de outro. Desse tipo de condicionamento deriva a importância social daqueles que sabem, sejam eles os sacerdotes das sociedades tradicionais, sejam eles os literatos, os cientistas, os técnicos, os chamados intelectuais nas sociedades secularizadas: através dos conhecimentos que eles difundem e dos valores que pregam, cumpre-se o processo de socialização que, promovendo a coesão de grupo, permite que uma comunidade sobreviva. Uma vez que o poder político se caracteriza pelo uso da força, ele é o sumo poder ou o poder soberano, cuja posse distingue, em toda sociedade organizada, a classe dominante. Nas relações interindividuais, não obstante o estado de subordinação que a expropriação dos meios de produção cria nos expropriados, não obstante a adesão passiva aos valores transmitidos por parte dos destinatários das mensagens emitidas pela classe dominante, apenas o emprego da força física consegue impedir a insubordinação e domar toda forma de desobediência. Do mesmo modo, nas relações entre grupos políticos independentes, o instrumento decisivo que um grupo dispõe para impor a própria vontade a um outro grupo é o uso da força, isto é, a guerra.

A esta caracterização do poder político associa-se, ainda que não expressamente, a conhecida definição de política de Carl Schmitt, segundo a qual a esfera da política coincide com a esfera na qual se desenvolvem as relações entre amigos e inimigos, e, conseqüentemente, a ação política consiste em agregar os amigos ou desagregar os inimigos. Uma vez que o poder político é definido como aquele poder que se serve em última instância da força física para alcançar os efeitos desejados, ele é também aquele poder ao qual se apela para resolver os conflitos cuja falta de solução teria por efeito a desagregação interna da comunidade política — o desaparecimento dos "amigos" — e a sua supressão a partir do exterior — a vitória dos "inimigos". Também de acordo com essa interpretação, a expressão mais característica da política vem a ser a guerra, exatamente enquanto explicação máxima da força como meio para a solução dos conflitos.

2. Política e sociedade

Toda ação política é uma ação social no duplo sentido de ação interindividual e de ação de grupo. Mas nem toda ação social é política. A categoria da política é uma das grandes categorias dentro das quais se divide o universo social, universo no qual se desenvolvem as relações entre indivíduos, se constituem grupos de indivíduos, e se desenvolvem as relações entre os grupos. A distinção entre poder político, poder econômico e poder ideológico permite delimitar a esfera das relações e dos grupos políticos em relação às duas esferas confinantes (mesmo que as fronteiras sejam flexíveis) das relações e dos grupos econômicos, e das relações e dos grupos ideológicos. Essa delimitação é o produto de uma lenta transformação histórica: em uma sociedade primitiva, as várias formas de agregação social e dos respectivos poderes são pouco distinguíveis. Mesmo no pensamento grego, ao qual é necessário remontar sempre, por estar na origem da reflexão sobre política de toda a tradição do pensamento ocidental, a distinção não é assim tão clara: quando Aristóteles, no início da sua obra sobre a *Política*, afirma que o homem é um animal político, entende dizer que, diferente de outros animais, o homem não pode viver senão em sociedade, tanto que são Tomás de Aquino, que vive em uma época na qual já ocorrera a nítida distinção entre duas sociedades, a religiosa e a política, traduz "animal *politicum et sociale*". Os gregos conhecem a distinção entre a esfera social, à qual pertence a política, e a esfera individual, à qual pertence a ética, entre a vida ativa, que se desenvolve na sociedade, e a vida contemplativa, que diz respeito ao indivíduo isolado. Não se preocupam, diferentemente do que ocorre em toda a tradição do pensamento pós-clássico, com a distinção, no interior da esfera social, dos vários âmbitos, entre os quais apenas o âmbito político assume um caráter específico. Quando Aristóteles fala das sociedades parciais, que nascem no seio da comunidade política com a finalidade de agregar indivíduos que juntos pretendem alcançar fins de interesse comum, como a associação dos navegantes ou aquela dos companheiros de armas ou de festas, fala delas no capítulo sobre a amizade das suas lições de moral (que chegaram até nós com o título de *Ética a Nicômaco*), e considera-as "partes da comunidade política". O pensamento antigo tem diante de si uma única sociedade "perfeita" (o adjetivo é do próprio Aristóteles), a *pólis*, ou a sociedade política propriamente dita, que abraça em seu seio as sociedades menores e não tem nenhuma outra sociedade além de si: a república universal dos estóicos, à qual pertencem os sábios, é um ideal de vida, não uma instituição, e, aliás independente de qualquer instituição, e nisso consiste a sua universalidade. Somente com o surgimento do cristianismo, religião tendencialmente universal, e com a institucionalização da sociedade religiosa que o difunde, as *societates perfectae* tornam-se duas, a Igreja e o Estado. Dessa diferenciação nasce o problema da distinção entre ambas, da delimitação dos seus respectivos poderes, o poder espiritual e o poder temporal: um problema ao qual a doutrina política pós-clássica se dedica incessantemente em busca de uma solução. O poder político precisa continuamente enfrentar um poder distinto que, além do mais, afirma desde o início a própria supremacia sobre os poderes terrenos [*potestà terrene*], através do princípio "imperator intra ecclesiam, non supra ecclesiam" ("o imperador está dentro da Igreja, não acima da Igreja"). Segundo a doutrina que passou à história com o nome de doutrina gelasiana (do papa Gelásio I): "Duo sunt quibus pricipaliter mundus hic regitur: auctoritas sacrata pontificum et regalis potestas" ("são dois principalmente os regimentos deste mundo: a autoridade sacra [*autorità sacra*] dos pontífices e o poder régio [*potestà regale*]"). Torna-se *communis opinio* a distinção entre a *vis directiva* (poder de dirigir), que é prerrogativa da Igreja, e a *vis coactiva* (poder de coagir), que é prerrogativa do poder político. Ao contrapor-se ao poder espiritual e às suas pretensões, os defensores e os detentores do poder temporal pretendem atribuir ao Estado o direito e o poder exclusivo de exercer sobre um determinado território, e em relação aos habitantes desse território, a força física, deixando à Igreja o direito e o poder de ensinar a verdadeira religião, os preceitos da moral, de salvaguardar a doutrina dos erros, de levar os indivíduos rumo à conquista dos bens espirituais, primeiro entre todos, a salvação da alma. O poder espiritual serve-se de meios de coação psicológica mesmo quando faz ameaças de penas e promessas de prêmios, já que se trata de penas e prêmios cuja execução é postergada para uma outra vida; o poder político serve-se também da força física, e dela se serve não apenas para punir os transgressores das leis por ele promulgadas, mas também para punir os heréticos (o assim chamado braço secular).

O processo de secularização que deriva da fragmentação da unidade religiosa operada pela Reforma e pelo nascimento da ciência moderna por obra da triunfante concepção mecanicista, não mais teleológica, de mundo, não muda em nada a relação entre a esfera política e a esfera religiosa, aliás a reafirma e aprofunda: da pluralidade das confissões religiosas (Igrejas constituídas e seitas não-conformistas) surge a demanda, característica de uma sociedade secularizada, de tolerância religiosa, que consiste praticamente e institucionalmente na defesa juridicamente garantida da liberdade de consciência e de profissão de fé com respeito ao poder político e, conseqüentemente, na imposição de um limite insuperável ao poder coativo próprio do Estado. A demanda de liberdade religiosa, que é uma típica forma de liberdade a partir do Estado, estende-se às liberdades de pensamento e de opinião em geral e de opinião política em especial; a liberdade de pensamento e de opinião consolida-se, por sua vez, com a liberdade de imprensa. No exercício de todas essas liberdades constitui-se o segmento moderno dos livres-pensadores, dos escritores independentes, dos formadores de opinião pública, dos "philosophes", em uma palavra: dos "intelectuais", que substituem, pouco a pouco, os sacerdotes das religiões tradicionais no exercício do poder ideológico, no exercício portanto do poder de persuadir ou dissuadir, de direcionar as mentes ou de incitar os ânimos, a favor ou contra o poder político constituído, a partir da cátedra, com os escritos, através dos jornais, discursos, e qualquer outra forma de comunicação direta ou indireta. Não menos que os profetas religiosos, o clero das Igrejas, dos inspiradores das seitas, os ideólogos, que têm tanta participação no movimento iluminista e depois nos movimentos socialistas do século XIX, formam um segmento autônomo com relação ao segmento dos políticos, salvo quando eles próprios se tranformam em políticos, dando vida a partidos que combatem batalhas políticas, pela derrubada ou conservação de uma determinada disposição estatal. Mas uma relativa autonomia da esfera intelectual, dentro da qual se elaboram os instrumentos do consenso e do dissenso, já se tornou um dado constante das sociedades intelectual e politicamente mais avançadas. Não que não tenha reaparecido na contemporaneidade a reapropriação do monopólio do poder ideológico por parte do poder político naquelas formas de Estado que, exatamente devido a essa supressão da dialética entre a esfera onde se elaboram as idéias e a esfera onde é exercido o monopólio da força legítima, recebem o nome de "totalitários". Mas se trata de regimes que, comparados ao processo de formação das sociedades pluralistas surgidas no período da secularização, caminham contra a corrente, porque neles estão suprimidas as diversas esferas relativamente autônomas (também a esfera econômica) que constituem o terreno de formação e de desenvolvimento da democracia.

Ao lado e para além da separação da esfera religiosa e genericamente espiritual da esfera política, a era moderna conhece uma outra forma de delimitação da política, que nasce da gradual emancipação do poder econômico em relação ao poder político. Na sociedade feudal, os dois poderes são indissolúveis um do outro: o detentor do poder político, seja do rei, seja de seus feudatários, é também o proprietário dos bens sobre os quais se funda o seu poder de regente dos homens. O poder sobre as coisas compreende também o poder sobre os homens e o poder sobre os homens passa pelo poder sobre as coisas. Indo além, mesmo quando se forma o grande Estado territorial moderno, o *imperium* do soberano (o comando propriamente político cujos destinatários são sujeitos humanos) nunca está totalmente dissociado do *dominium* (o poder sobre as coisas): O Estado patrimonial é aquele Estado no qual o soberano detém o território do Estado como propriedade sua, ou pelo menos como forma do *dominium eminens* ou propriedade originária da qual promanam as propriedades dos indivíduos, e que se manifesta, por exemplo, no direito de expropriação por pública utilidade. Essa confusão permanece enquanto um direito tão especificamente privado como aquele da sucessão hereditária continuar a valer, não apenas para os bens, mas também para a transmissão do poder político e de funções estatais. Sob outro ponto de vista, a sobreposição entre poder econômico e poder político pode também ser representada como um tipo de confusão entre direito público e direito privado, como o efeito de uma concepção privatística do público que impede a nítida separação entre os interesses dos privados e o interesse do Estado. Com a formação da classe mercantil burguesa, que luta contra os vínculos feudais pelo comércio livre, antes no interior do Estado, depois também no exterior, a sociedade civil — como esfera das relações econômicas que obedecem a leis naturais objetivas, que deveriam se impor sobre as leis estabelecidas pelo poder político (conforme a doutrina fisiocrática), ou considerada regulada por uma racionalidade espontânea (conforme a doutrina do mercado e da mão invisível de Adam Smith e dos economistas clássicos) —, pretende desvencilhar-se do abraço mortal do Estado e, enquanto esfera autônoma que possui leis de formação e de desenvolvimento próprios, apresenta-se como limite à esfera de competência do poder político, aliás, tende a reduzi-la cada vez mais às funções meramente protetoras dos direitos dos proprietários e repressivas dos crimes contra a propriedade. Disso nasce a doutrina segundo a qual o Estado que governa melhor é aquele que governa menos, hoje chamada doutrina do "Estado mínimo": doutrina que forma o núcleo forte e resistente, e por isso sempre atual, do pensamento liberal, do final do século XVIII aos nossos dias.

Assim como a emancipação da esfera religiosa daquela política dá origem, pelo menos em um primeiro momento, à tese do primado da primeira sobre a segunda, da mesma forma a emancipação da esfera econômica em relação à esfera política tem por conseqüência a afirmação da subordinação do poder político ao poder econômico. Tal afirmação tornou-se patrimônio comum do pensamento político do século XIX através da conhecida tese marxiana segundo a qual as instituições políticas e jurídicas são uma superestrutura em relação à base das relações econômicas. Mas a sua origem deve ser buscada no pensamento dos economistas clássicos, e ainda mais genericamente em todo o pensamento liberal, segundo o qual o sistema político tem a função exclusiva de permitir o desenvolvimento natural do sistema econômico, e a ele está, portanto, rigidamente condicionado. A diferença entre a doutrina dos economistas clássicos, que está no fundamento do Estado liberal-burguês, e a doutrina marxiana, que está no fundamento da crítica do mesmo Estado liberal-burguês, consiste no distinto juízo de valor que uma e outra dão sobre a forma de produção capitalista, um juízo distinto que tem conseqüências políticas de distinto sinal, o desenvolvimento, de um lado, da sociedade capitalista, e, de outro, a sua negação.

3. Política e moral

Um vez delimitada conceitual e historicamente a esfera da política em relação à esfera espiritual e à esfera econômica, apresenta-se o problema, não menos clássico, das relações entre política e moral. Convém, no entanto, prontamente esclarecer que se trata de um problema que se coloca em um plano completamente distinto dos outros até agora tratados, porque pertence ao plano deontológico, ou do dever ser, e não ao plano ontológico, ou do ser. Em palavras mais simples, uma coisa é perguntar qual é o espaço que a ação política ocupa no universo social ou das ações interindividuais e de grupo, uma pergunta que consiste em determinar a natureza da ação política; outra coisa é perguntar como deve se comportar aquele que age politicamente, se há regras de comportamento que diferenciam a ação política de outras formas de ação. Também este é um problema que versa sobre a chamada autonomia da política, mas é uma autonomia, posto que seja possível demonstrá-la, que concerne não à sua esfera de aplicação, mas ao sistema normativo ao qual obedece. Nesse contexto, chama-se autonomia da política o reconhecimento de que o critério com base no qual se considera boa ou má uma ação que pertence à categoria da política, tal como foi até agora detalhada, é distinto do critério com base no qual se considera boa ou má uma ação moral. Trata-se, em suma, do problema que é comumente apresentado nos seguintes termos: uma ação que é considerada obrigatória na moral é também obrigatória na política (ou melhor, para aquele que cumpre uma ação política, uma ação no âmbito da esfera política ou do exercício do poder político)? Ou, inversamente, aquilo que é lícito na política é lícito também na moral? Em outras palavras: podem ocorrer ações morais que são impolíticas ou apolíticas, e ações políticas que são imorais ou amorais?

Considera-se que o problema na sua forma mais aguda tenha nascido com a formação dos grandes Estados territoriais modernos nos quais, através da conduta dos detentores do poder, a política se revela cada vez mais o lugar no qual se exerce a vontade de potência, em um teatro bem mais vasto e portanto bem mais visível do que aquele das contendas pessoais e dos conflitos da sociedade feudal. Não é por acaso que o primeiro escritor político a apresentar o problema com máxima clareza tenha sido Niccolò Maquiavel, que escreve o seu tratado sobre o príncipe no início de um século durante o qual se desenvolve o grande conflito entre a França e o Império e explodem as guerras religiosas que cobrirão de sangue a Europa durante muitas décadas. No já citado capítulo XVIII de O *príncipe*, Maquiavel coloca o problema se o homem de Estado é obrigado a respeitar os pactos. O princípio de que os pactos devem ser observados, as promessas mantidas, é um princípio fundamental da moral. Maquiavel não tem dúvidas sobre esse ponto. Mas observa que fizeram "grandes coisas" os príncipes que esse princípio tiveram em pouca conta. Qual é o dever ao qual são chamados os príncipes (onde por "príncipe" entende-se genericamente qualquer detentor do sumo poder político)? Manter os pactos ou "fazer grandes coisas"? E se, para manterem os pactos, não conseguirem fazer grandes coisas, podem ser considerados bons políticos? Se para ser considerados bons príncipes devem violar as normas da moral, a partir disso não se conclui que moral e política, pelo menos do ponto de vista do critério de juízo sobre aquilo que é um bem e aquilo que é um mal, não coincidem? Na conclusão do mesmo capítulo, Maquiavel expõe claramente o seu pensamento ao afirmar que para julgar a bondade ou a maldade de uma ação política é preciso olhar o fim (em outras palavras, o resultado da ação), e formula a seguinte máxima: "Facci dunque uno principe di vincere e mantenere lo stato: e' mezzi saranno sempre iudicati onorevoli, e da ciascuno laudati" (Faça portanto um príncipe de modo a vencer e manter o Estado: e os meios serão sempre julgados honrosos, e por todos louvados). Qual é, então, o fim do homem político? É a vitória contra o inimigo e depois da vitória, a conservação do Estado assim conquistado. Para alcançar esse fim, ele deve utilizar todos os meios adequados. Entre esses meios adequados também está aquele de não respeitar os pactos? Ora, não respeitar os pactos torna-se para ele uma conduta não apenas lícita mas obrigatória. Remonta a essas páginas a máxima que presidiria a ação política, distinguindo-a da ação moral: o fim justifica os meios.

Esta máxima torna-se o núcleo principal da chamada doutrina da razão de Estado, daquela doutrina segundo a qual a política tem as suas razões, e portanto as suas justificações, que são diferentes das razões, e portanto das justificações, do indivíduo isolado, que age tendo em vista seus próprios interesses. É como dizer que, em vista do interesse coletivo, ao político é lícito fazer aquilo que não é lícito ao indivíduo isolado ou, se quisermos, a moral do político não é a moral do indivíduo. Cosimo de' Medici costumava dizer, como repete Maquiavel, que os Estados não são governados com os *pater noster*. Um maquiavélico como Gabriel Naudé, autor de um conhecido tratado sobre a razão de Estado, intitulado *Considerazioni politiche sui colpi di stato* (*Considerações políticas sobre os golpes de Estado*) [1639], escreve, citando Charron, que "a virtude e a bondade dos governantes seguem um caminho distinto daquele de um simples privado: os seus caminhos são de fato mais largos e mais livres, para compensar a grande, pesada e perigosa responsabilidade que recai sobre as suas costas".[3] Um dos episódios mais atrozes

---

3. G. NAUDÉ, *Considerazioni politiche sui colpi di stato* (1639), ed. it.: Boringhieri, Turim, 1958, p. 47. (Da obra existe uma nova ed. organizada por A. Piazzi, Giuffrè, Milão, 1992, na qual a passagem cit. está, em outra trad., na p. 131).

das guerras religiosas é a noite de São Bartolomeu (23-24 de agosto de 1572). Naudé, mesmo reconhecendo que o massacre foi por muitos condenado, escreve: "Não terei contudo escrúpulos em afirmar que esta empresa foi mais que oportuna, importantíssima e justificada por razões mais que suficientes".[4] Que razões mais que suficientes? Evidentemente são razões de Estado, são razões que justificam uma ação, a mais perversa das ações, em vista do fim, que é também nesse caso a conservação do Estado.

Da impiedosa análise feita por Maquiavel, e pelos escritores políticos que lhe sucederam, acerca da conduta dos homens de Estado, com muita freqüência clamorosamente contrária às regras da moral comum, nasce um dos temas mais debatidos da filosofia política: a explicação e a justificação dessa oposição. Dela foram dadas principalmente duas versões. A primeira é aquela que explica e justifica a oposição com base na diferença entre regra e exceção: as regras morais, sejam elas fundadas em uma revelação divina, como os Dez Mandamentos e os preceitos evangélicos, ou com argumentos racionais ou históricos, são, sim, universais, no sentido de que valem para todos os tempos e para todos os homens, mas não são absolutas, no sentido de que não valem em todos os casos, admitem exceções, e portanto, em certos casos especificamente determinados e determináveis, podem admitir uma derrogação. As ações dos políticos, visivelmente contrárias à moral comum, deveriam ser explicadas e justificadas como derrogações decorrentes de situações excepcionais. Uma resposta desse tipo ao antigo problema da oposição entre moral e política permite manter a crença na idéia de que não há duas morais, uma pública e uma privada, uma válida para os indivíduos e uma outra para os Estados, mas que a moral é uma só, válida para todos, salvo casos especiais, nos quais torna-se lícito aquilo que em geral é proibido, não apenas para os Estados, mas também para os indivíduos. Se a disparidade entre a conduta conforme a moral comum e a conduta que a viola por circunstâncias excepcionais é mais evidente na esfera política, isso dependeria apenas do fato de que a ação política é mais visível do que a ação privada e está também mais exposta à excepcionalidade das circunstâncias que justificam a derrogação. Essas circunstâncias resumem-se na categoria geral do Estado de necessidade, o qual vale como justificação de uma ação de outra forma passível de culpa e punição tanto para o indivíduo privado quanto para o homem público. Por "Estado de necessidade" entende-

---

4. *Ibid.*, p. 108 (na nova ed. Giuffrè, cit., na p. 194).

se aquele Estado no qual um sujeito, seja o indivíduo que age tendo em vista seus próprios interesses, seja o homem político que age em nome e por conta de uma coletividade, não pode evitar aquilo que faz, isto é, não tem escolha. Todas as normas, tanto as morais quanto as jurídicas ou do costume, dizem respeito apenas às ações possíveis, as ações que podem ser cumpridas ou não cumpridas segundo a vontade do sujeito ao qual se dirigem. Quando o agente encontra-se em uma situação na qual uma certa ação é necessária no duplo sentido de não poder não fazê-la (necessidade propriamente dita) ou de não poder fazê-la (ou impossibilidade), qualquer norma que comanda ou proíbe uma ação distinta é absolutamente impotente. Diz-se que a necessidade não tem lei: não tem lei porque é mais forte do que qualquer lei. A própria máxima "o fim justifica os meios" pode ser incluída no princípio da derrogação por razões de necessidade. Se é verdade realmente que em uma determinada situação há apenas um meio de se alcançar um fim, e esse fim deve ser alcançado, a efetuação do meio torna-se uma ação necessária, em relação à qual o sujeito agente não tem escolha e portanto não está livre para agir seguindo o preceito moral que lhe imporia uma conduta diferente. A máxima maquiavélica, tão mal-afamada, representaria, segundo essa interpretação, não tanto a impossibilidade de reduzir a política à ordem da moral, mas a maior extensão dos vínculos que a conduta política, dada a maior relevância do fim, encontra em seu caminho, e, definitivamente, a maior freqüência das ações necessárias e como tal livres da obrigação de observância das normas morais.

A segunda explicação (que é também uma justificação) da oposição é completamente diferente: a disparidade entre moral e política não depende da relação regra-exceção, mas da existência de duas verdadeiras e próprias morais, cuja distinção repousa sobre dois critérios de avaliação distintos, entre si incompatíveis, da bondade ou maldade das ações. Quem melhor do que qualquer outro captou essa oposição foi Max Weber, com a distinção entre ética da convicção e ética da responsabilidade. Aquele que age com base na primeira considera que o seu dever consiste em respeitar alguns princípios de conduta colocados como absolutamente válidos independentemente das conseqüências que deles possam derivar. Aquele que age com base na segunda considera ter feito o próprio dever se conseguir obter o resultado ao qual se propôs. Em termos mais simples, cada ação pode ser avaliada com base em princípios dados, como são as regras da moral universal, e julgada boa se as respeita, má, se as viola. Mas pode também ser avaliada em base às conseqüências, e julgada boa se for bem-sucedida, e má, se falhar. No primeiro caso, a ação é avaliada com base em alguma coisa que vem antes da ação; no segundo, em alguma coisa que vem depois. Como os dois critérios são distintos, uma ação boa segundo o primeiro critério pode ser má com base no segundo, e vice-versa. Se pressuponho como critério de juízo uma regra universal, como aquela de não matar, o assassinato de um homem é ilícito (salvo se se tratar de um caso no qual se possa fazer valer o Estado de necessidade). Se parto, em vez disso, da idéia de que a ação deve ser julgada com base no resultado, o assassinato do tirano (o chamado tiranicídio, sobre cuja licitude durante séculos durou o debate, que de fato ainda não terminou) pode ser considerado lícito (para alguns, até mesmo um dever). Quem levar em consideração a pena de morte do ponto de vista da ética dos princípios, com base na qual não se deve matar, deveria coerentemente propor a abolição (a menos que a justifique como exceção à regra); quem a levar em consideração do ponto de vista dos efeitos (o principal efeito que justifica a pena é a sua força intimidadora) será favorável à sua manutenção lá onde existe, e à sua reproposição lá onde foi abolida, se conseguir demonstrar que refreia o potencial delinqüente mais que qualquer outra pena. Essa oposição entre duas diferentes avaliações da nossa ação acompanha-nos pela vida afora, e constitui uma razão fundamental dos conflitos morais que, contrariamente àquilo em que se acredita, não dependem da incompatibilidade de duas normas, mas da diferença dos dois critérios. Para dar o exemplo costumaz: uma norma da moral comum impõe que eu não minta; mas... e se, dizendo a verdade, eu estiver traindo um amigo?

Não há explicação e justificação mais claras e convincentes da oposição entre moral e política do que a tomada de consciência da existência de duas morais em razão dos dois modos distintos de julgar a mesma ação, segundo se tome o ponto de vista dos princípios ou o ponto de vista dos resultados. Ora, aquilo que coloca a conduta do homem político em oposição à moral comum é inspirar-se na ética dos resultados, e não na ética dos princípios. A bondade de uma ação política é julgada pelo sucesso, e julga-se bom político aquele que consegue obter o efeito desejado. Mas a capacidade de obter o efeito desejado não é a virtude do político no preciso sentido maquiavélico da palavra? Então, mais do que de imoralidade ou amoralidade da política, ou de impoliticidade ou de apoliticidade da moral, seria mais correto falar de dois universos éticos que se movem segundo critérios distintos de avaliação da ação segundo as diferentes esferas nas quais os indivíduos encontram-se agindo. Desses dois universos éticos são representantes ideais (na prática pode haver confusões e sobreposições) dois personagens distintos que agem no mundo sobre caminhos destinados a quase nunca se encontrar: de um lado, o homem de fé, de convicções profundas, o profeta (pensemos na figura do profeta desarmado escarnecido por Maquiavel), o moralista, o sábio que olha a cidade celeste como a uma meta ideal, mesmo sabendo que não pertence a este mundo; de outro, o *condottiere*, o homem de Estado, o governante sagaz, o fundador de Estados, o "herói", como o chamava Hegel, ao qual é lícito usar também de violência para imprimir a direção por ele fortemente desejada ao curso da história universal.

4. Política e direito

Enquanto o problema da relação entre esfera política e esfera econômica é um problema de delimitação de campos, que aqui foi reconstruída como delimitação de duas esferas de exercício do poder com distintos meios, e o problema da relação entre moral e política é um problema de distinção entre dois critérios de avaliação das ações, o problema da relação entre política e direito é um problema muito complexo de interdependência recíproca. Quando por direito se entende o conjunto das normas, o sistema normativo, dentro do qual se desenvolve a vida de um grupo organizado, a política tem a ver com o direito sob dois pontos de vista: enquanto a ação política se exerce através do direito, e enquanto o direito delimita e disciplina a ação política.

Sob o primeiro aspecto, a ordem jurídica é o produto do poder político. Onde não há poder capaz de fazer valer as normas por ele estabelecidas recorrendo também em última instância à força, não há direito. Bem entendido, trata-se do direito positivo, e não do direito natural que é chamado direito em sentido bem diverso, e impróprio; do direito como é entendido pelo positivismo jurídico, pela doutrina segundo a qual não há outro direito senão aquele estabelecido diretamente ou indiretamente reconhecido pelo poder político. Como princípio fundamental do positivismo jurídico pode-se assumir a máxima hobbesiana: "Não é a sabedoria, mas a autoridade que cria a lei". O mesmo Hobbes comenta a máxima com estas palavras que não poderiam ser mais claras: "Quando falo das leis, pretendo falar das leis vivas e armadas (...). Não é a palavra da lei, mas o poder daquele que tem nas mãos a força de uma nação, que torna eficazes as leis".[5] O sustentador diligente e coerente do positivismo jurídico contra os fautores do direi-

---

5. TH. HOBBES, *A Dialogue between a Philosopher and a Student of the Commom Laws of England* (1681) (ed. it.: *Dialogo fra un filosofo e uno studioso del diritto comune d'Inghilterra*, in ID., *Opere politiche*, organizado por N. Bobbio, Utet, Turim, 1959, reimp. 1971, vol. I, pp. 397, 402).

to natural explica as razões pelas quais apenas o direito positivo, e não o direito natural, é para os juristas aquilo que corretamente pode ser chamado direito, afirmando que, diferentemente das normas do direito positivo, que são estabelecidas por uma autoridade humana, as normas do direito natural são consideradas válidas não porque sejam efetivamente aplicadas, mas porque são pressupostas justas por serem derivadas da natureza e indiretamente da razão ou da vontade divina.

Nessa perspectiva, na qual o direito é um produto do poder, o nexo entre poder político e direito é simples: uma vez definida uma ordem jurídica, entendida exclusivamente como direito positivo, na qualidade de ordem coativa, ou seja, na qualidade de conjunto de normas que são feitas valer contra os trangressores também recorrendo à força — e nisso consiste habitualmente a diferença entre o direito e a moral, entre o direito e o costume —, a existência de uma ordem jurídica depende da existência de um poder político, definido, exatamente como foi aqui definido, como o poder cujo instrumento característico de aplicação é a força física. Mas uma vez reduzido todo o direito a direito positivo, a um direito cuja validade depende unicamente da presença de uma força capaz de fazê-lo valer contra qualquer membro do grupo, vemo-nos tendo de enfrentar a velha e sempre recorrente objeção: como distinguir uma comunidade jurídica, como o Estado, do bando de ladrões, a norma do direito do comando do malfeitor, o comando do legislador da ameaça do bandido: "a bolsa ou a vida"? Tal dificuldade não existe para o jusnaturalista, para aquele que considera que uma norma pode ser considerada válida somente se também for justa, se estiver conforme aos princípios éticos cuja validade não depende da autoridade que tem o direito de exercer o poder coativo. Mas, e para quem considera direito apenas a norma estabelecida por uma autoridade que tem o poder de fazê-la respeitar recorrendo em última instância também à força? E como? Um bando de malfeitores não é uma ordem coativa? Em outras palavras, uma vez reduzido o direito a produto de um poder capaz de impor regras de conduta coercitivamente, como é possível evitar a redução do direito a poder puro e simples, uma ordem jurídica em ordem exclusivamente fundada sobre o direito do mais forte? É impossível expor os termos do problema de um modo mais claro do que recorrendo a uma conhecida passagem de santo Agostinho: "que são os bandos de ladrões senão pequenos reinos? Um bando de ladrões também é, de fato, uma associação de homens, na qual há um líder que comanda, na qual é reconhecido um pacto social, e a divisão da rapinagem é regulada segundo convenções previamente acordadas. Se cresce até o ponto de ocupar um país e nele estabelece a própria sede, essa associação de malfeitores submete povos e cidades e arroga-se abertamente o título de reino, título que lhe é assegurado não pela renúncia à cobiça, mas à conquista da impunidade".[6]

Para santo Agostinho, e para todos aqueles que não se resignam a considerar o direito unicamente o produto da vontade dominante, o que distingue uma comunidade política de um bando de ladrões é a correspondência ou não das leis ao ideal da justiça. Mas o que é a justiça? Existe uma idéia universal de justiça que permita estabelecer exatamente esta linha fronteiriça? Os princípios de justiça, como "dar a cada um o que é seu" ou "cada um faça aquilo que dele se espera" não são meramente formais e portanto passíveis de serem preenchidos por qualquer conteúdo? E quem decide em cada circunstância qual é o conteúdo específico senão aquele que tem o poder de tomar decisões que valem coativamente para todos, e portanto, uma vez mais, o detentor do poder político?

Neste ponto intervém um outro critério de distinção: aquele entre poder legítimo e ilegítimo. E é aqui que a relação entre direito e política se inverte: não é mais o poder político que produz o direito, mas o direito que justifica o poder político. Ao problema do fundamento de legitimidade do poder podem ser dadas diversas respostas, mas permanece contudo o fato de que se recorre à noção de legitimidade para dar uma justificação do poder político, para diferenciar o poder político, como poder juridicamente fundado, das várias formas de poder de fato. Até este ponto, o poder político foi definido em relação às outras formas de poder, das quais as duas principais são o poder econômico e o poder ideológico, e em relação à ética na qual ele se inspira. Agora entra em campo uma outra distinção, aquela entre poder de direito e poder de fato. É princípio geral de filosofia moral que a má conduta é que precisa ser justificada, e não a boa conduta: não precisa de nenhuma justificação quem desafia a morte para salvar um homem em perigo, mas precisará apresentar uma justificação quem o deixa morrer. O autor de um conhecido livro sobre poder e sobre a sua legitimação escreveu: "Entre todas as desigualdades humanas, nenhuma precisa ser mais justificada do que a desigualdade estabelecida pelo poder".[7] Apenas a referência a um princípio de legitimação faz do poder de impor deveres um direito e da obediência dos destinatários da imposição um

---

6. AGOSTINHO, *De Civitate Dei*, IV, 4, que cito de *Il pensiero politico cristiano*, organizado por G. Barbero, Utet, Turim, 1965, vol. II, p. 517.

7. G. FERRERO, *Pouvoir*, Brentano's, New York, 1942 (ed. it.: *Potere*, Sugarco, Milão, 1981, p. 27).

dever, transforma uma relação de mera força em uma relação jurídica. Rousseau escreveu: "O mais forte nunca seria suficientemente forte para ser sempre o senhor se não transformasse a sua força em direito e a obediência em dever".[8]

Um poder é considerado legítimo quanto quem o detém o exerce a justo título, e o exerce a justo título enquanto for autorizado por uma norma ou por um conjunto de normas gerais que estabelecem quem, em uma determinada comunidade, tem o direito de comandar e de ter seus comandos obedecidos. Em uma monarquia absolutista, a norma fundamental autorizadora, e, enquanto tal, legitimante, é a lei que estabelece a ordem de sucessão ao trono; em um Estado parlamentar é a constituição, ou, mais precisamente, aquela parte da constituição que regula os poderes do parlamento, as relações entre parlamento e governo etc. A autorização transforma o simples poder em autoridade: a diferença entre autoridade e poder pode ser resumida na distinção entre poder de direito, e por isso legítimo, e poder de fato. Autoridade é o poder autorizado, e, apenas enquanto autorizado, capaz, por sua vez, de atribuir a outros sujeitos o poder de exercer um poder legítimo, em uma cadeia de sucessivas delegações de poder, de cima para baixo em um grupo autocrático, de baixo para cima, em um grupo democrático, em uma cadeia que caracteriza a organização de qualquer grupo político complexo. Comparada à máxima do positivismo jurídico, segundo a qual não é a sabedoria que faz a lei, mas sim a autoridade, a pergunta em torno da legitimidade do poder conduz à máxima oposta, segundo a qual não é o rei que faz a lei, mas a lei que faz o rei, ou, nas palavras de um legislador inglês do século XV, Henry Bracton (no escrito *De legibus et consuetudinibus Angliae*), que se transformaram em máxima transmitida ao longo dos séculos: "Ipse autem rex non debet esse sub homine, sed sub Deo et sub lege, *quia lex facit regem*". O que significa a lei faz o rei? Significa que é rei, ou melhor, é soberano legítimo, e portanto tem a autoridade e não apenas o simples poder do mais forte, aquele que governa com base em um poder que lhe foi atribuído por uma lei superior a si mesmo (que não pode modificar senão com base em leis colocadas ainda mais no alto, que prevêm o modo como podem ser modificadas as mesmas leis fundamentais).

À objeção segundo a qual a legitimação que transforma um poder de fato em poder de direito é um evento não originário mas derivado, e

---

8. J.-J. ROUSSEAU, *Il contratto sociale*, Einaudi, Turim, 1966, nova ed. 1994, p. 13.

que, na origem, o poder que institui um grupo político é sempre um poder de fato, como mostram os casos extremos do usurpador no interior de um sistema autocrático, da ditadura revolucionária na passagem de um grupo autocrático para um grupo democrático, da ditadura contra-revolucionária na passagem de um grupo democrático para um grupo autocrático, pode-se responder que tanto as usurpações quanto as ditaduras são eventos temporários, e dão vida a um sistema de poder duradouro apenas se o seu respectivo poder for institucionalizado, definitivamente regulado também ele pelo direito. Pode-se objetar que, neste caso, o que transforma o poder de fato em poder de direito não é tanto a sua institucionalização quanto a sua continuidade, e portanto a sua duração, aquilo que os juristas chamam de "efetividade", que seria mais um caso do poder que cria o direito, e não vice-versa. Mas é um grave erro — no qual recaem com freqüência aqueles que olham a complexa relação entre direito e poder apenas a partir do ponto de vista do poder, e não do direito — considerar que a continuidade de um poder exclusivo sobre um determinado território seja um mero fato. Trata-se, ao contrário, do resultado de uma miríade de comportamentos orientados em direção à obediência e aceitação das normas estabelecidas pelos detentores do poder que não podem ser explicadas de modo determinista, como se fossem fatos naturais, mas devem ser interpretados nas suas motivações, entre as quais está certamente também a motivação da validade das normas do sistema. De resto, a melhor prova de que legitimidade e efetividade não se identificam pode ser dada no processo inverso àquele da legitimação, através do qual um sistema de poder perde a própria legitimidade. No caso de temporária ocupação de um território por parte de um inimigo, a perda de efetividade do poder constituído não basta para determinar imediatamente a perda da sua legitimidade. Mas por que não basta? Porque a não-efetividade não é um mero fato, observável como se observa um fato natural, mas é conseqüência de uma série de comportamentos motivados, a cuja motivação é preciso remontar para julgar o grau de legitimidade de um poder em uma determinada situação histórica. Tal como a efetividade pressupõe aceitação, da mesma forma a deslegitimação pressupõe recusa e desobediência: obediência e desobediência são comportamentos humanos orientados, dos quais efetividade e não-efetividade são uma conseqüência.

Há enfim um outro aspecto da relação entre poder e direito que merece ser considerado: trata-se do problema da legalidade do poder, que diz respeito não mais a quem tem o direito de governar, mas ao modo como o poder de governo deve ser exercido. Quando se exige que o poder seja legítimo, espera-se que aquele que o detém tenha o direito de possuí-lo. Quando se invoca a legalidade do poder, exige-se que quem o detém o exerça não segundo o próprio capricho, mas em conformidade com as regras estabelecidas e dentro dos limites dessas regras. O contrário do poder legítimo é o poder de fato, o contrário do poder legal é o poder arbitrário. Toda a história do pensamento político ocidental está atravessada pela pergunta: "É melhor o governo das leis ou o governo dos homens?" Desde Aristóteles, a resposta avança no sentido do primeiro termo do dilema: "A lei não tem as paixões — diz Aristóteles — que necessariamente encontramos em cada homem" (*Política*, 1286a). Pela sua origem, seja derivada da natureza das coisas e transmitida por tradição ou descoberta pela sapiência do legislador, a lei permanece no tempo como um depósito da sabedoria popular e da sapiência civil que impede as mudanças bruscas, as prevaricações dos poderosos, o arbítrio do "sic volo sic iubeo". Da Antigüidade clássica a idéia de primado do governo das leis foi trasmitida ao pensamento jurídico medieval, e, em seguida, do pensamento medieval diretamente ao pensamento moderno, alcançando a própria perfeição na doutrina do "constitucionalismo", segundo a qual não há mais qualquer diferença entre governantes e governados com relação ao império da lei, porque também o poder dos governantes é regulado por normas jurídicas (são as normas constitucionais) e deve ser exercido com respeito a essas regras. Enquanto o tema da legitimidade serve para distinguir o poder de direito do poder de fato, o tema da legalidade sempre serviu para distinguir o bom governo do mau governo, a começar por uma passagem de Platão na qual se lê que os governantes devem ser os "servidores das leis", porque onde a lei está submetida aos governantes e está privada de autoridade vê-se próxima a ruína da cidade; onde, ao contrário, a lei é senhora dos governantes e os governantes são os seus escravos, vê-se a salvação da cidade. Ambos os temas, todavia, evidenciam bem qual seja a complexa relação entre política e direito, onde um discurso sobre a categoria da política não pode deixar de levar em consideração suas inúmeras interseções com a categoria do direito. Dessa interseção nasceu a noção de "Estado de direito", entendido não restritivamente como Estado no qual o poder político está subordinado ao direito, mas como a própria destinação final de todo grupo político que se distingue de outro grupo social pela existência de um sistema normativo, cujas normas, necessárias para a sobrevivência do grupo, se fazem valer através da coerção.

II.

DO PODER AO DIREITO E VICE-VERSA

1. O principal conceito que estudos jurídicos e políticos têm em comum é sobretudo o conceito de poder. Tendo convivido com ambos em função do meu magistério ora em filosofia do direito, ora em filosofia (ou ciência) política, tive de constatar com certa surpresa que os juristas e os politólogos usam o mesmo termo, "poder", do qual ambos não podem prescindir, ignorando-se quase completamente uns aos outros. Na imensa literatura politológica sobre o conceito de poder, raramente me aconteceu encontrar referências à teoria do direito.[9] Igualmente, na teoria geral do direito, raramente, e eu poderia até mesmo dizer nunca, me aconteceu encontrar alguma referência às mil sutis e sofisticadas variações que sociólogos e politólogos desenvolveram sobre o conceito de poder nos últimos anos.[10] A julgar, contudo, pela estreita ligação que os dois conceitos, de direito e de poder, tiveram na secular história do pensamento jurídico e político, das duas formas de fechamento a primeira é mais grave que a segunda. A ligação é estreitíssima tanto se por "direito" se entende o direito em sentido objetivo, isto é, um conjunto de normas vinculantes que se fazem valer recorrendo-se em última instância à coação, quanto se por direito se entende o direito em sentido subjetivo, pelo menos em uma das suas inúmeras acepções. Com relação ao direito objetivo, o poder, entendido, segundo a definição mais comum que remonta a Bertrand Russell, como "produção de efeitos desejados", intervém seja no momento da criação, seja no momento da aplicação das normas. Na teoria do direito subjetivo, os juristas chamam habitualmente de "poder" uma forma específica de situação subjetiva ativa que consiste na capacidade, atribuída pela ordem a certos sujeitos, de produzir efeitos jurídicos. A unificação dos dois conceitos, ou melhor, dos dois usos de poder na linguagem jurídica, aconteceu por obra de Kelsen que, incluindo o direito

---

9. Cito, como exemplo, uma coletânea de escritos sobre poder, muito bem organizada por B. Barry, *Power and Political Theory. Some European Perspectives*, John Wiley, Londres, 1976, na qual não aparece nenhuma referência a obras jurídicas no elenco dos "livros e artigos citados", nem tampouco a uma obra conhecidíssima como aquela de H. L. A. HART, *The Concept of Law*, Oxford University Press, Londres, 1961 (ed. it.: *Il concetto di diritto*, organizada por M. Cattaneo, Einaudi, Turim, 1965), inteiramente fundada sobre a distinção entre normas que impõem deveres e normas que conferem poder. O mesmo ocorre na última obra que vi sobre o tema: F. E. OPPENHEIM, *Political Concepts. A Reconstruction*, University of Chicago Press, Chicago, 1981 (ed. it.: *Concetti politici. Una ricostruzione*, organizada por S. Lombardo, il Mulino, Bolonha, 1985), na qual a segunda e terceira partes são dedicadas ao tema do poder e às suas diversas interpretações.

10. Com exceção da obra de Niklas Luhmann, cf. *Macht*, Ferdinand Enke Verl., Stuttgart, 1975, traduzido para o italiano, com organização de D. Zolo, sob o título *Potere e complessità sociale*, Il Saggiatore, Milão, 1979. E sobre o tema específico, M. REALE, "Law and Power and their Correlation", in *Essays in Honor of Roscoe Pound*, Bobbs-Merril Company, Nova York, 1962, pp. 238-70.

subjetivo em sentido técnico e específico na teoria das fontes do direito, apagou qualquer diferença entre o poder do qual sempre se falou no direito público e o poder do qual se fala no direito privado (conforme, de resto, a eliminação que a doutrina pura do direito realizou da tradicional distinção entre direito público e direito privado).[11]

Uma vez estabelecido que no âmbito da teoria geral do direito o campo de referência do poder é a produção e aplicação de normas jurídicas, temos como conseqüência que norma jurídica e poder podem ser considerados, e foram de fato mais ou menos conscientemente considerados, como duas faces da mesma medalha, com a conseqüência de que o problema da relação entre direito e poder, que é objeto das presentes observações, pode ser olhado seja do ponto de vista da norma, seja do ponto de vista do poder. Depende do ponto de vista a partir do qual se enfoca o problema, qual será considerado o anverso, e qual será considerado o reverso da medalha. Para aqueles que se colocam do ponto de vista do poder — como fizeram por longa tradição os escritores do direito público para os quais em princípio há a soberania, isto é, o sumo poder, o poder acima do qual não existe nenhum outro poder, e a ordem jurídica existe apenas se existe em seu fundamento um poder capaz de mantê-la viva —, antes existe o poder e depois o direito. Ao contrário, para um jurista como Kelsen, que leva às últimas conseqüências a redução do Estado a ordem jurídica — iniciada pelos escritores de direito público da segunda metade do século XIX, para os quais o Estado nada mais é do que o conjunto de normas que são efetivamente observadas em um determinado território —, antes existe o direito, e depois o poder.

Contudo, que se trate apenas de dois pontos de vista distintos, que não eliminam a ligação indissolúvel dos dois conceitos, pode ser provado pelo fato de que o problema fundamental dos teóricos da soberania sempre foi apresentá-la não como um simples poder, como um poder de fato, mas como um poder de direito, isto é, como um poder também ele autorizado e regulado, como os poderes inferiores, por uma norma superior, seja esta de origem divina, seja uma lei natural ou então uma lei fundamental (hoje diríamos constitucional), derivada da tradição ou de direito consuetudinário. O problema fundamental do normativista, ao contrário, é mostrar que um sistema normativo pode ser considerado direito positivo apenas se existirem, em várias instân-

---

11. Deste problema ocupei-me mais amplamente em dois artigos, *Kelsen e il problema del potere* e *Kelsen e il potere giuridico*, agora reunidos ambos na coletânea de escritos meus intitulada *Diritto e potere. Saggi su Kelsen*, Esi, Nápoles, 1992.

cias, órgãos dotados de poder capazes de fazer respeitar as normas que o compõem. O poder sem direito é cego, mas o direito sem poder é vazio. Da mesma forma que o direito público tradicional que partia do poder sempre perseguiu o direito, para conseguir distinguir o poder de fato do poder legítimo, a teoria normativa do direito — ensina Kelsen — teve de perseguir o poder para conseguir fazer a distinção entre uma ordem jurídica apenas imaginada e uma ordem jurídica efetiva. Em outras palavras, para o primeiro, o nó a ser desatado é o problema da legitimidade do poder; para a segunda, é o problema da efetividade do sistema normativo.

Para ilustrar esses dois pontos de partida opostos, que todavia conduzem ao mesmo ponto de chegada, recorro a dois escritores cuja autoridade no campo dos estudos de teoria do direito e do Estado é indiscutível: Weber e Kelsen.[12] O primeiro parte da distinção fundamental entre poder de fato (*Macht*) e poder legítimo (*Herrschaft*) e chega à conhecida teoria das três formas de poder legítimo. Ao contrário, o segundo parte da pressuposição da ordem jurídica como esfera do *Sollen*, como conjunto de normas que são válidas independentemente da sua eficácia, e chega pouco a pouco a considerar cada vez mais relevante para a realização da sua teoria o problema do poder jurídico (*Rechtsmacht*),[13] porque somente através do exercício do poder nos diferentes níveis o sistema das normas válidas torna-se também efetivo, e somente um sistema que além de válido (em sentido formal) é também efetivo pode ser considerado uma ordem jurídica. No fim, ambos chegam à mesma conclusão, vale dizer, à conclusão de que existe um poder legítimo distinto do poder de fato, já que discutem o problema tradicional de toda teoria privatística do Estado, que deve encontrar de alguma maneira um critério de distinção entre a ordem coativa do Estado e a ordem igualmente coativa de um bando de malfeitores, ou da máfia, ou da sociedade secreta revolucionária. Mas seguem dois percursos opostos: o primeiro mobiliza a investigação daquilo que torna legítimo o poder (e é o direito), o outro, daquilo que torna efetivo o direito (e é o poder).

Ampliando a análise para além dos dois autores, tomo em consideração dois blocos de conceitos (falo de "blocos de conceitos" em vez de sistemas conceituais para adotar uma terminologia menos comprome-

---

12. Dediquei um ensaio específico ao problema da relação entre Weber e Kelsen, agora incluído na coletânea citada na nota 3.
13. A ponto de dedicar-lhe um capítulo na obra póstuma que resume e complementa a sua longa investigação sobre o tema das normas: *Allgemeine Theorie der Normen*, Manzsche Verlags.-und Universitätsbuchhandlung, Wien, 1979 (ed. it.: *Teoria generale delle norme*, organizada por M. G. Losano, Einaudi, Turim, 1985).

tedora): aquele que foi se formando em torno da concepção do positivismo jurídico e aquele que foi se formando em torno da concepção do Estado de direito. Trata-se de duas concepções que se remetem e se entrelaçam ao longo de toda a história do pensamento jurídico e são muito mais antigas do que leva a crer a sua recente formulação. Assumo-as aqui pelo seu valor paradigmático, porque servem muito bem para exemplificar o contínuo e complexo embate entre direito e poder, entre o poder que produz as normas do sistema que por sua vez regulam o poder (e apenas enquanto regulado o poder é poder jurídico) e as normas que regulam o poder que por sua vez, impondo respeito, faz sim com que sejam habitualmente obedecidas (e apenas enquanto habitualmente obedecido, segundo expressão de Austin, ou eficaz em linhas gerais, como se expressa Kelsen, um sistema normativo constitui uma ordem jurídica).

2. Como princípio fundamental do positivismo jurídico pode-se assumir a máxima que, no *Dialogo fra un filosofo e uno studioso del diritto comune in Inghilterra,* Hobbes coloca na boca do filósofo: "Não é a sapiência, mas a autoridade que cria a lei". Esta máxima pode ser completada pelas palavras que logo em seguida Hobbes faz com que o jurisconsulto pronuncie: "Quando falo das leis, falo das vivas e armadas (...). Não é a palavra da lei, mas o poder daquele que tem nas mãos a força de uma nação que torna eficazes as leis. As leis atenienses não foram feitas por Sólon, que contudo as tinha formulado, mas pelo supremo tribunal do povo, tampouco o códice imperial da época de Justiniano foi feito pelos jurisconsultos romanos, mas pelo próprio Justiniano".[14]

Durante séculos, os juristas viram-se tendo de enfrentar um fragmento de Ulpiano que silenciava, de um só golpe, todas as belas mas vazias e pouco úteis definições do direito natural como direito constituído pela razão natural ou ensinado pela natureza a todos os seres viventes (animais inclusos): "Quod principi placuit legis habet vigorem" (D. I. 4, I). É verdade que, logo em seguida, vinha a afirmação segundo a qual o príncipe tem esse poder porque lhe foi conferido pelo povo. Mas uma afirmação desse gênero não exclui, antes, confirma, que o direito é um produto do poder, não importa se esse poder é o poder originário do povo ou o poder derivado do príncipe (a questão que dividiu os intérpretes, segundo seu posicionamento político, foi,

---

14. Cito da trad. it. in TH. HOBBES, *Opere politiche*, cit., pp. 397 e 402.

como se sabe, se o poder do príncipe seria ou não revogável, não se o direito teria uma fonte distinta do poder). Se depois, ao longo dos séculos, esse poder de fazer leis, isto é, de criar direito, o único direito válido em um determinado território, coubesse ao rei no parlamento ou ao parlamento sem o rei, ou ao juiz quando as normas estabelecidas pelo poder supremo são obscuras ou vagas, em nada diminui a força e a continuidade da idéia da qual nasceu, no século XIX, o bloco de conceitos que se firmaram sob o nome de "positivismo jurídico", de uma doutrina segundo a qual, em polêmica direta com os fautores do direito natural, não existe outro direito além do direito positivo, o que equivale a dizer que não é possível criar normas jurídicas sem pressupor a existência de indivíduos ou de corpos coletivos que detêm e exercem legítima e regularmente um poder.

Um sustentador diligente e coerente do positivismo jurídico como Kelsen explica a razão segundo a qual apenas o direito positivo, e não o direito natural, é, para os juristas, aquilo que corretamente se pode chamar direito (sem provocar confusões ou até mesmo contradições teóricas insolúveis e conflitos práticos) do seguinte modo: "Diferentemente das regras do direito positivo, aquelas comuns na ordem natural que governa a conduta humana não têm vigor porque foram artificialmente estabelecidas por uma dada autoridade humana, mas porque têm origem em Deus, na natureza ou na razão, e portanto são boas, corretas e justas. É aqui que aparece a positividade de um sistema jurídico, diferente do direito natural: ele é um produto da vontade humana, fundamento de validade de todo estranho ao direito natural porque este, como ordem natural, não foi criado pelo homem, e, por definição, não pode ser criado mediante um ato humano".[15] Tendo por base essa distinção, Kelsen funda entre outras coisas a distinção entre sistemas normativos estáticos e sistemas normativos dinâmicos, nos primeiros dos quais, como nos sistemas normativos morais, as normas são deduzidas umas das outras com base no conteúdo, nos segundos, como nas ordens jurídicas, as normas se produzem umas por meio das outras, e aquilo que as produz é um ato de poder. Nesse sentido, uma teoria rigorosametne positivista, como é certamente aquela kelseniana, não pode prescindir da noção de produção jurídica, porque em um sistema jurídico as normas não são deduzidas, como nos sistemas morais ou de direito natural, mas são produzidas, e a noção de produção jurídica não

---

15. H. KELSEN, *Die Philosophischen Grundlagen der Naturrechtslehre und des Rechtspositivismus* (1928) (ed. it.: *La dottrina del diritto naturale e il positivismo giuridico*, como apêndice a *Teoria generale del diritto e dello stato*, trad. it. de S. Cotta e G. Treves, Etas Libri, Milão, 1994, p. 398).

pode prescindir, por sua vez, da noção de poder. Se se sustenta que só é possível falar de direito concebendo-o como um produto da vontade humana, tal como o concebe a doutrina do positivismo jurídico, é preciso contudo, a fim de que as normas jurídicas sejam produzidas, que alguém tenha o poder de fazê-lo.

Contudo, uma vez resumido todo o direito em direito positivo, em direito estabelecido por uma autoridade, o positivista se vê no dever de enfrentar a velha objeção da qual se esquiva o jusnaturalista: "Como distinguir uma comunidade jurídica, como o Estado, do bando de ladrões, a norma de direito do comando do malfeitor, o comando do legislador da ameaça do bandido: 'a bolsa ou a vida'?" Tal dificuldade não existe para o jusnaturalista, para aquele que sustenta que uma norma só pode ser considerada jurídica se ela também for justa, se corresponder a princípios éticos cuja validade não depende da autoridade a qual é atribuído o poder de promulgar normas jurídicas. Mas, e para quem considera direito somente a norma colocada por uma autoridade que tem o poder de fazê-la respeitar recorrendo em última instância também à força, em suma, para uma teoria do direito para a qual o direito é nada mais, nada menos, segundo a definição kelseniana (e não apenas kelseniana), do que uma ordem coativa, ou seja, com uma ulterior definição também esta devida ao fundador da teoria pura do direito, uma organização da força? Como? Um bando de malfeitores não é uma ordem coativa, não é uma organização da força? Em outras palavras, uma vez reduzido o direito não mais a um conjunto de normas derivadas de princípios éticos, mas a produto de um poder capaz de impor regras de conduta a um grupo social, como é possível ainda evitar a redução do direito a poder, o poder jurídico a poder de fato, o direito do Estado a direito do mais forte?

Neste ponto o positivista é obrigado inverter a medalha, ainda que para depois retornar a si mesmo: o direito é produto do poder contanto que se trate de um poder por sua vez derivado do direito, onde por "derivado do direito" deve-se entender regulado, pelo menos formalmente, senão também em relação ao conteúdo, por uma norma jurídica. Também neste caso exemplar, a resposta de Kelsen: "Quase não necessita de explicações o fato de que o chamado poder do Estado (*Staatsgewalt*), exercido por um governo sobre uma população no interior de um território, não é simplesmente aquele poder que qualquer homem tem efetivamente com relação a outro homem quando é capaz de induzir o outro a um comportamento desejado (...). O elemento que diferencia a relação definida como poder estatal das outras relações de poder é ser regulada juridicamente; consiste no fato de que os homens que exercem o poder como governo do Estado estão autorizados por uma ordem jurídica a exercer aquele poder, produzindo e aplicando normas jurídicas, isto é, no fato de que o poder estatal tem caráter normativo".[16] Em um parágrafo da segunda edição da *Reine Rechtslehre*, expressamente dedicado ao problema da diferença entre a "comunidade jurídica" e o "bando de malfeitores", com uma referência explícita em nota à famosa disputa entre Alexandre, o Grande, e o pirata, relatada por santo Agostinho, Kelsen tenta solucionar o problema distinguindo o sentido subjetivo do sentido objetivo de um comando. O comando do bandido tem apenas o sentido subjetivo do comando, uma vez que assim o considera aquele que o profere, mas não tem também o sentido objetivo, uma vez que não pode ser interpretado como uma norma objetivamente válida. Para mostrar que o comando proferido por um órgão do Estado pode ser interpretado como um comando objetivamente válido, Kelsen expõe pela enésima vez a teoria da ordem jurídica como sistema dinâmico no qual de uma norma inferior se remonta a uma norma superior até se chegar à norma fundamental. Então é como se disséssemos que a validade objetiva de um comando e do poder do qual o comando deriva (não há comando sem poder), diferente da validade do comando do bandido, é assegurada, em última instância, pela pressuposição (porque se trata de pressuposição) de uma norma última que fecha o sistema.

Não é o caso de retomar o tema, sobre o qual foram gastos rios de tinta, do significado, da importância, do valor heurístico ou substancial da norma fundamental. É fato que, se a diferença entre o comando do bandido e o comando do órgao do Estado se funda sobre a diferença entre comando não-autorizado e comando autorizado, e se por comando autorizado se entende o comando de uma pessoa ou de um órgão cujo poder de proferir comandos foi atribuído por uma norma, como pode essa norma conferir um poder de comando se quem a estabeleceu não tem, por sua vez, seu poder de estabelecê-la derivado de uma norma superior? Em outras palavras, como pode um poder ser interpretado como poder jurídico, uma vez que é regulado por uma norma, se esta mesma norma não é jurídica? E como pode essa segunda norma ser jurídica se não é, por sua vez, produzida por um poder jurídico? Como se vê, tão logo se apresenta o problema do caráter distintivo da ordem jurídica com relação ao bando de malfeitores, se refutarmos o pressuposto jusnaturalista, entra em cena a estrutura dinâmica do sistema

---

16. H. KELSEN, *Reine Rechtslehre*, 2ª ed., Verlag Franz Deuticke, Wien, 1960, p. 292 (ed. it.: *La dottrina pura del diritto*, organizado por M. G. Losano, Einaudi, Turim, 1966, p. 321).

normativo, do sistema como "nexo de produção" (*Erzeugnungszu-sammenhang*), que acaba inevitavelmente em uma norma superior a todas as outras normas, em uma norma que, sendo superior, não tem outra norma acima de si, e é exatamente por isso a norma fundamental.

Para um positivista jurídico, o entrelaçamento entre norma e poder, e a contínua referência entre uma e outro, não termina aqui. Pode-se sem dificuldade admitir que a característica do comando jurídico em relação ao comando do bandido esteja no fato de que o primeiro é autorizado por uma norma jurídica, o que significa em última instância que a conotação do conceito de direito é feita através da qualidade específica da norma e não do poder (trata-se de escolher um ponto de vista em vez de outro). Essa conotação funciona muitíssimo bem para distinguir o comando de um órgão do Estado do comando do bandido isolado. Mas se o bandido pertencer a um bando organizado e, ao intimar o passante a entregar o dinheiro, estiver obedecendo a uma norma da organização que o instruiu na tarefa a ele confiada e exige que parte da rapinagem seja destinada aos seus chefes de modo que dela possam dispor para a própria sobrevivência da organização, de modo que se pode corretamente dizer que também o seu poder é um poder autorizado, onde vai parar a distinção? O mesmo problema se coloca com razão ainda maior para um grupo de terroristas ou para um partido revolucionário, cuja férrea organização é inquestionável e dentro da qual ninguém age senão com base em uma autorização (justamente no sentido da *Ermächtigung* kelseniana) do grupo ou dos seus chefes.

Não é sem surpresa que, diante dessa dificuldade, a medalha seja mais uma vez invertida: aquilo que na estrutura dinâmica do sistema tornara-se o reverso (o poder), volta a ser o anverso. É conhecida a solução que Kelsen dá ao problema da validade não da norma isolada, mas do sistema em seu todo: um sistema em seu todo é válido (e, por conseguinte, são válidas todas as suas normas), apenas se as normas que ele produz são em linhas gerais (*im grossem und ganzen*) observadas, isto é, se o sistema em seu todo é efetivo. Mas a fim de que as normas de um sistema sejam eficazes e o sistema em seu todo goze do benefício da efetividade, é preciso que exista um poder capaz de conquistar o respeito das normas também contra os recalcitrantes (o chamado poder coativo). Para haver uma ordem jurídica é necessário que, ao lado do poder de produzir normas, exista o poder de aplicá-las. Se é verdade que uma norma apenas produzida, mas não aplicada, pode ser, ao menos por um certo período, válida (mas a solução do problema varia de sistema para sistema segundo se admita ou não se admita o costume *contra legem*), é também verdade que um sistema capaz apenas de pro-

245

duzir normas mas não de fazer com que elas sejam observadas não é, segundo Kelsen (mas quem poderia sustentar uma tese distinta?), uma ordem jurídica. Ora, aquilo que falta ao bando de malfeitores, e com maior razão ao grupo terrorista e ao partido revolucionário, posto que os seus atos sejam habitualmente incriminados e punidos como atos ilícitos, é a efetividade. Diante da pergunta por que a organização ilícita não repousa sobre uma norma fundamental, a resposta de Kelsen é a seguinte: "Ela não é pressuposta porque, ou, mais exatamente se, essa ordem não tem aquela eficácia contínua sem a qual não se pressupõe nenhuma norma fundamental que a ele se refira e dele funde a validade objetiva".[17] Desse modo, o verdadeiro termo de confronto que permite estabelecer qual das duas organizações constitui uma ordem jurídica acaba sendo a eficácia, aliás, a eficácia *contínua*, mais exatamente aquela que, entre as duas, for a mais contínua (tanto é verdade que é exatamente a continuidade do poder exercido por um partido revolucionário em um determinado território que o constitui como poder de direito). A ordem ilícita não é considerada estando no mesmo patamar do sistema normativo do Estado porque "este é mais eficaz do que a ordem coercitiva sobre a qual se funda o bando de malfeitores".[18]

3. A história do positivismo jurídico é toda ela atravessada por esse movimento do poder ao direito, e do direito ao poder. Em contrapartida, a história do segundo bloco de conceitos que me propus a analisar, a doutrina do Estado de direito, é atravessada pelo movimento inverso, do direito ao poder e do poder ao direito. Antecipo que aqui falo de Estado de direito em sentido muito amplo, para indicar não tanto a doutrina do moderno constitucionalismo, mas a doutrina tradicional, que remonta à Antigüidade clássica, da superioridade do governo das leis sobre o governo dos homens: extensão legítima porque — pelo menos assim acredito — há continuidade entre uma e outra. Enquanto a máxima "Non sapientia sed auctoritas facit legem" pode ser elevada a princípio do positivismo jurídico, no princípio, tal como foi transmitido ao longo de toda a Idade Média, do Estado de direito, no sentido amplo no qual eu aqui o compreendo, os dois termos estão invertidos: não é a autoridade que faz a lei, mas é "a lei que faz o rei", que confere autoridade à pessoa que dela foi investida e age em conformidade com ela. O texto canônico no qual se encontra enunciado esse princípio é uma passagem de *De legibus et consuetudinibus Angliae*, de Henry

---

17. H. KELSEN, *Reine Rechtslehre*, cit., p. 49 (ed. it.: cit., p. 61).
18. *Ibid.*

Bracton, onde lemos: "Ipse autem rex non debet esse sub homine, sed sub Deo et sub lege, quia lex facit regem". E mais adiante: "Non est enim rex ubi dominatur voluntas et non lex".[19] Onde domina a *voluntas* e não a *lex*, tem-se não o rei mas o tirano, na dupla acepção do príncipe não-legítimo, o usurpador, e do príncipe que exerce o poder ilegalmente, não respeitando as leis que estão acima dele (como são as lei divinas, aquelas naturais, aquelas transmitidas pelos antepassados, pelo menos na tradição da *common law*, e aquelas fundamentais, que se distinguem das leis ordinárias estabelecidas pelo príncipe em virtude da autoridade que as leis fundamentais lhe atribuíram).

A controvérsia se seria melhor o governo das leis ou o governo dos homens remonta à Antigüidade clássica.[20] Em favor do primeiro caso, podem-se citar as passagens platônicas, aristotélicas e ciceronianas. O governo das leis é um dos dois principais critérios que permitem distinguir o bom governo do mau governo (o outro é o bem comum oposto ao próprio bem de quem comanda), como resulta também da tipologia das formas de governo proposta por Platão em O *político* (contudo, logo depois corrigida pelo elogio do homem régio). Aristóteles, depois de ter afirmado que é preferível o domínio da lei ao domínio de um dos cidadãos, e que, se há cidadãos aos quais convém dar o poder, é preciso deles fazer não senhores da lei, mas seus "guardiães" e "ministros", conclui com a célebre afirmação de que "a lei é o intelecto sem paixões",[21] pretendendo dizer que a lei, pela sua generalidade, impede o regente de julgar parcialmente, segundo as suas próprias amizades e inimizades. Da Antigüidade clássica a idéia do primado do governo das leis é transmitida ao pensamento jurídico medieval, segundo a interpretação de Gierke, amplamente retomada e minuciosamente ilustrada pelos irmãos Carlyle na sua monumental história do pensamento político medieval (exemplo é a passagem de Bracton há pouco citada). E assim chega, sem aparentes e lacerantes interrupções, ao moderno constitucionalismo, segundo o qual o poder político em cada uma de suas formas e em cada nível, mesmo o mais alto, está limitado pela existência de direitos naturais, aí incluído o direito de resistência ao poder tirânico, do qual são titulares os indivíduos antes da instituição da sociedade civil, e das leis constitucionais, garantidas pela separação e pelo controle recíproco dos poderes que exercem as funções principais do governo da sociedade.

---

19. H. BRACTON, *De legibus et consuetudinibus Angliae*, organizado por G. E. Woodbine, Harvard University Press, Cambridge, Mass., 1968, vol. II, p. 33.
20. Encontramos sua ilustração in A. PASSERIN D'ENTRÈVES, *Dottrina dello stato*, Giappichelli, Turim, 1962, parte II, cap. 1.
21. ARISTÓTELES, *Política*, 1287a.

Da mesma forma que a doutrina do positivismo jurídico, que parte do primado do poder, teve de enfrentar a distinção entre poder de fato e poder de direito e não pôde deixar de enfrentar o problema do poder jurídico, a doutrina do Estado de direito, que parte do primado do direito, teve igualmente de enfrentar a necessária existência de um poder soberano que, justamente porque soberano, não pode, sem se contradizer, ser limitado por um poder superior, e portanto, sob rigor lógico, nem mesmo por deveres necessariamente derivados da pressuposição de uma lei superior e tal que a ela tenha o dever de obedecer. Os únicos limites que o poder soberano pode encontrar são limites objetivos derivados não de uma necessidade moral, como é aquele que pressupõe uma norma, mas de uma necessidade natural, pela qual o parlamento inglês pode fazer tudo, exceto transformar o homem em mulher, ou então, como disse Spinoza, nem mesmo o soberano mais poderoso pode fazer com que a mesa coma capim. Tanto é que a tese oposta, ou aparentemente oposta, do primado do poder do soberano sobre as leis fora codificada em uma passagem do *Digesto* que, retirado do contexto, tornou-se durante séculos um verdadeiro e próprio princípio geral do direito público europeu: "Princeps legibus solutus est" (D. I. 3, 34). Contudo, salvo nas teorias absolutistas extremas, como aquela de Hobbes (mas também esta suscetível a diversas interpretações), a passagem nunca foi considerada em desacordo com a doutrina do primado da lei.

À interpretação absolutista, que substituiria o primado da lei pelo poder do príncipe, opuseram-se dois argumentos: em primeiro lugar, o príncipe está livre das leis que ele mesmo promulga porque ninguém pode ser obrigado a obedecer a si mesmo, o que significa dizer que, constituindo o conjunto das leis por ele estatuídas o direito positivo, não é obrigado a obedecer ao direito positivo. O que não exclui que seja obrigado, como qualquer mortal, a obedecer às leis divinas, às leis naturais e também àquelas leis positivas, como as leis fundamentais do reino das quais deriva, diferente do usurpador, o seu direito de comandar e de promulgar leis. Um autor como Bodin, que vem à memória justamente como fautor da monarquia absolutista (monarquia absolutista não significa de modo algum governo acima das leis, mas significa governo não limitado pelo direito do parlamento de tomar decisões gerais independentemente do rei ou em colaboração com o rei), acrescenta às leis as quais deve levar em consideração o soberano também as leis do direito privado, aquelas que regulam a propriedade e os contratos. O segundo argumento funda-se na distinção entre dever exterior e interior: apenas o primeiro pode ser reforçado pela coação. Por conseguinte, que o soberano esteja livre das leis significa, com base nesse argumento, que não pode ser obrigado a obedecer a elas através da força, uma vez que ele mesmo ou as pessoas por ele delegadas são os únicos titulares do direito de exercê-la, mas deve respeitá-las por dever de consciência. O bom soberano se distingue do tirano também com base neste critério: John de Salisbury, autor da obra política medieval mais importante antes da redescoberta da *Política* de Aristóteles, escreve, a propósito da diferença entre rei e tirano, à qual dedica a parte mais interessante do seu tratado: a "sola vel maxima" diferença está no fato de que o príncipe "legi obtemperat";[22] e lá onde se propõe a explicar o que se deve entender por "princeps legibus solutus" afirma que esta máxima significa não que o príncipe possa ser injusto, mas que deve ser justo não por temor da pena, não havendo ninguém acima dele que tenha o poder de puni-lo, mas por amor à justiça. De modo análogo, santo Tomás de Aquino, que conhece e comenta a *Política* de Aristóteles, escreve que o príncipe pode ser considerado "legibus solutus" somente no que se refere à *vis coactiva* — já que ninguém pode ser obrigado por si mesmo e já que a lei adquire força coativa apenas em virtude do poder do príncipe — e não no que se refere também à *vis directiva*.[23]

A história da doutrina do primado do governo das leis conclui-se e completa-se, ainda que através de duas rupturas revolucionárias, a primeira no século XVII na Inglaterra, a segunda no século XVIII na França, com o moderno constitucionalismo, através do qual também o poder dos governantes é regulado, como aquele dos cidadãos, pelo direito natural, ou então por pactos, como o *pactum subiectionis*, formalmente entre iguais, mas substancialmente entre desiguais, através da promulgação de constituições escritas dotadas de força de leis fundamentais e garantidas também por órgãos delegados que têm sua observância controlada pelo poder legislativo. O êxito final desse processo é uma ordem jurídica inspirada no princípio da responsabilidade não apenas religiosa ou moral, mas também política e jurídica dos órgãos de governo. Desse modo, o ideal clássico do governo das leis encontrou em um sistema de poder que, ampliando a categoria weberiana, poderíamos chamar de legal-racional (um poder cuja legitimidade consiste em ser exercido nos limites e na confomidade de leis positivas), a sua forma institucional, e em definitivo, a sua plena realização. São aqueles institutos de direito público aos quais um hodierno Estado democrático não

---

22. *Policraticus*, VI, 2, in J.-P. MIGNE. *P. L.*, CIX (1855), pp. 379-822 (ed. it. parcial: GIOVANNI DI SALISBURY, *Policraticus. L'uomo di governo nel pensiero medievale*, Jaca Book, Milão, 1985).
23. TOMMASO, *Summa theologica*, I, II^{ae}, q. 96, a. 5.

pode renunciar sem cair nas formas tradicionais de governo pessoal, nas quais o homem está acima das leis, e o governo, para usar as palavras de Platão, que tantas vezes foram repetidas como uma máxima política, é senhor das leis em vez de ser seu servidor".[24]

4. Enquanto a doutrina do positivismo jurídico considera o direito do ponto de vista do poder, a doutrina do Estado de direito considera o poder do ponto de vista do direito. A elas correspondem, como vimos, duas máximas fundamentais que representam exemplarmente o dilema que durante séculos atravessou a filosofia jurídica e política: "auctoritas facit legem" ou "lex facit regem"? A oposição nasceu e perpetuou-se pela diferença de perspectiva a partir da qual os escritores políticos, interessados de modo particular no tema do poder, colocam-se diante do direito, e os juristas, interessados de modo particular no problema do direito, colocam-se diante do problema do poder. Para os primeiros, o direito, entendido sempre como direito positivo, não pode prescindir do poder; para os segundos, o poder, entendido sempre como domínio ou senhoria [*signoria*] (*Herrschaft*, segundo Max Weber), não pode prescindir do direito. As duas perspectivas dependem do fato de que uns e outros tentam responder a duas perguntas (essencialmente práticas) distintas: os primeiros, à pergunta acerca da legitimidade ou legalidade do sumo poder. A resposta à primeira pergunta serve para distinguir o direito positivo do direito natural, e como tal está na base de uma doutrina do direito, como é a doutrina do positivismo jurídico; a resposta à segunda permite distinguir o poder legítimo do poder de fato, e como tal está no fundamento de uma doutrina do poder político, como é aquela do Estado de direito.

Os dois conceitos-limite, respectivamente do positivismo jurídico e da doutrina do Estado de direito, são a *summa potestas*, ou soberania, e a norma fundamental. É bem conhecido quantas (e inúteis) discussões a teoria da norma fundamental kelseniana suscitou. Somente levando em consideração, como foi feito aqui, o entrelaçamento entre doutrina do poder e doutrina do direito, é possível chegar a uma conclusão. A norma fundamental tem, em uma teoria normativa do direito, a mesma função que a soberania tem em uma teoria política ou, se desejarmos, potestativa do direito: tem a função de fechar o sistema. Com a seguinte diferença: a norma fundamental tem a função de fechar um sistema fundado sobre o primado do direito sobre o poder; a soberania tem a

---

24. PLATONE, *Leggi*, 715d.

função de fechar um sistema fundado sobre o primado do poder sobre o direito. Se o poder soberano é o poder dos poderes, a norma fundamental é a norma das normas. Objeta-se que a norma fundamental não é uma norma como todas as outras, sendo uma simples hipótese da razão. Mas o sumo poder não é também ele uma hipótese da razão?

Tanto a hipótese da norma fundamental quanto a hipótese do sumo poder derivam do conceber-se o direito e o Estado, respectivamente, como um sistema de normas ou como um sistema de poderes dispostos em ordem hierárquica, vale dizer, como sistema em diversos planos ou níveis que estabelecem entre si uma relação superior-inferior, ou seja, uma relação de subordinação, não um ao lado do outro, mas um sobre o outro, como os andares de um edifício, ou, com uma metáfora mais apropriada, como as diversas camadas de uma pirâmide (mais apropriada porque leva em conta não apenas a dimensão em cima-embaixo, mas também o fato de que, à medida que se avança de baixo para cima, o número de normas e de detentores de poder diminui). Ora, se considerarmos os vários níveis concatenados um ao outro no sentido de que um nível superior com relação ao seu inferior é por sua vez inferior com relação ao superior, é evidente que, progredindo do plano inferior para o plano superior, chega-se necessariamente, se não se quer avançar até o infinito (mas a progressão até o infinito está pressuposta pela necessidade prática de fechar o sistema), a um plano superior que não tem nenhum plano acima de si, e ao qual todos os outros são, ainda que em graus distintos, inferiores.

Apresentando o problema nesses termos, logo nos damos conta de que o tema kelseniano da norma fundamental é perfeitamente simétrico ao tema tradicional do poder soberano. Se, olhando a escada de baixo para cima, a teoria tradicional, que parte dos poderes inferiores, chega, de poder em poder, ao poder soberano que é o fundamento da autoridade de todos os outros poderes, a teoria kelseniana que parte das normas inferiores não pode deixar de chegar, indo de norma em norma, à norma fundamental, entendida como o fundamento da validade de todas as outras normas do sistema. As duas escadas avançam lado a lado, mas estão dispostas de modo tal que ao degrau superior de uma corresponda o degrau imediatamente inferior da outra. Para a teoria normativa, o degrau superior é sempre representado por uma norma, para a teoria política tradicional, o degrau superior é sempre representado por um poder. Exemplificando, para a teoria normativa, é a norma fundamental que institui o poder de produzir normas jurídicas válidas em um determinado território e com relação a uma determinada população; para a teoria política, é o poder constituinte que cria um conjunto de normas capazes de vincular o comportamento dos órgãos do Estado e, em segunda instância, dos cidadãos.

Se por fim atentarmos para o fato de que Kelsen, todas as vezes em que descreve a ordem jurídica em graus, parte sempre da norma inferior (por exemplo, os contratos entre privados) para então chegar à norma fundamental, em um processo que ele chama de processo às avessas, e que, por outro lado, a teoria tradicional do Estado parte sempre do plano superior, isto é, do poder soberano (enquanto é o poder soberano um dos elementos constitutivos do Estado) para descer pouco a pouco aos poderes inferiores, poderíamos afirmar que a mesma ordem hierárquica, constituída por normas que instituem poderes e por poderes que criam normas, apresenta-se de dois modos distintos, dependendo se olhamos de baixo para cima, ou de cima para baixo: no primeiro sentido, parece uma subida de normas, no segundo, uma descida de poderes. Para a teoria normativa, abaixo há um poder que já não segue norma alguma (trata-se dos "atos executivos simples" de Kelsen); para a teoria tradicional do Estado, acima há um poder que precede todas as normas (enquanto na teoria normativa é precedido pela norma fundamental). Se as duas escadas terminarão na norma fundamental ou no poder soberano, depende manifestamente, uma vez mais, do diferente ponto de partida. Mas a escolha de um ou de outro ponto de partida é apenas questão de oportunidade.

Retomando e adaptando ao nosso tema a fórmula de uma célebre tese filosófica, pode-se dizer que, no vértice do sistema normativo, *lex et potestas convertuntur*.[25]

III.

A RESISTÊNCIA À OPRESSÃO, HOJE

1. O alfa e o ômega da teoria política é a questão do poder: como conquistá-lo, como conservá-lo e perdê-lo, como exercê-lo, como defendê-lo e como dele se defender. Mas o mesmo problema pode ser considerado de dois pontos de vista distintos, ou mesmo opostos: *ex parte principis* ou *ex parte populi*. Maquiavel *ou* Rousseau, para citar dois símbolos. A teoria da razão de Estado *ou* a teoria dos direitos naturais e o constitucionalismo. A teoria do Estado-potência de Ranke a Meinecke, ao primeiro Max Weber, *ou* a teoria da soberania popular.

---

25. Assim está em um artigo de 1964, *Sul principio di legittimità*, agora in N. BOBBIO, *Studi per una teoria generale del diritto*, Giappichelli, Turim, 1970, p. 89.

A teoria do inevitável domínio de uma restrita classe política, minoria organizada, *ou* a teoria da ditadura do proletariado de Marx a Lenin. O primeiro ponto de vista é aquele de quem se apresenta como conselheiro do príncipe, presume ou finge ser o portador dos interesses nacionais, fala em nome do Estado presente; o segundo ponto de vista é aquele de quem se ergue como defensor do povo, ou da massa, seja ela concebida como uma nação oprimida ou uma classe explorada, fala em nome do anti-Estado ou do Estado que virá. Toda a história do pensamento político pode ser dividida segundo se tenha enfatizado, dos primeiros, o dever da *obediência*, dos segundos, o direito à *resistência* (ou à revolução).

Essa premissa serve apenas para situar o nosso discurso: o ponto de vista a partir do qual nos posicionamos, quando enfrentamos o tema da resistência à opressão, não é o primeiro, mas o segundo.

Sem dúvida o velho problema da resistência à opressão voltou a ser atual com a geral e imprevista explosão do movimento de "contestação". Mas ignoro se tenha sido tentada uma análise das diferenças entre os dois fenômenos. Em recente artigo, George Lavau faz um exame muito interessante do fenômeno da contestação, buscando individuar suas caraterísticas distintivas, em especial no que concerne à oposição legal e à revolução.[26] Mas não toca no problema da diferença entre contestação e resistência. E no entanto, a meu ver, a questão merece ser estudada, entre outros motivos, porque tanto a contestação quanto a resistência pertencem ambas às formas de oposição extralegal (em relação ao modo com que é exercida) e deslegitimante (em relação ao objetivo final).

Creio que também neste caso vale, como primeiro expediente para revelar a diferença entre os dois fenômenos, a referência ao seu respectivo contrário: o contrário de resistência é obediência, o contrário de contestação é aceitação. A teoria geral do direito deteve-se com freqüência e de bom grado (por último com Hart) sobre a diferença entre obediência a uma norma ou ao sistema em seu todo, que é um comportamento passivo (e pode ser também mecânico, puramente habitual, imitativo), e aceitação de uma norma ou do sistema em seu todo, que é um comportamento ativo, que implica, senão um juízo de aprovação, peo menos uma inclinação favorável que faz uso da norma ou das normas para guiar a própria conduta e para censurar a conduta de quem a ela não se conforma. Sendo contrária à obediência, a resistência com-

---

26. G. LAVAU, *La contestazione politica*, in "il Mulino", XX, n. 214, março-abril, 1971, pp. 195-217.

preende todo comportamento de ruptura contra a ordem constituída, que coloque em crise o sistema por seu próprio produzir-se, como acontece em um tumulto, em uma sublevação, em uma rebelião, em uma insurreição, até o caso-limite da revolução; coloca-o em crise, mas não o coloca necessariamente em questão.

Sendo contrária à aceitação, a contestação refere-se, mais do que a um comportamento de ruptura, a um comportamento de crítica que coloca em questão a ordem constituída sem colocá-la necessariamente em crise. Lavau corretamente observa que a contestação "supera o âmbito do subsistema político para atacar não apenas o seu sistema normativo, mas também os *modelos culturais gerais* (*o sistema cultural*) que asseguram a legitimidade profunda do subsistema político".[27] E de fato, enquanto a resistência consiste essencialmente em um ato prático, em uma ação até mesmo apenas demonstrativa (como aquela do negro que vai sentar-se à mesa de um restaurante reservado aos brancos); a contestador se expressa através de um discurso crítico, em um protesto verbal, na enunciação de um *slogan*. (Não é por acaso que o lugar próprio no qual se manifesta o comportamento contestativo é a assembléia, isto é, um lugar onde não se age, mas se fala.) Bem entendido, a distinção na prática não é assim tão simples: em uma situação concreta é difícil estabelecer onde acaba a contestação e onde começa a resistência. O importante é que possam ocorrer os dois casos-limite, de uma resistência sem contestação (a ocupação de terras por parte de camponeses esfomeados), e de uma contestação que não é seguida de nenhum ato eversivo que possa ser chamado de resistência (a ocupação de salas universitárias, que certamente é um ato de resistência, não caracterizou sempre e necessariamente a contestação do movimento estudantil). Enquanto a resistência, mesmo que não seja necessariamente violenta, pode chegar ao uso da violência e portanto não é incompatível com o uso da violência; a violência do contestador é, no entanto, sempre apenas ideológica.

Impulsionado pelo renovado interesse pela questão da resistência, pretendo aqui: *a*) colocar em relevo as razões históricas dessa revivescência (§§ 2, 3, 4); *b*) indicar alguns elementos distintivos entre o modo como se apresentava ontem e o modo como se apresenta hoje a questão da resistência (§§ 5, 6). Referindo-me ao título, trata-se de responder a estas duas perguntas: a resistência, hoje, por quê? E a resistência, hoje, como? Concluo com algumas observações sobre os vários tipos de resistência (§ 7).

---

27. *Ibid.*, p. 202.

2. Tendo-se extinta a eficácia da literatura política suscitada pela Revolução Francesa, a questão do direito de resistência perdeu, no decorrer do século XIX, grande parte do seu interesse. Podem-se indicar duas razões desse declínio, uma ideológica e outra institucional.

Uma das características mais evidentes das ideologias políticas do século XIX, à qual nunca se dá suficiente atenção, foi a crença no deperecimento natural do Estado. Tendo com Hegel alcançado sua máxima expressão, a idéia, cara aos grandes filósofos políticos da era moderna, como Hobbes, Rousseau e Kant, de que o Estado seria a realização do domínio da razão na história, o "racional e si e por si", todas as grandes correntes políticas do século passado inverteram a rota, contrapondo a sociedade ao Estado, descobrindo na sociedade, e não no Estado, as forças que se movem em direção à libertação e ao progresso histórico, e no Estado, uma forma residual arcaica, em vias de extinção, do poder do homem sobre o homem. Dessa desvalorização — que foi uma expressão típica da profunda transformação produzida na sociedade, que por sua vez refletiria na concepção geral da sociedade e do progresso histórico, do crescimento da sociedade industrial e da idéia de que os homens deveriam afinal deixar-se conduzir pelas leis naturais da economia e não pelas leis artificiais da política — são conhecidas essencialmente três versões: a liberal-liberalista, à moda de Spencer, segundo a qual o Estado nascido e reforçado nas sociedades militares perderia grande parte das suas funções à medida que a sociedade industrial crescesse; a socialista marx-engelsiana, segundo a qual depois do Estado burguês ainda haveria, sim, uma ditadura, mas com o objetivo de suprimir qualquer forma futura de Estado; a libertária, de Godwin a Proudhon e Bakunin, segundo a qual as instituições políticas caracterizadas pelo exercício da força, contrariamente àquilo em que acreditaram, de Hobbes a Hegel, os grandes teóricos do Estado moderno, não apenas não eram indispensáveis para salvar o homem da barbárie do estado de natureza, ou da insensatez da sociedade civil, mas eram inúteis, aliás danosas, e poderiam tranqüilamente desaparecer sem deixar traços, nem saudade.

A máxima concentração de poder surge quando aqueles que detêm o monopólio do poder coativo, no qual consiste mais propriamente o poder político, detêm ao mesmo tempo o monopólio do poder econômico e do poder ideológico (através da aliança com a Igreja única elevada a Igreja de Estado, ou, modernamente, com o partido único); quando o soberano possui, como na teoria mais uma vez paradigmática de Hobbes, junto ao *imperium* e ao *dominium*, também a *potestas spiritualis*, que é afinal o poder de pretender a obediência dos próprios súditos à força de sanções não apenas terrenas mas também ultraterrenas.

A ilusão oitocentista relativa ao gradual deperecimento do Estado derivara da convicção de que inicialmente através da Reforma e da revolução científica, e depois através da revolução industrial, em outras palavras, através de um processo de fragmentação da unidade religiosa e de secularização da cultura, e através da formação de um segmento de empreendedores independentes (estivessem ou não os dois fenômenos ligados um ao outro), ocorreriam dois processos paralelos de desconcentração do poder, com a conseqüente desmonopolização do poder ideológico-religioso que teria encontrado a sua garantia jurídica na proclamação da liberdade religiosa e na liberdade de pensamento em geral, e com a não menos conseqüente desmonopolização do poder econômico que encontraria a sua expressão formal no reconhecimento da liberdade de iniciativa econômica. Ao Estado restaria apenas o monopólio do poder coativo em defesa, mas apenas em última instância, como *extrema ratio*, do antagonismo de idéias e da concorrência dos interesses. A desforra da sociedade civil sobre o Estado foi uma idéia comum, embora diversamente interpretada e direcionada, entre os liberais tanto quanto entre os libertários, entre socialistas utópicos tanto quanto entre socialistas científicos.

3. Do ponto de vista institucional, o Estado liberal, e, posteriormente, democrático, que veio pouco a pouco a instaurar-se nos países mais avançados no decorrer do século passado, caracterizou-se por um processo de acolhimento e de regulamentação das várias demandas provenientes da burguesia em ascensão por uma limitação e uma delimitação do poder tradicional. Dado que essas demandas foram feitas em nome ou em forma de direito à resistência ou à revolução, o processo que deu lugar ao Estado liberal e democrático pode bem ser chamado de processo de "constitucionalização" do direito de resistência e de revolução. Os institutos através dos quais se obtém este resultado podem ser distinguidos com base nos dois tradicionais modos através dos quais se acreditava viria a degeneração do poder: o abuso no exercício do poder (o *tyrannus quoad exercitium*) e ausência de legitimação (o *tyrannus absque titulo*). Como tive oportunidade de melhor esclarecer alhures, essa diferença pode ser ulteriormente esclarecida apelando-se para a distinção entre dois conceitos que não são habitualmente bem diferenciados: o conceito de legalidade e o conceito de legitimidade.[28]

A constitucionalização das medidas contra o abuso do poder realizou-se através dos dois institutos típicos da separação dos poderes e da

---

28. N. BOBBIO, *Sul principio di legittimità*, cit., pp. 79-93.

subordinação de todo poder estatal — no limite também do poder dos próprios órgãos legislativos — ao direito (o chamado "constitucionalismo"). Por separação dos poderes entendo, em sentido lato, não apenas a separação vertical das principais funções do Estado entre os órgãos no vértice da administração estatal, mas também a separação horizontal entre órgãos centrais e órgãos periféricos nas várias formas de autogoverno que vão da descentralização político-administrativa ao federalismo. O segundo processo foi aquele que deu lugar à figura, verdadeiramente dominante em todas as teorias políticas do século passado, do Estado de direito, isto é, do Estado no qual cada poder é exercido no âmbito de regras jurídicas que delimitam a sua competência e orientam, ainda que, freqüentemente, com uma certa margem de discricionariedade, suas decisões. Ele corresponde àquele processo de transformação do poder tradicional fundado sobre relações pessoais e patrimoniais em um poder legal e racional, essencialmente impessoal, que foi descrito com tanta perspicácia por Max Weber. Não se deu suficiente atenção, creio, ao fato de que a teorização mais completa desse tipo de Estado é a doutrina kelseniana da ordem jurídica em graus. Não obstante a sua pretensão de ser válida em qualquer período e lugar, a concepção dinâmica da ordem jurídica, tal como foi exposta por Kelsem e pela sua escola, é o reflexo daquele processo de legalização dos poderes estatais que Max Weber descreveu na qualidade de historiador como passagem do poder tradicional ao poder legal.

Também em relação às demandas que visavam a dar alguma garantia contra as várias formas de usurpação do poder legítimo, como diríamos hoje, contra a sua deslegitimação, parece-me que a maioria das medidas pode ser incluída nos dois principais institutos que caracterizam a concepção democrática do Estado (enquanto as duas medidas precedentes, as medidas relativas ao abuso do poder, caracterizam a concepção liberal). A primeira é a constitucionalização da oposição, que permite, isto é, torna lícita, a formação de um poder alternativo, ainda que dentro dos limites das chamadas regras do jogo, isto é, de um verdadeiro e próprio contrapoder que pode ser considerado, ainda que um pouco paradoxalmente, uma forma de usurpação legalizada. A segunda é a eleição popular dos governantes e a verificação periódica dessa eleição por parte do povo através da gradual ampliação do sufrágio até o limite não ulteriormente superável do sufrágio universal masculino e feminino: o instituto do sufrágio universal pode ser considerado o meio através do qual advém a constitucionalização do poder do povo de derrubar os governantes, embora também aqui dentro dos limites das regras preestabelecidas, de um poder que antes estava reservado exclusivamente ao fato revolucionário (também nesse caso se trata de um fato que se torna direito, ou, segundo o modelo jusnaturalista, de um direito natural que se torna positivo).

4. O nosso renovado interesse pelo problema da resistência depende do fato de que tanto no plano ideológico quanto no plano institucional ocorreu uma inversão de tendência com relação à concepção e à práxis política através das quais se foi formando o Estado liberal e democrático do século XIX.

Hoje sabemos com certeza algumas coisas: *a*) o desenvolvimento da sociedade industrial não diminuiu, como acreditavam os liberais que juravam sobre a absoluta validade das leis da evolução, as funções do Estado, mas fez com que aumentassem em demasia; *b*) nos países onde ocorreu a revolução socialista, a idéia do desaparecimento do Estado foi por ora deixada de lado; *c*) as idéias libertárias continuam a alimentar pequenos grupos de utopistas sociais e não se transformaram em verdadeiro e próprio movimento político. O enorme interesse suscitado nos últimos anos pela obra de Max Weber liga-se também ao fato de que ele, como bom conservador, e realista desencantado como de hábito são os conservadores com inspiração religiosa, viu avançar, ameaçadora mas inelutável, junto ao desenvolvimento da sociedade industrial, fosse esta promovida por um segmento de empreendedores ou por uma classe de funcionários do Estado coletivista, a era do domínio dos aparatos burocráticos; não o enfraquecimento, mas sim o fortalecimento do Estado.

Do ponto de vista institucional, a situação do nosso tempo se caracteriza, não apenas, como é natural, nos países de economia coletivista, mas também nos países capitalistas, por um processo inverso àquele que chamamos de desmonopolização do poder econômico e ideológico, vale dizer, por um processo que se move seja em direção à remonopolização do poder econômico através da progressiva concentração de empresas e bancos, seja em direção à remonopolizaçao do poder ideológico através da formação dos grandes partidos de massas, no limite, do partido único que detém o direito, em maior medida do que o soberano absoluto de outros tempos (verdadeiro e próprio "novo Príncipe"), de estabelecer aquilo que é bom e aquilo que é mau para a salvação dos próprios súditos, e através do controle que os detentores do poder econômico têm, nos países capitalistas, dos meios de formação da opinião pública.

A ilusão jurídico-institucional do século XIX consistia em acreditar que o sistema político fosse auto-suficiente, e portanto gozasse de uma certa independência do sistema social global, ou que fosse ele próprio o sistema dominante, e que portanto bastasse buscar remédios adequados ao controle do sistema político para controlar o sistema de poder da sociedade inteira. Hoje, ao contrário, damo-nos conta cada vez mais de que o sistema político é um subsistema do sistema global e que o controle do primeiro não implica em absoluto o controle do segundo. Dos quatro remédios dos quais falamos no parágrafo anterior, o que parecia mais decisivo, o quarto, ou o controle vindo de baixo, o poder de todos, a democracia participante, o Estado fundado sobre o consenso, a realização, no limite, do ideal rousseauniano da liberdade como autonomia, é também aquele sobre o qual se lançam com particular obstinação as formas mais recentes e mais insistentes de contestação.

Comparada à democracia de inspiração rousseauniana, de fato, a participação popular nos Estados democráticos reais está em crise pelo menos por três razões: *a*) a participação consiste, na melhor das hipóteses, na formação da vontade da maioria parlamentar; mas o parlamento não está mais, na sociedade industrial avançada, no centro do poder real, sendo com freqüência apenas uma câmara que registra as decisões tomadas alhures; *b*) mesmo que o parlamento seja ainda o órgão do poder real, a participação popular limita-se, a intervalos mais ou menos longos, a dar a sua própria legitimação a uma classe política restrita, que tende à própria autoconservação e que é cada vez menos representativa; *c*) também no restrito âmbito de uma eleição *una tantum* sem responsabilidades políticas diretas, a participação é distorcida, ou manipulada, pela propaganda das poderosas organizações religiosas, políticas, sindicais etc. A participação democrática deveria ser eficaz, direta e livre: a participação popular nas democracias, mesmo as mais avançadas, não é nem eficaz, nem direta, nem livre. Da soma dessas três deficiências de participação popular nasce a razão mais grave da crise, isto é, a apatia política, o fenômeno, tantas vezes observado e lamentado, da despolitização das massas nos Estados dominados pelos grandes aparatos de partido. A democracia rousseauniana ou é participativa, ou não é nada.

Não é que faltem propostas de medidas para reavivar a participação e torná-la mais eficaz. *Sub a*, a instituição de órgãos de decisão popular fora dos institutos clássicos do governo parlamentar (a chamada democracia dos conselhos); *sub b*, a democracia direta ou assemblear (um dos temas mais difundidos da contestação); *sub c*, o controle popular dos meios de informação e de propaganda etc. Mas é nesse ponto que ressurgem propostas mais radicais, que ultrapassam a linha da democracia participante e recolocam em circulação os temas tradicionais do direito à resistência e à revolução.

5. É natural que, lá onde aquele tipo de Estado que pretendia absorver o direito de resistência constitucionalizando-se esteja em crise, retorne o velho problema, e repitam-se, ainda que sob novas vestes, as velhas soluções, que se então iam da obediência passiva ao tiranocídio, agora vão da desobediência civil à guerrilha.

A volta dos velhos temas que pareciam ultrapassados não é nem uma revivescência, nem uma repetição. Os problemas nascem quando certas condições históricas os fazem nascer, e em cada situação assumem aspectos distintos, adequados às circunstâncias. Entre as velhas teorias sobre o direito de resistência e as novas há diferenças que merecem ser levantadas, embora por ora apenas como algumas notas que deveriam ser aprofundadas:

a) o problema da resistência hoje é visto (mas também esta é uma conseqüência da sociedade de massa) como fenômeno coletivo e não individual, seja em relação ao sujeito ativo, seja em relação ao sujeito passivo do ato ou dos atos de resistência. Não quero dizer com isto que não fosse prevista nos velhos escritores também a resistência coletiva (Grotius a ela dedica um capítulo, o quarto do livro primeiro do seu célebre tratado); mas o caso extremo e mais problemático continuava sendo o assassinato do tirano. Agora as coisas estão muito diferentes: de um lado, permanece como fenômeno típico da resistência individual a objeção de consciência, mas esta é manifestadamente um resíduo de comportamentos religiosos que remontam em grande parte às seitas não-conformistas. De outro, até mesmo os anarquistas já não fazem atentados contra chefes de Estado: deveria nos fazer refletir a constatação de que os atentados individuais são hoje cumpridos por forças reacionárias;

b) se é verdade que as situações nas quais nasce o direito de resistir não são hoje distintas daquelas imaginadas pelos velhos escritores dos séculos XIV e XV, ou seja, *conquista, usurpação, exercício abusivo do poder* (na resistência armada italiana entre os anos 1943 e 1945 ocorreram todas as três, a primeira contra os alemães, a segunda e a terceira contra os fascistas republicanos)* , há uma grande diferença em relação ao tipo de *opressão* à qual é declarado lícito resistir: religiosa nos primeiros monarcômacos, política em Locke, nacional e de classe ou econômica hoje nas lutas pela libertação de povos do Terceiro Mundo e nos vários movimentos revolucionários de inspiração comunista ou castrista etc.

---

* No original, "fascisti repubblichini", onde *repubblichino*, diferente de *repubblicano*, traz um valor depreciativo. (N. T.)

Aquilo que hoje tende a ser derrubado não é uma determinada forma de Estado (as formas degeneradas de Estado, segundo a tradicional classificação aristotélica), mas uma determinada forma de sociedade, da qual as instituições políticas são apenas um aspecto. Ninguém hoje pensa que seja possível renovar o mundo matando um tirano. Somos tentados a dizer que houve uma radical inversão da fórmula de Hobbes: para Hobbes todos os Estados são bons (o Estado é bom apenas pelo fato de ser Estado), enquanto hoje todos os Estados são maus (o Estado é mau, essencialmente, pelo único fato de ser Estado);

c) a maior diferença contudo está, a meu ver, na motivação e nas conseqüentes argumentações (ou "derivações") com que o problema é enfrentado. Enquanto as velhas teorias discutiam a licitude ou ilicitude da resistência em suas várias formas, isto é, colocavam o problema em termos jurídicos, quem discute hoje a resistência ou a revolução fala em termos essencialmente políticos, isto é, aponta o problema da sua oportunidade ou da sua eficácia; não se pergunta se é justa, e portanto se constitui um direito, mas se está conforme ao objetivo. Prevalecendo a concepção positivista do direito para a qual o direito se identifica com o conjunto de regras que têm por sustentação a força monopolizada, o problema de um direito à resistência (expressão na qual "direito" não pode ter outro significado senão "direito natural") perde todo o sentido. Não se trata de ter o direito de livrar-se do jugo colonial ou de classe, trata-se de ter a força. O discurso não versa tanto sobre direitos e deveres, mas sobre as técnicas mais adequadas a serem empregadas segundo a necessidade do momento: técnicas da guerrilha *versus* técnicas da não-violência. Assim é que, ao lado da crise das velhas teorias da guerra justa, assistimos à crise das teorias, ainda dominantes na era do Iluminismo, da revolução justa.

6. Quem quisesse buscar uma comprovação de tudo o que foi dito deveria fazer uma análise, mais precisa do que aquela que é possível fazer nesta oportunidade, das características dos dois grandes movimentos de resistência que hoje dividem o mundo, aqueles que remetem aos partidos revolucionários (nas suas diversas acepções) e aqueles que remetem aos movimentos de desobediência civil. Esclarecendo, e admitidas as articulações internas: leninismo e gandhismo. A diferenciação entre um e outro é o uso da violência, e portanto, do ponto de vista ideológico a justificação ou injustificação da violência. Sob esse aspecto, a fenomenologia dos movimentos hodiernos não difere da antiga: também nos velhos tratados sobre as várias formas de resistência a diferença que dividia a resistência ativa da resistência passiva era o uso

da violência. Hoje, a diferença está principalmente, como já foi dito, no tipo de argumentação através da qual o seu uso (ou não-uso) é justificado: mais política, como foi dito, do que jurídica (ou ética).

A coisa é bastante óbvia para o partido revolucionário cuja teorização tem por matriz uma doutrina realista, no sentido maquiavélico da palavra, como aquela marxiana e mais ainda a leniniana (segundo a qual o fim justifica os meios). Uma outra diferença, talvez, entre a teoria da violência revolucionária de hoje e as de ontem (as teorias jusnaturalistas), está no fato de que, para as últimas, a violência estatal era um caso-limite que devia ser em cada situação individuado (como foi dito, conquista, usurpação, abuso de poder etc.); para a primeira, ao contrário, o Estado enquanto tal (anarquismo), ou o Estado burguês enquanto tal, isto é, enquanto fundado na opressão de uma restrita classe de privilegiados sobre uma classe numerosa de explorados (comunismo), é violento. O Estado é "violência concentrada e organizada da sociedade", segundo a famosa frase de Marx, que é um dos temas orientadores da teoria revolucionária que passa através de Lenin, para chegar a Mao, à guerra popular, à guerrilha etc. (Nova com relação à teoria tradicional é também a justificação daquele excesso de violência na qual consiste o terror, de Robespierre a Mao. Do qual se pode repetir uma tese igualmente famosa: "(...) foi necessário criar um breve reino do terror em cada zona rural. (...) Para reparar um erro é necessário superar os limites".)

Menos óbvio, e portanto mais interessante, é que a mesma teoria da desobediência civil — da obediência passiva de origem exclusivamente religiosa, de Thoreau, que contudo continua a representar um caso individual (não pagar impostos se estes servem à continuação de uma guerra injusta), de Tolstoi, ao método *satyagraha* de Gandhi — percorreu um longo caminho na trajetória do realismo político, isto é, da sua justificação política. Antes de mais nada, o fato de que se trate de comportamento coletivo e não mais individual, isto é, um comportamento para o qual sempre foi mais facilmente justificada a violência, implica uma revisão da tradicional oposição entre a ética individual (na qual a violência é quase sempre ilícita) e a ética de grupo (no qual a violência é considerada lícita). Umas das características da ética gandhiana é exatamente não admitir qualquer diferença entre aquilo que é lícito para o indivíduo e aquilo que é lícito para o grupo organizado. Em segundo lugar, com a teoria e a práxis gandhiana introduziu-se, no âmbito daquela que é tradicionalmente denominada resistência passiva, uma ulterior distinção, entre não-violência negativa e não-violência positiva. Um dos preceitos fundamentais da pregação gandhiana é que as campanhas não-violentas devem ser sempre acompanhadas do chamado "trabalho construtivo",isto é, por todo aquele conjunto de comportamentos que devem mostrar ao adversário que a proposta não é apenas abatê-lo, mas também construir um melhor modo de convivência (do qual o próprio adversário tirará vantagem). Enfim, a justificação que hoje se tende a dar da não-violência (nova encarnação das tradicionais doutrinas de resistência passiva) não é mais religiosa ou ética, mas política. Pelo menos em duas direções: *a*) tendo-se chegado à consciência do fato de que o uso de certos meios prejudica a realização do fim, o emprego de meios não-violentos torna-se politicamente mais produtivo pelo fato de que apenas uma sociedade que nasce da não-violência será, por sua vez, não-violenta, enquanto que uma sociedade que nasce da violência não poderá prescindir da violência para conservar-se; o que em outras palavras significa que a não-violência, mais do que a violência, serve para a realização do objetivo último (ao qual tende também o revolucionário que usa de violência), uma sociedade mais livre e mais justa, sem oprimidos e sem opressores; *b*) diante das dimensões cada vez maiores da violência institucionalizada e organizada, e da sua enorme capacidade destruidora, a prática da não-violência talvez seja a única forma de pressão que serve em última instância para modificar as relações de poder. A não-violência como a única possível alternativa política (reparem bem, política) à violência do sistema.[29]

7. Concluo com algumas observações (também estas apenas esboçadas) sobre a tipologia das diferentes formas que pode assumir a desobediência civil. É preciso, antes de mais nada, fazer uma distinção entre a inobservância de uma lei proibitiva que consiste em uma ação positiva, em um fazer (como o *sit-in* dos negros nos restaurantes ou nos ônibus que são a eles proibidos ou quando a reunião é proibida), e a inexecução de uma lei imperativa que consiste em uma omissão ou em uma abstenção (típico exemplo é o não-pagamento de impostos, ou não prestar o serviço militar). Há contudo uma diferença entre não fazer aquilo que é mandado e fazer o contrário daquilo que é mandado: diante da intimação de desocupar uma praça, sentar-se no chão. Pode-se trabalhar a resistência passiva não apenas não fazendo aquilo que se deve fazer, mas também fazendo mais, fazendo demais [*strafacendo*] (como é o caso do obstrucionismo parlamentar).

---

29. Devo a minha iniciação na ética gandhiana da não-violência em especial a Giuliano Pontara, a começar pelo ensaio *Etica e conflitti di gruppo*, in "De homine", n. 24-25, 1969, pp. 71-90, para então terminar no livro *Antigone e Creonte. Etica e politica nell'era atomica*, Editori Riuniti, Roma, 1990.

As várias formas de desobediência civil devem ainda ser distintas das técnicas de pressão não violenta que interferem nos interesses econômicos. Também estas podem ser diferenciadas segundo consistam em abstenções, como a greve ou o boicote, ou em ações, como a ocupação de uma terra, de uma casa, ou de uma fábrica, ou da greve às avessas.

Ambas podem também ser diferenciadas das assim chamadas ações exemplares, como a greve de fome (a imolação [*autoincendio*] é uma ação exemplar, mas não pertence às técnicas de não-violência por ser uma extrema violência contra si próprio).

Mesmo com suas diferenças, essas várias técnicas têm em comum o fim principal que é muito mais aquele de paralisar, neutralizar, impor dificuldades ao adversário, do que aniquilá-lo ou destruí-lo; tornar difícil ou mesmo impossível a realização do objetivo de outrem, mais do que perseguir diretamente o objetivo de substituí-lo. Não ofendê-lo, mas torná-lo inofensivo. Não contrapor ao poder um outro poder, um contrapoder, mas tornar o poder impotente.

Eu me pergunto, enfim, se não seria oportuno distinguir as várias formas de resistência passiva que, repito, correspondem à resistência não-violenta, do poder negativo, se por *poder negativo* entendemos o poder de veto, isto é, o poder, para dizer com Rousseau, daquele órgão ou daquela pessoa que "não podendo fazer nada, pode impedir tudo".[30] A discussão deste problema assume particular interesse com relação aos estudos, estimulantes pela inovadora perspectiva, e úteis pela abundante documentação, aos quais se dedicou Pierangelo Catalano, que tende a incluir no poder negativo formas de resistência, como por exemplo a greve, que não me parece possam ser reduzidas *sic et simpliciter* ao poder de veto.[31] Compreendo que uma certa confusão possa derivar do fato de que tanto a greve quanto o poder de veto visam ao mesmo objetivo, que é paralisar o exercício de um poder dominante. Mas há diferenças que merecem ser levantadas.

Só para começar, se é verdade que ambos podem ser considerados formas de exercício de poder impeditivo, uma coisa é impedir que uma lei, um comando, uma ordem, ou até mesmo uma decisão, passe a existir (poder de veto), outra coisa é torná-la ineficaz depois que passou a existir, dela se subtraindo,* sem contar que há formas de resistência passiva, como a greve ou o boicote, que não consistem em deso-

---

30. J.-J. ROUSSEAU, *Il contratto sociale*, cit., p. 161.
31. Refiro-me de modo particular aos dois ensaios *Diritti di libertà e potere negativo*, in *Studi in memoria di Carlo Esposito*, Cedam, Pádua, 1969, e *Tribunato e resistenza*, Paravia, Turim, 1971.
   * Na edição a partir da qual é feita esta tradução, lê-se *ottraendovisi*. Como se trata de um claro erro tipográfico, conclui-se que a palavra correta deva ser *sottraendovisi*. (N.T.)

bediência à lei. Além disso, o poder de veto consiste geralmente em uma declaração de vontade (em uma proposição "performativa", diria J. L. Austin), enquanto a resistência passiva consiste em comportamentos comissivos e omissivos. O poder de veto é geralmente institucionalizado, isto é, depende de uma norma secundária autorizadora (a menos que imaginemos o caso extremo da invasão do parlamento pela multidão quando uma lei estiver para ser aprovada: mas diríamos realmente que neste caso a multidão exerceu o poder de veto?); enquanto as várias formas de resistência passiva nascem fora do quadro das instituições vigentes, mesmo que algumas delas venham a ser em um segundo momento institucionalizadas. O poder de veto é habitualmente exercido no vértice (pensemos no veto do chefe de Estado em relação a uma lei aprovada pelo parlamento, ou no veto de um dos membros do Conselho de Segurança da ONU); a resistência passiva, na base. O poder de veto é com freqüência o resíduo de um poder difícil de morrer; a resistência passiva pode ser o primeiro indício de um novo poder. O poder de veto serve habitualmente à conservação do *status quo;* a resistência passiva geralmente visa à mudança. Em suma, a mim parece que poder de veto e resistência passiva são, tanto estruturalmente quanto funcionalmente, duas coisas distintas: de modo que eu teria alguma dúvida sobre a conveniência de abrigá-las sob a mesma categoria e colocá-las sob a mesma denominação de poderes negativos.

Terceira parte

Valores e ideologias

Capítulo 5
Valores políticos

I.

DA LIBERDADE DOS MODERNOS COMPARADA À DOS PÓSTEROS

1. Já que Galvano Della Volpe, respondendo ao meu artigo *Democrazia e dittatura*,[1] diz ter a impressão, ao ler as minhas páginas, de voltar a ouvir uma "velha música", que seria aquela do célebre ensaio *De la liberté des anciens comparée à celles des modernes* do "impenitente liberal" Benjamin Constant,[2] quero lhe mostrar a partir do título desta minha réplica que não refuto a censura (e muito menos desdenho o confronto), embora procure, como se pode ver pela variação, adaptar o tema aos novos ouvintes.

E sobretudo, ainda a propósito da velha música, qualquer um que tenha familiaridade com os textos da teoria política sabe que eles repropõem há séculos alguns temas fundamentais, sempre os mesmos. Por isso vejo com desconfiança qualquer busca por precursores, porque não há precursor sobre o qual não se descubra que tem seus precedentes (que nos ensine a teoria do contratualismo); nem jamais consegui, tampouco, me entregar à alegria da "descoberta" dos descobridores, como ocorre, ao contrário, com Della Volpe, que está convencido de que Rousseau foi o primeiro a introduzir a distinção de princípio entre soberano e governo, enquanto a mim parece coisa um tanto velha, ao menos tão velha quanto a teoria do mandato político, que pressupu-

---

1. N. BOBBIO, "Democrazia e dittatura", in *Nuovi Argomenti*, n. 6, janeiro-fevereiro 1954, pp. 1-15, reimp. in ID., *Politica e cultura*, Einaudi, Turim, 1955, 1ª ed. reimp. 1974, ult. reimp. 1986, pp. 148-59.
2. G. DELLA VOLPE, "Comunismo e democrazia moderna", in *Nuovi Argomenti*, n. 7, março-abril, 1954, p. 130. Cf. a trad. it. do ensaio de B. CONSTANT, *Discorso sulla libertà degli antichi paragonata a quella dei moderni*, in ID., *Principî di politica*, organizado por U. Cerroni, Editori Riuniti, Roma, 1970, pp. 217-39.

nha, exatamente, a distinção entre a titularidade da soberania, pertencente ao povo, e o seu exercício, pertencente aos governantes (e no ótimo livro de Derathé sobre as fontes do pensamento de Rousseau,[3] que há de desestimular e afligir qualquer caçador de novidades). Assim, no mesmo momento em que consinto em acreditar que a minha seja uma velha música, convido o amigo Della Volpe a convencer-se de que a sua música não é nova.

2. Certamente, o meu artigo *Democrazia e dittatura* pertence a um gênero muito conhecido das publicações sobre política, o gênero dos escritos que se propõem a corrigir a unilateralidade do radicalismo democrático remetendo a princípios liberais que a democracia não torna supérfluos (antes, a meu ver, pressupõe). Mas não é menos conhecido o gênero ao qual pertence o artigo de Della Volpe: a ser incluído entre os escritos dos fautores da democracia até as últimas conseqüências, que afirmam que o princípio democrático é por si só superior ao princípio liberal, pois não o exclui apenas, mas engloba-o e reforça-o. (Della Volpe fala, em relação à liberdade igualitária, de uma liberdade "mais universal", de uma "libertas maior".) Toda a nossa discussão, portanto, é apenas um episódio de uma antiga, nem sei quão antiga, contenda.

E se o meu contendor mencionou Constant em relação a Rousseau, eu poderia mencionar, já nos enveredamos pela citação de grandes nomes, John Stuart Mill em relação a Bentham, ao último Bentham, aquele do *Constitutional Code* (publicado por Bowring em 1841), que refutava como lugar-comum do liberalismo corrente a declaração dos direitos e a separação dos poderes e os substituía pelos princípios do radicalismo democrático, o poder absoluto da maioria, o sistema unicameral, o sufrágio universal. Tanto que Mill, na introdução ao *Essay on Liberty* (1859), fora obrigado a repetir: "Demo-nos então conta de que expressões como 'autogoverno' e 'poder do povo sobre si mesmo' não expressavam o verdadeiro estado das coisas. O 'povo' que exerce o poder nem sempre coincide com aqueles sobre os quais este último é exercido; e o 'autogoverno' do qual se fala não é o governo de cada um sobre si mesmo, mas o governo de todos os outros sobre cada um".[4] Eu poderia mencionar — mais um grande nome, talvez o mais apropriado — Tocqueville, porque, dividido como estava entre a admiração-inquietude

---

3. R. DERATHÉ, *Jean-Jacques Rousseau et la science politique de son temps*, Vrin, Paris, 1950 (ed. it.: *Jean-Jacques Rousseau e la scienza del suo tempo*, il Mulino, Bolonha, 1993).

4. *Essay on Liberty*, organizado por R. B. McCallum, Oxford, 1948, p. 3. A trad. it. cit. no texto é a de S. Magistretti, *Saggio sulla libertà*, prefácio de G. Giorello e M. Mondadori, Il Saggiatore, Milão, 1981, p. 26 (na nova ed. 1997, p. 6).

pela democracia e a devoção-solicitude pela liberdade individual, trazia dentro de si o dissídio entre liberdade e igualdade. Lembram-se da célebre frase com que ele encerra sua obra maior? "As nações modernas não podem evitar que as condições se tornem iguais; mas depende delas que a igualdade as leve à escravidão ou à liberdade, à civilização ou à barbárie, à prosperidade ou à miséria".[5] E quem pode, hoje, ler essas palavras sem olhar, perturbado e inquieto, ao seu redor?

3. Velha disputa, portanto, aquela que opõe democracia e liberalismo, nada menos que igualdade e liberdade. O que há de novo, aquilo que a torna nova, e portanto, não obstante as repetições, talvez não-supérflua, é a diferente perspectiva histórica na qual se insere. Assistimos no século XX à sucessiva e gradual *democratização de regimes liberais* através da democracia formal, mais ampla e difusa, antes (sufrágio universal, sistema representativo, princípio majoritário), e a democracia substancial, mais tímida, menos ampla (e ainda hoje distante de realizar-se mesmo nos países mais avançados), depois, com institutos tais como a instrução obrigatória, a previdência social assumida pelo Estado, a tributação fortemente progressiva sobre os rendimentos e sobre as sucessões. (Que a democracia formal em alguns países, como na Itália, seja uma casca vazia, não deve induzir à afirmação precipitada de que, em todos os países em que ocorreu a gradual passagem do regime liberal para o regime democrático, a democracia seja apenas formal. A história da Inglaterra, que foi de resto o país em que o regime liberal teve início, é também, sob esse aspecto, exemplar.) Considerou-se que o processo de democratização, seja formal, seja substancial, não deveria ocorrer — e nos países em que mais intensamente se realizou, não ocorreu — com prejuízo dos princípios liberais. Considerou-se, antes, que ele deveria constituir uma integração do liberalismo clássico, um avanço do princípio de liberdade, e que por isso os novos institutos da democracia formal e substancial (do sufrágio universal ao nivelamento das propriedades) não deveriam suplantar aqueles próprios dos regimes liberais (que se resumiam na garantia jurídica de alguns fundamentais direitos de liberdade). Símbolo (embora às vezes não mais que simulacro) dessa convivência de princípios afirmados historicamente em distintos períodos é a proclamação, nas constituições

---

5. *De la démocratie en Amérique*, in *Oeuvres complètes*, organizado por J.-P. Mayer, t. I, vol. II, Gallimard, Paris, 1951, 2ª ed. 1961, p. 339. A trad. it. cit. no texto é aquela organizada por N. Matteucci, "La democrazia in America", in *Scritti politici*, vol. II, Utet, Turim, 1968, reimp. 1981, p. 828.

contemporâneas, dos chamados direitos sociais além e ao lado dos direitos individuais das cartas setecentistas.

O problema novo e muito importante — pelo menos tão importante quanto aquele da democratizaçao dos regimes liberais — diante do qual nos encontramos, e que, de minha parte, tentei colocar em evidência no artigo precedente, é aquele, inverso, da *liberalização dos regimes democráticos*. Que uma democracia pura desrespeitadora dos princípios clássicos do liberalismo necessariamente se transformaria em regime iliberal e despótico – chamada tirania da maioria com o conseqüente excesso de estatalismo — é uma antiga acusação, uma espécie de tema recorrente em todos os escritores liberais clássicos. Mas o único exemplo histórico — breve episódio, embora muito eficaz na tarefa de escandalizar os moderados — era o Terror. A disputa era no máximo teórica e desenvolvia-se a golpes de lógica mais que de experiência: o alvo polêmico era nem tanto um regime real, mas a teoria de um regime, aquela de Jean-Jacques Rousseau, que recentemente, em um livro polêmico voltado para imputar a Rousseau grande parte da responsabilidade da estatolatria contemporânea, foi batizada com o infamante nome de "democracia totalitária".[6] Hoje, ao contrário, o problema da democracia não-liberal ou totalitária é um problema real, tão real quanto era, na época da Restauração, o problema de um liberalismo não-democrático.

De fato há países que se proclamam democráticos, aliás de uma democracia "mil vezes mais democrática do que qualquer democracia burguesa", e que efetivamente iniciaram uma nova fase de progresso civil em países politicamente atrasados, introduzindo institutos tradicionalmente democráticos, de democracia formal, como o sufrágio universal e a eletividade dos cargos, e de democracia substancial, como a coletivização dos instrumentos de produção. Mas esses mesmos países não são liberais. Do liberalismo rejeitam, mais ou menos declaradamente, o princípio teórico fundamental, a concepção historicista da verdade, da qual nasceu o espírito de tolerância em oposição ao fanatismo; o comportamento crítico em oposição ao comportamento dogmático, como foi ainda recentemente ilustrado[7]; e as principais instituições, entre as quais a garantia dos direitos de liberdade, primeiro entre estes a liberdade de pensamento e de imprensa, a divisão dos poderes, a pluralidade dos partidos, a tutela das minorias políticas.

---

6. Cf. J. L. TALMON, *The Origins of Totalitarian Democracy*, Secker & Warburg, Londres, 1952 (ed. it.: *Le origini della democrazia totalitaria*, il Mulino, Bologna, 1967).

7. Cf. R. TREVES, *Spirito critico e spirito dogmatico*, Nuvoletti, Milão, 1954.

4. Pode-se contestar que esse problema da liberalização de certos regimes democráticos seja um problema real. Mas creio que seja difícil e desesperado fazê-lo, contestando a veracidade dos fatos sobre os quais se funda a acusação de antiliberalismo dirigida aos países soviéticos. Podem-se contudo escolher outros caminhos. Desses caminhos, os mais percorridos me parecem ser os três seguintes.

Pode-se sustentar em primeiro lugar — e é o modo mais radical (no sentido de que corta pela raiz qualquer base para a disputa) — que a concepção e os institutos do liberalismo tiveram sua época, tendo perdido qualquer função histórica, não havendo portanto razão para lamentar se regimes mais avançados e protendidos em direção ao futuro, não voltados melancolicamente em direção ao passado, não os levem em consideração. Esse modo de argumentar, como destacamos em outras ocasiões, consiste em deslocar a discussão do plano dos fatos para o plano dos valores. A mulher surpreendida em falta pelo marido apelará aos supremos direitos do amor contra os deveres institucionais do matrimônio. Se não puder contestar os fatos, estabelecerá uma nova hierarquia de valores com base nos quais os fatos perderão seu valor negativo.

Embora reconhecendo a validade histórica da instância liberal na luta contra o absolutismo monárquico e feudal em favor de uma maior libertação do homem, e portanto como elemento de progresso histórico, pode-se sustentar em segundo lugar que os regimes surgidos a partir da revolução socialista realizam de modo mais completo aquela instância, e portanto tornam supérfluas as instituições precedentes, uma vez que foram inspiradas por um conceito mais amplo e mais moderno de liberdade. Não se nega a existência de um problema da liberdade em geral. Afirma-se que nos países de democracia progressiva, o problema foi mais bem solucionado do que nos regimes liberais burgueses porque a sociedade do burguês foi substituída pela liberdade de todos, e que por isso estes constituem na história humana, entendida como história da libertação do homem alienado, uma fase mais evoluída (aliás, a última fase antes da libertação final). Aqui a argumentação não passa dos fatos aos valores, mas, permanecendo sobre o terreno dos fatos, lhes dá uma outra interpretação: os fatos continuam a ser aqueles que são, mas o seu sentido é distinto daquele que lhes é atribuído pelos adversários. Um industrial demite alguns operários: diante de quem o censura em nome dos valores sociais, ele poderia invocar os seus valores, ou seja, a liberdade do empreendedor e todos os sagrados princípios da economia de mercado; mas não é improvável que se limite a fazer observar que a medida deve ser considerada um ato disciplinar contra os operários negligentes, e portanto como ato que também possui, não obstante as aparências, um indiscutível valor social.

É possível, enfim, um terceira resposta. Admite-se com os adversários, diferentemente do que ocorre na primeira resposta, que a liberdade é um valor. Admite-se, diferentemente daquilo que se afirma na segunda, que esse valor não foi realizado nos regimes de democracia progressiva. Mas ao mesmo tempo se sustenta que esses regimes são os únicos capazes de solucioná-lo no futuro, tendo apenas eles apresentado a condição necessária e suficiente (sobretudo a abolição da luta de classe) para a sua solução. Não se contestam os fatos, não se rejeitam os valores; nem se tenta dar aos fatos uma interpretação benévola. Entra-se em acordo com os adversários quanto aos valores; entra-se em acordo até mesmo quanto à interpretação dos fatos. O que muda é o distinto modo de avaliar a relação entre os meios e os fins. Ou seja, considera-se que a realidade soviética, por impiedosa que seja, ainda assim oferece um instrumento para realizar o fim supremo, sobre o qual liberais e comunistas concordam: a liberdade, mais adequado e perfeito que nos regimes que a ela se opõem. Também aqui um exemplo desta questão: deflagrada a guerra, os líderes responsáveis pelo país tentarão justificá-la (sobretudo em caso de derrota) não contestando nem a desejabilidade da paz, nem a crueldade da guerra, mas proclamando a sua convicção de que a guerra, por mais cruel que seja, era contudo ainda o único meio de se alcançar a "verdadeira" paz no mundo.

5. Eu não diria que Della Volpe tenha, com relação a esses três modos de argumentação, adotado um mais do que outro. Parece-me que adotou, dependendo das circunstâncias, todos os três. Quando afirma que a liberdade civil nada mais é que a liberdade dos burgueses e que se identifica "estreitamente" com a liberdade de uma classe, rejeita do liberalismo o valor fundamental, ou seja, tenta desvalorizar a doutrina liberal dela não aceitando um dos princípios fundamentais. Quando, logo em seguida, sustenta que há uma liberdade comunista, e que tal liberdade enquanto liberdade igualitária é superior àquela proposta pelos liberais, é como se dissesse que o problema da liberdade não precisa ser discutido, não porque não seja um problema, mas porque com uma interpretação dos fatos distinta daquela dada pelos adversários percebe-se que afinal já foi resolvido. Enfim, ao afirmar, no final de seu ensaio, que "tudo leva a crer que 'na sociedade dos livres' marx-engelsiana, enquanto sociedade sem classes, *em direção à qual se encaminhou a democracia soviética atual*, dissolve-se e supera-se verdadeiramente a antinomia das duas liberdades", faz com que saibamos que

ele acredita que a liberdade seja um valor, que na atual sociedade soviética tal valor ainda não foi alcançado, mas que poderá ser alcançado no futuro somente através dessa nova forma de organização social. Esse modo tríplice de argumentação corresponde a uma seqüência deste tipo:

1) "Não reconheço o seu direito de condenar-me porque o que para você é um bem, para mim é um mal;

2) "Sim, aquilo que é mau para você também o é para mim, mas olhe que a ação realizada, se você a examinar corretamente, não é, como você acredita, uma ação má, mas um boa ação;

3) "Aquilo que é mau para você também o é para mim, e a ação que eu realizei é uma ação má; contudo, tenha paciência, agi assim para o seu bem".

Nas próximas páginas examinarei cada um desses três argumentos de grande peso, a meu ver, porque neles está resumida a polêmica dos escritores marxistas contra o liberalismo. Mais precisamente, o primeiro nos §§ 6 a 8, o segundo nos §§ 9 a 18, e o terceiro nos §§ 19 a 25.

6. Comecemos pelo primeiro: "As liberdades civis reivindicadas pela doutrina liberal pretendiam ser valores universais, enquanto são valores de classe, representando a ideologia individualista e os interesses econômicos egoístas da classe burguesa. Por isso, desaparecendo a classe ou a classe estando a caminho da dissolução, também os valores por ela exaltados não têm mais razão de sobreviver". Esse modo de raciocinar faz com que me venham à mente os camponeses daquele município que se recusavam a usar a água potável porque o aqueduto fora construído pela administração do partido rival. O problema evidentemente não é saber por mérito ou culpa de quem instituições livres foram introduzidas, mas se as instituições livres são um benefício ou uma desgraça para os homens.

Além do mais, esta identificação da doutrina do Estado liberal com a ideologia burguesa do Estado repousa sobre uma consideração histórica inadequada. A doutrina do Estado liberal apresenta-se, em seu nascimento (nas primeiras doutrinas contratualistas dos chamados monarcômacos) como a defesa do *Estado limitado* contra o *Estado absoluto*. Por Estado absoluto entende-se o Estado em que o soberano é "legibus solutus", cujo poder é portanto sem limites, arbitrário. O Estado limitado é, em contrapartida, o Estado no qual o supremo poder é limitado seja pela lei divina e natural (os chamados direitos naturais inalienáveis e invioláveis), seja pelas leis civis, através da constituição pactuada (fundamento contratualista do poder). Todos os autores aos quais se costuma remeter a concepção liberal do Estado repetem monotonamente esse conceito; e toda a história do Estado liberal desenvolve-se através da busca de técnicas aptas a realizar o princípio da limitação do poder.

Podem-se distinguir, para maior clareza, duas formas de limitação do poder: uma limitação *material*, que consiste em subtrair aos imperativos positivos e negativos do soberano uma esfera de comportamentos humanos que são reconhecidos livres por natureza (a chamada esfera de licitude); e uma limitação *formal*, que consiste em colocar todos os órgãos do poder estatal abaixo das leis gerais do mesmo Estado. A primeira limitação está fundada no princípio da *garantia* dos direitos individuais por parte dos poderes públicos; a segunda no *controle* dos poderes públicos por parte dos indivíduos. Garantia dos direitos e controle dos poderes são os dois traços característicos do Estado liberal. O primeiro dos dois princípios deu origem à proclamação dos direitos naturais; o segundo, à divisão dos poderes. Resumidamente podemos dizer que proclamação dos direitos e a divisão dos poderes são os dois institutos fundamentais do Estado liberal entendido como *Estado de direito*, ou seja, como Estado cuja atividade é, em duplo sentido, isto é, materialmente e formalmente, limitada.

7. Ora, é verdade que essa doutrina da limitação dos poderes nasceu em circunstâncias históricas determinadas, por ocasião da luta contra a monarquia de direito divino, e foi elaborada principalmente por escritores burgueses. Contudo, a quem desejar deduzir dessa constatação a conseqüência de que a doutrina liberal é uma doutrina burguesa tem-se o direito de pedir que responda a estas duas perguntas:

1) se acredita verdadeiramente que a única forma possível de Estado absolutista é a monarquia de direito divino, ou não será, antes, que qualquer grupo dirigente tem a natural tendência a transformar o próprio poder em um poder o quanto mais possível absoluto no sentido de "legibus solutus";

2) se não acredita, admitida essa natural tendência, que a ordem jurídica deve prever expedientes aptos a impedir esses efeitos, e que, entre esses expedientes, os que até agora se mostraram mais eficazes são aqueles elaborados pela doutrina liberal.

Com essas duas perguntas queremos colocar os opositores da doutrina liberal diante das conseqüências de suas eventuais respostas. Se eles responderem, com relação ao primeiro ponto, que não é verdade que todos os grupos dirigentes tendem a abusar do poder, devem então conciliar essa resposta com a tese, a eles particularmente agradável, de que todos os Estados, enquanto Estados, são ditaduras; se derem a resposta contrária, eis então que a exigência da limitação dos podres do Estado, formulada pela primeira vez com rigor por teóricos burgueses, mostra a sua perene vitalidade. Com relação ao segundo ponto, se eles responderem que as técnicas até agora utilizadas para a garantia dos direitos e o controle dos poderes não surtiram efeito algum, será preciso investigar por que, será que durante o período em que nos países nos quais esses institutos operaram, o socialismo pôde crescer e se tornar quase sempre partido de governo. Mas se derem a resposta contrária, será preciso perguntar por que essas técnicas não deveriam valer em um Estado diferente do Estado burguês.

Os marxistas podem rebater dizendo que a doutrina liberal, combatendo o poder absoluto da monarquia unida à classe feudal, serviu à classe burguesa para conquistar o poder, isto é — aceitemos a lição marxista —, para formar o próprio Estado de classe (e este seria um outro motivo para identificar Estado liberal e Estado burguês). Mas aqui também cabem duas observações:

1) a doutrina liberal, enquanto teoria do Estado limitado, colocava, de modo abstrato, limites não apenas à monarquia absolutista, mas a qualquer outra forma de governo, e portanto ao próprio governo da burguesia (a qual conhece muito bem o seu Estado absolutista, que é o Estado fascista);

2) enquanto doutrina do Estado representativo, estabelecia condições que permitiriam que novos grupos sociais, prontos a se tornarem mais representativos do que a burguesia, chegassem ao poder em seu lugar.

Diferentemente da teoria que combateu, que visava a justificar uma particular forma de governo (a monarquia hereditária), a doutrina liberal, em suas principais linhas, não é a justificação do Estado dominado pela classe burguesa mais do que seria o Estado dominado por qualquer outra classe, salvo, aqui também, se nos lançássemos no absurdo de sustentar que apenas o Estado dominado pela classe burguesa precisaria de limites (e por que não o Estado dirigido pelo partido comunista, que Gramsci comparava, saltando três séculos de experiência liberal, ao príncipe maquiavélico, protótipo do absolutismo do poder?), ou então que os limites impostos ao Estado pela doutrina liberal eram tais que estabeleciam uma exclusiva vantagem à classe no poder (também o direito de liberdade religiosa, de imprensa, de associação?)

8. Todas as vezes em que volto a refletir sobre o curso da história nos últimos séculos, fico cada vez mais convencido de que a doutrina

liberal, embora historicamente condicionada, expressou uma exigência permanente (certamente passível de aperfeiçoamento em sua realização prática, mas que não deve ser negligenciada e muito menos desprezada em seu valor normativo): essa exigência, para dizer de modo mais simples, é aquela da *luta contra os abusos do poder*. E é permanente, como toda exigência por libertação, seja porque todo poder tende a abusar, seja porque na estrutura formal assumida pelo Estado de direito, elaboração extrema da concepção liberal do Estado, há algumas bases para reprimir qualquer atentado às garantias da liberdade individual de onde quer que partam, mesmo que partam da burguesia. Quando, de fato, com os regimes fascistas tal atentado ocorreu, a luta contra eles foi travada, como não podia deixar de ser, também pelos partidos marxistas em nome dos princípios transmitidos pelo liberalismo, em nome, portanto, daqueles limites ao poder do Estado que tornam a convivência social mais civilizada e menos selvagem.

Ainda hoje, contra os abusos do poder, por exemplo na Itália, os comunistas invocam a Constituição, invocam exatamente aqueles direitos de liberdade, a separação dos poderes (a independência da magistratura), a representatividade do Parlamento, o princípio da legalidade (nada de poderes extraordinários para o executivo), que constituem a mais ciosa conquista da burguesia na luta contra a monarquia absolutista. E como? As mesmas liberdades que foram invocadas pela classe burguesa contra os abusos da monarquia, agora são invocadas pelos representantes do proletariado contra os abusos da classe burguesa? Que melhor prova há da permanência de uma exigência, para além da ocasião histórica, e da benignidade de uma instituição, para além do uso ou mau uso que dela estão fazendo os seus criadores? Por essas razões, não consigo ver como é possível validamente defender a tese de que a doutrina liberal do Estado, se entendermos com esta expressão a teoria que proclama e defende os direitos de liberdade, perdeu todo o seu valor, já que aqueles que deveriam ser seus superadores continuam a utilizar-se dela para os seus objetivos. Vocês responderão que perdeu todo valor de princípio, mas conservou um valor prático? Deixo aos eventuais sustentadores da liberdade como *instrumentum regni* (que é acolhida quando serve e rejeitada quando não serve mais) a penosa e nada invejável responsabilidade de uma resposta a esta pergunta.

9. Compreendo bem, no entanto, que se possa circundar o obstáculo, ou melhor, saltar o fosso, sustentando que as garantias individuais no Estado liberal têm valor enquanto, dada a constituição da sociedade em classes, o indivíduo isolado e os grupos minoritários estiverem ine-

vitavelmente expostos aos abusos da classe dominante, mas que, efetuada a classe como uma única classe, os perigos do abuso de poder não existirão mais e a liberdade que dela advém não será mais a pequena liberdade do indivíduo de não ser colocado na prisão sem um mandado de prisão, mas a enorme liberdade do povo todo de dispor livremente do seu próprio destino. Chegamos então ao segundo argumento dos escritores antiliberais. Falemos então da "libertas maior".

Essa disputa é antiqüíssima, tão antiga quanto a ilusão dos democratas puros de que a democracia, isto é, a soberania popular, substituirá o liberalismo. Della Volpe também cede a essa ilusão, e demonstra desse modo acreditar que a liberdade democrática seja não uma liberdade distinta da liberdade liberal, mas uma liberdade que se localiza em um patamar mais alto, tão alto a ponto de absorvê-la, e, ao absorvê-la, eliminá-la. Aqui convém distinguir a argumentação em duas partes, com base na distinção anteriormente mencionada entre limitação material (§§ 10 a 13) e limitação formal (§§ 14 a 17) do Estado.

10. No que concerne à relação entre limitação material do Estado e doutrina democrática, começamos observando que estão em questão dois diferentes usos da mesma palavra "liberdade" e que, se não desejamos perpetuar as confusões que caracterizam a linguagem política, será preciso esclarecer essa diferença.

Quando falo de liberdade segundo a doutrina liberal, uso este termo com a intenção de indicar um estado de não-impedimento, da mesma forma que, na linguagem comum, dizemos que é "livre" o homem que não está na prisão, a água que corre sem barreiras, a entrada em um museu nos feriados, o passeio no jardim público. "Liberdade" recobre a mesma extensão do termo "licitude" ou esfera daquilo, que não sendo nem obrigado nem proibido, é permitido. Como tal, opõe-se a *impedimento*. Em palavras simples, poderíamos dizer que o que caracteriza a doutrina liberal do Estado é a exigência por uma diminuição da esfera das obrigações e de uma ampliação da esfera das permissões: os limites dos poderes do Estado são demarcados pela esfera, mais ou menos ampla segundo os autores, da licitude.

O mesmo termo "liberdade" na doutrina democrática tem um outro sentido (que é próprio da linguagem técnica da filosofia): significa "autonomia", ou seja, o poder de estabelecer normas a si próprios e de não obedecer a outras normas além daquelas estabelecidas para si próprios. Como tal, opõe-se a *coerção*. Por isso se diz "livre" o homem não-conformista, que raciocina com a própria cabeça, é imparcial, não cede a pressões, adulações, promessas de cargos etc.

No primeiro significado, o termo liberdade é bem acompanhado pelo termo "ação"; uma ação livre é precisamente uma ação lícita, que eu posso fazer ou não fazer enquanto não impedida. No segundo significado, faz-se acompanhar muito bem pelo termo "vontade": uma vontade livre é precisamente uma vontade que se autodetermina. Os dois significados são tão pouco substituíveis que poderíamos, a rigor, falar tanto de uma ação limitadora de liberdade, desejada livremente ("não fumo porque decidi não fumar depois de refletir com maturidade"), quanto de ação livre, cuja liberdade não desejei livremente ("voltei a fumar porque o meu médico me deu permissão"). No primeiro significado, fala-se de liberdade como de algo que está em oposição à lei, a qualquer forma de lei, de modo que qualquer lei (proibitiva e imperativa) é restritiva da liberdade. No segundo significado, fala-se de liberdade como se fosse ela mesma campo de ação conforme a lei; e já não se faz a distinção entre a ação não-regulada e a ação regulada pela lei, mas entre a ação regulada por uma lei autônoma (ou voluntariamente aceita) e ação regulada por uma lei heteronômica (ou aceita pela força).

Ambos os significados são legítimos, cada qual no seu próprio âmbito. E ai de quem se embrenhar na discussão sobre qual das duas liberdades seja a verdadeira liberdade. Tal disputa nos induziria a acreditar que exista, por não sei que decreto divino, ou histórico, ou racional, um único modo legítimo de entender o termo "liberdade", estando todos os outros equivocados. A quem sustente que a verdadeira liberdade consiste na ausência de leis, pode-se objetar perguntando com que direito se nega a considerar como um estado de liberdade o estado do menino que brinca com os companheiros de esconde-esconde mesmo que as regras do jogo sejam tão numerosas e rígidas quanto as da escola. A quem sustente que a verdadeira liberdade consiste na autonomia, pode-se indagar por que não se pode chamar de ação livre aquela do homem que passeia pelo bosque sem seguir um caminho obrigatório.

Igualmente vã é a discussão sobre qual das duas liberdades seria a *melhor*. Aqui intervém o fato de que o termo "liberdade" tem, além de um significado descritivo (ambíguo), também um significado apreciativo (não-ambíguo), uma vez que indica um estado desejável. Mas eu diria que tanto a liberdade como não-impedimento quanto a liberdade como autonomia indicam estados desejáveis do homem. O problema em torno da melhor liberdade se reduziria a esta indagação: qual dos dois é mais desejável, o estado do não-impedimento ou o estado da lei espontaneamente aceita? Parece-me evidente que uma pergunta feita de tal modo é difícil de ser respondida prescindindo-se da situação concreta: com isto quero dizer que é difícil comparar a satisfação que experimento ao poder ir ao exterior sem ter de requerer o passaporte (liberdade como não-impedimento) e aquela que experimento ao estabelecer eu mesmo o programa da minha viagem à Espanha em vez de aceitar o itinerário de uma agência de viagens (liberdade como autonomia).

11. Grande parte da discussão entre os fautores do liberalismo até as últimas conseqüências e os fautores da democracia até as últimas conseqüências não vai além da vã disputa sobre se a verdadeira liberdade (política) seria o não-impedimento ou a autonomia, e qual das duas, posto que ambas sejam legítimas, é politicamente a melhor, isto é, qual das duas é a mais apta a fundar a ótima república. As duas principais máximas dos disputantes são:

1) "O Estado deve governar o menos possível, porque a verdadeira liberdade consiste em não ser assoberbado por leis em demasia";

2) "Os membros de um Estado devem governar a si próprios, porque a verdadeira liberdade consiste em não depender dos outros, mas apenas de si próprios, na regulamentação da própria conduta."

É conhecida a razão histórica pela qual o conceito de liberdade como não-coerção acabou prevalecendo sobre o conceito de liberdade como não-impedimento, até se tornar, para a escola democrática radical, exclusivo. Apesar das resistências e as queixas dos fanáticos do *laissez-faire*, as limitações da liberdade individual por parte do Estado foram aumentando. Seria preciso resignar-se com uma diminuição da liberdade, talvez com o seu desaparecimento, diante do ameaçador advento do Estado totalitário, isto é, do Estado que se apresenta, no limite, como o opressor de toda esfera de liberdade individual? O conceito de liberdade como não-coerção prescrevia o remédio: se o Estado se torna cada vez mais invasivo e esta invasão é inevitável, faça-se de modo tal que os limites se tornem, o mais possível, autolimites, no sentido de que os limites à liberdade sejam colocados por aqueles mesmos que os deverão suportar. Se não é possível evitar que os cidadãos do Estado sejam mais *impedidos* do que eram antes, que ao menos se faça com que sejam menos *coagidos*. Os pedagogos conhecem muito bem este cânone : eles sabem que muitos dos comportamentos que consideram úteis ao desenvolvimento mental e físico das crianças são limitativos; o único modo de atenuar o peso desse estado limitativo é provocar a colaboração ativa das crianças para a própria determinação consciente dos limites. O comportamento com base no qual se considera que a liberdade como autonomia poderia solucionar todos os problemas deixados em aberto pela dificuldade de realizar satisfatoriamente a liberdade como não-impedimento era uma conseqüência do equívoco, anteriormente indicado, de que haveria uma verdadeira liberdade, ou, pelo menos, uma liberdade melhor do que qualquer outra liberdade, e que bastaria individuar a verdadeira liberdade, ou a liberdade melhor, para que fosse solucionado de uma vez por todas o problema do governo civil.

12. Muitas são as razões pelas quais a ilusão democrática do democratismo puro *a la* Rousseau, no qual a liberdade como autonomia substituiria completamente a liberdade como não-impedimento, ruiu.

A razão mais freqüentemente aceita, e sobre a qual não vem ao caso aqui nos deter, é que a autonomia tecnicamente realizável, mesmo na sociedade mais radicalmente democrática, ainda é mais hipotética do que real: em primeiro lugar, aqueles que tomam as decisões mais significativas para o direcionamento político não são todos os cidadãos, mas uma exígua representação deles; em segundo lugar, as decisões dessa exígua representação são tomadas por maioria. Disso advêm duas dificuldades: em que se fundamenta a suposição de que as decisões dos representantes são exatamente aquelas que teriam tomado os cidadãos isolados se eles, e não seus representantes, se vissem na situação de ter e de poder decidir? E se ainda tem algum sentido falar de autonomia no caso da vontade da maioria, com que fundamento é possível falar de uma vontade autônoma a propósito da minoria se ela é obrigada pelos princípios do mesmo sistema a conformar-se com as decisões dos muitos? Portanto é verdade que a instância liberal do poder limitado surgiu para combater o Estado absolutista dos poucos, o que levou à crença de que, ampliado o poder dos poucos aos muitos, ou mesmo a todos, não houvesse mais a necessidade de limites; mas é verdade também que essa ampliação aos muitos e a todos é institucionalmente imperfeita (e é dificilmente aperfeiçoável), e portanto as razões que subsistiam para a limitação do poder do príncipe subsistem ainda hoje para a limitação do poder da maioria, que continua sendo um poder distinto do poder de todos (irrealizável).

13. Mas há uma razão mais séria, e é que a própria vontade como autonomia pressupõe uma situação de liberdade como não-impedimento. Em outras palavras, uma situação geral de ampla licitude é condição necessária para a formação de uma vontade autônoma. Pode haver uma sociedade em que os cidadãos gozem de certas liberdades sem tê-las eles próprios desejado (pensemos nas constituições *octroyées*). Não pode existir uma sociedade na qual os cidadãos dêem origem a uma vontade geral no sentido rousseauniano sem exercer alguns direitos fundamentais de liberdade.

O conceito de autonomia é, em filosofia, muito embaraçoso. Mas aqui afortunadamente não se trata de compreender o que os filósofos entendem com essa palavra. Em seu uso político, o termo indica algo fácil de se compreender: indica que as normas reguladoras das ações dos cidadãos devem estar em conformidade, ao máximo possível, com os desejos dos cidadãos. Ora, para que os desejos dos cidadãos sejam conhecidos, é necessário que o maior número possível deles possa se expressar livremente (isto é, sem impedimentos exteriores). Se estivéssemos convencidos de que o melhor modo de fazer leis é que fossem feitas por alguns sábios providos de sapiência universal infundida, não teríamos muito com que nos preocupar em relação às liberdades individuais. Para o pastor que se considera o único juiz do bem comum do rebanho (mesmo que esse bem comum acabe com a tosquia e o abate), é absurdo que as ovelhas tenham outra liberdade além daquela de obedecer às suas ordens. As liberdades individuais começam a ser interessantes quando surgem as primeiras suspeitas sobre a infalibilidade dos poucos iniciados, e se começa a acreditar que os poucos iniciados fariam bem em escutar as sugestões, críticas e objeções dos outros. Com razão ainda maior, então, quando se pretende, como na doutrina do governo democrático, que definitivamente não existam mais iniciados e que sejam os próprios cidadãos ou seus representantes a estabelecer as leis para os cidadãos. Em suma: uma deliberação autônoma pode se formar apenas em uma atmosfera de liberdade como não-impedimento. Já que Della Volpe demonstra ter consideração por Kelsen, "o maior jurista burguês vivo", limito-me a citar a passagem em que Kelsen, na sua obra maior, fala das relações entre liberalismo e democracia: "Em uma democracia, a vontade da comunidade é sempre criada através de uma contínua discussão entre maioria e minoria, através de um livre exame dos argumentos pró e contra uma dada regulamentação de uma matéria. Essa discussão tem lugar não apenas no parlamento, mas também, e principalmente, em reuniões políticas, nos jornais, nos livros e em outros meios de divulgação da opinião pública. Uma democracia sem opinião pública é uma contradição extrema. Uma vez que a opinião pública só pode surgir onde forem garantidas as liberdades de pensamento, a liberdade da palavra, de imprensa e de religião, a democracia coincide com o liberalismo político, embora não coincida necessariamente com o liberalismo econômico".[8]

---

8. H. KELSEN, *General Theory of Law and State*, Harvard University Press, Cambridge, 1945 (ed. it.: de S. Cotta e G. Treves, *Teoria generale del diritto e dello Stato*, Etas Libri, Milão, 1994, p. 293).

14. As instituições democráticas (primeira entre todas o sufrágio universal e a representação política) são, portanto, um corretivo, uma integração, um aperfeiçoamento das instituições liberais; não são nem a sua substituição nem a sua superação. Quando uso a expressão "liberal-democracia", em vez de simplesmente democracia, não a uso, como parece acreditar Della Volpe (que entende "liberal" por "burguês"), em sentido limitado, como se acreditasse que ao lado da democracia liberal pudesse existir uma democracia não-liberal. Pelo nexo irrevogável existente entre liberdade como não-impedimento e liberdade como autonomia, quando falo de liberal-democracia, falo daquilo que para mim é a única forma possível de democracia efetiva, enquanto apenas democracia, sem qualquer outro acréscimo, sobretudo se entendermos "democracia não-liberal", indica, a meu ver, uma forma de democracia aparente.

Para dar um exemplo, temos o típico caso de democracia sem liberdade quando todo um povo (com o mais amplo sufrágio) é convocado a eleger seus próprios representantes numa lista única aprovada pelo partido que se identifica com o governo (como ocorreu até agora, se eu não estiver mal-informado, na União Soviética). Certíssimos os admiradores desses regimes de chamá-los "democracia", contanto que estejam dispostos a concordar que aqui democracia já não significa nem mesmo formação autônoma da vontade, já que não vejo como seja possível se chegar a uma deliberação autônoma sem liberdade de discussão e de escolha. Mas se democracia já não significa formação de vontade autônoma, mas alguma outra coisa difícil de se expressar e compreender, cai por terra qualquer interesse pela discussão acerca das relações entre liberdade como não-impedimento e liberdade como não-coerção, que pressupõe, pelo menos entre os debatedores, um acordo de princípio sobre o valor da liberdade.

15. Até aqui discutimos o problema das relações entre liberdade e liberalismo com referência à teoria da limitação material do poder do Estado. Foi dito que a doutrina liberal contém também uma teoria da limitação formal do poder que se aplica predominantemente à chamada separação dos poderes. A polêmica dos democratas até as últimas conseqüências no confronto com o liberalismo sob o aspecto formal se dirige contra a teoria da separação dos poderes: dessa polêmica há um eco bem claro no mesmo artigo de Della Volpe.

O raciocínio dos democratas até o fim, nesse argumento, é quase sempre deste tipo: é compreensível que a teoria liberal, tendo surgido como reação ao Estado absolutista dos poucos, tenha se empenhado em viabilizar instituições aptas a refrear o abuso de poder; mas a democracia, ampliando o poder dos poucos aos muitos, dos muitos a todos, torna supérflua qualquer limitação, porque, se é facilmente pensável o abuso de poder dos poucos para prejuízo dos muitos, é impensável o abuso de cada um em relação a si próprio; e, da mesma forma, se é pensável um controle lá onde há controladores e controláveis, o controle não é mais possível onde os controladores se identificam com os próprios controlados. Portanto a teoria do abuso do poder e da conseqüente limitação do poder, conquistada com o chamado equilíbrio dos poderes iguais e opostos, nasceu de condições históricas particulares que em regime democrático não existem mais. Os democratas que são também marxistas reforçam esse raciocínio com um novo argumento extraído da teoria clássica da história: tendo nascido a necessidade de controle recíproco dos poderes da divisão da sociedade em classes, a teoria da separação dos poderes nada mais é que uma ideologia da classe burguesa em ascensão obrigada a dividir o domínio com as antigas classes feudais. Por isso, segundo os marxistas, e Della Volpe entre eles, tendo desaparecido ou em vias de desaparecer com a conquista do poder por parte do proletariado a divisão da sociedade em classes, também as instituições dos poderes separados, em torno das quais o direito público burguês fez tamanho estrépito, não tem mais razão para existir. Com as palavras de Della Volpe, que remete a Vychinski: no Estado democrático proletário, o fundamento da autoridade "não está na sociedade civil burguesa, mas na proletária massa orgânica dos trabalhadores". Uma "massa orgânica" não permite as divisões que, ao contrário, são necessárias na sociedade desorgânica, como é a sociedade burguesa. É assim?

16. Do mesmo modo que, com relação à questão dos limites materiais do poder, a democracia se apresentava como soberania *autônoma* em oposição à soberania heteronômica, assim também, com relação à questão dos limites formais do poder, ela se apresenta com as sedutoras vestes da soberania *universal* em oposição à soberania particular e particularista dos regimes pré-democráticos.

Não são necessárias muitas palavras para mostrar que essa pretensa universalidade é uma miragem em nada menor do que a pretensa autonomia. Basta dirigir a atenção por um momento à diferença entre democracia direta e democracia indireta (que é a única realizável, até agora também nos países soviéticos). Basta lembrar que entre cidadãos e corpo soberano interpõem-se associações para a formação da opinião pública como os partidos (e se o partido é único, tanto pior), e que as decisões são tomadas não por unanimidade, como ocorre ainda na comunidade internacional onde realmente todos os membros são soberanos, mas por maioria. A universalidade, nas sociedades burguesas não menos do que nas sociedades proletárias, é, se quisermos, uma idéia-limite, mas não é e nem pode se tornar, por maiores que sejam as concessões que se façam ao atraente prazer de embalar-se na descrição do país da *cuccagna*,* uma realidade.

17. É possível rebater afirmando-se que a sociedade fundada na "massa orgânica dos trabalhadores" é mais homogênea do que a "sociedade civil burguesa": portanto, não é de universalidade que se trata, como nas teorias democráticas *a la* Rousseau (a vontade de uma sociedade democrática é a vontade de todos), mas de *homogeneidade* (a vontade de uma sociedade democrática proletária é uma vontade compacta). Admitamos que seja assim. Mas aqui nos defrontamos com uma tradicional confusão acerca da teoria da separação dos poderes, e é preciso esclarecê-la. É impossível refazer toda a história da doutrina, sobre a qual já foram gastos, e continuam sendo gastos, rios de tinta. Mas me parece necessário estabelecer uma distinção clara entre dois aspectos da doutrina que, maldistintos já em sua origem, continuam ainda hoje, como no caso da homogeneidade, a produzir notáveis confusões.

Com a teoria da separação dos poderes compreendem-se historicamente duas doutrinas distintas:

1) uma teoria das formas de governo, segundo a qual a melhor forma de governo é aquela em que as várias classes que compõem a sociedade participam com seus corpos especiais na direção da coisa pública. Essa teoria não é de origem burguesa, sendo quase tão velha quanto a ciência política: reproduz a doutrina clássica, acolhida pelos mais antigos constitucionalistas ingleses, do governo misto, isto é, do governo no qual participam equilibradamente o rei, os aristocratas e o povo, e desse modo, possuindo alguma coisa de todas as três formas tradicionais de governo, é superior a qualquer uma delas;

2) uma teoria da organização estatal, segundo a qual o melhor modo de organizar o poder é fazer, sim, com que as várias funções estatais sejam exercidas por diferentes órgãos. O que se diferencia aqui não são mais as classes (monarquia, aristocracia, democracia), mas as funções (executiva, legislativa, judiciária).

---

* Lugar imaginário onde reinam a abundância, os prazeres e as delícias. (N. T.)

As duas teorias foram e continuam a ser confundidas porque historicamente foram sustentadas ao mesmo tempo: a classe burguesa na Inglaterra exigia a participação no poder contra a monarquia e a aristocracia aliadas, isto é, o governo misto, e ao mesmo tempo a realização desse governo misto mediante a atribuição de uma função específica (a função legislativa) ao órgão representativo da classe burguesa.

Essa simultaneidade de fato induziu com freqüência a identificar a divisão das classes (burguesia e aristocracia feudal) com a divisão das funções (legislativa e executiva); e não se pode negar que em Hobbes, que rejeita o governo misto para repelir a divisão das funções, e em Locke, que afirma a divisão das funções para afirmar o governo misto, essa confusão exista. Mas, quando nos remetemos a um plano teórico, a confusão entre os dois problemas é um verdadeiro e próprio equívoco, do qual nos devemos corrigir se ainda desejamos continuar a discussão com o propósito de nos entendermos. O que se divide com base na teoria do governo misto são as classes, ou, se quisermos, os poderes, o que se divide segundo a teoria da divisão dos órgãos são as funções. E não nos sentimos obrigados a fazer coincidir as classes com as funções por uma razão que os juristas marxistas não deveriam ter nenhum motivo para refutar: porque as classes mudam e as funções permanecem. O problema da divisão das funções é um problema que interessa a qualquer sociedade independentemente da sua composição social. Segundo os marxistas, atravessamos um período, ao menos em certos países, de ditadura da burguesia. Mas as funções não são distintas? E no entanto há só uma classe no poder. Mas podemos nos reportar a um caso mais elementar: uma associação de caçadores de marmotas constitui sociologicamente um grupo homogêneo. Mas se vocês forem ler o estatuto que a rege, verão quase com certeza que a função deliberativa pertence à assembléia dos sócios, a função executiva a um comitê restrito que é responsável diante da assembléia, e a função judiciária (para as controvérsias que nascem no seio da associação) a um colegiado de árbitros. Divisão de órgãos, divisão de funções. Ou será que a "massa orgânica dos trabalhadores" constitui um grupo mais homogêneo do que o grupo dos componentes do clube de caçadores de marmotas? Portanto, a réplica fundamentada na homogeneidade não constitui um bom argumento, porque tem em mira apenas um dos dois modos pelos quais foi tradicionalmente compreendida a doutrina da separação dos poderes, ou seja, a teoria do governo misto, ou pelo menos a teoria da divisão das funções enquanto, e apenas enquanto, fundada sobre a divisão das classes.

18. A teoria da separação dos poderes, na sua segunda e moderna acepção, afirma muito mais do que a teoria do governo misto, e, portanto, não é possível combatê-la com argumentos tais como aquele da "massa orgânica" que é dirigido à acepção mais antiga, com a qual, para dizer a verdade, ninguém mais se preocupa. Enquanto se acreditar que a teoria da separação dos poderes afirma a participação no poder em corpos separados de todas as classes, há motivos para rebater: "Onde não existem mais classes, o que vocês querem separar?". Mas quando a teoria propõe não a divisão das classes, mas a divisão dos órgãos, fundada sobre a divisão das funções, é preciso encontrar outros argumentos.

Retomando aquilo escrevi no artigo anterior, por divisão dos poderes hoje se entende um conjunto de aparatos ou instrumentos jurídicos que constituem o chamado Estado de direito. Como todos sabem, esses meios de técnica jurídica são a distinção das funções e, correspondentemente (mesmo que a correspondência não seja perfeita), a distinção dos órgãos. Esses meios fundam-se sobre algumas máximas da convivência humana (quaisquer que sejam as classes que a compõem) reduzíveis a dois grandes princípios:

1) o *princípio de legalidade;*
2) o *princípio de imparcialidade.*

Mais precisamente, a distinção das funções, que significa a dependência da função executiva e da função judiciária em relação à função legislativa, serve para garantir o princípio de legalidade: ela de fato estabelece que, salvo casos excepcionais, não podem ser criadas normas gerais senão através do procedimento formalmente mais rigoroso que é próprio dos órgãos que desempenham a função legislativa. A distinção dos órgãos, que significa a independência que tem do órgão judiciário do órgão executivo e do legislativo, serve para aplicar o princípio de imparcialidade: ele de fato estabelece que as pessoas chamadas a cumprir a função jurisdicional devem ser diferentes daquelas que cumprem a função legislativa e executiva. Um e outro princípio são dirigidos para refrear dois abusos que são característicos de qualquer sociedade na qual há governantes e governados, e portanto de qualquer Estado, classista ou não: o abuso derivado do juízo arbitrário (não fundado sobre uma norma geral) e o abuso derivado do juízo parcial (dado por uma das partes em causa). Da limitação desses abusos deriva uma dupla garantia da liberdade do indivíduo nos confrontos com o poder executivo, o qual vem a ser, no que se refere à relação funcional, dependente do poder legislativo, enquanto, no que se refere à relação pessoal, o poder judiciário é dele independente, e portanto o poder executivo não pode prevaricar com relação ao legislativo pela dependência da função, nem com relação ao judiciário pela independência pessoal deste último.

E então o que preocupa os defensores da liberal-democracia se resume neste único problema: é ou não é o Estado soviético um Estado de direito, ou seja, um Estado no qual há instrumentos aptos a assegurar o princípio de legalidade e o princípio de imparcialidade? Se a resposta for sim, por que esbravejar contra a teoria da divisão dos poderes como se a legalidade e a imparcialidade dos juízos fossem ninharias que interessam apenas aos Estados burgueses? Mas se a resposta for não, cabe aos seus defensores demonstrar que o Estado soviético empregou outros e melhores instrumentos para aplicar aqueles princípios. Mas, para demonstrar isso, não cabe o "fundamento da autoridade", isto é, se o titular da soberania é a sociedade burguesa ou a massa orgânica dos trabalhadores. Cabem apenas os "meios". Della Volpe afirma: "Modificado o fundamento da autoridade, modificam-se os meios". Não. Os meios mudam se mudarem os fins, não o fundamento. Mas quem teria coragem de demonstrar que os fins, isto é, legalidade e imparcialidade, mudaram, ou seja, que legalidade e imparcialidade não são mais fins apreciáveis para o cidadão do novo Estado proletário?

19. O terceiro modo com o os defensores da ditadura do proletariado respondem às preocupações liberais é, como já foi dito, aquele que faz maiores concessões aos adversários: a eles concede seja o apreço da liberdade como supremo valor, seja a constatação de que ainda não se pode falar de liberdade no Estado democrático popular. A nova linha de defesa é, se quisermos, mais atrasada, mas talvez mais sólida. Pode-se subdividi-la em dois argumentos:

1) o Estado proletário não se preocupa com a liberdade porque o problema da liberdade não pertence ao Estado, o qual é o órgão de repressão de classe e, enquanto tal, instrumento de violência e de coerção, estejam no governo os proletários, os burgueses, ou a classe feudal;

2) a liberdade é o fim último da história e é um fim que só através da ditadura do proletariado pode ser alcançado. O Estado burguês, portanto, não obstante o nome, não é mais liberal que o Estado proletário; quanto ao Estado proletário, ele não é liberal, mas é a única via possível para a realização final do estado de liberdade (que coincide com a extinção do Estado).

Com esses dois argumentos, concede-se aos adversários o valor do fim, mas são colocados de sobreaviso quanto ao desvalor do meio de que se utilizaram para alcançá-lo. E, permanecendo fixo o fim (ao menos aparentemente), opõe-se o meio idôneo ao meio inidôneo.

Essa tese funda-se na oposição dos conceitos de *Estado* e *liberdade*, considerados como mutuamente excludentes. Ela é, com relação à tradição marxista, a mais ortodoxa e tem o mérito da clareza. Encontra-se exposta em uma célebre passagem da carta de Engels a Bebel (18 de março de 1875) a propósito do Programa de Gotha: "Não sendo o Estado nada além de uma instituição temporária, da qual nos devemos servir na luta, na revolução, para manter subjugados pela força os próprios inimigos, falar de um 'Estado popular livre' é *puro absurdo*; enquanto o proletariado ainda tiver *necessidade* do Estado, dele terá necessidade *não no interesse da liberdade*, mas no interesse da sujeição dos seus adversários, e *quando for possível falar de liberdade, então o Estado como tal cessará de existir*".[9] Retomada por Lenin, que admira Engels por ter atacado implacavelmente "a absurda combinação das palavras 'liberdade' e 'Estado'", a tese é interpretada em seu significado pleno como alternativa entre Estado e liberdade: "Enquanto existir o Estado não há liberdade; quando houver liberdade, não mais haverá Estado".[10]

20. Gostaria de observar que toda a tradição de pensamento político liberal e democrático move-se, no que concerne à relação Estado-liberdade, em direção contrária. Mais do que termos opostos, Estado e liberdade são considerados, nessa tradição, termos que remetem um ao outro: o esforço de qualquer doutrina que se movimenta no âmbito da tradição liberal e democrática é demonstrar que a liberdade pode ser realizada apenas no Estado (subentende-se Estado liberal ou democrático) e que, fora do Estado (o chamado estado de natureza), ou não há em absoluto liberdade, mas sim licença, ou há liberdade, mas não há garantia. Essa conciliação de Estado e liberdade se dá em duas direções: aquela que vai de Locke a Kant, segundo a qual a principal tarefa do Estado é garantir a liberdade natural, e portanto permitir efetivamente a existência segundo a liberdade que no estado de natureza permanece exigência sim, mas insatisfeita, e que pertence à tradição mais propriamente liberal, para a qual a tarefa do Estado não é sobrepor as próprias leis às leis naturais, mas sim fazer, mediante o exercício do poder coativo, com que as leis naturais sejam realmente operantes. A outra direção, que vai de Rousseau a Hegel, atribui ao Estado a tarefa de eliminar

---

9. A carta é cit. em V. I. LENIN, *Stato e rivoluzione*, in ID. *Opere complete*, vol. XXV (junho-setembro, 1917), Editori Riuniti, Roma, 1967, p. 414. O itálico é meu.
10. *Stato e rivoluzione*, cit., pp. 439-40.

totalmente a liberdade natural que é a liberdade do indivíduo isolado e de transformá-la em liberdade civil, isto é, na liberdade entendida como perfeita adequação da vontade individual à vontade coletiva, e que é a tradição mais propriamente democrática, na qual o acento é colocado sobre a comunidade mais do que sobre o indivíduo. Para ambas, a única liberdade possível é aquela que se instaura no Estado; mas, para os primeiros, a verdadeira liberdade é a *liberdade da comunidade* e, para os segundos, a *liberdade na comunidade.*

A alternativa de Lenin — ou Estado ou liberdade — encontra-se fora dessa tradição: é expressa com força, por exemplo, pelo grande teórico do absolutismo, Thomas Hobbes, para quem a liberdade pertence apenas ao estado de natureza, enquanto é própria do Estado civil a completa sujeição ao poder soberano. Também para Hobbes, assim como para Lenin, onde há Estado não há liberdade, e onde há liberdade não há Estado. A diferença entre Hobbes e Lenin não está nos termos da alternativa, mas no distinto valor a eles atribuído: o que vale para Lenin é a liberdade, o que vale para Hobbes é o Estado. Enquanto para o primeiro o Estado ideal é o Estado da liberdade (e portanto o Estado tende inevitavelmente à liberdade e é tanto mais perfeito quanto mais a ela tende), para o segundo o Estado perfeito é o Estado civil (e portanto a liberdade anárquica tende ao Estado, e o Estado é tanto mais perfeito quanto mais apaga os vestígios do estado natural de anarquia). A doutrina marxista é, portanto, sempre uma doutrina da liberdade, alcançada através da eliminação do Estado que representa a violência da luta de classe, e a doutrina de Hobbes é uma doutrina da paz, alcançada através da eliminação da liberdade natural que é a violência dos instintos naturais. O fim da história é, em ambas as teorias, a supressão da violência; mas a supressão da violência coincide em Lenin com a eliminação do Estado, em Hobbes com a sua exaltação.

Para encontrar um esquema análogo ao esquema marxista, onde sejam equivalentes não apenas os termos da alternativa mas também o seu valor, é necessário talvez remontar à concepção agostiniana da cidade terrena como domínio do pecado e, portanto, da violência, à qual se opõe a cidade celeste como reino da graça e, portanto, da liberdade. A filosofia marxista, como foi repetido muitas vezes, é a laicização de uma concepção escatológica da história. Aqui, na dialética de Estado e liberdade, essa interpretação torna-se transparente: a alienação religiosa (o pecado), que não pode ser eliminada ao não ser pela graça, donde o reino realizado da liberdade não é deste mundo, é substituída pela alienação econômica (a exploração do homem pelo homem) que pode ser eliminada pelo próprio homem com a supressão da propriedade privada, e desse modo o reino da liberdade, próximo ou distante que seja, realizar-se-á neste mundo. O momento da violência e o momento da libertação opõem-se inexoravelmente: onde há um, não pode haver o outro; e o destino positivo do homem, lá na transmutação dos valores religiosos, aqui na transformação terrena está na passagem de um para outro estado.

21. Não foi por acaso que me detive sobre essas referências históricas. Delas me utilizei para colocar as mãos adiante, para mostrar que também desse ponto de vista marxismo e liberalismo ocupam duas posições opostas. E, precisando fazer uma crítica geral (o amigo Della Volpe compreendeu onde eu queria chegar), um liberal começaria respondendo que aquela alternativa, onde há Estado não há liberdade, é demasiado peremptória, já que a verdadeira liberdade é uma idéia-limite, sobre a qual se pode discutir entre filósofos, mas é de escassa vantagem em uma discussão política, e que o problema político que os homens razoáveis sempre se questionaram não é realizar o reino da mais dura violência para chegar ao reino da mais pura liberdade, mas sim conciliar liberdade e violência em uma determina situação histórica.

Além disso, a idéia de que a liberdade só brilhará quando o reino da violência tiver chegado ao fim habitua, como todas as idéias messiânicas, a aceitar o estado de fato e a aguardar inermes o belo dia. À segurança fideísta na liberdade perfeita que se seguirá necessariamente ao último período da ditadura, prefiro a vigilância razoável sobre as sortes liberdade imperfeita que a cada dia se mistura com a violência. Acredito que esse segundo comportamento seja mais saudável e mais útil. O primeiro parece aquele do recluso que espera o dia da libertação do cárcere e, sabendo que nada pode fazer, trabalha e suspira. O segundo parece aquele do marinheiro (também este aprisionado em seu navio) que sabe que chegar ao porto depende não apenas do decreto do céu, que pode enviar-lhe tempestades ou bonanças a seu capricho, mas também das suas habilidades.

Pessoalmente acredito que o governo soviético, para realizar uma liberdade maior, não esperará o dia x do desaparecimento do Estado, isto é, o dia em que não será mais preciso lançar mão de coerção, mas agirá com as forças que já se movem e pulsam no interior do próprio Estado, e se ajustará à liberdade menos inteira, mas mais concreta pela qual reclamaram os liberais contra o Estado absolutista. Vimos nesses anos os intelectuais soviéticos afastarem-se, às vezes com estrépito, de posições teóricas demasiado avançadas e insustentáveis: a lógica formal, considerada como velharia, abandonada no sótão pela lógica dialética burguesa, retorna com honras; o direito não é mais a superestrutura da sociedade burguesa, mas um meio técnico necessário à conservação também da sociedade proletária. Sem falar da lingüística, que representou uma reviravolta sobre a qual ainda não se esgotaram os comentários. Tenho a impressão de que mesmo a partidarização da cultura, que zelosos exegetas se esforçaram para me explicar — a um eu incrédulo — como princípio de doutrina, enquanto é apenas um expediente político, esteja em seu ocaso; e, se eu não estiver cometendo um grave erro, dela se falará cada vez menos, até que alguém comece a considerá-la doutrina reacionária e a criticar seus obstinados defensores.

Não se passarão muitos anos — permitam-me esta inocente profecia — para que voltemos a aplaudir como uma novidade, nos manuais jurídicos soviéticos, o reaparecimento do Estado de direito.

22. Mas não insisto nesse tipo de argumentação porque sei muito bem que opor mentalidades é, entre os modos de argumentar, o que mais indispõe os debatedores, e ao mesmo tempo o mais ocioso e inconcludente. Prefiro argumentos mais particulares. Já que o que está em questão é o advento da liberdade depois do desaparecimento do Estado, merecem ser considerados com alguma atenção ainda dois pontos:

1) a extinção do Estado;

2) o futuro estado de liberdade.

Não falaria sobre o primeiro ponto, tanto me parece uma crendice, uma espécie de fixação, não fosse o peso que Della Volpe lhe confere, e, sobretudo, não temesse que, por não discuti-lo, arriscaria a dar fôlego a quem, para defender uma ditadura que provoca perplexidade até naqueles que lhe são bem- dispostos, nos viesse dizer que é preciso ter paciência porque ela é a investida final antes da emancipação total, isto é, viesse justificar um regime totalitário com o pretexto de que depois viria a liberdade definitiva. Tomaríamos por ingênuo aquele que caísse no ardil do imperialista que o persuade a combater uma duríssima guerra assegurando-lhe que esta será a última.

Antes de mais nada, o que significa "extinção do Estado"? Segundo os textos, significa a eliminação gradual da coação, considerada com razão o elemento característico daqueles aparatos de execução de regras gerais e individuais nos quais consiste o Estado. E a coação estaria, como é sabido, destinada a desaparecer com o aplainar-se dos conflitos de classe, para os quais foi instituída. Esse silogismo seria impecável se a premissa maior: "A coação foi instituída para reprimir os conflitos de classe" não fosse uma ousada generalização. Basta folhear um dos nossos códigos para perceber que os atos ilícitos que requerem a intervenção da coação são em número muito maior do que aqueles que a base classista da sociedade demandaria. Ou será que em uma sociedade sem classes já não haverá casamentos infelizes, acidentes automobilísticos, crimes sexuais? E, se houver, a quem caberá a tarefa de proclamar a separação ou o divórcio, o ressarcimento por danos e perdas, senão a um juiz, e a quem caberia fazer com que fossem obedecidos senão a funcionários munidos de força?

23. Quanto à idéia que os marxistas têm sobre o estado final de liberdade, no qual não mais será necessária a coação, ela contempla um situação na qual os homens obedecerão espontaneamente a todas as regras estabelecidas para a convivência recíproca ou, como afirma Lenin, "os homens *se habituarão* a observar as condições elementares da convivência social *sem violência e sem submissão*",[11] ou com expressão análoga, mas mais desenvolvida: "os homens *se habituam* pouco a pouco a observar as regras elementares da convivência social, por todos conhecidas há séculos, por milênios repetidas em todos os mandamentos, a observá-las sem violência, sem coerção, sem submissão, sem aquele *especial aparato* de coerção que se chama Estado".[12] A noção principal nesses contextos é evidentemente a noção do "hábito":[13] parece portanto que o estado final da humanidade pode ser alcançado quando cada um tiver o hábito de cumprir o seu próprio dever. E já que, segundo a definição da ética clássica, a virtude consiste no hábito de cumprir o próprio dever, pode-se definir que o Estado desaparecerá quando todos se tornarem virtuosos. É como dizer que o direito, e portanto o Estado, não será mais necessário quando os homens forem todos morais. O que nunca foi colocado seriamente em questão pela não muito misteriosa razão de que, por definição, o homem moral é aquele que cumpre o seu próprio dever sem a ele estar coagido, donde se deduz sem grandes dificuldades que, se todos os homens se tornarem morais, não mais será necessária a coerção.

Uma dificuldade existe, e aninha-se na asserção de que esse estado de moralidade coletiva seja possível, e que o modo de torná-lo possível seja a abolição dos conflitos de classe. Admitamos que seja possível. Ainda assim será preciso perguntar: estamos mesmo seguros de que o estado final, que damos por alcançável —, aliás, se vocês preferirem, já alcançado —, seja um estado desejável ou pelo menos seja o único esta-

---

11. *Ibid.*, p. 429.
12. *Ibid.*, p. 434.
13. Cf. *ibid.*, pp. 440 e 444.

do realmente desejado pelo homem? Esse estado de liberdade, tal como aparece nos textos, é um estado de não-coerção. É aquele estado de não-coerção que anteriormente identificamos com a liberdade como autonomia. Mas já mostramos que a liberdade como autonomia é inseparável da liberdade como não-impedimento. E então, eis que surge a nossa última dúvida: o que acontecerá a essa última na hipotética ordem futura? Confessamos estar preocupados. Que cada um cumpra espontaneamente o seu próprio dever, isto é, execute sem estar coagido a função social que lhe é atribuída, é uma feliz miragem. Mas também, em uma sociedade de insetos guiada pelo instinto, cada um cumpre espontaneamente as suas próprias funções. É este então o estágio final da humanidade? O que distingue a sociedade humana perfeita de uma sociedade orgânica de insetos? Para mim, sem dúvida, é a liberdade como não-impedimento, vale dizer, a presença, ao lado e antes da liberdade de cumprir o próprio dever, da liberdade de agir, ao menos em algumas esferas, segundo o próprio desejo, isto é, de não ter apenas *deveres na sociedade* (ainda que bem-aceitos), mas também uma esfera mais ou menos ampla de *direitos em relação à sociedade.*

24. O fato é que há dois modos bem distintos de conceber a extinção do Estado (mais uma distinção): aquele imaginado pelos marxistas é apenas um. O outro emerge em algumas doutrinas liberais do século XIX (a mais típica talvez seja a de Spencer): o Estado se extingue, segundo essa outra hipótese (ou pelo menos se reduz aos mínimos termos), pela sucessiva diminuição das matérias sobre as quais é convocado a exercer seu poder coativo, antes as atividades espirituais, depois as econômicas, depois, à medida que as esferas de comportamentos nas quais tradicionalmente a atividade pública invadiu a privada, até que o Estado nada seja além de um supremo coordenador de atividades exercidas apenas pelos indivíduos que buscam seu próprio iluminado interesse. Na doutrina marxista o processo de extinção do Estado ocorre por uma via completamente distinta: o Estado se extingue enquanto *coerção*, deixando o campo ao livre desenvolvimento da autonomia, enquanto na doutrina liberal clássica, o Estado se extingue enquanto *impedimento*, abrindo zonas cada vez mais amplas para a liberdade pessoal. O termo final hipotético da primeira forma de extinção é representado por uma sociedade orgânica na qual cada um cumpre o seu próprio dever; da segunda, por uma sociedade atomista na qual cada um exerce os seus próprios direitos.

Estamos, portanto, em uma difícil situação: até na doutrina da extinção do Estado se revela a antítese entre a teoria marxista e a teoria liberal clássica. De um lado, o universalismo, para o qual a sociedade é o todo e o indivíduo a parte, ou mesmo o produto; de outro, o individualismo clássico para o qual o indivíduo é o todo que produz com as suas obras a sociedade. Entendamo-nos com um exemplo. O Estado é concebido, por ambos, como ordem; mas há dois modos de se entender a ordem: como *coordenação* e como *subordinação*. O primeiro modo é aquele ao qual visa o guarda de trânsito, cujo objetivo não é impor a cada motorista uma meta determinada, mas permitir que ele trafegue sem acidentes por onde melhor lhe parecer. O segundo é aquele ao qual visa o general, que deve compor em unidades as várias partes da própria divisão para conduzi-la à meta que ele sozinho estabeleceu. O liberal imagina o Estado como uma estrada na qual cada um olha seus próprios fatos com o único dever de respeitar as regras da viabilidade; o socialista, como uma divisão militar. O governo, para o primeiro, deveria exercer a função do guarda de trânsito (eu proporia substituir a velha e anacrônica expressão Estado-guarda-noturno por Estado-vigilante-urbano;)* para o segundo a de general.

Penso que nenhum dos dois esteja completamente certo. Mas no que concerne em particular à extinção do Estado, parece mais fácil imaginar a extinção do Estado concebido como guarda de trânsito do que do Estado concebido como general. O primeiro pode ser substituído por um semáforo; nenhum mecanismo pode substituir o segundo. Quero dizer com isto que, para realizar o atraente projeto de extinção do Estado, a estrada do universalismo me parece realmente a mais longa. Mas não é esta a dificuldade, a partir do momento em que ambas as metas são fruto da imaginação. A dificuldade, para mim, seria que, tendo alcançado depois de tanto sacrifício a fase final preconizada pelo marxismo, deveríamos perceber que há outra liberdade da qual ninguém nos falara e sem a qual a liberdade de fazer o próprio dever nos pareceria uma austera, sim, mas incompleta conquista: quer dizer, a liberdade não apenas de fazer o que se deve fazer, mas também de fazer ou não fazer aquilo que não se deve.

25. Creio, e não é de hoje, que individualismo e universalismo sejam duas infrutíferas hipóstases: ou, para usar termos mais correntes, que o Estado não seja apenas um guarda de trânsito ou apenas um gene-

---

* Para compreender a proposta de atualização da linguagem cotidiana da política, cabe lembrar que no original lemos as expressões *stato-guardiano notturno* e *stato-vigile urbano*. A primeira, *guardiano notturno*, corresponderia ao nosso, já também anacrônico, "guarda-noturno"; a segunda refere-se aos agentes de segurança pública e da polícia judiciária responsáveis pela execução e aplicação dos regulamentos de polícia urbana, o que nos remete à organização específica do atual sistema de polícia italiano. (N. T.)

ral, mas que possa ser ambas as coisas de acordo com as circunstâncias. Os maiores problemas surgem quando um governo se põe a fazer o papel do guarda de trânsito onde seria necessário um sábio general, como, por exemplo, na redistribuição da renda, ou então o papel de general onde seria necessário um prudente e discreto guarda de trânsito, por exemplo no campo das atividades culturais. Assim, no que concerne à meta final eu não diria que o Estado perfeito seja aquele da ausência de coerção. A meu ver, parece mais razoável dizer que seja o Estado no qual o máximo de não-coerção pode ser conciliado com o máximo de não-impedimento.

Mas estas são coisas que pertencem ao devir. A única liberdade que nos é permitida não é aquelo perfeita futura, mas sim aquela, imperfeita o quanto se queira, mas *hic et nunc*, aqui e agora. E é por isso que qualquer discurso que pretenda me fazer acreditar que a ditadura de hoje é justificada tendo em vista a maior liberdade de amanhã levanta as minhas suspeitas. O que me interessa é que, abandonadas as profecias, cada um de nós dedique a sua própria obra a defender a liberdade onde estiver ameaçada no mundo no qual nos toca viver. Hoje, corre-se o risco de sufocar sob o peso das correntes por demasiado e arrebatado amor à liberdade. Vocês nunca ouviram os lúgubres patrocinadores da Direita? "É preciso instaurar a ditadura para salvar as liberdades do passado". Vocês nunca ouviram os inflamados paladinos da Esquerda? "É preciso fortalecer a ditadura para salvar as liberdades do futuro". E a liberdade do presente? Talvez a essência deste discurso possa ser resumida no pensamento que me sugeriu o título. Contra os reacionários, continuamos ainda a defender a liberdade dos modernos daquela dos antigos. Mas não nos esqueçamos de que é preciso igualmente defendê-la, contra os progressistas demasiado ousados, da liberdade dos pósteros.

II.

IGUALDADE E IGUALITARISMO

Com o movimento de contestação da juventude voltaram à ordem do dia não apenas, como é opinião geral, as doutrinas libertárias, mas também as doutrinas igualitárias. De resto, a relação entre umas e outras é, na prática, muito próxima, mesmo que teoricamente convenha distingui-las. A propósito desse renascimento, voltou-me muitas vezes à lembrança uma frase de Dostoievski em *Demoni* (*Demônios*): "Sigalev é um homem genial, um gênio do tipo de Fourier, mas mais ousado do que Fourier, mais forte do que Fourier... Ele inventou a igualdade". Na verdade, o que Sigalev inventou não foi a igualdade, mas o igualitarismo, ou melhor, uma nova forma de sociedade igualitária, na qual vigorava o sumo princípio: "É necessário apenas o necessário". Certo, o igualitarismo tem a ver com a igualdade. Mas que ideologia política não tem a ver com a igualdade? A questão é saber se existem modos e formas de igualdade que permitam distinguir uma doutrina igualitária de uma doutrina que não o é, e quais são esses modos e essas formas.

Antecipo que as minhas observações derivam quase exclusivamente da análise de um texto que considero, não de hoje, pela completude do programa social nele exposto e pela riqueza de detalhes com que é apresentado, um protótipo da ideologia igualitária: *Conspiration pour l'égalité de Babeuf* de Filippo Buonarroti (1828).[14]

2. Que igualdade, assim como liberdade, seja um conceito genérico e vazio, que, se não for especificado ou preenchido, nada significa, é mais do que sabido. Invocar ou proclamar a igualdade não é muito mais significativo do que invocar ou proclamar a liberdade. No que concerne à liberdade, quem a invoca tem o dever de oferecer uma resposta precisa a pelo menos duas perguntas: *a*) liberdade de quem?, *b*) liberdade em relação a quê? É claro que (*sub a*) liberdade para os senhores não é a mesma coisa que liberdade também para os escravos; e que (*sub b*) a liberdade em relação à opressão não é a mesma coisa que a liberdade em relação à necessidade. Não é diferente a maneira como se apresenta a questão da igualdade. As perguntas às quais é preciso oferecer uma resposta exata, se não quisermos que a invocação da igualdade seja um *flatus vocis*, são as duas seguintes: *a*) igualdade entre quem? *b*) igualdade com relação a que coisas?

Uma vez feitas essas duas perguntas, e limitando a especificação, por razões de economia de discurso, ao par todo-parte, são possíveis quatro respostas:

1) Igualdade de alguns em alguma coisa.
2) Igualdade de alguns em tudo.
3) Igualdade de todos em alguma coisa.
4) Igualdade de todos em tudo.

---

14. Que cito da edição italiana, *Cospirazione per l'eguaglianza detta di Babeuf*, introdução e tradução de Gastone Manacorda, Einaudi, Turim, 1971. As citações no texto referem-se a esta edição. Prescindo completamente da importância histórica da obra de Buonarroti na qual confluem, além do corpo de doutrinas chamadas do "babuvismo", as doutrinas igualitárias do século XVIII (Morelly, Rousseau, Mably) e as agitações revolucionárias da ala mais radical da Revolução Francesa. As fontes do pensamento igualitário de Babeuf e Buonarroti estão admiravelmente ilustradas por A. GALANTE GARRONE, *Buonarroti e Babeuf*, De Silva, Turim, 1948.

Desses quatro respostas, a que caracteriza uma doutrina igualitária é a quarta. Considero portanto que, em uma primeira aproximação, seja possível considerar igualitária aquela concepção global da sociedade (da sociedade humana em geral ou de uma sociedade determinada) segundo a qual é desejável que todos (todos os homens ou todos os membros dessa determinada sociedade) sejam iguais em tudo. Não é preciso acrescentar que se trata de um ideal-limite. Historicamente e praticamente, uma doutrina igualitária pode ser definida como aquela que exige a igualdade do maior número de indivíduos para o maior número de bens. Na sociedade de iguais prevista por Buonarroti permanece como critério discriminante, e portanto como princípio de justificação de desigualdade, a diferença entre os sexos: a educação das moças, por exemplo, deve ser completamente diferente da educação dos rapazes (pp. 202 em diante).[15] Quanto às coisas, Buonarroti pede a igualdade no trabalho e usufrutos, não necessariamente no tempo de ócio ou no lazer (pp. 162-63).

Das outras três respostas, a primeira não é particularmente significativa: qualquer norma geral e abstrata, como são em geral as leis, estabelece que alguns (isto é, os componentes de uma determinada categoria de destinatários) são iguais em alguma coisa, isto é, no particular direito ou dever previsto por essa norma. Em relação à segunda resposta, pode-se falar de igualitarismo parcial ou limitado: o exemplo histórico mais famoso é a república platônica, onde um número relevante de princípios que geralmente caracterizam as doutrinas igualitárias valem exclusivamente para uma única classe de membros da república, para a classe dos guerreiros. A terceira resposta nada tem a ver com a concepção igualitária da sociedade: que todos os homens ou todos os cidadãos de um Estado sejam iguais, por exemplo, em relação à capacidade jurídica ou ao gozo de certas liberdades, ou gozem de igualdade diante da lei, são princípios característicos de qualquer constituição liberal e não pretendem em absoluto dar vida a uma sociedade igualitária.

3. Falei de uma primeira aproximação. Qualquer exigência por igualdade distingue-se de outra não apenas com base na resposta que se dá às perguntas "entre quem?" e "em relação a que coisas?", mas também em relação ao critério ou aos critérios de justiça que ela assume em

---

15. O autor do *Manifesto degli Eguali*, Sylvain Maréchal, publicou em 1801 um *Projet d'une loi portant la défense d'apprendre à lire aux femmes*, inspirado nos princípios de Rousseau, onde denuncia "les inconvénients graves qui résultent pour les deus sexes de ce que les femmes sachent lire". Sobre esse tema F. AUBERT, *Les femmes doivent-elles apprendre à lire?*, in *Studi sull'eguaglianza*, organizado por C. Rosso, Editrice Libreria Goliardica, Pisa, 1973, pp. 79-97.

vista da atribuição da "coisa" a "quem". Que todos devam ter um lugar para morar (que é a exigência característica de qualquer doutrina igualitária) não significa que todos devam morar em um lugar igual. Mas se as coisas a serem distribuídas podem ser diferentes, com qual critério devem ser diversificadas? Considero — e esta é a minha segunda aproximação — que, entre todos os critérios de justiça, o critério igualitário por excelência, ou seja, o critério que serve para ulteriormente diferenciar as doutrinas igualitárias, seja o critério da necessidade. Não é necessário lembrar a famosa frase de Marx na *Critica al programma di Gotha*: "De cada um segundo suas capacidades, a cada um segundo suas necessidades". Volto ao meu Buonarroti: "Dado que todos têm as mesmas necessidades e as mesmas faculdades, que exista portanto para todos uma só educação, uma só nutrição. Eles se contentam com um único sol e um único ar para todos: por que não deveria bastar para cada um deles a mesma quantidade e a mesma qualidade de alimentos?"[16]

Não é difícil descobrir o motivo pelo qual o critério da necessidade é o critério igualitário por excelência. Comparemos o princípio "A cada um segundo sua necessidade" aos outros dois princípios de distribuição dos bens disponíveis: "A cada um segundo sua capacidade" e "A cada um segundo seu trabalho". Revela-se imediatamente que a necessidade é um critério que satisfaz, mais do que a capacidade e do que o trabalho, os ideais de um igualitário, porque os homens podem ser considerados de fato mais iguais em relação à quantidade e em relação à qualidade das necessidades do que em relação à quantidade e à qualidade da capacidade demonstrada nesta ou naquela atividade ou trabalho prestado nesta ou naquela obra. A afirmação segundo a qual os homens deveriam ter a mesma quantidade e a mesma qualidade de alimentos se faz acompanhar invariavelmente da constatação de que ninguém tem duas bocas ou duas barrigas.[17] Mesmo admitindo que há diferenças entre as necessidades de uma criança e as necessidades de um adulto, de um homem ou de uma mulher — o mesmo Buonarroti admite que "em moral, em política, e em economia, a igualdade não é uma identidade matemática e não se altera por pequenas diferenças" (p. 213) —, essas diferenças serão sempre menores do que aquelas que a própria natureza estabeleceu entre as distintas capacidades dos homens e do que aquelas que a sociedade reconhece repartindo com base nas capacidades as diferentes formas de trabalho. Em outras palavras, para uma doutrina que tende ao maior nivelamento possível da maior

---

16. Esta frase encontra-se no *Manifesto degli Eguali*, como apêndice à ed. cit., p. 313.
17. Do *Manifeste des plébéiens* de Babeuf, cit. na introdução de Manacorda, *ib.*, p. XXII.

parte dos membros de uma comunidade, não me parece haver dúvidas de que o critério da necessidade seja, em relação a todos os outros critérios, o que permite a menor diferenciação: a natureza fez os homens mais iguais em relação às necessidades do que em relação às capacidade e à possibilidade que, segundo as diferentes capacidades, têm de cumprir este ou aquele trabalho útil à sociedade. Não é por acaso que uma doutrina, por tantos aspectos antitética à doutrina igualitária, como é a liberal, que avalia positivamente as desigualdades e considera uma sociedade tanto mais civilizada quanto mais desigual, eleva a critério fundamental para a distribuição das recompensas não a necessidade, mas a capacidade.

4. Isto não significa que, em uma doutrina igualitária, o critério da necessidade seja o único critério admitido. No programa social dos Iguais, é acolhido também o critério da capacidade. Mas é acolhido para a distribuição não dos bens, mas dos ônus, isto é, na repartição dos diferentes trabalhos. Se é verdade que todos devem trabalhar e ninguém deve permanecer ocioso — nisso reside a igualdade com relação ao trabalho—, disso não deriva necessariamente que todos devam fazer o mesmo trabalho. Com qual critério então devem ser designados os diferentes trabalhos? Buonarroti retorna com freqüência a esse tema e todas as vezes rebate o princípio segundo o qual o único critério que permite repartir de modo equânime os diversos trabalhos é o critério da capacidade. Resumindo os princípios da doutrina para defender a igualdade dos ataques dos inimigos, assim se expressa sinteticamente: "A igualdade deve ser medida pela capacidade do trabalhador e pelas necessidades do consumidor" (p. 213). A oposição com relação à doutrina liberal não poderia ser mais clara: enquanto para a doutrina liberal o critério menos igualitário, o critério da capacidade, é invocado para justificar a desigualdade das fortunas, na doutrina igualitária o mesmo critério é invocado para justificar a desigualdade dos deveres que cada um tem diante da sociedade.

Esta oposição permite-me acrescentar uma terceira aproximação. Uma doutrina não-igualitária da sociedade é perfeitamente compatível com o princípio que costuma ser chamado de princípio da igualdade dos pontos de partida. Aliás, a afirmação da igualdade dos pontos de partida é a premissa necessária de uma doutrina, como a liberal, que considera a vida social uma grande disputa na qual vence quem combate melhor (o mais capaz:) em tal doutrina, a única igualdade admitida é aquela que se resume em colocar todos os concorrentes na condição de iniciar a corrida a partir da mesma linha de largada. Na doutrina igualitária ocorre exatamente o oposto: o que conta é a igualdade dos pontos de chegada, não importando se essa igualdade venha depois de uma desigualdade dos pontos de partida. Retornemos por um momento aos dois critérios da capacidade em relação à atribuição dos diferentes trabalhos e da necessidade em relação à recompensa. Que os membros de uma comunidade trabalhem segundo as capacidades significa que começam diferentes; que venham a ser recompensados segundo a necessidade significa que chegam iguais.

A oposição que apresentei aqui, como oposição entre igualdade de pontos de partida e igualdade de pontos de chegada, foi também apresentada como oposição entre igualdade de oportunidades e igualdade de resultados, e considerada como representativa da oposição entre uma concepção individualista e pluralista e uma concepção solidária e comunitária da sociedade.[18] De acordo com a primeira, basta que sejam comuns as regras do jogo e que qualquer um seja colocado em condições de poder participar do jogo: é mais do que natural que um jogo termine com um vencedor e um vencido. De acordo com a segunda, que haja um vencedor e um vencido é exatamente o que deve ser evitado, mas para evitar que isto aconteça é preciso fazer não com que todos possam participar do jogo, mas que todos, na mesma medida, possam sair vencedores.[19]

5. Um dos temas recorrentes nos escritos dos "Iguais" — tema de clara, e de resto, reconhecida derivação rousseauniana — é aquele que se pode resumir na palavra de ordem: "Point de luxe, point de misère". Trata-se da aplicação do princípio segundo o qual o bem deve ser sempre buscado como algo que está entre dois males extremos. Este princípio é tão geral que pode ser aplicado às mais diferentes situações: "Que todos tenham o bastante e ninguém tenha demais";[20] "que ninguém seja condenado a um trabalho opressor e que ninguém possa gozar de uma inércia corruptora" (cf. p. 157); "quando já não houver palácios, não haverá casebres" (p. 160). Parece-me que desse tema

---

18. Retiro essa indicação de uma resenha de Anthony Lewis no *International Herald Tribune*, de 28 de novembro de 1972, a um livro de Daniel Bell então prestes a ser publicado.

19. Qualquer um que tenha tido nesses anos a oportunidade de defrontar-se com uma das insistentes reivindicações do movimento estudantil, a exigência da nota única ou da nota de grupo, não tem outra coisa a fazer senão confirmar esta oposição. O princípio no qual se inspira a exigência da nota única é o princípio da igualdade dos pontos de chegada ou dos resultados em oposição ao tradicional princípio do mérito, que, embora admitindo que os estudantes estejam colocados em condição de ter os mesmos livros, os mesmos professores, as mesmas facilidades para a preparação aos exames, não considera injusto que o ponto de chegada ou o resultado seja diferente de estudante para estudante. A meu ver, não há dúvidas de que a exigência da nota única seja uma típica manifestação de igualitarismo conectada a uma concepção solidária e orgânica da sociedade, que exalta o grupo em vez do indivíduo e considera o indivíduo apenas membro do grupo.

20. Esta frase é citada por Manacorda na introdução à *Cospirazione per l'eguaglianza*, cit., p. XIII.

podemos extrair uma quarta aproximação na investigação acerca das características do igualitarismo.

Há substancialmente dois modos de se buscar uma maior igualdade entre os membros de um determinado grupo social:

a) Estender as vantagens de uma categoria a outra categoria que dessas vantagens esteja privada (um caso típico é a extensão dos direitos políticos daqueles que sabem ler e escrever aos analfabetos).

b) Retirar de uma categoria de privilegiados as vantagens de que goza de modo que possam deles obter os benefícios também os não-privilegiados.

Enquanto com a primeira operação a equiparação advém deixando intactas as vantagens da categoria superior, com a segunda advém modificando a situação tanto daqueles que estão acima quanto daqueles que estão abaixo. Neste segundo caso, trata-se daquela forma de equiparação que se chama também "nivelamento" (recordemos que foram chamados "Niveladores" os componentes de uma das alas mais revolucionárias da Guerra Civil inglesa). Enquanto o primeiro procedimento é perfeitamente compatível com a doutrina não-igualitária (a extensão do sufrágio foi aceita também no âmbito das doutrinas liberais), o "nivelamento" é uma das características distintivas do igualitarismo.

Também neste caso não me parece difícil explicar o motivo da diferença. A igualdade da qual é defensora toda doutrina igualitária, uma vez que, como foi dito, busca a igualdade em relação ao maior número de bens, é a igualdade econômica (*l'égalité réelle*, da qual fala Buonarroti). Ora, se é possível estender o direito de voto aos que nada possuem, aos analfabetos, às mulheres, sem tirá-lo dos proprietários, dos alfabetizados, dos homens, não é possível, para dar como exemplo a mais clássica reforma igualitária que é a reforma agrária, dar a terra aos camponeses sem tirá-la dos proprietários, nem é possível fazer a redistribuição de renda de modo que ninguém tenha uma renda superior a um certo máximo e ninguém tenha uma renda inferior a um certo mínimo (a determinação de um máximo e de um mínimo nas fortunas é também uma típica reforma igualitária) sem dar a uns e tirar de outros. Em geral, pode-se afirmar que as reformas igualitárias compatíveis com a doutrina liberal, aqui incluída a igualdade de oportunidade, são do primeiro tipo; as reformas próprias das várias doutrinas igualitárias podem ser também do segundo tipo e é também por isso que se mostram, diferentemente das primeiras, revolucionárias.

6. As características do igualitarismo até agora consideradas são o reflexo de um teoria geral da igualdade e, respectivamente, da desi-

gualdade entre os homens, de cujo exame espero deduzir uma quinta e última aproximação.

Todas as teorias políticas que desafiaram o problema da igualdade precisaram enfrentar a diferença fundamental entre desigualdades naturais e desigualdades sociais. Diante dessa distinção, podem-se assumir duas posições antitéticas: a posição de quem considera que a maioria das desigualdades (se não todas) que caracterizam a vida em sociedade é natural; a posição de quem considera, ao contrário, que a maioria das mesmas desigualdades (se não todas) que caracterizam a vida em sociedade é de origem social. Na base de toda doutrina igualitária está a segunda. Pensemos no príncipe dos escritores igualitários, o autor do *Discours sur l'origine de l'inégalité parmi les hommes* (*Discurso sobre a origem da desigualdade entre os homens*): a natureza fez os homens iguais, mas a sociedade os tornou desiguais. Tomemos agora em consideração o príncipe dos escritores não-igualitários, o autor de *Al di là del bene e del male* (*Para além do bem e do mal*): os homens são por natureza desiguais e apenas a sociedade, com a sua moral do rebanho, com a sua religião da compaixão e da resignação, tornou-os iguais.[21] Lá onde Rousseau vê desigualdades artificiais, e portanto condenáveis, em oposição à igualdade natural, Nietzsche, o anti-Rousseau, vê uma igualdade artificial, e portanto do mesmo modo condenável, em oposição às desigualdades naturais. Também neste caso a oposição não poderia ser mais clara: em nome da igualdade natural, o igualitário condena as desigualdades sociais; em nome da desigualdade natural, o inigualitário condena a igualdade social. Enquanto o primeiro tende a ver nas desigualdades sociais um produto artificial, o segundo tende a ver um produto artificial na igualdade social.

Quem quiser uma confirmação do comportamento típico de toda doutrina igualitária diante das desigualdades sociais, pense em alguns argumentos que já se tornaram habituais nos vários movimentos pela emancipação feminina. Por mais que, entre todas as desigualdades, aquela entre homens e mulheres seja sem dúvida a mais natural, um dos argumentos preferidos das feministas é que também a diferença entre homens e mulheres se deve em grande parte a fatores sociais, isto é, trata-se predominantemente de uma desigualdade social. Poderíamos até mesmo dizer que, enquanto o inigualitário considera perfeitamente legítimas as desigualdades sociais uma vez que as considera um reflexo

---

21. Diretamente contra Rousseau igualitário: "... o que odeio é a sua [da Revolução Francesa] rousseauniana *moralidade*... a doutrina da igualdade" (*Crepuscolo degli idoli*, in *Opere*, organizado por G. Colli e M. Montinari, vol. VI, tomo III, Adelphi, Milão, 1970, p. 150).

de desigualdades naturais, o igualitário considera ilegítimas certas desigualdades aparentemente naturais, como aquela entre homens e mulheres, porque as considera um reflexo de desigualdades de tal maneira enraizadas no costume (o costume, diz Pascal, é uma segunda natureza) a ponto de ter perdido os vestígios da sua origem.

Falta dizer qual é a razão pela qual o igualitário considera as desigualdades um produto artificial da vida em sociedade, lá onde, ao contrário, o inigualitário as considera uma conseqüência inevitável das desigualdades naturais. A diferença fundamental entre as desigualdades naturais e as desigualdades sociais é que as primeiras não podem, as segundas podem, ser eliminadas. Uma doutrina que tente à supressão da maioria das desigualdades existentes entre os homens é obrigada a sustentar, se não quiser cair em contradição, que a maioria dessas desigualdades pertence à classe das desigualdades elimináveis, isto é, são desigualdades sociais.

7. Uma última consideração. À convicção de que a maioria das desigualdades que tornam insuportáveis as sociedades humanas até agora constituídas são desigualdades sociais corresponde, nos escritores igualitários, a convicção de que os homens são por natureza iguais, ou que pelo menos são mais iguais que desiguais, tanto que as desigualdades naturais que contudo existem (e só quem for cego poderá negá-las) são consideradas irrelevantes, isto é, de tal ordem que não justificam um distinto tratamento na designação das obrigações e dos bens essenciais para uma feliz vida em comum. Uma convicção desse tipo nasce de uma operação mental muito simples: os homens são considerados não como indivíduos mas como *genus*, e portanto não pelas características que diferenciam um indivíduo do outro, mas por aquelas pelas quais todos os homens pertencem a um único gênero, não importando se a ênfase recai sobre as características axiologicamente negativas ("os homens são todos pecadores") ou sobre aquela axiologicamente positiva ("o homem é um animal naturalmente social"). Perfeitamente antitética é a operação mental que está na base das doutrinas liberais, as quais tendem a colocar em evidência não aquilo que os homens têm em comum, enquanto homens, mas aquilo que têm de diferente, enquanto indivíduos. Não preciso acrescentar que ambas as operações mentais são guiadas por escolhas de valor. De fato, é verdade tanto que os homens são iguais, por exemplo, diante da morte, característica do *genus*, quanto que todos os homens são diferentes, por exemplo com relação ao próprio destino, característica do indivíduo: razão pela qual, se é verdade que todos os homens morrem, é igualmente verdade que to-

dos os homens morrem de diferentes modos. É claro que partir de certos fatos e não de outros, de dados comuns e não dos dados individuais, é a conseqüência de uma opção ética.

Antes de encerrar, devo ainda mencionar que estreitamente conectada à consideração do homem como *genus*, e não como indivíduo, está a tendência comunitária ou comunista das doutrinas igualitárias. Historicamente — pensemos na história das utopias, tanto das utopias positivas quanto das negativas —, igualitarismo e comunismo podem ser considerados como duas faces da mesma moeda, já que ambos são o reflexo de considerar o homem não como indivíduo, mas como *genus*. Fazendo referência uma vez mais ao nosso Buonarroti, grande parte das reformas por ele propostas são inspiradas na idéia de que os componentes de uma nação constituem uma totalidade orgânica e que as instituições mais aptas a regê-la para fazê-la progredir são aquelas que obrigam os indivíduos a viver e trabalhar em comum. A organização comunista ou comunitária da sociedade é a resposta mais coerente que se pode dar a uma concepção do homem como "ser genérico". Não obstante Marx chame de "tosco" o igualitarismo de Babeuf e seus companheiros,[22] não há páginas, talvez, além de alguns de seus escritos juvenis, em que apareça com toda a evidência o nexo entre o comunismo e a consideração do homem como *Gattungswesen*.[23] Prova *em contrário*: a crítica ao igualitarismo sempre encontrou o seu ponto forte na defesa do indivíduo contra a sua redução a parte de um todo. Mais uma vez, para encerrar, Nietzsche: "... o socialismo é a moral do rebanho pensado até o fim: ou seja, o princípio 'direitos iguais para todos' levado à conseqüente 'pretensões iguais para todos'; logo 'um rebanho e nenhum pastor'; logo 'a ovelha é igual à ovelha'".[24]

III.

SOBRE A NOÇÃO DE JUSTIÇA

1. Os clássicos e nós

Uma análise do conceito de justiça pressupõe uma referência à literatura clássica sobre o tema, a começar pelos gregos. Sobre essa litera-

---

22. "Os babuvistas eram materialistas toscos, incivis..." Cf. K. MARX, F. ENGELS, *La sacra famiglia*, in *Opere*, vol. IV, Editori Riuniti, Roma, 1972, p. 146.

23. O homem como "ser genérico" ou "ser pertencente a uma determinada espécie" (*Gattungswesen*) é um dos temas centrais, como é de conhecimento geral, dos *Manoscritti economico-filosofici del 1844*, em especial no capítulo *Il lavoro estraniato*, na ed. organizada por N. Bobbio, Einaudi, Turim, 1949 [nova ed. 1975], p. 76.

24 *Al di là del bene e del male*, in *Opere* cit., vol. VI, tomo II, Adelphi, Milão, 1968, p. 399.

tura, da qual o mais amplo repertório, ainda hoje útil à consulta, encontra-se no livro, sem razão esquecido, de Giorgio Del Vecchio,[25] podem ser feitas algumas considerações gerais. O texto canônico, que foi transmitido e repetido sem grandes desenvolvimentos analíticos durante séculos, foi o livro V da *Ética a Nicômaco*, com a distinção dos dois conceitos de justiça como legalidade e como igualdade, com a distinção entre diferentes formas de justiça, entre as quais as mais importantes são a corretiva (comutativa) e a distributiva, com a distinção entre justiça estrita e eqüidade. Esta exposição, como de resto a exposição das formas de governo, desenvolvida nos livros III e IV da *Política*, foi acolhida como se sobre o tema houvesse sido dito tudo o que havia a ser dito, como um patrimônio inexaurível que podia ser acrescido mas cujo núcleo essencial permanecia imutável. Disso derivou uma incômoda monotonia das exposições sobre justiça nos clássicos da filosofia medieval e em parte moderna, que dão a impressão de ser uma série de variações sobre o mesmo tema ou sobre poucos temas fixos, de valor analítico não muito grande. Na era moderna, a maioria dos clássicos de filosofia política e jurídica, que são as etapas obrigatórias do debate atual, exceto Hobbes, não deu grande espaço à análise do conceito de justiça. Refiro-me a Locke, Kant, Hegel e Marx. A conhecida exposição de Hume no livro III do *Tratado sobre a natureza humana* refere-se à origem da justiça mais que à sua natureza. A contrução, proposta por Bodin, de uma terceira forma de justiça, a justiça harmônica, talvez a mais ousada inovação com relação à teoria tradicional, não teve qualquer seguimento e não encontrou fautores ou críticos, a não ser em autores secundários. Enfim, afora a análise aristotélica, as definições tradicionais de justiça não são analíticas, mas sim persuasivas: como "constans voluntas suum cuique tribuere" dos juristas romanos, e "caritas sapientis" de Leibniz.

Considero que não seja possível enfrentar sem rodeios, ou diretamente, a análise da noção de justiça. Se a leitura dos clássicos pode ser de alguma utilidade também neste caso, ela nos mostrou que tal noção pertence a uma família de outras noções que remetem continuamente umas às outras, e sobre as quais se pode afirmar, na melhor das hipóteses, que a noção de justiça é o primeiro exemplar. Trata-se de noções habitualmente definidas uma em função da outra, a justiça em função

---

25. G. DEL VECCHIO, *La giustizia*, Casa Editrice Studium, Roma, 1959/4. Esta obra, que nasceu de um discurso inaugural lido em Roma, em 19 de novembro de 1922, publicada em forma de livro inicialmente pela casa editora Studium di Roma, em 1946, e que recebeu posteriores edições ampliadas, mereceria ser reeditada por algum editor corajoso, disposto a atualizar as riquíssimas notas.

de todas as outras ou, ao menos, sempre, de uma das outras. Desse reconhecimento inicial deriva uma conseqüência de método ou de estratégia da investigação: à noção de justiça é oportuno ou prudente se aproximar girando ao seu redor, com uma manobra que na linguagem militar receberia o nome de ataque pelos flancos. As noções que me proponho a utilizar nesta marcha de aproximação ou de envolvimento (espero que não de desnorteamento) são as seguintes: lei, ordem, igualdade.

A partir da conexão e recíproca interação dessas quatro noções temos por conseqüência que o discurso sobre a justiça pode oportunamente ser articulado na análise de três pares principais, nos quais um dos dois termos é justiça, ou seja, justiça-lei, justiça-igualdade, justiça-ordem, e de três pares secundários, nos quais nenhum dos dois termos é justiça, ou seja, lei-igualdade, igualdade-ordem, ordem-lei. Cada um dos dois termos secundários relaciona-se com os outros dois:

O termo principal relaciona-se com todos os três:

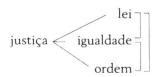

2. Justiça e lei

O nexo entre justiça e lei já fora reconhecido por Aristóteles na célebre passagem da *Ética a Nicômaco* (1129a, 8) na qual está escrito que "justo" tem dois significados e um dos quais é "conforme à lei" ou legal, enquanto, respectivamente, injusto significa não-conforme à lei ou ilegal. Foi inúmeras vezes observado que esse significado de justo vale sobretudo e limitadamente quando é atribuído a uma ação, de modo particular a uma ação humana, mas sem excluir os atos de entes personificados, como Deus, os deuses, os animais, em uma concepção animista da natureza. O significado prevalecente de ação justa é de fato aquele de ação cumprida em observância de uma lei.

Menos unívoco é o significado de justo quando é atributo de homem: um homem justo pode ser tanto um homem respeitoso das leis quanto um homem equânime, que distribui imparcialmente o torto e o direito,* e nesse caso a noção de justiça remete, antes, à noção de igualdade. A mesma ambigüidade pode ser observada quando "justo" se refere a atos de sujeitos dotados de particular autoridade: "sentença justa" pode ser tanto a sentença do juiz que observou rigorosamente a lei quanto a sentença equânime que respeitou a regra geral do igual tratamento dos iguais. E o que dizer de uma "lei justa"? Esta pergunta é inevitável no momento mesmo em que, definida "ação justa", a ação conforme à lei, não é possível deixar de enfrentar o problema se deve ser considerada justa uma ação conforme a uma lei injusta. Mas, afinal, o que significa lei justa e, respectivamente, injusta? A resposta é dupla: pode ser considerada justa tanto uma lei (inferior) conforme a uma lei (superior), e nesse caso é respeitado o significado de justiça como legalidade, como ocorre, por exemplo, na relação entre direito positivo e direito natural segundo a predominante doutrina jusnaturalista, quanto uma lei igualitária que elimina uma discriminação, suprime um privilégio, ou, ao contrário, um tratamento odioso. Predomina, ao contrário, na tradicional doutrina política, sendo aliás quase exclusivo, o segundo significado, quando o atributo se refere àqueles que detêm o sumo poder, os governantes: o governo *sub lege* é uma das realizações possíveis daquele que foi chamado o "bom governo", em oposição ao governo no qual o poder é exercido arbitrariamente, ao capricho, "sem leis nem freios" (Montesquieu), enquanto de governos justos são chamados aqueles que exercem o poder inspirando-se no princípio da igual distribuição do ônus e do bônus, do torto e do direito, entre os cidadãos.[26]

A relação entre justiça e lei pode ser observada em muitos outros contextos. Considera-se poder legítimo o poder que é exercido a justo título, onde por "justo título" entende-se que esse poder foi atribuído ao titular por uma lei superior, seja ela uma lei natural, como é a norma que prevê a aquisição de um direito por prescrição (pertence a esta categoria uma das três formas de poder legítimo segundo Max Weber, o poder tradicional), seja uma lei fundamental do Estado, como a lei sálica em uma monarquia hereditária, ou como um ou mais artigos de uma constituição escrita relativos ao poder deste ou daquele órgão em

---

* No original, lê-se "... *un uomo equanime che distribuisce imparzialmente il torto e la ragione*". Outra opção seria traduzir pelas expressões "justo e injusto", ou "certo e errado", igualmente próximas do registro cotidiano no qual é empregada a expressão italiana. (N.T.)

26. Dediquei-me a este tema em maior profundidade em dois artigos: *Il buongoverno*, in "Belfagor", XXXVII (1982), pp. 1-12 [no presente volume: Parte II, cap. 3, seção III], e *Governo degli uomini o governo delle leggi?*, in "Nuova antologia", n. 2145, janeiro-março, 1983, pp. 135-52, posteriormente incluído in *Il futuro della democrazia*, Einaudi, Turim, 1984, ult. ed. 1995, pp. 169-94.

um Estado constitucional. Não é diferente o significado de legítimo proprietário, legítimo representante, legítimo sucessor.

De modo ainda mais geral, na filosofia política e jurídica, processo de justificação e processo de legitimação tendem a coincidir. O que não pode ser dito em relação ao discurso ético e muito menos em relação ao discurso científico, no qual se usa o termo "justificação" para um conjunto de argumentos que são adotados para sustentar validamente uma tese. Diz-se que uma demissão ocorreu por justa causa, e portanto é justificada, quando foi disposta segundo uma lei que prevê quais são as causas com base nas quais um empregado pode ser demitido, donde o titular da empresa está legitimado a cumprir o ato. Qualquer um pode ver que, em um caso como este, dizer que o ato é justificado ou legitimado é indiferente. Desse modo, para dar um exemplo historicamente mais relevante, o problema da guerra, injusta resume-se no problema se há causas justas para a guerra e quais são. Toda teoria da guerra justa é uma teoria que tende a apresentar argumentos para sustentar que algumas guerras são justificadas e outras não. Mas, já que são guerras justificadas aquelas que obedecem a uma regra geral de direito como *vim vi repellere licet*, a sua justificação coincide com a sua legitimação. Dizer que há guerras que podem ser conduzidas a justo título significa dizer que há no direito internacional normas que consentem, em determinados casos, em que o Estado dê início a uma guerra, a qual se torna, enquanto tal, uma guerra legítima.

Da redução do problema da justiça a problema de legalidade (ou legitimidade) deriva a concepção legalista da justiça, segundo a qual é justo aquilo que é comandado pelo único fato de ser comandado (e, entenda-se, comandado por uma autoridade superior que tem o poder legítimo de emitir leis) e injusto aquilo que é proibido pelo único fato de ser proibido. Pode ser interpretada neste sentido a teoria hobbesiana, segundo a qual no estado de natureza, exatamente pela ausência de leis válidas e eficazes, não há qualquer critério para distinguir uma ação justa de uma ação injusta. Somente no Estado civil faria sentido falar de justiça e injustiça, já que, uma vez instaurado em base ao acordo dos cidadãos um poder legítimo ao qual é atribuído o poder de comandar e de proibir, a justiça consiste em observar a lei, a injustiça em violá-la.[27]

---

27. TH. HOBBES, *De cive*, III, pp. 3-5.

3. Lei e igualdade

O nexo entre lei e justiça passa através da segunda noção da nossa rede: a igualdade. Falei até agora de lei para me ater a um costume da linguagem tradicional, clássica, segundo o qual a lei é uma regra de conduta, ou como se costuma dizer na linguagem jurídica, desde o fim do século passado até hoje, uma norma que possui as duas características, da generalidade e da abstração, onde por "generalidade" se entende que a diretriz contida na norma está voltada para uma categoria de sujeitos ou de *status* (o pai, o filho, o cônjuge, o proprietário, o vendedor, o mandatário etc.), mesmo no caso em que a categoria seja composta por uma única pessoa (o rei, a rainha, o presidente da república, o presidente do conselho), e nunca para um sujeito singular (Fulano, Beltrano, Sicrano); e por "abstração", que o objeto da regulamentação é uma ação-tipo (o furto, o homicídio, o peculato, o empréstimo, a enfiteuse), e mais raramente uma ação singular. Para as diretrizes gerais e concretas, individuais e abstratas, individuais e concretas, usam-se habitualmente outros termos, como ordem, medida, decreto (por exemplo, o decreto de nomeação de uma pessoa para um determinado cargo).[28]

Por mais que seja possível estabelecer no direito positivo uma lei em sentido formal voltada para uma pessoa singular, e é por isso que os juristas têm o cuidado de distinguir a lei em sentido formal da lei em sentido substancial, o direito natural não conhece outras leis (as leis naturais, precisamente) senão as leis gerais e abstratas. E assim seja dito para todos os tipos de leis das quais se ocupa a teoria do direito: leis consuetudinárias, fundamentais, constitucionais, civis, penais etc. As grandes exposições sobre as leis, dos *Nomoi*, de Platão, ao *Esprit des lois*, de Montesquieu, passando pelos tratados *De legibus* de Cícero e de Suárez, consideram predominantemente, quando não exclusivamente, diretrizes que têm por destinatários uma generalidade de sujeitos e por objeto uma classe de ações.

Através das conhecidas características da generalidade e da abstração, uma lei, qualquer lei, assegura uma primeira forma de igualdade, a igualdade formal, entendida como o igual tratamento daqueles que pertencem a uma mesma categoria. Não é por acaso que o princípio generalíssimo que prescreve o igual tratamento dos iguais (e o desigual dos desiguais) recebe o nome de regra de justiça. A norma que estabelece uma determinada pena para um determinado delito, que impõe

---

28. Kelsen, é verdade, introduziu a expressão "normas individuais" para designar, por exemplo, a sentença de um juiz, mas essa inovação terminológica não teve êxito, tanto mais porque lhe escapa a distinção entre a singularidade dos sujeitos e a singularidade da ação.

um determinado dever a quem estipula um contrato, que atribui um determinado direito a quem goza de um certo *status*, fixa um critério de juízo unívoco, bom ou mau que seja, para todos os sujeitos que se encontram nessa situação prevista, e desse modo estabelece seu igual tratamento.

Na falta de uma lei, ou melhor, no sentido técnico tradicional da palavra, de uma norma geral e abstrata, o juiz seria obrigado a julgar caso a caso. Julgando caso a caso, poderia ser induzido, por incúria ou por erro, ou mesmo por infame vontade, a julgar o mesmo caso de dois modos distintos, ou dois casos distintos do mesmo modo. Mesmo a chamada "justiça do cádi" não é arbitrária, porque leva em conta normas preestabelecidas, sejam elas de caráter religioso ou moral, sejam elas transmitidas pelo costume ou sugeridas por decisões anteriores de juízes, ou pela tradição de opiniões emitidas pela classe dos juristas profissionais. Mesmo quando se encontra diante de um caso novo, o juiz, antes de romper totalmente com a tradição, vale-se do raciocínio por analogia cujo pressuposto é que até o limite do razoável o caso novo deve ser solucionado como foram solucionados pela lei casos semelhantes, e cujo objetivo é mais uma vez a não-disparidade de tratamento dos casos que podem ser incluídos em uma única categoria geral.

Na aplicação da regra de justiça ao caso concreto podem ocorrer dois casos anômalos: a eqüidade, entendida como adaptação da norma ao caso singular, que não permite uma perfeita equiparação com os casos previstos, e o privilégio, entendido como isenção de um dever geral ou atribuição de um direito particular a uma pessoa ou categoria singular. A primeira permite corrigir uma possível desigualdade que resultaria da aplicação rígida da norma geral, e portanto não viola a regra de justiça. O segundo introduz uma desigualdade não prevista, e portanto viola a regra de justiça. No primeiro caso, a desigualdade de tratamento corresponde a uma reconhecida desigualdade de situação; no segundo caso, à igualdade de situação contrapõe-se a desigualdade de tratamento.

Desse nexo entre lei e igualdade deriva a concepção, também esta tradicional, da superioridade do governo das leis sobre o governo dos homens. Esta superioridade consiste exatamente no fato de que a lei assegura a igualdade de tratamento, diferente do governo dos homens, que favorece o juízo arbitrário. Uma citação entre muitas. Em *As suplicantes*, Eurípides coloca na boca de Teseu, o bom rei, as seguintes palavras: "Nada há em uma cidade de mais inimigo que um tirano, quando não há acima de tudo lei gerais, e um só homem tem o poder, fazendo a lei ele mesmo para si mesmo; e não há em absoluto igualdade. Quando, ao contrário, há leis escritas, o pobre e o rico têm direitos iguais, é possível aos mais fracos replicar ao poderoso, quando este os insulta, e o pequeno, se tem razão, pode vencer o grande" (vv. 429-37).

4. *A igualdade diante da lei*

Diferente da igualdade de tratamento inerente à natureza mesma da lei enquanto norma geral e abstrata é a igualdade diante da lei, cujo princípio se verifica na maioria das constituições redigidas pelos Estados contemporâneos, a começar pela Constituição francesa de 1791. Tal princípio não quer decerto afirmar que todos os cidadãos são iguais (toda igualdade é sempre uma igualdade *secundum quid*), mas tampouco, em estrito senso, que os iguais devam ser tratados de modo igual. Pode-se entender de duas maneiras, segundo o consideremos, enquanto preceito, voltado para os juízes ou para o legislador.

Voltado para os juízes, pode ser traduzido nesta outra expresão: "A lei deve ser igual para todos", e significa que a lei deve ser imparcialmente aplicada, e deve ser imparcialmente aplicada porque apenas desse modo assegura igual tratamento dos iguais. A lei, enquanto norma geral e abstrata, estabelece qual seja a categoria à qual deve ser reservado um determinado tratamento. Cabe ao juiz estabelecer em cada situação quem deve ser incluído na categoria e quem deve ser dela excluído. O preceito da imparcialidade é necessário, porque a aplicação de uma norma ao caso concreto nunca é mecânica e requer uma interpretação na qual intervém, em maior ou menor medida segundo os diferentes tipos de lei, o juízo pessoal do juiz.

Voltado para o legislador, o princípio é uma verdadeira e própria norma constitucional e pode ser reformulado desta outra maneira: "Todos devem ter igual lei". A diferença entre os dois significados torna-se evidente pelas respectivas negações: uma coisa é dizer que "a lei não é igual para todos", outra é dizer que "nem todos têm igual lei". A primeira expressão coloca em evidência a violação de parte dos juízes do dever de imparcialidade; a segunda dá a entender que a sociedade é ainda dividida em segmentos, ou ordens, ou classes, e que cada segmento, ordem ou classe tem uma ordem jurídica própria que estabelece direitos e deveres, respectivamente, distintos. Para entender esse segundo significado é preciso nos remeter ao Preâmbulo da Constituição francesa de 1791: "A assembléia nacional (...) abole irrevogavelmente as instituições que ferem a liberdade e a *igualdade dos direitos*". O elenco das reivindicações expressas em termos negativos que vem logo em seguida: "Não há mais nobreza, nem pares, nem distinções hereditárias, nem distinções de ordens, nem regime feudal etc." permite dar um conteúdo à de outra forma vaga expressão "igualdade de direitos". De fato, lendo o artigo por inteiro nos damos conta de que os direitos dos quais se afirma a igualdade não são todos os direitos (mas, afinal, que sentido haveria em falar de "todos os direitos"?), mas apenas aqueles explicitamente reivindicados e que estes se referem especificamente à negação da discriminação entre cidadãos fundada sobre o nascimento (que é a discriminação característica de uma sociedade aristocrática). Originariamente, portanto, o princípio de igualdade diante da lei, entendido como o princípio segundo o qual todos devem gozar do benefício da mesma lei, representa a recusa de um dos critérios convencionais de justiça, o critério da justiça segundo a linhagem.

Uma vez que a discriminação segundo a linhagem é apenas uma das muitas e várias discriminações que existem nas diferentes sociedades e também na mesma sociedade (motivos de discriminação são o sexo, a raça, a etnia, a classe social, a religião etc.), o princípio da igualdade diante da lei não tem um significado unívoco, e é preenchido por diferentes conteúdos segundo a maior ou menor amplitude das discriminações conservadas ou eliminadas. A discriminação segundo a linhagem é a mais antiga, a mais estratificada, e é também aquela que, como demonstra a longa luta contra a sociedade dividida em classes ou ordens, resistiu durante séculos à mudança. O que explica por que a abolição da discriminação segundo a linhagem, da qual nasceu o princípio de igualdade diante da lei, tanto na antiga Grécia, que a expressava no conceito de isonomia, e do qual se pode encontrar uma clara formulação nas palavras de Sólon: "E prescrevi leis iguais ao nobre e ao plebeu aplicando a cada um uma reta justiça" (Diehl, fr. 24), quanto na era moderna, depois da Revolução Francesa, possa ter dado a impressão de que, abolidas as diferenças de linhagem, os homens se tornariam ou voltariam a ser iguais e seria possível proclamar que, de agora em diante, os homens seriam iguais diante da lei. Mas há muitas outras discriminações resistentes à mudança, como aquela relativa ao sexo. Se não quisermos reduzir o significado do princípio ao simples respeito à legalidade, o único significado inovador que é possível lhe atribuir é que a ordem não tolera discriminações injustas, onde por injusta se entende uma discriminação não prevista (com relação ao direito estabelecido) pela própria ordem, e está aberta à eliminação de discriminações ainda existentes à medida que as diferenças sobre as quais estas se fundam sejam consideradas e concebidas como não mais relevantes.

5. Os critérios de justiça

O debate sobre as diferenças relevantes ou irrelevantes que permitem julgar se uma desigualdade é justificada ou não, em outras palavras, se uma desigualdade justifica ou legitima uma discriminação, constitui a ponte que faz a passagem do conceito puramente formal de igualdade, do qual falei até agora, seja sob o aspecto de regra do igual tratamento, seja do dever dos juízes de serem imparciais, para os diferentes modos de conceber a igualdade segundo os diferentes critérios que são adotados para distinguir os iguais dos desiguais. Trata-se da passagem da regra de justiça aos critérios de justiça.

A lei estabelece uma categoria dentro da qual os sujeitos e as ações devem ser tratados de modo igual por parte de um juiz imparcial. Mas quem são os iguais, quem são os desiguais? Como é definida, estabelecida e delimitada uma categoria à qual são atribuídos certos direitos ou deveres com relação a uma outra? Para dar os exemplos de praxe, com relação aos direitos políticos, por que os homens e não as mulheres? Ou, então, por que tanto os homens quanto as mulheres? Por que aos 21 anos e não aos 18? Com relação à educação escolar obrigatória, por que todos, homens e mulheres, e não apenas os homens? Ou apenas os filhos de pais que têm uma certa renda? Uma coisa é afirmar que é justo que sejam tratados de modo igual os iguais. Outra é dizer que os iguais merecedores de igual tratamento são os homens com relação ao direito de voto, ou com relação ao serviço militar obrigatório. É justo, no sentido legal ou formal da palavra, que votem apenas os homens se a lei atribui apenas aos homens esse direito, e que sejam obrigados apenas os homens a prestar o serviço militar se assim a lei estabelece. Mas é justo, em um sentido distinto do sentido legal, que apenas os homens votem, ou sejam chamados a prestar o serviço militar? Não há melhor prova do distinto significado que damos ao termo "justo" nos dois diferentes contextos. Mas se o primeiro significado é claro, é igualmente claro o segundo?

O problema seria enormemente simplificado se todos os homens fossem iguais em tudo, como se afirma que são, embora apenas em sentido metafórico, duas bolas de bilhar ou duas gotas de água. Nesse caso bastaria um único critério: "A todos a mesma coisa". Não seria necessário dividi-los em categorias segundo as suas diferenças e todos pertenceriam a uma única categoria. Em um universo em que todos os elementos pertencem à mesma categoria, a regra de justiça "é preciso tratar os iguais de modo igual" esgota o problema da justiça. Basta para solucionar o problema, e não é necessário recorrer a critérios de diferenciação que são o pomo da discórdia, e deram origem às seculares disputas sobre o modo de distribuir ônus e bônus: cada um desses critérios, de fato, divide os homens de diferentes modos e a adoção de um ou de outro deve-se a juízos de valor dificilmente comparáveis entre si e sobre os quais é difícil pôr-se de acordo. Mas os homens não são iguais em tudo, são iguais e desiguais, e nem todos são igualmente iguais ou igualmente desiguais. Aqueles que são iguais com base em um critério podem ser desiguais com base em outro critério e vice-versa.

Recorre-se às semelhanças (respectivamente às diferenças) relevantes para aplicar um determinado critério. Mas quais as semelhanças ou as diferenças relevantes? Há casos de fácil solução: a estatura não é relevante para ter o direito de voto (mas é relevante a idade); mas é relevante para o serviço militar, e também para o exercício de algumas outras atividades. Mas é relevante para se obter um emprego público qualquer? O mérito é relevante para a atribuição de notas em um exame ou concurso, donde o absurdo da demanda de 68, "a todos a mesma nota", enquanto a necessidade (e não o mérito) é relevante para a distribuição de bens necessários em regime de escassez. No entanto há casos difíceis, nos quais não é imediatamente aplicável um único critério, mas são aplicáveis ou muitos critérios contemporaneamente ou muitos critérios onde um exclui o outro. Na escolha de um critério em vez de outro, entram nesses casos juízos de valor que, além de não serem passíveis de demonstração, e sustentáveis apenas através de argumentos a favor ou contra, são também historicamente mutáveis, tanto que sobre a sua enunciação se dividem aqueles que são em geral contra a mudança (os conservadores) e aqueles que a aceitam (os progressistas). O que aconteceu para que o sexo, de relevante para a exclusão dos direitos políticos, tenha se tornado irrelevante? Ou para a atribuição, no direito de família, do pátrio poder também à mulher? Como se explicaria de outra maneira que, em certos países, ser negro em uma sociedade de brancos não seja mais relevante para gozar de direitos civis e políticos, e em outros ainda o seja?

Todos sabem que a norma mais difícil da nossa Constituição é o primeiro parágrafo do art. 3, para o qual todos os cidadãos têm igual dignidade social (que é expressão retórica no mínimo vaga, e possível de ser preenchida com os mais diferentes conteúdos) e são iguais diante da lei sem distinção de sexo, raça, língua, religião, opiniões políticas, condições sociais. O que significa essa enunciação senão que sexo, raça, religião etc., que em outros tempos representaram motivos suficientes para discriminar categorias de cidadãos e portanto para tratá-los de modo distinto em relação aos outros, não o são mais? E o que significa o fim de uma discriminação senão que se torna injusto um tratamento que antes daquela enunciação poderia ser considerado justo? De fato, as diferenças de sexo, ou de raça não foram apagadas. De fato, os sexos e as raças continuam a ser diferentes. O que mudou é a avaliação feita sobre a relevância dessa diferença com relação a certos efeitos jurídicos. Tampouco se deve deduzir a conseqüência de que, abolidas certas diferenças que implicavam uma discriminação ou um tratamento diferenciado, tenham sido abolidas todas as possíveis diferenças relevantes entre os homens, e os homens tenham se tornado finalmente iguais em tudo. De um lado, há outras diferenças, como, por exemplo, a idade ou a inteligência ou a habilidade no próprio trabalho, que constituem razões suficientes para um tratamento diferenciado em situações específicas; de outro, com relação às próprias discriminações abolidas, como a discriminação do sexo, pode haver razões suficientes para a sua manutenção em situações em que o tratamento igual resultaria em uma desvantagem. De fato, não basta enunciar o princípio de que, de agora em diante, não haverá mais diferença entre os sexos ou entre as raças, como faz o art. 3 da Constituição, para que os pertencentes a sexos ou raças distintas sejam iguais em tudo. Uma coisa é afirmar quem são os iguais, outra é afirmar em relação a quê são iguais. A dicção do art. 3 citado não o declara expressamente, mas dá a entender que as diferenças abolidas são aquelas relativas ao gozo dos direitos civis e políticos, dos direitos que podem ser incluídos na expressão "dignidade social", e lhe dão um sentido.

Naturalmente, o debate sobre as desigualdades, que tendo se seguido a uma mudança dos costumes, das ideologias, das condições históricas que não permitem mais justificar um tratamento diferenciado, vale para a mudança inversa, isto é, para certas igualdades que pelas mesmas razões não permitem mais justificar o igual tratamento. O caso é de fato mais raro, mas não menos atinente ao tema da justiça como igualdade: a diversificação dos desiguais, ou seja, daqueles cuja igualdade não é mais justificada, não é menos obra de justiça do que o igualamento dos iguais. Um exemplo significativo dessa possível inversão é o debate sobre a eventual introdução de uma cláusula de impedimento [*clausola di sbarramento*]* para a admissão dos partidos na distribuição das cadeiras no parlamento. Assim que a proposta fosse aprovada, partidos que eram iguais com relação ao direito de enviar representantes ao parlamento se tornariam desiguais.

---

* Número mínimo de votos que um partido deve obter para ter direito a uma cadeira no parlamento. (N.T.)

6. Justiça e ordem

De Platão em diante, a virtude da justiça é a virtude que preside a constituição de uma totalidade composta de partes e enquanto tal permite que as partes fiquem juntas, *cum-stare*, não se dissolvam e não voltem ao caos primigênio, constituindo assim uma ordem. A virtude da justiça está estreitamente ligada à virtude da concórdia (*omónoia*). A idéia de justiça, seja como reguladora do modo distinto as partes se reportarem ao todo (justiça distributiva), seja como equilibradora das partes nas relações que estabelecem entre si (justiça comutativa), é inerente a cada possível representação de uma ordem. De qualquer ordem: tanto da ordem cósmica ("justiça moveu meu sumo Criador"), quanto da ordem social, ambas com freqüência representadas uma por meio da outra: o corpo social reconstruído à imagem e semelhança do corpo físico (segundo a concepção organicista da sociedade), a ordem do mundo reconstruída à imagem e semelhança do governo da sociedade (segundo a concepção sociomórfica da natureza). E de qualquer ordem social, tanto da sociedade total e perfeita como o Estado quanto das sociedades parciais ou imperfeitas que se constituem para fins particulares, tanto das sociedades dos honestos quanto das sociedade dos malfeitores, ou dos "assassinos" (para usar a forte expressão de Romagnosi), segundo uma máxima que passa de autor para autor sem interrupção.

Os dois aspectos da justiça como virtude ordenadora estão perfeitamente representados pelas duas máximas que se integram reciprocamente: seja dado a cada um o seu ("suum cuique tribuere") e faça cada um aquilo que dele de espera ("suum agere"). Existe uma perfeita correspondência entre uma e outra: a primeira enuncia o dever daquele que ordena, a segunda o dever daquele que recebe a ordem. Aquele que ordena pode pretender que cada um faça aquilo que deve se ele der a cada um aquilo que lhe cabe; aquele que recebe a ordem tem o dever de fazer aquilo que dele se espera se receber aquilo que lhe é devido. São, estas máximas, duas faces da mesma moeda: a justiça vista do ponto de vista do todo acima das partes, e do ponto de vista de cada uma das partes. Que tenha sido colocada em evidência ora uma, ora a outra nas diferentes concepções de justiça depende da diferente perspectiva a partir da qual um e outro autor se posicionam: da parte de quem constrói a ordem e deve fazê-la respeitar, ou da parte de quem recebe a ordem e é convocado a conservá-la. Mas a sua correspondência com relação à idéia de justiça-ordem é perfeita.

Do mesmo modo, a idéia de justiça-ordem retoma e ilumina a idéia de justiça-lei e a idéia de justiça-igualdade. A ordem é instaurada e conservada através da promulgação de leis (aquele que ordena é o legislador), cuja função é instituir e continuamente reconstituir relações de igualdade entre as partes e entre o todo e as partes.

A imanência da noção de justiça na noção de ordem e a sua indissolubilidade induzem a uma reflexão conclusiva sobre o famoso binômio (ou quimera) da justiça e da liberdade. A justiça é um valor (o valor supremo?) para a sociedade em relação aos indivíduos que a compõem (a justiça virtude social dos antigos). A liberdade é um valor (o valor supremo?) para o indivíduo em relação à sociedade ou às sociedades da qual faz parte. A justiça é um fim desejável por parte de quem estabelece o ponto de vista da boa sociedade (*iustitia fundamentum regnorum*), a liberdade é um fim desejável por parte de quem se coloca do ponto de vista do indivíduo.

Contudo, exatamente porque são valores atribuíveis respectivamente a dois sujeitos distintos, são complementares, mas, ao mesmo tempo, na sua plenitude incompatíveis. O ideal de um conjunto de indivíduos livres em uma sociedade justa ou, inversamente, de uma sociedade justa composta de indivíduos livres é um ideal-limite, que historicamente deu origem à cisão entre as doutrinas liberais, retomadas hoje pelas doutrinas neoliberais, que exaltam a liberdade de cada indivíduo ao qual não atribuem outro limite além da igual liberdade dos outros (trata-se do ideal de igualdade no seu nível mais baixo) e negam à sociedade em seu conjunto o direito de se propor como tarefa a justiça distributiva ou redistributiva, e as doutrinas socialistas ou comunistas, as quais se ocupam do modo de equiparar os indivíduos com relação não apenas às oportunidades iniciais, mas também às condições finais, ainda que ao preço do sacrifício dos direitos individuais de liberdade. As várias formas de socialismo liberal ou de liberalismo social são teoricamente ambíguas, o que não exclui que o problema de conciliar o ideal de liberdade dos indivíduos com o ideal de uma sociedade justa seja um problema real. Mas exatamente por ser um problema é que pode ser solucionado apenas pragmaticamente; qualquer solução nunca é a solução ótima, e muito menos a solução definitiva.

Capítulo 6
Ideologias

I.

PLURALISMO DOS ANTIGOS E DOS MODERNOS

Montesquieu e as ordens intermediárias

Considerando o tema do pluralismo em uma perspectiva histórica, a referência a Montesquieu é obrigatória. O autor do *Esprit des lois*, como é sabido, individuou na existência de "ordens intermediárias" ["ordini intermedi"] o caráter próprio do governo monárquico, mediante o qual ele se distingue do despótico: "O governo monárquico tem uma grande vantagem sobre o governo despótico. Como é de sua natureza querer que o príncipe tenha sob si várias ordens conectadas à constituição, o Estado é mais sólido, a constituição mais controlável, a pessoa dos governantes mais segura".[1] É preciso não se esquecer, contudo, que os corpos intermediários necessários à monarquia para que não se degenerasse em despotismo não eram igualmente necessários às repúblicas, cujo "princípio", a "mola" que as faz mover, é a virtude dos cidadãos (entendida, essa virtude, tão malcompreendida e vilipendiada pelos críticos, a começar por Voltaire, como o amor à pátria). Assim se explica porque a teoria dos corpos intermediários tenha sido refutada tanto pelos fautores do despotismo, ainda que esclarecido — *in primis* pelos fisiocratas, que sustentaram através de Le Mercier de la Rivière (1767) a extravagante idéia do despotismo legal (que não deveria ser associada ao despotismo arbitrário do qual se ocupara Montesquieu),

---

1. *De l'Esprit des lois* (1748), livro V, c. II (ed. it.: *Lo spirito delle leggi*, organizado por S. Cotta, Utet, Turim, 1952, 2ª ed. atualizada, 1965, reed. 1973, vol. I, p. 134).

isto é, de um governo cuja tarefa exclusiva era reconhecer e declarar a ordem natural das coisas, segundo a qual os indivíduos são reagrupados em classes sociais produzidas pela natureza das relações econômicas e não em ordens artificiais —, quanto pelo republicano autor do *Contrato social* (1762), o qual, resumindo a vontade dos indivíduos isolados na única, indivisível, infalível vontade geral, lançou um anátema, destinado a ter êxito, contra as sociedades parciais, culpadas, lá onde crescem e vicejam, de fazer prevalecer interesses parciais acima do interesse geral, e desse modo de ser a principal causa de desagregação do Estado. É verdade que os corpos intermediários dos quais falava Montesquieu nada têm em comum com aqueles dos quais falamos nós: eles eram sobretudo a nobreza e o clero, as antigas ordens privilegiadas. Mas a sua função, a função que lhes atribuía Montesquieu, não era diferente: essas ordens constituíam um "contrapoder" capaz de impedir que o príncipe governasse segundo seu capricho, eram em suma uma garantia contra o governo despótico. É verdade que a barreira contra o despotismo, e portanto característica daqueles governos que Montesquieu, opondo-os aos despóticos, chamava de "moderados", era também a separação dos poderes, pois na mesma idéia de contrapoder estavam incluídas, embora nunca claramente distintas, tanto a existência de corpos privilegiados quanto a atribuição dos poderes máximos do Estado aos distintos órgãos (que era afinal a velha teoria do governo misto, enunciada por Políbio, reavivada por Maquiavel, defendida contra os fisiocratas e para glória do barão de Secondat por Mably); mas é também verdade que tanto a oposição dos poderes segundo linhas horizontais, quanto a divisão dos poderes segundo linhas verticais, respondiam à mesma exigência, que era aquela — vigorosamente enunciada em uma passagem de *Cause della grandezza dei Romani e della loro decadenza* (*Causas da grandeza dos romanos e da sua decadência*), e portanto a propósito da mais célebre constituição mista da história — da unidade harmônica, isto é, da unidade que nasce do embate entre as partes, de uma unidade articulada ou compósita, que era o oposto daquela unidade simples e indivisível à qual visavam, embora por vias opostas mas partindo do mesmo princípio, tanto os sustentadores do despotismo esclarecido quanto o ousado defensor de uma república até então jamais vista, que deveria nascer da união indissolúvel dos indivíduos isolados com o todo.[2]

---

2. *Considérations sur les causes de la grandeur des Romains et de leur décadence* (1734) (trad. it. *Considerazioni sulle cause della grandezza dei Romani e della loro decadenza*, organizada por M. Mori, Einaudi, Turim, 1980, p. 58).

Os *corpos intermediários não comparecem no modelo jusnaturalista*

É importante lembrar que a teoria dos corpos intermediários [*corpi intermedi*] teve desde o início quem a defendesse e quem a confutasse. Nasceu ao mesmo tempo com um sinal positivo e com um sinal negativo. Para os primeiros, a existência de grupos de poder, como nós os denominaríamos hoje, subordinados ao poder central mas relativamente autônomos, constituía uma eficaz forma de proteção contra o exercício arbitrário do poder soberano, e conseqüentemente uma defesa da liberdade civil, que Montesquieu denominava "política" e identificava com a "segurança". Para os outros, a existência desses mesmos grupos de poder, além de constituir uma perene ameaça à compacidade do corpo político que pode, sim, ter membros em seu interior, mas não outros corpos, representava uma fonte perene de privilégios para uns com prejuízo para os outros, a subordinação do interesse geral aos interesses parciais, era a causa e ao mesmo tempo o efeito de uma sociedade de desiguais. A grande Revolução, perenemente animada, mesmo nas diferentes fases, pelo espírito de luta contra o privilégio, dominada pela idéia da unidade e da soberania da nação, colocada em perigo pelas classes que ela havia derrubado, viu dos corpos intermediários o aspecto negativo, e não o positivo, julgou-os, como eram de fato aqueles existentes, uma sobrevivência histórica, não considerou outros protagonistas do "contrato social" além dos indivíduos com os seus direitos naturais inalienáveis e da sociedade política constituída em sua defesa. No preâmbulo da Constituição de 1791, como todos se lembram, a Assembléia Nacional, tendo declarado irrevogavelmente abolidas "as instituições que feriam a liberdade e igualdade dos direitos", nelas inclui tanto as ordens nobiliárquicas quanto as corporações de profissões, artes e ofícios.

Essa concepção de uma sociedade na qual entre indivíduos e Estado não há lugar para entes mediadores derivava das doutrinas jusnaturalistas que haviam construído um modelo racional, intencionalmente anti-histórico, da origem do Estado, que de Hobbes (o fundador) chegara intacto, ainda que com muitas variações internas, até Rousseau (prolongando-se até Kant). O modelo jusnaturalista era um modelo dicotômico, cujos termos eram o estado de natureza e o Estado civil. No estado de natureza, fosse aquele antagonístico de Hobbes ou aquele idílico de Rousseau, só havia indivíduos isolados, sem relações estáveis entre si, livres porque sem lei, iguais porque sem superiores. No Estado civil, os indivíduos congregados no povo mediante um pacto de cada um com todos os outros, e depois de todos com um, davam vida a uma estável associação que era a antítese do a-social e dissociado estado de natureza. Estado de natureza e Estado civil eram os dois termos de uma antítese: para ir de um ao outro não se passava por graus intermediários. Nisto a doutrina jusnaturalista diferia da teoria mais antiga, que remonta a Aristóteles, segundo a qual o Estado, a sociedade perfeita, nada mais era que o círculo maior, composto de círculos menores que, a partir do círculo inferior, a família, iam-se alargando através de círculos intermediários até o círculo último que incluía todos os outros, encerrando-os dentro de si. O teórico mais conseqüente desse modelo distinto foi, no início do século XV, Johannes Althusius, escritor político cuja obra permaneceria sem eco durante mais de dois séculos, para então ser revitalizada, e não por acaso, por Otto von Gierke,[3] que na era do triunfante liberalismo reapresentou com honras a antiga tradição nacional germânica das sociedades intermediárias. Ninguém pode ignorar a importância que têm na *Politica methodice digesta*,[4] comparada com outras obras de filosofia política do período, as "societates civiles", como os "collegia", que figuram entre as "societates naturales", como a família, e a "consociatio publica", ou seja, o Estado, de modo que a "societas humana" passa das sociedades privadas às públicas "certis gradibus ac progressionibus minorum societatum". Contra o perigo do despotismo, a doutrina jusnaturalista não opôs o remédio da unidade articulada, mas sim o remédio do poder derivado do consenso: a sua idéia dominante não foi a liberdade através da fragmentação do poder, mas sim a liberdade através da tomada do poder por parte dos cidadãos, não o pluralismo, mas o contratualismo.

Da maneira como os havia considerado Montesquieu, os corpos intermediários eram, como foi dito, uma sobrevivência do passado: enquanto tais, impediam o caminho das reformas desejadas pela nova classe que, no momento de fazer valer seus próprios direitos, identificou-se com a inteira nação. A luta contra as instituições sociais e econômicas do passado, que se tornaram anacrônicas, foi travada pelos fisiocratas, herdeiros diretos da tradição do pensamento jusnaturalista, em nome de um retorno à natureza. Quando do seu nascimento, a nova ciência, a economia política, utilizou alguns esquemas conceituais do jusnaturalismo: como já foi apontado, a sociedade de mercado, cujos

---

3. Cf. O. V. GIERKE, *Johannes Althusius und die Entwicklung der Naturrechtichen Staatstheorien* (Breslávia, 1880) (ed. it.: organizada por A. Giolitti, *Giovanni Althusius e lo sviluppo storico delle teorie politiche giusnaturalistiche*, Einaudi, Turim, 1943, reed. 1974).
4. [Desta obra existe uma trad. it. parcial: J. Althusius, *Politica*, organizada por D. Neri, Guida, Nápoles, 1980].

membros entram em relação entre si sem ser obrigados por uma potência externa, a qual foi sempre representada pela potência do Estado, e cujas relações são reguladas por lei naturais, e portanto não por leis positivas como são aquelas estabelecidas pelo Estado, era a mais perfeita concretização do estado de natureza. E na sociedade de mercado — sociedade natural não há, como no estado de natureza, senão indivíduos isolados. E o que esses indivíduos pediam, depois de terem finalmente descoberto a "ordem natural e essencial das sociedade políticas", era que o corpo da nação voltasse a ficar livre de todas as incrustações que com o tempo nele se haviam depositado e que doravante o Estado governasse o menos possível. Para mostrar a sua desconfiança no poder político, os fisiocratas o denominavam "autoridade tutelar". Adam Smith atribuía ao Estado tarefas muito limitadas, a defesa externa, a defesa interna e alguma obra pública. Também desse ponto de vista, que é aquele do liberalismo clássico, a defesa contra o despotismo não eram os corpos intermediários. Era a ampliação da esfera de liberdade dos indivíduos e a mais rígida e controlada limitação do poder do Estado: que os indivíduos fossem deixados livres para buscar espontaneamente a sua felicidade e que o Estado governasse aquele tanto que era necessário para impedir que uns ferissem a liberdade e invadissem a propriedade dos outros.

O *crescimento do Estado-aparato reapresenta o problema*

Com a coisa já feita, isto é, depois da experiência (e as várias experimentações) revolucionária e pós-revolucionária, muitos devem ter notado que os dois conclamados remédios contra o despotismo, o governo fundado no consenso ou nas mãos do povo e o governo reduzido aos mínimos termos — a liberdade dos antigos, como diria Constant, e a liberdade dos modernos —, estavam bem distantes de ser realizados. Considere-se a maior obra de filosofia política do período da Restauração, os *Princípios da filosofia do direito*, de Hegel. Diferente dos filósofos do direito do passado, e em particular dos seus imediatos antecessores, os jusnaturalistas, Hegel não pretende aventurar-se na esfera do dever ser. Pretende compreender através de conceitos a realidade do Estado no seu desenvolvimento histórico, que é a realidade presente. Duas são, sobretudo, as aberrações das doutrinas precedentes que ele não se cansa de denunciar: que o Estado possa ser derivado de um contrato, como qualquer associação que os indivíduos fazem e desfazem a seu bel-prazer e na qual ingressam ou da qual saem segundo o seu capricho, e que componentes do Estado sejam aqueles entes abstratos sobre os quais fantasiaram os jusnaturalistas, os indivíduos isolados, livres e iguais, que nada possuem mas são soberanos, vivem no estado de natureza uma vida desgraçada e infeliz mas têm direitos absolutos, os quais fazem valer nada menos do que contra a potência do Estado. Contratualismo e atomismo social estão estreitamente ligados. Em nome da majestade do Estado, Hegel condena a ambos. Contra o contratualismo, faz com que o Estado seja decorrência da necessidade de superar a divisão da sociedade civil em classes, de fazer justiça através de leis escritas, de proporcionar uma boa e estável administração que auxilie os mais fracos, que aumente a potência externa; contra o atomismo, reintroduz as corporações. O Estado real que Hegel representa em todas as suas articulações é, na verdade, o Estado-aparato, o Estado dos funcionários (a chamada "classe geral"), o Estado administrativo: um Estado completamente distinto da grande associação voluntária almejada pelos jusnaturalistas, ou do Estado mínimo que os economistas, os filósofos utilitaristas, os primeiros teóricos do Estado liberal, como Wilhelm von Humboldt e Benjamin Constant, pregaram, e os liberais ao longo de todo o século continuariam a pregar, não obstante as "duras réplicas" da história. O que aconteceu? Isto será explicado, com extraordinário talento de historiador unido a uma forte paixão política, por Alexis de Tocqueville na obra *L'ancien Régime et la Révolution:* "Os primeiros esforços da Revolução haviam destruído a grande instituição monárquica: ela foi restaurada em 1800. Não foram, em absoluto, como foi muitas vezes dito e repetido, os princípios de 1789 em matéria de administração pública que triunfaram naquela época e depois, mas os princípios do antigo regime, que foram então restabelecidos, e que continuaram a vigorar plenamente".[5]

Nenhuma previsão foi mais equivocada do que aquela feita pelos primeiros investigadores da realidade da sociedade industrial, para os quais o crescimento de tal sociedade tornaria menos necessário o Estado (a famosa passagem — saint-simoniana, e depois spenceriana — da sociedade militar estatalista à sociedade industrial antiestatalista). Ao longo de todo o século XIX, o Estado-aparato cresceu, e junto dele as suas funções, a sua potência. (Aliás, o enfraquecimento da potência do Estado tornaria impossível, segundo esses profetas pouco avisados, a maior empresa à qual é chamado o Estado na história — e bem o sabia Hegel —, a guerra: o que, como todos sabem, os acontecimentos do século XX confirmariam com precisão.) A razão pela qual Max Weber

---

5. A. DE TOCQUEVILLE, *L'Ancien Régime et la Révolution* (1856) (ed. it.: in *Scritti politici*, vol. I, organizado por N. Matteucci, Utet, Turim, 1969, reimp. 1977, p. 662).

foi elevado a gigante entre os escritores políticos nesses últimos anos é que a sua teoria do Estado moderno não é a teoria do Estado parlamentar ou do Estado democrático ou da ditadura do proletariado ou do Estado, posto que exista um, socialista, mas é, nada mais, nada menos, que a teoria do Estado burocrático, considerado sob as vestes do poder legal-racional. A quem observasse, como de resto foi por muitos observado, que o processo característico do Estado moderno e contemporâneo (mas nesse sentido entre Estado moderno e Estado contemporâneo não há descontinuidade) não é a racionalização do Estado-aparato, mas sim a democratização do Estado-comunidade, poderíamos tranqüilamente responder que o primeiro processo é a conseqüência direta do segundo. À medida que o desenvolvimento da sociedade industrial estabelecia as condições para uma ampliação das bases de consenso do Estado, tinha como efeito, por sua vez, o aumento de demandas de intervenção do Estado e como conseqüência a multiplicação das suas funções. A despeito do que afirmem em contrário aqueles que confundem os seus desejos com a realidade, o processo de burocratização do Estado caminhou lado a lado com o processo de democratização. O Estado burocrático onidifuso que esconjuramos não é do Estado democrático outra moeda, mas o reverso da mesma moeda. A participação no poder de massas sempre novas, ainda que indiretamente, por interposta pessoa, aumentou desmedidamente a potência (quando não a eficiência) do Estado (o Estado guarda-noturno é pouco a ele comparado!), e essa é uma contínua ameaça àquele espaço maior de liberdade que o aumento da participação deveria garantir.

O *renascimento dos corpos intermediários na redescoberta da sociedade civil*

A supressão dos corpos intermediários como proteção do interesse geral contra a predomínio dos interesses particulares fundamentava-se na hipótese, destinada a não se realizar, da redução de todo o Estado à vontade geral e da vontade geral à expressão genuína e portanto infalível do interesse comum, ou, por um caminho oposto, da identificação do particular, ou "burguês", com o cidadão. A permanência, aliás o fortalecimento, do Estado como ente separado, a permanência da disparidade entre o particular-burguês e o público-cidadão, fizeram voltar o olhar para a sociedade subjacente ao Estado, aquela que Hegel chamara de a "sociedade civil" (que era afinal, em parte, a sociedade dos particulares ou dos burgueses em oposição à esfera pública). Em sua juvenil *Critica alla filosofia del diritto pubblico* [*Crítica à filosofia do direito público*] de Hegel, Marx acertou no alvo quando criticou a redução hegeliana da sociedade civil ao Estado e mais ainda, em *A questão judaica*, quando afirmou que a emancipação política que fizera com que todos se tornassem cidadãos não era o mesmo que a emancipação humana. Muitas vezes afirmei que pelo menos até Hegel o Estado foi considerado a realização da vida do homem em sociedade. No período da Restauração, o intenso desenvolvimento da sociedade civil favoreceu a formação de uma concepção oposta, segundo a qual a história real dos homens se desenvolve na sociedade civil, que é aquela em que se estabelecem as relações econômicas, e o Estado nada mais é que um reflexo dessas relações econômicas destinadas, quem sabe um dia, a desaparecer. Na sociedade civil, diferentemente do que ocorre no estado de natureza, de hobbesiana memória, os homens não estão em absoluto isolados, e muito menos são livres ou iguais. Não são iguais porque a divisão do trabalho deu origem às classes sociais; não são livres porque a classe economicamente dominante é a classe que detém o poder político. A igualdade e a liberdade que o Estado liberal burguês assegurou são a igualdade puramente formal (a chamada igualdade diante da lei) e a liberdade puramente formal (a liberdade do cidadão que não é ainda a liberdade do homem, já que o cidadão pode ser formalmente livre também em uma sociedade dividida em classes). O Estado liberal eliminou o despotismo político, mas não eliminou o despotismo na sociedade. Vencido o despotismo político, trata-se agora de vencer a batalha contra o despotismo social. É a partir dessa nova perspectiva que retornam à cena as sociedades intermediárias. Diferente do que ocorre no estado de natureza, na sociedade civil os homens não estão sós. Estabelecem relações entre si, associam-se e desassociam-se de mil e uma maneiras, criam sociedades, organizam-se, encontram-se e desencontram-se, entram em conflito. No modelo jusnaturalista, antes do Estado, que era ele próprio a sociedade civil, não havia indivíduos. Na filosofia política do período da Restauração, em todas as suas maiores expressões, o historicismo alemão, o positivismo francês e o utilitarismo inglês, antes do Estado sempre aparece a vida dos homens e todas as formações nas quais essa vida se desenvolve. Nasceu a sociologia até então escondida sob o manto da ciência do Estado, e mais ainda do que a sociologia, que é um simples nome, uma etiqueta que encobre bebidas muito diversas, um interesse novo pelo estudo das várias formas de agregação do homem em sociedades cada vez mais complexas das quais o Estado é apenas um aspecto, erroneamente considerado exclusivo.

É preciso partir da descoberta da sociedade como lugar subjacente ao Estado, no qual o indivíduo desenvolve a sua própria personalidade e persegue os próprios interesses fora e também contra o Estado, para então individuar e acompanhar as correntes que ressaltaram a importância do fator associativo como momento intermediário entre indivíduo e Estado, ou então como momento em que começa a solucionar-se a longo prazo a antítese entre o indivíduo e o Estado. Dessas correntes, creio que possamos individuar sobretudo três, que, além do mais, e é isto que me interessa acima de tudo enfatizar, correspondem às três maiores ideologias que inspiraram os movimentos políticos trazidos do século passado até os dias de hoje (ou, por cautela, digamos até ontem) e que contribuíram em maior ou menor medida para a formação do amálgama ideológico da nossa Constituição: o liberalismo democrático, o socialismo e o cristianismo social. Não pretendo com isto colocá-los todos no mesmo plano. Há diferenças relevantes. Aponto ao menos duas: com relação à natureza dos corpos intermediários, o societarismo democrático e o societarismo socialista privilegiam as associações voluntárias, o societarismo católico, pelo menos nas suas origens, as formas comunitárias como a família e a paróquia; com relação às relações entre corpos intermediários e Estado, o societarismo católico exige do Estado uma política de não-ingerência, o democrático faz dos grupos um caminho para a conquista do Estado, o socialista (e aqui me refiro sempre ao socialismo libertário) considera o fenômeno associativo uma verdadeira e própria alternativa, ainda que a longo prazo, do Estado. E já que se costuma chamar o fenômeno complexo do "societarismo contra o estatalismo" pelo o nome de "pluralismo", eu estaria tentado a diferenciar, imitando uma célebre distinção, um pluralismo dos antigos de um pluralismo dos modernos. Entendo por pluralismo dos antigos aquele que diante do Estado centralizador e nivelador reaviva o velho Estado dos segmentos ou das ordens, que a Revolução Francesa havia dado como morto, e a sociedade industrial avançada, cada vez mais dividida em classes antagônicas, tornou anacrônico: tal foi certamente a doutrina dos "corpos sociais" que Gierke desenterrara do antigo direito germânico; e tal foi também, nas suas origens, no seu remontar às corporações medievais, a doutrina das sociedades intermediárias do cristianismo social. Por pluralismo dos modernos entendo aquele que, contra o mesmo Estado centralizador e apenas aparentemente nivelador (mas de fato profundamente inigualitário), utiliza no modo mais amplo e livre de preconceitos as conquistadas liberdades civis, e, em primeiro lugar, a liberdade de associação, para tornar mais difuso, mais ao alcance de todos, o poder político. Permanece de qualquer modo o fato de que, não obstante as diferenças entre os vários tipos de pluralismo, a descoberta das sociedades intermediárias, de onde quer que venha, traz sempre uma face voltada para o indivíduo e outra voltada para o e Estado, e implica sempre um esforço para superar a antítese ou a identificação entre indivíduo e Estado, e para encontrar, senão uma síntese, uma mediação entre os dois termos, ou até mesmo a sua superação.

O *associacionismo na tradição socialista*

No século XVIII, foram chamados de "socialistas" aqueles que, contra o extremo e irredutível individualismo hobbesiano, fundavam suas teorias da sociedade e do Estado sobre a natural socialidade do homem. O termo, usado ainda neste sentido nas lições de *Storia della filosofia del diritto* [*História da filosofia do direito*] de Stahl, estava destinado a ter imenso êxito. Mas, embora tendo tido seu significado profundamente modificado, conservou a primitiva conotação antiindividualista. A toda doutrina socialista (e quantas houve, também entre si antagônicas) é sempre inerente a idéia da superioridade do homem associado sobre o homem isolado, e a idéia do homem isolado está sempre ligada à ideologia burguesa que idolatra o "homo oeconomicus", privilegia, segundo famosa expressão de Marx, as "robinsonadas", e acredita poder extrair do egoísmo de cada um o bem-estar de todos. Qual é — pergunta o devoto discípulo de Saint-Simon na exposição da "doctrine" — o fim da humanidade? O fim da humanidade — responde — é a "associação de todos os homens sobre a inteira superfície do globo, e em todas as ordens de suas relações".[6] No seu desenvolvimento histórico a humanidade passou, está passando, passará, da fase provisória do antagonismo à fase definitiva da associação. Nem antagonismo nem associação eram palavras da linguagem do mestre. Mas ele escreveu (uma citação entre mil): "No antigo sistema, o povo estava *enquadrado* sob os seus líderes, no novo, ele está *fundido* a eles. Dos líderes militares partia um *comando*, dos líderes industriais parte um *direcionamento*. No primeiro caso, o povo estava *sujeito*, no segundo, está *associado*. Tal é na verdade o caráter maravilhoso da sociedade industrial, pois aqueles que dentro dela concorrem são na verdade todos colaboradores, todos associados, do mais simples servente de pedreiro ao mais rico industrial, até o engenheiro mais iluminado".[7] Não antagonismo e associação, mas caos e harmonia são as duas palavras-chave na visão de mundo de Charles Fourier: o caos é o produto inevitável da economia

---

6. Cf. *Doctrine de Saint-Simon. Exposition*, nova ed. organizada por C. Bouglé e H. Halévy, Marcel Rivière, Paris, 1924, p. 204.
7. C.-H. DE SAINT-SIMON, *L'organisateur* (1819-20) (ed. it.: in ID., *Opere*, organizado por M. T. Pichetto, Utet, Turim, 1975, p. 499).

burguesa, fundada sobre a concorrência, sobre o descontrole dos egoísmos, uma espécie de guerra de todos contra todos que outrora os homens chamariam de "Estado ferino" e que agora ao contrário chamam, hipócrita e pomposamente, de "civilização". A harmonia será a conseqüência de um novo modo de conceber e organizar a vida social dos homens, quando terão destruído aquilo que os divide, terão descoberto aquilo que os une, ou seja, os dois grandes princípios da Associação e da Atração, e terão criado as condições para poder viver juntos em comunidades auto-suficientes, onde florescerá o novo homem, o homem comunitário. Basta uma citação: "O homem é um ser feito para a harmonia e para todo tipo de associação: Deus lhe deu em cada período as inclinações adequadas aos recursos e aos meios que oferece o estado societário".[8] Não é o caso de continuar em uma dissertação que seria ao mesmo tempo muito longa e demasiado óbvia sobre a estreita conexão entre socialismo e associacionismo (na França, como é sabido, nos últimos anos da Restauração, dizia-se "association" no lugar de "socialisme"), entendido o associacionismo sempre sob o signo do antiindividualismo e do antiestatalismo. Não se subtraem dessa história nem mesmo Marx e Engels, que sucumbiram ao fascínio dos primeiro socialistas e, embora tirando de suas costas todo o peso de uma longa tradição de socialismo utópico, chegaram a exaltar na Comuna de Paris um tipo de prefiguração de um Estado que não é mais um Estado, porque já traz em seu cerne uma nova forma de convivência, mais societária que estatal (o "autogoverno dos produtores"). Mas é impossível deixar de ao menos mencionar Proudhon, que se tornou a verdadeira fonte de inspiração de qualquer forma de socialismo libertário e pluralista, o antagonista quase obrigatório, toda vez em que há uma oportunidade, do comunismo, que fatalmente se degenera na mortificação da sociedade e na glorificação do Estado. Mesmo nas suas diferentes fases e nas suas contradições internas, o pensamento de Proudhon se caracteriza pela oposição entre "constituição social" e "constituição política", entre espontaneidade e coerção, e pela apaixonada reivindicação do primeiro termo da antítese contra o segundo. Afirmei que a filosofia política do século XIX cumpriu uma verdadeira inversão da tradicional relação entre sociedade e Estado. Dessa inversão Proudhon é um dos mais resolutos defensores: "Na ordem natural, o poder nasce da sociedade, é resultante de todas as forças particulares agrupadas para o trabalho, a defesa e a justiça. Segundo a concepção empírica

---

8. CH. FOURIER, *Théorie de l'Unité universelle*, in *Œuvres complètes*, t. V, 2ª ed., Paris, 1861, reimp. anastática, Éditions Anthropos, Paris, 1966, p. 65.

sugerida pela alienação do poder, é a sociedade, ao contrário, que nasce do poder: ele é seu gerador, o criador, o autor, ele é superior à sociedade, de modo que o príncipe, de simples agente da república, como deseja a verdade, torna-se o seu soberano e, como Deus, seu justiceiro".[9] Em oposição à sociedade organizada pelo poder do Estado, Proudhon aponta para a multiplicidade dos agrupamentos sociais, nos quais o indivíduo participa segundo suas próprias atitudes e segundo suas próprias necessidades, unidos entre si por um liame federal, o segredo da emancipação humana. Já acenei para distintas formas de pluralismo. Permitam-me ainda fazer a distinção entre pluralismo integral e pluralismo limitado, entre um pluralismo no sentido forte do termo, e, no sentido fraco, um pluralismo social e um pluralismo agora apenas econômico ou jurídico ou cultural: o pluralismo proudhoniano é um pluralismo social, no sentido forte, integral. A sua idéia de uma sociedade organizada em diferentes grupos não-homogêneos reunidos por uma relação de tipo federativo é a idéia-limite de toda concepção pluralista. Pode ser oportuno, embora supérfluo, lembrar que Proudhon foi o principal inspirador da teoria mais radical de pluralismo social e jurídico — tão radical a ponto de parecer mais um lúcido exercício de inteligência do que uma proposta de reforma social — até agora elaborada, a teoria do direito social de Georges Gurvitch. Menos supérfluo talvez seja lembrar que um jurista italiano, exilado na França durante os anos do fascismo, Silvio Trentin, por direta e reconhecida influência do pensamento proudhoniano, elaborou dois projetos de constituição, um para a França, outro para a Itália, inspirados no princípio do pluralismo e do federalismo. Em um ensaio, também ele mantido inédito até poucos anos atrás, escrevia: "Ninguém pode duvidar de que sobre o terreno das simples concepções teóricas a contribuição trazida por Proudhon à luta contra as tendências centralizadoras do Estado nacional conserve ainda uma importância de primeiríssima ordem".[10]

O *associacionismo na tradição liberal-democrática*

Na *Democrazia in America* (*A Democracia na América*), Tocqueville, buscando as origens e motivações profundas de uma sociedade democrática, que na Europa estava a muito custo e ameaçadoramente emergindo, deixou-nos uma imagem do espírito societário da sociedade

---

9. P.-J. PROUDHON, *De la justice dans la Révolution et dans l'Eglise* (1858) (ed. it.: parcial *La giustizia nella rivoluzione e nella chiesa*, organizada por M. Albertini, Utet, Turim, 1968, p. 556).

10. S. TRENTIN, *Libérer et Fédérer* (1943) (trad. it. in *Federalismo e libertà. Scritti teorici 1935-1943*, organizado por N. Bobbio, Marsilio, Veneza, 1987, p. 297).

americana que o tempo ainda não conseguiu apagar, e, ainda que contestada ou até mesmo lamentada (basta pensar no popular livro de Charles Wright Mills sobre a elite no poder, um verdadeiro anti-Tocqueville), tornou-se a fonte de inspiração de toda forma de pluralismo democrático: "A América — escreve ele — é o único país no mundo onde se extraiu o melhor partido da associação, e onde se aplicou esse poderoso meio de ação em uma grande variedade de situações". E logo em seguida detalha: "Independentemente das associações permanentes, criadas pela lei sob o nome de municipalidade, cidades e condados, há uma infinidade de outras, que devem seu surgimento e seu desenvolvimento tão-somente às vontades individuais".[11] E em outra passagem: "As associações políticas que existem nos Estados Unidos não constituem nada mais que uma particularidade no imenso panorama das associações. Os americanos de todas as idades, condições e tendências, associam-se continuamente. Não apenas possuem associações comerciais e industriais, das quais todos participam, mas possuem também associações de mil outras espécies: religiosas, morais, sérias, fúteis, gerais e específicas, vastíssimas e restritas. Os americanos associam-se para dar festas, fundar seminários, construir hotéis, erguer igrejas, divulgar livros, enviar missionários aos antípodas; criam desse modo hospitais, prisões, escolas. Por todos os lugares onde, encabeçando uma iniciativa, vemos, na França, o governo, e na Inglaterra, um grande senhor, estejam certos de ver, nos Estados Unidos, uma associação".[12] Verdadeira ou falsa que fosse esta descrição (Tocqueville tinha talento para o exagero que faz emergir com maior evidência os contrastes), ela não é tão importante em si mesma, mas sim porque serviu a Tocqueville para captar o nexo profundo que há entre associacionismo e democracia. E bastaram-lhe poucas linhas para representá-lo de uma forma definitiva: "O habitante dos Estados Unidos aprende desde o nascimento que é preciso contar sobre si mesmos, para lutar contra os males e os obstáculos da vida; ele não lança à autoridade social senão um olhar desconfiado e inquieto, e recorre ao seu poder apenas quando não pode evitar". Alguns exemplos: "Surge um obstáculo na via pública, a passagem fica interrompida, a circulação bloqueada: os vizinhos logo se constituem em corpo deliberativo; dessa assembléia improvisada surgirá um poder executivo que remediará o mal antes que a idéia de uma autoridade preexistente àquela dos interessados se apresente à imaginação

---

11. A. DE TOCQUEVILLE, *De la Démocratie en Amérique* (1835-40) (ed. it.: *Scritti politici*, organizada por N. Matteucci, vol. II, Utet, Turim, 1968, reimp. 1981, p. 226).
12. *Ibid.*, p. 597.

de alguém".[13] No confronto entre regime democrático e aristocrático, ressalta ainda melhor a relação entre democracia e espírito associativo: "Nas sociedades aristocráticas, os homens não têm necessidade de unir-se para agir, porque já são mantidos compactamente unidos. Todo cidadão rico e poderoso está como que encabeçando uma associação permanente e forçada, que se compõe de todos aqueles que dele dependem e que ele faz com que participem da execução de seus projetos. Nas democracias, ao contrário, todos os cidadãos são independentes e ineficientes, não podem quase nada sozinhos e ninguém pode obrigar os seus iguais a dar-lhe a própria cooperação. Logo, se não aprendem a ajudar-se livremente, caem todos na impotência".[14] É dispensável dizer quanto esse extraordinário livro contribuiu para fazer do pluralismo a ideologia americana por excelência: ideologia que permanece substancialmente inalterada não obstante as críticas às vezes impiedosas a ela dirigidas por observadores internos e externos. Basta considerar que o contrário de pluralismo é totalitarismo, também ele uma categoria que, não obstante uma certa retração, é ainda largamente utilizada não apenas em artigos para a imprensa, mas também nas teorias e na ciência política. Com expressão mais erudita, e ideologicamente menos comprometida, alguns cientistas políticos contemporâneos, entre os mais conhecidos e os menos discutidos, falam de "autonomia dos subsistemas". A maior ou menor autonomia dos subsistemas serve para diferenciar os regimes democráticos daqueles autoritários e totalitários.

O *associacionismo na doutrina do cristianismo social*

Não sei se a propósito da concepção cristã-social das sociedades intermediárias se pode falar propriamente de "pluralismo". Na acepção em que este termo é utilizado nas teorias liberal-democráticas, e também naquelas socialistas libertárias, uma sociedade pluralista é uma sociedade conflitante, uma sociedade em que a relação entre os diferentes grupos é mais uma relação de concorrência do que de recíproca colaboração. A teoria da sociedade do cristianismo social é, ao menos em suas origens, fundamentalmente uma teoria orgânica, onde cada grupo social é colocado em uma ordem hierárquica, onde se tem como conseqüência que cada parte recebe sua própria dignidade a partir da função que desempenha, segundo sua própria ordem e grau no todo. Dos dois modelos de sociedade que os sociólogos lançam no rosto uns

---

13. *Ibid.*, p. 226.
14. *Ibid.*, p. 598.

aos outros, aquele no qual o momento positivo é dado a partir do conflito e aquele no qual o momento positivo é dado a partir da integração, é quase sempre o segundo a predominar nas teorias sociológicas dos autores católicos. Os princípios da doutrina estão expostos com particular simplicidade e clareza no *Codice sociale*, de Malines, no qual se lê que "a vida humana se desdobra em um certo número de sociedades", as quais são a sociedade familiar, a sociedade política, a igreja, no seio da sociedade política as sociedades profissionais, aquelas que perseguem fins particulares, e, mais além, a sociedade internacional.[15] Que influência tenha tido a doutrina cristã-social através de alguns jovens doutrinários do partido de maioria relativa sobre a orientação ideológica da nossa Constituição é coisa demasiado conhecida, e também recente, para que seja necessário se demorar sobre ela. Foi na sessão de 9 de setembro de 1946 da primeira subcomissão para a redação do projeto de Constituição que Giorgio La Pira falou, creio eu pela primeira vez, em um lugar tão solene, de "pluralismo jurídico", o qual conduz, disse ele, a um tipo de Estado que corresponde tanto às exigências sociais do nosso tempo quanto à estrutura orgânica do corpo social. Que esse pluralismo fosse de tipo orgânico, visasse portanto a uma sociedade de *status* e não de *contractus* (para usar uma velha mas sempre conveniente terminologia) era confirmado pela frase que vinha logo a seguir: "O ideal a ser proposto em uma sociedade pluralista é exatamente este ideal orgânico, para o qual cada homem tem uma função e um lugar no corpo social, função e lugar que deveriam ser definidos pelo chamado estado profissional, que fixa a posição de todos no corpo social".[16] Coerente com essa concepção de pluralismo era o uso do termo "comunidade", e não "associação" ou similar, para designar aquelas que seriam depois denominadas, no documento oficial, depois de algumas variações, "formações sociais", com uma expressão que decalcava sem malícia uma expressão da linguagem, então talvez já não tão familiar, marxiana. Depois de um substancioso debate, no qual interveio também Togliatti, com aquela conhecida atenção à memória que as fundamentadas considerações de La Pira lhe haviam reinvocado, das lições de filosofia do direito na Universidade de Turim, Dossetti, reforçando o conceito de "pluralismo social, que deveria agradar às correntes progressistas aqui representadas", apresentou sua lista de argumentos que pode bem ser considerada, em sua concisão, uma *summula* da

---

15. *Codice sociale. Schema d'una sintesi sociale cattolica*, Edizioni "La civiltà cattolica", Roma, 1944.
16. *La Costituzione della Repubblica nei lavori preparatori della Assemblea Costituente*, Câmara dos Deputados, Roma, 1971, reimp. 1976, vol. VI, p. 317.

doutrina destinada a ter êxito: "A subcomissão, examinados os possíveis enfoques sistemáticos de uma declaração dos direitos do homem, excluído aquele que se inspire em uma visão apenas individualista, excluído aquele que se inspire em uma visão totalitária,... considera que o único enfoque verdadeiramente conforme às exigências históricas, às quais o novo estatuto da Itália democrática deve satisfazer, é aquele que: *a*) reconheça a precedência substancial da pessoa humana... em relação ao Estado...; *b*) reconheça ao mesmo tempo a necessária socialidade de todas as pessoas, as quais estão destinadas a completar-se e aperfeiçoar-se reciprocamente mediante uma recíproca solidariedade econômica e espiritual: primeiro, em várias comunidades intermediárias dispostas segundo uma natural gradação (comunidades familiares, territoriais, profissionais, religiosas etc.) e depois, para tudo aquilo a que aquelas comunidades não bastem, no Estado: *c*) que por isso afirme a existência seja dos direitos fundamentais das pessoas, seja dos direitos das comunidades, anteriormente a qualquer concessão por parte do Estado".[17] Quando, no debate na Assembléia, em 24 de março de 1947, no qual seria aprovado o art. 6 do Projeto que se tornaria o art. 2 do texto definitivo, o parlamentar Caldera propõe a eliminação do termo "formação" por respeito à linguagem técnica (e chama a atenção para o fato de que "formação" tem também um significado militar) e a substituição por "associação", o parlamentar Moro sustentará, com razão do ponto de vista da doutrina, que a mudança não seria apenas de forma, e insiste, rejeitando o termo "associação", sobre um preciso conceito.[18]

Pesando sobre as costas dos constituintes que utilizavam essa linguagem estava a tradição do movimento político dos católicos, nascido na Itália no final do século. Também estes poderiam ter dito, como disse Togliatti a respeito dos comunistas, que vinham de longe. Qualquer um que tenha uma certa familiaridade com os textos dos dois escritores mais populares do movimento, Romolo Murri e Luigi Sturzo, sabe muito bem que eles sempre lutaram em duas frentes: teoricamente, contra o individualismo de origem iluminista e contra o estatalismo (o "Estado panteísta", expressão cara a Sturzo) de origem romântica; politicamente, contra o liberalismo e contra o socialismo, e buscaram uma terceira via, que partia do reconhecimento da exuberante riqueza da vida social e associada entre o indivíduo-só e o Estado-tudo. Eles partilhavam com os socialistas da oposição entre sociedade civil e Estado e da defesa da primeira contra o segundo, mas se diferenciavam pela

---

17. *Ibid.*, vol. VI, pp. 323-24.
18. *Ibid.*, vol. I, p. 597.

sua visão da sociedade que foi sempre obstinadamente orgânica e tendencialmente harmônica ("harmonia" sempre foi palavra de ordem na literatura oficial e não-oficial da sociologia católica). Em um discurso de 1899, *Propositi di parte cattolica*, Murri, o primeiro Murri, aquele que sempre me pareceu o mais vivo e mais autêntico, o autor, para esclarecer, dos escritos reunidos nos quatro volumes de *Battaglie d'oggi*, escrevia: "Em lugar do liberalismo decadente e em oposição ao socialismo, o qual objetiva dele recolher a herança, retorna mais vivo, com o ressurgimento católico, o verdadeiro espírito das liberdades populares, fundadas sobre o direito social-cristão e estabelecidas como base dos nossos programas democráticos, junto com o princípio da reorganização social por profissões e da participação efetiva do povo organizado na vida pública".[19] No ensaio *Intorno al programma sociale della democrazia cristiana*, publicado em 1903 em "A reforma social", insistia: "... os católicos encontram na essência mesma de seu programa um limite insuperável a que a democracia, da qual se fizeram promotores, se degenere em estéreis lutas de classe e em tirânicas exorbitâncias demagógicas. O seu conceito de sociedade deixa subsistir as diferenças e as subordinações de ofício e posto, não menos que o valor e o ofício das aristocracias intelectuais e sociais".[20] Da mesma forma Sturzo, em um de seus primeiros escritos mais significativos, *L'organizzazione di classe e le unioni professionali*, publicado em 1901 na revista de Murri, *La cultura sociale*, fala de uma concepção "orgânica da sociedade" contra a "concepção *individualista igualitária* dos princípios de 89".[21] Na conferência filosófica, *La lotta sociale legge di progresso* (1903), capta na luta dos indivíduos, dos grupos e dos Estados, um elemento imanente na história do homem, mas ao mesmo tempo vê a luta solucionar-se sempre em novos equilíbrios nos quais colaboram os diversos organismos que formam a sociedade em seu todo: "Tais organismos, correspondendo a funções próprias, constituem nas suas relações concêntricas, harmônicas, nas suas finalidades naturais e coordenadas, o todo social. O equilíbrio dos organismos entre si e dos indivíduos que operam nos organismos é o ideal ao qual se tende, para a consecução mais adequada do fim do indivíduo e da sociedade".[22] Em seu "Apello ai liberi e ai forti", de 18 de janeiro de 1919, pediu um "Estado ver-

---

19. R. MURRI, *Propositi di parte cattolica (1899)*, in ID., *Battaglie d'oggi. I. Il programma politico della democrazia cristiana (Nuova politica guelfa)*, Società Italiana Cattolica di Cultura Editrice, Roma, 1901, p. 133.
20. ID. *Battaglie d'oggi. IV. Democrazia cristiana (1901-4)*, ed. cit., 1904, p. 176.
21. L. STURZO, *L'organizzazione di classe e le unioni professionali* (1901) in *Opera omnia di Luigi Sturzo. Seconda serie. Saggi, discorsi, articoli*, vol. I, Zanichelli, Bolonha, 1961, p. 146.
22. ID. *La lotta sociale legge di progresso* (1903), in *Opere omnia*, cit., p. 48.

dadeiramente popular" que "respeite os núcleos e os organismos naturais — a família, as classes, as comunidades". Enfim, nas suas obras políticas mais maduras, *Dall'idea al fatto* (1920), *Popularismo e fascismo* (1923), *Pensiero antifascista* (1925), emerge claramente o projeto de uma democracia pluralista, mesmo que na sua obra sociológica de 1935, *Essai de sociologie*, centrada sobre a idéia da dualidade que se organiza em diarquia, refute o conceito de "pluralismo", do qual vê exclusivamente o significado negativo, coincidente portanto com o conceito de socialidade desagregada. (Como todo termo da linguagem política, também "pluralismo" tem um significado valorativo positivo e outro negativo.)

A crítica aos corpos intermediários do ponto de vista da unidade do Estado

A teoria dos corpos intermediários nasceu, como foi dito, com um sinal positivo e um sinal negativo. O sinal com que foi acolhida na nossa Constituição foi o positivo. Os nossos constituintes, mêmores da antiga sapiência platônica, segundo a qual toda constituição está destinada a degenerar no seu contrário, e bem conscientes do fato de que a primeira constituição do Estado italiano tivera essa sorte (e justamente Platão descreveu admiravelmente a inevitável corrupção de um regime de democracia licenciosa em tirania), preocuparam-se em encontrar a fórmula ideal de uma constituição incorruptível, à prova de despotismo, e assim lançaram mão de todos os expedientes que a cada situação a história das mais distintas constituições demonstrara serem idôneos para impedir a degeneração de um Estado livre em um Estado despótico. Um desses expedientes foi sempre a multiplicidade das mediações, que tornava mais complexo, mais matizado, mais rico o tecido social, e menos fácil a formação de um poder totalizador. Disso era prova o fato de que nenhum déspota, como demonstrara com a sua ampla análise histórica do despotismo Montesquieu, jamais tolerou corpos estranhos entre si e os súditos, ou sufocara-os já em seu nascimento. O novo despotismo não ficava atrás. A obra de Gaetano Salvemini, *Sotto la scure del fascismo* (*Sob o machado do fascismo*), escrita em 1936, começa significativamente com estas palavras: "Durante o meio século em que na Itália houve um governo livre, surgiram associações de todos os tipos: círculos políticos, religiosos, filantrópicos, esportivos, educativos, recreativos; sociedades de auxílio mútuo; cooperativas de consumo e de produtores; cooperativas de construção, ligas profissionais; associações de industriais, proprietários de terras, banqueiros, profissionais, funcionários da administração pública, padres, professores, estudantes; associações de veteranos e feridos de guerra etc. Algumas dessas associações estavam reunidas em organismos nacionais, outras estavam destituídas de liames, mas todas viviam em livre concorrência entre si, sob a égide dos mais variados rótulos políticos e religiosos... Hoje Mussolini e os fascistas podem dizer como Sganarello de Molière: 'Nous avons changé tout cela'.[23]"

A nossa Constituição continua de pé, não obstante a incúria com que foi guardada durante anos, não obstante tantas propostas que vão sendo ventiladas por restauradores, embelezadores, demolidores e, desculpem a desagradável palavra, "reestruturadores". A sociedade subjacente tornou-se nesse ínterim muito mais complexa, fragmentada e agitada. É compreensível que, em uma panela em contínua ebulição, a tampa trepide. E também aconteceu o seguinte: sob o cândido, aliás, descolorido nome de "formações sociais", escondem-se muitas vezes organizações poderosas, cada vez mais poderosas, invasivas, cada vez mais invasivas, verdadeiros grupos de poder que ao invés de resistir contra a prepotência do Estado, submetem-no, são eles próprios o Estado, e ao invés de proteger o indivíduo, aprisionam-no com outras correntes. A crítica aos corpos intermediários pode ser feita a partir de dois pontos de vista, que afinal são os pontos de vista a partir dos quais se costuma julgar as instituições, o ponto de vista da unidade do Estado e o ponto de vista da liberdade do indivíduo. Os dois pontos de vista são de resto complementares: enquanto doutrina que combate a própria batalha em duas frentes, a do estatalismo e a do individualismo, é natural que seja por sua vez combatida por dois lados, pelo Estado, cujo ponto de força é a unidade, e pelo indivíduo, cujo ponto de força é a liberdade. Desde que Rousseau pronunciou a sua condenação das sociedades parciais como culpadas de impedir a formação da vontade geral, os críticos dos corpos intermediários nunca mais cessaram de fazer ouvir suas lamentações. O fenômeno que, julgado positivamente, é chamado de pluralismo (e não pode haver democracia sem pluralismo), julgado negativamente é chamado novo feudalismo (e sabemos, ou deveríamos saber que o antigo, o verdadeiro feudalismo, nada tinha a ver com a democracia), isto é, falta de um verdadeiro centro de poder, desagregação da estrutura social em mil centros de poder aparentemente mantidos juntos em uma ordem hierárquica, mas na verdade

---

23. G. SALVEMINI, *Sotto la scure del fascismo* (1936), in *Opere di Gaetano Salvemini. VI. Scritti sul fascismo*, vol. III, Feltrinelli, Milão, 1974, p. 11.

continuamente em luta entre si e com o poder central, predomínio dos interesses particulares, setoriais ou corporativos sobre o interesse geral, das tendências centrífugas sobre as centrípetas, a efetiva situação de privilégio dos grupos mais fortes ou mais afortunados, ou mais corruptos, contra o ideal da igualdade, a fragmentação do corpo social em vez da sua benéfica desarticulação, e assim por diante. Já mencionei a liquidação operada pelo fascismo sobre as livres associações. Mas não me parece inútil mencionar o que iam lastimando e profetizando antes do advento do fascismo alguns dos nossos maiores estudiosos de temas políticos e sociais, conservadores, sim, mas não fascistas. Entre 1920 e 1921, Pareto escreveu uma série de artigos para a *Rivista di Milano* e para *Il Resto del Carlino*, depois reunidos no livro *Trasformazione della democrazia* (1921),[24] para denunciar o fenômeno que ele chamou de "despedaçamento do Estado", devido ao crescente poder dos sindicatos que, recolhendo sob suas bandeiras todos os descontentes, estavam minando o poder do Estado, ou, mais precisamente, da classe dirigente, a chamada "plutocracia demagógica". E comparou-o ao fenômeno de desenvolvimento da autoridade central que se seguira ao advento da sociedade feudal. Na longa e amaríssima conclusão que acompanha a segunda edição dos *Elementi di scienza politica* (1923), Gaetano Mosca apontou o dedo para o "perigo sindicalista", comentando: "... o que comumente recebe o nome de sindicalismo tornou-se para os Estado modernos um perigo talvez mais grave do que o perigo representado nos Estados medievais pelo feudalismo".[25] Não via outra solução além da restauração do poder central, refutando explicitamente a constitucionalização do sindicalismo mediante o instituto da representação dos interesses, que considerava uma "nova soberania intermediária", como fora na Idade Média aquela do barão entre vassalo e rei, e considerava um remédio ainda pior. Não é necessário acresentar que as críticas movidas aos sindicatos nos anos da grande crise antes do fascismo foram repetidas, tão logo a democracia italiana se refez das cinzas, por volta de 1950 em relação aos partidos, e foram depois retomadas em relação aos sindicatos. E com a crítica à perda de vigor do poder do Estado ressurge a metáfora (porque não se trata de nada além de uma metáfora) da nova Idade Média.

---

24. Agora in V. PARETO, *Scritti sociologici*, organizado por G. Busino, Utet, Turim, 1966, pp. 931-1074.
25. G. MOSCA, *Scritti politici*, organizado por G. Sola, Utet, Turim, 1982, vol. II. *Elementi di scienza politica*, p. 1101.

A crítica dos corpos intermediários do ponto de vista da liberdade do indivíduo

Na sua face voltada para o indivíduo, o aspecto negativo das formações sociais se revela na tendência, inerente a toda associação, ao enrijecimento das suas estruturas à medida que cresce o número de seus membros, se estende o raio das suas atividades, aumenta o seu poder. Desde que Roberto Michels enunciou a "lei férrea das oligarquias" muita água passou debaixo da ponte do estudo das grandes organizações, para o qual convergem sociólogos, juristas, economistas e cientistas políticos. Mas o princípio da formação de grupos de poder restritos que se renovam cooptando-se, da sua resistência com relação à renovação, da sua tendência a servir-se da base mais do que a servi-la, permaneceu inalterado. Aliás, com o passar do tempo, teve constantes confirmações. Uma sociedade que é pluralista de fachada corre continuamente o risco de transformar-se, atrás da fachada, em uma sociedade policrática, isto é, com muitos centros de poder, onde cada um faz valer suas próprias pretensões acima dos seus integrantes. O indivíduo que acreditou ter-se liberado de uma vez por todas do Estado-senhor torna-se, em uma sociedade policrática, servo de muitos senhores. Aquelas leis que o protegem ou pelo menos nasceram para protegê-lo contra os abusos de poder do monarca de ontem conseguem defendê-lo igualmente bem contra os poliarcas de hoje? Se precisasse resumir em uma frase qual seria o conteúdo da relação política, eu a definiria do seguinte modo: "Proteção em troca de obediência" (de fato, a crise dessa relação nasce quando um poder pretende obediência e não é capaz de dar em troca proteção), ou, em palavras mais drásticas, segundo a expressão do *Leviatã* hobbesiano: "Eu salvo a tua vida, que no estado de natureza está continuamente em perigo, mas tu te tornarás meu escravo". Mudam os nomes dos dois sujeitos da relação: senhor-escravo; senhor-cliente; barão-vassalo, rei-súdito, Estado-cidadão, mas a essência não muda. Só Rousseau se iludiu de ter encontrado a fórmula segundo a qual cada um, unindo-se a todos, estaria "mais livre do que antes", e conseqüentemente o mesmo indivíduo seria ao mesmo tempo livre e cidadão. Mas Deus nos livre e guarde de um Estado em que, entre as outras obrigações, esteja também aquela... de ser livre. Se esse é o conteúdo da relação política, ele se manifesta onde quer que se formem centros de poder tão fortes a ponto de poder assegurar aos próprios sujeitos alguma proteção em forma de participação grande ou pequena — mas também a pequena tem a sua contrapartida — nos bens sociais. É ingênuo considerar que não exista nas sociedades complexas de hoje outro centro de poder além daquele do Estado no sentido tradicional do termo. E contudo, quando se invoca a liberdade, no duplo sentido de liberdade negativa e de liberdade positiva, pensa-se sempre e apenas no Estado, na liberdade a partir do Estado ou no Estado. Certo, a classe burguesa, já emancipada cultural e economicamente, empreendeu sua grande batalha de liberdade sobretudo contra o Estado; e solucionou o seu problema de liberdade sobretudo na formação de um novo tipo de Estado, o Estado representativo. Mas ninguém hoje pode fechar os olhos diante do fato de que problemas de liberdade negativa e de liberdade positiva se abrem também no que se refere aos centros de poder que não são o Estado, que hoje há problemas de liberdade que se apresentam em um nível mais profundo que aquele da sociedade civil. Não importa que o indivíduo seja livre no Estado se depois não é livre na sociedade. Não importa que o Estado seja constitucional se a sociedade subjacente a ele é despótica. Não importa que o indivíduo seja politicamente livre se depois não é socialmente livre. Abaixo da iliberdade como sujeição ao poder do príncipe, há uma iliberdade mais profunda, quase diria mais objetiva, e portanto também mais dificilmente percebida, e menos facilmente extirpável: a iliberdade como submissão ao aparato produtivo e às grandes organizações do consenso e do dissenso que a sociedade de massa inevitavelmente gera a partir do seu seio. O problema atual da liberdade não pode mais estar restrito ao problema da liberdade em relação ao Estado e no Estado, mas diz respeito à organização mesma da inteira sociedade civil, investe não o cidadão enquanto tal, isto é, o homem público, mas o inteiro homem, enquanto ser social. Nessa direção ergueram-se muitas vozes que encontraram resposta imediata, rápida e ampla, sobretudo entre os jovens, cuja força está em viver a utopia como realidade (e cuja fragilidade está em se tornar adultos, perdendo as ilusões). O sentido dessas vozes pode ser resumido na frase: "Não mais do Estado despótico ao Estado liberal, mas do Estado liberal à sociedade liberada". É inútil recusar-se a ver que a ameaça à liberdade individual e de grupo hoje vem, mais que do Estado no sentido tradicional da palavra, daquela "afinal inevitável administração econômica da terra", da qual falava Nietzsche, e à qual se dá o nome de sociedade tecnocrática, mas que seria melhor chamar de tecnoburocrática. Um ponto é claro: se em uma sociedade administrada nasce um problema de liberdade, ele nasce no interior não do sistema político, mas do sistema social em seu todo. A liberdade de que o homem está privado na hipotética sociedade tecnocraticamente administrada não são as liberdades civis ou políticas, mas é a liberdade humana no sentido mais amplo da palavra, a liberdade de desenvolver todos os recursos da sua natureza. O que caracteriza essa sociedade (afortunadamente apenas hipotética) não é o homem escravo, o homem servo da gleba, o homem-súdito, mas o não-homem, o homem reduzido a autômato, à engrenagem de uma grande máquina da qual não conhece nem o seu funcionamento, nem a sua finalidade. Pela primeira vez aqueles que voltam o olhar para o futuro falam não de um processo de servidão ou de proletarização, mas mais em geral de desumanização. No universo tecnoburocrático, considerado como o estágio-limite de uma tendência, a falta de liberdade no nível ideológico se apresenta como conformismo de massa, no nível econômico, como alienação do trabalho humano, inclusive do trabalho intelectual, no nível político, como exclusão de qualquer participação no comando da sociedade. Mas, diferentemente das sociedades que até agora existiram, essa falta seria sentida não mais como uma privação, mas como a satisfação de uma necessidade, a necessidade de não ser livre.

Não sou tão pessimista. Na teoria nunca se realizaram os sonhos dos utópicos, mas tenho razões para acreditar que tampouco deverão se realizar os pesadelos dos utópicos às avessas. Um povo, tendo chegado ao ponto extremo da abjeção, soube renascer. É história de ontem. Mas, se olharmos o mundo à nossa volta, é história de hoje. Não vejo por que não poderia ser história de amanhã. A história da liberdade avança lado a lado com a história das privações de liberdade. Não há nem liberdade perdida para sempre nem liberdade conquistada para sempre: a história é um entrelaçamento dramático de liberdades e de opressões, de novas liberdades de encontro às quais vêm novas opressões, de velhas opressões derrubadas, de novas liberdades reencontradas, de novas opressões impostas e de velhas liberdades perdidas. Não sou pessimista. Nem me faço de profeta. Prefiro a participação em um trabalho comum de esclarecimento, de crítica e de proposta. Um trabalho que não convém nem ao pessimista, que foge da ação, nem ao profeta, que sabe de antemão como terminará.

II.

A IDEOLOGIA DO NOVO HOMEM E A UTOPIA INVERTIDA

A ideologia do novo homem [1978]

A diferença fundamental entre o religioso e o revolucionário é que o primeiro visa à renovação da sociedade através da renovação do homem, o segundo à renovação do homem através da renovação da sociedade. São dois modos distintos de conceber a "transformação". Ambos partem da mesma exigência de uma transformação radical e por isso são comparáveis. (Não faria sentido estabelecer uma comparação entre uma concepção religiosa da história e uma concepção pragmática, ou entre uma concepção revolucionária e uma cética ou fatalista, porque seriam incomensuráveis.) São comparáveis, o religioso e o revolucionário, porque ambos experimentam uma profunda insatisfação com o mundo e crêem firmemente que possa existir, perto ou longe, próximo ou futuro, aqui ou em outro lugar, um mundo diferente, no qual os homens viverão como irmãos, livres e iguais. "Liberté, égalité, fraternité" é um ideal a um só tempo religioso e revolucionário. Pode-se afirmar, em síntese, que tanto o religioso quanto o revolucionário têm em comum a aspiração ao "novo homem" e a firme confiança na sua realização. O tema do novo homem é um tema que serve para diferenciar o revolucionário do reformista, do gradualista, e, com maior razão, do conservador, que tem uma concepção estática, repetitiva, e por isso trágica, da história: o tema do novo homem é um tema religioso por excelência, é o tema na presença do qual se costuma dizer com razão que uma concepção revolucionária da história é o prolongamento de uma concepção religiosa (o prolongamento ou a distorção, segundo os pontos de vista). O novo homem, o "novo Adão", ou melhor, o fim de uma corrupção, de uma decadência, de uma degeneração que durou milênios, implica um segundo nascimento, um "renascimento": não é possível separar a idéia de revolução da idéia de renascimento. Mas o revolucionário — e aqui reside a profunda diferença — aprendeu ou acredita ter aprendido com a lição da história que, não obstante os longos séculos de pregação religiosa, em particular do cristianismo, religião dominante senão completamente exclusiva nos países nos quais nasceu a idéia de revolução, o novo homem não nasceu: aliás, nessa última fase da sua história — última antes da grande transformação —, a fase da grandeza e decadência da burguesia, que deu origem à sociedade capitalista e ao imperialismo, seu produto natural, o homem que a caracteriza, o burguês, precisamente, desenvolveu até às últimas e mais destruidoras conseqüências todas as faculdades antitéticas àquelas do cristão (daí a pregação antiburguesa das igrejas cristãs ter sempre caminhado lado a lado com a crítica política do orador comunista, socialista ou anárquico, e do púlpito e da tribuna ter sido anunciada com freqüência a mesma condenação): o egoísmo, a avidez pelo dinheiro, o desprezo pelo mais fraco, a insaciável sede pelo domínio de bens deste mundo, a falta de escrúpulos na luta quando o objeto da contenda é o próprio interesse, a elevação da riqueza a símbolo de grandeza e prova de virtude, o espírito agressivo exaltado como força viril, a afabilidade, a misericórdia ou a compaixão, virtudes cristãs por excelência, escarnecidas como expressões de fraqueza ou, pior, de vileza, e assim por diante (inútil insistir nessa antítese, que muitos de nós, educados contemporaneamente na ética cristã e na ética burguesa, viveram ou inconscientemente aceitaram sem aparentes dilacerações até a idade das grandes escolhas). Se o novo homem não nasceu, e, ao contrário, em seu lugar continuou a renascer o velho homem, e continua a dominar no mundo todo a violência do conquistador que se prolonga na astúcia do comerciante, significa que as pregações morais não são suficientes. É preciso transformar as relações sociais que tornam possível a perpetuação do velho Adão. O revolucionário nasce quando na crítica da sociedade ganha espaço a convicção de que a humanidade pode ser salva, a salvação só pode derivar da transformação do homem, e a transformação do homem só pode advir da transformação da sociedade. Uma vez que uma concepção desse tipo, tal como foi elaborada pelo grande pai de todas as revoluções contemporâneas, repousa na convicção de que o elemento espiritual deriva, aliás, está condicionado, pelo elemento material, costuma-se opor a concepção materialista do revolucionário à concepção espiritualista ou idealista (embora em uma acepção não de todo correta) do homem religioso. Jamais me esqueci da primeira vez que li a afirmação peremptória de Lenin: "Idealismus ist Pfaffentum" ("Idealismo é coisa de padres"). Uma afirmação que teve uma infinidade de conscientes ou inconscientes repetidores e que, provindo do grande líder revolucionário da história (do primeiro artífice de uma revolução finalmente realizada), pode ser assumida como princípio diferenciador entre o caminho errado, que até agora a humanidade seguiu, que parte do alto em vez de partir de baixo, e o único correto, que é aquele que parte de baixo, isto é, da transformação das relações materiais em vez da reforma interior.

É muito cedo para afirmar que a razão está com o revolucionário. Se é verdade que o tribunal da história é a história universal, é preciso dar tempo ao tempo. Foram necessários séculos para que nascesse a suspeita de que o caminho tradicional estava destinado ao fracasso: conseguia converter este ou aquele indivíduo, não a humanidade em seu todo, que continuou a perpetuar-se na dor, no sofrimento, no supremacia do forte sobre o fraco, na opressão, na desigualdade, em uma guerra perpétua na qual os vencedores de ontem seriam os vencidos de amanhã, não obstante tantos sublimes exemplos de nobreza, de piedade, de caridade, de paixão pela justiça. Certo, o exemplo que temos diante dos olhos, o universo soviético, não chega a nos inculcar muita confiança na verdade da reviravolta. Mas independentemente do juízo sobre os efeitos daquela que poderíamos chamar, parodiando a expressão da linguagem política corrente, a via revolucionária para o novo homem, um juízo que poderia ser, repito, prematuto, devo confessar as minhas dúvidas. Não pretendo ocupar o lugar da história universal, cuja sentença ainda está por vir (para quem acredita nela, naturalmente), mas alguma coisa, contudo, aprendemos com a história passada e presente, e dela podemos extrair algumas reflexões, ou ao menos arriscar algumas conjecturas.

A teoria revolucionária, reduzida ao osso, repousa sobre a convicção de que o *mal* da história advém de uma causa específica e exclusiva, o suceder-se de modos de produção material que perpetuaram, ainda que em diferentes graus e intensidades, a divisão da humanidade em classes opostas. Não quero dizer com isso que a afirmativa segundo a qual o mal da história dependeria da maldade do homem, a qual por sua vez seria derivada de uma culpa original, jamais de todo expiada e expiável, seja uma explicação mais convincente. Antes, considero que a teoria materialista da história, enquanto substitui uma explicação mítica, uma explicação derivada da observação dos fatos, seja metodologicamente mais correta e deva ser tomada seriamente em consideração e criticada, se tiver de ser criticada, com o mesmo método. Mas considero também que padeça do mesmo equívoco da concepção que combate, ou seja, da *reductio ad unum* das causas da perversão histórica. Nada pretendo acrescentar àquilo que foi dito e repetido mil vezes (mas *repetita iuvant*): se por luta de classe se entende a luta entre a classe dominante e a classe dominada, é preciso contudo reconhecer que o teatro da história apresenta muitos outros protagonistas e, com freqüência, bem mais terríveis, que são as classes dominantes em luta entre si, de cujo domínio as classes dominadas sempre foram instrumentos passivos ou vítimas inocentes (a tese hoje em voga de que são as massas que fazem a história é uma das mais macabras invenções da esquerda doutrinária que oferece ideologia apresentando-a como se fosse ciência). Tenho a impressão de que a supervalorização da luta de classes como motor da história nos tempos de Marx dependia dessas duas razões: a proximidade da Revolução Francesa, que os próprios historiadores burgueses interpretaram como uma luta de classes, e a duradoura exemplaridade da história romana (de Maquiavel a Vico e Montesquieu), na qual teve grande participação a luta secular entre patrícios e plebeus. (Mas não teve participação menor a igualmente secular luta entre Roma e Cartago.) Limito-me a observar que a *reductio ad unum* serve admiravelmente ao revolucionário: aliás, uma concepção revolucionária da sociedade pode fundar-se apenas em uma interpretação extremamente simplificada da história. O revolucionário deve acreditar ter encontrado a chave que abre todas as portas. Mas deve antes de tudo pressupor que todas as portas tenham a mesma fechadura. Do contrário, como faria para abri-las? E se não conseguir abri-las todas, onde vai parar a revolução? Mas exatamente essa ligação entre miragem revolucionária e interpretação redutora da história não pode deixar de suscitar alguma suspeita sobre a genuinidade, objetividade e veracidade desta última.

O fascínio da teoria revolucionária é a sua simplicidade: até agora a história humana foi uma história de lágrimas e de sangue; a grande maioria dos homens viveu na indigência, sofreu opressões e fome; cada passagem de uma fase para outra do desenvolvimento histórico, cada "transição", ocorreu mediante a violência (sim, é mesmo verdade que a violência foi sempre a geratriz de cada nova sociedade); mas até agora sempre se acreditou, ou foi interessante acreditar, que tudo dependia da vontade imperscrutável e imodificável de um deus ignoto, ou da natureza, perscrutável, sim, mas igualmente imodificável, do animal homem. E no entanto não: o "mal" da história é o efeito dos modos de produção que até agora se sucederam desde que o homem saiu do seio da natureza; especialmente do último, o modo de produção capitalista, que multiplicou, aumentou e aguçou as razões de conflito, mas afortunadamente também lançou as premissas para a sua superação. Vamos eliminá-lo, e dessa maneira teremos dado início à passagem, à "transição" do reino da necessidade para o reino da liberdade. Não me digam que estou fazendo uma caricatura do marxismo. Sei distinguir *o Manifesto*, que é um texto de propaganda política, da crítica da economia política. Mas o núcleo do pensamento revolucionário, enquanto oposto ao pensamento religioso, está mesmo aqui: na idéia de que o "mal" deriva não de Deus, nem da natureza, mas unicamente da história, e, como a história é feita pelo homem, é eliminável com uma reforma radical das instituições que o homem até agora estabeleceu para regular a própria vida em comum, primeira entre todas a propriedade individual, considerada a principal fonte da corrupção, da guerra de todos contra todos, enfim, como afirmara de forma peremptória o primeiro grande escritor revolucionário, da "desigualdade entre os homens". (Mas Rousseau era ao mesmo tempo um pensador revolucionário e religioso, que perseguiu contemporaneamente a reforma das instituições, no *Contrato social*, e a reforma do homem, no *Emílio*: daí a sua ambigüidade, que deu tanta linha de fiar aos intérpretes, ambigüidade que em Marx, em Engels, em Sorel, em grande parte da tradição marxista, com exceção talvez de Gramsci, não existe mais, tanto é verdade que dessa tradição não surgiu nenhum livro comparável ao *Emílio*.) Que o núcleo originário do pensamento revolucionário, em oposição ao pensamento religioso, esteja na interpretação social e institucional do mal, donde não é verdade que as instituições são perversas porque o homem é mau (ou, pelo menos, porque a maioria dos homens é má), mas o homem é mau (ou, pelo menos, a maioria dos homens é má) porque as instituições são perversas, me parece ter sido demonstrado pela confiança absoluta de cada revolucionário (se não fosse absoluta, que raça de revolucionário seria?) na radicalidade da mudança histórica através da derrubada daquele conjunto de instituições que constituem o sistema capitalista, e na sua substituição por outro sistema.

Como não se sensibilizar com o fascínio da simplicidade, sobretudo quando uma teoria deve servir à ação? Mas a história humana é realmente tão simples? A história foi até agora o produto dos vícios e das virtudes dos homens, ou, pelo menos, daqueles hábitos que os moralistas chamam de vícios e virtudes: mas seria um erro imperdoável considerar que as conquistas, de cujos benefícios gozamos, derivem das virtudes, que as derrotas, das quais sofremos as conseqüências, derivem dos vícios. Infelizmente para quem deseja orientar-se nesse emaranhado, as coisas são um pouco mais complicadas. Tão complicadas que o historiador renuncia ao papel de moralista e o moralista não pretende explicar a história. Os acontecimentos da história humana sempre submeteram a duras provas aqueles que querem revelar-lhes a moral. Com muita freqüência, de fato, quando se pretende emitir um juízo moral sobre os acontecimentos históricos, o juízo que se emite sobre as causas é diametralmente oposto àquele que se emite sobre os efeitos. Nada há de mais eticamente repugnante do que a empreitada dos *conquistadores*: mas a descoberta e a conquista do novo mundo não estão na base da civilização da qual somos os beneficiários e que não permitiremos seja toda ela submetida à discussão? De resto, tal como o conflito entre as recriminações sobre a barbárie das legiões imperiais (as causas) e a exaltação da civilização que elas levaram às regiões conquistadas (os efeitos)? Os exemplos poderiam multiplicar-se: a Primeira Guerra Mundial foi uma imensa carnificina. Mas como poderiam de outro modo se libertar nações há séculos oprimidas como a polonesa e a boêmia? E como poderia uma poderosa revolução libertar um grande povo da opressão de uma secular autocracia? E da Segunda Guerra Mundial, carnificina ainda mais vasta e horrenda, não derivou o processo de descolonização que assinala uma etapa decisiva na história entendida como história da liberdade, como a entendia Hegel e em seu rastro o nosso Croce? Portanto, ações eticamente más geram efeitos eticamente bons. Mas na opinião corrente é verdade também o juízo oposto: ações eticamente boas geram efeitos eticamente maus. Experimentemos fazer a seguinte pergunta: se o cristianismo tivesse sido bem-sucedido no seu intento de converter todos os homens à moral do Evangelho, fazendo nascer o novo homem, segundo o ensinamento do Sermão da Montanha, afável, humilde, não-violento, a história humana teria sido diferente (tão diferente a ponto de ser inimaginável, como de resto é inimaginável o reino da liberdade que imaginam os revolucionários), mas teria sido também melhor? Quem procura o pão, e, além do pão, os bens desta terra, dos quais somos ávidos e aos quais não estamos dispostos a renunciar e que, antes, gostaríamos, sem ser revolucionários, de fazer com que todos desfrutassem, em um mundo no qual o homem está convidado a imitar os pássaros que recebem seu alimento do céu? Este mundo das nações, para usar a expressão de um filósofo como Vico, que nos deu uma das mais altas e poeticamente sublimes reflexões acerca da barbárie heróica que gera as nações civilizadas e o excesso de civilização (a "barbárie da reflexão"), que leva as mesmas nações a novas barbáries, não é também ele o produto dos temerários, dos ousados, dos homens sem escrúpulos, dos ávidos por riqueza e poder, daqueles que desprezam não os bens terrenos, mas os raios dos céus? E que outra coisa expressa a máxima da sabedoria popular, que do mal nasce o bem (o provérbio que "há males que vêm para o bem"), senão a convicção sombria, mas mais segura, de que o mal e o bem estão tão entrelaçados que um não pode ser separado do outro por um simples corte, um modo ingênuo, sim, mas eficaz de justificar a absolvição, a qual não poderíamos dispensar para viver em paz, para tantos crimes? Que não pareça uma irreverência, mas o que é a maravilhosa filosofia da história de Hegel, que inicia com a solene declaração de que, apesar de tudo, "a razão governa o mundo", senão um longo, atormentado e inspirado comentário dessa máxima? "O que a filosofia divisa e ensina é que nenhuma força tem a primazia sobre a força do bem, isto é, de Deus, de modo a impedi-la de fazer-se valer: Deus prevalece e a história do mundo outra coisa não representa senão o plano da Providência. Deus governa o mundo: o conteúdo de seu governo, a execução de seu plano, é a história universal. A tarefa da filosofia da história universal é acatar esse plano, e o seu pressuposto é a noção de que o ideal se realiza, que possui realidade apenas aquilo que está conforme à idéia. Diante da pura luz dessa idéia divina, que não é um mero ideal, extingue-se o aspecto pelo qual o mundo parece ser um acontecimento louco e insensato".[26]

Não pretendo tirar nenhuma conclusão dessas observações. Que a razão governe o mundo e a razão seja tão astuta a ponto de fazer parecer o contrário e revelar os próprios projetos obscuros apenas a alguns sábios é uma daquelas afirmações pelas quais eu não estaria disposto a colocar a mão no fogo. Não estou disposto nem mesmo a fazer uma simples aposta. Aliás, se fosse obrigado a apostar, apostaria com maior disposição na tese contrária. Mas há outras explicações, não digo mais satisfatórias, mas, como deveria ser uma explicação, mais verídicas? No fundo, não seria mais racional que do mal nascesse o mal e do bem, o bem? Contudo permanece o fato de que a história foi até agora, tanto no bem quanto no mal, o resultado dos homens assim como sempre foram, e que, se foi preciso cogitar interpretações fantasiosas e aparentemente contraditórias ou puramente verbais, o caráter imperscrutável da Providência, a astúcia da razão, a heterogênese dos fins, isso depende exatamente da convicção, fruto da mais elementar experiência, de que o movimento histórico em seu todo não pode ser julgado com o mesmo metro com que se julgam as ações dos indivíduos isolados. Para dizer de modo sucinto, as ações individuais são geralmente julgadas com base nos princípios, isto é, em alguma coisa que vem antes, o movimento histórico em seu todo com base nos resultados, isto é, com base em alguma coisa que vem depois. As ações eticamente abomináveis de Stalin, segundo os princípios, são de modo diverso julgadas por quem visa aos resultados, e durante todo o tempo no qual o resultado mais importante, com base no qual era julgada a política do ditador soviético, era a vitória na Segunda Guerra Mundial, o juízo ético passou sempre para o segundo plano, também entre os adversários. O juízo tornou-se mais negativo à medida que, apagado o entusiasmo da vitória, o resultado com base no qual hoje é habitualmente julgado, também pelos não-adversários, é, perdoem-me a expressão, a "destruição do socialismo em um único país".

Não tiro conclusão alguma acerca do sentido da história, que, não tenho vergonha de declarar, ignoro qual seja. Tenho apenas a sombria impressão de que ninguém ainda o captou. Que a providência ou a razão governem o mundo é um ato de fé que respeito, mas que para

---

26. G. W. F. HEGEL, *Lezioni sulla filosofia della storia* (trad. it.: de G. Calogero e C. Fatta, vol. I, La Nuova Italia, Florença, 1941, p. 65).

mim é difícil aceitar. Muitas vezes comparei a história humana como um labirinto no qual existe uma única saída que até hoje continuava um mistério. Somente depois de alguns anos lendo a vida de Minos em Plutarco, compreendi que para alguns o Labirinto nada mais era do que uma prisão da qual era impossível escapar, e quem nele entrasse estava condenado a nele morrer. Entre as duas interpretações, confesso estar inseguro sobre qual seja a mais aceitável. Não excluo nem mesmo que possa ter razão Nietzsche, autor que não aprecio, quando escreveu: "Se o mundo tivesse um objetivo, ele já teria sido alcançado (...). O dado de fato do espírito como um devir demonstra que o mundo não tem objetivo".

Se me lancei nesse abismo insondado (quem sabe também insondável) da história universal, foi apenas para fazer algumas discretas perguntas aos imodestos fautores da teoria revolucionária que a penetraram, exploraram, e acreditam ter encontrado uma saída. As perguntas são sobretudo estas duas: vocês estão realmente seguros de que o novo homem possa nascer da transformação das relações materiais? Estão realmente seguros de que, uma vez formado o novo homem, posto que a empreitada seja bem-sucedida, a humanidade esteja destinada a uma melhor sorte do que aquela até agora conhecida, com os homens assim como são, com sua ânsia pelo poder, que criou os grandes impérios, com sua sede de riqueza, que os induziu a transformar o planeta no qual lhes tocou viver, com seu egoísmo, que os incitou a lutar pelo seu bem-estar e pela sua liberdade? A primeira pergunta visa levantar uma dúvida sobre a afirmativa de que a teoria revolucionária seja verdadeira, a segunda de que o projeto que dele brota seja aceitável. É diante da gravidade dessas perguntas que a concepção religiosa do homem conserva toda a sua força de convicção, e assim mantém a sua duradoura vitalidade (e isto explica a resistência das igrejas em um mundo que, para quem o olha na superfície, pode parecer orientado para um radical ateísmo). Diante da primeira pergunta, a resposta religiosa é que o advento do novo homem não é um evento que se possa remeter ao futuro, mas deve ser realizado já, porque depende apenas de nós, e de qualquer modo não depende da natureza das relações materiais que condicionam a nossa existência; diante da segunda, que do advento do novo homem não se deve esperar a transformação da sociedade, a realização do reino da utopia, no qual todos os homens serão livres, iguais, irmãos, e plenos de cada bem de Deus, o famoso salto qualitativo do reino da necessidade para o reino da liberdade, mas unicamente uma meritória mas inadequada prefiguração do Reino.

A utopia invertida [junho de 1989]

A catástrofe do comunismo histórico está, literalmente, diante dos olhos de todos: do comunismo como movimento mundial, nascido da Revolução Russa, da emancipação dos pobres, dos oprimidos, dos "condenados da terra". O processo de dissolução está se tornando cada vez mais veloz. Para além de qualquer previsão. Isto não significa ainda o fim dos regimes comunistas, que podem durar muito tempo, encontrando novas forças para sobreviver. A primeira grande crise de um Estado comunista ocorreu na Hungria, há mais de trinta anos. E nem mesmo na Hungria o regime caiu. Também nesta direção é mais prudente não fazer previsões.

É incontestável, contudo, a falência, mais que dos regimes comunistas, da revolução inspirada pela ideologia comunista, entendida como ideologia da transformação radical de uma sociedade considerada opressiva e injusta em uma sociedade totalmente diferente, livre e justa. A dramaticidade sem precedentes dos atuais acontecimentos está no fato de que não vimos a crise de um regime ou a derrota de uma grande potência invencível. Vimos, em vez disso, de uma forma que parece irreversível, a inversão total de uma utopia, da maior utopia política da história (não falo das utopias religiosas), transformada em seu exato contrário: uma utopia que fascinou, por pelo menos um século, filósofos, escritores e poetas — lembram-se de "o amanhã que canta" de Gabriel Pery? —, sacudiu massas inteiras de deserdados, impelindo-os à ação violenta, induziu homens de grande disposição moral ao sacrifício da própria vida, a enfrentar a prisão, exílios, campos de extermínio, suscitou uma força não apenas material mas também espiritual indômita que pareceu em tantas ocasiões irresistível, do Exército Vermelho na Rússia à Grande Marcha de Mao, da conquista do poder de um grupo de homens determinados em Cuba à desesperada luta do povo vietnamita contra o mais potente exército do mundo. Em um escrito da juventude, Marx definira o comunismo, por que não relembrar?, como a "solução do enigma da história".

Nenhuma das cidades ideais descritas pelos filósofos jamais foi proposta como um modelo a ser realizado. Platão sabia que aquela república ideal, sobre a qual falara com seus amigos, não estava destinada a existir em nenhum lugar da Terra, mas era verdadeira apenas, como diz Glauco a Sócrates, "nos nossos discursos". E no entanto aconteceu que a primeira utopia que tentou entrar na história, de passar do reino dos "discursos" para o reino das coisas, não apenas não se realizou, como está se invertendo, já está quase transformada em seu avesso, nos países em que foi posta à prova, em algo que foi se parecendo cada vez mais com as utopias negativas, existentes até agora também apenas nos discursos (pensemos no romance de Orwell).

A maior prova da falência está no fato de que todos aqueles que se rebelaram nestes anos, periodicamente, e com ainda particular energia nos últimos dias, exigem exatamente o reconhecimento daqueles direitos de liberdade que constituem o primeiro pressuposto da democracia: não, reparem bem, da democracia progressiva ou popular, ou qualquer outro nome que tenha recebido para distingui-la das nossas democracias e para exaltar-lhe a superioridade, mas exatamente da democracia que eu não saberia como chamar de outro modo senão de "liberal", da democracia surgida e consolidada através da conquista lenta e difícil de algumas liberdades fundamentais. Refiro-me em particular às quatro grandes liberdades dos modernos: a liberdade pessoal, ou seja, o direito de não ser preso arbitrariamente e de ser julgado segundo leis penais e processuais bem-definidas, a liberdade de imprensa e de opinião, a liberdade de reunião, que vimos conquistada pacificamente, mas contestada na praça Tienanmen, e por fim a mais difícil de conquistar, a liberdade de associação, da qual nascem os sindicatos livres e os partidos livres e, com os sindicatos livres e os partidos livres, a sociedade pluralista, sem a qual não existe democracia. O completamento desse processo que durou séculos foi a liberdade política, ou seja, o direito de todos os cidadãos de participar da tomada de decisões coletivas que lhes dizem respeito.

A força explosiva e, ao que parece, irrefreável, dos movimentos populares que essão abalando o universo dos regimes comunistas decorre do fato de que estas grandes liberdades agora são exigidas todas de uma vez. O Estado das liberdades veio na Europa depois do Estado de direito; o Estado democrático, depois do Estado das liberdades. Nas praças, agora, multidões espontaneamente exigem a um só tempo o Estado de direito, o Estado de liberdade, e o Estado democrático. Em um documento os estudantes chineses declararam que combatiam pela democracia, pela liberdade, e pelo direito. Tal situação é obviamente revolucionária. Tal situação, lá onde não pode haver uma saída revolucionária, como parece não ser possível acontecer em nenhum daqueles países, só pode ter ou uma solução gradual, e a mais avançada entre elas parece ser a polonesa, ou contra-revolucionária, como está acontecendo na China, a menos que se realize através daquela bem-conhecida forma histórica das revoluções, ou falidas ou impossíveis, que é a guerra civil.

A conquista da liberdade dos modernos, posto que seja possível e na medida do possível, não pode ser, para os países da utopia invertida, senão o ponto de partida. Para onde? Faço esta pergunta porque não basta fundar o Estado de direito liberal e democrático para solucionar os problemas dos quais nasceu, no movimento do proletariado dos países que iniciaram o processo de industrialização de modo selvagem, e depois entre os camponeses pobres do Terceiro Mundo, a "esperança da revolução". Em um mundo de espantosas injustiças, como ainda é aquele em que estão condenados a viver os pobres, os desamparados, os esmagados pelas inatingíveis e aparentemente imutáveis grandes potências econômicas, das quais dependem quase sempre os poderes políticos, também aqueles formalmente democráticos, pensar que a esperança da revolução tenha-se apagado, e tenha terminado apenas porque a utopia comunista faliu, significa fechar os olhos para não ver.

As democracias que governam os países mais ricos do mundo são capazes de resolver os problemas que o comunismo não conseguiu resolver? Este é o problema. O comunismo histórico faliu, não discuto. Mas os problemas continuam, exatamente aqueles mesmos problemas, talvez agora e em um futuro próximo, em escala mundial, que a utopia comunista apontava e considerava possíveis de ser solucionados. Essa é a razão pela qual é tolo alegrar-se com a derrota e, esfregando as mãos de contentamento, dizer: "Nós sempre dissemos que seria assim!". Ou, iludidos, vocês realmente acreditam que o fim do comunismo histórico (insisto no "histórico") tenha posto fim à necessidade e à sede de justiça? Não seria melhor perceber que, se no nosso mundo reina e prospera a sociedade dos dois terços que nada têm a temer do terço dos pobres-diabos, no resto do mundo a sociedade dos dois terços, ou até mesmo dos quatro quintos, ou dos nove décimos, é a outra?

A democracia venceu o desafio do comunismo histórico, admitamos. Mas com quais meios e com quais ideais pretende enfrentar os mesmos problemas a partir dos quais nasceu o desafio comunista?

"Ora que os bárbaros não existem mais — diz o poeta —, o que será de nós sem bárbaros?".[27]

---

27. [Trata-se de uma citação de memória dos versos finais do poema *Aspettando i barbari*, de Costantino Kavafis: "È arrivato qualcuno dai confini / a dire che di barbari non ce ne sono piú. / Come faremo adesso senza i bárbari?". Alguém chegou das fronteiras / dizendo que bárbaros não existem mais. / Como faremos agora sem os bárbaros?". Cf. ID., *Settantacinque poesie*, Einaudi, Turim, 1992, pp. 37-39.]

III.

SOBRE O LIBERAL-SOCIALISMO

Em uma entrevista, à pergunta "Por o senhor que não gosta que o chamem de liberal-socialista?", Ralf Dahrendorf respondeu: "Creio que tudo depende da tradição. É o termo italiano que me parece ligeiramente absurdo".[28]

Esta resposta já vinha de longe. Em uma longa entrevista, conduzida por Vincenzo Ferrari e publicada em *Saggi tascabili*, da editora Laterza, o entrevistador lhe fizera mais ou menos a mesma pergunta: "Incluindo ao mesmo tempo todos os elementos da visão liberal que o senhor expõe, poderíamos ser induzidos a definir a sua posição como uma posição liberal-socialista". Em seguida acrescenta: "Ora, é desnecessário que eu diga ao senhor que essa expressão aparentemente ambígua de liberal-socialismo em meu país tem uma extraordinária importância histórica e um forte apelo emotivo, tendo sido a bandeira de um movimento antifascista extremamente transparente como *Giustizia e Libertà* (Justiça e Liberdade)". Dahrendorf responde: "A mim o ótulo 'liberal-socialismo' nunca me convenceu, sou bastante contrário aos chavões e aos rótulos e acredito que a posição de cada um seja definida sobretudo através das ações que pratica. Ora, não nego que existam alguns que se professam liberal-socialistas, mas na prática são liberais. O termo "liberalismo social", que expressa mais ou menos o mesmo conceito, desempenhou um papel muito importante para definir a aliança de governo entre liberais e socialistas. Mas aquela era e é uma aliança, não uma perspectiva ideológica unitária".[29]

A ambigüidade, à qual o próprio Ferrari se refere na pergunta, e que Dahrendorf confirma, evidentemente decorre do fato de que liberalismo e socialismo, quer indiquem uma ideologia, quer indiquem um movimento, são historicamente considerados dois termos antitéticos: um "oximoro". Além do mais, ao que parece, Dahrendorf considera a expressão "liberal-socialismo" uma singularidade, para não dizer uma extravagância italiana. O que é, pelo que sei, mas posso estar enganado, surpreendente. Em alguns esboços sobre as origens do liberal-socialismo, do qual se considerava um intérprete italiano, Calogero escreveu que o termo já era há muito tempo usado na Alemanha.[30] Essa infor-

---

28. Ver entrevista a Ralf Dahrendorf, organizada por S. Del Re, in "Panorama", XXXII, 3 março, 1991, pp. 98.

29. R. DAHRENDORF, *Intervista sul liberalismo e l'Europa*, conduzida e organizada por V. Ferrari, Laterza, Roma-Bari.

30. G. CALOGERO, *Socialismo liberal e liberalsocialismo* (1944), in *Difesa del liberalsocialismo ed altri saggi*, nova edição organizada por M. Schiavone e D. Cofrancesco, Marzorati, Milão, 1972, p. 67.

mação é retomada por Nicola Tranfaglia no verbete *Liberalsocialismo* do *Dizionario di politica* com as seguintes palavras: "Na Alemanha, enquanto Marx ditava o *Manifesto do Partido Comunista*, a expressão *liberaler Sozialismus* já circulava no debate político".[31] Para falar a verdade, entre os vários tipos de socialismo apontados e criticados por Marx e Engels no *Manifesto*, o socialismo liberal não comparece. Existe no entanto um livro — que todavia não pude consultar — de R. Opitz, cujo título, *Der deutsche Sozialliberalismus 1917-1933* (Köln, 1973), não deixa dúvidas quanto à existência de um liberal-socialismo alemão e quanto ao uso político dessa expressão.

Há ainda uma obra bem mais conhecida, ao menos pela minha geração, que não é a de Dahrendorf, a do sociólogo alemão Franz Oppenheimer (que nasceu em Berlim, em 1864, e morreu em Los Angeles, em 1943), que tem por título geral *System der Soziologie*, e por subtítulo *Das oekonomische System des liberalen Sozialismus*. Trata-se de uma obra monumental, em quatro volumes, publicados entre 1922 e 1936, na fecunda safra intelectual e política da Alemanha de Weimar, sobre a qual se deteve Renato Treves em um texto intitulado *Alle origini del socialismo liberale*. Nele podemos ler um trecho retirado de um ensaio sobre o Estado no qual o autor expressa sua confiança na iminente realização de uma comunidade de homens livres, embora partilhada apenas "pelo pequeno grupo de socialistas-liberais ou liberais-socialistas que acreditam na evolução de uma sociedade sem exploração e sem dominações de uma classe sobre a outra, de uma sociedade que garanta nos limites do meio econômico todas as liberdades políticas e privadas do indivíduo".[32] Colocando em evidência o aspecto político da sociologia de Oppenheimer, o mesmo Treves tem o cuidado de advertir que também nos nossos dias "o socialismo liberal não se concretiza no programa de um partido, mas continua a ser uma ideologia de elite, que está fora dos partidos e que no máximo exerce em relação a eles uma função de crítica e estímulo".[33]

Apesar desses precedentes, é impossível afirmar que Ferrari e Dahrendorf estejam errados quando dizem que a conjunção de liberalismo e socialismo na mesma expressão, qualquer que seja a dosagem de um e do outro na combinação, dá a impressão de ambigüidade. É fato que toda a história do pensamento político do século XIX, e em

---

31. N. TRANFAGLIA, "Liberalsocialismo", in *Dizionario di politica*, organizado por N. Bobbio, N. Matteuci, G. Pasquino, Utet, Turim, 1983/2, p. 610.
32. R. TREVES, *Sociologia e socialismo. Ricordi e incontri*, Franco Angeli, Milão, 1990. O trecho de Oppenheimer está citado na p. 211, e foi retirado da tradução francesa, *L'Etat*, Giard e t Brière, Paris, 1913, p. 209.
33. R. TREVES, *Sociologia e socialismo* cit., p. 213.

parte também o XX, poderia ser recontada como a história da oposição entre liberalismo e socialismo, ao menos em três níveis, começando pelo mais alto, que é o nível ideológico, passando pelo intermediário, o das instituições e, e terminando no mais baixo, o dos movimentos.

Partindo do nível mais baixo, partidos liberais e partidos socialistas podem ser considerados os dois pólos opostos de qualquer sistema político democrático (mesmo que o pólo não-socialista possa ter assumido diferentes nomes nos diferentes países e, em parte, também o pólo socialista, com freqüência representado pelos partidos do trabalho ou trabalhistas). No nível das instituições, a doutrina e os movimentos liberais encontraram sua expressão mais alta, e mais correspondente ao ideal, no Estado representativo, progressivamente cada vez mais democrático à medida que se amplia o direito de voto. A doutrina e os movimentos socialistas correspondentes sempre almejaram uma superação do Estado representativo, ou em direção à ampliação da democracia direta, ou em direção à ênfase na representação dos interesses em oposição à representação política. Ou então, em extrema hipótese, em direção à democracia dos conselhos, que é uma extensão da representação dos interesses a todo o sistema político.

No nível ideológico, por um lado, o socialismo — na sua manifestação histórica tradicionalmente mais influente, que é certamente na Europa a manifestação marxista, e depois, nos países do socialismo realizado, o marxismo-leninismo — tem por principal alvo o liberalismo, interpretado como expressão do pensamento individualista burguês, do ideal do *homo oeconomicus*, que transforma cada relação humana em uma relação de comércio utilitarista. De outro, o pensamento liberal — nas suas mais completas e fundamentadas elaborações teóricas — considera como principal adversário o socialismo, seja econômico, seja político, ou filosófico. A crítica liberal ao socialismo pode contar com uma obra poderosa como os dois volumes do *Systèmes socialistes* de Pareto, publicados no início do século, e com aquele gigantesco *pamphlet* que é *Socialism*, surgido em 1922, de Ludwig Von Mises, traduzido tardiamente em italiano com prefácio de Friedrich A. von Hayek, que em um livro famoso definiu o socialismo como "o caminho para a servidão". No livro de Von Mises, a primeira parte, intitulada *Liberalismo e socialismo*, considera naturalmente os dois "ismos" como antitéticos e submete o segundo a uma crítica impiedosa.

Não há grande dicotomia, no âmbito das ciências sociais, em que o liberalismo e o socialismo não se coloquem o primeiro de um lado e o segundo de outro, ou, melhor dizendo, se o primeiro se coloca de um lado, o segundo parece que não poder deixar de se colocar do outro:

primado da esfera privada ou primado da esfera pública; propriedade individual ou propriedade coletiva; burguesia como sujeito histórico dominante ou proletariado como sujeito histórico alternativo; direita ou esquerda; visão individualista do homem ou visão organicista da sociedade; atomismo ou holismo; sociedade ou comunidade, e quem quiser pode acrescentar outras. O indivíduo vem antes da sociedade ou a sociedade vem antes do indivíduo? A parte vem antes do todo, ou o todo vem antes da parte? Concepção conflitante da sociedade, ou concepção harmônica ou harmonizadora do todo social?

Todavia, podemos considerar que essa série de antíteses, da qual poderíamos apresentar uma infinidade de exemplos concretos, citando textos de autores pertencentes às duas vertentes filosófica, econômica e politicamente opostas, está destinada a atenuar-se até desaparecer completamente, transformando o oximoro em uma síntese, à medida que se distancia dos movimentos socialistas influenciados pelo marxismo. Se formos à Inglaterra, de fato, a perspectiva muda.

Poderíamos dizer que a história do liberal-socialismo tem início com John Stuart Mill, que contudo é um dos maiores representantes do pensamento liberal. É conhecida a sua simpatia, em especial nos últimos anos, pelas idéias socialistas.[34] Entre as várias passagens dos seus textos com maior freqüência citados nessa direção, um dos mais significativos é a carta a K. D. H. Rau, de 20 de março de 1852, na qual se lê: "Creio que o principal fim do melhoramento social deva ser preparado através da educação para uma situação da sociedade que *combine* a maior liberdade pessoal com a justa distribuição dos frutos do trabalho, situação que as vigentes leis sobre a propriedade não permitem atingir".[35] Ressalto apenas que, para indicar a "superação", como diriam os nossos filósofos, da antítese histórica entre liberalismo e socialismo, Mill usa o verbo "combinar" (*combine*), que indica, de um ponto

---

34. Sobre socialismo de Mill, muito se escreveu. Limito-me a citar, entre os estudos recentes na Itália, N. BOCCARA, *Vittoriani e radicali*, Ateneo, Roma, 1980, onde se encontra o capítulo *J. S. Mill anticipatore del socialismo liberale*; M. L. CICALESE, *Democrazia in cammino. Il dialogo politico tra J. S. Mill e Tocqueville*, Angeli, Milão, 1988, onde são examinados os vários projetos millianos de reforma agrária e as suas críticas à propriedade fundiária, que perpetua o domínio das classes aristocráticas e impede uma maior igualdade de distribuição de terras; C. CRESSATI, *La libertà e le sue garanzie. Il pensiero politico de J. S. Mill*, il Mulino, Bolonha, 1988, onde o último capítulo (pp. 137-45) intitula-se *Socialismo milliano?*; N. URBINATI, *Le civili libertà. Positivismo e liberalismo nell'Italia unita*, Marsilio, Veneza, 1990, que contém um capítulo sobre Mill e o socialismo (pp. 95-108); L. PELLICANI, "Il liberalismo socialista di J. S. Mill", in *Mondoperaio*, dezembro de 1990, pp. 83-88 (trata-se da introdução à tradução de *On Liberty*, pelo editor Sugarco de Milão); M. T. PICHETTO, *Riformismo e rivoluzione in J.S. Mill*, in *Modelli nella storia del pensiero politico*, Olschki, Florença 1989, pp. 369-82, e *Democrazia, associazionismo e cooperativismo di J. S. Mill*, in *Democrazia e associazione nel XIX secolo*, organizado por F. Bracco, Centro Editoriale Toscano, Florença, 1991, pp. 369-82 [ambos os ensaios estão incluídos em M. T. PICHETTO, *Verso un nuovo liberalismo. Le proposte politiche e sociali di John Stuart Mill*, Angeli, Milão, 1996]. Tratei mais amplamente deste tema no artigo *Stuart Mill. Liberale e socialista*, in "La lettera del Venerdí", suplemento de "Unità", 31 de maio de 1991, pp. 26-27.

35. Cf. *Collected Works of John Stuart Mill*, vol. XIV, University of Toronto Press, Toronto, 1972, p. 87.

de vista pragmático, como convém a um filósofo empirista, a exigência de um encontro entre princípios liberais e princípios socialistas no terreno da luta política.

O interesse de Mill pelas idéias socialistas é comprovado pelo fato de que nos últimos anos ele escreveu um ensaio, que permaneceu incompleto, sobre o socialismo.[36] Nos quatro capítulos concluídos encontram-se uma exposição das doutrinas socialistas de Louis Blanc, Considérant, Owen e Fourier (mas não de Marx), a sua contestação, as dificuldades práticas que a aplicação dos programas socialistas enfrentariam, e uma discussão sobre a propriedade privada, que é, do ponto de vista teórico, o capítulo mais interessante. Nele sustenta que, embora tendo a propriedade individual um longo futuro diante de si, nada leva a crer que não deva sofrer alguma modificação. Na conclusão, o comunismo não é categoricamente rejeitado. Uma sociedade comunista contudo precisaria, segundo Mill, de uma educação superior da qual a sociedade atual está ainda muito distante.

Que fique bem claro, o ensaio de Mill sobre o socialismo não é uma obra socialista. É antes de tudo um estudo sobre algumas correntes de pensamento socialista, diferenciadas entre escolas gradualistas, às quais ele destina a sua simpatia, e revolucionárias, que são radicalmente refutadas. Nele admite, contudo, que os principais defeitos do sistema vigente podem receber emendas de modo a obter as principais vantagens do comunismo por meio de disposições compatíveis com a propriedade privada e com a concorrência individual. Para a nossa finalidade, interessa-me observar que Perry Anderson, em recente ensaio,[37] sustenta que a "parábola" de Mill em direção ao socialismo permite refletir sobre o fato de que se "liberalismo e socialismo foram por longo tempo entendidos como antagonistas pelas suas tradições políticas e intelectuais,[38] teve início desde então um distinto percurso na história das idéias, ao qual se juntariam outros pensadores, não menos autoriza-

---

36. O ensaio foi publicado postumamente em 1879 (Mill morreu em 1873), com o título *Fragments sur le socialisme*, organizado pela filha da sua companheira H. Taylor, Helen, que nele incluiu um prefácio, no qual escreveu que Mill ficara surpreso ao ver que as idéias socialistas haviam feito nos últimos anos grandes progressos entre as classes operárias de todos os países e disso derivara a necessidade de submetê-lo a um estudo exaustivo e imparcial. O ensaio foi traduzido do francês para o italiano duas vezes, a primeira em 1880, com prefácio de Osvaldo Gnocchi Viani, a segunda pelo jovem Maturino De Sanctis, com prefácio de Errico De Marinis.

37. P. ANDERSON, "The Affinities of Norberto Bobbio", in *New Left Review*, julho-agosto de 1988, traduzido para o italiano, por iniciativa de *l'Unità*, em um opúsculo, publicado em 9 de novembro de 1989, com o título *Socialismo liberale. Il dialogo con Norberto Bobbio, oggi*, pp. 11-71 [o ensaio de Anderson foi posteriormente incluído em ID., *A Zone of Engagement*, Verso, Nova York, 1992, trad. it. *Al fuoco dell'impegno*, Il Saggiatore, Milão, 1995, pp. 115-62]. Seguiu-se uma troca de correspondência, cujas cartas foram publicadas em "Teoria politica", V, 2-3, 1989, pp. 293-308, com o título *Un carteggio tra Norberto Bobbio e Perry Anderson*.

38. P. ANDERSON, *Socialismo liberal*, cit., p. 11.

dos, como Bertrand Russel e John Dewey, nos quais veríamos as duas doutrinas, tradicionalmente antagonistas, convergirem.

Não me parece, contudo, que Carlo Rosselli e Guido Calogero, que são considerados os principais teóricos do socialismo liberal e do liberal-socialismo, respectivamente, tenham feito particular referência a Mill como precursor. O autor inglês citado por Calogero, quando auspicia uma futura história do liberal-socialismo que remonte aos seus precursores, é Hobhouse, autor de um ensaio sobre o liberalismo traduzido também para o italiano.[39] Um ensaio, por sua vez, já citado por Croce, que, em um artigo de 1928, *Liberismo e liberalismo*, um dos textos do célebre debate com Einaudi sobre a relação entre liberalismo político e liberalismo econômico, admitia que "com a mais sincera e vívida consciência liberal, será possível sustentar procedimentos e organizações que os teóricos da abstrata economia classificam como socialistas e, com paradoxo de expressão, falar também (como lembro que se faz em uma bela eulógia e apologia inglesa do liberalismo, aquela de Hobhouse), de um "socialismo liberal".[40] Onde é para se notar a expressão "paradoxo" que, como "ambigüidade" ou "oximoro", mostra a espontânea reação à conjunção de dois termos habitualmente considerados antitéticos.

Na verdade, Hobhouse não foi uma descoberta de Croce. Dele já havia falado amplamente De Ruggiero na *Storia del liberalismo europeo*, publicada em 1925, quando o Estado liberal italiano fora violentamente destruído pelo fascismo. Afirmando que Hobhouse defendia, além dos direitos de liberdade, a igualdade de oportunidades, além da igualdade diante da lei, o direito ao trabalho e um salário que permita viver, comentava: "Dirão que este não é liberalismo, mas socialismo. Mas socialismo significa mais coisas, e é possível que exista um socialismo liberal assim como existe um iliberal". Chamava essa concepção de "harmônica", contra o abstrato individualismo e contra o abstrato socialismo que define os direitos do indivíduo em termos de bem comum e os direitos da comunidade em termos de bem-estar individual.[41] Aqui

---

39. A edição inglesa de *Liberalism* é de 1911: a tradução italiana (Sansoni, Florença) é de 1973 [cf. a nova ed. it., com introd. de F. Sbarberi, Vallecchi, Florença, 1995]. Leonard T. Hobhouse (1864-1929) foi professor de sociogia na Universidade de Londres, editor de *The Sociological Review*, escreveu *The Methaphysical Theory of the State*, Londres-Nova York, 1918 e 1923.

40. B. CROCE, *Etica e politica*, Laterza, Bari, 1945, p. 320.

41. G. DE RUGGIERO, *Storia del liberalismo europeo*, Laterza, Bari, 1941/2, p. 165 [nova ed. Feltrinelli, Milão, 1962, 1977/4, p. 152]. Uma referência a Hobhouse in N. BOCCARA, *Vittoriani e radicali*, cit., pp. 156-62, e in G. BEDESCHI, *Storia del pensiero liberale*, Laterza, Roma-Bari, 1990, onde se fala de posições que poderiam ser consideradas liberais-socialistas de David George Ritchie e Hobhouse (pp. 251-54), e se conclui que com a síntese de Hobhouse "tem início um filão importante da reflexão política contemporânea: o filão liberal-socialista" (p. 254).

devemos ressaltar que "concepção harmônica" é expressão simétrica e contrária a "concepção dialética": na primeira, a ênfase recai sobre a convergência das partes no todo; na segunda recai, ao contrário, sobre a superação de duas partes divergentes. Trata-se, como todos podem ver, de dois modos distintos de conceber o processo de unificação de partes separadas.

Não quero entediar o leitor com um excesso de referências históricas, mesmo que me pareça de algum interesse buscar as raízes distantes e fora da Itália de um movimento de idéias que parece a alguns de grande atualidade e predominantemente italiano. Mas, tal como me referi a Oppenheimer com relação à Alemanha, que me seja permitido evocar com relação à França o filósofo Charles Renouvier (1815-1903), conhecido como o filósofo do radicalismo político, que tenta uma retomada de temas iluministas através de um retorno a Kant e uma fundamentação personalística da ética. Na obra *La science de la morale* (1869), escreve que a sociedade atual rejeitou teoricamente tanto o comunismo quanto o individualismo na sua acepção ordinária e abstrata.[42] Mas, do ponto de vista prático, descobre-se que parte da verdade está contida em ambas as idéias: a sociedade busca, de fato, a sua organização em uma síntese entre as duas. Comunismo e individualismo são indispensáveis: o único problema é definir na sociedade atual aquilo que deve ser comum e aquilo que deve pertencer ao indivíduo. Na justa delimitação das duas forças encontra-se a harmonia social.[43] Em uma de suas últimas obras, *La nouvelle monadologie*, distingue quatro posições com relação à questão social: a reacionária ou conservadora, que aceita como dado não-eliminável a exploração do trabalho, a dos liberais, que vêem no livre comércio a única premissa para a distribuição harmônica da riqueza; a dos socialistas coletivistas, que visam à total abolição da propriedade privada; a que pode ser chamada dos socialistas liberais, que "apelam à razão e à liberdade dos cidadãos, tomados em sua qualidade de produtores e de consumidores, para que se unam em associações

---

42. Nunca estudei intencionalmente a obra de Renouvier. Para o que direi, servi-me de duas obras recentes: G. CAVALLARI, *Charles Renouvier filosofo della liberaldemocrazia*, Jovene, Nápoles, 1979, e V. COLLINA, *Plurale filosofico e radicalismo. Saggio sul pensiero di Ch. Renouvier*, CLUEB, Bolonha, 1986.

43. Extraio este trecho do livro anteriormente citado de Giovanna Cavallari, onde a autora expõe a obra de Renouvier, *La science de la morale* (1869). Pouco adiante, a propósito da ligação estabelecida por Renouvier entre os princípios de liberdade e de igualdade, de um lado, e o princípio do comunismo de outro, cita em uma nota a discussão sobre comunismo e liberalismo ocorrida na Itália entre Togliatti e eu, retomando pontos essenciais das duas posições (p. 105, nota 23). E isso para mostrar a atualidade do debate. Não gostaria de estar equivocado, mas não encontrei na monografia de Cavallari a expressão "socialismo liberal", que no entanto se encontra no livro citado de Collina, do qual o último parágrafo se intitula *Il disegno del socialismo liberale* (pp. 237-49).

limitadas" e pedem à classe política "a ajuda para a assistência das partes menos garantidas da população".[44]

No que concerne à Espanha, o discurso deveria ser muito mais amplo, porque o socialismo espanhol tem uma longa tradição libertária, que é decerto mais próxima do socialismo liberal do que aquele de derivação marxista, com relação seja à inspiração ideal, seja à proposta e à ação política. A insígnia do partido socialista operário espanhol (PSOE) é desde as origens *Socialismo es libertad*. Tendo com freqüência tido a oportunidade de conversar com amigos socialistas espanhóis, tenho a impressão de que o desmoronamento do comunismo não vá atingi-los, porque a sua tradição socialista nunca foi orientada para o coletivismo. Sobre este tema deixo a palavra a Renato Treves que, tendo nos anos do exílio vivido na Argentina, onde havia muitos exilados espanhóis da Guerra Civil, conhece a história do socialismo espanhol melhor do que eu. No já citado livro de memórias e testemunhos, há um ensaio intitulado *Fernando de los Ríos e il socialismo liberale*, no qual ilustra a figura e a obra de um dos maiores inspiradores do socialismo espanhol, o qual, na sua obra principal, *El sentido humanista del socialismo*, escrita em 1926, durante o governo de Primo De Rivera, opõe o humanismo ao capitalismo, considerado como anti-humanista e, embora admirando Marx, considera-se mais próximo de Proudhon, Lassalle e do socialismo neokantiano.[45] Quanto a Pablo Iglesias, fundador do PSOE (1879) e do jornal *El Socialista*, em uma breve antologia dos seus escritos publicada em um fascículo da revista *Sistema*, voltado à ilustração da sua obra e da sua ação, leio um artigo intitulado *Socialismo y liberalismo*, do qual reproduzo o seguinte trecho: "Quem sustenta que o socialismo é contrário ao liberalismo, ou tem do socialismo uma idéia equivocada ou então desconhece os fins perseguidos pelo socialismo (...). Pode-se ter liberalismo verdadeiro sem que o socialismo tenha triunfado?".[46]

---

44. Este trecho é retirado da monografia de Collina, *Plurale filosofico e radicalismo*, cit., p. 242.
45. R. TREVES, *Sociologia e socialismo* cit., pp. 214-26. Fernando de los Ríos, nascido em 1879, professor de direito político na Universidade de Granada de 1911, onde fundou a Casa do Povo, entrou no PSOE em 1911, deputado em 1920, foi à Russia como delegado do partido. Ao retornar, escreveu um relatório no qual reproduz um diálogo com Lenin sobre o tema da liberdade que o deixara transtornado, de modo que foi contrário à adesão à Terceira Internacional. Renunciou à catedra em 1929 durante a ditadura de Primo De Rivera. Foi ministro da Justiça no primeiro governo republicano. Embaixador em Paris durante a guerra civil, reitor da Universidade de Madri, então mais uma vez embaixador nos Estados Unidos. Depois da derrota dos republicanos, instalou-se nos Estados Unidos, onde ensinou na New School of Social Research de Nova York, durante o regime de Franco. Demitiu-se em 1946. Morreu em 1948.
46. *Sistema. Revista de Ciencias Sociales*, outubro de 1915, p. 143. Para uma interpretação liberal-socialista de Ortega y Gasset, ver os vários escritos sobre o pensador espanhol de L. Pellicani, entre os quais *La sociologia storica di Ortega y Gasset*, Sugarco, Milão, 1987, onde o último capítulo se intitula *Liberalismo e socialismo*, pp. 119-40, e a introdução a J. ORTEGA Y GASSET, *Scritti politici*, Utet, Turim, 1979, pp. 9-105.

A idéia de que o socialismo não seja a antítese do liberalismo, mas seja de certo modo a sua continuação e o seu complemento, é o principal ponto de vista a partir do qual se coloca o socialismo liberal italiano. Não devemos nos esquecer de que Carlo Rosselli inspirou-se em Rodolfo Mondolfo que, embora se declarando marxista, colocara em evidência o aspecto humanista do pensamento de Marx, tomando uma posição diametralmente oposta àquela há pouco mencionada de De los Ríos. No início do século, Mondolfo escreveu um ensaio, *Dalla Dichiarazione dei diritti al Manifesto dei comunisti* (1906), no qual se propôs claramente a enfatizar a novidade na continuidade, interpretando o marxismo como o fruto de um natural amadurecimento dos ideais da Revolução Francesa, e não uma violenta ruptura com o passado. Ainda em um de seus últimos escritos, *Da Ardigò a Gramsci*, ou seja, do positivismo ao marxismo, segundo uma linha de continuidade que ele mesmo, positivista de origem, seguira, escreve: "O marxismo com a sua filosofia da práxis é (...) o herdeiro da filosofia clássica da liberdade, levada por ele às mais decisivas conclusões".[47]

Com relação a todos os precedentes estrangeiros, dos quais falei, o socialismo liberal de Rosselli é autóctone. E é independente também em relação aos precedentes italianos que, desde os movimentos políticos que se inspiraram em Rosselli — o grupo Giustizia e Libertà (Justiça e Liberdade) na França durante o fascismo e o Partito d'Azione (Partido de ação), ou mais precisamente uma ala deste partido, a ala liberalsocialista — foram no mínimo negligenciados. Desses precedentes, o mais interessante é aquele representado por Francesco Saverio Merlino, cuja obra foi novamente estudada e reapresentada ao mundo com honras nos últimos anos, depois que, tendo prevalecido no movimento operário na Itália o pensamento marxista, foi quase totalmente esquecida, embora tenha sido levada em consideração, como lembrou um de seus mais recentes estudiosos,[48] por personagens como Durkheim, Bernstein, Guglielmo Ferrero, Michels e Arturo Labriola (não Antonio, que, aliás, com a sua irrefreável *vis polemica*, o maltratou). Merlino sustentou um "socialismo sem Marx", contra Marx, seja em relação ao direcionamento prático a ser dado à política socialista, seja em relação ao problema da teoria do valor-trabalho.

O seu maior estudioso, e também seguidor, Aldo Venturini, publicou em 1983 uma monografia sobre ele, seguida de um apêndice de

---

47. R. MONDOLFO, *Da Ardigò a Gramsci*, Nuova Accademia, Milão, 1962, p. XIV. Remeto à minha *Introduzione* a R. MONDOLFO, *Umanesimo di Marx. Studi filosofici 1908-1966*, Einaudi, Turim, 1968, reimp. 1975, p. XIII.

48. N. BERTI, "Merlino un precursore del lib/lab", in *Mondoperaio*, abril, 1983, p. 118.

textos, e deu-lhe o título de *Alle origini del socialismo liberale.*[49] Nela Merlino é considerado o verdadeiro pai do socialismo liberal, mesmo que não tenha usado essa expressão: talvez seja mais adequado para designar o seu pensamento o adjetivo "libertário", dada a sua origem anarquista. Quando surgiu na França, *Formes et essence du socialisme*, com introdução de Sorel, o texto de Merlino recebeu uma resenha de Durkheim na Revue Philosophique, sob o título de "La nouvelle conception du socialisme". Nela, o autorizado resenhista introduz a diferença entre o socialismo dos socialistas e o socialismo das coisas. O primeiro é o socialismo dos teóricos e do programa dos partidos; o segundo é "aquele impulso confuso e semiconsciente de si mesmo, que fadiga as sociedades atuais e as arrasta à criação de uma reorganização das suas forças; são as necessidades, as aspirações, que surgem das presentes condições de vida coletiva".[50] Para Durkheim, o socialismo de Merlino é o segundo, e é o socialismo no qual não é difícil reconhecer duas tendências: em direção a um regime político no qual o indivíduo seja livre e o governo do povo se tornará uma realidade; e em direção a um regime econômico no qual as relações contratuais serão verdadeiramente equânimes, o que pressupõe uma maior igualdade de condições sociais. Trata-se, como todos podem ver, das duas tendências em direção a uma mais ampla liberdade e uma mais difusa igualdade, que constituem os elementos constantes, ainda que de distinto modo compostos, do socialismo liberal.

Não me consta que Rosselli conhecesse a obra de Merlino, o que pode explicar por que o nome desse singular precursor tenha tido tão pouca ressonância no debate sobre o socialismo liberal que se desenvolveu na Itália através do Partito d'Azione, cuja ala socialista e liberal remetia exclusivamente a Rosselli e a Calogero. O anarquista Berneri censurou-o por acreditar-se original, por não levar em consideração o

---

49. A. VENTURINI, *Alle origini del socialismo liberale: Francesco Saverio Merlino. Ritratto critico e biografico*, com uma coletânea de escritos e uma carta inédita, Massimiliano Boni, Bolonha, 1983. Sobre este livro, ver a nota de M. LA TORRE, *Francesco Saverio Merlino alle origini del socialismo liberale. In merito ad una pubblicazione recente*, in "Sociologia del diritto", XIV, 1987, pp. 134-39, onde é apresentada a literatura mais recente sobre o pensamento de Merlino, na qual adquirem particular destaque os escritos de N. DELL'ERBA, "F. S. Merlino e il socialismo italiano", in *Tempo Presente*, I, março-abril, 1983, pp. 33 em diante; II, novembro-dezembro, 1984, pp. 55-62; "Sorel, Merlino e il socialismo", in *Mondoperaio*, XXXVI, maio, 1983, pp. 105-11; aqueles de G. D. (NICO) BERTI, além do já citado, a *Introduzione a L'utopia collettivista e la crisi del "socialismo scientifico"*, Armando Armando, Roma, 1982. Para uma história do liberal-socialismo seria necessário levar em consideração, além de Merlino, a obra de Eugenio Rignano, sobre cujo livro *Di un socialismo in accordo con la dottrina economica liberale* (1901) chamou a atenção recentemente o mesmo N. DELL'ERBA, *Eugenio Rignano, un precursore dimenticato. Socialismo e liberalismo*, in *Avanti!*, 18 de janeiro de 1992.

50. A. VENTURINI, *Alle origini del socialismo liberale* cit., pp. 43-44.

pensamento dos socialistas anarquistas, entre os quais Merlino.[51] Deve-se ressaltar, além disso, que Merlino antecipou Rosselli também na crítica ao marxismo, entendido como concepção determinista da história, donde a sua conclusão de que o socialismo não é o inverso do liberalismo, mas é o seu desenvolvimento e superação. O socialismo era em essência, para Merlino, o liberalismo finalmente realizado.[52]

Como pudemos ver a partir dessa breve passagem pelas várias tentativas de conjugar liberalismo e socialismo, o socialismo liberal em todas as suas formas, variações e ramificações, apresenta-se sempre como alternativa ao marxismo, do qual critica, filosoficamente, o determinismo e o materialismo, ou seja, a negligência das forças morais que movem a história, economicamente, o coletivismo global, politicamente, o inevitável êxito despótico do Estado materialista e coletivista.

O que se torna claro a partir da maioria desses precedentes é que o socialismo liberal partiu da convicção de que os dois "ismos" não constituem em absoluto uma antítese, um oximoro, e por isso a sua integração prática deveria ser entendida, nesse caso, como uma síntese, definida hegelianamente como o terceiro momento de uma antítese, negada e superada. Aliás, o socialismo foi concebido como um natural desenvolvimento histórico do liberalismo no processo de emancipação da humanidade; daquele processo que se inscrevia na teoria do progresso e da história como história da liberdade. De um modo mais esquemático, depois da emancipação política, que fora obra da Revolução Francesa, viria a emancipação econômica. Afinal, à Revolução Francesa, por sua vez, não precedera, através da Reforma e o processo de secularização que a ela se seguiu, a emancipação religiosa? Emancipação religiosa e emancipação política esperavam completar-se com a emancipação econômica. O poder último, aquele mais dificilmente erradicável, não fora sempre, embora com diferentes acentos, o poder econômico, o poder portanto que se funda sobre a posse dos bens primários, dos bens dos quais depende, em última instância, a sobrevivência dos homens?

---

51. In A. GAROSCI, *La vita di Carlo Rosselli*, Edizioni U., Roma-Florença-Milão, 1946, lê-se que Berneri escrevera para *GL*, em 6 de dezembro de 1936, uma longa carta em defesa do anarquismo, na qual observava que se Rosselli tivesse levado em conta as críticas ao marxismo de Covelli, de Cafiero, de Malatesta, de Tcherkezov, de Merlino, de Gille, de Fabbri e de outros escritores anarquistas, teria constatado que o seu socialismo liberal era uma síntese da crítica anarquista (vol. II, p. 190).

52. Tal como Berti, que na conclusão da Introdução a *L'utopia collettivista*, cit., p. 23, termina com as seguintes palavras: "Merlino portanto formula pela primeira vez de modo completo a concepção de um socialismo liberal como terceira via entre comunismo e liberalismo".

As primeiras duas formas de emancipação tiveram sucesso. A terceira mostrou-se bem mais difícil de se realizar. Marx viu claramente o primado do poder econômico sobre os outros poderes, da base constituída exatamente pelas relações econômicas, em relação à superestrutura ideológica e política. Mas o remédio que propunha, ou que os movimentos políticos que dele derivaram tentaram realizar, teve o efeito perverso que hoje temos diante dos olhos. Foi exatamente esse efeito perverso que ressuscitou nos últimos anos o ideal do socialismo liberal.[53] O qual, no início, nasceu da exigência de prescrever um remédio, em nome do socialismo, para os efeitos práticos do liberalismo que, com o desenvolvimento cada vez mais rápido e incontrolável da sociedade industrial, reduziu-se, exatamente nas sociedades mais industrializadas, em formas de opressão e de escravidão em massa. Hoje, ao contrário (mas já em Rosselli a nova exigência era evidente) é reproposto como remédio, em nome da liberdade, para o socialismo despótico.

Acredito seja possível afirmar que o encontro entre liberalismo e socialismo tenha ocorrido historicamente através de dois diferentes caminhos: do liberalismo ou libertarismo em direção ao socialismo, entendido como o complemento da democracia puramente liberal; do socialismo em direção ao liberalismo, como condição *sine qua non* de um socialismo que não seja iliberal. Como integração do segundo ao primeiro, como recuperação do primeiro em relação ao segundo.

Considerando sempre o problema do ponto de vista histórico, e não teórico, posso acrescentar que na Itália o oximoro, ao qual Croce já se referira com a polêmica metáfora de "quimera", teve uma razão de ser ainda maior porque o fascismo se firmou como a negação tanto do liberalismo na política, enquanto ditadura, quanto do socialismo na economia, enquanto defesa da sociedade capitalista ameaçada pela revolução socialista em curso. Hoje, talvez, o renovado interesse pela discutida "quimera" poderia derivar de uma outra obrigatória dupla negação que

---

53. Um exemplo significativo: em uma entrevista ao húngaro M. Vasarhelyi, no âmbito da pesquisa conduzida por G. TORLONTANO, "L'idea democratica dopo i sommovimenti dell'Est", in *Nuova Antologia*, a. 126, fasc. 2177, janeiro-março, 1991, p. 297, lê-se: "Na minha visão, a esquerda de amanhã deveria ser social-liberal. Isto é, deveria garantir os direitos políticos, as liberdades, mas também os direitos humanos, isto é, a igualdade social, de que é ainda carente o mundo ocidental, como demonstrou o thatcherismo na Inglaterra. Ao mesmo tempo, creio que a concepção socialista-reformista esteja superada pela história". Também é sintomático o fato de que no fim de 1989 o Instituto Gramsci de Roma tenha convocado a assembléia sobre o tema "Liberdade e socialismo". Na conferência de abertura, Nicola Badaloni afirma que "socialismo e liberdade não são mais valores auto-exclusivos mesmo que, no estado atual, ainda se apresentem como uma instável possibilidade histórica sobre a qual empenhar a práxis" (*l'Unità*, 3 de dezembro de 1989).

parte da fileira católica integralista, que há tempos escolheu por alvo privilegiado o velho Partito d'Azione, derrotado na política mas vitorioso, assim se costuma dizer, na frente cultural. Trata-se, contudo, de um dupla negação completamente diferente: liberalismo e socialismo deveriam ser negados como produtos, ambos, do processo de secularização e de radical laicização da vida intelectual e social que caracterizou a idade moderna. A eles deveríamos contrapor uma concepção solidarista, não-individualista, da sociedade, e uma forte retomada dos valores comunitários pouco compatíveis com a democracia liberal, que é rejeitada como atomista e atomizante.

Esta breve resenha histórica serviu, contudo, para demonstrar que a idéia de uma conjugação entre liberalismo e socialismo, entendida ora como combinação pragmática, ora como síntese ideal, ora como mediação política, teve uma área de difusão mais ampla do que é dado acreditar. Resta indagar por que nunca houve um partido liberal-socialista. Partidos socialistas já houve de todas as cores e tipos. Houve até mesmo o socialismo nacional, ou o nacional-socialismo [*nazionalsocialismo*]. Estranhamente, o liberal-socialismo italiano, que foi filosoficamente elaborado, e filosoficamente contestado, tomou corpo em um partido que se chamou "de ação" (*d'azione*), e que desenvolveu, além do mais, uma ação de breve duração. Não foi por acaso, mas quando quiseram dar um título ao debate que houve sobre o liberal-socialismo, foram usados dois termos eruditos: oximoro e síntese. No entanto, na esfera da política democrática não há oximoros, mas sim alternâncias, não há sínteses, mas sim compromissos.

Creio que a resposta deva ser procurada no fato de serem, tanto o socialismo liberal quanto o liberal-socialismo, construções doutrinárias e artificiais feitas nos gabinetes, mais verbais que reais. Tratou-se de uma composição cujo significado histórico como reação, de um lado, a um liberalismo a-social, e de outro, a um socialismo iliberal, é inegável. Mas seu valor teórico é todavia frágil. Que liberalismo e socialismo não sejam incompatíveis nada diz sobre as formas e os modos da sua possível conjugação. Mais liberalismo ou mais socialismo? Liberalismo, em que medida? Socialismo, em que medida? Depende de quem cria a receita e do modo como combina os diferentes ingredientes.

Parece-me que caminhamos com os pés um pouco mais na terra: em vez de dois "ismos", fala-se de liberdade e de igualdade. Diante dos enormes problemas que estão à nossa frente, que são os problemas não da nossa sociedade dos dois terços, mas da sociedade global, que é aquela dos nove décimos, falar de problemas de liberdade e de problemas de igualdade talvez seja menos pretensioso e também mais útil: de liberdade para todos os povos, e são a maioria, nos quais não há governos democráticos, e de igualdade com relação à distribuição da riqueza. Se queremos dizer que os dois problemas remetem, o primeiro, à doutrina liberal, o segundo, à doutrina socialista, fiquemos à vontade para fazê-lo. Mas eu me sinto melhor, também emotivamente, com o lema: "Giustizia e Libertà" [Justiça e Liberdade].[54]

---

54. Sobre o tema do socialismo liberal retornei inúmeras vezes nos últimos anos: além da Introdução a C. ROSSELLI, *Socialismo liberale*, Einaudi, Turim, 1979, pp. VII-XLII [mas cf. a nova ed. "Einaudi Tascabili", Turim, 1997, com um novo ensaio introdutório de N. BOBBIO, *Attualità del socialismo liberale*, que contém atualizações bibliográficas], nas palavras introdutórias pronunciadas no congresso "Socialismo liberale e liberalismo sociale (10-11 de dezembro de 1981): Mediazione e integrazione liberal-socialista", in *Socialismo liberale e liberalismo sociale. Esperienze e prospettive in Europa*, Forni, Bolonha, 1981, pp. 24-26. E depois nos seguintes escritos: "Formula di élite", in "Critica Liberale", XIV, novembro, 1982, pp. 92-94, segue-se uma réplica, pp. 103-104 (congresso "Socialismo liberale: attualità e radici", Bolonha, 13 de novembro de 1982); "Socialismo e liberismo", in *Quaderni circolo Rosselli*, dedicado a *Nuovi orientamenti del Socialismo europeo*, 1986, pp. 111-18; intervenção no congresso "Il liberalsocialismo dalla lotta antifascista alla Resistenza", dedicado a Tristano Codignola, in *Il Ponte*, XLII, I, janeiro-fevereiro, 1986, pp. 143-48; *Socialismo liberale*, intervenção ao congresso "Socialismo Liberale. Carlo e Nello Rosselli, Ernesto Rossi, Gaetano Salvemini", in *Il Ponte*, XLV, 5, setembro-outubro, 1989, pp. 158-67.

Quarta parte

A democracia

Capítulo 7

Democracia: os fundamentos

I.

A DEMOCRACIA DOS MODERNOS COMPARADA
À DOS ANTIGOS (E À DOS PÓSTEROS)

A diferença entre a democracia dos antigos e a democracia dos modernos tornou-se um tema curricular, não menos do que o tema célebre de Benjamin Constant sobre a liberdade. E, tal como ocorre com a liberdade, refere-se tanto ao uso descritivo da palavra quanto ao uso valorativo. Entre a democracia dos antigos e a democracia dos modernos despontam de fato duas diferenças, uma analítica, outra axiológica.[1]

No seu uso descritivo, por democracia os antigos entendiam a democracia direta, os modernos, a democracia representativa. Quando falamos de democracia, a primeira imagem que nos vem à mente é o dia das eleições, longas filas de cidadãos que esperam a sua vez para colocar o voto na urna. Caiu uma ditadura, instaurou-se um regime democrático? O que nos mostram os televisores de todo o mundo? Uma cadeira de eleitor e um homem qualquer, ou o primeiro cidadão, que exercem o próprio direito ou cumprem o próprio dever de eleger quem deverá representá-los.

---

1. Sobre o tema, e em geral sobre a história da palavra democracia com sua respectiva bibliografia, há preciosas indicações in G. SARTORI, *The Theory of Democracy Revisited*, Chatam House Publishers, Chatam N. J. 1987, em particular pp. 278 em diante. Sartori acentua a diferença entre a democracia dos modernos e a dos antigos a ponto de afirmar que o conceito hodierno de democracia tem "only a very slight resemblance" com o conceito desenvolvido no V século a.C. Parece-me que o famoso discurso de Péricles, que cito adiante, permite atenuar uma afirmativa tão peremptória.

Em suma, o voto, ao qual se costuma associar o relevante ato de uma democracia atual, é o voto não para decidir, mas sim para eleger quem deverá decidir. Quando descrevemos o processo de democratização ocorrido ao longo do século XIX nos diferentes países que hoje chamamos de democráticos, nos referimos à ampliação progressiva, mais rápida ou mais lenta segundo os diferentes países, do direito de eleger os representantes, ou então à extensão do processo eleitoral a partes do Estado, como a Câmara alta, na qual os membros eram habitualmente nomeados pelo soberano. Nada mais. Um dos maiores teóricos da democracia moderna, Hans Kelsen, considera elemento essencial da democracia real (não da democracia ideal, que não existe em lugar algum) o método da seleção dos líderes, ou seja, a eleição. Exemplar, a esse respeito, tão exemplar a ponto de parecer inventada, é a afirmação de um juiz da Corte Suprema dos Estados Unidos por ocasião de uma eleição de 1902: "A cabine eleitoral é o templo das instituições americanas, onde cada um de nós é um sacerdote, ao qual é confiada a guarda da arca da aliança e cada um oficia do seu próprio altar". Se depois aqueles que nelas entram nem sempre são a maioria, é coisa que acontece em todas as igrejas.

Para os antigos a imagem da democracia era completamente diferente: falando de democracia eles pensavam em uma praça ou então em uma assembléia na qual os cidadãos eram chamados a tomar eles mesmos as decisões que lhes diziam respeito. "Democracia" significava o que a palavra designa literalmente: poder do *démos*, e não, como hoje, poder dos representantes do *démos*. Se depois o termo *démos*, entendido genericamente como a "comunidade dos cidadãos", fosse definido dos mais diferentes modos, ora como os mais, os muitos, a massa, os pobres em oposição aos ricos, e portanto se democracia fosse definida ora como poder dos mais ou dos muitos, ora como poder do povo ou da massa ou dos pobres, não modifica em nada o fato de que o poder do povo, dos mais, dos muitos, da massa, ou dos pobres, não era aquele de eleger quem deveria decidir por eles, mas de decidir eles mesmos, como escreve Moses Finley, "sobre a guerra e a paz, as finanças, os tratados, a legislação, as obras públicas, em suma, toda a gama de atividades governativas".[2] Na célebre oração fúnebre de Péricles são louvadas as pessoas que se ocupam não apenas de seus interesses privados, mas também dos negócios públicos, e são censurados como cidadãos inúteis aqueles que não se ocupam dos segundos.

---

2. M. I. FINLEY, *Democracy Ancient and Modern*, Rutgers University Press, New Brunswick, 1972; ed. it.: *La democrazia degli antichi e dei moderni*, Laterza, Roma-Bari, 1973, p. 19.

Na primeira defesa do governo democrático que a história nos transmitiu, a defesa do príncipe persa Otane, na discussão sobre a melhor forma de governo narrada por Heródoto, o instituto proposto para a nomeação dos magistrados não é a eleição, mas o sorteio.

Durante séculos, os dois conceitos de democracia e de eleição não confluíram em um conceito unitário como ocorre hoje, porque a democracia para os antigos não se resumia ao processo eleitoral, mesmo que não o excluísse, e, ao contrário, o processo eleitoral é perfeitamente conciliável com as outras duas formas clássicas de governo, a monarquia e a aristocracia. Discutiu-se durante séculos se seria melhor a monarquia hereditária ou a monarquia eletiva: ninguém jamais pensou que uma monarquia, pelo fato de ser eletiva, deixaria de ser monarquia. Escreve Kelsen: "Não é afinal tão grande a diferença entre autocracia de um monarca hereditário, legitimada através da fórmula da representação, e a pseudodemocracia de um imperador eleito".[3] Menêxenos, celebrando as antigas instituições de Atenas, usa a palavra "aristocracia" e logo em seguida acrescenta: "Há quem a chame de democracia, há quem de outro modo, a seu prazer; mas, na verdade, é uma aristocracia com a aprovação do povo" (238d). Isócrates chama de regime misto de democracia e de aristocracia aquele em que a designação dos cargos ocorre não por sorteio, mas pela eleição entre candidatos anteriormente designados.[4] Um admirador das antigas instituições, como Rousseau, distingue três formas de aristocracia, a natural, a hereditária e a eletiva, e declara que a melhor é a última.[5] A aristocracia de Rousseau, a forma de governo na qual uma "minoria", diríamos hoje, uma elite, forma o corpo dos magistrados por eleição, corresponde àquilo que hoje chamaríamos "elitismo democrático", onde por "democracia" se entende nada mais nada menos que o procedimento de nomeação através de eleições. As palavras modificam-se muito mais rapidamente do que as coisas, embora a mudança das palavras leve a crer que as coisas também tenham mudado. O conceito de cidadão entre os romanos não era diferente se comparado ao dos gregos: o *ius suffragii* não era o direito de eleger um candidato como concebemos hoje, quando se fala de extensão do sufrágio, do sufrágio feminino, do sufrágio universal, mas era o direito de votar nos comícios. Aqueles que eram excluídos do voto, os semilivres, eram chamados *civis sine suffragio*.

Quem hoje quiser defender a democracia direta contra a democracia representativa, onde encontrará o melhor argumento, a motivação

---

3. H. KELSEN, *La democrazia*, il Mulino, Bolonha, 1981, p. 123, nova ed., 1998, p. 131.
4. A. TEDESCHI, *"Lessico político. Aristocratia"*, in *Quaderni di Storia*, n. 15, janeiro-junho, 1982, p. 222.
5. J.-J. ROUSSEAU, *Il contratto sociale*, III, 5, Einaudi, Turim, 1994, p. 95.

mais forte, irresistível, a razão das razões? Encontrará no famoso apólogo de Protágoras, que nos chegou através do homônimo diálogo platônico: encarregado de levar aos homens a arte política, Mercúrio pergunta a Júpiter como ela deve ser distribuída, se deve ser distribuída como as outras artes, entre os competentes. Júpiter responde que a arte política deve ser distribuída a todos. E de fato "os atenienses, como os outros, quando se trata de competência nas construções e nas artes, acreditam que poucos sejam capazes de dar conselhos, e se toma a palavra alguém fora daqueles poucos, não o suportam; e com razão, a meu ver. Quando, ao contrário, se trata de uma deliberação política, que deve proceder pelas vias da justiça e da temperança, toleram que qualquer um fale, sendo natural que destas todos sejam partícipes, de outro modo não existiria a cidade" (323 a). A diferença entre a arte política e as outras artes é que não se ensina, e esta não se ensina porque é patrimônio de todos, e isso explica por que todos têm o direito de participar do governo da cidade.

Isso não significa que os governos populares não tenham jamais conhecido o instituto da eleição dos magistrados. Mas a eleição era considerada uma necessária e útil correção do poder direto do povo, não como ocorre hoje nas democracias modernas, para as quais a eleição constitui uma verdadeira alternativa em relação à participação direta, salvo pela introdução, em casos específicos expressamente declarados, do referendo popular. Nas duas formas de democracia, a relação entre participação e eleição está invertida. Enquanto hoje a eleição é a regra e a participação direta a exceção, antigamente a regra era a participação direta, e a eleição, a exceção. Poderíamos também dizer da seguinte maneira: a democracia de hoje é uma democracia representativa às vezes complementada por formas de participação popular direta; a democracia dos antigos era uma democracia direta, às vezes corrigida pela eleição de algumas magistraturas. Poucas décadas antes da primeira grande constituição de democracia representativa, que foi aquela dos Estados Unidos, expondo os princípios da democracia, Montesquieu escrevia: "O povo que goza do poder supremo deve fazer sozinho tudo aquilo que pode fazer bem; e aquilo que não pode fazer bem, deve confiar aos seus ministros". E acrescentava, com uma confiança na sabedoria do povo que desafia a nossa atual incredulidade: "O povo escolhe de maneira admirável aqueles aos quais deve confiar parte da sua própria autoridade".[6] Um erudito comentador do *Esprit des lois* escre-

---

6. MONTESQUIEU, *De l'Esprit des lois* (1748), II, 2 (ed. it. organizada por S. Cotta, Utet, Turim, 1973, vol. I, pp. 66 e 67).

ve: "Montesquieu não faz idéia do que seriam as democracias dos nossos dias. A sua concepção deriva dos estudos das democracias antigas. Isto explica por que este capítulo não traz a mínima alusão ao sistema moderno, no qual o povo exerce a soberania através da intermediação dos seus representantes".[7]

Exatamente porque a democracia sempre foi concebida unicamente como governo direto do povo e não mediante representantes do povo, o juízo predominante sobre essa forma de governo foi, a começar pela Antigüidade, negativo. As duas características que distinguem a democracia dos antigos e a democracia dos modernos, a analítica e a axiológica, estão extremamente conectadas. O modo de avaliá-la, negativo ou positivo, depende do modo de entendê-la.

Hoje "democracia" é um termo que tem uma conotação fortemente positiva. Não há regime, mesmo o mais autocrático, que não goste de ser chamado de democrático. A julgar pelo modo através do qual hoje qualquer regime se autodefine, poderíamos dizer que já não existem no mundo regimes não-democráticos. Se as ditaduras existem, existem apenas, como dizem os autocratas, com o objetivo de restaurar o mais rápido possível a "verdadeira" democracia, que deverá ser, naturalmente, melhor do que a democracia suprimida pela violência. Ao contrário, no tradicional debate sobre a melhor forma de governo, a democracia foi quase sempre colocada em último lugar, exatamente em razão da sua natureza de poder dirigido pelo povo ou pela massa, ao qual foram habitualmente atribuídos os piores vícios da licenciosidade, do desregramento, da ignorância, da incompetência, da insensatez, da agressividade, da intolerância. A democracia nasce, segundo clássica passagem, da violência e não pode conservar-se senão através da violência. Basta recordar a descrição, feita por Platão no oitavo livro da *República*, da desagregação social da qual é responsável o governo popular: um modelo para tiranos de todos os tempos, cuja tarefa é restabelecer a ordem, ainda que a ferro e fogo. Aristóteles não fica atrás: na distinção entre formas de governo boas e formas de governo más, o termo "democracia" serve para designar o mau governo popular. Lá onde descreve o povo prisioneiro dos demagogos, seus aduladores e corruptores, a democracia aparece como governo em nada melhor do que o governo tirânico. O povo corrompido pelos demagogos é um tema clássico da polêmica antidemocrática: um tema sobre o qual Hobbes escreveu páginas vigorosas, um verdadeiro modelo do pensamento reacionário de todos os tempos.

---

7. Desta forma Roberto Derathé comenta o *Esprit des lois*, Garnier, Paris, 1973, I, p. 427.

Nos seus *Discorsi sopra Cornelio Tacito*, Scipione Ammirato, retomando a lição dos antigos, escreve: "Platão compara o vulgo a uma grandíssima besta... É preciso que essa besta seja mantida aos freios". O trecho se encerra com esta seqüência: o vulgo é "um monstro terrível, leviano, preguiçoso, medroso, precipitado, desejoso de coisas novas, ingrato, em suma, uma mistura de vícios sem a companhia de nenhuma virtude". Uma vez definida a democracia como o governo dos pobres, eis que essa definição será uma oportunidade para sustentar que os pobres, exatamente porque nada possuem, não têm o direito de governar; e, quando conseguem agarrar o poder, produzem desastres. Em *Della repubblica fiorentina*, Donato Giannotti repete: "Os pobres, ainda que desejem liberdade, não menos vivendo pela pobreza vis e abjetos, estão aptos a servir; e por isso, quando estivessem nas magistraturas, teriam dificuldade em sabê-las administrar".[8] A pobreza permaneceria, até o século XIX, uma razão de exclusão para o gozo dos direitos políticos. Maquiavel já o dissera de modo lapidar, típica do seu estilo: "Os homens que nas repúblicas servem às artes mecânicas não podem saber comandar como príncipes quando são prepostos a magistraturas, tendo aprendido sempre a servir. E no entanto se exige ascendência para comandar daqueles que nunca obedeceram senão aos reis e às leis, como são aqueles que vivem dos seus ganhos".[9]

Das duas diferenças entre a democracia moderna e a democracia antiga, a primeira foi o efeito natural da alteração das condições históricas, a segunda, ao contrário, foi efeito de uma diferente concepção moral de mundo. A substituição da democracia direta pela democracia representativa deveu-se a uma questão de fato; o distinto juízo sobre a democracia como forma de governo implica uma questão de princípio. As condições históricas alteraram-se com a transição da cidade-Estado para os grandes Estados territoriais. O próprio Rousseau, embora tivesse feito o elogio da democracia direta, reconheceu que uma das razões pelas quais uma verdadeira democracia jamais existiu, e jamais existirá, era que ela exige um Estado muito pequeno "no qual seja fácil para o povo reunir-se, e no qual cada cidadão possa facilmente conhecer todos os outros".[10]

Para que fosse possível emitir um juízo positivo sobre a democracia foi necessário livrar definitivamente o campo de referência a um corpo

---

8. Extraio estas citações, mas poderia extrair muitas outras, de R. DE MATTEI, *L'istanza democratica nel pensiero politico italiano del Cinque e del Seicento*, in *Studi in onore di C. Esposito*, Cedam, Pádua, 1973, pp. 2339-57.

9. *Tutte le opere di Niccolò Machiavelli*, organizado por F. Flora e C. Cordié, Mondadori, Milão, 1950, vol. II, p. 555.

10. J.-J. ROUSSEAU, *Il contratto sociale*, cit., III, 4, p. 93.

coletivo como o *démos*, que se presta a ser interpretado em sentido pejorativo quando é confundido, como ocorreu por longa tradição, com a "massa", o "vulgo", a "plebe" e similares. A monarquia é a pessoa do monarca, a aristocracia é composta pelos *áristoi* e, na linguagem dos nossos escritores políticos do século XIV, pelos optimates, que não são um substantivo coletivo, mas o plural de um substantivo que designa um único ente, o *áristos* ou o optimate. Somente a democracia, entre as formas de governo, nasceu como termo indicativo do poder (o *krátos*) de um corpo coletivo. Chega-se até mesmo a suspeitar que a palavra "democracia" tenha surgido já desde o início com um significado polêmico, em oposição a "aristocracia" como governo dos melhores. É certamente polêmico o significado de governo dos pobres em oposição ao governo dos ricos, pelo qual os antigos já conheciam o termo mais apropriado "plutocracia" (em Xenofon), que com um significado polêmico é usado ainda nos dias de hoje. No famoso libelo antidemocrático, uma dia atribuído a Xenofon, sobre a constituição de Atenas, a *penía*, a pobreza, é considerada um vício que impulsiona aqueles que dela estão infectos à torpeza.[11]

A idéia do *démos* como corpo coletivo deriva da imagem da praça ou da assembléia olhadas do alto. Mas se nos aproximamos delas, percebemos que a praça ou a assembléia são compostas de muitos indivíduos que, quando exercem o seu direito, aprovando ou desaprovando as propostas dos oradores, contam singularmente por um. Portanto, também a democracia, não diversamente da monarquia e da aristocracia, é composta de indivíduos. Mas o substantivo coletivo oculta a realidade e acaba levando a acreditar que, enquanto nos primeiros dois tipos de governo o poder reside exatamente nos sujeitos indicados pelo substantivo, no terceiro residiria em um corpo único, o *démos*. De fato, o *démos*, enquanto tal, nada decide, porque aqueles que decidem estão singularmente ligados aos indivíduos que o compõem. A diferença entre aristocracia e democracia não está na diferença entre os poucos (indivíduos) e os muitos (indivíduos). Que em uma democracia sejam os muitos a decidir não transforma esses muitos em uma massa que possa ser considerada globalmente, porque a massa, enquanto tal, não decide nada. O único caso em que se pode falar de decisão de massa é o caso da aclamação, que é exatamente o oposto de uma decisão demo-

---

11. Que cito da tradução de L. Canfora, ANONIMO ATENIESE, *La democrazia come violenza*, Sellerio, Palermo, 1982 (o título com o qual o texto ficou conhecido é *La costituzione ateniese*). Para dar uma idéia do tom do libelo bastam as primeiras linhas: "Desgosta-me que os atenienses tenham escolhido um sistema político que consinta em que a canalha esteja melhor que a gente de bem" (p. 15).

crática. Uma assembléia popular é composta de indivíduos tal e qual uma assembléia aristocrática.

Não obstante essa tradição avessa à democracia, não falta ao pensamento grego a idéia de que o ponto de partida da melhor forma de governo seja a igualdade de natureza ou de nascimento, a *isogonía*, que fez todos os indivíduos iguais e igualmente dignos de governar. No *Menêxenos* platônico há uma famosa passagem na qual Sócrates evoca a velha constituição ateniense, contrapondo-a às outras constituições que, pressupondo a desigualdade dos homens pela qual alguns são servos e outros senhores, deram origem a tiranias ou oligarquias: "Nós e os nossos — conclui —, nascidos irmãos da mesma mãe, não pretendemos ser entre nós servos e senhores, mas a igualdade de nascimento nos obriga a buscar também a igualdade legal e a não ceder a ninguém mais, a não ser no apreço da virtude e da inteligência" (239a).

Que essa idéia da igualdade de natureza, a *isogonía*, seja o fundamento da democracia moderna, que seja o fundamento ideal do governo democrático, enquanto governo fundado sobre a concepção enraizadíssima (ainda que continuamente contestada) de uma natureza que fez os homens originariamente iguais, dispensa comentários. Para o ulterior enraizamento no pensamento político ocidental contribuiu a idéia cristã dos homens irmãos enquanto filhos de um único Deus: idéia esta, a da fraternidade entre os homens, que, secularizada através da doutrina da natureza humana comum, acabou por constituir um dos três princípios da Revolução Francesa. Não foi por acaso que essas idéias encontraram a sua expressão racional ou racionalizada na doutrina jusnaturalista, cujas reflexões partiram do indivíduo isolado, como pessoa moral dotada de direitos que lhe pertencem por natureza e como tais são inalienáveis e invioláveis.

Merece, ao contrário, senão um comentário, uma menção o fato de que o juízo positivo sobre a democracia dos modernos depende essencialmente do reconhecimento desses direitos do homem. A filosofia política dos antigos não é predominantemente uma filosofia individualista, e muito menos atomizante. A sua inspiração dominante é aquela bem expressa na tese aristotélica do homem originariamente animal social que vive desde o nascimento em uma sociedade natural como a família. Essa idéia estará na base da teoria organicista que teve longa vida no pensamento político ocidental e contribuiu para manter vivo o conceito de povo como um todo superior às partes até chegar à filosofia romântica alemã. Desta, que é o exato oposto da filosofia utilitarista surgida nos mesmos anos na Inglaterra, nasceram tanto o *Volksgeist* da Escola histórica alemã quanto a "totalidade ética" de Hegel, descendo até a *Volksgemeinschaft*, de triste memória, não tão distante nos anos para que possa ser esquecida, que representou o desafio extremo a qualquer idéia de governo livre fundado sobre o princípio da dignidade e da responsabilidade individual.[12]

Independentemente do pensamento romântico e neo-romântico, a idéia de soberania do povo teve origem, e foi mantida viva, a partir da oposição à soberania do príncipe. Hoje, que essa oposição não tem mais razão de existir, já que tendemos a não reconhecer outro princípio de legitimação além daquele que vem de baixo — exceto em alguns regimes teocráticos, que a consciência civil contemporânea considera resíduos do passado —, também o conceito de soberania popular poderia ser tranqüilamente abandonado.

Se ainda desejarmos falar, em relação à democracia moderna, fundada no princípio de poder ascendente, de soberania, entendida como poder originário, princípio, fonte, medida de toda forma de poder, a soberania não é do povo, mas de cada um dos indivíduos, enquanto cidadãos. "Povo" não é apenas um conceito ambíguo, precisamente porque não existe senão como metáfora um todo chamado "povo", distinto dos indivíduos que o compõem, mas é também um conceito enganoso: sempre se falou de "povo", a começar do *populus* romano, passando pelo poder das cidades medievais, até chegar aos governos populares da idade moderna, mesmo quando os direitos políticos pertenciam a uma minoria da população. Na doutrina do direito público moderno denomina-se "povo" um dos elementos constitutivos do Estado, tenham ou não os indivíduos que o compõem o direito *activae civitatis*. O povo foi considerado soberano mesmo quando aqueles que participavam do poder político em primeira pessoa ou por interposta pessoa do representante eram uma minoria da população. Só se pode falar apropriadamente de soberania do povo a partir do momento em que foi constituído o sufrágio universal, mas dele se falou também nos séculos precedentes, a propósito do *démos* grego e do *populus romanus*, a propósito de comunidades nas quais existiam até mesmo escravos, que não tinham direitos políticos e tampouco direitos civis, de governos populares das cidades italianas onde povo era apenas a fidalguia, distinta da arraia-miúda, do povo dos Estados representativos bem antes que os direitos políticos fossem atribuídos a todos os cidadãos maiores de idade de ambos os sexos. Como escreveu há alguns anos um estudioso

---

12. Sobre o significado de "povo" na história, indicações e sugestões in G. SARTORI, *The Theory of Democracy Revisited*, cit., pp. 21 em diante. A propósito da concepção orgânica ou holística de povo, observa exatamente que "não conduz de modo algum à democracia" (p. 23).

americano em um livro dedicado ao povo semi-soberano: "A definição clássica de democracia como governo do povo é em sua origem pré-democrática, fundada em concepções da democracia desenvolvidas por filósofos que nunca tiveram a oportunidade de ver em funcionamento um sistema democrático".[13]

Para justificar a não-correspondência do nome à coisa recorreu-se repetidamente ao expediente de distinguir o verdadeiro povo do falso povo, o *démos* do *óchlos*, o *populus* da *plebs*, o *peuple* da *populace*, introduzindo-se uma distinção maior, aquela entre uma parte boa e uma parte má da sociedade, sobre a qual sempre esteve fundada a legitimidade dos governos aristocráticos. Nas *Istorie fiorentine* (*Histórias florentinas*), Maquiavel escreve: "Em Florença em primeiro lugar dividem-se entre si os nobres, depois os nobres e o povo, e em último lugar o povo e a plebe".[14]

Na democracia moderna, o soberano não é o povo, mas são todos os cidadãos. O povo é uma abstração, cômoda, mas também, como já dissemos, falaciosa; os indivíduos, com seus defeitos e seus interesses, são uma realidade. Não é por acaso que como fundamento das democracias modernas estão as Declarações dos Direitos do Homem e do Cidadão, desconhecidas da democracia dos antigos. A democracia moderna repousa em uma concepção individualista da sociedade. Se depois esse individualismo é proposto e reivindicado em nome da teoria utilitarista da felicidade do maior número ou mesmo da teoria dos direitos do homem, para mencionar rapidamente a disputa dos últimos anos entre quem acolheu e defendeu os princípios do utilitarismo e quem protesta colocando à frente os direitos "que devem ser levados a sério", é um tema que aqui pode ser posto em segundo plano, porque aquilo que me interessa avaliar é o lugar central que ocupa o individualismo no debate contemporâneo, qualquer que seja seu fundamento.

Talvez seja útil lembrar que na origem do individualismo há tanto uma ontologia quanto uma ética: uma ontologia, enquanto baseada em uma concepção atomista da sociedade, tal como se apresenta tanto na reconstrução do estado de natureza que precede o Estado civil na filosofia política de Hobbes a Kant, quanto na fundação da nova ciência, a economia política, cujo principal ator é o *homo oeconomicus*, desprezado por Marx, que individualista não era; uma ética, defino, que atribui ao indivíduo humano, diversamente de todos os outros seres do mundo

---

13. E. E. SCHATTSCHNEIDER, *The Semisovereign People. A Realist's View of Democracy in America*, Holt, Rinehart and Winston, Nova York, 1960, p. 130 (ed. it.: , *IL popolo semi-sovrano. Un'interpretazione realistica della democrazia in America*, Ecig, Gênova, 1998, p. 178).

14. N. MAQUIAVEL, *Istorie fiorentine*, Proemio (ed., cit., vol. II, p. 6).

natural, uma personalidade moral que, para nos expressarmos em termos kantianos, tem uma dignidade, e não um preço.

Ora, colocados de lado esses pressupostos, que se tornaram hostis a uma concepção laica da sociedade, a concepção individualista assumiu as vestes mais modestas do individualismo metodológico, ou seja, da doutrina segundo a qual a predominante concepção pragmática da ciência parte, para analisar a sociedade, das ações dos indivíduos mais do que da sociedade considerada como um todo superior às partes. São individualistas, nesse sentido, dois entre os mais complexos sistemas sociológicos do nosso século, o de Pareto e o de Weber. Hoje o individualismo está na base do estudo das decisões coletivas: as escolhas deste ou daquele grupo são analisadas partindo-se das escolhas de cada indivíduo que decide. Seria bom, de qualquer modo, não esquecer, para prevenir qualquer indevida absolutização de um método, que o individualismo metodológico nasceu no seio dos estudos econômicos, e nele está a sua força operativa (não é por acaso que Pareto e Weber eram dois sociólogos economistas), não podendo ser transplantado para outros campos onde fenômenos coletivos, como a linguagem e em parte também o direito, não podem ser explicados a partir do indivíduo e das suas escolhas, e enquanto tal sempre alimentaram e legitimaram, com uma absolutização em sentido contrário e igualmente incorreta, teorias organicistas.

Que fique bem claro, a concepção individualista da qual estamos falando nas três diferentes dimensões, ontológica, ética e metodológica, não prescinde da consideração de que o homem é também um ser social, nem considera o indivíduo isolado, a um só tempo micro e macrocosmo, à moda de Stirner, em geral do anarquismo filosófico. Há individualismo e individualismo. Há o individualismo da tradição liberal-libertária e o individualismo da tradição democrática. O primeiro arranca o indivíduo do corpo orgânico da sociedade e o faz viver fora do regaço materno, lançando-o ao mundo desconhecido e cheio de perigos da luta pela sobrevivência, onde cada um deve cuidar de si mesmo, em uma luta perpétua, exemplificada pelo hobbesiano *bellum omnium contra omnes*. O segundo agrupa-o a outros indivíduos semelhantes a ele, que considera seus semelhantes, para que da sua união a sociedade venha a recompor-se não mais como um todo orgânico do qual saiu, mas como uma associação de indivíduos livres. O primeiro reivindica a liberdade do indivíduo em relação à sociedade. O segundo reconcilia-o com a sociedade fazendo da sociedade o resultado de um livre acordo entre indivíduos inteligentes. O primeiro faz do indivíduo um protagonista absoluto, fora de qualquer vínculo social. O segundo faz dele o protagonista de uma nova sociedade que surge das cinzas da sociedade antiga, na qual as decisões coletivas são tomadas pelos próprios indivíduos ou por seus representantes.

Um historiador, em geral um cientista social, que não apenas não pretende, mas não quer nem mesmo correr o risco de fazer profecias, pode adiantar apenas algumas tímidas previsões sobre qual será a democracia do futuro. A profecia é categórica, a previsão é hipotética. Diferente da história, que não pode ser feita com os "se", a previsão só pode ser feita com os "se". A única afirmativa lícita para o estudioso dos fenômenos sociais (hesito sempre ao falar de "cientista" social porque as chamadas ciências sociais estão ainda imersas no universo das aproximações) é que, se se realizarem certas condições, é provável que delas derivem certas conseqüências. Mas com o realizar-se das condições, que depende da continuidade, da constância, da linearidade de uma determinada tendência que se acreditou descobrir e se conseguiu também determinar com uma certa precisão, a ciência social deve avançar, se não deseja ir ao encontro de clamorosos insucessos, com pés de chumbo. Para dar um exemplo atual, é possível estabelecer um nexo entre crescimento demográfico e aumento do consumo dos recursos necessários à sobrevivência, pronunciando-se sobre as conseqüências que poderiam derivar de um desenvolvimento desigual dos dois processos, mas seria arriscado asseverar a inelutabilidade das duas tendências. De fato, as previsões cumpridas em anos recentes sobre os limites do desenvolvimento não foram plenamente confirmadas. Mais que previsões, revelaram-se profecias (equivocadas).

Com relação às duas diferenças fundamentais entre democracia dos antigos e democracia dos modernos, sobre as quais falei até agora, pode-se timidamente prever que a democracia do futuro goza do mesmo juízo de valor positivo da democracia dos modernos, embora retornando em parte, através da ampliação dos espaços da democracia direta, tornada possível com a difusão dos meios eletrônicos, à democracia dos antigos.[15]

E contudo, em seu último escrito antes de morrer, Gino Germani colocou-se a seguinte pergunta: "A democracia conseguirá sobreviver?".[16] Respondia colocando em evidência quatro razões pelas quais era lícito

---

15. Mas também esse é um tema no qual não me aventuro, embora a literatura sobre a matéria tenha crescido nos últimos anos. Permanece contudo a pergunta: posto que se torne possível também nos grandes Estados, graças ao aperfeiçoamento dos meios técnicos de transmissão das opiniões, a democracia direta é desejável?

16. G. GERMANI, *Autoritarismo e democrazia nella società moderna*, in *I limiti della democrazia*, organizado por R. Scartezzini, L. Gemani, R. Gritti, Liguori, Nápoles, 1985, pp. 1-40, seguido de um comentário meu: *Può sopravvivere la democrazia?*, pp. 41-49.

afirmar que os regimes democráticos encontravam-se em zona de perigo. Dessas razões, três são internas, uma externa. As três internas são, segundo Germani, o excesso de mudanças, a vulnerabilidade do sistema, o paradoxo tecnocrático. Por excesso de mudanças entendia a contradição entre a contínua mudança das regras de comportamento, característica das sociedades secularizadas (as únicas em que se impuseram regimes democráticos duradouros) em comparação com as sociedades tradicionais, e a necessidade que toda sociedade tem de manter um núcleo dos princípios fixos através dos quais possa advir o núcleo tanto de integração social sem a qual nenhuma sociedade pode sobreviver. A vulnerabilidade da democracia dependeria da fragmentação do poder que permite que pequenos grupos organizados desfiram golpes mortais na sociedade obrigada, para se defender, a negar a si mesma. Falando do paradoxo tecnocrático, Germani referia-se à crescente contradição entre a exigência do controle popular, sobre o qual se sustenta um regime democrático, e a necessidade de que toda sociedade avançada tem de tomar decisões em matérias que requerem conhecimentos cada vez mais especializados, inacessíveis às massas.

Os perigos denunciados são todos reais, quem poderia negar? É fato, contudo, que desde que Germani escreveu o ensaio, não apenas as democracias existentes não desmoronaram, nem mesmo as mais frágeis, como a italiana, mas aconteceu, em muitos países da Europa, e está em curso na América Latina, a transição de regimes autoritários para regimes democráticos. E afinal, o que representam os lemas de revolta que abalaram e continuam a abalar o império soviético senão a exigência de renovação democrática?

Por que este descompasso entre previsões e acontecimentos reais? As nossas observações — que parecem razoáveis em forma de hipótese, de se-então — ou não dão conta de todas as condições, vale dizer, de todos os "se", porque escolhemos aqueles que nos permitem chegar a conclusões emotivamente preferidas (a conclusão catastrófica no lugar da conclusão de final feliz ou vice-versa), ou então acontece que entre a hipótese e as conclusões intervêm processos de auto-regulação ou de adaptação que não foram previstos.

Quanto ao fator externo, dependente do sistema internacional, Germani acreditava que a cada vez mais ampla e inevitável internacionalização da política externa favoreceria mais as soluções autoritárias do que as soluções democráticas. Dos dois perigos aos quais vai de encontro a democracia, provavelmente este é o maior. A política interna é hoje mais do que nunca determinada pela política internacional e pela constelação de interesses das potências hegemônicas no âmbito dos quais os Estados não-hegemônicos são obrigados a viver: digo "obrigados" porque a posição de um Estado não-hegemônico em uma certa esfera de influência não é quase nunca objeto de livre escolha do governo desse Estado, e muito menos do povo ou dos cidadãos. Todos os argumentos que se desejem acrescentar para enfatizar a não-governabilidade das democracias parecem quase irrelevantes diante da não-governabilidade do sistema internacional, a qual tem inevitavelmente um contragolpe sobre a estrutura do sistema interno.

Sabemos, pela nossa experiência cotidiana, que o setor das decisões políticas mais excluídas do debate público, que diferencia a democracia, é aquele que se refere às questões internacionais. A política externa continua sendo uma esfera reservada, de fato, se não de direito, ao executivo, e é também a esfera na qual desfrutam de maior liberdade de movimento os serviços secretos, que estão ligados, secretamente, como é natural, a serviços secretos de outras nações, em uma rede de canais subterrâneos cujo acesso é negado ao cidadão comum, que decai, nessa situação, de soberano a súdito. De tudo aquilo que se decide, ou se trama, nesse subsolo, o povo soberano não sabe absolutamente nada, e aquilo que sabe está quase sempre errado. Há dois modos de não deixar que os outros saibam das nossas próprias intenções: não manifestá-las, ou mentir. Está diminuindo a confiança na eficácia da opinião pública, que deveria ser o baluarte da democracia. Com maior razão deve-se duvidar da eficácia da opinião pública nas questões internacionais. Quando chega a descobrir um escândalo, chega atrasada.

O verdadeiro desafio à democracia do século XX é aquele que vem do exterior. Nem tanto por razões adotadas em um livro provocativo, como aquele de François Revel, para quem as democracias não sabem se defender[17] (com relação ao fascismo e ao nazismo defenderam-se muito bem e os venceram), mas por uma razão bem mais substancial. Enquanto um Estado democrático viver em uma comunidade à qual pertencem Estados não-democráticos, e ela própria não é democrática, o regime dos Estados democráticos também será apenas uma democracia incompleta.

O fundamento de uma sociedade democrática é o pacto de não-agressão de cada um com todos os outros e o dever de obediência às decisões coletivas tomadas com base nas regras do jogo de comum acordo preestabelecidas, sendo a principal aquela que permite solucionar os conflitos que surgem em cada situação sem recorrer à violência recí-

---

17. J.-F. REVEL, *Comment les démocraties finissent*, Ed. Grasset & Fasquelle, Paris, 1983, (ed. it.: Rizzoli, Milão, 1984).

proca. Mas tanto o pacto negativo de não-agressão, quanto o pacto positivo de obediência, para serem, além de válidos, também eficazes, devem ser garantidos por um poder comum. Com o pacto de não-agressão recíproca, os indivíduos saem do estado de natureza; com o pacto de obediência às regras estabelecidas em comum acordo constituem uma sociedade civil. Mas somente instituindo um poder comum dão vida a um Estado (que não é necessariamente democrático).

Sobre o sistema internacional pode-se afirmar que na base do estatuto das Nações Unidas houve um pacto de não-agressão, inicialmente entre as potências vitoriosas, depois estendido, pouco a pouco, a todos os Estados da Terra, incluídos os vencidos, e acrescentar que no momento em que cada Estado passa a fazer parte da Organização das Nações Unidas compromete-se a obedecer às decisões que serão tomadas pelos órgãos estatutários delegados. Mas a instituição de um poder comum acima das partes contraentes não obteve sucesso. Onde há concórdia, como na Assembléia na qual todos os Estados têm o mesmo direito de voto, não há poder. Onde poderia haver poder, no Conselho de Segurança, não há concórdia (a concórdia exclui o direito de veto). Sem poder comum, não há qualquer garantia de que o pacto de não-agressão seja respeitado e a obediência às decisões assegurada.

Uma sociedade de tendência anárquica, como a sociedade internacional, que se refugia ainda no princípio da autodefesa em última instância, favorece o despotismo interno dos seus membros, ou pelo menos dificulta o processo de democratização. Enquanto o princípio no qual se inspira ou deveria se inspirar o Estado democrático é aquele da garantia da máxima liberdade de cada um de seus cidadãos compatível com a máxima liberdade de todos os outros, o princípio ao qual um Estado está obrigado a conformar a própria conduta em uma sociedade de Estados não-democrática é "salus reipublicae suprema lex", um princípio com base no qual a liberdade do todo (leia-se "independência") tem precedência sobre a liberdade de todos. E se depois, hoje, uma grande potência alegar, em vez da salvação do Estado, os "interesses vitais", a coisa não muda de figura. Quando Maquiavel escreve que onde está em jogo a saúde da pátria "não cabe qualquer consideração, nem de justo nem de injusto", porque o que conta "posposto qualquer outro respeito" é "seguir de todo aquele partido que lhe salve a vida e mantenha a liberdade",[18] refere-se à liberdade do Estado e não à li-

---

18. N. MACHIAVELLI, *Discorsi sopra la Prima Deca di Tito Livio*, III, 41, ed. organizada por C. Vivanti, Einaudi, Turim, 1983, pp. 504-5.

berdade dos cidadãos; aliás "posposto qualquer outro respeito" significa também "posposto o respeito" à liberdade dos cidadãos.

Se aceitamos essa hipótese, segundo a qual a ameaça a este ou aquele Estado atualmente democrático depende do fato de que cada um deles faz parte de um universo em seu todo não-democrático, o desafio no final do segundo milênio não poderá ser vencido a não ser nestas duas direções: a ampliação das esferas dos Estados democráticos e a democratização do sistema internacional no seu todo. Dois processos interdependentes, seja no sentido de que deveriam reforçar-se reciprocamente, seja no sentido de que a incompletude de um determina a incompletude do outro.

A idéia do velho Kant (velho de idade quando escreveu o seu famoso opúsculo sobre a paz perpétua, mas não de mente), de que a condição preliminar de uma paz perpétua diferente da paz dos cemitérios era que todos os Estados tivessem a mesma forma de governo e que esta fosse a "república" — aquela forma de governo na qual para decidir a guerra é preciso a anuência dos cidadãos —, não era o sonho de um visionário. A pedra que nos faz tropeçar é aquele "se". Se todos os Estados fossem republicanos... Infelizmente este é um dos paradoxos do nosso tempo (de todos os tempos), ou, se quiserem, o "x da questão". Os Estados só poderão se tornar todos democráticos em uma sociedade internacional democratizada. Mas uma sociedade internacional democratizada pressupõe que todos os Estado que a compõem sejam democráticos.

Neste ponto termina a previsão e começa a profecia. Para a qual, não sendo dotado de espírito profético como o abade Gioacchino,* declaro minha completa incompetência.

II.

DEMOCRACIA E CONHECIMENTO

As definições de democracia, como todos sabem, são muitas. Entre todas, prefiro aquela que apresenta a democracia como o "poder em público". Uso essa expressão sintética para indicar todos aqueles expedientes institucionais que obrigam os governantes a tomarem as suas decisões às claras e permitem que os governados "vejam" como e onde as tomam.

---

* Referência ao abade Gioacchino da Fiore (1145-1202), fundador, no século XII, do movimento cristão espiritualista e profético conhecido por *gioacchinismo*. (N.T.)

Na memória histórica dos povos europeus, a democracia apresenta-se pela primeira vez através da imagem da *agorá* ateniense, a assembléia ao ar livre onde se reúnem os cidadãos para ouvir os oradores e então expressar sua opinião erguendo a mão. Na passagem da democracia direta para a democracia representativa (da democracia dos antigos para a democracia dos modernos), desaparece a praça, mas não a exigência de "visibilidade" do poder, que passa a ser satisfeita de outra maneira, com a publicidade das sessões do parlamento, com a formação de uma opinião pública através do exercício da liberdade de imprensa, com a solicitação dirigida aos líderes políticos de que façam suas declarações através dos meios de comunicação de massa. Com uma confiança que talvez hoje já não possamos partilhar, François Guizot, o primeiro grande historiador do governo representativo, escreveu: "A publicidade dos debates nas Câmaras submete os poderes ao dever de buscar a justiça e a razão sob os olhos de todos, com o objetivo de que cada cidadão se convença de que essa busca é feita de boa-fé".[19] A mesma representação parlamentar, como foi dito com autoridade, "só pode se desenvolver na esfera da publicidade. Não há nenhuma representação que se passe em segredo e a portas fechadas"; "representar significa tornar visível (...) um ser invisível por meio de um ser que está presente publicamente".[20]

A definição da democracia como poder em público não exclui naturalmente que ela possa e deva ser caracterizada também de outras maneiras. Mas essa definição capta muito bem um aspecto pelo qual a democracia representa uma antítese de todas as formas autocráticas de poder. O poder tem uma irresistível tendência a esconder-se. Elias Canetti escreveu de maneira lapidar: "O segredo está no núcleo mais interno do poder".[21] É compreensível também porque: quem exerce o poder sente-se mais seguro de obter os efeitos desejados quanto mais se torna invisível àqueles aos quais pretende dominar. Um dos temas principais dos tratados de política dos séculos em que prevalecem formas de governo autocráticas é aquele dos *arcana imperii*. A principal razão pela qual o poder tem necessidade de subtrair-se do olhar do público está no desprezo ao povo, considerado incapaz de entender os supremos interesses do Estado (que seriam, no julgamento dos pode-

---

19. F. GUIZOT, *Histoire des origines du gouvernement représentatif en Europe* (1821-22), Société Typographique Belge, Bruxelas, 1851, t. I, p. 84.
20. C. SCHMITT, *Verfassungslehre*, Duncker u. Humblot, Berlim, 1928 (trad. it. organizada por A. Caracciolo, *Dottrina della costituzione*, Giuffrè, Milão, 1984, pp. 275 e 277).
21. E. CANETTI, *Masse und Macht*, Claassen Verlag, Hamburgo, 1960, (ed. it.: *Massa e potere*, Adelphi, Milão, 1981, p. 350).

rosos, os seus próprios interesses) e presa fácil dos demagogos. Um dos temas recorrentes da crítica à democracia, que percorre toda a história do pensamento político, das famosas páginas da *República* de Platão até Nietzsche, é a incapacidade do vulgo de manter os segredos que são necessários à melhor condução da coisa pública.

Quando falo de "poder em público" refiro-me, que fique bem claro, ao público ativo, informado, consciente de seus direitos, àquele público cuja história do seu nascimento, e seu desenvolvimento, do Iluminismo em diante, foi reconstruída por Jürgen Habermas em uma obra muito conhecida e discutida,[22] ao público no significado em que Kant falava, em um célebre texto sobre o Iluminismo, do direito e dever dos filósofos de fazer um "uso público da própria razão".[23] Também o monarca absoluto, o autocrata, o ditador moderno, apresenta-se em público, porque tem necessidade de mostrar os sinais visíveis da própria potência. Mas o público ao qual se apresenta é uma multidão anônima, indistinta, chamada a ouvir e a aclamar, não a expressar uma opinião, mas a cumprir um ato de fé. A essa visibilidade puramente exterior do senhor da vida e da morte dos próprio súditos deve corresponder a opacidade das decisões das quais a sua vida e a sua morte dependem.

Essa radical inversão entre poder visível e poder invisível faz-se acompanhar de uma mudança igualmente radical, típica da filosofia iluminista, na esfera do conhecimento e do comportamento do homem diante dos *arcana naturae*, não menos impenetráveis do que os *arcana imperii*. Kant sintetizou a essência da nova filosofia no mote horaciano, já retomado por Gassendi, "Sapere aude", e tinha-o felizmente traduzido desta maneira: "Tem coragem de servir-te da tua própria inteligência".[24] Essa disposição do homem de razão contrapunha-se à disposição do homem de fé, bem expressa na máxima paulina: "Noli autem sapere sed time" (*Rom.*, 11, 20). O temor a Deus serviu durante séculos para justificar o temor ao soberano, os *arcana imperii* foram considerados uma cópia do *arcana Dei*. A transgressão do segredo divino e do segredo natural não podia deixar de ter como conseqüência a transgressão do segredo político. Grande parte da história do pensamento político pode ser interpretada como uma contínua tentativa de parte dos súditos de arran-

---

22. J. HABERMAS, *Strukturwandel der Oeffentlichckeit*, Luchterhand, Neuwied, 1962 (ed. it.: *Storia e critica dell'opinione pubblica*, Laterza, Roma-Bari, 1971).
23. *Ibid.*, p. 141.
24. *Ibid.*, p. 141.

car os véus, ou as viseiras, ou as máscaras atrás das quais se escondem os detentores do poder, de ampliar a área do poder visível em relação à área do poder invisível. Afastando-nos da definição de democracia da qual parti, poderíamos redefini-la idealmente como aquela forma de governo na qual também as últimas fortificações do poder invisível foram vencidas e o poder, tal como a natureza, não tem mais segredos para o homem. Sabemos que essa meta ideal é inatingível. Pertence à essência mesma do poder ocultar-se. Mas isso não significa que a distinta extensão das duas esferas, respectivamente do poder visível e do poder invisível, seja um dos critérios que permitem uma clara distinção entre governo democrático e governo autocrático.

À estratégia do poder autocrático pertence não apenas o não-dizer, mas também o dizer em falso: além do silêncio, a mentira. Quando é obrigado a falar, o autocrata pode servir-se da palavra não para manifestar em público as suas próprias reais intenções, mas para escondê-las. Pode fazê-lo tanto mais impunemente quanto mais os súditos não têm à sua disposição os meios necessários para controlar a veracidade daquilo que lhes foi dito. Faz parte da preceptiva dos teóricos da razão de Estado a máxima de que ao soberano é lícito mentir. Que ao soberano fosse lícita a "mentira útil" não foi dito apenas pelo "diabólico" Maquiavel. Mas também por Platão, mas também por Aristóteles, mas também por Xenofon. Sempre foi considerada uma das virtudes do soberano o saber simular, isto é, fazer parecer aquilo que não é, e saber dissimular, isto é, não fazer parecer aquilo que é. Jean Bodin, que contudo se confessa ardentemente anti-maquiavélico, reconhece que Platão e Xenofon permitiam aos magistrados mentir, como se faz "com as crianças e com os doentes".[25] A comparação dos súditos com crianças e com doentes fala por si só. As duas imagens mais freqüentes nas quais se reconhece o governante autocrático é aquela do pai ou do médico: os súditos não são cidadãos livres e saudáveis. São ou menores de idade que devem ser educados, ou doentes que devem ser curados. Uma vez mais a ocultação de poder encontra sua própria justificação na insuficiência, quando não na completa indignidade, do povo. O povo, ou não deve saber, porque não é capaz de entender, ou deve ser enganado, porque não suporta a luz da verdade.

A fim de que fosse possível direcionar o preceito "Sapere aude" para a descoberta dos *arcanii imperii*, foi necessária uma completa in-

---

25. J. BODIN, *Les six livres de la République* (1576), IV, 7 (ed. it. organizada por M. Isnardi Parente e D. Quaglione, *I sei libri dello Stato*, Utet, Turim, 1988, vol. II. p. 574).

versão da imagem do poder: foi preciso começar a olhá-lo não mais de cima para baixo, mas de baixo para cima.

Seria um equívoco acreditar que o governo autocrático exclui toda forma de saber voltada para o estudo da sociedade e do Estado. Na realidade, continua sendo verdade que saber é poder, que quanto mais uma pessoa sabe, mais pode. Mas permanece a pergunta: o poder de quem? Durante séculos, os escritores políticos observaram o fenômeno do poder do ponto de vista do governante, e não do ponto de vista do governado, *ex parte principis* mais do que *ex parte populi*. A chamada ciência da política foi, mais do que uma ciência no sentido hodierno da palavra, vale dizer, uma pesquisa desinteressada, *wertfrei*, objetiva e conduzida com método, uma arte de governo, vale dizer, uma série de preceitos direcionados aos detentores do poder sobre o melhor modo de conquistá-lo e de conservá-lo depois de tê-lo conquistado. Os problemas clássicos da política, a começar por Platão, passando por Aristóteles, Cícero, os escritores medievais, até chegar a Maquiavel, Bodin, Hobbes, os teóricos da razão de Estado, e por que não, a Hegel, aos elitistas contemporâneos, referem-se essencialmente aos direitos e deveres dos governantes, à natureza e distribuição dos diferentes encargos do Estado, à estabilidade ou instabilidade dos governos, e aos diferentes modos de assegurar a primeira ou de evitar a segunda. Aos tratados sobre os direitos e deveres dos soberanos não correspondia habitualmente um igualmente acurado tratado sobre os direitos e deveres dos indivíduos. O problema dos limites do poder soberano era examinado não tanto em relação aos eventuais direitos de cada indivíduo, mas sim em relação aos outros poderes soberanos como são aqueles dos outros Estados ou, na longa controvérsia medieval sobre os dois Poderes, da Igreja como instituição também ela dotada de soberania.

Para dar um exemplo, a ciência régia à qual Platão dedica o diálogo *O Político* é a ciência que deve ensinar o soberano como exercer o poder fazendo justiça: o governante é comparado ao tecelão, isto é, a um artesão cujo sucesso depende exclusivamente da sua própria habilidade. A comparação habitual do governante com o timoneiro ilustra ainda melhor seja a aproximação do agir do político ao agir de quem adquiriu uma particular habilidade, ou seja, a convicção difusa de que a política seja uma técnica e como tal possa ser ensinada e transmitida, seja a natureza da relação entre quem tem o direito de comandar porque conhece o ofício e quem não tem outro dever além daquele de obedecer ordens. Se o governante é o timoneiro, os governados são os galeotes. Há uma célebre passagem no sexto livro da *República*, na qual Platão descreve de modo eficaz o que acontece quando os marinheiros querem substituir seu comandante. Hobbes ocupa-se dos súditos somente para colocar de sobreaviso o soberano contra o desregramento do povo e para sugerir o melhor modo de colocar-lhes os arreios no pescoço: Hobbes considera-se o primeiro a construir uma ciência política verdadeira e verdadeiramente demonstrada (*doctrina civilis vera et vere demonstrata*) e que gostaria fosse ensinada em todas as universidades para finalmente colocar de lado as teorias sediciosas que incitam o povo à desobediência. Como podemos ver, uma concepção absolutista de poder se faz acompanhar de uma concepção absolutista de saber. Nas suas lições de filosofia do direito na Universidade de Berlim, Hegel, que apresenta a sua filosofia como um saber absoluto, afirma que com a palavra "povo" se designa uma parte específica dos componentes de um Estado, "a parte que não sabe o que quer": saber aquilo que se quer "é o fruto de profundo conhecimento e intelecção, que, exatamente, não são coisas do povo".[26]

Para que a ciência política começasse a olhar o problema do poder também pelo outro lado, ou seja, a partir do ponto de vista dos indivíduos, foi necessária uma verdadeira revolução copernicana, a mesma revolução que ocorreu no campo da ciência natural quando se começou a olhar a natureza não do ponto de vista de Deus, seu senhor e criador, mas do ponto de vista do homem que se esforça para decifrar seu mistério. A reviravolta foi acima de tudo moral, antes moral que intelectual, mesmo que a ela tenha dado a sua contribuição a primeira ciência social, a economia política, cujo ponto de partida não foi mais a sociedade no seu todo, da qual o Estado, na predominante concepção organicista da sociedade, é a cabeça ou a mente ou a alma, mas o indivíduo isolado, o *homo oeconomicus*, que se relaciona com os outros indivíduos para comercializar seus próprios bens e prover seu próprio sustento. Essa reviravolta moral teve origem com o cristianismo e encontrou a sua expressão filosófica ou racional nas doutrinas jusnaturalistas, cujas reflexões tiveram início partindo do indivíduo isolado como pessoa moral, dotada de direitos que lhe pertencem por natureza e como tais são inalienáveis e invioláveis, em oposição às doutrinas políticas dos antigos que partiam do homem social, vivendo desde a origem em uma sociedade natural como a família. A primeira conseqüência desse distinto ponto de partida foi a concepção do Estado não como um fato natural, mas como o produto da vontade concorde dos indivíduos que livremente decidem fazê-lo nascer submetendo-se

---

26. G. W. F. HEGEL, *Grundlinien der Philosophie des Rechts* (1821), § 301 (ed. it. de G. Marini, Laterza, Roma-Bari, 1987).

a ele voluntariamente. Considerado o Estado como o produto artificial de uma vontade comum, segue-se que de agora em diante o verdadeiro protagonista do saber político será não mais o Estado, mas o indivíduo.

Sobre essa base individualista nasce a democracia moderna. Na origem do individualismo está uma ontologia e uma ética: uma ontologia enquanto se baseia em uma concepção atomista da sociedade (e da natureza) em oposição à concepção organicista predominante, uma ética enquanto o indivíduo humano, diferente de todos os outros entes do mundo natural, tem um valor moral, para nos expressarmos em termos kantianos, uma dignidade e não apenas um preço. Na chegada, isto é, nos nossos dias, o individualismo tornou-se um método (refiro-me ao chamado "individualismo metodológico" defendido por sociólogos e economistas nestes anos), vale dizer, a expressão da preferência, com todas as conseqüências que dela derivam, pelo estudo dos fenômenos sociais partindo das ações individuais mais do que das várias formas de sociedade no seu conjunto. Aqui me interessa sobretudo enfatizar que, numa ou noutra dessas formas, a teoria individualista da sociedade acompanha a formação da democracia moderna. Uma teoria da democracia é, a meu ver, inseparável de uma concepção individualista da sociedade. Se depois esse individualismo se expressa na teoria dos direitos do homem ou na teoria utilitarista da felicidade do maior número, para acenar brevemente à antiga demolição cumprida por Bentham das Declarações dos Direitos e à disputa desses anos entre aqueles que retomaram e aprofundaram os princípios do utilitarismo e aqueles que protestam em nome dos direitos que devem ser "levados a sério",[27] é um problema que aqui pode ser deixado de lado, porque não tem particular importância para o tema que estou discutindo. Basta dizer que tanto a doutrina dos direitos do homem quanto a filosofia utilitarista são as duas principais vias através das quais se consegue apresentar os fundamentos teóricos da democracia moderna.

O poder autocrático dificulta o conhecimento da sociedade; o poder democrático, ao contrário, enquanto exercido pelo conjunto dos indivíduos aos quais uma das principais regras do regime democrático atribui o direito de participar direta ou indiretamente da tomada de decisões coletivas, o exige. O cidadão deve "saber", ou pelo menos deve ser colocado em condição de saber. Ainda que com uma certa ênfase, atribuiu-se à ciência política, no momento do seu nascimento, em um momento de entusiasmo iluminista, que hoje em parte se apa-

---

27. Cf. R. DWORKIN, *Taking Rights Seriously*, Harvard University Press, Cambridge (Mass.), 1977 (ed. it.: *I diritti presi sul serio*, il Mulino, Bolonha, 1982).

gou, até mesmo a tarefa da "educação para a cidadania". Não é por acaso que o conjunto de conhecimentos recolhidos com os métodos próprios da "ciência", da economia à antropologia, da política à sociologia, que hoje reunimos sob o nome de ciências sociais, tenha-se desenvolvido e difundido concomitantemente ao desenvolvimento e difusão dos governos livres, a começar pela Inglaterra, onde John Stuart Mill escreveu, em 1843, o primeiro grande tratado de lógica indutiva,[28] no qual incluiu e examinou, ao lado das ciências físicas mais antigas, as mais recentes ciências morais (como então se denominavam). Foi na Inglaterra que Marx escreveu a sua obra fundamental de crítica à sociedade capitalista. Na era contemporânea, os países que tiveram governos autoritários são os países onde as ciências sociais não se desenvolveram, ou então, onde haviam surgido há tempos, seu desenvolvimento foi interrompido. Quando ensinadas, são transformadas em instrumentos de propaganda, e desse modo desviadas de seus fins naturais, em uma palavra, pervertidas. (Quando eu era estudante, nas nossas universidades a ciência política foi substituída pela doutrina do fascismo, cujo exame era obrigatório, e não apenas para os estudantes das faculdades humanísticas. Nos países submetidos a regimes comunistas, ensina-se o marxismo-leninismo.)

Falei até agora sobretudo de ciência política, mas não o fiz apenas devido a um cacoete profissional. Durante séculos, a única ciência social foi a ciência política, cujo nome remonta aos gregos. O termo "sociologia", como todos sabem, surgiu com Comte no início do século XIX. Na verdade para os gregos não havia diferença entre o "político" e o "social". A *pólis* era a sociedade por excelência. Aristóteles ocupa-se dos grupos sociais, das sociedades particulares, que hoje constituem o principal objeto da sociologia, no capítulo da *Ética a Nicômaco* dedicado à amizade. Os escritores medievais, a começar por são Tomás, traduzem a expressão "politikòn zóon" por "animal politicum et sociale". A sociedade política ou civil foi durante séculos a sociedade por excelência. A ela contrapunha-se não uma sociedade natural, mas o estado de natureza a-social, como se entre a sociedade sem Estado e o Estado não houvesse qualquer esfera intermediária. A única sociedade intermediária conhecida era a família, interpretada como um Estado *in nuce*, enquanto o Estado era interpretado, por sua vez, como uma família em grande escala. Ao lado da ciência política, a única outra ciência reconhecida era a economia, entendida exatamente como ciência do grupo

---

28. J. S. MILL, *A System of Logic Ratiocinative and Inductive* (1843) (ed. it. organizada por M. Trinchero, *Sistema di logica deduttiva e induttiva*, Utet, Turim, 1988).

familiar e sempre considerada, de Aristóteles a Hegel, um capítulo da ciência ou da filosofia política. Para Hegel, o ponto de vista político era ainda assim exclusivo, a ponto de levá-lo a traçar as linhas gerais da filosofia da história segundo a sucessão das formas de governo (despotismo, república, monarquia), quando já fora traçada afinal uma outra história das fases através das quais a humanidade passaria, do ponto de vista das formas econômicas (pastoral, agrícola, mercantil).

O nascimento da ciência social, diferenciada em um primeiro momento da ciência política, e em um segundo momento (por exemplo com Marx) incluindo também a ciência política, ocorreu com a emancipação da sociedade burguesa em relação ao Estado, cuja primeira manifestação deu-se com a formação da ciência econômica, não mais entendida como ciência da casa ou da família. A contribuição dada por Marx a essa operação é bem conhecida, sem nos esquecer, de um lado, de Saint-Simon, o sansimonismo e o desenvolvimento do livre associacionismo que surge como antítese à prepotência estatal, de outro, das famosas análises de Tocqueville sobre a importância das associações voluntárias na formação da democracia americana. Mas essa emancipação ocorreu lentamente, tão lentamente que, onde quer que fossem instituídas, no século passado e neste, faculdades universitárias dedicadas ao estudo dos fenômenos sociais, distintas do tradicional estudo do direito, eram geralmente denominadas faculdades de Ciências Políticas, como na Itália. Na verdade, as faculdades de Ciências Políticas são hoje, e não podem deixar de ser, faculdades de ciências sociais e políticas.

A impossibilidade de distinguir o político do social é uma antiga convicção minha. Quando, em 1972, fui convidado a proferir um discurso por ocasião da instituição na Itália das faculdades de Ciências Políticas,[29] lamentei que todas as "direções" nas quais foram articuladas tivessem sido apresentadas como uma especificação da categoria política em geral ("político-administrativo", "político-econômico" e assim por diante). Afirmei que, ensinando ciência política, eu sempre sentira a necessidade de dar um passo atrás em direção à sociedade subjacente, tal como os historiadores, que fizeram a passagem da história apenas política para a história social. Também enfatizei que uma das características da sociedade moderna, de modo particular das sociedade democráticas, que favoreceram o surgimento do estudo dos fenômenos sociais, fora a derrubada do "primado" da política. Eu explicava

---

29. Cf. N. BOBBIO, *Gli studi sociali e politici nell'università italiana, oggi*, in "Il politico", XXXVIII, n. 2, 1973.

que "derrubada do primado da política" não significa em absoluto o enfraquecimento, e muito menos a extinção do Estado, tal como haviam afirmado concordemente todas as doutrinas utópicas do século XIX. Eu queria dizer com isso que as relações de poder existentes em uma sociedade qualquer não são apenas relações de poder político, e que as instituições políticas constituem apenas uma rede que reúne os vários componentes sociais. Se quisermos perceber o que é uma sociedade humana na sua história e na sua estrutura, não basta olhar o vértice, mas é preciso descer da chamada "classe política" para as classes sociais. Não basta estudar os mecanismos institucionais, mas é preciso observar em que condições eles operam, e se a dinâmica desses mecanismos não se tornou muito mais difícil de ser compreendida devido à real influência dos poderes não imediatamente visíveis, mas substancialmente determinantes.

O que aproxima todas as ciências sociais, donde nasce a oportunidade, senão a necessidade, de compreendê-las todas juntas no universo de uma faculdade ou de um departamento, é o modelo de ciência no qual elas se inspiram, que é o modelo tradicional das ciências empíricas, recebido e corrigido através das críticas que a epistemologia empirista recebeu de várias partes sem por isso ter sido, a meu ver, vencida. Quando falo de um modelo das ciências empíricas não o compreendo no sentido do velho positivismo no qual "o fato é divino". Hoje sabemos muito bem que "no saber científico os dados não são separáveis das teorias nem é possível falar de uma linguagem de observação rigorosamente distinta da linguagem teórica",[30] e por isso os dados podem ser diversamente interpretados segundo as teorias adotadas. Se isso deve nos induzir a abandonar a confiança cega nos resultados do saber científico, que constituiu tamanha parcela da filosofia da ciência na era moderna, do racionalismo dos séculos XVII e XVIII ao positivismo do século XIX, não deve nos impelir a renunciar a essa grande aventura do pensamento humano à qual damos o nome de ciência, e muito menos ao modelo das ciências empíricas, cuja realização, ainda que imperfeita, nos permite sair daquele que foi chamado o universo das "aproximações", e de não confiar as nossas decisões práticas à intuição, à opinião, à verdade aceita por pura fé. Nos últimos anos, passou-se com demasiada facilidade, com demasiada desenvoltura, com demasiada fúria iconoclasta, da crítica desta ou daquela tese que pretendia ser científica à crítica da ciência em geral. A crise do positivismo, do seu ideal de

---

30. D. ZOLO, "I possibili rapporti fra filosofia política e scienza política. Una proposta post-empiricista", in *Teoria política*, I, n. 3, 1985, p. 99.

ciência, e do marxismo, por efeito das suas previsões feitas em nome de uma pretensa ciência infalível, nada tem a ver com a proclamada crise do saber científico. Positivismo e marxismo são duas filosofias ou concepções de mundo, que podem ter guiado a empreitada científica em uma direção em vez de em outra, mas não a alteraram. A ciência enquanto tal não é nem positivista nem marxista. Um "ismo", qualquer que seja, não é condizente com a ciência: o "ismo" é estático, a ciência está sempre em movimento. O ismo apela à nossa faculdade de desejar, a ciência, unicamente ao nosso desejo de conhecer. Que a investigação científica possa ser utilizada para fins imorais (mas isso diz respeito mais à técnica que à ciência) não depende da ciência, que é um conjunto de regras para bem conduzir a nossa inteligência, mas deste ou daquele grupo de cientista que aplica ou deseja aplicar as técnicas da investigação científica ao estudo dos problemas cuja solução pode ter efeitos socialmente danosos.

Tudo isso que foi dito e escrito sobre a impossibilidade da não-valoração [*non-avalutatività*]* da ciência sempre me pareceu o cúmulo da insensatez. A ciência é por definição o conjunto das técnicas de pesquisa que devem servir para restringir ao máximo grau a intervenção das nossas preferências ou dos nossos juízos de valor. Se para o cientista social esse comportamento é mais difícil do que para um físico ou um biólogo, isso não significa que as ciências sociais possam pretender a qualificação de ciência pressupondo ou incluindo subrepticiamente juízos de valor. Se depois o cientista social tem seus ideais e utiliza os resultados da pesquisa para defendê-los ou para combater os ideais dos adversários, é um problema totalmente distinto, que não diz respeito à ciência, mas aos resultados práticos que dela se pode extrair.

Os resultados práticos. Este é o grande problema. Sobre o qual eu gostaria de terminar meu discurso. O ideal de uma política científica, vale dizer, de uma ação política guiada pela ciência, percorre toda a história do pensamento político. A começar por Platão, que almejava, se não se convenceu do contrário depois das desilusões na Sicília, ao governo dos filósofos. Nisto acreditaram firmemente, no século XIX, tanto os positivistas, de Comte aos darwinistas sociais, quanto Marx e os marxistas. O ideal da política científica estava estreitamente ligado ao mito do progresso irreversível, cuja prova irrefutável era o progresso

---

* Cf. (N.T.) cap. 1.I, p. 69.

da ciência, que se acreditava fosse condição necessária ao progresso político e moral da humanidade. Gaetano Mosca, que era filosoficamente um positivista, acreditava que os progressos das ciências históricas e sociais já se houvessem realizado naquele momento, a ponto de "tornar possível à geração presente e às gerações imediatamente sucessivas (...) a criação de uma verdadeira política científica".[31] Atribuía à ciência política duas tarefas, uma negativa, livrar o campo da política das doutrinas errôneas, corruptoras e indutoras, outra positiva, que consistia em formular propostas fundadas na investigação escrupulosa dos fatos que permitissem que a maioria governada exigisse e que a minoria governante concedesse apenas reformas razoáveis. Mosca atribuía à ciência política assim entendida uma função essencialmente anti-revolucionária. Em um pensamento da tardia velhice, quando a Itália teve a amarga experiência de uma transição repentina de uma ameaça de revolução para uma contra-revolução realizada, abandonou-se a este verdadeiro "sonho de um visionário": "Por fim o século XX, e talvez também o século XXI, poderão fazer progredir de tal maneira as ciências sociais que se encontrará o modo de transformar lentamente uma sociedade sem que ela decaia, evitando as crises violentas que com freqüência acompanham a decadência".[32] Não ignorava contudo que a lição da história corria em sentido oposto. De fato, também dizia: "É certo que todas as doutrinas religiosas e políticas que mudaram a história do mundo (...) não se fundaram na verdade científica. A causa verdadeira do seu triunfo ou da sua rápida difusão precisa sobretudo ser buscada na atitude que tiveram para satisfazer certas tendências intelectuais e morais das massas".[33] Não consigo entender como ele podia conciliar a confiança na política científica com a convicção de que as massas se movem apenas impelidas por mitos irracionais. Na realidade, as duas afirmativas são inconciliáveis: a segunda expressava uma certeza, a primeira apenas uma esperança.

Mais do que uma esperança, uma ilusão. Não existe uma relação imediata entre conhecimento e ação, entre teoria e práxis. O cientista e o político têm tempos distintos: o primeiro pode conceder-se tempos longos; o segundo deve quase sempre decidir em condições de necessidade e de urgência. As suas responsabilidades também são distintas. A responsabilidade do cientista é esclarecer os termos de um problema, a do político é solucioná-lo com uma decisão, que não pode ser adiada

---

31. G. MOSCA, *Elementi di scienza politica* (Parte seconda, 1923), in ID., *Scritti politici*, organizado por G. Sola, Utet, Turim, 1982, vol. II, p. 1082.
32. ID., *Cio che la storia potrebbe insegnare. Scritti di scienza politica*, Giuffrè, Milão, 1958, p. 733.
33. *Ibid.*, p. 653.

indefinidamente (em geral, a decisão de não decidir não é uma boa decisão, mesmo que seja com freqüência praticada). O cientista pode permitir-se dizer: este problema é, no atual estágio do nosso conhecimento, insolúvel, ou então é solucionável mas serão necessários anos de pesquisa. O político é obrigado pelas circunstâncias a tomar uma decisão, qualquer que seja; com freqüência é melhor uma decisão ruim do que nenhuma decisão. Mas uma solução desse gênero é totalmente contrária à ética do cientista. Sobretudo são distintas as suas funções: a função do político é solucionar conflitos, que, não resolvidos, levam uma sociedade à perdição; a do cientista é não apenas esclarecer os termos de um problema, mas também educar diretamente aqueles que se dedicam a esses estudos, e indiretamente o público em geral, ao juízo ponderado, à liberdade crítica, à recusa das idéias herdadas, à exigência de conhecer antes de deliberar. O que é tarefa, como todos podem ver, a longo prazo, cujos efeitos não são, nem imediatamente, nem facilmente, avaliáveis.

Desconfiado em relação à utopia platônica do filósofo-rei, mas também da utopia contrária do rei-filósofo, sempre senti um profundo respeito pela afirmativa kantiana: "Não se deve esperar que os reis filosofem ou que os filósofos se tornem reis, e tampouco desejar que assim aconteça, já que a posse da força corrompe inevitavelmente o livre juízo da razão".[34] Esta afirmativa me parece belíssima. A posse da força (e mais ainda o seu uso) corrompe. É bom que em cada sociedade existam pessoas que possam fazer livre uso da sua razão sem possuir outra força além daquela derivada dos bons argumentos. São os "profetas desarmados" dos quais Maquiavel escarnecia. É sumamente desejável a sociedade na qual os profetas desarmados não são tolerados, mas sim protegidos pelas autoridades públicas. Mas que autoridade pública os pode verdadeiramente tolerar e proteger senão aquela que está fundada sobre o reconhecimento dos direitos do homem, dos quais o primeiro, do qual todos os outros derivam, é a liberdade de opinião?

É verdade, a relação entre ciência livre e política não é imediata. Mas governo democrático e ciência livre não podem existir um sem o outro. A democracia permite o livre desenvolvimento do conhecimento da sociedade, mas o livre conhecimento da sociedade é necessário à existência e à consolidação da democracia por uma razão fundamental. John Stuart Mill escreveu que enquanto a autocracia precisa de cidadãos passivos, a democracia sobrevive apenas se pode contar com um

---

34. I. KANT, *Per la pace perpetua* (1795), in ID., *Scritti politici*, cit., p. 316.

número cada vez maior de cidadãos ativos. Pessoalmente, estou convencido da contribuição decisiva que podem dar as ciências sociais à formação desses cidadãos e dessa maneira, definitivamente, ao bom funcionamento de um regime democrático.

Comecei afirmando que se pode definir a democracia como o poder em público. Mas há público e público. Retomando a afirmativa desdenhosa de Hegel, segundo a qual o povo não sabe o que quer, poderíamos dizer que o público do qual precisa a democracia é o público composto por aqueles que sabem o que querem.

III.
DEMOCRACIA E SEGREDO

1. O *segredo é a essência do poder*

Durante séculos, foi considerado essencial para a arte de governo o uso do segredo. Um dos capítulos que não podiam faltar nos tratados de política, num período que dura muitos séculos (de Maquiavel a Hegel) e que se costuma chamar de razão de Estado, referia-se aos modos, formas, circunstâncias, e razões do sigilo. A expressão, que hoje soa sinistra, "*arcana imperii*", remonta a Tácito, que narrou, como escreve no início das *Histórias*, um acontecimento "denso de eventos, atroz por guerras, discórdias e sedições, cruel também na paz".[35] No final do século XVI, Tácito se tornara, na política, o novo "mestre daqueles que sabem". Vico considerou Tácito um dos seus "quatro autores". Quem desejasse reunir máximas sobre a necessidade do segredo de Estado nas obras políticas de todos os tempos, e não apenas na era da razão de Estado, não teria outra dificuldade além da escolha.

No admirável livro *Massa e potere* (*Massa e poder*), Elias Canetti escreve um capítulo sobre "O segredo", que começa com esta peremptória afirmativa: "O segredo está no núcleo mais interno do poder". E dele descreve algumas técnicas: "O poderoso, que se serve do próprio segredo, conhece-o com exatidão e sabe muito bem apreciar a sua importância nas várias circunstâncias. Ele sabe qual o seu objetivo se quer obter algo, e sabe também qual de seus colaboradores empregar na cilada. Ele tem muitos segredos porque deseja muito, e combina-os em um sistema dentro do qual se preservam reciprocamente: um segredo

---

35. TÁCITO, *Storie*, organizado por A. Arici, Utet, Turim, 1970/2, reimp. 1976, p. 15.

confia a este, outro àquele, e faz de tal modo que os indivíduos depositários dos segredos não possam unir-se entre si. Qualquer um que saiba de alguma coisa passa a ser controlado por um outro que contudo ignora qual seja na verdade o segredo do espionado". Daí a conseqüência de que apenas o poderoso "tem a chave do todo complexo de segredos, e sente-se em perigo quando deve dele tornar inteiramente partícipe um outro".[36]

Uma correspondência impressionante desse uso do segredo, finamente descrito por Canetti, em uma realidade histórica próxima a nós, pode ser lida na obra do dissidente soviético Alessandro Zinov'ev, *Cime abissali* (*Cumes abissais*):[37] na república de Ibania, alegoria da União Soviética, a espionagem é elevada a princípio geral de governo, a suprema regra não apenas das relações entre governantes e governados, mas também dos governantes entre si, de modo que o poder autocrático se funda, além da capacidade de espionar os súditos, também na ajuda que lhe chega dos súditos aterrorizados que se espionam uns aos outros. Canetti continua: "É característica do poder uma desigual repartição do ver em profundidade. O detentor do poder conhece as intenções dos outros, mas não permite que as suas sejam conhecidas".[38] Dá como exemplo Filippo Maria Visconti, o qual, segundo as crônicas do período, não teve par à altura na sua habilidade de ocultar o próprio íntimo.

O poder em sua forma mais autêntica sempre foi concebido à imagem e semelhança do poder de Deus, que é onipotente exatamente porque é o onividente invisível. A mente logo corre ao *Panopticon* de Bentham, que Foucault definiu como uma máquina para dissociar o par "ver-ser visto": "No anel periférico somos totalmente vistos, sem jamais ver; na torre central, vemos tudo, sem jamais sermos vistos".[39] O mesmo Bentham considerava que esse modelo arquitetônico, imaginado para as prisões, poderia ser estendido a outras instituições.

Estendido, de um modo que Bentham, escritor democrático, não teria jamais pensado estender, à instituição global, vale dizer, ao Estado, o modelo do Panopticon teria se realizado plenamente no império do Grande Irmão, descrito por Orwell, onde os súditos estão continua-

---

36. E. CANETTI, *Masse und Macht* (trad. it. cit., pp. 350 e 353).
37. Em dois vols., Adelphi, Milão, 1978-79.
38. E. CANETTI, *Masse*, cit. (trad. it. p. 353).
39. M. FOUCAULT, *Surveiller et punir. Naissance de la prison*, Gallimard, Paris, 1975; ed. it. de A. Tarchetti, *Sorvegliare e punire, Nascita della prigione*, Einaudi, Turim, 1976, p. 220, que se refere a J. BENTHAM, *Panopticon; or the Inspection House* (1791), ed. it. *Panopticon; ovvero la casa d'ispezione*, Marsilio, Veneza, 1983.

mente sob o olhar de um personagem do qual nada sabem, nem mesmo se existe. Mas hoje, em decorrência da aumentada capacidade de "ver" os comportamentos dos cidadãos, através da informação pública de centros cada vez mais aperfeiçoados e eficazes, muito além daquele que Orwell poderia prever (o intervalo entre a ficção científica e a ciência é, devido ao progresso vertiginoso dos nossos conhecimentos, cada vez mais curto), o modelo do Panopticon torna-se ameaçadoramente atual.

Daí a pergunta clássica da filosofia política: *quis custodiet custodes?* Bentham, como bom democrático, deu a sua resposta: o edifício deverá ser submetido a contínuas inspeções não apenas por parte de inspetores mas também por parte do público. Com essa resposta Bentham antecipava de certo modo o problema atualíssimo do direito dos cidadãos ao acesso às informações, que é uma das tantas formas do direito que um Estado democrático reconhece apenas aos cidadãos, ou considerados *uti singuli*, ou tomados no seu conjunto como "povo", de guardar os guardiães.

Mas, exatamente por isso, quem considera que o sigilo seja conatural ao exercício do poder sempre foi fautor dos governos autocráticos. Para limitar-me a uma única citação exemplar, uma das razões pelas quais Hobbes considera a monarquia superior à democracia é precisamente por uma maior garantia de segurança: "As deliberações das grandes assembléias sofrem desse inconveniente, porque as decisões públicas, cujo sigilo é com muita freqüência de grande importância, chegam ao conhecimento dos inimigos antes de serem postas em prática"(Hobbes, *De Cive*, X, 14).

Considerado o poder soberano nas suas duas faces tradicionais, a face externa e a face interna, a principal razão do sigilo, com relação à primeira, é, como afirma claramente Hobbes, não deixar que o inimigo saiba os próprios movimentos, a convicção de que qualquer movimento é tanto mais eficaz quanto mais constitui para o adversário uma surpresa; com relação à segunda, ao contrário, sobretudo a desconfiança na capacidade do povo de entender qual é o interesse coletivo, o *bonum commune*, a convicção de que o vulgo persegue os próprios interesses particulares e não tem olhos para ver as razões do Estado, a "razão de Estado". Os dois argumentos são em certo sentido opostos: no primeiro caso, não deixar saber depende do fato de que o outro é capaz de compreender demais; no segundo caso, não deixar saber relaciona-se com o fato de que o outro compreende muito pouco, e poderia compreender mal as verdadeiras razões de uma deliberação, a elas se opondo sem critério. Guicciardini, em uma de suas *Avvertimenti civili* (*Ad-*

vertências civis), sentencia: "É incrível o quanto beneficia a quem possui a administração das coisas que as coisas sejam secretas".[40] No *Breviario dei politici* do cardeal Mazzarino, a tábua de salvação, como diz Giovanni Macchia em seu prefácio, que deve permitir ao homem evitar naufragar é o "culto ao segredo".[41]

Existe contudo um último argumento: apenas o poder secreto consegue vencer o poder secreto dos outros, a conspiração, a conjuração, o complô. Ao lado das *arcana dominationis* existem as *arcana seditionis*. Na *Teoria del partigiano*, Carl Schmitt falou de um espaço segreto típico da guerra *partigiana*, feita de ciladas mais do que de combates a rosto descoberto, e comparou-a à guerra marítima com os submarinos, que pareceu, quando surgiu em toda a sua periculosidade na guerra alemã contra a Inglaterra, violar a idéia da guerra como embate sobre um grande palco (pensemos na metáfora do "teatro da guerra").[42]

O poder autocrático, além disso, não apenas pretende ser capaz de desvendar o segredo dos outros melhor do que o poder democrático, mas, quando é necessário, o inventa, para poder se fortalecer, para poder justificar a sua própria existência. O poder invisível torna-se um pretexto, uma ameaça intolerável que deve ser combatida com todos os meios. Onde há um tirano, há o complô: se não há, é criado. O conjurado é a necessária figura a fazer oposição ao tirano. Como seria feliz e benéfico o tirano se o poder tenebroso que o ameaça não se escondesse em cada canto do palácio, até dentro da sala do trono, às suas costas. Em um de seus últimos contos, Calvino descreve o "rei na escuta", sentado em seu trono, imóvel, ao qual chegam todos os ruídos, mesmo os menores, do palácio, e cada ruído é uma advertência, um sinal de perigo, o indício de quem desconfia de cada subversão: "Os espiões estão escondidos atrás de cada cortinado, das cortinas, das tapeçarias. Os teus espiões, os agentes do teu serviço secreto, que têm a tarefa de redigir relatórios minuciosos sobre as intrigas de palácio. A corte pulula de inimigos, a tal ponto que é cada vez mais difícil distingui-los dos amigos: sabe-se certamente que a conspiração que há de destronar-te será formada pelos teus ministros e dignitários. E tu sabes que não há serviço secreto que não esteja infiltrado de agentes do serviço secreto adversário. Talvez todos os agentes pagos por ti trabalhem também para os conspiradores, e são eles mesmos conspiradores; e isso

---

40. F. GUICCIARDINI, *Opere*, vol. I, organizado por E. Lugnani Scarano, Utet, Turim, 1970, p. 808.
41. G. MACCHIA, *Le vie del potere*, in *Breviario dei politici secondo il Cardinale Mazzarino*, Rizzoli, Milão, 1981, p. XXVIII.
42. Cf. C. SCHMITT, *Theorie des Partisanen*, Duncker u. Humblot, Berlim, 1963 (ed. it.: Il Saggiatore, Milão, 1981, p. 54).

te obriga a continuar a pagá-los para mantê-los sob controle pelo mais longo tempo possível". Mas também o silêncio é ameaçador: "Há quantas horas não escutas a troca das sentinelas? E se o pelotão dos guardas fiéis a ti foi rendido pelos conspiradores?".[43]

O stalinismo pode ser interpretado também como a descoberta que o tirano faz, e apenas o tirano é capaz de fazer, do universo como um imenso complô, como a realidade profunda do mundo real, que domina o mundo aparente do qual apenas o tirano desvela a inconsistência livrando os comuns mortais do medo do reino das trevas. Um típico exemplo de caça às bruxas. Mas quando a caça às bruxas faz sua aparição em uma sociedade democrática, a liberdade está em perigo, e a democracia corre o risco de transformar-se no seu contrário.

Não sei se existe uma obra sobre a técnica do poder secreto. Sou obrigado a limitar-me a algumas rápidas notas. São conaturais à ação política, tanto à ação do poder dominante quanto à ação do contrapoder, duas técnicas específicas, que se completam mutuamente: subtrair-se à vista do público no momento em que se tomam as deliberações de interesse público; e vestir a máscara quando se é obrigado a apresentar-se em público. Nos Estados autocráticos, o lugar das decisões últimas é o gabinete secreto, a sala secreta, o conselho secreto. Quanto ao mascaramento, ele pode ser entendido tanto no sentido real quanto no sentido metafórico. No sentido real, vestir a máscara transforma o agente em um ator, a cena em um palco, a ação política em uma encenação [*rappresentazione*]. A idéia da política como espetáculo nada tem de novo. Quando Hobbes introduz o discurso sobre o tema da representação [*rappresentanza*], estabelece uma analogia imediata entre a representação [*rappresentanza*] e a encenação [*rappresentazione*].* Aliás o tema da pessoa que representa uma outra, e que Hobbes chama de "ator", teria se transferido para a política a partir do palco "para indicar qualquer um que represente palavras e ações, tanto nos tribunais quanto nos teatros" (*Leviatã*, XVI). Como afirma Canetti, a máscara transfigura o rosto humano porque o enrijece: "Ela transforma um jogo de expressões jamais quieto, perenemente móvel, em seu exato oposto:

---

43. I. CALVINO, *Un re in ascolto*, in ID., *Sotto il sole giaguaro*, Garzanti, Milão, 1986, nova ed. Mondadori, Milão, 1995, pp. 55-56 e 60.

* Embora "representação" também inclua, em português, o sentido de "encenação", optei pela última, ainda que não possua o mesmo radical, na tentativa de destacar a clara diferença que há em italiano entre *rappresentazione* e *rappresentanza*. Distante de uma tradução perfeita, cabe lembrar que o termo *rappresentazione* não tem a acepção negativa que "encenação" também possui em português, para a qual há, por exemplo, o termo *finzione* (que, além de ficção, tem o sentido de fingimento), entre outros que, de fato, Bobbio emprega no presente capítulo, tais como *simulazione* (simulação), *dissimulazione* (dissimulação) e *mascheramento* (mascaramento). No cap. 8.III, Bobbio dedica alguns parágrafos aos termos *rappresentazione* e *rappresentanza* (cf. pp. 457-458). Ver também nota de tradução à p. 458. (N.T.).

uma perfeita rigidez e constância". "Atrás da máscara — diz ainda Canetti — começa o mistério (...). Não se deve saber o que atrás dela se esconde (...). Já que não é possível ler suas alterações de ânimo como em um rosto, suspeita-se e teme-se atrás dela o desconhecido".[44] Mas o homem pode trocar de máscara infinitas vezes e assim parecer diferente daquilo que é infinitas vezes. Nada pode confundir mais o adversário do que não poder reconhecer o verdadeiro rosto de quem está à sua frente. Uma das tantas analogias das quais se serviram os escritores políticos para representar uma das formas de poder é Proteu ou o camaleão, que se torna irreconhecível mudando continuamente de aspecto.

Em sentido metafórico, o mascaramento ocorre sobretudo através da linguagem que permite, oportunamente usada, que você oculte o seu pensamento. Essa ocultação pode ocorrer de duas maneiras: ou utilizando uma linguagem para iniciados, esotérica, compreensível apenas para aqueles que pertencem ao seu círculo, ou então usando a linguagem comum para dizer o oposto daquilo que você pensa ou para dar informações erradas ou justificativas distorcidas.

Aqui se abre um campo vastíssimo, que é também o mais explorado, da legitimidade da "falsidade", que remonta à "nobre mentira" de Platão, e da dissimulação, sobre a qual retornou Rosario Villari no livro *Elogio della dissimulazione* (*Elogio da dissimulação*), dedicado a escritores políticos do período barroco, do qual extraio este significativo trecho da *Politica*, de Giusto Linsio: "Isto desagradará a alguma bela alma, que há de gritar: 'Sejam da vida humana banidas simulação e dissimulação'. Da vida privada, é claro, não da pública, que de outro modo não pode fazer quem tenha nas mãos toda a república".[45]

A "prudência", a *frónesis* aristotélica, embora de vários modos interpretada, sempre foi considerada a virtude política por excelência.[46] Pertence à regra da prudência o dizer e o não-dizer, dizer não tudo, mas apenas parte, o calar, o silenciar, a reticência. Trata-se de uma série de comportamentos que se localizam entre a prudência e a astúcia, representadas por dois animais simbólicos do discurso político, a serpente e a raposa. Um dos personagens de *El Criticón* (1651), de Baltasar Gracián, diz: "As serpentes são mestres de toda sagacidade. Elas nos mostram o caminho da prudência".[47] No que se refere à raposa, basta

---

44. E. CANETTI, *Masse* cit., pp. 453 e 455.

45. Cf. R. VILLARI, *Elogio della dissimulazione. La lotta politica nel Seicento*, Laterza, Roma-Bari, 1987, p. 19.

46. O tema parece ter-se tornado atual a julgar pelo fascículo dedicado a ele pela revista *Filosofia Politica* (ano I, 1987, n. 2), com artigos que ilustram a história através da análise de textos de diferentes épocas.

47. Extraio a citação de F. GAMBIN, "Conoscenza e prudenza in Baltasar Gracián", in *Filosofia Politica*, I, 1987, n. 2, p. 278.

recordar o célebre capítulo XVIII de O *príncipe*, no qual Maquiavel diz que o príncipe deve usar a raposa e o leão, e que um senhor "prudente" não é obrigado a manter a palavra dada, quando "tal observância se voltar contra ele". Um outro personagem de *El Criticón* aconselha aos seus interlocutores que procuram um guia no "labirinto palaciano": "Saibam que perigoso mar é a Corte, com a Cila dos seus enganos e a Caribde* das suas mentiras".[48]

2. O *desafio democrático*

Em um artigo de 1981, intitulado "L'alto e il basso. Il tema della conoscenza proibita nel Cinquecento e Seicento" ("O alto e o baixo. O tema do conhecimento proibido nos séculos XVI e XVII"), Carlo Ginzburg aproveitou o argumento da passagem paulina (*Epístola de Paulo aos Romanos*, 11, 20), que na vulgata recebeu a forma de "Noli autem sapere, sed time", interpretado à medida que o tempo passa cada vez mais no sentido de um convite à renúncia à soberba intelectual e portanto como uma advertência contra a excessiva curiosidade do sapiente, para fazer algumas reflexões sobre os limites atribuídos ao nosso conhecimento pela presença de três esferas insuperáveis: os *arcana Dei*, os *arcana naturae* e os *arcana imperii*, estreitamente conectados entre si. Quem transgrediu esses limites, foi punido: exemplos clássicos foram Prometeu e Ícaro. Mas poderíamos acrescentar, talvez o mais familiar, ao menos na tradição cultural italiana, o Ulisses de Dante. As grandes descobertas astronômicas do século XVI representam uma primeira transgressão à interdição de penetrar os *arcana naturae*. Que repercussões teria tido essa primeira transgressão da prescrição de deter-se diante de uma das três terras proibidas, com relação à análoga prescrição nas outras duas? Em meados do século XVII, conta Ginzburg, o cardeal Sforza Pallavicino concordou em reconhecer que era lícito penetrar os segredos da natureza porque as leis naturais são poucas, simples e invioláveis. Mas não admitiu que o que valia para os segredos da natureza valesse também para os segredos de Deus e para os segredos do poder, considerando que seria um ato temerário violar a imperscrutabilidade da vontade do soberano tal como seria violar a vontade de Deus. Naqueles mesmos anos, Virgilio Malvezzi repetiu análogo conceito afirmando que "quem para desvelar os acontecimentos físi-

---

* As duas figuras mitológicas aterrorizavam os navegantes que, como Ulisses, ousassem atravessar o estreito de Messina. (N.T.)
48. *Ibid.*, p. 275.

cos cita Deus pela razão é pouco filósofo, e quem não o cita para desvelamento de políticos é pouco cristão".[49]

Em contrapartida, o pensamento iluminista adotou como mote o horaciano "Sapere aude". Há alguns anos, na *Rivista Storica Italiana*, transcorreu um douto debate sobre a origem da expressão (da qual encontrei um outro exemplo no ensaio em defesa da codificação escrito por Thibaut em 1814) entre Luigi Firpo e Franco Venturi.[50] Firpo remontou a Gassendi, citado por Sorbière em seu *Diário*. Como é sabido, a expressão aparece inúmeras vezes no texto sobre o Iluminismo de Kant, que Kant assim traduz: "Tem a coragem de servir-te da tua própria inteligência". É nesse ensaio que Kant afirma que o Iluminismo consiste na saída do homem do estado de menoridade que ele deve imputar a si mesmo e que na base do Iluminismo está a mais simples de todas as liberdades, a liberdade de fazer uso público da própria razão: "O público uso da própria razão deve ser livre (...), e apenas ele pode realizar o Iluminismo entre os homens".[51] Conduzindo às lógicas conseqüências essa afirmação, descobre-se que são derrubadas as interdições tradicionais impostas como proteção dos *arcana imperii*. Para o homem que saiu da menoridade, o poder não tem, não deve mais ter, segredos. Para que o homem que chegou à maioridade possa fazer uso público da própria razão é necessário que ele tenha um conhecimento pleno das questões de Estado. Para que ele possa ter pleno conhecimento das questões de Estado, é necessário que o poder aja em público. Cai por terra uma das razões do segredo de Estado: a ignorância do vulgo, que fazia Tasso dizer a Torrismondo: "Os segredos dos reis ao néscio vulgo bem confiados não estão".[52] Cabe a Kant o mérito de ter exposto com máxima clareza o problema da publicidade do poder e de ter-lhe dado uma justificação ética.

É interessante observar que Kant desenvolve o tema a propósito do direito internacional. Em um apêndice ao ensaio *Per la pace perpetua*, expõe o problema do possível acordo da política com a moral, problema que lhe interessa particularmente. Sustenta que o único modo de garantir que isso ocorra é a condenação do sigilo dos atos de governo e a instituição da sua publicidade, vale dizer, uma série de regras que

---

49. Cf. C. GUINZBURG, *L'alto e il basso. Il tema della conoscenza proibita nel Cinquecento e Seicento*, in "aut aut", n. 181, 1981, pp. 3-17, agora in ID., *Miti emblemi spie. Morfologia e storia*, Einaudi, Turim, 1992/2, pp. 107-32. A citação de Malvezzi encontra-se à p. 119.
50. Cf. F. VENTURI, "Contributi ad un dizionario storico. I. Was ist Aufklärung? Sapere aude!", in *Rivista Storica Italiana*, LXXII, I, 1960, pp. 114-17.
51. I. KANT, *Risposta alla domanda: che cos'è l'illuminismo?* (1784), in ID., *Scritti politici* cit., pp. 141 e 143.
52. Cito de L. FIRPO, *Introduzione a* T. TASSO, *Tre scritti politici*, Utet, Turim, 1980, p. 27.

obriguem os Estados a prestar contas das suas decisões ao público, tornando desse modo impossível a prática dos *arcana imperii*, que caracterizou os Estados despóticos. A solução do problema é formulada da seguinte maneira: "Todas as ações relativas aos direitos de outros homens, cuja máxima não é compatível com a publicidade, são injustas". Qual é o significado dessa afirmação? Kant assim explica: "Uma máxima que eu não possa tornar pública sem com isso tornar vão o objetivo ao qual me propus, que deve ser mantida absolutamente em segredo para que se realize, que eu não possa confessar publicamente sem provocar a resistência imediata de todos contra o meu propósito, uma máxima tal não pode explicar essa reação necessária e universal de todos contra mim (...) a não ser pela injustiça com a qual ela ameaça a todos".[53] É como dizer que nas relações humanas, seja entre indivíduos, seja entre Estados, manter segredo de um propósito, e mantê-lo secreto porque não se pode declará-lo em público, é já, por si só, a prova cabal da sua imoralidade.

Para esclarecer o princípio, Kant dá exemplos retirados do direito público interno e do direito público externo, isto é, do direito internacional. Com relação a este último, os exemplos são os seguintes:

1) pode um Estado que prometeu algo a outro eximir-se da palavra dada caso assim o exija a salvação do Estado? Mas a um Estado que tornasse pública essa máxima, não aconteceria que cada um dos outros Estados o abandonaria ou faria aliança com os outros Estados para resistir às suas pretensões? Isto não prova, conclui Kant, que tal máxima, uma vez tornada pública, perderia o seu efeito, e deve ser considerada injusta?

2) pode-se admitir o direito de potências menores unirem-se para atacar uma potência vizinha que cresceu até se tornar formidável? Mas um Estado que deixasse entrever uma tal máxima, não atrairia mais seguramente e mais rapidamente o mal que ele tenta afastar de si? Mais uma vez, conclui Kant, "essa máxima da prudência política, quando se torna pública, destrói necessariamente o seu próprio objetivo e por isso é injusta".[54]

3) se um pequeno Estado, pela sua posição, quebra a continuidade de um Estado maior, não terá o Estado maior o direito de sujeitar o Estado menor, agregando-o ao seu território? Mas poderia o Estado maior tornar pública essa máxima? Não, porque os Estados menores fariam uma coalizão a tempo ou outras potências

---

53. I. KANT, *Per la pace perpetua. Progetto filosofico* (1795), in ID., *Scritti politici*, cit., p. 330.
54. *Ibid.*, p. 333.

lhes negariam a presa, com a conseqüência de que tal máxima não poderia realizar-se exatamente devido à sua publicidade.

O pressuposto desse discurso kantiano é claro: manter em segredo um propósito, ou mesmo um pacto, ou, se fosse possível, qualquer providência pública, é por si só uma prova da sua ilicitude. Talvez seja o caso de observar que Kant não deduz todas as conseqüências políticas dessa premissa. A fim de que o princípio da publicidade possa ser não apenas declarado pelo filósofo mas realizado pelo político, de modo que, para usar uma vez mais a expressão de Kant, não se dê razão ao ditado popular: "Isto pode ser justo na teoria, mas não vale para a prática", é preciso que o poder público seja controlável. Mas em qual forma de governo esse controle pode se realizar senão naquela em que o povo tem o direito de participar ativamente da vida política? Kant certamente não é um escritor democrático, uma vez que por "povo" entende não todos os cidadãos, mas apenas os cidadãos independentes, mas o valor que ele atribui ao controle popular sobre os atos do governo remete-nos uma vez mais a um tema de direito internacional lá onde, afirmando que a paz perpétua pode ser assegurada apenas por uma confederação de Estados que tenham a mesma forma de governo republicana, mostra a razão disso com o célebre argumento de que apenas com o controle popular a guerra deixará de ser um capricho dos príncipes, ou, na expressão kantiana, um "jogo de prazer".

Enquanto o poder do rei foi considerado derivado do poder de Deus, os *arcana imperii* foram uma conseqüência direta dos *arcana Dei*. Em um de seus discursos, Jaime I, príncipe absolutista e teórico do absolutismo, definiu a prerrogativa, isto é, o poder régio não submetido ao poder do parlamento, como um "mistério de Estado" compreensível apenas para os príncipes, para os reis-sacerdotes que, como deuses na Terra, administram o mistério do governo. Uma linguagem como esta, na qual o apelo ao mistério desempenha papel essencial, e que se subtrai a qualquer exigência por uma explicação racional sobre o fundamento do poder e do conseqüente dever de obediência, está destinada a desaparecer à medida que o discurso do governo se desloca de cima para baixo, e, para continuar na Inglaterra, da prerrogativa do rei para os direitos do parlamento.

A linguagem esotérica e misteriosa não é condizente com a assembléia dos representantes eleitos periodicamente pelo povo, e por isso responsáveis diante dos eleitores, poucos ou muitos que sejam, mas tampouco era condizente com a democracia dos antigos, quando o povo se reunia na praça para ouvir os oradores e então deliberar. O parlamento é um lugar onde o poder é representado, no duplo sentido da palavra, ou seja, é o lugar onde se reúnem os representantes e onde, ao mesmo tempo, ocorre uma verdadeira encenação [*rappresentazione*], que enquanto encenação precisa de público e deve, portanto, ser desempenhada em público. Carl Schmitt capta muito bem o nexo entre representação [*rappresentanza*] e encenação [*rappresentazione*] quando escreve: "A representação [*rappresentanza*] pode desenvolver-se apenas na esfera da publicidade. Não há nenhuma representação que ocorra em segredo e a portas fechadas (...). Um parlamento só tem caráter representativo enquanto acreditar que a sua verdadeira e própria atividade tem lugar em público. Sessões secretas, acordos e debates secretos de qualquer comitê podem ser muito importantes e significativos, mas jamais têm caráter representativo".[55]

Isso não significa que toda forma de segredo deva ser excluída: o voto secreto pode ser em certos casos oportuno; a publicidade das Comissões Parlamentares não é reconhecida. Há até mesmo quem, como Giovanni Sartori, na nova edição, atualizada e aumentada, da sua teoria da democracia, condene a exigência de uma política cada vez mais visível, por ser pouco consciente das conseqüências que a maior visibilidade comporta.[56] Mas é impossível deixar de reconhecer com Schmitt que "representar" significa também "tornar visível (...) um ser invisível por meio de um ser que está presente publicamente".[57]

Podemos concluir essa reflexão com Richard Sennett, que em seu áureo livro sobre a autoridade afirma: "Todas as idéias de democracia que herdamos do século XVIII baseiam-se na noção de uma autoridade visível". E cita a frase de Jefferson: "O dirigente deve agir com discrição, mas não lhe deve ser permitido manter para si as suas intenções".[58]

3. Quem vencerá o desafio?

Entre as promessas não mantidas pela democracia, das quais falei em um ensaio de alguns anos atrás, a mais grave, e mais destruidora, e, ao que parece, também a mais irremediável, é precisamente aquela da transparência do poder. Creio que seja desnecessário apresentar exemplos. Tanto mais que sobre os *arcana dominationis* da nossa democracia, que correspondem aos *arcana seditionis*, escritos não faltam.

Comentando o resultado da instrução criminal sobre o massacre da estação de Bolonha, escrevi que o poder tem a irresistível tendência a

---

55. C. SCHMITT, *Verfassungslehre*, cit. (trad. it. cit., p. 275).
56. Cf. G. SARTORI, *The Theory of Democracy Revisited*, cit., pp. 244-45.
57. C. SCHMITT, *Verfassungslehre*, cit. (trad. it. cit., p. 277).
58. R. SENNETT, *Authority*, Vintage Books, Nova York, 1980 (trad. it. Bompiani, Milão, 1981, p. 154).

esconder-se. Repito uma vez mais com Canetti: "O segredo está no núcleo mais interno do poder". Mas não gostaria de deixar de mencionar as observações de Max Weber sobre o uso que a burocracia faz do segredo de gabinete para aumentar seu poder. O conceito de "segredo de gabinete" é a descoberta específica do poder burocrático, segundo Weber. "Se a burocracia se opõe a um parlamento, ela luta com seguro instinto de potência contra toda tentativa que este realiza para buscar para si com meios próprios (...) conhecimentos especializados junto aos interessados: um parlamento mal-informado, e por isso impotente, é naturalmente agradável à burocracia".[59] E o que dizer do segredo comercial? O segredo é sempre um instrumento de poder. A analogia entre segredo de gabinete e segredo comercial é feita pelo mesmo Weber: "Ele é comparável, na sua relação com o saber especializado, aos segredos comerciais da empresa na sua relação com segredos técnicos".[60] Com relação ao saber técnico, além disso, a razão do segredo está não apenas em manter a superioridade que proporciona um conhecimento específico que o concorrente não possui, mas também na incapacidade do público de apreender a sua natureza e a sua importância. O saber técnico cada vez mais especializado torna-se cada vez mais um saber de elites, inacessível à massa. Também a tecnocracia tem os seus *arcana*, é para a massa também ela uma forma de saber esotérico, que é incompatível com a soberania popular pelos mesmos motivos pelos quais o regime autocrático considera o vulgo incompetente e incapaz de compreender as questões de Estado. O conflito entre democracia e tecnocracia desse ponto de vista é o tema de um conhecido ensaio de Robert Dahl.[61]

Há também quem, a propósito dos Estados Unidos — o *princeps*, no sentido de primeiro da fila dos Estados democráticos —, tenha falado de um "duplo Estado", o Estado visível que é regido pelas regras da democracia que prescrevem a transparência, e o Estado invisível.[62] O que não significa confundir uma democracia com uma autocracia, onde o verdadeiro Estado é um só, aquele invisível, onde é tão sentida e exigida a privação de transparência quanto é sentida e exigida em um Estado democrático a denúncia da falta de transparência. Metaforica-

---

59. M. WEBER, *Wirtschaft und Gesellschaft*, organizado por J. Winckelmann, Mohr, Tübingen 1976/5 (ed. it.: *Economia e società*, organizada por P. Rossi, Edizioni di Comunità, Milão, 1974/3, nova ed. em 5. vols., 1980, vol. IV, p. 92).

60. *Ibid.*, vol I, p. 219.

61. Trata-se de *Controlling Nuclear Weapons. Democracy versus Guardianship*, Syracuse University Press, Syracuse N. Y., 1985 (ed. it.: *Democrazia o tecnocrazia? Il controllo delle armi nucleari*, il Mulino, Bolonha, 1987).

62. Cf. o cap. VI de A. WOLFE, *The Limits of Legitimacy. Political Contradictions of Contemporary Capitalism*, The Free Press, Nova York, 1977 (ed. it.: *I confini della legittimazione. Le contraddizioni politiche del capitalismo contemporaneo*, De Donato, Bari, 1981).

mente, nos dois sistemas a relação entre luz e trevas está invertida: lá, o reino das trevas ameaça a área luminosa; aqui, a luz está avançando com dificuldade para começar a clarear ao menos uma parte da área escura.

A resistência e a persistência do poder invisível são mais e mais fortes, também nos Estados democráticos, quanto mais as relações internacionais forem levadas em consideração. Qualquer um que conheça a literatura sobre a razão de Estado sabe que ela encontrou o terreno mais fértil na política exterior, lá onde é exposto de modo eminente o problema da segurança do Estado, da *salus rei publicae*, que fez com que Maquiavel dissesse que quando a "saúde da pátria" está em jogo não deve haver qualquer consideração "nem de justo nem de injusto; nem de piedoso, nem de cruel".[63] Para um autor como Kant, que condena a razão de Estado, ou seja, a subordinação da moral às pretensões da política, a evocação dos princípios morais vale principalmente nas relações internacionais, onde a violação é mais freqüente e mais patente. Entre os estratagemas desonestos, aos quais o Estado em guerra não deveria recorrer, porque tornam impossível a confiança recíproca na paz futura, Kant inclui o pagamento de sicários, envenenadores, espiões, o recurso a forças ocultas: "artes infernais", diz ele, que "não se manteriam por muito tempo nos confins da guerra, como o uso dos espiões (...), mas se estenderiam também à situação de paz, cujas finalidades seriam então inteiramente anuladas".[64]

Sem que seja preciso voltar muito atrás no tempo, o que ocorreu há poucos anos nos Estados Unidos (que inegavelmente pertencem aos novos países democráticos), onde se descobriu que o presidente da República conduzira durante anos uma política externa secreta que conflitava com a política externa pública, é uma prova iluminadora do fato de que o poder do segredo é, em especial nas relações internacionais, irresistível. Que, uma vez descoberta, a violação da publicidade seja, em um sistema democrático, condenada pela opinião pública e seja também passível de sanções políticas, demonstra que o controle democrático pode ter uma certa eficácia, mas prova também que a esfera mais exposta ao abuso é a esfera das relações internacionais, e é também a esfera onde é mais fácil apresentar pretextos e fazer com que sejam aceitos, invocando o Estado de necessidade, os interesses vitais do país, as exigências da defesa, o princípio de reciprocidade, em suma, todos os argumentos tradicionais da razão de Estado que objetivam justificar derrogações aos princípios morais e jurídicos.

---

63. N. MACHIAVELLI, *Discorsi sopra la Prima Deca di Tito Livio*, cit., pp. 504-5.
64. I. KANT, *Per la pace perpetua. Progetto filosofico* (1795), in ID., *Scritti politici*, cit., p. 288.

As razões da falta de transparência democrática também nos Estados democráticos, sobretudo, repito, nas relações internacionais, não são difíceis de ser apontadas. São essencialmente duas: 1) a presença no sistema internacional de Estados não-democráticos, nos quais o segredo é regra e não exceção; 2) o fato de que o sistema internacional no seu conjunto é um sistema não-democrático, ou, pelo menos, é um sistema democrático em potencial, com base no Estatuto das Nações Unidas, mas não na ação, porque em última instância a ordem internacional repousa ainda sobre o tradicional sistema do equilíbrio. Enquanto um Estado democrático viver em uma comunidade à qual pertencem com plenos direitos Estados não-democráticos, e são a maioria, e enquanto o sistema internacional for ele mesmo não-democrático, também o regime dos Estados democráticos será uma democracia imperfeita. Uma sociedade de tendência anárquica, como é a sociedade internacional, que se sustenta sobre o princípio da autodefesa, ainda que em última instância, favorece o despotismo interno de seus membros ou pelo menos dificulta a sua democratização. Não se pode combater o poder invisível senão com um poder igualmente invisível e contrário, os espiões dos outros senão com espiões próprios, os serviços secretos dos outros Estados senão com os serviços secretos do próprio Estado.

Posso acrescentar, para apresentar mais um argumento em favor da diferença entre política externa e política interna, que, enquanto os serviços secretos são tolerados por uma opinião pública democrática quando o âmbito de suas operações é a esfera internacional, são muito menos tolerados quando se descobre que desempenham suas atividades também com relação aos cidadãos. Em essência, a diplomacia fechada não pode ser combatida senão com a diplomacia igualmente fechada. Já que reconheço o meu total analfabetismo em matéria de espionagem, confio na autoridade e competência de Walter Laqueur, que em uma obra muito bem-informada, *Um mundo de segredos*, que traz como subtítulo na tradução italiana *Aplicações e limites da espionagem*, depois de ter observado que uma democracia como a americana só pode desenvolver uma diplomacia aberta, tanto que sobre a CIA se sabe mais do que se sabe sobre qualquer outro serviço secreto no mundo todo, indaga-se "se um serviço secreto poderia funcionar de modo eficaz nessas condições", vale dizer, comparado com os Estados que conseguem manter o mais completo sigilo sobre seus serviços secretos".[65]

---

65. W. LAQUEUR, *A World of Secrets*, Basic Books, Nova York, 1985 (ed. it.: *Un mondo di segreti*, Rizzoli, Milão, 1986, p. 254).

Entre os *arcana imperii*, resistentes à morte, ou talvez, completamente imperecíveis, de um Estado democrático, temos o tratado secreto, cuja legitimidade é um tema discutido. Um tema no qual não me aventuro, porque nesse assunto não me considero particularmente versado. Contudo, já que considerei o tema do poder oculto, sobretudo com referências históricas, permitam-me, aproximando-me da conclusão, evocar ao menos um dos maiores adversários dos tratados secretos, que é afinal um dos autores dos quais parti, e é também um dos maiores escritores políticos democráticos do século XIX, cujas obras estão bem longe de ter sido exaustivamente exploradas.

No quarto ensaio dos *Princípios de direito internacional*, intitulado *Projeto de paz universal e perpétua*, Bentham, partindo do pressuposto de que a guerra é um mal e a paz, um bem, em oposição à política externa geralmente praticada pelo seu país, no qual a guerra é a "mania nacional", uma mania para a qual a paz chega sempre cedo demais e a guerra tarde demais, fixa algumas condições que considera essenciais para estabelecer uma paz duradoura. Entre essas condições, uma está assim formulada: "É oportuno e necessário não tolerar mais o sigilo nas operações do Ministério do Exterior da Inglaterra, sendo tal sigilo tão inútil quanto repugnante aos interesses da liberdade e da paz". E assim comenta: "Não pode, nem deve ser permitido que em algumas situações de entendimento, assim como em algumas de suas fases, o Gabinete deste país conduza negociações mantendo o público no escuro o máximo que puder. Menos ainda se pode e se deve permitir que seja mantido no escuro o Parlamento, especialmente no decorrer de uma investigação parlamentar". E acrescenta: "Qualquer coisa que possam afirmar as negociações preliminares, não se pode nem se deve permitir que um segredo de tal gênero seja mantido em relação a tratados efetivamente concluídos".[66]

A razão destas cláusulas deve ser buscada, segundo Bentham, na consideração de que o sigilo dos tratados é a um só tempo nocivo e inútil. Nocivo porque, em um sistema democrático fundado sobre o controle do poder por parte do público, está claro que não é possível exercer qualquer controle sobre medidas das quais nada se sabe, com a conseqüência de que uma nação pode se ver em guerra sem ter nem sabido nem desejado. Inútil porque a posição da Inglaterra a previne de qualquer surpresa. "Surpresa e segredo são — comenta enfim — as fontes da desonestidade e do medo, da ambição injusta associada à

---

66. O *Progetto* pode ser lido em trad. it. in D. ARCHIBUGI, F. VOLTAGGIO (orgs.), *Filosofi per la pace*, Editori Riuniti, Roma, 1991; as citações desse parágrafo encontram-se respectivamente nas pp. 199, 185, 186.

fraqueza." Referindo-se a uma situação diversa, a situação das monarquias nas quais o monarca goza de uma prerrogativa política exterior (da qual de resto gozava o rei também nas monarquias constitucionais, como mostra o art. 5 do Estatuto albertino), explode nesta deprecação: "Se se considera o interesse do primeiro servidor do Estado [alusão a Frederico II] como distinto e oposto ao interesse da nação, a clandestinidade pode revelar-se (...) favorável aos projetos dos ladrões e malfeitores coroados".[67]

Tendo sido exposto todo o mal possível do segredo com relação aos negócios do Estado, é preciso ainda dizer que há casos em que ele pode ser considerado legítimo. Não há regra sem exceção. No domínio da ética, e portanto do direito enquanto constituinte de uma esfera particular da ética, a única regra sem exceção é que não há regras sem exceções. Naturalmente a exceção, enquanto derrogação de um princípio dado como verdadeiro, deve ser justificada com base em outros princípios dados também eles como verdadeiros, ou então deduzindo um argumento das conseqüências da sua aplicação em um caso específico. No primeiro caso, encontramo-nos diante de um conflito entre princípios, uma incoerência do sistema normativo; no segundo, ao contrário, trata-se da situação na qual se dá o nome de "summum ius summa iniuria", vale dizer, daquela situação na qual a aplicação da regra ao caso específico leva a conseqüências contrárias às previstas.

Em linhas gerais, pode-se afirmar que o segredo é admissível quando garantir um interesse protegido pela constituição sem lesar outros interesses igualmente garantidos (ou é preciso, ao menos, equilibrar os interesses). Naturalmente, o que vale nos negócios públicos de um regime democrático no qual a publicidade é a regra e o segredo é a exceção não vale nos negócios privados, isto é, quando está em jogo um interesse privado. Aliás, nas relações privadas vale exatamente o contrário: o segredo é a regra, contra a invasão do público no privado, e a publicidade é a exceção. Exatamente porque a democracia pressupõe a máxima liberdade dos indivíduos singularmente considerados, estes devem ser protegidos de um excessivo controle por parte dos poderes públicos sobre sua esfera privada, e exatamente porque a democracia é o regime que prevê o máximo controle sobre os poderes por parte dos indivíduos, esse controle só é possível se os poderes públicos agirem com o máximo de transparência. Faz parte, em suma, da própria lógica da democracia que a relação entre regra e exceção esteja invertida, respectivamente, na esfera pública e na esfera privada.

---

67. *Ibid.*, p. 192.

Um debate dedicado ao segredo na esfera pública não pode se desenvolver senão sobre a vertente da exceção, e não da regra. E estará diante de dois clássicos paradoxos que tornam todo discurso moral ambíguo: *a*) o paradoxo da incompatibilidade ou da antinomia dos princípios, no caso específico a antinomia entre o princípio de segurança do Estado e o princípio da liberdade dos indivíduos; *b*) o paradoxo da exceção à regra que é consentida porque permite salvar a própria regra, como ocorre em relação à licitude da legítima defesa, que viola a regra que proíbe o uso da violência, mas é ao mesmo tempo a única maneira, em determinadas circunstâncias, de conseguir que seja respeitada.

Um caso realmente exemplar desse paradoxo foi oferecido pelo próprio sistema democrático: vimos que a democracia exclui, como linha de princípio, o segredo de Estado, mas o uso do segredo de Estado, através da instituição dos serviços de segurança, que agem em segredo, é justificado entre outras coisas como um instrumento necessário para defender, em última instância, a democracia. A própria lei que dita normas sobre conduta desses serviços fala de "política informativa e de segurança no interesse e para a defesa do Estado democrático". A serpente morde sua própria cauda. Mas a serpente, como vimos, sempre foi considerada o símbolo da prudência, virtude política por excelência, e, por que não?, também dos juristas, cuja ciência, não por acaso, se chama *iurisprudentia*.

Capítulo 8
Democracia: as técnicas

I.

DA IDEOLOGIA DEMOCRÁTICA AOS UNIVERSAIS PROCESSUAIS

Democracia e Europa: dois temas inseparáveis. Não creio que eu possa ser acusado de "eurocêntrico" se fizer esta afirmação. Se hoje alguém quiser usar de eurocentrismo, deve fazê-lo seja pelos aspectos positivos, seja pelos aspectos negativos da civilização européia. Um eurocentrismo como o de Hegel não poderia hoje ser sustentado por mais ninguém. Mas no que concerne à democracia como a entendemos ainda hoje, e como é entendida em todo o mundo, no bem e no mal, ela nasceu na Europa há mais de dois mil anos. A própria palavra, hoje difundida em todos os lugares, que significa, como todos sabem, poder (*krátos*) do povo (*démos*), chegou até nós com idêntico significado de quando foi cunhada pela primeira vez cinco séculos antes de Cristo. Mesmo que, como é igualmente sabido, o juízo que a maioria dos sábios gregos fez sobre o governo popular tenha sido com mais freqüência negativo do que positivo. Hoje a tipologia das formas de governos mudou: os antigos opunham a democracia à aristocracia e à monarquia, hoje a colocamos em oposição à autocracia, na qual são incluídos tanto os governos aristocráticos quanto os governos monocráticos dos antigos, mas a definição permanece a mesma.

Ainda hoje, quem quiser dar uma idéia de qual seja a natureza do governo democrático — no seu aspecto positivo, nos seus méritos — creio não tenha muito a acrescentar ao que afirmou Péricles, no famoso discurso transmitido por Tucídides: a nossa forma de governo, diz Péricles, "chama-se democracia" já que "se qualifica não em relação aos poucos, mas à maioria. As leis regulam as controvérsias privadas de modo tal que todos tenham um tratamento igual, mas quanto à reputação de cada um, o prestígio (...) não é conquistado com base na condição social de origem, mas na virtude do mérito; e depois, por outro lado, quanto ao impedimento constituído pela pobreza, para ninguém que tenha a capacidade de operar no interesse da cidade é obstáculo a modéstia da classe social". Logo em seguida acrescenta: "A nossa, contudo, é uma vida livre não apenas no que se refere às relações com a cidade, mas também no que diz respeito às relações cotidianas (...): ninguém se escandaliza se uma pessoa se comporta como melhor lhe agrada". Isso significa que, contrariamente à interpretação do início do século XIX em diante, segundo a qual os gregos conheciam apenas a liberdade política ou pública e não a liberdade privada ou civil, no discurso de Péricles ambas são distintas e elogiadas. A passagem culminante do discurso parece-me ser a seguinte: "O cuidado com os interesses privados procede para nós lado a lado com a atividade política, e mesmo que cada um de nós esteja envolvido em diferentes ocupações, conseguimos mesmo assim ter um bom conhecimento dos negócios públicos. O fato é que nós somos os únicos a considerar aqueles que deles não se preocupam não como pessoas tranqüilas, mas como pessoas boas para nada". A condição preliminar para o bom funcionamento de um regime democrático, parece afirmar Péricles, é o interesse dos cidadãos pela coisa pública e o bom conhecimento que deriva desse interesse. "Não pensamos — conclui — que o debate cause dano à ação; antes, o perigo reside em não esclarecer nossas idéias discutindo-as antes de enfrentar as ações que se impõem".[1]

Não preciso enfatizar que essa visão do governo de Atenas é uma visão idealizada, como deveria ser apresentada por um grande orador em uma ocasião solene como aquela da celebração dos caídos em uma guerra pela liberdade do país. Mesmo hoje, de resto, aqueles que vivem em um Estado que se proclama democrático se dão conta perfeitamente da disparidade entre a democracia ideal e a sua imperfeita realização, mais ou menos perfeita segundo os tempos e os lugares. Resta-nos a constatação de que, depois de mais de dois milênios, temos bem pouco a acrescentar à lição que nos chega de tão longe, mas com inexaurível e sempre renovada atualidade.

---

1. TUCÍDIDES, *La guerra del Peloponneso*, II, 37 e 40, que cito da ed. organizada por L. Canfora, Einaudi-Gallimard, Turim, 1996, pp. 231 e 235.

Ao longo da história do pensamento político europeu retorna em cada época um tema fundamental: a oposição entre a Europa livre e o resto do mundo, e o resto do mundo foi, até a era moderna, o Oriente, não-livre, governado por regimes despóticos. Em outra ocasião chamei essa idéia recorrente, na qual se expressa de maneira típica o eurocentrismo, de "ideologia européia", entendendo por ideologia algo menos irracional do que o mito, menos definido do que a teoria, menos pretensioso do que o ideal. Comparada a um ideal, a ideologia não exclui, antes inclui, a "falsa consciência". A primeira formulação doutrinal dessa ideologia encontra-se já perfeitamente enunciada na *Política* de Aristóteles. No capítulo dedicado à descrição das várias formas de monarquia, ele explica que existe uma forma de monarquia própria dos povos "bárbaros", muito semelhante à pior forma de governo, que para os gregos era a tirania, mesmo que com freqüência para os povos junto aos quais existe pareça legítima e transmitida por herança. Trata-se da forma de governo que os gregos denominavam "despotismo" para significar que quem detinha o poder supremo o exercia com o mesmo absolutismo e arbitrariedade com que exerce o seu poder o senhor de escravos. O que dependia do fato de que "tendo por natureza os bárbaros um caráter mais servil do que os gregos, e os asiáticos do que os europeus, submetem-se ao domínio despótico sem ressentimento" (*Política*, III, 1285a). A oposição não poderia ser mais clara: havia povos naturalmente livres assim como havia povos naturalmente escravos. O poder despótico surgia entre estes últimos porque, segundo a sua natureza servil, não poderiam viver em um regime livre, como aquele descrito por Péricles.

Trata-se de uma oposição recorrente, eu diria quase-ritual, da qual encontramos infinitos exemplos. Na origem dos grandes Estados territoriais, o mais famoso escritor político do período, Maquiavel, exatamente no início de O *príncipe*, introduz a distinção entre as diferentes formas de "principado" (que era o nome para monarquia). De um lado, há as monarquias, como a francesa, na qual o poder do rei é controlado pelos "barões", isto é, pela aristocracia, e portanto o poder do soberano não é ilimitado; de outro, há os principados, nos quais há "um príncipe e todos os outros servos" (O *príncipe*, IV). Tendo de dar um exemplo desse principado, que demonstra não apreciar, cita o Estado turco. Uma vez mais, um Estado oriental. Toda a análise histórica dessas duas formas de principado foi elaborada a partir da oposição entre França e Turquia, entre um país europeu e um país não-europeu, do qual, aliás, a Europa deve se proteger como se protegeria de uma grande ameaça à própria sobrevivência. Mesmo depois da Revolução Francesa, o maior filósofo do período da Restauração, Hegel, para alguns o maior filósofo de todos os tempos, escreve que se a história humana tem um sentido, ela é a história da liberdade, ou seja, da conquista gradual, ainda que através de eras de progresso e decadência, de uma cada vez maior liberdade dos povos e dos indivíduos: esse processo de libertação — desenvolvido através de três etapas, nas quais, originariamente, nos Estados despóticos orientais, um só era livre, nos períodos intermediários, poucos eram livres, e apenas na era a ele contemporânea, também graças à reforma protestante antes, e à Revolução Francesa depois, todos são livres — se deu, tal como o movimento do Sol, do Oriente para o Ocidente, chegando agora ao seu ponto culminante na Europa.

Que fique bem entendido, traçando as linhas da chamada ideologia européia, não se pretende esconder ou esquecer a outra face da civilização européia, que um grande espírito liberal, um dos inspiradores da doutrina liberal moderna, Benjamin Constant, na época das guerras napoleônicas, chamou de o *esprit de conquête*.[2] Mas é certo que a idéia — repito a "idéia", que nem sempre corresponde à realidade, ou então corresponde a uma realidade muito diversa — de um governo dos cidadãos, no qual os indivíduos são, ou deveriam ser, segundo uma coerente aplicação do princípio, os titulares do poder soberano, e gozam daquelas liberdades de expressão, imprensa, reunião e associação que permitam o exercício efetivo daquele poder, é o fio vermelho que passa, tantas vezes partido, mas tantas vezes refeito, através de toda a história do continente europeu, a ponto de ser considerado, nas diferentes teorias do progresso, que são também elas um típico produto do espírito europeu, um dos critérios para se distinguir os períodos de progresso dos períodos de decadência.

Não obstante os momentos de ascensão e declínio que se alternam na história das nações, os princípios iniciais do governo democrático foram-se estendendo progressivamente e de modo irreversível ao menos em duas direções: *a*) na atribuição dos direitos políticos; *b*) no âmbito da sua aplicação. Do primeiro ponto de vista, nas cidades antigas, os direitos políticos, aqueles direitos que tornavam um homem cidadão, pertenciam a uma minoria dos habitantes de uma cidade; todos os outros, a maioria, deles estavam privados, e estavam privados não apenas dos direitos políticos, mas também dos direitos civis, en-

---

2. B. CONSTANT, *De l'Esprit de conquête et de l'usurpation dans leur rapports avec la civilization européenne* (1814) (ed. it.: C. Dionisotti, *Conquista e usurpazione*, Einaudi, Turim, 1944, 1983/2).

quanto escravos. Nos *comuni** italianos, que foram exaltados como exemplo de democracia citadina, distinguia-se o *popolo grasso*** do *popolo minuto.**** De modo lapidar, segundo o seu estilo, Maquiavel afirmou: "Os homens que nas repúblicas servem às artes mecânicas não podem saber comandar como príncipes quando prepostos a magistrados, tendo aprendido sempre a servir".[3] Sabemos muito bem como se deu o processo de gradual ampliação do sufrágio no decorrer do último século. Quando foi instituído na Itália, pela primeira vez, o regime das eleições dos representantes da câmara dos deputados, os que tinham o direito de voto eram dois por cento. E este regime durou mais de trinta anos. Chegamos ao sufrágio universal masculino e feminino somente em 1945, isto é, depois de um século. É igualmente sabido que mesmo aquela parte ínfima do país que conquistara o direito de votar participava dos rituais eleitorais, como foi recentemente descrito, com extrema relutância. Quase sempre comparecia às urnas menos de metade dos eleitores.

Do segundo ponto de vista, o processo histórico da democracia ocorreu com a passagem da democracia das cidades para a democracia dos grandes Estados territoriais, e agora, ao menos desde o final da Primeira Guerra Mundial, para as primeiras tentativas, ainda imperfeitas, mas abertas para o futuro, da democracia do sistema internacional. Tal como durante séculos se considerou que apenas poucos tinham o direito de participar ativamente da vida das suas cidades — não nos deixemos enganar pela palavra "povo", que sempre significou não a totalidade dos habitantes, mas apenas aquela parte que gozava do direito de decidir ou de eleger quem deveria decidir por ela, tanto que Maquiavel distinguia em Florença as divisões entre os nobres, as divisões entre os nobres e o povo, e a divisão essencial entre o povo e a plebe (a *populace* dos franceses, o *Pöbel*, dos alemães) —, do mesmo modo, durante séculos, se continuou a considerar que as instituições democráticas, mesmo tão restritas, seriam possíveis apenas nos pequenos Estados. Quando, no início da era moderna, se formaram os grandes Estados, estes

---

* O termo *comune* acompanha a história e as transformações do sistema administrativo das cidades italianas, da Idade Média aos dias de hoje. Na Idade Média, designava o governo citadino, formado inicialmente pelas famílias poderosas, posteriormente pelas corporações de artesãos e organizações populares. Atualmente designa tanto o ente autárquico territorial, dirigido por um *Sindaco* eleito, quanto a sede da sua administração. (N.T.)

** *Popolo grasso*, literalmente "povo gordo", denominação que recebiam os burgueses ricos no *comune* da Florença medieval. (N.T.)

*** Na Florença da Idade Média, expressão que designava os artesãos menores, de pouca importância. Literalmente, "povo miúdo", aproximável da expressão portuguesa "arraia-miúda". (N.T.)

3. *Tutte le opere di Niccolò Machiavelli*, organizado por F. Flora e C. Cordié, Mondadori, Milão, 1950, vol. II, p. 555.

eram representados ou por monarquias ou por repúblicas aristocráticas, como Gênova e Veneza. (Aliás, também a menor república a sobreviver na Itália, a República de San Marino, de poucos milhares de habitantes, viveu durante séculos como república aristocrática e só se tornou Estado democrático no século XX.)[4] Considero supérfluo acrescentar que a extensão do âmbito territorial teve por efeito a passagem da democracia direta para a democracia representativa. Quando falavam de democracia, os antigos entendiam a democracia direta, do povo reunido na praça para escutar os oradores e para, depois de tê-los escutado, decidir, e assim era direta a democracia dos comícios romanos, ou as assembléias das cidades medievais. Quando, no *Esprit des lois*, Montesquieu, dando como exemplo Atenas, expõe sua teoria da democracia e afirma que a democracia necessita, para sobreviver, da virtude dos cidadãos (III, 3), ele tem em mente a pequena cidade-Estado onde as decisões essenciais podem ser tomadas diretamente pelo povo reunido em assembléia. Limita-se a dizer: o povo, aquilo que não pode fazer sozinho, deixa a seus ministros (II, 2). Mas apenas aquilo que não pode fazer sozinho. Hoje dizemos o contrário. O povo não pode fazer nada sozinho, mas deve deixar tudo aos seus "ministros", ou seja, a seus representantes. Permanece essencialmente verdadeiro aquilo que Rousseau, último fautor da democracia direta, a qual todavia reconhecia ser possível apenas em um povo de deuses, dizia no *Contrato social* a propósito do povo inglês: que era livre apenas no momento em que ia votar, e logo depois voltava à servidão (III, 15). Aquela a que hoje chamamos democracia representativa receberia então, do mesmo Rousseau, o nome de "aristocracia eletiva"(III, 5), que não é muito diferente daquilo que hoje chamamos de "elitismo democrático".

Nada, mais do que a democracia internacional, da qual a Organização das Nações Unidas foi o primeiro grande, embora imperfeitíssimo, exemplo, demonstra a disparidade entre aquilo que um governo democrático deveria ser e aquilo que ele é, entre o ideal democrático e a democracia real ou realizada. E demonstra também quão equivocado é falar de democracia em geral: há no mundo democracias muito diferentes entre si, e que podem ser distinguidas com base no diferente grau de aproximação do modelo ideal. A democracia perfeita não pode existir, ou de fato jamais existiu. E não pode existir por pelo menos duas razões, que eu gostaria de ilustrar brevemente. Os valores últimos

---

4 . [Cf. N. BOBBIO, "La leggenda di San Marino", in *Nuova Antologia*, n. 2162, 1987, pp. 65-81].

— esta é a primeira razão — nos quais se inspira a democracia, com base nos quais distinguimos os governos democráticos dos governos que não o são, são a liberdade e a igualdade. A Declaração Universal dos Direitos do Homem começa, como todos sabem, com estas sacrossantas palavras: "Todos os seres humanos nascem livres em dignidade e direitos". A verdade é que os seres humanos, ao menos a sua grande maioria, não nascem nem livres, nem iguais. Seria muito mais exato dizer: "Os homens aspiram a tornar-se livres e iguais". A liberdade e a igualdade são não um ponto de partida, mas sim um ponto de chegada. A democracia pode ser considerada um processo, lento mas irrefreável, no sentido da aproximação dessa meta. Mas a meta é na sua plenitude inatingível, por uma razão intrínseca aos dois princípios mesmos da liberdade e da igualdade. Esses dois princípios são entre si, em última instância, quando levados às suas extremas conseqüências, incompatíveis. Uma sociedade na qual estejam protegidas todas as liberdades, nelas incluída a liberdade econômica, é uma sociedade profundamente desigual, não obstante o que digam sobre ela os fautores do mercado. Mas, ao mesmo tempo, uma sociedade cujo governo adote medidas de justiça distributiva tais que tornem os cidadãos iguais não apenas formalmente ou diante das leis, como se diz, mas também substancialmente, é obrigada a limitar muitas liberdades. A experiência dos últimos cinqüenta anos, dominados pela oposição irredutível entre as sociedades capitalistas e as sociedades coletivistas, mostrou, para além de qualquer previsão, a realidade dessa incompatibilidade, cuja solução, sempre provisória e continuamente submetida a revisões e ajustamentos temporários, jamais definitivos, só virá através da adoção de medidas de compromisso.

A segunda razão da oposição entre democracia ideal e democracia real obriga-me a uma argumentação um pouco mais longa. Parto do pressuposto de que o fundamento ético da democracia é o reconhecimento da autonomia do indivíduo, de todos os indivíduos, sem distinção de raça, sexo, religião etc. Nesse pressuposto está a força moral da democracia, aquilo que faz idealmente — insisto no idealmente — da democracia a forma mais alta, humanamente mais alta, de convivência. Contudo, não obstante as magníficas palavras de Péricles, os atenienses aos quais se dirigia eram uma pequena parte da cidade. Aristóteles, como todos sabem, justificava a escravidão. O reconhecimento da igual dignidade de todos os homens ocorre na Europa apenas com o cristianismo. Essa idéia foi posteriormente secularizada, no sentido que se tornou, de idéia religiosa que era, um princípio moral racional e universal com as teorias do direito natural da era moderna. Estas, para reconstruir racionalmente o Estado, a "sociedade civil", como se chamava, partiam da hipótese de um estado primitivo da humanidade, chamado estado de natureza. Nesse estado de natureza existem apenas indivíduos, com seus direitos fundamentais, a começar pelo direito à vida, ao qual se seguem, pouco a pouco, todos os outros, como o direito à liberdade, à igual dignidade, à segurança e assim por diante. No início, portanto, segundo essa hipótese, não existe o homem em sociedade, o homem social ou político, como diziam os antigos, mas o indivíduo na sua singularidade, eu diria quase na sua solidão. É esse indivíduo que decide, pela sua livre escolha, dar vida à sociedade civil, ou seja, a uma convivência regulada, organizada, pacífica, da qual obtém proteção e um mínimo de bem-estar. A sociedade civil não existe na natureza. Na natureza existem apenas indivíduos isolados, independentes uns dos outros, e, para Rousseau, que nos deixou a descrição mais minuciosa desse estado, também auto-suficientes. A sociedade civil é um produto artificial derivado do acordo de indivíduos decididos a viver juntos e a cooperar entre si para superar seu próprio isolamento. Isto significa que na origem do Estado moderno, que nasce do contrato social, e portanto da livre vontade dos indivíduos, está a idéia não de que o indivíduo é o produto da sociedade, mas sim de que a sociedade é o produto do indivíduo. E portanto a sociedade deve ser construída de modo que seja benéfica para o indivíduo, e não maléfica.

Nessa inversão consiste, na filosofia prática, a revolução copernicana, paralela àquela que Kant afirmara na teoria do conhecimento. Revolução que podemos resumir, em ambos os campos, como a passagem do ponto de vista do objeto para o ponto de vista do sujeito. Na esfera da política essa inversão significa que se começa a olhar a sociedade civil, caracterizada pela relação entre governantes e governados, do ponto de vista dos governados, e não mais dos governantes. Dessa inversão da relação política por excelência são a primeira grande expressão prática, politicamente relevante, as Declarações dos Direitos do final do século XVIII, que acompanham as duas revoluções democráticas, a americana e a francesa. Retomando uma imagem de Hegel, aquela do "mundo às avessas" — do qual seria portadora a filosofia, imagem retomada por Marx quando disse que Hegel colocara o mundo de ponta-cabeça e agora chegara o momento de recolocá-lo de pé —, na esfera da política o "mundo às avessas" em relação a toda a tradição é aquele no qual o ponto de partida da relação política não é mais o Estado, mas o indivíduo.

O indivíduo, portanto, como fundamento ético da democracia. Mas qual indivíduo? A resposta que se obtém de toda a tradição do pensamento democrático é uma só: o indivíduo racional, racional no sentido de ser capaz de avaliar as conseqüências não apenas imediatas, mas também futuras das suas próprias ações, e portanto de avaliar seus próprios interesses em relação aos interesses dos outros, e com estes compatíveis, em um equilíbrio instável mas sempre passível de ser restabelecido através da lógica, característica de um regime democrático, do compromisso. Para dar o habitual exemplo que está na base da moral racional que é a moral kantiana: eu posso ter interesse imediato em transgredir um pacto, e aproveitar-me desse modo do fato de que outro o observou, mas não posso enquanto homem racional querer viver em um mundo no qual todos os pactos sejam transgredidos, porque em um Estado assim seria impossível qualquer forma de convivência pacífica. Muito significativo é o fato de que, no mesmo artigo primeiro da Declaração Universal dos Direitos do Homem, há pouco citada, os homens dos quais se fala são referidos como "dotados de razão e de consciência".

A justificação da democracia, ou seja, a principal razão que nos permite defender a democracia como a melhor forma de governo ou a menos ruim, está precisamente no pressuposto de que o indivíduo singular, o indivíduo como pessoa moral e racional, é o melhor juiz do seu próprio interesse. Qualquer outra forma de governo é fundada no pressuposto contrário, vale dizer, no pressuposto de que há alguns indivíduos superiores, ou por nascimento, ou por educação, ou por méritos extraordinários, ou porque mais afortunados, ou mesmo um único indivíduo, que são capazes de julgar qual seja o bem geral da sociedade entendida como um todo, melhor do que poderiam fazer os indivíduos singularmente. Todas as formas de governo que não partem dos direitos e dos interesses dos indivíduos são chamadas de "paternalistas", ou "despóticas". Trata-se de um velho problema, ainda recentemente ressuscitado por Robert Dahl em uma série de lições publicadas sob o título *Democracy and Guardianship*, que partem da famosa teoria platônica do governo dos guardiães, ou seja, daqueles que sabem, e da qual seria uma versão contemporânea o governo dos técnicos, a tecnocracia. Dahl, como bom democrático, defende, contra as tendências tecnocráticas, o governo de todos, introduzindo a distinção entre competência técnica, que efetivamente pertence a poucos nos setores altamente especializados, como aquele das armas nucleares, e competência moral, que não é exclusiva de nenhuma classe particular de indivíduos. A convicção de que existe esta competência moral acima da competência técnica é o pressuposto ideal da democracia. Gostaria de citar pelo menos algumas palavras finais do livro que, em um mundo dominado pela vontade de potência daqueles que detêm a maior parte dos bens da Terra, abre-se à esperança: "O objetivo deste livro foi revitalizar a esperança de que a antiga visão, já velha com seus vinte e cinco séculos, do povo que se autogoverna mediante o processo democrático (...) possa ser uma vez mais readaptada a um mundo drasticamente diferente daquele em que tal visão das coisas foi colocada em prática pela primeira vez".[5]

Mas existe esse homem racional? O homem racional é um ideal-limite. Exatamente por isso também a democracia é um ideal-limite. Deixando de lado a consideração de que se todos os homens fossem racionais não haveria nem mesmo a necessidade de um governo, e mesmo nos limitando à racionalidade puramente instrumental, falta à grande maioria dos indivíduos os conhecimentos necessários para construir um juízo pessoal e fundamentado diante das decisões que deve tomar. E além disso, mesmo aqueles que poderiam conhecer melhor as coisas podem ser facilmente enganados por quem possui, além de conhecimentos, os meios de propaganda suficientes para fazer com que os próprios interesses ou aqueles interesses do próprio grupo pareçam os interesses de todos. Em suma, muitos não estão em condições de saber. Muitos acreditam saber, e não sabem.

Um ideal-limite já é em si mesmo, e por definição, inatingível. Podem existir historicamente maiores ou menores aproximações desse ideal. Mas nenhum ideal é deste mundo. Aquilo que hoje chamamos democracia, em oposição aos governos autoritários, às ditaduras, aos Estados totalitários, não é uma meta, é uma via, uma via da qual talvez estejamos apenas no início, não obstante tenha sido tentada pela primeira vez há muitos séculos, tentada e mil vezes interrompida. O fato de que, não obstante as freqüentes e brutais interrupções, tenha sido sempre retomada é ao menos motivo de esperança. Uma via da qual não sabemos nem ao menos onde vai dar, como de resto não sabemos onde vai dar a história humana em seu todo, mas que ao menos como via nos parece mais praticável e mais tratável do que as outras, ou talvez apenas menos desesperada. Essa idéia da democracia como via tornou-se afinal domínio comum. É uma idéia que faz parecer menor a disparidade entre a democracia ideal e a democracia real, porque, como afirmei em outras ocasiões, é a definição mínima de democracia aquela sobre a qual podemos mais facilmente concordar. Uma definição míni-

---

5. R. A. DAHL, *Controlling Nuclear Weapons. Democracy versus Guardianship*, Syracuse University Press, Syracuse N. Y., 1985 (ed. it.: *Democrazia o tecnocrazia? Il controllo delle armi nucleari*, il Mulino, Bolonha, 1987, p. 123).

ma, e exatamente porque mínima, realista. Uma via, um método. Já chamamos habitualmente de concepção processual da democracia, que acentua as chamadas regras do jogo, ao conjunto de regras que devem servir para se tomarem as decisões coletivas, as decisões que interessam a toda a coletividade, com o máximo de consenso e o mínimo de violência. Reúnem-se em torno dessa definição alguns dos maiores filósofos, economistas e juristas contemporâneos, como Karl Popper, Schumpeter, Alf Ross, Hayek, Kelsen. Democracia e autocracia, escreve Kelsen, "são apenas métodos para a criação de uma ordem social". A democracia diferencia-se de outras formas de governo pelas regras que presidem à "escolha dos líderes",[6] que consiste na eleição periódica, e não na sucessão hereditária ou na cooptação, e por aquelas outras regras que estabelecem o modo de tomar as decisões coletivas, das quais a principal é o princípio da maioria. A primeira é voltada para impedir que uma classe política se perpetue sem se submeter ao controle dos indivíduos sobre os quais ela exerce o próprio poder, a segunda deve servir para tomar as decisões coletivas com o máximo de consenso e pacificamente. Se depois essa classe política eleita é ou não a melhor, a regra democrática enquanto tal não pode garantir, mas, como escreveu Popper, somente em um regime democrático a classe política pode ser mudada sem derramamento de sangue.[7] Assim, não está em absoluto garantido que a decisão tomada pela maioria seja a mais sábia. Mas ao menos é aquela que se pode presumir seja a mais vantajosa para a maioria, contanto que se entenda possa ser mudada com o mesmo procedimento.

Essa definição de democracia como via, como método, como conjunto de regras do jogo que estabelecem como devem ser tomadas as decisões coletivas e não quais decisões coletivas devem ser tomadas, é relativamente nova. Mas se a compararmos com o discurso de Péricles do qual partimos, logo nos damos conta de que as duas definições não são tão diferentes, e podem ser comparadas uma à outra. O líder ateniense também estava limitado a decantar alguns princípios, o princípio da separação entre vida privada e vida pública, o princípio da participação ativa dos cidadãos na vida política, do deliberar através da livre discussão, que são todos "universais processuais", como são chamados pelos juristas. Esses universais processuais, que caracterizam a

---

6. Este é o título do capítulo VIII do ensaio *Vom Wesen und Wert der Demokratie* (1929), do qual também extraio a citação anterior: cf. a trad. it. in H. KELSEN, *La democrazia*, il Mulino, Bolonha, nova ed. 1998, p. 137.

7. K. R. POPPER, *The Open Society and Its Enemies*, George Routledge & Sons, Londres, 1945; ed. it.: *La società aperta e i suoi nemici*, 2 vols., Armando, Roma, 1973-74, reimp. 1977, vol. II, pp. 199-200.

democracia, podem ser resumidos nos seguintes pontos essenciais: 1) todos os cidadãos que tenham alcançado a maioridade etária sem distinção de raça, religião, condição econômica, sexo, devem gozar de direitos políticos, isto é, cada um deles deve gozar do direito de expressar sua própria opinião ou de escolher quem a expresse por ele; 2) o voto de todos os cidadãos deve ter igual peso; 3) todos aqueles que gozam dos direitos políticos devem ser livres para poder votar segundo sua própria opinião formada, ao máximo possível, livremente, isto é, em uma livre disputa entre grupos políticos organizados em concorrência entre si; 4) devem ser livres também no sentido de que devem ser colocados em condições de escolher entre diferentes soluções, isto é, entre partidos que tenham programas distintos e alternativos; 5) seja para as eleições, seja para as decisões coletivas, deve valer a regra da maioria numérica, no sentido de que será considerado eleito o candidato ou será considerada válida a decisão que obtiver o maior número de votos; 6) nenhuma decisão tomada por maioria deve limitar os direitos da minoria, particularmente o direito de se tornar por sua vez maioria em igualdade de condições.

São regras, enumerando-as, extremamente simples, mas nem um pouco fáceis de realizar corretamente. Mas são todas regras que estabelecem não *o que* se deve decidir, mas sim apenas *quem* deve decidir e *como*. Não tenho qualquer dificuldade para admitir, como escrevi uma vez, que essas regras puramente formais dão ao conceito de democracia um significado restrito. Mas é sempre melhor um significado restrito e claro do que um significado amplo –– como aquele segundo o qual a democracia é o governo do povo e para o povo —, mas vago. Confesso que tenho certa dificuldade em admitir que, ao se falar de democracia — se a respeito da qual queremos nos entender, e não nos enganar reciprocamente, como com freqüência ocorre nas discussões políticas —, se queira entender outra coisa. Quem entende outra coisa deveria dizer claramente. Estou até disposto a admitir que para que um Estado seja verdadeiramente democrático não basta a observância dessas regras, ou seja, reconheço os limites da democracia apenas formal, mas não tenho dúvidas sobre o fato de que basta a inobservância de uma dessas regras para que um governo não seja democrático, nem verdadeiramente, nem aparentemente.

Nunca olhei para as coisas deste mundo com muito otimismo. Pertenço a uma geração que assistiu nos anos de juventude a acontecimentos terríveis, que marcaram para sempre as nossas almas. Mas tampouco assisto às coisas deste mundo com inerte resignação. Sobre o futuro não faço nem previsões, nem apostas. Deixemos as previsões aos astrólogos, e as apostas, aos jogadores. Os primeiros contam com as correntes inexoráveis da necessidade, os segundos confiam no acaso. O homem de razão limita-se a levantar hipóteses, partindo de alguns dados de fato. Para ele, a necessidade prova demais, o acaso, de menos. Entre os dados de fato dos quais podemos partir para levantar uma hipótese, há a ampliação do espaço ocupado pelos regimes democráticos no mundo atual, na Europa depois da Segunda Guerra Mundial, e não apenas na Europa. Ouvimos, pouco tempo atrás, o líder de um dos dois grandes países que com a sua potência manteve nas próprias mãos grande parte da sorte do mundo dizer que "a democracia é um valor em si, porque através dela passa o caminho para a criação das condições para o desenvolvimento multiforme de cada personalidade, da sua responsabilidade e ativismo civil". Uma declaração tão clamorosa partindo da boca de um político, líder de um país cujo processo de democratização, iniciado com uma grande revolução libertadora, foi interrompido cedo demais, é um bom presságio de que o caminho da democracia seja irreversível. Não ouso esperá-lo, mas também não estou disposto a excluí-lo.

Afirmei há não muito tempo, com certa ênfase, pela qual fui censurado, que a democracia é, gostem ou não, o nosso destino. Referia-me ao meu país, que conheceu um triste período de ditadura, e no qual, não obstante todos os defeitos que seria inútil esconder, a democracia, surgida de uma dura luta contra o fascismo, parece ter lançado sólidas raízes. Referia-me à Itália, mas dirigia meu olhar à Europa, na qual em poucos anos caíram regimes de ditadura que pareciam eternos. Falando em um país não-europeu que nunca esqueceu suas raízes no velho continente, ouso expressar o desejo de que a democracia seja o destino, permitam-me repetir esta palavra solene, não apenas da Europa, mas do mundo todo.

II.

A REGRA DE MAIORIA: LIMITES E APORIAS

1. Regras de maioria e democracia

Que os sistemas políticos habitualmente chamados de democráticos, ou, mais freqüentemente, de democracia ocidental sejam sistemas nos quais vale a regra de maioria — seja para a eleição daqueles aos quais é atribuído o poder de tomar decisões válidas para toda a coletividade, seja para a formação das decisões dos supremos órgãos colegiados — não implica que: *a*) a regra da maioria seja exclusiva dos sistemas democráticos; *b*) as decisões coletivas nesses sistemas sejam tomadas exclusivamente mediante a regra da maioria. Em outras palavras, não obstante a opinião comum de que um sistema democrático, comparado aos sistemas autocráticos, seja caracterizado pela regra da maioria, como se democracia e princípio majoritário fossem dois conceitos da mesma extensão e portanto coincidentes, não é verdade que: *a*) *apenas* nos sistemas democráticos vigore a regra da maioria; *b*) neles as decisões coletivas sejam tomadas *apenas* mediante a regra da maioria. Disso advém que democracia e regra da maioria, em vez de serem dois conceitos de igual extensão, têm apenas uma parte da sua extensão em comum, e portanto passível de ser sobreposta, podendo ocorrer, de um lado, sistemas políticos não-democráticos que conheçam a regra da maioria, seja para a eleição do supremo órgão decisório, seja para a formação das supremas decisões coletivas, e, de outro, decisões coletivas de sistemas democráticos tomadas não com base na regra da maioria, sem que por isso tais sistemas deixem de ser incluídos entre os sistemas democráticos.

Essa sobreposição deriva da equivocada interpretação da definição clássica — e no rastro dos clássicos tornada corrente — da democracia como governo da maioria. Quando, na tripartição clássica das formas de governo, a democracia é definida como governo da maioria em oposição à oligarquia e à monarquia, o que se quer dizer é que o poder político está nas mãos dos mais e dos muitos em oposição ao poder de um só ou de poucos; não significa em absoluto dizer que o poder político seja exercido mediante a aplicação da regra da maioria. Para Aristóteles, a democracia é o governo de muitos, uma vez que é o governo dos pobres, os quais são em geral a maioria da população, enquanto a oligarquia é o governo de poucos, uma vez que é o governo dos ricos, os quais são em geral uma minoria.[8] Em um contexto desse tipo, se por democracia quiserem falar de governo da maioria, que fiquem à vontade para assim o fazer, contanto que fique claro que por "maioria" se entende o sujeito coletivo do poder político em oposição a outros

---

8. As três formas de governo são definidas por Aristóteles como governo *di uno* [de um], *di pochi* [de poucos] e *di molti* [de muitos] (*Política*, 1279a). A confusão nasce com freqüência a partir das traduções: "i molti" ["os muitos"] aparece na tradução de R. Laurenti (Laterza, Roma-Bari, 1995, p. 84); "i piú" ["os mais"], na tradução de C. A. Viano (Utet, Turim, 1955, reimp. 1992, p. 156). Isto não exclui que nos governos democráticos as deliberações sejam tomadas por maioria, como resulta de *Política* (1317b). Não exclui, mas não implica. O termo clássico que significa ao mesmo tempo: *a*) número, grande número, quantidade; *b*) povo, massa popular; *c*) regime democrático é *plêthos*. Ver R. RONCALI e C. ZAGARIA, "Lessico politico. Plêthos", in *Quaderni di Storia*, n. 12, julho-dezembro, 1980, pp. 213-21.

sujeitos, tais como o monarca, os ricos, os nobres etc.; não se entende em absoluto o governo mediante uma determinada regra de procedimento para exercício do poder. Indica *quantos* governam, não *como* governam.[9]

A idéia em geral axiologicamente negativa do governo de maioria que acompanha a história da democracia da Antigüidade aos nossos dias deriva não tanto de uma reprovação da regra da maioria, mas sim do desprezo pela massa considerada incapaz de governar. Os próprios autores antidemocráticos não têm qualquer dificuldade em aceitar a regra da maioria quando ela é aplicada à formação das decisões de um órgão aristocrático como o Senado romano, o Conselho Maior da República de Veneza ou o Conclave para a eleição do pontífice. Mussolini caiu por um voto de desconfiança expresso segundo a regra da maioria do Grande Conselho do Fascismo, que não era um órgão de um regime democrático, e sim, antes, o órgão constitucional fundamental de um regime que fizera da luta contra a democracia um dos principais motivos da sua existência e de seu sucesso. Pode-se dizer, isto sim, que de parte dos escritores antidemocráticos advém a refutação da regra formal de maioria quando ela permite que a maioria substancial consiga uma posição vantajosa. Mas isso não significa a condenação da regra da maioria enquanto tal. A fim de que a regra da maioria se torne o princípio formal através do qual a maioria toma o poder são necessárias circunstâncias históricas particulares cujo nascimento não depende geralmente de uma decisão tomada com base no princípio de maioria. Ao qual, portanto, não podem ser imputados os inconvenientes do governo da maioria, que sempre foi entendido, repito, como uma má forma de governo não porque nele vale a regra da maioria, mas porque a maioria *também* governa através daquele expediente técnico que é a regra da maioria, da qual se servem quando necessário também os governos das minorias.

A história do princípio de maioria não coincide com a história da democracia como forma de governo. Essa história foi contada muitas vezes e não vem ao caso repetir coisas conhecidas ou facilmente conhecíveis. Mas mencionar algumas informações pode ser útil. Em linhas gerais, pode-se afirmar que do direito romano em diante (o di-

---

9. O que já estava perfeitamente claro em Aristóteles, como resulta de uma conhecida passagem na qual, depois de ter falado da aristocracia, da oligarquia e da democracia, acrescenta: "A maioria como regra de governo está presente em todos os tipos de constituição, porque na aristocracia, na oligarquia, na democracia aquilo que pensa a maior parte daqueles que fazem parte do governo é sancionado pela autoridade"(*Política*, 1294a). Para essas referências históricas recorri às contribuições fundamentais de E. RUFFINI, *Il principio maggioritário* (1927), nova ed. Adelphi, Milão, 1976, e *La ragione dei piú*, coletânea de ensaios escritas entre 1925 e 1927, republicados com nova introdução, il Mulino, Bolonha, 1977, e da ampla bibliografia ali citada.

reito romano foi considerado durante séculos — e ainda hoje entre os juristas continentais — o ponto de partida de qualquer reflexão sobre o tema), a regra da maioria foi considerada o procedimento necessário ou mais idôneo para a formação de uma decisão coletiva nas *universitates*, isto é, nas sociedades de pessoas nas quais cada um de seus membros unindo-se aos outros membros dão vida a uma totalidade distinta das, e superior às, suas partes, e na qual, portanto, os componentes, sendo chamados a expressar o próprio consenso não *uti singuli* mas *uti universi*, são obrigados a expressá-lo *collegialiter* e não *separatim*. Que depois a regra da maioria fosse aplicada apenas nas coletividades de direito público, com base no princípio "refertur ad universos quod publice fit per maiorem partem" (D. 50, 17, 160, 1), e não nas coletividades de direito privado, nas quais vigorava o princípio do respeito absoluto à autonomia do indivíduo, donde a máxima "quod omnes similiter tangit ab omnibus comprobetur" (C. 5, 59, 5); ou então que no direito germânico a regra "quod maior pars facit totum facere videtur" vigorasse, segundo a conhecida interpretação de Gierke, apenas nas *Körperschaften* e não também nas *Genossenschaften;* que ainda no direito moderno se tenha continuado a discutir se a regra da maioria, sempre colocada em oposição à regra da unanimidade, atribuindo a cada indivíduo o *ius prohibendi*, deva ser reconhecida apenas às coletividades reconhecidas como pessoas jurídicas ou também a outras[10] — são todos problemas que não vem ao caso aprofundar aqui porque são irrelevantes para o nosso propósito. É fato, contudo, que todas essas discussões demonstram que o secular debate em torno da natureza, da função, da modalidade da regra da maioria se desenvolve de modo completamente independente do debate em torno da democracia e das formas de governo, e que o seu campo de aplicação é exclusivamente aquele da natureza, da função, da modalidade de funcionamento dos corpos colegiados, cuja existência não está minimamente conectada à forma de regime político, e é perfeitamente compatível com regimes não-democráticos. Os órgãos colegiados romanos, neles incluído o Senado, no qual as decisões coletivas são tomadas pela maioria, continuam a sobreviver mesmo durante o principado. O desenvolvimento das *Körperschaften* na Idade Média germânica ocorre em um contexto histórico geral no qual o problema da democracia entendida como forma de governo distinta da monarquia e da aristocracia nem ao menos é colocado. Que nas eleições do imperador do Sacro Império Romano tenha ocorrido gradualmente a

---

10. Para estas informações, recorri também à obra de F. GALGANO, *Il principio di maggioranza nelle società personali*, Cedam, Pádua, 1960.

passagem da eleição unânime, fundada sobre o *liberum veto*, para a eleição, com base no voto da maioria, dos príncipes e bispos eleitores, sancionada definitivamente pela Bula de Ouro (1356), não significa em absoluto que o sistema político do Império no seu conjunto tivesse se tornado mais democrático (no sentido de que, de Aristóteles em diante, se entende por democracia o governo da maioria e não apenas o governo no qual alguns órgãos são eleitos e decidem por maioria). O mesmo deve ser dito sobre a passagem da eleição unânime (por aclamação) para a eleição indireta do doge na República de Veneza.

2. Argumentos pró e contra

Como confirmação de tudo o que estou dizendo sejam considerados os argumentos que foram adotados para oferecer uma justificação racional a uma regra, como aquela da maioria, aparentemente irracional (uma regra, portanto, que confia a um critério quantitativo uma escolha, como uma eleição, ou uma decisão, eminentemente qualitativa). Esses argumentos podem ser distinguidos entre axiológicos e técnicos, ou seja, adotando uma conhecida distinção weberiana, com alguns deles se procura mostrar que a regra é racional segundo o valor, com outros que é racional segundo o objetivo.[11] Entre os primeiros estão aqueles com base nos quais a regra é justificada porque permite, melhor que qualquer outra, a satisfação de alguns valores fundamentais, como a liberdade e a igualdade. Entre os segundos, aqueles que levam em consideração o objetivo que com a regra se deseja alcançar, que é sobretudo o objetivo de permitir chegar a uma decisão coletiva entre pessoas que têm opiniões distintas. Para aqueles que argumentam do primeiro modo, a regra deduz sua validade do valor ou dos valores aos quais serve, e, para os outros, vale como útil expediente técnico.

Diante dessa diferente natureza dos motivos de justificação, a primeira observação a ser feita é que uns e outros valem em contextos distintos uma vez que têm objetivos polêmicos distintos. Quem argumenta em favor da regra de maioria apelando aos valores da liberdade e da igualdade defende-a sobretudo como remédio para a eleição ou decisão do autócrata que não respeita a liberdade de escolha dos sujeitos nem os reconhece como iguais. Quem, ao contrário, argumenta em

---

11. Para uma análise e uma crítica dos argumentos em favor da regra da maioria em alguns autores contemporâneos, ver W. FACH, "Demokratie und Mehrheitsprinzip", in *Archiv für Rechts- und Sozialphilosophie*, LXI, 1975, pp. 201-22. Ver também B. LEONI, "Decisioni politiche e regola di maggioranza", in *Il Politico*, n. 4, 1960, pp. 711-22 (agora in ID., *Scritti di scienza politica e teoria del diritto*, Giuffrè, Milão, 1980, pp. 41-53).

favor da regra considerando-a como um útil, aliás, indispensável expediente técnico de qualquer corpo coletivo, defende-a principalmente como remédio para a unanimidade. Que os campos de aplicação dos dois tipos de argumentos sejam distintos pode ser demonstrado *e contrario* por esta observação: não nos afastaríamos muito da verdade sustentando que, enquanto a regra da maioria, comparada ao princípio autocrático, parece mais racional segundo o valor, o princípio autocrático parece, comparado à regra da maioria, mais racional segundo o objetivo; por outro lado, enquanto parece mais racional segundo o objetivo, a regra da maioria comparada à regra da unanimidade, esta parece com relação àquela mais racional segundo o valor. De fato, se considerarmos o problema unicamente do ponto de vista do objetivo, da relação meio-fim, isto é, do ponto de vista do modo mais rápido de se chegar a uma decisão coletiva, não parece haver dúvida de que o princípio autocrático é mais funcional que o princípio majoritário; se olharmos o problema do ponto de vista dos valores, da liberdade e da igualdade, não parece haver dúvida de que a regra da unanimidade os garante melhor do que a regra da maioria.

A segunda observação é que os argumentos axiológicos são aqueles adotados preferivelmente pelos escritores democráticos, isto é, por aqueles que estabelecem uma estreitíssima conexão entre sistema político democrático e regra da maioria, e consideram a regra da maioria como uma característica essencial, quando não de todo exclusiva, da democracia como forma de governo. Ora, esses argumentos, olhando bem, são os mais frágeis, são em seu conjunto menos convincentes do que os argumentos técnicos ou de técnica da organização, que servem para justificar a regra da maioria não tanto como regra fundamental da democracia, mas como a melhor regra para a formação de uma vontade coletiva em qualquer grupo organizado.

Considero exemplar a argumentação de Kelsen, seja pela autoridade do autor, seja porque remete a ambos os valores democráticos por excelência. Afirma Kelsen, de fato, na conclusão do seu raciocínio, que "o princípio de maioria, e portanto a idéia de democracia [como se vê, a idéia de democracia é apresentada como dependente do princípio de maioria], é uma síntese das idéias de liberdade e igualdade".[12] Passo rapidamente pelo segundo argumento, ou seja, a relação entre o princípio de maioria e o valor democrático da igualdade. Entre o princípio de que todos os indivíduos são "de igual valor político", como diz Kelsen,

---

12. H. KELSEN, *General Theory of Law and State*, Harvard University Press, Cambridge (Mass.) (ed. it. de S. Cotta e G. Treves, *Teoria generale del diritto e dello stato*, Etas Libri, Milão, 1994, p. 292).

e o princípio de maioria não há uma relação necessária. A relação existe, mas apenas nos Estados democráticos nos quais está em vigor o sufrágio universal masculino e feminino (mas mesmo onde está em vigor o sufrágio universal há sempre exceções). Contudo, em um Estado no qual esteja em vigor o sufrágio universal apenas masculino, o princípio de maioria pode muito bem ser um princípio fundamental para as eleições políticas e para as principais decisões coletivas sem que esteja em vigor o princípio de que todos os indivíduos têm igual valor político. Mas podemos dar outros infinitos exemplos nos quais o princípio de maioria e o princípio de igualdade não coincidem: são todos aqueles casos em que se leva em consideração a maioria dos votos, mas nem todos os votos são iguais. Tanto em uma assembléia de uma sociedade acionária quanto em uma modestíssima assembléia de condomínio, cada um tem um voto proporcional à própria quota, o que tem por conseqüência que a maioria é formada com votos desiguais. Mesmo uma hipotética votação política com voto múltiplo (mas vigora com freqüência a regra de que, em caso de empate de votos, o voto do presidente conta por dois) não contradiria o princípio de maioria, embora não respeitando o princípio democrático do valor igual dos indivíduos. Isto não significa que não exista uma conexão entre a idéia democrática da igualdade e o princípio de maioria. Mas a conexão existe no sentido de que, uma vez acolhida essa idéia, o princípio de maioria se impõe; não no sentido oposto, de que o princípio de maioria implique a idéia de igualdade. O que é exatamente aquilo que queríamos demonstrar: a idéia de igualdade não pode ser assumida como razão justificadora do princípio de maioria.

3. Os argumentos axiológicos

No que se refere à relação entre a regra da maioria e a idéia da liberdade, o discurso é de natureza totalmente diversa, mesmo que leve aos mesmos resultados. O argumento de Kelsen é formulado brevemente do seguinte modo: compreendida a liberdade como autodeterminação, nenhuma ordem social poderia subsistir com o mais alto grau de autodeterminação, isto é, se cada indivíduo se autodeterminasse sem levar em consideração as autodeterminações de todos os outros. Para tornar possível qualquer forma de sociedade é, portanto, necessário limitar a autodeterminação. O princípio de maioria é aquele que permite limitar a autodeterminação mesmo assegurando o mais alto grau de liberdade possível, entendida a liberdade política como "o acordo entre a vontade individual e a vontade coletiva expressa na ordem social".[13] Com expressão trazida da linguagem econômica, da qual Kelsen não se utiliza, hoje diríamos que, a favor do princípio de maioria, pode-se sustentar que ele é a regra cuja aplicação permite a "maximização da liberdade", ou, com outra expressão, a "maximização do consenso" (já que, uma vez entendida a liberdade como autodeterminação, "ser livre" significa obedecer às leis às quais se deu o próprio consenso). Que o princípio de maioria maximize a liberdade como autodeterminação, ou o consenso, e portanto como tal possa ser usado contra o princípio autocrático, pode ser aceito, e pode ser aceito como argumento axiológico, que funda, como afirmei há pouco, o princípio como racional segundo o valor. Isso não obstante não se consiga ver em que esse argumento tenha a ver com a democracia como sistema político. Ou, pelo menos, tem a ver no sentido de que um sistema democrático não pode prescindir do princípio de maioria, enquanto, em geral, dele prescinde um sistema político autocrático. Não tem a ver contudo no sentido de que o que caracteriza a democracia é a autodeterminação ou o consenso *do maior número*, uma vez mais o fato de ser o governo da maioria, antes de ser o governo mediante o princípio de maioria. Em outras palavras, para que se possa afirmar que um sistema é democrático não basta saber que o princípio de maioria maximiza a autodeterminação e portanto o consenso, mas é necessário saber quantos são aqueles que se beneficiam dessas vantagens (posto que sejam vantagens, embora possamos admitir que não sejam) do princípio de maioria, quantos são aqueles aos quais é consentido que se autodeterminem ou expressem seu próprio consenso mediante o princípio de maioria. Em suma, o que caracteriza um sistema político democrático não é o princípio de maioria, mas o sufrágio universal, ou, se quisermos, o princípio de maioria aplicado a votações conduzidas com o sufrágio universal.[14] Certo, uma vez concedido o sufrágio universal, é inevitável que os votos sejam contados, e é oportuno que se aplique a regra da maioria para se obter um resultado. E assim a regra da maioria revela a sua natureza de expediente técnico ao qual se recorre habitualmente quando se trata de contar votos, sejam muitos ou poucos, sejam dezenas de milhões, como são nas eleições populares de um grande Estado, sejam apenas sete, como eram os votos dos eleitores do imperador do Sacro Império Romano.

---

13. *Ibid.*, p. 292.
14. O que faz da república italiana um Estado pelo menos formalmente democrático é o art. 48 da Constituição, segundo o qual "são eleitores todos os cidadãos, homens e mulheres, que tenham atingido a maioridade".

Mas, afinal é realmente verdade que a regra da maioria assegure a liberdade como autodeterminação, entendida como "o acordo entre a vontade individual e a vontade coletiva expressa na ordem social"? Seria verdade se a vontade individual que se expressa com o voto e que concorre ao lado de outras para formar a maioria pudesse ser determinada livremente. Mas a livre determinação da vontade individual (onde por "livre determinação" se entende uma determinação tomada diante de diversas alternativas possíveis através da ponderação de argumentos pró e contra, e não em situações nas quais não há alternativas, e, de qualquer modo, não por medo de graves conseqüências para a própria pessoa ou para os próprios bens) pressupõe uma série de condições preliminares favoráveis (reconhecimento e garantia dos direitos de liberdade, pluralidade de formações políticas, livre antagonismo entre elas, liberdade de propaganda, voto secreto etc.) que precedem a expressão do voto e, portanto, também a entrada em funcionamento da regra da maioria, que é pura e simplesmente uma regra para o cálculo dos votos. Como expediente técnico, a regra da maioria é indiferente ao fato de que os votos a serem computados tenham sido dados mais ou menos livremente, por convicção ou por medo, por amor ou pela força. Que uma decisão coletiva seja tomada por maioria, que essa determinada decisão coletiva seja a decisão da maioria, não prova absolutamente nada a respeito da maior ou menor liberdade com que essa decisão foi tomada. E, portanto, atribuir à regra da maioria o poder de maximizar a liberdade ou o consenso é atribuir-lhe uma virtude que não lhe pertence. Com freqüência, infelizmente, as maiorias são formadas não pelos mais livres, mas pelos mais conformistas. Como regra, aliás, tanto mais altas são as maiorias, em especial aquelas que resvalam na unanimidade, tanto mais surge a suspeita de que a expressão do voto não tenha sido livre. Nesse caso, a regra da maioria prestou todos os serviços que dela se podem esperar, mas a sociedade da qual ela é espelho não é uma sociedade livre.

4. Os argumentos técnicos

Neste ponto seria até mesmo supérfluo observar que, dos argumentos de justificação do princípio de maioria, são mais probantes os técnicos do que os axiológicos. Mas é possível fazer algumas ulteriores observações. A regra da maioria nasceu como regra destinada a permitir a formação de uma vontade coletiva em uma assembléia com base na máxima de experiência "universi facile consentire non possunt", ou, se quisermos, com base na máxima de experiência contrária, segundo a qual a única regra alternativa, que é a regra da unanimidade, dificulta ou até mesmo impede a formação de uma vontade coletiva ou a permite apenas em casos excepcionais, como são aqueles nos quais se recorre à aclamação ou ao consenso tácito ("Se ninguém discorda, presume-se que a deliberação é aprovada por unanimidade"), na qual, todavia, como foi muitas vezes observado, não é possível justificar plenamente a liberdade do dissenso (de fato, não há dúvidas de que, tanto no caso da aclamação quanto no caso do consenso tácito, o dissidente é colocado em condição de não poder expressar seu próprio dissenso com a mesma facilidade com que os consencientes expressam sua própria vontade). Como o ideal do consenso unânime não é praticamente realizável, (insisto no "praticamente"), ou então é realizável apenas em casos excepcionais nos quais todavia o dissenso é quase sempre sufocado, a regra da maioria é assumida como regra técnica ou instrumental, isto é, como uma regra do tipo "se você quer x, deve y", cuja validade depende exclusivamente de ser um meio idôneo, aliás, o único meio idôneo, para atingir um determinado fim desejável, e, mais do que desejável, objetivamente necessário. Onde não é possível o consenso total e é possível apenas um consenso parcial, a regra da maioria impõe que se considere como consenso total o consenso parcial da *maior pars*, com base na simples e óbvia constatação segundo a qual, se fosse requerido o consenso total, nunca ou quase nunca se chegaria a uma decisão coletiva, isto é, ao resultado necessário ao fim da existência de qualquer corpo coletivo, e se fosse requerido um consenso parcial menor do que aquele manifestado pela maioria, a decisão não poderia ser considerada coletiva na mesmo medida em que o é uma decisão aprovada por maioria. Prova disso é que a passagem da regra da unanimidade para a regra da maioria ocorre sempre com o constituir-se de um corpo coletivo: no caso da unanimidade fundada no *liberum veto* se trata da renúncia daqueles que têm direito ao voto ao direito de votar *uti singuli* (como acontece ainda hoje entre as grandes potências do Conselho de Segurança das Nações Unidas) e o reconhecimento da necessidade de votar *uti universi*, como partes de um todo; no caso da unanimidade por aclamação, trata-se da transformação de um grupo informal em um grupo institucionalizado cujo poder decisório pertence à assembléia quando for, como diziam os antigos juristas, "legitime congregata et convocata". Em ambos os casos, vê-se quanto a regra da maioria está estreitamente ligada ao funcionamento de um corpo coletivo.

Pode-se objetar dizendo que essas observações não levam em conta as duas faces da regra da maioria, uma voltada contra a regra da unanimidade, a outra voltada contra o poder monocrático, e que a consideração da regra da maioria como expediente técnico vale sobretudo no primeiro caso, e não no segundo, no qual o argumento axiológico continua a ter seu peso. A objeção é justa mas apenas enquanto não nos esquecermos de que a preferência do poder ascendente sobre o dissidente é, sim, o ideal fundamental sobre o qual se sustenta um sistema democrático, mas, a fim de que esse ideal possa ser realizado, é necessário que o poder ascendente seja estendido para o maior número, ou, em outras palavras, que, também por parte de quem considera a maximização do consenso um valor, o que diferencia um sistema democrático de um sistema oligárquico é quantas pessoas são chamadas a expressar seu próprio consenso (ou dissenso).

5. O *método contratual*

O segundo ponto sobre o qual pretendo me deter é aquele relativo à não-coincidência entre a regra da maioria e a democracia, considerada não do ponto de vista da validade da regra em sistemas distintos do sistema democrático, mas do ponto de vista da existência de outros modos de formação da vontade coletiva nos sistemas democráticos diferentes da regra da maioria.

Refiro-me em especial à resolução dos conflitos sociais mediante contratação (ou negociação) que se conclui (quando se conclui) em um acordo.[15] Enquanto a regra da maioria desempenha a sua função no interior de um corpo coletivo no qual a vontade coletiva é resultante da soma das partes componentes de uma totalidade orgânica e portanto como tais dependentes do todo, o acordo ocorre entre partes (indivíduos ou grupos) relativamente independentes, os quais alcançam a formação da vontade comum através de concessões recíprocas com base no princípio do *do ut des*, revelando-se assim como um modo de resolução dos conflitos externos entre grupos. Contrariamente à idéia da supremacia da lei, idéia dominante entre os escritores políticos que acompanham com as suas teorias a formação do Estado moderno, de Hobbes a Locke, de Rousseau a Hegel, e em seguida entre os escritores do direito público da era do positivismo jurídico, de Jellinek a Kelsen, isto é, da supremacia daquela expressão da vontade coletiva à qual se chega, quando a assembléia parlamentar se torna o órgão decisório supremo, mediante a aplicação da regra da maioria, no Estado democráti-

---

15. Dediquei-me a esse tema mais amplamente no artigo "Le contrat social aujourd'hui", in *Le Public et le Privé*, Istituto di studi filosofici, Roma, 1979, pp. 62-68. Depois, no ensaio *Il contratto sociale oggi*, Guida, Nápoles, 1980.

co contemporâneo de uma sociedade industrial avançada, caracterizado pela presença de grandes grupos organizados em conflito entre si, o contrato, entendido no seu sentido próprio de acordo bilateral entre parceiros formalmente iguais, nada perdeu da sua eficácia como instrumento para a resolução dos conflitos. A oposição tradicional entre o contrato como instituto de direito privado, fonte de regras *inter partes*, e a lei como instituto de direito público, fonte de regras válidas *super partes*, é esquemática e desviante. Em uma sociedade pluralista, os grandes grupos organizados se comportam como entes quase-soberanos que não reconhecem outro modo de resolver os seus conflitos além da recíproca contratação, diante da qual o governo se limita a desempenhar a função de mediador, de árbitro, e quando a negociação está completada, de garantidor (com freqüência impotente) da sua eficácia.

A idéia da supremacia da lei era a necessária conclusão de uma concepção monocêntrica do Estado que já havia encontrado a sua mais perfeita formulação no *Leviatã* de Hobbes. Por sua vez, a concepção monocêntrica do Estado derivara da convicção de que o Estado estava destinado a dominar e também a suprimir os sistemas inferiores (Hobbes), as sociedades parciais (Rousseau), os corpos intermediários. O desenvolvimento político deu-se em sentido oposto. As sociedades parciais não apenas não foram absorvidas, mas de fato cresceram em número e potência. Quanto mais economicamente e socialmente avançados os Estados contemporâneos, mais se tornaram policêntricos (para não dizer policráticos). Podemos dizer, mesmo que com algumas ressalvas, que em um Estado monocêntrico a vontade coletiva se expressa na lei, não importa se declarada e promulgada pelo príncipe ou pelo povo (ambas, de resto, ficções jurídicas); em um Estado policêntrico, no contrato.

Depois de ter exposto a sua teoria da maioria, Kelsen introduz, como é sabido, o tema do compromisso como *modus vivendi* essencial para a vida da democracia. Textualmente: "A livre discussão entre maioria e minoria é essencial à democracia, porque esse é o modo de criar uma atmosfera favorável a um compromisso entre maioria e minoria, e o compromisso faz parte da natureza mesma da democracia".[16] Seja consentido acrescentar que, se há compromisso, ele ocorre, antes do que entre maioria e minoria, no interior mesmo da maioria, quando a formação da maioria não ocorrer espontaneamente (mas é bem difícil que se forme desse modo), ou então ocorre por imposição, como, por

---

16. KELSEN, *General Theory of Law and State* (trad. it. cit., p. 293).

exemplo, por obra da disciplina de partido (mas é um modo contrário à "essência" da democracia).

Qualquer objeção a essa aproximação entre princípio de maioria e compromisso entre as partes é dispensável, contanto que se reconheça que se trata de dois procedimentos distintos para a formação da vontade coletiva. Quando diz que o compromisso significa a solução de um conflito mediante uma norma que "não está totalmente conforme aos interesses de uma parte, nem totalmente contrária aos interesses da outra",[17] Kelsen sugere, sem defini-la, a resposta a quem se pergunta qual seria a diferença entre a vontade coletiva formada através da aplicação da regra da maioria e a vontade coletiva formada através de um compromisso. Uma resposta nos é oferecida pela teoria dos jogos, que distingue jogos cujo resultado da soma é zero e jogos cujo resultado da soma é diferente de zero, que pode ser positivo ou negativo. A decisão por maioria é uma típica decisão cujo resultado da soma é zero, uma decisão na qual há quem ganha e quem perde, como nos dados: de fato, no que se refere ao que está em jogo, a maioria vence enquanto a minoria perde, e a minoria perde aquilo que a maioria vence. Se o que está em jogo é, como em um referendo, monarquia ou república, a conclusão deixada à regra da maioria é ou monarquia ou república, não pode ser nem uma monarquia republicana, nem uma república monárquica. Diferentemente, o resultado de um compromisso, cuja forma jurídica típica é o contrato, é geralmente um resultado cuja soma é positiva, isto é, um resultado no qual ambos os parceiros ganham alguma coisa, como em qualquer contrato de troca que é fechado exatamente porque ambos os contraentes dele tiram proveito. (Digo "geralmente" porque poderia também ter um resultado negativo, caso os dois contraentes tenham se enganado mutuamente.[18]) Quando a escolha da forma de governo é confiada não ao funcionamento do princípio de maioria, mas a um compromisso entre as partes, para dar um exemplo histórico banal, entre um monarca absolutista e os novos segmentos que exigem uma participação no governo, nada impede que o resultado seja uma monarquia republicana (a monarquia constitucional) ou uma república monárquica (a república presidencial).

Retornando uma vez mais a Kelsen, segundo o qual "o compromisso faz parte da natureza da democracia", podemos enfim perguntar se é mais "democrático" o princípio da livre contratação ou o princípio de

---

17. *Ibid.*
18. Ver, a respeito deste tema, G. SARTORI, "Tecniche decisionali e sistema dei comitati", in *Rivista Italiana di Scienza Politica*, IV, n. I, 1974, pp. 22 em diante (republicado, com alterações, sob o título *Tecniche dicisionali* in ID., *Elementi di teoria politica*, il Mulino, Bolonha, 1987, nova ed. 1990, pp. 287 em diante).

maioria. Eu já disse as razões pelas quais acredito que o princípio de maioria é necessário à democracia, mas não suficiente. O mesmo pode ser dito do princípio da livre contratação. Tal como o princípio de maioria é democrático sob a condição de que se aplique ao maior número, da mesma forma o princípio da livre contratação é democrático sob a condição (uma condição-limite, e portanto dificilmente realizável) de que os dois parceiros tenham um poder igual (entendido o poder como a quantidade de meios idôneos para influenciar a parte adversária). O que não diminui a importância, que eu quis enfatizar, desse modo de formação de uma vontade coletiva, que não é reduzível ao princípio de maioria e que é, ao mesmo tempo, perfeitamente compatível com o conjunto de valores que habitualmente associamos ao conceito de democracia. E quero dizer mais. O ideal da democracia é indissociável do princípio do contrato social, isto é, da idéia do acordo de cada um com todos os outros sobre algumas regras fundamentais de convivência, mesmo que se trate de uma única regra, a da maioria. Já tive outras oportunidades para colocar em relevo a persistência do ideal contratualista no pensamento político contemporâneo (e não por acaso se falou de neocontratualismo), não obstante as críticas oitocentistas e o seu ofuscamento por obra do ataque conjunto de escritores conservadores e revolucionários. A razão dessa persistência está no fato de que é difícil, senão impossível, dissociar o ideal de uma sociedade livre da prática, para além do princípio de maioria, estendido ao maior número, da contratação entre indivíduos ou grupos formalmente livres e iguais.

6. *Limites de validade*

As observações feitas até aqui não pretendem colocar em discussão a relevância do princípio de maioria para o bom funcionamento de um sistema político democrático. Pretendem simplesmente chamar a atenção para o fato de que o princípio de maioria é apenas um dos elementos para o bom funcionamento de um sistema democrático, enfatizando, portanto, aqueles que podem ser denominados os limites de relevância do princípio. É necessário agora dar um passo além e analisar outras espécies de limites aos quais o princípio vai de encontro, além daqueles relativos à sua relevância. Podem-se distinguir três espécies, que denomino respectivamente validade, aplicação e eficácia.

Por limite de validade entendo o limite que deriva de uma resposta negativa à pergunta: "Podem ser admitidos para participar de uma decisão coletiva a ser tomada com base no princípio de maioria também aqueles que o rejeitam, isto é, aqueles que, se conseguissem conquistar a maioria, se valeriam da mesma para aboli-lo?". Chamo de limite de validade esse tipo de limite, porque o problema é apresentado em geral com esta pergunta: "O princípio de maioria tem uma validade absoluta (onde por "validade absoluta" se pretende dizer que o princípio de maioria vale em qualquer caso, isto é, mesmo quando a decisão coletiva tomada por maioria é a decisão de abolir o princípio de maioria), ou a própria regra da maioria está submetida a uma outra regra superior que impede que se tome, por maioria, a decisão de abolir o princípio de maioria, e dessa maneira a sua validade não é absoluta"? A uma pergunta desse tipo foram dadas respostas contrastantes. Como sempre acontece, também nesse caso as distintas respostas dependem do distinto ponto de vista a partir dos quais são elaboradas. Uma coisa é apresentar o problema como problema de oportunidade política, outra coisa é apresentá-lo como problema de princípio, mesmo que seja verdade que, com freqüência, os argumentos práticos são utilizados para reforçar a tese de quem se posiciona a partir do ponto de vista dos princípios e vice-versa, e se sustente que é politicamente oportuno que a regra da maioria seja válida também para os antimajoritários, porque apenas desse modo se respeita o princípio de liberdade que está na base da adoção da regra de maioria, ou então se sustente que, como linha de princípio, a regra deve valer apenas para os majoritários porque se se admitisse a sua validade também para os adversários, as conseqüências práticas poderiam ser desastrosas. Na realidade, as duas teses opostas foram defendidas tanto com os argumentos práticos quanto com os argumentos teóricos, o que demonstra mais uma vez quanto esteja aberto ao opinável o campo da argumentação nas questões de valor. No que se refere aos argumentos práticos, pensemos nas diferentes soluções adotadas por um regime de democracia liberal e por um regime de democracia protegida. Em uma constituição liberal como a italiana, nenhum limite é explicitamente posto ao exercício dos direitos políticos dos cidadãos com relação à sua adesão à regra da maioria, enquanto na Constituição da República Federal da Alemanha, o art. 18 prevê a perda dos direitos fundamentais para aqueles que abusam desses direitos por "combater os princípios da livre ordem democrática", entre os quais o princípio de maioria. As distintas soluções dependem de uma distinta avaliação das condições históricas, dos perigos de subversão, das forças em campo etc. Trata-se de fato de colocar na balança os inconvenientes que podem derivar do ato de excluir dos benefícios do princípio de maioria cidadãos dos quais se suspeita que não o respeitariam caso se tornassem maioria, e os inconvenientes que uma liberdade ilimitada pode causar à sobrevivência da liberdade. No que se refere aos argumentos teóricos, há quem sustente que a regra da maioria não pode ter uma validade absoluta porque "a verdadeira e própria natureza de um princípio é proibir a própria negação" e há quem, ao contrário, sustente que, uma vez acolhida a regra de que a maioria é a autoridade absoluta, não pode ser limitada sem contradição.[19]

Diante da variedade e do contraste de opiniões, considero que o único argumento que pode ter uma certa força persuasiva seja aquele que se funda não tanto no conteúdo da regra, mas no seu *status* de regra do jogo, ou de meta-regra. Diferentemente de todas as outras regras, as regras do jogo devem ser aceitas por unanimidade, pela simples razão de que a não-aceitação de uma delas, mesmo que por parte de um único jogador, torna impossível o desenvolvimento do jogo. O que significa que aceitar participar de uma decisão ou de uma eleição que se desenvolve com base na regra de maioria implica aceitar a mesma regra como modo para chegar à decisão ou à eleição. Dito com outras palavras, quem aceita decidir ou eleger segundo a regra da maioria aceitou não uma determinada decisão sobre um problema específico que pode até mesmo rejeitar, não a representação daquela determinada pessoa a qual pode até ser contrária, mas sim um determinado procedimento para a decisão ou para a eleição. Pode-se também acrescentar que a maior força vinculadora das regras do jogo com relação a todas as outras esteja na consideração que cada jogador faz acerca da prevalência do interesse geral de manter as regras do jogo sobre o interesse particular de fazer vencer a própria parte em uma decisão específica.

7. Limites de aplicação

Por limites de aplicação da regra da maioria entendo os limites que derivam da existência de matérias às quais a regra geralmente não se aplica, também nesse caso por razões de oportunidade ou por razões de princípio. São as matérias cuja decisão confiada à regra do maior número pareceria inoportuna (não-adequada ao objetivo) ou até mesmo injusta. O campo de aplicação desses limites é vastíssimo e aqui só será possível indicar alguns entre os mais relevantes.

Todas as constituições liberais caracterizam-se pela afirmação de direitos do homem e do cidadão considerados "invioláveis"; ora, a inviolabilidade consiste exatamente no seguinte: eles não podem ser

---

19. Refiro-me em particular a dois artigos de H. MCCLOSKY, "The Fallacy of Absolute Majority Rule", in *The Journal of Politics*, XI, n. 4, 1949, pp. 637-54, e de W. KENDALL, "Prolegomena to any Future Work on Majority Rule", in *The Journal of Politics*, XII, 1950, pp. 694-713, dos quais o primeiro sustenta a primeira tese, o segundo argumenta em favor da tese contrária.

limitados e muito menos suprimidos por uma decisão coletiva mesmo que tomada por maioria. Exatamente porque não podem ser atacados por qualquer decisão majoritária, tais direitos foram chamados de direitos *contra* a maioria,[20] e em algumas constituições são garantidos também juridicamente, mediante o controle constitucional das leis (ou seja, das decisões tomadas por maioria) e a declaração da ilegitimidade das leis que não os respeitam. A vasta esfera dos direitos de liberdade pode ser interpretada como uma espécie de território, de fronteira, diante da qual se detém a potência do princípio de maioria. Querendo deduzir um princípio geral dessa realidade de fato, poderíamos sustentar que um critério de distinção entre aquilo que é passível de ser submetido à regra da maioria e aquilo que não é, está na distinção entre o opinável e o não-opinável, distinção que arrasta consigo uma outra, entre aquilo que é negociável e aquilo que não é negociável. Os valores, os princípios, os postulados éticos, e, naturalmente, os direitos fundamentais, não são opináveis e, portanto, tampouco negociáveis. Porque assim são, a regra do maior número, que tem a ver apenas com o opinável, não é competente para julgá-los.

Ao lado dos postulados éticos, que por definição não são opináveis (do contrário não seriam postulados), e dos direitos fundamentais, aos quais habitualmente se atribui o *status* de postulados éticos, há matérias impossíveis de serem decididas com o critério da maioria por razões objetivas e por razões subjetivas. Por razões objetivas, são impossíveis de ser decididas as questões sobre as quais se debatem os cientistas ou os técnicos: não porque não sejam também elas opináveis, mas porque uma decisão em favor de uma tese ou de uma outra tese se forma através de diferentes procedimentos, bem mais complexos do que o procedimento da contagem das pessoas que pensam de uma determinada maneira. Nenhum congresso científico estaria disposto a submeter a uma decisão tomada por maioria a solução de uma tese controversa, enquanto está disposto a decidir por maioria a eleição do presidente e as modalidades relativas à organização do próximo congresso. O mesmo vale para as decisões que dizem respeito a matérias técnicas, que são, em um Estado contemporâneo, a maioria das decisões relativas à política econômica e financeira, que, de fato, exatamente por isso, são reivindicadas pelos especialistas. O crescente embate entre poder

---

20. "A Constituição, e em particular o *Bill of Rights*, tem por finalidade proteger cada cidadão e cada grupo contra determinadas decisões que uma maioria poderia assumir, mesmo quando essa maioria age em nome daquilo que considera seja o interesse geral da comunidade." In R. DWORKIN, *Taking Rights Seriously*, Harvard University Press, Cambridge, Mass., 1977 (ed. it.: *I diritti presi sul serio*, il Mulino, Bolonha, 1982, p. 241).

tecnocrático e poder democrático relaciona-se exatamente com o reconhecimento de que muitas decisões importantes para a regulação dos conflitos políticos são de natureza técnica, e, como tal, pouco sujeitáveis à opinião do maior número. No limite, o triunfo da tecnocracia seria a derrota total da democracia. A melhor prova da validade do critério do opinável como critério de justificação da decisão segundo o número pode ser encontrada na justificação do governo de uma minoria iluminada, normalmente fundada na afirmação de que a matéria das decisões políticas não é em absoluto opinável porque há leis naturais do governo das sociedades que, uma vez descobertas, permitem soluções bem mais válidas e certas do que aquelas que podem ser tomadas através da contagem de cabeças. Há dois grandes exemplos históricos dessa ideologia: a doutrina fisiocrática, para a qual a melhor forma de governo é o despotismo esclarecido, porque a tarefa de quem governa é conhecer a ordem natural e reforçá-la; e o comunismo vulgar, em defesa do qual foi possível afirmar: "Dado que o socialismo científico é a verdade em si, a minoria que possui essa verdade tem o dever de impô-la à massa" (sem falar do "rêve mathématique" de Bukharin).[21]

Por razões subjetivas, são impossíveis de serem decididas com o critério do maior número as questões de consciência, onde por "consciência" se entende aquilo que se costumava chamar de "foro íntimo", o tribunal interior, um tribunal no qual o único juiz é o próprio sujeito como porta-voz de uma lei superior, seja ela a lei de Deus ou a lei moral kantianamente entendida, que nenhuma outra lei pode ab-rogar. Para dar um exemplo elementar, mas expressivo, pode-se submeter a referendo a escolha entre monarquia e república, não se pode submeter a referendo a escolha entre cristianismo e ateísmo, entre a obrigação de adorar a um Deus, a outro, ou a nenhum. Ou melhor, pode-se, porque o poder em algumas situações históricas pode tudo, pode impor uma religião ou uma doutrina, mas não pode fazer com que se acredite que não foi imposta e que, ao contrário, foi permitido que fosse escolhida, caso tivesse conseguido impor uma determinada religião ou uma determinada doutrina, fazendo com que fosse aprovada mediante uma decisão tomada por maioria. O principal argumento pelo qual o princípio de maioria se detém diante do caso de consciência não é diferente daquele pelo qual se detém diante da verdade científica. Em ambos os casos, trata-se de uma solução que não pertence à esfera do opinável e, portanto, como foi dito, do negociável, mesmo que as razões do caráter

---

21. Esta frase é de Charles Naine e é citada por J. MARTOV, *Bolscevismo mondiale*, Einaudi, Turim, 1980, p. 37.

não-opinável sejam diferentes nos dois casos, dependendo, no primeiro, mais da natureza do procedimento que se considera adequado para se chegar a soluções compartilhadas do que do procedimento de contar as opiniões, dependendo, no segundo, da natureza da autoridade à qual se apela, que é a autoridade última diante da qual qualquer outra autoridade deve ceder, mesmo que seja a da maioria. Os dois casos são contudo aproximáveis, porque as conseqüências práticas podem ser idênticas: o descrédito da regra da maioria até a sua completa supressão. Delas nasceram, de fato, duas formas clássicas de despotismo, que poderíamos chamar de despotismo dos antigos e despotismo dos modernos: o primeiro fundado na infalível autoridade de Deus, o segundo na autoridade igualmente infalível da Ciência, ambos fundados em uma autoridade cuja credibilidade não pode ser submetida a votação.

Entre os limites subjetivos na aplicação da regra da maioria, pode-se enfim incluir o limite derivante da existência daquilo que em termos hegelianos pode ser chamado o etos de um povo, ou seja, usos, costumes, línguas, tradições. O problema é particularmente evidente no caso de minorias étnicas, que, como tal, sempre sucumbiriam caso se adotasse rigidamente o princípio da maioria. Para dar o exemplo mais comum, a imposição da língua da maioria a uma minoria lingüística é sempre considerada pela minoria como uma imposição, não importa se a decisão seja tomada por maioria. Que fique bem claro, é preciso distinguir a tutela da minoria de um corpo coletivo que adota a regra da maioria da tutela de uma minoria religiosa ou étnica: a tutela da primeira consiste em não impedir a possibilidade de se tornar maioria; a tutela da segunda, que não poderá jamais, por razões objetivas, se tornar maioria, consiste, ao contrário, em impedir à maioria a faculdade de intervir em algumas matérias reservadas, como são exatamente aquelas que pertencem ao etos. Um limite desse tipo à aplicação da regra da maioria é quase da mesma natureza do limite derivado do reconhecimento dos direitos fundamentais: trata-se de um limite que depende da indisponibilidade de certas matérias mais do que da inadequação do princípio.

8. Limites de eficácia

Na categoria geral dos limites da eficácia da regra da maioria incluo todos os limites destacados por aqueles que sustentam que a aplicação da regra não manteve e não pode manter todas as promessas, primeira entre todas a promessa, da qual nasceram os regimes democráticos mais evoluídos, de transformar radicalmente as relações entre as classes sociais, e assim o acusam de ser um procedimento útil, sim, mas insuficiente. Trata-se de um tema recorrente nas publicações sobre política, em especial da esquerda, a respeito do qual não me parece oportuno aqui investigar, tanto é difundido, a não ser que sirva para chamar a atenção para o fato de que, apesar de tudo, a regra da maioria resiste a todas as críticas porque ainda não se descobriu nada melhor.

Limito-me a comentar apenas um desses limites, aquele que diz respeito à irreversibilidade de muitas decisões uma vez tomadas e executadas. Em que sentido a irreversibilidade dos efeitos de uma decisão pode ser interpretada como um limite à eficácia da regra da maioria? Um dos lugares mais comuns sobre os benefícios da regra de maioria é que a sua aplicação rigorosa e coerente, não estabelecendo qualquer obstáculo formal à possibilidade da minoria de se tornar maioria, permite a alternância de governo e, portanto, a mudança de direção política. Dado que já citamos Kelsen a propósito da justificação do tema, podemos continuar a citá-lo neste caso também: "No momento em que o número daqueles que desaprovam a ordem, ou uma de suas normas, torna-se maior do que o número daqueles que a aprovam, é possível uma *mudança*, mediante a qual etc.".[22] Obviamente, considerar benefício da regra da maioria a possibilidade de mudança pressupõe um juízo axiologicamente positivo sobre a mudança enquanto tal, o que é mais do que opinável. Mas mesmo atribuindo um caráter positivo à mudança, resta indagar em que medida a nova maioria é capaz de mudar a situação criada pelo domínio da maioria precedente. Kelsen fala de mudança da ordem ou de uma de suas normas. Mas não se trata apenas de mudar a ordem ou uma de suas normas. Trata-se de mudar situações de fato criadas pela ordem precedente ou por uma de suas normas que, uma vez aprovadas, não podem mais ser mudadas; tornaram-se irreversíveis. Desconheço se existe algum critério imaginado para distinguir as situações reversíveis das situações irreversíveis. Mas alguns exemplos mostram que essa diferença existe. Reversíveis são, por exemplo, muitas das providências de política econômica, social e fiscal, tais como facilitações de crédito, aumento ou diminuição dos encargos fiscais, ampliação ou restrição dos benefícios sociais; são dificilmente reversíveis as situações criadas por grandes reformas, tais como a divisão de latifúndios ou a nacionalização de uma indústria; são irreversíveis certas transformações do território ocorridas após uma política que favoreceu a especulação imobiliária (na Itália nenhuma nova

---

22. H. KELSEN, *General Theory of Law and State* (trad. it. cit., p. 291).

maioria, mesmo a mais esclarecida, poderá salvar a paisagem lá onde foi irremediavelmente deturpada). Pode-se objetar que qualquer classe dirigente no poder cria situações irreversíveis e não apenas aquela que governa em nome da maioria. Corretíssimo. Mas nenhum outro princípio de governo fora daquele fundamentado na regra da maioria tem a pretensão de assegurar uma mudança regular e pacífica. Somente ao governo fundado na maioria é atribuído o benefício da mudança regular e pacífica. E portanto, enquanto a existência de situações irreversíveis não constitui uma incongruência para um governo fundado, por exemplo, na conquista, já que um governo fundado na conquista não tem entre as suas premissas aquela de não criar situações irreversíveis (antes, tem a premissa precisamente contrária), constitui uma incongruência, ou, como eu a chamei, uma aporia, para um governo fundado em uma regra entre cujas vantagens deveria estar aquela de tornar possível a mudança.

9. *Algumas aporias*

Uma análise completa dos problemas relativos à regra da maioria deve levar em conta não apenas limites aos quais vai de encontro a regra, e que eu examinei até agora, mas também dificuldades internas à aplicação da regra considerada unicamente como expediente técnico, dificuldades que chamo de "aporias" para enfatizar a diferença em relação aos limites dos quais me ocupei até aqui. Enquanto os "limites" concernem essencialmente à dimensão axiológica do problema, as "aporias" concernem à sua dimensão técnica. Essas aporias são tais e tantas que não tenho a pretensão de enumerá-las todas. Examinarei algumas sobretudo com o objetivo de colocar em evidência a vastidão do problema e a necessidade de uma análise mais exaustiva do que aquela que proponho nas próximas páginas.

a) Os votantes. A regra da maioria estabelece unicamente que é acolhida como decisão coletiva a decisão tomada pela maioria dos votantes. Mas nada diz sobre a composição do corpo chamado a decidir com base na regra. Não oferece nenhuma resposta à pergunta: "quantos e quem são os votantes?". Já afirmei na primeira parte que o que faz da regra da maioria um instituto democrático é o sufrágio universal, isto é, o número daqueles que participam das decisões fundadas no cálculo do maior número. Maior número em relação a quem? O maior número dos cidadãos das antigas cidades gregas, em uma sociedade na qual os cidadãos livres eram uma minoria, não é o maior número em um Estado moderno no qual, para dizer com Hegel, "todos são livres"; o maior número em um Estado colonial, onde os indígenas não têm o direito de voto, ou em um regime de ditadura do proletariado, onde não é reconhecido o direito de voto aos não-proletários, não é o maior número de um Estado metropolitano onde não há discriminações raciais, ou de um Estado de democracia formal onde, pelo menos em relação ao direito de voto, não há discriminações de classe. Em um sistema de democracia formal no qual existe o sufrágio universal masculino e feminino, parece que o problema de fazer com que a regra da maioria coincida com o princípio da democracia está resolvido. Mas é mesmo verdade? Certamente está resolvido em relação ao maior número dos cidadãos desse Estado. Mas quando as decisões coletivas dos cidadãos desse Estado interferem nos interesses ou nos direitos de outros Estados, por que razão o colégio convocado a decidir não deveria ser constituído também pelos cidadãos do outro Estado? Não se trata, também neste caso, de uma discriminação não diversa daquela que exclui os indígenas em um Estado colonial, os não-proletários em Estado proletário, os sem-posses em um Estado burguês? Recordemos que o principal argumento em favor da limitação dos direitos políticos dos proprietários e da exclusão dos sem-posses sempre foi a afirmação da falta de interesse destes pela administração da coisa pública. Como é possível sustentar que os cidadãos de um outro Estado não estão interessados na decisão de invadir o seu território tomada pelos cidadãos agressores, mesmo que tomada por maioria? Sei muito bem que estou forçando os termos do problema, mas assim faço unicamente para mostrar que a relação entre maioria e minoria está destinada a mudar, basta que mude a composição do corpo coletivo ou, de modo mais simples, que o problema do "quem vota?" não seja menos importante do que o problema do "como se vota?". Deixando de lado o campo das hipóteses, pensemos em um exemplo histórico que nos é próximo: quando, depois da Libertação, se discutiu na Itália se a escolha entre república e monarquia deveria ser confiada à assembléia constituinte ou ao referendo popular, o que estava em discussão não era a regra da maioria, mas quem deveria ser convocado a tomar a decisão por maioria. O debate foi violento porque, se o corpo eleitoral fosse constituído pelos membros da assembléia constituinte, o resultado favorável à república era previsível; se fosse constituído pelos cidadãos eleitores, o resultado era incerto (e de fato a solução republicana passou por um triz). A regra da maioria é um dócil instrumento: pode de fato dar resultados opostos segundo esteja mais aberta ou mais fechada à porta de acesso de seus utentes. Mas abrir mais ou menos a porta pode muito bem não ser uma decisão dependente da aplicação da regra da maioria: com freqüência é uma decisão de cúpula ou é a conseqüência de um compromisso entre as forças sociais em conflito (e aqui retorna o problema inevitável da contratação como meio alternativo de decisão coletiva).

b) *Os não-votantes.* Até aqui se falou de maioria como se a idéia da maioria fosse uma idéia clara e definida. Mas não é. Deixo de lado todas as questões relativas às diferentes formas de maioria, relativa, absoluta, qualificada etc. Contudo, mesmo considerando apenas a maioria absoluta e não-qualificada, o cálculo de uma maioria em qualquer corpo coletivo não é assim tão simples como parece, e sempre deu muita linha de tecer aos compiladores e comentadores de regulamentos de assembléias. Seria simples, aliás muito simples, se estas duas condições se realizassem sempre: *a*) que votem todos aqueles que têm direito; *b*) que a questão submetida a voto seja proposta de tal modo que só se possa responder ou sim ou não, ou então que os votantes sejam obrigados a responder sim ou não. Na realidade as duas condições não se realizam quase nunca: geralmente nem todos aqueles que têm direito ao voto dele se valem, e geralmente as questões não são propostas de um modo tal que não permita outra resposta além daquela positiva ou da negativa, e aos votantes é lícito expressar sua própria vontade na forma da abstenção, apresentando uma cédula em branco.

Começo pela primeira questão. Tal como o resultado da votação muda com a mudança do corpo eleitoral, da mesma maneira muda, mesmo que o corpo eleitoral permaneça idêntico, segundo a maior ou menor participação na votação. Daqui temos, como conseqüência, que qualquer cálculo da maioria pressupõe o acordo sobre algumas regras preliminares acerca da modalidade do cálculo. Há uma grande diferença com relação aos resultados caso o cálculo da maioria seja feito levando-se em conta aqueles que têm direito (e portanto também aqueles que, mesmo tendo direito de votar, não votam), ou os votantes. Neste segundo caso, é necessária ainda uma regra preliminar para tornar possível o cálculo, a regra que estabelece quantos devem ser os votantes para que a votação seja válida. Se ficar estabelecido que as decisões ou a eleição são válidas quando tenha votado a maioria dos que têm direito de voto, tem-se uma aplicação da regra da maioria para decidir sobre a validade da votação por maioria. Um caso-limite é aquele dos estatutos de associações nas quais em segunda convocação a assembléia dos sócios é válida qualquer que seja o número dos presentes: um caso-limite, porque mostra que o princípio de maioria pode ser observado formalmente mesmo quando a sua função, que é assegurar que a decisão coletiva corresponda o máximo possível à vontade dos componentes do corpo coletivo, tornou-se completamente vã. O fenômeno do não-exercício do direito de voto é um dos fenômenos que mais chamam a atenção nas mais antigas e consolidadas democracias. Para não chegar à conclusão de que a democracia como governo fundado na participação popular está em crise, ou falhou em sua tarefa, justifica-se o grande e crescente não-exercício do voto com a suposição de que quem não vai votar seja alguém não que rejeita o método democrático em geral, mas que seja alguém que, nesse caso específico, está indiferente às duas alternativas submetidas a votação, indiferente no sentido de que, qualquer que seja a alternativa vencedora, ele se considera satisfeito. Em outras palavras, o não-votante seria aquele para quem "esta e aquela" para ele "são iguais". Não escolhe não porque não queira escolher, mas porque não sabe o que escolher, e não sabe o que escolher porque ambas as escolhas são igualmente boas e igualmente más.

c) Os abstinentes. Aqui entendo por "abstinentes" não aqueles que se abstêm do voto, dos quais falei anteriormente, mas aqueles que votam sim, mas se abstêm de expressar sua vontade em favor de uma ou de outra alternativa (são aqueles que votam deixando a cédula em branco).[23] As duas situações são diferentes, mesmo que com freqüência se empregue a mesma palavra "abstenção" para ambas. Retomando as palavras do item precedente, pode-se afirmar que, enquanto a abstenção do não-votante é interpretável como um estado de indiferença diante de ambas as alternativas, a abstenção de quem vota com a cédula em branco deve ser interpretada, ao contrário, como um estado de hostilidade em relação a uma e à outra. Em outras palavras, o não-votante diz sim ao presidente X e ao presidente Y, já que para ele tanto um quanto outro não fazem diferença (daí a sua in-diferença); aquele que vota em branco manifesta claramente o seu juízo negativo sobre ambos: a sua lógica é aquela do nem um, nem outro, não é aquela do tanto faz um quanto o outro, que é, ao contrário, a lógica de duas potenciais maiorias que tendem a excluir-se reciprocamente. Nas pesquisas de opinião, qualquer pessoa percebe a diferença entre não expressar sua própria opinião não respondendo ao questionário e expressar uma opinião diferente do sim ou do não assinalando um X no quadradinho reservado à terceira resposta "não sei". É dispensável acrescentar que a clara distinção entre não-votantes e abstinentes tem conseqüências práticas relevantes caso a maioria seja calculada com base no número dos votantes,

---

23. O tema da abstenção é um daqueles temas que sempre desencadearam as paixões dos juristas pelas sutis controvérsias que parecem às vezes ter por fim a si mesmas mas que, ao contrário, têm efeitos práticos relevantes. Indicações bibliográficas sobre o tema podem ser encontradas no volume A.A.V.V., *Il regolamento della Camera dei Deputati*, Câmara dos Deputados, Roma, 1968, pp. 779 em diante.

entre os quais estão incluídos os abstinentes, ou com base no número daqueles que têm direito ao voto. O debate sobre o modo de resolver o problema do cálculo das cédulas brancas arriscou-se a comprometer o nascimento da república italiana. O problema prontamente levantado pelos fautores da monarquia, depois de conhecido o resultado do referendo institucional, foi o seguinte: pela contagem da maioria favorável à república, o total dos votos deveria incluir a soma dos votos favoráveis e dos votos contrários, ou também os votos daqueles que haviam votado em branco (além dos votos nulos)? Era evidente que aumentando o total aumentava também o limite da maioria exigida até o ponto de tornar incerta a vitória dos fautores da república. Contrariamente à *communis opinio* dos juristas, que inúmeras vezes se pronunciara em favor da distinção entre o não-votante e o votante que se abstém, a Corte de Cassação, imediatamente encarregada do problema, rejeitou a distinção e equiparou aos não-votantes todos aqueles que votaram mas não expressaram a sua vontade em favor de uma ou de outra alternativa, reduzindo desse modo o total dos votos a serem computados para o cálculo da maioria e, conseqüentemente, também o limite da maioria exigida. O seu principal argumento foi expresso nas seguintes palavras: "As cédulas em branco representam formas de abstenção do voto; e é manifesta a equivalência jurídica entre a inércia de quem se abstém completamente de apresentar-se à urna e a posição de quem não exerce o seu direito de voto, não manifestando vontade alguma na cédula apresentada".[24]

Que o comportamento de quem se abstém votando não deva ser equiparado àquele de quem se abstém não votando parece ponto pacífico, não obstante o juízo histórico da Corte de Cassação. Não é contudo ponto pacífico que, uma vez considerado como voto válido, o voto de quem se absteve deva ser computado entre os votos negativos ou entre os votos positivos. Trata-se de fato de estabelecer se, dadas as duas posições opostas do consenso e do dissenso, a abstenção deva ser considerada como não-consenso ou como não-dissenso. É claro que quando a computamos entre os votos negativos, queremos sublinhar a sua natureza de não-consenso. Mas não pode acontecer casos em que, enfatizando-se a sua natureza de não-dissenso, os votos dos que se abstêm deveriam ser computados entre os votos positivos? Pode-se formular a mesma pergunta também nos seguintes termos: para que a

---

24. A tese contrária foi sustentada então com fortes e bem-fundamentados argumentos por C. ESPOSITO, *La maggioranza nel referendum*, in "Giurisprudenza italiana", parte I, seç. I, fascículo 11, 1946, comentando a disposição da Corte de Cassação, emitida em 18 de junho de 1946.

deliberação de um colégio possa ser acolhida como expressão da vontade coletiva é necessária a maioria dos consensos ou basta a maioria dos não-dissensos? A questão é tudo, menos ociosa. O art. 94 da nossa Constituição [italiana] diz que "o governo deve ter a confiança das duas Câmaras". O problema foi colocado na recente práxis do nosso parlamento nos seguintes termos: para que o governo possa desempenhar legitimamente as suas funções é necessária a confiança das duas Câmaras ou basta a não-desconfiança? As diferentes respostas a esta pergunta implicam diferentes modos de avaliar os votos dos abstinentes. Se o objetivo da votação é a confiança, os votos dos abstinentes são votos negativos; se é a não-desconfiança, são votos positivos. Uma vez que o abstinente está junto de um não-consenciente e um não-dissidente, se prevalece o critério do consenso, ele está fora, se prevalece o critério do não-dissenso, está dentro. Para gozar de confiança, o governo deve ter a maioria absoluta dos votos favoráveis, e os votos dos abstinentes não são tais; para ter a não-desconfiança, basta que não tenha a maioria absoluta dos votos contrários, e os votos dos abstinentes, não sendo tais, não são computados entre os votos dos dissidentes. Quem se abstém, como vimos, é ao mesmo tempo um não-consenciente e um não-dissidente: no primeiro caso é levado em consideração como não-consenciente, no segundo como não-dissidente.

d) A maioria é sempre possível? Entre todas as aporias da regra da maioria esta é certamente a mais evidente. Tão evidente que não é preciso dedicar muitas palavras para ilustrá-la. Se por maioria se entende (e se subentende) a maioria absoluta, esta é possível apenas quando as soluções propostas ou os candidatos a um cargo são dois. Quando são mais de dois, pode haver ou não haver uma maioria absoluta. Nesses casos, a formação de uma maioria absoluta é o fruto de um acordo. Mas uma maioria acordada pressupõe aquele método da contratação entre partes em conflito que é um procedimento para a formação de uma vontade comum diferente daquele da regra da maioria e alternativo a ela. O que demonstra uma vez mais a insuficiência da regra da maioria também como expediente técnico, considerada *per se*. Pode-se afirmar apenas que a regra da maioria é um momento da formação da vontade coletiva, ainda que seja o momento final.

10. Conclusão

Limites e aporias da regra da maioria devem ser diferenciados das críticas que foram a ela dirigidas pelas várias teorias minoritárias, que vão da doutrina medieval da *sanior pars* às modernas teorias elitistas. As observações aqui feitas não pretendem questionar a importância do princípio para o bom funcionamento de um sistema político democrático: não pertencem ao gênero das críticas. Pretendem simplesmente chamar a atenção para o fato de que o princípio de maioria é apenas um dos elementos para o bom funcionamento de um sistema democrático: é um procedimento que nem sempre funciona (os limites) e nem sempre, quando funciona, é fácil fazê-lo funcionar (as aporias). Certamente as dificuldades apontadas constituem um obstáculo ao bom funcionamento de um sistema democrático, mas não são tais a ponto de, sozinhas, colocá-lo em crise. Há muitas outras razões para a crise da democracia que não dependem dos limites e das aporias do princípio de maioria, mas afortunadamente há infinitas outras razões para se preferir um governo democrático a um governo autocrático, não obstante esses limites e essas aporias.

III.

REPRESENTAÇÃO E INTERESSES

1. Atualidade do problema

Apesar da predominância da representação denominada política nos sistemas de democracia representativa, a discussão sobre a representação dos interesses nunca deixou de existir. Menciono algumas razões pelas quais o tema voltou a ser atual:

a) o sucesso que teve, em anos recentes, em especial na cultura política americana, a interpretação econômica da democracia, segundo a qual ela se caracterizaria pela existência de um mercado político, ao lado do mercado econômico, no qual ocorre, na relação entre eleitores e eleitos, relação característica da democracia representativa, uma contínua troca entre dois bens, o apoio, em forma de voto, por parte dos eleitores, e benefícios de vários tipos, patrimoniais ou de *status*, por parte dos eleitos;[25]

b) a boa recepção, ao menos na Itália, da teoria da troca política, proposta há alguns anos por Pizzorno, retomada e ilustrada recentemente por Rusconi.[26] Segundo essa teoria, muitos dos maiores confli-

---

25. Esta interpretação nos remete ao livro de A. DOWNS, *An Economic Theory of Democracy*, Harper & Row, Nova York, 1957; ed. it.: *Teoria economica della democrazia*, il Mulino, Bolonha, 1988.
26. Cf. A. PIZZORNO, *Scambio politico e identità collettiva nel conflitto di classe*, in C. CROUCH, A. PIZZORNO (orgs.), *Conflitti in Europa*, Etas libri, Milão, 1977, depois republicado in A. PIZZORNO, *Le radici della politica assoluta*, Feltrinelli, Milão, 1993; G. E. RUSCONI, *Scambio, minaccia, decisione. Elementi di sociologia politica*, il Mulino, Bolonha, 1984.

tos que surgem em uma sociedade industrial avançada são solucionados não através dos mecanismos da representação política, mas através de contratações entre as grandes organizações, com particular atenção aos problemas do mercado de trabalho: onde fica claro que a troca é política não pelos sujeitos, mas pelo objeto da troca, que não é um bem econômico, mas o poder (a capacidade de determinar o comportamento dos outros), que no sistema democrático precisa sempre da legitimação através do consenso (diferentemente do que acontece em regimes diferentes do regime democrático, nos quais o poder pode derivar do puro exercício da força, ou do peso da tradição, ou então do fascínio do líder, para retomar a conhecida tipologia weberiana do poder legítimo);

c) o debate sobre o neocorporativismo,[27] em direção ao qual tenderiam os Estados fortemente influenciados por partidos inspirados na idéia do Estado social ou do bem-estar, debate que coloca ulteriormente em evidência a importância da negociação entre representantes de interesses contrastantes, que, enquanto tal, apresentam todas as características da representação dos interesses, distinta da representação política.

Essa interpretação das relações de poder como relações de troca (e, portanto, como relações entre iguais) mais do que como relações de domínio (como relações entre um superior e um inferior), em uma sociedade de democracia pluralista, na qual os principais sujeitos políticos não são tanto os indivíduos isolados, mas os grupos organizados, deriva da reflexão que foi se desenvolvendo nos últimos vinte ou trinta anos sobre a profunda transformação do poder do Estado, tal como foi sendo representado pelas teorias políticas que acompanharam a formação dos grandes Estados territoriais, segundo as quais, de Maquiavel a Bodin, de Hobbes a Hegel, dos grandes teóricos alemães do direito público, em uma linha que vai de Jellinek a Kelsen, até Max Weber, a característica fundamental do Estado, diferente e em oposição a todos os outros entes territoriais, é a autoridade de império [*potestà d'imperio*],* que se manifesta essencialmente através da titularidade e do exercício do poder legislativo, vale dizer, do poder de tomar as decisões coletivas vinculantes de toda a sociedade e de impô-las por meio da força.

---

27. Cf. M. MARAFFI (org.), *La società neo-corporativa*, il Mulino, Bolonha, 1981.
* Cabe lembrar que, além de "autoridade", o termo *potestà* também apresenta, entre outros, o significado de "poder". (N.T.)

Essa representação do Estado, e do poder soberano que o caracteriza, fundara-se essencialmente na oposição entre lei e contrato, a primeira representante de um poder em sentido vertical, de cima para baixo, o segundo, de um poder horizontal, de igual para igual, e na indiscutida prioridade da lei sobre o contrato, ou do direito público sobre o direito privado, prioridade que no tradicional sistema das fontes do direito equivale a dizer que a lei funda a legitimidade do contrato (é válido apenas o contrato *secundum legem*), enquanto o contrato, que vale como fonte de direito entre privados, não pode derrogar à lei. É bem verdade que a doutrina contratualista, que é parte integrante da teoria do Estado moderno, colocara como fundamento do poder político um pacto entre iguais, seja ele concebido como um pacto entre os indivíduos isolados, seja ele concebido como um pacto entre os indivíduos reunidos em um corpo unitário e o soberano, como uma verdadeira e própria "troca política", no sentido que hoje se dá a essa expressão. Mas é também verdade que, uma vez constituído o poder soberano, a vontade do soberano se manifestaria unicamente através da lei, definida habitualmente como "vontade do superior", e apenas por essa vontade teriam adquirido força vinculante os contratos (e também os costumes). Jamais devemos nos esquecer de que no pensador em quem culmina a teoria do Estado moderno, Hegel, a teoria da soberania do poder estatal caminha lado a lado com a crítica radical às teorias do contrato social, com base no argumento clássico de que um instituto do direito privado nunca tem força suficiente para vincular o poder público.

A grande transformação do Estado que temos diante dos olhos consiste, ao contrário, em uma crescente extensão, e expansão, da produção jurídica em forma de acordos entre os grandes grupos de interesse no interior do Estado e entre esses grupos e o Estado, considerado por esses grandes grupos, que cresceram na sociedade civil e agora estendem suas ramificações também para fora do Estado, como um parceiro. Seja quando se opõe uma concepção policrática a uma concepção monocrática do poder, seja quando se coloca em destaque o nascimento de governos parciais que debilitam o governo central, seja quando se fala até mesmo de um "duplo Estado", ou seja, da presença contemporânea de dois sistemas paralelos para a formação da vontade coletiva — o velho sistema no qual predomina a forma da imposição, e o novo (que é afinal mais velho do que o velho), no qual parte da vontade coletiva se forma mediante acordos que o primeiro sistema se limita a ratificar, tal como são ratificados os tratados internacionais e as convenções — seja quando essa transformação é representada como vitória da sociedade civil sobre o Estado, ou até mesmo como fim da esfera da política enquanto esfera coincidente com a esfera do Estado, é afinal de domínio comum a constatação da progressiva despotencialização da soberania do Estado, entendida no modo antigo como "summa potestas". Seria todavia um erro interpretar essa transformação como um sinal de redução da esfera política em relação à esfera social, ou, pior ainda, como às vezes se lê em análises um tanto apressadas, de fim da política. Ao contrário, a esfera da política ampliou-se. Uma das características da forma democrática de governo é o aumento de sujeitos que agem politicamente, vale dizer, que colaboram direta ou indiretamente na formação das decisões coletivas, o que tornou mais amplo, e ainda mais fluido, ou menos definido e com fronteiras mais incertas, o "espaço político".

Retornando ao nosso tema, faz parte dessa transformação do espaço político o fenômeno, para o qual chamei a atenção logo no início, da renovada importância da representação dos interesses. Um dos maiores responsáveis pelo debate dos últimos anos sobre o fenômeno do neo-corporativismo, que deve ser diferenciado, como corporativismo democrático que é, do corporativismo estatalista dos fascistas, considera corretamente a relação de tipo corporativo como uma forma de representação dos interesses, mesmo que não-institucionalizada, exatamente aquela forma de representação que o Estado representativo, surgido da dissolução do Estado das ordens — quando a soberania como elemento constitutivo do Estado não era colocada em discussão, e a esfera da política era considerada coincidente, ou deveria coincidir, em tudo e por tudo, com a esfera do Estado —, considerara ter superado para sempre.

2. Questão de palavras

Não obstante a atualidade do debate, o conceito de representação dos interesses merece ainda alguns esclarecimentos, seja pela conhecida ambigüidade do conceito de representação, seja pela generalidade do conceito de interesse.

"Representar" significa tanto, em sentido técnico-jurídico, "agir em nome e por conta de um outro", quanto, na linguagem comum e na linguagem filosófica, "reproduzir" ou "espelhar" ou "refletir", simbolicamente, metaforicamente, mentalmente, ou de inúmeros outros modos, uma realidade objetiva, independentemente do fato de que essa realidade só possa ser "representada", ou possa também dar-se em si. A esses dois significados de "representar" [*rappresentare*] correspondem em italiano duas palavras: "rappresentanza" e "rappresentazione", enquanto, infelizmente, a elas corresponde uma única palavra em inglês (a língua franca da linguagem política): *representation* (também em francês *représentation*).*

Apesar da possibilidade que tem o italiano de empregar duas palavras, mesmo que com um só verbo e com um só adjetivo ("*rappresentativo*" [representativo]), os dois significados são continuamente sobrepostos e confundidos, ainda que inconscientemente, de modo que se diz que o parlamento representa o país tanto no sentido de que os seus membros agem em nome e por conta dos eleitores, quanto no sentido de que o reproduz, o espelha, o representa, o reflete (de resto, é freqüente a metáfora do parlamento como "espelho" do país). No seu significado original, "Estado representativo" quer dizer Estado no qual existe um órgão para as decisões coletivas composto por "representantes", mas pouco a pouco assume também o outro significado de Estado no qual existe um órgão decisório que, através de seus componentes, representa as diferentes tendências ideais e os vários grupos de interesse do país globalmente considerado. A passagem de um para outro significado começa a tornar-se sensível quando surge, na Inglaterra, por volta de meados do século XIX, o problema de substituir o sistema eleitoral de colégios uninominais pelo sistema proporcional, com base no argumento de que é mais "representativo", onde "representativo" é o adjetivo derivado não de "rappresentanza" [representação], mas de "rappresentazione" ["espelhamento"].** Na expressão "democracia representativa", o adjetivo já adquiriu, de modo estável, os dois sentidos: uma democracia é representativa no duplo sentido de possuir um órgão no qual as decisões coletivas são tomadas por representantes, e de espelhar através desses representantes os diferentes grupos de opinião ou de interesse que se formam na sociedade. Esses dois significados tornam-se evidentes quando se contrapõe a democracia representativa à democracia direta. Com relação ao primeiro significado, a democracia direta é aquela na qual as decisões coletivas são

---

* Dispensável acrescentar que o mesmo ocorre em português. Enquanto *rappresentanza*, de acordo com o primeiro sentido, técnico-jurídico, dado pelo autor ao verbo *rappresentare*, do qual o substantivo deriva, pode ser bem traduzida por "representação", *rappresentazione* deveria ser traduzida, no sentido na linguagem comum, por "encenação" (por exemplo, teatral) ou, no sentido da linguagem filosófica, pelo mesmo termo "representação", como operação cognitiva de representar ou reproduzir um objeto, ou uma idéia. Descartada esta última opção por razões óbvias, restava o termo "encenação" que, contudo, quando deslocado para o contexto político, carrega consigo em português uma conotação pejorativa (de fingimento) que não encontra paralelo no termo *rappresentazione* quando utilizado no mesmo contexto em italiano. Por isso, mais adiante, e mesmo que de modo inexato, optamos pelo termo "espelhamento" como tradução para *rappresentazione*, por não trazer essa conotação pejorativa e por suas variantes "espelhar" e "espelho" terem sido reiteradamente utilizadas pelo próprio autor para explicar o segundo sentido do verbo *rappresentare*, como pudemos ler há pouco, e logo adiante na afirmativa: "(...) freqüente é a metáfora do parlamento como 'espelho' do país". (N.T.)

** Ver nota anterior.

tomadas diretamente pelos cidadãos; no segundo, é aquele que, propondo aos cidadãos quesitos em termos alternativos, torna impossível ou menos provável o espelhamento [*la rappresentazione*] da sociedade. Paradoxalmente, a democracia direta é, no sentido do "espelhamento" [*della rappresentazione*], menos representativa do que a democracia indireta.

Na contraposição entre representação [*rappresentanza*] dos interesses e representação [*rappresentanza*] política, adquirem particular relevo ambos os significados de representação [*rappresentanza*] e espelhamento [*rappresentazione*], o primeiro, na diferença entre mandato vinculado e mandato livre; o segundo, na diferença entre o espelhamento de cada um dos interesses organizados ou então de todos os interesses, mesmo daqueles não-organizados.

O que tem de ambíguo o conceito de representação, tem de genérico o conceito de interesse. Que é um conceito de uso comum em diversas disciplinas, e portanto localizável em diversos universos lingüísticos (economia, direito, política) e de difícil definição (tanto que Bentham sustentava não ser definível porque não-subsumível em uma categoria superior). Quem quiser uma prova só tem de passar os olhos pelo amplíssimo repertório de fragmentos reunidos por Lorenzo Ornaghi,[28] uma verdadeira mina de materiais preciosos para qualquer ulterior pesquisa sobre o tema. Como os bons livros nunca nascem por acaso, o fato de que um estudioso tenha voltado sua atenção para a necessidade de compilar uma obra desse tipo, acompanhada de rica bibliografia, é a melhor prova da atualidade do problema, no qual estão interessados não apenas os politólogos, mas também sociólogos, economistas, juristas, psicólogos e outros. Os trechos escolhidos são retirados de escritores políticos (Botero), teólogos (Bousset), filósofos (Hume), economistas (Pareto), juristas (Jellinek), sociólogos (Bentley). Desses trechos, de cinqüenta autores, de Botero aos contemporâneos, resulta claramente quão genérico é o conceito de interesse, e quanto o termo correspondente é usado como termo da linguagem comum sem o menor esforço em lhe dar uma definição (ou lexical, ou convencional) que precise e delimite o seu significado. Exatamente o que acontece com as palavras da linguagem comum. São, ao contrário, freqüentes, e continuamente repetidas, pseudo-definições, ou definições persuasivas — tais como "o interesse é o grande monarca da terra" (Montesquieu), ou então, "o princípio do movimento da sociedade é dado

---

28. L. ORNAGHI, *Il concetto di "interesse"*, Giuffrè, Milão, 1984.

pelo interesse" (Von Stein) — das quais se deduz no máximo qual seria a função, expressa além do mais em termos retóricos, desse objeto misterioso que é o interesse. Como muitos termos que se referem ao mundo cultural humano, também "interesse" pode significar tanto uma situação objetiva, ou seja, uma coisa, um ato, um evento do qual se tem boas razões para acreditar que se possa extrair uma vantagem ou um benefício (por exemplo, a satisfação de uma necessidade, como na frase "serve ao meu interesse"), quanto um estado subjetivo, ou seja, uma disposição favorável em relação àquela coisa ou ato ou evento (como na frase "ter interesse em...").

O que especifica o conceito genérico, vago, maldefinível e indefinido de "interesse" são os adjetivos que lhe são atribuídos, como "privado" ou "público", "particular" ou "geral", "local" ou "nacional", "individual" ou "coletivo", "parcial" ou "global", "imediato" ou "mediato", "presente" ou "futuro" e assim por diante. Toda a história do conceito de interesse, que é contada na obra de Ornaghi, é na verdade a história da oposição entre um certo tipo de interesses e um outro tipo, da preferência dada por um ou outro autor a esse ou aquele tipo de interesse, do variado modo de superar a oposição, identificando um no outro, e assim por diante. Essa história, em outras palavras, não é a história do conceito de interesse mas da oposição entre determinados interesses e outros, tanto que, na maior parte dos contextos, a palavra "interesse", usada sempre de modo genérico, poderia ser substituída por outras palavras, como "bem" (bem próprio e bem comum) ou "vantagem" (vantagem mediata ou imediata, presente ou futura), ou "utilidade" (individual ou coletiva).

Essas observações precisavam ser feitas porque, quando se fala de "representação de interesses", a palavra "interesses" é tomada não no seu sentido genérico, que sem uma especificação é demasiadamente vaga para significar alguma coisa, mas no sentido específico de interesses parciais, ou locais, ou corporativos, ou fracionais em oposição aos interesses gerais, nacionais, coletivos, comuns, e não se pretende em absoluto dizer que a representação política não seja também ela uma representação de interesses. A representação política também é uma representação de interesses, com a diferença de que fica subentendido que se refere a interesses gerais, assim como na expressão "representação de interesses" fica subentendido que se refere a interesses particulares ou de grupo. A expressão "representação dos interesses" passou afinal a ser usada para indicar aquilo que costumava ser chamado, de outro modo e em outros tempos, de "representação orgânica" ou "funcional". Mas que fique bem claro que ela não se opõe a uma representação que não seja de interesses. Uma vez que o adjetivo "parcial" é dado por subentendido, se opõe a uma representação de interesses distintos que são também eles interesses segundo o sentido genérico da palavra. Concluindo, ambas as formas de representação são representações de interesses: a diferença está na oposição entre interesses parciais e interesses gerais, entre interesses de grupos particulares e o interesse da inteira nação, como foi geralmente chamado o interesse geral nas Cartas dos Estado representativos, da Revolução em diante.

Mas o interesse geral pode verdadeiramente ser representado no sentido próprio da palavra, no seu sentido técnico-jurídico? Esse é o problema. Mas, se assim for, a diferença entre a representação dos interesses e a representação política não está no fato de que uma diz respeito aos interesses e a outra a algo diferente dos interesses, mas no fato de que uma é, propriamente falando, uma representação enquanto a outra não é.

3. Mandato livre ou mandato vinculado?

O caráter distintivo das duas formas de representação está em ser, a primeira, constituída com mandato vinculado, a segunda, com mandato livre. Mas quem age por conta de um outro sem estar vinculado pela vontade do mandante pode ainda ser propriamente chamado de representante? Como todos sabem, Kelsen definiu "grosseira ficção" aquela contida na teoria já desenvolvida na Assembléia Nacional francesa de 1789, "segundo a qual o parlamento, na sua essência, não seria nada mais que um representante do povo, cuja vontade se expressaria apenas nos atos parlamentares".[29] Aliás, Kelsen observa que ter sido atribuído ao parlamento um poder de representação que ele, com base na proibição de mandato imperativo, não detém, teve o funesto efeito de provocar a crítica ao parlamentarismo, considerado pelas correntes antiparlamentares de direita e de esquerda, aliadas contra o inimigo comum, como falsamente e enganosamente representativo da vontade do povo, enquanto a representação é apenas um expediente técnico-institucional que permite tomar decisões coletivas onde não seria nem possível nem desejável a democracia direta.

No mais, pode-se observar que, se a representação com mandato livre foi uma "grosseira ficção", ela remonta muito mais no passado. É costume citar a esse respeito um famoso trecho do discurso de Burke aos seus eleitores do colégio de Bristol (1774), no qual se afirma clara-

---

29. H. KELSEN, *Vom Wesen und Wert der Demokratie* (1929) (trad. it. cit., p. 78).

mente que "o parlamento é uma assembléia deliberativa de uma nação, com um único interesse, o interesse da comunidade",[30] onde o membro do parlamento não pode receber instruções que seja obrigado a observar. Mas afirmação de princípio análoga pode ser lida em uma passagem de um século anterior a esta, extraída do *Patriarcha* de Filmer: "Não me consta que o povo, que com seu voto elegeu representantes dos condados e dos burgos, exija uma prestação de contas daqueles que ele elegeu. (...). Se o povo tivesse esse poder sobre seus próprios representantes, bem poderíamos dizer que a liberdade do povo é uma desgraça (...). Ele deve limitar-se a eleger e a remeter-se aos seus eleitos, que ajam por arbítrio deles" (III, 14). Uma das mais completas ilustrações dessa tese encontra-se na *Filosofia do direito* de Hegel: "Dado que a deputação ocorre pela deliberação sobre os assuntos gerais, ela tem o sentido de que, em confiança, a ela sejam destinados indivíduos tais que entendam desses assuntos melhor que os deputantes, assim como de que estes façam valer não o interesse particular de uma comunidade, corporação, contra o interesse geral, mas essencialmente este" (§ 309). E explica logo em seguida que, exatamente porque a sua relação com os eleitores é fundamentada na confiança (*Zutrauen*), eles não são mandatários (*Mandatarien*). Embora pertencendo a autores que viveram em três séculos distintos e embora tendo sido enunciados em contextos históricos e sociais diferentes, os três trechos coincidem ao afirmar que o representante, uma vez eleito, rescinde a relação de mandato, no sentido técnico da palavra, com o eleitor, e deve ocupar-se dos assuntos gerais do país, donde, por conseguinte, não pode ser revogado por não ter executado as "instruções" daqueles que o elegeram. Com maior ou menor ênfase, todos os três autores dão a entender que a principal razão da representação está no fato de que o povo, ou não é capaz, por falta de conhecimentos específicos e por incompetência, de tratar dos assuntos gerais, ou então é levado, por inclinação natural, a antepor seus próprios interesses e os interesses da própria categoria aos interesses gerais. Em ambos os casos não tem nenhum direito de controlar a obra do eleito, diferente daquilo que acontece na relação de mandato em direito privado, onde é dado por pressuposto que o mandante conheça quais são seus próprios interesses, cuja gestão confia ao mandatário.

Para tornar clara a diferença entre relação privada e relação pública de representação, não é neglicenciável, ademais, a consideração, habi-

---

30. O discurso de Burke pode ser lido em trad. it. in D. FISICHELA (org.), *La rappresentanza politica*, Giuffrè, Milão, 1983. A citação está na p. 66.

tualmente negligenciada, de que a designação do representante público ocorre através do processo da eleição, vale dizer, com a escolha da pessoa de confiança feita contemporaneamente por muitos indivíduos, mas independentemente uns dos outros, com base no princípio de maioria, pelo menos nas eleições por colégio uninominal, às quais se referem em geral os escritores não-contemporâneos. Na maioria podem confluir diversos interesses, todos particulares, entre os quais o interesse que deve prevalecer não pode ser decidido, por inclinação sua e dele assumindo todas as responsabilidades, senão pelo eleito.

Além das razões sociais e técnicas que podem ter levado à afirmação do princípio da representação política como representação sem vínculo de mandato, existe uma razão substancial que diz respeito ao problema fundamental da política, o problema de quem detém o poder último ou soberano em um determinado grupo social organizado. Uma das possíveis definições de soberano é exatamente esta: soberano é aquele que, qualquer que seja a forma de governo, monárquica ou republicana, autocrática ou democrática, está capacitado a tomar decisões coletivas, válidas para todos os membros daquele grupo organizado, sem vínculo de mandato. Falo de uma das possíveis definições de soberania porque nela confluem tanto a definição tradicional, "summa potestas superiorem non recognoscens", quanto a definição schmittiana, segundo a qual soberano é aquele que decide sobre o estado de exceção, uma vez que o estado de exceção pode ser decidido apenas por quem, na escala hierárquica de poderes, de baixo para cima, pode ao final tomar uma decisão sem ser autorizado por ninguém acima dele.

O processo de concentração do poder soberano no Estado moderno termina quando ocorre a passagem do Estado das ordens para a monarquia absolutista através da gradual conquista, por parte do poder central, do direito de decidir sem vínculo de mandato. Quando Luís XVI convocou os Estados gerais, sua intenção era que os delegados não fossem vinculados por um mandato dos eleitores de modo que as assembléias não ficassem impedidas em relação ao poder de tomar decisões pelos "pouvoirs restrictifs". O rei sempre pediu aos estados "pleins pouvoirs", "pouvoirs suffisants", a renúncia a vincular as suas consciências. A tese de que ao parlamento são confiadas exclusivamente a proteção ou a satisfação dos interesses gerais, sem preocupação com relação aos interesses de corpo (ou corporativos), é a tese fundamental que surge tanto no célebre texto de Sieyès, *Que-est-ce que le Tiers Etat?*, quanto no seu discurso à assembléia de 8 de julho: "A assembléia declara que, sendo a Nação francesa sempre legitimamente representada pela pluralidade de seus deputados, nem mandatos imperativos, nem a ausência voluntária de alguns membros, nem os protestos da minoria poderão jamais interromper a sua atividade (...) ou atenuar a força das suas decisões etc."[31] Essa tese é acolhida no art. 7 (tit. III, cap. II, seç. 3) da Constituição de 1791: "Os representantes eleitos nos departamentos não são representantes de um departamento particular, mas da inteira nação, e não poderá ser dado a eles nenhum mandato". É dispensável dizer que essa idéia de o parlamento representar interesses gerais e não corporativos caminha lado a lado com o ostracismo dado aos corpos intermediários considerados como resíduos do velho Estado das ordens e com a afirmação de que não deve mais haver qualquer "espaço político" entre cada um dos cidadãos e o soberano: a soberania se transferirá do rei ao parlamento diante do qual os cidadãos são puros e simples comitentes.

Desde então, não apenas a proibição de mandato imperativo tornou-se um princípio constante do Estado representativo, mas passou a ser sempre denunciada como uma violação de tal princípio a tentativa, por parte dos corpos intermediários, das sociedades parciais, de restabelecer seus antigos poderes relativos às assembléias das ordens, e de corroer a soberania do parlamento em que se tinha afinal resumido o antigo poder do rei. Basta citar uma passagem de um discurso que Tocqueville pronunciou na Câmara dos Deputados, em 27 de janeiro de 1848, onde está claramente expressa a tendência à prevaricação dos interesses particulares: "Permitir-me-ei ainda perguntar se (...) nos últimos cinco, ou dez, ou quinze anos, não cresceu incessantemente o número daqueles que ali votam por interesses pessoais ou particulares; e se o número de quem ali vota tendo por base uma opinião política não decresce igualmente sem cessar".[32] Aqui Tocqueville parece colocar a culpa pela degeneração do sistema parlamentar mais nos eleitores do que nos eleitos, como se pode notar ainda melhor na continuação do trecho, enquanto hoje estaríamos mais propensos a colocar a culpa nos eleitos. A verdade é que a escassa eficácia da proibição de mandato imperativo, objeto de uma recorrente lamentação dos observadores políticos, sempre derivou do interesse recíproco, tanto dos eleitores quanto dos eleitos, em violá-la.

---

31. E.-J. SIEYÈS, *Opere e testimonianze politiche*, tomo I, *Scritti editi*, organizado por G. Troisi Spagnoli, Giuffrè, Milão, 1993, vol. I, p. 345 (trad. modificada).

32. A. DE TOCQUEVILLE, *Discorso sulla rivoluzione sociale*, in ID., *Scritti politici*, organizado por N. Matteucci, vol. I, *La rivoluzione democratica in Francia*, Utet, Turim, 1969, reimp. 1977, p. 271.

4. *A desforra da representação dos interesses*

Em defesa da soberania do parlamento, a doutrina da democracia representativa, e mais em geral do Estado representativo, ainda não-democrático, sustentou sempre a representação política contra a representação dos interesses, e sempre respondeu de modo polêmico a todos aqueles que tentaram reviver e repropor, de diversas formas, esta última. Entre as várias razões adotadas em defesa da representação política, Kelsen aduz também uma razão técnica insuperável para quem queira se colocar do ponto de vista de uma correta interpretação da democracia parlamentar como aquele na qual vigora o princípio de maioria para as decisões coletivas. Como é possível aplicar, pergunta-se Kelsen, o princípio de maioria, que pressupõe a igualdade dos votantes (um voto por cabeça), aos representantes de interesses particulares de categoria? Enquanto há um pressuposto ético, senão precisamente ontológico, na consideração de que todos os indivíduos são iguais (salvo os infantes) em relação ao direito de participar, ao menos indiretamente, na tomada de decisões coletivas, existe uma razão qualquer para se considerarem iguais no peso de voto todas as categorias interessadas? E se uma categoria é diferente de todas as outras, e por conseguinte se deveria adotar um voto ponderado, quem determina o grau de importância de cada grupo de interesses? E com qual critério? Todos sabem que, não obstante a recorrente requisição por parte dos grandes Estados por um voto ponderado na assembléia das Nações Unidas, uma das dificuldades de responder positivamente a essa requisição está exatamente na multiplicidade de critérios que podem ser assumidos para se estabelecer o "peso" de cada membro da assembléia. A conclusão de Kelsen é clara e direta: "Se na assembléia representativa é a maioria que (...) decide contra a minoria, é muito mais sensato estabelecer um tal parlamento sobre um sistema de nomeação que considere cada eleitor não simplesmente como membro de uma determinada profissão, mas como membro do Estado em seu todo e que o suponha interessado não apenas em questões profissionais, mas, por princípio, em todas as questões que podem constituir objeto de regulamentação por parte do Estado".[33]

Entre os representantes de interesses particulares, dos quais cada um é um delegado do seu grupo de interesse e portanto vinculado ao mandato recebido, um conflito não pode ser solucionado senão através de uma negociação que termina, se termina, em acordo, e portanto não

---

33. H. KELSEN, *Wom Wesem und Wert der Demokratie* (trad. it. cit., p. 98).

por maioria, mas por unanimidade, já que a decisão coletiva, se deve ser vinculante para os dois ou mais contraentes, deve ser aceita por todos. Nos mais caraterísticos conflitos de interesse das sociedades contemporâneas, os conflitos de trabalho, a solução ocorre mediante acordo, ou seja, não com base no princípio de maioria, mas por unanimidade. Quando as partes não conseguem entrar em acordo, só então o poder público pode intervir, acima, ao menos em linhas gerais, das partes, e decidir por maioria (como ocorreu na Itália na questão dos cortes na escala móvel): uma decisão por maioria que pressupõe, sempre em linhas gerais, que a questão seja considerada não mais uma questão de interesses particulares, mas de interesse geral. Apenas uma questão que se pressupõe seja de interesse nacional, e não de categorias em oposição, legitima o voto de maioria, ou seja, da maioria daqueles aos quais os cidadãos confiaram a tarefa de tomar as decisões relativas aos interesses gerais.

Max Weber captou muito bem essa diferença entre o método do acordo, o único adequado para resolver os conflitos de interesses em oposição, e o princípio de maioria, que pode ser aplicado apenas para a solução de conflitos nos quais estão envolvidos interesses gerais. Refletindo sobre a diferença entre o Estado das ordens, precedente à formação do Estado absolutista e do Estado parlamentar, que a ele se seguiu, observa: "O voto não pode ter qualquer lugar em tais corpos [as ordens]", "tem-se em vez disso ou o compromisso pactuado entre os interessados, ou então o compromisso imposto pelo senhor, prévia audição das posições das várias partes interessadas". Logo em seguida, afirmando que a questão da representação das ordens profissionais voltara à moda, observa ainda que "no máximo se deixa de considerar que aqui o único meio adequado são os compromissos, não as decisões por maioria". A razão técnica dessa afirmação não é diferente daquela adotada por Kelsen: "não é possível se estabelecer uma expressão numérica para a importância de uma profissão", e "uma votação final para a composição de elementos tão heterogêneos por classe ou por ordem constitui um absurdo mecânico".[34]

Em defesa da representação dos interesses sempre desceram a campo correntes distintas da corrente liberal-democrática, que dominou nos Estados dirigidos por democracia representativa. Limito-me a recordar tanto o cristianismo social, sustentando uma concepção orgânica da

---

34. M. WEBER, *Wirtschaft und Gesellschaft*, organizado por J. Winckelmann, Mohr, Tübingen 1976/5 (trad. it. *Economia e società*, organizada por P. Rossi, Edizioni di Comunità, Milão, 1974/3, nova ed. em 5. vols., 1980, vol. I, pp. 273, 274, 296).

sociedade, quanto o socialismo das "guildas", em nome dos direitos dos grupos de trabalho organizado. Também o fascismo retomou e revalorizou a concepção orgânica da sociedade em oposição à concepção individualista ou atomista, no pior sentido, da sociedade, própria do liberalismo clássico. Mas o sistema corporativo por ele imaginado não tinha mais qualquer caráter representativo, já que as corporações foram transformadas em órgãos do Estado e os seus representantes eram nomeados a partir do alto.

Se depois de considerarmos o mandato livre como um instituto característico da democracia representativa, haveremos de convir que sua crítica mais radical veio do movimento operário de inspiração marxista, a reboque das famosas reivindicações de uma representação verdadeira e própria, e portanto com poder de revogação do mandato por parte do mandante, feita pelo próprio Marx no comentário aos acontecimentos da Comuna de Paris. A revogação do mandato foi introduzida nas sucessivas constituições soviéticas, depois de ter sido proclamada no momento da derrubada do antigo poder como único instituto que a democracia representativa operária poderia permitir, aproximando-a da democracia direta. Assim, o movimento operário revolucionário fazia retornar com honra um instituto que a democracia "burguesa" havia suprimido, tendo-o reputado anacrônico. Mas, comparada à sociedade das ordens, a sociedade industrial era, ou era assim concebida por quem tinha interesse em transformá-la, uma sociedade de classe, aliás, a sociedade que fizera nascer a classe universal cujos interesses não eram mais, como os interesses das corporações ou ordens, particulares, mas eram, e teriam se tornado cada vez mais, os interesses da inteira sociedade renovada. Enquanto em uma sociedade de ordens ou em uma sociedade pluralista de grupos de interesses organizados, como a sociedade atual nos países industrialmente desenvolvidos, a representação dos interesses é, e não pode deixar de ser, uma representação de interesses particulares, em uma sociedade, real ou hipotética, não importa, cujo interesse de toda a sociedade coincide com o interesse de uma única classe, que se autodefine a classe universal, a representação dos interesses é na verdade a representação do único interesse que conta, e portanto é a representação geral. Nas duas situações, da antiga sociedade que a revolução burguesa havia varrido do mapa e da nova que deveria por sua vez varrer do mapa a sociedade burguesa, o instituto do mandato vinculado era o mesmo, mas a sua função era antitética: lá, impedia a unidade do poder soberano, aqui exaltaria o poder soberano do povo, uma vez identificado o povo na classe dos produtores. A representação sem vínculo de mandato, que eliminara o particularismo dos corpos intermediários em nome de um pretenso interesse geral, na verdade favoreceu, segundo a interpretação da esquerda revolucionária, a representação da classe que substituíra com seu próprio poder o poder do monarca. O retorno à representação com mandato vinculado não era em absoluto um retorno a uma situação pré-democrática, mas era, antes, a substituição da democracia direta, no único modo em que a democracia direta é ainda possível nos grandes Estados, à democracia indireta.

Não obstante os ataques provenientes das mais diversas partes ao sistema representativo, o pensamento liberal-democrático nunca quis renunciar à representação política, e defendeu-a com maior ou menor convicção até os nossos dias. Permitam-me trazer à memória a oposição que se formou, quando o fascismo já batia à porta, entre dois de nossos eminentes escritores liberais. No livro *Diritti di libertà*, escrito a convite de Piero Gobetti em 1926, Francesco Ruffini previa a reforma do Senado de modo a transformá-lo em câmara por representação orgânica, mais ainda do que era segundo a carta e o espírito do Estatuto (cujo art. 33 enumerava as categorias de altos funcionários e de beneméritos entre as quais o rei tinha a faculdade de nomear os senadores). Feito o elogio ao sistema proporcional que impedira a divisão do país em um Norte socialista e um Sul conservador, observava que ele acentuara o caráter cada vez mais atomístico, de um lado, e político, de outro, do sufrágio. Considerava que não poderia existir outro remédio senão "criar uma representação não mais apenas atomista do corpo social, mas orgânica" ou "diferenciada", não mais apenas das idéias políticas e das forças políticas, mas de todas as outras idéias e de todas as outras formas existentes na nação.[35]

A representação política foi, ao contrário, defendida com firmeza por Luigi Einaudi em um ensaio no qual podemos ainda encontrar resumidos e claramente fixados todos os clássicos argumentos contra a representação dos interesses. Acima de tudo, a representação dos interesses não representa nunca a generalidade dos interesses presentes porque representa apenas os interesses dos grupos organizados; em segundo lugar, não representa os interesses futuros; enfim, não defende os interesses gerais. A conclusão parecia repetir a declaração, tão freqüentemente citada, de Burke: "Consultem-se os interessados, todos os interessados, mas que delibere o parlamento". A representação dos interesses é considerada "um regresso espantoso a formas medie-

---

35. Ver agora F. RUFFINI, *Diritti di libertà*, La Nuova Italia, Florença, 1975, p. 6.

vais, àquelas formas a partir das quais por sucessivos aperfeiçoamentos surgiram os parlamentos modernos".[36]

5. Representantes e partidos

Não obstante os repetidos ataques provenientes de várias partes, seja dos críticos à representação política, seja dos críticos da democracia *tout court*, o princípio do mandato não-vinculado resistiu vitoriosamente: um reputado historiador das instituições ainda recentemente afirmou que a proibição de mandato imperativo deve ser considerada um elemento estrutural da democracia representativa, sendo uma condição necessária "para tornar possível a atividade representativa, entendida como agir pelo povo em sua totalidade".[37]

Mas uma coisa são as afirmações de princípio, outra coisa o real desenvolvimento dos fatos. Certo, o princípio do mandato livre resistiu formalmente. Mas resistiu também substancialmente? A concepção originária da democracia nunca levara em conta a existência de partidos. Aliás, em uma das mais apaixonadas defesas da democracia representativa, como aquela do *Federalist*, um dos benefícios da democracia representativa em relação à democracia direta era considerada a eliminação das facções porque o cidadão, o átomo social, na sua independência e na sua singularidade, era colocado diretamente, sem intermediários, em contato com o órgão detentor do sumo poder de tomar as decisões coletivas vinculantes de toda a sociedade. Na verdade, a democracia representativa, que não poderia avançar senão com o progressivo aumento da participação eleitoral até o limite do sufrágio universal masculino e feminino, não apenas não eliminou os partidos, mas os tornou necessários. São eles, em especial mediante o sistema eleitoral proporcional, mas não apenas com ele, como acreditam ou fingem acreditar os novos fautores do colégio uninominal, que recebem dos eleitores aquela "autorização" para agir, na qual Hobbes via a essência da representação política.

A formação e o contínuo crescimento dos partidos, que se interpuseram por exigência das situações, e não por má vontade deste ou daquele grupo ávido de poder, entre o corpo eleitoral e o parlamento, ou, mais em geral, entre o titular da soberania e quem deve de fato exercer essa soberania, acabaram por despedaçar a relação direta entre eleitores e eleitos, dando origem a duas relações distintas, uma entre eleitores e

---

36. L. EINAUDI, "Parlamento e reppresentanza di interessi", in *Corriere della Sera*, 29 de novembro de 1919, agora em ID., *Il buongoverno*, organizado por E. Rossi, Laterza, Roma-Bari, 1973, vol. I, pp. 33, 30.
37. E.-W. BÖCKENFÖRDE, *Democrazia e rappresentanza*, in "Quaderni costituzionali", V, n. 2, 1985, p. 247.

partido, outra entre partido e eleitos, que tornam cada vez mais evanescente a relação originária e característica do Estado representativo entre mandante e mandatário, ou, hobbesianamente, entre o autor e o ator. A presença dessas duas relações, das quais o partido é o termo médio, o termo comum a ambos, passivo no primeiro, ativo no segundo, tem a seguinte conseqüência: o eleitor é apenas autor, o eleito é apenas ator, enquanto o partido é ator em relação ao eleitor, autor em relação ao eleito. Nada melhor do que essa dupla função serve para fazer entender o lugar central que o partido foi assumindo nos sistemas representativos, da maneira como foram se configurando depois do sufrágio universal que, multiplicando o número dos eleitores sem poder multiplicar de modo correspondente o número dos eleitos, tornou necessária a formação daqueles grupos intermediários agregadores e simplificadores que são exatamente os partidos. Contrariamente ao que se pode imaginar e às habituais críticas sem fundamento à situação dos partidos, a intermediação do partido entre eleitores e eleitos, com o conseqüente nascimento de duas relações no lugar de uma, não complicou o sistema da representação, mas o simplificou, e, simplificando-o, tornou-o novamente possível.

Que fique claro: ao simplificá-lo, também o alterou, seja no que se refere à oposição entre representação dos interesses e representação política, seja no que se refere à oposição entre mandato vinculado e mandato livre, seja enfim no que se refere à convicção transmitida acerca da relação férrea entre representação dos interesses e mandato vinculado, de um lado, e representação política e mandato livre, de outro.

Das duas relações que devem ser levadas em consideração, a segunda, entre partido e eleitos, é cada vez menos caracterizada pelo mandato livre, à medida que foi se reforçando a disciplina de partido e foi se afirmando a exigência da abolição do voto secreto, considerado como último refúgio da liberdade do representante. Na primeira relação, entre partido e eleitores, o mandato livre perdeu muito da sua eficácia devido à irrupção dos interesses particulares dos quais qualquer partido, em um sistema de mercado político concorrencial cada vez mais fragmentado, é obrigado a levar em conta para conservar e eventualmente aumentar seu poder, que depende do maior ou menor número de votos.

Se, como foi dito, uma das características do poder soberano é o poder de decidir sem vínculo de mandato, no que se refere à relação entre partido e eleitos, soberanos não são os deputados. Soberanos são os partidos, cuja diretriz política orienta, dirige e vincula o grupo parlamentar. O termo "partidocracia" reflete esse estado de coisas, gostemos ou não, vale dizer, uma situação na qual quem toma as decisões em última instância não são os representantes como mandatários livres dos eleitores, mas os partidos como mandantes imperativos dos chamados representantes, aos quais dão "instruções" no sentido pejorativo que a palavra sempre teve na boca dos fautores da representação política em oposição à representação dos interesses. Falo de "partidocracia" sem qualquer malícia, dado que nesta palavra, não obstante a habitual conotação fortemente negativa, está contida uma realidade de fato incontrovertível. A soberania dos partidos é o produto da democracia de massa, onde "de massa" significa simplesmente com sufrágio universal. A democracia de massa não é propriamente a "cracia" da massa, mas é a "cracia" dos grupos mais ou menos organizados nos quais a massa, por sua natureza informe, articula-se, e, articulando-se, expressa interesses particulares.

Soberanos são os partidos, mas como os soberanos de todos os tempos, em Estados nos quais existe uma constituição, também os partidos não são soberanos absolutos. A sua soberania é limitada porque condicionada pelas escolhas dos eleitores, que os partidos devem saber interpretar. Em última instância, os soberanos são, mesmo que não sejam, os cidadãos, embora *uti singuli*, e portanto com um poder minúsculo porque fracionado. Exatamente porque é fracionado, o poder do cidadão isolado deve encontrar lugares maiores de agregação. Esses lugares são os partidos. Os quais tornam-se, assim, o lugar onde se concentra o maior poder de decisão, seja em relação aos eleitores, seja em relação aos eleitos.

De qualquer ponto de vista a partir do qual consideramos a situação dos partidos, parece evidente a desforra da representação dos interesses sobre a representação política, seja no que se refere à decadência do instituto típico da representação política, que é o mandato não-vinculado, seja no que se refere, em uma democracia altamente competitiva, à pressão através dos partidos dos interesses fracionários. Isso pode explicar por que o tradicional e recorrente debate sobre as instituições por representação de interesses (particulares) de aproximar a representação política das instituições se esmoreceu até parecer por fim anacrônico. A diferença, que foi considerada durante séculos decisiva, entre representação dos interesses particulares e representação política tornou-se cada vez mais evanescente e menos visível. Do mesmo modo, tornou-se pouco a pouco cada vez menos efetiva a independência dos eleitos pelos partidos e dos partidos pelos eleitores, em um complexo jogo das partes que colocou em discussão pelo menos dois conceitos clássicos da teoria do Estado representativo: o conceito da independência dos eleitos em relação aos eleitores, ainda que através dos partidos, e o conceito do interesse geral em oposição aos interesses particulares.

Quinta parte

Direitos e paz

Capítulo 9

Direitos do homem

I.

O PRIMADO DOS DIREITOS SOBRE OS DEVERES

1. Em um dos seus últimos escritos, Kant se perguntava "se o gênero humano estaria em constante progresso em direção ao melhor". Considerou que, a essa pergunta, que julgava pertencente a uma concepção profética da história, fosse possível dar, ainda que com alguma hesitação, uma resposta afirmativa. Tentando individuar um evento que pudesse ser considerado um sinal histórico da disposição do homem por progredir, ele apontou o entusiasmo que a Revolução Francesa produzira na opinião pública mundial, cuja causa não poderia ser outra senão "uma disposição moral da espécie humana". O "verdadeiro entusiasmo", comentava ele, "refere-se sempre àquilo que é ideal, àquilo que é puramente moral (...) e não pode ser enxertado no interesse individual". A causa desse entusiasmo, e portanto o sinal premonitório (*signum prognosticum*) da disposição moral da humanidade, era, segundo Kant, o aparecimento na cena da história do "direito que um povo tem de não ser impedido por outras forças de dar a si próprio uma constituição civil que ele considere boa", uma constituição "em harmonia com os *direitos naturais* dos homens, de tal feita que estes que obedecem à lei devam também, reunidos, legislar".[1] Era o mesmo Kant que, no início da *Metafísica dos costumes*, afirmara solenemente, terminantemente, como se a afirmação não pudesse ser submetida a discussão, que, entendido o direito como a faculdade moral de obrigar

---

1. I. KANT, *Se il genere umano sia in costante progresso verso il meglio* (1798), in ID., *Scritti politici e di filosofia della storia e del diritto*, Utet, Turim, 1956, 2ª ed., 1965, reimp. 1978, pp. 219, 220, 225.

outros, o homem tem *direitos inatos* e *adquiridos*, mas o único direito inato, isto é, tal que é transmitido a qualquer homem pela natureza e não por uma autoridade constituída, é a liberdade, ou seja, a independência de qualquer coerção imposta pela vontade de um outro.

No caminho inexorável e irreversível da humanidade em direção ao progresso, nós, homens viventes e pensantes do final de um século que conheceu duas guerras mundiais, não temos a mesma certeza de Kant, e em geral da Era das Luzes. Aprendemos que a história humana é ambígua e pode ser interpretada de diferentes modos, segundo quem a interpreta e segundo o seu ponto de vista. Considerava-se que o progresso científico e o progresso moral avançassem lado a lado. Hoje, sobre o progresso triunfante da ciência e da técnica, não temos dúvidas. Sobre o concomitante progresso moral, ao contrário, seria melhor suspender qualquer juízo. E contudo, nunca como nos últimos anos, em especial depois da Segunda Guerra Mundial, o tema dos *direitos do homem*, de cuja afirmação Kant deduzira o motivo para acreditar no progresso moral da humanidade, foi novamente reproposto à atenção da opinião pública mundial. Não quero deduzir nenhuma ilação peremptória desse fato, mas apenas acrescentar um motivo de esperança, ao lado de tantos sinais contrários.

Do ponto de vista da filosofia da história, um ponto de vista muito geral, a afirmação dos direitos do homem, antes puramente doutrinal no pensamento jusnaturalista e depois prático-política nas Declarações do fim do século XVIII, representa uma *inversão radical* na história secular da moral. Para usar a famosa expressão kantiana, embora em outro contexto, uma verdadeira e própria revolução copernicana, entendida como uma inversão do ponto de observação. No início — não importa se mítico, fantástico ou real — da história milenar da moral, há sempre um *código de deveres* (ou de obrigações), *não de direitos*. Os códigos morais ou jurídicos de todos os tempos são compostos essencialmente de normas imperativas, positivas ou negativas, de comandos e proibições. A começar pelos *Dez mandamentos*, que foram durante séculos o código moral por excelência das nações européias, a ponto de serem interpretados como a lei natural, a lei conforme à natureza do homem. Mas poderíamos apresentar inúmeros outros exemplos, do *Código de Hamurabi* às *Leis das XII Tábuas*. Naturalmente, dever e direito são termos correlatos, como pai e filho, no sentido de que, tal como não pode existir um pai sem um filho e vice-versa, da mesma forma não pode existir um dever sem direito; mas, tal como o pai vem antes do filho, da mesma forma a obrigação sempre veio antes do direito.

O objeto principal do estudo da moral e do direito é a *lei*, vale dizer, uma enunciação através da qual fica estabelecido aquilo que se deve ou não se deve fazer. Seja ela natural ou positiva, proposta por sábios ou imposta pelos detentores do poder político. Um dos "heróis", no sentido hegeliano da palavra, ao lado do *condottiere*, no mundo clássico, é o grande legislador, Minos, Licurgo, Sólon. A admiração pelo legislador, definido como aquele que, tomando "a iniciativa de fundar uma nação deve se sentir capaz de mudar a natureza humana",[2] chega até Rousseau. As grandes obras de moral e de direito são tratados sobre as leis, dos *Nomoi*, de Platão ao *De legibus* de Cícero, até os *Esprit des lois* de Montesquieu. Platão começa o seu diálogo sobre as leis com as seguintes palavras: "Um deus ou um homem é por vós considerado autor da instituição das leis?", pergunta o ateniense a Cleinias, e Cleinias responde: "Um deus, estrangeiro, um deus" (624a). Nunca será suficientemente enfatizada a importância que teve Cícero na formação do pensamento político europeu, ao menos até o conhecimento do Aristóteles latino, no fim do século XIII. Quando definiu a lei natural, uma definição que se tornou escolástica de tanto ser repetida, que características lhe atribui? "Iubere et vetare", comandar e proibir.

2. Com uma metáfora usual, pode-se afirmar que o direito e o dever são como as duas faces de uma moeda. Mas qual é o verso e qual o reverso? Depende da posição a partir da qual olhamos para a moeda. Na história do pensamento moral e jurídico essa moeda foi observada mais pelo lado dos deveres do que pelo dos direitos. Não é difícil entender o porquê. O problema do que se deve fazer ou não fazer é um problema, antes de qualquer coisa, da sociedade em seu todo, mais do que do indivíduo isolado. Os códigos morais e jurídicos foram estabelecidos originariamente para salvaguardar o grupo social em seu conjunto, e não cada um de seus membros. A função originária do preceito de não matar não é tanto proteger o indivíduo, mas impedir a desagregação do grupo. Prova disso é que esse preceito, ao qual se atribui um valor universal, costuma valer apenas para o interior do grupo, não vale em relação aos membros de outros grupos.

Para que pudesse acontecer a passagem do código dos deveres para o código dos direitos, foi preciso que a moeda se invertesse: que o problema começasse a ser observado não mais apenas do ponto de vista da sociedade, mas também do ponto de vista do indivíduo. Foi preciso

---

2. J. J. ROUSSEAU, *Il contratto sociale*, II, 7, Einaudi, Turim, 1994, p. 57.

uma verdadeira revolução. A grande guinada teve início no Ocidente a partir da concepção cristã da vida (que fez o maior filósofo italiano do nosso século dizer que "não podemos não nos considerar cristãos"). A doutrina moderna do direito natural, que floresceu nos séculos XVII e XVIII, de Hobbes a Kant, bem diversa da doutrina do direito natural dos antigos, e que culmina no kantiano "sê pessoa e respeita os outros como pessoas", pode ser considerada por muitos aspectos como uma secularização da ética cristã ("etsi daremus non esse deum").

Enquanto para Lucrécio os homens no estado de natureza viviam "more ferarum" (como feras), e para Cícero os homens nos antigos tempos "in agris bestiarum modo vagabantur" (vagavam nos campos como bestas), e ainda para Hobbes no estado de natureza os homens se comportavam uns em relação aos outros como lobos, Locke, que foi o principal inspirador dos primeiros legisladores dos direitos do homem, começa o capítulo sobre o estado de natureza com estas palavras: "Para bem compreender o poder político e derivá-lo da sua origem, deve-se considerar em qual estado se encontram naturalmente todos os homens, e esse é um estado de perfeita liberdade de regular as próprias ações e dispor das próprias posses e da própria pessoa como se acredita ser o melhor, dentro dos limites da lei de natureza, sem pedir permissão ou depender da vontade de ninguém mais".[3] No princípio, portanto, não era a miséria, a danação, o sofrimento do "estado ferino", como viria a ser chamado por Vico, mas a liberdade.

Atentem para o início do trecho: "Para bem compreender o poder político...". Paralelamente à predominância tradicional do ponto de vista do dever sobre o ponto de vista do direito na moral, a doutrina política (mas a política é um capítulo da filosofia prática), durante muitos séculos, privilegiou o ponto de vista de quem detém o poder de comandar sobre o ponto de vista daquele ao qual o comando é dirigido e a quem se atribui acima de todas as coisas o dever de obedecer. Durante longa e ininterrupta tradição, os tratados de política, tanto no pensamento clássico quanto no pensamento medieval e moderno, consideraram a relação política, a relação entre governantes e governados, bem mais *ex parte principis* (da parte do príncipe) do que *ex parte civium* (da parte dos cidadãos). O objeto principal da política sempre foi o governo, o bom governo ou o mau governo, como conquistar o poder, e como exercê-lo, quais são os ofícios dos magistrados, quais os poderes de comando, como se distinguem e se equilibram entre si, como fazer as

---

3. J. LOCKE, *Secondo trattato*, § 4, in ID., *Due trattati sul governo* (1690), organizado por L. Pareyson, Utet, Turim, 1948, 3a ed., 1982, p. 229.

leis e como fazer com que sejam observadas, como declarar as guerras e firmar as pazes, como nomear ministros ou embaixadores etc. Pensemos nas grandes metáforas através das quais, ao longo dos séculos, se procurou explicar em que consiste a arte política, o pastor, o timoneiro, o auriga, o tecelão, o médico: todas se referem às atividades típicas do governante, a *direção*, que naturalmente precisa de meios de comando, ou a *composição* de um universo fracionado que precisa de uma mão firme e hábil para ser recomposto, o *cuidado*, mesmo que enérgico, para com um corpo doente.

O indivíduo isolado é essencialmente um objeto de poder ou no máximo um sujeito passivo. Mais do que dos seus direitos, os escritores políticos falaram dos seus deveres, entre os quais o principal é o dever de obediência às leis. Ao tema do poder de comando corresponde, do outro lado da relação, o tema do dever político, que é precisamente o dever de observar as leis. Se um sujeito ativo pode ser reconhecido nessa relação, ele não é o indivíduo isolado com os seus direitos originários que devem ser válidos também contra o poder estatal, mas o povo na sua totalidade, na qual o indivíduo isolado como sujeito de direitos desaparece.

3. A doutrina dos direitos naturais, ao contrário, pressupõe uma *concepção individualista* da sociedade e portanto do Estado, continuamente em conflito com a bem mais sólida e antiga concepção orgânica, segundo a qual a sociedade é um todo, e o todo está acima das partes. A concepção individualista custou a avançar porque foi geralmente considerada fomentadora de desuniões, de discórdias, de ruptura da ordem constituída. Em Hobbes atinge o conflito entre o ponto de partida individualista (no estado de natureza só há indivíduos sem ligações entre si, cada qual fechado na sua própria esfera de interesses em oposição aos interesses de todos os outros) e a persistente representação do Estado como um corpo em grande escala, um "homem artificial", do qual o soberano é a alma, os magistrados são as juntas, penas e prêmios são os nervos etc. A concepção orgânica é tão persistente que mesmo às portas da Revolução Francesa, que proclama os direitos do indivíduo diante do Estado, Edmund Burke escreve: "Os indivíduos passam como sombras, mas o Estado é fixo e estável".[4] E depois da Revolução, no período da Restauração, Lamennais acusa o individualismo de "destruir a verdadeira idéia de obediência e de dever, destruindo com isso o

---

4. E. Burke, *Speech on the Economic Reform* (1780), in ID., *Works*, vol. II, Londres, 1906, p. 357.

poder e o direito". E em seguida pergunta: "E o que afinal permanece senão uma terrificante confusão de interesses, paixões, e opiniões diversas?".[5]

Concepção individualista significa que antes vem o *indivíduo*, notem, o indivíduo isolado, que tem valor em si mesmo, e depois vem o *Estado*, e não o contrário; que o Estado é feito pelo indivíduo e não o indivíduo pelo Estado; aliás, para citar o famoso artigo 2 da Declaração de 89, a conservação dos direitos naturais e imprescritíveis do homem é "o objetivo de qualquer associação política". Nessa inversão da relação entre indivíduo e Estado, inverte-se também a relação tradicional entre direito e dever. No que concerne aos indivíduos, vêm de agora em diante antes os direitos e depois os deveres; no que concerne ao Estado, antes os deveres e depois os direitos. A mesma inversão ocorre em relação ao fim do Estado, que é, para o organicismo, a *concórdia* ciceroniana (*omónoia* dos gregos), vale dizer, a luta contra as facções que, lacerando o corpo político, matam-no, e, para o individualismo, o crescimento do indivíduo o quanto mais possível livre de condicionamentos externos. O mesmo ocorre em relação ao tema da justiça: em uma concepção orgânica, a definição mais apropriada do justo é a concepção platônica, na qual cada uma das partes das quais é composto o corpo social deve desempenhar a função que lhe é própria, enquanto na concepção individualista é justo que cada um seja tratado de modo a poder satisfazer suas próprias necessidades e alcançar seus próprios fins, o primeiro entre todos aquele da felicidade, que é um fim individual por excelência.

Domina hoje nas ciências sociais o enfoque dos estudos que recebe o nome de "individualismo *metodológico*", segundo o qual o estudo da sociedade deve partir do estudo das ações dos indivíduos. Não vem ao caso aqui discutir quais sejam os limites desse enfoque. Mas há outras duas formas de individualismo sem as quais o ponto de vista dos direitos do homem torna-se incompreensível: o individualismo *ontológico*, que parte do pressuposto, que não sei se devo denominar mais metafísico ou mais teológico, da autonomia de cada indivíduo em relação a todos os outros e da igual dignidade de cada um deles, e o individualismo *ético*, segundo o qual cada indivíduo é uma pessoa moral. Todas essas três versões do individualismo contribuem para dar uma conotação positiva a um termo que foi cunhado negativamente seja pelas corren-

---

5. H.-F.-R. DE LAMENNAIS, *Des progrès de la révolution et de la guerre contre l'église* (1829), in ID., *Œuvres complètes*, IX, Paris, 1836-37, pp. 17-18. Extraio esta citação e a precedente de S. LUKES, *Individualism*, Blackwell, Oxford, 1985/4, pp. 3 e 6.

tes de pensamento conservadoras e reacionárias, seja pelas correntes revolucionárias. O individualismo é a base filosófica da democracia: uma cabeça, um voto. Como tal, sempre se contrapôs e sempre se contraporá às concepções holistas da sociedade e da história, qualquer que seja a sua proveniência, que têm em comum o desprezo à democracia entendida como a forma de governo na qual todos são livres para tomar decisões em questões que lhes dizem respeito e têm o poder de fazê-lo. Liberdade e poder que derivam do reconhecimento de alguns direitos fundamentais, inalienáveis e invioláveis, que são os direitos do homem.

4. Desde a sua primeira aparição no pensamento político dos séculos XVII e XVIII, a doutrina dos direitos do homem avançou muito, embora entre conflitos, confutações, limitações. Mesmo que a meta final, uma sociedade de livres e iguais, não se tenha cumprido, foram percorridas várias etapas, em relação às quais já não será possível retroceder tão facilmente. Nas primeiras páginas de *As origens do historicismo*, Meinecke escreveu que a "fé jusnaturalista", tanto na sua forma cristã quanto na sua forma profana, "foi a *estrela polar* em meio a todas as tempestades da história, e constituiu para o homem pensante um ponto fixo na vida, tanto mais forte quanto mais sustentada pela fé na revelação".[6] Só Deus sabe quantas tempestades conheceu o nosso século, mas, apesar de tudo, a estrela polar ao final reapareceu no nosso horizonte. O primeiro grande documento histórico depois do fim da guerra, a Carta das Nações Unidas, reafirma em seu preâmbulo "a fé nos direitos fundamentais do homem, na dignidade e no valor da pessoa humana, na igualdade dos direitos dos homens e das mulheres, e das nações grandes e pequenas".

Na história da progressiva afirmação dos direitos do homem foram percorridas, como eu disse, muitas etapas. A primeira, de grande importância, que transformou uma aspiração ideal secular em um verdadeiro e próprio direito, em um direito público subjetivo, ainda que no restrito âmbito de uma nação, foi a sua *constitucionalização* através das Declarações dos Direitos inseridos nas primeiras constituições liberais e depois, pouco a pouco, nas constituições liberais e democráticas que vieram à luz nos dois sucessivos séculos. O artigo 2 da Constituição italiana diz: "A República reconhece e garante os direitos invioláveis do homem". Desse modo os direitos do homem tornaram-se, de direitos naturais, direitos positivos.

---

6. F. MEINECKE, *Die Entstehung des Historismus* (1936) (ed. it.: *Le origini dello storicismo*, Sansoni, Florença, 1954, p. XI).

A segunda etapa — mas, neste caso, mais do que de uma etapa seria preciso falar de uma evolução contínua que dura até hoje — foi a sua *progressiva extensão*. A primeira forma de extensão ocorreu no próprio interior dos direitos de liberdade: basta lembrar que o direito de associação, que é um dos pontos cardeais de um sistema político e social de democracia pluralista, não era reconhecido no Estatuto albertino* e, portanto, permaneceu durante décadas, como foi dito, à mercê do direito de polícia, e depois como liberdade de fato. A segunda forma de extensão ocorreu com a passagem do reconhecimento dos direitos apenas civis para o reconhecimento dos direitos políticos, até a concessão do sufrágio universal masculino e feminino, passagem que representou a transformação do Estado liberal em Estado democrático. A terceira e mais incisiva extensão é aquela que introduziu os direitos sociais, e assim transformou o Estado democrático e liberal em Estado democrático e social.

A terceira etapa, que está apenas em seu início e marca o debate sobre os direitos do homem nos tempos atuais, é aquela da sua *universalização*, que teve o seu ponto de partida na Declaração Universal dos Direitos do Homem: vale dizer, a transposição da sua proteção do sistema interno para o sistema internacional que pela primeira vez na história faz do indivíduo, naquela linha de pensamento individualista sobre a qual me detive há pouco, um *sujeito do direito internacional*, e lhe oferece a possibilidade — embora no estado atual das medidas concretas, mais hipotética do que real — de exigir justiça em uma instância superior contra o próprio Estado.

Gostaria ainda de acenar para uma quarta etapa, que só foi atingida nos últimos anos e à qual denominarei *especificação* dos direitos. A expressão habitual "direitos do homem" já não é suficiente. É demasiado genérica. Que homem? Desde o início foram diferenciados os direitos do homem em geral dos direitos do cidadão, no sentido de que ao cidadão podiam ser atribuídos direitos ulteriores em relação ao homem em geral. Mas uma ulterior especificação tornou-se necessária à medida que emergiam novas pretensões, justificadas com base na consideração de exigências específicas de proteção, seja em relação ao *sexo*, seja em relação às várias *fases* da vida, seja em relação às *condições*, normais ou excepcionais, da existência humana. Daí, em relação ao sexo, o reconhecimento de direitos específicos das mulheres; em relação às dife-

---

* Carta constitucional concedida pelo rei Carlos Alberto em 1848, vigorando até 1948, quando foi substituída pela atual Constituição italiana. (N.T.)

rentes fases da vida, as particulares providências, sejam nacionais, sejam internacionais, para a infância e para os idosos; em relação às condições normais ou excepcionais, a particular atenção dirigida aos direitos dos enfermos, dos deficientes, dos doentes mentais, e assim por diante. Basta passar a vista pelo repertório das atividades realizadas pelas comissões internacionais que se ocupam dos direitos do homem para se dar conta dessa inovação. Sim, é verdade, trata-se de um fenômeno novo; mas, olhando bem, nada mais é do que um desenvolvimento conseqüente da idéia original do indivíduo considerado em todos os seus aspectos como titular de direitos, ou seja, de pretensões que lhe devem ser reconhecidas, em relação à sociedade grande ou pequena, ou até mesmo grandíssima, da qual faz parte.

Que fique claro, uma coisa é a pretensão, mesmo que justificada com os melhores argumentos, outra coisa é a sua satisfação. À medida que as pretensões aumentam, a sua proteção torna-se cada vez mais difícil. Os direitos sociais são mais difíceis de proteger do que os direitos de liberdade; a proteção internacional é mais difícil do que a proteção no interior do próprio Estado. Poderíamos multiplicar os exemplos do conflito entre o ideal e o real, entre as solenes declarações e a sua aplicação, entre a grandiosidade das promessas e a miséria das realizações. Já que interpretei a vastidão que assumiu atualmente o debate sobre os direitos do homem como um sinal de progresso moral da humanidade, seria oportuno repetir que esse crescimento moral deve ser medido não pelas palavras, mas pelos fatos. De boas intenções está pavimentado o caminho para o Inferno.

5. Comecei com Kant, com Kant termino. O progresso humano não era, para Kant, necessário. Era apenas possível. Ele censurava os "políticos" por não terem confiança na virtude e na força do movente moral, e por repetirem: "o mundo sempre caminhou assim como caminhou até agora". Os políticos, comentava ele, com esse seu comportamento fazem, sim, com que o objeto da sua previsão, vale dizer, a imobilidade e a monótona repetição da história, se realize. De tal maneira retardam, com arte, os meios que poderiam assegurar o progresso em direção ao melhor.

Com relação às grandes aspirações do homem, estamos já muito atrasados. Tentemos não aumentar esse atraso com a nossa desconfiança, com a nossa indolência, com o nosso cepticismo. Não temos tempo a perder. A história, como sempre, mantém sua ambigüidade avançando em duas direções opostas: em direção à paz ou em direção à guerra, em direção à liberdade ou em direção à opressão. O caminho da paz e da liberdade certamente passa pelo reconhecimento e pela proteção dos direitos do homem, a começar pelo direito à liberdade de culto e de consciência, que foi o primeiro a ser proclamado durante as guerras religiosas que ensangüentaram a Europa durante um século, até os novos direitos (como o direito à privacidade e à tutela da própria imagem) que vão surgindo contra novas formas de opressão e desumanização tornadas possíveis pelo vertiginoso crescimento do poder manipulador do homem sobre si mesmo e sobre a natureza. Reconheço que o caminho é difícil. Mas não há alternativas.

II.
A DECLARAÇÃO UNIVERSAL DOS DIREITOS DO HOMEM

As origens históricas

A Declaração Universal dos Direitos do Homem começa com as seguintes palavras: "Todos os seres humanos nascem *livres* e *iguais* em dignidade e direitos". Estas palavras não são novas. Pudemos lê-las muitas outras vezes. Basta recordar o artigo primeiro da *Declaração dos Direitos do Homem e do Cidadão*, de 1789, que começa assim: "Os homens nascem e permanecem *livres* e *iguais* nos direitos", onde as diferenças são insignificantes. E remontando um pouco mais no tempo, encontramo-nos diante da *Declaração de independência* dos estados americanos de 1776, que se expressa deste modo: "Consideramos incontestáveis e evidentes em si mesmas as seguintes verdades: que todos os homens foram criados *iguais*, que eles foram dotados pelo Criador de certos direitos inalienáveis, que entre esses direitos estão, em primeiro lugar, a vida, a *liberdade,* e a busca da felicidade". Aqui há alguma diferença: a igualdade é proclamada como condição fundamental; a liberdade, ao contrário, é apresentada junto a outros direitos, tais como o direito à vida e à felicidade. É evidente que os redatores da Declaração Universal preferiram a incisiva simplicidade do texto francês. Mas ambas estavam presentes em suas mentes. Quando Eleonora Roosevelt comentou a aprovação da Declaração, afirmou: "Ela deve ser acolhida como a Magna Carta internacional de toda a humanidade (...). A sua proclamação por parte da Assembléia Geral é de importância comparável à proclamação da Declaração dos Direitos do Homem e do Cidadão de 1789, à proclamação dos direitos do homem na Declaração de Independência dos Estados Unidos e a análogas declarações feitas em outros países".

As primeiras declarações, novas como instrumentos jurídicos, não eram no entanto novas em seu conteúdo, tendo o seu fundamento na doutrina dos direitos naturais. O seu progenitor mais autorizado foi John Locke, o qual, no segundo capítulo do *Segundo tratado sobre o governo civil*, introduzindo o discurso sobre o estado de natureza, escreveu: "Para bem compreender o poder político e deduzi-lo da sua origem, deve-se considerar em qual estado se encontram naturalmente todos os homens, e esse é um estado de perfeita *liberdade* de regular as próprias ações e de dispor das próprias posses e da própria pessoa, como se acredita seja o melhor, dentro dos limites da lei de natureza, sem pedir permissão ou depender da vontade de nenhum outro. É também um estado de *igualdade*, no qual cada poder e cada jurisdição é recíproca (...), já que não há nada de mais evidente do que isto, que criaturas da mesma espécie e do mesmo grau, nascidas, sem distinção, com as mesmas vantagens da natureza e com o uso das mesmas faculdades, devam ser também iguais entre si, sem subordinação e sem submissão...".[7]

Se as palavras da Declaração Universal não são novas, novo é o âmbito de validade das suas disposições. Na boca de Locke e dos jusnaturalistas, a afirmação dos direitos naturais era pura e simplesmente uma teoria filosófica, que não tinha outro valor senão aquele de uma exigência ideal, de uma aspiração que poderia se realizar somente quando alguma constituição a acolhesse e transformasse em uma série de prescrições jurídicas. Em um segundo momento, a afirmação de que existem direitos naturais originários limitadores do poder soberano é acolhida nas declarações dos direitos que precedem as constituições dos Estados liberais modernos: a partir desse momento, os direitos naturais não são mais apenas uma aspiração ideal, mas tornam-se verdadeiras pretensões juridicamente reconhecidas e protegidas contra eventuais violações por parte dos cidadãos e dos poderes públicos. Com a aceitação de alguns direitos fundamentais na Declaração Universal, cumpre-se o terceiro momento dessa evolução: os direitos naturais, reconhecidos enfim pela Assembléia Geral das Nações Unidas, isto é, pelo mais alto órgão representativo da comunidade internacional, tendem a ser protegidos não mais apenas no âmbito do Estado, mas também *contra o próprio Estado*, vale dizer, tendem a uma proteção que podemos considerar de segundo grau, a qual deveria entrar em funcionamento a partir do momento em que o Estado falhasse em suas obrigações constitucionais para com os seus sujeitos.

---

7. J. LOCKE, *Secondo trattato*, § 4, in ID., *Due trattati sul governo* cit., p. 229.

Em outras palavras: enquanto a afirmação dos direitos naturais foi uma teoria filosófica, essa afirmação teve valor universal, mas não teve uma eficácia prática: quando esses direitos foram acolhidos pelas constituições modernas, a sua proteção se tornou eficaz, mas apenas nos limites em que era reconhecida por aquele particular Estado. Depois da Declaração Universal, a proteção dos direitos naturais passou a ter ao mesmo tempo eficácia jurídica e valor universal. E o indivíduo, de sujeito de uma comunidade estatal, passou a ser também sujeito da comunidade internacional, potencialmente universal.

Além de nada novas, as palavras da Declaração Universal anteriormente citadas parecerão, a quem as ler distraída e superficialmente, também óbvias. Mas são afinal tão óbvias? Se considerarmos a expressão do ponto de vista literal, a afirmação nela contida, só para começar, não é verdadeira. Não é verdade que os seres humanos nasçam livres e iguais. Os seres humanos não nascem livres, mesmo que assim pensasse Rousseau, mas sim "acorrentados", mais do que nunca acorrentados, desde o seu nascimento; e muito menos nascem iguais, ainda que apenas em relação aos seus dotes naturais, sem mencionar as condições sociais e históricas. Mas essa expressão não deve ser tomada ao pé da letra, devendo ser interpretada. E, uma vez interpretada, vemos que já não é assim tão óbvia. Que os seres humanos nasçam livres e iguais significa, na verdade, que os seres humanos *devem* ser tratados como se fossem livres e iguais. A expressão não é a descrição de um fato, mas a prescrição de um dever. Como é possível a conversão de uma descrição em uma prescrição? É possível se nos dermos conta de que dizer que os seres humanos nascem livres e iguais significa na verdade que os seres humanos nascem livres e iguais por natureza, isto é, segundo a sua natureza ideal, elevada a critério supremo para distinguir aquilo que se deve fazer daquilo que não se deve fazer. Em outras palavras, poderíamos dizer que a liberdade e a igualdade da quais se fala nesse artigo não são um fato, mas um direito, mais precisamente o direito que deriva do ser humano — antes mesmo que de uma constituição positiva —, da constituição mesma da sua personalidade, uma vez mais, da sua natureza ideal. Também por esse caminho somos reconduzidos, como se vê, à doutrina dos direitos naturais.

Em direção a uma teoria moderna dos direitos naturais

Quando falo da doutrina *dos direitos naturais*, entendo algo distinto da doutrina *do direito natural*. Nas duas expressões o termo direito é tomado ora em sentido subjetivo, como faculdade ou poder, ora em sentido objetivo, como regra de conduta. Se a doutrina do direito natural é tão antiga quanto a filosofia ocidental, a doutrina dos direitos naturais, que está na base das famosas *Declarações*, é moderna. Uma verdadeira e própria doutrina dos direitos naturais surge pela primeira vez apenas nos escritores do século XVII, a começar por Hobbes, com a sua célebre distinção entre *lex*, entendida como fonte de obrigações, e *ius*, entendido como liberdade de qualquer obrigação. Olhando bem, a passagem da doutrina tradicional do direito natural para a doutrina moderna dos direitos naturais é uma passagem interna ao sistema do jusnaturalismo, e é uma passagem rica em conseqüências.

Toda norma jurídica, como todos os juristas sabem, é imperativo-atributiva, isto é, impõe um dever a um sujeito no momento mesmo em que atribui um direito a outro sujeito. Ora, o jusnaturalismo clássico e medieval enfatizou o aspecto imperativo da lei natural mais do que o aspecto atributivo, enquanto a doutrina moderna dos direitos naturais enfatiza o aspecto atributivo mais do que o imperativo. A lei natural, na concepção do jusnaturalismo tradicional, era uma regra de conduta que tinha por destinatários sobretudo os soberanos aos quais impunha o dever de exercer o poder respeitando alguns sumos princípios morais. Que a esse dever dos governantes correspondesse um direito correlativo dos súditos de pretender que os seus governantes respeitassem esse dever, era dúbio: os súditos tinham, sobretudo, o dever de obedecer também aos soberanos maus, pelo menos segundo as doutrinas que representavam a opinião mais comum. Quem tinha um direito com relação aos governantes era, em última análise, somente Deus, diante do qual apenas, e não do povo, os governantes eram responsáveis pelas suas ações. Isso era o mesmo que dizer que, em relação aos súditos, o dever dos governantes pertencia à categoria do *ius imperfectum*, isto é, do dever ao qual não corresponde, de outra parte, uma legítima pretensão ao seu cumprimento.

Apenas em um segundo momento, no período das grandes guerras religiosas, com as doutrinas dos monarcômacos, começou-se a sustentar insistentemente que, quando o soberano viola a lei natural, surge entre seus súditos (individualmente ou coletivamente, segundo os casos) o direito de opor resistência. A afirmação dos direitos de resistência, resumidos na teoria segundo a qual diante da violação da lei natural por parte do soberano a desobediência civil é legítima, transformava o dever do soberano de imperfeito em perfeito, no sentido de que, admitido o direito de resistência, o soberano respondia por seus delitos contra o direito natural não apenas diante de Deus, mas também diante dos seus súditos. De tal modo, a lei natural, que em um primeiro momento tinha por destinatários apenas os soberanos, aos quais impunha deveres, voltou-se, a partir de então, também para os súditos aos quais atribuiu direitos.

O último passo em direção à teoria moderna dos direitos naturais foi dado quando nos perguntamos qual seria o fundamento jurídico do dever dos soberanos de respeitar a lei natural, e respondemos que os soberanos tinham deveres pela simples razão de que os súditos tinham direitos, mais precisamente de que os súditos tinham um direito de resistência à lei injusta porque com uma lei injusta os soberanos violam direitos preexistentes de seus súditos. O soberano tinha, por exemplo, o dever de respeitar a liberdade de consciência dos seus cidadãos? Esse dever derivava do fato de que a lei natural atribuía aos cidadãos o direito à liberdade de consciência. A partir desse momento, o direito subjetivo natural do cidadão deixou de ser apenas a conseqüência de uma infração do dever de um governante, como era ainda nas várias teorias da resistência, e passou a ser a própria condição desse dever. O governante tinha esse dever porque o cidadão tinha aquele direito.

Visto de outro ângulo, poderíamos dizer a mesma coisa da seguinte maneira: o jusnaturalismo teve uma fundamental e permanente função histórica, de estabelecer limites ao poder do Estado. Ora, a teoria dos direitos naturais, que se firma com o jusnaturalismo moderno, representa a afirmação dos limites do poder estatal, considerados não mais do ponto de vista do exclusivo dever dos governantes, mas também do ponto de vista dos direitos dos governados.

Uma redefinição dos conceitos de liberdade e igualdade

Em relação às teorias jusnaturalistas e às declarações dos direitos dos Estados constitucionais modernos, as palavras do artigo 1 da Declaração Universal são, como vimos, mais ou menos as mesmas, mas a sua validade jurídica mudou. Podemos acrescentar que mudou também o seu significado conceitual. "Liberdade" e "igualdade" hoje não significam o mesmo que significavam nas páginas de Locke ou nas declarações setecentistas: o seu conteúdo ampliou-se, tornou-se cada vez mais rico e mais denso; seu significado fez-se cada vez mais pleno. Comecemos pelo exame do significado de liberdade.

O significado tradicional de liberdade — aquele a partir do qual se falava de uma liberdade de culto, ou de pensamento, ou de reunião, ou de associação, em sentido geral e específico, de uma liberdade pessoal — era aquele relacionado à faculdade de se fazer ou não fazer determinadas coisas não impedido por normas vinculantes; era a liberdade entendida como não-impedimento, ou *liberdade negativa*. A esfera da liberdade coincidia com a esfera dos comportamentos não-regulados, e portanto lícitos ou indiferentes. Montesquieu expressou muito bem o conceito quando afirmou que a liberdade consiste em fazer tudo o que as leis permitem. Mas a teoria desse conceito de liberdade já nascera com Hobbes, o qual esclarecera, no âmbito teórico, que nós entendemos por liberdade a situação na qual um sujeito age segundo sua própria natureza, não sendo impedido por forças externas, e, no âmbito da filosofia jurídica, distinguira, como foi dito, o *ius*, entendido como esfera dos comportamentos lícitos, da *lex*, entendida como a esfera dos comportamentos devidos.

A primeira ampliação do conceito de liberdade ocorreu com a passagem da teoria da liberdade como não-impedimento para a teoria da liberdade como *autonomia*, quando "liberdade" passou a ser entendida não mais apenas como o não ser impedidos por normas externas, mas como o dar leis a si próprios, e portanto não tanto como o não ter leis, tal como entendia Hobbes, mas sim como o obedecer a leis estabelecidas por nós para nós mesmos. Com o conceito de autonomia, a liberdade não consiste mais na ausência de leis, mas sim na presença de leis intimamente desejadas e internamente estabelecidas. Quando afirmou, no *Contrato social*, que a liberdade é "a obediência à lei que prescrevemos a nós mesmos",[8] Rousseau deu-nos a mais perfeita definição desse novo conceito de liberdade, que pode bem ser definida como rousseauniana. Com base nesse conceito de liberdade como autonomia nasceu a teoria da liberdade política como desenvolvimento das liberdades civis, ou da forma democrática de regimento como desenvolvimento e integração da forma puramente e originariamente liberal.

A segunda transmutação do conceito de liberdade ocorreu quando se passou de uma concepção negativa para uma concepção positiva de liberdade, isto é, quando se entendeu a liberdade autêntica e digna de ser garantida não mais apenas em termos de *faculdade negativa*, mas também em termos de *poder positivo*, isto é, de capacidade jurídica e material de tornar concretas as abstratas possibilidades garantidas pelas constituições liberais. Tal como a liberdade política diferenciara a teoria democrática em relação à teoria liberal, da mesma forma a liberdade positiva, como poder efetivo, caracterizou no século XIX as várias teorias sociais, em especial as socialistas, em comparação com a concepção puramente formal da democracia.

---

8. J.-J. ROUSSEAU, *Il contratto sociale*, cit., I, 8, p. 30.

Hoje, depois desse variado desenvolvimento da teoria política da liberdade, quando dizemos que o ser humano é livre, no sentido de que deve ser livre ou deve ser protegido e favorecido na expansão da sua liberdade, entendem-se ao menos estas três coisas:

1) todo ser humano deve ter alguma esfera de atividade pessoal protegida contra as ingerências de qualquer poder externo, em particular do poder estatal: exemplo típico é a esfera da vida religiosa, que é consignada à jurisdição da consciência individual;

2) todo ser humano deve participar de maneira direta ou indireta da formação das normas que deverão posteriormente regular a sua conduta naquela esfera que não está reservada ao domínio exclusivo da sua jurisdição individual;

3) todo ser humano deve ter o poder efetivo de traduzir em comportamentos concretos os comportamentos abstratos previstos pelas normas constitucionais que atribuem este ou aquele direito, e portanto deve possuir ele próprio, ou como quota de uma propriedade coletiva, bens suficientes para uma vida digna.

Em suma, a imagem do homem livre apresenta-se como a imagem do homem que não deve tudo ao Estado porque sempre considera a organização estatal como instrumental e não como final; participa diretamente ou indiretamente da vida do Estado, ou seja, da formação da chamada vontade geral; tem poder econômico suficiente para satisfazer algumas exigências fundamentais da vida material e espiritual, sem as quais a primeira liberdade é vazia, a segunda é estéril.

Ora, todos esses três conceitos de liberdade estão presentes nos artigos da Declaração Universal: a liberdade negativa, em todos os artigos que se referem aos direitos pessoais e aos tradicionais direitos de liberdade (artt. 7-20); a liberdade política, no artigo 21, o qual afirma no parágrafo 1: "Todo indivíduo tem o direito de participar do governo do seu próprio país, seja diretamente, seja através de representantes livremente escolhidos", e especifica, no parágrafo 3: "A vontade popular é o fundamento da autoridade do governo; tal vontade deve ser expressa através de eleições periódicas e legítimas, efetuadas com sufrágio universal e igual e com voto secreto, ou segundo um procedimento equivalente de livre votação"; a liberdade positiva, nos artigos 22 a 27, que se referem aos direitos à segurança social, em geral aos chamados direitos econômicos, sociais e culturais, sobre os quais se afirma serem "indispensáveis para a sua dignidade [do indivíduo] e para o livre desenvolvimento da sua personalidade".

Também o conceito de igualdade é extremamente amplo e pode ser enriquecido por diferentes conteúdos. Tal como ocorreu com a história do direito de liberdade, a história do direito à igualdade também se desenvolveu por sucessivos enriquecimentos. Dizer que nas relações humanas deve ser aplicado o princípio da igualdade significa muito pouco, se não forem especificados ao menos dois aspectos: 1) igualdade em quê? 2) igualdade entre quem?

O princípio de igualdade, no qual consiste a idéia de justiça formal no sentido tradicional da palavra (*suum cuique tribuere*), afirma pura e simplesmente que devem ser tratados do mesmo modo todos aqueles que pertençam à mesma categoria. Mas com qual critério devem ser estabelecidas as categorias? Quantas devem ser as categorias? E até que ponto são grandes? Já se vê que a resposta a essas perguntas não se encontra no princípio de igualdade, mas nos chamados critérios ou princípios de justiça, que são "a cada um segundo o mérito", "a cada um segundo a necessidade", "a cada um segundo a condição" etc. Está conforme o princípio de igualdade tanto a máxima "a cada um a mesma coisa", se em base ao critério adotado resulta que todos os seres humanos são iguais, quanto a máxima "a cada um uma coisa diversa", se com base no critério adotado resulta que todos os seres humanos são diferentes. Também o privilégio pode ser considerado, no limite, como uma aplicação do princípio de igualdade, sempre que se consiga demonstrar que aquele indivíduo tem tais características singulares em relação à disciplina em questão de modo a constituir uma categoria em si mesmo.

Com relação à primeira pergunta, "igualdade em quê?", a Declaração Universal responde que os seres humanos são iguais "em dignidade e direitos". A expressão seria extremamente genérica se não devesse ser entendida no sentido de que os "direitos" sobre os quais fala são precisamente os direitos fundamentais enunciados em seguida. O que na prática significa que os direitos fundamentais enunciados na Declaração devem constituir uma espécie de mínimo denominador comum das legislações de todos os países. É como se disséssemos, em primeiro lugar, que os seres humanos são livres (nos vários significados de liberdade anteriormente ilustrados), e posteriormente se acrescenta que são *iguais no gozo dessa liberdade*.

Como podemos ver, o princípio de liberdade e o princípio de igualdade estão estreitamente ligados um ao outro. Tão estreitamente ligados que, tal como se distinguem vários conceitos ou planos de liberdade, da mesma forma se costumam distinguir vários conceitos ou planos de igualdade, em grande parte correspondentes aos primeiros. Ao momento da liberdade pessoal ou negativa corresponde o momento da igualdade jurídica, que consiste na situação na qual todos os cidadãos têm capacidade jurídica, são sujeitos juridicamente reconhecidos pela ordem, o que implica uma abstrata, mas apenas abstrata, capacidade de querer e de agir, nos limites da lei, por interesse próprio. Ao momento da liberdade política corresponde o momento da igualdade política, característica do Estado democrático fundado no princípio da soberania popular não-fictícia e, portanto, no instituto do sufrágio universal. Que os dois momentos sejam bem distintos pode ser provado pela história das doutrinas políticas, a qual nos mostra — de modo extremamente significativo, por exemplo, em Kant — como a afirmação da igualdade jurídica pode caminhar próxima à inequívoca negação da igualdade política. Enfim, ao momento da liberdade positiva, ou liberdade como poder, corresponde o momento da *igualdade social*, dita de outra forma, a igualdade de ocasiões ou de oportunidades: exigir a igualdade de oportunidades significa exatamente exigir que a todos os cidadãos seja atribuída não apenas a liberdade negativa ou política, mas também a liberdade positiva, que se concretiza com o reconhecimento dos direitos sociais.

O *longo caminho da justiça humana*

Com relação à segunda pergunta, "igualdade entre quem?", a Declaração responde que, no que se refere aos direitos fundamentais, todos os seres humanos são iguais, ou seja, responde afirmando uma igualdade *entre todos*, e não apenas entre os pertencentes a esta ou aquela categoria. Isto significa que, em relação aos direitos fundamentais enumerados na declaração, todos os seres humanos devem ser considerados pertencentes à mesma categoria. Como tenhamos chegado ao reconhecimento de que os seres humanos, todos os seres humanos, pertencem à mesma categoria em relação aos direitos fundamentais cada vez mais amplos, não pode ser nem de longe resumido. Podemos dizer, contudo, em linhas gerais, que esse ponto de chegada é a conclusão de um processo histórico de sucessivas equiparações entre diferentes, ou seja, de sucessivas eliminações de discriminações entre indivíduos, que fez desaparecer pouco a pouco categorias parciais descriminantes absorvendo-as em uma categoria geral unificadora. O processo de justiça é um processo ora de diversificação do diverso, ora de unificação do idêntico. A igualdade entre todos os seres humanos em relação aos direitos fundamentais é o resultado de um processo de gradual eliminação de discriminações, e portanto de unificação daquilo que ia sendo reconhecido como idêntico: uma natureza comum do homem acima de qualquer diferença de sexo, raça, religião etc.

Quais sejam as discriminações superadas e eliminadas mostra claramente o artigo 2, parágrafo 1, da Declaração, que pode bem ser considerado um necessário complemento do artigo 1: "A cada indivíduo cabem todos os direitos e todas as liberdades enunciadas na presente Declaração, sem qualquer distinção por razões de raça, cor, sexo, língua, religião, opinião política ou de qualquer outro tipo, de origem nacional ou social, de riqueza, de nascimento ou qualquer outra condição".

Como podemos ver, a inspiração desse artigo é idêntica àquela que ditou o artigo 3 da Constituição italiana: "Todos os cidadãos têm igual dignidade social e são iguais diante da lei, sem distinção de sexo, de raça, de língua, de religião, de opinião política, de condições pessoais e sociais".

Artigos análogos encontram-se nas constituições do após-guerra, tanto nas constituições de democracia liberal (por exemplo, o artigo 3 da Constituição da República Federal da Alemanha, de 1949), quanto naquelas de democracia popular (por exemplo, o artigo 21 da Constituição iugoslava de 1946). Contudo, a Declaração Universal, tratando-se de uma enunciação de princípios que devem valer na comunidade internacional, adverte no parágrafo 2 do mesmo artigo 2, contra um outro tipo de discriminação, aquela que deriva "do estatuto político, jurídico, ou internacional do país ou do território ao qual uma pessoa pertence", dando a entender que entre as discriminações tradicionais que se devem considerar definitivamente superadas há também a discriminação que deriva da pertença a um Estado com soberania plena ou a um Estado com soberania limitada.

Sobre o princípio de igualdade, entendido como eliminação das discriminações, podemos ainda tecer algumas considerações. Em primeiro lugar, as diferenças historicamente relevantes que deram lugar a discriminações podem ser divididas em: *a*) naturais, como a raça (e cor) e o sexo; *b*) histórico-sociais, como a religião, a opinião política, a nação (e língua), a classe social; *c*) jurídicas, como o *status* político ou civil que deriva da pertença a este ou aquele tipo de Estado. Todas essas discriminações podem ser elas originariamente consideradas como manifestações do princípio de justiça fundado na condição, isto é, na máxima justiça que diz: "a cada um segundo a sua condição". Chega-se à discriminação através de um processo mental que, extremamente simplificado, pode ser resumido do seguinte modo:

1) constata-se que existem diferenças de fato entre os indivíduos pertencentes ao grupo A e os indivíduos pertencentes ao grupo B;

2) consideram-se essas diferenças de fato como reveladoras de diferenças de valor, donde se deduz que o grupo A é superior ao grupo B;

3) atribui-se ao grupo superior, em razão da sua superioridade — daí a aplicação do princípio da condição — o poder de oprimir o grupo B.

Que existam diferenças de raça entre diferentes grupos humanos é um mero juízo de fato que não implica ainda qualquer discriminação; que essas diferenças sejam vistas como reveladoras da superioridade de uma raça sobre outra já é um juízo de valor do qual contudo não deriva necessariamente a discriminação (poder-se-ia, por exemplo, sustentar que a raça considerada superior tem o dever de ajudar, proteger, educar, a raça considerada inferior); a discriminação racial (o racismo) nasce apenas em um terceiro momento, isto é, quando se sustenta que a raça superior tem o direito, exatamente porque superior, de oprimir ou, no limite, de aniquilar a raça inferior.

Ora, se dermos uma olhada, mesmo que superficial, nas discriminações que o artigo 2 pretende considerar de uma vez por todas superadas, surge em nossa mente quase todo desfraldado o curso histórico da humanidade, entendido como processo contínuo e constante (com altos e baixos, é claro) em direção à superação de ancestrais distinções entre indivíduos, entre povos, quase que a mola que move os acontecimentos históricos (a Providência da história, de Vico), seja a luta dos oprimidos contra os opressores, meta última da história, seja a realização da igualdade, uma sociedade de iguais na qual não haverá mais nem superiores nem inferiores. O artigo citado adverte contra o racismo, contra a disparidade dos sexos, contra a intolerância religiosa e o fanatismo político, contra a opressão nacional e colonial, contra o domínio de uma classe sobre a outra. Mas nessa advertência há também uma trágica constatação: a história humana é em grande parte história de dominadores e dominados, de exploradores e explorados, de senhores e escravos. Até quando? Se olharmos a história dos últimos séculos, teatro das guerras religiosas para a conquista da tolerância de todas as fés, das guerras nacionais para a eliminação do domínio de uma nação sobre outra, e para o reconhecimento das minorias, das revoluções liberais para a afirmação da liberdade de pensamento e de ação política, da luta de classe para a emancipação do quarto estado, da lenta revolução pacífica (a única revolução pacífica da história!) em direção à igualdade entre os sexos, e das guerras contra o colonialismo, é impossível deixar de deduzir alguma indicação sobre a direção da história. Mas como é longo ainda o caminho!

Diante dessa controvertida questão, deve-se fazer, em nome da honestidade e da prudência, uma pergunta: as discriminações indicadas no artigo 2 são todas as discriminações possíveis entre os seres humanos? Evidentemente, não. As discriminações enumeradas no artigo 2 são todas — ou, talvez, a maioria delas — as discriminações *historicamente relevantes* que a consciência moral da humanidade julga hoje irrelevantes para o fim de atribuir a este ou aquele indivíduo alguns direitos fundamentais. Mas podem ocorrer dois casos: o caso de discriminações até agora não previstas e que poderão surgir no futuro, e o caso de discriminações históricas que a consciência moral continua a julgar relevantes para os fins da distinção entre grupos de indivíduos. Para o primeiro caso, pode-se observar que entre as discriminações relevantes não emergiu até agora uma discriminação com base nas características psíquicas dos indivíduos: pensemos, para estabelecer uma hipótese divertida (mas nunca se sabe!), que um dia algum cientista desmiolado sustente a superioridade dos extrovertidos sobre os introvertidos e que algum político louco a partir daí conclua que, *portanto*, é justo por parte dos extrovertidos oprimir os introvertidos; e eis que surge uma nova razão de desigualdade que um futuro artigo de uma futura declaração deverá prever. Para o segundo caso, pensemos na distinção admitida em todas as ordens civis entre infantes e adultos: evidentemente, essa distinção, ao menos para a atribuição de alguns direitos fundamentais, como os direitos políticos, é ainda relevante e não se vê como e quando possa ser superada. A mesma Declaração refere-se a ela explicitamente no artigo 1, anteriormente citado, chamando os seres humanos "dotados de razão e consciência". Basta ser pessoa humana para ser dotada de razão e consciência? Todas as ordens civis reconhecem que há indivíduos, pertencentes ao gênero humano, que não estão ainda, como as crianças, ou não são mais, como os dementes, dotados de razão e de consciência, e diante dos quais valem, e se considera justo que valham, certas desigualdades.

Levar em conta essas limitações não significa que a Declaração Universal não represente a máxima consciência que o homem tenha até agora alcançado, no âmbito jurídico-político, da substancial unidade do gênero humano. Digo de propósito "no âmbito jurídico-político": a unidade do gênero humano é um dos princípios fundamentais da mensagem cristã e um dos pontos cardeais da concepção socialista do homem e da história. É importante que essa idéia tenha sido acolhida e proclamada pela maior assembléia política que a história humana jamais conheceu, diante da qual o próprio Império Romano, o Sacro Império Romano, a Sociedade das Nações, nada mais são do que momentos unilaterais e parciais de um processo fatal e irreversível, por uma assembléia internacional pela primeira vez quase universal, a qual passa a assumir (com um processo cujo fim não nos foi dado ainda conhecer) o poder de tornar essa unidade juridicamente operante.

O artigo 1 da Declaração Universal ofereceu-me a oportunidade de tecer algumas considerações muito gerais sobre os conceitos de liberdade e igualdade. Mas surge espontânea a esse ponto a pergunta: liberdade e igualdade não costumam ser consideradas valores antinômicos, no sentido de que a proteção de uma está em conflito com a proteção da outra, e quanto mais se estende a liberdade, mais se dá espaço para a desigualdade, quanto mais se tende ao nivelamento, mais se limita a liberdade? Como é possível exigir contemporaneamente a garantia e a ampliação de ambos?

Aqui é preciso retomar por um instante os diferentes significados que podem ser atribuídos a "liberdade" e a "igualdade", e dar-se conta de que o conflito existe ou não existe de acordo com os significados que são adotados. Estão em conflito, certamente, a liberdade negativa e a igualdade substancial. Não estão em conflito, aliás são perfeitamente compatíveis, a liberdade política e a igualdade política. Estão de fato integradas uma à outra a liberdade positiva e a igualdade das oportunidades. Nenhum conflito existe afinal, em particular, na Declaração Universal, onde a proposição "todos os seres humanos nascem livres e iguais" equivale a "todos os seres humanos nascem igualmente livres" ou então "todos os seres humanos nascem iguais na liberdade", no duplo sentido da expressão: "Os seres humanos têm igual direito à liberdade"; "Os seres humanos têm direito a uma igual liberdade".

São as duas máximas, como podemos ver, nas quais se inspira a concepção democrática do Estado. Que a Assembléia Geral das Nações Unidas tenha feito dessa concepção, como se lê no preâmbulo, "o ideal comum a ser realizado por todos os povos e por todas as nações", é um fato histórico cuja importância clama seja trazida à consciência de cada um de nós, em sua própria esfera de pensamento e de ação. Não temos o poder de prever se a realização desses ideais está próxima ou distante. Está em nosso poder carregar a nossa pedra, por menor que seja, para a construção do grande edifício.

III.

OS DIREITOS, A PAZ E A JUSTIÇA SOCIAL

Os direitos do homem e a paz (1982)

Quando alguém me pergunta quais são, na minha opinião, os problemas fundamentais do nosso tempo, não tenho qualquer hesitação em responder: o problema dos direitos do homem e o problema da paz. Fundamentais no sentido de que da solução do problema da paz depende a nossa própria sobrevivência, e a solução do problema dos direitos do homem é o único sinal certo de progresso civil.

Considero os dois problemas em conjunto porque estão estreitamente ligados. Um não pode ficar sem o outro. Com freqüência nos esquecemos disso, mas é bom manter isso em mente. Antes de apresentar os argumentos com base nos quais considero poder mostrar que os dois problemas são interdependentes, cito três documentos de inquestionável autoridade.

A Carta das Nações Unidas começa declarando a necessidade de "salvar as futuras gerações do flagelo da guerra que por duas vezes no curso desta geração trouxe inenarráveis aflições à humanidade", e logo em seguida reafirma "a fé nos direitos fundamentais do homem, na dignidade e no valor da pessoa humana, na igualdade dos direitos dos homens e das mulheres, e das nações grandes e pequenas". A Declaração Universal dos Direitos do Homem (1948) se inicia com a consideração de que "o reconhecimento da dignidade inerente a todos os membros da família humana e de seus direitos, iguais e inalienáveis, constitui o fundamento da liberdade, da justiça e da *paz* no mundo". Chega a afirmar que os direitos do homem devem ser protegidos por normas jurídicas "se quisermos evitar que o homem seja obrigado a recorrer em última instância à rebelião contra a tirania e a opressão": é como dizer que a falta de proteção dos direitos do homem é motivo suficiente para o surgimento do direito de desobediência civil e de resistência. Enfim, a conferência sobre a segurança e a cooperação na Europa, conhecida pelo nome de Conferência de Helsinque, devido ao local onde se realizou e no qual se concluiu em 1º de agosto de 1975, após ter afirmado no preâmbulo que o objetivo das nações firmatárias (33 Estados europeus além de Estados Unidos e Canadá), é "contribuir para o melhoramento de suas relações recíprocas e para assegurar condições nas quais seus povos possam gozar de uma *paz verdadeira e duradoura*, livres de toda ameaça ou atentado à sua segurança", dedica um de seus "princípios-guias" (o sétimo) ao problema da proteção dos direitos do homem, afirmando: "Os Estados participantes respeitam os direitos do homem e as liberdades fundamentais, incluindo a liberdade de pensamento, consciência, religião ou credo, para todos sem distinção de raça, sexo, língua ou religião", e logo em seguida insiste: "Eles promovem e estimulam o efetivo exercício das liberdades e dos direitos civis, políticos, econômicos, sociais, culturais, e outros, que derivam todos da dignidade inerente à pessoa humana e são essenciais ao seu livre e pleno desenvolvimento".

Desses três documentos internacionais, o primeiro associa cronologicamente o fim da Segunda Guerra Mundial à nova fase do desenvolvimento da comunidade internacional que deve ter início com o fortalecimento da proteção dos direitos do homem, quase dando a entender que a causa ou ao menos uma das causas do "flagelo" das duas guerras mundiais foi o desprezo aos direitos do homem. O segundo afirma nada menos que o reconhecimento dos direitos do homem é uma condição para a instauração e manutenção da paz. O terceiro considera o respeito recíproco dos direitos do homem um dos princípios que devem guiar os Estados na sua política de distensão e de paz.

Podemos apresentar alguns argumentos em favor da estreitíssima conexão entre o tema da paz e o tema da proteção dos direitos do homem.

O primeiro refere-se ao *direito à vida*. O direito à vida é um dos chamados direitos primários: assim está no art. 3 da citada Declaração Universal, segundo a qual "todo indivíduo tem direito à vida, à liberdade e à segurança da própria pessoa". Durante a guerra e a prossecução de toda sorte de hostilidade, o direito à vida não apenas não é garantido, mas todo Estado beligerante exige de seus próprios cidadãos o sacrifício da vida. Para reforçar esse argumento é sempre útil fazer referência à hipótese hobbesiana do estado de natureza como estado no qual os indivíduos não-protegidos por qualquer lei encontram-se, em suas relações recíprocas, em um estado de guerra permanente, de guerra de todos contra todos. Para garantir o direito à vida os indivíduos dão origem, em comum acordo, a um poder comum que tem a função primária de garantir a paz interna porque só a paz permite que os homens não tenham seu direito fundamental à vida ameaçado. Mas esse direito à vida não é mais assegurado quando o Estado elevado a poder comum encontra-se em conflito com outros Estados.

Que o direito à vida seja desconsiderado em caso de guerra, é uma observação elementar. Infelizmente, o estado de guerra não desconsidera apenas o direito à vida, mas suspende a proteção de outros direitos fundamentais do homem, tais como *os direitos de liberdade* (o meu segundo argumento). Com isso quero dizer que o estado de guerra pode ser justificação válida para induzir um governo, mesmo que não-autocrático, a comportar-se de modo autocrático. Continua válido o velho ditado: *inter arma silent leges*. E de qualquer modo continua válido também o princípio de que a necessidade não tem lei, e a guerra aciona um estado de necessidade que, como tal, sendo lei em si mesmo, está acima de qualquer lei (natural e positiva). Se precisamos de uma prova definitiva disso, bastará considerar o art. 15 da Convenção Européia dos Direitos do Homem (1950). Este artigo traz a enumeração dos principais direitos do homem que devem ser protegidos no âmbito dos Estados firmatários da convenção. Ora, esse artigo sustenta textualmente: "Em caso de guerra ou outro perigo público que ameace a vida da nação, qualquer outra parte contraente pode tomar as medidas em derrogação às obrigações previstas na presente convenção etc.". Como podemos ver, guerra é guerra: não respeita a vida. Imaginem só se pode respeitar os outros direitos fundamentais!

Não é nem mesmo necessário o estado de guerra efetivo: é suficiente o estado de guerra potencial, a guerra fria, para fazer prevalecer, em determinados casos, a *razão de Estado* sobre a *razão humana*, que desejaria ver garantidos os direitos do homem. Para quem considera a história com um olhar desencantado é impossível deixar de perceber que as relações entre governantes e governados são dominadas pelo primado da política externa sobre a política interna. Mesmo um país democrático em seu interior — e este é o meu terceiro argumento — não hesita em impor regimes despóticos de modo a infringir qualquer garantia dos direitos do homem ao aliado mais fraco se esse ameaça sair do seu âmbito de influência. Consideremos o que ocorre em muitos países da América do Sul (paradigmático o caso do Chile), onde os Estados Unidos, exemplo de democracia, aliás, do mundo livre, favorecem ou impõem e mantêm regimes ditatoriais. Primado da política externa significa necessidade de enfrentar preliminarmente o perigo de uma guerra, que sempre paira sobre qualquer Estado, ou seja, de um evento que coloca em perigo a própria sobrevivência do Estado. Em outras palavras: *primum vivere*. Observemos esta seqüência: o direito à sobrevivência do grande Estado deve prevalecer sobre o direito à liberdade do pequeno Estado, cuja sobrevivência depende da existência do grande Estado.

Podemos formular um quarto argumento nos seguintes termos: a proteção internacional dos direitos do homem torna-se difícil, senão impossível, pela mesma condição que torna possível a guerra. Essa condição é a *soberania* de fato ilimitada dos Estados soberanos (hoje, nem todos os Estados formalmente soberanos são efetivamente soberanos). Introduzo o tema da proteção internacional dos direitos do homem porque os direitos do homem só poderão ser verdadeiramente garantidos quando forem criados os instrumentos adequados para garanti-los não só no interior do Estado mas também contra o Estado ao qual o indivíduo pertence, isto é, só quando for reconhecido ao indivíduo isolado o direito de recorrer a instâncias superiores às instâncias do Estado, em último caso, precisamente a órgãos internacionais, e quando esses órgãos internacionais estiverem munidos de suficiente poder para conseguir fazer com que suas próprias decisões sejam respeitadas. O problema está apresentado, mas ainda bem distante de estar solucionado. E bem distante de estar solucionado porque os Estados, não obstante todas as declarações em contrário, não reconhecem um poder deliberante, e muito menos executivo, acima dos próprios poderes deliberantes e executivos. Sobretudo não é reconhecido pelos Estados mais autocráticos, precisamente aqueles Estados nos quais seria mais necessário que os direitos do homem fossem protegidos também contra o Estado. Quanto mais o Estado pisoteia os direitos do homem, menos reconhece a autoridade internacional que deveria fazer com esses direitos fossem respeitados. Prova disso é que a convenção mais avançada para a proteção do indivíduo isolado, até mesmo contra o próprio Estado, é a convenção européia, já citada, que foi estabelecida por Estados democráticos, ou seja, por Estados nos quais a proteção dos direitos do homem está assegurada, não obstante todas as limitações que não devemos esconder, em maior medida do que na maioria dos Estados hoje existentes.

Chego ao último argumento. Falei do direito à vida e dos direitos de liberdade, e da sua incompatibilidade com o estado de guerra. Agora é necessário acrescentar que, no atual estado da ciência ética da humanidade, tende-se a reconhecer ao indivíduo não apenas o direito de viver (que é um direito elementar e, por assim dizer, primordial do homem), mas também *o direito de ter o mínimo indispensável para viver*. O direito à vida é um direito que implica por parte do Estado pura e simplesmente um comportamento negativo: não matar. O direito de viver implica por parte do Estado um comportamento positivo, vale dizer, intervenções de política econômica inspiradas em algum princípio de justiça distributiva. Em poucas palavras, hoje se reconhece ao indivíduo não apenas o direito de não ser morto por qualquer razão (daí, por exemplo, a condenação da pena de morte), mas também o direito de não morrer de fome. Basta enunciar os termos do problema para que nos venha à mente o grande tema da relação Norte-Sul, isto é, da relação entre países ricos e países pobres, entre países onde se consome o supérfluo e países onde falta o necessário, como um dos grandes problemas do nosso tempo. Trata-se nada menos de deslocar a "questão social", que nasceu no interior dos Estados, isto é, relativa às relações entre classes no âmbito de um único Estado, para a relação entre Estados, ou seja, de fazer da questão social uma questão de dimensões planetárias. Para qualquer pessoa de bom senso, contudo, fica claro que o problema Norte-Sul não poderá jamais ser solucionado se antes não for solucionado o problema das relações Leste-Oeste, da disputa de poder entre os dois grandes impérios, uma disputa que está destinada, continuando nesse ritmo frenético e enlouquecido, a consumir os recursos necessários para soerguer o Terceiro ou Quarto mundo da pobreza e da morte por inédia. Basta que eu cite a conhecida frase dita há alguns anos (hoje a situação está muito pior): "As somas necessárias para dar a cada habitante do mundo o alimento, a água, a educação, os cuidados e as moradias necessárias foram estimadas em dezessete bilhões de dólares. Certo, é enorme. Mas é aproximadamente aquilo que o mundo gasta em armamentos a cada quinze dias". Uma vez mais, já que as armas servem apenas para a guerra, ou então para manter o estado potencial de guerra, é preciso concluir que a guerra é o principal obstáculo para a solução daquilo que considero o problema crucial que a humanidade deverá enfrentar em um futuro próximo.

Sobre os direitos sociais (1996)

Nos últimos anos, o tema dos direitos sociais foi muito negligenciado, seja pela direita que, como é natural, exalta de modo particular os direitos de liberdade, e com particular força as liberdades econômicas, seja por uma boa parte da esquerda que, depois da derrocada dos Estados comunistas, nos quais eram exaltados os direitos sociais com prejuízo dos direitos de liberdade, parece com freqüência seguir a direita em seu próprio terreno.

Em oposição aos direitos individuais, por "direitos sociais" entende-se o conjunto das pretensões ou exigências das quais derivam expectativas legítimas que os cidadãos têm, não como indivíduos isolados, uns independentes dos outros, mas como indivíduos sociais que vivem, e não podem deixar de viver, em sociedade com outros indivíduos.

O fundamento da forma de governo democrática em oposição às várias formas de governo autocráticas, que dominaram grande parte da história do mundo, é o reconhecimento da "pessoa". Ora, o homem é ao mesmo tempo "pessoa moral", em si mesmo considerado, e "pessoal social" (recordemos o celebérrimo "animal político" de Aristóteles), já que vive, desde o nascimento até a morte, em vários círculos, que vão da família à nação, da nação à sociedade universal, através dos quais a sua personalidade se desenvolve, se enriquece e assume aspectos diversos, de acordo com os diferentes círculos nos quais vive.

À pessoa moral referem-se especificamente os direitos de liberdade, à pessoa social, os direitos sociais, que recentemente foram também chamados por Gustavo Zagrebelsky de "direitos de justiça".[9] É dispensável acrescentar que em meio aos primeiros e aos segundos estão os direitos políticos, vale dizer, aqueles que estão no fundamento da participação direta ou indireta do indivíduo ou dos grupos na tomada de decisões coletivas, na qual consiste a democracia. Pode-se dizer sinteticamente que a democracia tem por fundamento o reconhecimento dos direitos de liberdade e como natural complemento o reconhecimento dos direitos sociais ou de justiça. Devido a essa dupla característica do reconhecimento, e correlata garantia e proteção, de direitos individuais e direitos sociais, as democracias contemporâneas, renascidas depois da catástrofe da Segunda Guerra Mundial, foram denominadas ao mesmo tempo liberais e sociais. Uma vez que os princípios de liberdade eram dados como pressupostos, desenvolvendo-se no Estado democrático a partir do reconhecimento dos direitos de liberdade para chegar ao reconhecimento dos direitos sociais, falou-se de uma passagem da democracia liberal para a democracia social.

Uma das últimas constituições democráticas, a espanhola, de 1978, proclama no art. 1: "A Espanha constitui um Estado social e democrático que propugna, como valores superiores da sua ordem jurídica, a liberdade, a justiça, a igualdade e o pluralismo político".

De resto, também o art. 1 da Constituição italiana, com a conhecida fórmula, embora menos feliz, segundo a qual a República é "fundada sobre o trabalho", alude a esse mesmo processo de transformação do Estado liberal em Estado social, no qual a dignidade do homem se funda não sobre aquilo que se tem (a propriedade), mas sobre aquilo que se faz (exatamente o trabalho), tanto que já no art. 4 se lê: "A República reconhece a todos os cidadãos o direito ao trabalho e promove as condições que tornem efetivo esse direito".

O direito ao trabalho, de fato, é um dos direitos sociais mais característicos; aliás, é o primeiro dos direitos sociais a manifestar-se na história do Estado moderno. É sabido que, depois dos precedentes das

---

9. Cf. G. ZAGREBELSKY, *Il diritto mite. Legge diritti giustizia*, Einaudi, Turim, 1992: o cap. IV se intitula *Diritti di libertà e diritti di giustizia*.

duas Constituições francesas, de 1791 e 1793, o primeiro grande debate em torno do direito ao trabalho ocorreu na Assembléia Constituinte na França depois da Revolução de 1848, como fica evidente do art. 13 da Constituição que lhe sucedeu. A discussão desenvolveu-se entre os liberais históricos, como Thiers e Tocqueville, e os socialistas reformistas, como Louis Blanc. Como foi dito, através dessa discussão pode-se vislumbrar os primeiros sinais da constitucionalização da questão social, no sentido de que a questão social, que nasce com o surgimento do movimento operário, a partir desse momento torna-se também uma questão constitucional, ou seja, a questão do reconhecimento jurídico do primeiro dos direitos sociais. O tema de fundo consiste na pergunta, que nos remete a um período anterior (basta pensar na inovação de Locke na tradição jusnaturalista): "O fundamento do direito de possuir é a ocupação de um determinado território ou o trabalho que o transforma?".

Em vão procuraríamos nos textos legislativos ou nas declarações oficiais uma definição de "direito social". Contudo, é muito significativo que o art. 22 da Declaração Universal dos Direitos do Homem (1948), que vem depois dos artigos que prevêem as liberdades civis, e depois do art. 21, que prevê os direitos políticos, declare: "Toda pessoa, enquanto membro da sociedade, tem direito à segurança social. Ela está destinada a obter a satisfação dos direitos econômicos, sociais e culturais indispensáveis à sua dignidade e ao livre desenvolvimento da sua personalidade, graças ao esforço nacional e à cooperação internacional, levando em conta a organização e os recursos de cada País". Logo em seguida vem o art. 23, que proclama o direito ao trabalho, enquanto o art. 26 reconhece o direito à educação.

O citado art. 22 merece alguns comentários pela sua posição central em um documento internacional, que constituiu um guia para todas as constituições que vieram depois, nas quais os direitos sociais foram reconhecidos ao lado e para além dos direitos civis e políticos. Nele se lê: "Toda pessoa enquanto membro da sociedade". Esta expressão mostra bem aquilo em que esses novos direitos diferem dos tradicionais direitos de liberdade, como eu disse no início, quando precisei que os direitos sociais dizem respeito ao indivíduo na sua dimensão de pessoa social. Acrescentemos que por "sociedade" aqui entendemos não apenas um conjunto de indivíduos, um mais um mais um, segundo a concepção individualista da sociedade, mas um conjunto no qual os vários componentes são interdependentes, como acontece em um organismo no qual a parte doente coloca em perigo o todo.

Para remediar o inconveniente da parte doente que prejudica o todo, reconhece-se a cada indivíduo essa nova categoria de direitos, que são chamados econômicos, sociais, culturais, cujo objetivo é concorrer, além de reafirmar a sua dignidade, exatamente como afirma o artigo citado, "para o livre desenvolvimento da sua personalidade". Naturalmente, uma afirmação desse tipo pressupõe que condições objetivas, materiais, originárias, não permitem a todos um igual desenvolvimento. Ao qual não bastam as isoladas liberdades civis e nem tampouco as liberdades políticas. Não bastam porque, além da "liberdade de", é necessária também a chamada "liberdade para", ou seja, a possibilidade de fazer aquilo que a pura e simples "liberdade de" ou liberdade negativa permite fazer.*

A "liberdade para" atribui ao indivíduo não apenas a faculdade, mas também o poder para fazer. Se houvesse apenas as liberdades negativas, todos seriam igualmente livres, mas nem todos teriam igual poder. Para equiparar os indivíduos, quando os reconhecemos como pessoas sociais também no poder, é preciso que sejam reconhecidos outros direitos, tais como os direitos sociais, os quais devem colocar cada indivíduo em condições de ter o poder para fazer aquilo que é livre para fazer.

Entende-se que o reconhecimento desses direitos sociais requer a intervenção direta do Estado, tanto que são denominados também "direitos de prestação", exatamente porque exigem, diferentemente dos direitos de liberdade, que o Estado intervenha com providências adequadas. De resto, é o que aprendemos com a última parte do art. 22, já citado, da Declaração Internacional, lá onde se lê que "o desenvolvimento da personalidade" requer "o esforço nacional e a cooperação internacional". Mesmo que com um limite, que se destaca na seguinte afirmativa: "considerados os recursos de cada País". Tal limitação diferencia os direitos sociais dos direitos de liberdade, porque não são imediata e irrevolgavelmente realizáveis. Poderiam ser chamados também, segundo uma velha terminologia, de direitos imperfeitos, porque são necessárias para a sua realização condições objetivas que não são encontráveis em todos os países. Há alguns anos escrevi: "É sabido que o enorme problema diante do qual se encontram hoje os países em desenvolvimento é o de esvair-se em condições econômicas tais que não permitem, não obstante os programas ideais, o desenvolvimento da proteção da maioria dos direitos sociais. O direito ao trabalho nasceu com a Revolução Industrial e está estreitamente ligado ao desenvolvi-

---

* As expressões *libertà da*, empregada pelo autor com relação à liberdade como não-impedimento, ou negativa, e *libertà di*, empregada pelo autor com relação à liberdade como autodeterminação, ou positiva, deveriam em princípio ser ambas traduzidas por "liberdade de", que em português encerra ambos os sentidos. Na tentativa de superar essa indiferenciação, optamos por traduzi-las respectivamente por "liberdade de" e "liberdade para". Cf. verbete *Liberdade* no índice analítico. (N.T.)

mento desta. Não basta fundar nem tampouco proclamar tal direito. E não basta nem mesmo protegê-lo. O problema da sua realização não é um problema filosófico nem moral. E não é nem mesmo um problema jurídico. É um problema cuja solução depende do desenvolvimento da sociedade e, como tal, desafia também as constituições mais progressivas e coloca em crise também o mais perfeito mecanismo de garantia jurídica".[10]

A era dos direitos sociais começou depois da Segunda Guerra Mundial, mesmo que seus primórdios remontem à Constituição da primeira República alemã denominada Weimar (1919). Nessa constituição o quarto título está dedicado ao direito à instrução, no qual está previsto o dever do Estado de prover a instrução. Um outro título, o quinto, está dedicado à "vida econômica": no art. 152 se lê que "o trabalho está sob a proteção do Estado". Seguem-se vários artigos que desenvolvem esse tema, entre os quais é oportuno recordar o art. 161, segundo o qual o Estado organiza um sistema de assegurações "para a conservação da saúde e da capacidade de trabalho, a proteção da maternidade", e assim por diante. Convém todavia observar que esse artigo é apresentado não tanto sob o título dos direitos dos indivíduos, mas sob o título geral da "política econômica e social da sociedade", diferentemente do que se lê nas constituições contemporâneas, a começar pela italiana, que no art. 4, já citado, fala de um verdadeiro e próprio "direito ao trabalho".

Gostaria ainda de recordar a Constituição da República espanhola de 1931, que no art. 46 proclamava: "O trabalho sob suas diferentes formas é um dever social, e goza da proteção da lei, assegurando a todos os trabalhadores as condições necessárias a uma existência digna". Donde resulta claro que, pela reciprocidade entre direito e dever, se o trabalho é por parte do Estado um dever social, isso significa que para o indivíduo é um direito em relação ao Estado.

Um dos mais conhecidos constitucionalistas daquele período, Mirkine-Guetzévitch, na introdução à difundida coletânea *Les constitutions de l'Europe nouvelle* (1928), depois de ter observado que já não se pode mais ignorar a questão social e já não se pode mais distinguir o indivíduo político do indivíduo social, assim descreve sinteticamente a transformação em curso: "O Estado não pode mais limitar-se a reconhecer a independência jurídica do indivíduo: deve criar um mínimo de condições necessárias para assegurar a sua independência social."

---

10. Cf. N. BOBBIO, *Presente e avvenire dei diritti dell'uomo* (1968), in ID., *L'età dei diritti*, Einaudi, Turim, 1990, 3ª ed. 1997, pp. 42-43.

E continua: "As novas declarações de direitos visam a englobar totalmente a vida social, a família, a escola etc. e, por assim dizer, todo o conjunto de relações sociais (...). O valor da tentativa em nada diminuiu pelo fato de que em certos Estados esses direitos sociais tenham ficado no papel". Note-se a expressão agora já familiar "direitos sociais". Embora insistindo no valor predominantemente educativo desse reconhecimento, acrescenta: "Mas isto, não obstante a tendência à ampliação social dos direitos fundamentais dos cidadãos, merece a mais séria atenção, enquanto prova de uma nova concepção jurídica e da marcha em direção à nacionalização da vida pública".[11]

Do reconhecimento dos direitos fundamentais, civis, políticos, sociais, e da sua inscrição nas cartas constitucionais, derivaram as chamadas constituições "longas" que foram pouco a pouco se opondo às constituições chamadas "breves" da era liberal. Para termos uma idéia mais precisa dessa diferença, confrontemos a Constituição italiana vigente a partir de 1948 com o Estatuto Albertino de 1848. Longas são as constituições aprovadas depois da Segunda Guerra Mundial, nas quais os direitos sociais passam a ser parte integrante, não apenas das constituições das democracias populares, e, naturalmente, da Constituição soviética, mas também das constituições dos Estados democráticos.

Não se pode, a essa altura, minimizar a influência que teve no âmbito das democracias ocidentais, renascidas sob a égide dos Estados Unidos, a declaração das quatro liberdades proclamadas pelo presidente Roosevelt, em 6 de janeiro de 1941, antes mesmo de os Estados Unidos entrarem na guerra. Essas quatro liberdades são, como é bem sabido, a liberdade de expressão, a liberdade de culto, a liberdade do medo, a liberdade das necessidades. No que se refere a esta última, lê-se no texto do discurso: "Para que o homem se liberte da necessidade, é preciso uma intervenção do Estado para proteger o trabalho, dar trabalho a quem não tem, prover as aposentadorias aos idosos, as pensões por invalidez" e a seguir "desenvolver a possibilidade de obter tratamentos médicos adequados". Na conclusão, enfim: "Não se trata de almejar uma distante idade do ouro. É uma base específica para um tipo de mundo que podemos alcançar na nossa época e na nossa geração".

Então, essa idéia da liberdade da necessidade, como justificativa para a introdução dos direitos sociais nas novas constituições da pós-guerra, teve sim uma ampla difusão, a ponto de ser considerada irrenunciável para o desenvolvimento e a integração dos Estados libe-

---

11. B. MIRKINE-GUETZÉVITCH, *Les constitutions de l'Europe nouvelle*, Librairie Delagrave, Paris, 1928, pp. 37-39.

rais do século passado. De fato, ao ler a definição de "segurança social" em qualquer dicionário das instituições e dos direitos do homem, vemos que "segurança" significa o conjunto dos institutos jurídicos mediante os quais o Estado realiza a liberdade da necessidade, garantindo a todos os membros da comunidade os meios para sobreviver.

Não é o caso de enumerar todas as constituições e documentos internacionais nos quais os direitos sociais são levados em consideração. Foi inúmeras vezes ressaltado que o reconhecimento dos direitos do homem avança cada vez mais não apenas em direção à sua universalização, mas também à sua especificação: não mais apenas os direitos do homem em geral, do cidadão em geral, mas da criança, do idoso, das mulheres, dos doentes, do louco, do deficiente e assim por diante. Creio que já se possa com propriedade falar de um ideal universal do nosso tempo, de uma exigência, reconhecida pela ética social ao final do segundo milênio, comum tanto à ética religiosa quanto à ética laica, ou, como foi chamada, em feliz expressão, da "religião civil" dos países democráticos. Trata-se, enfim, de uma meta ideal da qual já não se pode retroceder. É surpreendente que dela se fale tão pouco em nosso país, que parece estar, já há algum tempo, em estado de adoração do livre mercado.

Sintetizando, os direitos sociais fundamentais são estes três: à instrução, ao trabalho, à saúde. Na nossa Constituição, ao primeiro se referem os arts. 33 e 34; ao segundo, o art. 4 na parte preliminar, e os arts. 35 e seguintes no título III, dedicados às "Relações econômicas"; ao terceiro, o art. 32, no qual se lê que a saúde é, por um lado, "fundamental direito do indivíduo", e, por outro, "interesse da coletividade". Essas duas expressões dão a entender que o que caracteriza um direito social, diferente de um direito de liberdade, é que ele é reconhecido e protegido não apenas no interesse primário do indivíduo, mas também no interesse geral da sociedade da qual o indivíduo faz parte. É de interesse da sociedade, de fato, considerada em seu conjunto, que os cidadãos sejam instruídos, e não ignorantes, ocupados, e não desocupados, que desfrutem de boa saúde, e não que estejam enfermos.

Naturalmente, esta não é a única diferença. A diferença fundamental, que aparece já na sua definição de direitos de prestação, está no de fato que os direitos de liberdade obrigam o Estado a um comportamento meramente negativo, isto é, a não impedir espaços pessoais de liberdade, como praticar a religião na qual se tem convicção, ou não praticar nenhuma, ou expressar a própria opinião política; os direitos sociais obrigam o Estado, como representante da inteira coletividade, a intervir positivamente na criação de institutos aptos a tornar de fato possível o acesso à instrução, o exercício de um trabalho, o cuidado com a própria saúde. A Constituição italiana contém, no art. 3, uma expressão característica e bem conhecida para indicar a ação positiva do Estado: "remover os obstáculos". Qualquer um pode facilmente perceber a diferença entre "não obstaculizar" e "remover os obstáculos".

Pode-se também acrescentar que, enquanto os direitos individuais se inspiram no valor primário da liberdade, os direitos sociais se inspiram no valor primário da igualdade. São direitos que tendem, senão a eliminar, a corrigir desigualdades que nascem das condições de partida, econômicas e sociais, mas também, em parte, das condições naturais de inferioridade física (pensemos nas leis, já em vigor em todos os países democráticos, em favor dos deficientes).

O último problema que eu gostaria de mencionar é aquele da relação entre os direitos de liberdade e os direitos sociais. Problema demasiado vasto e controvertido para que eu possa responder aqui: "São entre si compatíveis? Ou são incompatíveis? E em que medida e até que ponto são compatíveis? Quanto e como é preciso sacrificar uns em função dos outros? Existe uma prioridade destes sobre aqueles?"

A minha resposta, uma resposta pessoal, inspira-se no ideal de uma superação da antítese entre o liberalismo, que prioriza os direitos de liberdade, e o socialismo, que antepõe os direitos sociais. Faço esta afirmação porque considero que o reconhecimento de alguns direitos sociais fundamentais seja o pressuposto ou a precondição para um efetivo exercício dos direitos de liberdade. O indivíduo instruído é mais livre do que um inculto; um indivíduo que tem um trabalho é mais livre do que um desempregado; um homem são é mais livre do que um enfermo.

No esplêndido ensaio, publicado em 1946, mas escrito nos anos da guerra de libertação, intitulado *L'avvenire dei diritti di libertà*, Piero Calamandrei escrevia que também os direitos sociais são direitos de liberdade, porque "constituem a premissa indispensável para assegurar a todos os cidadãos o gozo efetivo das liberdades políticas".[12]

Iniciei afirmando que dos direitos sociais fala-se muito pouco e cada vez menos. Espero ter oferecido alguns bons argumentos para demonstrar a oportunidade de romper esse silêncio.

---

12. P. CALAMANDREI, *L'avvenire dei diritti di libertà*, introdução à segunda ed. de F. RUFFINI, *Diritti di libertà*, La Nuova Italia, Florença, 1946, reimp. 1975, p. XXXVIII.

Capítulo 10
Paz e guerra

I.

A PAZ: O CONCEITO, O PROBLEMA, O IDEAL

O *problema da definição*

O conceito de paz está tão estreitamente ligado ao conceito de guerra que os dois termos "paz" e "guerra" constituem um exemplo típico de antítese, como os análogos "ordem-desordem", "concórdia-discórdia", "harmonia-desarmonia". Dois termos antitéticos podem estabelecer entre si uma relação de contraditoriedade, na qual um exclui o outro e ambos excluem um terceiro, ou então estabelecer entre si uma relação de contrariedade, na qual um exclui o outro mas ambos não excluem um terceiro intermediário. Enquanto os termos dos três pares análogos são contraditórios, e disso é prova a própria forma lingüística, não-autônoma, do segundo termo, os dois termos da antítese paz-guerra podem ser, segundo os diferentes contextos, ora contraditórios, quando por paz se entende o estado de não-guerra e por guerra o estado de não-paz, ora contrários, quando o estado de paz e o estado de guerra são considerados como dois estados extremos, entre os quais são possíveis e configuráveis estados intermediários, tal como, por parte da paz, o estado de trégua, que não é mais guerra e ainda não é paz, e, por parte da guerra, o estado de guerra não-guerreada, do qual é exemplo típico a chamada guerra fria, que já não é mais paz, mas ainda não é guerra. Na linguagem tradicional, todavia, seja ela culta ou corrente, prevalece o uso do par no qual os dois termos são, um em relação ao outro, contraditórios: onde há guerra, não há paz e vice-versa. Assim se explicam títulos de obras célebres, como *De iure belli ac pacis* de Grotius (1625),

Guerra e paz de Tolstoi (1869), *Paix et guerre entre les nations* de Raymond Aron (1962).

De cada um desses pares, e portanto também do par guerra e paz, é preciso distinguir o uso classificatório, segundo o qual os dois termos são usados no seu significado descritivo, do uso axiológico ou prescritivo, segundo o qual os dois termos são levados em consideração no seu significado emotivo e valorativo. O uso descritivo é aquele em geral caraterístico da linguagem jurídica, histórica, das relações internacionais; o uso axiológico é aquele característico da teologia ou da filosofia moral, do moralista, do escritor político. O jurista, o historiador, o estudioso das relações internacionais usam os termos "guerra" e "paz" para descrever um certo estado de coisas; o teólogo, o filósofo moral, o moralista, o escritor político, para aprovar ou condenar, para promover ou desencorajar, segundo o sistema de valores no qual se inspiram, este ou aquele estado de coisas significado pelos dois termos.

Em seu uso descritivo, os dois termos de uma antítese podem ser definidos um independentemente do outro, ou então, mais freqüentemente, um por meio do outro, de modo circular, como quando se define o movimento como ausência de quietude, e a quietude como ausência de movimento. Nesse caso, os dois termos adquirem o seu significado não por ser singularmente definidos, mas pela única razão de apresentar-se como um par. Ocorre também o caso em que um dos dois termos é sempre definido por intermédio do outro. Nesse caso, diz-se que, dos dois termos, aquele que é definido é o termo forte, o outro, aquele que é definido unicamente como a negação do primeiro, é o termo fraco. No par guerra-paz, o termo forte é o primeiro, o termo fraco, o segundo, seja na linguagem culta, seja na linguagem corrente. Isso tem por conseqüência que a noção de paz pressupõe a de guerra, ou, em termos mais gerais, qualquer discurso sobre a paz pressupõe o discurso sobre a guerra. Pode-se também dizer, com outra expressão, que no par guerra-paz o primeiro é o termo independente, o segundo é o termo dependente. Prova disso é que na milenar literatura sobre o tema da guerra e da paz podem ser encontradas infinitas definições de guerra, enquanto se encontra com freqüência uma única definição de paz, como fim, ou cessação, ou conclusão, ou ausência, ou negação da guerra, qualquer que seja a sua definição.

Se dos dois termos de um par um é sempre o termo forte ou independente e o outro é sempre o termo fraco ou dependente, isto depende do fato de que os dois estados de coisas designados pelos dois termos não são existencialmente relevantes do mesmo modo. O termo forte é aquele que denota o estado de coisas existencialmente mais relevante. Pensemos, por exemplo, no par dor-prazer: o homem começa a refletir sobre o prazer partindo do estado de dor, e isso faz com que o prazer seja habitualmente percebido, e portanto definido, como ausência de dor e não, ao contrário, a dor como ausência de prazer. (Na linguagem comum o termo "sofrimento" não faz par com um termo que indique o estado contrário, o qual é definido como não-sofrimento, que é diferente de gozo, estado efêmero, de breve duração, incomparável com os estados de dor e de sofrimento, que podem ser de longa duração, como de resto o estado de não-sofrimento.) Assim, o homem começou a refletir sobre a paz partindo do estado de guerra, daquele estado no qual a sua vida é colocada em perigo, a posse dos bens ameaçada, tornadas precárias as condições de existência própria e dos seus próximos. Começou a aspirar aos benefícios da paz partindo dos horrores da guerra.

Que a historiografia, a começar por Tucídides, tenha sido predominantemente até agora um relato de guerras, não é um capricho dos historiadores. Uma história sem relatos de guerra, como aquela que os educadores para a paz gostariam que fosse ensinada nas escolas, não seria a história da humanidade. Por mais que a guerra, em todas as suas formas, suscite geralmente horror, não podemos apagá-la da história porque a mudança histórica, a passagem de uma fase para outra do desenvolvimento histórico, são, em grande parte, o produto das guerras, das várias formas de guerra, as guerras externas entre grupos relativamente independentes e as guerras internas entre partes em conflito de um mesmo grupo para a conquista do poder. Gostemos ou não, estando ou não conscientes, a nossa civilização, ou aquilo que consideramos seja a nossa civilização, não seria aquilo que é sem todas as guerras que contribuíram para a sua formação. Os humanistas vangloriavam-se de serem herdeiros da civilização de Roma, que contudo fundou-se sobre uma interminável série de guerras atrozes. Os nossos pais liberais consideravam-se herdeiros da Reforma, que desencadeou guerras sanguinárias durante mais de um século, e da Revolução Francesa, que contudo instaurou um regime de terror e provocou as guerras napoleônicas. Hoje, diante da revolta dos países do Terceiro Mundo, golpeamos o peito em sinal de contrição: e no entanto, é possível imaginar uma história diferente daquela que se desenrolou, uma história na qual os grandes impérios da América Central ou dos antigos Estados da Ásia ou os ainda mais antigos grupos tribais da África não tivessem sido subjugados a ferro e fogo pelos povos europeus? Com um exemplo que nos é próximo: a nossa constituição republicana, que há quarenta anos nos regula, e que inclui até mesmo, em um de seus artigos (o artigo 11), a afirmação de que a guerra é repudiada "como meio de resolução das controvérsias internacionais", não veio depois de um dos períodos mais trágicos da história européia, caracterizada pela guerra mais longa e mais sanguinária de toda a história da humanidade? Comparemos os efeitos da guerra com os efeitos dos períodos mais ou menos longos de paz, e não poderemos mais duvidar da razão pela qual, dos dois termos do par guerra-paz, o termo forte é o primeiro; ele é, exatamente, o termo que indica, como dor em relação a prazer, sofrimento em relação a não-sofrimento, o estado de coisas existencialmente mais relevante, uma vez que suscita emoções mais profundas.

Argumento análogo pode ser trazido da história da filosofia. Muitas vezes se observou que sempre existiu uma filosofia da guerra, enquanto é bem mais recente a filosofia da paz, da qual o primeiro grande exemplo é Kant. Grande parte da filosofia política foi uma contínua reflexão sobre o problema da guerra (e da revolução como guerra civil): quais são as causas, quais os remédios, quais as conseqüências sobre as evoluções ou involuções das sociedades humanas. O tema da paz ou, o que dá no mesmo, da ordem (interna) sempre foi tratado como reflexo do tema da guerra e da desordem; a paz como a conseqüência, uma das possíveis conseqüências, da guerra (a ordem como a conseqüência da revolução). A grande filosofia da história da Idade Moderna, que vai do Iluminismo ao Positivismo, do historicismo ao marxismo, e chega ao nosso século com Spengler e Toynbee, e aos nossos dias com uma das últimas obras de Jasper (*Vom Ursprung und Ziel der Geschichte*, 1949), nasce da pergunta "qual é o significado da guerra no movimento histórico geral?", já que é o fenômeno da guerra, de uma guerra cada vez mais destrutiva, e cada vez menos compreensível nos seus fins e nos seus efeitos (a guerra-capricho dos príncipes, da *Querela pacis* de Erasmo no verbete *Guerre* do *Dictionnaire philosophique* de Voltaire), que requer alguma explicação e uma justificativa: a guerra, não a paz. É princípio bem conhecido e não controverso da história da argumentação aquele segundo o qual o comportamento que precisa ser justificado é aquele que contrasta com as regras da moral vigente, o comportamento desviante, não o comportamento regular (conforme a regra): não precisa ser justificado o respeito ao princípio de não matar, mas sim a transgressão desse princípio, por exemplo, no caso da legítima defesa ou do estado de necessidade; não precisa ser justificado o príncipe que mantém os pactos estabelecidos, mas sim aquele que não os mantém, em auxílio do qual Maquiavel sustentou que só fizeram "grandes coisas" os príncipes que tiveram a fé em pouca conta. Diante da guerra, cada vez mais entendida como evento trágico e que contudo faz parte da história da humanidade, eis que nasceram as várias tentativas de dar uma resposta à pergunta: Por que a guerra e não a paz? Das diferentes respostas a esta pergunta constitui-se em grande parte a filosofia da história: que pode ser considerada, nas suas várias versões e nas várias soluções que ela dá ao problema, a transposição para a esfera dos acontecimentos humanos das grandes interrogações sobre as razões ou não-razões do mal no mundo: a guerra como mal menor, a guerra como mal necessário, a guerra como mal aparente, sem mencionar, em uma concepção teológica e fideísta persistente, mesmo durante a grande fase da filosofia racionalista, da guerra como castigo divino. Ao lado dessas concepções globais — que tendem a dar uma justificativa da guerra enquanto tal — colocam-se as tentativas, nas quais se exercitaram durante séculos teólogos e juristas, de distinguir as guerras justas das guerras injustas.

Paz negativa e paz positiva

Partindo da constatação de que, dos dois termos do par, o termo forte é guerra e o fraco é paz, o estado de paz só pode ser definido se definido preliminarmente o estado de guerra. Pode-se dizer que existe um estado de guerra quando dois ou mais grupos políticos encontram-se entre si em uma relação de conflito cuja solução é confiada ao uso da força. Utilizo em sentido weberiano a expressão "grupo político", que é mais ampla do que "Estado", para incluir também os grupos independentes, e contudo dotados de força própria, que não podem ser incluídos na noção de técnico-jurídica de Estado, com a qual se tende a compreender o ente territorial nascido da dissolução da sociedade medieval, caracterizado não apenas pelo monopólio da força, mas também por um aparato administrativo estável. Tem-se uma situação de conflito toda vez que as necessidades e os interesses de um indivíduo ou de um grupo são incompatíveis com aqueles de um outro indivíduo ou de um outro grupo, e portanto não podem ser satisfeitos senão com prejuízo de um ou do outro. O caso mais típico é aquele da concorrência de inúmeros indivíduos ou grupos pela posse de um bem escasso que se encontre no território do outro. Esse motivo de conflito é tão difundido que foi amplamente analisado também pelos estudiosos do comportamento animal, os quais observaram que todo animal tem seu próprio território, mais ou menos vasto, e o defende dos ataques de outros animais: um fenômeno ao qual foi dado o nome de "territorialismo". O territorialismo é, por sua vez, uma forma particular de defesa do próprio âmbito espacial, no qual todo indivíduo está interessado, o lugar no trem, no teatro, em uma fila, e que está disposto a defender em casos extremos até mesmo com a força (a defesa do lugar é uma das possíveis oportunidades de rixa). Um outro motivo de conflito, que pode degenerar em rixa ou guerra, segundo a gravidade do caso, é a quantidade de indivíduos envolvidos, é a defesa da posição, da primazia, da hierarquia que permite a quem ocupa os graus mais altos gozar de certos privilégios. Naturalmente, nem todos os conflitos estão destinados a serem solucionados pelo recurso da força. A guerra, enquanto solução de um conflito entre grupos políticos através do uso da força, é um dos modos de solucionar um conflito, à qual geralmente se recorre quando os modos pacíficos não surtiram efeito.

A distinção entre situações nas quais os conflitos são solucionados habitualmente com acordos e situações em que os conflitos são solucionados até mesmo com o uso da força corresponde à distinção entre estado agonístico, regido por regras substanciais e processuais que prevêem várias formas de conflito e os modos da sua pacífica resolução (pensemos nas normas consuetudinárias ou com autoridade estabelecidas que regulam os contratos no direito civil, ou então nas normas da Constituição que regulam os conflitos de competência entre diversos órgãos do Estado), e estado polêmico que, embora prevendo regras para a solução das controvérsias, não exclui o recurso ao uso da força, ainda que ele mesmo, em alguns casos, disciplinado por regras. Mas uma coisa, como qualquer um pode ver, é a regulamentação do conflito de modo a não permitir o uso da força por parte dos dois entes em conflito, outra coisa é a regulamentação dos atos de força que são usados para solucioná-lo; não se deve confundir a exclusão da força, considerada ilícita, com a limitação do seu uso, uma vez reconhecida a sua licitude. Esses dois estados estão exemplarmente representados no modo como são solucionados os conflitos no interior de um grupo político, onde existe um aparato para o exercício do monopólio da força, e nas relações externas entre grupos, das quais ninguém possui em relação a todos os outros tal monopólio. Isto não significa que também nas relações internacionais não existam regras para a solução pacífica das controvérsias (trata-se do chamado direito internacional pactual), mas tais regras são menos eficazes do que as normas relativas aos contratos no direito civil, exatamente porque não existe um tal poder coercitivo superior aos contraentes para conseguir através da coerção o respeito do acordo, e a sua menor eficácia é a razão principal do recurso em última instância ao uso unilateral da força (reconhecido como exercício do direito de autotutela).

Quando em tais contextos se fala de força, entende-se o uso de meios capazes de infligir sofrimentos físicos, e portanto neles não estão incluídas nem a violência psicológica, ou seja, o uso de meios de manipulação da vontade alheia com o objetivo de obter os efeitos desejados, nem a violência institucional ou estrutural, ou seja, a violência que deriva da relação de domínio no interior de certas instituições, como a fábrica, a escola, o exército, sem falar das chamadas instituições totais, tais como o manicômio, os presídios, as organizações de grupos fanáticos religiosos ou políticos, regulados por uma disciplina férrea toda voltada para a exclusão de qualquer comportamento não dirigido ao seu objetivo. Não há apenas a violência física, mas só a violência física é que diferencia a guerra de outras formas de exercício do poder do homem sobre o homem, e, ainda que sejam de uso corrente, expressões como guerra de nervos, guerra psicológica e similares são expressões metafóricas. Por que a violência física quando usada nesses contextos é chamada de força, não é só um artifício verbal devido ao fato de que o termo "violência" tem uma conotação axiologicamente negativa que "força" não tem. É chamada de força a violência, também física, que é usada por aquele que está autorizado a usá-la por um sistema normativo que distingue, com base em regras eficazes, o uso lícito e o uso ilícito dos meios que infligem sofrimentos e também, em casos extremos, a morte: a morte, quando provocada pelo assassino, é um ato de violência, quando provocada pelo carrasco, é um ato de força. O mesmo ocorre no que se refere à guerra nas relações internacionais, onde há regras que a tornam lícita em determinadas circunstâncias e disciplinam sua condução depois de iniciada. Talvez seja o caso de observar que, nas relações internas, os limites entre força e violência estão muito mais definidos do que nas relações internacionais, exatamente devido ao fato de que estão mais claramente definidos os critérios de distinção entre violência lícita e violência ilícita.

Para caracterizar a guerra como modo de solucionar conflitos, não basta fazer referência ao uso da força entendida como violência lícita e autorizada (lícita porque autorizada). A guerra é sempre, em primeiro lugar, uma força exercida coletivamente: como tal, é tradicionalmente diferenciada do duelo, que coloca frente a frente dois indivíduos, ao qual todavia se assemelha porque, como o duelo, também a guerra é um exercício de força disciplinado por regras e tem o objetivo de resolver uma controvérsia através da razão das armas (não com as armas da razão). Em segundo lugar, para que se possa falar de guerra é preciso que não se trate de violência, mesmo que entre grupos políticos independentes, esporádica, descontínua, sem relevantes consequências sobre a ordem territorial dos dois combatentes: um incidente de fronteira não é uma guerra; pode ser a ocasião ou o pretexto para uma guerra, mas se não dá origem a um embate de dimensão mais ampla, não obstante mortos e feridos vítimas da violência, não pode ser considerado uma guerra, enquanto um conflito breve, como a chamada guerra dos Seis Dias, entre Israel e Egito, é uma verdadeira guerra no mais pleno sentido da palavra. Enfim, a violência coletiva, e não acidental, da guerra pressupõe sempre, de alguma forma, uma organização, um aparato predisposto e adestrado ao objetivo: a presença de tal aparato, mesmo que rudimentar, é o que distingue a guerrilha (que é um tipo de guerra) da sublevação, mesmo que conduzida com as armas.

Uma vez definido o estado de guerra, dele deriva a definição do estado de paz, enquanto estado de não-guerra. Dois grupos políticos encontram-se em estado de paz quando entre si não existe um conflito para a solução do qual ambos se empenham recorrendo ao exercício de uma violência coletiva, durável e organizada. Disso decorre que dois grupos políticos podem estar permanentemente em conflito entre si sem estar em guerra, o estado de paz não excluindo o conflito, como, por exemplo, a concorrência comercial, mas somente aquele conflito cuja solução é confiada ao emprego da força real. Não basta a força potencial, ou seja, a ameaça da força, porque esta é uma característica permanente das relações internacionais e é considerada todavia condição de paz, como quer a máxima "Si vis pacem para bellum". Nem tampouco são suficientes atos de força real, mas esporádica, seja de tipo defensivo, tal como a derrubada de um avião que tenha supostamente violado as fronteiras do espaço aéreo ou o afundamento de um submarino que ultrapassou os limites das águas territoriais, seja de tipo ofensivo, tal como um ato terrorista, ou mesmo uma série de atos terroristas.

Ao lado desse significado geral de "paz", que indica um estado nas relações internacionais antitético ao estado de guerra, e com freqüência definido negativamente, o termo "paz" tem também um significado específico, e neste caso positivo, quando é usado para indicar o fim ou a conclusão de uma determinada guerra, como nas expressões "paz de Nícias", "paz de Augusta", "paz de Basiléia". Nesta particular acepção, "paz" é definida positivamente como o conjunto de acordos com os quais dois grupos políticos, ao término das hostilidades, delimitam as conseqüências da guerra e regulam suas relações futuras. Diferente, e a meu ver discutível, é, ao contrário, o significado que ao termo positivo "paz" se atribui em alguns ambientes da *peace research*, com particular destaque nos estudos, sob muitos aspectos de grande relevo, que J. Galtung conduziu nos últimos vinte anos, sobretudo através da revista *Journal of Peace Research*. Galtung parte, também ele, da observação de que as ciências sociais dedicaram maior atenção à guerra do que à paz, como ocorreu com a psicologia que estudou mais as doenças mentais do que a criatividade da mente humana, e com base nesta observação condena a tendência a definir a paz como não-guerra, não reconhecendo assim, as boas razões, sobre as quais me detive anteriormente, desse modo tradicional e a meu ver perfeitamente compreensível e justificado de apresentar o problema da paz. Insatisfeito com a definição puramente negativa de paz, sobrepõe a ela uma definição positiva, que deriva de entender extensivamente "paz" como negação não tanto de guerra quanto de violência. Diferenciando portanto duas formas de violência, a violência pessoal, na qual está incluída a forma específica de violência que é a guerra, e a violência estrutural ou institucional, distingue duas formas de paz, a negativa, que consiste na ausência de violência pessoal, e a positiva, que consiste na ausência de violência estrutural. Enquanto ausência de violência estrutural — que é a violência que as instituições de domínio exercem sobre os sujeitos ao domínio, e em cujo conceito se incluem a injustiça social, a desigualdade entre ricos e pobres, entre poderosos e não-poderosos, a exploração capitalista, o imperialismo, o despotismo etc. —, a paz positiva é aquela que pode ser instaurada somente através de uma radical mudança social e que, pelo menos, deve avançar lado a lado com a promoção da justiça social, com o desenvolvimento político e econômico dos países subdesenvolvidos, com a eliminação das desigualdades.

Não tenho qualquer dificuldade para perceber os limites da busca da paz entendida exclusivamente como não-guerra. Mas considero que o único modo de superar esses limites seja tornando-nos conscientes, isto é, dando-nos conta de que o problema da paz é um dos grandes problemas que os homens são conclamados a resolver de tempos em tempos, não é o único problema, o problema dos problemas, cuja solução libertará de uma vez por todas a humanidade dos males que a afligem tornando-a definitivamente feliz. O problema dos problemas não existe. O que não exclui que o problema da paz, mesmo no sentido negativo do termo, como problema da limitação e até mesmo da eliminação da guerra, seja um dos maiores problemas ao qual os homens tentaram dar, mesmo que até agora em vão, uma solução. O que são os movimentos pacifistas, que desde o início do século XIX até hoje desenvolveram, embora inspirados por diferentes ideologias, obras de elaboração de idéias, de propaganda e agitação, senão movimentos cujo objetivo fundamental é a guerra à guerra? Nenhum movimento pacifista jamais quis ser confundido com o partido liberal ou democrático ou socialista, mesmo que tenha existido um pacifismo liberal, um pacifismo democrático, um pacifismo socialista. Que o pacifista conceda ao problema da paz a primazia, não significa em absoluto que o problema da paz seja o problema que reúne em torno de si todos os outros problemas. Pode-se bem compreender a insatisfação que deriva dos limites das pesquisas sobre a paz, limites que provavelmente o pacifista ativo, totalmente tomado pelo seu ideal, não aceita. Mas já não se compreende tão bem por que o melhor modo de superar o estado de insatisfação seja ampliar o significado do termo "paz" e preenchê-lo com significados que historicamente e lexicalmente não lhe cabem. Das polêmicas desses pacifistas radicais contra os pacifistas tradicionalistas tem-se a impressão de que eles se deram conta de que o valor da paz não é o valor último (mas existe o valor último? Ou não existem apenas valores primários, entre si alternativos e incompatíveis?) e que, uma vez eliminada a guerra, posto que seja possível e desejável, a humanidade não terá entrado no paraíso terrestre, mas se encontrará diante de outros problemas não menos graves e nem menos difíceis, tais como a justiça social, a superpopulação, a fome, a liberdade.

Feita essa descoberta, em vez de reconhecer que, ao lado do problema da paz, há outros problemas que devem ser solucionados, em primeiro lugar o problema do desenvolvimento, eles preferem sustentar e fazer crer que, ocupando-se dos problemas de desenvolvimento, continuam a ocupar-se dos problemas da paz, desde que por "paz" se entenda não mais apenas o estados de não-guerra, como foi desde sempre entendido e como continuam a entender aqueles que continuam a fazer-se chamar de "pacifistas", mas qualquer forma de luta contra a violência em todos os seus aspectos, aquilo que denominam, não se sabe ao certo por quê, paz positiva. Mas assim eles procuram cobrir uma mudança de rota nas pesquisas sobre a paz com uma indevida e imprópria ampliação do conceito de paz, isto é, fazendo da paz não a antítese da guerra, mas da violência, de qualquer forma de violência, enquanto o conceito de guerra tem uma extensão mais limitada e tem conhecidas características que fazem dela uma forma, ainda que extrema, de exercício da violência. Com isso não se pretende negar que o problema da paz e o problema do desenvolvimento estejam atualmente de tal modo ligados a ponto de serem interdependentes: o problema das relações Oriente-Ocidente diz respeito ao modo de estabelecer um paz duradoura entre as grandes potências: o problema das relações Norte-Sul diz respeito sobretudo ao modo de diminuir a disparidade entre países desenvolvidos e países subdesenvolvidos. A qualquer um que aplique sua própria inteligência não ofuscada por preconceitos ideológicos contra os grandes problemas do nosso tempo parecerá evidente que a primeira condição para a solução do problema Norte-Sul é o fim da corrida armamentista e o fim de uma frágil paz fundada exclusivamente no equilíbrio do terror. Mas isso não exclui que os problemas da paz internacional e da justiça internacional sejam dois problemas distintos e que a sua diferença não será apagada fazendo com que os problemas do desenvolvimento sejam incluídos naqueles da chamada paz em sentido positivo.

A paz como valor

Em seu uso axiológico, o par guerra-paz conjuga dois termos carregados de significados emotivos, de modo tal que a conotação positiva de um remete à conotação negativa do outro. Há pares de termos antitéticos, como prazer-dor, ordem-desordem, nos quais um dos dois termos tem sempre um significado emotivo positivo, o outro sempre um significado emotivo negativo. Quem sustentasse que a dor é um bem e o prazer é um mal, ou que a desordem é mais desejável do que a ordem seria considerado no mínimo um excêntrico, um paradoxal, para não dizer um extravagante que não merece muita atenção. Em que ponto estão as coisas no que se refere ao par paz-guerra? À primeira vista diríamos que continuam na mesma, ou seja, que o primeiro termo representa sempre o momento positivo, o segundo sempre o momento negativo. Na verdade não é assim. Na história do pensamento filosófico, ao lado dos autores que são denominados irenistas ou fautores da paz há outros que podemos chamar de polemistas enquanto fautores da guerra (nada muda, senão a etimologia, se os chamarmos respectivamente de pacifistas e belicistas).

O juízo político, ou seja, o juízo sobre as ações que se inserem na esfera da política, funda-se geralmente no princípio segundo o qual o fim justifica os meios. Isto significa que ações políticas como a guerra e a paz costumam ser julgadas não como valores finais ou intrínsecos, mas como valores instrumentais ou extrínsecos. É com base em tal juízo que nem sempre a guerra é condenada, nem sempre a paz é exaltada: condenação ou exaltação dependem do juízo de valor positivo ou negativo do fim, no qual a guerra ou a paz servem de acordo com as circunstâncias. Refletindo sobre a imensa literatura pró- ou contra a guerra, podem-se distinguir três situações típicas nas quais um fim ao qual se atribui um valor positivo permite atribuir um juízo positivo da guerra como meio, e para a relação de antítese entre guerra e paz um juízo negativo, ao mesmo tempo, sobre a paz. Indico essas situações em forma de relação entre dois termos, nos quais a guerra figura como meio e o outro termo da relação aparece como o fim: *a*) guerra e direito; *b*) guerra e segurança; *c*) guerra e progresso.

A relação entre guerra e direito é muito complexa. Há ao menos uma acepção de direito pela qual a guerra aparece como a antítese do direito. Trata-se da acepção pela qual o direito, como conjunto de regras estabelecidas por um autoridade dotada dos instrumentos idôneos para fazê-las valer também contra os recalcitrantes, tem por objetivo principal (ainda que não exclusivo) a solução dos conflitos que surgem no interior de um grupo social e daqueles que surgem nas relações entre diferentes grupos sociais e, portanto, de estabelecer e manter a paz interna e a paz externa. Certo, a paz é o fim mínimo do direito, mas exatamente porque mínimo pode ser considerado (vide a teoria pura do direito de Kelsen) como o fim comum de toda ordem jurídica, o qual, não atingindo um conjunto de regras de conduta, não poderia ser apropriadamente chamado de ordem jurídica. No âmbito de uma ordem jurídica podem ser perseguidos outros fins, paz com liberdade, paz com justiça, paz com bem-estar, mas a paz é a condição necessária para a realização de todos os outros fins, e portanto a própria razão de existir do direito.

Definida a guerra como violência organizada de um grupo que se prolonga por um certo período, que guerra seja a antítese do direito é uma conseqüência dessa definição: o direito de fato pode ser definido como a ordem pacífica de um grupo e das relações desse grupo com todos os outros grupos. Exatamente pela relação de oposição entre guerra e paz, aqui repetidamente colocada em relevo, lá onde o conceito de direito está estreitamente ligado ao conceito de paz, está ao mesmo tempo desligado do conceito de guerra.

Há todavia duas situações nas quais guerra e direito não se apresentam como termos antitéticos. O objetivo principal do direito, como foi dito, é estabelecer a paz, mas para estabelecer a paz é preciso em certas circunstâncias usar de força para trazer à razão aqueles que não respeitam as regras: nas relações internacionais essa força é a guerra. Como tal, isto é, como instrumento para o restabelecimento do direito violado, a guerra assume um valor positivo: assume o mesmo valor positivo da sanção no direito interno, vale dizer, do ato com o qual o titular do poder soberano, enquanto detentor do monopólio da força legítima, repara uma injustiça ou pune um culpado, restabelecendo o império do direito. A definição da guerra, em determinadas circunstâncias, como sanção foi um dos elementos constantes da teoria da guerra justa, segundo a qual a guerra pode ser submetida a dois juízos de valor opostos: negativo, se ela é conduzida a despeito do direito das pessoas, positivo, se ela é conduzida para restabelecer o direito das pessoas violado por um dos membros da comunidade internacional. Por mais variados que tenham sido os critérios com base nos quais foram diferenciadas as guerras justas das guerras injustas, a *communis opinio* foi se orientando e consolidando no reconhecimento da legitimação destes três tipos de guerra, que a reconduzem ao conceito de sanção: *a*) a guerra de defesa; *b*) a guerra de reparação de uma injustiça; *c*) a guerra punitiva. A segunda situação na qual guerra e direito não são antitéticos é exatamente oposta àquela anteriormente apresentada: trata-se da guerra entendida não como meio para restaurar o direito estabelecido, mas como instrumento para instaurar um direito novo, ou seja, a guerra como revolução, entendendo-se por revolução, no sentido técnico-jurídico do termo, um conjunto de atos coordenados com o objetivo de derrubar a velha ordem jurídica e impor uma outra. Chamo esse modo de entender positivamente a guerra de "guerra como revolução", porque a guerra assim entendida está para as relações internacionais assim como a revolução está para as relações internas: do mesmo modo que a revolução pode ser apresentada sob o aspecto da guerra civil, a guerra eversiva da ordem internacional pode ser apresentada sob o aspecto da revolução nas relações entre Estados. A diferença entre guerra restauradora e guerra instauradora está no distinto direito ao qual uma e outra respectivamente apelam: a primeira, ao direito positivo (consuetudinário e convencional), a segunda ao direito natural. Guerras revolucionárias são as guerras de libertação nacional: quando explodiram, no século XIX, na Europa, os seus fautores se remeteram ao direito natural de autodeterminação dos povos, tal como a Revolução Francesa remetera ao direito natural à liberdade dos indivíduos. Mas essa diferença não exclui que a legitimação da guerra ocorra através do direito e que, através dessa legitimação, a guerra assuma um valor positivo e, por oposição, a paz, seja enquanto passiva aceitação de uma injustiça sofrida, seja enquanto manutenção forçada de uma ordem injusta, assuma um valor negativo.

Talvez não se tenha até agora refletido suficientemente sobre a importância que o valor da segurança tem para a compreensão da ação política, seja voltada para o interior do grupo político e, portanto, para as relações entre governantes e governados, seja voltada para o exterior e, portanto, para as relações dos grupos políticos entre si. O ponto de partida obrigatório para uma história do conceito de segurança e da sua relevância na teoria política é Hobbes, como foi recentemente lembrado. No estado de natureza, pela falta de um poder superior que estabeleça quem tem razão e quem não tem razão e esteja com a posse da força necessária para fazer respeitar a decisão tomada (aquilo que Hobbes chama a espada da justiça para distingui-la da espada da guerra), o indivíduo está inseguro e, como conseqüência, decide, em comum acordo com outros indivíduos, tal como ele pelas mesmas razões inseguros, renunciar aos próprios direitos potencialmente imensos, mas factualmente inexigíveis, para dar vida a um poder comum que seja capaz de proteger aqueles que lhe foram confiados: a essência do contrato político está na troca de proteção por obediência. A proteção tem duas faces: voltada para o interior, o soberano deve proteger cada súdito no que se refere a todos os outros; voltada para o exterior, deve protegê-los dos ataques que podem advir dos outros soberanos. O direito à segurança aparece nas primeiras Declarações dos Direitos, as americanas e a francesa de 1789, e chega à Declaração Universal dos Direitos do Homem. Estendeu-se muito além da proteção à vida e à liberdade no Estado social contemporâneo, a ponto de se tornar, com freqüência até em prejuízo de outros direitos, o objeto primário da ação do Estado. Nesse ínterim, nunca esteve ausente, embora geralmente não declarado nas cartas constitucionais, o dever do Estado de garantir a segurança de seus cidadãos no que se refere aos atentados que possam vir a ocorrer aos seus bens e às suas liberdades por parte de outros Estados. O mesmo direito de segurança que o cidadão tem em relação ao Estado, cada Estado tem em relação a todos os outros Estados. Aliás, a segurança do Estado como ente coletivo deve servir em última instância para garantir a segurança dos próprios cidadãos. Assim como a garantia do respeito ao direito de segurança dos cidadãos está no direito que o Estado tem de punir aqueles que a ameaçam, da mesma forma a garantia do direito de segurança do Estado, em relação a outros Estados, está no direito que o mesmo Estado tem de recorrer em última instância à força punitiva da guerra. Guerra e segurança (no seu aspecto externo) estão portanto estreitamente ligadas, e é exatamente essa conexão que confere à guerra, ainda que em casos limites, uma dignidade axiológica que a paz, naqueles mesmos casos, não tem. É contudo verdade que um Estado é mais seguro quanto mais esteja em paz (a guerra é o reino da *insecuritas*). Mas é também verdade que a paz entre entes soberanos é tão mais estável quanto mais um Estado, segundo o princípio de equilíbrio, seja capaz de ameaçar recorrer à guerra para defendê-la. A máxima fundamental da ética política, de uma ética na qual vale o princípio de que o fim justifica os meios, como foi dito, é *salus rei publicae suprema lex*. A salvação do Estado é a lei suprema para os governantes, mas, como reflexo, também para os governados. Enquanto lei suprema (suprema significa que lei superior a ela não há, ao menos na conduta política), ela compromete os governantes e, como reflexo, os governados a fazerem tudo aquilo que serve ao objetivo: os governantes têm o direito de pedir aos cidadãos até mesmo o sacrifício da vida, e os cidadãos têm o dever, o "sacro dever", tal como recita a Constituição de um Estado laico como a República Democrática Italiana (art. 52), de defender a pátria.

Na formulação de um juízo positivo sobre a guerra e negativo, por oposição, sobre a paz, a maior contribuição foi dada pela teoria do progresso, entendida, segundo a expressão kantiana, como a concepção da história para a qual a humanidade está em "constante progresso em direção ao melhor". Do ponto de vista da teoria do progresso, nas suas diferentes formulações, a execração da guerra é a expressão de um sentimento subjetivo que não tem qualquer conteúdo racional. Para o homem de razão, a guerra é um evento que não pode ser julgado independentemente de um juízo global sobre o curso histórico da humanidade na passagem obrigatória, necessária, da barbárie à civilização. A quem não se limita a julgar a guerra do ponto de vista dos próprios interesses e das próprias preocupações pessoais, mas a insira como um evento ordinário no movimento histórico universal, a guerra surge como um fator de progresso e, em contrapartida, a paz como um fator, em certas situações, de regresso. Em primeiro lugar, que a guerra tenha sido necessária, e ainda o seja, ao progresso técnico é um lugar tão comum que é até enfadonho repeti-lo. Em uma era propensa à exaltação dos sucessos da ciência, H. Spencer escrevia: "Ao corresponder às imperiosas exigências da guerra, a indústria fez grandes progressos e ganhou muito em capacidade e destreza. Na verdade, é para duvidar se na ausência do exercício da habilidade manual despertada primeiramente pela construção das armas teriam sido construídos os instrumentos exigidos pela agricultura e pelas manufaturas".[1] Se não tivesse existido a necessidade de derrotar a Alemanha nazista, os cientistas americanos teriam descoberto a fissão do átomo e uma nova forma de energia que inaugurou uma nova época da história humana? Que a guerra seja um fator de progresso técnico depende do fato de que a inteligência criadora do homem responde com maior vigor e com inúmeros surpreendentes resultados aos desafios que o conflito com a natureza e com os outros homens lhe impõem vez por outra, e a guerra é certamente um dos maiores desafios que um grupo social deve enfrentar para sua própria sobrevivência. Em segundo lugar, a guerra sempre foi

---

1. H. SPENCER, *Introduzione alla scienza sociale*, Fratelli Bocca editores, Turim, 1904, p. 181.

considerada como necessária ao progresso social da humanidade, porque torna possível a unificação de cada vez mais vastos agregados humanos. Escrevia Cattaneo: "(...) a guerra é perpétua sobre a face da Terra. E a própria guerra com a conquista, com a escravidão, com os exílios, com as colônias, com as alianças, coloca em contato entre si as mais remotas nações (...); funda o direito das pessoas, a sociedade do gênero humano, o mundo da filosofia".[2] Embora inferiores ao objetivo pelo qual surgiram, a Sociedade das Nações e a Organização das Nações Unidas — as primeiras tentativas de associação permanente e universal dos Estados — não foram um produto direto das duas guerras mundiais? Enfim, embora possa parecer nos dias de hoje incongruente, senão até mesmo grotesco, quando a potência exterminadora das armas pode agir à distância de milhares de quilômetros, quantas vezes a guerra foi exaltada pela contribuição que deu ao progresso moral da humanidade! Quantas vezes foi repetido que a guerra desenvolve energias que em tempo de paz não têm a possibilidade de manifestar-se e induz os homens ao exercício de virtudes sublimes, tais como a coragem, o sacrifício de si, o amor à pátria, que um longo período de paz mortifica! Para uma citação, não há dificuldade alguma além da escolha. E quando se trata de "inversão de valores", Nietzsche é insuperável: "Por ora não conhecemos outros meios [além das guerras] mediante os quais se possam comunicar a povos que vão se enfraquecendo a rude energia do campo de batalha, o profundo ódio impessoal, o sangue-frio homicida com boa consciência, o ardor geral na destruição organizada do inimigo, a soberba indiferença para com as grandes perdas, para com a própria existência e a existência das pessoas queridas, e o sombrio, subterrâneo abalo da alma, de modo igualmente forte e seguro, como o faz toda grande guerra".[3]

O *ideal da paz perpétua*

A filosofia da paz nasce quando por fim a filosofia da guerra exauriu todas as suas possibilidades e ao mesmo tempo demonstrou em relação ao aumento quantitativo e qualitativo das guerras toda a sua impotência. Parafraseando uma das afirmações mais célebres de Marx, poderíamos dizer que uma filosofia da paz nasce quando começamos a nos dar conta de que não se trata mais de interpretar a guerra, mas de mudá-la,

---

2. C. CATTANEO, *Scritti filosofici*, organizado por N. Bobbio, Le Monnier, Florença, 1960, vol. III, pp. 339-40.
3. F. NIETZSCHE, *Umano, troppo umano*, Adelphi, Milão, 1965, p. 265.

ou, em outras palavras, não se trata mais de encontrar sempre novas e mais engenhosas justificativas para a guerra, mas de eliminá-la para sempre. Mesmo que tenha tido precedentes, entre os quais o mais importante é com certeza o projeto do abade de Saint-Pierre (1713), o primeiro grande filósofo da paz no sentido aqui entendido foi Kant, que publica em 1795, em forma de tratado internacional, um projeto *Pela paz perpétua*.

Quem quiser explicar o significado histórico dessa obra deve enfatizar nem tanto a idéia da paz, mas o projeto de torná-la perpétua, vale dizer, de tornar pela primeira vez possível um mundo no qual a guerra seja eliminada de uma vez por todas como modo de solucionar as controvérsias entre os Estados.

Exatamente porque a paz foi sempre considerada a negação da guerra, o problema da paz foi sempre colocado como o problema de uma paz parcial que deveria pôr fim a uma guerra parcial ou a um período limitado no período de guerras em um lugar da Terra, como fim de uma determinada guerra ou de uma série de guerras limitadas, não como fim de todas as guerras possíveis. A *pax romana*, a única paz duradoura conhecida no mundo antigo, era a paz imposta por uma potência imperial dentro dos limites nos quais se estendera seu próprio domínio. Não é diferente o conceito da *pax britânica* ou *americana* (ou *soviética*) na era moderna e contemporânea. O ideal da paz universal estava contido na mensagem cristã mas era, por um lado, um ideal fora da história, ou, melhor dizendo, era o conceito de uma história profética (que é uma história apenas esperada ou imaginada, revelada por uma potência que está fora da história); por outro lado, ele pretendia se realizar na criação do império concebido como uma monarquia, se não concretamente, tendencialmente universal. Dissolvido o universalismo religioso com a Reforma e com a multiplicação das confissões e seitas cristãs, e contemporaneamente exaurida a pretensa universalidade do império com a formação dos grandes Estados territoriais, o ideal da paz universal foi abandonado. A solução dos inevitáveis conflitos entre Estados soberanos foi confiada ao equilíbrio das forças, que todavia não excluía —, aliás, em certo sentido incluía —, a guerra como remédio para o eventual, previsível e sempre presente desequilíbrio, e como causa de um novo equilíbrio. Durante o domínio da história do equilíbrio um dos constantes alvos polêmicos foi exatamente a idéia de uma monarquia universal considerada como uma perene ameaça à independência dos Estados. A idéia da paz universal não apenas perdeu vigor, mas foi condenada, não sendo concebida outra maneira através da qual pudesse ser realizada senão através de um grande Estado despótico.

Fora da doutrina do equilíbrio das potências, para a qual a paz é sempre um estado provisório e a guerra não apenas é sempre possível mas é, em caso de ruptura do equilíbrio, necessária, o tema da paz foi objeto de sermões ou pregações morais, produziu uma vasta mas ignorada literatura de invectivas contra os desastres e os lutos das guerras, de execração da violência sem freios em nome dos princípios da moral evangélica, de exaltação dos benefícios da concórdia e da convivência tranqüila. Uma literatura tanto mais difusa e emotivamente intensa quanto mais os horrores da guerra estivessem próximos e audíveis os lamentos das vítimas.

Uma solução racional do problema da paz universal só podia nascer da hipótese hobbesiana de um estado primordial da humanidade caracterizado pela guerra de todos contra todos, um estado tão perverso que dele o homem precisava absolutamente sair: a antítese radical da guerra de todos contra todos não poderia racionalmente ser outra senão a paz de todos com todos, exatamente a paz perpétua e universal. Mas Hobbes não deduziu todas as conseqüências das premissas. A primeira e fundamental lei natural, que impõe ao homem, segundo Hobbes, que saia do estado de guerra e busque a paz, induz os indivíduos naturais a dar vida àquelas comunidades parciais que são os Estados nos quais o titular do direito de usar a espada, isto é, a força coativa e, portanto, do poder de impedir no interior da própria esfera de comando as guerras privadas, é um só, o soberano. Mas os soberanos continuam a viver nas suas relações recíprocas no estado de natureza, e portanto em um estado perene de guerra, se não atual, potencial. Quais sejam as razões pelas quais Hobbes não projetou nem ao menos em um distante devir a superação do estado de natureza entre os Estados mediante esse mesmo pacto de união que fizera com que os indivíduos saíssem do estado de natureza, pode ser apenas objeto de conjecturas: a única afirmação que pode ser feita com certeza é que, na época em que viveu Hobbes, o ideal da paz perpétua não podia parecer senão uma quimera.

O tema hobbesiano está presente na mente de Kant. A paz perpétua só poderá ser realizada quando também os Estados tiverem saído do estado de natureza nas suas recíprocas relações, tal como dele saíram os indivíduos. Para alcançar o objetivo, devem estipular um pacto que os una em uma confederação permanente (*foedus perpetuum*). Olhando bem, também Kant pára a meio caminho: o pacto que deveria unir os Estados não é, segundo Kant, o *pactum subiectionis* com base no qual os contraentes se sujeitam a um poder comum: é um *pactum societatis*, que enquanto tal não dá origem a um poder comum acima de cada um dos contraentes. Juridicamente é uma confederação, que

Pufendorf incluiu na categoria das *respublicae irregulares*, não um Estado federal, do qual o primeiro exemplo na história foram os Estados Unidos da América, cujo nascimento, ocorrido poucos anos antes da publicação do seu opúsculo, Kant não ignorava. Usando as mesmas categorias kantianas, o estado jurídico de uma confederação, exatamente pela falta de um poder comum, continuaria sendo um Estado de direito provisório, e não teria se transformado em um Estado de direito peremptório. Qual seja a razão pela qual Kant tenha se detido na sociedade de Estados e não tenha chegado a propor um Estado de Estados, parece bem claro pelo texto: também Kant estava dominado pela mesma preocupação que induzira ou fautores do equilíbrio das potências a temer a formação de uma monarquia universal. O Estado de Estados era visto também por Kant como uma nova e inelutável forma de despotismo.

Todavia, para corrigir a solução incompleta do ponto de vista de uma teoria geral do Estado, Kant introduziu como garantia da eficácia do pacto uma condição até então não prevista e que pela sua novidade constitui ainda hoje um tema de debate: os Estados que estabelecem o pacto de aliança perpétua devem ter a mesma forma de governo, que deve ser a republicana. O que entendesse realmente Kant por república podemos aqui omitir, embora com a advertência de que não se deve confundir o significado kantiano de república com o atual. Essencial era para Kant uma forma de governo na qual o povo pudesse controlar as decisões do soberano de modo a tornar impossíveis as guerras como ato arbitrário do príncipe ou, para repetir as suas mesmas palavras que ainda hoje nada perderam da sua eficácia: "Se (...) é requerida a anuência dos cidadãos para decidir se a guerra deve ou não ser realizada, nada mais natural do que pensar que, tendo de fazer recair sobre si todas as calamidades da guerra (...), eles refletirão durante muito tempo antes de iniciar um jogo tão ruim".[4] De qualquer modo, qualquer que fosse a forma de governo almejada, na condição apresentada por Kant para a instauração de um estado de paz estável, faz-se valer também a exigência, tudo menos negligenciável, da homogeneidade dos Estados contraentes em relação ao seu regime interno, uma exigência que responde a um princípio de igualdade dos contraentes, não apenas extrínseca, uma vez que eles devem ser entes soberanos, mas também intrínseca, uma vez que devem ser entes soberanos regidos por constituições similares. Naturalmente, tal exigência não apenas deslocava a

---

4. I. Kant, *Per la pace perpetua* (1795), in ID., *Scritti politici e di filosofia della storia e del diritto*, Utet, Turim, 1956, 2ª ed. 1965, reimp. 1978, pp. 293-94.

realização da projetada confederação para um futuro muito distante, mas também limitava a sua possível extensão, como a limita ainda hoje. A união atual dos Estados é quase universal, mas exatamente, pelo fato de incluir potencialmente todos os Estados, não é homogênea, sendo irrelevante, no direito internacional, a forma de governo para fins do reconhecimento de uma comunidade política como Estado, conforme ao princípio de efetividade.

A idéia tipicamente iluminista de que a principal causa de guerra seria o despotismo, o poder incontrolável do príncipe, a idéia que sugerira a Kant o primeiro artigo do seu tratado para uma paz perpétua, estava destinada a trilhar um longo caminho no século seguinte, dando origem a uma das principais correntes do pacifismo, ao chamado pacifismo democrático, segundo o qual somente a derrubada dos tronos e a instauração de Estados fundados na soberania popular libertaria a humanidade do flagelo da guerra, ou, para usar a popularíssima forma mazziniana, a paz só seria assegurada quando a Santa Aliança dos reis fosse substituída pela Santa Aliança dos povos. Esta fórmula foi mal-interpretada quando se pretendeu negá-la observando que a história deste século mostrou que também os Estados democráticos conduziram guerras longas e sanguinárias. O que Kant queria afirmar, ou ao menos o que se pode ainda extrair de útil da proposta de Kant, é que os Estados democráticos, ou ao menos homogêneos em relação à forma de governo, chegam em suas relações recíprocas com mais dificuldade ao estado de guerra do que os Estados despóticos ou não homogêneos.

Esta tese foi recentemente retomada, ainda que com intenções apologéticas, para sustentar a impossibilidade de uma guerra entre os Estados que pertencem ao bloco das chamadas democracias ocidentais, e foi retomada exatamente a partir do pensamento de Kant.

A mesma tese, de resto, da impossibilidade de guerras entre países de regimes homogêneos foi sustentada também em relação aos países socialistas, ainda que com um argumento distinto: a razão principal das guerras modernas não seria tanto o despotismo, ou seja, o regime político, mas sim o capitalismo, em especial na fase extrema do imperialismo, vale a dizer, o regime econômico e social. Como conseqüência, a eliminação da guerra dependeria não da passagem do despotismo para a democracia, mas sim da vitória do socialismo sobre o capitalismo. Por mais que o historiador deva se abster de fáceis e quase sempre imprudentes generalizações, a experiência das últimas décadas, que sucederam ao fim da Segunda Guerra Mundial, induziria a dar mais razão aos sustentadores do pacifismo democrático do que àqueles que sustentam o pacifismo socialista: algumas guerras entre países socialistas, como aquela, embora apenas iniciada, entre União Soviética e China, aquela entre União Soviética e Tchecoslováquia, e aquela entre Vietname e Camboja, apresentaram questões às quais os próprios marxistas tentaram dar uma resposta, às vezes corrigindo ou reinterpretando os textos canônicos para fazê-los corresponder aos fatos, às vezes corrigindo ou reinterpretando os fatos para fazê-los corresponder aos textos.

Pacifismo institucional e pacifismo ético

Tanto o pacifismo democrático quanto o pacifismo socialista podem ser inseridos na categoria mais ampla do pacifismo institucional, vale dizer, naquela teoria ou conjunto de teorias que considera como causa precípua das guerras o modo pelo qual são reguladas e organizadas as relações de convivência entre indivíduos e grupos, que são contudo sempre, no limite, relações de força, ou seja, relações nas quais a solução decisiva do conflito cabe em última instância à força.

A instituição por excelência contra a qual se voltam ambas as doutrinas pacifistas, embora em uma perspectiva distinta, e com diferentes efeitos, é, no período histórico atual, o Estado. Com a seguinte diferença: o alvo de uma é o Estado despótico, uma forma particular de Estado, não o Estado em geral; o alvo da outra é o Estado capitalista, uma forma particular de Estado que todavia representaria na sua máxima explicação a essência mesma do Estado como instrumento de domínio de uma classe sobre a outra.

Dessa distinta posição do problema derivam conseqüências muito distintas, no fim das contas, opostas. O pacifismo democrático não visa à eliminação do Estado, mas à sua transformação, de modo que o poder dos governantes seja controlado pelos governados, na confiança ou na ilusão de que, se todos os Estados fossem governados democraticamente, o conflito entre Estados jamais chegaria à fase final do conflito armado. O pacifismo socialista — partindo da convicção de que todo Estado é por natureza despótico, é sempre uma "ditadura" de uma classe sobre a outra, até mesmo o estado de transição, enquanto ditadura do proletariado – visa, ao contrário, nem tanto à transformação de um determinado tipo de Estado, mas sim a eliminação ou extinção do Estado enquanto tal, visa a uma sociedade sem Estado.

A conclusão lógica do primeiro é a sociedade universal dos Estados, aliás, nas teorias mais avançadas, que foram além do projeto de Kant, uma federação de Estados, na qual a relação entre o Estado universal e cada um dos Estados deveria ser de mesmo tipo que a relação entre Estado central e Estados membros em um Estado federal democrático, como os Estados Unidos; a conclusão lógica do segundo é, ao contrário, o desaparecimento de qualquer forma de Estado. O primeiro vê a solução definitiva do problema da guerra entre Estados em um processo de gradual e cada vez mais ampla estatalização, ou seja, na formação de Estados cada vez mais amplos e de ligas de Estados cada vez mais sólidas, no mesmo tipo de processo que caracterizou o desenvolvimento das sociedades históricas, desde a tribo primitiva até os grandes Estados atuais, que são com freqüência, e não por acaso, eles mesmos aglomerados de precedentes Estados menores. O segundo vê a solução do problema no processo inverso de desestatalização até a instauração de uma forma de convivência nunca vista até agora, que se mantém unida não mais pela força, ainda que regulada e limitada, mas pela concórdia natural que se seguiria à abolição dos conflitos de classe. Ao término do primeiro processo, que é concebido como um processo evolutivo, inserido na própria natureza das coisas, haveria não o fim do reino da força, mas a expansão do reino da força, ainda que mantida a freios pelo controle popular, até incluir não apenas as relações internas dos Estados, mas também as suas relações externas. Ao término do segundo processo, que é concebido como um processo revolucionário, um verdadeiro e próprio salto qualitativo e ao mesmo tempo uma total mudança de rota em relação ao curso histórico da humanidade, haveria a transformação do reino da força em reino da liberdade.

Pode-se incluir no pacifismo institucional também o movimento pela paz que, particularmente vivo no século passado, mas não de todo extinto ainda hoje, se inspirou na idéia característica do pensamento liberal, segundo o qual o recurso à força para solucionar os conflitos internacionais cessaria automaticamente quando o *esprit de commerce*, ou da troca, para retomar as palavras de Benjamin Constant, houvesse pouco a pouco predominado sobre o *esprit de conquête*, ou de domínio, quando, com outra imagem, cara aos teóricos do livre-comércio, nas relações internacionais o comerciante tomasse o lugar do guerreiro. Na filosofia da história de Spencer, que representou a expressão mais conseqüente da doutrina liberal segundo a qual o Estado deve governar o menos possível, à expansão da sociedade civil, liberada dos empecilhos governativos, deve corresponder uma gradual redução dos poderes e das funções do Estado. A idéia do pacifismo mercantil revela-se na tese de que a era das sociedades militares, que caracterizou a história milenar do homem, seria gradualmente substituída pela era das sociedades industriais, cuja principal característica seria exatamente não ser necessário recorrer à violência do embate bélico para solucionar os problemas essenciais do desenvolvimento econômico e civil. Também essa forma de pacifismo é de tipo institucional, porque também ela vê o remédio para o desencadear das guerras na mudança da instituição estatal, mudança esta que consistiria na redução drástica de seus poderes tradicionais. Também para ele o alvo principal é o Estado, a instituição que deve ser considerada a causa principal de todos os tipos de guerras do passado, incluídas as guerras civis ou infra-estatais, embora se referindo não à forma de governo, como o pacifismo democrático, não ao sistema de domínio enquanto tal, como o pacifismo socialista, mas à relação entre a sociedade a ser expandida e o Estado a ser reduzido aos mínimos termos, vale dizer, à maior ou menor extensão dos poderes do Estado.

Em suma, o pacifismo institucional tomou estas três formas: não haverá paz verdadeira senão quando os povos conquistarem o poder estatal; não haverá paz verdadeira senão quando a organização militar tiver perdido grande parte do seu próprio vigor em proveito da organização industrial; não haverá paz verdadeira senão quando a sociedade sem classes tornar inútil a relação de dominação na qual sempre consistiu a organização política de uma determinada comunidade. Três pacifismos que se dispõem em três níveis de profundidade: no nível da organização política, o primeiro, da sociedade civil, o segundo, do modo de produção, o terceiro. O que têm em comum é a consideração da paz como o resultado de um processo histórico predeterminado e progressivo, no qual está inscrita como resultado necessário a passagem de uma fase histórica, na qual as diferentes etapas do progresso humano foram o efeito de guerras, para uma fase nova, na qual, ainda que por diferentes razões, reinará a paz perpétua, porque haverá de se desenvolver uma forma de convivência tão distinta daquela que caracterizou a história humana até hoje que será cada vez mais improvável a guerra como meio para solucionar os conflitos (concepção democrática da paz), ou, então, serão cada vez mais difundidos os conflitos que não precisam da guerra para ser solucionados (concepção mercantil da paz), ou então serão cada vez mais raros os mesmos conflitos pelos quais indivíduos e grupos, em outros períodos históricos, recorreram à guerra (concepção socialista da paz). A despeito da realidade histórica de uma sociedade humana sempre belicosa e conflitante, essas três filosofias da paz perseguem o ideal de uma sociedade respectivamente não-belicosa, ou então conflitante mas não-belicosa, ou então de todo não-conflitante.

Aquém do pacifismo institucional nas suas várias formas históricas, coloca-se um pacifismo menos ambicioso, ainda que menos eficaz, caso conseguisse o seu intento, que poderíamos chamar de instrumental, já que se propõe não tanto a mudar ou destruir as instituições às quais se atribui a causa primeira da guerra, mas sim a tirar das mãos dos sujeitos que têm o poder de fato, e o direito, de provocar e conduzir conflitos também violentos os meios dos quais o homem, diferente de todos os animais, se vale para exercer a violência: as armas. Para além do pacifismo institucional, coloca-se, ao contrário, uma forma de pacifismo muito mais ambicioso, e também mais eficaz se tivesse uma longínqua possibilidade de realização (mas de todos os pacifismos é o mais utópico), que poderíamos chamar de ético, porque busca a solução para o problema da guerra exclusivamente na natureza mesma do homem, nos seus instintos a serem reprimidos, nas suas paixões a serem direcionadas para a benevolência e não para a hostilidade, nas motivações profundas que podem impeli-lo ao bem ou ao mal segundo sejam orientadas em direção ao agir egoísta ou altruísta.

A política do desarmamento em relação à guerra tem a mesma natureza do proibicionismo em relação à luta contra a embriaguez. Vocês querem salvar o homem do alcoolismo? Poupem-se das pregações moralistas que não servem para nada; não percam tempo buscando as razões sociais, econômicas, políticas do alcoolismo. Impeçam-no de beber. O proibicionismo, tal como a política de desarmamento, constitui, nos seus diferentes âmbitos, a solução do mínimo esforço. Vocês querem impedir as guerras? Se pretendem transformar o ânimo dos homens, são uns iludidos; se querem transformar antigas e bem-enraizadas instituições que tanto no bem quanto no mal fizeram a história, não conseguirão. A única solução disponível é: "abaixo as armas" ("Die Waffen nieder!), como anunciava o título de uma revista pacifista alemã do fim do século passado, dirigida e idealizada por Bertha von Suttner). Quem tem um gato que arranha, evite mergulhar em especulações sobre a natureza do gato e sobre seus hábitos: corte-lhe as garras. Na verdade, afinal, também a via do desarmamento, como de resto a via do proibicionismo, não obteve grandes resultados. Os meios de destruição à disposição do homem não apenas não foram eliminados, não apenas não diminuíram, mas, em uma progressão cada vez mais acelerada, aumentaram. As numerosas conferências sobre o desarmamento depois da Primeira Guerra Mundial não impediram o acúmulo de armas cada vez mais poderosas, que tornou possível e mais desastrosa a Segunda Guerra Mundial. As primeiras duas bombas atômicas, de Hiroshima e Nagasaki, embora tendo provocado terrores apocalípticos junto à esperança de um *novus ordo*, em nada alteraram a estratégia tradicional das grandes potências que é a estratégia da segurança fundada na ameaça da força, tanto mais eficaz quanto mais crível, tanto mais crível quanto mais insolente. Pode-se discutir se o homem está em constante progresso em direção ao melhoramento de seus hábitos, da sua moralidade, da sua sabedoria. É indiscutível o progresso contínuo, constante, irreversível, da Idade da Pedra até os nossos dias, da potência dos meios para destruir e matar.

De todas as formas de pacifismo, o mais radical é o ético: mais radical no sentido de que considera que, para solucionar o problema da guerra, é preciso ir às raízes do fenômeno, ao próprio homem, e, portanto, a tarefa de declarar guerra à guerra cabe, mais do que aos juristas, mais do que aos diplomatas e aos políticos, aos curadores de almas e de corpos, sejam eles sacerdotes ou filósofos, pedagogos ou psicólogos, missionários ou antropólogos, moralistas ou biólogos, de modo que a razão última da guerra deve ser procurada em um defeito moral do homem, seja essa deficiência atribuída a um evento da história religiosa da humanidade (o pecado original) ou então explicada por meio das categorias da ética naturalista ou nacionalista (o domínio das paixões), ou seja, ao contrário, encontrada na sua natureza instintiva, na irrefreável agressividade, em parte natural e em parte cultural, que se descontrola diante da hostilidade da natureza ou de outro homem.

Essa forma de pacifismo encontra hoje uma de suas expressões mais difundidas em todas aquelas iniciativas que se reúnem em torno do tema "da educação para a paz". O fulcro desse movimento está na idéia de que haverá guerras enquanto houver um homem que considere outro homem como seu inimigo. O inimigo é alguém que deve ser aniquilado. É alguém que não pode existir se eu devo continuar a existir. A regra fundamental da relação inimigo-inimigo é a regra dos gladiadores no circo: *mors tua vita mea*. Tal relação não pode acabar senão com a vitória de um sobre o outro. Por mais variados e mais multiformes que sejam os enfoques escolhidos pela educação para a paz, ela tem, com maior ou menor consciência, esta motivação de fundo: "aja de modo a jamais considerar nenhum outro homem, por qualquer razão, seu inimigo". Daí a importância que assume o estudo da história, das guerras, das suas causas e dos seus efeitos, da violência intra-específica e extra-específica, nos animais e nos homens, o estudo da psicologia e da sociologia do conflito, das instituições jurídicas como conjunto de regras para a limitação do uso da força, o estudo das relações internacionais nas quais até agora a guerra foi julgada, em certas condições, legítima, o estudo da história dos instrumentos bélicos e de sua progressiva ampliação, seguida de uma precisa informação sobre a situação atual dos armamentos e da sua capacidade de supermatar [*superuccidere*] (*overkill*), vale dizer, matar inúmeras vezes o adversário; o estudo de todas as disciplinas, em suma, através das quais o educando pode ter uma idéia cada vez mais persuasiva e convincente daquela que, às portas da Primeira Guerra Mundial, foi denominada a "grande ilusão" (cada vez maior ainda que difícil de morrer), mesmo que não seja menor a ilusão de que a solução do problema da guerra, mesmo diante da ameaça da "mútua destruição garantida", dependa da mudança dos enfoques pedagógicos, em geral de uma ampliação de todos aqueles conhecimentos históricos, científicos e técnicos que se referem ao fenômeno da guerra e da paz.

No fundo, a educação para a paz, para além de uma maior insistência sobre uma possível guerra futura como situação-limite, ou seja, como situação além da qual poderia haver uma catástrofe sem precedentes, aquela que Jonathan Schell chamou de a "segunda morte"[5] (a morte não deste ou daquele homem, mas de toda a humanidade), não tem um conteúdo específico diferente da educação moral no mais amplo sentido da palavra, ou seja, da educação de cada homem para o respeito ao outro homem, que constitui o tema central do ensinamento moral, inspirado em uma religião profética como o cristianismo ou em filosofias laicas universalistas, como a kantiana, que extraiu do cristianismo o princípio da igual dignidade entre todos os homens como pessoas morais (diferente de todas as coisas, o homem tem um valor e não um preço) e o transformou no imperativo categórico: "Respeita todos os homens como fins e não como meios".

As raízes mais profundas do pacifismo ético devem ser buscadas no ideal do "novo homem", um ideal que entrou imperiosamente na história do Ocidente com o cristianismo, alimentou visões milenaristas e utopias políticas, ou político-religiosas, e inspirou todos os grandes movimentos revolucionários voltados para a criação de um *novus ordo*, que tem por pressuposto, exatamente, o novo Adão: tarefa imane, segundo Rousseau, do grande legislador que, para tomar a iniciativa de fundar uma nação, "deve sentir-se capaz de mudar a natureza humana".[6]

O *equilíbrio do terror*

Não obstante todas as doutrinas pacifistas e todos os movimentos pela paz dos últimos dois séculos, a paz atualmente repousa exclusivamente no equilíbrio do terror e na chamada estratégia da dissuasão. Mas que paz? Uma paz provisória; mais do que uma paz, uma trégua de

---

5. Cf. J. SCHELL, *The Fate of the Earth*, Alfred Knopf, Nova York, 1982 (ed. it.: *IL destino della terra*, Mondadori, Milão, 1982).
6. J.-J. ROUSSEAU, *IL contratto sociale*, II, 7, Einaudi, Turim, 1994, p. 57.

armas à espera de um evento extraordinário, tanto quanto foi extraordinária a explosão da primeira bomba atômica que fez com que os observadores mais conscientes afirmassem que se iniciava uma nova era da história humana. Um evento extraordinário, do qual não se vê no horizonte qualquer sinal de uma vinda próxima, que poderia ser um acordo pela destruição dos arsenais atômicos, como gostaria o pacifismo instrumental, ou então uma superação da atual e ainda persistente anarquia internacional, como gostaria o pacifismo institucional, ou então a substituição universalizada do estado de inimizade pelo estado de amizade, como gostaria o pacifismo ético.

Em relação ao antigo equilíbrio das potências, que dominou a cena internacional durante séculos, a única novidade da atual estratégia da dissuasão está na confiança de que a potência das novas armas seja tal a ponto de constituir pela primeira vez na história um deterrente capaz de não apenas impedir a agressão e, portanto, a guerra conduzida com armas nucleares, mas de torná-la, mais do que improvável, impossível. Em torno dessa confiança no poder taumatúrgico das novas armas surgiu uma lúgubre apologética do equilíbrio fundado em algo muito mais forte do que o *metus*: o *terror*.

O principal argumento dessa apologética consiste em afirmar que uma conflagração entre potências atômicas acabaria sem vencedores ou vencidos, e portanto tornaria a guerra, cujo objetivo é a vitória sobre o inimigo, totalmente inútil. A única prova histórica dessa confiança está na constatação de que de fato, não obstante a explosão de inúmeras guerras, também cruentas, conduzidas com armas convencionais, a guerra entre as duas maiores potências atômicas ainda não ocorreu, e a única vez na qual chegamos perto da ameaça de represália atômica, no caso dos mísseis soviéticos em Cuba, no ano de 1962, a parte ameaçada preferiu retirar-se.

Mas esse raciocínio é frágil, no mínimo por duas razões: em primeiro lugar, o espaço de tempo transcorrido é demasiado breve para que se possa extrair qualquer conseqüência em relação a um próximo e muito menos a um distante futuro. Em segundo lugar, não há razão para se pensar que, se a terceira guerra mundial ainda não foi deflagrada, isto se deve unicamente ao equilíbrio do terror. Se é difícil estabelecer as causas do que ocorreu, é ainda mais difícil estabelecer as causas pelas quais aquilo que não aconteceu não aconteceu.

Além disso, a doutrina do equilíbrio do terror deu origem a alguns paradoxos, entre os quais os dois principais são os seguintes. Admitindo-se que seja verdade que a posse das armas nucleares torna impossível a guerra, segue-se que tais armas são armas cujo objetivo não é serem usadas por um dos dois contendedores contra o outro, mas impedir que ambos as usem. Enquanto tal, são armas cuja eficácia final depende não do seu uso efetivo, mas simplesmente da ameaça do seu uso. São portanto instrumentos distintos de todos os outros instrumentos, uma vez que são construídos não para serem usados, mas sim com a precisa intenção de jamais serem usados. O outro paradoxo consiste no fato de que o equilíbrio do terror não serve para eliminar a guerra, mas apenas a guerra nuclear. À sombra das armas nucleares nunca houve tantas guerras convencionais como nos últimos quarenta anos. As armas nucleares paralisam-se reciprocamente. A ameaça da guerra nuclear impede apenas a guerra nuclear, vale dizer, um tipo de guerra que antes não era possível devido à própria inexistência dessas armas.

A principal dificuldade da doutrina do equilíbrio do terror é que ela se funda na eficácia do temor recíproco, mas o temor recíproco pressupõe, por sua vez, a igualdade das forças. Mas essa igualdade é possível? Seria possível apenas na condição de que houvesse critérios unívocos para calcular a quantidade e a qualidade das forças em campo, o que é continuamente posto em dúvida pelos especialistas. A conseqüência dessa dificuldade revela-se no fato de que cada uma das superpotências está inclinada a sustentar que o adversário tem forças superiores e extrai dessa avaliação o pretexto para levar seus próprios armamentos a um nível mais alto. Prova disso é que o tão proclamado equilíbrio em todos estes anos nunca foi alcançado, e os instrumentos da megamorte cresceram continuamente em ambas as partes de modo que o equilíbrio se desequilibrou, e sempre se reequilibrou em um nível superior. Não há qualquer sinal encorajador de que esse processo de equilíbrio instável no qual a igualdade das forças, quando é reconhecida por uma das partes não é reconhecida pela outra, esteja prestes a cessar.

Se admitirmos, como creio que se deva admitir, que o equilíbrio do terror a longo prazo é absolutamente inadequado ao objetivo a ele atribuído pelo interesse de seus fautores, e portanto é ineficaz, deve-se dar uma passo além: mostrar que não apenas não é eficaz, mas é contraproducente. O aumento vertiginoso da potência das armas pode, sim, afastar o perigo da guerra, mesmo que não a exclua, mas estabelece ao mesmo tempo as condições para uma guerra cada vez mais arrasadora. O terror posterga a guerra, mas esta, à medida que é postergada, torna-se, caso viesse a ser deflagrada, cada vez mais destrutiva. No instante mesmo em que o terror afasta o perigo do extermínio, prepara-o com meticuloso cuidado: pretende ser a verdadeira barreira contra a catástrofe, mas se esta vier a realizar-se, será a filha do terror.

A guinada produzida pela era atômica, a nova era que fez com que alguns afirmassem que seria necessário iniciar um novo sistema de periodização da história, impunha aos Estados que abandonassem a lógica da vontade de potência. Com a doutrina do equilíbrio do terror, continuaram totalmente aprisionados a ela. Que cada um dos dois contendedores justifique o contínuo aumento da sua própria potência sustentando que deve defender-se da possível agressão do outro faz parte de um jogo tão antigo que não surpreende a ninguém mais. Um jogo além do mais ambíguo, para não dizer contraditório, porque no instante mesmo em que ambos dizem a mesma coisa, isto é, que o agressor é o outro, nenhum dos dois é um verdadeiro agressor, do seu próprio ponto de vista, mas todos os dois são agressores do ponto de vista do outro. Esta ambigüidade é o efeito do medo recíproco, e o medo recíproco, é por sua vez, o efeito do postar-se um diante do outro como potenciais agressores. Além disso, em uma situação de medo recíproco, um não confia no outro, e não confiando, a desconfiança aumenta. A única coisa na qual os dois adversários devem ser críveis é na capacidade de tornar efetiva a ameaça, de não "blefar". Nenhum dos dois deve confiar quando o outro diz que não quer atacar, e portanto cada um deles deve estar sempre pronto a defender-se; deve, no entanto, confiar quando o outro afirma que, se atacado, será capaz de cumprir um exemplar revide, e portanto estar sempre pronto a renunciar à agressão. Cada um dos dois deve acreditar não nas boas intenções do outro de não agredir, mas na sua capacidade de revide. Deve, em suma, no que se refere ao seu outro em relação a si mesmo, acreditar e não acreditar, e, ao mesmo tempo, no que se refere ao próprio comportamento em relação ao outro, ser crível e não-crível.

Que a doutrina do equilíbrio do terror seja a continuação da tradicional política de potência pode ser confirmada pela constatação de que o estilo diplomático com que são conduzidas as negociações para o desarmamento de ambas as partes, não obstante o fato de que as armas que são objeto das negociações sejam nem tanto as armas tradicionais, mas as armas nucleares, que põem em dúvida o "destino do homem"[7] (Karl Jasper) ou, se quisermos, o "destino da Terra" (Jonatham Schell), não mudou, mas continua a ter como ingredientes principais a mentira calculada, a chantagem recíproca, enunciações de princípio nas quais ninguém acredita, promessas nas quais ninguém confia, propostas de uma das duas partes que são imediatamente rejeitadas pela outra parte como

---

7. Cf. K. JASPERS, *Die Atombombe und die Zukunft des Menschen*, Munique, 1958 (ed. it.: *La bomba atomica e il destino dell'uomo*, Il Saggiatore, Milão, 1960).

divagações que não devem ser levadas demasiado a sério. Não parece que as coisas tenham mudado muito desde que Rousseau, comentando o projeto de paz perpétua do abade de Saint-Pierre, escrevia: "De tempos em tempos, junto a nós, formam-se, sob o nome de congressos, espécies de dietas gerais às quais se conflui solenemente de todas as partes da Europa para delas retornar do mesmo modo; nas quais nos reunimos para nelas nada dizer; nas quais todas as questões públicas são tratadas em privado; nas quais se delibera em comum se a mesa será redonda ou quadrada, se a sala terá mais ou menos portas, se um certo plenipotenciário terá a janela em frente ou atrás, se alguém, em uma visita, encompridará ou encurtará a rua em duas polegadas, e sobre mil questões de mesmo espírito, inutilmente agitadas já de há três séculos e por certo muito dignas de manter ocupados os políticos do nosso século".[8]

São inumeráveis as formas e os tipos de paz das quais podemos ter conhecimento através da história, e não menos inumeráveis os critérios com base nos quais a classificação foi tentada por vários autores. Aron distingue três tipos de paz aos quais denomina "potência", "impotência", "satisfação". Em um dos dois extremos está a paz de potência da qual distingue três subespécies, que chama de paz de "equilíbrio", de "hegemonia", de "império", segundo os grupos políticos estabeleçam entre si uma relação de igualdade, ou desigualdade, fundada na preponderância de um sobre todos os outros (como ocorre no caso dos Estados Unidos em relação a outros Estados da América), ou sobre um verdadeiro e próprio domínio (como, por exemplo, a *pax romana*). No outro extremo está a paz de satisfação, que tem lugar quando em um grupo de Estados nenhum tem pretensões territoriais ou de outro tipo em relação aos demais e as suas relações são fundadas na confiança mútua (o exemplo atual mais evidente é a paz existente entre os Estados da Europa ocidental depois da Segunda Guerra Mundial). No meio, há a paz de impotência, um evento novo, segundo Aron, sendo fundada no estado que, depois do advento da guerra atômica, recebe o nome de "equilíbrio do terror", definido como aquele que "reina entre as unidades políticas se cada uma delas tem a capacidade de ferir mortalmente a outra".[9] Esta definição é idêntica àquela que Hobbes deu do estado de natureza, onde observa, precisamente no início da descrição desse

---

8. J.-J. ROUSSEAU, *Estratto del progetto di pace perpetua dell'Abate di Sain-Pierre* (1761), in ID., *Scritti politici*, organizado por M. Garin, Laterza, Roma-Bari, 1994, vol. II, p. 331.

9. R. ARON, *Paix et guerre entre les nations*, Calmann-Lévy, Paris, 1962; ed. it.: *Pace e guerra tra le nazioni*, Edizioni di Comunità, Milão, 1970, 2ª ed., 1983, p. 197.

estado, que a sua extrema periculosidade deriva exatamente do fato de que nele todos os indivíduos são iguais e são iguais exatamente porque cada um pode causar ao outro o maior dos males, a morte. O estado de natureza hobbesiano é o estado do equilíbrio do terror permanente, fundado que é exclusivamente no "temor recíproco": um estado que, como o atual equilíbrio do terror entre as potências atômicas, quando não é uma guerra aberta, é uma trégua à espera de uma guerra improvável, mas sempre possível. Paradoxalmente, a paz de impotência é o efeito conjunto do antagonismo de dois entes iguais e contrários, no qual a importância de cada um dos dois deriva da potência do antagonista.

O *Terceiro para a paz*

Tal como o estado de natureza hobbesiano, o estado de equilíbrio do terror é um estado do qual o homem deve absolutamente sair, seja este "deve" entendido como um imperativo categórico, uma norma moral absoluta, ou um imperativo hipotético, uma regra de prudência, seja que nos coloquemos do ponto de vista de uma moral deontológica e da ética weberiana da convicção, ou do ponto de vista de uma moral utilitarista e da ética weberiana da responsabilidade. Mas como? Parece improvável que possamos dela sair sem a presença de um Terceiro não envolvido. Em um estado de equilíbrio das forças entre iguais, o único instrumento de paz é o acordo. Mas para que um acordo seja eficaz e alcance o objetivo para o qual foi estabelecido, é preciso que os dois contraentes se considerem peremptoriamente obrigados a observá-lo. Ora, essa obrigação não acontece em um estado de incerteza, ou seja, em um estado no qual nenhum dos dois está seguro da observância do outro. Essa situação foi definitivamente descrita por Hobbes: "[No estado de natureza] quem cumpre em primeiro lugar não tem qualquer garantia de que o outro cumprirá em seguida, porque os vínculos das palavras são demasiadamente frágeis para pôr freios à ambição, à avareza, à ira e às outras paixões dos homens, sem o temor de algum poder coercitivo, que não se pode supor exista no estado de mera natureza, onde todos os homens são iguais e juízes da justeza dos seus temores. Por isso, quem cumpre em primeiro lugar nada mais faz do que se entregar ao seu inimigo, contra o direito [...] de defender a própria vida".[10] Considerando o modo através do qual avançam as negociações para o desarmamento entre as grandes potências, não tardaremos a re-

---

10. TH. HOBBES, *Leviatano*, XIV.

conhecer a exatidão da hipótese hobbesiana. Quem começa antes em uma situação na qual não está seguro de que o outro faça o mesmo não estará, afinal, se colocando nas mãos do outro? Então, ninguém começa. Uma coisa é o estabelecimento verbal de um pacto, outra coisa a sua observância. Os pactos sem a espada de um ente superior aos dois contraentes são, ainda segundo Hobbes, um simples *flatus vocis*.

A importância do Terceiro em uma estratégia de paz nunca será suficientemente enfatizada. A guerra tem essencialmente uma estrutura diádica e tende a fazer convergir os beligerantes, por muitos que sejam, em direção a dois pólos. Ocorre às vezes a presença de um Terceiro também em um conflito armado, que pode encarnar a figura de *Tertium gaudens*, vale dizer, daquele que, sem desejar, obtém um benefício dos danos que os dois contendedores se causam, ou do bode expiatório que é, ao contrário, aquele de quem ambos os contraentes obtêm benefício, ou do semeador de discórdia, que é quem provoca a guerra entre os demais para dela obter conscientemente um benefício (com base no princípio do *divide et impera*). Mas nenhum desses Terceiros é essencial para a condução da guerra: são todos figuras marginais. Quando o Terceiro torna-se um aliado de uma das duas partes, perde completamente o papel de Terceiro. Quando permanece neutro, encontra-se em uma situação de estraneidade ao conflito. Com base na presença ou ausência de um Terceiro em um conflito, funda-se a distinção, já mencionada, entre estado polêmico, do qual o Terceiro está excluído, e estado agonal, no qual existe o Terceiro e que, portanto, pode ser chamado de Terceiro incluso. O primeiro, que é o estado de guerra por excelência, é diádico; o segundo, que é por excelência o estado de paz, vale dizer, aquele no qual os conflitos são solucionados pela presença de um Terceiro sem que seja necessário recorrer ao uso da força recíproca, é triádico.

São duas as figuras principais do Terceiro-para-a-paz: o árbitro (*Tertium super partes*) e o mediador (*Tertium inter partes*). O árbitro pode, por sua vez, ou ser imposto do alto, ou auto-impor-se, ou ser escolhido pelas suas próprias partes. De qualquer modo, deve ser reconhecido pelas partes para poder desempenhar sua própria função: o efeito do reconhecimento consiste no fato de que os dois litigantes se empenham em aceitar sua decisão, qualquer que seja, e, aceitando-a, põem fim ao litígio. A decisão acertada nem sempre é executada. Por isso é necessário ulteriormente distinguir o árbitro que tem à sua disposição um poder coativo tão forte a ponto de ser capaz de obrigar o recalcitrante, do árbitro que não tem esse poder. O primeiro pode ser apropriadamente chamado, para retomar o título de uma célebre obra de teoria política, de *Defensor pacis*. O mediador pode ser, na sua função mais fraca, aquele que coloca em contato as partes, ou então, na sua função mais forte, aquele que intervém ativamente com o objetivo de fazer com que as partes cheguem a um compromisso. Nessas segundas vestes chama-se, não por acaso, pacificante (e, quando o personagem é de grande autoridade, pacificador).

Entre dois contendedores a paz pode nascer ou da vitória de um sobre o outro, e então se tem a paz de império, ou então da presença de um Terceiro árbitro ou mediador. Na atual situação das relações entre as duas grandes potências, caracterizada pelo equilíbrio do terror, não se considera nem desejável nem possível a primeira, que viria ao final de uma guerra catastrófica. Mas existe um Terceiro-para-a-paz do qual se possa esperar uma solução distinta daquela da paz de império? Uma paz negociada, uma paz de compromisso, ou, enfim, para retomar a tipologia de Aron, uma paz de satisfação? No atual sistema internacional esse Terceiro não existe, nem desponta no horizonte algum no qual se possa crer. *Tertium super partes* deveria ter sido, nas intenções de seus promotores, abalados pelos efeitos da Segunda Guerra Mundial, a Organização da Nações Unidas. Porém, tendo nascido como associação de Estados, e não como superestado (numa ordem estatal o direito de veto seria inconcebível), é demasiado fraca para impor-se aos Estados mais fortes que de fato a desprezam e dela se servem, quando dela se servem, unicamente para fazer valer seus próprios interesses e para tentar dificultar a satisfação dos interesses dos demais. Terceiros acima das partes são idealmente, mesmo que nem sempre, na verdade, as Igrejas cristãs, um soberano da ordem religiosa universal, como o papa, os movimentos pacifistas surgidos nos últimos anos, sobretudo na Europa ocidental e nos Estados Unidos (os movimentos pacifistas da Europa do Leste são movimentos de partido), de inspiração religiosa ou político-religiosa, tal como os movimentos pela não-violência, ou política. Mas a sua autoridade é exclusivamente espiritual e moral: uma autoridade que, por mais alta e tendencialmente universal, nunca impediu em todo o curso da história humana, dominada pela vontade de potência, os "inúteis massacres". Quanto ao Terceiro entre as partes, é um papel ao qual poderia aspirar a Europa se não estivesse ainda agora, e talvez irremediavelmente, dividida em zonas de influência respectivamente dos Estados Unidos e da União Soviética, dilacerada entre duas diferentes lealdades que a impediram de encontrar uma unidade política correspondente e conforme à sua unidade cultural, afinal já de há séculos existente. Quando a hegemonia da União Soviética sobre a China chegou ao fim, e a China começou a desempenhar um papel relativamente autônomo na ordem internacional, começou-se a pensar que o sistema bipolar se transformaria em um sistema tripolar. Mas, deixando de lado o fato de que a previsão mostrou-se prematura, a China não seria um Terceiro mediador, mas, na melhor das hipóteses, um *Tertium gaudens*, e na pior das hipóteses um aliado disponível a ambos, segundo as circunstâncias, e portanto seria, em ambos os casos, uma típica figura do Terceiro-para-a-guerra. Enfim, existe uma grande organização de Estados supostamente neutros ou independentes dos dois blocos que foi denominada do Terceiro Mundo. Mas ela é, como Terceiro-acima-das-partes, demasiado fraca por falta de coesão interna, como Terceiro-entre-as-partes, desfruta de pouca autoridade, já que constituída em grande parte por Estados em desenvolvimento. Que afinal um Terceiro-acima-das-partes possa nascer artificialmente, segundo a hipótese hobbesiana, a partir de um *pactum subiectionis* entre os Estados, ou seja, pela renúncia dos Estados mais fortes ao uso indiscriminado da sua própria força e da constituição voluntária e irreversível de uma força comum, é, no estado atual da luta pela hegemonia dos dois grandes Leviatãs, absolutamente impensável. Por outro lado, é impensável que uma situação como aquela do equilíbrio do terror, que só se mantém através de um contínuo crescimento da capacidade de ambas as partes ser cada vez mais "terríveis", possa durar até o infinito, mesmo que seja apenas pelo simples fato de que vivemos em um universo finito e finitos são os recursos dos quais o homem pode dispor para aumentar a sua própria potência. Que a humanidade deva sair do estado de equilíbrio do terror já é uma certeza absoluta. Mas ninguém, nem mesmo aqueles que detêm em suas mãos o supremo poder de vida e de morte, é capaz de dizer se, como e quando essa saída poderá se concretizar.

A proposta denominada "iniciativa por uma defesa estratégica" (SDI), anunciada pela primeira vez pelo presidente dos Estados Unidos, Ronald Reagan, em 23 de março de 1983, polêmica e comumente chamada de "guerra nas estrelas", foi apresentada como um verdadeiro salto qualitativo nas relações entre as duas grandes potências, como um modo de responder à aspiração universal de esconjurar o apocalipse nuclear, uma vez que, dispondo de um escudo espacial de tal amplitude e precisão capaz de impedir o lançamento, ou a trajetória, ou a chegada dos mísseis adversários, a correlação direta entre segurança e ameaça de extermínio, sobre a qual se fundou a estratégia da era pós-atômica, perderia sua validade. A idéia fundamental sobre a qual se sustenta a nova estratégia consiste na tentativa de substituir a corrida por armas ofensivas cada vez mais mortíferas pela corrida por aparatos de defesa cada vez mais protetores, o desencorajamento através do medo do outro pelo desencorajamento mediante a própria falta de medo. O debate está em andamento. Trata-se de saber, em primeiro lugar, se tal sistema de defesa é tecnicamente possível e se, portanto, responde ao objetivo; em segundo lugar se, posto que seja possível no estado atual das armas, não poderia vir a ser superado por novas armas ofensivas ainda não inventadas, de modo que, nesse caso, nada faria além de reacender a disputa entre os dois grandes e aumentar o risco e a gravidade do embate final; em terceiro lugar, se a posse do escudo espacial, que daria a apenas um dos dois o privilégio da invulnerabilidade, não poderia torná-lo, novo Aquiles, mais forte e mais ousado no ataque, exatamente uma das mais célebres máximas de Maquiavel: "(...) e antes se procura não ser ofendido, e depois se ofende os demais".[11]

II.

RELAÇÕES INTERNACIONAIS E MARXISMO

Nos últimos anos, foi particularmente intenso e vivo o debate sobre a suposta existência de uma teoria marxista do Estado. Pelo menos na Itália. Mas até agora o debate teve por objeto o Estado do ponto de vista das suas relações entre governantes e governados, o tema clássico das formas de governo, tanto é verdade que os dois termos principais do debate foram sempre "democracia" e "ditadura". Mas o Estado tem duas faces, uma voltada para o seu próprio interior, onde as relações de domínio se desenvolvem entre aqueles que detêm o poder de estabelecer e fazer respeitar normas vinculantes e os destinatários dessas normas, e a outra voltada para o exterior, onde as relações de domínio se desenvolvem entre o Estado e os outros Estados. Não há manual de direito público que, tendo de enfrentar o problema da soberania, não comece afirmando que a soberania tem dois aspectos, um interno e outro externo. A distinção entre soberania interna e soberania externa é, por assim dizer, o á-bê-cê da teoria do Estado.

Até agora — refiro-me em particular ao debate que se desenvolveu na Itália nos últimos anos, especificamente em duas coletâneas de escritos, *Il marxismo e lo stato* (1976) e *Discutere lo stato* (1978), publicadas respectivamente por duas revistas da esquerda, *Mondoperaio* e *Il Manifesto* — a discussão surgida da pergunta "Existe uma teoria marxista do Estado?" referiu-se exclusivamente ao problema do Estado

---

11. N. MACHIAVELLI, *Discorsi sopra la Prima Deca di Tito Livio*, I, 46, organizado por C. Vivanti, Einaudi, Turim, 1983, p. 164.

nas suas relações internas, e deixou quase completamente na sombra o problema das relações internacionais. Considero que o debate interno à teoria marxista do Estado não pode ser dado como exaurido enquanto não for enfrentado com igual imparcialidade (e livre de preconceitos) esse segundo aspecto. A enfrentar esse tema induzem-nos clamorosos acontecimentos recentes que, contra o modo tradicional — e tornado acriticamente convencional — de considerar as relações entre Estados por parte da crítica marxista corrente, nos levam a formular em relação a esse problema o mesmo tipo de pergunta que foi formulada a respeito das relações internas: "Existe uma teoria marxista das relações internacionais e, se existe, qual é?". Eu gostaria de esclarecer, para evitar os equívocos e as habituais críticas dos bem-informados, que não se trata de um problema novo, como não era novo o problema da relação entre democracia e socialismo. Simplesmente se tornou atual exatamente porque, se democracia e ditadura eram conceitos e realidades conhecidas há séculos, sobre de que tipo poderiam ser as relações entre Estados socialistas só era possível oferecer uma teoria *a priori*, isto é, formular uma hipótese, enquanto não existissem realmente mais Estados socialistas (ou que se considerassem e pretendessem ser considerados como tais).

Creio seja dispensável enfatizar a diferença fundamental existente entre o tipo de relações que se estabelecem entre o Estado e os seus membros, e o tipo de relações que se estabelecem entre um Estado e outros Estados. Limito-me a chamar a atenção para a diferença fundamental, mesmo que seja uma banalidade: no que se refere aos seus cidadãos, o Estado detém o monopólio da força legítima, enquanto não o detém no que se refere aos outros Estados. Nas relações internacionais, a força como fonte do poder é usada em regime de livre concorrência, livre, entenda-se, como é toda forma de concorrência que nunca se estabelece entre entidades perfeitamente iguais. O número desses entes pode mudar: podem ser muitos ou poucos (neste caso, fala-se de oligopólio). Podem também ser apenas dois, como acontecia pelo menos até pouco tempo atrás no sistema internacional dominado por Estados Unidos e União Soviética. Importante é que sejam mais de um. Lá onde os entes soberanos, e como tal independentes, são mais de um, a sua relação é uma relação qualitativamente distinta da relação entre Estado e cidadãos, porque é uma relação de tipo contratual, cuja força vinculante depende exclusivamente do princípio de reciprocidade, enquanto a relação Estado-cidadão é uma relação, não importa o que digam, também no Estado democrático, entre superior e inferior, do tipo comando-obediência. Uma vez que a fonte última do poder político é a força — entendo por poder político, de fato, o poder que se vale, como instrumento para obter os efeitos desejados, da força física, ainda que em última instância —, a diferença entre uso da força em regime de monopólio e o uso da força em regime de livre concorrência é que apenas neste segundo caso o uso da força pode se transformar naquele fenômeno tão característico das relações entre grupos independentes, sejam eles Estados no sentido moderno da palavra ou outro, que é a guerra. Prova disso é que, quando no interior de um Estado as relações entre os aparatos do Estado destinados ao uso da força e grupos organizados de cidadãos se transformam em relações de guerra, como no caso da guerrilha ou até mesmo da guerra civil, dizemos que o Estado está em desagregação, que o Estado não é mais um Estado no sentido próprio da palavra. Todavia, mesmo que existam em situações extremas guerras no interior dos Estados, o tema da guerra está tradicionalmente ligado ao tema do Estado nas suas relações com os outros Estados, e é em substância o tema por excelência de qualquer teoria das relações internacionais. Também historicamente o nexo é claro: a teoria do Estado moderno avança lado a lado com a teoria da guerra, ou seja, o *De iure belli ac pacis* de Grotius (1625) está no meio dos dois grandes tratados sobre o Estado, nos quais é apresentado em novos termos o problema central da soberania como caráter fundamental do grande Estado territorial, a soberania entendida exatamente como o poder exclusivo de dispor da força em um determinado território: *A República* de Bodin (1576) e *O Leviatã* de Hobbes (1651).

Apresentada essa premissa, e voltando a Marx e à teoria marxista do Estado do ponto de vista não mais das relações internas mas das relações externas, o problema pode ser formulado também nos seguintes termos: "Existe uma teoria marxista da guerra?". Uma pergunta desse tipo foi colocada violentamente na ordem do dia do debate teórico da esquerda nos últimos anos, desde que alguns acontecimentos internacionais, especialmente algumas guerras, porque em última instância se trata sempre da guerra quando se estuda o problema das relações entre Estados, parecem ter desmentido a teoria predominante ou que se julgava predominante da guerra no âmbito do marxismo teórico nas suas diversas articulações.

Não é o caso de esboçar, nem mesmo *grosso modo*, um mapa das principais teorias da guerra (sobre as quais já me detive em outros escritos).[12] Sinteticamente, mas com discreta aproximação, pode-se afir-

---

12. Particularmente em *Il problema della guerra e le vie della pace* (1966) e *L'idea della pace e il pacifismo* (1975), ambos agora no volume *Il problema della guerra e le vie della pace*, il Mulino, Bolonha, 1979, 4ª ed., 1997.

mar que desde que os escritores políticos se colocaram o problema da paz universal e perpétua diante da intensificação e do agravamento das guerras entre os grandes Estados europeus, se alternaram e opuseram duas teorias principais da guerra, que podem ser redefinidas respectivamente como teoria do primado do político, aquela liberal e democrática, e como teoria do primado do econômico, aquela marxista. Para os escritores liberais e democráticos, a começar por Kant, que considerava ser a forma de governo republicana a condição necessária para o estabelecimento da paz perpétua, as guerras foram o natural produto do despotismo, vale dizer, de uma forma de governo na qual o poder do príncipe é exercido sem qualquer controle. Na tradição marxista, ao contrário, as grandes guerras entre Estados soberanos dependem não do regime político, mas da estrutura econômica: em poucas palavras, as guerras estão e estarão, também no futuro, enquanto sobreviver, ainda que em parte, o estado de coisas existentes, estreitamente ligadas à estrutura capitalista da sociedade. Tanto nos escritos teóricos dos marxistas, mesmo que de distinta orientação política, quanto nos documentos oficiais dos partidos socialistas e comunistas, a guerra, entenda-se a guerra entre Estados soberanos, a começar pela guerra franco-alemã de 1870, até a Primeira Guerra Mundial, é sempre interpretada e execrada como uma conseqüência necessária, inelutável, do capitalismo. "As guerras — lê-se na moção final do congresso da Segunda Internacional de Stuttgart (1907) — pertencem à essência do capitalismo e só cessarão quando for suprimido o sistema capitalista". No primeiro *Manifesto da Internacional Comunista* (6 de março de 1919), lê-se: "Por longos anos o socialismo predisse a inevitabilidade da guerra imperialista e entreviu sua causa na insaciável cobiça das classes abastadas dos dois maiores concorrentes e em geral de todos os países capitalistas".

Despotismo, isto é, um determinado sistema político, ou então, capitalismo, isto é, um determinado sistema econômico? Este é o problema. Ainda hoje a polêmica miúda não se afasta muito dessa alternativa, simplista e simplificadora como todas as alternativas. Em outras palavras, para um marxista o perigo maior de guerra virá sempre através dos Estados capitalistas, mesmo que democráticos; para um democrata, o perigo maior, ou seja, da guerra universal, se adensa cada vez mais no horizonte pela presença de regimes despóticos, mesmo que socialistas.

Na verdade, poderíamos começar observando que o principal tema político de reflexão e investigação histórica por parte de Marx não foi tanto o tema da guerra, mas o da revolução. Falo do tema principal relacionado ao problema das relações de força entre grupos organizados em conflito entre si. Marx, e não apenas Marx, estava convencido de que a história da humanidade tinha entrado na era das revoluções; e não as guerras, mas as revoluções seriam a partir de então a causa das grandes transformações das relações sociais. Essa convicção, que produzira uma verdadeira guinada na concepção da história, não mais concebida como um progresso de tipo evolutivo ou contínuo, mas como um progresso entrecortado por saltos qualitativos e portanto descontínuo, formou-se através da reflexão sobre a Revolução Francesa, julgada tanto no bem quanto no mal, seja por aqueles que a exaltaram, seja por aqueles que a execraram, seja por aqueles que se limitaram a escrever a sua história, como um marco histórico. Basta pensar em Kant, que, embora condenando o regicídio como o mais infame dos delitos, vira no entusiasmo com que a Revolução fora recebida uma prova da disposição moral da espécie humana. E isso sem mencionar Hegel, que na *Fenomenologia do espírito* (e portanto não distante do acontecimento) interpreta a Revolução Francesa como uma figura da história universal (a figura da "liberdade absoluta"). A Revolução Francesa fez parecer possível, pela primeira vez na história da humanidade, aquela transformação radical, aquela "renovatio ab imis fundamentis" que até então fora apenas idealizada pelos profetas, por rebeldes mistificadores, por utópicos doutrinários; levou a acreditar que se até então os filósofos haviam descrito a cidade ideal, a começar por Platão, agora era possível realizá-la com um esforço consciente, racional e coletivo. Que a Revolução Francesa fosse para Marx, como de resto para todos os escritores socialistas, mesmo antes de Marx (tanto para Saint-Simon quanto para Fourier), uma revolução incompleta ou falida, não significava que a revolução enquanto tal, isto é, a verdadeira e não apenas aparente inversão de todas as relações sociais até então existentes, fosse impossível. Era preciso apenas compreender qual teria sido o erro dos revolucionários da França que precisaram recorrer ao terror por terem tentado ir além dos tempos e das condições correspondentes, e identificar o novo sujeito histórico que outro não poderia ser senão uma classe não mais apenas potencialmente ou idealmente, como fora a burguesia, mas também, de fato, universal.

É dispensável dizer quanto esses dois temas, o tema da verdadeira revolução, não apenas política mas social e humana, e o tema do proletariado como classe universal, fortemente marcaram o pensamento de Marx desde seus anos de juventude. O *Manisfesto* não é uma declaração de guerra, mas uma declaração de revolução, que será a guerra do futuro. Se é verdade que a história é a história das lutas de classes, as grandes mudanças, aquelas que contam, que assinalam a passagem de uma época para outra são determinadas pelos embates de classe contra classe mais do que pelos embates, sobre os quais se detiveram os historiadores políticos — e Hegel entre eles na sua monumental filosofia da história —, entre nação e nação. São aqueles caracterizados pela mudança de estrutura social e, portanto, da passagem de uma classe dominante para uma outra classe dominante, mais do que da passagem de uma forma de governo para outra. O *Manifesto* é um programa revolucionário que não poderia ter sido nem ao menos concebido se não tivesse sido precedido de um acontecimento extraordinário como a Revolução Francesa que introduziu na concepção tradicional da história a figura da ruptura de continuidade ou do salto qualitativo, e, não por acaso, toma impulso através da caracterização da burguesia como classe revolucionária.

Durante toda a vida, Marx, junto a Engels, convencido de que a humanidade tinha entrado na era das revoluções, acompanhou com apaixonado e intenso interesse de historiador e político militante todos os movimentos revolucionários dos quais foi espectador. As obras históricas de Marx chamam-se *As lutas de classe na França de 1848 a 1850, As revoluções de Espanha, O 18 brumário de Luís Bonaparte, A guerra civil em França.* São obras cujo tema principal se constitui daqueles acontecimentos históricos que na grande distinção entre guerras externas e guerras internas, entre guerras propriamente ditas e revoluções, se incluem nas segundas. Não é que Marx, e sobretudo Engels — que o considerava um especialista em temas militares (o próprio Engels, contudo, escreveu a história da guerra dos camponeses que fora uma guerra civil) —, não tivessem acompanhado as guerras do seu tempo e não tivessem tentado lhes dar uma interpretação. Mas as guerras das quais foram espectadores e que comentaram, ou em seus escritos ou em sua correspondência, não tiveram nem a grandiosidade das guerras napoleônicas nem o horror daquelas que viriam depois. Lendo sua correspondência, em particular as cartas que trocaram durante a guerra franco-alemã, não se pode deixar de ter a impressão de que as guerras entre Estados representassem para eles afinal um fato secundário em relação às guerras civis, ou, marxianamente, às lutas de classe, na cena de uma história que teve o seu momento decisivo, a sua guinada, não em uma conquista como todas as épocas precedentes, mas em uma revolução.

A filosofia da história até Hegel concentrou sua reflexão sobre as duas grandes mudanças que haviam abalado a história mundial, a primeira, da idade grega à idade romana, a segunda, da idade romana à idade cristã-germânica (para usar a expressão hegeliana). Ambas foram efeito não de uma revolução interna, mas de uma conquista, da Grécia por parte de Roma, de Roma por parte das nações bárbaras. O *bellum civile* que assinalou a passagem da república ao principado de Roma foi sempre interpretado como um evento negativo, como o momento da desagregação, da dissolução, da decadência, da desordem resgatada apenas com o advento de uma nova ordem. Somente da Revolução Francesa em diante (e retrospectivamente também com a Revolução Inglesa, ainda que em forma atenuada e controvertida), uma grande mudança, uma mudança de época, ocorria na direção do progresso histórico, pela primeira vez, através de uma revolução interna. Somente a partir da Revolução Francesa as revoluções internas, interpretadas tradicionalmente como os momentos negativos da história, serão julgadas, e não apenas no seio das seitas revolucionárias, como momentos positivos, como acontecimentos lúgubres, sim, mas criativos, necessários à realização do destino progressivo da humanidade. Não obstante a contínua série de guerras napoleônicas, que todavia eram interpretadas como o meio através do qual a revolução fora levada para além das fronteiras da França, e surgira como acontecimento cósmico, a Revolução Francesa tornou-se o sinal revelador de uma nova fase do progresso civil cujas principais etapas estariam representadas não mais por guerras entre nações mas por lutas de classe. Que para os revolucionários do século XIX, e também para Marx e Engels, as guerras entre Estados fossem consideradas um fato secundário em relação à esperada, iminente e forçosa revolução, surge claramente também do fato de que a partir de então toda guerra começou a ser vista em função da possível revolução que ela poderia desencadear: a Comuna de Paris foi o primeiro exemplo, ainda que tragicamente concluído, dessa expectativa.

Com essas considerações não pretendo por certo sustentar que Marx e o marxismo nada tenham a dizer sobre o tema das relações internacionais. Muito pelo contrário. A teoria marxista, e mais propriamente leniniana, das relações internacionais é a teoria do imperialismo, ou, mais precisamente, a teoria econômica do imperialismo. Falo de teoria "econômica" porque entre as muitas tipologias das várias teorias sobre o imperialismo que foram propostas na já interminável literatura sobre o imperialismo (a acuradíssima bibliografia publicada no apêndice à antologia de estudos sobre o imperialismo de Owen e Sutcliffe estende-se por mais de cinqüenta páginas[13]), me parece ainda marcada pela grande divisão entre teorias econômicas e teorias políticas: exempli-

---

13. AA. VV., *Studi sulla teoria dell'imperialismo. Dall'analisi marxista alle questioni dell'imperialismo contemporaneo*, organizado por R. Owen e B. Sutcliffe, Einaudi, Turim, 1977.

ficando, entre uma teoria que considera como causa principal da expansão de uma nação além das próprias fronteiras a necessidade de exportar mercadorias ou capitais, e uma teoria que atribui o mesmo fenômeno à vontade de potência, ao sistema político, à anarquia internacional. Isto não significa que todas as teorias econômicas do imperialismo sejam marxistas (a teoria de Hobson não é), mas é certo que todas as teorias que remetem ao marxismo são predominantemente econômicas.

O que quer que se diga, quaisquer que sejam os ajustamentos póstumos, as correções oportunas, as interpretações moderadas das relações entre base e superestrutura, o marxismo foi e continua sendo a teoria do primado do econômico sobre o político. Certamente, para ser marxista não basta sustentar o primado do econômico. Mas basta negar o primado do econômico para não ser marxista. De fato, existe uma estreita conexão entre a teoria do Estado como instrumento de domínio de classe nas relações internas e a teoria econômica do imperialismo nas relações internacionais. As duas teorias estão ligadas positivamente, uma vez que ambas se fundam na tese central do primado do econômico, mas também, e ainda mais, negativamente, em relação à crítica da sociedade existente, uma vez que ambos os aspectos negativos do Estado (ditadura no interior, imperialismo no exterior) dependeriam da única causa determinante, a sociedade dividida em classes antagonistas, isto é, em detentores dos meios de produção possuidores da única força-trabalho, não importa se se trata da sociedade nacional ou da sociedade internacional. Sinteticamente, todas as interpretações marxistas do imperialismo são, mesmo que na sua diversidade, uma projeção nas relações internacionais da grande antítese entre exploradores e explorados que vale principalmente, ou pelo menos foi principalmente destacada e declarada, nas relações internas. Unindo na crítica negativa tanto o Estado repressor nas relações internas quanto o Estado imperialista nas relações externas, todas essas interpretações propõem, como meta final, uma sociedade na qual a eliminação das classes em oposição conduza contemporaneamente ou sucessivamente à eliminação de relações humanas fundadas na força exercida pelo Estado sobre os seus membros e pelo Estado sobre outros Estados, isto é, à eliminação de toda forma de poder político entendido como poder coativo voltado para o interior e para o exterior.

A importância da contribuição dada às várias interpretações econômicas da análise das relações internacionais na era do capitalismo e do imperialismo, provocada ou produzida por marxistas ou por estudiosos influenciados pelo marxismo, é indiscutível. Mas aqui não se trata disso. Trata-se do problema da guerra. Trata-se do problema fundamental de qualquer teoria das relações internacionais, isto é, exatamente da guerra, que sempre foi, e é ainda hoje, o modo pelo qual os Estados tendem e são obrigados a solucionar, em última instância, os seus conflitos. Ora, é preciso reconhecer que o problema do imperialismo não exaure o problema da guerra, ou melhor, os dois problemas, o do imperialismo e o da guerra, não se sobrepõem. E não se sobrepõem por duas razões opostas.

Por um lado, em todas as interpretações econômicas e marxistas o imperialismo é um fenômeno ligado ao surgimento do capitalismo, é, por assim dizer, uma continuação, e portanto uma fase, ainda que a fase extrema, do capitalismo. Ora, ninguém pode sustentar que não tenha havido guerras antes do surgimento do capitalismo. Se é verdade que houve guerras antes do surgimento do capitalismo, e do subseqüente imperialismo, significa que há causas de guerra diferentes daquelas que podemos associar ao capitalismo e ao imperialismo. Se há e houve causas diferentes, quais são? Não peço uma resposta a esta pergunta. Limito-me a sublinhar a importância de uma pergunta desse tipo porque a mim interessa aduzir um argumento decisivo para afirmar que os dois conceitos, de guerra e de imperialismo, não têm a mesma extensão. Só poderiam ter se fosse possível demonstrar que todas as guerras, pelo menos de uma fase da história em diante, foram e serão guerras imperialistas: mas já a Segunda Guerra Mundial não foi interpretada como guerra imperialista, pelo menos no sentido em que fora interpretada como guerra imperialista a primeira, segundo a célebre análise de Lenin.

Por outro lado, se é verdade que nem todas as guerras foram no passado imperialistas, e não há razão por que deveriam ser todas no futuro, é igualmente verdade que nem todas as formas de imperialismo, entendido como expansão econômica, conquista de mercado, sujeição de nações ricas em matéria-prima e pobres em meios de defesa, especialmente no período do capitalismo avançado, conduzam necessariamente à guerra. Uma das principais tarefas da teoria econômica do imperialismo depois da Segunda Guerra Mundial e do rápido processo de descolonização é exatamente analisar e explicar as novas formas de domínio nas relações internacionais que nada têm a ver com as relações tradicionais fundadas principalmente na força militar. Depois do processo de descolonização, que também foi em alguns casos violento, e, em outros, não-violento, e que portanto como tal não pode ser apresentado como totalmente coincidente com as guerras de libertação nacional, uma das características do neo-imperialismo é a realização do objetivo, isto é, a submissão da nação ex-colonial à metrópole, através de formas que não podem ser incluídas na categoria tradicional da guerra. Digo de uma vez por todas que por "guerra" entendo o recurso ao uso da força por parte de um grupo organizado que se autoproclama, ou tende a fazer-se reconhecer por parte do antagonista, independente ou soberado no sentido jurídico da palavra, com o objetivo de resolver problemas vitais, ou que considera vitais, para a sua própria sobrevivência. Em particular, as várias interpretações econômicas do imperialismo de inspiração marxista se propuseram a encontrar um explicação para diferentes fenômenos, sobretudo estes três: *a*) das relações das sociedades capitalistas avançadas entre si; *b*) das relações entre as sociedades capitalistas avançadas e as sociedades atrasadas; *c*) das relações de classe no interior dos países atrasados. Através dos dois conceitos fundamentais de "centro" e "periferia", empregados por Galtung[14] na sua análise do imperialismo, são tratadas as seguintes relações: *a*) entre os centros do centro e os outros centros do centro; *b*) entre os centros do centro e os centros da periferia; *c*) entre os centros da periferia e a periferia da periferia. Estão excluídas, ou pelo menos aparecem como secundárias, as relações restantes entre o centro dos centros e a sua periferia (é o problema clássico da luta de classe no interior dos Estados avançados, o tema marxiano originário por excelência), entre o centro dos centros e a periferia das periferias, porque entre um e outra age como intermediário o centro da periferia (um dos principais aspectos do neocolonialismo consiste exatamente no uso instrumental das *elites* locais, a chamada "burguesia nacional", por parte da classe dirigente do país hegemônico), e as relações entre as duas periferias (que são também essas relações de não-continuidade). Desses três tipos de relação apenas a primeira pode resultar em um conflito armado. A segunda é quase sempre uma relação de domínio, mas pode ser também de aliança. A terceira é a típica relação de dominação entre a classe dominante e a classe dominada.

Não há estudioso do imperialismo, mesmo no interior das teorias marxistas, que não tenha lamentado a ambigüidade do termo "imperialismo" e a multiplicidade de usos com que é empregado. Uma das razões dessa ambigüidade está nos diferentes objetivos aos quais a teoria serviu em diferentes períodos. Para Lenin, que escreveu o seu ensaio durante a Primeira Guerra Mundial, o objetivo principal era dar uma explicação da guerra entre as grandes potências que eram também as principais potências coloniais. Entende-se então que, para Lenin, a

---

14. J. GALTUNG, *Imperialismo e rivoluzioni. Una teoria strutturale*, Rosenberg & Sellier, Turim, 1977.

teoria do imperialismo era também uma teoria da guerra. Para os estudiosos marxistas de hoje, o objetivo principal da análise do imperialismo é encontrar uma chave para a explicação da política externa dos Estados Unidos, considerada a potência imperialista por excelência, seja em relação aos outros Estados capitalistas, seja em relação às potências não-capitalistas, seja em relação aos países que não são nem capitalistas, nem grandes potências. Ora, essas relações não são necessariamente relações de guerra. Conseqüência disso é que, nos diferentes períodos e nas diferentes situações históricas, a teoria do imperialismo é, sim, sempre, uma teoria das relações internacionais, mas nem sempre é uma teoria da guerra, isto é, daquele fenômeno que é, apesar de tudo, o fenômeno principal no qual está destinada a encontrar sua aplicação qualquer teoria das relações internacionais.

Resumindo, se é verdade que nem todas as guerras são (ou foram) imperialistas e nem todas as formas de imperialismo estão necessariamente conectadas ao fenômeno da guerra, a relação entre imperialismo e guerra pode ser representada por dois círculos que se entrelaçam, no qual o espaço ocupado pelos dois círculos que se sobrepõem é aquele das guerras imperialistas e os outros dois são, um, o espaço das formas de imperialismo pacífico (onde "pacífico" significa penetração predominantemente econômica e não pretende ter qualquer conotação positiva), o outro, o espaço das guerras não-imperialistas. O ponto ao qual quero chegar é o seguinte: se é verdade que a fenomenologia do imperialismo e a fenomenologia da guerra não coincidem, uma teoria como aquela marxiana e todas as teorias dela derivadas, que, no que se refere às relações internacionais, levaram em consideração como fenômeno predominante e determinante o fenômeno do imperialismo, devem ser consideradas como teorias que não oferecem instrumentos adequados para se compreender o fenômeno da guerra em toda a sua extensão, e portanto em todas as suas concretas determinações, aquele fenômeno que caracteriza desde sempre as relações internacionais, em direção ao qual está constantemente orientada a política dos Estados voltada para os outros Estados com base na qual se julga a completude ou não de uma teoria das relações internacionais.

Deixo de levar em consideração as guerras do passado pré-capitalista, uma vez que a teoria marxista do imperialismo não é, segundo as repetidas declarações dos seus sustentadores, uma teoria genérica do imperialismo de todos os tempos, mas limita-se a considerar o imperialismo como fase do capitalismo avançado. Contudo, o problema permanece já que a era pré-capitalista e pré-imperialista ocupa grande parte da história da humanidade. Levo em consideração apenas as guerras atuais. Impõe-se a observação de que, do fim da Segunda Guerra Mundial em diante, nenhuma das guerras (e, de resto, nem mesmo a própria Segunda Guerra Mundial) pode ser incluída na categoria das guerras imperialistas no sentido leniniano clássico da palavra, isto é, na categoria das guerras entre Estados imperialistas pela partilha dos mercados. Houve: *a*) guerras entre as duas superpotências, das quais uma é a potência imperialista por excelência e a outra seria, como socialista, não-imperialista (ao menos segundo a doutrina corrente entre os marxistas ortodoxos), ainda que por interposta pessoa, como a Guerra da Coréia e a Guerra do Vietname; *b*) guerras entre Estados nacionais no sentido tradicional da palavra, como a contínua guerra entre países árabes, em particular Egito e Israel; *c*) guerras entre Estados de formação recente, que até ontem eram países coloniais, como a guerra entre Etiópia e Somália, ou aquela entre Vietname e Camboja, *d*) guerras de libertação nacional, como a Guerra da Argélia, ou a Guerra de Angola, *e*) enfim, há um estado permanente de guerra ameaçada (e ameaçadora) entre as duas superpotências que nasceram de uma revolução comunista, a URSS e a China. Não menciono a ocupação militar da Tchecoslováquia pelas tropas soviéticas porque, devido à sua brevidade, não foi uma guerra no sentido tradicional da palavra (pode-se chamar de uma operação militar que se parece mais com uma ação de política interna, isto é, com uma operação de polícia, e não com uma ação de política externa).

Desses cinco tipos de guerras, podem ser incluídas na categoria das guerras imperialistas, isto é, das guerras direta ou indiretamente provocadas pela nação imperialista por excelência, os Estados Unidos, aquelas sub *a*, e, por conseguinte, aquelas sub *d*, com um certo esforço também aquelas sub *b*, e, de modo algum, aquelas sub *c* e sub *e*. Sobretudo este último, a não ser que se sustente, como fazem alguns, que as superpotências socialistas tenham-se tornado também elas capitalistas. Mas, onde tudo é capitalismo, nada é capitalismo, e capitalismo torna-se uma categoria vazia passível de ser preenchida por qualquer conteúdo, segundo as próprias opiniões políticas. Assim, uma vez ampliada a categoria das guerras imperialistas até o ponto de nela incluir as guerras entre Estados não-capitalistas, a categoria do imperialismo perde a sua especificidade, e torna-se sinônimo de política de potência, isto é, daquele fenômeno que foi, sim, chamado em outros tempos de imperialismo, mas do qual as teorias marxistas do imperialismo sempre quiseram manter distância por medo de cair naquela concepção genérica do imperialismo que impediria a identificação do imperialismo com o capitalismo.

No entanto, é exatamente a redução da categoria do imperialismo à categoria do capitalismo, ainda que do capitalismo em uma certa fase do seu desenvolvimento, que acabou por tornar essa categoria específica imprópria para abarcar o fenômeno da guerra na sua enorme complexidade. Diante de fatos clamorosos, que a teoria do imperialismo não foi capaz de prever, como a guerra entre Vietname e Camboja e o dissídio cada vez mais grave e de todo tradicional nas suas manifestações entre China e URSS, uma vez que se tornou insustentável a seqüência causal (e a teoria correspondente) capitalismo-imperialismo-guerra, torna-se necessária exatamente uma teoria mais geral, e portanto mais abrangente, como a teoria da política de potência,[15] para poder explicar aqueles conflitos internacionais que escapam às várias interpretações do imperialismo como última fase do capitalismo. Estou cada vez mais convencido de que a teoria da política de potência, lançada porta a fora pelo imperialismo explica-tudo, retorna pela janela no momento em que somos obrigados a constatar que a categoria do imperialismo é um contendor demasiado pequeno para que dentro dele caibam todas as guerras do tempo presente. Algo de semelhante ocorreu com a teoria marxista do Estado como instrumento de domínio de classe ou como ditadura permanente, quando nos encontramos diante da realidade dos Estados socialistas que são ditaduras permanentes em sentido bem mais forte do que as democracias representativas, e não são em sentido próprio instrumentos de domínio de classe, salvo se se inventasse uma "nova classe" que fosse a detentora e usurpadora do imenso poder do novo Estado, mas que, contudo, nada tem a ver com a classe no sentido marxista da palavra. Como é sabido, a crítica à teoria marxista do Estado começou por essa constatação. Um dos efeitos mais relevantes dessa crítica foi a redescoberta do "político" como esfera relativamente autônoma, de cuja redescoberta derivou a tese corrente entre alguns dos maiores teóricos marxistas do Estado (tão corrente a ponto de quase ter-se tornado uma *communis opinio*) da "relativa autonomia da política". Nada há de escandaloso em prever que a tese da relativa autonomia da política será utilizada, se é que já não foi, para dar uma solução às dificuldades que não podem ser solucionadas através da teoria econômica do imperialismo. Não me dedicarei à crítica dessa tese, porque me levaria muito distante. Recordo-a unicamente porque é sintoma do mal-estar. Mas não me pronuncio se, além de sintoma do mal-estar, fosse também um remédio.

---

15. Uma boa introdução ao tema, com respectiva bibliografia, in AA. VV., *Política di potenza e imperialismo*, organizado por S. Pistone, Angeli, Milão, 1973. Em linhas gerais, concordo com a tese sustentada por Pistone na sua introdução.

É possível que alguém imediatamente levante uma objeção, dizendo que, se é verdade que o imperialismo referido apenas aos Estados capitalistas é um contendor demasiado pequeno, a política de potência é um contendor demasiado grande, no qual se joga tudo de qualquer maneira, tanto a Primeira e a Segunda guerras mundiais quanto as guerras entre Roma e Cartago, e talvez, remontando ainda mais no tempo, a guerra do Peloponeso entre Atenas e Esparta. Mesmo correndo o risco de ir de encontro à acusação de abstracionismo, de a-historicismo etc., considero que é exatamente disso que se trata. Ou seja, trata-se de entender por que a guerra é uma das características permanentes das relações entre Estados, isto é, entre entes soberanos e independentes, qualquer que seja o seu sistema político, o seu sistema econômico e o seu sistema ideológico. De resto, uma teoria da guerra ou é onicompreensiva ou não é uma teoria. Não consigo entender como é possível sustentar a curiosa tese, defendida por um conhecido filósofo político marxista, de que se possa, e se deva, fazer uma teoria do Estado capitalista mas não se possa fazer uma teoria geral do Estado.[16] Creio, ao contrário, como tive oportunidade de escrever amigavelmente ao autor,[17] que não seja possível fazer uma teoria do Estado capitalista sem que exista uma teoria geral do Estado. Trata-se, em outras palavras, de reconhecer, diante da variedade e complexidade do fenômeno da guerra, a parcialidade de uma teoria que enfatiza o sistema econômico, da mesma forma que a realidade da Primeira Guerra Mundial mostrou a insuficiência (e a matriz ideológica) da teoria até então dominante de que, para explicar a explosão das guerras entre grandes potências, enfatizava o sistema político (o despotismo), e é constantemente retomada nos nossos dias por aqueles que atribuem as tensões internacionais não ao imperialismo americano, mas ao despotismo soviético. Por outro lado, considero que ninguém esteja hoje disposto a acreditar que as guerras, grandes ou pequenas que sejam, dependam de razões ideológicas, isto é, sejam guerras, como se dizia outrora, de religião. A teoria política da guerra, isto é, a teoria segundo a qual a causa principal das guerras está no tipo de regime político (despótico no interior e,

---

16. N. POULANTZAS, *L'état, le pouvoir, le socialisme*, PUF, Paris, 1978, p. 22.

17. Em uma carta de 5 de março de 1978, à qual Poulantzas não respondeu. Escreveu-me contudo uma longa carta no ano seguinte, datada de 20 de abril de 1979, a propósito da crítica que lhe fiz em minha intervenção sobre as teses que Althusser propôs em "il manifesto", agora no volume *Discutere lo stato*, De Donato, Bari, 1978, pp. 97-98. (Quando mencionei Poulantzas ainda não ocorrera sua morte prematura. Deixo o trecho tal como o escrevi como lembrança de um relacionamento que já vinha de muitos anos, quando ele era um jovem estudioso de filosofia autor de uma monografia sobre a "natureza das coisas"; e que continuou ao longo de muitos encontros, entre os quais lembro com prazer aquele ocorrido no congresso hegeliano de Praga, em 1967, e em um seminário na cidade de Turim, em 1973.)

portanto, tendencialmente despótico no exterior), nasceu quando as guerras de religião já haviam chegado ao fim, assim como a teoria econômica surgiu no momento em que foi preciso abandonar as ilusões de que as guerras cessariam quando o poder soberano, isto é, o poder de decidir sobre a guerra e a paz, se tivesse transferido dos príncipes para os parlamentos.[18]

A teoria da política de potência exime-se das críticas às quais são submetidas as teorias precedentes porque explica o fenômeno da guerra prescindindo totalmente do sistema ideológico, do regime político e do sistema econômico. As diferenças entre sistemas ideológicos, políticos ou econômicos servem para explicar por que surgem entre Estados conflitos da mais distinta natureza, não explicam por que esses conflitos se solucionam em muitos casos naquele particular modo de solucionar o conflito — um modo violento, cruento, prolongado — que é a guerra. Para explicar o fenômeno da guerra é preciso partir das condições objetivas das relações internacionais, que, diferentemente das relações internas, se caracterizam, como afirmei no início, por um regime de concorrência no uso da fonte última de toda forma de poder do homem sobre o homem, que é a força. Não afirmo nada de particularmente novo se digo que o grande Estado territorial moderno é o resultado de um lento processo de concentração de poder realizado com a gradual expropriação por parte do príncipe, para usar um conceito de Max Weber, dos meios de serviço ou de administração civil e militar em mãos dos senhores feudais, processo que caminha lado a lado com as expropriações por parte do moderno capitalista dos meios de produção em mãos dos trabalhadores independentes. Entre os meios de serviço que são expropriados foram fundamentais para o nascimento do Estado moderno os meios que servem ao uso da força, em palavras pobres, as armas. O Estado moderno é o resultado, como já afirmei, de um lento e irreversível processo de monopolização do uso da força. Ora, o monopólio da força tem o objetivo não de evitar os conflitos no interior do Estado, mas unicamente de evitar que os conflitos entre súditos e entre súditos e Estado degenerem em guerra. Já tive oportunidade de dizer em outro lugar que o Estado, a forma Estado, como se costuma dizer hoje, pode consentir na desmonopolização do poder ideo-

---

18. Para falar a verdade, que a forma de governo não seja relevante na investigação das causas das guerras já foi observado por Hamilton na *VI Carta* do *Federalist* (1788): "Nunca aconteceu, na prática, que as repúblicas tenham-se mostrado menos propensas à guerra do que as monarquias? Não será verdade talvez que as nações são influenciadas pelas mesmas aversões, predileções e rivalidades que agem sobre o rei? etc." Cito a partir de A. HAMILTON, J. MADISON, J. JAY, *Il Federalista*, nova ed. com introdução de L. Levi, il Mulino, Bolonha, 1997, p. 167.

lógico através do reconhecimento dos direitos de liberdade e também na desmonopolização do poder econômico através do reconhecimento da livre iniciativa. O que não pode aceitar é a desmonopolização do uso da força, porque, aceitando-a, deixaria de ser um Estado.[19]

A formação de Estados cada vez maiores até as superpotências atuais não eliminou plenamente uma ampla esfera de relações nas quais a força é usada em regime de concorrência, não eliminou a possibilidade, aliás a necessidade, do conflito armado lá onde o conflito não pode ser solucionado, pela sua gravidade, através de negociações. No interior de um sistema fundado no monopólio do uso da força, o conflito que não pode ser solucionado através de acordos entre os privados provoca o direito por parte do Estado de recorrer ao poder coativo. Em um regime de concorrência no uso da força, quando um conflito não pode ser solucionado através de negociações, intervém o direito de guerra, que nada mais é que o uso externo da força concentrada do Estado. Quais sejam afinal os conflitos que não podem ser solucionados através de negociações, a variedade das guerras atuais e potenciais na sociedade internacional de hoje mostra que é extremamente difícil dar uma boa resposta a todas as situações e que qualquer teoria redutora, ou econômica, ou política, ou ideológica, ou mesmo geopolítica, é parcial. Em um sistema de relações como são os sistemas dos entes que compõem a comunidade internacional, para os quais o problema fundamental é a supremacia, para os maiores, e da sobrevivência, para os menores, devem ser considerados não-negociáveis os conflitos nos quais cada parte e ambas julgam que os fins, respectivamente da supremacia e da sobrevivência, podem ser alcançados não com uma solução de compromisso, mas unicamente com a vitória sobre o adversário que apenas o uso da força pode garantir. Que os conflitos não-negociáveis sejam também de natureza econômica, é incontestável. Hoje, na presença de conflitos entre Estados não-capitalistas, é, ao contrário, contestável que esses conflitos de natureza econômica em última instância não-negociável sejam, nas relações entre Estados soberanos, derivados daquele particular sistema econômico que é o capitalismo. O que permanece ao final absolutamente incontestável é que, se há conflitos não-negociáveis que como tal conduzem ao embate armado, isso depende exclusivamente da natureza do sistema internacional, que é um sistema em equilíbrio dinâmico (antigamente, apenas europeu, hoje mundial), que se decompõe e se recompõe continuamente, e cujo agente de decom-

---

19. *La resistenza all'oppressione, oggi*, in N. BOBBIO, *L'età dei diritti*, Einaudi, Turim, 1990, 3ª ed. 1997 [cf. no presente vol., capítulo 4, seção II].

posição e recomposição foi até agora o uso da força, que é a fonte última de todo poder político.

III.
A GUERRA, A PAZ E O DIREITO

Guerra e direito (1966)

1. Considero quatro tipos de relação entre guerra e direito: a guerra como *meio* para estabelecer o direito, a guerra como *objeto* de regulamentação jurídica, a guerra como *fonte* de direito, a guerra como *antítese* do direito. Não obstante a aparente disparidade dessas quatro disposições da guerra em relação ao direito, há um nexo entre uma e outra, que é tarefa deste ensaio ilustrar o mais sinteticamente possível. Digo logo que as primeiras duas posições correspondem ao modo tradicional de considerar a guerra do ponto de vista do direito internacional; as últimas duas representam, por assim dizer, a conseqüência da crise das doutrinas tradicionais.

2. A teoria jurídica da guerra sempre se ocupou fundamentalmente de dois problemas: aquele da *iusta causa* das guerras, que deu origem às disputas em torno da *guerra justa*, e aquele da regulamentação da conduta de guerra, que deu origem ao *ius belli*. *Bellum iustum* e *ius belli* são as duas partes fundamentais nas quais se divide o tratamento jurídico da guerra: ora, a teoria do *bellum iustum* diz respeito ao problema da justificação ou não-justificação da guerra, quais sejam os motivos que tornam uma guerra justa, em outras palavras: qual seja o título com base no qual uma guerra pode ser considerada justa; o *ius belli* é a revelação e o estudo das regras que disciplinam a conduta de uma guerra e que tornam possível a distinção entre aquilo que é lícito e o que é ilícito nas relações entre beligerantes. O objeto da teoria do *bellum iustum* é o problema da *legitimidade* da guerra; o objeto do *ius belli* é o problema da *legalidade* da guerra.[20] Essa distinção é relevante porque uma guerra pode ser legítima, isto é, ter uma justa causa, sem ser legal, quando o beligerante que empreendeu a guerra com base em uma justa causa viola sistematicamente as regras da *ius belli;* e pode ser legal sem ser legítima, caso o beligerante que empreendeu uma guerra injusta-

---

20. Para a análise das duas noções de legitimidade e de legalidade, remeto o leitor ao artigo *Sul principio di legittimità*, agora em *Studi per una teoria generale del diritto*, Giappichelli, Turim, 1970, pp. 79-93.

mente respeite as regras do *ius belli*. Essa distinção permite-nos classificar as guerras, do ponto de vista das relações entre guerra e direito, em quatro tipos: *a*) legítimas e legais; *b*) legítimas e ilegais; *c*) ilegítimas e legais; *d*) ilegítimas e ilegais.

3. Observemos agora mais de perto o problema da legitimação da guerra, isto é, o problema tradicional da guerra justa. Vimos que a legitimidade é o resultado de um processo de justificação: os dois modos mais comuns de justificar uma ação consistem ou em reconduzi-la ao seu *fundamento* ou então em medi-la pelo seu fim, isto é, em considerá-la ou como a conseqüência necessária de um princípio apresentado como indiscutível, ou então como o meio mais adequado para se atingir um fim altamente desejável. Nas teorias da guerra justa, a legitimação da guerra ocorre predominantemente do segundo modo: a justificação da guerra é buscada no fim, ou, em outras palavras, atribui-se *iusta causa* às guerras que são julgadas meios necessários à realização de um fim altamente desejável. O fim altamente desejável através de cujo critério é justificada a guerra como meio necessário é o *restabelecimento do direito*. Desse modo, da análise do princípio de legitimidade da guerra emerge um dos modos característicos através dos quais se manifesta a relação entre guerra e direito: trata-se da relação entre meio e fim, onde a guerra é o meio e o direito é o fim.

Considerando agora o problema da legalidade, apresenta-se o outro modo característico no qual se manifesta a relação entre direito e guerra: no *ius belli* a guerra é *objeto* de regulamentação jurídica, isto é, se apresenta a figura da guerra-*objeto* de direito. Para que a guerra, portanto, possa ser considerada um fato jurídico total (isto é, para ela convirjam os atributos da legitimidade e da legalidade) é preciso que o direito surja ao mesmo tempo como *fim* e como *forma* do seu movimento. Não basta, em outras palavras, que o complexo das operações que compõem uma guerra esteja voltado para o fim último do restabelecimento do direito violado, mas que essas mesmas operações também estejam disciplinadas por regras jurídicas. Na teoria geral do direito, as normas que regulam os comportamentos que têm por objetivo o restabelecimento do direito violado chamam-se habitualmente normas secundárias: o *ius belli* é um conjunto de normas secundárias. Toda ordem jurídica é uma ordem de normas que provê mediante normas (e são exatamente as normas secundárias) a própria conservação.[21]

---

21. Para uma discussão sobre o problema, a meu ver central na teoria geral do direito, relativo à distinção entre normas primárias e normas secundárias e às relações entre si, remeto o leitor ao recente livro de G. GAVAZZI, *Norme primarie e norme secondarie*, Giappichelli, Turim, 1967.

4. Essa dupla relação entre guerra e direito, onde a guerra se apresenta como meio e como objeto, o direito como fim e como forma, nada mais é do que um aspecto particular da complexa relação geral que se estabelece entre força e direito.[22] Também a força pode ser considerada em relação ao direito do ponto de vista do fim ao qual tende e das regras que disciplinam o seu exercício. A distinção entre esses dois pontos de vista avançou de tal maneira a ponto de dar origem a duas distintas teorias do direito. Há, de fato, dois modos típicos de definir o direito em função da força, isto é, tomando como elemento caracterizante do direito a sua relação com a força: as teorias que definem o direito como conjunto de normas reforçadas, isto é, como normas cuja observância é garantida pelo recurso à força em caso de violação (são as teorias tradicionais); as teorias que definem o direito como conjunto de regras que têm por conteúdo exclusivo e, portanto, caracterizante o exercício da força (esta teoria teve início com Kelsen e foi desenvolvida pela escola escandinava, Olivecrona e Ross). Como já tive oportunidade de observar, essas duas teorias do direito são, na verdade duas meias-teorias: a primeira é adequada para definir as normas primárias, mas não pode ser aplicada às normas secundárias sem correr o risco de cair em um processo ao infinito; a segunda é adequada para definir as normas secundárias, mas é obrigada a eliminar da ordem jurídica as normas primárias como normas juridicamente irrelevantes.

Voltando à guerra, a duplicidade da sua relação com o direito é conseqüência do fato de que o direito pode ser considerado do ponto de vista das normas primárias e do ponto de vista das normas secundárias. Quando se diz que a guerra é um meio para se restabelecer o direito, por "direito" entende-se, neste caso, o conjunto das regras primárias; quando se diz que a guerra é o conteúdo das regras jurídicas, por "regras jurídicas" entendem-se, neste caso, as normas secundárias. Somente quando entendemos o direito (e se trata do direito internacional) como conjunto de normas primárias e secundárias, a guerra surge ao mesmo tempo como meio (em relação às primeiras) e como conteúdo (em relação às segundas).

5. Essas duas figuras tradicionais da guerra nas suas relações com o direito estão ligadas (como vimos), respectivamente à teoria do *bellum iustum* e do *ius belli*. A teoria do *bellum iustum*, não obstante fugazes reaparições, entrou em crise pela aplicação do método do positivismo

---

22. Remeto o leitor ao meu artigo *Diritto e forza*, in *Studi per una teoria generale del diritto* cit., pp. 119-38.

jurídico também no direito internacional que, tomando como direito apenas o conjunto das regras efetivamente observadas pelos Estados, teve de admitir como juridicamente irrelevante a distinção entre guerras justas e guerras injustas, e considerar a guerra enquanto expressão da vontade de um Estado soberano um procedimento lícito; por outro lado, o *ius belli* entrou em crise pela aplicação das teorias da guerra total e pelo surgimento de novas armas cada vez mais poderosas que não admitem limites ao seu uso. A crítica ao *bellum iustum* e a crise do *ius belli* tiveram como conseqüência a crítica e a crise dos dois modos tradicionais de se considerar a relação da guerra com o direito.

A consideração da guerra como meio para restabelecer o direito violado resume-se em atribuir à guerra o caráter de *sanção;* mas a analogia entre guerra defensiva, reparadora ou punitiva, e sanção é superficial. Deixando de lado o fato de que o juízo sobre a natureza da guerra é dado pela mesma parte em causa e, portanto, as guerras são sempre justas para ambas as partes, a guerra não oferece em si mesma qualquer garantia, como deveria oferecer uma sanção, de que o agressor será rechaçado, a injustiça reparada, o culpado punido: enquanto um processo jurídico é instituído com o objetivo de fazer vencer quem tem razão, a guerra é de fato um processo que permite que tenha razão quem vence. Por outro lado, a consideração da guerra como conteúdo de regras jurídicas pressupõe que a guerra possa ser disciplinada por regras e que essas regras sejam de fato observáveis. Ora, independentemente da boa ou má vontade dos Estados beligerantes, a natureza da guerra atual (falo da guerra entre grandes potências) é cada vez mais selvagem, menos domesticável, e os meios empregados cada vez menos controláveis. Desde a Primeira Guerra Mundial, o tradicional *ius belli* desmoronou pedaço por pedaço, da Declaração de Guerra até a distinção entre população civil e população militar. Com o surgimento das armas termonucleares, a guerra se tornou verdadeiramente, tal como o poder soberano do rei absoluto, *legibus soluta.*

6. Da crise das duas formas tradicionais da relação entre guerra e direito emergiram respectivamente dois novos modos de considerar a guerra do ponto de vista do direito: a guerra como *fonte* de direito e a guerra como *antítese* do direito.

Além da teoria da guerra como procedimento jurídico que visa a restabelecer um direito precedente violado, foi ganhando espaço no século XIX a teoria da guerra como criadora de um direito novo. A guerra entendida como *sanção,* isto é, como força colocada a serviço da conservação de um direito estabelecido, foi sendo substituída pela concepção da guerra entendida como *revolução* (aqui entendo a palavra no sentido em que é usada pelos juristas), isto é, como força colocada a serviço da criação de uma nova ordem internacional. Esse tipo de guerra está para as relações externas entre Estados assim como a revolução está para as relações internas entre Estado e cidadãos: do mesmo modo que a revolução é uma guerra civil, também a guerra é, nesta concepção, uma revolução internacional. Já que estamos no âmbito da legitimidade, observamos que o que muda na passagem da teoria da guerra-sanção para a teoria da guerra-revolução é o critério de legitimação: a guerra é sempre considerada em função de um direito que deve ser respeitado, mas não se trata mais de *restabelecer* um direito passado, mas sim de *preestabelecer* um direito futuro, não de *restaurar* uma ordem antiga, mas sim de *instaurar* uma nova ordem. Esta oposição pode ser também ilustrada através da evocação à secular oposição entre o direito positivo e o direito natural: o direito a ser restaurado com base no qual é legitimada a guerra como sanção é o direito positivo, enquanto a guerra como revolução é legitimada através do recurso ao direito natural, isto é, a um direito superior ao direito positivo, que justifica a subversão do direito positivo. São típicas guerras revolucionárias as guerras de independência ou de libertação nacional que do século XIX até hoje modificaram e estão modificando a ordem da comunidade internacional: uma das fontes da sua legitimidade é exatamente o apelo ao direito (natural) de autodeterminação dos povos.

7. O último modo de considerar as relações entre guerra e direito é aquele que resulta na representação da guerra como antítese do direito. Uma vez reconhecida a guerra como *legibus soluta*, isto é, para além e acima da qualquer possibilidade de controle jurídico, a guerra volta a ser uma força primigênia que, onde quer que apareça, derruba o reino do direito. Voltamos assim a uma representação tradicional, clássica, da guerra: *inter arma silere leges*. Intervém nesse ponto a concepção do direito como conjunto de regras ordenadas que têm por fim a paz: e a paz é a eliminação da guerra. Onde avança o reino do direito, cessa o estado de guerra: aliás, a vitória do direito consiste na gradual eliminação das relações de força desregulada nas quais consiste a guerra: e portanto, por sua vez, o direito é a antítese da guerra. Na concepção hobbesiana fundada na oposição entre estado de natureza e estado civil, o estado de natureza é um estado de guerra perpétua exatamente porque é um estado pré-jurídico e antijurídico, isto é, é aquele estado no qual não existem ainda leis positivas e as leis naturais são impotentes, enquanto o estado civil é aquele no qual através do monopólio da

força é instituído o reino da paz, e portanto é um estado de paz exatamente porque é um estado jurídico. Onde termina o monopólio da força, na relação entre os Estados, cessa junto do estado civil também o estado de paz e começa o estado de guerra. Qualquer tentativa do direito de impedir a guerra acaba ou transformando a guerra em violência organizada, e portanto em uma antecipação de uma sociedade jurídica (a guerra como procedimento jurídico da teoria do *bellum iustum*), ou então é mera ficção.

8. Limito-me, para terminar, a mencionar o fato de que, aos quatro modos aqui brevemente ilustrados de considerar as relações entre guerra e direito correspondem algumas concepções típicas da guerra e respectivamente da paz. Esquematicamente, o processo de justificação da guerra pode levar a três soluções típicas: *a*) todas as guerras são boas (belicismo absoluto); *b*) todas as guerras são más (pacifismo absoluto); *c*) há guerras boas e más. A teoria do *bellum iustum* e a prática do *ius belli* correspondem à terceira solução, ainda que por razões diferentes, e poderiam ser denominadas teorias do belicismo, que é o mesmo que o pacifismo, moderado; a teoria da guerra como fonte do direito corresponde à primeira; a teoria da guerra como antítese do direito representa a passagem para a segunda: já que a guerra não pode ser limitada, é preciso eliminá-la para sempre. O pacifismo absoluto está para a guerra assim como o comunismo está para a propriedade e a anarquia está para o Estado. Pacifismo, comunismo, anarquia obedecem à mesma lógica: até agora os homens procuraram aprisionar os três monstros, da guerra, da propriedade e do Estado. Já que estes romperam pouco a pouco os grilhões aos quais estavam submetidos, nada mais resta a fazer senão tentar matá-los.

Paz e direito (1983)

1. Enfrento agora o tema simétrico e oposto em relação ao precedente. A primeira representação da guerra que nos chega por uma tradição secular é aquela de causa eficiente de um estado antijurídico; a primeira e mais antiga representação do direito, ao contrário, é aquela de causa eficiente de um estado de paz. A guerra, em outras palavras, é principalmente concebida como negação do direito; o direito, por sua vez, como afirmação ou reafirmação da paz. Esta antítese está bem representada pelas duas célebres passagens ciceronianas: *Inter arma silent leges* e *Cedant arma togae*. As armas calam as leis; as leis tornam vãs as armas.

Com base nesta antítese está construída a teoria hobbesiana do Estado: o estado de natureza é um estado de guerra uma vez que é um estado sem direito, no qual as leis positivas não existem ainda e as leis naturais existem, mas não são eficazes; o estado civil é o estado no qual os homens, através de um acordo de cada um com todos os outros, instituem um sistema de leis válidas e eficazes com o objetivo de fazer com que cesse a guerra de todos contra todos, instaurando a paz. Trata-se, portanto, de um estado pacífico exatamente porque é um estado jurídico e a passagem de um estado ao outro ocorre através de um ato jurídico que é o contrato; portanto, enquanto o estado de natureza é um estado de guerra causado pela ausência de direito, o estado civil é um estado de paz porque conseqüência de um ato jurídico.

Considerando o direito do ponto de vista da sua função, não há teoria do direito que não inclua entre as funções do direito aquela de dirimir os conflitos. Também para aqueles para os quais o direito tem outras funções, a função de dirimir os conflitos nunca é totalmente omitida. Geralmente a solução dos conflitos é considerada o objetivo mínimo do direito, entendido como *Zwangsordnung* (ordem coativa), ou então como ordem que se serve do uso legítimo da força para realizar os seus fins. Que o termo "conflito" seja mais amplo do que o termo "guerra" não implica qualquer diferença em relação ao tema inicial. Por "guerra" entende-se uma espécie particular de conflito, o conflito entre grupos organizados que tendem a sobrepor-se uns aos outros com a violência. Mas também por "paz" não se entende apenas a cessação da guerra. Usa-se, por exemplo, cada vez com mais freqüência, a expressão "paz social" para indicar o estado de cessação de conflitos, que não são necessariamente guerras no sentido próprio da palavra, no interior de um grupo político. Ao lado do par paz-guerra apresentam-se outros pares, tais como ordem-desordem, concórdia-discórdia, união-desunião, e, na origem, cosmo-caos: em todos o direito pode ser variadamente conjugado com o termo positivo, uma vez que está em oposição ao termo negativo.

No afresco na Sala da Paz do Palácio Comunal de Siena, pintado por Ambrogio Lorenzetti, representando respectivamente o Bom Governo e o Mau Governo, na representação do primeiro destacam-se as figuras da Concórdia e da Paz (a Paz, ao lado do bem comum, é colocada no centro do afresco); na representação do segundo aparecem soldados saqueando e combatendo em uma paisagem inculta e deserta.

O direito realiza a função de dirimir os conflitos de duas maneiras: com uma ação preventiva e com uma ação sucessiva, ou seja, tentando impedir que surjam ou então pondo-lhes termo no caso de já terem surgido. As normas primárias — cujos destinatários são os próprios membros da comunidade, entre os quais podem surgir conflitos de várias naturezas (não apenas conflitos de interesse) — estão geralmente voltadas para a prevenção; as normas secundárias — cujos destinatários são funcionários públicos encarregados de fazer respeitar, mesmo que recorrendo à força, as normas primárias — estão geralmente voltadas para a repressão. Exemplo das primeiras são as normas sobre os contratos que ocupam uma parte conspícua do direito civil e estabelecem as principais modalidades que é obrigatório ou conveniente sejam seguidas para que os acordos destinados a tornar compatíveis interesses conflitantes surtam efeito; exemplo das segundas são as normas do direito penal quando interpretadas, segundo uma tradição que vai de Jhering a Kelsen, como normas voltadas não para os cidadãos, mas para os juízes, e com maior razão as normas do direito processual. Que normas jurídicas sejam apenas as normas secundárias (Kelsen), ou então tanto as normas primárias quanto as normas secundárias e a sua combinação (Hart), é uma questão que aqui podemos deixar em aberto. O que importa para a caracterização de uma ordem normativa jurídica distinta de uma ordem moral ou social é a legitimidade do uso da força para obter obediência às normas da ordem, onde por "legítimo" se entende o reconhecimento da sua necessidade por parte da grande maioria dos membros do grupo (e é exatamente essa legitimidade que distingue a força lícita da força ilícita).

Somente levando em consideração esses dois níveis sobre os quais se estabelece uma ordem jurídica consegue-se dar um sentido preciso à expressão, tão freqüentemente usada, em especial nas relações internacionais, "paz através do direito". (*Peace through law* é o título de uma conhecida obra de Kelsen sobre o direito internacional.)[23]

Consideremos o acordo (ou contrato, ou pacto, que assumo aqui como sinônimos, embora tenham na linguagem técnica com freqüência significados distintos) como o ato bilateral ou multilateral com o qual dois os mais contendedores põem fim a um estado de conflito e estabelecem entre si um estado de paz. Pode-se falar corretamente de paz através do direito ou de estado jurídico de paz (e não de estado de paz em geral) somente quando o acordo ocorre em um contexto normativo no qual há não apenas regras que estabeleçam as modalidades para a instituição de um acordo, mas também regras que estabeleçam quais modalidades deverão ser observadas caso o acordo não seja observado

---

23. H. KELSEN, *Peace through Law*, University of North Carolina Press, Chapel Hill, 1944, (ed. it.: *La pace attraverso il diritto*, organizada por L. Ciaurro, Giappichelli, Turim, 1990).

por um ou outro dos contraentes. Para usar expressões técnicas da linguagem jurídica, o contexto normativo no qual se pode falar corretamente de paz através do direito é aquele no qual são previstas regras não apenas para a *validade* mas também para a *eficácia* do acordo. Acordos dos quais não é garantida a eficácia, ou seja, a observância, não são instrumentos de paz, mas são, com freqüência, novas ocasiões de conflito ou de guerra.

Prova disso é que o pressuposto de que todo sistema de regras sobre as modalidades dos acordos funde-se, mesmo que apenas tacitamente, na regra geral de que os pactos devem ser observados ("pacta sunt servanda"). Mas esta regra, em si mesma considerada, é uma regra moral, isto é, uma regra cuja observância depende unicamente das boas razões que podem ser adotadas pelos dois contendedores por preferirem a observância mais do que a inobservância. Entre essas boas razões há, certamente, aquela formulada por Kant em seu princípio da "universalizabilidade" ["universalizzabilità"] da ação como critério para distinguir o que devo fazer daquilo que não devo fazer. Textualmente: "Não devo nunca me comportar de modo a não poder querer que a minha máxima se torne uma lei universal". Não preciso chamar a atenção para o fato de que, para ilustrar este critério, Kant dá como exemplo a promessa, formulando a seguinte pergunta: "É-me lícito, quando me encontro em dificuldade, fazer uma promessa com a intenção de não cumpri-la?". Mas se todos fizessem o mesmo, que valor poderia ser dado à promessa? Que sentido há em estabelecer pactos se não se aceita preliminarmente o princípio de que os pactos devem ser observados? De resto, também a moral utilitarista é capaz de aduzir seus bons argumentos em favor do mesmo princípio: que utilidade posso extrair da não-manutenção das promessas quando admito, e não posso deixar de admitir, que os outros possam fazer o mesmo? Mas se admito que os outros possam fazer o mesmo, que vantagem posso obter da não-manutenção da minha promessa? Não deveríamos a partir disso deduzir a conseqüência de que manter as promessas só tem sentido em uma sociedade na qual o princípio de que as promessas devem ser mantidas seja respeitado?

Infelizmente, bastam as boas razões para se fundar racionalmente uma regra, mas não bastam para conseguir, com certa segurança, a sua observância. O tema do fundamento racional das máximas morais, que justamente ocupa os filósofos, é teoricamente tão apaixonante quanto praticamente irrelevante. Não há máxima moral que seja observada apenas porque foi bem fundamentada. O debate sobre o fundamento das normas morais é um típico debate teórico, um admirável jogo intelectual, que tem escassa ou nenhuma incidência sobre os reais comportamentos dos homens, que seguem mais a paixão do que a razão, mais o interesse imediato do que o interesse a longo prazo. O fundamento racional de uma máxima pode valer para aqueles pouquíssimos homens que se deixam guiar pela sua razão e, desse modo, se deixam persuadir pelos argumentos racionais adotados pelos filósofos. Acrescente-se que qualquer um que viola uma máxima fundada racionalmente conta com a consideração não menos racionalmente plausível de que todos os outros a seguem e, portanto, não lhe causará, e à sociedade como um todo, qualquer dano. Se eu roubo, com base no pressuposto de que todos os outros não roubam, posso tranqüilamente continuar a roubar. Se eu não mantenho as promessas em uma sociedade na qual os outros as mantêm, posso continuar, para vantagem minha, e com pouco dano à sociedade, a não mantê-las.

2. Para conseguir a observância dos princípios morais é preciso algo muito diferente do que justificá-los racionalmente. A experiência histórica mostra que é preciso ameaçar penas terrenas ou ultraterrenas (onde estas últimas sejam críveis, mas o universo no qual as penas ultraterrenas são ainda críveis está se restringindo cada vez mais) tais de modo a constituir uma remora para qualquer potencial desvio. Nesse instante, entra em cena o direito. Mas é claro que, no instante em que entra em cena o direito, o problema não é mais a validade da regra, qualquer que seja ela, mas sim a sua eficácia; no nosso caso específico, não mais o fundamento racional do princípio "pacta sunt servanda" mas a sua *efetiva* (o quanto mais possível) aplicação.

A demonstração de que o princípio "pacta sunt servanda" é, em um estado antijurídico como o estado de natureza, ineficaz, foi dada de uma vez por todas por Hobbes. Ninguém pode se considerar obrigado a observar os pactos se não estiver seguro de que o outro fará o mesmo. Mas como pode estar seguro no estado de natureza, no qual não existe um poder superior a ambos os contraentes, capaz de obrigar à observância do inadimplente? Com palavras do próprio Hobbes: "[No estado de natureza] quem cumpre em primeiro lugar não tem qualquer garantia de que o outro cumprirá em seguida, porque os vínculos das palavras são demasiadamente frágeis para pôr freios à ambição, à avareza, à ira e às outras paixões dos homens sem o temor de algum poder coercitivo, que não se pode supor exista no estado de mera natureza, onde todos os homens são iguais e juízes da justeza dos seus temores. Por isso, quem cumpre em primeiro lugar nada mais faz do que se entregar ao seu inimigo, contra o direito [...] de defender a própria vida".[24]

Um conhecido estudioso de Hobbes, J. W. N. Watkins, em um livro no qual enfrenta o tema das decisões racionais através da teoria dos jogos, transcreve nestes termos aquilo que, amparado por Hobbes, chama de "o jogo do estado de natureza". "Fulano e Sicrano são dois homens hobbesianos em um hobbesiano estado de natureza. Ambos levam consigo um armamento letal. Certa tarde, enquanto estão em busca de frutos, encontram-se em uma pequena clareira em meio ao bosque. A vegetação cerrada torna a fuga impossível. (...). Fulano grita: 'Espere! Não vamos nos destroçar (...)'. Sicrano responde: 'Compartilho do seu estado de espírito. Vamos contar: quando chegarmos a dez, cada um de nós jogará suas armas para além das árvores'. Cada qual começa a pensar com ansiedade: devo ou não jogar as armas quando chegarmos a dez?".[25] Cada um deles considera que, se nenhum dos dois jogar suas armas com medo de que o outro não faça o mesmo, haverá uma luta sangrenta em que ambos arriscarão a vida. Mas considera também que, se ele se desfizer das armas e o outro não, estará com isso selando sua própria morte. O que acontece? Das quatro soluções possíveis, que o primeiro as jogue e não o segundo, o segundo e não o primeiro, que nenhum dos dois as jogue, que ambos as joguem, esta última, correspondente à observância do princípio *pacta sunt servanda*, não significa que seja a mais provável. Para Hobbes, é tão pouco provável que a única solução que ele propõe seja aquela que impele ambos não a jogar para trás as próprias armas, desse modo estabelecendo uma situação de desarmamento bilateral, mas a entregá-las para um terceiro que garanta, doravante, o pacto dos contraentes desarmados, estabelecendo assim uma situação de monopólio da força.

Quem hoje considere o modo através do qual avançam, ou melhor, não avançam, as negociações para o desarmamento das duas grandes potências, as quais não reconhecem de fato qualquer potência superior, apesar da Organização das Nações Unidas, e portanto podem ser consideradas uma em relação à outra em um estado de natureza hobbesiano, ainda que no nível de relações não entre indivíduos mas entre grupos (*princeps principi lupus*), não tardará a reconhecer a exatidão da hipótese hobbesiana: a razão pela qual as negociações do desarmamento têm dificuldade para avançar em direção a uma conclusão positiva (e de fato até agora falharam sempre, de modo que a potência das armas

---

24. TH. HOBBES, *Leviatano*, XIV.
25. J. W. N. WATKINS, *Freedom and Decision* (ed. it.: *Libertà e decisione*, Armando, Roma, 1981, 86).

aumentou continuamente de ambas as partes) está no fato de que uma não confia na outra. Quem começa antes, em uma situação na qual não está seguro de que o outro seguirá ou fará o mesmo, coloca-se nas mãos dos outros. Mas então nenhum dos dois começa; portanto, as negociações, mesmo que levadas verbalmente a bom termo, no momento de firmar um tratado de desarmamento, não necessariamente produzem conseqüências práticas. Uma coisa é firmar um pacto, outra é observá-lo. Os pactos, sem a espada, afirma Hobbes, são simples *flatus vocis*.

Discurso não diferente deve ser feito em relação ao outro princípio fundamental cuja observância garante a conservação da paz: "As leis devem ser obedecidas". Também este princípio é em si mesmo considerado um princípio moral, cujo fundamento deve ser buscado em algum argumento racional como aquele pelo qual nenhum grupo organizado pode sobreviver sem normas de caráter geral *super partes* (diferente dos contratos, que são *inter partes*) e sem que estas sejam em geral observadas (se se trata de proibições) ou executadas (se se trata de comandos). Mas também esse princípio se torna jurídico apenas quando a desobediência às leis leva a conseqüências negativas para o transgressor, produzidas pelo exercício do poder coativo (isto é, pelo uso da força reconhecido como legítimo). Uma vez mais, se queremos falar corretamente da paz através do direito é preciso fazer referência não ao princípio enquanto tal, mas ao modo específico através do qual é feito valer. Passo por cima da questão se *todos* os contratos devam ser observados, *todas* as leis devam ser obedecidas. Uma vez que as fontes do direito são colocadas em ordem hierárquica e os contratos como normas individuais são fontes inferiores em relação às leis como normas gerais, para os contratos a resposta é fácil; não são vinculantes juridicamente os contratos com os quais os contraentes se comprometem a cumprir atos contrários às leis ou que burlem as leis; para as leis a resposta é mais difícil, porque, também lá onde existe o controle jurisdicional da conformidade das leis ordinárias em relação a leis hierarquicamente superiores, como são as leis constitucionais, também a lei contrária à constituição deve ser obedecida enquanto não for declarada a sua ilegitimidade. No que se refere às leis constitucionais, acima das quais não há senão as leis naturais, que são normas, do ponto de vista da sua validade, não-jurídicas, o dever que as forças políticas têm de observá-las não é estritamente jurídico, mas moral ou político. Tanto é verdade que a constituição material, aquela que corresponde à práxis constitucional, é com freqüência muito distinta da constituição formal.

3. As considerações feitas até agora nos permitem definir com certa precisão aquela corrente de pacifismo que recebe o nome de pacifismo jurídico. As várias correntes de pacifismo distinguem-se com base na interpretação da causa determinante das guerras e, por conseguinte, dos remédios necessários para se realizar um estado de paz. Daí a existência de vários pacifismos: político, social, econômico, moral, religioso etc. O pacifismo jurídico é aquele que considera ser a guerra efeito de um estado sem direito, de um estado portanto no qual não existem normas eficazes para a regulação dos conflitos. Uma vez que as várias correntes pacifistas dirigem sua atenção sobretudo para o estado das relações internacionais, em relação às quais a guerra é um dado permanente, o pacifismo jurídico é aquela forma de pacifismo que concebe o processo de formação de uma sociedade internacional em que os conflitos entre Estados possam ser solucionados sem recorrer em última instância à guerra, por analogia ao processo através do qual se teria formado, segundo a hipótese contratualista, o Estado. É o processo que consiste na passagem do estado de natureza, que é estado de guerra, para a sociedade civil através de um comum acordo dos indivíduos interessados em sair do estado de guerra permanente. A maior ou menor estabilidade da sociedade civil que nasce da eliminação do estado de natureza depende da natureza do pacto de união, se este é apenas um pacto de associação (*pactum societatis*) ou também um pacto de submissão (*pactum subiectionis*).

Segundo a idéia de direito que aqui sustentei, para alcançar um estado de paz permanente não basta o primeiro tipo de pacto, é necessário também o segundo. Uma união fundada exclusivamente em um pacto de associação está à mercê da vontade dos indivíduos isolados de a ela pertencer: nela a regra "pacta sunt servanda" tem o *status* de princípio unicamente moral, e portanto pode ter eficácia apenas em uma sociedade de seres plenamente morais, isto é, de seres cuja conduta não se inspire na máxima da moral política: "o fim justifica os meios".

Retomando uma conhecida distinção de Kant, pode-se afirmar que, querendo chamar de estado jurídico também o estado que nasce de um pacto de associação para distingui-lo do estado de natureza no qual o indivíduo age por conta própria, seria necessário ter o cuidado de defini-lo como estado de direito *provisório* para distingui-lo do estado de direito *peremptório* que nasce apenas quando os membros do grupo partilham além do uso de parte dos seus bens também do uso da força. Na linguagem técnica dos juristas, a passagem do estado de direito provisório para o estado de direito peremptório corresponde à passagem de uma confederação de Estados para um Estado federal. Que fique bem claro, contudo, que um Estado de direito provisório, ou qualquer outro nome que a ele se queira dar, representa apenas uma primeira fase, ainda muito imperfeita, no percurso do processo da paz através do direito. As grandes uniões internacionais, como a Sociedade das Nações, depois da Primeira Guerra Mundial, e a Organização das Nações Unidas, depois da Segunda, demonstram quão pouco seja capaz de garantir a "paz perpétua" um simples pacto de associação. Se, passados cerca de cinqüenta anos da formação da ONU, a Terceira guerra mundial ainda não foi deflagrada (foram necessários vinte para a Segunda, não obstante a Sociedade das Nações), certamente não dependeu da existência das Nações Unidas, mas de um acordo tácito entre as duas superpotências de não usar uma contra a outra as armas nucleares que não poderiam deixar de ser empregadas em uma guerra mundial. A fase final do caminho da paz através do direito é o estado de direito peremptório, ou seja, aquele estado no qual se foi constituindo uma ordem normativa na qual existe, segundo a definição de direito própria do positivismo jurídico, um poder coativo capaz de tornar eficazes as normas da ordem.

Pode-se ter uma confirmação histórica desse processo se levarmos em consideração os três principais projetos de paz através do direito sustentados desde que as guerras do equilíbrio europeu antes, e as guerras napoleônicas depois, levantaram o problema da eliminação da guerra como meio para solucionar as controvérsias entre Estados: o *Projet pour rendre la paix perpetuelle* do abade de Saint-Pierre (1713), *Zum ewigen Frieden*, de Kant (1795), e *De la réorganisatión de la société européenne*, de Saint-Simon e Thierry (1814). Se uma linha de desenvolvimento pode ser traçada nesses três projetos, ela corre em direção de um cada vez maior fortalecimento do pacto de união, do pacto de associação ao pacto de submissão, da confederação à federação. O abade de Saint-Pierre limita-se à aliança perpétua entre os Estados, entre os quais deveria se instaurar uma condição de "paix perpetuelle", onde o elemento inovador é a "perpetuidade" que de fato transforma a aliança, vínculo pela sua natureza lábil e temporária, em uma forma associativa distinta como a confederação. O projeto kantiano é já explicitamente confederal, uma vez que inclui um artigo fundamental como o seguinte: "O direito internacional deve fundar-se em uma federação de Estados livres",[26] a qual, todavia, como o próprio Kant tem o cuidado de nos advertir, enquanto *liga da paz* (*foedus pacificum*) deve ser mantida

---

26. I. KANT, *Per la pace perpetua* (1795), in ID., *Scritti politici e di filosofia della storia e del diritto*, cit., p. 297.

bem distinta do *pacto de paz* (*pactum pacis*), porque o pacto visa a pôr término a uma guerra determinada, e a liga, ao contrário, a todas as guerras e para sempre. Saint-Simon e Thierry, enfim, consideram insuficiente o simples pacto de associação que daria vida a uma mera confederação, e apresentam o projeto de um verdadeiro e próprio Estado federal, ainda que no início limitadamente à união da França com a Inglaterra, isto é, de um verdadeiro Estado novo que surgiria acima dos velhos Estados destinados a desaparecer, conforme, de resto, o modelo constitucional do qual nasceram os Estados Unidos da América, com a constituição de 1788.

Deste então os projetos de união federal de grupos de Estados e até mesmo de todos os Estados do mundo multiplicaram-se. E é totalmente inútil enumerá-los, uma vez individuado o movimento progressivo em direção ao fortalecimento dos vínculos federais, que é característica essencial do pacifismo jurídico (cujo fim último é o Estado universal). Se essa meta é atingível ou não, ninguém é capaz de dizer. No estado atual da consciência civil e moral da humanidade, todos os projetos de paz perpétua são igualmente utópicos, seja o marxista (não o super-Estado, mas o fim do Estado), seja o iluminista (o triunfo da razão), seja o cristão (se todos os homens seguissem os preceitos do Evangelho...). De qualquer modo, o que poderíamos esperar do pacifismo jurídico é o fim da guerra entendido como uso desregulado da força ("sem medida", para retomar o pensamento de Cotta no seu claríssimo escrito *Perché la violenza?*),[27] não o fim do uso da força. O direito não pode prescindir do uso da força, e se funda sempre, em última instância, no direito do mais forte, o qual, apenas algumas vezes, coincide, mas não necessariamente, com o direito do mais justo.

---

27. S. COTTA, *Perché la violenza?*, Japadre, L'Aquila, 1978, pp. 71 em diante.

Sexta parte

Mudança política e filosofia da história

Capítulo 11
Mudança política

I.

REFORMAS E REVOLUÇÃO

Significado e importância da distinção

Há cerca de um século, os dois termos "reformas" e "revolução", com freqüência unidos no enunciado interrogativo "reformas ou revolução", indicam as duas estratégias alternativas que foram sucessivamente adotadas no âmbito do movimento operário para a transformação da sociedade no sentido socialista ou, para usar uma expressão corrente (ainda que tudo, menos clara), durante o estado de transição.

A importância dessa alternativa surge já do simples fato de que ela compreende, e portanto serve de algum modo para resumir, todos os outros contrastes que contrapuseram uns aos outros os diferentes partidos operários e dividiram em diferentes facções o interior do mesmo partido operário. Para dar um exemplo que logo nos vem à mente a partir de uma outra bem-conhecida contraposição, habitualmente utilizada na polêmica política para distinguir as duas alas do movimento operário, consideremos a oposição entre democracia e ditadura. Por um lado, é verdade que uma das características dos reformistas é a fidelidade ao método democrático, em relação tanto à conquista quanto ao exercício do poder; por outro lado, é verdade que uma das enunciações programáticas mais características da ala revolucionária é a ditadura do proletariado: pensemos no primeiro dos "vinte e um pontos" para a admissão dos partidos comunistas na Terceira Internacional, aprovado pelo II Congresso da Terceira Internacional, em 6 de agosto de 1920, no qual se afirma que não se deve falar da ditadura do proletariado como se fosse uma simples expressão aprendida de cor, mas "deve ser divulgada de tal modo que pareça necessária a cada simples trabalhador" etc. E, no entanto, a oposição democracia-ditadura é muito menos idônea do que a oposição reformas-revolução para captar o núcleo essencial do conflito entre as duas alas opostas do movimento operário. Por duas razões: de um lado, porque há partidos democráticos-não socialistas que, como tal, ficam fora da oposição entre reformismo e revolucionarismo, que vale hoje apenas no interior dos partidos operários; de outro, porque há um sentido de "ditadura do proletariado" que não é incompatível com o significado corrente de "democracia", quando por ditadura se entende não aquela específica forma de governo que é a antítese da democracia, mas o domínio de uma classe que pode ser exercido através de distintas formas de governo, e portanto também de forma democrática.

Como exemplos típicos e extremos das duas estratégias, podem ser considerados, respectivamente, o Partido Trabalhista Inglês, do qual uma matriz particularmente importante foi a Sociedade Fabiana, constituída em 1883, que, ao tomar o nome do cônsul romano Quinto Fábio Máximo, o Contemporizador, quis indicar na gradualidade das reformas o caminho a ser seguido para alcançar sem abalos violentos uma sociedade socialista, e os partidos comunistas, pelo menos em sua origem e durante boa parte da sua história, os quais, nascidos logo após a Revolução de Outubro, tendo acolhido a doutrina leninista e a prática bolchevique da conquista do poder, e solidamente atados aos princípios da Terceira Internacional, repudiaram abertamente o reformismo, consideraram os partidos reformistas não mais como aliados mas como adversários a serem combatidos, aderiram à tese da inelutabilidade da revolução para a derrubada do capitalismo.

Por mais que não tenha sido excluída uma influência também do marxismo sobre o trabalhismo e sobre os partidos socialistas da Europa do Norte, e por mais que os partidos comunistas tenham sempre se declarado, além de marxistas, também leninistas, a oposição reformas-revolução é com freqüência utilizada para distinguir partidos operários marxistas e não-marxistas, quase como se à distinção entre partidos reformistas e partidos revolucionários pudesse se sobrepor à distinção entre partidos não-marxistas, ou até mesmo antimarxistas, e partidos marxistas. Na verdade, mesmo prescindindo da disputa em torno das diversas possíveis interpretações do pensamento de Marx e de Engels sobre a viabilidade do caminho das reformas nos países democrática e economicamente mais avançados, não se pode deixar de reconhecer que a oposição entre uma ala reformista e uma ala revolucionária sempre esteve presente também no interior dos partidos que não renunciaram a proclamar-se marxistas — tal como o Partido Social-Democrata Alemão, durante os anos da Segunda Internacional, e o Partido Socialista Italiano — e que algumas das disputas historicamente mais significativas que os dividiram se desenrolaram no interior do marxismo, isto é, nasceram de interpretações e apropriações contrastantes da obra de Marx. Tal foi a disputa de final de século, provocada por Bernstein, que deu lugar à distinção entre marxistas ortodoxos e não-ortodoxos, àquele vasto fenômeno do revisionismo que pertence, sempre, pelo menos na maioria de suas manifestações, à história do marxismo. Tal foi também a disputa entre mencheviques e bolcheviques, que se consideravam, uns e outros, marxistas, acerca das fases que uma sociedade industrialmente atrasada deve percorrer para chegar ao socialismo. Da mesma forma, a ruptura entre socialistas, ligados ao pacto de unidade de ação com os comunistas e social-democratas, que ocorreu na Itália depois da libertação, não coincidiu em absoluto com a crise do marxismo, que veio muito mais tarde. Tampouco devemos nos esquecer de que foram considerados filósofos marxistas tanto Antonio Labriola, ao qual remeteram sobretudo os comunistas, quanto Rodolfo Mondolfo, que acolheu as teses críticas dos mencheviques sobre a Revolução de Outubro e continuou a inspirar os reformistas.

E seus limites

Se é correto afirmar que a antítese reformas-revolução serve melhor do que qualquer outra para caracterizar a antiga e sempre renovada oposição no interior do movimento operário entre dois modos distintos de conceber a passagem da sociedade capitalista para o socialismo, não seria correto concluir que todas as outras antíteses se resumam nesta, nem que a relação entre fautores das reformas e fautores da revolução se apresente sempre em forma de antítese.

Ao procurar fixar o significado e a importância da antítese, é preciso ter o cuidado de dizer, como foi dito no início, que ela diz respeito essencialmente à estratégia que o movimento deveria seguir para alcançar o próprio fim, mas não diz respeito propriamente ao fim. Em outras palavras, partindo do conceito de que tanto as reformas quanto a revolução devem ser alinhadas entre as causas da mudança social, é preciso ter sempre em mente que a sua antítese se refere ao modo através do qual se dá a mudança e não ao resultado. Como conseqüência, além da diferença com relação ao modo através do qual se dá a mudança, pode haver, e houve, outras diferenças entre as partes do movimento operário, relativas ao fim ou ao resultado, e não coincidentes com aquela.

Em relação ao resultado, é necessário todavia distinguir o fim intermediário, que é, por sua vez, instrumental em relação a um fim ulterior, e o fim ulterior ou mesmo o fim último. O fim intermediário, e portanto instrumental, de toda estratégia política é a conquista do poder, o fim ulterior é o socialismo ou pelo menos aquela transformação da sociedade que permita a passagem final para a sociedade sem classes (o fim último). Essa distinção é importante porque, enquanto em relação ao fim intermediário a antítese conserva todo o seu valor, em relação ao fim ulterior e ao fim último é muito menos clara. Com uma notável aproximação da realidade pode-se afirmar que quem é favorável a uma mudança gradual também está em geral firmemente convencido de que, para conseguir esse objetivo, é não apenas necessário mas também suficiente o método democrático, e que, portanto, o problema da conquista do poder se resume inteiramente na luta para obter a maioria das cadeiras no parlamento e na formação de um governo de maioria socialista. Da mesma forma, quem propõe a estratégia contrária sustenta em geral que o método democrático pode ser também necessário, especialmente em períodos de grande desenvolvimento econômico, mas nunca é suficiente para alcançar o objetivo da transformação radical da sociedade, e por conseguinte é preciso prever o momento em que se torna indispensável "o golpe do martelo" da ação revolucionária que não respeita, não pode respeitar, as regras do jogo democrático.

Menos clara é a antítese em relação ao fim, em especial em relação ao fim último, porque o fim último é habitualmente definido em termos tão vagos, como libertação de todos os homens das relações de exploração, emancipação humana, reapropriação por parte do homens das suas faculdades, sociedade sem classes e sem Estado, reino da liberdade em oposição ao reino da necessidade, a ponto de tornar difícil qualquer diferenciação e inconcludente qualquer tentativa de determiná-la. Se uma diferença pode ser observada, ela diz respeito não tanto ao diferente modo de conceber o fim, mas à própria relevância do fim último no projeto político como um todo dos reformistas e dos revolucionários, respectivamente. Para os primeiros, vale sempre a famosa tese de Bernstein segundo a qual "o fim é nada e o movimento é tudo", onde por "movimento" se entende "tanto o movimento geral da sociedade, vale dizer, o progresso social, quanto a agitação e a organização política e econômica para a implementação de tal progresso", tese que não pode ser dissociada da afirmação que imediatamente a precede e lhe confere o seu significado pleno: "Confesso experimentar compreensão e interesse extraordinariamente escasso por aquilo que comumente se entende por 'meta final do socialismo'".[1] Para os revolucionários, ao contrário, o que conta é o fim, que portanto não deve jamais ser perdido de vista, e com base no qual, apenas, se deve avaliar a validade da estratégia.

Que os dois comportamentos designados respectivamente pelos dois termos reforma e revolução sejam comumente considerados incompatíveis e conseqüentemente as duas estratégias correspondentes sejam definidas como alternativas, não deve induzir à conclusão de que na verdade as coisas não se tenham dado alguma vez de outro modo. Na polêmica política, caracterizada como se sabe por uma certa viscosidade das palavras, as duas posições foram às vezes consideradas complementares e, portanto, perfeitamente compatíveis. Por parte dos reformistas, com o argumento de que a transformação revolucionária da sociedade é o produto final de uma série ininterrupta de reformas graduais e com base no princípio de que a mudança quantitativa consiste afinal em um salto de qualidade, desde que se trate de reformas que incidam sobre a modificação das relações de poder, não só do poder político, mas também do poder econômico (as chamadas "reformas estruturais", se quisermos dar a esta expressão da linguagem política corrente um significado definido). Por parte dos revolucionários, com o argumento de que as reformas são atos preparatórios e como tal necessários para a transformação revolucionária da sociedade, mesmo que ao final a passagem de uma forma de produção para outra, do domínio de uma classe para o domínio da classe que a ela se contrapõe, não possa acontecer senão através de medidas de caráter excepcional que não podem ser incluídas nos procedimentos invocados e seguidos pelos reformistas. Com base nesses argumentos, repetiu-se com freqüência de ambas as partes que a alternativa reformas ou revolução é uma falsa alternativa.

Na verdade, a possibilidade de formular o problema como uma falsa alternativa depende também do fato de que os dois conceitos, de reforma e de revolução, não são homogêneos. Uma vez formulado o problema, como deve ser formulado, como problema de mudança social, das suas causas e de seus efeitos, por reforma entende-se exclusivamente uma das possíveis causas da mudança; por revolução, ao contrário, entende-se, como foi outras vezes notado, tanto uma das possí-

---

1. E. BERNSTEIN, *"Der Kampf der Sozialdemokratie und die Revolution der Gesellschaft"*. 2: "Die Zusammenbruchstheorie und die Kolonialpolitik", in *Die Neue Zeit*, XVI, vol. I, 1897-1898, n. 18, p. 556.

veis causas quanto um dos possíveis efeitos, vale dizer, tanto o movimento que produz a mudança quanto o resultado que a ela se seguiu, ou, mais simplesmente, tanto aquilo que produz a mudança quanto a mudança ocorrida ao final. Apresentadas as coisas desse modo, explica-se sem dificuldade por que é possível conjugar a idéia das reformas com a idéia da revolução. Basta que, no contexto no qual os dois conceitos devem aparecer como sendo compatíveis, o primeiro seja tomado na sua única acepção de causa de mudança, uma vez como causa exclusiva, outra vez como causa concomitante, e o segundo seja tomado, ao contrário, em uma das duas possíveis acepções, isto é, como efeito. Dito de outro modo, reformas e revolução não são incompatíveis porque as causas de mudança que são as reformas produzem necessariamente, ou podem produzir concomitantemente com outras causas, o efeito que é a revolução, isto é, a mudança radical de uma sociedade.

Enfim, é preciso ainda recordar que os dois termos podem ser tratados, por quem assume diante de ambas as posições um comportamento polêmico, não como alternativos, nem como complementares, mas como dilemáticos, ou seja, de tal modo que, escolhida qualquer uma das duas estratégias, isto é, qualquer que seja entre as duas alternativas do dilema aquela a ser adotada, o objetivo que se desejava alcançar não é alcançado. A antítese reformas ou revolução é formulada em forma de dilema, como, por exemplo, do seguinte modo: ou se aceita o caminho das reformas, e então não teremos a revolução, entendida como mudança radical da sociedade; ou, aceita-se a estratégia da revolução, e então é preciso renunciar a todos os benefícios que acompanham o método democrático que admite apenas reformas. Observe-se que também o argumento dilemático é possível pela troca entre os dois significados de revolução como causa e como efeito da mudança. De fato, na primeira alternativa o termo é tomado no significado de efeito; na segunda, de causa. Das duas alternativas, a primeira representa o argumento preferido pelos revolucionários, contra os reformistas, e o segundo representa o argumento preferido pelos reformistas contra os revolucionários. O dilema, isto é, o resultado negativo da alternativa, depende da combinação dos dois argumentos, isto é, do uso contemporâneo do argumento dos revolucionários para confutar os reformistas e do argumento dos reformistas para confutar os revolucionários. Nesse sentido pode-se afirmar que é um dos argumentos preferidos de quem assume um comportamento polêmico tanto em relação a uns quanto em relação aos outros, de quem, em outras palavras, não é nem reformista nem revolucionário. O único modo de escapar das duas alternativas do dilema é a dissociação completa entre os dois termos, ou seja, entre as duas estratégias, e consiste definitivamente em admitir que a estratégia das reformas não é alternativa em relação à estratégia revolucionária porque não tem e não pode ter efeitos revolucionários, e, por outro lado, a estratégia revolucionária não é alternativa à alternativa reformista porque tem efeitos avassaladores, sim, mas contrários aos interesses da própria classe que deu início ao processo revolucionário. Uma resposta desse tipo é, nada mais, nada menos que a renúncia à revolução, isto é, ao resultado que no primeiro caso é impossível e no segundo seria indesejável. Quando uma alternativa, isto é, uma antítese na qual os dois opostos são apresentados um como positivo e o outro como negativo, segundo os diferentes pontos de vista, transforma-se em um dilema, isto é, em uma antítese na qual ambos os opostos são considerados como resultado negativo, o único modo de sair dele é dissolver a alternativa eliminando um dos dois termos.

Ao modo de formular o problema em termos dilemáticos, próprio dos adversários das duas estratégias, o fautor das reformas ou o fautor da revolução pode responder também apresentando o segundo termo não como alternativo, nem como complementar ao primeiro, mas como substitutivo ou sub-rogatório, através de uma enunciação deste tipo: "Se vocês não aceitarem as reformas que lhes propomos, a situação se tornará tão intolerável que tornará inevitável a revolução". Nesse caso, a revolução é apresentada como um mal, mas como um mal necessário em determinadas circunstâncias, cuja ameaça deve servir para tornar praticável exatamente a estratégia oposta.

Precedentes históricos

Que o tema reformas-revolução tenha-se tornado um tema dominante na história do movimento operário desde a sua origem, mais precisamente desde que começou a organizar-se nos diferentes partidos propensos à conquista do poder político, não significa que ele tenha nascido com o movimento operário. O tema, em todas as suas articulações, nasceu com a Revolução Francesa, isto é, com o primeiro grande movimento histórico que foi interpretado duradoura e conscientemente como uma inversão radical da ordem constituída, justamente como uma "revolução" no sentido que esta palavra assumiu somente depois do levante que derrubou o *ancien régime* e abalou os alicerces da França e da Europa no final do século XVIII. E nasceu com a Revolução Francesa, a revolução por excelência, o modelo de todas as revoluções posteriores, já que foi colocada em oposição, positiva ou negativamente, segundo os diferentes pontos de vista, à era precedente, chamada, quase por antonomásia, a era das reformas ou dos princípios reformadores. Todas as possíveis relações entre os dois conceitos até agora considerados, as reformas em oposição à revolução, e vice-versa, as reformas interpretadas como o pródromo da revolução e a revolução como o desfecho inevitável do processo reformista, a revolução julgada como um mal necessário para as reformas faltantes, constituíram um constante objeto de debate entre os historiadores da grande revolução, como sabe qualquer um que tenha certa familiaridade com a literatura revolucionária e contra-revolucionária.

Não que o termo revolução fosse desconhecido da linguagem política da era precedente. Mas segundo o uso dos antigos, que remonta em particular ao livro V da *Política* de Aristóteles, dedicado à análise das várias formas de transição de uma constituição para outra, o termo revolução era habitualmente utilizado para indicar qualquer forma de mudança, fosse ela apenas política ou social, fosse ela apenas uma alteração dos detentores do poder ou da forma de governo, e a sua extensão coincidia com a extensão do termo classicista, próprio dos escritores do Renascimento, "mutação", que traduzia o aristotélico *metabolé*. Consideremos célebres obras setecentistas, como a *Histoire des Révolutions arrivées dans le gouvernement de la République romaine*, do abade de Vertot (1739), ou como a *Histoire des Révolutions de L'Empire romain*, de Linguet, publicada às portas da Revolução (1776), ou como *Les ruines ou méditation sur les révolutions des empires* (1791), de Volney, surgida quando a revolução já estava em curso. Todas essas obras, e tantas outras que poderiam ser citadas, usam o termo revolução em um sentido muito genérico para cobrir o vasto campo da mudança política em todas as suas formas, com um significado não diferente do significado do termo "mutação" que Maquiavel usara quando falou das "mutações da liberdade à servidão, e da servidão à liberdade" em um capítulo dos *Discorsi* (capítulo 7, livro III).[2] Somente em um discurso de Condorcet, de junho de 1793, intitulado *Sur le sens du mot révolutionnaire*, o termo revolução adquire um significado mais específico e ao mesmo tempo eulógico. Escreve Condorcet que "a palavra 'revolucionário' só se aplica às revoluções que têm a liberdade por objeto":[3] de uma redefinição desse tipo derivam duas conseqüências — a primeira, de que nem toda mutação é uma revolução; a segunda, de

---

2. N. MACCHIAVELLI, *Discorsi sopra la Prima Deca di Tito Livio*, III, 7, organizado por C. Vivanti, Einaudi, Turim, 1983, p. 403.

3. C. DE CONDORCET, *Sur le sens du mot révolutionnaire*, in *Œuvres*, Paris, 1847, reimp. anastática Frommann-Holzboog, Stuttgart — Bad Cannstatt, 1968, tomo XII, p. 615.

que a revolução é uma mutação benéfica enquanto ao fenômeno das mutações ou das revoluções em sentido genérico era habitualmente atribuído um significado axiologicamente negativo.

Antes da revolução, o termo por excelência utilizado para designar uma mudança específica e de importância bem mais ampla não era, como foi dito, revolução, mas, sim, precisamente "reforma" (em alemão *Reformation*). Com este termo, de fato, abarcava-se em toda a sua extensão o fenômeno da crise religiosa que atravessou a Europa do século XVI em diante, e que representou, junto do desenvolvimento da nova ciência e da técnica, e da formação dos grandes Estados territoriais, o nascimento do mundo moderno. Quando filósofos e historiadores se conscientizaram da imensa força de impacto da Revolução Francesa, um dos pontos de referência obrigatórios passou a ser a reforma, a grande ruptura da unidade religiosa. Seriam sobretudo os escritores da restauração, os filósofos da contra-revolução, a considerar a revolução política que destronou os reis legítimos o fruto venenoso da revolução religiosa que abalara dois séculos antes a sociedade cristã, unindo-as na mesma execração. Por outro lado, Hegel, da sua cátedra da Universidade de Berlim, concluindo as lições de filosofia da história, afirmava que os países que conheceram a reforma não tiveram necessidade de passar pela revolução, já que "os protestantes cumpriram a sua revolução com a Reforma".[4] O fenômeno histórico comparável à revolução era, portanto, a reforma, e não por certo as revoluções no sentido genérico de mudança ou de mutação, daquelas passagens de uma forma de governo para outra, em nada excepcionais, tudo menos clamorosas, tanto que ainda na sua *Histoire des révolutions d'Italie*, escrita em 1858, Giuseppe Ferrari enumerava na história italiana cerca de sete mil!

Isso não significa que antes da Revolução Francesa fosse estranha ao pensamento político, como com freqüência se sustenta, a idéia da revolução entendida como transformação radical da sociedade, como reforma integral, como *renovatio ab imis fundamentis*. A idéia do *novus ordo*, da queda e do renascimento, entrou na história do Ocidente através da concepção profética da história própria da tradição judaico-cristã, e alimentou em vários períodos as visões e os movimentos milenaristas. No início da era moderna, tomou nova forma nas obras dos utópicos, das quais nasceram inúmeras descrições de cidades ideais, verdadeiras prefigurações, sob muitos aspectos, em especial sob o aspecto do igualitarismo ascético e da organização comunitária da sociedade, das

---

4. G. W. F. HEGEL, *Lezioni sulla filosofia della storia*, La Nuova Italia, Florença, 1941-63, vol. IV (1963), p. 203.

repúblicas dos revolucionários. A continuidade entre concepção profética da história e utopismo, entre utopismo e pensamento revolucionário, está fora de questão. A cidade ideal de Campanella é a descrição de um Estado comunista, cujo advento é prenunciado por eventos extraordinários, indicadores de que os tempos estão maduros para as grandes transformações, e é imediatamente seguida pela insurreição das Calábrias que visa à sua realização. O socialismo denominado científico é imediatamente precedido pelo socialismo utópico, e nunca conseguirá libertar-se totalmente do visionarismo profético de uma sociedade final sem direito e sem Estado, da passagem do reino da necessidade para o reino da liberdade, do salto para fora da história. Contudo, diferentemente das formas proféticas e utópicas do pensamento revolucionário, que eram voltadas para um passado mítico, e para as quais a revolução era, segundo o sentido próprio da palavra, um retorno, a grande revolução, filha do pensamento iluminista portador de uma concepção progressiva da história, está afinal voltada para o devir, para a edificação de uma sociedade antes jamais vista.

No século XVIII, que passou à história com o nome de era das reformas e dos princípios reformistas, o termo reforma já havia perdido o seu caráter original de renovação religiosa, e assumira o significado, que permaneceu, de mudança política e social, e além disso de mudança gradual, legal e parcial, que enquanto tal serve para designar uma idéia das tarefas do governante, um modo de exercer o poder e uma concepção geral do progresso histórico, evolutivo e não catastrófico, antitéticos àqueles que seriam atribuídos com ou sem razão à grande revolução. É dessa antítese que nasce o uso da expressão "reformas ou revolução" para indicar duas estratégias alternativas da mudança social e muitos dos problemas a elas relacionados.

Quem considerar o problema histórico da relação entre a era das reformas e a Revolução Francesa não poderá deixar de se sentir tocado pelo fato de que nele se chocam duas interpretações da relação entre mudança mediante reformas e mudança revolucionária que não diferem das interpretações da mesma relação que continuaram a disputar o campo entre as facções opostas do movimento operário. Os historiadores de orientação liberal ou conservadora estiveram desde o início inclinados a sustentar que a explosão revolucionária interrompeu o natural processo das reformas que produziria seus frutos se tivesse tido a possibilidade de prosseguir pacificamente. Os historiadores democráticos e marxistas sempre tiveram tendência a sustentar, ao contrário, que o processo revolucionário era inevitável e teria sido no fim das contas benéfico pela impossibilidade objetiva dos governantes de transformarem gradualmente a sociedade segundo o espírito dos tempos e as exigências da nova classe em ascensão. Segundo Tocqueville, a revolução, não obstante o seu radicalismo, inovou muito menos do que em geral acreditaram os seus autores, e "se não tivesse ocorrido, o velho edifício social teria igualmente desmoronado onde quer que estivesse, aqui mais cedo, alhures mais tarde; só que teria desmoronado pedaço por pedaço, em vez de cair no abismo de uma só vez".[5] Segundo Quinet, ao contrário, "chegou-se a um tal ponto que o nó górdio tornou-se afinal de tal modo insolúvel que só poderia ser eliminado pela espada".[6]

Trata-se, como podemos ver, de dois pontos de vista opostos que constituíram e continuaram a constituir o lugar de embate entre fautores das reformas que deveriam tornar inútil a revolução e pregadores da revolução que deveriam demonstrar a inutilidade das reformas. O debate, quase nos mesmos termos, foi renovado a propósito da interpretação da Revolução de Outubro: de um lado, a tese menchevique da revolução prematura que, pretendendo acelerar a transformação, na verdade a detém e a direciona para objetivos que acabam por se tornar objetivamente contra-revolucionários. De outro, a tese bolchevique sobre a necessidade da conquista total do poder por parte do partido revolucionário com o objetivo de impedir o refluxo contra-revolucionário inevitável lá onde a velha classe dominante não fosse derrotada. Em síntese, trata-se da perene oposição entre reformistas e revolucionários: a revolução inútil, aliás danosa, porque bastam as reformas; a revolução necessária, aliás benéfica, porque as reformas são ineficazes.

Os termos atuais

Se é verdade que o grande tema da oposição entre reformas e revolução, nascido com a contraposição entre era das reformas e Revolução Francesa, foi retomado no âmbito do movimento operário, é também verdade que os termos não continuaram os mesmos. Foram, poderíamos dizer, radicalizados.

As reformas dos príncipes setecentistas estavam voltadas de modo particular para o melhoramento do aparato estatal. Eram reformas, como poderíamos hoje dizer, administrativas mais do que políticas, ou políticas mais do que sociais, de política econômica mais que de política

---

5. A. DE TOCQUEVILLE, *L'Ancien Régme et la Révolution* (1856) (trad. it. in ID., *Scritti politici*, organizado por N. Matteucci, Utet, Turim, 1968-69, vol. I (1969), p. 626).
6. E. QUINET, *La Révolution* (1865); trad. it. organizada por A. Galante Garrone, Einaudi, Turim, 1953, nova ed. 1974, p. 10.

social: reforma fiscal, instituição dos cadastros, abolição de tributos e das alfândegas, regulamentação do crédito e dos juros, política anonária, construção de pontes e estradas, reforma penal, luta contra os privilégios do clero, providências para favorecer a circulação das mercadorias e o desenvolvimento do comércio. Com uma expressão recorrente nos escritos dos reformadores, o objetivo principal das reformas era a correção dos "abusos", era portanto mais negativo do que positivo. Esses abusos, fossem eles de antigos preconceitos difíceis de desaparecer ou então de velhas instituições que consolidaram privilégios já anacrônicos, só poderiam ser eliminados através do desenvolvimento da ciência aplicada ao estudo das sociedades humanas, da difusão das luzes — em uma palavra: do triunfo da razão. Para promover uma política das reformas concebidas dessa maneira não era necessário o concurso do súditos, daqueles que dessas reformas deveriam ser os beneficiários. Bastavam os príncipes, contanto que fossem iluminados pelos eruditos, que iam descobrindo o segredo da prosperidade e da felicidade dos povos. O instrumento principal para introduzir os melhoramentos propostos pelo chamado "partido das reformas" era a legislação, da qual o príncipe, com seus conselheiros, era o único intérprete e criador. A era das reformas é também a era do despotismo esclarecido. O instrumento de controle e de orientação social é por excelência a lei, um instrumento que será escarnecido pelos reformadores sociais nos sucessivos séculos, de Saint-Simon a Marx e Engels. Os eruditos estudavam a história das sociedades humanas para delas captar "o espírito das leis", e para delas extrair as linhas da ciência social soberana que era a "ciência da legislação".

Diversamente, o reformismo do movimento operário visa não tanto a corrigir os abusos de um poder intocável na sua substância e inatingível em sua estatura, mas transformar as relações de poder existentes. Às reformas feitas a partir de cima, concessões do príncipe instruído pelos *philosophes*, opõem-se as reformas arrancadas à força pela luta promovida pelas grandes organizações do movimento, os sindicatos e os partidos. Pelo menos em um primeiro momento, não desdenha o instrumento legislativo, de onde nasce a legislação social, mas não o considera em si mesmo suficiente e a ele contrapõe e sobrepõe a negociação que deve se desenvolver e continuamente se renovar entre as próprias organizações e os poderes do Estado com o objetivo de obter diretamente cada vez mais amplos melhoramentos econômicos e sociais. As demandas por mudanças dizem respeito não tanto à transformação do aparato estatal, que os Estados modernos já levaram a termo, mas à transformação das relações entre Estado e cidadãos, entre o poder estatal e a sua base social. Trata-se, portanto, de um reformismo que não age no interior do Estado e de seus aparatos, mas se move da sociedade em direção ao Estado e expressa demandas que, partindo da sociedade civil, consideram o Estado apenas como um instrumento da sua satisfação.

Também no que se refere ao conceito de revolução, o tema tornou-se mais amplo, aprofundado, e, como foi dito, radicalizado. Que a Revolução Francesa, considerada como a revolução do Terceiro Estado, tenha sido, para o próprio Marx e para o próprio Engels, o modelo da revolução do Quarto Estado, é bem conhecido. Mas já Marx destacara que a Revolução Francesa fora uma revolução que não se cumpriu, porque tivera por efeito a emancipação política do cidadão, mas não também a emancipação do homem, donde permanecera, à sombra da igualdade puramente formal dos cidadãos enquanto tal, todo o somatório das desigualdade de classe, entre detentores dos meios de produção e possuidores apenas da força-trabalho, entre burgueses e proletários, isto é, a desigualdade substancial. Diante do grande movimento de libertação surgido na França e rapidamente difundido por toda a Europa, que era revolução sim, mas parcial, a revolução proletária teria sido a revolução total e enquanto tal definitiva, libertação não de uma única classe apenas, mas de todas as classes que existiram e existentes da sociedade dividida em classes. Enquanto a Revolução Francesa continuava a ser uma passagem de uma forma de organização política fundada no predomínio de uma classe para uma forma de organização política fundada no predomínio de uma outra classe, a revolução comunista levaria a humanidade a sair definitivamente do domínio de classe, e enfim de toda forma de organização política. Seria a última revolução.

Mudança e progresso

Não obstante a sua oposição com relação ao método, a estratégia das reformas e a estratégia da revolução são ambas filhas de uma concepção da história entendida como mudança e como progresso. O que pode explicar por que, embora divididas entre si, tiveram com freqüência os mesmos adversários. A concepção da história como mudança se opunha à concepção estática que os filósofos europeus, seja no século XVIII (Montesquieu), seja no século XIX (Hegel e Marx), atribuíam aos povos do Oriente. O produto típico de uma concepção estática da história era a figura do despotismo oriental, considerado o regime político adequado a uma sociedade sem movimento. A concepção da história como progresso, ao contrário, contrapunha-se à concepção regressiva da história própria dos antigos, para os quais o processo histórico era interrompido por contínuas mudanças não do bom em direção ao melhor (segundo a idéia inspiradora da história como progresso infinito), mas do mal para o pior (Platão), e além disso não era contínuo, mas cíclico (Políbio). A origem da concepção progressiva da história é judaica e cristã, mas na era moderna fora reforçada e quase exaltada pela revolução científica, pelas invenções técnicas que a ela se seguiram, pelas descobertas geográficas, que abriram novas esperanças para a afirmação do *regnum hominis*. Tanto em um concepção estática quanto em uma concepção regressiva da história, a mudança é considerada um mal. No primeiro caso, de fato, o bem é a estabilidade, no segundo a mudança, embora fatal e necessária, sendo todas as coisas da natureza — e portanto também do homem — sujeitas a alterações, continua, mesmo assim, sendo uma corrupção da forma originária: segundo o mito de Hesíodo, retomado por Platão, a humanidade passou sucessivamente da raça de ouro à raça de prata, depois à de bronze e por fim à de ferro.

Tanto a estratégia das reformas quanto a estratégia da revolução nascem, ao contrário, em um contexto histórico no qual, embora de diferente maneira, a concepção da história é dominada pela idéia da bondade do movimento e da inevitabilidade do progresso. Distinguemse, todavia, pelo modo diferente através do qual concebem o primeiro e interpretam o segundo.

Por trás do reformismo há uma concepção evolutiva da história, a idéia de que a história, assim como a natureza, *non facit saltus*, e o progresso é o produto cumulativo de pequenas, e talvez até mesmo imperceptíveis, mudanças. Tal concepção foi comum tanto aos iluministas, que viam dissolverem-se as sombras do passado à medida que o sol da razão iluminava espaços cada vez mais vastos do cosmo, quanto aos positivistas, que viam a humanidade, saída dos estágios da era teológica e da era metafísica, avançar confiante e irrefreável em direção à era da ciência. Por trás dos movimentos revolucionários há uma concepção progressiva, sim, da história, mas ao mesmo tempo dialética, onde por dialética se entende, em um de seus tantos significados, um avançar seja da realidade objetiva, seja do nosso conhecimento sobre a realidade, por meio de uma sucessão de movimentos positivos e negativos. Os primeiros revolucionários, os jacobinos, e em seu rastro os primeiros fautores da revolução social entendida como obra do despotismo (também terrorista) de um punhado de homens iluminados, eram ainda reformadores, mesmo que mais conseqüentes, herdeiros eles próprios da idéia iluminista da reforma a partir do alto por meio de leis simples, rigorosas e inexoráveis: o seu mestre era Rousseau, que viu no legislador aquele que é chamado a mudar através da reforma da sociedade até mesmo a natureza do homem, e na vontade geral o órgão da criação das leis, que uma vez estabelecidas tornam-se, como no Estado mais absolutista, indiscutíveis e irresistíveis. Somente com Marx desaparece o mito clássico do legislador que, seja ele o homem da história universal, como o teria chamado Hegel, seja identificado na vontade geral do povo constituído em república, absoluta, inalienável e infalível, está destinado a corrigir os costumes corruptos, a abolir as leis injustas, a colocar no trono a razão no lugar da tradição dos pais, o cálculo da justiça no lugar do arbítrio do mais forte ou do acaso. Para Marx, que não apenas "flertou" com a filosofia de Hegel mas foi por ela profundamente influenciado, a passagem de uma fase para outra da história da humanidade, de uma forma de produção para outra, não ocorre senão através de crises determinadas por contradições insolúveis entre as forças produtivas e as relações de produção, por contradições tais que a sua dissolução produz um verdadeiro salto qualitativo, e requer por parte do movimento histórico que é protagonista da mudança um processo revolucionário. Segundo esse modo de entender a história, o processo histórico não ocorre por sucessivos acréscimos, mas por acréscimos que já contêm em si os germes da dissolução, por afirmações não-graduais e contíguas, mas em contínua alternância com negações, que representam a passagem obrigatória para as subseqüentes afirmações.

O problema da legalidade

Em relação ao modo de proceder para se obter o resultado desejado, estratégia das reformas e estratégia revolucionária distinguem-se com base no diferente comportamento diante do princípio de legalidade. Desse distinto caráter derivam outros dois: a gradualidade da mudança mediante reformas contraposta à simultaneidade da mudança produzida por quem toma o poder revolucionariamente, e a parcialidade das mudanças introduzidas por reformas que se sucedem contraposta à globalidade da mudança revolucionária. Esses traços distintivos podem ser resumidos em três pares de opostos: legalidade-ilegalidade, gradualidade-simultaneidade, parcialidade-globalidade, da mudança. Mas, dos três, o mais importante e decisivo é o primeiro.

O reformista é, exatamente enquanto reformista, um legalista, porque considera que as mudanças devem ser introduzidas por respeito às regras do jogo, que são afinal as regras fundamentais ou constitucionais, escritas ou não-escritas, entre as quais não pode faltar a chamada "norma de mudança", ou seja, a norma que prevê quem ou qual órgão está autorizado a modificar as normas da ordem. Quando o titular do poder de mudar a ordem era o príncipe, emergiu durante a era das reformas, como foi dito, a figura do príncipe reformador. O reformismo operário cresceu na era dos regimes parlamentares, vale dizer, daqueles regimes nos quais o principal titular do poder de mudar as normas vigentes é o parlamento. Daí a característica dos partidos reformistas que recebeu o nome de "parlamentarismo" e que foi, com freqüência, estigmatizada pelos adversários com o epíteto de "oportunismo": vale dizer, uma política que tende à conquista da maioria no parlamento e permite exercer aquele poder que é próprio e exclusivo do parlamento com o objetivo de provocar um processo cumulativo de mudanças em favor da classe operária.

A razão pela qual o revolucionário não é um legalista, ou pelo menos nunca o é em última instância, e se opõe, às vezes duramente, ao legalismo reformista, está ligada ao fato de que, uma vez estabelecido o fim de mudar não esta ou aquela norma da ordem mas a ordem como um todo (do ponto de vista jurídico, a revolução é a instauração de uma nova ordem), sabe muito bem que essa mudança não pode se realizar por respeito às regras do jogo, entre as quais, explícita ou implícita, está sempre a regra que proíbe mudar a ordem no seu todo, e com base na qual a ordem no seu todo não pode ser mudada senão por quem se coloca fora da ordem. Também desse ponto de vista é muito instrutiva a questão do "movimento" e do "fim", provocada por Bernstein, ao qual já nos reportamos. Entende-se que o reformista privilegia o movimento sobre o fim porque, exatamente devido à estratégia previamente escolhida, que é a estratégia legalista, não pode oferecer qualquer garantia de que o fim último será alcançado, já que o fim último para um socialista deveria ser a sociedade socialista, isto é, uma sociedade não apenas parcialmente mas também globalmente distinta da sociedade capitalista. O revolucionário, ao contrário, não perdendo nunca de vista o fim, que é a saída do sistema capitalista, subordina a escolha do movimento à realização do fim.

A refutação do reformismo já fora expressa de modo claríssimo em forma de crítica ao socialismo burguês por Marx no *Manifesto*, quando escreveu que esse socialismo "tenta transmitir à classe operária a vontade de qualquer movimento revolucionário, argumentando que lhe seria útil não uma ou outra mudança política, mas apenas uma alteração das condições materiais de existência", e detalhou que "este socialismo não pretende em absoluto (...) a abolição das relações burguesas de produção, possível apenas por uma via revolucionária, mas melhoramentos administrativos que se desenvolvem no terreno das relações de produção, que portanto em nada modificam a relação entre capital e trabalho".[7] Incisivamente, Rosa Luxemburgo, na famosa polêmica com Bernstein, escreveu que "reforma legal e revolução não são métodos distintos de progresso histórico que possam ser escolhidos ao bel-prazer no bufê da história como *würtschen* quentes ou *würtschen* frios, mas *momentos* distintos na evolução da sociedade de classe, que se condicionam e se completam ao mesmo tempo, e, contudo, se excluem reciprocamente, tal como por exemplo pólo sul e pólo norte, burguês e proletariado", para concluir que é "fundamentalmente falso e absolutamente anti-histórico representar o trabalho legal de reforma apenas como uma revolução excessivamente prolongada, e a revolução como a reforma concentrada. Subversão social e reforma legal são momentos distintos não de *duração* mas de *essência*".[8] A antítese entre o comportamento legalista e o comportamento contrário foi fortemente marcada por Lenin, que escreve, uma citação entre tantas, em uma polêmica com Kautsky: "A ditadura revolucionária do proletariado é um poder conquistado e sustentado pela violência do proletariado contra a burguesia, *um poder não vinculado por qualquer lei*".[9]

Que o critério fundamental de distinção entre a evolução mediante as reformas e ruptura revolucionária deva ser procurado no respeito ou na violação do princípio de legalidade, pode ser confirmado pela discussão desenvolvida nos últimos anos sobre as revoluções científicas. O autor que acreditou poder demonstrar que o progresso da ciência ocorre não segundo o modelo do crescimento cumulativo, que é o modelo dos reformistas sociais, mas segundo o modelo da ruptura do sistema anterior e da substituição de um sistema ou paradigma por outro, que é o modelo dos revolucionários, Thomas S. Kuhn, esboçou um sugestivo confronto entre revolução científica e revolução social, sustentando que, tal como "as revoluções políticas visam a transformar as instituições políticas em formas que são proibidas por essas mesmas instituições", assim também as revoluções científicas visam à substituição de um paradigma por outro, substituição que, implicando a escolha de um novo sistema incompatível com o precedente, "não pode ser determi-

---

7. K. MARX, F. ENGELS, *Manifesto del Partito Comunista* (1848); trad. it. de E. Cantimori Mezzomonti, Einaudi, Turim, 1998, p. 42.
8. R. LUXEMBURGO, *Sozialreform oder Revolution* (1899); ed. it.: *Riforma sociale o rivoluzione*, in ID., *Scritti scelti*, organizada por L. Amodio, Einaudi, Turim, 1975, p. 130.
9. V. I. LENIN, *La rivoluzione proletaria e il rinnegato Kautsky* (1918), in ID., *Opere complete*, Editori Riuniti, Roma, 1967, vol. XXVIII, p. 241.

nada exclusivamente pelos procedimentos de avaliação próprios da ciência normal, uma vez que estes dependem em parte de um particular paradigma, e é ele que está sendo posto em discussão".[10] O que significa, em outras palavras, que a passagem de um sistema para outro não pode ocorrer utilizando-se as regras próprias do sistema precedente, as quais permitem na melhor das hipóteses a evolução do sistema mas não a alteração do sistema. Não se trata, naturalmente, de julgar se a tese de que o desenvolvimento da ciência ocorre por evolução ou por revolução esteja correta. Aqui importa destacar que, se é possível estabelecer uma correspondência entre sistema social e sistema científico em relação aos possíveis diferentes modos através dos quais ocorre a sua mudança, essa correspondência passa através da diferença entre mudanças legais e mudanças extralegais, entre aceitação e refutação do princípio de legalidade.

O *problema da violência*

Ao problema da legalidade está estreitamente ligado por antítese o problema da violência. Ao legalismo reformista, que os seus fautores identificam com a chamada "via pacífica para o socialismo", costuma-se contrapor a violência revolucionária. Mesmo sem recorrer à citação marxiana obrigatória, segundo a qual a violência é a parteira da história, é um dado de fato incontestável que todas as revoluções, ou, mais precisamente, todos os fatos históricos que são incluídos na categoria das revoluções caracterizam-se por períodos mais ou menos longos de ações coletivas violentas. Qualquer um que pretenda estudar o fenômeno da revolução não pode deixar de compará-la à guerra. Tanto é verdade que antes da Revolução Francesa, isto é, antes que se formasse o mito da revolução como violência não destruidora mas criadora, e antes que a mudança radical, mesmo violenta, da ordem constituída fosse idealizada como uma nova fase na história progressiva da humanidade, a passagem de uma ordem para outra através de um período de embates violentos entre facções opostas era considerada uma espécie do gênero guerra, isto é, como guerra civil ou interna ou intestina, contraposta à guerra externa, ou internacional. A Revolução Inglesa do século XVII, que a historiografia revolucionária começou a interpretar como uma verdadeira revolução, comparando-a à Revolução Francesa, aliás, como

---

594

10. TH. S. KUHN, *The Structure of Scientific Revolutions*, The University of Chicago Press, Chicago Ill., 1962 (ed. it.: *La struttura delle rivoluzioni scientifiche*, Einaudi, Turim, 1969, 3ª ed. 1995, pp. 120, 121).

a primeira revolução burguesa (e foi certamente interpretada neste sentido por Marx e Engels), foi ainda vivida e interpretada pelos seus contemporâneos como uma guerra civil, e até mesmo pelos historiadores conservadores como a "grande rebelião" (*great rebellion*). O acontecimento que seus contemporâneos chamaram de revolução, aliás a "gloriosa" revolução, foi a "mudança", ocorrida quase sem violência, que assinalou a passagem do absolutismo dos Stuart à monarquia constitucional de Guilherme d'Orange. Um grande historiador inglês, Trevelyan, escreveu: "A verdadeira 'glória' da revolução não está no fato de que para o seu sucesso não foi quase necessária a violência, mas no modo como o 'regime revolucionário' excogitou dispensar as futuras gerações inglesas da violência".[11] Pois bem, quando já eclodira a cruenta revolução dos *sans-culottes*, Condorcet, que viria a ser uma de suas tantas vítimas, expondo algumas de suas *Réflexions sur la révolution de 1688 et sur celle du 10 Août 1792*, compara o presente estado não com a longa luta do parlamento inglês contra a monarquia que culmina na decapitação do rei, como viriam a fazer Marx e Engels, mas com a pacífica tomada do poder por parte de um rei constitucional, e, referindo-se ao turbulento passado, explica que o povo inglês estava ainda descontente "com a guerra civil".[12]

A verdade é que de revoluções políticas no sentido que o termo revolução teria depois da Revolução Francesa, no sentido rousseauniano e portanto jacobino de criação de uma nova ordem e até mesmo do novo homem, em outros termos, de uma revolução que fosse não apenas religiosa mas também política, não havia precedentes na história. O cristianismo, que contudo deu origem a movimentos que hoje incluiríamos naquela categoria de eventos que um estudioso recentemente chamou de "fenômenos revolucionários",[13] foi uma revolução, sim, mas religiosa. Em contrapartida, a maior transformação política do mundo antigo, a passagem da república ao principado em Roma, foi conseqüência de um longo, laborioso e geralmente execrado *bellum civile*.

De resto, a comparação entre a revolução e a guerra é perfeitamente legítima porque a revolução é, como a guerra, o único modo de resolver um conflito quando não existe, ou, se existe, falha, o domínio de uma lei superior para ambos os contendedores.

---

11. G. M. TREVELYAN, *The English Revolution*, Oxford University Press, Oxford, 1938 (trad. it. de C. Pavese, *La rivoluzione inglese del 1688-89*, Einaudi, Turim, 1941, reimp. 1979, p. 3).
12. Cf. *Œuvres*, cit., tomo XII, p. 199.
13. Cf. J. BAECHLER, *Les phénomènes révolutionnaires*, PUF, Paris, 1976 (ed. it.: *I fenomeni rivoluzionari*, Edizioni Il Formichiere, Milão, 1976).

Na guerra propriamente dita, ou seja, na guerra pública que os primeiros intérpretes do direito internacional consideram a única legítima, os grupos em conflito são os Estados soberanos que não reconhecem qualquer lei positiva acima de si. Na revolução, interpretável como uma guerra privada, não regulada pelo direito internacional, os grupos em conflito são partidos opostos que se comportam reciprocamente como Estados soberanos *in nuce*, uma vez que tendem a tornar-se o Estado futuro por exclusão do outro e impõem no resultado favorável da guerra o fundamento da sua legitimidade. O Estado vencedor da guerra externa terá o direito de estabelecer a nova ordem internacional; o partido vencedor terá o direito de estabelecer a nova ordem interna.

Embora todas as revoluções políticas e sociais até agora ocorridas tenham sido conduzidas com a violência, o tema da violência não é contudo discriminante, se considerarmos a revolução como efeito e não apenas como causa. Não se pode negar que a estratégia das reformas não surtiu até agora aqueles efeitos avassaladores, as mudanças radicais que são consideradas o fim último do movimento. Mas não se pode, por outro lado, desconhecer que a mudança radical pode depender seja do desenvolvimento de condições objetivas que até agora não se verificaram e que certamente não haviam se verificado em todos os países em que ocorreram até agora as revoluções socialistas, seja do aperfeiçoamento do método democrático, que é o método próprio dos reformadores, sobretudo na direção das chamadas técnicas da não-violência, da greve, já amplamente praticada pelo movimento operário, à desobediência civil, que permitiriam uma maior eficácia da ação reivindicadora sem fazer qualquer concessão às práticas tradicionais, e julgadas até hoje inevitáveis, da violência individual e coletiva, que vão do atentado terrorista à ação de guerrilha, enfim, à organização de um verdadeiro exército revolucionário.

Exatamente porque o método da violência não é discriminante, a superação da alternativa reformas ou revolução, que dividiu até agora o movimento operário, só poderá ocorrer quando for possível provar nos fatos (condições objetivas particularmente favoráveis) e com os fatos (desenvolvimento das técnicas não-violentas) que a revolução como efeito é possível sem que seja necessário o recurso à revolução como causa, isto é, à revolução entendida como ruptura violenta da legalidade, e se solucionar a antinomia até agora historicamente verificada, entre a estratégia pacífica mas ineficaz dos reformistas e a estratégia eficaz mas belicosa dos revolucionários.

Partido e sindicato

A oposição entre reformas e revolução, uma vez resumida como conflitos de estratégias, não pode deixar de repercutir sobre a distinta organização do movimento operário segundo a predominância de uma ou de outra. Em uma sociedade complexa, articulada, antagonística, como a sociedade moderna industrial, as duas organizações características do movimento operário, como de resto de qualquer grupo que pretende defender os próprios interesses na competição política, são o sindicato e o partido.

Por mais que tenha existido um sindicalismo revolucionário, todavia mais como doutrina e conseqüente batalha de idéias do que como práxis resolutiva, pode-se dizer em geral que a estratégia do sindicato é predominantemente de tipo reformista, enquanto, não obstante a existência de partidos operários reformistas, a estratégia revolucionária não pode ser praticada senão pelo partido. As razões dessa diferença dependem da respectiva natureza e função dos dois organismos, o primeiro, associação de pessoas que pertencem à mesma categoria de trabalho, a segunda, associação de pessoas que partilham objetivos comuns, os chamados interesses coletivos ou nacionais, o primeiro predisposto à tutela dos interesses predominantemente econômicos dos pertencentes à categoria, o segundo à realização de fins gerais. Tão distintos, sindicato e partido, podem também se sobrepor e opor, mas geralmente agem segundo um princípio não-codificado mas igualmente operante de divisão do trabalho, embora mais claro lá onde não existe um partido operário, como nos Estados Unidos, menos claro onde o partido operário existe ou existe mais de um.

Dada a tendência a agir no âmbito limitado das reivindicações econômicas próprias do sindicato, a relação entre sindicato e partido é inversa segundo o partido operário dominante seja reformista ou revolucionário: enquanto o partido reformista é subordinado ao sindicato, e de alguma forma é o seu porta-voz no âmbito da política, o sindicato é subordinado ao partido revolucionário até desaparecer de todo ou pelo menos até perder uma função impulsionadora nos regimes em que o partido revolucionário tomou o poder. Também a esse propósito podem-se indicar como dois casos extremos o caso do Partido Trabalhista Inglês e o caso do partido leninista. O Partido Trabalhista nasceu como organização eleitoral das *trade unions*, isto é, dos sindicatos e de outras associações que partilhavam o fim da reforma da sociedade em sentido mais ou menos vagamente socialista, e sempre manteve uma estreitíssima relação com suas associações de base. O partido leninista, do qual Lenin traçou as linhas programáticas e organizativas no opúsculo O *que fazer?*, desde o início se diferenciou como organização distinta daquela do sindicato, e em certo sentido até mesmo como seu antagonista, seja pelos objetivos (a conquista do poder e a transformação da sociedade em sentido socialista), seja pela composição e estrutura (os revolucionários de profissão, o centralismo democrático etc.). Essa relação é mais complexa, e também mais difícil de definir, nos grandes partidos operários, como o Partido Social-Democrata Alemão durante o período da Segunda Internacional, ou o Partido Socialista Italiano até o advento do fascismo, isto é, em partidos nos quais sempre conviveram as chamadas duas "almas" do socialismo, a alma revolucionária e a alma reformista, que se revelaram institucionalmente na contínua oposição entre o programa máximo e o programa mínimo, o primeiro mais avançado em relação às reivindicações puramente econômicas da classe que se organiza na fábrica, o segundo mais próximo das demandas de tipo econômico-corporativo. A estratégia do partido reformista é, tal como aquela do sindicato, uma estratégia que trata da tratativa e a negociação; estratégia do partido revolucionário visa, ao contrário, em última instância, ao embate frontal e à conquista irreversível do poder político por parte do movimento.

Mudança e estabilidade

Reformas e revolução são, como foi dito, estratégias que se inspiram, ambas, na bondade da mudança. Contrapõem-se a elas outras tantas estratégias que partem do princípio oposto, isto é, da preferência da estabilidade em relação à mudança, e que poderiam ser denominadas não-mudança ou contramudança. Tal como há duas estratégias da mudança, assim também há duas estratégias correspondentes da estabilidade que, como as primeiras, são em parte alternativas, em parte complementares. À política das reformas corresponde o conservadorismo, à política revolucionária, a contra-revolucionária. O conservador está para o reformista assim como o contra-revolucionário está para o revolucionário. Entre conservação e contra-revolução há mais ou menos a mesma relação que há entre reformismo e revolucionarismo. O conservadorismo é uma defesa legal dos interesses constituídos contra a sua erosão por parte dos reformadores. A estratégia contra-revolucionária consiste essencialmente no recurso à ruptura preventiva do pacto social, e portanto em uma série de ações extralegais para impedir que o processo das reformas avance. Também em relação ao uso da violência há a mesma diferença: a defesa do conservador é institucional, a do contra-revolucionário é fundada no uso indiscriminado da violência, é uma resposta violenta à violência presumida ou real do adversário.

Tanto o conservador quanto o contra-revolucionário defendem interesses constituídos, que são ameaçados pelo avanço do movimento operário. Nesse sentido podem ser considerados ambos fautores da estabilidade contra a mudança. Mas os defendem de modo distinto, que corresponde de resto ao distinto modo como reformadores e revolucionários pregam e tendem a realizar a mudança. Distinto seja em relação aos argumentos adotados, as "derivações" em sentido paretiano, para afastar as demandas do adversário, seja em relação à práxis adotada para derrotá-lo.

Quanto aos argumentos, o conservador é capcioso, menos drástico, mais compreensivo mesmo que não menos inflexível. Não rejeita por princípio as reformas, mas em geral sustenta que *a*) os tempos não estão ainda maduros, e portanto as reformas invocadas devem ser adiadas para uma época mais propícia, quando as massas forem mais educadas, os costumes mais refinados etc.; *b*) a sociedade é um sistema constituído por diversas forças em equilíbrio instável, que deve ser tratado com grande delicadeza e sentido de discrição, e, portanto, quanto menos modificado, melhor funciona. O contra-revolucionário, ao contrário, está convencido de que os tempos de corrupção já chegaram e não se deve esperar mais se não se quer que seja demasiado tarde para impedir a desagregação da sociedade; o equilíbrio já está quebrado, favorecendo os subversores, e é preciso restabelecer com urgência e firmeza o equilíbrio precedente.

Quanto à práxis, o conservador recorre a alguns expedientes aprovados com os quais as classes políticas no poder conseguem manter seu próprio domínio não obstante a presença de um movimento reformador: a tergiversação com o conseqüente adiamento das providências requeridas para tempos mais propícios; a discriminação entre reformas que incidem e reformas que não incidem ou incidem muito pouco (e que representam um pequena satisfação), e naturalmente a concessão dessas últimas para justificar a rejeição das outras; o esvaziamento gradual das reformas concedidas ou arrancadas mediante a inexecução. A contra-revolução é a resposta violenta à violência mesmo que apenas ameaçada do adversário: enquanto resposta violenta antecipada, a contra-revolução pode ser preventiva, mas contudo, preventiva ou sucessiva, se apresenta como a subversão da subversão e, portanto, é diferente da conservação que detém a mudança e procura impedir que chegue ao ponto de ruptura, como o restabelecimento de uma ordem abalada.

Exemplos? Não vou buscá-los muito longe. A recente história italiana nos colocou ambos diante dos olhos de modo pedante, quase como um texto escolar e sem fantasia. O regime fascista foi um típico regime contra-revolucionário. Reagiu com a violência das *squadre d'azione** [esquadras de ação] protegidas pelo Estado contra a revolução mais ameaçada do que praticada pela ala esquerda, maximalista, do movimento operário; e impôs pela violência um regime que restaurou os valores da ordem contra a liberdade, da hierarquia contra a igualdade, da nação contra o internacionalismo. O regime democrata-cristão foi um típico exemplo de conservação: permanecendo dentro dos limites do pacto constitucional, salvo algumas tentativas sufocadas para dele se furtar, opôs à demanda de reformas incisivas o método do adiamento, do esvaziamento, da ineficiência administrativa. Quando o movimento operário tomou a via da revolução, encontrou-a bloqueada pela contra-revolução, quando imbicou a via das reformas, por uma práxis conservadora.

Com isso não quero demonstrar que exista uma correspondência perfeita entre reformas e conservação, de um lado, e entre revolução e contra-revolução, de outro. Há mais coisas na história das relações entre os homens do que aquelas que somos capazes de encerrar nas nossas categorias e nas possíveis combinações dessas categorias. Às vezes a contra-revolução preventiva é resposta a uma política de reformas considerada pelo adversário demasiado ousada, como ocorreu no Chile; com muita freqüência a revolução foi a resposta a um regime de conservação social, tão inapto e incapaz do mínimo movimento de desenvolvimento a ponto de tornar vã e ineficaz qualquer política de reformas. As duas grandes revoluções do mundo moderno, a Francesa e a Russa, são um exemplo dessa conexão: a ruptura revolucionária como conseqüência inevitável da irrealizada dialética entre conservação e reforma. E, como todos os exemplos históricos, também para quem souber extrair-lhes a lição, uma advertência.

II.

A REVOLUÇÃO ENTRE MOVIMENTO E MUDANÇA

1. Entre os vários pontos de vista a partir dos quais se pode considerar o tema da revolução há o ponto de vista semântico, ou seja, do significado ou dos significados da palavra. Sobre esse aspecto específi-

---

* Esquadras de voluntários fascistas armados. (N.T.)

co do problema já existe uma vasta literatura. Aliás, pode-se afirmar que não há texto sobre a revolução que não comece com algumas observações relativas à história e ao uso da palavra.[14]

Como todas as palavras da linguagem das ciências, também "revolução" tem um significado descritivo, com o qual ela indica um estado de coisas, e um significado valorativo, uma vez que indica um estado de coisas que pode suscitar aprovação ou desaprovação. No uso comum da palavra, os dois significados estão ambos geralmente presentes. Tomemos duas frases históricas cuja citação é de praxe em qualquer escrito sobre o tema, uma das quais abre, a outra fecha, o ciclo da Revolução Francesa: "Não, Majestade — diz o duque de La Rochefoucault a Luís XVI —, não é uma revolta, mas uma revolução", e "A revolução acabou", como disse Napoleão depois do golpe de Estado no discurso de 15 de dezembro de 1799. Em ambas as frases, a palavra "revolução" designa um acontecimento histórico, um fato que tem certas características, pelas quais se distingue de um outro fato (a "revolta", por exemplo), mas ao mesmo tempo contém um juízo sobre o fato, um juízo tal que provoca em quem ouve uma reação emotiva. Isso não exclui que na linguagem científica os dois significados sejam acuradamente diferenciados, e as definições dadas à palavra sejam, ou tentem ser, meramente descritivas, ou axiologicamente neutras, não incluindo qualquer termo que as possa transformar em definições persuasivas (ou, inversamente, dissuasivas), das quais um clássico exemplo é a frase de Robespierre: "A revolução nada mais é do que a passagem do reino do delito para o reino da justiça" (no discurso de 7 de maio de 1794).

Certamente não é o caso de aventurar-se na selva das definições, já de resto amplamente explorada. Mas, uma vez convencionado que, na linguagem política, "revolução" tem um significado diferente do significado original, próprio da linguagem astronômica, de movimento não-cíclico mas progressivo, que evoca a imagem não de um "retorno" mas de uma "marcha para a frente",[15] ainda não nos detivemos suficientemente sobre o fato de que na linguagem política "revolução" significa, diferentemente da linguagem científica tradicional, não apenas um tipo de movimento, mas também, e sobretudo, um tipo de mudança, ou

---

14. Cito para todos K. GRIEWANK, *Der neuzeitliche Revolutionsbegriff. Entstehung und Entwicklung*, 2ª ed. Europäische Verlagsanstalt, Frankfurt am Main, 1969; ed. it.: *Il concetto di rivoluzione nell'età moderna. Origini e sviluppo*, La Nuova Italia, Florença, 1979. Mais recente, o verbete escrito por vários autores *Revolution, Rebellion, Aufruhr, Bürgerkrieg*, in *Geschichtliche Grundbegriffe*, organizado por O. Brunner, W. Conze, R. Koselleck, Klett-Cotta, Stuttgart, 1984, vol. V, pp. 653-788.

15. Naturalmente não se pode mais afirmar isto depois que o termo "revolução", na conhecida obra de TH. S. KUHN, *The Structure of Scientific Revolutions*, cit., foi empregado para designar na história da ciência o mesmo tipo de mudança radical que recebe o nome de "revolução" na linguagem política.

seja, dois eventos que estabelecem entre si uma relação de causa, o movimento, e de efeito, a mudança (ou de meio e fim). Que uma mesma palavra sirva para designar a causa e o efeito, é uma propriedade tão freqüente e conhecida a ponto de ser classificada entre as figuras retóricas mais importantes (sinédoque). Que a palavra "revolução" seja usada quase sempre indistintamente, indiferentemente e inconscientemente para um certo tipo de causa que provoca um certo tipo de mudança, e/ou para um certo tipo de efeito produzido por um certo tipo de movimento, nunca foi, pelo que sei, claramente destacado.

Tomemos em consideração duas definições, uma retirada de um clássico dicionário, a outra de um dos mais respeitados estudiosos da política. No *Dizionario dei sinonimi* de Niccolò Tommaseo, lê-se que a revolução é uma "manifestação rumorosa da vontade da inteira nação, ou de partes dela, a fim de mudar em tudo ou em parte as ordens sociais";[16] Carl J. Friedrich define a revolução como "imprevista e violenta inversão de uma ordem política estabelecida".[17] Em ambas as definições, apesar da sua brevidade, a determinação do significado de uma revolução ocorre através da indicação predominante, seja de um movimento ("manifestação rumorosa" e "imprevista e violenta inversão"), seja de uma mudança ("mudar em tudo ou em parte as ordens sociais" e "inversão de uma ordem política estabelecida"). As duas definições podem ser interpretadas como definições, no sentido clássico da palavra, por *genus proximum* (o movimento) e *differentia specifica* (a mudança), ou seja, como uma espécie de movimento ("rumoroso", "imprevisto", "violento") que se distingue de outros movimentos análogos — como seriam uma revolta, uma insurreição ou uma rebelião — pelo tipo de mudança que produz (das "ordens sociais" ou "da ordem política estabelecida"). Mas a relação poderia ser invertida: a revolução então seria uma grande mudança, ou da ordem social ou da ordem política, que se diferencia de outros tipos de grandes mudanças porque ocorre violenta e subitamente em vez de, suponhamos, através de um longo processo histórico. Resultado não diverso obteremos se, em vez de utilizar o modo clássico de definir a definição, adotarmos o modo próprio da lógica moderna, através dos dois elementos da conotação ou intenção e da denotação ou extensão. Dependendo do diferente ponto de vista a partir do qual nos posicionamos, o movimento violento e súbito pode figurar como a extensão do conceito do qual a mudança radical

---

16. N. TOMMASEO, *Dizionario dei sinonimi della lingua italiana*, que cito na ed. Vallardi, Milão, 1953, p. 735.

17. C. J. FRIEDRICH, *An Introductory Note on Revolution*, in *Revolution*, "Nomos VIII", Atherton Press, Nova York, 1967, p. 5.

ou inversão constitui a intenção, ou então, vice-versa, a mudança radical ou inversão pode figurar como a extensão dentro da qual está circunscrita a mudança produzida por um movimento violento e súbito.[18]

Enquanto para uma definição correta de "revolução" é preciso levar em conta tanto o tipo de movimento quanto o tipo de mudança, com muita freqüência tanto as definições quanto as considerações gerais sobre o fenômeno "revolução" examinam apenas um ou outro, sobretudo o segundo em detrimento do primeiro. Assim, Jean Baechler define a revolução como qualquer forma de *"remise en question* da ordem social",[19] onde o fenômeno revolucionário é visto como mudança, isto é, como efeito de uma causa não-definida. Quando Johann Galtung define revolução como "mudança de fundo na estrutura social que ocorre em um curto espaço de tempo",[20] coloca em particular destaque o elemento da mudança, limitando-se a indicar o movimento como breve, vale dizer, com um elemento que, negligenciando outras características comuns do movimento revolucionário tais como "violento" e "vindo de baixo", mostra a grande importância que o autor atribui à revolução como mudança em comparação com a revolução como movimento. Vice-versa, uma definição como aquela que se lê em *A Theory of Revolution*, de Raymond Tanter e Manus Midlarsky, segundo os quais temos uma revolução quando "um grupo de insurrectos desafia ilegalmente e/ou com o uso da força a elite de governo, para ocupar os papéis existentes na estrutura do poder civil",[21] destaca mais o aspecto do movimento (do qual indica um sujeito, os "insurrectos", e o seu modo de agir, ou "ilegalmente" ou "com o uso da força") em relação ao aspecto da mudança, indicada restritivamente como substituição da

---

18. Esta duplicidade de significados revela-se também nos derivados da palavra "révolution", que nasceram e se difundiram na França depois da Revolução Francesa: "révolutionnaire", como substantivo, indica o agente de um movimento extraordinário, enquanto "révolutionner" indica uma mudança extraordinária. Ver F. BRUNOT, *Histoire de la langue française des origines à nos jours*, vol. IX, tomo 2°, Parte segunda, Livro I, cap. I, *Un mot transfiguré: "révolution"*, Librairie Armand Colin, Paris, 1967, pp. 617-22. Esses dois significados encontram-se lado a lado no Decreto de 10 de outubro de 1793, apresentado por Saint-Just e aprovado, onde se lê no art. 1 que o governo provisório da França é "revolucionário até a paz" e, no art. 2, que "as leis revolucionárias devem ser executadas rapidamente". Na expressão "governo revolucionário" há a idéia da revolução como movimento, enquanto uma lei revolucionária é uma lei que introduz na ordem constituída uma mudança radical. Dito de outra maneira: o governo revolucionário é a causa, as leis revolucionárias são o efeito.

19. J. BAECHLER, *Les phénomènes révolutionnaires;* trad. it. cit., p. 7.

20. J. GALTUNG, *Imperialismo e rivoluzioni, Una teoria strutturale*, Rosenberg & Sellier, Turim, 1977, p. 71. Uma definição que coloca em particular destaque a mudança é aquela dada por L. Pellicani: "Uma mudança pode ser considerada revolucionária, apenas se tem um certo grau de *profundidade* e apenas se se verifica em um período de tempo relativamente breve", ou, de outro modo, uma revolução política tem lugar "quando se verifica uma mudança rápida da norma fundamental que regula as relações de domínio", onde também aparece uma referência ao tipo de movimento, "breve" e "rápido" (*Dinamica delle rivoluzioni*, Sugarco, Milão, 1974, pp. 8 e 9).

21. R. TANTER, M. MIDLARSKY, "A Theory of Revolution", in *The Journal of Conflict Resolution*, XI, n. 3, 1967, p. 267.

elite no poder — digo restritivamente porque a definição que surge a partir disso parece mais adequada para designar o golpe de Estado.

A ênfase, ou até mesmo, em casos extremos, a exclusão de um ou outro dos dois elementos da definição, devem ser relacionadas antes de mais nada com o ponto de vista a partir do qual nos posicionamos para analisar o fenômeno da revolução. Quem parte do ponto de vista sociológico tende a enfatizar o movimento; o jurista, ao contrário, enfatiza a mudança. A revolução interessa ao sociólogo como movimento coletivo, e portanto ele tenderá a analisá-la como uma das tantas formas de movimentos coletivos, vale dizer, como um movimento coletivo caracterizado pelos sujeitos que lhe dão vida, pelos comportamentos que esses sujeitos adotam para atingir seu objetivo etc. Não que o efeito ou o objetivo não sejam levados em consideração, mas a atenção do sociólogo está voltada predominantemente para a análise da ação social que é causa daquele efeito ou meio para aquele fim. Em *From Mobilization to Revolution*, Charles Tilly examina a revolução como caso particular de ação coletiva, definida como "a ação comum de indivíduos em favor de interesses comuns", aquele particular caso de ação coletiva no qual os concorrentes lutam para obter o poder político supremo sobre uma população e ao final do qual os desafiadores conseguem, pelo menos até certo grau, substituir os detentores do poder.[22] Também nesse caso, o destaque dado ao tema do movimento coloca em segundo plano o tema da mudança, ao qual é dada uma definição fraca, a passagem de uma elite para outra.

Ao jurista, ao contrário, interessa exclusivamente o aspecto da mudança. Para a teoria do direito, a revolução representa o momento da ruptura entre uma ordem e outra, o fim, que significa juridicamente invalidade e ineficácia, da velha ordem, e o início da nova. Em termos kelsenianos, a mudança não desta ou daquela norma do sistema, ou de um grupo mesmo que relevante de normas (por exemplo, a reforma de um inteiro setor da ordem, como o direito de família, ou a mudança de um código), mas da norma fundamental, que é o fundamento de validade da nova ordem.[23] Como essa mudança aconteceu — através de que movimento — é um problema com o qual o jurista não se preocupa. Até que o ponto é controvertida e problemática a relação entre o

---

22. CH. TILLY, *From Mobilization to Revolution*, Addison-Wesley, Reading Mass. 1978, p. 7, que cito de TH. SKOCPOL, *States and Social Revolution. A Comparative Analysis of France, Russia and China*, Cambridge University Press, 1979, ed. it.: *Stati e rivoluzioni sociali. Un'analisi comparata di Francia, Russia e Cina*, il Mulino, Bolonha, 1981, p. 34.
23. H. KELSEN, *General Theory of Law and State*, Harvard University Press, Cambridge (Mass.), 1945 (trad. it.: S. Cotta e G. Treves, *Teoria generale del diritto dello Stato*, Etas libri, Milão, 1994, pp. 225 e 373-74).

ponto de vista do sociólogo e o ponto de vista do jurista na análise do sistema jurídico é algo bem conhecido. O diferente discurso de um e outro sobre a revolução serve muito bem para marcar claramente a linha divisória entre os dos pontos de vista. O sociólogo interroga-se principalmente sobre as razões da mudança; o jurista, sobre a natureza da mudança. Quaisquer que tenham sido as razões pelas quais em um determinado momento histórico ocorreu a passagem de uma ordem para outra, para o jurista a revolução é puramente um fato normativo, vale dizer, um fato que tem a dúplice natureza de ser ao mesmo tempo extintivo (da velha ordem) e constitutivo (da nova). O jurista preocupa-se em dar a esse fato uma justificação, em encontrar-lhe o fundamento de legitimidade.

2. A clara consciência de que por "revolução" — no significado moderno da palavra, pelo menos desde a Revolução Francesa em diante — entende-se um determinado tipo de movimento e um determinado tipo de mudança é o pressuposto para, em primeiro lugar, se dar uma boa definição ao termo que, como vimos, é definido ora enfatizando-se o seu caráter de movimento, ora o seu caráter de mudança, e, em segundo lugar, para ordenar a vasta matéria da relação entre o conceito de revolução e os conceitos afins, que incluem tanto os eventos que pertencem ao mesmo gênero do evento revolucionário em relação ao movimento, mas não à mudança, quanto aos eventos que podem ser aproximados do evento revolução em relação à mudança, mas não ao movimento.

Em relação ao movimento, as definições correntes de revolução insistem essencialmente, como vimos, em duas características, a subitaneidade (à qual alguns acrescentam também a brevidade, ambas características que se relacionam à temporalidade do evento) e o uso da violência, que diz respeito à modalidade da ação. Deveríamos precisar — uma precisão à qual são particularmente sensíveis os juristas — que a violência revolucionária é uma violência qualificada dentro do sistema político e jurídico no qual se manifesta como ilegítima (nem todas as formas de violência são ilegítimas, como, por exemplo, a legítima defesa), ou seja, não-justificável com base nas regras da ordem. Uma característica essencial da violência revolucionária, sobre a qual a maioria das definições não se demora, é a sua proveniência de baixo; a violência revolucionária é uma violência popular. Essa característica é essencial porque uma violência, mesmo súbita e ilegítima, mas proveniente do alto, ou seja, das próprias classes dirigentes, é a característica própria do golpe de Estado.

A distinção entre revolução e golpe de Estado adapta-se muito bem à oposição, tão freqüente na linguagem comum e ao mesmo tempo tão incisiva, entre "praça" e "palácio", que permite acrescentar à dimensão temporal também a dimensão espacial: a revolução é feita na praça; o golpe de Estado, dentro do palácio. Ao tipo de ação violenta, súbita, popular, ilegítima, na praça, pertencem fenômenos tais como os tumultos, as revoltas, as insurreições, as rebeliões — ou qualquer outro nome que queiramos lhes dar ou que recebam: um nome clássico que tradicionalmente todos compreendem é "sedição" —, sendo que para distingui-los da revolução comumente entendida é preciso fazer referência ao elemento da mudança. O que distingue a revolução, no sentido agora corrente da palavra, da *seditio* dos antigos e dos modernos é nem tanto o tipo de movimento quanto o tipo de mudança, enquanto aquilo que distingue a revolução do golpe de Estado é tanto o movimento, violento, sim, mas vindo de baixo, quanto o tipo de mudança, que é radical.

Para que seja possível falar corretamente de revolução, a mudança deve ser radical, literalmente deve ser uma mudança desde as raízes. Qual mudança possa ser interpretada como radical é algo controvertido e não definível com atributos como aqueles com os quais se define o movimento, sobre os quais o consenso é geral. Afirmemos desde já que a dificuldade para emitir um juízo sobre a radicalidade da mudança é bem maior do que a dificuldade para definir o evento revolucionário em relação à natureza do movimento. O que deva ser entendido por mudança radical é objeto de discussão. Não se considera radical a passagem de uma elite no poder para outra. Se é possível considerar fenômeno revolucionário a passagem de uma forma de governo para outra, ainda que ocorrida através de um movimento de tipo revolucionário, é coisa discutível. Mas como ninguém é dono das palavras, nada proíbe que sejam distinguidas revoluções apenas políticas de revoluções também, ou sobretudo, sociais. Contudo, tendo em mente o paradigma da Revolução Francesa — já que, é preciso repetir uma vez mais, o termo "revolução" adquiriu seu significado atual no discurso político, histórico, filosófico, a partir da Revolução Francesa, e esse significado é geralmente usado para distinguir o evento revolução de eventos afins —, o significado predominante de "revolução" é aquele de mudança radical não apenas do sistema político mas também do sistema global da sociedade. Tendo sido a Revolução Francesa autodefinida ou interpretada desde o início como revolução guiada pelo Terceiro Estado, e portanto como passagem, ocorrida através de um movimento violento, súbito, popular, ilegítimo, da sociedade feudal para a sociedade burguesa, ou como fim do *ancien régime*, onde "regime" indica algo mais do que uma determinada forma de governo, ou seja, uma forma abrangente de ordem social na qual está incluído não apenas o sistema político-constitucional, mas também o sistema das ordens pré-políticas e as diversas formas de relações econômicas, acabou por prevalecer na determinação do conceito de mudança radical o significado de mudança não apenas política, mas também social. Para reforçar essa interpretação contribui a visão marx-engelsiana da história como história das lutas de classe, uma idéia que teve enorme influência sobre os movimentos revolucionários do século XIX, e sobre a interpretação da primeira grande revolução que se originou a partir desses movimentos.

Compreendida a revolução como ruptura entre o velho e o novo, como evento a partir do qual o curso histórico deverá ser interpretado como descontínuo, ou seja, marcado por interrupções que alteram bruscamente um desenvolvimento linear, a mudança da sociedade na sua composição de classe representa uma ruptura, uma interrupção bem mais grave do que a mudança do sistema político ou da forma de governo. Talvez não seja estranha à história das interpretações da revolução como mudança radical uma interpretação ulterior dessa radicalidade ou, se quisermos, um ulterior aprofundamento da novidade do evento revolucionário, que a distingue definitivamente de qualquer outra forma de alteração política e social, aproximando-a das grandes revoluções religiosas e destacando sua semelhança com elas: a transformação não apenas do sistema político, não apenas do sistema social, mas da própria natureza do homem. Sob esse aspecto, uma revolução, no sentido pleno e verdadeiro da palavra, tende, ou deveria tender, à criação do novo homem. Aliás, realiza seu intento somente se conseguir transformar a natureza humana, se, além de ser uma mudança das coisas, for também uma regeneração da humanidade, um segundo nascimento, o início de uma nova fase da História, de uma nova idade do Espírito.[24]

Mesmo sem isolar e supervalorizar este último significado de revolução, e acolhendo o significado corrente de mudança da sociedade no seu todo e não apenas das instituições políticas, da passagem do domínio não de uma elite no poder para outra, mas de uma classe social para outra — segundo a seqüência tornada popular pelo marxismo: classe

---

24. O primeiro dos intérpretes da Revolução Francesa como evento religioso é Jules Michelet: "É com o metro do *fiat* popular, versão laica do *fiat* divino, que Michelet avalia a autoridade e a legitimidade dos atos revolucionários" (assim afirma P. VIALLANEIX, *Jules Michelet*, na coletânea *L'albero della Rivoluzione. Le interpretazioni della Rivoluzione francese*, organizada por B. Bongiovanni e L. Guerci, Einaudi, Turim, 1989, p. 483). Possui o mesmo sentido a interpretação de Victor Hugo, que define a Revolução como "obra grandiosa e profunda, que fez renascer o mundo, criação segunda que uma vez mais refaz o homem, depois de Cristo, Cêcrops, Jafé" (L. SOZZI, *Victor Hugo*, in *L'albero della Rivoluzione*, cit., p. 291).

feudal, burguesia, proletariado —, é indubitável que, depois da Revolução Francesa, "revolução" indica um fenômeno diferente da simples mudança da forma de governo, da *metabolé* ou *mutatio rerum* dos antigos, ou "mutação", na linguagem dos nossos escritores políticos do Renascimento, ainda que, antes da Revolução Francesa, e algumas vezes também depois, fosse freqüente o uso da palavra "revolução" para designar "mutação". Seja dito, de uma vez por todas, que o significado que "revolução" adquire depois da Revolução Francesa não deve fazer com que nos esqueçamos de que a palavra era habitualmente utilizada já na linguagem política (não apenas na linguagem das ciências físicas) também antes, ainda que em seu significado fraco — ou que depois do grande evento pareceu fraco — de "mutação".[25]

3. Somente se mantivermos bem presente o duplo uso de revolução, como movimento (a causa ou o meio do evento) e como mudança (o efeito ou o fim do evento), poderemos compreender que é possível falar, sem dar a impressão de utilizar uma linguagem incorreta, contraditória, de "revolução" referindo-se a um evento que tem as características da revolução como movimento sem ter por efeito uma mudança radical, e, também, em contraposição, de "revolução" referindo-se a uma mudança radical que ocorreu sem ser precedida de um movimento violento, súbito, popular etc. A célebre interpretação que Tocqueville dá à Revolução Francesa é de uma revolução como movimento à qual não se seguiu uma revolução como mudança. Desde seu primeiro escrito juvenil, solicitado por John Stuart Mill, sobre a Revolução Francesa, depois de afirmar que "se exageram" os efeitos produzidos pela Revolução, Tocqueville sustenta que ela "regulou, coordenou e legalizou os efeitos de uma grande causa, em vez de ser ela mesma uma causa", e conclui: "O que a Revolução fez teria sido feito, não duvido, sem ela; ela nada mais foi que um processo violento e rápido com o auxílio do qual a situação política se adaptou à situação social, os fatos às idéias, as leis aos costumes".[26]

Ao contrário, quando usamos a palavra "revolução" em expressões tais como "revolução industrial" ou "revolução feminina", referimo-nos a uma mudança radical (no primeiro caso, da sociedade civil, no segundo, também dos costumes), não precedida de um movimento revolucionário. Enquanto na interpretação de Tocqueville a Revolução Francesa foi um movimento revolucionário sem mudança radical, já

---

25. Remeto o leitor aos exemplos que apresentei em *Riforme e rivoluzione* [v. no presente capítulo, seç. 1].
26. A. DE TOCQUEVILLE, *De l'état social et politique de la France avant et depuis 1789* (1836), que cito de ID., *Scritti politici*, organizado por N. Matteucci, Utet, Turim, 1969, reimp. 1977, vol. I, pp. 226-27.

que a centralização administrativa característica do regime preexistia à revolução e continuou depois, a revolução industrial foi uma grande transformação da sociedade sem movimento revolucionário.

Não há melhor prova do sentido uno e duplo de "revolução" do que o título dado por Christian Meyer ao primeiro parágrafo do capítulo sobre a revolução dos antigos no verbete *Revolution, Rebellion, Aufruhr, Bürgerkrieg*, na grande enciclopédia *Geschichtliche Grundbegriffe:* "Revolutionäre Veränderung ohne Revolution", um título no qual estão presentes, sem aparente contradição, os dois sentidos da palavra. Depois de ter apresentado a razoável premissa de que a pergunta se os antigos teriam conhecido a revolução encerra um problema de definição, o autor coloca em evidência, em relação aos gregos, quantas e de que natureza eram as mudanças, mesmo rápidas e freqüentes, de uma forma de governo para outra, mas ao mesmo tempo observa que, especialmente em Atenas, elas ocorriam "de modo não-revolucionário", que "o movimento em direção à democracia pelo menos por longos períodos se cumpriu no horizonte de um direito dado que foi se modificando gradativamente",[27] e que contudo lhes faltava o sentido moderno do movimento guiado pela idéia do progresso e produzido pela sociedade considerada como antítese do Estado. Quanto aos romanos, observa que, com razão ainda maior, o grande conflito entre patrícios e plebeus modificou a constituição não-escrita ao longo dos séculos, lentamente, através da criação e formação das instituições da plebe, até que, não o domínio do povo, mas os procedimentos para uma efetiva oposição foram de fato institucionalizados.[28] A expressão, aparentemente contraditória, "mudança revolucionária sem revolução", significa na verdade mudança também radical, como aquela que ocorreu na constituição romana através do longo conflito entre patrícios e plebeus, sem que tenha sido precedida por aquela explosão de violência popular resolutiva e inspirada pela idéia da "marcha para a frente" da história, à qual se refere o significado moderno de "revolução" como movimento. Aliás, um dos mais célebres movimentos da plebe, a secessão (*secessio*), é um ato ou conjunto de atos de resistência passiva, talvez comparável à greve, e portanto pertencente ao tema bem mais vasto do "poder negativo", e como tal completamente diferente do tipo de movimento ao qual se refere o termo "revolução".

---

27. Cf. *Geschichtliche Grundbegriffe*, cit., vol. V, p. 658.
28. Observa que quando Mommsen e outros usaram a expressão "revolução romana" não observaram que na verdade se tratava, ao contrário, de um "processo de desintegração"(*ibid.*, p. 663).

O aparente equívoco verbal não teria sido possível nas duas línguas clássicas porque tanto os gregos quanto os latinos dispunham de duas palavras distintas para indicar o movimento que leva à mudança, *stasis* ou *seditio*, e a mudança derivada desse movimento, *metabolé* ou *mutatio rerum*. Não dispunham de uma palavra como "revolução" que, somente depois dos levantes da França — considerados, no bem e no mal, tanto no uso da gente comum quanto no uso dos eruditos, uma grande mudança derivada de um moto repentino, imprevisto, arrebatador (do qual se indica até mesmo a data e nessa data, 14 de julho, a cada ano é comemorado) —, passou a designar ao mesmo tempo um movimento e uma mudança, embora ambos em sentido mais forte, a "facção" tornando-se "partido", a "mudança" tornando-se inversão, reviravolta, turbamento, nova ordem, renovação, em um sentido também religioso da palavra, que para os antigos era absolutamente desconhecido.

Quem por fim desejasse uma ulterior prova dos equívocos que podem derivar da ambigüidade inerente à palavra "revolução", poderia encontrá-la em Mosés Finley, que, fazendo a pergunta *Qual Revolução na Antiguidade?*,[29] oferece uma resposta oposta àquela de Meyer, uma resposta que poderia merecer o título, no lugar de "mudança revolucionária sem revolução", inversamente, de "revolução sem mudança revolucionária". A tese de fundo de Finley é que, se entendermos por "revolução" a passagem do poder de uma classe para outra, no sentido moderno da palavra (mais precisamente no sentido marxiano da palavra), poderemos com segurança afirmar que não houve na Antigüidade uma verdadeira revolução, porque o mundo antigo foi uma sociedade agrícola, fundada em grande parte no trabalho dos escravos e, tendo continuado a ser uma sociedade agrícola, não conheceu a passagem do domínio de uma classe para o domínio de outra classe: "Em nenhum período e em nenhum lugar durante a Antigüidade (...) houve uma autêntica transformação do fundamento de classe do Estado".[30] A partir desse pressuposto também ele critica Mommsen, que chamou de "revolução romana" — e por sua autoridade teve muitos seguidores — o período que vai dos Gracos a César, lamentando a pouca precisão do termo usado, e a pouca consciência com que os historiadores da antigüidade romana habitualmente o utilizaram, não apenas porque os romanos não o tinham, mas porque nós hoje o usamos em um sentido que não tem correspondência alguma com aquilo a que os romanos chamavam *res novae*. As "mutações" dos antigos eram, como explica

---

29. Refiro-me ao artigo de M. FINLEY, "Quale rivoluzione nell'antichità?", in *Prometeo*, dez., 1986, pp. 34-43.
30. *Ibid.*, p. 43.

Finley, mudanças no interior de uma sociedade de classe que se referiam, diríamos hoje, ao sistema político e não à ordem social, tanto que Aristóteles fala das onze mutações de Atenas. Além disso, ele observa que, não conhecendo os antigos a revolução como mudança em grande escala, uma mudança da qual não se pode mais recuar, tinham uma concepção cíclica e não progressiva da história: as revoluções antigas "não foram (...) um aventurar-se no futuro".[31]

Para completar o pensamento de Finley, é preciso acrescentar que, do ponto de vista marxista a partir do qual se coloca, os antigos não conheciam nem mesmo a revolução como movimento, no significado atual da palavra, porque dos dois sujeitos da revolução, os proletários e os intelectuais, os primeiros, sendo na sua maioria escravos sem consciência de classe, expressavam o seu dissenso em revoltas que nunca se transformavam em movimentos resolutivos em relação a alterações, e os segundos, ou olhavam para o passado mais ou menos mítico, ou então, como os cínicos, pregavam a recusa de todas as instituições, ou, como os utópicos, criavam imagens de sociedades estáticas, ascéticas e hierárquicas, incapazes de suscitar o entusiasmo popular.

A idéia da revolução como ruptura da continuidade histórica, como evento protendido ao futuro, como *renovatio*, chegou até nós não através da tradição clássica, mas através da tradição judaico-cristã, o que nos leva a afirmar que a palavra "revolução" em seu significado moderno é nova, mas a coisa que ela designa é antiga, tendo entrado com violência na história do Ocidente com o cristianismo, e, recuando ainda mais no tempo, através de uma concepção profética da história, própria do judaísmo, de uma história não voltada dubitativamente para um passado feliz, a ser restaurado, mas confiantemente voltado para o devir, à espera de um evento decisivo, último, extremo. Tal história move-se entre dois protagonistas, o profeta e o messias, o profeta que antecipa o evento catastrófico e o messias que o realiza,[32] dois protagonistas completamente distintos dos personagens exemplares do mundo antigo, o herói, no sentido hegeliano da palavra, tão bem personificado por Teseu, que de um povo disperso fizera uma cidade, ou o grande legislador, como Sólon, Licurgo, Minos, que renovaram a vida da cidade dan-

---

31. *Ibid.*, p. 37.
32. Das reflexões de P. Pasqualucci sobre *Theologisch-politisches Fragment* de Walter Benjamin: *La rivoluzione come messia* (considerazioni sulla filosofia politica di Benjamin), "Trimestre", 1977, nn. 1-2, pp. 67-112, e "Felicità messianica (Interpretazione del frammento teologico-politico di Benjamin), "*Rivista Internazionale di Filosofia del Diritto*", LV, 1978, pp. 583-629: o messias é o mediador que, com a sua ação individual, demiúrgica, dá o toque final à história do mundo; uma vez que libera, completa, cria, é o *artifex* que cria do nada, no sentido de que dá à realidade um tal significado apenas se tivermos fé na sua capacidade infinita de recriar o mundo.

do-lhe uma nova constituição e novas leis. O messias da tradição judaico-cristã está predestinado a introduzir no curso histórico a idéia da revolução (no sentido forte da palavra) como regeneração; o herói ou o legislador da tradição grega são os fundadores e os reformadores da cidade destinados a guiar e a estabelecer uma das tantas possíveis "mutações" (não a única e decisiva). Se é verdade que a primeira revolução moderna, no sentido forte da palavra, é a *great rebellion* inglesa, a idéia da revolução como nova ordem foi antecipada pelas descrições de cidades ideais que, como aquela idealizada por Tommaso Campanella, não poderia se realizar senão pelo levante insurrecional (que o mesmo Campanella promoveu) e estava inscrita em uma história profética, na qual estava contido o anúncio da plenitude dos tempos, de uma era "que tem mais história nesses cem anos do que teve o mundo em quatro mil; e mais livros foram escritos nesses cem anos do que em cinco mil; e das invenções estupendas do ímã e da imprensa e dos arcabuzes, grandes sinais da união do mundo".[33]

Michel Walzer parte exatamente da Revolução Inglesa e de suas primeiras interpretações para reencontrar no episódio bíblico do Êxodo um dos possíveis paradigmas das revoluções modernas, enquanto eventos extraordinários distintos da regularidade e ordinariedade das mutações dos antigos.[34] O Êxodo é a partida dos hebreus, o povo de Deus, reduzido à escravidão, para a terra prometida guiados por um líder carismático, Moisés. O povo escravo, o líder imposto por Deus, o marchar do povo junto ao seu líder em direção à libertação, são três elementos fundamentais da idéia moderna da revolução. Foi o próprio Cromwell, na interpretação de Walzer, quem definiu o Êxodo como "o único paralelo das relações de Deus conosco que eu conheça no mundo", acrescentando logo em seguida: "Chegamos até aqui por misericórdia de Deus", alertando os seus seguidores sobre o perigo de recair na escravidão sob o poder do rei.[35] Nem tampouco se pode comparar, segundo Walzer, a viagem para a terra prometida com a narração de outras viagens contadas na Antigüidade, como aquela de Ulisses, um longo vagabundear ao final do qual o herói reencontra a esposa, o filho, o velho servo, o cão fiel, ou aquela de Enéias, onde a meta Roma não é diferente de Tróia, embora mais poderosa, "enquanto Canaã é o exato contrário do Egito".[36] O Êxodo é "a alternativa a todas as concepções

---

33. T. CAMPANELLA, *La città del Sole*, organizado por N. Bobbio, Einaudi, Turim, 1941, p. 109.
34. M. WALZER, *Exodus and Revolution*, Basic Books, Nova York, 1985 (ed. it.: *Esodo e rivoluzione*, Feltrinelli, Milão, 1986).
35. Citado por Walzer no início do texto, p. 11.
36. *Ibid.*, p. 16.

míticas do eterno retorno, e, por isso, à concepção cíclica da alteração política, da qual deriva a nossa palavra 'revolução'"[37]; é, em outras palavras, a forma originária da história progressiva, protendida em direção ao futuro, na qual, uma vez atingida a meta, já não é possíval voltar atrás. Se é verdade que a meta do Êxodo é a fundação de um reino de sacerdotes e de gente santa, esta é também, segundo Walzer, a república puritana, a república jacobina das virtudes, em certo sentido também a sociedade comunista de Lenin guiada pelo partido de vanguarda da classe revolucionária.

Também em relação à conclusão, a analogia entre o Êxodo e a Revolução é surpreendentemente perfeita: a meta é alcançada, mas a promessa não é mantida. Canaã revela-se, ao final, um segundo Egito. Quem sabe o essencial não seja a meta, mas o caminho, e o ponto mais alto da história do Êxodo como história exemplar não seja a chegada à terra de Canaã, mas a marcha através do deserto? Ou será necessário um segundo Êxodo, e esse não será mais uma marcha a ser cumprida neste mundo? Não era totalmente diferente a meta apontada pelos profetas, não Canaã, mas o Éden? E, se outra era a meta, o caminho era ainda o da revolução, que não leva a lugar algum, ou não era na verdade o caminho da redenção?

4. Entre os temas centrais de uma teoria da revolução há o tema da distinção entre revolução e reformas. Também este tema pode ser utilmente enfrentado partindo-se do duplo significado de "revolução" como movimento e como mudança. Falamos até agora de eventos que podem ser considerados revolução do ponto de vista do movimento e não da mudança, ou vice-versa. O melhor modo de distinguir um processo de reforma do processo revolucionário é mostrar que eles não coincidem nem em relação ao tipo de movimento, nem em relação ao tipo de mudança.

Todavia, no que se refere àquilo que foi dito até aqui sobre a diferença entre a revolução dos modernos, que pressupõe uma visão progressiva da história, e as mutações dos antigos, que se inscrevem em uma concepção cíclica, é necessário afirmar que tanto a estratégia revolucionária quanto a estratégia das reformas são filhas da idéia moderna de progresso. O que pode explicar, entre outras coisas, por que reacionários e conservadores tiveram com freqüência os mesmos adversários, unidos ambos, apesar da sua divisão, pela negação dessa idéia. O progresso, todavia, pode ser interpretado de duas diferentes maneiras: por

---

37. *Ibid.*, p. 17.

trás do reformismo há uma concepção evolutiva da história, a idéia de que a história, como a natureza, *non facit saltus*, e o progresso, que seria melhor chamar de "desenvolvimento", é o produto cumulativo de pequenas, talvez até mesmo imperceptíveis, mudanças; por trás dos movimentos revolucionários há uma concepção igualmente progressiva da história, mas sobre uma linha descontínua, isto é, através de saltos qualitativos. Para Marx, o maior inspirador de movimentos pela primeira vez na história conscientemente revolucionários, para os quais a revolução é um verdadeiro programa de ação, a passagem de uma fase para outra da história da humanidade, representada pela passagem de uma forma de produção para outra, não ocorre senão através de contradições insanáveis entre as forças produtivas e as relações de produção, de modo tal que a sua dissolução cria um verdadeiro salto de qualidade. A diferença entre evolução e revolução diz respeito tanto ao movimento, gradual ou simultâneo, quanto à mudança, parcial ou total.

Em relação ao movimento, o que difere reformismo de revolução é a aceitação ou rejeição do método da violência, entendida como ruptura intencional da legalidade. No que concerne à mudança, o que difere reformismo de revolucionarismo passa através da diferença entre mudança parcial, gradual, em pequenos passos, e mudança radical, como ao longo destas páginas foi inúmeras vezes repetido.[38] Esquematicamente, com todas as reservas quanto à inevitável simplificação que um esquema produz sobre a realidade, cruzando o tipo de movimento (pacífico ou violento) com o tipo de mudança (parcial ou global), podem-se identificar quatro distintos fenômenos históricos, a revolução violenta e global; em oposição ao reformismo não-violento e parcial; a revolução, como aquela industrial ou aquela feminina, não-violenta e global; o golpe de Estado, violento e parcial.

Levando em consideração, ao contrário, aquilo que revolução e reformas têm em comum, a idéia da bondade da mudança, e o fato de que a ela se contrapõem estratégias que exaltam a estabilidade, em detrimento da mudança, às duas estratégias favoráveis à mudança correspondem duas estratégias favoráveis à estabilidade que se distinguem entre si com base nos mesmos dois critérios do método, pacífico

---

38. Para um aprofundamento desses temas remeto o leitor uma vez mais ao ensaio *Riforme e rivoluzione* [cf. no presente capítulo, seção 1]. Sobre o tema da relação entre revolução e guerra civil, que mereceria uma discussão à parte, remeto o leitor às observações de P. P. Portinaro, na ampla introdução, intitulada *Preliminari ad una teoria della guerra civile*, a R. SCHNUR, *Rivoluzione e guerra civile*, Giuffrè, Milão, 1986, pp. 1-49. O intercâmbio entre os dois conceitos de guerra civil e revolução é possível: há um tipo de guerra, a guerra como cruzada, que pode ser aproximada da revolução e, por outro lado, a própria Revolução Francesa foi por alguns historiadores interpretada como guerra civil entre os antigos habitantes da Gália e os conquistadores francos, seja por François Guizot, seja por Augustin Thierry, como se lê in *L'Albero della Rivoluzione* cit., pp. 256 e 625.

ou violento, e do resultado, parcial ou total: o conservadorismo, que rejeita o método da violência para combater os adversários fautores da mudança, e sustenta a defesa legal dos interesses constituídos contra a sua lenta erosão por parte dos reformadores; a contra-revolução que, para deter o processo das reformas, ou para evitar o perigo da inversão revolucionária, não desdenha o recurso à violência e à inversão total da ordem constituída (ditadura contra democracia). Ambos, conservadores e contra-revolucionários, são fautores da estabilidade contra a mudança, mas a defendem de um modo distinto, especularmente correspondente ao diferente modo como reformadores e revolucionários pregam e tendem a realizar a mudança. Em relação aos critérios até agora adotados para distinguir reformas e revolução, o tipo de movimento e o tipo de mudança, o conservadorismo está para reformismo assim como a contra-revolução está para a revolução. Também nesse caso, esquematicamente, encontramo-nos diante de quatro fenômenos históricos, cuja individuação deriva da introdução de um novo critério de distinção, a diferente avaliação da estabilidade e da mudança.

5. A diferença até aqui ilustrada entre os dois significados de revolução se confirma, sem que em geral seja conscientemente destacada, na infinita variedade de juízos positivos ou negativos, de absolvição ou condenação, que foram emitidos nesses dois séculos a respeito da revolução em geral e das singulares revoluções, inglesa, americana, francesa, russa, chinesa etc. Nem todos os juízos vertem sobre os dois aspectos da, ou de uma, revolução: alguns se referem predominantemente à natureza do movimento, outros à natureza da mudança. Há casos de juízos positivos em relação ao movimento, e negativos em relação à mudança, e vice-versa. Geralmente, um juízo abrangente não pode ser dado senão estabelecendo-se um nexo entre o movimento e a mudança, no sentido de que o juízo sobre o movimento influencia o o juízo sobre a mudança e vice-versa. Mas há também casos em que o juízo se refere unicamente ao movimento, independentemente da mudança, ou então, à mudança, independentemente do movimento. Trata-se, de qualquer modo, de dois juízos distintos, que podem ser de diferente sinal e independentes um do outro.

O juízo sobre o movimento tem em geral por objeto a ação que é seu componente essencial, a violência, e portanto a absolvição ou condenação da, ou de uma, revolução depende da resposta que se dá ao quesito sobre a licitude ou ilicitude da violência, que pode ter distintas respostas segundo se julgue o fenômeno da violência em si mesmo ou então como causa de um certo efeito, ou, o que dá no mesmo, meio para um certo fim. Quando o historiador formula um problema desse tipo, transforma-se, sem querer, e talvez sem saber, em juiz. Não há historiador que em um certo momento de seu relato, quando se encontra diante de eventos extraordinários como uma grande revolução, não se coloque os mesmos problemas que se coloca um juiz em um tribunal; e não utilize os mesmos argumentos. Para justificá-la, recorre ao estado de necessidade, à legítima defesa, ou melhor, à consideração da violência revolucionária não como violência primeira, mas como violência segunda, isto é, como resposta à violência dos outros, à violência das classes dominantes das quais a classe oprimida não pode se libertar senão opondo violência a violência. O mesmo historiador, quando considera não poder mais justificar de todo a violência revolucionária, recorre, como um bom juiz, às circunstâncias atenuantes, leva em consideração, portanto, as circunstâncias particulares nas quais os sujeitos a serem julgados agiram: como se pode pretender que um povo oprimido, mantido na ignorância, incitado pela propaganda dos demagogos, se comporte como um indivíduo livre e racional? Se, ao contrário, quer condená-la, julga-a como violação das leis humanas e divinas, que consideram o assassinato dos nossos semelhantes o mais horrível dos crimes, e então confuta o argumento do estado de necessidade opondo-lhe o remédio das reformas, o remédio da legítima defesa atribuindo legitimidade somente à força do Estado, ou até mesmo inverte as circunstâncias transformando-as de atenuantes em agravantes, atribuindo à violência do povo, da "populace" um particular caráter de brutalidade.

O juízo sobre a mudança é de outra natureza, e requer instrumentos de avaliação completamente distintos. Também é muito mais difícil, porque enquanto a violência tem um decurso bem delimitado no tempo, a mudança se dá em períodos longos e indefinidos, e o juízo que podemos emitir sobre ela depende dos limites do período dentro do qual a tomamos em consideração, limites que variam de historiador para historiador. A diferença está também no seguinte: enquanto no juízo sobre a violência o contraste entre os diferentes intérpretes versa não tanto sobre o fato quanto sobre o direito, isto é, sobre o modo de qualificá-lo como lícito ou ilícito, no juízo sobre a mudança pode ser controvertido também o juízo sobre o fato: que mudança? Houve ou não houve uma mudança? É evidente que não se pode formular a *quaestio iuri*, se uma mudança foi benéfica ou maléfica, devendo então ser aprovada ou desaprovada, se não estivermos de acordo quanto à *quaestio facti*, isto é, quanto ao fato, ou série de fatos que são levados em consideração como mudanças.

Que exista um nexo entre os dois juízos, é verdade. Mas trata-se de um nexo que não é simples. Não está dito que a justificação da violência tenha como conseqüência necessária a avaliação positiva do resultado, assim como não está dito que a avaliação positiva do resultado conduza à justificação da violência. Pode-se sustentar que a violência era inevitável, e portanto justificada, e contudo não atingiu os resultados aos quais se propunha, e a revolução fracassou: o juízo do fracasso é um juízo que se faz não sobre o movimento, mas sobre a mudança (tal como quando se fala de "revolução incompleta"). Ou que a violência não era necessária, mas a mudança que provavelmente poderia ser obtida sem violência aconteceu. Quando se deprecam os excessos da revolução, a condenação se refere ao movimento.

A relação entre o juízo sobre o movimento e o juízo sobre a mudança é, geralmente, não inverso, mas direto: o juízo negativo sobre o resultado, no sentido de que resultado obtido é considerado perverso ou então não houve qualquer resultado (as coisas ficaram como eram antes), induz a um juízo negativo sobre o movimento, e torna mais dificilmente justificável o uso da violência. Se é verdade que o fim bom pode até justificar um meio mau, o fim mau ou não-atingido repercute inevitavelmente sobre o meio. O juízo positivo sobre o resultado, no sentido de que se considere tenha ocorrido uma transformação radical do curso histórico, a curto ou a longo prazo, induz, ao contrário, a um juízo mais indulgente sobre o meio usado para realizá-lo. Certamente, nas interpretações radicais, aquelas que glorificam a revolução como evento divino (Michelet) ou que a demonizam como evento diabólico (De Maistre), o juízo sobre o movimento e o juízo sobre a mudança têm o mesmo sinal: de um lado, o mundo novo pode ser construído apenas a partir de uma violência criadora e purificadora; de outro, a violência considerada na sua natureza essencialmente destrutiva nada pode produzir além de ruínas, barbarização e decadência. Contudo, mesmo em relação a esses juízos extremos, acontece que vez ou outra seja particularmente evidenciado o movimento — "A revolução é a revolta da classe universal destinada a libertar a humanidade da miséria e da opressão (Marx) ou a revolta dos escravos (Nietzsche)?" — ou a mudança — "A revolução é o evento destinado a fazer com que a humanidade passe do reino da necessidade ao reino da liberdade, ou o início da era do niilismo?".

"A árvore da Revolução", para retomar o título de um bem-sucedido livro que reúne utilmente um grande número de interpretações da Revolução Francesa, tem muitas raízes e muitos ramos. Há quem tenha observado mais as raízes e há quem tenha observado mais os ramos. Há quem tenha observado a ambos, relacionando-os mutuamente, e também separadamente. De qualquer modo, qualquer que seja o juízo, árvore do bem ou do mal, ou do bem e do mal misturados, a árvore da revolução não cresce em todas as estações, e sobre qualquer terreno. Alguns sustentam até mesmo que pertença a uma espécie em vias de extinção ou já extinta. Mas diante de juízos tão peremptórios, é prudente suspender o juízo: nunca se sabe.

III.

CARLO CATTANEO E AS REFORMAS

Apresentando o problema do reformismo de Cattaneo, Alessandro Levi, na sua conhecida monografia, sustenta que "um positivista coerente, mesmo quando não é um conservador das tradições nacionais (...), não é, não pode ser, um revolucionário, no sentido comum que se costuma dar a este termo, isto é, um fautor de mudanças, políticas ou sociais, imprevistas e violentas" e conclui, com razão, que "Cattaneo teve um intelecto aberto, sagaz, iluminado de radical reformador, mas não foi na economia, como não era em política, um revolucionário. Poderíamos considerá-lo, antes, com uma inadequada mas expressiva palavra, que durante um período esteve em voga no nosso jargão político, um *progressista*".[39] Deixando de discutir o problema da relação entre positivismo e reformismo, que Levi parece considerar mais estreita do que foi na verdade, para a qual já chamei a atenção em outra oportunidade,[40] limito-me a acrescentar algumas notas e comentários sobre o tema, útil, creio, para compreender, por um lado, diretamente, o caráter mais específico da obra cattaniana, e de outro, indiretamente, o espírito geral, ou, se quisermos, a filosofia do reformismo.

Não é possível entender o reformismo ou "progressismo" de Cattaneo prescindindo da sua concepção geral da história. A obra do historiador e a do filósofo conjugam-se e completam-se em um esboço geral de filosofia da história que é, a meu ver, a parte mais interessante e mais original da filosofia cattaniana, mesmo que, na sua inspiração inicial, seja devedora da obra de Romagnosi.[41] Bem no início do seu

---

39. A. LEVI, *Il positivismo politico di Carlo Cattaneo*, Laterza, Bari, 1928, pp. 63 e 81-82.
40. N. BOBBIO, *Il "suo" Cattaneo*, no fascículo de "Critica sociale", em homenagem a Alessandro Levi, 1974, n. 1, pp. 49-53.
41. Já desenvolvi algumas considerações sobre a idéia de progresso na filosofia de Cattaneo em um capítulo de *Una filosofia militante. Studi su Carlo Cattaneo*, Einaudi, Turim, 1971, pp. 112-24, do qual o presente escrito pode ser considerado uma continuação e um desenvolvimento.

escrito de engajamento, *Interdizioni israelitiche* (*Interdições israelitas*), ele enuncia o princípio fundamental desta filosofia da história, à qual permanecerá sempre fiel: "O progresso da humanidade é difícil, lento e gradual".[42] Mas é no seu primeiro, verdadeiro e próprio ensaio filosófico, *Su la "Scienza nuova" di Vico* (*"Sobre a 'Ciência nova' de Vico"*)(1839), que formula, ainda que de modo sintético, uma teoria do desenvolvimento histórico, que é ao mesmo tempo uma profissão de fé e um programa para o trabalho futuro: "No meio dessas aberrações [veremos adiante quais são], os mais videntes sabem conjugar a confiança no progresso com a paciente aceitação das suas lentas e graduais fases, e com a crítica proporcional e perseverante, que é contudo necessária, para promovê-lo. Eles sabem discernir as instituições transitórias e caducas daquelas sem as quais o humano consórcio não se sustenta. Nutrem a generosa persuasão de que o indivíduo não é sempre cego instrumento do tempo, mas uma força livre e viva, a qual pouco a pouco pode desequilibrar a dúbia balança das coisas humanas. Essa escola prática, que estuda o campo da liberdade humana no seio da necessidade e do tempo, deve erguer-se entre a violência lógica das doutrinas passadas, e o indolente e servil otimismo das doutrinas que se ergueram sobre a ruína daquelas".[43] Fica evidente por esse trecho, em primeiro lugar, que em Cattaneo a confiança no progresso inevitável é temperada pela convicção de que ele não avança necessariamente em linha reta. Em outro trecho: "O progresso das legislações [é] tortuoso como o curso dos rios, o qual é contudo uma transação entre o movimento das águas e a inércia das terras".[44] Fica evidente, em segundo lugar, que o progresso não é predeterminante e portanto fatal, porque intervém na determinação do seu curso, imprevisivelmente, a inteligência criadora do homem. Essa concepção pode ser ilustrada, em sentido contrário, pelas "aberrações", mencionadas no início do trecho citado, e que são as três seguintes:

a) a doutrina daqueles que, "defendendo com todo empenho a idéia das sucessivas evoluções sociais, quiseram reduzir um decurso de séculos a poucos dias, se aferraram ao sonho de um processo civilizador novo e inaudito, sem família, sem herança, e sem propriedade";

---

42. *Ricerche economiche sulle Interdizioni imposte dalla legge civile agli Israeliti*, in *Scritti economici*, organizado por A. Bertolino, Le Monnier, Florença, 1956, vol. I., p. 182.
43. *Su la "Scienza Nuova" di Vico*, in *Scritti filosofici*, organizado por N. Bobbio, Le Monnier, Florença, 1960, vol. I, p. 99.
44. *Considerazioni sul principio della filosofia*, in *Scritti filosofici*, cit., vol. I, p. 161.

b) a doutrina daqueles que "entenderam mal a justificação histórica do passado; e supuseram a necessidade de levar as coisas de volta aos seus princípios; e em vão propuseram, como meta de uma viagem retrógrada da humanidade, ora uma, ora outra das eras já consumadas";

c) a doutrina daqueles que, "se tranqüilizando com a justificação geral dos fatos, e confiando no gênio natural das multidões, e na força inata que impele as coisas à realização de uma ordem preestabelecida, recaem no fanatismo do Oriente e, maldizendo a virtude infeliz, santificam a vitória e adoram a força".[45]

Não é difícil identificar na primeira "aberração" as doutrinas socialistas e comunistas, das quais, pouco mais tarde, Cattaneo vê uma expressão nos "delírios" (termo já usado pelo seu mestre Romagnosi)[46] do saint-simonismo sobre "a abolição da propriedade, da herança, da família",[47] e a respeito das quais afirma, em outra ocasião, que demoliriam "a riqueza sem reparar a pobreza";[48] na segunda, as doutrinas dos escritores reacionários dos quais, em outra passagem do mesmo ensaio, seguindo as pegadas de Ferrari, cujo livro, *Vico et l'Italie*[49], está comentando, menciona De Bonald, que se teria voltado "para a empresa igualmente impossível de reconduzir a Europa aos antigos tempos"[50] (mas cita também De Maistre e Lamennais). Mais difícil é interpretar a terceira "aberração". Creio que nela seja possível ver uma alusão à filosofia de Cousin, do "eloqüente" Cousin, que é um dos alvos preferidos de seus dardos polêmicos, e sobre a qual, um pouco adiante, lamentando o excessivo favor com que fora acolhida por Ferrari, afirma que "parece ditada pelo primeiro otomano que se ajoelhou vitorioso sob as abóbadas de Santa Sofia":[51] com o seu justificacionismo histórico pelo qual tudo o que ocorre não apenas é necessário mas é também bom que

---

45. *Su la "Scienza Nuova" di Vico*, in *Scritti filosofici*, cit., vol. I, pp. 98-99.

46. Romagnosi, depois de ter-se reportado a uma passagem na qual se atribui à seita saint-simoniana a idéia do "sacerdote social", comenta: "Retomando esta passagem, qual a conseqüência que dela advém em relação à criação do sansimonismo? Que aqui se trata ou de uma brincadeira ou de um delírio" (G. D. ROMAGNOSI, *Del sansimonismo* ([1832]), que cito de *Opere di G. D. Romagnosi*, C. *Cattaneo*, G. *Ferrari*, organizado por E. Sestan, na coleção *La letteratura italiana. Storia e testi*, vol. LXVIII, Ricciardi, Milão-Nápoles, 1957, p. 123). Retomei essa aproximação de Saint-Simon partindo de D. Castelnuovo Frigessi, in C. CATTANEO, *Opere scelte*, 4 vols., Einaudi, Turim, 1972, vol. I, *Industria e scienza nuova*, p. 350, n. 1. Sobre o êxito do sansimonismo na Itália, com citações de Romagnosi e Cattaneo, ver a reedição de R. TREVES, *La dottrina sansimoniana nel pensiero italiano del Risorgimento*, Giappichelli, Turim, 1973, p. 36, e em particular o apêndice de G. MAGGIONI, *Il sansimonismo nelle riviste lombarde 1825-1848*, pp. 134-37.

47. *Su la "Scienza Nuova" di Vico*, in *Scritti filosofici*, cit., vol. I, pp. 127-28.

48. *Frammenti di sette Prefazioni*, in *Scritti filosofic,i* cit., vol. I, pp. 260-61.

49. Refiro-me em particular ao capítulo intitulado *La scienze de l'histoire au XIX siècle*, onde G. Ferrari fala de De Bonald, Lamennais, Saint-Simon (*Vico et l'Italie*, Paris, 1838, pp. 409 em diante). Sobre as relações entre Ferrari e Cattaneo com relação a este e a outros escritos, ver S. ROTA GHIBAUDI, *Giuseppe Ferrari. L'evoluzione del suo pensiero*, Olschki, Florença, 1969, pp. 55-59.

50. *Su la "Scienza Nuova" di Vico*, in *Scritti filosofici*, cit., vol. I., pp. 128-29.

51. *Ibid.*, p. 130. Sobre Cousin também G. FERRARI, *Vico et (l)'Italie*, cit., pp. 426 em diante.

aconteça, Cousin acaba por santificar a vitória, isto é, acaba por exaltar os vencedores e deprimir os vencidos, onde, como diz em outro lugar, "a vitória é sempre útil à humanidade e *sempre justa*",[52] e, ao final de tudo, acaba por amaldiçoar a virtude infeliz. Parece-me bastante claro que os três alvos de Cattaneo são, com palavras de hoje, o revolucionarismo abstrato, que se esquece com demasiada freqüência de que a história, como a natureza, *non facit saltus*, caindo no utopismo, o reacionarismo não menos abstrato, que acredita seja possível oferecer remédios aos males presentes dando um salto para trás, caindo no desejo do passado (os escritores reacionários foram apropriadamente chamados de os "profetas do passado"), e o justificacionismo histórico, que, por querer explicar demais a história já feita, desarma e desencoraja aqueles que enfrentam o problema da história a ser feita. Contra as doutrinas dos reacionários, Cattaneo defende a doutrina do progresso, e a defende porque nela acredita firmemente, mas, ao mesmo tempo, contra as doutrinas revolucionárias, não acredita nem nos tempos breves nem nas reviravoltas totais. De um lado, os progressos reais são sempre lentos e, de outro, as reviravoltas totais são com freqüência apenas aparentemente progressivas. Enfim, contra as doutrinas progressivas mas providencialistas, e unilineares, como são aquelas de Hegel e de Cousin, e como é ainda mais exemplarmente aquela que Auguste Comte sustentava naqueles mesmos anos, Cattaneo sustenta uma tese que hoje diríamos antinecessitarista ou possibilista, segundo a qual o progresso não apenas não é necessário, como bem demonstrariam os países das civilizações estacionárias, mas não percorre necessariamente, lá onde acontece, a mesma estrada. Considero seja difícil imaginar comportamentos que, mais do que estes, possam ser assumidos como pressupostos filosóficos do reformismo, o qual não apenas combate sempre em duas frentes, contra revolução e contra reação, contra devirismo e contra passadismo, mas crê, precisa crer, que os homens têm em suas mãos o seu destino.

Para termos uma idéia da concepção cattaniana da história na sua forma mais completa, nada vale mais do que reler seu segundo importante ensaio filosófico, *Considerazioni sul principio della filosofia* (*Considerações sobre o princípio da filosofia*), publicado em um dos admiráveis anos da sua multiforme atividade de escritor (1844), quando por fim a composição de alguns entre os mais conhecidos escritos históricos, lingüísticos e literários lhe permitira reunir anotações e reflexões nas zonas mais distantes e inexploradas da história. Também este en-

---

52. *Su la "Scienza Nuova" di Vico*, in *Scritti filosofici*, cit., vol. I, p. 129.

saio, como o precedente sobre Vico, fi provocado por um livro de Giuseppe Ferrari, *Essai sur le principe et les limites de la philosophie de l'histoire*, publicado em Paris em 1843. Neste livro Ferrari sustenta, aliás endurecendo-a e deformando-a, a idéia de que a sociedade é um sistema, que, enquanto sistema, não tolera em seu próprio seio uma contradição, de que, lá onde a contradição se desenvolve, o sistema está destinado a morrer e a ser substituído por outro sistema, e de que, enfim, a história é uma sucessão de sistemas, "une série de systèmes qui se juxtaposent dans l'espace et se succèdent dans le temps".[53] Também Cattaneo desenvolverá amiúde, especialmente em um dos ensaios da maturidade sobre a psicologia das mentes associadas, a idéia da sociedade como sistema. Mas enquanto isso, no ensaio de 1844, mais fiel ao espírito do mestre comum, Romagnosi recalcitra diante de duas conseqüências que Ferrari extrai deste conceito: que um sistema não tolere contradições e que a história seja uma sucessão de sistemas. Esses dois pontos de partida críticos são muito importantes para compreender qual seja o comportamento que Cattaneo assume diante do desenvolvimento histórico e qual seja a sua idéia de progresso. Antes de mais nada, não é verdade que todo povo forme sempre um sistema, se por sistema se entende a organização das idéias desse povo em torno de um princípio único, mas é verdade, ao contrário, que, "quanto mais civilizado um povo, mais numerosos são os princípios que encerra em seu seio"; onde por "princípios" se entende, como surge a partir da exemplificação que imediatamente se segue, "a milícia e o sacerdócio, a posse e o comércio, o privilégio e a plebe",[54] tanto as instituições políticas quanto as formas econômicas ou as diferentes classes que compõem o todo social, com a conseqüência de que as nações "tornadas sistemas" (e são aquelas fundadas em um único princípio, como, por exemplo, as nações totalmente militares ou totalmente sacerdotais, com uma economia ou totalmente agrícola ou totalmente comercial, em sem conflitos de classe) são aquelas que, tendo permanecido estacionárias, não deram, pelo menos até agora, contribuições positivas para o progresso civil. Uma vez que um povo pode encerrar em seu próprio seio diferentes princípios, cai por terra a tese de que uma contradição tenha em si mesma um poder destrutivo e dissolutor. Antes, acontece exatamente o contrário: o conflito de princípios dentro de uma mesma nação é o que impede essa nação de permanecer imóvel e a estimula a um contínuo progresso: "A história é o eterno conflito entre os diferentes

---

53. G. FERRARI, *Essai sur le principe et les limites de la philosophie de l'histoire*, Joubert, Paris, 1943, p. 76.
54. *Considerazioni sul principio della filosofia*, in *Scritti filosofici*, cit., vol. I, p. 157.

princípios que tendem a absorver e uniformizar a nação".[55] Cai por terra também, portanto, a tese de que a história seja uma sucessão de sistemas e como tal tenha um desenvolvimento em etapas obrigatórias. Se assim fosse, o desenvolvimento seria preestabelecido e predeterminado, seria o monótono suceder-se e repetir-se de momentos necessários e fatais, e, além disso, a passagem de uma fase para outra seria sempre um salto de qualidade. Ao contrário, "os princípios civis (...) são como as quantidades, que por mínimos acréscimos ou mínimas subtrações mudam absolutamente o ponto de equilíbrio",[56] donde as grandes transformações históricas podem ocorrer por mudanças imperceptíveis e, de qualquer modo, não é necessária a mudança do inteiro sistema, bastando o deslocamento de um dos princípios dominantes no interior do sistema para que ocorra uma mudança decisiva (decisiva pelo menos para o propósito do progresso civil). Cattaneo procura reforçar essa concepção da história contrapondo o método que deve ser empregado para entender a natureza ao método que deve ser empregado para entender a história: "É evidente — observa ele — que as leis orgânicas não são aquelas da imobilidade mineral, que a variedade é a vida, e a impossível unidade é a morte", e disso extrai o ponto de partida para uma de suas habituais perorações: "E aqueles que invocam a paz perpétua e a universal república de todos os reinos da Terra querem dilatar para todo o globo a obscura existência do Japão; e não vêm em qual abismo de inércia e vileza cairia todo o gênero humano, petrificado em sistema, sem emulações e sem contrastes, sem temores e sem esperanças, sem história e sem coisa alguma que de história fosse digna".[57]

Ao conceito de sistema, que neste ensaio é entendido como "sistema fechado" (somente mais tarde Cattaneo aceitará a idéia de sistema distinguindo sistemas fechados de sistemas abertos), Cattaneo contrapõe o conceito romagnosiano de transação, que "exclui o conceito de sistema; antes, envolve conflitos de sistemas, *impotentes para destruir-se, obrigados a compadecer-se*".[58] Onde a transação é possível significa que há mais princípios (e portanto não há sistema lá onde o sistema seja definido como unidade de partes em torno de um único princípio), e que esses princípios estão em conciliável oposição entre si (se essa oposição não fosse conciliável, ou não poderia ocorrer qualquer mudança, ou então não poderia ocorrer mudança senão de um sistema para outro sistema). A importância desse conceito de transação manifesta-se no

---

55. *Ibid.*
56. *Ibid.*, pp. 157-58.
57. *Ibid.*, p. 158.
58. *Ibid.*, p. 160.

uso que Cattaneo dele faz para definir, de um lado, o Estado, e, de outro, e em sentido contrário, a revolução. A definição do Estado como "imensa transação" mediante a qual os diferentes princípios que atuam em um sistema conseguem encontrar um equilíbrio sem jamais sobrepor-se e destruir-se mutuamente é demasiado conhecida para que seja necessário nos determos sobre ela uma vez mais. Basta dizer que se trata de uma definição utilitarista do Estado, característica de toda a tradição liberal clássica que se vê continuamente tendo de se confrontar com a concepção orgânica do Estado ético que, por efeito da exaltação do espírito do povo e das conseqüentes afirmações acerca das missões nacionais, acabou por se tornar a concepção por muito tempo dominante na Itália no período do *Risorgimento* e, desgraçadamente, também depois. Vale a pena, ao contrário, nos determos sobre a definição de revolução, não apenas porque foi muito menos comentada, mas também porque não há, se não me engano, outras passagens tão explícitas a partir das quais possamos ter uma idéia do comportamento de Cattaneo diante do fenômeno revolucionário. "Todas aquelas mudanças que nós, com pomposo vocabulário, denominamos revoluções nada mais são do que *a disputada admissão de um ulterior elemento social*, a cuja presença não se pode dar lugar sem uma pressão geral, e uma longa oscilação de todos os poderes partilhados, tanto mais que *o novo elemento se defronta sempre com o aparato de um inteiro sistema* e de uma inteira *mudança de cena*, e com a ameaça de uma subversão geral; e somente pouco a pouco se vai reduzindo *aos limites da sua estável e efetiva potência*, já que em vão conquista quem não tem forças para manter. Pelo que, quando o equilíbrio parece restabelecido, as partes estão conciliadas, e o conquistador assume o novo comportamento de possessor, e às vezes se torna lícito desdenhar todos os princípios que o conduziram à vitória, parece incrível que, para alcançar tão parcial inovação, todo o consórcio civil tenha de ter sofrido tão dolorosas angústias".[59] Desse trecho resulta acima de tudo clara a intenção de diminuir a importância histórica das revoluções. Pode-se deduzir uma tese redutora do fenômeno revolucionário já desde a atribuição "pomposa" referida ao próprio termo "revolução", e, depois, de todas as considerações que se seguem e que podem ser resumidas essencialmente na seguinte tese: o que caracteriza o fenômeno revolucionário é o emergir de um novo "elemento social", entendido como uma nova classe portadora de novas exigências e de novos valores, a qual, embora pretendendo ser por-

---

59. *Ibid.*, p. 162.

tadora de um sistema (ou seja, de valores, interesses, necessidades que precisam ser satisfeitas) completamente novo, termina por se inserir no antigo sistema, e, de algum modo, a ele se adaptar, e portanto, por mais que o modifique, não o modifica totalmente, tanto que disso resulta por fim apenas uma "parcial inovação". Não preciso enfatizar a importância dessa expressão "parcial inovação": nela está sintetizada uma inteira filosofia da história, exatamente aquela filosofia segundo a qual, como vimos, o progresso é sempre "difícil, lento e gradual". O princípio dessa filosofia está esboçado no comentário que se segue ao trecho citado: uma sociedade em movimento não pode ser considerada um sistema porque nela coexistem e conflitam entre si diferentes princípios, nos quais o novo está destinado a superar o velho sem que contudo o velho seja jamais totalmente eliminado, donde a conclusão de que "uma sucessiva transação entre os sistemas rivais jamais pode ser considerada a destruição de um sistema, nem a absoluta formação de um outro, já que a renovação recai somente sobre algumas partes [uma vez mais o conceito de "parcial inovação"]; aquilo que Romagnosi expressava ao dizer que o progresso se faz quase que por *encaixes*".[60] Entende-se que essa lei, se é que podemos assim chamá-la, vale para as sociedades que podem ser ditas em movimento ou dinâmicas (aquelas que o mesmo Cattaneo chamará em escritos posteriores "sistemas abertos"), isto é, para aquelas sociedades nas quais nenhum princípio está destinado a prevalecer a ponto de se tornar exclusivo: lá onde há um princípio predominante e a sociedade se torna no sentido estrito da palavra um "sistema" (isto é, mais propriamente, um sistema fechado), ela "gravita em direção à sua decadência".[61]

Há portanto dois tipos de sociedade, as sociedades estacionárias e as sociedades progressivas: as sociedades estacionárias, por efeito da predominância de um único princípio, são aquelas que não mudam no tempo e, portanto, estão destinadas a repetir uniformemente a si mesmas; as sociedades progressivas mudam, sim, continuamente no tempo, mas as suas transformações são corretivas, integrativas, "parcialmente" inovadoras, e portanto apenas "parcialmente" modificadoras, nunca substitutivas de um sistema novo em relação ao sistema velho. Em uma concepção como esta, não há lugar para a mudança revolucionária, para uma mudança totalmente inovadora, ou substitutiva. O que os historiadores chamam de "revolução" não deve ser julgado pelos levantes que a acompanham, e tampouco pelos propósitos daqueles

---

60. *Ibid.*, p. 163.
61. *Ibid.*, p. 164.

que desses levantes são os protagonistas, mas pelas conseqüências reais desses fatos e desses atos: as conseqüências reais das chamadas revoluções são sempre, no fim das contas, quando o equilíbrio rompido é restabelecido, "inovações parciais". Não é que Cattaneo não enfrente o problema da possível mudança também das sociedades estacionárias, isto é, daquelas sociedades cuja transformação parece não poder ocorrer senão através das vias revolucionárias; mas ele o soluciona — em conformidade, de resto, com uma teoria amplamente difundida no século da maior expansão colonial européia e partilhada em grande parte também por Marx — com a idéia do "enxerto", isto é, com a idéia de que uma civilização não pode ser despertada do seu sono milenar senão através do contato vivificante, mesmo que doloroso, com uma civilização mais avançada. Os modos através dos quais pode ocorrer o enxerto são sobretudo dois: a conquista e o comércio. Um é o modo violento, o outro, o modo pacífico. Mas ambos são modos exógenos, e enquanto tal, excluem o modo endógeno de mudança radical que é a revolução. Se depois Cattaneo acreditasse, como acreditavam todos os maiores teóricos do progresso no século XIX, que *l'esprit de conquête* tivesse contituído o seu tempo e que os magníficos destinos e avanços da humanidade fossem confiados ao desenvolvimento cada vez mais rápido e intenso do comércio e das comunicações entre povos (é dispensável recordar os hinos de Cattaneo às ferrovias e ao telégrafo), é um aspecto secundário do seu pensamento, pelo menos no que se refere ao meu tema. Cattaneo nunca colocou em dúvida a função positiva da guerra, mesmo que partilhasse a idéia, ou melhor, a ilusão de todos os escritores liberais do período, de que a guerra se tornaria, com o passar do tempo e com o desenvolvimento da sociedade industrial, ou já se tornara, cada vez menos necessária. De qualquer modo, entre conquista e comércio parece não haver lugar na história cattaniana para o modo violento e interno de mudar radicalmente um sistema retrógrado, que é a revolução.

Na verdade, o "pomposo" termo revolução não consta com freqüência de suas obras, enquanto redunda até o transbordamento nas obras de Ferrari. Diríamos que, enquanto Cattaneo usa o termo com cautela, quase com pudor, porque percebe e entende (e teme) seu significado forte, Ferrari, de tanto usá-lo, adequada e inadequadamente, acaba por tirar-lhe o vigor, a ponto de fazê-lo parecer, exatamente, "pomposo". Escreve *La révolution et les révolutionnaires en Italie* (1845); e depois *La révolution et les réformes en Italie* (1848), onde "reforma" é utilizada, em oposição a "revolução", em sentido depreciativo; e depois um livro inteiro dedicado à *Filosofia della rivoluzione* (1851), que, não obstante, Cattaneo resenha duas vezes com numerosos elogios, colocando aliás em relevo que a revolução da qual fala o autor é a revolução da ciência (a única revolução na qual Cattaneo acredita, ou melhor, um dos poucos movimentos históricos que ele está disposto a chamar propriamente e não abusivamente de "revolução"),[62] apresentando-o em suma como um manifesto iluminista, quando a ambição de seu autor é também estabelecer os pressupostos e traçar as leis gerais de um programa político e social; para então terminar com uma *Histoire des revolutions d'Italie* (1858), que relata a história das revoluções (sete mil, nada menos!) de um país, na qual Cattaneo, ao contrário, em resposta à interpretação que acredita aberrante do amigo, escrevendo o ensaio *La città considerata come principio ideale delle istorie italiane* (*A cidade considerada como princípio ideal das histórias italianas*) (1858), no qual não se serve jamais da palavra "revolução" para designar os mesmos acontecimentos, vê o desdobrar-se lento, difícil e contínuo de um princípio, ora mais latente, ora mais manifesto, que avança, como sempre ocorreu com os princípios progressivos, por vias indiretas e tortuosas, e que é o único "fio ideal" que permite encontrar uma saída "no labirinto das conquistas, das facções, das guerras civis e na assídua composição e decomposição dos Estados".[63] Alguns anos mais tarde, resenhando o livro, depois de alguns parcos elogios, ainda que através de uma exposição que pretendia ser um resumo sem cometários, dá a entender claramente o próprio dissenso, lá onde afirma que "todo o trabalho demonstra esforço dialético e fantástico de escolher e ordenar os fatos segundo melhor respondam ao projeto preconcebido"[64] e censura o autor por ter preferido "por amor às novidades, por complacência ao paradoxo, (...) edifícios socialistas, e fantasmagorias, às modesta, seguras, cautas, e sábias vias das liberdades difundidas eqüitativamente",[65] isto é, às vias em torno das quais a seqüência desses quatro adjetivos deve dissipar qualquer dúvida de que se trate das vias da reformas e não das revoluções.

---

62. Por exemplo: "Do venerando líder de Lavoisier surgiu uma revolução, ainda hoje incompleta" (*Dell'industria moderna*, in *Scritti politici*, organizado por M. Boneschi, 4 vols., Le Monnier, Florença, 1964-65. vol. IV, p. 295).

63. *La città considerata come principio ideale delle istorie italiane*, in *Scritti storici e geografici*, organizado por G. Salvemini e E. Sestan, Le Monnier, Florença, 1957, vol. II, pp. 383-89. Para um juízo privado de Cattaneo sobre esta obra de Ferrari, ver a carta a Carlo Tenca de outubro de 1858, in *Epistolario di Carlo Cattaneo*, 4 vols., G. Barbèra editor, Florença, 1949-56, vol. III, 1954, p. 82, na qual, respondendo a Tenca que o convidara a escrever uma resenha, diz: "Não posso por-me a falar contra o amigo. Mas eu não posso aceitar: *Le pape et l'empereur commes principes, voilà les chefs*", e em nota o comentário do organizador, R. Caddeo. Sobre o fato, ver S. ROTA GHIBAUDI, *Giuseppe Ferrari* cit., p. 258.

64. *Storia delle rivoluzioni d'Italia*, in *Scritti storici e geografici*, cit., vol. III., p. 309.

65. *Ibid.*, p. 311.

Além das grandes mudanças no desenvolvimento do saber científico, Cattaneo reconhece o caráter de revolução nos levantes nacionais do seu tempo que abalam a velha ordem dos Estados absolutistas, e conseqüentemente o levante nacional italiano: ao encerrar o *Avant propos* do libelo sobre *L'insurrection de Milan en 1848* escreve que "tout révolution est le développement d'un principe"[66] e na Advertência ao leitor de *Considerazioni sulle cose d'Italia nel 1848* [*Considerações sobre as coisas da Itália em 1848*] denuncia "aquelas influências ocultas que envolveram a revolução desde o seu primeiro despontar, e a ataram às mãos de homens que esperavam dela algo além daquilo que as revoluções dão e são",[67] e isso em conformidade com a definição de "revolução" por ele ditada de passagem no ensaio *Dell'industria moderna* [*Da indústria moderna*] (1862), onde se lê: "(...) quando o povo intimou guerras em nome próprio, *aquelas guerras que recebem o nome de revoluções*".[68] Pode-se dizer sem medo de errar que os textos nos quais ocorre com maior freqüência o termo "revolução" são aqueles que falam do levante nacional italiano. Não falar de uma determinada coisa é também um modo de exorcizá-la. Antes da explosão dos vários levantes de 1848, Cattaneo, como se sabe, não previu a proximidade de abalos profundos. Em 1844, falando da França, escreve: "É agora o país da Europa onde é menos possível uma revolução, se com este termo entendemos não uma superficial mudança do ritual administrativo, mas uma profunda subversão e renovação de interesses".[69] Esta passagem também é importante porque talvez seja a única na qual, ainda que de passagem, Cattaneo dá intencionalmente uma definição de "revolução", e não uma interpretação como aquela que dera na passagem comentada anteriormente. É uma definição que, apesar da sua brevidade, é bastante precisa e, ademais, perfeitamente correspondente ao sistema cattaniano de idéias: onde o momento determinante do movimento social são os "interesses". A revolução é precisamente, de um lado, "subversão" dos interesses precedentes, e, de outro, "renovação", isto é, imposição de interesses novos.

---

66. C. CATTANEO, *Tutte le opere*, organizado por L. Ambrosoli, Mondadori, Milão, 1967, vol. IV, p. 186.
67. *Considerazioni sulle cose d'Italia*, in *Scritti storici e geografici*, cit., vol. II, p. 125.
68. *Dell'industria moderna*, in *Scritti politici*, cit., vol. IV, p. 264. o termo "revolução" é repetido inúmeras vezes no manifesto *Au comité démocratique français, espagnol, italien*, no sentido de revolução nacional (*Scritti politici* cit., vol. II, pp. 474-75). No mesmo sentido, a propósito dos levantes de Viena de 1848: "A guerra não é mais entre estirpe e estirpe; ela se torna intestina, civil, *revolucionária*, geral" (*La resa di Vienna*, in *Scritti politici*, cit., vol. II, p. 450; o itálico é meu).
69. *Di alcuni stati moderni*, in *Scritti politici e geografici*, cit., vol. I, p. 295.

O tema das "indiretas e tortuosas vias"[70] domina o prefácio que Cattaneo escreveu, em 1846, para o segundo volume de *Alcuni scritti* [*Alguns escritos*], dedicado aos *Frammenti di storia universale* [*Fragmentos de história universal*], através dos quais seu olhar de historiador percorrera os mais diferentes períodos e povos, da Índia à Inglaterra, da Sardenha à Irlanda. Esse prefácio talvez seja o escrito no qual Cattaneo expõe com maior vigor e riqueza de particulares a sua filosofia da história. Nele discute Vico e Stellini, Hegel, Cousin, Herder e Romagnosi, Guizot e Ferrari. O que Cattaneo contesta em todos aqueles que se colocaram o problema do desenvolvimento histórico é a idéia do princípio único, do qual teriam saído todos os povos, e o princípio da uniformidade do desenvolvimento, segundo o qual todos os povos estariam destinados a seguir o mesmo processo para passar da barbárie à civilização. À primeira opõe a idéia da multiplicidade dos princípios; à segunda, a da enorme e incompreensível e, pelo menos até então, incompreendida variedade das combinações, devidas exatamente à multiplicidade dos princípios. Contra a tese de Vico, de que as nações surgiram a partir de um princípio seu próprio, e contra a tese de Stellini, que "supõe um princípio demasiadamente indeterminado e uniforme no natural desenvolvimento das famílias selvagens",[71] retoma a confutação da tese ferrariana das sociedades como sistema: "As nações não se movimentam, portanto, por sistemas inteiros, deduzidos, contínuos; os seus costumes são fragmentos de desesperada origem, mais amontoados do que ordenados".[72] E expõe a tese, sobre a qual já chamei a atenção, do "enxerto": "O primeiro *motivo* para a transformação progressiva de uma sociedade, ou seja, de uma tradição, é o fortuito contato com outra tradição e outra sociedade. Colocadas em comércio, de algum modo, as duas opiniões tendem a reassumir alguma forma compatível e perdem ambas a nativa simplicidade do conceito".[73] Se é verdadeira a hipótese do enxerto, não podem existir nações por princípio cortadas fora da história, como acreditava Hegel (e com ele o historiador Heinrich Leo): é provável que Cattaneo se refira às mal-afamadas páginas de *Lezioni della filosofia della storia* (*Lições de filosofia da história*), na qual Hegel afirma que em grande parte da África "não há lugar para uma verdadeira história", porque nela ocorrem "acidenta-

---

70. "[. . .] as indiretas e tortuosas vias, pelas quais o gênero humano avançou de erro em erro e de excesso em excesso em direção à meta da ciência e da civilização" (*Su la "Scienza Nuova" di Vico*, in *Scritti filosofici*, cit., vol. I, p. 100).

71. C. CATTANEO, *Prefácio* ao volume II de *Alcuni scritti del dott. Carlo Cattaneo*, 3 vols., Milão, 1846-47: cf. *Scritti politici*, cit., vol. III, p. 335.

72. *Ibid.*, p. 334.

73. *Ibid;* p. 336.

lidades, surpresas que se sucedem", e "não há um fim, um estado, ao qual se possa visar: não há uma subjetividade, mas apenas uma série de sujeitos que se destroem".[74] Como sempre, pelo tipo de historiador que é, ele faz seguir à enunciação da tese alguns esplêndidos exemplos: "Tácito nunca teria previsto uma Alemanha toda repleta de oficinas e de escolas; nem César teria imaginado, no barrento leito do Tâmisa, uma ponte subaquática e as docas cheias de tesouros da Índia".[75] Pela mesma razão é impossível aceitar a tese, que ele atribui nesse contexto a Herder, de que sobre o estado moral de uma nação tenha um efeito determinante a natureza do país no qual se estabelece: "Se fosse verdade que a liberdade vive na montanha e a obediência na planície, todas as cordilheiras que atravessam o globo seriam ninhos de repúblicas; e, vice-versa, as planícies da antiga e da nova Inglaterra seriam reinos absolutistas".[76] Uma vez mais, a principal categoria que Cattaneo emprega para explicar o curso histórico, mais complicado e mais acidentado do que os filósofos da história acreditavam até então, é a categoria da transação: a história avança em contínuas transações, e uma vez que as combinações possíveis são quase infinitas, o curso histórico é articulado, movimentado, variado, imprevisível. Um breve elenco de transações possíveis, que Cattaneo enumera como exemplos, pode dar uma idéia daquilo que poderia ser uma filosofia da história completamente realizada e explicada, segundo a hipótese do progresso na variedade, se Cattaneo tivesse sido um escritor sistemático e não, como foi, um irrequieto e incontentável agitador de idéias. Houve povos precoces mas que depois caíram na imobilidade; outros que chegaram tarde à civilização mas nela perduraram. Houve povos que tomaram sozinhos o caminho para a civilização; outros que a ela chegaram apenas por efeito de princípios estrangeiros com os quais entraram em contato. Alguns não superaram ainda a fronteira da vida selvagem; outros a superaram há tempos e propagam alhures a sua ciência e as suas instituições. Sinteticamente, o pensamento cattaneano está bem resumido nesta sentença, que pode ser considerada como a mais rápida e mais intensa ilustração do seu modo de conceber a história: "As combinações históricas que provêm do encontro das adventícias influências e das nativas tradições formam tantas séries distintas quanto são os povos; e devem todas fornecer à ciência uma especial conclusão própria".[77]

---

74. Cito da tradução italiana, organizada por G. Calogero e G. Fatta, *Lezioni sulla filosofia della storia*, vol. I: *La razionalità della Storia*, La Nuova Italia, Florença, 1941, pp. 241-242.
75. *Prefácio* ao vol. II. de *Alcuni scritti* cit.: cf. *Scritti politici*, cit., vol. III, p. 340.
76. *Ibid.*, p. 341.
77. *Ibid.*, pp. 342-43.

Não é possível entender, dizia eu, o reformismo de Cattaneo prescindindo da sua concepção geral da história. Daquilo que eu disse até agora, parece de fato que para Cattaneo o processo histórico é não-predeterminado de modo rígido, não-uniforme, gradual, mesmo sendo ao final, ainda que por longos e tortuosos caminhos, progressivo. Isso significa que tem confiança no progresso, mas o vê depender do esforço inteligente do homem, nascer do encontro e do embate dos diversos princípios e nunca de um único princípio, desenvolver-se em graus sucessivos, lentamente, embora inexoravelmente, como a correnteza de um rio. Enquanto o providencialismo histórico estimula o comportamento conservador, o simplismo dos uniformistas ou dos unilinearistas justifica o comportamento revolucionário: se o reformista é positivamente um gradualista, é negativamente um antiprovidencialista (porque não é um conservador) e um antiuniformista (porque não é um revolucionário). Não me perguntem se Cattaneo era socialmente e politicamente um reformista porque tinha essa determinada concepção da história ou porque criou para si mesmo essa determinada concepção da história sob medida do seu reformismo social e político. É uma questão pueril: uma e outra estão tão estreitamente conjugadas e são de tal maneira interdependentes que não podem ser separadas sem se perder de vista o conjunto, que é o personagem que nos interessa, com a sua visão geral da história feita e da história a ser feita, a sua coerência entre a tarefa do filósofo, que continua a ser uma tarefa "civil", e a tarefa do homem que não pode permanecer estranho às lutas do seu tempo, entre filosofia e "milícia". O problema interessante é ver a ligação, se existe, e qual seja, entre pensamento e ação, ou, como hoje se diz, entre teoria e práxis, se existe, e qual seria, uma filosofia do reformismo. Sempre pensei que existe e sempre vi em Cattaneo um exemplo particularmente iluminador. Nem o reformista nem o revolucionário são providencialistas: mas enquanto o revolucionário acredita mais na força de vontade, o reformista acredita mais na força criadora da razão (cujos caminhos são mais longos, lentos e misteriosos e, o que é mais singular, com freqüência ocultos). Tanto o reformista quanto o conservador não são, como o revolucionário, simplificadores: têm o sentido da complexidade da história e, portanto, da desproporção, que para o homem de boa vontade é como uma perpétua condenação, entre o esforço e o resultado. Mas, se para o conservador essa complexidade é um emaranhado inextricável porque ninguém sabe onde estão as suas pontas, para o reformista é um emaranhado feito de muitos nós possíveis de serem- desfeitos, contanto que sejam enfrentados um por vez. Enquanto gradualista, o reformador não é o conservador que está sempre propenso a enxergar em uma inovação, mesmo que parcial, um salto no escuro, e para o qual os tempos nunca estão maduros, mas tampouco é o revolucionário que acredita nos saltos qualitativos e antecipa com seu próprio desejo, e talvez com uma ação intempestiva, a maturidade dos tempos. No que se refere ao respeito à tradição, que é o caráter que se destaca no comportamento conservador, o comportamento do reformista e o comportamento do revolucionário não são desiguais: ambos tendem à dessacralização do que foi herdado, que o conservador aceita e santifica apenas porque herdado, mas a diferença está nos limites e na amplitude daquilo que para um e para outro deve ser considerado já exaurido. Fortemente desigual é, ao contrário, o comportamento do conservador e do reformista diante da revolução, que o primeiro rejeita por princípio, o segundo por oportunidade, tanto é verdade que a ela se adapta (como fez Cattaneo na explosão do levante milanês) quando se torna inevitável, quando a escolha não é entre mudança por graus e mudança por sobressaltos, mas entre mudança e imobilidade, ou, até então, entre avanço e retrocesso. Não é de todo exato afirmar que o reformista combata em duas frentes: ou pelo menos é preciso acrescentar que o combate nas duas frentes; é totalmente diferente: na frente da conservação, a diferença é de princípios ou de fins, na frente da revolução, a diferença é de método, mas os fins são com freqüência os mesmos. Ao pessimismo histórico do conservador, o revolucionário opõe o pessimismo da inteligência e o otimismo da vontade; o reformista, ao contrário, opõe o pessimismo da vontade e o otimismo da inteligência. Desse pessimismo da vontade unido a um perseverante otimismo da inteligência Cattaneo é um exemplo que, se fosse necessário ser inventado, não teria saído tão perfeito. Sempre avesso a descer a campo, salvo em circunstâncias excepcionais, e também nessas duas ou três circunstâncias entra e sai de cena depois de ter recitado apenas poucas falas, memoráveis, persegue durante toda a vida, sem interrupções, com rigor, perseverança, ilimitada confiança, não obstante a derrota, o ideal do progresso mediante prudentes e sensatas reformas, cuja realização o progresso do saber, especialmente no campo antes inexplorado e fechado da vida moral, tornou finalmente não só evidente mas também possível. Creio seja difícil nos deparar com um outro protagonista da nossa história cuja curiosidade intelectual, cuja paixão civil, tenham sido atraídas com igual força, continuidade e firmeza em direção a tão grande número de coisas a mudar, de instituições a corrigir ou abolir, de leis a modificar, de ousadas inovações a sugerir, de projetos a discutir e propor, de tradições já estéreis a modificar, de velhos costumes a condenar e a submeter à implacável crítica da razão esclarecedora: a escola em todas as suas ordens, a milícia e a administração pública, os cárceres e os institutos beneficentes, as leis relativas à indústria e à agricultura, o comércio e as comunicações. Até mesmo o idioma. Não há aspecto da sociedade do seu tempo que ele não leve em consideração para nele distinguir o velho do novo, o morto do vivo, o imperfeito do perfectível. Quando tem a oportunidade, não poupa condenações às impaciências e às demasiado "ousadas especulações revolucionárias",[78] porque sabe que o esclarecimento através da razão é lento ("o conflito com a obscuridade das coisas e com a pervicácia e a inércia dos homens será longo").[79] Mas a sua diuturna batalha é contra a outra parte, contra os retrógrados, que, mantendo os povos na ignorância, impedem o aperfeiçoamento moral, intelectual e social da humanidade. Sempre em aberto dissídio contra as tradições difíceis de morrer, não rejeita ao contrário o moto revolucionário, embora não conceba em seu tempo outras revoluções que não sejam aquelas nacionais, quando elas explodem e arrastam os povos a libertar-se de antigas servidões. Apenas não aceita a idéia de que as revoluções sejam o produto de um ato de vontade, ainda que de uma vontade coletiva: "Uma revolução é uma febre — afirma ele —, e não chega a todo um povo pelo comando de quem quer que seja. É mister esperá-la. E ela voltará".[80] Diferentemente, as reformas são o produto consciente de uma mente, mesmo que individual, que age por vezes à distância de anos sobre os eventos por vias subterrâneas e imprevisíveis, porque a razão não pode, a longo prazo, deixar de sair vitoriosa sobre os preconceitos alimentados pela superstição religiosa e pela inculpável ignorância da maioria. A propósito da exposição dos órfãos, "miséria grandíssima e tal que acomete a alma de profunda compaixão", explode com a seguinte advertência: "Melhor do que os protestos, nos quais se acende a indignação, ou melhor do que as querimônias, nas quais se desperdiça o afeto, *valerão os estudos diligentes e pacientes*".[81]

"Os estudos diligentes e pacientes": eis a arma que Cattaneo empunha para combater a sua batalha reformadora. É impossível não ver a estreitíssima relação entre espírito científico e reformismo, entre progresso científico e progresso civil. O elo de conjunção entre um e outro é o progresso técnico. A aplicação da ciência à indústria produz cada vez mais vastas e perturbadoras inovações técnicas. As inovações técni-

---

78. *Allocuzione alla distribuzione dei premi della Società d'incoraggiamento d'arti e mestieri*, in *Scritti politici*, cit., vol. III, p. 353.
79. *Ibid.*
80. C. CATTANEO, *Tutte le opere*, cit., p. 700.
81. *Esposizione dei trovatelli*, in *Scritti politici*, cit., vol. IV, p. 168, itálico meu.

cas são o meio necessário através do qual passa também a transformação social da humanidade. Os princípios nos quais Cattaneo se inspira são aqueles da grande civilização liberal burguesa do século XIX: a "prosperidade" (hoje diríamos o "bem-estar"), que se torna possível com o desenvolvimento técnico, é condição necessária (mesmo que não suficiente) para a emancipação do homem de todas as formas de servidão que o acometeram até agora em uma forma de vida social na qual a miséria da maioria é a condição mais favorável para o domínio dos poucos, e a ignorância das mentes caminha lado a lado com a escravidão dos braços. E, por sua vez, a prosperidade depende do aumento dos conhecimentos científicos e das aplicações técnicas. Por isso, progresso científico e progresso civil estão unidos em um nexo indissolúvel. Hoje o progresso técnico, cada vez mais vertiginoso, suscita o espectro da sociedade tecnocrática, isto é, de uma sociedade na qual o desenvolvimento da técnica não está predisposto à libertação do homem mas, antes, o conduz ou parece conduzi-lo à total servidão. Mas o que não previu Saint-Simon, que pode ser considerado o pai, inocente, do monstro tecnocrático, na medida em que imaginou, almejou e pregou o advento de uma sociedade cientificamente e não mais politicamente dirigida, foi, não digo previsto (porque não se pode falar de previsões), mas mantido bem presente e firme na mente dos grandes espíritos liberais da era pós-revolucionária e no início da Revolução Industrial: o desenvolvimento técnico não pode prescindir da transformação das instituições; a transformação econômica, que é em grande parte produto do saber aplicado para o aumento da pública e privada prosperidade, da reforma política.

Ninguém que se tenha colocado o problema da sobrevivência da liberdade em um universo cada vez mais dominado pelas grandes concentrações de poder soube até agora oferecer outra resposta senão aquela da extensão do controle a partir de baixo. Cattaneo dizia, remetendo a Maquiavel, que os povos devem manter em suas mãos a liberdade. Depois de mais de um século, o grande inimigo a ser abatido é a concentração de poder, que tem, no Estado moderno burocrático, a sua mais evidente manifestação histórica. Os dois processos que assinalam o curso da formação e do desenvolvimento do Estado moderno, o processo de burocratização, que se seguiu à centralização do poder estatal e à assunção de tarefas cada vez mais amplas por parte do Estado, e o processo de democratização, que se seguiu à progressiva inserção de massas cada vez maiores na sociedade política, não avançaram ao mesmo ritmo; percebemos agora, e disso temos provas visíveis todos os dias, que o primeiro foi muito mais rápido do que o segundo. Não podemos acusar Cattaneo de não se ter dado conta e de ter acreditado que o Estado burocrático era um resíduo do passado, e não um efeito necessário de um processo histórico que, em seu tempo, estava apenas no início, e portanto de ter considerado que a solução do problema do moderno Leviatã fosse mais simples do que teria parecido a nós, que, embora continuemos a tê-lo à nossa frente, continuamos acreditando que podemos facilmente abatê-lo através do controle democrático. Cattaneo partilhava com os pensadores liberais do século XIX a fascinante idéia (idéia que fascinou, ainda que com mediações mais complexas, também Marx) da desforra da sociedade civil sobre o Estado, da gradual deterioração, senão propriamente do Estado, do Estado centralizador que fora transmitido ao século das revoluções nacionais pelas monarquias absolutistas, e do qual considerava uma sobrevivência funesta, mas não destinada a outras proliferações, o napoleonismo (que ele interpreta, por um lado, como degeneração do bonapartismo e como o momento negativo do cesarismo),[82] um exemplo vivo para não imitar os Estados da França e da Áustria. Essa desforra deveria realizar-se com a multiplicação dos órgãos de governo, com o despedaçar-se da unidade do Estado monocrático em inúmeros fragmentos de poder recomponíveis em uma unidade sucessiva mais articulada, com a separação horizontal dos poderes, de modo que uma vez mais o poder (nesse caso o poder vindo de baixo) controlasse o poder (o poder vindo de cima). ("O poder deve ser limitado; e não poder ser limitado senão pelo poder.")[83] Certamente um dos momentos mais interessantes do reformismo cattaniano é o momento dos escritos sobre a organização do Estado administrativo, militar e escolástico depois de realizada a unificação, quando, de abstrato derrotado federalista, torna-se regionalista que reflete sobre os fatos concretos da história e da geografia italiana, desaconselhando uma unificação apressada, uniforme e indiferenciada da legislação para todo o reino, a chamada "piemontezação".* Para citar um dos tantos trechos sobre este tema: "Às dificuldades da hegemonia militar acrescentam-se as pretensões de uma primogenitura legislativa e administrativa. Delira-se em infligir à nova Itália leis e observâncias que não eram nem ao menos as melhores na velha Itália".[84] São idéias conhecidas e, ainda recentemente, por oca-

---

82. *Il militarismo*, in *Scritti politici*, cit., vol. IV, p. 215; e *À la nation française*, in *Scritti politici*, cit., vol. IV, p. 217.

83. *A un amico siciliano*, in *Scritti politici*, cit., vol. IV, p. 86.

* Do Piemonte, uma das regiões italianas, localizada ao Norte da península. O reino sardo-piemontês centralizou, a partir de meados do século XIX, os movimentos pela unificação da Itália. (N. T.)

84. *L'Italia armata*, in *Scritti politici*, cit., vol. IV, p. 137.

são da instituição das regiões, com freqüência retomadas. Aqui interessa uma vez mais, para continuar a discussão iniciada desde as primeiras linhas deste escrito, captar o nexo entre essas idéias de reforma e a concepção geral da história, entre o reformador e o filósofo.

Cattaneo é um filósofo analítico. Atribui à filosofia a precípua tarefa de fazer "a análise da livre análise", entendida a análise como "um ato através do qual a mente distingue as partes de um todo".[85] O que diferencia o filósofo analítico do sintético é a atração pela diversidade mais do que pela unidade, ou, pelo menos — nenhum filósofo podendo renunciar a uma visão unitária da realidade —, pelo movimento através do qual um determinado universo se divide nas suas partes, e não pelo movimento contrário. A propósito da reforma universitária, sobre a qual propõe que cada cidade tenha a sua faculdade específica adaptada às suas tradições históricas e culturais, ele mesmo torna visível o nexo entre análise como comportamento histórico e análise como comportamento prático, escrevendo: "O princípio necessário às faculdades italianas é portanto aquilo que, na economia, se chama *divisão do trabalho*; e aquilo que, em psicologia, se chama *análise*. A síntese será a Itália. A síntese não é a repetição, não é a uniformidade; mas é a mais simples expressão da máxima variedade. Quanto mais fugirmos da uniformidade, mais a nossa obra se completará; ou, já que para coisas assim feitas nunca haverá nem completamento nem fim, tanto maior será".[86] Não há quem não veja também nesse simples mas transparente exemplo que o federalismo ou o regionalismo é um ato de análise, a conseqüência de um comportamento mental que aprecia as dessemelhanças mais do que as semelhanças, as disparidades mais do que as uniformidades, o que é peculiar mais do que é comum. O filósofo analítico vê o diferente lá onde o sintético vê o idêntico. Entre mil citações escolho uma que me parece particularmente persuasiva. Em um escrito ocasional (mas todos os escritos de Cattaneo são mais ou menos ocasionais, daí a sua filosofia ser feita de lampejos repentinos que aparecem também nas páginas mais obscuras), exalta a promoção de congressos científicos nos departamentos (franceses) e comenta: "Ela oporia a verdade dos fatos locais às ilusões da centralização política, a qual, à guisa de poderosa lente, adensa todos os raios em um ofuscante foco, que não corresponde ao temperado vigor da luz difusa, e não representa realmente com qual grau de força ela opere sobre a vasta superfície de um

---

85. *Psicologia delle menti associate*, in *Scritti filosofici*, cit., vol. I, pp. 454 e 452.
86. *Sul riordinamento degli studii scientifici in Italia*, in *Scritti politici*, cit., vol. III, p. 114; e também *Psicologia delle menti associate*, in *Scritti filosofici*, cit., vol. I, pp. 476-77.

reino".[87] Este trecho é de 1840, época na qual não se pode falar senão impropriamente de um federalismo cattaniano. Mas já nascia o historiador, o lingüista, o economista, que, a partir das esparsas observações sobre o agitado surgimento das nações civis e sobre as rápidas e turbulentas transformações da sociedade do período, compôs uma visão geral da história que rejeita a hipótese do princípio único, e, antes, vê na diversidade o único critério possível de explicação do diferente destino dos povos e a condição para o progresso. Profundamente convencido de que a diversidade é natural e a uniformidade, é ao contrário artificial, de que a liberdade nasce das diferenças e do contraste de idéias, o despotismo, ao contrário, prospera sobre o nivelamento imposto de cima para baixo e sobre a unificação forçada, extrai da contínua reflexão sobre o perene embate entre povos livres e progressivos e povos servis e retrógrados, um dos motivos mais profundos para sustentar seu próprio programa político federalista, vale dizer, para uma sociedade articulada, centrífuga, policêntrica, em contínua polêmica contra o unitarismo abstrato, isto é, contra a unidade sem distinções. Uma vez mais, visão histórica e programa político estão estreitamente ligados, e juntos explicam e iluminam a assídua paixão do reformador. Para retomar o problema que deu início a esse escrito, e que se colocara Alessandro Levi no trecho do qual parti, se podemos falar de uma filosofia do reformismo, Cattaneo representou muito bem suas exigências e princípios, e nos deu um exemplo tão fácil hoje de criticar, quanto pouco, hoje e ontem, imitado.

---

87. *Continuazione e fine delle notizie sul Congresso dei dotti francesi a Clermont*, in *Scritti politici*, cit., vol. I, p. 158.

Capítulo 12
Filosofia da história

I.

GRANDEZA E DECADÊNCIA DA IDEOLOGIA EUROPÉIA

No seu tratado de teoria do Estado, que obteve muito êxito, escrito em italiano, depois traduzido para o francês, inglês e espanhol, Alessandro Passerin d'Entrèves evoca, na última página, a "cidade de Péricles", como a lembrança de uma experiência única", "uma oração imortal" na qual ainda hoje se espelha "a imagem do ótimo Estado, de um Estado fundado na democracia e na liberdade".[1] Na verdade esse livro, mais do que um tratado sobre o Estado, como leva a pensar o título, é uma história ideal do contraste entre poder e liberdade, através do pensamento político ocidental. A última página é uma profissão de fé. No texto francês, mais completo do que o italiano, à cidade tomada como modelo são atribuídas as seguintes características: "Le respect de la loi et de l'ordre, le gouvernement par consentement, l'amour de la patrie, l'orgueil de la liberté".[2] Quem escrevia estas palavras sabia muito bem que se tratava de uma idealização contida em um discurso circunstancial (que provavelmente nunca foi pronunciado) e que a "verdade efetiva" era muito distinta, mas lhe interessava naquele contexto reafirmar o valor simbólico daquele discurso nas oscilações da concepção da história, tão tipicamente européia, interpretada como história da liberdade.

Do significado exemplar da forma de governo à qual tecia o elogio, o próprio Péricles tinha plena consciência: "O nosso sistema político

---

1. A. PASSERIN D'ENTRÈVES, *La dottrina dello Stato*, Giappichelli, Turim, 1962, p. 323.
2. ID., *La notion de l'État*, Sirey, Paris, 1969, p. 284.

não se propõe a imitar as leis de outros povos: nós não imitamos ninguém, ao contrário, somos nós a constituir um modelo para os outros" (II, 37).[3] Para demonstrar qual tenha sido a força deste exemplo, basta confrontar os princípios que regem o Estado ateniense nas palavras de Péricles com os princípios que inspiraram as instituições liberais e democráticas da Europa moderna. Essa forma de governo é chamada de "democracia", continua o orador, porque, diferentemente do que acontece nos governos oligárquicos, "se qualifica não em relação aos poucos, mas à maioria". Em relação à outra grande contraposição que atravessa toda a história do pensamento político, a contraposição entre governo das leis e governo dos homens, a afirmação de Péricles é igualmente clara: "As leis regulam as controvérsias privadas de modo tal que todos tenham um tratamento igual" (II, 37). O que não poderia assegurar o governo dos homens, ou pior, do Homem. A superioridade do governo das leis deriva do fato de que apenas ele garante a igualdade pelo menos formal, a igualdade que na Grécia se chamava — com um nome carregado de significado emotivo positivo — *isonomía*, e nós chamamos de igualdade jurídica. A igualdade jurídica não exclui naturalmente a desigualdade, contanto que seja fundada no mérito: "o prestígio do qual possa gozar quem se tenha afirmado em algum campo não é alcançado com base no estado social de origem, mas em virtude do mérito; e depois, por outro lado, quanto ao impedimento constituído pela pobreza, para ninguém que tenha capacidade de operar no interesse da cidade é de obstáculo a modéstia da classe social" (II, 37). Bom cidadão é aquele que participa ativamente da vida pública: é aquela forma de liberdade que Constant chamou de a liberdade dos antigos, em virtude da qual aqueles que não se ocupam das questões políticas "somos nós os únicos a considerá-los (...) não pessoas tranqüilas, mas bons para nada" (II, 40). Mas essa liberdade não é exaltada com desprezo daquela que Constant considerava desconhecida para os gregos, e chamava de liberdade dos modernos: "A nossa é uma vida livre não apenas no que se refere às relações com o Estado, mas também no que toca às relações cotidianas, com freqüência imprimidas na recíproca suspeita: ninguém se escandaliza se alguém se comporta como mais lhe agrada" (II, 37). No interior da cidade, enfim, é deposta qualquer pretensão de fazer valer os próprios interesses por meio da força, e o único meio de chegar a uma decisão que diga respeito a todo o povo é a discussão, que é a quintessência da democracia (antiga, moderna e... futura): "Somos nós

---

3. Todas as passagens do discurso de Péricles aqui citadas referem-se a TUCÍDIDES, *La guerra del Peloponneso*, organizado por L. Canfora, Einaudi-Gallimard, Turim, 1996.

mesmos a participar das decisões comuns, ou seja, a refletir profundamente sobre as questões de Estado, dado que não pensamos que o debate traga dano à ação; o perigo, ao contrário, reside no não-esclarecimento das idéias, discutindo-as antes de enfrentar as ações que se impõem" (II, 40). Contrariando aqueles que consideram sejam necessárias a dureza da vida, o rigor da disciplina, a obediência servil para o fortalecimento da pátria, "a glória da cidade (...) resplandece exatamente graças aos altos serviços que esses homens e outros como eles lhe renderam", já que para aqueles que vivem em uma cidade livre "as razões da luta não são as mesmas que podem animar aqueles que nada disso possuem" (II, 42).

A importância realmente excepcional desse discurso está no fato de que nele se encontram reunidas em uma rápida síntese todas as características de um modo geral de conceber a política no qual se espelhou orgulhosamente durante séculos a consciência da Europa. Acredito que não seja despropositado falar de uma verdadeira e própria "ideologia européia", aliás, da autêntica ideologia européia. Prefiro falar de ideologia a falar de "ideal", porque a palavra "ideologia" não exclui, antes, implica, a falsa consciência, e, por razões opostas, tampouco de "mito", porque a idéia da Europa como pátria dos governos livres não se sustenta apenas sobre uma falsa consciência.

A origem dessa ideologia deve ser buscada no célebre relato das guerras persas, assim como foi interpretado e transmitido por Heródoto: as guerras persas como guerras de liberdade, conduzidas por um pequeno povo que combate pela própria independência contra o poderoso adversário, e exatamente porque luta por uma grande causa, que é a causa da liberdade, é por fim vitorioso. Não por acaso Heródoto tende a estabelecer uma relação direta entre o fim da tirania de Atenas e a ajuda prestada aos jônios que estavam prestes a se rebelar, ajuda que é a causa da agressão persa. Também em relação a esse relato, não se trata de julgara sua verdade histórica. Estamos nos ocupando da história de uma idéia, cuja força não depende da maior ou menor correspondência com a verdade histórica. Não se passaram muitos anos desde que o evento extraordinário do pequeno povo que vence o mais poderoso adversário porque defende a própria liberdade foi repetidamente evocado na Guerra do Vietnã contra os Estados Unidos.

A apologia do governo das leis contraposto ao governo dos homens é acompanhada na literatura clássica, e até os nossos dias, por uma recorrente e insistente demonologia da forma antitética de governo, a tirania, o governo do Homem por excelência. A começar pelos livros oitavo e nono da *República* de Platão, nos quais o governo tirânico aparece — em oposição ao bom governo, a qualquer forma de governo temperado e moderado como aquela descrita por Péricles — como expressão das mais incontroláveis paixões, não diferente do governo da plebe, do qual é o natural e catastrófico efeito. A fenomenologia da figura do tirano foi se enriquecendo ao longo dos séculos, mas os traços essenciais permaneceram os mesmos. Quando Kruschev, no famoso discurso proferido no XX Congresso do PCUS, denunciou com inesperada veemência os crimes de Stalin, para espanto dos marxistas e incredulidade dos marxólogos, Claude Roy (então comunista, membro ativo da Sociedade Européia de Cultura) disse: "Pode-se censurar o discurso por não ser uma análise marxista. Mas *Macbeth* também não é um texto marxista. Um grito de horror não é nem marxista nem antimarxista. É um grito".[4] Bem poderíamos dizer igualmente: também a *República* de Platão não é uma análise marxista, mas a histórica figura do tirano nela aparece em toda a sua trágica grandeza, que transcende a história e para a qual a história é, ocasionalmente, imprevisivelmente, cenário para sua extraordinária e terrificante aparição.

O governo das leis é apenas um aspecto da ideologia européia, e não o mais importante. O governo das leis garante a igualdade contra as discriminações arbitrárias impostas pelo tirano. O núcleo central da ideologia européia é o governo da liberdade no duplo sentido da liberdade dos antigos e da liberdade dos modernos. Ao governo da liberdade contrapõe-se não a tirania, mas o despotismo. E é o despotismo e não a tirania que constituiu a verdadeira antítese da ideologia européia: o Outro, contrapondo-se ao qual o Mesmo adquire consciência da sua própria identidade e se autojustifica como princípio do bem oposto ao princípio do mal. A tirania é uma forma degenerada e corrompida de governo, que cresce em determinadas circunstâncias históricas no interior da própria civilização européia, é o momento negativo inserido em cada momento positivo e sem o qual a própria positividade da história não poderia nem se revelar, nem ser percebida: como tal, tem o duplo caráter de ser ilegítima e temporária. *Ilegítima* porque viola os dois princípios sobre os quais se sustenta o governo das leis, o princípio do poder cujo título está conforme a lei fundamental, e o princípio do poder cujo exercício está conforme às leis ordinárias; *temporária* porque surge apenas em momentos de grandes crises históricas, e está destinada a desaparecer quando a crise está solucionada e a sucumbir por efeito de seus próprios excessos que tornam intolerável a sua se-

---

4. *L'Express*, 22 de junho de 1956.

nhoria. O despotismo foi considerado polemicamente desde a Antigüidade como a forma de governo característica dos povos não-europeus, e por isso, para aqueles mesmos povos, julgados naturalmente servis, perfeitamente legítima, e enquanto legítima, permanente a ponto de durar ao longo dos séculos sem decisivas correções. Uma vez que a oposição entre governo livre e governo tirânico faz parte da história das formas de governo européias, sendo, aliás, um dos temas recorrentes na história do pensamento político que reflete sobre a história da Europa, a oposição entre democracia e despotismo é parte constitutiva, vital, essencial, da visão de mundo, da filosofia da história, através da qual o pensamento europeu buscou, em antítese àquilo que é diferente e negativo, definir positivamente a própria identidade, em uma tradição ininterrupta, ainda que com oscilações caracterizadas por maior ou menor intensidade da oposição.

A antítese liberdade-despotismo é um dos temas recorrentes do pensamento político ocidental, a começar por Aristóteles, uma das "grandes dicotomias" na qual se sustenta boa parte da filosofia da história, o principal critério de distinção e de oposição entre o Ocidente e o Oriente.

No livro terceiro da *Política*, onde são distinguidas várias formas de governo monárquico, Aristóteles se detém naquele tipo de governo monocrático que é próprio dos povos bárbaros, e afirma: "Esses povos bárbaros, sendo mais servis do que os gregos (e os povos asiáticos são mais servis do que os povos europeus), suportam sem se lamentar um poder despótico exercido sobre eles" (1285a). Na tradução latina do final do século XIII, que servirá de parâmetro, se lê: "sine tristitia". É dispensável dizer que o poder despótico é o poder do senhor (*despótes*) sobre os escravos, do qual o mesmo Aristóteles se ocupa no primeiro livro, onde apresenta a mal-afamada justificação dessa forma de poder sustentando que existem homens escravos por natureza. Por analogia, lá onde há não apenas homens servis mas inteiros povos servis, o poder despótico transforma-se naturalmente, e portanto legitimamente, de familiar em político, torna-se portanto uma verdadeira e própria forma de governo distinta pelas seis constituições típicas, três puras e três corruptas, que se alternaram nas cidades gregas e que, seguindo Aristóteles, os escritores políticos europeus tomarão como modelo para descrever as sucessivas formas de governo, com poucas variações, até os dias de hoje.

O caráter natural, e portanto legítimo, do despotismo (a natureza como fundamento de legitimidade é um dado constante da teoria política de todos os tempos) é colocado em evidência pelo mesmo Aristóteles lá onde explica que, enquanto os súditos do déspota aceitam seu senhor sem se lamentar, os tiranos "dominam súditos descontentes com o seu poder, de modo que são obrigados a pensar em sua defesa contra seus próprios cidadãos" (1285a). É compreensível, os súditos dos tiranos são descontentes porque são homens livres, os súditos dos déspotas são contentes porque pertencem a povos naturalmente servis. Assim, acontece que os livres se rebelam, e o tirano é deposto e perseguido. Daí a temporariedade do seu poder. Os servis nunca se rebelam e o déspota, diferentemente do tirano, domina incontestado, e tem por sucessor outro déspota, em uma cadeia sem fim.

A teoria do despotismo de Aristóteles pode ser resumida em três pontos, que propuseram um esquema de interpretação da oposição entre Ocidente e Oriente que durou séculos, até os nossos dias:

1) a relação entre governantes e governados é semelhante à relação entre senhor e servo;
2) tal relação se estabelece naturalmente onde há povos servis;
3) esses povos servis existem de fato, e são os povos bárbaros, especialmente e indistintamente os povos do Oriente.

Do momento em que a *Política* de Aristóteles foi traduzida para o latim, a teoria foi servilmente repetida pelos maiores escritores políticos nos séculos subseqüentes: é reencontrada tanto em são Tomás de Aquino, quanto em Marsílio de Pádua, quase com as mesmas palavras. E foi sucessivamente aplicada aos diferentes povos nos diferentes períodos históricos, em relação às concretas ameaças que, segundo as circunstâncias, provinham desta ou daquela potência oriental: à Turquia, depois da queda de Constantinopla, à Moscóvia, depois de Ivan, o Terrível, à Rússia czarista do século XIX, nos anos das revoluções de 1830 e 1848, à União Soviética no século XX, depois também à "ameaça amarela" proveniente da longínqua China (enquanto a China esteve "próxima", foi considerada, como todos recordam, não um perigo, mas uma esperança). Dos dois termos da antítese, enquanto o termo negativo permanece constante, o positivo pode mudar. Como prova da constância com que é repetido o conceito aristotélico de despotismo pode ser adotada uma conhecida passagem do embaixador do império germânico, Sigismundo Herberstein, que foi a Moscou durante o reino de Basílio III, e que nos seus relatórios sobre as coisas da Moscóvia escreve que lá o governo dispõe da liberdade e dos bens de qualquer um, e comenta: "Não se sabe se é a rudeza do povo a demandar um soberano tão tirânico ou se a tirania do príncipe tornou o povo tão rude e cruel".[5] Qualquer que seja a causa da "rudeza" do povo, vê-se por esse trecho que o despotismo não pode ser explicado independentemente da natureza "inferior" dos sujeitos sobre os quais é exercida.

O termo positivo, ao contrário, aquele que designa a "liberdade" européia, nascido da observação das cidades gregas, estende-se pouco a pouco, segundo os tempos e as circunstâncias, a todas as formas políticas dos Estados europeus, e não apenas às formas democráticas. No período da formação dos grandes Estados europeus que são predominantemente monárquicos, o despotismo é contraposto à monarquia "régia", para usar a terminologia de Jean Bodin, a quem se deve a mais ampla e historicamente documentada tipologia das formas de governo, com base no critério tradicional segundo o qual a monarquia régia é aquela em que os súditos obedecem às leis mas o próprio rei está submetido às leis da natureza, "restando aos súditos a liberdade natural e a propriedade de seus bens", enquanto "a monarquia despótica é aquela na qual o príncipe (...) governa os súditos como um chefe de família aos seus escravos".[6] De Maquiavel a Montesquieu, até Hegel, a monarquia européia se distingue das monarquias orientais porque nela o poder do rei é limitado pela presença de ordens aristocráticas mais ou menos potentes.

O testemunho de um observador agudo como Maquiavel é precioso. Em uma breve passagem de O *príncipe*, onde distingue duas formas de principado, ele define a primeira como aquela na qual o príncipe tem a ver com os "barões", cuja autoridade depende não da vontade do senhor mas da antigüidade de seus privilégios de sangue, e a segunda como aquela onde há "um príncipe e todos os outros servos" que governam, quando governam, "por graça e concessão sua" (capítulo IV). Por mais que não se possa considerar a primeira forma de principado um governo livre a pleno direito, o que o diferencia do principado despótico é contudo a existência de uma ordem independente, e nesse sentido livre, relativa ao soberano, enquanto é característica do principado despótico que todos, afora o soberano, são "servos". Nesse trecho de Maquiavel é de grande interesse também a dupla referência histórica quando, como exemplo da primeira forma de principado, indica a França

---

5. Extraio esta passagem, e muitas outras sugestões, da obra de A. YANOV, *The Origins of Autocracy*, University of California Press, Berkeley Cal., 1980, que cito da trad. it. *Le origini dell'autocrazia*, Edizioni di Comunità, Milão, 1984; o trecho acima reportado encontra-se na p. 281. Para outras anotações sobre o conceito e sobre a história do despotismo, também remeto o leitor ao meu curso universitário *La teoria delle forme di governo nella storia del pensiero politico*, Giappichelli, Turim, 1976, e o verbete "Dispotismo", no *Dizionario di politica*, organizado por N. Bobbio, N. Matteucci, G. Pasquino, Utet, Turim, 1983/2.

6. J. BODIN, *Les six livres de la République* (1576), II, 2 (trad. it. organizada por M. Isnardi Parente, *I sei libri dello Stato*, Utet, Turim, 1964, vol. I, p. 570).

e, da segunda, a Turquia: "Toda a monarquia turca é governada por um senhor: os outros são seus servos; e, distinguindo o seu reino em *sandjaks*, envia-lhes diferentes administradores, mudando-os e variando como lhe parece".[7] O que é uma confirmação do fato de que o Estado adotado como exemplo de despotismo varia, mas o que não varia é a sua pertença à esfera geográfica a leste da Europa.

Não é menos precioso o testemunho que se pode extrair de Bodin, o qual, feita a distinção entre governo monárquico e governo despótico, anteriormente mencionada, e tendo de apresentar exemplos, observa: "[Desse tipo de regimento] encontra-se ainda um certo número na Ásia, na Etiópia e também na Europa, como, por exemplo, a senhoria dos tártaros e a Moscóvia". A distinção entre monarquia régia e monarquia despótica é uma vez mais uma boa ocasião para exaltar a superioridade dos povos europeus, os quais, "mais altaneiros e mais guerreiros do que os africanos, nunca puderam tolerar monarquias despóticas" (II, 2).[8]

A consagração da categoria do despotismo oriental acontece, como é sabido, o que me dispensa de deter-me sobre esse tema, no *Esprit de lois* de Montesquieu, o qual, com uma ousada inovação na tradicional teoria das formas de governo, considera o despotismo como uma das três formas típicas, reduzindo a uma única forma, a republicana, com um precedente ilustre em Maquiavel, tanto o despotismo quanto a aristocracia, e colocando a monarquia como forma intermediária entre um e outra. A ampla exposição que Montesquieu dedica ao despotismo é a confirmação da importância que já assumira o mundo oriental na era do Iluminismo, mas o modo como o tema é tratado demonstra uma vez mais a continuidade de uma tradição. De um lado, o despotismo continua sendo definido como o regime caracterizado pela relação entre senhor e servos, e, de outro, considera-se que seria um delito contra o gênero humano introduzi-lo na Europa. No artigo *Déspotisme*, da *Encyclopédie*, os exemplos são a Turquia, o Mogol, o Japão, a Pérsia, e "quase toda a Ásia". Em *De l'Esprit*, Helvétius adverte que, ao falar de reinos despóticos, se refere àquele "desejo desenfreado de poder arbitrário que se exerce no Oriente" (III Discurso, capítulo XVI).[9]

Ultrapassando o Iluminismo, na teoria das formas de governo de Hegel, que se inspira na teoria de Montesquieu, o despotismo ocupa

---

7. Vejo uma correspondência entre esta passagem de Maquiavel (O *Príncipe*, cap. IV) e as idéias do escritor de origem croata Jurij Krizanic, do século XVII, do qual fala Yanov no livro *Le origini dell'autocrazia*, cit., p. 58, n. 9: no livro *Politika*, que era popular nas altas esferas do governo moscovita, Krizanic distingue o despotismo, como aquele que vigora na Turquia, da forma de governo por ele indicada como modelo, na qual o Estado concede privilégios moderados à aristocracia, e estes servem de garantia contra o despotismo.

8. J. BODIN, *Les six livres*, cit. (ed. it. p. 572).

9. *Œuvres complètes de M. Helvétius*, Londres, 1781, p. 141.

ainda um lugar central, não apenas geograficamente, uma vez que representa o Oriente em oposição ao Ocidente, mas também historicamente, uma vez que constitui a primitiva forma de Estado, nascido com os grandes impérios orientais, em um projeto histórico no qual a segunda etapa é constituída pelas repúblicas antigas, democráticas na Grécia, aristocrática em Roma, e a terceira e última pelas monarquias da Europa moderna.

A filosofia da história de Hegel é a sublimação de uma concepção eurocêntrica do desenvolvimento histórico, entendido como realização progressiva da liberdade. A oposição liberdade–despotismo, correspondente à oposição entre Ocidente e Oriente, encontra uma nova expressão na célebre afirmativa: no Oriente um só era livre, no mundo clássico poucos eram livres, no mundo moderno todos são livres. Se a história é história da liberdade, a realização desta história ocorreu na Europa. Sublimação, não conclusão, tal como foi afirmado. Durante todo o século XIX a filosofia européia da história é ainda predominantemente eurocêntrica, não obstante se tenham apresentado no horizonte as duas grandes potências destinadas a deter a marcha triunfante (ou considerada como tal) do espírito europeu no mundo: os Estados Unidos e a Rússia. Eurocêntrica é tanto a filosofia da história positivista quanto a filosofia marxiana e engelsiana.

A idéia da Europa como princípio e fim do desenvolvimento civil está estreitamente ligada à concepção progressiva da história, que é uma das características da ideologia européia da era moderna em diante. A teoria do progresso, que se opõe tanto à teoria regressiva quanto à teoria cíclica da história própria dos antigos, nasceu na Europa, e o seu predomínio quase incontestado no século XIX está destinado a reforçar a convicção das nações européias de estar no centro do mundo no período da grande expansão colonial. Não por acaso nasceu na Europa, e faz parte integrante, de fato, da ideologia européia no seu momento culminante, a idéia de que o progresso é uma característica exclusiva da história européia, diante da qual o história das outras civilizações, a começar pelos grandes impérios orientais, permaneceu estacionária. A dicotomia liberdade-despotismo é acompanhada, na grande filosofia iluminista e positivista, por uma nova dicotomia, não menos carregada de significados de valor: progresso-imobilidade. O famoso *Abbozzo di un quadro storico dei progressi dello spirito umano* (*Esboço de um quadro histórico dos progressos do espírito humano*), de Condorcet, é na verdade uma história da civilização no Ocidente, onde houve, sim, um período de decadência, correspondente à Alta Idade Média, "mas onde a luz da razão deveria reaparecer para nunca mais se extinguir", enquanto no Oriente, onde a decadência foi contudo mais lenta (a referência é ao Império bizantino), "não se vê ainda o momento no qual a razão poderá iluminá-lo e romper suas correntes".[10] Nesta apologia de Condorcet, a história do processo civilizador se identifica com o progresso científico, cujos fundadores foram os grandes filósofos da era moderna, representantes das três nações européias mais civilizadas, Galileu, Bacon, Descartes. Se o processo civilizador está destinado a continuar, ele deverá se estender da Europa aos outros continentes que, para se tornarem também eles civilizados, nada mais esperam senão tornar-se "amigos e discípulos" dos europeus.

Durante o século XIX, o ponto de referência histórico do despotismo muda uma vez mais: não mais a Turquia, não mais os grandes Estados orientais, mas a autocracia russa. Sobre a russofobia do período das revoluções européias, e sobre a oposição Inglaterra-Rússia, remeto os interessados à ampla documentação reunida por Dieter Groh na obra *Russland und das Selbstverständnis Europas. Ein Beitrag zur europäischen Geistesgeschichte* (1961).[11]

Um dos intérpretes mais genuínos da ideologia européia foi Carlo Cattaneo. Estudando a sua obra, pude delinear, como jamais me acontecera antes, os traços essenciais dessa ideologia.[12] Nessa obra, a concepção do primado europeu se conecta tanto à idéia da oposição liberdade-despotismo quanto à idéia da oposição entre progresso e estabilidade, e dessa concepção nasce a convicção de que a tarefa da Europa é despertar as nações adormecidas no longo sono dos regimes despóticos, tarefa para cuja designação se utiliza da metáfora do "enxerto", a ponto de censurar os europeus "que quanto menos têm, menos cuidam da arte divina de insinuar entre os bárbaros costumes o enxerto de uma progressiva cultura".[13] Cattaneo distingue sistemas abertos e fechados (uma distinção que parece antecipar a distinção entre sociedades fechadas e abertas de Popper), os primeiros, característicos da Europa moderna em contínuo movimento, os segundos, próprios do mundo não-europeu, sujeito a duas formas tradicionais e permanentes de despotismo, o sacerdotal e o militar. Os traços essenciais de todas as formas de despotismo são sempre a unicidade e a exclusividade do princípio inspirador, a uniformidade das idéias transmitidas, o nivelamento das aspirações, obtidas através de uma "tétrica disciplina" (à qual se

---

10. C. DE CONDORCET, *Esquisse d'un tableau historique des progrès de l'esprit humain* (1793), trad. it. de M. Minerbi, Einaudi, Turim, 1969, p. 76.

11. Que cito da trad. it. *La Russia e l'autocoscienza d'Europa*, Einaudi, Turim, 1980.

12. Refiro-me ao livro *Una filosofia militante. Studi su Carlo Cattaneo*, Einaudi, Turim, 1971, em particular cap. III, § 3, pp. 112 em diante.

13. C. CATTANEO, *Scritti politici*, organizado por M. Boneschi, Le Monnier, Florença, 1975, vol. III, p. 334.

oporia, invertendo a expressão, uma "jubilosa liberdade"). Para Cattaneo, as raízes do despotismo, que é o momento negativo da história, devem ser buscadas, ora no sistema cultural (os regimes sacerdotais), ora no sistema institucional (os regimes militares e burocráticos). Mas é um momento destinado a desaparecer à medida que os princípios da civilização européia se difundirem por toda a Terra: "Nós honramos em todos os povos a natureza humana e não acreditamos que qualquer um deles deva ter por sua esperança suprema o despotismo".[14]

Estreitamente ligada à idéia de progresso — de progresso na liberdade —, a ideologia européia estava destinada a sofrer o contragolpe do rápido declínio dessa idéia, do qual se pode estabelecer também uma data precisa, no fim da Primeira Guerra Mundial, e indicar uma obra que o representou da forma mais crua, O ocaso do Ocidente, de Oswald Spengler, sem esquecer naturalmente o grande precursor, Friedrich Nietzsche. Ter-se-ia talvez dissolvido se não lhe tivesse dado nova razão para sobreviver o advento do Estado soviético, no qual, depois da conquista do poder por parte do partido comunista e da consolidação do regime através do férreo domínio de Stalin, se quis reconhecer uma nova encarnação do despotismo oriental.

Nos séculos XVI e XVII, como foi dito, a Moscóvia era habitualmente incluída entre as monarquias despóticas. Depois, através de Pedro, o Grande e Catarina, a Rússia se aproximou da Europa mas não a ponto de fazer com que Montesquieu considerasse que tivesse saído do conjunto dos Estados despóticos: "A Moscóvia desejaria sair de seu despotismo, e não pôde. (...) O povo está composto apenas de escravos ligados à terra, e de escravos que são denominados eclesiásticos ou nobres apenas porque são os senhores dos outros" (XXII, 14).[15] Posteriormente, no período das guerras napoleônicas, a Rússia participou a pleno direito do concerto das nações européias, tanto que pela primeira vez um exército russo entrou em Paris, mas não a ponto de fazer com que Hegel considerasse que passara a fazer parte do corpo vivo das grandes monarquias constitucionais, que representavam a forma de Estado correspondente ao grau de desenvolvimento da civilização: "A Rússia e a Polônia" entraram "só tarde no conjunto dos Estados históricos e mantêm constante o seu contato com a Ásia".[16] Para Hegel, a

---

14. ID., *Scritti storici e geografici*, organizado por G. Salvemini e E. Sestan, Le Monnier, Florença, 1957, vol. III, p. 90.
15. MONTESQUIEU, *De l'Ésprit des lois* (1748); trad. it. organizada por S. Cotta, *Lo spirito delle leggi*, Utet, Turim, 1952, 2ª ed. 1965, vol. II, p. 35.
16. G. W. F. HEGEL, *Lezioni sulla filosofia della storia*, vol. I; trad. it. organizada por G. Calogero e C. Fatta, La Nuova Italia, Florença, 1941, p. 270.

Rússia afinal se tornara, sim, um membro das nações européias, mas delas se tornara um membro "passivo".[17] Não que faltassem juízos positivos da missão da Rússia também por parte de escritores europeus, mas se tratava daqueles escritores reacionários que ao binômio liberdade-despotismo contrapunham, depois dos erros da Revolução Francesa, o binômio inverso legitimidade-revolução, e a Napoleão-anticristo, o místico czar Alexandre.[18]

É bem conhecido que o êxito da Revolução Russa e a formação do Estado soviético tiveram o efeito de repropor a oposição entre a liberdade ocidental e o despotismo oriental. Alexander Yanov indica e ilustra as mais conhecidas dessas interpretações, aquela do despotismo hidráulico, de Wittfogel, e aquela do despotismo bizantino, de Toynbee. A oposição entre sociedades policêntricas e monocêntricas não é para Wittfogel apenas um conceito polêmico, mas é também uma realidade histórica, e no que se refere em particular ao despotismo ele retoma da tradição seus traços principais, o absolutismo do poder, o terror como instrumento de domínio, a longa duração no tempo, a estreita correlação entre poder político e poder religioso, entre monocracia e teocracia. A inovação consiste, como se sabe, na explicação do fenômeno, que abandona a explicação meramente polêmica e toscamente psicológica da natureza servil dos povos para propor uma de caráter econômico, a necessidade, na qual se encontram as grandes planícies asiáticas, de uma regulamentação da irrigação e, conseqüentemente, de uma poderosa burocracia. No ensaio *Russia's Bysantine Heritage* (1947), Toynbee sustenta que "durante cerca de um milênio os russos foram membros não da nossa civilização ocidental, mas da civilização bizantina", e em sua longa luta para conservar-se independentes do Ocidente procuraram a salvação na mesma instituição política que provocou a ruína do mundo bizantino: uma inexorável concentração de poder temporal e espiritual, que pode ser interpretada como "uma versão russa do Estado totalitário bizantino". Essa estrutura política reencarnou duas vezes: a primeira, por obra de Pedro, o Grande; a segunda, por obra de Lenin, de modo que "a União Soviética de hoje, como o grande principado da Moscóvia, do século XIV, reproduz as principais características do medieval Império Romano do Oriente".[19]

Não nos interessa a validade histórica dessas interpretações. Tem total razão Yanov em considerar que tanto Wittfogel quanto Toynbee

---

17. G. W. F. HEGEL, *Lezioni sulla filosofia della storia*, cit., vol. IV, p. 183.
18. Sobre este ponto cf. D. GROH, *La Russia e l'autocoscienza d'Europa*, cit., pp. 90 em diante.
19. Extraio estas citações de A. YANOV, *Le origini dell'autocrazia*, cit., p. 141.

foram "prisioneiros impotentes do modelo bipolar", vale dizer, da demasiado simplista interpretação da história que tem por base a dicotomia liberdade-despotismo e que daria origem a uma verdadeira e própria ciência do despotismo que ele ironicamente denomina "despotologia". Mas na história da idéias, que nos interessa aqui, é exatamente essa contínua recorrência do modelo bipolar que merece toda a nossa atenção, e é motivo de particular interesse exatamente o fato de que dois historiadores, e muitos outros antes deles, tenham sido "prisioneiros" do mesmo modelo. Com isso quero dizer que não menos importante do que a crítica, corretíssima no aspecto histórico, do modelo bipolar e da sua nem sempre correta aplicação, é a extraordinária vitalidade desse mesmo modelo na história das idéias. Não é necessária muita perspicácia para dar-nos conta de que a oposição entre liberdade ocidental e despotismo oriental é uma ideologia cujo valor foi essencialmente polêmico, mas, exatamente porque se trata de uma ideologia, uma coisa é mostrar a sua maior ou menor verdade, e outra é destacar a sua eficácia prática, que é afinal o único critério com base no qual uma ideologia deve ser julgada.

Em todo caso, é exatamente em relação à eficácia, sobre o terreno particular a partir do qual é lícito julgar o valor de uma ideologia, que é impossível deixar de constatar como a ideologia européia foi pouco a pouco se esgotando. Em primeiro lugar, na teoria política contemporânea, o conceito mesmo de Estado despótico perdeu o seu significado originário, e o termo "despotismo" passou a ser cada vez menos usado na linguagem técnica, conservando apenas o seu genérico significado polêmico na linguagem comum. Na linguagem técnica da filosofia e da ciência política, "despotismo" foi substituído por outros termos conceitualmente mais precisos, tais como "Estado totalitário", "Estado autoritário", "autocracia" etc. Tipologias das formas de governo mais complexas acabaram por romper o modelo bipolar, introduzindo critérios cruzados de classificação e multiplicando desse modo os possíveis escaninhos onde passaram a ser colocadas as constituições políticas das várias épocas. Não sei se foi feita uma investigação exaustiva sobre o uso do termo "despotismo" na teoria política contemporânea. Limito-me a destacar que, na obra de Max Weber, que é um dos pilares da teoria política contemporânea, a categoria do despotismo não encontra lugar algum, substituída como foi pelas várias formas que assumiram na história o poder tradicional, de um lado, e o poder carismático, de outro, em relação ao poder legal-racional.

Se é verdade que o ocaso da idéia de progresso, que representou tamanha parcela da consciência européia, ocorreu depois da Primeira

Guerra Mundial, é igualmente verdade que o ocaso da ideologia européia ocorreu sobretudo depois da Segunda. Contribuíram para determinar a sua dissolução dois eventos que abalaram a história mundial e suscitaram nos "bons europeus" a *Schuldfrage*, o problema da culpa: o nazismo, de um lado, e o processo de descolonização, de outro. Depois de Hitler, com que ânimo poderíamos ainda evocar a "cidade de Péricles"? E as populações dos continentes extra-europeus que se libertavam do jugo das potências coloniais não estavam, enfim, diante de nós, não para nos agradecer pelos decantados benefícios da civilização, mas para cobrar a destruição, a espoliação, a exploração, e, em muitos casos, também o sangue derramado? Quais eram os povos civilizados, e quais os povos bárbaros?

Houve nesses anos uma tendência a sustentar que o núcleo originário da ideologia européia permaneceu intacto, mas ocorreu uma transmigração, ou um transplante, da Europa para a América do Norte que, já no início do século passado, quando se começou a pressentir no embate entre Estados Unidos e Rússia o conflito que dominaria a história futura, fora invocada como o "paládio da liberdade". De fato, é vivíssima nos netos de George Washington a consciência (verdadeira ou falsa que seja) de serem os herdeiros dos valores da civilização ocidental e, o que é muito mais importante, os defensores, com a potência de suas armas, do "mundo livre". Quem sabe tivesse razão o velho Hegel ao afirmar que o Espírito do mundo sempre avançou, e continuava a avançar, do Oriente em direção ao Ocidente, seguindo a trajetória do Sol, e portanto não se pode descartar que tenha concluído a sua longa estada na Europa, que durou cerca de dois mil e quinhentos anos.

Gostaria de acreditar que não seja verdade. Mas a incapacidade da Europa democrática de encontrar uma unidade não oferece muitas razões para se ter esperança. A única razão para continuar a acreditar que a chama da liberdade não está extinta são os movimentos de revolta ocorridos repetidamente nesses anos, não obstante a inevitável e duríssima repressão, em alguns países submetidos ao domínio soviético. Nesses países ainda vive a inspiração que, no momento tristíssimo das triunfantes ditaduras fascistas, Benedetto Croce chamou de "a religião da liberdade", e na qual acreditara poder resumir a essência do espírito europeu.

II.

REFLEXÕES SOBRE O DESTINO HISTÓRICO DO COMUNISMO

Também em alguém como eu — que, apesar de nunca ter sido comunista, nunca tendo tido a tentação de sê-lo, tendo aliás dedicado a maioria de seus escritos de crítica política à discussão com os comunistas sobre temas fundamentais tais como a liberdade e a democracia, tampouco foi um anticomunista e sempre considerou os comunistas, ou pelo menos, os comunistas italianos, não inimigos a serem combatidos, mas interlocutores de um diálogo sobre as razões da esquerda —, o desabar catastrófico do universo soviético não pode deixar de provocar algumas reflexões.

Está se difundindo e exacerbando a acusação indiscriminada contra os intelectuais que não entenderam, ou, pior, o traíram. Retomando o título de um conhecido livro de Raymond Aron, se a religião é, segundo Marx, o ópio do povo, o comunismo teria sido o ópio dos intelectuais. Também nesse caso o uso genérico do termo "intelectuais", com uma não-dissimulada nuance depreciativa, é evidente. Mas é impossível negar que inúmeros homens de cultura e de ciência, respeitados no seu campo de estudo, abraçaram a causa do comunismo com profunda convicção e com absoluto desinteresse, e o defenderam contra os ataques dos adversários com argumentos próprios não ao homem de fé, mas ao homem de razão. Por quê? Não deveria ter sido clara desde o início a perversão do comunismo que, segundo os críticos de sempre e da última hora (sempre mais numerosos), estava inserida na própria doutrina da qual o comunismo derivou? Seria necessária uma prova histórica como aquela que veio depois de anos e anos de horrores materiais e morais? E o que dizer, então, se mesmo depois dessa irrefutável prova o ideal de uma sociedade comunista ainda não se exauriu completamente? Não deveriam fazer a mesma pergunta também aqueles que, repito, mesmo nunca tendo sido comunistas, não opuseram em relação ao comunismo a mesma rejeição radical que opuseram ao fascismo? Nos últimos anos, diante do precipitar-se dos acontecimentos, não pude me dispensar da busca de uma resposta para essa segunda pergunta, para esclarecer, antes de tudo a mim mesmo, as razões de um equívoco, se equívoco houve, ou de um engano da mente, ou de uma imperdoável cegueira.

Quem participou da batalha antifascista e da guerra pela Libertação teve a oportunidade de admirar a coragem, a dedicação incondicional à causa, o espírito de sacrifício dos combatentes comunistas, que, aliás, para libertar a Itália dos nazistas e de seus aliados italianos, vieram em auxílio dos grupos *partiggiani* em número bem maior do que os seguidores de outros movimentos e partidos, em particular dos católicos e dos democratas-cristãos. Também durante o fascismo, a oposição clandestina, que levava inevitavelmente à detenção, prisão, ou exílio, foi conduzida não apenas pelos seguidores de Giustizia e Libertà (Justiça e Liberdade), mas também pelos comunistas, e com uma organização bem maior e mais eficaz. Poucos eram os socialistas. Pouquíssimos os católicos. Que os comunistas tenham representado o papel durante muito tempo preponderante do antifascismo, é historicamente um dado de fato incontestável. Quem sabe seja uma prova da mudança do clima político que a quase-identificação do comunismo com o antifascismo tenha antes sido considerada um mérito dos comunistas e agora, cada vez mais, ao contrário, um demérito do antifascismo.

Aqueles que então militavam no Partito d'Azione, mesmo não tendo qualquer dúvida sobre a distância que separava a revolução democrática por eles proposta da revolução de classe que visava à instauração de um regime de democracia popular, como se dizia naquela época, que era afinal uma ditadura sob a égide do Partido Comunista, estavam convencidos de que na futura ordem constitucional não se poderia prescindir da aliança dos comunistas depois da ignominiosa derrota do nosso exército e da nossa velha classe dirigente. Imediatamente depois da Libertação foi publicado o libreto de Augusto Monti, *Realtà del Partito d'Azione* (*Realidade do Partido de Ação*) [Einaudi, Turim, 1945],[20] dedicado não por acaso, a Giancarlo Pajetta, no qual o Partito d'Azione era definido como um partido liberal que como tal deveria ser a voz da consciência do Partido Comunista. Conta Mila que, diante das tentativas de Pajetta, seu companheiro no liceu, de convertê-lo ao comunismo, o espicaçava perguntando: "E onde entra a liberdade?". Muitos anos depois, mesmo tendo esquecido completamente esses precedentes, em uma troca de idéias com Giorgio Amendola sobre o partido único da classe operária, escrevi-lhe, suscitando a sua reação, mais divertida do que escandalizada: "Nós precisamos da força de vocês, mas vocês precisam dos nossos princípios".[21]

A idéia de que o comunismo expressasse uma grande moral que não deveria ser dispensada, mas quem sabe convertida, mostrou-se, pelo menos no que se refere ao comunismo soviético, uma ilusão. A inspiração vinha de longe, de Piero Gobetti, mas os tempos e as circunstâncias

---

20. Agora publicado por edições Araba Fenice, Cuneo, 1993.
21. Refiro-me à carta que escrevi a Giorgio Amendola, e à resposta de Amendola, publicada com o título "Il socialismo in Occidente", in *Rinascita*, a. XXI, n. 44, 7 de novembro de 1964, p. 3.

haviam mudado. O mesmo Gobetti, de resto, que contudo acolhera com entusiasmo a Revolução de Outubro, depois de alguns anos mudou de opinião quanto à real possibilidade de uma aliança. Ilusão difícil de desaparecer, mas agora, talvez demasiado tarde, definitivamente morta. Não porque o Partido Comunista Italiano, o único com o qual o diálogo se estabeleceu, não tenha feito o seu papel de partido democrático em nosso país, a começar pela contribuição dada à elaboração da Constituição, mas porque o comunismo real, o comunismo do partido-guia, vinha se mostrando cada vez mais irredimível (e cada vez mais cruel).

Para dizer a verdade, quanto ao "vulto demoníaco" do poder soviético nunca tivemos dúvidas. Em um artigo, *Noi e i comunisti* [*Nós e os comunistas*], publicado no jornal clandestino *Italia libera*, do Partito d'Azione, Tristano Codignola afirmava claramente, a propósito de uma possível frente única entre comunistas e *azionisti*, que o problema da liberdade vinha antes da conquista do poder, não depois, e sustentava que era impossível alcançar a liberdade através da ditadura.[22]

Acreditávamos, contudo, na regeneração também dos comunistas — que não poderiam governar sozinhos — por meio da dura experiência da luta pela libertação das ditaduras fascistas. Combater uma ditadura para instaurar outra? Mesmo em relação ao "vulto demoníaco" era freqüente a tentativa de buscar justificativas, no fim das contas, atenuantes: a necessidade de minar um regime precedente infame, que não poderia ter sido abatido senão com a violência; depois o embargo das nações capitalistas, depois o desafio do fascismo e do nazismo, que obrigaram um país ainda em grande parte agrário a uma industrialização forçada, que aliás permitira a construção de um poderoso exército que daria uma contribuição decisiva para a vitória contra o nazismo; e depois também a necessidade da reconstrução em seguida às imensas destruições de uma guerra combatida em casa; e enfim a guerra fria, um outro e não menos grave desafio mortal ao sucesso da revolução comunista que provinha da outra potência vencedora. De tanto buscar justificativas, aqueles que continuaram a acreditar na libertação da humanidade através do comunismo acabaram por justificar tanto a brutal repressão à revolta húngara quanto a tomada violenta do poder na Tchecoslováquia. Quando por fim nos demos conta da crueldade dos meios, recorreu-se, para continuar a acreditar na bondade da causa e

---

22. T. CODIGNOLA, "Noi e i comunisti", in *La Libertà*, órgão toscano do Partito d'Azione, 5 de dezembro de 1943; agora in ID. *Scritti politici (1943-1981)*, La Nuova Italia, Florença, 1987, tomo I, pp. 3-7.

para estar em paz com a própria consciência, à dignidade do fim: a criação de uma sociedade jamais vista anteriormente, na qual por fim cessaria qualquer forma de exploração do homem pelo homem. Se a máxima "o fim justifica os meios" sempre foi formulada em relação à salvação da pátria (*salus reipublicae suprema lex*), que dizer quando está em jogo a salvação de toda a humanidade? Por fim, exauridos todos os argumentos racionais fundados no raciocínio "se, então", ou seja, tanto mais alto o fim, tanto mais inevitável recorrer também aos meios mais reprováveis, entra em seu lugar a pura e simples vontade de acreditar, que, tal como a esperança, é a última a morrer.

Qualquer juízo sobre o comunismo, filocomunismo, anticomunismo, é impossível, e é também eticamente incorreto, fora do contexto histórico no qual certas paixões surgiram, certas convicções se formaram, certos conceitos e preconceitos tiveram origem: um regime de terror, como o regime hitlerista, fundado na idéia de uma raça superior convocada por um destino inelutável a dominar o mundo, desencadeia uma guerra total e absoluta; donde a necessidade de responder à violência com a violência, à violência subjugadora com a violência reparadora. Há quem tenha tido, desde o início, uma dogmática certeza quanto à justiça da causa da revolução comunista e da sua difusão no mundo, sem nunca ter-se detido diante da trágica evidência dos fatos, ou justificando-os ou colocando-os de lado; há quem sempre tenha tido, desde o início, a certeza contrária, e tenha agido, conseqüentemente, a partir da consideração de que era preciso combater o comunismo com a mesma intransigência com a qual se combatera o fascismo; há também quem, através de profundas lacerações, tenha passado de uma certeza dogmática para a certeza oposta, acolhida de modo igualmente dogmático. Há, enfim, quem, embora não tendo dúvidas sobre a inaceitabilidade do comunismo histórico, continuou a interrogar-se sobre as razões da falência de uma revolução que acendeu as esperanças e animou a ação de homens de alta consciência moral à qual com freqüência se opõem a mediocridade intelectual e a baixeza moral de tão ilustre anticomunismo triunfante. E se pergunta com uma certa sensação de angústia e sem poder oferecer uma resposta certa, retomando o título de um recente livro de André Gorz: *E agora, onde?*[23] A paixão e a ação dos comunistas inspiraram-se no ideal da emancipação humana contra a exploração e a alienação, um ideal universalista antitético ao ideal do fascismo, nacionalista, e ao ideal nazista, além do mais racista. Como laico, não tenho

---

23. A. GORZ, *Und jetzt wohin?*, Rotbuch Verlag, Berlim, 1991.

qualquer dificuldade para considerá-lo um ideal religioso, e reconheço que tal ideal é completamente estranho ao *ethos* democrático. Mas nessa idéia do resgate do homem da miséria e da infelicidade terrena, da escravidão econômica e da opressão política, reside o fascínio que o comunismo exerceu sobre os excluídos, sobre aqueles que, estando nos degraus mais baixos da escala social, vêem somente em um salto qualitativo, em um ato revolucionário, em uma transformação radical da sociedade, a possibilidade de ocupar um degrau mais alto. Com a Revolução Russa e a tomada do poder por parte dos bolcheviques, que tinham atrás de si uma doutrina filosófica e econômica voltada para uma crítica radical da sociedade burguesa, existente nos países cultural e economicamente mais avançados, parecia ter-se iniciado um processo de transformação total sem precedentes na história, um processo que, tendo sido detido na Europa, continuou com uma série de vitórias fulgurantes durante a Segunda Guerra Mundial na China.

Na fúria por esquecer-se ou culpar-se pelos erros de avaliação e previsão, tentemos não perder de vista o que representou para todos aqueles que lutaram pelo renascimento de uma vida civil depois da derrota do fascismo o aparecimento de um regime comunista em um país imenso como a China. Não era lícito nos perguntar se doravante o advento do comunismo não estaria inscrito no devir da história do mundo?

Formulo hoje esta pergunta porque só depois do que ocorreu na praça Tien An Men de Pequim, alguns meses antes da queda do Muro de Berlim, acreditei ter encerrado definitivamente as contas com o comunismo histórico. Mas só agora começa a busca pelas razões que levaram a tentativa de realizar na história a utopia de uma sociedade livre da miséria e da opressão a resumir-se em seu contrário, em um sistema de poder despótico que foi se tornando cada vez mais parecido com o reino do Grande Irmão descrito por Orwell.

A resposta mais comum é que a utopia deve permanecer no céu das idéias, porque o homem está condenado *ab origine*, e não pode se salvar sozinho, e, sendo a natureza humana aquilo que é, a idéia de um resgate total, do novo homem, é contra a natureza. A história humana é uma série ininterrupta de tentativas e erros, de ascensões e quedas, de recuperações e recaídas, sem uma meta final, e se essa redenção deve existir, não é deste mundo. Mas podemos agora nos enfurecer, com o juízo *a posteriori*, contra quem acreditou e, nas condições miseráveis nas quais o nascimento o condenou a viver, teve esperanças, e também contra quem, não tendo qualquer certeza e sem grandes ilusões, diante dos sofrimentos que pareciam invencíveis, diante da morte por inanição, diante de uma história que parecia destinada desde sempre a ser dominada pela pura vontade de potência, escolheu apostar, como o jogador de Pascal, no sucesso da experiência, difícil e nunca antes tentada, e não no seu malogro, e ainda contra quem, embora não confiando na sorte benévola, porque a aposta implica um ato de confiança e uma esperança, ainda que incertíssima, não pôde evitar a indagação: "E se a experiência for bem-sucedida?".

Não mencionei por acaso a China, não apenas porque na China o comunismo, gostemos ou não, pelo menos como sistema de poder, e como doutrina, não obstante todas as revisões, ainda existe, mas também porque a China, pelo menos para a minha geração, representou o país no qual, por um lado, a conquista do poder por parte de Mao e do exército popular por ele comandado foi o momento culminante da força expansiva, que parecia irresistível, do comunismo, e porque, por outro lado, o massacre dos estudantes na praça Tien An Men depois de apenas quarenta anos, foi para muitos e também para mim, como eu disse, o sinal do fim. Precisamente ao destino do comunismo na China me remetem as reflexões que mencionei no início sobre o comportamento não privado de ambigüidade de quem, como eu, tornou própria a máxima "nem com eles, nem sem eles".

Nunca estive, nem então, nem depois, na União Soviética, e nunca tive o desejo de ir. Participei, contudo, da primeira delegação cultural italiana convidada pelo governo chinês a visitar o país (ali permanecendo de 24 de setembro a 24 de outubro de 1956). A guerra civil terminara em 1949. Mao foi eleito presidente da República e Chu Em-Lai, ministro do Exterior no mesmo ano. Em 1º de março de 1953, fora promulgada a nova constituição e tivera início o primeiro plano qüinqüenal. A aliança com a União Soviética era estreitíssima, fundada sobre um tratado de amizade firmado em fevereiro de 1950. O imenso país que fomos convidados a visitar estava se industrializando com a contribuição decisiva dos aliados soviéticos. Era a Nova China, enfim pacificada e caminhando para a transformação em república popular e socialista. A delegação compunha-se de comunistas, companheiros de estrada, não-comunistas, e também de alguns anticomunistas. Era presidida por Piero Calamandrei, que, depois de ter sido membro da Constituinte como representante do Partito d'Azione, participara de pequenos grupos socialistas independentes e de Unidade Popular durante as eleições de 1953. Entre as pessoas mais conhecidas do grupo, os escritores Cassola, Bernari, Fortini, Antonicelli, Trombadori, o pintor Treccani. Passamos boa parte de nossos dias em Pequim, mas viajamos para o Norte, na Manchúria, e para o Sul, percorrendo todo o país, até Cantão. Chegáramos pela Sibéria e pela Mongólia externa, e saímos por Hong Kong. Visitamos o visitável: fábricas e museus, casas de cultura e escolas, comunidades agrícolas e casas populares, casas de reeducação de prostitutas e palácios imperiais. Assistimos a espetáculos teatrais antigos e modernos, fomos à Grande Muralha. Da escadaria sobre a praça Tien An Men, onde estavam reunidas as delegações estrangeiras vindas de todas as partes do mundo, assistimos ao grande desfile da Festa Nacional, o 1º de Outubro. Mesmo desafiando a acusação de ser considerado um "idiota útil", estou disposto a repetir, ainda hoje, que fui então espectador do mais extraordinário espetáculo da minha vida. Parada militar brevíssima, diferente do que acontecia na Praça Vermelha de Moscou, em análoga data, à qual se seguiu "um espetáculo de júbilo, de leveza, de festa, de espontaneidade", da qual saímos entusiasmados nos perguntando: "Veremos outra vez algo semelhante?".[24]

Não éramos desprevenidos e muito menos fanáticos. Exercitamos em todas as ocasiões nosso espírito crítico. Nós nos resignávamos todos os dias com dois ou três discursinhos oficiais, rituais, sempre iguais, que precediam as visitas, nos quais o funcionário do turno repetia a sua liçãozinha aprendida de cor, como um guia de museu, ilustrando a milenar história da China com um antes de Mao, e um depois de Mao, onde o "antes" abarcava muitos séculos, e o "depois" os poucos anos que se seguiram à Longa Marcha. Mas que não houvesse mais do que umas poucas velhinhas com os pés deformados, era verdade. Que todos estivessem vestidos iguais e com propriedade, paletó e calças azuis, mulheres e homens, era verdade. Que as prostitutas tivessem sido recolhidas em uma casa onde ficavam afastadas da rua, era verdade. Que tivessem sido construídas em poucos anos casas operárias (nada bonitas, para ser sincero), era verdade. Que a multidão que enchia os jardins e visitava os palácios imperiais surgisse serena, civilíssima em seu comportamento, tranqüila e sorridente, talvez fosse apenas uma ilusão? Não obstante a desconfiança com que alguns de nós enfrentaram a viagem, com o pensamento secreto "a mim não enganam" — adestrados por aquilo que se sabia de viagens análogas à União Soviética, bem preparados para resistir às lisonjas da propaganda —, não posso negar, mesmo tanto tempo depois, que a atração que exerceu sobre a maioria de nós, comunistas e não-comunistas, aquela sociedade em profunda transformação, que tentava sepultar não a grande tradição cultural, que aliás era continuamente evocada e exaltada, mas o passado recente de miséria e corrupção da velha China, foi enorme. Para quem tinha dúvidas, a viagem não deu certezas absolutas. Mas a grandiosidade da tarefa

---

24. F. ANTONICELLI, *Immagini del nuovo anno. Taccuino cinese*, Parenti, Milão, 1958, p. 68.

que o Partido, o Novo Príncipe (e ao partido de Mao parecia não caber nome mais adequado), assumira, era evidente. Ninguém pensou então que estivesse destinado a falir. Nem, acredito eu, assim desejou.

Houve momentos difíceis, reconheço, quando nos encontramos diante de reticências mal-encobertas, da falta de franqueza, de tentativas de desviar um discurso embaraçoso, de respostas pré-fabricadas sem qualquer perspicácia, de aprendizados mecânicos da escola do partido, do típico recurso ao argumento de autoridade. Era evidente que os métodos do comunismo soviético haviam feito escola. Muitos delegados escreveram livros sobre a viagem, Cassola, Bernari, Antonicelli, Fortini. Pelo que me lembro, o mais rico em tópicos de reflexão para o leitor de hoje é o de Fortini, *Asia maggiore* [*Ásia maior*]. Os momentos difíceis são descritos sem amenizações nem piedosas justificativas, sem silêncios polidos, ou adulações hipócritas. Lembro o parágrafo no qual é relatado um "diálogo entre professores de filosofia" (o título é irônico), no qual coube a mim a tarefa de interrogar sobre a situação da filosofia na China. Comentário: "As respostas surgem assim, formuladas com poucas palavras, sem sombra de cordialidade, sem afinco. Não sabemos o que fazer para concluir o colóquio". Quando perguntamos qual o número de estudantes de filosofia de Pequim ou indagamos sobre o maior filósofo chinês, Fung Yu-Lan, percebemos os fugidios sorrisos de entendimento que de vez em quando surgem nos lábios dos dois".[25] Sensação desagradável. Outro episódio: no momento da partida de Pequim para a Itália, aproximaram-se de mim dois intérpretes aos quais eu confiara a remessa dos livros. Eles me comunicam que não podem enviar um deles, porque o autor é um traidor. Tratava-se de um livro comprado por mim na Itália, de um autor chinês, membro do comitê central do partido, Kao Kang, publicado em inglês pelas edições estatais chinesas. Explico que o livro fora editado por eles. Mantêm-se irredutíveis e o livro é confiscado. Quando conto o fato a Fortini, ele me censura por não ter insistido, e acrescenta: "Não há motivo algum para ceder tão facilmente e perder uma ótima oportunidade de fazê-los entender como pensamos sobre certas questões".[26] Não sei ao certo o que eu poderia ter feito. Arrancar o volume de suas mãos. Mas o desapontamento de Fortini era mais do que justificado.

Acredito que a interpretação mais exata do nosso estado de ânimo, dividido entre admiração e desconfiança, e ao mesmo tempo a solução

---

25. F. FORTINI, *Asia Maggiore. Viaggio nella Cina*, Einaudi, Turim, 1956, pp. 172-74. O pequeno parágrafo intitula-se ironicamente: *Dialogo coi professori di marxismo.*
26. *Ibid.*, p. 244.

mais justa das dúvidas que tínhamos e ainda hoje me coloco, esteja em uma breve resposta que Fortini dá à pergunta sobre o que afinal fomos procurar na China: "Uma nova relação entre os homens".[27] Por parte de pessoas — ainda Fortini — acostumadas a viver em uma sociedade que "nos adestrou perfeitamente para ignorar a humanidade do vizinho de casa ou do ônibus, do camponês às portas da cidade, do operário".[28] Estávamos mais ou menos todos desiludidos em relação a uma transformação da sociedade italiana que fora ardentemente desejada e que fracassara. Concluía: "A revolução italiana precisa aprender com a chinesa não a flexibilidade ideológica que entre nós corre o risco de se chamar ecletismo e oportunismo, mas a confiança na possibilidade de mudar realmente as relações entre os homens e de acabar com os espectros das desilusões, dos compromissos, com o círculo do 'sempre igual' que já aprisionou três gerações"[29] (tomara fossem apenas três!).

Exatamente nos dias em que partia a nossa delegação, eclodiu o caso Hu Feng, um escritor conhecido no Ocidente que, tendo tido a circulação de seus escritos proibida, fora detido por conspiração política. O caso foi clamorosamente denunciado pelo Congresso pela Liberdade da Cultura. Partimos com o propósito de debatê-lo com nossos anfitriões. Formulamos uma série de perguntas sobre o modo como o governo chinês entendia as relações entre política e cultura, e sobre a liberdade de imprensa no novo regime. As respostas amplas e circunstanciadas que nos deram não foram suficientes para sanar nossas dúvidas: naturalmente, a perseguição se devia ao fato de que o escritor acusado participara de um complô político, não por seus escritos. Ao jovem intérprete que defendia a tese oficial sustentando que Hu Feng deveria ser condenado porque pregava que os poetas não necessariamente precisam se interessar pelas lutas políticas e pode ser feita uma bela poesia também se dirigindo à lua, Calamandrei explicou pacientemente, sem contudo convencê-lo, que um grande poeta italiano escrevera uma poesia para a lua, e que há problemas no mundo que dizem respeito não apenas às relações entre oprimidos e opressores, mas a todos os homens, ao mistério da vida, ao porquê da dor, ao amor, à morte.

Por iniciativa do mesmo Calamandrei, *Il Ponte*, revista fundada e dirigida por ele, publicou em poucos meses um volume com mais de setecentas páginas, *La Cina d'oggi* (*A China de hoje*), como número extra do mês de abril. Nele colaboraram quase todos os membros da

---

27. *Ibid.*, p. 18.
28. *Ibid.*, p. 23.
29. *Ibid.*, p. 28.

delegação, mas a maioria das páginas foi escrita por Calamandrei, contando coisas que vira. Foram convidados a colaborar escritores chineses, italianos, e estrangeiros. O volume era ilustrado por muitas fotografias. Uma delas retratava Calamandrei de costas, enquanto escrevia em um quadro-negro de uma siderúrgica de Cheng Yang uma mensagem de saudações dos operários italianos aos trabalhadores chineses. O volume foi imediatamente recebido com uma resenha acre e maldosa, que alternava sarcasmos e insultos, de Nicola Chiaromonte na revista *Tempo Presente*, dirigida pelo mesmo Chiaromonte e por Silone. Nela dizia que há mais de quarenta anos o engenho de miríades de intelectuais vinha se exercitando em justificar e exaltar todas as tiranias modernas, afirmando considerar o número especial sobre a China de *Il ponte* um típico exemplo desse antigo vício. Os dardos eram dirigidos particularmente contra Calamandrei, réu porque quis celebrar o regime de Mao depois de ter permanecido naquele imenso país poucos dias, e ter visto aquilo que os anfitriões quiseram mostrar. Bastava de resto olhar a fotografia do professor que escreve no quadro-negro a mensagem para concluir: "Falso o gesto, falsa a frase, falsa a situação, falso o homem naquela situação. São coisas que fazem os obrigados e por artifício: não na 'atmosfera leve da liberdade'". ("Atmosfera leve da liberdade" era uma expressão de Roberto Guillain, descrevendo a sensação experimentada ao deixar a China, onde a falta de liberdade quase lhe causara um mal-estar físico.) Calamandrei respondeu com um artigo, "Il tempo della malafede" ("O tempo da má-fé") (no qual retomava um título do mesmo Chiaromonte), publicado pouco antes de sua morte, ocorrida em setembro do mesmo ano. Lamentando os insultos, observou que a delegação não fora para a China com os olhos vendados, como se podia deduzir de alguns artigos do volume por ele mesmo produzido, e defendeu o comportamento daqueles que para contribuir para a evolução do comunismo em direção à liberdade consideravam que o melhor caminho era manter aberto o diálogo com os chineses, em vez de considerá-los intocáveis a serem postos à margem da humanidade. Não se tratava de estabelecer se era melhor abstratamente o regime popular chinês ou o regime de democracia ocidental, mas de procurar entender "se o regime chinês representava para aquele povo um real progresso em direção à justiça e também em direção à liberdade, se comparado a governos anteriores".[30]

---

30. Cf. *Il Ponte*, a. XII, n. 8-9, 1956, pp. 1529-36.

Nessas observações de Calamandrei, eu então me reconheci completamente. Poucos dias antes da nossa partida fora publicado pela Einaudi um livro meu, *Politica e cultura*, que reunia vários de meus escritos nos quais eu mostrava com profunda convicção a confiança na via do diálogo com alguns respeitados comunistas italianos, mantendo firme o princípio de liberdade que era caro a Nicola Chiaromonte, um princípio que não esquecemos pelo caminho ao ir a um Estado comunista. Minha contribuição ao volume consistiu em um artigo sobre as "Linee fondamentali della costituzione cinese ("Linhas fundamentais da constituição chinesa").[31] Concluía destacando a diferença, que estivera na base da minha discussão com os comunistas italianos, entre a mentalidade liberal que, tendo uma concepção relativista da verdade, considera que os contrastes de opinião não podem ser solucionados senão através da compreensão e da tolerância recíproca, e a mentalidade do marxista que, observando que há leis universais da história, das quais ele é o único intérprete, considera absoluta a própria verdade, e age de acordo. Eu deixava em aberto a questão sobre quem teria razão, embora sempre tenha me colocado do outro lado. Mas o dilema era claro. Eu estava convicto de que em uma sociedade "saturada de cargas de avaliações potentíssimas", como eu dizia então, a escolha entre as duas alternativas do dilema não era tão simples, como parecia tanto aos fanáticos quanto às almas simples, de uma parte e de outra.

Agora a escolha parece mais fácil. E não há mais qualquer motivo para fazer, ou com temor ou com esperança segundo os casos, a pergunta: "E se a experiência for bem-sucedida?". A experiência não foi bem-sucedida. A diferença está no sentido que queremos dar a esta conclusão catastrófica: ou o inevitável resultado do projeto perverso de exterminar uma classe, a burguesia, como afirmou ainda recentemente Ernst Nolte, ou então a falência igualmente inevitável de um grandioso projeto de transformar o curso da história, no qual acreditaram ou confiaram milhões de homens. A justa derrota de um crime imane ou a utopia invertida, transformada em seu avesso.[32] Das duas possíveis conclusões, a mais trágica é, sem sombra de dúvida, a segunda.

---

31. In *La Cina d'oggi*, organizado pela revista *Il ponte*, a. XII, número extra, suplemento do número de abril de 1956, pp. 220-30.

32. "L'utopia capovolta" ("A utopia invertida") é o título do artigo no qual comento o massacre da praça Tien An Men, publicado em *La Stampa*, em 9 de junho de 1989 [cf. neste volume, cap. 6.II].

III.

PROGRESSO CIENTÍFICO E PROGRESSO MORAL

1. No prefácio a *Cartas abertas*, recentemente traduzidas para o italiano, Jean Guitton escreve: "Vivemos uma época em que o homem (...) formula a pergunta mais insolúvel, mais excitante para um ser submetido ao tempo: estou no fim ou no início do mundo? Uma era se conclui. A aceleração da história se acentua. Tudo se precipita em direção a um instante terminal, fatal, cada vez mais próximo. A história está para terminar e recomeçar? Sou o último? Sou o primeiro homem? Perguntas que faz também o cristão. Ouvi Mauriac dizer com voz entrecortada: 'Depois de tudo, pode ser que sejamos nós os primeiros cristãos'".[33]

A aproximação do final do século, não obstante a convencionalidade desta cisão do curso histórico, sempre suscitou perguntas em torno do início e do fim dos tempos. Com razão maior, já que nos encontramos diante do fim não de um século mas de um milênio, e o último século, aquele que está para acabar — com duas guerras mundiais, Auschwitz, os campos stalinistas, a explosão das primeiras bombas atômicas, os longos anos do equilíbrio do terror e, como se não bastasse, não obstante a queda do Muro de Berlim que acendeu tantas esperanças, a explosão de guerras cruentas e sem fim em pequenos espaços, como o Camboja, a Chechênia, a Somália, Ruanda e, a dois passos da nossa casa, a antiga Iugoslávia — foi um século de infortúnios e horrores, talvez sem precedentes.

Um sério jornal católico, o *Avvenire*, propôs aos seus leitores narrar, às portas do Terceiro Milênio, cada qual seu próprio Apocalipse, ou seja, a própria imagem do fim do mundo. Só temos de abrir os jornais para nos dar conta de que a palavra "apocalipse", mesmo que depreciada e domesticada, tornou-se de uso cotidiano. Por ocasião do escape mortal de gás nervino que matou tantos inocentes em uma cidade do Japão, leu-se em um jornal a seguinte manchete: "Um arsenal para o Apocalipse". Alguns de vocês devem se lembrar de que um conhecido escritor e literato italiano, há alguns anos, logo depois da Guerra do Golfo, publicou um livro instigante, ao qual deu por subtítulo: *Ragionamento sull'Apocalisse* (*Reflexões sobre o apocalipse*).[34]

---

33. J. GUITTON, *Lettere aperte*, Mondadori, Milão, 1995, p. 4.
34. A. ASOR ROSA, *Fuori dall'Occidente, ovvero Ragionamento sull'Apocalisse*, Einaudi, Turim, 1992. O tema da destrutividade e da desumanização do qual seria o principal responsável o progresso técnico deu origem a uma ilimitada literatura, que pode ser bem representada pelo último livro de S. LATOUCHE, *La megamacchina. Ragione tecnoscientifica, ragione economica e mito del progresso*, Bollati Boringhieri, Turim, 1995, dedicado a Jacques Ellul, sobre cuja bem-conhecida obra *La technique ou l'enjeu du siècle*, Colin, Paris, 1954 (ed. it.: *La tecnica, rischio del secolo*, Giuffrè, Milão, 1969), Latouche declara ter recebido a principal inspiração para os seus escritos. Além daquele citado, o mesmo Latouche indicou outros dois livros, *L'occidentalizzazione del mondo* e *Il pianeta dei naufraghi*, ambos publicados em Turim, pela Bollati Boringhieri, respectivamente em 1992 e 1993.

O sentimento do fim pertence a quem interpreta o próprio tempo como uma era de decadência na qual "tudo se precipita — para retomarmos as palavras de Guitton — em um instante terminal cada vez mais próximo", e, além do mais, "fatal", isto é, inevitável. O fim da Europa. O fim da civilização ocidental. O fim da era moderna e o início da era pós-moderna, onde o "pós" significa unicamente que vem depois, mas não esclarece quais sejam as suas características. Falou-se até mesmo de fim da história. Em seu último livro, *Mysterium iniquitatis*, Sergio Quinzio prefigura o fim da Igreja católica com o advento próximo do último Papa, que usará o nome de Pedro II.[35] Mas já não havia Nietzsche, o profeta do niilismo, em uma famosa passagem de *A gaia ciência*, apresentado a figura do louco que, acendendo uma lanterna na clara luz da manhã, corre ao mercado e anuncia que Deus morreu, e fomos nós que o matamos?[36]

Toda moeda tem seu reversso. Tentemos olhar o nosso tempo não mais do ponto de vista do moralista, do filósofo, do teólogo, do profeta das desventuras, mas do ponto de vista do cientista ou do técnico, daqueles que têm nas mãos as chaves que abrem as portas do conhecimento científico, das aplicações técnicas e da produção de mercadorias sempre novas, que derivam da combinação de descobertas científicas e de inovações técnicas. Os nossos ouvidos perceberão uma música totalmente diferente: o lamento fúnebre converte-se em hino de vitória. Em dezembro de 1993, aconteceu em Milão o primeiro congresso Dieci Nobel per il futuro (Dez Nobel para o futuro). A maioria das intervenções, tal como foram publicadas, tem em comum um enfastiado desdém pelos apocalípticos. Leio: "Um processo à ciência resume-se em um processo ao *Homo sapiens* e às manifestações do pensamento, a única atividade que o diferencia das outras espécies animais".[37] Esse comportamento defensivo é, por assim dizer, legitimado seja pela repetida constatação do estado de ânimo de perene entusiasmo e de nobre exaltação com que o pesquisador conduz a sua própria análise desinteressada, guiada por nenhuma outra motivação senão a curiosidade, e inspirada por nenhum outro fim senão o conhecimento como fim em si mesmo, seja pela confortante visão dos benefícios que a humanidade dela extraiu e continua a extrair, não apenas materiais, mas também morais: "A busca pela verdade impõe o princípio da fraternidade entre

---

35. S. QUINZIO, *Mysterium iniquitatis. Le Encicliche dell'ultimo papa*, Adelphi, Milão, 1995.
36. F. NIETZSCHE, *Opere*, organizado por G. Colli e M. Montinari, vol. V, tomo II, Adelphi, Milão, 1965, pp. 129-30.
37. R. LEVI MONTALCINI, *Il valore intrinseco della scienza: controllare, non proibire*, in *Dieci Nobel per il futuro. Scienza, economia, etica per il prossimo secolo*, Marsilio, Veneza, 1994, p. 22.

os homens e rejeita as ideologias dos sistemas totalitários que fomentam os ódios raciais (...). Caso prevalecesse, para nossa desgraça, o movimento obscurantista que aponta o dedo acusador sobre a ciência como causa primeira dos nossos males, esses estudos, hoje em pleno desenvolvimento, seriam desestimulados, ou até mesmo suprimidos, em favor de um irracionalismo que vê em poderes ocultos extraterrestres o *primum movens* das ações humanas".[38]

Se a humanidade não progride na mesma medida em todas as partes do mundo — leia-se ainda —, a responsabilidade não é da ciência, mas da ignorância dos benefícios que dela podemos extrair, e das más escolhas políticas. Razão pela qual: "Há motivo para sermos otimistas sobre a possibilidade de que o Terceiro Mundo se liberte da indigência na próxima década. Os países em desenvolvimento são em boa medida donos do seu devir. Se permanecerão pobres e subdesenvolvidos ou se ingressarão nas fileiras dos países de recente industrialização, depende essencialmente das escolhas que saberão adotar".[39]

Reagindo à conhecida acusação lançada pelo presidente Havel contra a civilização tecnológica global e planetária, que atingiu os limites do seu potencial além do qual tem início o abismo, há quem, embora admitindo que as verdades reveladas pela revolução científica nos últimos quatrocentos anos tornaram o mundo melhor, mas também mais perigoso, afirme resolutamente que, se das descobertas científicas não se extraem as vantagens que elas poderiam dar para tornar a humanidade "melhor", a responsabilidade não é da ciência, mas da falta de vontade política.[40]

Com uma certa aproximação podemos também dizer que nessa oposição, entre apocalípticos e não-apocalípticos, reencontra-se e renova-se a bem-conhecida oposição entre as "duas culturas". O recente

---

38. *Ibid.*, pp. 23-24.
39. G. S. BECKER, *Il progresso economico nei paesi in via di sviluppo*, in *Dieci Nobel per il futuro*, cit., p. 79.
40. Cf. B. RICHTER, *Dalla ricerca alle nuove tecnologie*, in *Dieci Nobel per il Futuro*, cit., p. 127. Depois foi publicado um volume análogo que reunia as conferências apresentadas no segundo congresso internacional *Dieci Nobel per il Futuro*, realizado em Milão em 7-8 de dezembro de 1994, intitulado *Scienza e società*, introdução de R. Levi Montalcini, Marsilio, Veneza, 1995. O posicionamento confiante no "magnífico destino e progresso" não é muito diferente do posicionamento das conferências incluídas no volume anterior, do qual retirei até agora as citações. Noto contudo um número maior de expressões de preocupação para com os possíveis resultados "nocivos" da corrida para o progresso, não mais facilmente controlável. Não falta a confiança, contudo, de que esses efeitos nocivos possam ser corrigidos, e possam ser corrigidos apenas com "mais ciência e mais técnica" (p. 9). Crescem também as referências ao tema dos valores, sobre os quais os cientistas "reivindicam o seu direito de intervir" (p. 14). Ao lado dos juízos peremptoriamente otimistas, como "a humanidade acabará inevitavelmente controlando a sua própria evolução", já que "o homem que modifica o homem faz parte do mesmo homem" (p. 26), daí a necessidade, na qual insistem quase todas as intervenções, de uma mais ampla e intensa educação científica, bastante negligenciada também nos países avançados, são recorrentes os apelos ao senso de responsabilidade do cientista que deve "aplicar a ciência com sabedoria humanista" (p. 43) e "não se fechar na comunidade dos físicos, não ser indiferente ao mundo e às suas convulsões, manter um pé na pólis" (p. 109).

livro de Eric J. Hobsbawm começa com doze breves considerações sobre este século de eminentes personalidades: catastróficas são as considerações de um estudioso da história do pensamento político como Isaiah Berlin, de um historiador da literatura como William Golding, de um escritor como Primo Levi, de um músico como Yeudi Menuhin; superotimistas as do Prêmio Nobel de Física Severo Ochoa, que leva em consideração apenas o progresso científico "verdadeiramente extraordinário".[41]

2. Tenho alguns motivos para considerar que diante da ciência e das suas conquistas a oposição entre as duas posturas, de resto nada novas, aliás antiqüíssimas e recorrentes, que poderíamos chamar, a primeira, de predominantemente moral, ou moralista, a segunda, de predominantemente pragmática, depende do juízo oposto que cada uma das duas partes, do diferente ponto de observação no qual se encontra, esteja inclinada a dar à idéia de "progresso". Explico-me.

Desde o final do século XVIII e ao longo de todo o século XIX, a história humana foi interpretada, pelo menos desde a era do "desencanto" que coincide com o avanço estrepitoso do saber científico e com o início do processo de secularização, como estando destinada a progredir incessantemente em direção a um estado de cada vez maior liberdade, justiça, paz, bem-estar. Ao final do século XVIII, Kant deu uma resposta afirmativa à pergunta se "o gênero humano está em constante progresso em direção ao melhor",[42] considerando que, com o Iluminismo, teve início a época em que a humanidade finalmente saíra da menoridade e poderia triunfalmente avançar em direção à sua própria emancipação apenas com as forças da razão. Ao longo de todo o século XIX, os fautores do progresso consideraram que progresso científico, progresso social e progresso moral avançavam lado a lado ou, mais precisamente, que o progresso científico estava destinado a arrastar atrás de si tanto o progresso social quanto o progresso moral. Mas quando, neste século, diante da explosão imprevista da Primeira Guerra Mundial e com a hecatombe sem precedentes que a ela se seguiu, a mesma idéia de progresso foi questionada e dela derivaram a deprecação, a derrisão, e a dessacralização daquilo que agora é chamado depreciativamente o "mito do progresso",[43] caímos, como sempre ocorre na rea-

---

41. E. J. HOBSBAWM, *Age of Extremes. The Short Twentieth Century 1994-1991*, Random House, Londres, 1994 (ed. it. *Il secolo breve*, Rizzoli, Milão, p. 13).
42. I. KANT, *Scritti politici e di filosofia della storia e del diritto*, Utet, Turim, 1956, 2ª ed., 1965.
43. G. GASSO, *Tramonto di un mito. L'idea di "progresso" fra Ottocento e Novecento*, il Mulino, Bolonha, 1984.

ção a idéias recebidas, no excesso oposto. Da constatação de que a ferocidade do homem — à qual, talvez, exatamente o progresso científico e técnico tenha fornecido meios cada vez mais terríveis de destruição e de morte — não apenas não diminuíra mas, a partir desses mesmos meios, foi reforçada, foi-se formando a opinião comum de que a idéia do progresso em direção ao melhor, para retomar a expressão de Kant, tinha sido uma estúpida e perigosa ilusão. Mas dessa maneira os olhos se fecharam diante do fato de que o progresso científico e técnico, o progresso no sentido original da palavra, continuara ininterruptamente com enorme e crescente sucesso.

Efetivamente, o que ocorreu neste século não é o fim, e muito menos a interrupção, do progresso, mas o fim da confiante convicção, iluminista antes e positivista depois, de que progresso técnico-científico e o progresso moral e civil avançavam lado a lado, aliás, em um certo sentido, estavam ligados entre si e, sobretudo, que a luz do saber não apenas dissolveria as trevas da ignorância, mas também melhoria os costumes, e elevaria o homem a uma mais consciente e duradoura moralidade.

Por que o progresso técnico científico, contrariamente à previsão das "grandes narrativas", como foram chamadas as filosofias da história oitocentistas, não contribuiu para o aperfeiçoamento moral do homem, mas apenas — e apenas para uma parte da humanidade — para o seu melhoramento material, aliás, lhe proporcionou instrumentos para exercer com maior eficácia a sua vontade de potência, é problema sobre o qual a discussão é contínua, porque a solução é tudo, menos fácil, é de todo impérvia. As opiniões são, pelo menos até agora, irredutivelmente discordantes. Há, aliás, quem veja uma razão essencial para essa dissociação entre progresso do conhecimento e progresso moral exatamente no processo de secularização, do qual nasceu a ciência moderna: o saber científico não apenas não teria melhorado moralmente o homem, mas, induzindo-o cada vez mais a abandonar as crenças tradicionais, a não mais se sentir sujeito ao temor de Deus, a acreditar-se único senhor e construtor do próprio destino, o teria principalmente corrompido. O problema está em aberto e não estou certo de ser capaz de encerrá-lo. Com certeza, contudo, pode-se afirmar, tratando-se de uma pura constatação de fato, que progresso científico e técnico, de um lado, e progresso moral, de outro, correm lado a lado e, ao mesmo tempo, um independentemente do outro. Ou melhor, o primeiro corre, o outro parece ficar parado e às vezes regride, de modo que para interpretar-lhe o sentido estaríamos induzidos a recorrer àquela concepção da história que Kant chamou "terrorista".[44]

É exatamente essa diferença que está na base da disparidade de juízo sobre a idéia de progresso por parte de quem o considera do ponto de vista do desenvolvimento do conhecimento, e de quem, ao contrário, o considera do ponto de vista do aperfeiçoamento dos costumes. Do seu ponto de vista, o primeiro tem total razão em afirmar que a idéia de progresso, limitado ao seu ponto de observação, não apenas não é desmentida mas foi confirmada além da medida, e precisamente neste século, no qual a violação do primeiro e fundamental imperativo moral — "Não matar" — assumiu proporções tais a ponto de fazer entrever próximo, senão já atual, o advento da era do niilismo anunciada por Nietzsche. Quando mais foram exterminados de um só golpe mais de cem mil homens?

O progresso científico e o progresso técnico estão em relação recíproca entre si: como foi inúmeras vezes afirmado, a ciência favorece novas tecnologias, que por sua vez favorecem novas pesquisas científicas, e essas novas pesquisas científicas criam novas tecnologias. Assim o progresso técnico-científico torna-se cada vez mais vertiginosamente acelerado, irresistível e irreversível.

Cada vez mais acelerado: já no final do século XVI, no início da era moderna, Tommaso Campanella escrevia em *La Città del Sole* (*A cidade do Sol*), exaltando as maravilhosas invenções descobertas em seu tempo, que "este século tem mais história em cem anos do que não teve o mundo em quatro mil; e mais livros foram escritos nestes cem anos do que em cinco mil".[45] O que deveríamos dizer hoje? Quantos testemunhos poderíamos apresentar sobre a rapidez da mudança e a diferença, que dela deriva, entre o mundo de hoje e o mundo de ontem! (Querendo permanecer em minha cidade, entre a Turim de hoje e a Turquia do início do século, quanta diferença para uma pessoa como eu, cujas primeiras recordações remontam aos anos da Primeira Guerra Mundial, quando eu ouvia enaltecer as amplas avenidas, grandiosamente e ricamente construídas para raríssimos automóveis, poucas carruagens, poucas carroças a cavalo e muitos carrinhos de mão!)

---

44. Para Kant, concepção terrorista da história é aquela segundo a qual "o gênero humano está em contínuo regresso em direção ao pior" (v. *Se il genere umano sia in costante progresso verso il meglio*, in *Scritti politici e di filosofia della storia e del diritto*, cit., p. 214).

45 T. CAMPANELLA, *La Città del Sole*, organizado por N. Bobbio, Einaudi, Turim, 1941, p. 10. No já citado *Scienza e Società*, o prêmio Nobel Bernard Lown assinala, como uma curiosidade, um análogo dado de fato: "A totalidade do saber publicado duplica a cada oito anos e a quantidade de informações produzida nos últimos trinta anos é superior àquela produzida nos cinqüenta anos precedentes" (p. 113). Em relação à previsão de Campanella, cem anos se tornaram trinta.

Irresistível: pergunto-me se não há acordo unânime entre os cientistas em considerar que à pesquisa científica — inspirada e impelida sempre em frente por essa maravilhosa virtude humana que é a "curiosidade", no sentido elevado da palavra, entendida como desejo incessante de ampliar o campo dos nossos conhecimentos — nenhum poder divino ou humano pode demarcar limites instransponíveis. Refiro-me a limites de caráter metafísico ou moral, já que limites de natureza econômica podem ser de fato impostos.[46] Para o cientista de hoje não há *arcana naturae* nem *arcana dei* diante dos quais devamos nos deter devido a uma imperscrutável proibição. O Ulisses de hoje que transpõe as colunas de Hércules não está destinado a ser engolido pelas vagas do mar tempestuoso. Escreve Renato Dulbecco: "Uma das regras fundamentais da ciência é que não se pode e não se deve pôr freios ao avanço dos conhecimentos. Qualquer tentativa nessa direção levaria à ruptura da antiga aliança entre sociedade e pesquisa, um evento certamente não-desejável".[47]

Irreversível: entendo no sentido kantiano do "contínuo progresso em direção ao melhor", onde o "melhor" deve ser interpretado não em sentido moral, mas em sentido puramente cognitivo, ou seja, de um melhor conhecimento do mundo e do nosso estar no mundo, ou mesmo como criação de instrumentos cada vez mais eficazes para atingir os objetivos desejados e prefixados: maior velocidade nos transportes, maior amplitude e maior difusão das comunicações, maior segurança e eficácia nos cuidados com a saúde, ou, ao contrário, maior capacidade destrutiva na esfera do agir político em cuja base está a relação amigo-inimigo, e portanto a necessidade de ofender e de se defender. Em geral o instrumento novo expulsa o antigo, e o antigo em pouco tempo se torna um objeto de museu e, como tal, inútil.[48] O museu do automóvel de Turim se enriquece cada vez mais de novas peças à medida que a produção cria modelos que oferecem novos recursos. No campo dos computadores pode-se falar com toda a razão de revolução permanente, entendida a revolução exatamente no sentido de transformação

---

46. O problema do condicionamento econômico das pesquisas existe, mas decerto não é o caso de enfrentá-lo aqui. As pesquisas são cada vez mais dispendiosas. Nem todas podem ser financiadas. Nenhum Estado pode prescindir de uma política para a pesquisa, cuja tarefa é a escolha das pesquisas a serem estimuladas mediante financiamentos públicos. Podemos ler na conferência do Nobel James D. Watson que a oposição da comunidade científica ao Projeto Genoma derivava da preocupação de que "o afluxo dos fundos para tal projeto deixasse sem oxigênio outros projetos considerados mais imediatos do que a pesquisa" (*Le implicazioni etiche del Progetto Genoma umano*, in *Scienza e società* cit., p. 131).

47. R. DULBECCO, *Libertà della ricerca e timori della società*, in *Dieci Nobel per il futuro*, cit., p. 53.

48. N. Negroponte, autor da bem-sucedida obra *Essere digitali*, escreve: "Não sei o que vocês pensam, mas eu não hesitaria em jogar fora o meu videocassete se houvesse um sistema melhor. . ." (Sperling e Kupfer, Milão, 1995, p. 180).

tão radical das coisas a ponto de não deixar qualquer espaço para o retorno ao estado de coisas anterior.

De revolução permanente, ao contrário, não se pode falar com igual segurança na esfera dos costumes, das relações sociais, das regras de conduta, onde às revoluções podem se seguir, e se seguem quase sempre, períodos de restauração: entendida a "restauração" como o ressurgimento do velho estado de coisas que se segue ao enfraquecimento ou à exaustão do espírito inovador. À história da sociedade humana parece convir mais a concepção dialética do desenvolvimento que avança por afirmações e negações do que a concepção, comumente aceita na comunidade científica, da passagem revolucionária de um paradigma a outro.

Diante da mudança política pode haver partidos que se alternam, os progressistas e os conservadores. Também em relação ao progresso técnico, podem ocorrer comportamentos contrários, em especial entre velhos e jovens, mas estão destinados a vencer, sempre, ao final, os segundos. Para dar um exemplo familiar, lembro, há sessenta anos, a acalorada discussão quando se tratava de passar do filme mudo ao filme sonoro. Venceu o sonoro e, depois da vitória, o filme mudo desapareceu rapidamente, salvo quando voltou, sim, porém sonorizado. O mesmo ocorreu mais recentemente com a passagem da televisão em preto e branco para a televisão em cores.

O caráter da irreversibilidade é, além do mais, aquele que caracteriza, melhor do que os outros dois, a idéia de progresso; é de fato o caráter, se não suficiente, decerto necessário, para que se possa corretamente falar de "progresso". Pode-se falar de um progresso lento, e portanto não acelerado nem rápido, ou cada vez mais rápido; pode-se falar de um progresso que resiste por obstáculos sociais, políticos, econômicos imprevistos. Seria contraditório falar de um progresso reversível. A reversibilidade contradiz a própria idéia de progresso. No momento em que se torna reversível, a idéia de progresso deve prestar contas à idéia oposta de regresso. A metáfora mais comum de progresso é aquela do grande rio no qual ninguém pode se banhar na mesma água, porque o fluxo é contínuo, não importa se mais rápido ou mais lento, podendo ser às vezes mais rápido e às vezes mais lento, mas não tão lento que a água se torne estagnada ou pantanosa. Não importa se resiste mais ou menos, porque, mesmo podendo encontrar maiores ou menores obstáculos em seu caminho, deve a qualquer custo, para avançar, superá-los.

3. Nenhum desses atributos, nem a aceleração, nem a irresistibilidade, nem a irreversibilidade valem na esfera moral. Vivendo em

um mundo hostil, seja em relação à natureza, da qual deve arrancar geralmente com dificuldade e risco os meios de subsistência, seja em relação aos seus semelhantes, segundo a hipótese hobbesiana do *homo homini lupus* que, embora contradita pelas mais recentes pesquisas sobre as sociedades primitivas, é de qualquer modo válida para grande parte do mundo histórico que conhecemos, o homem tentou torná-lo mais habitável inventando, de um lado, as artes produtoras de instrumentos, destinadas a transformar o mundo material para tornar possível a sobrevivência, de outro, as regras de conduta voltadas para a disciplina dos comportamentos individuais e coletivos para tornar possível a convivência. Instrumentos e regras de conduta substituem o chamado mundo da cultura contraposto ao mundo da natureza, isto é, o mundo marcado exatamente pela invenção das técnicas de sobrevivência e de convivência.

Observo, sem nem mesmo tentar oferecer uma explicação, que o mundo da invenção dos instrumentos para o controle e domínio da natureza progrediu muito mais rapidamente e com efeitos bem mais intensos do que o mundo da instituição de regras para o controle e o domínio do mundo humano. Não é possível comparar as transformações ocorridas no interior do primeiro em relação às transformações ocorridas no interior do segundo. Comparemos, de um lado, um povoado tribal e uma metrópole de hoje, com seus arranha-céus, suas ruas que correm paralelas ou se cruzam, com os milhares de automóveis que as percorrem, com os seus complicadíssimos sistemas de redes de iluminação e de comunicação. Comparemos, de outro, o código moral dessa mesma tribo que regula nascimentos, casamentos e mortes, os principais atos da vida do grupo, além das relações dos indivíduos entre si para a formação, conservação, distribuição do poder, com nossos códigos e nossas constituições, os prêmios e as penas, entre as quais vigora ainda a pena de morte, os incentivos ao bem agir e os desestímulos ao mau agir.

A comparação oferece, parece-me, uma comprovação histórica do distinto grau de desenvolvimento dos dois sistemas, não apenas mais rápido o primeiro e mais lento o segundo, mas também irresistível, o primeiro, a ponto de continuar a romper as barreiras que o império das leis tentou impor inúmeras vezes aos inovadores; bem mais resistente, o segundo, à mudança, por uma maior docilidade da natureza em submeter-se ao domínio do homem em relação à docilidade do homem em submeter-se ao domínio de outro homem. Bem distinta é a relação que o homem estabelece na esfera do outro de si mesmo — dentro da qual podemos incluir, além dos objetos naturais, também os produtos do fazer humano, igualmente manipuláveis — da relação que estabelece na esfera do mesmo, bem mais dificilmente plasmável, manipulável, corrigível, porque o homem mesmo, que é o ator da mudança do outro do mesmo, no que se refere aos seus semelhantes, tem limites de comportamento, presentes em todo agregado humano, que impedem a sua total redução a objeto. Até pouco tempo atrás, a exploração da natureza era considerada obra a ser louvada e estimulada, enquanto a exploração do homem pelo homem é percebida ainda agora, não obstante a crise do marxismo, que dela fez seu principal objeto de crítica à sociedade capitalista, uma ação cruel. Mesmo quando o indivíduo humano é levado em consideração unicamente como ser natural por parte das ciências biológicas, a sua manipulação suscita problemas de limites morais e jurídicos, que se tornaram temas constantes de discussão por parte da bioética. Não obstante a crescente sensibilidade pelo sofrimento dos animais, a grande maioria da humanidade deles se nutre não apenas matando-os, mas fazendo-os sofrer além do estritamente necessário sem qualquer consideração, enquanto demonstramos piedade pelas vítimas de uma guerra ou de um ato criminoso.

Quanto à irreversibilidade, não há historiador — e refiro-me em particular aos historiadores que olham para os eventos do passado do ponto de vista das instituições, ou seja, dos sistemas de regras — que não tenha representado a história como uma sucessão de épocas de ascensão e decadência, de processos civilizadores e processos de retorno à barbárie, de mudança e estagnação, de revolução e restauração, de avanços e recuos. A Revolução Industrial, com todas as etapas sucessivas que nos induzem a falar de primeira, de segunda, de terceira revolução industrial, uma encaixada na outra, pode ser compararada a um fluxo contínuo. A mudança institucional é, ao contrário, intermitente. Enquanto o progresso técnico-científico não cessa de suscitar a nossa maravilha e o nosso entusiasmo, ainda que misturado a uma sensação de angústia pelos efeitos perversos que dele podem advir, continuamos a nos interrogar sobre o tema do progresso moral, exatamente como mil e dois mil anos atrás, repetindo até o infinito os mesmos argumentos, formulando sempre as mesmas perguntas sem respostas, ou com respostas que não nos tranqüilizam em absoluto, como se estivéssemos sempre imersos naquilo que aqueles que crêem chamam de mistério, os que não crêem, o problema do mal, nos seus dois aspectos de mal ativo (a maldade), e de mal passivo (o sofrimento).

Não que o tema da relação entre progresso científico e progresso moral escape aos homens de ciência. Nasce exatamente deles, ao contrário, das suas associações, dos seus congressos, a pergunta sobre o modo de coadunar um e outro. Do mesmo livro dos Nobel extraio ainda algumas citações pertinentes. Há quem sustente que muitos desastres que agora ocorrem devam ser investigados a partir da dissociação entre a evolução de nossas capacidades cognitivas e a evolução de nossas capacidades emotivas: "As primeiras investiram o homem de um poder quase sobre-humano de controle do globo terrestre, enquanto as segundas permaneceram no nível do homem pré-histórico, e determinam o seu comportamento em uma órbita de ação cada vez mais ampla, e com um poder destruidor em contínuo crescimento". E prossegue: "Não o progresso científico, mas a mal-direcionada carga emotiva e a ausência de um sistema de valores que regule o comportamento do homem são responsáveis pelo estado de confusão que está na base da atual crise".[49] São palavras graves e infelizmente ao mesmo tempo vagas: "carga emotiva mal-direcionada"? Por quem? Se não conseguirmos saber quem nos dirige tão mal, como poderemos conseguir superar a desconfortante conclusão? A culpa seria da "ausência de valores compartilhados". Mas quais são esses valores? Há valores compartilhados? Não surge a suspeita de que seja assim tão difícil encontrá-los porque não existem? Vivemos em sociedades cada vez mais multiculturais, cujo único valor partilhado deveria ser aquele da tolerância recíproca, mas, ai de mim, também este está bem distante de ser partilhado — antes, deve ser a cada dia reconquistado.

Não menos vagas são as afirmações de quem, afastando a responsabilidade dos cientistas e afirmando que "não faz sentido propor uma limitação do saber", sustenta que o único dever dos cientistas é chamar a nossa atenção para os problemas que ainda precisam ser resolvidos e prognosticar as possíveis soluções. E acrescenta: "A responsabilidade última cabe à sociedade em seu conjunto; somente a vontade e a determinação dos governos e da sociedade em escala global podem responder aos perigos globais que a ameaçam".[50] Mas o que se entende por "sociedade em seu conjunto"? E quem faz parte da sociedade em seu conjunto, à qual pertencem os mesmos cientistas? Todas as sociedades, e mais ainda as sociedades evoluídas, são variadamente institucionalizadas. Quais são as instituições que devem assumir a responsabilidade de tomar as decisões relativas aos valores? Basta voltar a mente para a secular disputa entre as duas *summae potestates*, que detêm o poder de estabelecer regras obrigatórias, a Igreja ou as Igrejas, e o Estado, e para as divergências, a cada dia constatáveis, exatamente em rela-

---

49. R. LEVI MONTALCINI, *Introduzione*, in *Dieci Nobel per il futuro*, cit., p. 25.
50. J. STEINBERGER, *La responsabilità dello scienziato su un pianeta finito*, in *Dieci Nobel per il futuro*, cit., p. 65.

ção ao reconhecimento e à conseqüente imposição de alguns valores fundamentais, para nos dar conta de quanto seja sibilina uma expressão como "a sociedade em seu conjunto". No máximo podem-se acrescentar às regras que provêm dos poderes constituídos aquelas que nascem na sociedade civil, como ocorre quando uma categoria profissional, por exemplo a categoria dos médicos, decide auto-regular-se em uma matéria delicada como a fecundação artificial.

A esta altura é preciso acrescentar que, uma coisa é colocar o problema da relação, que não hesito em afirmar seja dramática, entre o desenvolvimento da ciência e as grande interrogações éticas que esse desenvolvimento provoca entre a nossa sabedoria de indagadores do cosmo e o nosso analfabetismo moral, outra coisa é encontrar uma solução. A ciência do bem e do mal ainda não foi inventada. Não há problema moral e jurídico, não há problema de regras de comportamento, que não levante distintas, opostas, soluções: basta pensar, para dar os primeiros exemplos que vêm à mente, na licitude ou não do aborto, da pena de morte, dos transplantes de órgãos, dos matrimônios alternativos. A propósito desses últimos, em um recente livro sobre bioética, escrito por um autor que tem um ponto de vista liberal, uma posição que um escritor religioso definiria permissiva, são enumerados dez diferentes modos de formação de uma família, dos quais o único considerado lícito ao longo dos séculos é aquele formado por um casal heterossexual, unido segundo a instituição de um matrimônio monogâmico.[51] Alguns desses diferentes modos são derivados de mudanças de costumes, mas outros derivam da invenção de procedimentos de fecundação até há poucos anos desconhecidos. Isso significa que o desenvolvimento científico em todos os campos de ação humana nos coloca com freqüência cada vez maior diante de novos problemas de escolha entre diferentes comportamentos, aos quais, todavia, o novo saber não é capaz de fornecer qualquer resposta. E não oferece qualquer resposta porque as descobertas científicas e as inovações técnicas nos colocam à nossa disposição instrumentos para alcançar fins antes desconhecidos, mas nada nos dizem sobre a bondade ou a maldade intrínsecas ao fim, que depende de juízos morais com freqüência em conflito entre si segundo as circunstâncias históricas, a condição social de quem as discute, os interesses em jogo entre as partes, e as doutrinas, ou filosofias, ou ideologias nas quais alguns se inspiram.

---

51. M. CHARLESWORTH, *L'etica della vita. I dilemmi della bioetica in una società liberale*, Donzelli, Roma, 1996, p. 48.

4. Que as inovações técnicas criem sempre novos problemas morais, ou seja, problemas de escolhas entre bem e mal, entre diversos bens possíveis, está bem diante dos olhos de todos: o aborto também era praticado através de meios rudimentares, mas o transplante de um rim ou do coração requer conhecimentos científicos avançados e técnicas refinadas. Mesmo uma transfusão de sangue, prática já habitual, requer igualmente conhecimentos científicos e capacidades técnicas ignoradas até poucos anos atrás. Menos evidente é que a própria existência de um corpo de conhecimentos científicos cada vez mais amplos, que exige operações de cada vez maior precisão, aumenta enormemente o poder de quem tem a capacidade de deles se servir. Desde o dia em que Bacon disse que "Ciência é poder", muita água passou debaixo da ponte do Tâmisa, quando a potência, à qual sempre aspirou, o *homo sapiens* ainda tentava alcançar mais através da magia do que da *Dignitas et augmenta scientiarum*. A ciência é um imenso instrumento de poder. Quando pronunciei pela primeira vez esta frase, houve entre os cientistas quem protestasse. Não quis eu dizer que torna os cientistas poderosos, mas que cria instrumentos para aumentar o poder de quem está em condições de dela se servir.

As lutas passadas pela afirmação, pelo reconhecimento e pela proteção de novos direitos sempre nasceram para conquistar espaços de liberdade contra as mais altas formas de poder constituído, as Igrejas, os Estados e as grandes concentrações de poder econômico e financeiro.[52] O conflito político por excelência é o conflito entre o poder de uns e a liberdade de outros. Poder e liberdade são dois termos correlatos: em uma relação intersubjetiva, quanto mais se amplia o poder de um dos sujeitos, mais se restringe a liberdade do outro. Não por acaso o primeiro grande documento a partir do qual se costuma indicar o início da era da história moderna dos direitos do homem, cujo objetivo é limitar um poder constituído, chama-se *Magna Charta Libertatum*. Desde a Primeira Declaração dos Direitos dos Estados da América do Norte, e desde as declarações da Revolução Francesa, até as Cartas dos direitos das constituições contemporâneas, até a Declaração universal dos direitos do homem de dezembro de 1948, o objetivo principal dos primeiros artigos é sempre reconhecer aos indivíduos o poder de apropriar-se ou de reapropriar-se de novos espaços de liberdade em relação aos poderes constituídos. Na história hipotética dos escritos do direito natural (ver o *De cive* hobbesiano) antes vem a *Libertas*, depois vem a

---

52. Detive-me com maior profundidade sobre este tema na coletânea de ensaios *L'età dei diritti*, Einaudi, Turim, 1997/3.

Potestas. No longo acontecimento histórico que precede a era moderna se deu, ao contrário, o processo inverso: no princípio há sempre a *Potestas*, e depois vem, geralmente em seguida a difíceis conquistas, a *Libertas*. O mesmo vale para os outros dois direitos fundamentais — à vida, que é, ao lado dos direitos de liberdade e antes deles, o direito fundamental no pensamento cristão, e à segurança, que é, além da liberdade e da vida, aquele conjunto de direitos cujo fim é a tutela também econômica dos indivíduos, a chamada liberdade da necessidade, promovida pelos movimentos democráticos e socialistas.

Fala-se hoje de direitos de terceira, quarta geração. Ora, esses novos direitos, tão característicos do nosso tempo, nascem de situações novas, inimagináveis até poucos anos atrás, que colocam em perigo e submetem a novas restrições, a novas ameaças, tanto as liberdades tradicionais quanto a vida em seu curso natural, do nascimento até a morte, e também a segurança social. Situações novas produzidas pelo avanço do saber e das suas aplicações. Alguns exemplos: o direito a viver em um ambiente não-poluído, proclamado e defendido por movimentos surgidos propositadamente com esse objetivo e que cresceram tanto a ponto de gerar verdadeiros partidos políticos, nasceu, e não podia deixar de nascer, da contaminação da atmosfera, e portanto do perigo à saúde pública, proveniente de uma cada vez mais extensa e incontrolada transformação da natureza, que o desenvolvimento das técnicas de exploração do solo e do subsolo tornou possível. O direito à privacidade torna-se cada vez mais exigente à medida que uma fotografia tirada de modo imprevisível pode divulgar a sua imagem, sem que você saiba, em milhares e até mesmo milhões de páginas de jornais ou de telas de tevê. Não conhecemos o rosto de Dante, mas o rosto de um joão-ninguém como eu aparece tediosa e quase cotidianamente em jornais e revistas, reproduzido em centenas de milhares de cópias. Já perdi as contas de quantas vezes protestei, mas em vão. Acrescento que os poderes públicos têm a capacidade de memorizar, como o Grande Irmão, todos os dados referentes à vida de uma pessoa, mesmo os particulares mais íntimos, comparados aos quais os dados anotados em nossos passaportes, estatura, idade, cor dos olhos e cabelos, são simplesmente ridículos. Menciono, por fim, a miríade de novos direitos até agora desconhecidos, provocados pelo avanço da pesquisa biológica. Refiro-me em particular ao último direito, o último da série, já amplamente discutido nos fóruns internacionais, à integridade do próprio patrimônio genético.

Se cada poder exorbitante leva inevitavelmente à afirmação de novos direitos, além da liberdade, da vida e da segurança, é facilmente imaginável quais e quantas serão no futuro próximo as novas lutas por novos direitos com o objetivo de evitar à humanidade o temido futuro orwelliano.

Escreveu um respeitado filósofo do direito contemporâneo: "É indubitável que os direitos do homem são uma das maiores invenções da nossa civilização". Acompanha-o o bispo Walter Kasper, que em um opúsculo de 1990 escreveu: "Os direitos do homem constituem nos dias de hoje um novo *ethos* mundial".[53] "Grande invenção da nossa sociedade", "um novo *ethos* mundial": uma vez iniciada a grande marcha em direção à tomada de consciência por parte daqueles que estão aquém de seus direitos derivantes da sua pertença à humanidade comum, é preciso se precaver contra o ceder e o recuar. Tanto mais que em nosso encalço estão grupos de poder cada vez maiores, que na conquista da potência caminham muito mais depressa do que nós. Devemos nos dar conta, uma vez mais, de que o nosso sentido moral avança, posto que avance, muito mais lentamente do que o poder econômico, que o poder político, que o poder tecnológico. Todas as nossas proclamações de direitos pertencem ao mundo ideal, ao mundo que deveria ser, ao mundo que seria bom que fosse. Mas olhando ao nosso redor — e os nossos cada vez mais aperfeiçoados meios de comunicação de massa com olhos de Argo nos levam todos os dias a dar a volta ao mundo inúmeras vezes —, vemos nossas estradas manchadas de sangue, montes de cadáveres abandonados, inteiras populações expulsas de suas casas, esfarrapadas e famintas, crianças macilentas com os olhos esbugalhados que nunca sorriram, e não conseguirão sorrir antes da morte precoce.

É belo, talvez mesmo encorajador, chamar os direitos do homem, por analogia com a criação de instrumentos cada vez mais aperfeiçoados, uma grande invenção da nossa civilização, mas em relação às invenções técnicas são uma invenção que permanece mais anunciada do que realizada. O novo *etos* mundial dos direitos do homem resplandece apenas nas solenes declarações internacionais e nos congressos mundiais que os celebram e comentam, mas a essas solenes celebrações, a esses doutos comentários, corresponde na realidade a sua sistemática violação em quase todos os países do mundo (talvez possamos até mes-

---

53. C. S. NINO, *Etica y Derechos humanos*, Paidós Studio, Buenos Aires, 1984, p. 13, e W. KASPER, *Le fondement théologique des droits de l'homme*, Cidade do Vaticano, 1990, p. 49. Em um recente escrito, L. Lombardi Vallauri chama, com feliz expressão, de "nova religião civil" ao *etos* mundial dos direitos do homem, no sentido da *religion civil* e de Rousseau, e da *civil religion* de uma certa sociologia americana, e comenta: "Esta religião civil é às vezes a única religião que ainda existe para aqueles que já não se consideram capazes de acreditar em uma religião revelada" ("La portata filosofica della religione civile nei diritti dell'uomo" in *Ontologia e fenomenologia del diritto Studi in Onore di Sergio Cotta*, Giappichelli, Turim, 1995, p. 194).

mo dizer "todos", sem medo de errar), nas relações entre poderosos e fracos, entre ricos e pobres, entre quem sabe e quem não sabe.[54]

Se ainda fosse necessário demonstrar a divergência entre os dois universos, o universo técnico-científico e o universo ético-político, haveria uma prova ulterior, a rapidez, ou, ao contrário, a lentidão da passagem da idealização à realização, ou do poder ser ao ser, respectivamente, no primeiro ou no segundo.

Nas descrições de sociedades ideais, que em todos os tempos foram propostas e repropostas com intenção de antecipar os tempos, são habitualmente anunciadas e descritas, de um lado, mirabolantes invenções de instrumentos ou máquinas destinadas a melhorar a vida do homem; de outro lado, radicais reformas sociais e novas instituições que deveriam tornar a vida humana mais livre, mais justa, mais feliz. Nos sucessivos séculos, as primeiras, como o vôo humano, a navegação abaixo do nível do mar, até mesmo a viagem à Lua, foram realizadas para além das mais ousadas expectativas. Mas as sociedades livres, justas e felizes nunca foram realizadas e, a julgar por aquilo que acontece a cada dia diante dos nossos olhos, a sua realização está mais distante do que nunca.

---

54. O matemático e economista Gérard Debreu, na conferência "Innovazione e ricerca: il punto di vista di un economista sull'incertezza", pergunta quem, há sessenta anos, poderia prever apenas um destes quatro acontecimentos: a descoberta da energia nuclear, a compreensão e manipulação da herança genética, a revolução da informática e a exploração do espaço (*Scienza e società*, cit., p. 89). Em relação ao mundo humano, um historiador poderia acrescentar a queda da "cortina de ferro" e a revolução feminina.

Fontes

Advertência do organizador

Nesta obra estão reunidos 40 ensaios de Norberto Bobbio, a maioria dos quais reproduzida integralmente. Em geral, cada um deles corresponde a uma das três seções nas quais se articula cada um dos doze capítulos, com a exceção de quatro seções, cujo texto é resultado da composição de mais de um ensaio ou de trechos extensos retirados de outros ensaios. Nem sempre os títulos das seções correspondem aos títulos dos ensaios originais. As modificações introduzidas pelo organizador relativas aos textos originais consistem em correções em sua maioria formais e alguns remanejamentos cujo objetivo era evitar, sempre que possível, repetições.

As fontes foram relacionadas pela ordem em que aparecem no volume, indicando capítulo e seção a que correspondem.

Capítulo 1
A filosofia política

I. "Dei possibili rapporti tra filosofia politica e scienza politica", in AA. VV., *Tradizione e novità della filosofia politica*, Laterza, Bari, 1971, pp. 23-29; "Considerazioni sulla filosofia politica", *Rivista Italiana di Scienza Politica*, I, n. 2, 1971, pp. 368-1, 376-79.

II. "Per una mappa della filosofia politica", in AA. VV., *La filosofia politica, oggi*, organizado por D. Fiorot, Giappichelli, Turim, 1990, pp. 5-7, 13-23.

III. "Ragioni della filosofia politica", in AA. VV., *Studi in onore di Luigi Firpo*, organizado por S. Rota Ghibaudi e F. Barcia, F. Angeli, Milão, 1990, vol. IV, pp. 175-88.

Capítulo 2
A lição dos clássicos

I. "Kant e le due libertà", in N. B., *Da Hobbes a Marx*, Morano, Nápoles, 1965, 3ª ed., 1974, pp. 147-63.

II. "Marx, lo stato e i classici", in *Mondoperaio*, 36, n. 12, dezembro de 1983, reimp. in AA. VV., *Marx e il mondo contemporaneo*, Editori Riuniti, Roma, 1986, pp. 105-21.

III. "La teoria dello stato e del potere", in AA. VV., *Max Weber e l'analisi del mondo moderno*, organizado por Pietro Rossi, Einaudi, Turim, 1981, pp. 215-46.

Capítulo 3
Política e moral

I. "Politica", verbete do *Dizionario di politica*, organizado por N. Bobbio e N. Matteucci, Utet, Turim, 1976.

II. "Etica e politica", in N. B., *Elogio della mitezza e altri scritti morali*, Pratiche Editrice, Milão, 1998, pp. 51-87.

III. "Il buongoverno", in *Belfagor*, XXXVII (1982), I, reimp. in Atti dell'Accademia Nazionale dei Lincei, CCCLXXVIII, vol. VIII, fasc. 5, Roma, 1983, pp. 235-44.

Capítulo 4
Política e direito

I. "La politica", in AA. VV., *La società contemporanea*, organizado por V. Castronovo e L. Gallino, Utet, Turim, 1987, vol. I, pp. 567-87.

II. "Dal potere al diritto e viceversa", in *Rivista di filosofia*, 1981, reimp. in N. B., *Diritto e potere. Saggi su Kelsen*, Esi, Nápoles, 1992, pp. 141-55.

III. "La resistenza all'oppressione, oggi," in N. B., *L'età dei diritti*, Einaudi, Turim, 1990, 3ª ed., 1997, pp. 157-77.

Capítulo 5
Valores políticos

I. "Della libertà dei moderni comparata a quella dei posteri", N. B., *Politica e cultura*, Einaudi, Turim, 1955, p. 160-94.

II. "Eguaglianza ed egualitarismo", in *Rivista Internazionale di Filosofia del Diritto*, LIII (1976), 3, reimp. in AA. VV., *Eguaglianza ed egualitarismo*, Armando, Roma, 1978, pp. 13-25.

III. "Sulla nozione di giustizia", in *Teoria politica*, I (1985), 1, pp. 7-19.

Capítulo 6
Ideologias

I. "Libertà fondamentali e formazioni sociali", in *Politica del diritto*, VI (1975), 4, pp. 431-55.

II. "Transizione e tramutazione" (1978), in AA. VV., *Nonviolenza e marxismo*, Libreria Feltrinelli, s. l., 1981, pp. 102-11; "L'utopia capovolta", in *La Stampa*, 9 de junho de 1989, reimp. in N. B. *L'utopia capovolta*, Editrice La Stampa, Turim, 1990, pp. 127-30.

III. "Introduzione. Tradizione ed eredità del liberalsocialismo", in AA. VV., *I dilemmi del liberalsocialismo*, organizado por M. Bovero, V. Mura, F. Sbarberi, La Nuova Italia Scientifica, Roma, 1994, pp. 45-59.

Capítulo 7
Democracia: os fundamentos

I. "La democrazia dei moderni paragonata a quella degli antichi (e a quella dei posteri)", in *Teoria politica*, III (1987), 3, pp. 3-17.

II. *Democrazia e scienze sociali* [opúsculo], Facultat de Ciènces Polítiques i Sociologia, Bellaterra (Barcelona), 1986.

III. "Democrazia e segreto", *in* AA. VV., *Il trattato segreto*, organizado por P. Fois, Cedam, Pádua, 1990, pp. 16-31.

Capítulo 8
Democracia: as técnicas

I. *Democrazia ed Europa*, texto datilografado inédito de uma conferência proferida em Bogotá em 1987.
II. "La regola di maggioranza: limiti e aporie", in *Fenomenologia e società*, IV, n. 13-14, 1981, reimp. in N. BOBBIO, C. OFFE, S. LOMBARDINI, *Democrazia, maggioranza e minoranze*, il Mulino, Bolonha, 1981, pp. 33-72.
III. "Rappresentanza e interessi", in AA. VV., *Rappresentanza e democrazia*, organizado por G. Pasquino, Laterza, Roma-Bari, 1988, pp. 1-27.

Capítulo 9
Direitos do homem

I. "Della priorità dei doveri alla priorità dei diritti", in *Mondoperaio*, 41 (1988), 3, pp. 57-60.
II. "Eguaglianza e dignità degli uomini", in AA. VV., *Diritti dell'uomo e Nazioni Unite*, Cedam, Pádua, 1963, reimp. in N. B., *Il terzo assente*, Sonda, Turim, 1989, pp. 71-83.
III. "*I diritti dell'uomo e la pace*", in AA. VV., *La pace*, Edizioni Cens, Liscate (Milão), 1982, reimp. in N. B., *Il terzo assente*, Sonda, Turim, 1989, pp. 92-96; "Sui diritti sociali", in AA. VV., *Cinquant'anni di Repubblica italiana*, organizado por G. Neppi Modona, Einaudi, Turim, 1996, pp. 115-24.

Capítulo 10
Paz e guerra

I. "Pace. Concetti, problemi e ideali", in *Enciclopedia del Novecento*, Istituto dell'Enciclopedia Italiana, Roma, VIII (1989), pp. 812-24.
II. "Rapporti internazionali e marxismo", in AA. VV., *Filosofia e politica. Scritti dedicati a Cesare Luporini*, La Nuova Italia, Florença, 1981, pp. 301-18.
III. "Per una teoria dei rapporti tra guerra e diritto" (1966), in AA. VV., *Scritti in memoria di Antonino Giuffrè*, vol. I, Giuffrè, Milão, 1967, pp. 91-98; "La pace attraverso il diritto" (1983), in N.B., *Il terzo assente*, Sonda, Turim, 1989, pp. 126-35.

Capítulo 11
Mudança política

I. "Riforme e rivoluzione", in AA. VV., *Il mondo contemporaneo*, vol. IX: *Politica e società — 2*, organizado por P. Farneti, La Nuova Italia, Florença, 1979, pp. 744-59.
II. "La rivoluzione tra movimento e mutamento", in *Teoria politica*, V (1989), 2-3, pp. 3-21.
III. "Carlo Cattaneo e le riforme", in Critica sociale, LXVI (1974), 7, reimp. in AA. VV., *L'opera e l'eredità di Carlo Cattaneo. I. L'opera*, organizado por C. G. Lacaita, il Mulino, Bolonha, 1975, pp. 11-35.

Capítulo 12
Filosofia da história

I. "Grandezza e decadenza dell'ideologia europea", in *Lettera internazionale*, III (1986), 9-10, reimp. in N. B., *Il dubbio e la scelta*, La Nuova Italia Scientifica, Roma, 1993, pp. 179-91.
II. "Né com loro, né senza di loro", in *Nuvole*, II (1992), 3, reimp. in N. B., *Il dubbio o la scelta*, La Nuova Italia Scientifica, Roma, 1993, 213-23.
III. *Progresso scientifico e progresso morale* [opúsculo], Fondazione Giovanni Agnelli, Turim, 1995 [mas: 1997].

Índices

No texto de cada verbete do índice analítico o sinal — ocupa o lugar do vocábulo. Três indicadores numéricos remetem o leitor ao local em que o tema é tratado no volume: os dois primeiros, separados por ponto, indicam respectivamente o capítulo e a seção do capítulo, o terceiro indica as páginas.

Índice analítico

Absolutismo

O Estado absolutista é aquele no qual o soberano tem um poder (→) privado de limites ("legibus solutus"); o seu contrário é o Estado liberal (→ Liberalismo), 5.I, 275. Estreito parentesco entre — político e concepção absolutista do saber em Hobbes, 7.II, 391.

Autocracia

Oposição entre — e Democracia (→) com base no critério do segredo no exercício do poder: nexo entre — e Poder invisível (→), 7.II, 387; 7.III, 400-405. Simulação e dissimulação como típicas "virtudes" do governante autocrático, 7.II, 389. As duas imagens mais freqüentes nas quais se reconhece o governante autocrático são a do pai e a do médico, 7.II, 389.

Autoridade

A — é o poder (→) autorizado: a diferença entre — e poder consiste na distinção entre poder de direito e poder de fato, 4.I, 235.

Bem comum

Busca do — como um dos critérios para distinguir o bom governo do mau governo (→ Governo), 3.I, 168; 3.II, 200; 3.III, 207, 210-211; 4.I, 219; 4.II, 247. Problemática da idéia de — como fim da Política (→), 3.I, 169; 4.I, 219-220. Dificuldade de "representar" o interesse geral no sentido técnico-jurídico da palavra (→ Representação), 8.III, 461.

Bonapartismo

Como Forma de governo (→) pessoal, o — pertence à categoria do cesarismo, verdadeira descoberta da teoria política do século XIX, 2.II, 128.

Distinção entre a interpretação conservadora e a interpretação marxiana do —, 2.II, 128-130.

Catolicismo

O — político combate em duas frentes: teoricamente, contra o Individualismo (→) e o estatalismo; politicamente, contra o Liberalismo (→) e o Socialismo (→), 6.I, 287; 6.III, 365.

Clássico/clássicos

Para que um pensador seja incluído entre os — deve possuir três qualidades: a) ser um autêntico intérprete do próprio tempo; b) ser perenemente atual; c) ter elaborado categorias gerais de compreensão histórica aplicáveis a realidades distintas daquela que as originou, 2.II, 114; 2.III, 130-131.

Comunismo

Utopia (→) da transformação radical de uma sociedade considerada opressiva e injusta em uma sociedade totalmente diferente, livre e justa, 6.II, 350. Ao tentar entrar na história, a utopia comunista não apenas não se realizou, como se transformou em seu contrário, 6.II, 351; 12.II, 656, 662. A falência do — histórico deixa sem solução os problemas que o geraram, 6.II, 353. É impossível, além de eticamente incorreto, formular um juízo sobre o — fora do contexto histórico no qual se originou, 12.II, 655. Igualitarismo e — como duas faces da mesma moeda: ambos levam em consideração o homem como *genus* e não como Indivíduo (→), 5.II, 306. O ideal comunista de emancipação humana é um ideal universalista, antitético ao ideal nacionalista do Fascismo (→) e ao ideal racista do nazismo, 12.II, 655.

Contrato/contratação

No sentido próprio, por contrato entende-se um acordo bilateral entre parceiros formalmente iguais, 8.II, 439. A contratação e a Lei (›) são dois procedimentos distintos para a formação da vontade coletiva, 8.II, 439. Inadequação da oposição tradicional entre o contrato como instituto de direito privado, fonte de regras válidas *inter partes*, e a lei como instituto de direito público, fonte de regras válidas *super partes:* enquanto em um Estado (· ›) monocêntrico a vontade coletiva se expressa predominantemente através da lei, em um Estado policêntrico se expressa predominantemente através do -8.II, 439; 8.III, 455. Diversamente do resultado de uma decisão por maioria, o resultado de um compromisso, cuja forma jurídica típica é o contrato, tem geralmente resultado positivo, 8.II, 440. O princípio da livre contratação é democrático sob a condição de que os dois parceiros tenham um Poder (→) igual, 8.II, 441.

Contrato social/contratualismo

O contratualismo concebe o Estado como ente artificial, produto não da natureza, mas da vontade concorde dos Indivíduos (→), 2.II, 117; 6.I, 323; 8.I, 423. O fundamento de Legitimidade (→) do poder político reside, para os contratualistas, no consenso, concebido como o melhor remédio contra o Despotismo (→), 3.I, 161; 6.I, 323. A idéia de Democracia (· ›) é indissociável daquela de contrato social, isto é, da idéia do acordo de cada um com todos os outros sobre algumas regras fundamentais, 8.II, 441. O contratualismo, parte integrante da teoria do Estado moderno, coloca como fundamento do poder um pacto entre iguais mas, uma vez que o poder soberano está constituído, coloca como fundamento a Lei (→) acima dos contratos (→ Contrato/contratação), 8.III, 456. Estreita conexão em Hegel entre crítica ao contratualismo e crítica ao atomismo, 6.I, 324-325.

Constitucionalismo

Forma institucional do antigo ideal do Governo (→) das Leis: em um regime constitucional não há diferença entre governantes e governados em relação ao império da Lei (· ›), porque também o poder dos governantes é regulado por normas jurídicas e deve ser exercido respeitando-as (› também Estado de direito), 2.III, 148; 3.II, 203; 3.III, 210-212; 4.I, 237; 4.II, 249; 4.III, 257. Em um Estado de direito a ação política é submetida não apenas aos juízos de moralidade e de eficiência, mas também ao juízo de conformidade às normas fundamentais da Constituição (→), 3.II, 203.

Em sentido moderno, entende-se por — a teoria com base na qual o Poder (→) político é limitado pela existência dos Direitos (· ›) naturais dos quais são titulares os Indivíduos (→) e pelas Leis constitucionais garantidas pela separação do poderes, 4.II, 247.

Constituição/Constituições

Todas as — liberais caracterizam-se pela afirmação da "inviolabilidade" de alguns Direitos (→) fundamentais, 8.II, 443-444. Diferença entre as — "breves" do século XIX e as — "longas" aprovadas depois da Segunda Guerra Mundial, caracterizadas pelo pleno reconhecimento não apenas dos direitos civis, mas também dos direitos políticos e sociais, 5.I, 272; 9.III, 506. Liberalismo (· ›), Socialismo (· ›) e cristianismo social (› Catolicismo) como as três grandes ideologias inspiradoras da — italiana, 6.I, 328; 6.I, 333-337.

Democracia

Diferença entre — dos antigos e — dos modernos, seja do ponto de vista descritivo seja do ponto de vista axiológico, 7.I, 371. No seu uso descritivo, por — dos antigos se entende a — direta ("poder do *demos*"), por — dos modernos a — representativa ("poder dos representantes do *demos*", → também Representação), 7.I, 372-73; 8.I, 421. Relação entre — e Eleições (›). Do ponto de vista axiológico, a — foi concebida pelos antigos em termos predominantemente negativos; pelos modernos em termos fortemente positivos, 7.I, 375. A substituição da — direta pela representativa depende da passagem das cidades-estado para os grandes Estados territoriais, 7.I, 376; 8.I, 420-21. A — evolui além disso através da ampliação do direitos (· ›) políticos, original reservados a uma minoria, 8.I, 418. A modificação do juízo sobre a — do ponto de vista axiológico depende da reinterpretação do conceito de Povo (›), não mais concebido como um corpo coletivo, mas como a soma de cada singular indivíduo, 7.I, 377-81. É previsível que a — do futuro goze do mesmo juízo de valor positivo da — dos modernos, embora em parte retornando à — dos antigos (através da ampliação dos espaços de — direta, que se tornou possível a partir dos avanços da eletrônica), 7.I, 382.
A — moderna funda-se em uma concepção individualista da sociedade e no reconhecimento do direitos do homem (→ Individualismo), 7.I, 378, 380; 7.II, 392, 8.I, 422-423; 9.I, 481. Em seu fundamento está o reconhecimento da Pessoa (›) na sua dupla dimensão moral e social, 9.III, 501. A — funda-se além disso na idéia de que todos os homens são iguais por natureza (· ›

Igualdade) e que a "arte política" é acessível a todos, 7.I, 374; 7.I, 378; 8.I, 422, 425. O pressuposto da — dos modernos é a garantia dos direitos de Liberdade (→) defendidos pelo Liberalismo (→) 5.I, 270; 6.II, 352. Distinção entre — "progressiva" ou "popular" e — "liberal", 6.II, 351. A única forma possível de — efetiva é a liberal-democracia, 5.I, 284. As democracias nascidas depois da Segunda Guerra Mundial são ao mesmo tempo "liberais" e "sociais": tem por fundamento o reconhecimento do direitos de liberdade e por natural complemento o reconhecimento do direitos sociais, 9.III, 502.

Definição de — como "poder em público": a — é a forma de governo no qual o Poder invisível (→) foi tendencialmente abolido (→ também Público/publicidade), 7.II, 386, 389. A distinta extensão do poder visível em relação ao poder invisível representa um dos critérios para distinguir entre — e Autocracia (· →), 7.II, 387, 389. Permanecendo antidemocrático, Kant não deduziu todas as conseqüências políticas do princípio da publicidade do poder, 7.III, 407-408. Transparência do poder como a mais grave entre as "promessas não-mantidas" pela —, 7.III, 409. Por duas razões: presença no sistema internacional de Estados não-democráticos e natureza não-democrática das Relações internacionais (→) em seu todo, 7.I, 384; 7.III, 412. Entre os perigos que corre a —, o mais grave é aquele que advém da não-realizada democratização da política internacional, 7.I, 384-386.

Diferença entre — ideal e — real, 8.I, 421. A — perfeita não pode existir por duas razões: a) devido às tensões existentes entre os valores últimos nos quais se inspira, a Liberdade (→) e a Igualdade (→); b) pela dificuldade de se aproximar do ideal-limite do Indivíduo (→) racional, 8.I, 421-424. Diferença entre a — de inspiração rousseauniana e — real: a participação popular, também nas democracias mais avançadas, não é nem eficaz, nem direta, nem livre, 4.III, 259. A — não é uma meta, mas uma via, 8.I, 425.

A idéia da — como via pode ser associada a uma definição mínima de — (concepção processual), sobre a qual é fácil encontrar o mais amplo acordo, 8.I, 426. A *concepção processual* da — acentua as chamadas "regras do jogo", ou seja as regras que estabelecem não *o que* se deve decidir, mas *quem* deve assumir as decisões coletivas e *como* (*universais processuais*), 8.I, 426. Essas regras puramente formais dão ao conceito de — um significado restrito, e contudo suficiente para identificar como não-democráticos os regimes que não observam apenas um deles, 8.I, 427.

De Aristóteles em diante entende-se por — o governo da Maioria (→) e não apenas o governo no qual alguns órgãos são eleitos e decidem por maioria, 8.II, 432. Oposição entre — e Tecnocracia (→): as questões de natureza técnica não podem ser decididas por maioria, 8.II, 445. Não obstante os limites e as aporias que caracterizam o princípio de maioria, o governo democrático é preferível ao governo autocrático, 8.II, 454.

Progresso paralelo de democratização e burocratização, 6.I, 326; 9.III, 634. Nexo entre associacionismo e — (Tocqueville), 6.I, 284. Distinção entre — pluralista e — monista; a — ou é pluralista (no sentido de poliarquia) ou não é (→ também pluralismo), 1.II, 85.

Democracia internacional: → Relações internacionais

Direita/esquerda: → Igualitarismo/antiigualitarismo.

Declaração Univesal dos Direitos do Homem

Como expressão da máxima consciência até agora atingida, no âmbito jurídico-político, da substancial unidade do gênero humano, 9.II, 495.

Direitos

A afirmação dos — do homem representa uma verdadeira e própria *revolução copernicana* na história do pensamento moral e jurídico, que sempre privilegiou os deveres em relação aos —, 7.II, 390; 8.I, 423; 9.I, 476-477; 9.II, 487. Para que pudesse ocorrer a passagem do código dos deveres para o código dos — foi necessário que se começasse a adotar não mais apenas o ponto de vista da sociedade, mas também o do Indivíduo (→), 7.II, 392; 8.I, 423, 9.I, 478-79. Os — do homem são proclamados em um primeiro momento como — naturais nas obras de Locke e de outros jusnaturalistas (· → Jusnaturalismo), 9.II, 485. Em um segundo momento, a afirmação de que existem — originários limitadores do Poder (· →) soberano é acolhida nas declarações dos — que precedem às Constituições (→) dos Estados liberais modernos (· →) Liberalismo): os — naturais tornam-se — *positivos* (*constitucionalização* dos — do homem), 9.I, 481; 9.II, 485. A "inviolabilidade" dos — do homem significa que eles não podem ser limitados ou suprimidos através de decisões tomadas por Maioria (· →), 8.II, 444. Uma ulterior etapa é representada pela progressiva *ampliação* dos — fundamentais: dos — de liberdade aos — políticos e aos — sociais, 9.I, 482. Com o acolhimento de alguns — fundamentais na *Declaração Universal dos Direitos do Homem* (→), a proteção dos — tende a ter ao mesmo tempo eficácia jurídica e valor universal, 9.I, 482; 9.II, 486. Os

— do homem são verdadeiramente garantidos apenas se os indivíduos são tutelados também em relação às violações cometidas pelo Estado ao qual pertencem, 9.III, 499. Uma ulterior etapa na história da progressiva consolidação dos — do homem consiste na sua cada vez maior *especificação*, 9.I, 482-83; 9.III, 507. O Progresso (→) técnico-científico criou novas situações de perigo para a liberdade e a segurança humanas e gerou novas reivindicações (de terceira e de quarta gerações), 12.III, 676. Estreita conexão entre o problema dos — do homem e o problema da Paz (→), 9.III, 497-501.

Distinção entre — de liberdade e — sociais, os primeiros em referência ao indivíduo enquanto Pessoa (→) moral, os segundos quanto ao indivíduo enquanto pessoa social, 9.III, 500, 502-03. Em meio aos primeiros e aos segundos estão os — políticos, que estão no fundamento da participação do indivíduo na assunção das decisões coletivas, 9.III, 502. Os — sociais conferem ao indivíduo o efetivo poder de fazer aquilo que ele é formalmente livre para fazer; comportam a passagem da "liberdade de" para a "liberdade para" (→ Liberdade), 9.III, 504, 507-08. Diferentemente dos — de liberdade, os — sociais são reconhecidos e protegidos não apenas no interesse do indivíduo, mas também no interesse da sociedade, 9.III, 507. Diferentemente dos — de liberdade, que obrigam o Estado a comportamentos meramente negativos, os — sociais, ditos também "de prestação", obrigam o Estado a intervir positivamente para tornar de fato possível o acesso à instrução, ao trabalho, aos cuidados com a saúde, 9.III, 500; 9.III, 504, 507-08. Enquanto os — individuais se inspiram no valor primário da liberdade, os — sociais se inspiram no valor primário da Igualdade (→), IX.III, 508. A antítese entre o Liberalismo que o privilegia — de liberdade, e o Socialismo (→), que antepõe os — sociais, é superável levando-se em consideração que o reconhecimento de alguns — sociais fundamentais é o pressuposto do efetivo exercício dos — de liberdade (→ também Liberal-socialismo), 9.III, 508.

Direito

Em sentido objetivo, ao lado de normas vinculantes, que devem ser obedecidas recorrendo em última instância à coerção (→ também Ordem jurídica), 4.II, 238; 10.III, 565. Em sentido subjetivo, faculdade ou poder, atribuído a determinados sujeitos da ordem, de produzir efeitos jurídicos (→ Direitos), 4.II, 238; 9.II, 487. Distinção entre — positivo e — natural, 4.I, 233.
Problema da relação entre — e Política (→), 4.I, 232-252. Entendendo o — em sentido positivo, a política tem a ver com o — sob dois pontos de vista: enquanto a ação política se realiza através do —, e enquanto o — delimita e disciplina a ação política, 4.I, 232. Sob o primeiro aspecto, a ordem jurídica é o produto do poder político, 4.I, 232. Sob o segundo aspecto, não é o poder político que produz o —, mas é o — que justifica o poder político (→ também Legitimidade), 4.I, 234. Norma (→) jurídica e Poder (→) político são as duas faces da mesma moeda, 4.II, 239. Para os teóricos da soberania, que partem do poder para chegar ao —, o problema é a Legitimidade (→) do poder; para os normativistas, que partem do — para chegar ao poder, o problema é a efetividade do sistema normativo, 4.II, 239-252. Os dois conceitos-limite, respectivamente dos primeiros e dos segundos, são a *summa potestas* e a *norma fundamental*, 4.II, 250.

Dois típicos modos de definir o — em função da Força (→): como conjunto de normas "reforçadas" ou como conjunto de regras que têm por conteúdo exclusivo o exercício da força, 10.III, 561. Trata-se na verdade de duas meias definições: a primeira é adequada exclusivamente às Normas (→) primárias, a segunda às normas secundárias, 10.III, 561. O fim mínimo do — é a solução pacífica dos conflitos (→ Paz); o — nesta acepção é a antítese da Guerra (→), 10.I, 519; 10.III, 563; 10.III, 565. O — realiza a função de dirimir os conflitos preventivamente, através das normas primárias, e posteriormente, através das normas secundárias, 10.III, 566.
Problema da relação entre — e moral: Ética e direito.

Direito de resistência

Segundo se observe a Relação política (→) do ponto de vista dos governantes ou do ponto de vista dos governados, a ênfase recai sobre o dever de obediência ou sobre o —, 4.III, 253. Diferença entre resistência e contestação: a primeira se contrapõe à obediência, a segunda à aceitação; a primeira consiste em um ato prático, a segunda em um discurso crítico, 4.III, 254. Estado liberal e democrático como resultado de um processo de constitucionalização dos — e de Revolução (→), 4.III, 256-258. Diferença entre velhas e novas teorias sobre o —: a resistência é hoje concebida como fenômeno coletivo e não individual; resiste-se a uma determinada forma de Sociedade (→) mais do que a uma determinada forma de Estado (→); com o prevalecer de uma concepção positivista do direito, a justificação do — foi estabelecida em termos políticos, mais do que jurídicos, 4.III, 260-261. Distinção entre teorias da resistência que admitem o uso da Violência (→) (leninismo) e teorias que não a admitem (gandhismo), 4.III, 262.

Direito natural: (→) Jusnaturalismo.

Desobediência civil

Como um dos possíveis modos de exercer o Direito de resistência (→), 4.III, 261. Evolução das justificações da — de Thoreau a Gandhi (→ também Não-violência), 4.III, 262. Tipologia da —, 4.III, 263-265.

Despotismo

Distinção entre — em sentido técnico e em sentido genérico, 2.II, 127; 12.I, 650. No primeiro sentido por — se entende, a partir de Aristóteles, a Forma de governo (→) típica dos povos bárbaros, em oposição às formas de governo, corretas ou corruptas, adequadas aos homens livres, 2.II, 127; 8.I, 418. O — é o regime no qual os governantes tratam seus súditos como escravos, 4.I, 217.; 8.I, 418. Diferente da Tirania (→), o — é uma forma de governo legítima (para os povos naturalmente servis) e permanente, 12.I, 641-642. A antítese Liberdade (→)/— é uma das grandes dicotomias nas quais se sustenta a oposição entre Oriente e Ocidente no pensamento político ocidental (→ também Europa), 12.I, 642-645. Inovando a teoria tradicional das formas de governo, Montesquieu considera o — uma das três formas típicas e torna canônica a categoria de — oriental, 12.I, 645. Nexo entre concepção estática da história e — oriental (→ também Filosofia da história), 11.I, 589. Interpretações do Estado soviético como — oriental, 12.I, 649-650.
Distinção entre — dos antigos e — dos modernos, o primeiro fundado na autoridade de Deus, o segundo na autoridade da Ciência (→),8.II, 446. Pluralismo (→) Contratualismo (→) e Liberalismo (→) clássico como três distintos remédios contra o —, 6.I, 323-324. Distinção entre — político, alvo do liberalismo, e — social, 6.I, 327. Nexo entre constituições despóticas e Guerra (→) segundo o pensamento do Pacifismo (→) democrático, 10.I, 528. Ideal da paz universal e perigo do —, 10.I, 525, 527.
Na teoria política contemporânea, substituição do termo — por termos conceitualmente mais precisos, como Autocracia e Estado totalitário, 12.I, 650.

Ditadura

Distinção entre — em sentido técnico, magistratura monocrática legítima apenas enquanto temporária, e — em sentido genérico, como domínio de classe (Marx), 2.II, 127-128. Para o Marxismo (→) todos os Estados são —, 2.II, 127-128. O fim último da "— do proletariado" é a liberdade, a ser alcançada através da extinção do Estado (→), 5.I, 290. Como forma de governo, a "— do proletariado" é a antítese da Democracia, não o é ao contrário se entendida como domínio de uma classe que pode ser exercido através de distintas formas de governo, portanto também de forma democrática, 11.I, 578.

Economia

De Aristóteles a Hegel a —, entendida como ciência da casa ou da família, é considerada um capítulo da Ciência política (→) ou da Filosofia política (→),2.II, 115; 7.II, 394. Com o nascimento da — burguesa, subtraída da esfera da política, tem origem a oposição entre Estado e Sociedade civil (→), 3.I, 172; 7.II, 394. O ponto de partida da — política do século XIX é o Indivíduo (→) isolado, 2.II, 118.

Igualdade

A — formal, entendida como o igual tratamento daqueles que pertencem à mesma categoria, é assegurada pelo caráter geral e abstrato da Lei (→), 5.III, 311.; 9.II, 490. Diferente da — de tratamento inerente à natureza da lei enquanto geral e abstrata é a — diante da lei, 5.III, 313-14. Dois modos de entender a — diante da lei: como princípio dirigido aos juízes, imparcialidade na aplicação da lei ("a lei deve ser igual para todos"); como princípio dirigido ao legislador, direito de todos de serem submetidos à mesma lei ("todos devem ter igual lei"), 5.III, 313-14.
Para que a — não se torne um conceito genérico, é necessário perguntar quem são os iguais ("— entre quem?") e em relação a quê são iguais ("- em quê"), 5.II, 298; 5.III, 317; 9.II, 491. Existência de diversos critérios para distinguir os iguais dos desiguais (→ Justiça, critérios de); 5.III, 315; 9.II, 491. Com base na *Declaração Universal dos Direitos do Homem (→)* todos os indivíduos são iguais no gozo de alguns Direitos (→) fundamentais, 9.II, 492. Todas as ideologias políticas têm a ver com a —; diz-se igualitária, em uma primeira aproximação, a concepção da sociedade segundo a qual é desejável que todos sejam iguais em tudo, 5.II, 297-98. Entre os critérios de justiça, o critério igualitário por excelência é o critério da necessidade, 5.II, 300. Tensão entre Liberalismo (→) e igualitarismo, 5.II, 301-06. Distinção entre — dos pontos de partida, ou das oportunidades, (liberalismo) e — dos pontos de chegada, ou dos resultados, (igualitarismo), 5.II, 301-02. A — propugnada pelos igualitários é a — econômica, 5.II, 303. Distinção entre dois modos de perseguir a -: extensão a uma categoria que estava privada das vantagens de uma outra categoria (compatível com o liberalismo), e nivelamento (igualitarismo), 5.II, 303. Distinção entre desigual-

dades naturais e sociais: em nome da — natural o igualitário condena as desigualdades sociais; em nome da desigualdade natural o inigualitário condena a — social, 5.II, 304. Para os igualitários os homens, considerados como *genus*, são mais iguais do que desiguais (→ também Organicismo); para os liberais, os homens, considerados como Indivíduos (→), são mais desiguais do que iguais, 5.II, 305-06. Analogias entre igualitarismo e Comunismo (→), 5.II, 306. Estreita conexão entre — e Liberdade (→): a — jurídica corresponde à liberdade negativa, a — política à liberdade política, a — social à liberdade "positiva" ou liberdade como poder, 5.II, 297; 9.II, 492. — e liberdade são valores antinômicos apenas se considerados segundo algumas das suas acepções, 9.II, 496.

Igualitarismo/antiigualitarismo: → Igualdade.

Eleição/eleições

Para os antigos os conceitos de Democracia e de — não se remetem necessariamente um ao outro: a democracia não se resume às —, mesmo que não as exclua, e as — são perfeitamente conciliáveis com as formas de governo aristocrática e monárquica, 7.I, 373. Na democracia dos modernos e naquela dos antigos a relação entre participação e — está invertida: a democracia dos modernos é uma democracia representativa às vezes complementada por formas de participação popular direta, tal como o referendo; a democracia dos antigos é uma democracia direta às vezes corrigida por — de algumas magistraturas, 7.I, 374.

Equilíbrio do terror

Reedição da antiga teoria do equilíbrio das potências, com o acréscimo da confiança em que as armas atômicas representem um impedimento tal a ponto de tornar a Guerra (→) impossível, 10.I, 535; 10.I, 537. Paradoxos da doutrina do —: as armas nucleares são construídas com o propósito de não serem jamais usadas; o — não elimina a guerra, mas apenas a guerra nuclear (→ também Guerra atômica), 10.I, 536. Ulterior dificuldade: a teoria do — se sustenta sobre o pressuposto, dificilmente verificável, da igualdade das forças, 10.I, 536. O — é, além de ineficaz, contraproducente, 10.I, 536. Analogia entre — e estado de natureza hobbesiano: a Paz (→) garantida pelo — é apenas uma trégua à espera de novas guerras, 10.I, 534; 10.I, 539. Do estado de — tal como do estado de natureza hobbesiano, deve-se necessariamente sair, 10.I, 539. Para sair do equilíbrio entre forças iguais é necessária a intervenção de um Terceiro não envolvido (·→ também Paz), 10.I, 539.

Eqüidade

Adaptação de uma norma ao caso singular, que não permite uma perfeita equiparação aos casos previstos, 5.III, 312.

Ética

Distinção entre morais deontológicas e morais teleológicas, — do princípios e — dos resultados (→ também Ética e política), 3.II, 196; 6.II, 347-349. A — da convicção impõe o respeito a alguns princípios de conduta apresentados como absolutamente válidos, independentemente das conseqüências que eles possam trazer; a — da responsabilidade prescreve agir em vista do resultado, 3.I, 174-75; 3.II, 196; 4.I, 230-31. Distinção entre — social e — individual, 3.II, 179. O desacordo quanto aos fundamentos éticos não prejudica o acordo quanto a algumas regras fundamentais, 3.II, 179. A questão do fundamento racional das máximas morais nada tem a ver com o problema da sua observância prática (→ também Ética e direito), 10.III, 567-568.

Por — profissional entende-se o conjunto de regras de conduta às quais devem se considerar submetidas as pessoas que desempenham uma determinada atividade e que geralmente diferem das regras da moral comum por excesso ou por falta, 3.II, 188. Diferença entre a — do cientista e a — do Político, 7.II, 398.

Ética e direito

Não basta fundar racionalmente uma máxima moral para conseguir a sua observância; para uma regra ser efetivamente aplicada é necessário o Direito (→), 10.III, 567-68. Com a passagem da ética ao direito, o discurso se desloca do plano da validade ideal para o plano da eficácia das regras, 10.III, 568. Um princípio moral só se torna jurídico quando a desobediência às Leis leva a conseqüências negativas para o transgressor, produzidas pelo exercício do poder coativo (isto é, do uso da Força, →, reconhecido como legítimo), 10.III, 567-570.

Ética e política

Problema da relação entre —, 3.I, 173-177; 3.II, 177-203; 4.I, 226-232. É convicção comum que a política obedeça a um código de regras diferente do, e em parte incompatível com, o código da conduta moral (*autonomia da política*) (→ também Maquiavelismo), 3.I, 174; 3.II, 177, 180; 4.I, 227. Problema da justificação do conflito evidente entre moral comum e moral política, 3.II, 181; 4.I, 229. Justificação com base no distinto critério de avaliação das ações (ética das intenções *versus* ética da responsabilidade,

→ também Ética), 3.I, 173-75; 3.II, 183; 3.II, 195-97; 4.I, 230-31; 6.II, 349. Justificação com base na diferença entre ética individual e ética de grupo, 3.I, 175-77. Distinção entre teorias prescritivas e analíticas da relação entre — 3.II, 183. Quatro grandes grupos de teorias que enfrentaram o problema da relação entre —, 3.II; 184. Teorias do monismo rígido: redução da política à moral ou da moral à política, 3.II, 184-86. Teorias do monismo flexível: o único sistema normativo é o sistema moral, que consente derrogas em razão de circunstâncias excepcionais ou da particularidade da atividade política, 3.II, 186-190; 4.I, 229. Teorias do dualimo aparente: moral e política como sistemas normativos distintos, mas não de todo independentes, e dispostos em uma ordem hierárquica, 3.II, 190-93. Teorias do dualismo real: distinção entre ações finais, boas em si, e ações instrumentais, boas se idôneas para a realização do objetivo ("o fim justifica os meios"; ética das intenções *vs.* ética da reponsabilidade) 3.II, 193-97; 10.I, 522. Ligação entre as várias teorias, 3.II, 197-200. Em todo caso, a ação política não se subtrai ao juízo de lícito e ilícito, no qual consiste o juízo moral, 3.II, 202. A redução de toda a política à ética da responsabilidade é uma indevida extensão do pensamento de Weber, 3.II, 197.

Europa

Oposição entre — livre e Oriente despótico como tema recorrente na história do pensamento político europeu (→ também Despotismo), 8.I, 418. O ideal do governo da Liberdade (→), no duplo sentido de liberdade dos antigos e de liberdade dos modernos, representa o núcleo central da "ideologia européia" (→ também Ideologia), 8.I, 418-19; 12.I, 640. Uma ulterior característica da ideologia européia, da era moderna em diante, é a concepção progressiva da história, em oposição ao imobilismo oriental (→ Filosofia da história), 12.I, 646. Ocaso da ideologia européia em decorrência dos traumas do nazismo e da descolonização e ao conseqüente declínio da confiança no Progresso (→), 12.I, 648-650-T7.

Fanatismo

Enquanto o cínico é aquele que leva às últimas conseqüências a Ética (→) dos resultados, o fanático é aquele que leva às últimas conseqüências a ética das intenções, 3.II, 197.

Fascismo

Como negação do Liberalismo (→) enquanto ditadura; como negação do Socialismo (→), enquanto defesa do capitalismo, 6.III, 365. Como forma de Despotismo (→), que suprime as associações intermediárias entre indivíduo e Estado, 6.I, 337. Como típico regime contra-revolucionário (→ também Mudança), 11.I, 600. Interpretação marxiana do — como Bonapartismo (→), 2.II, 129. Diferença entre o ideal nacionalista do — e o ideal universalista do Comunismo (→), 12.II, 655.

Federalismo

Diferença entre a confederação de Estados em que pensava Kant, unida exclusivamente por um *pactum societatis*, e a verdadeira e própria federação, unida por um *pactum subiectionis* originador de um Poder (→) comum acima dos contraentes, 10.I, 526-27. Federação mundial de Estados como objetivo último da corrente do Pacifismo (→) democrático, 10.I, 529-30; 10.III, 571. Instituição de um Estado de Estados e perigos de Despotismo (→) 10.I, 525, 527.
Pluralismo e — na tradição socialista, 6.I, 331. Estreita conexão entre — político e concepção geral da história e da filosofia em Cattaneo, 11.III, 635-37.

Filosofia

Definição de — como não-ciência (→ Ciência), 1.I, 73-74; 1.II, 82; 1.III, 91.

Filosofia analítica

Orientação da — a reduzir a filosofia política (→) à análise da linguagem política, 1.I, 69. Distinção entre enfoque analítico, historicista e ideológico dos textos clássicos (→ também Método), 1.III, 96-97. Contra a interpretação limitadora da — entendida como pura e simples análise lingüística, 1.III, 98.
O que diferencia o filósofo analítico do filósofo sintético é a atenção à diversidade mais do que à unidade, 11.III, 636.

Filosofia da história

Como transposição para a esfera dos acontecimentos humanos das grandes questões sobre as razões ou não razões do Mal (→), 10.I, 513. Afinidades e diferenças entre concepção revolucionária e concepção religiosa da história: ambas perseguem o ideal do "novo homem", mas o religioso visa à renovação da sociedade através da renovação do homem, o revolucionário à renovação do homem através da renovação da sociedade, 6.II, 342-350. Distinção entre concepção dinâmica e concepcção estática da história, esta última atribuída pelos filósofos europeus ao Oriente (→ também Europa), 11.I, 589. Distinção entre — progressiva (típica dos modernos) e regressiva ou cíclica (típica dos antigos), 11.I,

589; 12.I, 646. A concepção progressiva da história é de origem judaico-cristã, mas se consolida e se fortalece apenas na era moderna, 11.I, 589. Distinção entre uma — inspirada no primado da política (Hegel) e uma — fundada no primado da economia (Marx), 2.II, 126; 7.II, 394. Tanto em uma concepção estática quanto em uma concepção regressiva da história a Mudança (· ▸) é considerada um mal, 11.I, 590. Reformistas e revolucionários (▸ Reformas e Revolução) têm contudo em comum a idéia da bondade da mudança e da inevitabilidade do Progresso (· ▸), 11.I, 590; XI;II, 614. A — de Cattaneo, gradualista, antiprovidencialista e antiuniformista, é típica do reformismo, 11.III, 625, 631. Analogia entre Hobbes e Lenin: para ambos o fim da história é a eliminação da Violência (▸), coincidente para o primeiro no fortalecimento do Estado, para o segundo na sua eliminação, 5.I, 291.

Filosofia política

Mapa da —, 1.II, 78-86. Enquanto "filosofia" a — deve ser diferenciada das outras maneiras de se aproximar do mesmo objeto, como a ciência e a história; enquanto "política" deve ser diferenciada das outras esferas tradicionais da filosofia prática, como a moral, a economia, o direito, 1.II, 79.
Problema da relação com a Ciência política (▸), 1.I, 67; 1.II, 79; 1.III, 91. Quatro distintos significados de —, aos quais correspondem quatro modos distintos de formular o problema das relações entre — e ciência política, 1.I, 67-71; 1.II, 80; 1.III, 87. Como teoria da ótima república (→ também Utopia), 1.I, 68; 1.II, 81. Como investigação dos critérios de Legitimidade (· ▸) do poder político, 1.I, 68, 70; 1.II, 81; 2.III, 140. Como determinação da categoria da política (▸ também Teoria geral da política), 1.I, 68, 70-71; 1.II, 80. Como metaciência ou teoria da ciência política e como análise da linguagem política, 1.I, 69, 71. A maior distância entre — e ciência política se verifica lá onde a — assume um caráter fortemente valorativo (nas primeiras duas acepções), 1.I, 71. Hoje a função mais útil da — é analisar os conceitos políticos fundamentais, a começar pelo próprio conceito de Política (→), 1.III, 99. Problema da diferença entre — e história das doutrinas políticas, 1.II, 82; 1.III, 94-98.
Significado recente de — como discurso de ética pública, voltado para a formulação de propostas para uma boa política (policy) econômica, sanitária, financeira etc., 1.II, 85; 1.III, 98.

Formas de governo

A teoria das — representa um dos capítulos fundamentais de uma teoria do Estado (→), 2.II, 125. Tipologia clássica das —, com base nos critérios de quem governa (um, poucos, muitos) e de como governa, 2.II, 127; 2.III, 142. Evolução na teoria das -: hoje a Democracia (→) não está mais em oposição à aristocracia e à monarquia, mas à Autocracia (→), 8.I, 416. Caráter inovador da tipologia weberiana, baseada nos distintos princípios de legitimação do poder (▸ também Legitimidade), 2.III, 141-147. Existe na obra de Marx uma teoria das 2.II, 125-130. Confusão entre teoria do governo misto (participação de todas as classe na direção da sociedade) e teoria da separação do poderes, 5.I, 286-287.
→ também Autocracia, Democracia, Despotismo, Tirania.

Força

Distinção entre — e Violência (→): denomina-se — a violência legítima, empregada por quem está autorizado por um sistema normativo, interno o internacional, 10.I, 514. Nas relações internas os limites entre — e violência são muito mais bem definidos do que nas Relações internacionais (→) 10.I, 515.
Poder (→) político como poder cujo meio específico é a —, 3.I, 163; 3.I, 167; 4.I, 221; 4.I, 233; 10.II, 544-5, 551. Estado (→) como detentor do monopólio da — legítima (Weber), 2.III, 134; 10.II, 544; 10.II, 557. Nas Relações internacionais (→), ao contrário, a — é empregada em um regime de livre concorrência e pode a qualquer momento transformar-se em Guerra (→), 10.II, 545; 10.II, 566. Guerra como conflito caracterizado pelo uso da —, entendida como violência cuja finalidade é infligir sofrimentos físicos, 3.I, 172; 10.I, 514.

Jusnaturalismo

O tema fundamental da teoria jusnaturalista é a Justificação (▸) do Estado, 1.I, 75. Distinção entre — clássico e medieval e — moderno: o primeiro dá ênfase ao aspecto imperativo da lei natural, o segundo ao aspecto atributivo (▸ também Norma); o primeiro é uma teoria do direito (· ▸) natural, o segundo uma teoria dos direitos (· ▸) naturais, 9.II, 487. Posto que a função histórica do — é estabelecer limites ao Poder (· ▸) do Estado, o — moderno considera esses limites não mais do ponto de vista do exclusivo dever dos governantes, mas também do ponto de vista dos direitos dos governados, 9.II, 486-488. O — moderno pode ser considerado por muitos aspectos como uma secularização da ética cristã, 9.I, 478. A moderna teoria dos direitos naturais pressupõe uma concepção individualista da sociedade e do Estado, que se consolida em oposição à mais antiga concepção orgânica, (▸ Indivíduo), 2.II, 118; 9.I, 479. Oposição entre modelo jusnaturalista e modelo aristotélico: o ponto de partida do primeiro é o homem considerado como ser naturalmente anti-social; o ponto de partida do segundo é o homem como "animal político", 2.II, 118; 6.I, 322-23; 7.II, 391; 8.I, 423. No estado de natureza imaginado pelos jusnaturalistas, os indivíduos são livres e iguais, 8.I, 423; 9.I, 478; 9.II,, 485. Com a afirmação do — ocorre uma verdadeira revolução copernicana no modo de olhar para o fenômeno do poder: o Estado (→) não é mais considerado um fenômeno natural, mas o produto da vontade dos indivíduos, 7.II, 391-92.

Oposição entre — e Positivismo jurídico (· →), 4.I, 233. Para o — uma norma só pode ser considerada válida se também for justa, ou seja, conforme aos princípios cuja validade não depende da autoridade que detém o poder coativo, 4.I, 233; 4.II, 243. Contribuição do — à crítica do poder tradicional e à defesa do poder legal, através da afirmação da laicização do direito e do primado da Lei (· →) sobre as outras fontes do direito, 2.III, 149.

Justificação

Operação mediante a qual se qualifica um comportamento como (moralmente) lícito ou ilícito, através da evocação de Valores (→), 1.I, 75. Oposição entre — e explicação, com referência à distinção entre Filosofia e Ciência (· →) 1.I, 74-75; 1.II, 82.

Enquanto no discurso científico e ético entende-se por — o conjunto de argumentos adotados para sustentação de uma tese, na Filosofia política (→) e jurídica o conceito de — tende a coincidir com o conceito de legitimação (· → também Legitimidade), 5.III, 310. O problema da — se apresenta quando uma conduta viola as regras geralmente aceitas: não se justifica a obediência, mas a desobediência; não a paz, mas a guerra, 3.II, 181; 4.I, 234; 10.I, 512-13. Os dois modos mais comuns de justificar uma ação consistem ou em remetê-la ao *seu fundamento* ou em considerá-la o meio adequado para atingir um *fim* altamente desejável, 10.III, 560.

Justiça

Desde Aristóteles, nexo entre — e Lei 5.III, (→), 5.III, 309. Com base em uma concepção legalista da —, é justo aquilo que é comandado pelo simples fato de ser comandado, 5.III, 310.

Nexo entre — e Igualdade (→) na *regra de* —, princípio generalíssimo que prescreve o tratamento igual dos iguais e o tratamento desigual dos desiguais, 5.III, 311; 10.II, 491. Na aplicação da regra de — ao caso concreto podem ocorrer dois casos anômalos: a Eqüidade (→) e o privilégio, 5.III, 312. Uma vez estabelecido que os iguais devem ser tratados de modo igual e os desiguais de modo desigual (*regra de* —), é possível distinguir os iguais dos desiguais com base em distintos *critérios de* —, 5.III, 315; 9.II, 491. Na escolha de um ou de outro critério de — entram em campo juízos de Valor (→), 5.III, 316. Desde Platão, conexão entre a noção de Ordem (· →) e noção de —, seja como reguladora do modo pelo qual as partes se relacionam com o todo (— *distributiva*), seja como equilibradora das partes nas relações que estabelecem entre de si (— *comutativa*), 3.I, 169; 5.III, 318. As máximas *suum cuique tribuere* e *suum agere* são duas faces da mesma moeda: a — considerada do ponto de vista do todo acima das partes e do ponto de vista de cada uma das partes, 5.III, 218. A idéia de justiça-ordem retoma e esclarece a idéia de justiça-lei e a idéia de justiça-igualdade, 5.III, 319. Nexo entre a definição de — como ordem e uma concepção organicista da sociedade (→ Organicismo), 5.III, 318; 9.I, 480. Relação entre — e liberdade: a primeira é um valor para quem se coloca do ponto de vista da sociedade; a segunda para quem adota o ponto de vista do indivíduo, 5.III, 319. Exatamente porque atribuíveis a dois sujeitos distintos, os valores da — e da liberdade são complementares, mas incompatíveis na sua plenitude (→ também Liberal-socialismo), 5.III, 319.

Os princípios de — são meramente formais e portanto lhes pode ser atribuído qualquer conteúdo, 4.I, 234. Para estar de acordo quanto à existência de alguns princípios gerais negativos como *neminem laedere* e positivos como *suum cuique tribuere* (*princípios de* —) não é necessário estar de acordo quanto ao seu fundamento, 3.II, 179.

Governo

Antítese entre bom — e mau — (*eunomia e disnomia*) como um dos grandes temas da reflexão política de todos os tempos, 3.III, 205. Dois principais critérios de distinção entre bom — e mau —, 3.III, 206. O primeiro critério: oposição entre — das Leis e — dos homens (→ também Lei), 2.III, 149; 3.III, 208-210; 4.I, 237; 4.II, 247; 12.I, 640-41. Idéia recorrente da superioridade do — das leis sobre o — dos homens, 2.III, 149; 3.III, 208; 4.I, 236-37; 5.III, 312; 12.I, 639. Constitucionalismo como forma institucional do antigo ideal do — das leis, 3.III, 210. Segundo critério: oposição entre — em vista do Bem (ou interesse) comum (→) e — em vista do bem (ou interesse) particular, 3.III, 210-211; 4.II, 246. Democracia representativa como institucionalização do Pluralismo (→) político, anteriormente considerado elemento de mau —, 3.III, 212. Ausência de um critério para distinguir entre bom — e mau — em Hobbes, 3.II, 186.

Alternativa entre — mínimo e — máximo, 3.III, 213. Antítese entre — e não —, 3.III, 214.

Guerra

O par -/Paz (→) representa um típico exemplo de antítese no qual um termo é definido através do outro, 10.I, 509. No par -/Paz, o termo forte, que indica o Estado existencialmente mais relevante, é 10.I, 510-12.

Existe um estado de — quando dois ou mais grupos políticos estão entre si em uma relação de conflito cuja solução é confiada ao uso da Força (·→) 3.I, 171; 4.I, 222; 10.I, 513; 10.II, 522; 10.III, 565. Nem todos os conflitos são resolvidos com o uso da força entendida como violência física: a — é apenas um dos modos de solução de um conflito, 10.I, 514. Para que se possa falar de –- o, uso da força deve ser coletivo, durável e organizado, 10.I, 516. O tema da — é o tema por excelência de toda teoria das Relações internacionais (·→), 10.II, 545.

Quatro distintos modos de considerar as relações entre — e Direito (→), dos quais depende o juízo de valor sobre a —, 10.III, 559. *a*) — como *meio para* restabelecer o direito violado (ou como *sanção*), 10.I, 521; 10.III, 560. A definição da — como sanção é um dos elementos constantes da teoria da guerra justa, 10.I, 520; 10.III, 559-561. A analogia entre — e sanção é apenas superficialmente válida, 10.III, 561-562. *b*) — como *objeto* do direito: o *jus belli* se ocupa da regulamentação da conduta de —, 10.III, 559. Enquanto a teoria do *bellum iustum* versa sobre o problema da Legitimidade (·→) da —, a teoria do *ius belli* tem por objeto o problema da sua Legalidade (→); uma — pode ser legítima (ter uma justa causa) sem ser legal (ser conduzida sem respeito ao direito de guerra) e vice-versa, 10.III, 559. Quando se diz que a — é meio para restabelecer o Direito, por "direito" se entende o conjunto das Normas (·→) primárias; quando se diz que a — é o conteúdo de regras jurídicas, por "regras jurídicas" se entendem as normas secundárias, 10.III, 561. Crise da teoria do *bellum iustum* em seguida à aplicação do método do Positivismo jurídico (·→) ao direito internacional, que torna juridicamente irrelevante a distinção entre — justas e injustas; crise do *ius belli* em seguida ao aparecimento de novas armas que não admitem limites ao seu uso (·→ também Guerra atômica), 10.III, 561-62. *c*) — como *fonte* do direito (ou como *revolução*), vale dizer como instrumento para instaurar um novo direito, 10.I, 4521; 10.III, 563. O que muda na passagem da — como sanção à — como revolução é o critério de legitimação: enquanto a — restauradora apela para o direito positivo, a —

instauradora apela para o direito natural, 10.I, 521; 10.III, 563-573. *d*) — como *antítese* do direito: entendendo o direito como conjunto de regras ordenadas que tem por finalidade a Paz, onde avança o reino do direito cessa o estado de —, 10.I, 520; 10.III, 564.

Distinção entre a teoria liberal-democrática, que explica a — em termos políticos, e a teoria marxista, que explica a — em termos econômicos, recorrendo à categoria de Imperialismo (·→), 10.II, 546. A noção de imperialismo não é suficiente para explicar a -: nem todas as — são imperialistas e nem todas as formas de imperialismo implicam a —, 10.II, 551-59. Mais ampla do que a categoria de imperialismo é a categoria de Política de potência (→) 10.II, 555. Implausibilidade da tese que estabelece uma dependência entre as — por razões ideológicas (— de religião), 10.II, 556.

como obstáculo à promoção dos Direitos (·→) do homem e à solução dos problemas Norte-Sul, 9.III, 497-501. Relação entre — e Progresso (·→).

Guerra atômica

Com o surgimento das armas termonucleares a Guerra (→) tornou-se *legibus soluta*, livre dos vínculos anteriormente colocados pelo *ius belli*, 10.III, 562. Da confiança na capacidade deterrente das armas atômicas nasceu a doutrina do Equilíbrio do terror (→), 10.I, 534.

Ideologia

Menos irracional do que o mito, menos definida do que a teoria, menos pretensiosa do que o ideal, a — não exclui, antes implica, um elemento de "falsa consciência", 8.I, 418; 12.I, 640. O único critério com base no qual se pode julgar uma — é critério da sua eficácia prática, não da sua verdade, 12.I, 650. "- européia", ·→ Europa.

Iluminismo

O — significou uma radical mudança do comportamento do homem diante do *arcana Dei*, dos *arcana naturae* e dos *arcana imperii* e um considerável passo adiante na afirmação do poder visível sobre o Poder invisível (→), 7.II, 388; 7.III, 406. Típica do — é uma concepção evolutiva da história e uma idéia de Progresso (·→) como produto cumulativo de pequenas mudanças, 10.I, 590. Definição kantiana de —, 2.I, 113.

Imperialismo

Ambigüidade do termo — e multiplicidade de usos nos quais é empregado, 10.II, 552. Distinção entre teorias econômicas e teorias políticas do —, 10.II, 549. As teorias marxistas do — são do primeiro tipo (·ᐟ Marxismo) e consistem na extensão para as Relações internacionais (·ᐟ) da grande antítese entre explorados e exploradores válida em primeiro lugar nas relações internas, 10.II, 550. O problema do — não exaure o problema da Guerra (→) 10.II, 551-54.

Indivíduo/Individualismo

Tradicionalmente, o — foi considerado o sujeito passivo da Relação política (→), destinatário de deveres mais do que titular de Direitos (·ᐟ), 9.I, 479. Com a consolidação do cristianismo antes e do Jusnaturalismo (·ᐟ) depois, o problema dos direitos e dos deveres começa a ser observado do ponto de vista do — e não mais do ponto de vista da sociedade, 9.I, 477-78.
Concepção individualista significa que antes vem o —, e depois o Estado (→), que o Estado é feito para o —, dotado de valor intrínseco, e não o — para o Estado, 9.I, 480. A concepção individualista se opõe à concepção orgânica da sociedade e do Estado (ᐟ Organicismo); 5.I, 296; 9.I, 479.
Em forma de doutrina dos direitos do homem ou de doutrina utilitarista, a concepção individualista da sociedade está na base da Democracia (→) moderna ("*uma cabeça, um voto*") e é dela inseparável, 7.I, 380; 7.II, 392; 8.I, 424; 9.I, 481. O — que constitui o fundamento ético da democracia moderna é o — entendido como Pessoa (ᐟ) moral (que tem uma dignidade e não um preço) e racional (capaz de julgar o que é melhor para seus próprios interesses), 7.II, 392; 8.I, 424. Distinção entre — ontológico, ético, metodológico, 7.I, 380; 7.II, 392; 9.I, 480-481. Essas três versões do individualismo contribuem para conferir um valor positivo a um termo que tradicionalmente recebeu conotação negativa, 9.I, 481. A concepção individualista não prescinde da consideração de que o homem é também um ser social, 7.I, 381. Contra a absolutização do — metodológico: nascido no âmbito da ciência econômica (→ Economia), é inadequado para explicar fenômenos coletivos como a linguagem e, em parte, o direito, 7.I, 381.

Intelectuais

Com a consolidação das liberdades de pensamento e de opinião se constitui a classe moderna dos —, que substitui a classe dos sacerdotes das religiões tradicionais no exercício do Poder (→) ideológico, 4.I, 224. Uma relativa autonomia da esfera intelectual, dentro da qual se elaboram os instrumentos do consenso e do dissenso, tornou-se um dado constante das democracias pluralistas nascidas no período da secularização (V. também Política e cultura), 4.I, 225.

Instituições políticas: → Representação e Parlamento.

Legalidade

Distinção clássica entre o conceito de —, relativo ao exercício do poder , e o conceito de Legitimidade (·ᐟ), relativo à titularidade do poder, 3.III, 153; 4.I, 237; 4.III, 256. Enquanto o tema da legitimidade serve para distinguir o poder de direito do poder de fato, o conceito de — serve para distinguir o bom governo do mau governo, o poder legal do poder arbitrário (ᐟ também Lei), 4.I, 237. Nexo entre — e racionalidade em Weber, 2.III, 151-55.
Com base no princípio de —, é legítimo apenas o poder que é exercido em conformidade com as leis estabelecidas, 2.III, 148. O princípio de — e o princípio de imparcialidade representam as máximas fundamentais sobre as quais se funda o Estado de direito (ᐟ), 5,I, 288. É distinto o comportamento de reformistas e revolucionários em relação ao princípio de — (·ᐟ Reformas e Revolução), 11.I, 591-94.

Lei

Enunciação através da qual se estabelece aquilo que se deve fazer ou não se deve fazer, 9.I, 477. Norma (·ᐟ) dotada de duas caracteríticas, da generalidade e da abstração, 5.III, 311. A generalidade e a abstração da — garantem a Igualdade (ᐟ) formal, 5.III, 311. Do nexo entre — e igualdade deriva a idéia da superioridade dos governo das leis (*rex sub lege*) sobre o governo dos homens (*lex sub rege*) (ᐟ Governo), 2.III, 149; 3.III, 208; 4.II, 247; 5.III, 312; 12.I, 639, 641. A afirmação do princípio da superioridade de — tem como conseqüência o descrédito de todas as outras fontes do direito, como o direito consuetudinário e o direito dos juízes, 2.III, 150. A idéia da supremacia da — depende da uma concepção monocênctrica do Estado (→) e perde validade em sociedades pluralistas e pluricêntricas como as hodiernas, caracterizadas pela predominância do método contratual (→ Contrato/contratação), 8.II, 439; 8.III, 456.

Legitimidade

Distinção clássica entre o conceito de — e o conceito de Legalidade, (ᐟ). Investigação dos critérios de — do poder (isto é, das razões pelas quais um poder é e deve ser obedecido) como um dos quatro modos de entender a Filosofia política (→), 1.I, 68, 140; 2.III, 81-82. Recorre-se à noção de — para distinguir o poder político, como poder juridicamente fundado, das várias formas de poder de fato (·ᐟ também Autoridade), 4.I, 234. Um poder pode ser considerado legítimo quando quem o detém o exerce a

695

justo título, enquanto autorizado por uma norma ou por um conjunto de normas, 4.I, 234; 5.III, 390. Em outro sentido, é legítimo o poder reconhecido na sua necessidade por parte da grande maioria dos membros do grupo, 10.III, 566. Relevância do tema da — em Weber, 2.III, 130; 2.III, 138; 2.III, 140. Distinção das Formas de governo (→) com base nos distintos princípios de —, 2.III, 141-47. Distintos modos de entender a relação entre — e efetividade, 2.III, 138-140, I; 4.I, 236, 4.II, 245.

Liberalismo

Como defesa do Estado (→) limitado contra o Estado absolutista, 5.I, 275, 276. A exigência permanente expressa pelo — clássico é a luta contra os abusos de poder e a defesa dos direitos de Liberdade (··→), 5.I, 220, 226-27. Garantia dos direitos e controle dos poderes são os dois traços característicos do Estado liberal, (› também Estado de direito), 5.I, 276. A Liberdade (›) defendida pelo — é a liberdade como não-impedimento: liberal é aquele que persegue o fim de ampliar cada vez mais a esfera das ações não-impedidas, 2.I, 101; 5.I, 279, 280. O princípio fundamental do — é a concepção historicista da verdade, o comportamento crítico contra o comportamento dogmático, 5.I, 272; 12.II, 662. Problema da relação entre — e Democracia (·›), 5.I, 271. Democratização formal e substancial dos regimes liberais não como superação, mas como integração do — clássico, 5.I, 271; 5.I, 284. O —, entendido como garantia das "quatro liberdades dos modernos", é o pressuposto da democracia para o nexo ineliminável entre liberdade como não-impedimento e liberdade como autonomia, a única democracia efetiva é a liberal-democracia, 5.I, 270; 5.I, 284; 6.II, 352. Três modos de formular o problema da relação entre — e Comunismo (›), 5.I, 273-274. Doutrina liberal como defesa do Estado mínimo contra o Estado máximo (o Estado que governa melhor é aquele que governa menos), 4.I, 226; 10.I, 530. — como antiigualitarismo: as doutrinas liberais e neoliberais contestam à sociedade o direito de estabelecer a si mesma tarefas de Justiça (→) distributiva e redistributiva, 5.II, 301-303; 5.III, 319. "A democracia coincide com o — político, embora não coincida necessariamente com o — econômico" (Kelsen), 5.I, 283.

Liberal-socialismo

Ambigüidade da expressão —: seja quando indicam ideologias ou instituições ou movimentos, Liberalismo (→) e Socialismo (→) são historicamente considerados termos antitéticos,

6.III, 355-356. A antítese entre liberalismo e socialismo se atenua até desaparecer à medida que se distancia dos movimentos socialistas influenciados pelo marxismo, 6.III, 357. A história do – se inicia com J. S. Mill, 6.III, 357. O encontro entre Liberalismo e socialismo aconteceu historicamente através de duas distintas vias: a do liberalismo para o socialismo e a do socialismo para o liberalismo, 6.III, 365. Fragilidade teórica das expressões — e socialismo liberal: os valores de Justiça (→) e Liberdade (·›) não são realizáveis conjuntamente em sua plenitude; uma conciliação entre elas pode ser buscada apenas no plano pragmático, 5.III, 319; 6.III, 367. Tendo nascido como exigência de oferecer um remédio em nome do socialismo para os efeitos práticos do liberalismo, o — ofereceu-se sucessivamente como remédio, em nome do liberalismo, para o socialismo despótico, 6.III, 365.

Liberdade

Conceito genérico se não se responde às perguntas: "- de quem?"; "— de quê?", 5.II, 298. Como *não-impedimento* (*ou — negativa* ou — *de*): faculdade de cumprir ou não cumprir certas ações, na ausência de comandos e proibições (doutrina liberal clássica), 2.I, 102; 5.I, 280; 5.I, 291; 9.II,, 489; 9.III, 504. Como *autonomia* (ou — *política*), chamada também de "— positiva" ou "— como não-coerção": poder de dar normas a si mesmo e de não obedecer a outras normas senão àquelas dadas a si mesmo (doutrina democrática), 2.I, 101; 5.I, 280; 5.I, 291; 9.II, 489. Como *autodeterminação* (significado comum à doutrina liberal e à doutrina democrática), 2.I, 102. — *"positiva"* (ou — *para*) entendida como efetivo poder para fazer aquilo que a liberdade negativa permite fazer, 9.II, 490; 9.III, 504. Disputa entre fautores do Liberalismo (→) e da Democracia (›) como discussão em torno do primado da — como não-impedimento ou da — como autonomia, 5.I, 281 em diante; 5.I, 291. O exercício da — como autonomia pressupõe a existência da — como não-impedimento, 5.I, 283; 5.I, 294. À distinção entre — como autonomia e — como não-impedimento corresponde a antítese entre — dos antigos e — dos modernos, 2.I, 104; 12.I, 639. Contrariamente à interpretação de Constant, no discurso de Péricles sobre a democracia são distinguidas e elogiadas seja a — dos antigos seja a — dos modernos, 8.I, 416; 12.I, 639. Os dois significados de — são ainda confusos em Kant, que propõe uma definição explícita distinta da definição implícita, 2.I, 105-113. As "quatro grandes — dos modernos" (— pessoal, de opinião, de reunião, de associação) constituem o pressuposto da Democracia (· ‣), 6.II, 362. Problemas de — negativa e de — "positiva" (entendida como autonomia) surgem hoje não apenas em relação ao Estado, mas também em relação aos centros de poder da Sociedade civil (· ‣), 6.I, 341. Na sociedade tecno-burocrática a ser ameaçada é a — humana, no sentido amplo da palavra (→ também Tecnocracia), 6.I, 341. Estreita relação entre — e Igualdade (→), 5.II, 297; 9.II, 491; 9.II, 496.

Linguagem (análise da): (→) Filosofia analítica.

Maquiavelismo

Toda teoria política que sustenta e defende a separação da política da moral (‣ Ética e política), 3.I, 173. Interpretação da política como a esfera das ações instrumentais, que devem ser julgadas não em si mesmas, mas com base na sua idoneidade para a realização de um certo fim (‣ ou também Razão de Estado), 3.I, 174; 3.II, 193-95, 197.

Maioria

A regra da — estabelece que é acolhida como decisão coletiva a decisão tomada pela — dos votantes, 8.II, 448. Não obstante a opinião comum que identifica Democracia (→) e regra da —, não é verdade que: a) apenas nos sistemas democráticos valha a regra da —; b) neles as decisões coletivas sejam tomadas apenas mediante a regra de —, 8.II, 429. Distinção entre *regra da* — (que indica *como* se governa) e *governo da* — (que indica *quantos* governam): a história do princípio de — não coincide com a história da democracia como forma de governo, 8.II, 430-431. Do direito romano em diante, a regra de — foi considerada o procedimento mais idôneo para a formação de uma decisão coletiva nos corpos colegiados, 8.II, 430. Argumentos axiológicos e técnicos em favor da regra de —, os primeiros dirigidos predominantemente contra o poder monocrático, os segundos contra a regra da unanimidade, 8.II, 433; 8.II, 438. Fragilidade dos argumentos axiológicos: entre o princípio de — e os valores democráticos de Igualdade (→) e Liberdade (‣) não há uma relação necessária, 5.I, 282; 8.II, 434-436. O que distingue uma democracia de um sistema autocrático não é o princípio de —, mas o sufrágio universal: o princípio de — é democrático apenas se se aplica ao maior número, 8.II, 435, 438, 441, 448-49, 454.
Maior validade dos argumentos técnicos, tese que mostra que a regra de — é mais idônea do que a regra da unanimidade para alcançar uma decisão coletiva entre pessoas com opiniões distintas, 8.II, 436-438.

Limites de relevância do princípio de —: além da regra da —, nos sistemas democráticos as decisões coletivas são assumidas recorrendo-se ao método da contratação (‣ Contrato/contratação), 8.II, 438-441. Nexo entre princípio de — e interesses gerais, contratação e interesses particulares, 8.III, 465. Diferente da decisão assumida mediante compromisso, a decisão por — é uma típica decisão com resultado zero, 8.II, 440. *Limites de validade* do princípio de -: opiniões conflitantes sobre a sua validade absoluta, 8.II, 441-443. Dado o seu *status* de regra do jogo, o princípio de — deve ser aceito por unanimidade, 8.II, 443. *Limites de aplicação* do princípio de -: sobre os Direitos (→) fundamentais, e em geral sobre valores, princípios, postulados éticos não são decididos por —, 8.II, 444. Por diferentes motivos, também as questões de natureza técnica e as questões de consciência são subtraídas da aplicação da regra de — (→ também Tecnocracia), 8.II, 445. Um limite ulterior à aplicação do princípio de — deriva da exigência de tutelar Minorias (→) étnicas e lingüísticas, 8.II, 446. *Limites de eficácia* da regra de —: a existência de situações irreversíveis torna inútil a vantagem usualmente associada ao princípio de —, de tornar possível uma Mudança (→) pacífica, 8.II, 447-448. *Aporias* às quais vai de encontro a regra de —, considerada como expediente técnico: a) limitando-se a estabelecer "como" se vota, nada fica sobre "quem" vota, 8.II, 448-49; b) problemática do cálculo da —: o resultado muda segundo se leve em conta os que têm direito a voto ou os votantes, 8.II, 450-452; c) quando as soluções submetidas ao voto ou os candidatos são mais de dois, a formação da — absoluta não é garantida, e se torna possível apenas por meio de um acordo obtido através do método da contratação, 8.II, 453.

Mal

Problema da justificação do — na história (teodicéia), nos seus dois aspectos de — ativo (maldade) e de — passivo (sofrimento), 3.II, 181; 12.III, 672. Enquanto o religioso vê a origem do — em Deus ou na natureza humana, o revolucionário a individua na história, o erro que os une é a *reductio ad unum* das causas da perversão histórica, 6.II, 345. Estado (→) como — necessário: a causa da natureza corrupta do homem (santo Agostinho) ou a causa do particular estado das Relações de produção (Marx), 2.II, 124.

Marxismo

Como teoria do primado do econômico sobre o político: se para ser marxista não basta sustentar o primado do econômico, basta negá-lo para

697

não ser marxista, 10.II, 550. Mesmo se não completamente elaborada, em Marx existe uma teoria das Formas de governo (→) e do Estado (→), 2.II, 114; 2.II, 125-30. Distinção entre Estado representativo e Bonapartismo (→) em Marx, 2.II, 114; 2.II, 128-30. A teoria do Estado de Marx é historicista, antiindividualista e anticontratualista, 2.II, 118. Invertendo uma secular tradição, o — concebe o Estado como reino não da razão, mas da Força (→), não do bem comum mas do interesse de parte, 2.II, 113; 2.II, 122; 4.III, 262; 5.I, 289. Analogias entre concepção marxiana e agostiniana do Estado, 2.II, 123-124; 5.I, 291.
Como doutrina da liberdade alcançada através da extinção do Estado (→), 5.I, 291. A liberdade tradicionalmente defendida pelo — é a liberdade democrática, entendida como autonomia, 5.I, 278. A idéia da extinção do Estado representa o momento utópico de uma teoria indiscutivelmente realista como a marxista, 2.II, 116. Existe uma teoria marxista das Relações internacionais(→)?, 10.II, 534-559. Existe uma teoria marxista da Guerra (→)?, 10.II, 534-59. Nexo estreitíssimo entre a teoria do Estado como instrumento de domínio de classe nas relações internas e a teoria do Imperialismo (→) nas relações internacionais (→), 10.II, 549. A meta final para a qual tende o — é uma sociedade na qual o desaparecimento das classes leve à eliminação de qualquer forma de Poder (→) político entendido como poder coativo exercido pelo Estado seja em seu interior, seja em seu exterior, 10.II, 550.
Diferença entre a concepção relativista da verdade típica do Liberalismo (→) e a concepção absolutista da verdade típica do —, 12.II, 662.

Método/s

Entre os diferentes — de se enfrentar os textos clássicos, aquele que tem um parentesco mais estreito com a Filosofia política (→) é o — analítico, que consiste em examinar o texto em si mesmo, na sua estrutura conceitual e coerência interna, independentemente de qualquer referência histórica e de qualquer interpretação-falsificação ideológica, 1.III, 96-97. Contudo, — analítico e — histórico não são incompatíveis, mas se integram bem um ao outro (→ também Filosofia analítica), 1.III, 98.

Minoria

Distinção entre a tutela da — de um corpo coletivo, que consiste em não impedir a possibilidade de se tornar Maioria (→) e a tutela de uma — lingüística ou étnica, que consiste em impedir à maioria a faculdade de intervir em algumas matérias reservadas, 8.II, 446.

Moderno/modernidade

Com a consolidação, a partir de Hobbes, da teoria moderna dos direitos do homem (→ também Jusnaturalismo), o fenômeno do poder deixa de ser observado predominantemente do ponto de vista do Estado, e passa a sê-lo do ponto de vista do Indivíduo (→); não mais do ponto de vista dos governantes, mas do ponto de vista dos governados (→ também Relação política), 7.II, 389-90; 9.I, 478; 9.II, 486-88; 12.III, 675-676. Como conseqüência dessa inversão de perspectiva, consolida-se a concepção moderna do Estado (→), entendido como produto artificial e não mais como fato natural, 7.II, 391; 8.I, 423. Distinção entre Democracia (→) dos antigos e dos modernos. Distinção entre Liberdade (→) dos antigos e dos modernos. Distinção entre Pluralismo (→) dos antigos e dos modernos. Distinção entre Despotismo (→) dos antigos e dos modernos. Distinção entre Jusnaturalismo (→) clássico e moderno. Distinção entre Filosofia da história (→) típica dos antigos e dos modernos.

Moral: → Ética .

Mudança

Reformas (→) e Revolução (→) como estratégias alternativas, inspiradas na idéia da bondade da — e da inevitabilidade do Progresso (→), 11.I, 579; 11.I, 590, 598. Distinção entre a — e o seu resultado: a antítese reformas/revolução diz respeito principalmente ao primeiro aspecto, 11.I, 579. Em relação ao modo da —, reformismo e revolucionarismo se distinguem com base no diferente comportamento adotado no que se refere ao princípio de Legalidade (→), 11.I, 591-94; 11.II, 613. O reformista é um legalista, porque considera que a — deve ser introduzida respeitando as regras do jogo, entre as quais nunca está ausente a chamada "norma de —", 11.I, 591-92. O revolucionário não é um legalista porque tem por objetivo mudar como um todo a ordem jurídica, inclusive a regra que o proibiria de assim fazer, 11.I, 592. Ao legalismo do reformista contrapõe-se a Violência (→) revolucionária, 11.I, 595; 11.II, 614.
Tanto em uma concepção estática quanto em uma concepção regressiva da história, a — é considerada um mal, 11.I, 590. Conservadorismo e contra-revolução como estratégias inspiradas em uma concepção negativa da —, 11.I, 598; 11.II, 614. Correspondência entre conservadorismo e reformismo c entre estratégia contra-revolucionária e revolucionária: o conservadorismo é uma defesa legal dos interesses constituídos contra os reformadores; a estratégia contra-revolucio-

nária consiste na ruptura ilegal da ordem social, em função preventiva em relação à presumida violência revolucionária, 11.I, 598.; 11.II, 615. Conservadorismo e contra-revolução distinguem-se também pela maior ou menor radicalidade da —, 11.II, 615.
Nexo entre — e Guerra (→) 10.I, 511. Nexo entre — pacífica e princípio de Maioria (-→), 8.II, 447-448.

Não-violência

Como uma das formas de exercício do Direito de resistência (→), 4.III, 262. Diferença entre velhas e novas argumentações em favor da —, 4.III, 263. Não se pode excluir que o aperfeiçoamento das técnicas da — derive da possibilidade de transformações revolucionárias (quanto aos efeitos), conseguidas sem necessidade de recorrer à Revolução (→) entendida como causa, 11.I, 596.

Norma/s

Toda — jurídica é *imperativo-atributiva*, isto é, impõe um dever a um sujeito no momento mesmo em que atribui um direito a um outro sujeito, 9.II, 487.
Distinção entre — primárias e — secundárias: as primeiras têm por destinatários os cidadãos e são voltadas para a prevenção dos conflitos; as segundas têm por destinatários os funcionários públicos encarregados de fazer com que as — primárias sejam respeitadas, mesmo que recorrendo à força, 3.I, 166; 10.III, 561; 10.III, 565-66. Para que se possa realizar o objetivo da Paz (→) através do direito, é necessário que a ordem jurídica (→) também contenha — secundárias, 10.III, 566.
Poder político e — jurídica podem ser considerados duas faces da mesma moeda (→ também Direito), 4.II, 239.

Ordem jurídica

Conjunto de Normas (→) primárias e de normas secundárias, 3.I, 166. Entendida exclusivamente como Direito (→) positivo, é uma ordem coativa, ou seja, um conjunto de normas que são feitas valer também pelo recurso à força, 4.I, 232. Uma — se distingue de uma ordem moral ou social porque se serve em última instância da Força (→) legítima para obter obediência, 10.III, 566.
O fim comum a qualquer — é a Paz, 10.I, 519; 10.III, 563. Redução do Estado (→) à — em Kelsen, 4.II, 239; 4.II, 252.

Ordem

Dois modos de entender a -: como coordenação (Liberalismo, →) e como subordinação (Socia-

lismo, →), 5.I, 296. De Platão em diante, conexão entre a noção de — e a noção de Justiça (→), 3.I, 169; 5.III, 318.
Como fim mínimo da Política (→): o dia em que fosse possível uma — espontânea, a política se tornaria supérflua, 3.I, 168; 4.I, 220.

Organicismo

O — consiste em conceber o corpo social à imagem e semelhança do corpo físico, 5.III, 318. Com base em uma concepção organicista a sociedade é o todo e o indivíduo a parte e cada parte recebe a própria dignidade com base na função que desempenha no todo, 5.I, 295; 6.I, 334; 7.I, 378; 9.I, 479; 9.III, 504-505. As concepções holistas da sociedade têm em comum o desprezo pela Democracia (→), entendida como a forma de governo na qual todos são livres para tomar as decisões que lhes dizem respeito, 9.I, 481. Tanto o Comunismo (→) quanto o Igualitarismo (→) tendem a conceber a sociedade como uma totalidade orgânica e comunitária e são, por esse aspecto, antitéticos ao liberalismo, 5.II, 302, 305-306. O Pluralismo (→) de matriz católica, diferente do pluralismo socialista-libertário e liberal, remete a uma concepção orgânica da sociedade, 6.I, 333-337. Antítese entre Liberalismo e Socialismo como oposição entre individualismo e —, atomismo e holismo, 6.III, 357.

Paz

Estreita conexão entre o conceito de — e o conceito de Guerra (→), 10.I, 509. No par guerra/ —, entendido em sentido descritivo, o termo forte é o primeiro, o termo fraco o segundo: a definição de — pressupõe a definição de guerra e não o contrário, 10.I, 510-12. Uma vez definido o estado de guerra, o estado de — é aquele em que se encontram dois grupos políticos quando entre eles não existe um conflito para cuja solução ambos recorram à violência coletiva, durável e organizada, 10.I, 516. O estado de — não exclui o conflito, mas apenas aquele conflito cuja solução é confiada ao emprego da força real, 10.I, 516. Distinção entre a definição de — como não-guerra e a definição positiva de — como o conjunto de acordos com os quais dois grupos políticos põem fim à guerra e regulam as suas relações futuras, 10.I, 516. Contra a adoção de uma noção excessivamente ampla de —, entendida como negação não tanto da guerra, mas da violência em qualquer de suas formas (Galtung), 10.I, 517-518.
→ como fim mínimo do Direito (→), comum a toda Ordem jurídica (→), 10.I, 520; 10.III, 563. Na história do pensamento, à — nem sempre foi atribuído um valor axiologicamente positi-

vo, 10.I, 519-524. Distinção entre — perpétua e — parcial, 10.I, 525; 10.I, 535. A idéia de — universal foi com freqüência condenada porque associada à idéia de um super-Estado despótico (→ Despotismo), 10.I, 525, 527. Equilíbrio das forças (→ também Equilíbrio do terror) e federação de Estados (→ também Federalismo) como soluções alternativas ao problema da —, 10.I, 525. Mais do que da vitória de um contendedor sobre outro (— de império), a — pode nascer da presença de um Terceiro acima das partes, 10.I, 540.

Importância do *Terceiro* em uma estratégia de —, 10.I, 540. Distinção entre estado de guerra (ou estado polêmico) e estado de — (ou estado agonal) com base na ausência ou presença de um Terceiro em um conflito, 10.I, 514; 10.I, 540. Dus figuras principais de *Terceiro-para-a-Paz:* o árbitro *(Tertium super partes)* e o mediador *(Tertium inter partes)*, 10.I, 540. No atual sistema internacional, falência das Nações Unidas no papel de *Tertium super partes, e* ausência de um *Tertium inter partes,* X.I, 541-42.

Estreita conexão entre — e Direitos do homem e entre — e questão social em nível planetário (→), 9.III, 497-501; 10.I, 519. Teoria de Hobbes como doutrina da — alcançada através da eliminação da liberdade natural, 5.I, 290-91; 10.I, 521.

Pacifismo

As diversas correntes de — distinguem-se com base na interpretação da causa determinante da Guerra (→) e dos remédios necessários para se realizar um estado de Paz (· →), 10.III, 546; 10.II, 571. O — *democrático* (→ também, abaixo, — *jurídico)* nasce da idéia kantiana de que a principal causa da guerra é o Despotismo (· →) (teoria do primado do político), 10.I, 527-528. O — *socialista* e *marxista* considera que a principal causa da guerra é o capitalismo (teoria do primado do econômico), 10.I, 528; 10.II, 546. Para um marxista, o perigo maior de guerra sempre virá dos Estados capitalistas, mesmo que democráticos (· → também Marxismo); para um — democrático, dos regimes despóticos, mesmo que socialistas, 10.II, 546. Tanto o — democrático quanto aquele socialista pertencem à categoria do — *institucional,* que considera como causa precípua das guerras o modo como são reguladas as relações de convivência entre indivíduos e entre grupos, em particular através da instituição do Estado (·), 10.I, 529. O — democrático, cujo alvo principal é o Estado despótico, visa à transformação do Estado (no sentido de maior controle dos governantes por parte dos governados) e à instituição de uma federação de Estados (· Federalismo); o — socialista, partindo da convicção de que todo Estado é por natureza despótico, visa à extinção do Esta-

do (→), 2.II, 116; 10.I, 529, 535. Também o — *mercantil,* típico da doutrina liberal (→ Liberalismo) pertence ao — institucional, uma vez que concebe como remédio para a guerra a mudança da instituição estatal, da qual exige um drástico redimensionamento, 10.I, 530. As três versões de — institucional têm em comum a idéia de um progresso impossível de ser detido em direção a um estado de paz no qual a guerra se tornará um meio cada vez mais improvável de solução dos conflitos (— democrático; no qual serão cada vez mais difundidos os conflitos que não têm necessidade da guerra para serem resolvidos (— mercantil); no qual sejam cada vez mais raros os próprios conflitos (— socialista), 10.I, 431. Menos ambicioso do que o — institucional é o — *instrumental,* cujo objetivo é o desarmamento, 10.I, 532, 534. Mais ambicioso do que o — institucional é o — *ético,* que visa à transformação não das instituições, mas do homem, através da educação para a paz, 10.I, 532-34.

O — *jurídico* (→ também, acima, — *democrático)* considera que a guerra seja o efeito de um Estado sem Direito (→) e concebe o processo de formação de uma sociedade internacional na qual os conflitos entre Estados se solucionem sem recorrer à guerra, por analogia ao processo com que se teria formado, segundo a hipótese contratualista, o Estado (→ também Contratualismo) X.III, 571. A fase final do caminho da paz através do direito deveria ser um Estado federal mais do que uma confederação de Estados, com uma ordem normativa na qual exista, segundo a definição de direito própria do Positivismo jurídico (→) um poder coativo capaz de tornar eficazes as normas da ordem, 10.III, 534. A característica distintiva do — jurídico é o movimento progressivo em direção ao fortalecimento dos vínculos federais; o fim último é o Estado universal, 10.III, 573. O fim do — jurídico é a eliminação da guerra como uso desregulado da força, não a eliminação da força, de cujo uso o direito não pode prescindir, 10.III, 573.

Distinção entre — absoluto, — (e belicismo) moderado, belicismo absoluto, 10.III, 564.

Parlamento

Com a superação do Estado das ordens e o nascimento do Estado moderno, firma-se a idéia do — como representante de interesses gerais e não corporativos, 8.III, 470. → também Representação.

Partidos políticos

Originária desconfiança da Democracia (→) com relação aos —, 8.III, 470. Uma vez formados, os — despedaçam a relação direta entre eleitores e eleitos, dando vida a duas relações em lugar de uma (→ também Relação política), 8.III, 470. No Estado dos —, alteração da relação entre Representação (→) política e representação dos interesses, entre mandato livre e mandato vinculado, 8.III, 470.

Paternalismo

O governo paternalista ou patriarcal é aquele no qual os governantes se comportam com os súditos como se estes fossem seus próprios filhos (e portanto como eternos menores de idade), 4.I, 217. O seu pressuposto, antitético ao pressuposto da Democracia (→), é que há alguns indivíduos superiores capazes de julgar melhor do que os outros qual seja o bem para a sociedade em seu conjunto, 8.I, 424. Kant e a crítica do —, 11.I, 102; 2.I, 110-11.

Patrimonialismo

Indistinção entre poder político (*imperium*) e poder econômico (*dominium*): o Estado patrimonial é aquele Estado no qual o soberano detém o território como propriedade sua, 4.I, 225.

Pessoa

O reconhecimento da —, em sua dimensão moral e social, está no fundamento da Democracia (→), 7.I, 381; 7.II, 391; 9.III, 501. O Indivíduo (→), enquanto — moral, é dotado de Direitos (→) inalienáveis; em termos kantianos, tem uma dignidade e não um preço, 7.I, 381; 7.II, 392. À — moral referem-se especificamente os direitos de liberdade; à — social os Direitos sociais, 9.III, 502.

Pluralismo

Desde Montesquieu, teoria dos "corpos intermediários" como remédio contra o Despotismo (→) 6.I, 320-21. Ausência dos corpos intermediários no modelo jusnaturalista (→ Jusnaturalismo): ao ideal da liberdade através da fragmentação do poder os jusnaturalistas opõem o ideal do poder derivado do consenso, 6.I, 322-24. Crítica aos corpos intermediários por parte da Revolução Francesa (→), 6.I, 322. Distinção entre — dos antigos e — dos modernos: enquanto o primeiro retoma o velho Estado das ordens, o segundo utiliza do modo mais amplo a liberdade de associação, 6.I, 328. O — na tradição socialista 6.I, 280-83. O — na tradição liberal-democrática , 6.I, 329-331. O — na doutrina do cristianismo social, 6.I, 333-37. Diferente do liberal-democrático e do — socialista-libertário, o — de matriz católica é de tipo orgânico e comunitário (→ também Organicismo), 6.I, 334. O contrário de — é Totalitarismo (→), 6.I, 333. Dois pontos de vista complementares a partir dos quais pode ser conduzida a crítica dos corpos intermediários, 6.I, 338. O ponto de vista da unidade do Estado (— como novo feudalismo), 1.II, 85; 6.I, 337-39. O ponto de vista da Liberdade (→) do indivíduo, 6.I, 340-42. Oposição entre Democracia (→) pluralista e democracia monista, 1.II, 85; 8.III, 456. A democracia ou é pluralista, no sentido de poliárquica, ou não é, 1.11, 85.

Política

Como atividade que tem como termo de referência a pólis (significado moderno) ou como reflexão sobre tal atividade (significado tradicional), 1.II, 85; 3.I, 160. O conceito de — como forma de atividade está estreitamente ligado ao conceito de Poder (→) 3.I, 160. Geralmente se usa o termo — para designar a esfera das ações que têm alguma referência à conquista e ao exercício do poder soberano em uma comunidade de indivíduos sobre um território, 4.I, 217. Distinção entre o conceito de — e o conceito de *político*, 1.II, 83. Distinção entre — no sentido de *politics* e no sentido de *policy*, 1.II, 24; 1.III, 85-98.
Crítica das definições teleológicas da —, 3.I, 167-170.; 4.I, 218-220. O que não exclui que se possa corretamente falar da Ordem (→) pública interna e internacional como o fim mínimo da —, 3.I, 167-68; 4.I, 220. Inadequação da definição de — como investigação do poder pelo poder, 3.I, 169; 3.II, 220. A especificidade da — consiste no meio do qual se serve o Poder (→) político para atingir seus próprios fins: a Força (→) detida de modo exclusivo, 3.I, 162-66; 4.I, 221. A definição de — como a relação amigo/inimigo é uma especificação da definição baseada no critério da exclusividade do uso da força, 3.I, 171; 4.I, 222.
Enquanto na tradição clássica os conceitos de — e de Estado (→) são dotados da mesma extensão, hoje a categoria de — recobre uma área maior do que aquela de Estado, 1.II, 84-85; 8.III, 456. Entendendo por — a atividade relativa à formação das decisões coletivas e a organização do poder coativo, a esfera política resulta menos ampla do que aquela social (→ Sociedade), 3.I, 172-73; 4.I, 222-26; 7.II, 394. O problema da delimitação das fronteiras da esfera — em relação à social começa a ser colocado com o cristianismo, em forma de problema da distinção entre Estado e Igreja, Poder (→) religioso (ideológico) e poder político, 4.I, 223-24. Uma ulterior delimitação da esfera política ocorre com a gradual dissociação do poder econômico (*dominium*) daquele político (*imperium*) (→

também Economia), 4.I, 225. Princípio da autonomia da —: → Ética e política.
→ Relação entre — e Direito.

Política de potência

A teoria da — explica a Guerra (→) como uma das características permanentes das Relações internacionais (→), prescindindo do sistema político, econômico, ideológico, 10.II, 555-556. A potência nada mais é que um dos possíveis fins do poder (→) político e não basta para conotar o poder político enquanto tal, 3.I, 169.

Política e cultura

A história do pensamento político em seu todo é atravessada pelo ideal, ilusório, de uma política científica, vale dizer, de uma ação política guiada pela Ciência (→), 7.II, 396. Não existe uma relação imediata entre conhecimento e ação, entre teoria e práxis: o político e o cientista têm tempos, funções e éticas distintas, 7.II, 398. Ao mesmo tempo, governo democrático e ciência livre não podem prescindir um do outro: tarefa da ciência é formar o público informado e consciente que é necessário à Democracia (·→), 7.II, 392-93; 7.II, 398.
→ também Intelectuais.

Política e moral: → Ética e política.

Povo

Caráter ambíguo e enganoso do conceito de —, 7.I, 379; 8.I, 420. A idéia do — como um todo superior às partes que o compõem remete a uma concepção organicista da sociedade (→ Organicismo), 7.I, 379. O desprezo em relação ao —, entendido como vulgo, é um tema recorrente no pensamento antidemocrático (→ Democracia),7.I, 375-76; 7.II, 387; 7.III, 402; 8.II, 430. Na democracia moderna, a Soberania (·→) não pertence ao —, mas aos indivíduos, enquanto cidadãos, 7.II, 378-80. Proibição de mandato vinculado (→ Representação) e idéia de incompetência do —, 8.III,463.

Positivismo jurídico

Doutrina segundo a qual não há outro Direito (→) além daquele positivo, diretamente criado pelo Poder (→) político, 4.I, 232; 4.II, 242. Com base no — o Direito (→) se identifica com o conjunto de regras que têm por base de sustentação a força monopolizada, 6.III, 261. Como princípio fundamental do —, pode-se assumir a máxima hobbesiana, "não é a sapiência, mas a autoridade que cria a lei" (*auctoritas facit legem*), em oposição à máxima dos teóricos do Estado de direito (·→), *lex facit regem*, 4.I, 232; 4.II,

241; 4.II, 246, 250. Uma vez reduzido todo o direito a direito positivo, o — não pode evitar de responder à objeção sobre como se distingue uma comunidade política de um bando de ladrões, 4.I, 233; 4.II, 243.

Poder

Como capacidade de um sujeito influenciar, condicionar, determinar o comportamento de outro sujeito, 4.I, 216. Como posse dos meios que permitem conseguir tal resultado, 3.I, 160-61; 8.II, 441. Liberdade (·→) e — são termos correlatos: em uma relação intersubjetiva, quanto mais se amplia o — de um dos sujeitos, mais se restringe a liberdade do outro, 12.III, 675. Investigação dos fundamentos do — como um dos quatro modos de entender a Filosofia política (› também Legitimidade), 2.III, 140. Tipologia clássica das formas de — (paterno, despótico, político), com base no critério do interesse daquele em favor do qual é exercido (Aristóteles) ou no critério do fundamento do dever (Locke), 2.III, 143; 3.I, 160-62; 4.I, 216-17. Tipologia moderna das formas de — social (econômico, ideológico, político), com base no critério dos meios usados pelo sujeito ativo da relação para condicionar o comportamento do sujeito passivo, 3.I, 162-63; 4.I, 222-26. Tipologia weberiana das formas de — legítimo, derivada da combinação de duas dicotomias: aquela entre — pessoal e impessoal e aquela entre — ordinário e extraordinário, 2.III, 147. Inadequação dos critérios clássicos para individuar a natureza do — político (bem comum ou consenso), pelo seu caráter axiológico, 3.I, 161-62; 4.I, 217-20. Inadequação do critério das funções (legislativa, executiva, judiciária), 4.I, 217-18. O critério mais adequado para distinguir o — político é aquele que se funda nos meios dos quais as distintas formas de — se servem para obter os efeitos desejados, 3.I, 162-63; 4.I, 221. O que caracteriza o — político é a exclusividade do uso da Força (·→), 3.I, 163; 3.I, 167; 4.I, 221; 4.I, 233; 10.II, 545, 551. Enquanto — cujo meio específico é a força, o — político é o — supremo (→ também Soberania), 3.I, 163; 4.I, 221. Outras características do — político, 3.I, 166.
Problema dos limites do — como problema fundamental da Filosofia política, 3.III, 215. Liberalismo (·→) como luta contra os abusos de —, 5.I, 278. Dois modos de limitar o — do Estado: do ponto de vista material (defesa do Direitos, →) e do ponto de vista formal (controle sobre os poderes públicos), 5.I, 276; 5.I, 279 em diante. A limitação formal do — se realiza predominantemente na chamada separação dos —,

5.I, 284. Duas interpretações da separação dos —: como teoria das formas de governo (teoria do governo misto) e como teoria da organização estatal que distingue entre as diferentes funções e as atribui a diferentes órgãos (teoria moderna), 5.I, 286-87. A divisão dos —, em acepção moderna, é assegurada pelo conjunto de aparatos jurídicos que constituem o Estado de direito (→), 5.I, 288. Em sentido lato, por separação dos — se entende também a separação horizontal entre órgãos centrais e periféricos nas várias formas de autogoverno que vão desde a descentralização político-administrativa até o Federalismo (↦) 4.III, 257.

Dois pontos de vista a partir dos quais se pode observar o fenômeno do — político: do ponto de vista dos governantes e do ponto de vista dos governados, (→ Relação política). Enquanto o ponto de vista foi aquele dos governantes, o problema dos limites do — soberano foi examinado não em relação aos eventuais Direitos dos indivíduos, mas em relação a outros poderes (como outros Estados, ou a Igreja), 7.II, 390.

Diferença entre — de fato e — de direito, ou entre — e Autoridade(↦), 4.I, 235; 4.II, 239. Duas formas de degeneração dos -: exercício abusivo (*tyrannus quoad exercitium*) e falta de legitimação (*tyrannus absque titulo*), (↦ também Legalidade e Legitimidade), 4.II, 246; 4.III, 256. Quatro remédios para o abuso de — constitucionalizados no Estado liberal-democrático: separação dos —, subordinação de todo — estatal ao direito, constitucionalização da oposição e sufrágio universal, 4.III, 257.

O conceito de — é um dos principais conceitos que os estudos jurídicos e políticos têm em comum, 4.II, 237. ↦ Relação entre — e Direito.

Poder invisível

Grande parte da história do pensamento político é interpretável como tentativa, por parte dos súditos, de ampliar a área do poder visível em relação à área do —, 7.II, 388. Incompatibilidade entre — e Democracia (→); para os governos autocráticos, ao contrário, o segredo é a essência do poder (↦ Autocracia), 7.II, 389; 7.III, 399-405. Nexo entre a *arcana dominationis* e *arcana seditionis*, 7.III, 402. Exercício do — através de técnicas distintas e complementares de ocultamento e mascaramento, 7.III, 403. Estreita conexão entre *arcana Dei, arcana naturae* e *arcana imperii*, entendidos como limites insuperáveis do conhecimento humano, 7.III, 405; 7.III, 408.

Persistência do — nos regimes democráticos, (→ Democracia), 7.III, 409. Persistência do — nas Relações internacionais (↦) 7.III, 411.

Progresso

Duas interpretações de —: como produto cumulativo de pequenas mudanças (→ também Reformas) ou como sucessão descontínua de momentos negativos e positivos (↦ também Revolução), 11.I, 591; 11.II, 614. Em Cattaneo, idéia de um — "difícil, lento, gradual", 11.III, 619.

Juízos conflitantes sobre o —, segundo se adote um comportamento predominantemente moral ou predominantemente pragmático, 12.III, 666. Idéia de continuidade entre — científico e — moral na cultura iluminista e positivita, 12.III, 634; 12.III, 666. No século XX, confiança na correspondência entre — técnico-científico e — moral e civil diminui, 9.I, 476; 12.III, 667. A independência recíproca de — científico e — moral é uma constatação de fato, 12.III, 667. Os atributos válidos para se definir o — científico (aceleração, irresistibilidade, irreversibilidade) não valem na esfera moral, 12.III, 670. A teoria do — deu sua maior contribuição à formulação de um juízo positivo sobre a Guerra (↦) e de um juízo negativo sobre a Paz (↦) 10.I, 523-24; 11.III, 625.

Público/publicidade

Cabe a Kant o mérito de ter formulado o problema da publicidade do poder, entendida como não-sigilo, 7.III, 406. Democracia (↦) como "poder em público", 7.II, 386, 389. É crucial, para a democracia, um público ativo, informado e consciente, que não se confunda com a multidão (→ Povo) anônima e indistinta que é necessária ao autocrata, 7.II, 388. Nexo entre Representação (→) e publicidade do poder, 7.II, 387; 7.III, 409. Enquanto nos negócios públicos de um regime democrático a publicidade é a regra e o segredo é a exceção, nas relações privadas o segreto é a regra e a publicidade é a exceção, 7.III, 414.

Estado patrimonial (↦ Patrimonialismo) como confusão entre direito público e direito privado (concepção privatista do público), 4.I, 226.

Questão moral

Rótulo sob o qual se escondem com freqüência três distintos tipos de juízos (além daquele mais propriamente moral, juízos de eficiência e de legitimidade) (→ também Ética e Política), 3.II, 203. Por mais que se apresente em todos os campos da conduta humana, a — assume um caráter particular quando é colocada em relação à esfera política, 3.III, 178-179.

Razão de Estado

A discussão do problema das relações entre Ética e política (↦) torna-se particularmente aguda com a formação do Estado moderno e nesse período recebe pela primeira vez o nome de —, 3.II, 182. Por — se entende um conjunto de princípios com base nos quais ações que não seriam justificadas se cumpridas por um indivíduo privado são justificadas ou até mesmo exaltadas se cumpridas pelo detentor do poder político, 3.I, 176; 4.I, 228-29; 7.III, 411. O núcleo principal da doutrina da — é a máxima "o fim justifica os meios" (› também Maquiavelismo), 4.I, 228-29. Os teóricos da — justificam a "imoralidade" da política com base nos dois argumentos do estado de necessidade e da particular natureza da arte política, que requer uma Ética (· ›) especial, 3.II, 187-188, 189. Nexo entre — e realismo político, 2.III, 136. Nexo entre — e Poder invisível (→), 2.III, 136; 7.II, 389; 7.III, 399; 7.III, 411.

Relações internacionais

Enquanto a relação entre Estado (›) e cidadãos é do tipo comando-obediência (→ Relação política), a relação entre Estados é de tipo contratual e é regida pelo princípio de reciprocidade, 10.II, 544. Enquanto em relação aos próprios cidadãos o Estado detém o monopólio da Força (›) legítima, nas — a força é empregada em regime de livre concorrência e pode a qualquer momento se transformar em Guerra (→) 10.I, 516; 10.II, 544; 10.II, 557. A guerra é o tema por excelência das —, 10.II, 545, 555. As regras para a solução pacífica das controvérsias internacionais (direito internacional pactual) são pouco eficazes porque não existe um Poder (→) coercitivo superior aos contraentes capaz de fazer com que os acordos sejam respeitados, 7.I, 385-86; 9.III, 500; 10.I, 514.
Insuficiente democraticidade das — e persistência do Poder invisível (· ›), 7.I, 384; 7.III, 411. Nada mais do que a Democracia (· ›) internacional exemplifica a disparidade existente entre democracia ideal e democracia real, 8.I, 421. A falta de democratização das — geram perigos para os próprios Estados democráticos, 7.I, 384. Existe uma teoria marxista das — ?, 10.II, 544. A teoria marxista, e mais propriamente leniniana, das — é a teoria econômica do Imperialismo (→) 10.II, 549.

Relação política

A — por excelência é a relação de Poder (→) entre governantes e governados, soberano e súditos, Estado e cidadãos, 3.I, 161, 4.I, 216; 10.II, 544. Resumida em uma expressão, o conteúdo da — é "proteção em troca de obediência", 6.I, 340; 10.I, 522. Dois modos de olhar a —: do ponto de vista dos governantes ou do ponto de vista dos governados, *ex parte principis* ou *ex*

parte populi, 1.III, 89; 2.III, 145; 6.III, 252; 7.II, 390; 8.I, 423. Correspondentemente à predominância dos deveres sobre os Direitos (›) em moral, a — foi tradicionalmente considerada mais a partir do ponto de vista do príncipe do que do ponto de vista dos cidadãos, 7.II, 390; 9.I, 478-79. Para que se começasse a adotar o ponto de vista dos governados, foi necessária uma verdadeira e própria revolução copernicana, análoga àquela que ocorreu no campo da ciência natural, quando se começou a observar a natureza não do ponto de vista de Deus, mas do ponto de vista do homem (→ também Jusnaturalismo), 7.II, 391; 8.I, 423; 9.I, 477-478.
A relação entre eleitores e eleitos é a — característica da democracia representativa, 8.III, 455. O nascimento dos Partidos (→) decompôs a relação direta existente entre eleitores e eleitos, dando origem a duas relações distintas: uma entre eleitores e partidos, outra entre partidos e eleitos, 8.III, 469.

Representação

Duplo significado do verbo "representar" (agir em nome e por conta de um outro e espelhar uma realidade objetiva), ao qual correspondem respectivamente os conceitos de — e espelhamento [ver N.T. 8.III, 414], 8.III, 457. Analogia entre — e espelhamento em Hobbes, 7.III, 357. Nexo entre — e espelhamento em C. Schmitt, 7.III, 403-409. Uma Democracia (·) é representativa no duplo sentido de possuir um órgão no qual as decisões coletivas são tomadas por representantes e de espelhar através desses representantes os diversos grupos de opinião e de interesses presentes no país, 7.II, 387; 8.III, 458. Paradoxalmente, a democracia direta é, no sentido do "espelhamento", menos representativa do que a democracia indireta, 8.III, 459.
Na oposição entre — de interesses e — política são relevantes ambos os significados de — e espelhamento, 8.III, 458. Quando se fala de — dos interesses, a palavra "interesse" não é tomada em seu sentido genérico, mas no sentido específico de interesses parciais, em oposição aos interesses gerais, 8.III, 460. Também a — política é uma — de interesses, mas de interesses gerais (→ Bem comum), 8.III, 460. — política e — de interesses são distintas pelo fato de que a primeira se constitui com mandato livre, a segunda com mandato vinculado, 8.III, 461. A concepção da — política como — sem vínculo de mandato se consolida em correspondência com o processo de concentração do poder no Estado (›) moderno e com o fim do Estado das ordens, 8.III, 461-64. Nexo entre *defesa da —* dos interesses e concepção orgânica da sociedade e entre defesa da — política e concepção in-

dividualista (· → também Organicismo e Individualismo), 8.III, 467-68. Em Marx, — com mandato vinculato como sub-rogado da democracia direta, 8.III, 467. Estado dos Partidos (→) como desforra da — dos interesses sobre a — política, 8.III, 469.

Reformas

A partir do século XVIII, o termo "reforma" perde o seu significado original de "renovação religiosa" e assume o significado atual de Mudança (→) gradual, legal e parcial, antitético ao significado revolucionário, 11.I, 585. A antítese —/Revolução (→), que remonta à oposição entre era das Reformas e Revolução Francesa (→), foi em seguida empregada em relação ao conflito no interior do movimento operário entre dois modos de conceber a passagem da sociedade capitalista para o Socialismo (→), 11.I, 579; 11.I, 587-88.
Os dois conceitos de — e revolução não são homogêneos: por reforma se entende principalmente uma das possíveis causas da mudança social; por revolução tanto uma das possíveis causas quanto um dos possíveis efeitos, 11.I, 579-81. Estratégia reformista e estratégia revolucionária distinguem-se essencialmente pelo diverso comportamento em relação ao princípio de Legalidade (→) 11.I, 591-94. Não obstante a sua oposição em relação ao método, são ambas filhas de uma concepção da história entendida como mudança e como progresso (· → também Filosofia da história), 11.I, 589. Por trás do reformismo há uma concepção evolutiva da história, que concebe o Progresso (→) como o produto cumulativo de pequenas mudanças, 11.I, 590. O pensamento de Cattaneo é exemplar da Filosofia do reformismo, que combate a revolução no plano do método e a reação no plano dos princípios, tendo por base uma concepção da história progressiva, mas não determinista, 11.III, 621; 11.III, 631. Estreita relação entre espírito científico e reformismo em Cattaneo, 11.III, 633.

Revolução

Diferente significado do termo — na linguagem astronômica e na linguagem política, 11.II, 601. Na linguagem política, por — se entende não apenas um certo tipo de movimento, mas também um certo tipo de mudança, ou seja, dois eventos que estabelecem entre si uma relação de causa (o movimento) e efeito (a mudança), ou de meio e fim, 11.I, 582; 11.II, 602. A ênfase ou a adoção exclusiva de um desses dois significados depende do ponto de vista a partir do qual nos colocamos para analisar a —: o jurista privilegia a mudança, o sociólogo, o movimento, 11.II, 604. Em relação ao movimento, a — pode ser definida como ação violenta, súbita, ilegítima e (diversamente do golpe de Estado) popular, 11.II, 605. Em relação à mudança, a — se diferencia de fenômenos como tumultos, rebeliões, insurreições pela radicalidade dos seus resultados, 11.II, 606. Não obstante se possa distinguir entre — apenas políticas e — sociais, por — em sentido estrito é preciso entender uma mudança radical do sistema social em seu todo, 11.II, 606. A radicalidade do projeto revolucionário pode ser levada até a aspiração utópica à criação do "novo homem" (→ também Utopia), 6.II, 343; 11.II, 607. O duplo significado de — explica por que podem ser definidos do mesmo modo fenômenos distintos tais como a Revolução Francesa (na interpretação de Tocqueville, — apenas como movimento) e a — industrial ou feminina (-como mudança), 11.II, 608-09.
Na Antiguidade o termo — tinha um significado genérico e servia para designar qualquer forma de mudança, mesmo que apenas política e não social, 11.I, 584; 11.II, 607-08; 11.II, 610, 614. Contudo, os antigos conheciam a idéia de — entendida como transformação radical da sociedade, mas a interpretavam como retorno a um passado mítico, 11.I, 586. A idéia de — como ruptura da continuidade histórica e como evento protendido para o futuro é de origem judaico-cristã, 11.II, 611-12. O primeiro grande movimento histórico interpretado conscientemente como uma — no sentido moderno é a Revolução Francesa (· →), 10.II, 546-48; 11.I, 583, 585; 11.II, 606-08.
Reformas (→) e — como estratégias opostas para realizar o socialismo, 11.I, 577-80. A estratégia revolucionária e a estratégia reformista têm em comum a idéia moderna de Progresso (→) que o revolucionário interpreta, diferente do reformista, como um processo descontínuo e dialético, 11.I, 589-91; 11.II, 614. Em relação ao movimento, a estratégia da — se distingue do reformismo pelo recurso à Violência (→), entendida como ruptura intencional da Legalidade (→), 11.I, 591-94; 11.II, 614. Analogia entre — e Guerra: ambas representam o único modo de solucionar um conflito quando não há, ou falha, o domínio de uma lei (→) superior a ambos os contendedores, 11.I, 595. Em relação à mudança, estratégia revolucionária e estratégia reformista se distinguem com base no critério da maior o menor radicalidade das transformações (→ também Mudança), 11.II, 614. Se por — se entende a mudança, e não o movimento (o efeito e não a causa), a antítese reformas/— torna-se uma antítese aparente: uma transformação radical da sociedade pode ocorrer também por via reformista, 11.I, 581-82; 11.I, 596.

O juízo sobre a — varia segundo se concentre na natureza do movimento e/ou na natureza da mudança revolucionária, 11.II, 615. Cattaneo e a —, 11.III, 624-628.

Revolução Francesa

O termo Revolução (·) conquista o seu significado moderno apenas a partir da —, que se torna o modelo de todas as revoluções posteriores, 11.I, 584; 11.II, 606, 608. Apenas a partir da — as revoluções começam a ser interpretadas como eventos positivos (→ também Revolução), 10.II, 547-48; 11.I, 585.

Sob influência do Jusnaturalismo (→) a — luta contra os "corpos intermediários", em nome da liberdade e da igualdade dos Indivíduos (→), 6.I, 322.

Ciência

A — distingue-se da Filosofia com base em três requisitos: o princípio de verificação como critério de validação, a explicação como objetivo, a não-valoração como pressuposto ético, 1.I,74. Filosofia e — podem além disso ser distintas recorrendo-se a três dicotomias tradicionais: prescritivo/descritivo, Justificação (→)/explicação, geral/particular, 1.II, 82. O modelo das ciências empíricas, embora imperfeitamente realizado, permite sair do universo "das aproximações", 7.II, 395. A — é, por definição, o conjunto das técnicas de pesquisa que devem servir para restringir ao máximo a intervenção de preferências e juízos de valor: ou a — é não-valorativa ou não é —, 1.I, 9; 7.II, 396. A crise do positivismo e do Marxismo (→) e de seu ideal de — não implica em absoluto a crise da — que, enquanto tal, não é nem positivista, nem marxista, 7.II, 396.

Ciência política

Estudo dos fenômenos políticos conduzido através da metodologia das ciências empíricas (→ Ciência), 1.I, 67; 1.I, 74. Enquanto ciência, a — é não-valorativa, 1.I, 71. Durante séculos, a chamada — não foi uma "ciência" no sentido moderno da palavra, mas uma "arte do governo" voltada para os governantes que consistia em preceitos sobre o melhor modo de conquistar e conservar o Poder (→), 7.II, 390. Durante séculos a — compreendeu em seu âmbito também aquelas que posteriormente seriam denominadas Ciências Sociais (→), 7.II, 393. Problema da relação entre — e Filosofia política (·).

Ciência Social/Ciências Sociais

O nascimento da —, distinta da Ciência política (→) e posteriormente incluindo também a ciên-

cia política, ocorre com a emancipação da Sociedade civil (→) em relação ao Estado, 7.II, 394. O que ambas têm em comum é o fato de se inspirarem no modelo da Ciência (→) empírica, 7.II, 395. Não obstante, as chamadas — estão ainda imersas no universo das "aproximações", 7.I, 382. A única afirmação lícita ao estudioso de — é que, se se cumprirem certas condições, é provável que delas derivem certas conseqüências, 7.I, 382.

Esquerda: → Igualitarismo.

Socialismo

A idéia da superioridade do homem associado sobre o homem isolado é inerente a toda doutrina socialista, 6.I, 329. No nível ideológico o — tem por alvo principal o Liberalismo (→), interpretado como expressão do individualismo burguês, 6.III, 357. Nexo estreito entre — e associacionismo, entendido em sentido antiindividualista e antiestatalista (→ também Pluralismo), 6.I, 330. Os principais Direitos (·) reivindicados pelos socialistas são direitos sociais, 9.II, 490.

→ também Marxismo e Comunismo.

Socialismo liberal

→ Liberal-socialismo.

Sociedade

No pensamento antigo, identificação entre política e —: a única "— perfeita" é a polis, 4.I, 223; 7.II, 393. No pensamento moderno, o sistema político é um subsistema do sistema social: se é verdade que toda ação política é uma ação social, nem toda ação social é política, 4.I, 222; 4.III, 259. A idéia do deperecimento do Estado (·) se faz acompanhar no século XIX da descoberta da — como esfera na qual o indivíduo desenvolve sua própria personalidade e persegue seus próprios interesses para além e contra o Estado; 4.III, 256; 6.I, 328; 6.I, 330. Com a diminuição da centralização do Estado, passagem do problema "do ótimo Estado" para o problema da "boa sociedade", 1.II, 81.

→ também Sociedade civil.

Sociedade civil

Com o nascimento da economia burguesa, consolida-se a distinção entre —, entendida como esfera privada ou das relações econômicas, e o Estado, entendido como esfera pública ou das relações políticas, 3.I, 172-73, 4.I, 225. Enquanto até Hegel o Estado (→) era considerado a realização da vida social, na era da Restauração se consolida a idéia de que a história real dos homens se desenrola na —, entendida como esfera

706

das relações econômicas, 6.I, 327; 11.III, 635. Emancipação da — em relação ao Estado (→) como fenômeno típico da era moderna, 1.II, 85; 4.III, 256; 8.III, 454. Na —, diferentemente do que ocorre no estado de natureza dos jusnaturalistas (→ Jusnaturalismo), os homens não são nem livres, nem iguais, 6.I, 327.
→ também Sociedade.

Sociologia

Nascimento da — em concomitância com a descoberta da Sociedade (— >) como esfera mais ampla do que a do Estado (→ também Ciência social/Ciências Sociais), 6.I, 328; 7.II, 393-94.

Soberania

Definição tradicional de — como o Poder (→) supremo, acima do qual não há nenhum outro poder (Bodin), 2.III, 137; 4.II, 239; 8.III, 463. Definição schmittiana: soberano é aquele que decide no estado de exceção, 8.III, 463. Da sua confluência deriva a definição de soberano como aquele que é capaz de tomar decisões coletivas válidas sem vínculo de mandato (→ também Representação), 8.III, 463. Distinção entre — interna e — externa, 10.II. 543.

Estado

Distinção entre teorias idealistas, que propõem um modelo de — ideal, e teorias realistas, que consideram o — na sua "verdade efetiva", 2.II, 116. Distinção, no âmbito das teorias realistas, entre doutrinas racionalistas, que se colocam o problema da justificação racional do —, e doutrinas historicistas, que se colocam o problema da origem histórica do —, 2.II, 117-119. Distinção entre — como fato natural e como produto artificial (→ também Jusnaturalismo), 7.II, 392.
Do ponto de vista axiológico, distinção entre concepções positivas e concepções negativas de —, 2.II, 120. O — como reino da razão, 2.II, 120-21. O — como mal necessário, 2.II, 121-23. O — como mal não-necessário, 2.II, 123-125. O — como axiologicamente neutro, 2.II, 124. Distinção entre definições formais e teleológicas, 2.III, 135. A definição weberiana além de ser formal, como as definições jurídicas (por exemplo Kelsen), é realista, 2.III, 136. Distinção entre — absolutista e — liberal, o primeiro tende a ampliar, o segundo a restringir a própria ingerência em relação à sociedade econômica e à sociedade religiosa (→ também Sociedade) 3.I, 166; 3.I, 172. A concepção de — de Cattaneo é tipicamente liberal, 11.III, 624. Estado paternalista, → Paternalismo. Estado totalitário, → Totalitarismo. Estado patrimonial, → Patrimonialismo.

Idéia oitocentista do primado da Sociedade (→) sobre o — do seu progressivo deperecimento, 3.I, 173; 4.III, 256. Teoria marxista da extinção do — entendido como *coerção* (incompatibilidade entre — e liberdade) (→ Marxismo), 4.III, 255; 5.I, 290 em diante; 10.I, 529. Na tradição liberal-democrática, compatibilidade de — e liberdade, 5.I, 290-92. Teoria liberal da "extinção" (no sentido de "limitação") do — entendido como *impedimento* (Spencer), 4.III, 255; 5.I, 295. Teoria libertária da extinção do —, 4.III, 255. Crítica da idéia de extinção do —, 5.I, 295-96. O — perfeito é aquele no qual o máximo de não-coerção se concilia com o máximo de não-impedimento, 5.I, 297. Diante do crescimento do Estado-aparato, desmentido das previsões dos teóricos da extinção do —, 4.III, 258; 6.I, 325. O — moderno, surgido em seguida ao desenvolvimento do — das ordens, é o resultado de um longo processo de monopolização do uso da força, 8.III, 456-57; 8.III, 463; 10.II, 557. Com o nascimento da sociedade pluralista e policêntrica, caracterizada pela existência de grandes grupos de interesse organizados, gradual perda de soberania do —, 8.II, 439; 8.III, 456-57.
Duas faces do -: uma voltada para o interior, onde as relações de domínio se desenvolvem entre governantes e governados (→ Relação política); outra voltada para o exterior, onde as relações de domínio se desenvolvem entre o — e os outros Estados (→ Relações internacionais), 10.II, 543.

Estado de direito

Como Estado no qual todo Poder (→) está subordinado ao Direito (→), 4.I, 237; 4.III, 257. Como governo das Leis, entendido no sentido do moderno Constitucionalismo (→), em oposição ao governo dos homens, 3.II, 203; 4.II, 247. Enquanto a máxima fundamental do Positivismo jurídico (→) é *Auctoritas facit legem*, a máxima do — é *Lex facit regem*, 4.II, 250. Como extrema elaboração da concepção liberal do Estado (→ também Liberalismo), 5.I, 278. Estado no qual existem os instrumentos aptos a garantir o princípio de Legalidade (→) e o princípio de imparcialidade, 5.I, 288. Em sentido amplo, destinação final de todo grupo político, que se distingue de qualquer outro grupo social pela existência de uma Ordem jurídica (→) cujas normas se fazem valer coativamente, 4.I, 237.

Tecnocracia

Conflito entre — e Democracia (→): a primeira funda-se na competência técnica, privilégio de poucos, a segunda na competência moral, con-

707

siderada patrimônio de todos, 8.I, 424. A exigência de controle popular, na qual se sustenta a democracia, entra em conflito com a necessidade de assumir decisões sobre matérias técnicas, pouco sujeitáveis às opiniões da Maioria (→), 7.I, 383; 8.II, 444. Nexo entre — e Poder invisível (→), 7.III, 410. Sociedade tecnoburocrática e perigo de desumanização, 6.I, 341-42; 11.III, 633.

Teoria geral da política

Em analogia com a teoria geral do direito, é possível entender por — a teoria geral do poder cuja finalidade é a determinação do conceito de Política (→) e a especificação das suas fronteiras, 1.I, 70-71. A — assim entendida tem caráter exclusivamente analítico e não prescritivo e se identifica com um dos quatro modos tradicionais de conceber a Filosofia política (→), 1.I, 70-71.

Em uma acepção mais ampla, a — é resultante do estudo sistemático dos "temas recorrentes" que atravessam a história do pensamento político, e é orientada para a identificação de algumas grandes categorias e para a investigação de afinidades e diferenças entre teorias políticas de épocas distintas, 1.III, 94.

Tirania

Típico Governo (→) do homem em oposição ao governo da Lei (→), 2.III, 148; 4.II, 246; 12.I, 640-41. Com base na tipologia tradicional das Formas de governo (→), forma corrupta, definida pelo caráter de ilegitimidade e de temporariedade, 12.I, 641. Diferente do Despotismo (‣), a — não é estranha à ideologia européia (‣ Europa), 12.I, 641.

Distinção clássica entre o tirano, que exerce o poder sem ter o título (*tyrannus absque titulo*), e aquele que o exerce de modo ilegal (*tyrannus quoad exercitium*), (→ também Legitimidade e Legalidade), 4.III, 256.

Tolerância

A exigência da — religiosa, característica das sociedades secularizadas, nasce em seguida ao multiplicar-se das confissões religiosas e consiste na imposição de um limite intransponível para o Poder (-->) coativo do Estado, representado pela Liberdade (→) de consciência, 4.I, 224.
Nexo entre concepção historicista da verdade e —, 5.I, 272; 12.II, 662.

Totalitarismo

Supressão da distinção entre a esfera na qual se elaboram as idéias e aquela na qual é exercido o monopólio da força legítima, 4.I, 225. O Estado (→) totalitário é o Estado oniinclusivo, ao qual

nenhuma esfera de atividade humana permanece estranha; como idéia-limite, implica a politização integral das relações sociais, 3.I, 167. O — é o contrário do Pluralismo (→), 7.II, 333.

Utopia

Como teoria da ótima república projetada no futuro (‣ também Filosofia política), 1.I, 67-69. O projeto utópico é o projeto de um Estado que *deve* ser no sentido moral de "deve", e se diferencia da futurologia que é a previsão de um Estado que *deve* ser no sentido naturalista do verbo, 1.I, 69-70. A — pertence à família das teorias idealistas da política e do Estado, mas não a exaure (‣ também Filosofia política), 2.II, 115.

Aspiração utópica ao "novo homem" no pensamento religioso e no pensamento revolucionário, 6.II, 342-50; 10.I, 534. Se em Marx existe um momento utópico, este deve ser procurado não em uma teoria do ótimo Estado (→), mas na idéia da extinção do Estado (→ também Marxismo), 2.II, 116. Comunismo (→) histórico como "— invertida", 6.II, 351-53; 12.II, 656, 663.

Valor/valores

Distinção entre juízos de fato e juízos de —, proposições descritivas e proposições prescritivas, 1.I, 76; 3.II, 183; 4.I, 219. Dos quatro modos de entender a Filosofia política (‣), os dois primeiros (teoria da ótima república e investigação dos critérios de legitimidade do poder político) não podem evitar a referência a —, 1.I, 74-75. Os juízos de — não podem ser demonstrados, mas podem ser sustentados através de argumentos pró e contra, 5.III, 316.

O comportamento não-valorativo do cientista (→ Ciência) é uma meta desejável; não é um fato, mas um —, 1.I, 77. A não-valoração não implica furtar-se ao compromisso: para conservar ou transformar o mundo, é preciso primeiro compreendê-lo, através de uma análise que exclua ao máximo possível os juízos de —, 1.I, 78; 7.II, 396.

São inconciliáveis os — últimos como a Liberdade (→) e a Igualdade (→), ou a justiça, se entendidos em sua plenitude, 5.III, 319; 8.I, 422. Caráter vago e equívoco dos apelos aos "- compartilhados", 12.III, 673.

Violência

Uso da — como discriminante entre reformistas e revolucionários, 4.III, 262; 11.I, 594-96. O tema da — deixa de ser um discriminante se se considera a Revolução (‣) como efeito e não como causa: não se pode então excluir que uma transformação radical da sociedade seja o resultado de métodos não-violentos (→ Não-violência), 11.I, 596.

O juízo em torno da — muda segundo se trate de — individual ou coletiva, 3.I, 176, 4.III, 263.

O juízo moral sobre a — não coincide com o juízo político (→ também Ética e política), 3.II, 179-180.

Voto (direito de)

O instituto do sufrágio universal pode ser considerado o meio através do qual ocorre a constitucionalização do poder do Povo de derrubar os governantes, 4.III, 257.

› também Maioria.

Índice onomástico

Agátocles, 200
Agostinho, santo, 87, 130, 166, 191, 234 e n.6, 244
Albertini, Mario, 169 e n., 331 n.9
Alexandre, O grande, 244
Alighieri, Dante, 676
Almond, Gabriel A., 165 e n.4
Althusius, Johannes, 159, 323 e n.3
Althusser, Louis, 78, 556 n.7
Ambrosoli, L., 628 n.66
Amendola, Giorgio, 653 e n.21
Ammirato, Scipione, 213 e n.37, 376
Amodio, Luciano, 593 n.8
Anderson, Perry, 358 e n.37
Anônimo Ateniese, 377 n.
Antonicelli, Franco, 657, 658n., 659
Archibugi, Daniele, 413 n.
Arici, Azelia, 399 n.
Aristóteles, 84, 94, 96, 99, 115, 119, 120, 125, 127, 131, 143, 146 e n.52, 147, 159, 161, 168, 180, 205, 207, 208, 210, 211, 216, 217, 219, 223, 237, 247 e n. 21, 249, 308, 323, 375, 389, 390, 393, 394, 418, 422, 429, 432, 477, 502, 584, 611, 642
Aron, Raymond, 510, 538 3n. 9, 541, 652
Asor Rosa, Alberto, 663 n. 34
Aubert, F., 299 n.
Austin, John L., 138, 241, 265
Ayer, Alfred J., 72, n.
Babeuf, François-Noël, *dito* Gracchus, 298 n., 300 n. 17, 306
Bacon, Francis, 647, 675
Badaloni, Nicola, 365 n.
Baechler, Jean, 595 n. 13, 603 n. 19
Bakunin, Mikhail Aleksandrovitch, 255
Barbero, Giorgio, 234 n. 6
Barry, Brian, 238 n. 9
Basílio III, grão-duque de Moscóvia e "de todas as Rússias", 643

Bastid, Paul, 88
Bebel, August Friedrich, 290
Becker, Gary S., 665 n. 39
Bedeschi, Giuseppe, 39 n. 41
Bell, Daniel, 302 n. 18
Benjamin, Walter, 611 n. 32
Bentham, Jeremy, 97, 149, 270, 392, 400 e n. 39, 413, 459
Bentley, Arthur F., 459
Berlin, Isaiah, 80 e n. 5, 101 n., 666
Bernari, Carlo, 657, 659
Berneri, Camillo, 363, 364 n. 51
Bernstein, Eduard, 362, 579, 580, 581 n., 593
Berti, G. D. (Nico), 363 n. 49, 364 n. 52
Bertolino, Alberto, 619 n. 42
Blanc, Louis, 358, 503
Bobbio, Norberto, 79 n., 87 n., 139 n. 42, 232 n., 252 n., 256 n., 269 n. 1, 306 n. 23, 331 n. 10, 355 n. 31, 367 n., 394 n., 421 n., 505 n., 524 n. 2, 558 n., 612 n. 33, 618 n. 40, 619 n. 43, 644 n. 5
Boccara, Nadia, 357 n. 34, 359 n. 41
Böckenförde, Ernst-Wolfgang, 469 n. 37
Bodin, Jean, 84, 138 n. 39, 187, 200, 209, 248, 307, 389 e n., 390, 455, 545, 644 e n. 6, 645 e n. 8
Bonald, Louis-Gabriel-Ambroise, visconde de, 620 e n. 49
Boneschi, Mario, 627 n. 62, 647 n. 13
Bongiovanni, Bruno, 607 n.
Bossuet, Jacques-Bénigne, 459
Botero, Giovanni, 87, 459
Bouglé, C., 329 n. 6
Bovero, Michelangelo, 92, 93 n.
Bowring, John, 270
Bracco, Fabrizio, 357 n. 34
Bracton, Henry, 208, 209 n. 30, 235, 246, 247 e n. 19
Brunner, Otto, 601 n. 14

Brunot, Ferdinand, 603 n. 18
Bukharin, Nikolai Ivanovitch, 445
Buonarroti, Filippo, 298-301, 303, 306
Burke, Edmund, 461, 462 n., 468, 479 e n.
Burnham, James, 180 n. 14
Busino, Giovanni, 339 n. 24
Caddeo, Rinaldo, 627 n. 63
Cafiero, Carlo, 364 n. 51
Calamandrei, Piero, 508 e n., 657, 660
Caldera, Carlo, 335
Calogero, Guido, 146 n. 53, 349 n., 354 e n.
   359, 363, 630 n. 74, 648 n. 16
Calvino, Italo, 402, 403 n.
Cambises II, rei da Pérsia, 142
Campanella, Tommaso, 586, 612 e n. 33, 668
   e n. 45
Canetti, Elias, 387 e n. 21, 399, 400 n. 38,
   404 e n. 44
Canfora, Luciano, 377 n., 417 n., 639 n.
Cantimori Mezzomonti, Emma, 593 n. 7
Caracciolo, Antonio, 387 n. 20
Carlyle, irmãos, 208
Cassola, Carlo, 657, 659
Castelnuovo Frigessi, Delia, 620 n. 46
Catalano, Pierangelo, 264
Catão (Marcus Porcius Cato), dito o Censor,
   201
Catarina II, a Grande, imperatriz da Rússia,
   648
Cattaneo, Carlo, 524 e n. 2, 618-637, 647 e n.
   13, 648
Cattaneo, Mario, 238 n. 9
Cavallari, Giovanna, 360 n. 43
Cavour, Camillo Benso, conde de, 204
Cerroni, Umberto, 104 n. 5
César (Caio Júlio César), 128, 610, 630
Charlesworth, Max, 674 n.
Charron, Pierre, 228
Chiaromonte, Nicola, 661, 662
Chu em-Lai, 657
Ciaurro, Luigi, 566 n.
Cicalese, M. Luisa, 357 n. 34
Cícero (Marco Túlio Cícero), 311, 390, 477,
   478
Cobden, Richard, 117
Codignola, Tristano, 367 n. 654 e n.
Cofrancesco, Dino, 354 n. 30
Colli, Giorgio, 304 n. 664, n. 36
Collina, Vittore, 360 n. 43, 361 n. 44
Comte, Auguste, 393, 396, 621
Condorcet, Marie-Jean-Antoine-Nicolas
   Caritat, marquês de, 584 e n. 3, 595, 647 e
   n. 10
Considérant, Victor-Prosper, 358
Constant de Rebecque, Benjamin, 104 e n. 5,
   108, 111, 112, 128, 269 e n. 2, 270, 324,
   325, 371, 419 e n., 530, 639
Conze, Werner, 601 n. 14
Cordié, Carlo, 376 n. 9, 420 n.

Cosimo de' Medici, ver Medici, Cosimo de'
Cotta, Sergio, 104 n. 3, 136 n. 35, 220 n. 1,
   242 n., 283 n., 320 n., 374 n., 433 n., 573 e
   n., 604 n. 23, 648 n. 15
Cousin, Victor, 620 e n. 51, 621, 629
Covelli, Alfredo, 364 n. 51
Cressati, Claudio, 357 n. 34
Croce, Benedetto, 68, 160, 180 e n. 15, 189,
   190 n., 191, 204, 348, 359 e n. 40, 365,
   651
Cromwell, Oliver, 612
Crouch, Colin, 454 n 26
Crozier, Michel, 214 n. 41
Dahl, Robert A., 410, 424, 425 n.
Dahrendorf, Ralf, 354-355
Dante, ver Alighieri, Dante
Davy, Georges, 87
De Francisci, P., 147 n. 55
De los Ríos, Fernando, 362
De Marinis, Errico, 358 n. 36
De Mattei, Rodolfo, 376 n. 8
De Rivera, Primo, 361 e n. 45
De Ruggiero, Guido, 359 e n. 41
De Sanctis, Maturino, 358 n. 36
Debreu, Gérard, 678 n.
Del Re, Stefano, 354 n. 28
Del Vecchio, Giorgio, 307 e n.
Dell'Erba, Nunzio, 363 n. 49
Della Volpe, Galvano, 78, 269 e n. 2, 270,
   274, 279, 283-285, 289, 292, 293
Derathé, Robert, 270 e n. 3, 375 n.
Descartes, René, 647
Dewey, John, 359
Dickinson, J., 209 n. 28
Dionisotti, Carlo, 419 n.
Donolo, Carlo, 215 n. 43
Dossetti, Giuseppe, 334
Dostoievski, Fedor Mikhailovitch, 297
Downs, Anthony, 454 n. 25
Dulbecco, Renato, 669 e n. 47
Durkheim, Émile, 363
Dworkin, Ronald, 392 n., 444 n.
Einaudi, Luigi, 204 e n. 25, 359, 468, 469 n. 36
Ellul, Jacques, 663 n. 34
Engels, Friedrich, 125, 165, 168, 290, 306 n.
   22, 330, 346, 355, 548, 549, 578, 589, 593
   n. 7, 595
Entrèves, d', ver Passerin d'Entrèves,
   Alessandro
Erasmo de Rotterdam, 184, 185 e n. 16, 512
Esposito, C., 452 n. 24
Eurípides, 312
Fabbri, 364 n. 51
Fábio Máximo (Quinto Fábio Máximo), dito o
   Contemporizador, 578
Fach, W., 432 n.
Fagiani, Francesco, 96 n. 16
Fatta, Corrado, 146 n. 53, 349 n., 630 n. 74,
   648 n. 16

Feldges-Henning, U., 211 n.
Ferdinando, arquiduque, *ver* Habsburgo, Francisco Ferdinando
Ferrari, Giuseppe, 585, 620 e n. 51, 622 e n. 53, 626, 627 n. 63, 629
Ferrari, Vincenzo, 354-355
Ferrero, Guglielmo, 234 n. 7, 362
Fichera, Franco, 215, n. 43
Filmer, Roberto, 150, 462
Finley, Moses I., 372 e n., 610 e n. 29, 611
Firpo, Luigi, 91 n. 12, 406 e n. 52
Fisichella, Domenico, 462 n.
Fleischmann, Eugène, 132 n. 30
Flora, Francesco, 376 n. 9, 420 n.
Fortini, Franco (*pseudônimo de* Franco Lattes), 657, 659 e n. 25, 660
Foucault, Michel, 78, 400 e n. 39
Fourier, Charles, 297, 329, 330 n., 358, 547
Franco Bahamonde, Francisco, *dito* o Caudilho, 361 n. 45
Frederico II, o Grande, rei da Prússia, 414
Freund, Julien, 80 e n. 4, 83, 170-171
Friedrich, Carl J., 602 e n. 17
Fung Yu-lan, 659
Galante Garrone, Alessandro, 298 n, 587 n. 6
Galgano, Francesco, 431 n.
Galilei, Galileu, 647
Galtung, Johann, 516, 552 e n., 603 e n. 20
Gambin, Felice, 404 n. 47
Gandhi, Mohandas Karamchand, *dito* Mahatma, 262
Garin, Maria, 538 n. 8
Garosci, Aldo, 364 n. 51
Gassendi (Pierre Gassend, *dito*), 388, 406
Gavazzi, Giacomo, 560 n.
Gelásio I, papa, 223
Germani, Gino, 382 e n. 16
Germani, Luis, 382 n. 16
Ghinelli, V., 180 n. 14
Giannotti, Donato, 376
Gierke, Otto von, 208, 247, 323 n. 3, 328, 431
Gigante, Marcello, 206 n.
Gille, 364 n. 51
Ginzburg, Carlo, 405, 406 e n. 49
Giolitti, Antonio, 133 n. 33, 174 n., 204 n. 26, 323 n. 3
Giolitti, Giovanni, 204
Giorello, Giulio, 270 n. 4
Gnocchi Viani, Osvaldo, 358 n. 36
Gobetti, Piero, 468, 653
Godwin, William, 255
Goethe, Johann Wolfgang von, 144
Golding, William, 666
Gorz, André, 655 e n.
Gracián, Baltasar, 404
Graco, Caio Semprônio, 610
Graco, Tibério Semprônio, 610
Gramsci, Antonio, 128, 164, 213, 347

Green, Thomas Hill, 141
Griewank, Karl, 601 n. 14
Gritti, Roberto, 382 n. 16
Groh, Dieter, 647, 649 n. 18
Grotius, Hugo de Groot, 260, 509, 545
Guerci, Luciano, 607 n.
Guicciardini, Francesco, 401, 402 n. 40
Guilherme III, príncipe de Orange, 595
Guillain, Robert, 661
Guitton, Jean, 663 e n. 33, 664
Guizot, François, 387 e n. 19, 614 n., 629
Gurvitch, Georges, 331
Habermas, Jürgen, 388 e n. 22
Habsburgo, Francisco Ferdinando de, arquiduque hereditário da Áustria-Hungria, 196
Halévy, H., 329 n. 6
Hamilton, Alexander, 212 e n. 33, 557 n.
Hart, Herbert L. A., 138 n. 40, 140 n. 47, 238 n. 9, 253, 566
Havel, Václav, 665
Hayek, Friedrich A. von, 356, 426
Hegel, Georg Wilhelm Friedrich, 68, 70, 72, 84, 87, 93, 95, 97, 99, 114, 116, 119, 121, 126, 130-133, 136, 142, 145-147, 149, 155, 160, 191-192, 197, 205, 232, 255, 290, 307, 324-327, 348, 349 e n., 378, 390, 391 3 n., 394, 399, 416, 419, 423, 438, 448, 456, 462, 547-548, 585 e n., 589, 591, 621, 629, 644, 646, 648 e n. 16, 651
Helvétius, Claude-Adrien, 645
Herberstein, Sigismund, 643
Herder, Johann Gottfried, 629, 630
Heródoto, 142, 373, 640
Hintze, Otto, 155 e n. 70
Hitler, Adolf, 651
Hobbes, Thomas, 68, 70, 72, 73, 84, 96-98, 115, 117, 120-122, 132, 135, 141 e n. 149, 155, 160 e n. 172, 185, 186, 212 e n. 32, 232 e n., 241 e n., 248, 255, 261, 287, 291, 307, 310 n., 322, 375, 380, 390, 391, 401, 403, 439, 455, 469, 478, 479, 487, 489, 522, 526, 538, 538 e n., 545, 568-570
Hobhouse, Leonard T., 359 e n. 39 e 41
Hobsbawm, Eric J., 666 e n. 41
Hobson, John Atkinson, 550
Hu Feng, 660
Hugo, Victor, 607 n.
Humboldt, Wilhelm von, 325
Hume, David, 307, 459
Huntington, Samuel P., 214 n. 41
Iglesias, Pablo, 361
Isidoro de Sevilha, 122
Isnardi Parente, Margherita, 138 n. 39, 185 n. 16, 389 n. 644 n. 6
Isócrates, 373
Ivan IV, o Terrível, grão-duque de Moscou e czar da Rússia, 198, 199, 643
Jaeger, Werner, 206 n.

713

Jaime I, rei da Inglaterra (VI da Escócia), 408
Jaspers, Karl, 512, 537 e n.
Jay, John, 212 n. 33
Jefferson, Thomas, 409
Jellinek, Georg, 160, 438, 455, 459
Jhering, Rudolph von, 566
Justiniano, imperator do Oriente, 241
Kant, Immanuel, 68, 97, 101-113, 121, 132, 150, 185 e n. 17, 199, 200 n., 255, 290, 307, 322, 360, 380, 386, 388, 398 n., 406-408, 411 e n. 64, 423, 475 e n., 476, 478, 483, 492, 512, 525-529, 546, 567, 571-572, 666-668
Kao Kang, 659
Kasper, Walter, 677 e n.
Kautsky, Karl, 593
Kavafis, Costantino, 353 n.
Kelsen, Hans, 124, 134, 138 n. 41, 139, 220, 238-246, 252, 257, 283 e n., 311 n., 372, 373 e n. 3, 426 e n., 455, 461 e n., 465-466, 520, 561, 566 e n., 604 n. 23
Kendall, W., 443 n.
Koselleck, Reinhart, 601 n. 14
Krizanic, Jurij, 645 n. 7
Kruschev, Nikita Sergehievitch, 641
Kuhn, Thomas S., 593, 594 n. 601 n. 15
La Pira, Giorgio, 334
La Torre, Massimo, 363 n. 49
Labriola, Antonio, 362, 579
Labriola, Arturo, 362
Lamennais, Hughes-Félicité-Robert de, 479, 480 n., 620 e n. 49
Laqueur, Walter, 412 e n.
Lassalle, Ferdinand, 361
Latouche, Serge, 663 n. 34
Laurenti, Renato, 429 n.
Lavau, Georges, 253 e n., 254
Lavoisier, Antoine-Laurent, 627 n. 62
Le Mercier de la Rivière, ver Mercier de la Rivière
Leibniz, Gottfried Wilhelm von, 307
Lenin, Nikolai (pseudônimo de Vladimir Ilitch Ulianov), 126, 253, 262, 290 e n. 9, 291, 294, 344, 361 n. 45, 551, 552, 593 e n. 9, 597, 613, 649
Leo, Heinrich, 629
Leoni, Bruno, 432 n.
Levi Montalcini, Rita, 664 n. 37, 665 n. 40, 673 n. 49
Levi, Alessandro, 618 en. 39, 637
Levi, Lucio, 212 n. 3, 557 n.
Levi, Primo, 666
Lewis, Anthony, 302 n. 18
Licurgo, 147, 477, 611
Linguet: Simon-Nicolas-Henri, 584
Lipsio, Giusto (Joost Lips), 404
Lívio, Tito, 213
Locke, John, 68, 72, 87, 97, 102 e n., 115, 121, 131, 132, 143 e n. 50, 144, 149, 161,

210, 217, 260, 287, 190, 307, 438, 478 e n., 485 e n. 488, 503
Lombardi Vallauri, Luigi, 677 n.
Lombardo, Salvatore, 238 n. 9
Lorenzetti, Ambrogio, 211, 565
Losano, Mario G., 138 n. 41, 240 n. 13, 244
Lown, Bernard, 668 n. 45
Lucrécio (Tito Lucrécio Caro), 478
Lugnani Scarano, Emanuella, 402 n. 40
Luhmann, Niklas, 238, n. 10
Luís XVI, rei de França, 463, 601
Lukes, Steven, 480 n
Lutero, Martinho, 123
Luxemburgo, Rosa, 593 e n. 8
Mably, Gabriel Bonnot de, 104, 298 n., 321
Macchia, Giovanni, 402 e n. 41
Madison, James, 212 e n. 33, 557 n.
Maggioni, Guido, 620 n. 46
Magistretti, Sandro, 270 n. 4
Magri, Tito, 214 n. 40
Maier, Charless, 95
Maine, Sir Henry James Summer, 118
Maistre, Joseph de, 68, 617, 620
Malatesta, Errico, 364 n. 51
Malvezzi, Virgilio, 405, 406 n. 49
Manacorda, Gastone, 298 n., 300 n. 17, 302 n. 20
Mann, Thomas, 205
Mao Tsé-tung, 262, 351, 657-659, 661
Maquiavel (Niccolò Machiavelli), 68, 72, 87, 98, 115, 116, 131, 132, 147, 174, 178, 180, 182-184, 187, 192, 194, 197, 198, 200, 202, 213, 215 e n. 42, 219, 227, 229, 232, 252, 321, 345, 376, 380 e n. 14, 385, 389, 390, 298, 399, 405, 411, 418, 420, 455, 512, 543, 584, 634, 645 e n. 7
Maraffi, Marco, 455 n.
Maréchal, Sylvain, 299 n.
Mari, Ernesto, 180 n. 14
Marini, Giuliano, 391 n.
Marino, Luigi, 155 n. 69
Marsílio de Pádua, 643
Martov, Julij, 445 n.
Marx, Karl Heinrich, 78, 113-130, 131, 136, 165, 168, 172, 180, 253, 262, 300, 306 e n. 22, 307, 327, 329, 330, 345, 346, 351, 355, 358, 361-362, 365, 380, 393, 394, 396, 423, 467, 524, 545, 546-549, 578, 579, 588-589, 595, 614, 617, 626, 635, 652
Matteucci, Nicola, 90, 325 n., 332 n. 11, 355 n. 31, 464 n. 32, 587 n. 5, 608 n. 26, 644 n. 5
Mauriac, François, 663
Mayer, J.-P., 271 n.
Mazzarino, Giulio Raimondo, 402
Mazzini, Giuseppe, 117
McCallum, R. B., 270 n. 4
McClosky, H., 443 n.
Medici, Cosimo de, o Velho, 178, 228

Meinecke, Friedrich, 252, 481 e n.
Menuhin, Yeudi, 666
Mercier de la Rivière, Paul-Pierre Le, 320
Merlino, Francesco Saverio, 362-364
Meyer, Christian, 609, 610
Michelet, Jules, 607 n., 617
Michels, Roberto, 340, 362
Midlarsky, Manus, 603 e n. 21
Miglio, Gianfranco, 170 n. 7
Migne, Jacques-Paul, 209 n. 28, 249 n. 22
Mila, Massimo, 653
Mill, John Stuart, 97, 270, 357 e n.34, 358 e n. 36, 359, 393 e n., 398, 608
Mills, Charles Wright, 332
Minerbi, Marco, 647 n. 10
Mirkine-Guetzévitch, Boris, 87, 505, 506 n.
Mises, Ludwig von, 356
Molière (pseudômimo de Jean-Baptiste Poquelin), 338
Mommsen, Wolfgang J., 132 n., 143 n. 49, 150 n. 59, 153 n., 155 n. 69, 609 n. 28, 610
Mondadori, Marco, 270 n. 4
Mondolfo, Rodolfo, 362 e n. 47, 579
Montesquieu, Charles de Secondat, barão de La Brède e de, 84, 87, 99, 103, 115, 116, 132, 135, 142, 145, 146, 219, 220 n. 1, 309, 311, 320-323, 337, 345, 374 e n., 375, 421, 459, 477, 489, 589, 644-645, 648 e n. 15
Monti, Augusto, 653
Montinari, Mazzino, 304 n. 664, n. 36
Morelly, 298 n.
Morgan, Lewis Henri, 118
Mori, Massimo, 321 n.
Moro, Aldo, 335
Mosca, Gaetano, 128, 169, 339 e n. 25, 397 e n. 31
Murri, Romolo, 335, 336 e n. 19
Mussolini, Benito, 338, 430
Naine, Charles, 445 n.
Napoleão I Bonaparte, imperador da França, 601, 649
Napoleão III Bonaparte, imperador da França, 129
Naudé, Gabriel, 183, 228 e n.
Negroponte, Nicholas, 669 n. 48
Neri, Demetrio, 323 n. 4
Nevski, Alexandre, 649
Nietzsche, Friedrich Wilhelm, 131, 132, 304, 306, 341, 350, 388, 524 e n. 3, 617, 648, 664 e n. 36, 668
Nino, Carlos Santiago, 677 n.
Nolte, Ernst, 662
Nozick, Robert, 82, 213 n. 39
Numa Pompílio, 147
Ochoa, Severo, 666
Olivecrona, Karl, 561
Opitz, Reinhard, 355
Oppenheim, Felix E., 80, 238 n. 9
Oppenheimer, Franz, 355 e n. 32, 360

Ornaghi, Lorenzo, 459 e n., 460
Ortega y Gasset, José, 361 n. 46
Orwell, George (pseudônimo de Eric Blair), 352, 400, 656
Otão, 373
Owen, Robert, 358, 549 e n.
Paine, Thomas, 214 e n. 40
Pajetta, Giancarlo, 653
Pallavicino, Pietro Sforza, 405
Pareto, Vilfredo, 78, 131, 180, 339 e n. 24, 356, 381, 459
Pareyson, Luigi, 102 n., 143 n. 50, 478 n.
Pascal, Blaise, 144, 305, 657
Pasini, Dino, 86
Pasqualucci, P., 611 n. 32
Pasquino, Gianfranco, 355 n. 31, 644 n. 5
Passerin d'Entrèves, Alessandro, 81, 87 e n., 89, 91, 94, 247 n. 20, 638 n. 1
Pavese, Cesare, 595 n. 11
Pecora, Gaetano, 180 n. 14
Pedro I, o Grande, imperador da Rússia, 648, 649
Pellicani, Luciano, 180 n. 14, 357 n. 34, 361 n. 46, 603 n. 20
Péricles, 99, 371 n., 372, 416-418, 422, 426, 638, 639, 641
Pery, Gabriel, 351
Piazzi, A., 228 n.
Pichetto, Maria Teresa, 329 n. 7, 357 n. 34
Pistone, Sergio, 555 n.
Pizzorno, Alessandro, 454 e n. 26
Platão, 72, 87, 114, 125, 128, 132, 168, 207, 237, 247, 250, 311, 318, 337, 351, 375, 388-390, 396, 404, 477, 547, 590, 641
Plutarco, 147, 350
Pocock, John A., 96 e n. 17, 98
Políbio, 99, 142, 321, 590
Polin, Raymond, 88
Pontara, Giuliano, 263 n.
Popper, Karl R., 426 e n. 7, 647
Portinaro, Pier Paolo, 614 n.
Poulantzas, Nicos, 556 n. 16
Powell, G. Bingham, 165 e n. 4
Protágoras de Abdera, 374
Proudhon, Pierre-Joseph, 255, 330, 331 e n. 9
Pufendorf, Samuel, 527
Quaglioni, Diego, 389 n.
Quinet, Edgar, 587 e n. 6
Quinzio, Sergio, 664 e n. 35
Ranke, Leopold von, 252
Raphael, D. D., 89
Rau, K. D. H., 357
Rawls, John, 82
Reagan, Ronald Wilson, 542
Reale, Miguel, 238 n. 10
Renouvier, Charles, 360 e n. 42
Revel, Jean-François, 384 e n.
Ricardo, David, 118
Ricci, David, 80

Richter, B., 665 n. 40
Rignano, Eugenio, 363 n. 49
Ritchie, David George, 359 n. 41
Robespierre, Maximilien de, 262, 601
Rochefoucauld, La duque de, 601
Romagnosi, Gian Domenico, 318, 618, 620 e n. 46, 622, 625, 629
Romeo, Rosario, 95
Roncali, R., 429 n.
Roosevelt, Anna Eleonor, 484
Roosevelt, Franklin Delano, 506
Ross, Alf, 139, 426, 561
Rosselli, Carlo, 359, 362, 364 e n. 51, 365, 367 n.
Rossi, Ernesto, 203, 204 n. 25, 469 n. 36
Rossi, Pietro, 133 n. 33, 165 n. 3, 220 n. 2, 410 n. 59, 466 n.
Rosso, Claudio, 299 n.
Rota Ghibaudi, Silvia, 620 n. 49, 627 n. 63
Rousseau, Jean-Jacques, 68, 84, 87, 97, 103, 104 e n. 4, 106 e n. 11, 111, 115, 118, 122, 131, 132, 141, 147, 149, 235 e n., 252, 255, 264 e n. 30, 269, 270, 272, 282, 286, 290, 298 n., 299 n., 304 e n., 322, 338, 340, 346, 373 e n, 486, 489 e n., 534 e n. 6, 538 e n. 8, 591
Roy, Claude, 641
Rubinstein, N., 211 n.
Ruffini, Edoardo, 430 n.
Ruffini, Francesco, 468 e n., 508 n.
Rusconi, Gian Enrico, 454 e n. 26
Russell, Bertrand, 161 e n., 238, 359
Saint-Just, Louis-Antoine-Léon, 603 n. 18
Saint-Pierre, Charles-Irénée Castel, dito o abade de, 525, 538, 572
Saint-Simon, Claude-Henri de Rouvroy, conde de, 116, 329 e n. 7, 394, 547, 572, 573, 588, 620 n. 49, 634
Salisbury, John de, 208, 209 n. 28, 249
Salvadori, Massimo, 95
Salvemini, Gaetano, 337, 338 n., 627 n. 63, 648 n. 14
Salvucci, Pasquale, 146 n. 53
Sartori, Giovanni, 91 e n. 12, 371 n., 409 e n. 56, 440 n. 18
Sartre, Jean-Paul, 178
Sasso, Gennara, 666 n. 43
Sbarberi, Franco, 359 n. 39
Scartezzini, Riccardo, 382 n. 16
Schattschneider, E. E., 380 n. 13
Schell, Jonathan, 534 e n. 5, 537
Schiavone, Michele, 354 n. 30
Schiera, Pierangelo, 170 n. 7
Schluchter, Wolfgang, 132 n. 31, 150 n. 59, 151 n. 63
Schmitt, Carl, 80, 84, 142, 153 n., 170-171, 222, 387 n. 20, 402 e n. 42, 409 e n. 55
Schnur, Roman, 614 n.
Schumpeter, Joseph Alois, 426

Sen, Amartya K., 178 n.
Sennett, Richard, 409 e n. 58
Sestan, Ernesto, 620 n. 16, 627 n. 63, 648 n. 14
Sieyès, Emmanuel-Joseph, 463, 464 n. 31
Silone, Ignazio (pseudônimo de Secondo Tranquilli), 661
Skinner, Quentin, 96 e n. 17, 97
Skocpol, Theda, 604 n. 22
Smirnov, I. I., 198, 199
Smith, Adam, 118, 226, 324
Sócrates, 351, 378
Sola, G., 339 n. 25, 397 n. 31
Solari, Gioele, 110
Sólon, 147, 205, 241, 314, 477, 611
Sorbière, 406
Sorel, Georges, 346, 363
Sozzi, Lionello, 607 n.
Spencer, Herbert, 97, 116, 255, 295, 523 e n. 530
Spengler, Oswald, 128, 512, 648
Spinoza, Baruch, 115, 116, 120, 131, 248
Stahl, Friedrich Julius, 329
Stalin (Iosif Vissarionovitch Djugatchvili, dito), 199, 349, 641, 648
Stein, Lorenz von, 160, 460
Steinberger, J., 673 n. 50
Stellini, Iacopo, 629
Stirner, Kaspar Schmidt, dito Max, 381
Strauss, Leo, 81 e n.
Stretton, Hugh, 76 n.
Stuart, dinastia, 595
Sturzo, Luigi, 335, 336 e n. 21
Suárez, Francisco, 311
Sutcliffe, Bob, 549 e n.
Suttner, Bertha von, 532
Tácito, Cornélio, 399 e n. 630
Taeger, F., 147 n. 54
Talmon, Jacob L., 272 n. 6
Tanter, Raymond, 603 e n. 21
Tarchetti, Alcesti, 400 n. 39
Tasso, Torquato, 406 e n. 52
Taylor, Harriet, 358 n. 36
Taylor, Helen, 358 n. 36
Tcherkezov, Varlaarn Nikolaevic, 364 n. 51
Tedeschi, A., 373 n. 4
Tenca, Carlo, 627 n. 63
Thibaut, Anton Friedrich Justus, 406
Thierry, Jacques-Nicolas-Augustin, 572, 573, 614 n.
Thiers, Louis-Adolphe, 503
Thomas More, santo, 72
Thoreau, Henry David, 262
Thorne, S. E., 209 n. 30
Tilly, Charles, 604 e n. 22
Tocqueville, Charles-Alexis Clérel de, 128, 270, 325 e n., 332 e n.11, 394, 464 e n. 32, 503, 587 e n. 5, 608 e n. 26
Togliatti, Palmiro, 334, 335, 360 n. 43

Tolstoi, Lev Nikolaievitch, 262, 510
Tomás de Aquino, 84, 87, 223, 249, 393, 643
Tommaseo, Niccolò, 602 e n. 16
Torlontano, G., 365 n.
Toynbee, Arnold Joseph, 512, 649
Tranfaglia, Nicola, 355 e n. 31
Trasímaco, 122
Treccani, Ernesto, 657
Treitschke, Heinrich von, 128, 136 e n. 36, 142
Trentin, Silvio, 331 e n. 10
Trevelyan, George Macaulay, 595 e n. 11
Treves, Giuseppino, 242 n., 283 n., 433 n., 604 n. 23
Treves, Renato, 72 n, 88 e n, 272 n. 7, 355 e n. 2-3, 361 e n. 45, 620 n. 46
Trinchero, Mario, 393 n.
Troisi Spagnoli, G., 464 n. 31
Trombadori, Antonello, 657
Trotski, Lev Davidovitch, (*pseudônimo de* L. D. Bronstein), 133
Tuccari, Francesco, 140 n. 46
Tucídides, 416, 417 n., 511, 639 n.
Ulpiano, Domício, 209 n. 29, 241
Urbinati, Nadia, 357 n. 34
Vasarhelyi, M., 365 n.
Venturi, Franco, 406 e n. 50
Venturini, Aldo, 362, 363 e n.
Vertot, abade de, 584
Viallaneix, Paul, 607 n.
Viano, Carlo Augusto, 429 n.
Vico, Giambattista, 119, 149, 345, 348, 399, 478, 494, 622, 629
Villari, Rosario, 404 n.
Viroli, Maurizio, 96 n. 16, 98 n. 18

Visconti, Filippo Maria, 400
Vivanti, Corrado, 195 n., 385 n., 543 n. 584 n. 2
Volney, François-Constantin de Chasse-bœuf, conde de, 584
Voltaggio, Franco, 413 n.
Voltaire (François-Marie Arouet, *dito*), 320, 512
Vychinski, Andrei Ianuarievitch, 285
Walzer, Michael, 82, 612 e n. 34, 613
Warrender, Howard, 83
Washington, George, 651
Watanuki, Joji, 214 n. 41
Watkins, J. W. N., 569 e n. 25
Watson, James D., 669 n. 46
Webb, Clemens Charles Julian, 209 n. 28
Weber, Max, 78, 83, 97, 114, 124, 128, 130-157, 165 e n. 3, 167 e n., 174n, 197, 204 e n. 26, 215, 220 e n., 230, 240 e n. 12, 250, 252, 257, 258, 309, 325, 381, 410
Weldon, Thomas D., 72 n.
Winckelmann, Johannes, 133 n. 33, 144 n. 150 n. 59, 153 n, 165 n. 3, 174 n., 220 n. 2, 410 n. 59, 466 n.
Wittfogel, Karl August, 96, 649
Wolfe, Alan, 410 n. 62
Woodbine, George E., 209 n. 30, 247 n. 19
Xenofonte, 377, 389
Yanov, Alexander, 96, 198 n. 20, 199, 644 n. 5, 649 e n. 19
Zagaria, C., 429 n.
Zagrebelsky, Gustavo, 502 e n.
Zinov'ev, Aleksandr, 400
Zolo, Danilo, 90 e n., 91 e n. 13, 238 n. 10, 395 n.